# 中国—东盟商务年鉴

# CHINA-ASEAN BUSINESS YEARBOOK

广西人民出版社

# 第10届中国—东盟博览会
# 第10届中国—东盟商务与投资峰会

10年耕耘，10年收获；携手共进，再创辉煌。

2013年9月3日上午，第10届中国—东盟博览会、第10届中国—东盟商务与投资峰会开幕大会在广西南宁隆重举行。整个开幕大会隆重、精彩、务实。

2013年恰逢中国—东盟建立战略伙伴关系10周年，在这一重要节点举办的第10届中国—东盟博览会、第10届中国—东盟商务与投资峰会意义非凡，受到广泛关注。中国和东盟国家领导人、东盟秘书长、各国部长、地方行政长官、金融机构负责人、商协会会长，国际组织负责人，全球著名企业家，区域经济研究专家，以及各界人士代表共1000多人出席开幕大会。

①第10届中国—东盟博览会、第10届中国—东盟商务与投资峰会外景；②中国国务院总理李克强巡馆；③中国国务院总理李克强在第10届中国—东盟博览会、第10届中国—东盟商务与投资峰会开幕式上发言；④马来西亚贸易和工业部长穆斯塔法巡馆；⑤第一项成果展示：中国—东盟青年联谊会；⑥第二项成果展示：中国—东盟技术转移中心；⑦第三项成果展示：中国—东盟港口城市合作网络；⑧第四项成果展示：中国—东盟企业家联合会；⑨柬埔寨首相洪森致辞；⑩老挝总理通邢致辞；⑪缅甸总统吴登盛致辞；⑫新加坡副总理张志贤致辞；⑬泰国总理英拉致辞；⑭越南总理阮晋勇致辞；⑮东盟秘书长黎良明致辞；⑯中国商务部国际贸易谈判代表兼副部长钟山致辞；⑰中国国际贸易促进委员会会长万季飞致辞；⑱广西壮族自治区党委书记、人大常委会主任彭清华致辞；⑲广西壮族自治区主席陈武主持开幕。

HEALTH & WELLNESS
CATTC
CAEXPO
CABIS
SHANGWU YU TOUZI FENGHUI

# 第10届中国—东盟博览会
# 第10届中国—东盟商务与投资峰会

第10届中国—东盟博览会、第10届中国—东盟商务与投资峰会共有13位领导人出席，规格高，活动多。各国领导人对博览会和商务与投资峰会10年来在推动中国与东盟友好合作中的重要作用予以了高度评价，并期望双方通过博览会和商务与投资峰会深化互利合作，共同打造中国—东盟自由贸易区升级版，实现从“黄金十年”向“钻石十年”跨越发展。会期安排的10周年系列纪念活动丰富精彩、务实高效，增强了各方共同办好博览会和商务与投资峰会的决心，深化互利共赢的信心。

第10届中国—东盟博览会、第10届中国—东盟商务与投资峰会在经贸对接、活动组织、服务保障等方面创新务实，达到了提高经贸实效和办会水平、拓展合作领域、拓展合作区域、拓展带动功能的预期目标。

①第10届中国—东盟博览会、第10届中国—东盟商务与投资峰会开幕式；②第10届中国—东盟博览会轻工展开幕式；③第10届中国—东盟博览会农业展开幕式；④2013年世界500强暨跨国公司广西投资合作圆桌会；⑤第10届中国—东盟博览会投资合作圆桌会；⑥中国—东盟建立战略伙伴关系10周年经贸合作对话会；⑦中国—东盟技术转移与创新合作大会；⑧～⑱为第10届中国—东盟博览会魅力之城，依次为：⑧中国南宁；⑨文莱斯里巴加湾；⑩柬埔寨磅同省；⑪印度尼西亚日惹特别区；⑫老挝万象；⑬马来西亚怡保；⑭缅甸皎漂；⑮菲律宾伊莎贝拉省；⑯新加坡；⑰泰国哒叻府；⑱越南平定省。

②　③

⑧

⑨

⑩

⑪

⑫

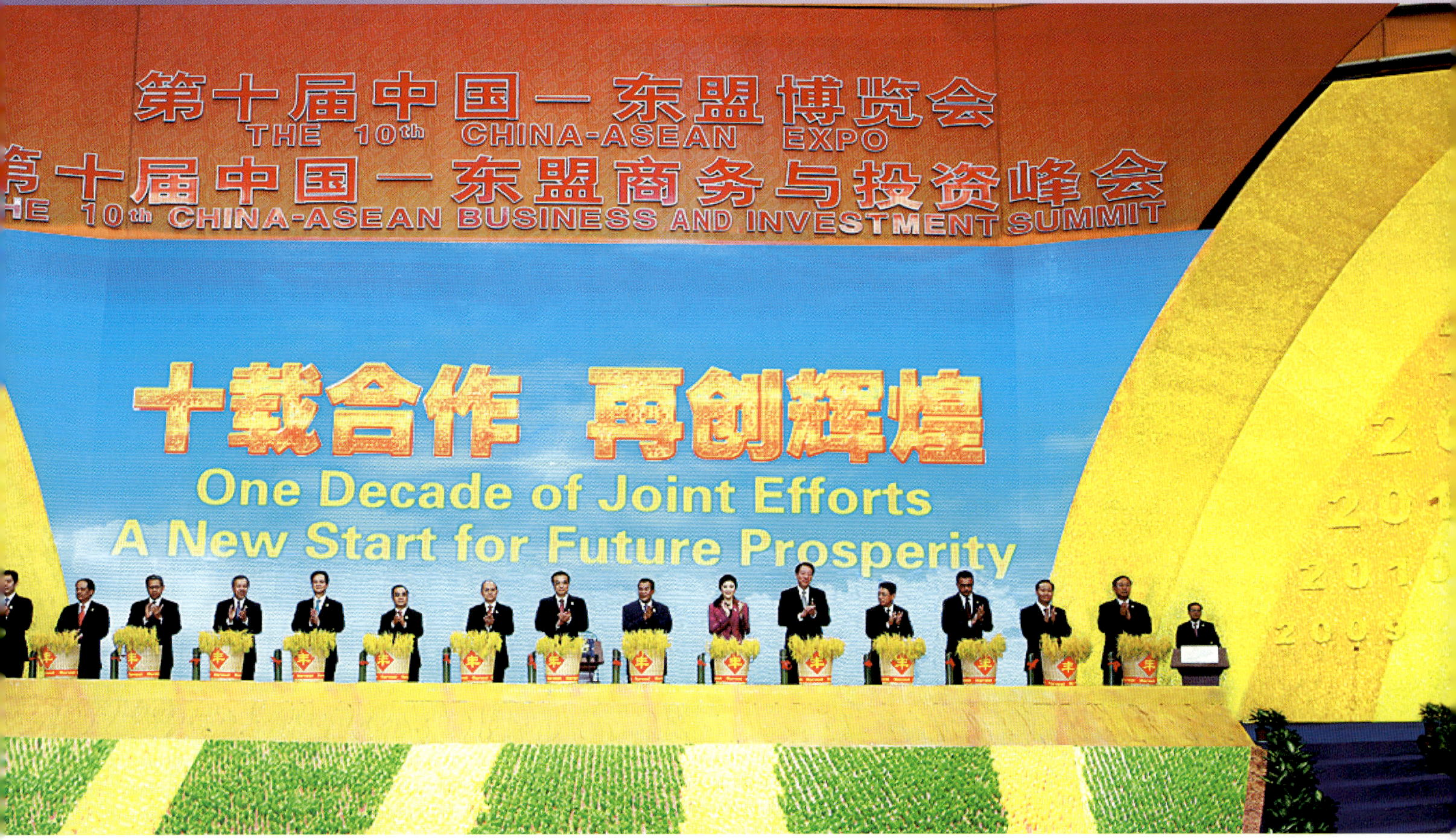
第十届中国—东盟博览会
THE 10th CHINA-ASEAN EXPO
第十届中国—东盟商务与投资峰会
THE 10th CHINA-ASEAN BUSINESS AND INVESTMENT SUMMIT
十载合作 再创辉煌
One Decade of Joint Efforts
A New Start for Future Prosperity

2013年世界500强暨跨国公司
广西投资合作圆桌会
④

第十届中国—东盟博览会投资合作圆桌会
The 10th CAEXPO Roundtable Meeting on Investment Cooperation
⑤

中国—东盟建立战略伙伴关系10周年经贸合作对话会
DIALOGUE ON ECONOMIC AND TRADE COOPERATION IN COMMEMORATION OF
THE 10th ANNIVERSARY OF CHINA-ASEAN STRATEGIC PARTNERSHIP
⑥

中国—东盟技术转移与创新合作大会
THE FORUM ON CHINA-ASEAN TECHNOLOGY TRANSFER
AND COLLABORATIVE INNOVATION
⑦

⑬

缅甸
MYANMAR
⑭

Philippines
⑮

singapore
⑯

泰国
⑰

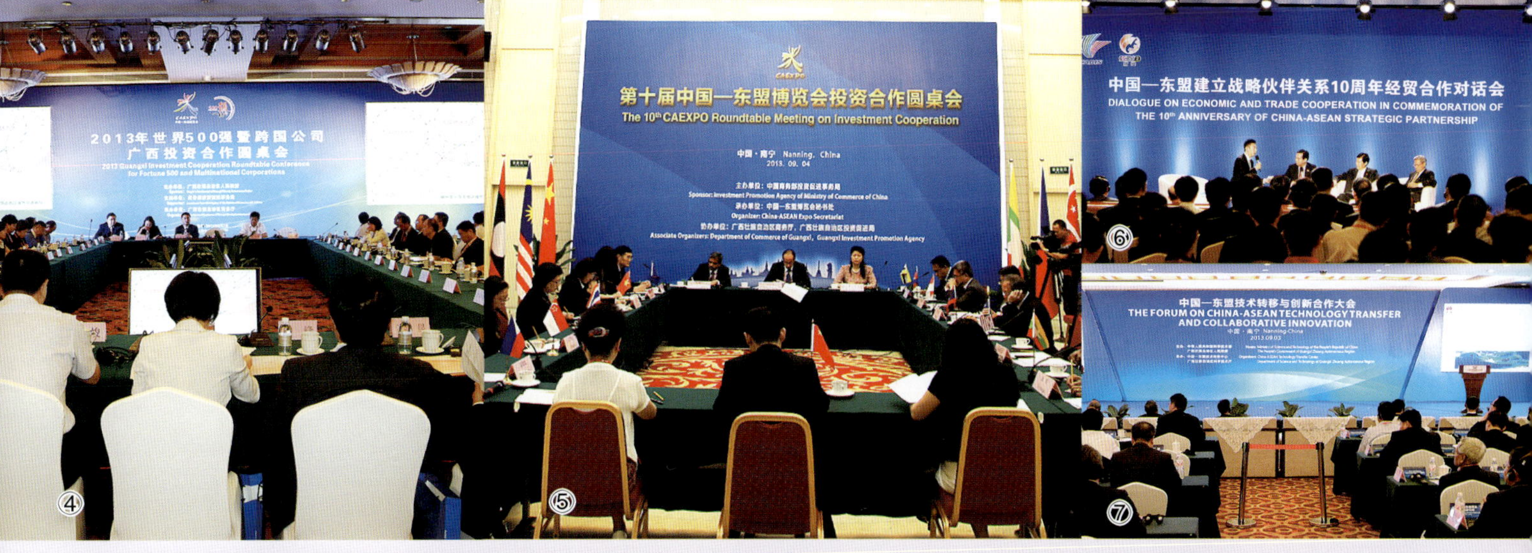

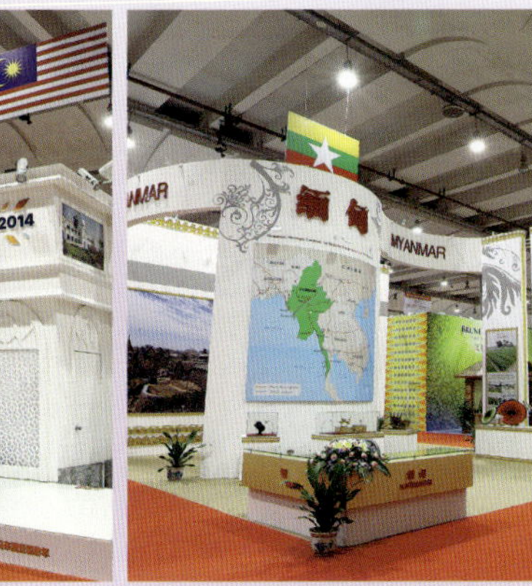

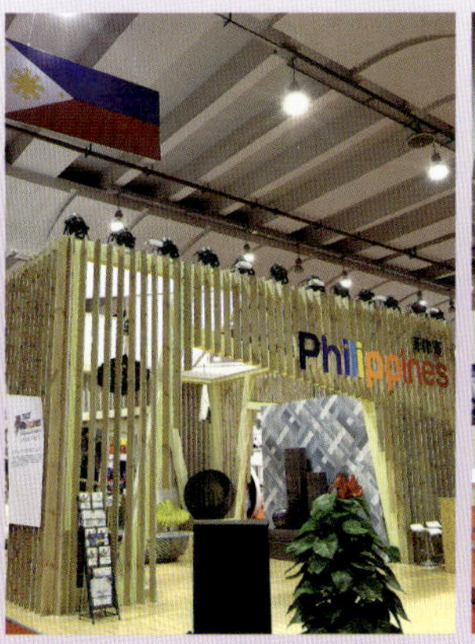

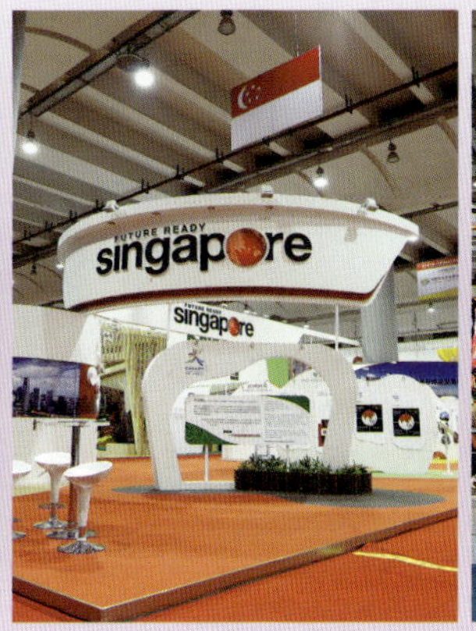

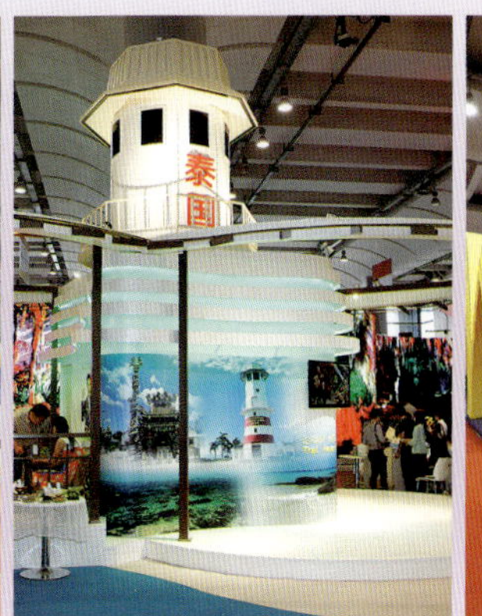

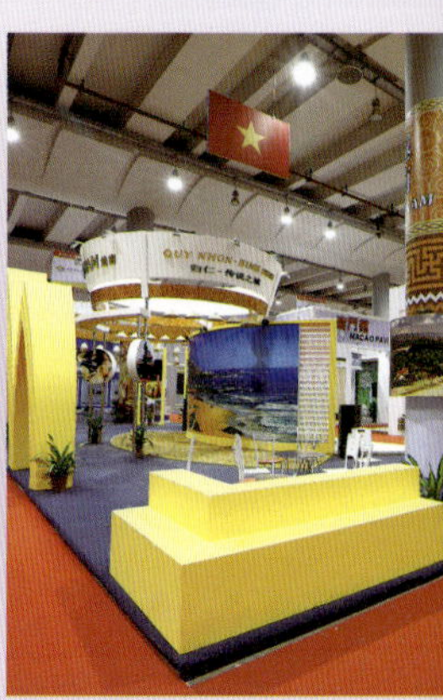

⑱

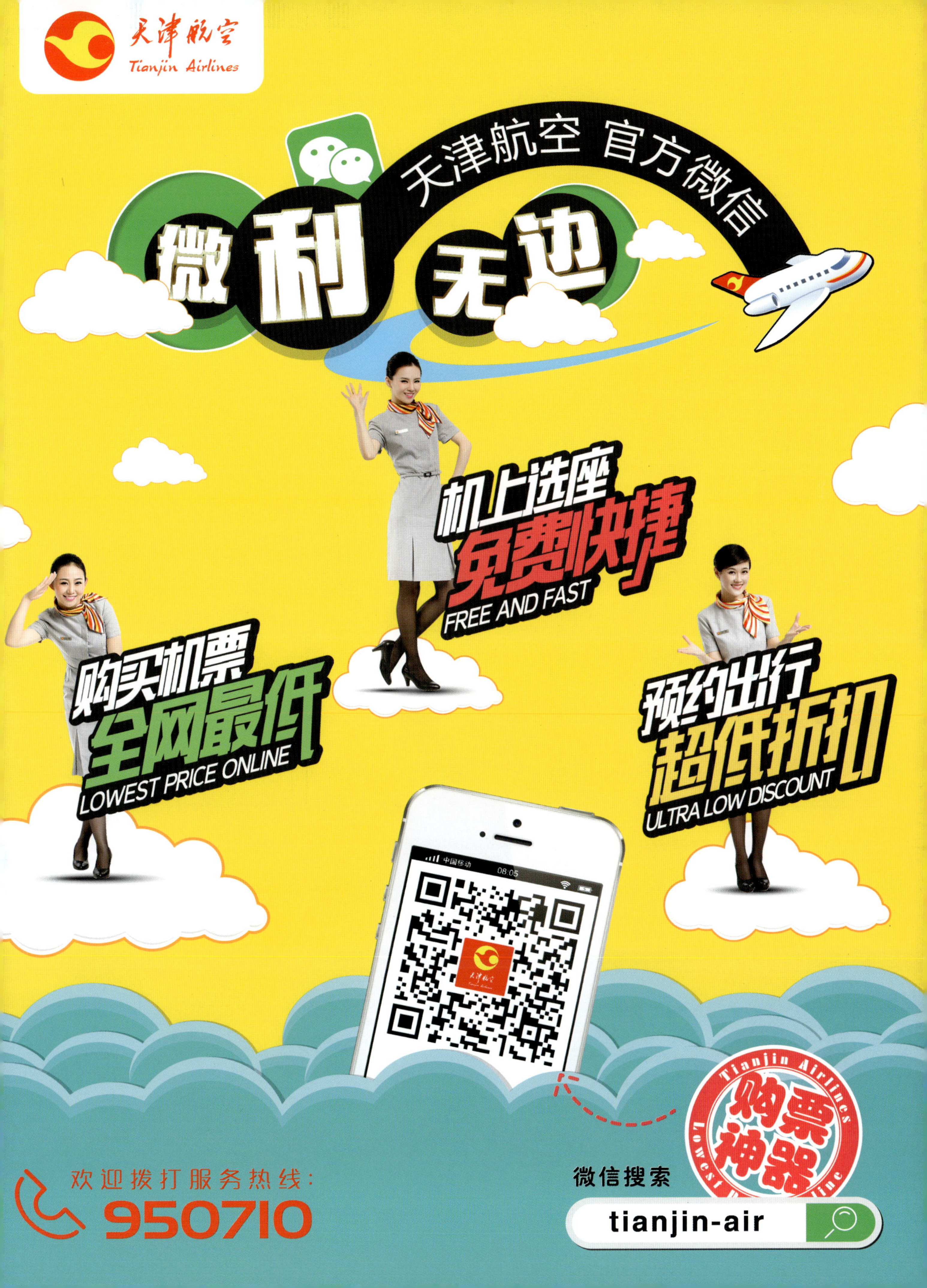
天津航空
Tianjin Airlines
天津航空 官方微信
微利无边
机上选座
免费快捷
FREE AND FAST
购买机票
全网最低
LOWEST PRICE ONLINE
预约出行
超低折扣
ULTRA LOW DISCOUNT
Tianjin Airlines
购票神器
欢迎拨打服务热线：
950710
微信搜索
tianjin-air

流光溢彩
创新的时尚元素
与您一起分享
SHARE
✆ 4008-894-808
TFN
MADE WITHSWAROVSKI®ELEMENTS
施华洛世奇官方真品确认编码 1600007 大中华授权 1521513 全球合作伙

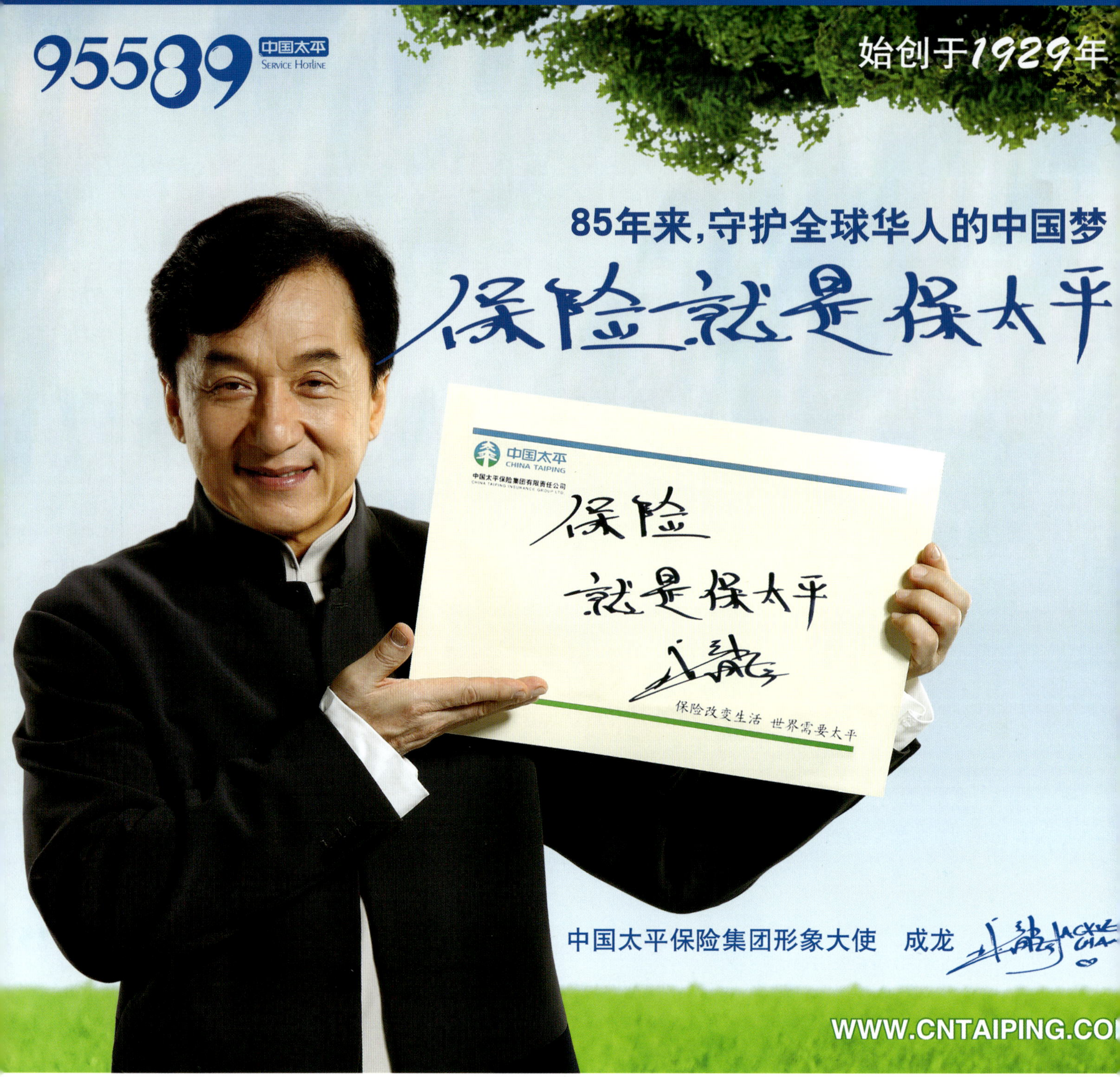
95589 中国太平 Service Hotline
始创于1929年
85年来，守护全球华人的中国梦
保险就是保太平
中国太平 CHINA TAIPING
中国太平保险集团有限责任公司
保险
就是保太平
保险改变生活 世界需要太平
中国太平保险集团形象大使 成龙
WWW.CNTAIPING.CO

北京银行

两面针®
民族品牌
大日化
医药
纸业
精细化工
房地产
柳州两面针股份有限公司
LIUZHOU LIANGMIANZHEN
柳州两面针股份有限公司

源生珠宝
original jewelry
源于深海 · 优雅一生

广汽传祺
中国梦·世界车

CAEXPO

C-NCAP

CCTV
中国年度品牌大奖

J.D.Power
中国新车质量大奖

发动机
动力中国2013年度
发动机大奖

GA3 新潮流梦想中级车
GA3S 优质时尚家轿
GA5 公商务性能座驾
GS5 引领风尚都市SUV

传 祺
Trumpchi

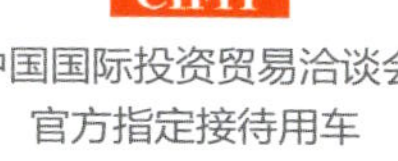
CIFIT

INTERNATIONAL FORUM (TEDA)

# 广西东方南珠珠宝公司简介

珍爱一生，东方南珠——1998年，广西东方南珠珠宝公司籍东方物华，挟南珠天宝而创立，其前身是北海智达海洋工艺品总汇；是一家集珠宝首饰新品设计、技术研发、生产加工、批发以及直营零售和自营进出口业务为一体的综合型珠宝首饰公司。

*靓丽耀东方，南珠传世界。*东方南珠珠宝公司自创立以来一直高举“创新、精工”的旗帜，主营驰名中外的合浦南珠、大溪地黑珍珠等，长期注重自身设计力量和营销团队的选拔与培养，在服务上注重细节，坚持推行国际时尚与东方审美情趣的完美结合，并因此以独特的视角，形成了自我的风格。并以营销推广中心、生产营运中心、品牌营运中心三个中心为核心团队，一贯注重产品质量，追求品质。从珍珠养殖、原料采购、新品研发设计、制造工艺到产品出货等环节层层严谨把关。本着为顾客创造价值为核心，坚持以品牌建设为中心，以成就合作伙伴为重点，致力于构建科学发展和人性化服务的管理和优质的市场销售服务体系。

随着中国东盟自由贸易区的深入建设，南宁这座昂然崛起的区域性国际化大都市已迎来了经济发展的最好时期。东方南珠珠宝有限公司凭借良好的综合发展实力和竞争优势，在未来10年内的展望里，将以“知而获智，智达高远”的创业精神，锐意创新，整合资源，逐步向更高层次的集团化发展目标迈进！

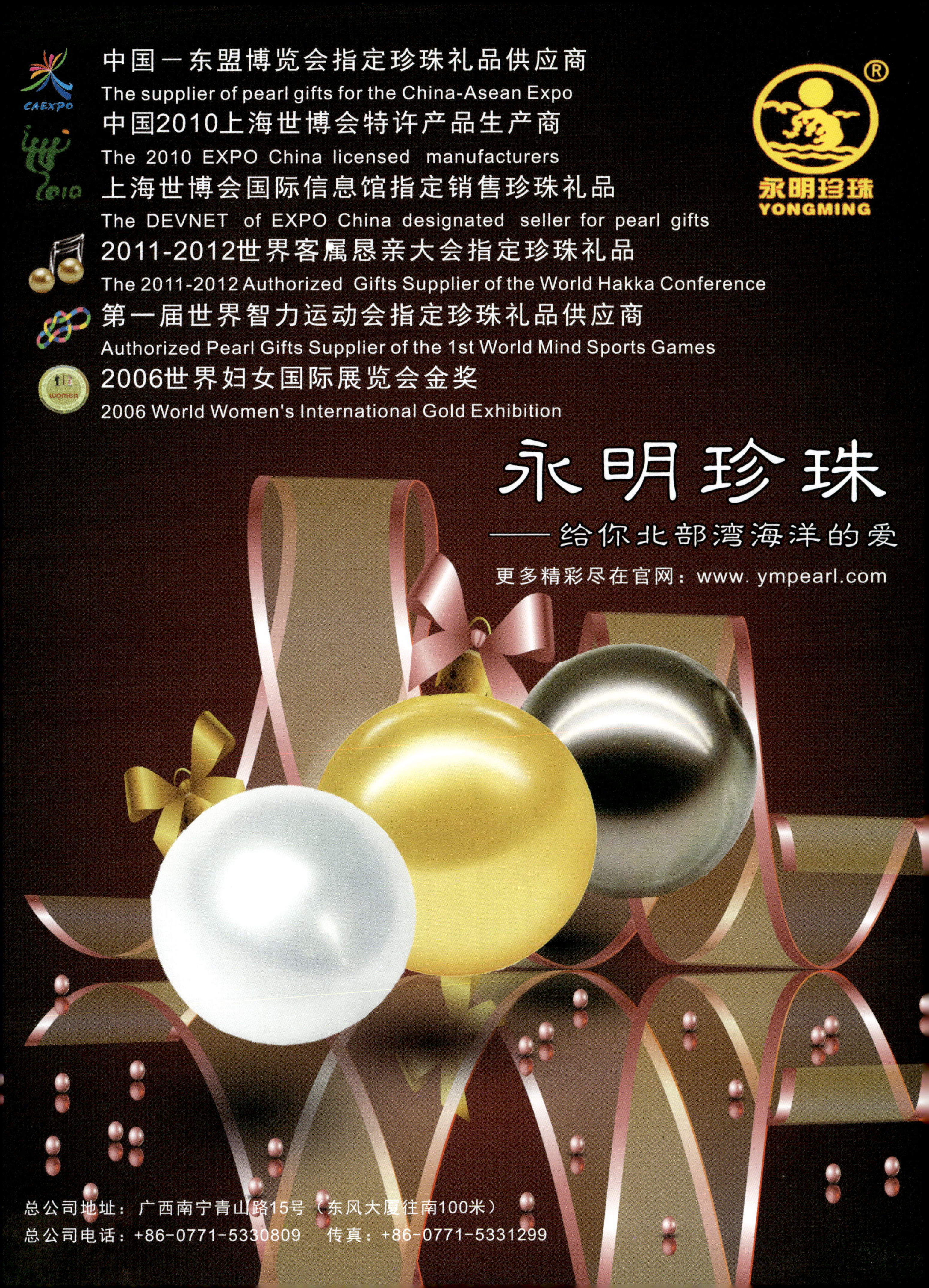
中国一东盟博览会指定珍珠礼品供应商
The supplier of pearl gifts for the China-Asean Expo
中国2010上海世博会特许产品生产商
The 2010 EXPO China licensed manufacturers
上海世博会国际信息馆指定销售珍珠礼品
The DEVNET of EXPO China designated seller for pearl gifts
2011-2012世界客属恳亲大会指定珍珠礼品
The 2011-2012 Authorized Gifts Supplier of the World Hakka Conference
第一届世界智力运动会指定珍珠礼品供应商
Authorized Pearl Gifts Supplier of the 1st World Mind Sports Games
2006世界妇女国际展览会金奖
2006 World Women's International Gold Exhibition
永明珍珠
YONGMING
永明珍珠
——给你北部湾海洋的爱
更多精彩尽在官网：www.ympearl.com
总公司地址：广西南宁青山路15号（东风大厦往南100米）
总公司电话：+86-0771-5330809 传真：+86-0771-5331299

# 南宁市

市委书记余远辉（前排左二）、市长周红波（前排左一）率队考察重大招商引资项目

第四十五届世界体操锦标赛将于2014年10月在南宁举办

**南宁**，取意“南疆安宁”，简称“邕”，广西壮族自治区首府。下辖六县六城区，有三个国家级开发区，总面积2.21万平方公里，其中市区面积6447平方公里，2013年末全市户籍人口724.43万人。聚居着壮、瑶、回、苗等49个少数民族，是我国少数民族人口最多的首府城市。

2013年，南宁市全力以赴稳增长、调结构、促发展、惠民生，经济社会发展实现新跨越，全市实现地区生产总值2803.54亿元，增长10.3%；财政收入473.66亿元，增长12.24%；规模以上工业增加值777.52亿元，增长16.6%；全社会固定资产投资2475.01亿元，增长23.4%；社会消费品零售总额1450.84亿元，增长14.01%；被评为“2013中国最佳休闲城市”，实现社会管理综合治理“长安杯”三连冠、“全国科技进步先进市”七连冠，全国城市文明程度指数测评在省会/副省级城市排第8位。

南宁市大力实施“工业强市”战略，重点发展铝深加工、电子信息、机械装备制造、食品加工、生物医药、清洁能源六大重点产业，工业发展提质增效。2013年，电子信息等六大重点产业规模以上工业总产值增长23.13%，富士康南宁公司产值157.2亿元，成为南宁首家产值超百亿元企业；世界上直径最大的铝合金圆锭在南南铝试产成功；广发重工集团“中广轨道1号盾构机”正式下线，高端装备制造业实现零的突破。

南宁市充分发挥首府城市优势，围绕建设沿边金融综合改革试验区，大力发展以金融为核心的现代服务业，加快建设南宁区域性金融中心，五象新区金融街初具规模，人民币跨境结算中心加快建立。全市现有证券分公司8家、证券营业部48家、期货营业部24家、保险公司35家，小额贷款公司108家、融资性担保公司65家。2013年，全市金融业增加值增长12.4%，占第三产业增加值的17.96%。

南宁保税物流中心

城市新地标——南宁大桥

南宁市着力抓建设优环境，全力打造生态宜居的现代化都市。突出五象新区开发建设，大力推进铁路、高速公路、航空、黄金水道、轨道交通“五位一体”立体交通体系和城市交通基础设施建设，南桂、南柳及南宁至钦北防高铁相继开通，南宁迈入高铁时代。随着“美丽南宁”建设的不断推进，旧城改造的加快实施，以及民歌湖、相思湖、明月湖等环城水系和民族大道、五象大道、竹溪大道等一批城市精品线路园林景观的进一步提升，南宁的城市容貌不断改善，“水城”、“绿城”的城市名片更加靓丽。2013年，全市建成区绿地率、绿化覆盖率和人均公园绿地面积分别达36.56%、42.09%和13.74平方米，环境空气质量（AQI指数）优良率达75%，在省会城市（直辖市）中名列第6。

南宁市围绕现代装备制造、电子信息、轻工食品、铝精深加工、生物制药等五大产业链，优化招商引资环境，招大商引强企，不断引导产业集聚。2013年，南宁投资环境满意度排名全区首位，成功引进了绿地集团等6家世界500强企业，宝能、万科、研祥、海王等20多家国内行业龙头企业落户南宁。

南宁市不断优化开放合作平台，充分发挥“南宁渠道”作用，自2004年以来，成功服务了10届中国—东盟博览会和商务与投资峰会。积极参与泛北部湾经济区合作及大湄公河次区域合作，成为中国面向东盟开放合作的重要桥梁。目前，已有19个国外城市与南宁缔结友好城市关系，6个东盟国家在南宁设立总领事馆，南宁国际化程度不断提升。2014年10月，第四十五届世界体操锦标赛将在南宁举办，是继1999年天津之后，中国第二个获得体操世锦赛承办权的城市。届时，全世界的目光将聚焦南宁，南宁也将以此为契机，以更加开放包容、充满活力、跨越发展的城市形象迎接八方宾客！

南南铝20万吨铝材加工热轧生产线

俯瞰广西体育中心

# 防城港

防城港市地处中国大陆海岸线最西南端，是一座极具特色的港口城市、边关城市、海湾城市，是中国内陆腹地进入东盟最便捷的主门户、大通道和桥头堡。1968年建港，1993年建市，总面积6222平方公里，下辖港口区、防城区、上思县和东兴市，总人口约100万人，有汉、壮、瑶、京等21个民族，海岸线580公里，陆地边界101公里。

作为广西北部湾经济区的核心城市之一，防城港市区位优势突出、历史文化厚重、资源物产丰富、自然风光秀丽、民俗风情浓郁，是国家重点布局的钢铁能源基地和沿边重点开发开放试验区，在中国—东盟自由贸易区、泛北部湾区域合作中居于特殊重要的战略地位和得天独厚的发展优势。防城港市的优势主要体现在六个方面：

## （一）区位优势好

地处广西北部湾经济区的核心区域和华南经济圈、西南经济圈与东盟经济圈的结合部，与越南社会主义共和国山水相连，是我国唯一一个与东盟陆海相通的城市。“开门见东盟，迈步就出国”，拥有独特的沿海、沿边开放的双重优势。现有国家级口岸5个，边民互市贸易点5个，近几年每年出口东盟货物和关税收入均占广西总量的六成左右，其中，去年防城港东兴口岸年出入境达462万人次，是继深圳、珠海之后，我国沿海第三大出入境人数最多的口岸，为我国陆路边境口岸之最。

## （二）港口条件好

防城港是全国25个主枢纽港之一，是我国距马六甲海峡最近的海港，是广西唯一在国外各大港口有代码注册的枢纽港口，与100多个国家和地区的250多个港口通航。规划港口岸线达105公里，设计年吞吐能力远景可超5亿吨。2012年，全市港口货物吞吐量已突破亿吨大关，是广西唯一的亿吨大港、中国西部第一大港，是我国重要的铁矿石、建材及煤炭等重要战略物资的中转基地。现有港口泊位121个，其中生产性泊位116个，万吨级以上深水泊位33个，港口年通过能力达1.2亿吨，正在着手建设的港口项目还有10多个，未来3-5年港口通过能力将达到2.8亿吨。

## （三）资源禀赋好

辖区内港口、海洋、矿产、旅游、农林资源丰富。海洋方面，拥有4万多平方公里海域，是中国沿海最干净的海域之一，海产品远销欧美日韩等国；矿产方面，拥有丰富的锰、钛、锡、铝、锌等矿产资源，且矿藏品种多，品位高，矿点遍布全境；旅游方面，集“山、海、边、港、民”于一体，风光旖旎、美不胜收，滨海风情、边关风情、异域风情、少数民族风情十分浓郁；生态方面，森林覆盖率达59%，拥有世界唯一的国家级金花茶自然保护区和中国最大、最典型的海湾红树林，被联合国环境署批准列入被联合国环境署批准列入中国第一、全球三大GEF红树林国际示范区，是国际间候鸟迁徙的重要通道。特别是企沙半岛三面环海，腹地广阔，开发成本低，环境容量大，被权威专家认定为“中国大陆海岸线最后一段还没有得到有效开发的黄金海岸线”，是中国建设大型冶金工业的风水宝地。

## （四）创业环境好

交通发达，距离南宁、北海两大机场均一个多小时车程，高速公路和铁路直达港口。作为全国仅有的2个沿海沿边的地级市，防城港市同时享有中国—东盟自由贸易区、西部大开发、广西北部湾经济区、东兴国家重点开发开放试验区、沿边金融综合改革

——产业优势

◆ 钢铁项目

◆ 金川施工现场

全国最大的食用植物油生产基

试验区等政策，包括规费减免、财政支持、金融服务、税收优惠、进出口贸易补助、资金奖励、用海用地保障、人才倾斜等方面的特殊政策，是名符其实的多重优惠政策叠加的投资洼地、兴业宝地。十分适合发展钢铁、能源、修造船等临海大工业项目及港口、物流、商贸、旅游等现代服务业。

### （五）产业发展好

防城港市腹地广阔，交通便利，能源充足，工业用地多，开发成本低，环境容量大，被权威专家认定为“中国大陆海岸线最后一段还没有得到有效开发的黄金海岸线”，是国家重点布局的钢铁、能源基地，在全国生产力布局中具有重要地位，现已经形成全国最大的磷酸加工出口基地和重要的粮油加工基地。特别是随着总投资超2000亿元的钢铁、核电、金川铜镍等一批重大产业项目的相继落户建设或建成投产，将吸引带动一大批上下游配套产业的发展，推动电力、化工、建材以及和机械装备制造、汽车、造船、节能环保、现代物流、高新技术等关联产业的集聚发展，形成数个超千百亿元产值的特色产业集群。仅以防城港钢铁基地项目为例，据初步估算，钢铁项目主产和上下游配套产业的产业集群总投资规模超过2000亿元，年产值2000亿元以上。

### （六）发展态势好。

“十一五”期间，防城港市 23项主要指标全部实现翻番，人均生产总值达6万元人民币，连续多年保持广西第一。先后荣获“中国最具国际影响力城市”、“中国十大最关爱民生城市”、“中国十佳和谐可持续发展城市”等称号。据中国社科院发布的蓝皮书，2012年防城港市综合竞争力提升速度居全国294个地级以上城市第23名。2013年3月《中国经济周刊》和中国社科院联合发布的《中国城镇化质量报告》显示，防城港市在全国286个地级以上城市城镇化质量排名126位，在广西排名第一。

◆ 中国金花茶之乡

◆ 中国白鹭之乡

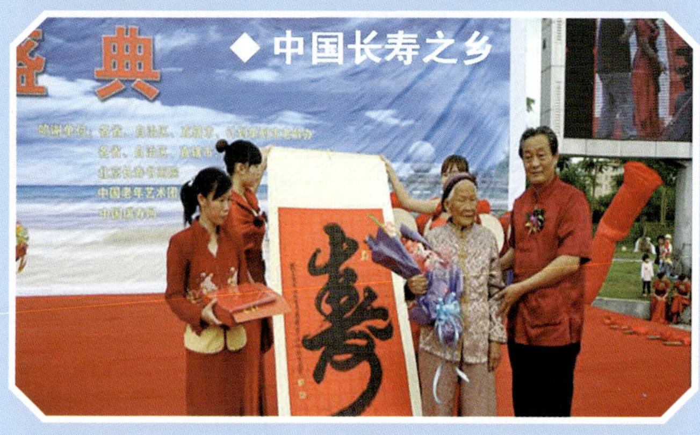
◆ 中国长寿之乡

全国最大的磷酸加工出口基地

——港口优势

◆ 24个主枢纽港之一
万吨至20万吨级泊位31个

联合国环境署确定的“三大红树林示范保护区”之一

# 中国—马来西亚钦州产业园区

2013年10月4日，国家主席习近平在对马来西亚进行国事访问会见纳吉布总理时明确提出："将钦州、关丹产业园区打造成两国投资合作旗舰项目，带动两国产业集群式发展"，并与纳吉布总理共同见证了钦州、关丹产业园区多项合作协议的签署。

2013年10月9日，国务院总理李克强出席第16次中国—东盟领导人会议会见纳吉布总理时提出："要建设好钦州、关丹产业园区"。

中国—马来西亚钦州产业园区是中马两国投资合作旗舰项目，是继中新苏州工业园区、中新天津生态城之后，中外两国政府合作建设的第三个园区，与马来西亚—中国关丹产业园区共同开创了"两国双园"国际园区合作的新模式。

园区的成立、建设、发展都凝聚着中马两国领导人的高度重视和亲切关怀。2013年10月，习近平主席、李克强总理先后出访东盟会见马来西亚总理纳吉布时明确提出：建设好钦州、关丹产业园区，将其打造成两国投资合作的旗舰项目，带动两国产业集群式发展。同年10月底，国务院特别批准自2013年起给予园区连续3年每年8亿元人民币中央财政补助资金。2014年7月20日，国务院办公厅作出《关于支持中国—马来西亚钦州产业园区开发建设的复函》，明确支持园区先行先试、深化改革，在产业发展、金融创新、外汇管理、人才建设和土地开发利用等方面给予园区一系列政策支持。为统筹推进"两国双园"开发建设，中马两国政府还专门组建了由两国商务部（贸工部）牵头的中马"两国双园"联合合作理事会，建立了"两国双园"联合招商机制。

中马钦州产业园区位于钦州市南部，毗邻广西钦州保税港区、国家级钦州港经济技术开发区，规划面积55平方公里，规划人口50万人。园区分为工业区、科技研发区、配套服务区和生活居住区。其中，工业区占地30.2平方公里，产业选择既立足现有基础、深化两国特色优势产业合作，又着眼未来发展、培育战略性新兴产业，重点发展装备制造、电子信息、食品加工、材料与新材料、生物技术等产业。科技研发区占地2.4平方公里，鼓励两国企业和世界顶尖研发机构在新一代移动通信、多媒体设备、

慧宝源（钦州）生物医药产业建设项目鸟瞰效果图

中马钦州产业园区国家级燕窝及营养保健食品检测重点实验室工程效果图

CHINA-MALAYSIA QINZHOU INDUSTRIAL PARK

材料、生物技术、海洋科技等方面开展技术交流与合作，联手抢占国际产业链的制高点，促进产业与科技融合发展。配套服务区占地3.8平方公里，大力发展现代物流、金融保险、商贸会展、文化康乐、技术咨询、服务外包、教育培训、区域总部经济等现代服务业，共同打造产业链和服务链，促进第二、第三产业融合发展。生活居住区占地18.6平方公里，按照分级社区服务规划，营造具有浓郁东南亚风情、现代生态城市风格的国际化、高品质产业新城，打造全球客商在钦州投资发展、舒适生活的“第二家园”，促进产业与新城融合发展。园区不仅服务中马两国企业，同时面向全球招商，着力建设“先进制造基地、信息智慧走廊、文化生态新城、合作交流窗口”，努力成为21世纪海上丝绸之路、中国—东盟自贸区升级版、广西建设西南中南新战略支点和北部湾开放开发的新平台、新动力、新亮点。

广西壮族自治区党委书记彭清华高度重视园区发展，多次到园区考察指导工作，要求以创新的思维、开放的视野、积极的态度、务实的作风加快园区建设

园区分三期建设，首期15平方公里，其中启动区7.87平方公里，将于2015年前基本建成。目前，园区基础设施建设正在全面加速。启动区7.87平方公里的土地征收已全部完成，“一纵一横”主干道已建成通车，年底前启动区10条路网将全部打通。招商引资势头良好。慧宝源生物制药、中马粮油（棕榈油）加工两个项目已完成主体施工，将于三季度相继投产，马来西亚清真食品产业园正加快建设。同时，意向签约项目16个，在谈企业30多家，涉及投资额数百亿元。体制机制创新初见成效。正在学习借鉴上海自贸区经验，全面推进负面清单管理、人事管理体制改革等8方面30项改革举措，率先建成“广西壮族自治区改革创新先行园区”，积极申报北部湾自由贸易园区。

广西壮族自治区主席陈武多次到园区考察指导、现场办公，强调要把园区建设成为特色鲜明的产业园区、现代产业生态新城、自治区改革创新先行区。

2014年是园区开发建设的关键一年，我们将按照两国领导人为园区提出的“打造中马两国投资合作旗舰项目，带动两国产业集群式发展”的战略定位，围绕“强基础、重招商、优配套、活机制”的发展目标，继续弘扬“逢山开路、遇河架桥”的开拓精神，鼓足“五加二、白加黑”的创业劲头，在基础设施建设上立足于“快”，在招商引资上立足于“好”，力争完成年度投资50亿元，全面掀起园区开发建设新热潮。

我们坚信，在中马两国领导人的高度重视下，在自治区党委、政府的直接指导下，在社会各界的大力支持下，经过园区上下的不懈努力，到2015年底，一个基础设施基本完善、产业特色比较突出、综合配套日益健全、体制机制创新发展的现代化国际化产业园区和生态新城将绽露雏形！两国领导人定位的中马两国投资合作旗舰项目将逐步展现在千帆竞发的北部湾畔！

会见会场

陈武（右）与汪民（左）亲切握手

汪民副部长（右一）等领导参观矿

# 广西国土资源对外合作交流

## 中国—东盟矿业合作论坛暨推介展示会在南宁举行

2014年5月9～10日，第五届中国—东盟矿业合作论坛暨推介展示会在广西南宁国际会展中心举行。论坛主题是“建设绿色矿山，促进矿业可持续发展”。议题涵盖政府合作、技术合作、投资融资和项目合作。

来自中国和东盟国家矿业部委、矿业企业、矿业协会、商协会、金融机构、矿业研究机构和服务供应商等共507名代表参加了论坛和会议，其中中方参会代表401人，外方106人。中方参会代表中，国土资源部代表团40人，中国地调局代表团27人，各省（市）国土资源厅（局）代表团84人，各省（市）地勘单位代表团98人，中国冶金地质总局、中国五矿集团、中煤地质工程总公司、中国黄金公司等中央直属企业代表团56人。

外方参会代表中，柬埔寨、印尼、老挝、马来西亚、缅甸、泰国、越南7个东盟国家矿业部委代表团43人，其中，正部级领导1人，副部级领导3人，司局级领导有11人。东盟国家驻华总领馆代表18人，东盟国家商协会、矿业协会代表团22人。来自朝鲜、东帝汶、伊朗、土耳其、哈萨克斯坦、吉尔吉斯斯坦等其他国家代表共计23人。

2014中国—东盟矿业合作论坛开幕式现场

## 中国—东盟矿业合作论坛暨推介展示会重要活动

2014中国-东盟矿业合作论坛暨推介展示会紧紧围绕主题，重点举办了23项活动，内容更为丰富，实效更加突出。

开幕式　广西壮族自治区主席陈武、国土资源部副部长汪民、老挝能源矿产部副部长斯纳瓦·苏帕努冯、马来西亚自然资源与环境部副秘书长默罕默德·安里·默罕默德·诺尔、缅甸矿业部副部长吴丹吞分别在开幕式上致辞。

会谈活动　广西壮族自治区主席陈武分别会见了参加本届论坛的中外双方主要贵宾；国土资源部副部长汪民分别会见缅甸矿业部副部长吴丹吞一行、马来西亚自然资源与环境部副秘书长默罕默德·安里·默罕默德·诺尔一行、老挝能源矿产部副部长斯纳瓦·苏帕努冯一行和越南地质矿产总局局长阮文顺一行。此外，广西有色金属集团有限公司、广西地质矿产勘查开发局还分别与老挝、柬埔寨、缅甸、印度尼西亚、越南等国家的矿业部门举行了会见和会谈，就矿产资源勘查、项目合作开发深入交流。

中国冶金地质总局专场推介会和缅甸国家专场推介会　两场活动作为本届矿业论坛的亮点，分别由中国冶金地质总局和缅甸矿业部主办，各有7名和6名嘉宾在两场专场推介会上发表了专题演讲。

企业高峰论坛和各分论坛　共有63名国内外知名人士作为演讲嘉宾参加了高峰论坛和6个分论坛，其中，外方演讲嘉宾17人，分别来自老挝、越南、新加坡、马来西亚、印度尼西亚、泰国、澳大利亚、新西兰等8个国家；院士级演讲嘉宾1人，为国家卫星定位系统工程技术中心主任、中国工程院院士刘经南。

中国—东盟国家矿业高官与中国企业家闭门会议　与会各方介绍本国矿业投资政策和投资意向，为中国企业家、中国和东盟矿业部门之间提供了一个面对面沟通和交流平台，进一步加深了相互间的了解。

矿业项目签约、推介、洽谈会　本届论坛签约项目6个，其中涉及东盟国家项目1个，国内项目4个，非东盟国外项目1个。推介项目17个，其中，国外项目6个，区外项目4个，区内项目7个（局属矿权4个）。洽谈项目234个，其中有55个项目属于东盟及其它的国家矿权，国内矿权项目有179个，包括有色金属62个，黑金属30个，贵金属47个，非金属40个。

展览会　分为中国—东盟矿物珠宝展和中国—东盟矿业合作图片展两个部分，展览总面积超1.3万平方米。中国—东盟矿业合作图片展共分为“论坛结硕果”、“合作渐深入”、“交流促实施”三大部分，共126个展板，全面反映了矿业论坛举办五年来中国和东盟各国在地质勘查、矿业开发等方面的深入交流和合作的全面、丰硕成果。中国—东盟矿物

广西壮族自治区主席陈武

矿业投融资论坛现场

汪民副部长（右二）等领导参观中国东盟矿业成果图片展

中国—东盟测绘地理信息分论坛

广西地质矿产勘查开发局与山东省地质矿产勘查开发局签约

珠宝展在南宁国际会展中心1、2和3号展馆设标准展位700余个，共有参展商2100余人，是历届矿业论坛中展位最多、规模最大的展览，也是广西区内珠宝展中品种最齐全、品质最好的一届。区外展商主要来自东盟国家，港澳台地区及其它国家，其中，缅甸展位有56个，台湾48个，广西区内展位159个。本届中国—东盟矿物珠宝展首次引入全国著名产地的矿物晶体及广西新开发的珠宝玉石新品参展，集中展示了矿物晶体和珠宝玉石文化，也充分展示了广西珠宝玉石的地方特色。展会期间，前来观展的采购商、收藏家、珠宝玉石爱好者、观众等超过10万人次，销售成交额达1.3亿元。为期5天的中国—东盟矿物珠宝展得到了各主办方广泛认可，也得到了国内外参展商、国内外买家和观展群众高度称赞。

会场

## 中国—东盟矿业合作论坛暨推介展示会务实亮点

首次举办国内企业中国冶金地质总局专场推介会　中国冶金地质总局就地质勘探、矿业开发、岩土工程、地理信息等方面的优势及缅甸矿业开发的环境、政策和问题等进行详细而深入的介绍，共推介了15个矿产勘查合作项目，集中展示了冶金地质总局核心竞争力、新能源开采、发展战略、资源优势、先进技术。

首次举办缅甸国家专场推介会　重点介绍缅甸国内的矿产资源现状、投资政策及环境等，推动中缅矿业领域互利互惠合作，促进在相邻区域重要的成矿带进行编图、成矿规律对比研究、资源潜力评估等，专业性和实用性较强，对寻求矿业合作和开发有较强的吸引力。

首次将亚洲国家矿业开发与可持续发展和中国—东盟地理信息纳入论坛交流合作内容。采用国别报告的形式展开，重点介绍了本国的基础地质和矿产分布、矿业管理机构设置、矿业开发情况、绿色矿山建设，以及矿业政策最新动态和本国矿业在世界上的地位等内容；部分代表还介绍了本国矿权分布、矿业投资机会、外资投资本国矿业的申请程序等非常实用的信息。首次举办的中国—东盟测绘地理信息论坛为广西测绘地理信息实施“走出去”战略成功迈出了第一步，为广西乃至全国测绘地理信息企业走向东南亚开辟了更加广阔的前景，同时也为我国在测绘地理信息应用方面搭建了稳定的交流平台。

继续举办中国—东盟矿物珠宝展。作为在南宁举办的汇聚了珠宝玉石品种最齐全、参展商最多、品质最好、规模最大的一次盛会，第二届中国—东盟矿物珠宝展在参展观众数量和商品成交额上均创新高。

制作中国-东盟矿业合作图片展和反映矿业论坛举办四周年成果的专题片。图片展用大量的珍贵照片全面回顾、展示了矿业论坛举办以来所取得的丰硕成果，得到了与会嘉宾的高度赞誉。专题片《相约绿城　携手共赢——中国-东盟矿业合作论坛暨推介展示会四周年回眸》时长13分钟，在论坛开幕式上播放，与会代表共同见证了中国与东盟国家矿业领域交流与合作、开放与发展的过程。

## 中国-东盟矿业人才培训

2014年7月14日，中国—东盟矿业人才交流中心第三期矿山环境保护与采矿培训班在南宁开班，培训班为期45天，共有11名东盟国家学员参加学习。本期培训班的内容是环境保护与采矿技术研究，综合矿山环境保护与采矿工程于一体，不仅有矿山环境恢复治理技术、采矿工艺与方法、矿山投资、矿山设计等理论知识的学习，还将安排矿山实地考察，有效提高学员的实践能力，使学员能够更好地掌握矿山环保工艺理论，熟悉各种采矿工艺流程。从2013年至今已举办三期培训班，为东盟国家培训学员共计30名。

## 地质与矿产资源领域对外开放与合作

2014年上半年，组织5个境外风险勘查基金项目开展原始资料验收工作和专项项目验收工作，分别为柬埔寨柏威夏省罗文铁矿普查（新开、续作）、柬埔寨柏威夏省基来铁矿上丁省窝高岗铁矿靶区优选与评价、澳大利亚布罗肯希尔地区EL7472探矿权铜多金属矿预查、加拿大安大略省雷湾地区布丁河铜镍矿预查、澳大利亚布罗肯希尔地区EL7576铜金多金属矿普查；完成柬埔寨地质化探调查阶段性总结，拟申请登记一个探矿权；与柬埔寨王国国防部发展局、香港硅产业资源有限公司于6月19日签订了矿业经济战略合作协议；完成马来西亚联邦关丹市铁山铁矿区1: 5000高精度地面磁测面积1.0km$^2$，为进一步找矿工作部署提供了依据；与宝钢资源公司合作开展印度尼西亚红土型镍矿勘查。已到矿区现场踏勘，编写勘查设计，下半年开展野外调查。

新西兰石没和矿产资源局与中国广西地质矿产勘查开发局签约

中国—东盟国家矿业高官与中国企业家闭门会议现场

# 自治区司法厅

2013年，广西司法行政机关全面落实司法部和自治区党委政府的决策部署，紧紧围绕服务发展大局、服务社会稳定、服务保障民生，以平安广西、法治广西、过硬队伍和基层基础规范化建设为重点，积极推进司法行政工作发展。

## 司法行政服务经济社会发展工作加强

2013年广西司法行政机关加强法律服务，保障经济社会发展。律师受聘为4518家政府和企事业单位担任法律顾问，与4700多个社区签订法律服务协议。南宁五象新区、柳州汽车城、中-马钦州产业园等专项法律服务团发挥积极作用。开展“法律服务农民工”活动系列活动，上法制课117场，提供法律咨询服务1.23万人次，办理法律援助案1346件。全年律师办理刑事、民事案件和非诉讼业务4.4万件。办理公证事务14.63万件。村级法律援助网络和联络员实现全覆盖。办理法律援助案件3.12万件，受援总数3.38万人。办理鉴定案件3.42万件。

1月23日，司法部副部长郝赤勇（中）到女子强制隔离戒毒所视察。

## 司法行政维护社会和谐稳定作用得到充分发挥

2013年广西司法行政机关积极发挥维护社会和谐稳定、弘扬社会主义法治职能作用，推进平安广西、法治广西建设，维护社会和谐稳定。年内调解矛盾纠纷29.45万件，调解成功28.68万件，调解成功率97%。加强社区矫正工作，至年底累计接收社区服刑人员2.99万人，累计解除社区服刑人员1.34万人，社区矫正人员累计再犯罪率0.13%。安置帮教“无缝对接”和社会化帮扶机制建立。创建政府投入为主的过渡性安置基地13个，依托社会企业建立过渡性安置基地123个，全年排查衔接刑释解教2.47万人，帮教率96.9%；安置2.4万人，安置率97.4%，刑释解教人员重新犯罪率0.016%。

7月31日，自治区党委常委、政法委书记温卡华在全区人民调解工作现场会上翻阅人民调解卷宗

自治区副主席、公安厅厅长高雄参加司法厅法律服务农民工现场活动，图为高副主席在都安建兴机械厂法律服务工作室了解情况

## 监狱劳教（戒毒）系统保持安全稳定

2013年广西监狱劳教（戒毒）系统加强监所安全稳定工作。开展监所“教育质量年”活动，监狱顽固犯转化率在60%以上。开展平安、法治、文化监狱建设，推行服刑人员计分考核奖罚制度，规范监所执法；推进与武警部队共建、共管、共保安全“三共”建设，加强监所监管。开展废止劳教制度相关工作。探索直收戒毒人员工作，推行强制隔离戒毒“四·四模式”，完善“十步脱瘾法”，戒毒工作水平提高。年内，全区监所全部实现无服刑劳教人员脱逃、无重大狱所内案件、无重大疫情发生、无重特大安全生产事故“四无”目标。

## 依法治理和法制宣传工作扎实推进

2013年广西司法行政系统加强“六五”普法中期检查督导，推进依法治理和法制宣传工作。推进领导干部学法用法联系点建设，建立联系点3166个。推动普法依法治理工作，开展“普法边关行”、“法律服务农民工”、“深化‘法律六进’，推进依法治桂”法制宣传教育活动。组织“六五”普法中期检查督导，推行学法用法和普法考试无纸化。全年组织法制培训班1.61万期，举办法制讲座1.55万场，组织法制文艺演出8472场次；有16个市、县（市、区）被评为全国法治创建先进单位，创建全国民主法治示范村14个。

8月27日至9月6日，自治区组成15个检查督导工作组在全区开展“六五”普法中期督导检查。图为自治区依法治桂领导小组副组长、依法治桂办主任、自治区司法厅厅长赵波带队在南宁市进行检查。

7月31日，全区人民调解工作现场会上，自治区司法厅、博白县政府向博白县农村人民调解委员会发放了100辆人民调解工作专用摩托车，图为自治区司法厅厅长赵波向人民调解员赠送车钥匙。

## 司法行政队伍建设取得显著成绩

2013年，广西司法行政部门、转变工作作风，推进过硬队伍建设和党风廉政建设。开展党的群众路线教育实践活动，收集基层和群众意见建议385条。厅本级“三公”经费开支减少282.34万元，精简会议463个，承诺办结时限由总共139个工作日压缩为99个工作日。继续推进竞争性选拔、遴选领导干部和干部挂职交流工作，干部选拔任用工作满意度排名第42位。全年全系统共举办各类培训班509期，累计培训2.57万人次。加大先进典型宣传，形成“学英模、见行动、比贡献”良好氛围。有先进集体634个，先进个人1112人次获地级市以上机关表彰。

## 司法行政基层基础建设规范化工作加强

2013年广西司法行政系统健全基层司法行政组织机构和服务网络，加快设施建设，推进基层组织、基础设施规范化建设。有13个市、111个县（区）、1228个乡镇（街道）建立“温馨之家·贴心服务”平台。市、县（市、区）司法业务用房获中央预算内投资批复项目23个，总投资2.91亿元，有14个项目竣工，42个项目开工建设。第一强戒所迁建项目列入自治区层面预备重大推进项目。

自治区司法厅卢万兵副厅长在国家司法考试期间指导梧州考区考务工作

7月17日组建广西首个国家级开发园区法律服务团—中马钦州产业园律师法律服务团

# 共建21世纪“海上丝绸之路”

## 广西出入境检验检疫局服务中国—东盟合作纪实

2014年是中国—东盟战略伙伴关系第二个10年的开局之年，中国—东盟合作正在从“黄金十年”迈向“钻石十年”。经过中国和东盟国家10年的共同努力，中国—东盟博览会和商务与投资峰会已经成为中国—东盟共同合作的公认平台、促进贸易投资便利化的有效载体和深化多领域合作的重要牵引，见证和助推了中国—东盟合作的“黄金十年”。

广西检验检疫局作为国家质检总局直属的涉外经济监管部门，负责辖区内的出入境检验检疫、认证、鉴定和监管等工作，自第一届博览会以来，按照国家质检总局、广西自治区党委政府的部署，建立服务博览会指挥应急系统，制定《服务中国—东盟博览会总体工作方案》，争取质检总局同意授予有关进口审批权限，并用好质检总局在入境参展的部分动植物及其产品检疫审批、未获“3C”认证产品展后销售、免收展品的检验检疫费用、在广西区域外入境参展的物快速通关等多项优惠政策，大大提高工作效率，更好地为国内外客商服务。针对博览会参展食品占很大比例，发现农药残留、细菌超标现象普遍，存在较大的风险，广西检验检疫局购置先进的农药残留快速检测仪等现场检测设备，开展快速检测业务，检测时间从过去的三到五天缩短至50分钟完成。博览会举办十年来，广西检验检疫局还加强与广西国际博览事务局、南宁海关、外运等部门的协调合作，在会展现场与海关实现“联合办公、共同查验、一站式服务”的同时，在人员出入境口岸，与海关“一机两屏”查验，通过改进检验检疫查验及通关模式，切实提高入境参会人员和参展物的通关速度。圆满地完成了服务第一至第十届博览会的工作任务，连续十届实现“零投诉”，得到中国—东盟博览会主办单位和社会各界的好评，被“两会”指挥中心评为服务工作先进单位。同时，积极推动中国与东盟合作，十年来，先后承办了4次部长级会议，中国—东盟质检部长会议获得“中国—东盟博览会10周年品牌论坛”称号。

同时，广西检验检疫局加强自身建设，按照国家质检总局抓质量、保安全、强质检、促发展的“十二字方针”以及自治区党委、政府的部署要求，在严格国门把关，确保进出口产品质量安全，防止疫病疫情传入传出的同时，主动采取一系列积极措施，促进广西经济社会发展。

该局加强与地方党委政府和有关部门合作，共把质量安全，促进产品出口。目前已与广西14个地市中的11个地市、自治区11个厅局和口岸联检单位签署合作备忘录，增强检验检疫工作服务地方经济发展的有效性；改革监管模式，促进口岸大通关。先后与贵州、重庆、四川、深圳、西藏、云南检验检疫局签署合作协议。全系统27个业务窗口实现标准化；加强能力建设，先后筹建11个国家重点实验室，其中9个已建成通过考核验收，数量居中西部直属局前列；加强口岸核心能力建设，目前广西18个一类口岸已全部通过世界卫生组织口岸核心能力建设的考核验收；推行出口质量安全示范区建设，已建成省级以上出口食品农产品质量安全示范区11个（其中国家级示范区5个），省级出口工业品质量安全示范区1个；加强改革创新，促进事业发展。积极推行技术机构改革，技术中心委托检验业务、保健中心承接社会体检业务大幅度提高。机关服务中心后勤保障与科技开发合作改革、口岸检疫处理改革也取得了显著的成效；服务特殊监管区业务发展，促进广西外贸转型升级；制定出台促进广西外贸稳定增长、服务战略支点建设的十五条措施；积极采取措施促进边贸健康发展；开展“为民服务、创先争优”、党的群众路线教育教育活动，党建和文明创建取得丰硕成果。先后有100多个单位（次）评为全国“文明单位”、全国“先进基层党组织”、“全国质检系统先进单位”、“全国检验检疫文明服务窗口”和自治区“文明行业”、扶持县域经济发展突出贡献奖等称号。

第十一届中国—东盟博览会将于今年9月16—19日在广西南宁举办。广西检验检疫局将围绕本届盛会以共建21世纪“海上丝绸之路”的主题，继续举全局之力，创新管理机制，完善工作方案，打造服务升级版，确保博览会的成功举办和国门安全。

第三届中国—东盟质检部长会议（SPS合作）副部级以上代表合影

国家质检总局局长支树平(左三)视察博览会现场

广西检验检疫局与自治区八厅局签署合作备忘录

中越植物检疫工作会谈

广西检验检疫局承办中国—东盟质检部长会议获得“中国—东盟博览会10周年品牌论坛”称号

广西局驻会展中心现场办对截获的有害生物进行鉴定

广西检验检疫局现场检测实验室开展快速检测业务

检验检疫工作人员对博览会展品现场快速检测

立足广西 面向东盟
促进资本与项目高效对接

《中国-东盟商务年鉴》理事会常务理事单位

# 广西师范学院

广西师范学院明秀校区图书馆

广西师范学院坐落于广西壮族自治区首府南宁市，前身为创办于1953年的广西教师进修学院，1978年12月经国务院批准，成为广西壮族自治区属全日制普通本科师范院校。2008年，学校在教育部本科教学工作水平评估中获得优秀等级。

学校现有明秀、长岗、五合三个校区，占地面积1688.7亩，校舍建筑面积33.68万平方米，教学、科研仪器设备总值达1.33亿元，馆藏图书285万册（其中纸质图书156万册，电子图书129万册）；设有21个二级学院、6个教辅单位、43个科学研究机构和1所附属实验学校，合作举办1所独立学院。现有全日制普通本科生12482人，专科生158人，硕士研究生1053人，留学生572人，成人高等教育学历生20080人。

广西师范学院校园一角

广西师范学院长岗校区
体育综合楼、运动场

## 学科专业结构不断优化

学校有哲学、经济学、法学、教育学、文学、历史学、理学、工学、管理学、艺术学等10个学科门类。开设有63个普通本科专业，其中教育部高等学校特色专业建设点4个、自治区级精品专业1个、自治区级重点专业1个、广西高校优质专业9个、广西高校优势特色重点学科8个。有11个一级学科硕士学位授权点、43个二级学科硕士学位授权点、4个硕士专业学位授权点。2013年获广西新增博士学位授予单位立项建设单位自治区财政专项经费资助，地理学、化学、教育学3个一级学科为授权学科，数学、马克思主义理论、社会学3个一级学科为支撑学科。是自治区首批立项建设特色高校之一，也是教育部批准的可以接受外国留学生和港、澳、台学生的院校之一。

## 师资力量不断增强

学校现有在职教职工1207人，其中专任教师847人，具有正高职称144人，具有博士学位161人。在职教师中享受国务院政府特殊津贴专家3人、全国“五一”劳动奖章获得者1人、教育部“新世纪优秀人才支持计划”1人，广西“五一”劳动奖章获得者3人、广西优秀专家3人、广西“新世纪十百千人才工程”第二层次人选5人、广西青年科技奖1人、八桂名师称号2人、广西高校教学名师4人、广西高校思想政治理论课教学名师1人、广西百名中青年骨干教师资助计划4人、广西高校优秀人才支持计划资助16人、广西高校青年骨干教师培养计划13人、广西高等学校优秀中青年骨干教师培养工程3人，有广西高校人才小高地创新团队4个、自治区级教学团队5个、自治区级教师教育学科教学团队4个。

中国社会科学院马克思主义研究院、广西师范学院、广西马克思主义理论研究和建设工程广西师范学院研究基地主办的2013年全国思想政治教育学术研讨会在南宁召开。

## 教育教学改革成效显著

学校有教育部本科专业综合改革试点1个、广西高校特色专业及课程一体化建设项目8个、广西高校重点教学实验中心5个、自治区级实验教学示范中心3个、自治区级实验教学示范建设中心2个；自治区级人才培养模式创新实验区建设立项2个；教师教育国家级精品资源共享课立项建设课程3门，自治区级精品课程34门，其中广西教师教育精品课程14门；自治区示范性教师教育基地1个，广西研究生教育创新人才联合培养基地1个、广西高校研究生联合培养基地4个。近5年来，学校先后获自治区级教学成果奖35项、广西教育科学优秀成果奖5项；全国课件大赛奖项130项，一等奖24项、二等奖33项，全区教学软件大赛奖项62项，一等奖16项，二等奖18项；自治区级教研教改课题158项，其中新世纪广西高等教育教学改革工程项目98项，广西教育科学规划课题60项。学校获广西教师教育研究课题26项；广西教育科学应急研究项目1项；广西教师工作重点委托课题1项；广西教育改革与发展研究重点项目3项；广西学位与研究生教育改革与发展专项课题研究项目31项。

学校被确定为首批自治区级示范性教师教育基地；启动了“教师教育改革创新实验区”建设，构建了“高师院校-地方政府-中小学”三位一体合作办学新模式；开展四年一贯制和“3+2”职教师资培养模式探索与实践。

## 科研实力不断增强

学校现有省部共建教育部重点建设实验室1个、自治区重点实验室1个、自治区党委宣传部重点研究基地1个、自治区级非物质文化遗产传承基地1个、自治区示范性教师教育基地1个、广西教育科学重点研究基地1个、广西基础教育学校教学改革试点项目研究基地1个、广西高校重点实验室3个、校地校企共建科技创新平台4个、广西高校人文社会科学重点研究基地1个。近5年来，学校共获纵横向科研项目974项，总经费15126万元，年均科研经费3025万元。获国家级项目36项，省部级项目191项，厅级和校级项目430项。全校教职工公开发表论文共4777篇，其中被SCI收录184篇，EI收录206篇；出版著作和教材226部。获得发明专利9项。获省部级以上奖励44项，其中获得广西社科一等奖3项、广西自然科学二等奖1项、广西科技进步三等奖2项。学校被评为第二次全国R&D资源清查工作教育系统先进集体、广西高校“三对创新行动计划”先进集体。学报被评为第七届广西优秀期刊，哲社版被评为全国优秀高校文科学报，“非物质文化遗产研究”栏目被评为全国高校文科学报特色栏目。

广西师范学院学校领导班子察看正在建设中的学校五合新校区模型，谋划学校发展。

## 人才培养质量稳步提升

学校秉承"德才并育，知行合一"的校训，努力培养适应社会发展需要的人才，学生实践创新能力显著增强。研究生、本专科生参加全国和全区各类学科竞赛共获得3342个奖项，其中全国奖项146项、一等奖14项、二等奖26项，全区奖项3196项、一等奖193项、二等奖482项。获国家级大学生创新创业训练计划项目44项，自治区级大学生创新创业训练计划项目130项。获得全国先进班集体1个，自治区先进班集体18个；学生田径队、篮球队被教育部确定为全国高校高水平运动队。本科毕业生就业率一直位于全区高校前列，连续十年获得"全区普通高校毕业生就业工作先进集体"荣誉称号。

教育部—联合国儿基会"社会情感学习（SEL）"项目培训者培训开班仪式于2013年7月17日在广西师范学院举行。联合国儿基会驻华办事处教育处官员、儿基会中国国家项目办官员、教育部有关部门负责人、国内外项目专家团成员以及广西教育厅有关部门负责人、广西师范学院校领导和来自全国部分地区的项目学者等参加开班仪式。

## 校园文化和社会实践活动丰富多彩

学校是团中央学校共青团重点工作创新试点单位，共青团分层分类思想引领工作体系建设被定为创新试点项目。先后十次获得由中宣部、中央文明办、教育部、共青团中央和全国学联联合颁发的全国大中专学生志愿者暑期"三下乡"社会实践活动先进单位荣誉称号。"师德论坛"荣获教育部高校校园文化建设优秀成果三等奖；"红水河"网站荣获第四届全国高校百佳网站，红水河网站的"精神家园"栏目被自治区教育厅授予广西高校思想政治教育主题网站"精品栏目"称号。创办校级学生社团34个，5个社团被评为全区高等学校优秀学生社团。学校荣获教育部高校校园文化建设优秀成果奖、广西高校校园文化建设优秀成果一等奖、全国和全区大学生艺术展演活动优秀组织奖、"挑战杯"全国大学生课外学术科技作品大赛高校优秀组织奖、首届广西全民读书活动优秀项目奖、广西高校首届教职工文化艺术节优秀组织奖，被评为全国高校艺术教育先进单位。

## 非学历继续教育规模不断扩大

学校先后被自治区教育厅批准为"广西'国家贫困地区义务教育工程'培训基地"、"广西中学校长岗位培训基地"、"广西中小学教师培训基地"、"广西幼教师资培训基地"和"广西中等职业教育教学改革指导中心"等，成为引领与服务广西教师教育师资培训的重要基地。近5年来，共培训学员9.5万人次；培训项目多，有国家级34项，自治区级27项，自筹培训项目20项，涉及35个学科，这些项目涉及幼儿教育、义务教育、高中教育、职业教育、高等教育等各类教师教育层次；培训层次不断提高，涉及高校校级领导、市县教育局长，全区高中校长等；培训效益不断增强，五年来培训经费累计达到6800万元。

## 对外交流与合作不断扩大

学校坚持开放办学，主动融入广西-东盟国际教育合作框架，在校内建立"泰国语言文化中心"，在印尼等东盟国家建设"汉语中心"、"汉语教育实习学校"。积极开展中外教育文化合作交流平台建设，与澳大利亚教育国际集团合作成立"中澳学院"，与广西侨务部门共建"广西华文基地"，新增国外合作高等院校及教育机构20多所。学校被授予"广西政府东盟国家奖学金"留学生接收学校。

2013年7月4日，在印度浦那进行的第20届亚洲田径锦标赛中，广西师范学院学生韦永丽夺得女子100米冠军，为中国添得一枚珍贵的金牌。图为韦永丽（中）获得金牌后与分别获得银牌、铜牌的日本选手福岛千里（左）和队友陶宇佳合影。

## 各项事业协调发展

学校先后获得全国民族团结进步先进单位、国家级语言文字规范化示范学校、全国群众体育先进单位、全国学校体育卫生工作先进单位、全国高校军训工作优秀学校、第二届全国优秀高等教育研究机构、中华经典诵读全国优秀组织机构、全国学校艺术教育工作先进单位、全国志愿助残示范基地、广西爱心大学 、广西高校安全文明校园、自治区级卫生优秀学校、绿色大学、自治区文明单位等荣誉。

附：广西师范学院校领导

党委书记：莫诗浦

院长、党委副书记：李丰生

党委副书记：叶德明

党委副书记、纪委书记：梁半农

副院长：黄初升、李仰智、彭　宁、邓艳葵、元昌安

地 址:南宁市明秀东路175号

单位电话：0771-3908690

邮 编：530001

广西壮族自治区教育厅主办、广西师范学院和广西幼儿师范高等专科学校承办的"2013年全区师范生教学技能大赛"在广西师范学院举行。

第三届全国大学生艺术展演活动在杭州举行，广西师范学院舞蹈《达勒蔓》代表广西高校参演喜获舞蹈甲组二等奖。

广西师范学院与共青团扶绥县委在扶绥县共同承办"东盟青年进壮乡"暨"宋干文化节"活动。

# 南宁经济技术开发区

## 【概况】

南宁国家经济技术开发区（简称南宁经开区）占地面积504平方公里,人口25万人，代管吴圩镇，托管那洪街道、金凯街道。为优化产业布局，南宁经开区由中心区和空港经济区两大部分组成，中心区主要由金凯工业园、银凯工业园、北部湾科技园、南宁生物医药产业园、中央商住区构成，产业有生物制药、机电制造、新材料、轻工食品。打造南宁生物医药产业园将成为中心区未来的重点。空港经济区将重点引进空港物流、航空食品、轻型电子和新材料、生物制药及商业住宅配套产业。

南宁经开区位于广西北部湾经济区核心城市——南宁市南端，是广西首个国家级经济技术开发区，吞吐量日益俱增的南宁机场就坐落在经开区内。南宁经开区是广西通往广东、湖南、贵州和云南方向以及出海出边国际大通道的桥头堡，广西多条交通主干道交汇于此，公路、水路、航空、铁路交通四位一体，枢纽作用十分明显。同时，入区企业可享受西部大开发优惠政策、广西北部湾经济区优惠政策、沿海开放城市优惠政策，少数民族自治区优惠政策和国家级开发区的优惠政策。南宁经开区以独特的区位优势、完善的基础设施、务实高效的政务环境、强劲的后发优势成为国内外广大投资者的热土和创业的乐园。

2013年南宁经开区继续保持又好又快发展，共完成全部工业总产值415.89亿元，同比增长30%；规模以上工业增加值114.16亿元，同比增长22.5%；全社会固定资产投资142.17亿元，同比增长29.02%，其中工业投资83.58亿元，同比增长77.79%；财政收入完成21.98亿元，同比增长16.56%；社会消费品零售总额69.02亿元，同比增长14.18%；区外境内到位资金72.28亿元，同比增长9.18%；直接利用外资6350万美元，同比增长16.94%。

2013年05月27日，自治区主席 陈武一行视察南宁机场扩建项目

2013年10月17日，自治区党委常委、市委书记余远辉深入南宁经开区的多家工业企业和重大项目建设现场实地调研，详细了解企业生产经营情况，与企业负责人和有关部门及园区同志研究破解制约企业发展的瓶颈问题和关键问题。

## 【投资环境建设】

2013年经开区完成基础设施投资约20.3亿元。一是加快项目用地平整工作，完成了11个项目的用地平整工作，平整用地约4449亩。二是加快园区道路建设，开工建设金阳路南段等16条道路（共12.8公里），完成了友谊路北段和10条“白改黑”道路工程，大大完善了园区路网，优化了投资环境。三是加快标准厂房及村民回建房建设，北部湾科技园标准厂房、金凯南总部经济大楼、北部湾科技园总部基地B区5栋大楼均即将完成竣工验收；北部湾科技园总部基地C区已开工建设。吴圩空港商贸中心有41栋已竣工。四是开展园区绿化美化提升工程，对园区金凯路、国凯大道、五象大道延长线等一批道路进行绿化亮化提升。

在抓好“硬件”的同时，南宁经开区也十分注重“软件”建设。南宁经开区全力打造“诚实守信，廉洁高效，开放包容，功能完善”的投资环境，继续推行“挂牌亮照”服务，每引进一个项目都安排一名管委会领导和一个部门负责统筹推进，管委会领导全程跟踪服务项目，制定项目推进表，明确责任，倒排时间，并定期将项目推进情况公布上墙，接受公众和督查部门的全程监督，协助做好项目开工前期各项准备工作，推动各项审批手续办理工作“大提速”；继续推行“一线工作法”与企业无缝对接，第一时间帮助企业协调处理遇到的困难和问题，干部职工的工作重心由办公室转移到工地或企业，把“会场”搬到现场，由“遥控指挥”转变为“实地服务”，为企业发展提供有力保障。

## 【项目建设】

2013年重大工业项目建设成果显著，全年新开工项目11个，总投资15.2亿元；续建项目10个，总投资13.9亿元；竣工投产项目25个，累计完成投资27亿元。研祥集团装备制造项目、中恒(南宁)生物医药产业基地项目实现了“当年签约、当年开工、当年建设”。

### 源生堂化妆品南宁生产基地项目竣工投产

1月9日下午，广西和桂集团源生堂化妆品南宁生产基地竣工投产。源生堂化妆品南宁生产基地项目总投资额1亿元，建筑总面积4.2万平方米，主要生产生发、养发、黑发系列中药草产品,厨房、家居清洁系列产品，日生产能力为10吨，年生产能力为3000吨以上，产值约5.5亿元，将提供就业岗位2000多个。

### 6个项目同时开竣工

6月20日，南宁经开区电缆桥架和母线槽生产项目、源生堂化妆品生产基地项目（一期）等6个项目举行开（竣）工仪式，6个项目总投资11.3亿元。其中，开工项目3个，总投资4亿元；竣工项目3个，总投资7.3亿元。项目全部建成达产后每年可新增产值14亿元。

### 12个项目集中开竣工

8月28日，南宁经开区12个总投资18.9亿元的项目集中开竣工。这12个项目包括柳州医药股份有限公司中药饮品生产基地项目、南宁—东盟国际石材中心项目、经开区道路白改黑工程项目等。其中，开工项目8个，总投资15.4亿元；竣工项目4个，总投资3.5亿元。项目涉及生物制药、机电制造、新材料、基础设施等多个产业和领域，全部达产后年产值22.2亿元，创税2.5亿元。

### 研祥集团装备制造项目开工

12 月17 日上午，研祥集团装备制造项目在南宁经开区举行开工仪式。研祥集团装备制造项目计划总投资30 亿元，由研祥集团作为项目牵头发起单位，整合全国工商联科技装备业商会，合力打造科技装备业总部集群。项目规划建筑面积约50 万平方米，将高新技术研发、装备制造、企业区域总部等多种高端产业进行整合。预计项目正式运营后将实现年产值30 亿元以上，年税收2 亿元以上。未来5年内，该项目还计划引进和培育50至80家产业链企业，争取培育创业板上市企业，推动南宁形成装备产业集聚区块。

### 中恒(南宁)生物医药产业基地项目开工

12月17日，中恒(南宁)生物医药产业基地项目在南宁经开区开工。该项目总投资约30亿元，投资建设生物医药产业基地、食品生产基地、研发基地等，建设内容主要是中药产业、化学制药产业、生物制药产业、保健食品产业、科研基地及药包材—玻璃瓶生产基地。预计明年下半年将部分建成投产，全部建成达产后实现工业年产值100亿元，年创税8亿元。

## 【招商引资】

2013年，南宁经开区紧紧围绕生物制药、轻工食品、新材料、机电制造等产业开展招商引资，以引进世界500强、中国百强企业为主要目标，着力引进行业龙头。在市委余远辉书记、市政府周红波市长等市领导的亲自带领下，现代产业招商取得突破性进展，引进了一批重大产业项目。2013年共引进项目92个，总投资158亿元。其中，中国特种计算机行业龙头企业研祥集团装备制造项目总投资30亿元，中恒药业项目总投资30亿元，海王集团保健品项目总投资21亿元，神冠生物制药项目总投资18亿元，科创医药产业园项目总投资5亿元，“百会”药业项目总投资3.7亿元，柳州药业中药饮片项目总投资2亿元，这些项目为经开区综合竞争力的快速提升奠定了坚实基础。

## 【产业发展】

扩大企业筹融资渠道，积极为辖区企业搭建筹融资平台，共为15家企业争取到贷款约3.2亿元。增强企业“造血功能”，共拨付企业发展扶持金5500万元，组织辖区企业申报各级扶持，共有39个项目获得各项扶持资金2186万元。继续组织辖区工业企业开展生产竞赛，鼓励企业快增长、扩规模、上台阶，对完成年度任务好、完成质量高的企业给予奖励。推进企业科技创新，制定了《关于鼓励高新技术企业认定及创建研究技术中心的暂行规定》等一系列鼓励企业开展技术创新、创名牌产品的政策，加快推进企业科技创新工作。2013年新增规模以上工业企业18家，新增亿元企业8家 。

## 【大型企业落户园区】

2013年，南宁经开区紧紧围绕生物制药、轻工食品、新材料、机电制造等产业开展招商引资，以引进世界500强、中国百强企业为主要目标，着力引进行业龙头。

### 企业家博士园项目落户南宁经开区

4月24日，南宁经开区与南宁企博园投资有限公司签订企业家博士园项目投资协议，项目计划总投资9亿元，预计竣工投产后可实现年产值18亿元，年创税1.8亿元。该项目选址于南宁经开区吴圩空港经济区，主要打造新能源新材料科技产业园、有机农业与食品安全生态产业园、南洋产业园和科技研发中心“三园一中心”，将吸引国内外从事经济、科技、金融等领域管理工作的博士专家等人士参与投资建设和经营管理。

### 中恒（南宁）生物医药产业基地项目落户南宁经开区

6月20日，南宁经开区与南宁中恒投资有限公司签署项目合作意向协议书。该项目总投资30亿元，建设食品生产基地、生物医药产业基地、研发基地及相关产业、配套项目。项目竣工达产后可实现年产值100亿元，年税收达8亿元。

丰业·9百会品牌系列中成药、西药生产项目落户南宁经开区

7月18日，南宁经开区与广西丰业投资有限公司签订项目投资协议。该项目总投资3.7亿元，建设“百会”品牌系列中成药、西药生产项目，建成后将实现年产值5亿元以上，促进经开区医药产业结构调整，推动医药企业聚集，做大做强医药产业，拉长医药产业链，并辐射带动相关行业发展。

### 研祥集团装备制造项目落户南宁经开区

8月30日，南宁经开区与研祥高科技控股集团签订研祥集团暨科技装备业商会东南亚总部集群项目投资协议。该项目总投资30亿元，规划建筑面积约50万平方米，将高新技术研发、装配制造、企业区域总部等多种高端产业进行整合。项目计划5年内引进和培育一批产业链企业50-80家，争取培育创业板上市企业，推动形成南宁装备产业集聚区块；建设院士工作站和博士后科研工作站，推动形成南宁装备产业集聚区块。预计项目正式运营后，3年内将实现年产值30亿元以上，年纳税2亿元以上。

2013年9月27日，市长周红波率队开展2013年国庆节前安全生产工作专项检查。在江南客运站，周红波检查了节日道路交通安全及客运情况

2013年9月4日，市委副书记、南宁经开区党工委书记李泽深入中恒南宁项目现场办公

### 神冠生物制药生产项目落户南宁经开区

11月1日，南宁经开区与广西神冠投资有限公司签署神冠集团生物制药生产项目投资协议，该项目总投资18亿元，达产后年产值可达200亿元，年创税15亿元。该项目作为神冠集团在南宁投资的首个项目，将为进一步拉长经开区生物制药和食品生产产业链，夯实发展后劲，提升经济总量等发挥强大的支撑拉动作用。

### 海王集团保健品项目落户南宁经开区

12月2日，南宁市与深圳海王集团股份有限公司签署战略合作框架协议，海王集团决定在南宁打造以百亿元规模海王集团生产项目为核心的全产业链项目。其中海王集团保健品项目落户南宁经开区，主要投资生产“海王”系列保健品及生物医药，并计划在广西投资医药物流、医院阳光集中配送和开设药品连锁店等行业。项目建成后预计年产值100亿元以上，年税收达10亿元以上。

2013年8月30日，南宁经开区与研祥高科技控股集团签订研祥集团暨科技装备业商会东南亚总部集群项目投资协议。

2013年11月1日，南宁经开区与广西神冠投资有限公司签署神冠集团生物制药生产项目投资协议。

融水苗族自治县成立于1952年，是全国成立最早、广西唯一的苗族自治县，是一个典型的“九山半水半分田”山区县，也是国家扶贫开发工作重点县。全县面积4638平方公里（为广西国土面积第二大县），县辖20个乡（镇），总人口49.8万人，居住着苗、瑶、侗、壮等13个世居民族，少数民族占全县总人口的74.4%，其中主体民族苗族人口21.13万人。融水境内资源丰富，河流水能蕴藏总量达54.65万千瓦；风能发电可装机20万千瓦；已探明的矿产主要有金、煤、铁、锡等40多种；有林面积 530万亩，森林覆盖率达78.8%，素有“杉木王国”、“毛竹之乡”之称，2010年荣获“全国绿化模范县”称号。融水山水秀丽，生态优美，风光如画，境内有元宝山国家森林公园，九万山国家级自然保护区，有国家4A级景区1个、3A级景区4个、全国农业旅游示范点1个、“柳州市十大美丽乡村”10个，享有“百节之乡”、“中国芦笙斗马文化之乡”的美誉，“融水苗族系列坡会群”被列为国家首批非物质文化遗产名录。2012年荣获“广西优秀旅游县”称号。2013年荣获全国林业信息化示范县、广西林业产业发展十强县、广西文化先进县、建设“平安广西”活动先进县等荣誉。

近年来，在上级党委、政府的坚强领导下，融水县委、政府坚持“以资源换产业，以‘三化’促发展”的发展理念，以项目建设为抓手，狠抓工作落实，以重点工作突破带动经济社会全面发展、加快发展。2013年，全县全年实现地区生产总值61.79亿元，同比增长9%；财政收入完成5.1亿元，同比增长8.11%；全社会固定资产投资完成72.29亿元，同比增长35.9%；农民人均纯收入5280元，同比增长13.8%；城镇居民人均可支配收入21091元，同比增长9.6%。经济社会持续健康发展，城乡基础设施不断完善，人民生活水平不断提高，民族团结，社会和谐稳定。

**融水自然资源丰富，具有广阔的发展空间和巨大的投资潜力：**

**——有丰富的森林资源。**融水是广西林业重点县之一，有“杉木王国”和“毛竹之乡”的美誉，杉木优质、高产，著称全国。现有杉木面积17万公顷，毛竹面积3万多公顷，杉木和毛竹资源十分丰富。

**——有丰富的水电资源。**融水具有支撑工业发展的水力资源，融江、贝江流经县境，理论水能蕴藏量为54.65万千瓦，其中可供开发利用的水力发电为42万千瓦，目前尚有近25万千瓦的开发潜力。

**——旅游资源得天独厚。**融水自然风光奇特秀丽，民族传统节日多姿多彩，素有“小桂林”和“百节之乡”的美称。境内有已被列为国家级森林公园的广西第三高峰元宝山、风景秀丽的九万大山和西江的源头支流贝江河旅游景区。融水“贝江风光风情游”在上世纪九十年代已成为广西三大民族风情旅游热线之一，现列为广西近期建设和完善的15个重点旅游县（市）之一。

**——投资环境不断优化。**为促进企业的发展，使资源优势转为经济优势，我们出台了一系列的招商引资优惠政策。同时，实行项目联评、联审制，开辟绿色通道，实行“代办制、一站式、保姆式”服务，着力营造亲商、安商、扶商、富商的社会氛围和良好的投资软环境。

资源丰富的后发达地区最有商机，山水风光和民族风情融合的地方，是城市人选择旅游的最佳去处。

灵山县位于广西南部、广西沿海核心工业城市钦州市的东北部，北临南宁横县、邕宁区，南接北海市合浦县，东邻本市浦北县，西连本市钦南区、钦北。全县辖18个镇、387个行政村、22个社区，行政区域总面积3550平方公里，013年末总人口162万，为广西第三人口大县。

灵山县地处北回归线以南，四季温和，山川秀丽，名胜古迹众多，是“广西秀旅游县”。著名景点有千年古荔枝园，国家3A级景区——六峰山风景名胜，以及被誉为“中国历史文化名村”、“广西楹联第一村”的明清建筑群落—大芦古村，东山罗阳山农业生态旅游示范点等。全县矿产、农业等资源十分丰，其中荔枝种植面积、产量均居全国前列，奶水牛存栏量、产奶量均居广西第一位，茶叶、水果产量居广西前列，是“中国荔枝之乡”、“中国奶水牛之乡”“中国养蛇之乡”。

中共灵山县委书记廖应灿

灵山县人民政府县长苏英权

随着广西北部湾经济区开放开发上升为国家战略，借助广西钦州保税港区、国家级钦州港经济技术开发区、整车进口口岸、中（国）马（来西亚）钦州产业园等多个国家级核心平台，灵山县迎来了加快发展、跨越发展的黄金时期。近年来，灵山县积极实施“以工强县、扩城促商、三化联动”发展战略，推动县域经济蓬勃发展。2013年，全县实现地区生产总值153亿元，增长9.3%；规模以上工业总产值133.8亿元，增长51.6%；财政收入9.1亿元，增长19.7%；全社会固定资产投资102.4亿元，增长31.4%；城镇居民人均可支配收入22910元，增长9.8%；农民人均纯收入7987元，增长13.3%。近年来，灵山县获列入“广西经济强县重点培育县”，并多次荣获“全国国土资源节约集约模范县”、“全国特色文化产业示范县”、“全国重点产茶县”、“全国一事一议规范管理县”、“全区粮食生产先进县”、“广西知识产权示范县”等一系列国家级、自治区级荣誉称号。

# 广西金桂浆纸业有限公司

广西金桂浆纸业有限公司（以下简称金桂）于2003年经广西壮族自治区批准注册成立，由金光纸业（中国）投资有限公司（股份比例为95%）与钦州市华晖林业有限公司（股份比例为5%）合资组建，其厂址位于广西钦州市钦州港经济技术开发区。金桂是APP金光纸业（中国）投资有限公司在华投资建设的第17家制浆造纸企业，是其在中国建设的林纸一体化的企业之一。金桂现有员工2600余名，厂区实际占地3300多亩。金桂规划建设的总规模为年产180万吨浆和310万吨纸，规划总占地面积约9000亩。

碱回收车间

造纸车间

金桂林浆纸一体化工程年产60万吨高档纸板项目于2005年11月7日获国家发改委核准，主要建设内容为化机浆车间、食品级白卡纸车间、以及配套的碱回收车间、热电站、废水处理站等，配套的速生桉树林基地建设规模为105万亩。

化机浆车间及其配套部分于2011年1月11日获准投产，当年年底即通过了环保部的竣工验收，2013年实际产浆量为55万吨。白卡纸车间及其配套部分于2013年3月7日获准投产，2014年4月9日通过了环保部的竣工验收，2013年实际产纸量为47万吨。

金桂生产的“金钱豹”牌化机浆为纯桉木原生木浆，其产品得率高、松厚度高、白度好，可用于多种纸和纸板的抄造，于2012年6月入选为广西林业产业行业协会行业推荐产品；金桂的白卡纸机引进自德国福伊特公司，设计车速1400米/分，净纸宽8.1米，是目前世界上最长、最快、最先进的机内涂布白卡纸机。金桂的纸产品定位为工业包装用纸，主要适合用作包装盒进行食品包装、化妆品包装、香烟及饮料包装。

金桂先后获得了“广西林业产业龙头企业”、“广西北部湾经济区优秀创业企业”、“安全生产标准化二级企业”等荣誉称号，以及“广西五一劳动奖状”、“中国林业产业突出贡献奖”等荣誉，还入选为工信部信息化与工业化融合促进安全生产重点推进项目承担单位和广西2012年度千亿元产业重大科技攻关工程项目。

选纸作业

选纸作业

制浆生产线

原料林-桉树

白卡纸生产线

## CORPORATE HEADQUARTERS BASE
## 高新高智型企业总部基地

**中盟科技园**，位处高新产业区核心地带，凭借项目高规格商务配置、出入通行便捷等优势，辐射周边安吉物流园区、相思湖新区，满足三大片区高端商务办公需求，是高新技术、智力密集型企业建立总部基地的最佳选择。

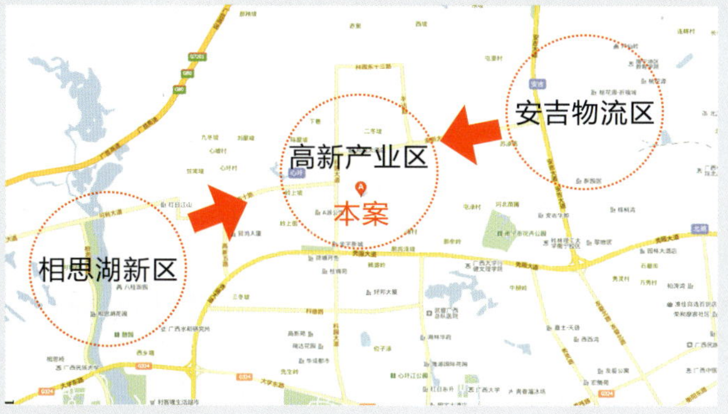


## CONVENIENT TRAFFIC
## 便捷交通，全城直达

**中盟科技园**，位于20米四车道滨河路旁，出门即可直达秀厢大道、科园大道、高新大道等城市主干道，交通便捷直通全城，彻底告别旧城区、商务集中区拥堵交通，开启高效通行办公新时代。

项目周边有十多条公交线路，轻轨3号线始发站“科园东”距项目约2000米，随着南宁轨道交通建设的推进，项目公共交通配套升级指日可待。

## SMART BUSINESS SPACE
## 灵动商务空间

可分割为430、730、1200m²办公空间，满足不同企业的办公需求。

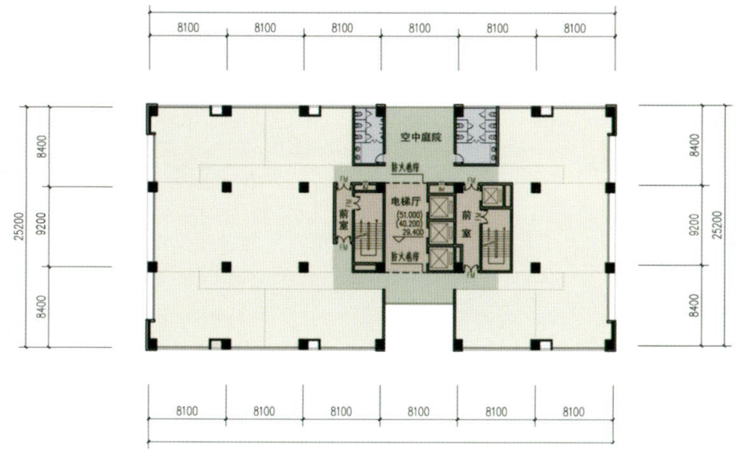


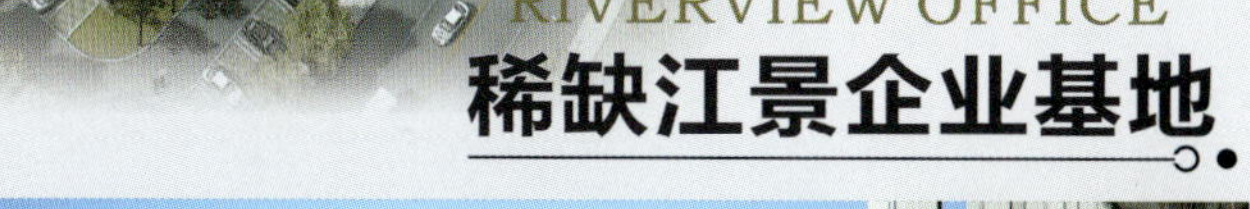

## RIVERVIEW OFFICE
## 稀缺江景企业基地

**中盟科技园**，紧邻心圩江湿地公园，直面心圩江景及千亩公园景观，270°无遮拦开阔视野，视野辽阔自然气度非凡。项目在设计上充分运用周围景观资源，形成独特『心圩江—湿地公园—架空层园林—空中庭院』四重立体景观，宏大商务格局不显自彰。

## COMPLETE COMPREHENSIVE SERVICE
## 配套齐全、服务全面

## INVESTMENT INCOME SECURITY PROGRAM
## 投资企稳！投资收益保障计划

企业可加入项目的“投资收益保障计划”，通过委托物业公司的租赁管理，获得有保障的稳定租金收益。

**招商热线：0771-5519788 3222755**

开发商：南宁泛北城市信息技术有限公司　地址：南宁市高新区滨河路5号

## 东南亚知识产权保护

南博网联手东南亚宾大斯知识产权集团，共同打造“中国—东盟知识产权中心”，为开拓及欲开拓东盟市场的企业提供东南亚十个国家的商标注册、专利申请、工业品外观设计申请及版权保护等，企业可登录caip.caexpo.com进行网上申请及后续追踪。

专利

商标

工业品外观设计

版权

# 资讯服务

南博网依托强大的官方支持和畅通的信息来源渠道，日均近千知的信息更新量，为客户提供贸易促进、投资促进、商务活动等商机信息。并每天根据当天热点汇编《中国—东盟每日经贸快讯》及每周汇编《中国—东盟商务电子周刊》，并免费发送到用户邮箱。

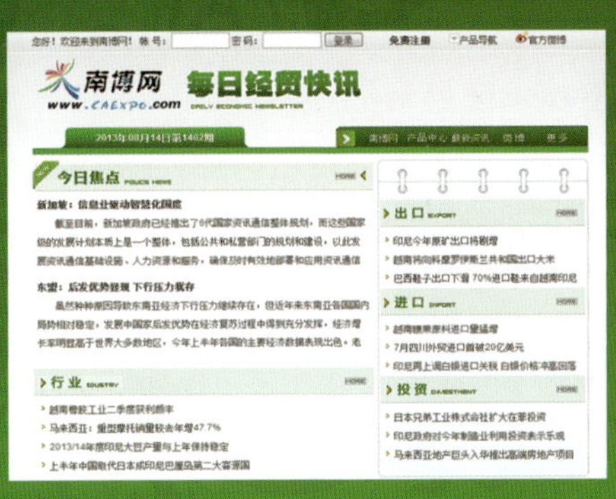

# 市场研究

南博网经过八年的资源积累，建成了信息数量大、数据权威的“中国—东盟商务数据库”，充分利用数据挖掘技术，通过对中国、东盟市场商务数据的分析研究，推出了中国—东盟市场动态监测分析版块，并每年编撰出版《中国—东盟商务年鉴》，为企业市场开拓及投资决策保驾护航。

## 《中国—东盟商务年鉴》（2014卷）

# 特别鸣谢单位


1、南宁市人民政府

2、防城港市人民政府

3、崇左市人民政府

4、中国有色矿业集团有限公司

5、华润（集团）有限公司

6、中国光大（集团）有限公司

7、广西投资集团有限公司

8、广西中烟工业有限责任公司

9、中国移动通信集团广西有限公司

10、中马钦州产业园

11、自治区国土厅

12、自治区司法厅

13、自治区检验检疫局

14、招商局集团有限公司

15、天津航空有限责任公司

16、广州市蒂法妮商贸有限公司

17、中国银行股份有限公司

18、北京银行股份有限公司

19、太平养老保险股份有限公司

20、柳州两面针股份有限公司

21、广西三环企业集团股份有限公司

22、广西区农村信用社联合社

23、广州汽车集团乘用车有限公司

24、北海源生商贸有限公司

25、广西南珠宫投资控股集团有限公司

26、广西南宁永明珍珠宫珠宝有限公司

27、广西东方南珠珠宝有限公司

28、融水县人民政府

29、灵山县人民政府

30、南宁市经济技术开发区

31、广西师范学院

32、广西北部湾产权交易所

33、广西金桂浆纸业有限公司

34、广西益景环保科技有限公司

# 中国—东盟商务年鉴

# CHINA—ASEAN BUSINESS YEARBOOK

# 2014

郑军健　主编

广西人民出版社

**图书在版编目（CIP）数据**

2014 中国—东盟商务年鉴/郑军健主编. —南宁：广西人民出版社，2014.9

ISBN 978-7-219-09057-2

Ⅰ.①2… Ⅱ.①郑… Ⅲ.①自由贸易区—商务—中国、东南亚国家联盟—2014—年鉴 Ⅳ.①F752.733-54

中国版本图书馆CIP数据核字（2014）第 204609 号

**责任编辑：**韦洁琳
**责任校对：**兰　震
**封面设计：**周承安

**出版发行**　广西人民出版社
**社　　址**　广西南宁市桂春路 6 号
**邮　　编**　530028
**印　　刷**　广西地质印刷厂
**开　　本**　890mm×1240mm　1/16
**印　　张**　38
**字　　数**　1280 千字
**版　　次**　2014 年 9 月　第 1 版
**印　　次**　2014 年 9 月　第 1 次印刷
**书　　号**　ISBN 978-7-219-09057-2/F・1132
**定　　价**　300.00 元

# 《2014中国—东盟商务年鉴》主创单位及人员

**主办单位** 中国—东盟博览会秘书处

**承办单位** 广西南博国际信息有限公司

**支持单位** 中国驻文莱达鲁萨兰国大使馆经济商务参赞处
中国驻柬埔寨王国大使馆经济商务参赞处
中国驻印度尼西亚共和国大使馆经济商务参赞处
中国驻马来西亚大使馆经济商务参赞处
中国驻缅甸联邦共和国大使馆经济商务参赞处
中国驻菲律宾共和国大使馆经济商务参赞处
中国驻新加坡共和国大使馆经济商务参赞处
中国驻泰王国大使馆经济商务参赞处
中国驻越南社会主义共和国大使馆经济商务参赞处
中华人民共和国商务部驻南宁特派员办事处
北京市商务委员会　云南省商务厅
江苏省商务厅　青海省商务厅
海南省商务厅　内蒙古自治区商务厅
河北省商务厅　广西壮族自治区商务厅
浙江省商务厅　福建省对外贸易经济合作厅
贵州省商务厅　广东省对外贸易经济合作厅
中国纺织品进出口商会　中国对外承包工程商会
中国机电产品进出口商会　中国医药保健品进出口商会
中国电力企业联合会　中国轻工工艺品进出口商会

**特邀顾问** （以姓氏笔画为序）
刁春和　马明龙　王乃学　王志轩　王忠奇　方家文　石永红　卢　彦
叶章和　申晓庆　乌成云　刘明哲　苏更·拉哈尔佐　李万忠　李　石
吴政平　宋晓国　张锡安　金　远　周日星　周　惠　郑　超　倪如林
高文宽　郭元强　黄新銮　蒋寅刚　熊清华

**专家委员会** （以姓氏笔画为序）
王　勤　王新哲　文　岚　古小松　石　峡　李欣广　吴明革　吴砚峰
张文山　张蕴岭　陆建人　秦小辉　徐长文　高　歌　黄丽馨　廖东声

**编委会名誉主任** 张晓钦

**编委会主任** 郑军健

**编委会副主任** 王　雷　黄　媛　时祖耀　黄平西　杨雁雁　余向东

**编委会委员** 曾　忠　覃维炳　熊智琳　李晓天　梁艺光　庞志军　覃霄岗　成　功
蔡　艳　莫轻思　黄　革　韦利婷　庞理立

**主编** 郑军健

**执行主编** 李　梅

**编辑人员** 莫　婷　韦丹丹　徐　芬　凌彩娴　韦宏媛　何绪莉　温竹园　卢艳英
邓　成　黄启扬　黄伟颖　李树隆

**英文编辑** 黄　宜

# 编辑说明

一、《中国—东盟商务年鉴》是一部国际商务性年鉴，着重收载中国和东盟各国商务方面的基本资料及重要信息，旨在为企业开拓东盟市场提供商务指导，帮助企业快速、全面了解东盟商机，促进双边贸易发展，并促进中国—东盟自由贸易区建设及宣传和提高中国—东盟博览会的商务影响力。

二、本年鉴从2008年起逐年编纂出版。本卷年鉴着重记述2013年中国—东盟商务的相关资料，但为提高年鉴的时效性，卷中东盟商务资讯的信息着重于2014年1～6月份；中国—东盟商务大事记已整理至2014年6月份。

三、本卷年鉴共设篇目14个。分别是国别篇、贸易投资篇、行业篇、商务资讯篇、企业案例篇、经商实务篇、政策法规篇、区域合作篇、活动篇、大事记、数据统计篇、数据挖掘篇、文献、附录等。其中，东盟各国资料的编排，依国际惯例按国名的英文字母顺序排序；一国之内发生的事情，在同一篇目中按时序编排。

四、本年鉴由中国—东盟博览会秘书处主办。本年鉴供稿者均为专事东南亚研究领域的专家及学者，资料来源主要来自国内外权威机关、书籍、传媒或网站，具有一定的权威性和较高的参考价值，涉及的统计表格主要来自海关统计数据及国家商务部网站公开数据。

五、作为资料性工具书，本年鉴内容资料的选题选材和编排，条目的内容要素和记述程序等，都按照既定的体例有所规范。为方便读者阅读、检索，还配备双重检索系统：书前刊有详细目录，书后配有按照字母顺序索引。

六、本年鉴所涉及的单位名称、撰稿人职务均以截稿日期为准。

七、由于资料采集不易和成书时间仓促，本卷年鉴难免有所疏漏和不足，敬请国内外各界读者指正，我们将在今后的编纂工作中努力改进。

八、本卷年鉴在编纂过程中对一些作者和出版机构的著作进行了引用或选编，因时间仓促，部分作者和出版机构未能取得联系，请有关作者或出版机构见到本书后尽快与我们联系，我们将按照国家有关规定支付相应稿酬。

九、本年鉴在策划、组稿、编辑加工过程中，得到有关领导、机关单位、协办单位及社会各界人士的大力支持，谨表示衷心的感谢！

# Contents

# 目　录



## 国别篇

## 贸易投资篇



## 行业篇

## 商务资讯篇

# 政策法规篇

## 企业案例篇



## 经商实务篇



## 区域合作篇

## 活动篇



## 大事记



## 数据统计篇

## 数据挖掘篇



## 文　献



## 附　录

# 国别篇

## 概　况

### 中　国

**国名**

中华人民共和国（The People's Republic of China），简称中国或中华。

**国旗**

中华人民共和国国旗是五星红旗。红色象征革命。旗上的五颗五角星及其相互关系象征中国共产党领导下的革命人民大团结。五角星用黄色是为了在红地上显出光明，而且黄色较白色明亮美丽。四颗小五角星各有一尖正对着大星的中心点，这是表示围绕着一个中心而团结，在形式上也显得紧凑美观。

中国国旗

中国国徽

**国徽**

中华人民共和国国徽的内容为国旗、天安门、齿轮和麦稻穗，象征中国人民自五四运动以来的新民主主义革命斗争和工人阶级领导的以工农联盟为基础的人民民主专政的新中国的诞生。

**国歌**

2004年3月14日，第10届全国人大二次会议通过宪法修正案，规定“中华人民共和国国歌是《义勇军进行曲》”。由田汉作词、聂耳作曲的《义勇军进行曲》，被称为中国民族解放的号角，自1935年在民族危亡的关头诞生以来，在人民中广为流传，对激励中国人民的爱国主义精神起到了巨大的作用。

**主要节日**

新年（1月1日，放假一天）；春节（农历新年，除夕、正月初一、初二放假三天）；清明节（农历清明当日，放假一天）；国际劳动妇女节（3月8日，妇女放假半天）；植树节（3月12日）；国际劳动节（5月1日，放假一天）；中国青年节（5月4日，14至28周岁的青年放假半天）；端午节（农历端午当日，放假一天）；国际护士节（5月12日）；儿童节（6月1日，未满14周岁的少年儿童放假一天）；中国共产党诞生纪念日（7月1日）；中国人民解放军建军纪念日（8月1日，现役军人放假半天）；教师节（9月10日）；中秋节（农历中秋当日，放假一天）；国庆节（10月1日，放假三天）；记者节（11月8日）。中国重大的传统节日还有元宵节。此外，各少数民族也都保留着自己的传统节日。

**国土与资源**

中国位于亚洲大陆的东部、太平洋西岸，陆地面积约960万平方公里。中国领土北起漠河以北的黑龙江江心（北纬53°30′），南到南沙群岛南端的曾母暗沙（北纬4°）；东起黑龙江与乌苏里江汇合处（东经135°05′），西到帕米尔高原（东经73°40′）。从南到北，从东到西，距离都在5000公里以上。中国陆地边界长达2.28万公里。中国同14国接壤，与8国海上相邻。领海由渤海（内海）和黄海、东海、南海三大边海组成，东部和南部大陆海岸线1.8万千米。内海和边海的水域面积约473万平方千米。海域分布有大小岛屿7600个，其中台湾岛最大，面积35798平方千米。

中国桂林漓江山水

## 国 民

**人　口**　据中国国家统计局发布的国民经济运行情况显示：2013年年末，中国大陆总人口（包括31个省、自治区、直辖市和中国人民解放军现役军人，不包括香港、澳门特别行政区和台湾省以及海外华侨人数）136072万人，比2012年年末增加668万人。其中，60周岁以上人口增加853万人，占总人口比例增加了0.6个百分点。

**民　族**　中国有56个民族，即汉族、蒙古族、回族、藏族、维吾尔族、苗族、彝族、壮族、布依族、朝鲜族、满族、侗族、瑶族、白族、土家族、哈尼族、哈萨克族、傣族、黎族、傈僳族、佤族、畲族、高山族、拉祜族、水族、东乡族、纳西族、景颇族、柯尔克孜族、土族、达斡尔族、仫佬族、羌族、布朗族、撒拉族、毛南族、仡佬族、锡伯族、阿昌族、普米族、塔吉克族、怒族、乌孜别克族、俄罗斯族、鄂温克族、德昂族、保安族、裕固族、京族、塔塔尔族、独龙族、鄂伦春族、赫哲族、门巴族、珞巴族、基诺族。

**宗　教**　宪法规定公民享有宗教信仰自由。中国宗教徒信奉的主要有佛教、道教、伊斯兰教、天主教和基督教。中国公民可以自由地选择、表达自己的信仰和表明宗教身份。据不完全统计，中国现有各种宗教信徒1亿多人，信教人数呈平稳增长态势。宗教活动场所8.5万余处，宗教教职人员约30万人，宗教团体3000多个。宗教团体还办有培养宗教教职人员的宗教院校74所。

## 行政区划

**一级行政区划**　中国行政区划为34个省、自治区、直辖市和特别行政区。即黑龙江、吉林、辽宁、河北、山西、山东、江苏、浙江、安徽、江西、福建、台湾、河南、湖北、湖南、广东、海南、云南、贵州、四川、陕西、甘肃、青海等23个省，广西、西藏、新疆、内蒙古、宁夏等5个自治区，北京、天津、上海、重庆等4个直辖市，香港、澳门2个特别行政区。

**主要城市**　首都北京市，简称京，位于华北平原西北端，周围被河北省和天津市所包围，是中国政治、经济、文化和国际交流中心，综合性产业城市，著名古都，重要航空港。面积16800多平方千米。2013年年末，全市常住人口2114.8万人。

其他主要城市有：上海、广州、天津、哈尔滨、长春、沈阳、大连、呼和浩特、太原、石家庄、济南、青岛、南京、苏州、杭州、合肥、福州、厦门、南昌、郑州、武汉、长沙、南宁、桂林、深圳、海口、昆明、贵阳、成都、重庆、拉萨、乌鲁木齐、兰州、西安、西宁、银川、香港、澳门、台北、高雄等。

## 经 济

**国内生产总值**　2013年全年，中国国内生产总值（GDP）为93300.69亿美元（约合568845亿元），按可比价格计算，比2012年增长7.7%。这一数据与最终核实的2012年中国GDP增速保持一致（数据来自中华人民共和国2013年国民经济和社会发展统计公报）。按国内生产总值与2013年年末人口总数测算，人均国内生产总值6856.71美元（约合41804.67元）。

**产　业**　2013年，第一产业增加值9341.96亿美元，增长4.0%；第二产业增加值40291.76亿美元，增长7.8%；第三产业增加值43006.12亿美元，增长8.3%。

2013年，全年粮食种植面积11195万公顷，比2012年增加75万公顷；棉花种植面积435万公顷，减少34万公顷；油料种植面积1408万公顷，增加15万公顷；糖料种植面积199万公顷，减少4万公顷。全国粮食总产量达到60194万吨，比2012年增加1236万吨，增长2.1%。其中，夏粮产量13189万吨，增长1.5%；早稻产量3407万吨，增长2.4%；秋粮产量43597万吨，增长2.3%。2013年棉花产量631万吨，比2012年减少7.7%；油料产量3531万吨，增长2.8%；糖料产量13759万吨，增长2.0%。2013年猪牛羊禽肉产量8373万吨，比2012年增长1.8%，其中猪肉产量5493万吨，增长2.8%。生猪存栏47411万头，比2012年下降0.4%；生猪出栏71557万头，比2012年增长2.5%。全年禽蛋产量2876万吨，比2012年增长0.5%；牛奶产量3531万吨，下降5.7%。

2013年，全国规模以上工业增加值按可比价格计算比2012年增长9.7%。规模以上工业企业实现出口交货值18611.26亿美元（约合113471亿元），比2012年增长5.0%。

**财　政**　2013年，全国公共财政收入21181.75亿美元（约合人民币129143亿元），比2012年增加1950亿美元，增长10.1%；其中税收收入18123.47亿美元，增加1620.99亿美元，增长9.8%。

**金　融**　货币名称为人民币，单位为元。主要银行有中国人民银行、中国建设银行、中国工商银行、中国农业银行、中国银行、中国农业发展银行、中国进出口银行、国家开发银行、交通银行、中国光大银行、中信实业银行等，其中中国人民银行是国家中央银行。主要保险公司有中国人民财产保险股份有限公司、中国人寿保险股份有限公司、中国太平洋财产保险股份有限公司、中国太平洋人寿保险股份有限公司、中国平安财产保险股份有限公司、中国平安人寿保险股份有限公司、新华人寿保险股份有限公司等。证券交易所有上海证券交易所和深圳证券交易所。

2013年年末国家外汇储备38213亿美元（约合232980.84亿元），比2012年年末增加5097亿美元。2013年年末人民币与美元的汇率为6.0969∶1，比2012年年末升值3.1%。

**进出口贸易**　2013年进出口总额为41603亿美元（约合253649.33亿元），比2012年增长7.6%，其中，出口22100亿美元，增长7.9%，进口19503亿美元，增长7.3%，顺差2597.5亿美元。

**就　业**　2013年年末，全国就业人员76977万人，其中城镇就业人员38240万人。全年城镇新增就业1310万人。年末城镇登记失业率为4.05%，略低于2012年年末的4.09%。全国农民工总量为26894万人，比2012年增长2.4%。

# 文　莱

## 国名

文莱达鲁萨兰国（Brunei Darussalam），简称文莱。

## 国旗

文莱国旗呈横长方形，长宽之比为2∶1。由黄、白、黑、红四色组成。黄色的旗地上横斜着黑、白宽条，中央绘有红色的国徽。黄色代表苏丹至高无上，黑、白斜条是为纪念两位有功的亲王。

文莱国旗

文莱国徽

## 国徽

文莱国徽呈红色。一弯新月环抱着一根棕榈树干，其上为展开的双翼，双翼之上为一顶华盖和一面旗帜，这象征文莱信奉伊斯兰教和苏丹至高无上。在新月中央用马来文写着“永远在真主指导下，万事如意”。中心图案两侧有两只手臂，表示人民向真主祈求，人民对苏丹和政府的拥护。国徽底部的饰带上写着“和平之城——文莱”。

## 主要节日

独立日：1月1日。国庆日：2月23日。现任苏丹哈吉·哈桑纳尔·博尔基亚的生日：7月15日。开斋节是最盛大的节日，每年日期根据伊斯兰教历均有变化。

## 自然地理

文莱位于加里曼丹岛北部，国土面积5765平方公里。北濒南中国海，东南西三面与马来西亚的沙捞越州接壤，并被沙捞越州的林梦分隔为不相连的东西两部分。海岸线长约161公里，沿海为平原，内地多山地，有33个岛屿。东部地势较高，西部多沼泽地。属热带雨林气候，炎热多雨。年均气温28℃。

文莱奥玛尔·阿里·赛福鼎清真寺

## 国民

**人　口**　根据世界银行2013年10月29日发布的《2014年全球营商环境报告》的数据显示，文莱的人口总数为41.2238万。

**民　族**　主要民族有20个。其中马来人占66.71%，华人占11.2%，其他种族占22.09%。

**语　言**　文莱的国语为马来语，通用英语，华语使用较广泛。

**宗　教**　国教是伊斯兰教，其他还有佛教、基督教、道教等。

## 行政区划

首都为斯里巴加湾市，位于文莱一穆阿拉区，面积16平方公里，人口约6万。原称文莱市，从17世纪起即成为文莱首都，1970年10月4日改为现名。全国分区、乡和村三级。全国划分为4个区：文莱—穆阿拉、马来奕、都东、淡布隆。区长和乡长由政府任命，村长由村民民主选举产生。

## 国体政体

**国　体**　文莱是一个"主权、民主和独立的马来穆斯林君主国"。君主（苏丹）拥有行政、立法、司法全部权利，同时也是宗教领袖。设宗教、枢密、内阁、立法、世袭等5个委员会（1984年独立后，立法委员会停止运作，内阁委员会改为内阁政府），协助苏丹理政。

**宪　法**　1959年9月29日颁布第一部宪法。1971年和1984年曾进行重大修改。宪法规定，苏丹为国家元首和宗教领袖，拥有全部最高行政权力和颁布法律的权力。设宗教委员会、继承与册封委员会、枢密院、立法院和内阁部长会议协助苏丹理政。2004年9月，重新设立的立法院第一届会议审议并通过宪法修正案，内容涉及司法、宗教、民俗等多个方面，共13项内容，包括赋予苏丹无须经立法院同意而自行颁布紧急法令等法令的权利；制定选举法令，让人民参选从政；增加立法院议员人数；伊斯兰教仍为国教，但人民有宗教信仰自由；仍以马来语作为官方语言，英语可作为法庭办案语言等。

**议　会**　立法院由33人组成。1962年曾举行选举。1970年取消选举，议员改由苏丹任命。1984年2月，苏丹宣布终止立法会，立法以苏丹圣训方式颁布。2004年7月，苏丹宣布重开立法会。9月，立法会恢复运作。2005年9月，苏丹解散立法会，重新任命议长和议员。2011年2月，苏丹任命伊萨为立法会新任议长，6月任命新一届立法会议员。

**国家政要**　文莱元首是苏丹·哈吉·哈桑纳尔·博尔基亚·穆伊扎丁·瓦达乌拉，1967年10月5日继位，兼任首相、国防大臣和财政大臣；王储穆赫塔迪·比拉，1998年8月册封为王储。

**政　府**　1988年12月1日，苏丹宣布组成政府，1989年1月进行改组。2005年5月，苏丹再次改组内阁，新增首相府高级部长、能源部长、第二财政部长、第二外交部部长四个职位，将国家大祭司、总检察长两职位由副部级升至正部级，并首次宣布所有内阁部长以及副部长的任期均为5年。本届政府于2010年5月成立。现内阁成员16人：首相、国防部长和财政部长由苏丹兼任，首相府高级部长阿尔穆塔迪·比拉王储，外交和贸易部长穆罕默德·博尔基亚亲王，教育部长阿布·巴卡尔，卫生部长阿德南，发展部长苏约伊，交通部长阿卜杜拉，工业和初级资源部长叶海亚等。

**司　法**　司法体系以英国习惯法为基础。一般刑事案件在推事庭或中级法院审理，较严重的案件由高级法院审理。最高法院由上诉法院和高级法院组成。最高法院首席大法官基弗拉维。民事案件最终可上诉至英国枢密院。此外还设有伊斯兰教法院审理穆斯林的宗教案件。宗教法院首席法官阿卜杜勒·哈密德。

**政　党**　1985年5月30日，苏丹宣布允许政党注册，随后出现了文莱国家民主党和文莱国家团结党。1988年文莱政府将国家民主党取缔，目前仅存文莱国家团结党。另有国民觉醒党和国民进步党两个小党。

## 经　济

**国内生产总值**　文莱统计局公告显示，2013年文莱国内生产总值（GDP）总额为159亿美元（约合195.57亿文莱元），比2012年同比下降1.8%。人均GDP为41703美元（约合51294.69文莱元）。（据世界银行数据）

**产业**　2013年，工业产值下降13.8%，其中采矿业下降21.4%，制造业下降1.1%，建筑业增长7.5%，水电业增长2.6%。服务业产值增长3.2%，其中贸易和政府服务业增长最快，均为3.8%，交通运输业增长3.4%，金融业增长3.3%，房地产业增长2.0%。旅游方面，2013年文莱共接待268122名外国游客，同比增长5%，其中224904人乘航班到文莱，43214人乘坐游轮，中国游客仍是文莱第二大客源，即30481人，约占13.6%。

**金　融**　货币名称：文莱元（Brunei Dollar），与新加坡元等值。文莱元是文莱的法定流通货币，标志为B$。在新加坡，文莱元可以在当地使用。同样，新加坡元在文莱广泛使用。文莱不设国家中央银行，在财政部设货币局和金融局负责金融的管理。全国有10家银行、5家金融公司、26家保险公司和1家证券交易公司。据《联合日报》的数据显示，2013 年，文莱银行及其他接受存款机构部门的贡献中，约 94%为金融业资产，而保险及回教保险业占 5%，资本市场在整体金融资产中不超过 1%。文莱元与美元的汇率约为1.23∶1（据中华人民共和国驻文莱达鲁萨兰国大使馆数据）。

**进出口贸易**　文莱首相署经济策划及发展局数据显示，文莱的贸易额在 2013 年下降 8.9%，贸易额为 15308.62 万美元（约合 18829.6 万文莱元）。国际商品贸易统计报告数据显示，2013 年文莱出口减少了 11.8%，进口增长了 1.5%。日本是文莱最大的出口市场，占文莱出口的 42.3%，韩国次之，占 25.3%，印尼与中国同列第 3 位，占 8.2%。

**外　资**　文莱 2014 年投资环境指数为 73.5，排名亚太区第 5 位。2013 年，文莱发展部启动 6 项基础设施建设项目，总金额 4600 万美元（约合 5658 万文莱元）。该批项目包括都东—特里赛高速公路高架桥、梅拉纲海滩治理工程、诗里亚污水处理工程等，属于文莱第 10 个“国家发展规划”项目，未来将分别由 4 家本地公司承建。

### 传　媒

文莱新闻社是文莱唯一官方新闻机构，创建于 1959 年。主要报纸：《婆罗洲公报》（英、马来文），日发行量 7 万份；《文莱灯塔报》（马来文），每周三出版，发行 4.5 万份；马来西亚中文日报《美里日报》、《诗华日报》、《国际时报》和《星洲日报》设有文莱新闻版，在文莱发行。

文莱广播电视台创建于 1957 年 5 月，以马来语、英语、华语和尼泊尔语播音。在马来奕区还设有一个专门为英国廓尔喀部队广播的英国军队广播服务台。电视台从 1975 年起开设彩色电视频道，播放马来文和英文节目。

## 柬埔寨

### 国　名

柬埔寨王国（The Kingdom of Cambodia），简称柬埔寨。

### 国　旗

柬埔寨国旗呈横长方形，长宽之比为 3∶2。由三个平行的横长方形相连构成，中间是红色宽面，上下均为蓝色长条。红色象征吉祥和喜庆，蓝色象征光明和自由。红色宽面中间绘有白色镶金边的吴哥庙、著名的婆罗门教建筑，象征柬埔寨悠久的历史和古老的文化。

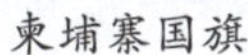
柬埔寨国旗

柬埔寨国徽

### 国　徽

柬埔寨国徽是以王剑为中心线两边对称的图案。菱形图案中的王剑由托盘托举，意为王权至高无上；两侧为由狮子守护的五层华盖，“五”在柬埔寨风俗中象征完美、吉祥；两边的棕榈树叶象征胜利。底部的饰带上用柬埔寨文写着“柬埔寨王国之国王”。整个图案象征柬埔寨王国在国王的领导下，是一个统一、完整、团结、幸福的国家。

### 主要节日

独立日（建军日）：11 月 9 日（1953 年摆脱法国殖民统治，宣布独立）；国庆日：6 月 24 日（1991 年 8 月柬埔寨全国最高委员会决定将 1991 年 6 月 24 日柬埔寨停火日定为柬埔寨新的国庆日）。

### 自然地理

柬埔寨位于东南亚中南半岛南部，北接老挝，西北部与泰国为邻，东和东南部与越南接壤，西南濒泰国湾。陆地面积为 18 万多平方公里，海岸线长 460 公里。中部和南部是平原，东部、北部和西部被山地、高原环绕，大部分地区被森林覆盖。豆蔻山脉东段的奥拉山海拔 1813 米，为境内最高峰。湄公河在境内长约 500 公里，流贯东部。洞里萨湖是中南半岛的最大湖泊，低水位时面积达 2500 多平方公里，雨季湖面达 1 万平方公里。沿海多岛屿，主要有戈公岛、隆岛等。属热带季风气候，年平均气温 29℃～30℃。5～10 月为雨季，11 月至次年 4 月为旱季。受地形和季风影响，各地降水量差异较大，象山南端可达 5400 毫米，金边以东约 1000 毫米。

柬埔寨柴桢风光

## 国民

**人　口**　据柬埔寨《高棉日报》报道，2013 年全国人口抽样调查结果显示，柬埔寨总人口达 1467.6591 万人（女性为 755.5083 万人，占 51.48%），较 2008 年的 1339.5682 万人增长了 128 万人，增长率为 8.7%。

**民　族**　有 20 多个民族，其中高棉族占人口总数的 80%，华人、华侨约 70 万。其他还有占族、普农族、老族、傣族和斯丁族等少数民族。

**语　言**　高棉语为通用语言，与英语、法语同为官方语言。

**宗　教**　国教为佛教，全国 93%以上的人信奉佛教；占族多信奉伊斯兰教；少数城市居民信奉天主教。

## 行政区划

首都为金边。全国分为 23 个省和 1 个直辖市。金边地处洞里萨河与湄公河交汇处，是柬埔寨政治、经济、文化和宗教中心。

## 国体政体

**政　体**　柬埔寨实行君主立宪制。国王是终身制国家元首、武装力量最高统帅。

**宪　法**　柬埔寨现行宪法于 1993 年 9 月 21 日经柬埔寨制宪会议通过、由西哈努克国王于同年 9 月 24 日签署生效。1999 年 3 月 4 日，第二届国会通过宪法修正案。宪法规定，柬埔寨实行自由民主制和自由市场经济，立法、行政、司法三权分立。国王是终身制国家元首、武装力量最高统帅，是国家统一和永存的象征，有权宣布大赦，在首相建议并征得国会主席同意后有权解散国会。国王因故不能理政或不在国内期间由参议院主席代理国家元首职务。王位不能世袭，国王去世后由首相、佛教两派僧王、参议院和国会正副主席共 9 人组成王位委员会在 7 日内从安东、诺罗敦和西索瓦三支王族后裔中遴选产生新国王。

**议　会**　国会是柬埔寨国家最高权力机构和立法机构，每届任期 5 年。首届国会成立于 1993 年，由 120 名议员组成，其中奉辛比克党 58 人，人民党 51 人，佛教自由民主党 10 人，莫里纳卡党 1 人。人民党主席谢辛任国会主席。国会下设 9 个专门委员会。第二届国会成立于 1998 年 9 月，由 122 名议员组成，其中人民党 64 人，奉辛比克党 43 人，森朗西党 15 人。人民党、奉辛比克两党联合执政，森朗西党拒绝入阁，成为国会合法的反对党。奉辛比克党主席诺罗敦·拉纳烈任国会主席。第三届国会成立于 2004 年 7 月，由 123 名议员组成，其中人民党 73 人，奉辛比克党 26 人，森朗西党 24 人。拉纳烈连任国会主席。2006 年 3 月，拉纳烈辞去国会主席职务。2006 年 3 月 21 日，柬埔寨国会投票选举原第一副主席、人民党名誉主席韩桑林为国会主席，人民党中央常委阮涅为第一副主席，奉辛比克党成员尤霍格里为第二副主席。2006 年 12 月 27 日，国会投票表决通过奉党成员洪逊霍为国会第二副主席。第四届国会成立于 2008 年 9 月，由 123 名议员组成，其中人民党 90 人，森朗西党 26 人，人权党 3 人，拉纳烈党和奉辛比克党各 2 人。韩桑林任国会主席，阮涅为第一副主席，赛冲为第二副主席。2012 年 3 月 24 日，赛冲转任参议院第一副主席并辞去国会第二副主席职务。2012 年 4 月 25 日，国会召开第四届第八次全体会议，投票选举宫桑达里为国会第二副主席。第五届国会成立于 2013 年 9 月，由 123 名议员组成，人民党 68 席，救国党 55 席。

**国家政要**　国王诺罗敦·西哈莫尼，2004 年 10 月就任；首相洪森，1998 年起任职；参议院议长谢辛，1999 年 3 月任职；国会议长韩桑林，2006 年 3 月任职，2013 年 9 月连任。太皇诺罗敦·西哈努克，2004 年 10 月 7 日宣布退位。奉辛比克党前主席诺罗敦·拉纳烈。

**政　府**　柬埔寨第五届政府于 2013 年 9 月成立。设 9 个副首相，15 个国务大臣，27 个部和 1 个国务秘书处。

**政　党**　1993 年大选时柬埔寨共有 40 多个政党参选。1998 年大选时有 39 个政党参选。2003 年大选时有 23 个政党参选。2008 年大选时有 11 个政党参选。主要政党有：

柬埔寨人民党：该党前身为成立于 1951 年 6 月 28 日的柬埔寨人民革命党。1991 年 10 月改为现名。现任主席谢辛，副主席洪森，名誉主席韩桑林。现有党员 410 万。1993 年大选后，人民党作为第二大党与第一大党奉辛比克党联合执政。1998 年大选获胜，成为第一大党，洪森出任首相。在 2002 年初举行的地方选举中，人民党获得绝大多数乡（区）长职位。2003 年及 2008 年大选中人民党获胜，分别赢得 73、90 个国会议席，洪森蝉联首相。2013 年大选人民党又再次获胜，赢得 68 个国会席位。洪森蝉联首相。该党主张对内维护政局稳定，致力于经济发展和脱贫，建立民主法治国家。对外奉行独立、和平、中立和不结盟政策，支持建立国际政治经济新秩序，主张加强南南合作、缩小贫富差距及加强区域合作，维护地区和平与繁荣。重视同周边邻国的友好合作以及与中、日、法等大国发展友好关系，积极改善同美及西方的关系。

奉辛比克党：该党前身为民族团结阵线，由西哈努克于1981年创建，并担任主席。1992年改为现名，盖博拉斯美任主席。目前有党员约40万。该党信奉西哈努克主义，对内主张政治民主化、经济私有化，维护君主立宪制；对外奉行独立、和平、中立与不结盟外交政策，主张与世界各国和一切友好政党建立和发展友好合作关系，主张以和平方式解决与邻国的边界领土争端。2003年大选获得26个国会议席，居第二位。2004年7月与人民党组成第三届联合政府。2006年10月，奉党召开全国特别代表大会，决定由盖博拉斯美取代拉纳烈任奉党主席，卢莱斯棱任第一副主席，西索瓦·西里拉任第二副主席，涅本才任秘书长。2008年大选该党获2个国会议席。2011年4月2日，奉辛比克党金边召开代表大会，选举盖博拉斯美为该党领袖（主席），卢莱斯伦为名誉主席，涅本才担任执行主席，负责日常工作。2012年参议院选举奉辛比克党未获席位。2012年5月24日，奉辛比克党执行主席涅本才和诺罗敦·拉纳烈亲王签署协议，两党将在柬埔寨第三届乡、分区理事会选举后重新合并，由拉纳烈亲王任党主席，涅本才任副主席。2012年8月24日，柬埔寨政党诺罗敦·拉纳烈党改名为“民族主义党”，邵拉尼当选民族主义党主席。8月25日，民族主义党与奉辛比克党正式合并为奉辛比克党。2013年3月23日，奉辛比克党举行代表大会，阿伦公主被推选为该党主席。2013年大选中，奉辛比克党未获议席。

救国党：2012年8月20日，森朗西党和人权党在内政部注册联合成立新政党“救国党”。该党推崇西式自由、民主、人权；铲除贪污、腐败；发展自由经济，提高人民生活水平。在知识分子、工人、市民和青年学生中有较大影响。2013年大选救国党获得55个国会议员席位。

## 经济

**国内生产总值** 2013年，柬埔寨国内生产总值（GDP）达152.78亿美元（约合615250亿瑞尔），同比增长7.6%，人均GDP增至1036美元（约合4171972瑞尔），同比增长5%。

**产　业** 2013年，柬埔寨农业增长4.2%（种植业增长4.1%、渔业增长7.1%），工业增长9.3%，服务业增长8.8%（商业增长7.7%、酒店和餐饮业增长13.7%），金融业增长12.3%，固定资产增长10.9%。通货膨胀率为3%。广义货币为81.92亿美元（约合329891.84亿瑞尔），同比增长15%，约占GDP的53.9%。此外，柬埔寨电力供应增至42.97亿千瓦时，同比增长31.4%，其中水电10.809亿千瓦时（基本因中资企业BOT投资形成），同比增长111%。清洁水供应1.744亿立方米，同比增长11%。

**财　政** 2013年，柬埔寨财政收支小幅增加，收支结余大幅增长。全年国家预算收支结余3.99亿美元（约合16067.73亿瑞尔），同比增长55%。其中，预算执行收入为20.03亿美元，同比增长2%，占GDP的13.3%，相当于年度计划的68%（经常性收入19.3亿美元，同比增长3%，主要得益于非税收入6%的增长；资本收入0.87亿美元，同比下降6%）。预算执行支出16.18亿美元，相当于年度计划的60%，同比下降5%（经常性支出12.94亿美元，相当于年度计划的83%，同比下降11%；资本支出3.23亿美元，同比增长33%）。

**金　融** 货币名称：瑞尔（Riel）。柬埔寨中央银行公布的《2013年柬埔寨经济报告》显示，由中央银行管理外汇储备15年前为3.78亿美元，2013年增加到41亿美元，是央行历年来取得的最高储备数字，同比增长10.8%，可满足4～4.5个月的进口需要。据柬埔寨国家银行统计，2013年柬埔寨通货膨胀率为4%，高于2012年的3%。瑞尔与美元的汇率继续保持稳定，年平均汇率为4027：1。

**进出口贸易** 2013年，柬埔寨对外贸易总额为158.8亿美元（约合639487.6亿瑞尔），同比增长18.5%。其中，出口69亿美元，同比增长27.7%；进口89.8亿美元，同比增长13%，贸易逆差20.8亿美元。主要出口产品为服装、鞋类、橡胶、大米、木薯；主要进口产品为燃油、建材、手机、机械、食品、饮料、药品和化妆品等。主要贸易伙伴为美国、欧盟、中国、日本、韩国、泰国、越南和马来西亚等。

**外　资** 2013年，经济特区建设逐渐成为柬埔寨吸引外商投资的焦点之一和经济新的增长点。截至2013年年底，柬埔寨原则性批准投资的经济特区为32个（中资企业投资8个），其中20个已正式获得政府批准实施。经济特区内新增投资项目44个，投资额1.87亿美元（约合7530.49亿瑞尔），创造19243个就业岗位。2013年，柬埔寨政府共批准225个投资项目，投资总额49.62亿美元（约合199819.74亿瑞尔），同比分别增长43.3%和117.6%，创造28.1万个就业岗位。其中国内投资

33.15亿美元，占总投资额的66.8%，同比增长272.2%；外国投资16.47亿美元，占总投资33.2%，同比增长19.3%。

### 传 媒

有132家报刊，其中柬文报纸97家，英、法、中、日文报刊35家。柬埔寨私人报纸很多，发行量均不大。较有影响的有《柬埔寨之光报》（柬埔寨文，日报）、《柬埔寨日报》（英文、柬埔寨文）、《和平岛报》（柬埔寨文，日报）、《人民报》（人民党党报，柬埔寨文）、《金边邮报》（英文，双周报）、《柬埔寨时报》（英文、柬埔寨文，周报）、《华商日报》（中文，日报）、《星洲日报》（中文，日报）和《柬华日报》等。

柬埔寨新社（AKP）为柬埔寨唯一的官方通讯社，成立于1980年。

柬埔寨目拥有11家超短波电台，其中FM103电台属国家所有，每天播音18个小时。电视台6家，国家电视台（建于1984年，以柬埔寨语节目为主）；仙女台（人民党党产）；第9频道（私营）；第5频道（军队台）；首都第3频道（官方开办）；巴戎台（私营）；CTN电视台（私营）。有线电视台：柬埔寨有线电视台、金边有线电视台、微波无线电视公司。

## 印度尼西亚

### 国 名

印度尼西亚共和国（The Republic of Indonesia），简称印尼。

### 国 旗

印度尼西亚国旗旗面由上红下白两个相等的横长方形构成，长宽之比为3∶2。红色象征勇敢和正义，还象征印度尼西亚独立以后的繁荣昌盛；白色象征自由、公正、纯洁，还表达印度尼西亚人民反对侵略、爱好和平的美好愿望。

印度尼西亚国旗

印度尼西亚国徽

### 国 徽

印度尼西亚国徽由一只金色的鹰、一面盾和鹰爪抓着的一条绶带组成。鹰象征创造力。鹰两翼各有17根羽毛，其中尾羽8根，这是为了纪念印度尼西亚的独立日——8月17日。鹰胸前的盾面由五部分组成：黑色小盾和金黄色的五角星代表宗教信仰，也象征“潘查希拉”——印度尼西亚建国的五项基本原则；水牛头象征主权属于人民；榕树象征民族意识；棉桃和稻穗象征富足和公正；金色饰环象征人道主义和世代相传。盾面上的粗黑线代表赤道。鹰爪抓着的绶带上用印度尼西亚文写着“异中有同”。

### 主要节日

独立日：8月17日（1945年）；国庆日：8月17日（1945年）。

### 自然地理

印度尼西亚位于亚洲东南部，地跨赤道，是世界上最大的群岛国家，由太平洋和印度洋之间的17508个大小岛屿组成，其中约6000个岛屿有人居住。陆地面积为1904443平方公里，海洋面积3166163平方公里（不包括专属经济区），因此，印度尼西亚素称千岛之国。印度尼西亚北部的加里曼丹岛与马来西亚接壤，新几内亚岛与巴布亚新几内亚相连。东北部面临菲律宾，东南部是印度洋，西南与澳大利亚相望。海岸线总长54716公里。属热带雨林气候，年平均温度25℃～27℃。印度尼西亚是一个火山之国，全国共有火山400多座，其中活火山100多座。全国各岛处处青山绿水，四季皆夏，人们称它为“赤道上的翡翠”。

印尼巴厘岛努沙杜瓦海滩

### 国 民

**人 口** 根据联合国报告显示，印尼是人口增加较快的国家之一。2013年印尼人口约2.48亿，到2020年，将增加到约2.6亿人，2025年将增至2.8亿人，而2050年，印尼人口将达约3.3亿人。

**民 族** 印度尼西亚拥有100多个民族，其中爪哇族占人口的45%，巽他族占14%。

**语　言**　官方语言为印度尼西亚语。各民族语言有200多种。英语为通用语言。

**宗　教**　全国约87.2%的人信奉伊斯兰教，是世界上穆斯林人口最多的国家。其他宗教有：基督教6.1%、天主教3.6%、印度教2%、佛教1%，其余为原始拜物教等。

## 行政区划

首都为雅加达。印尼全国共有一级行政区34个，包括雅加达首都特区，日惹和亚齐达鲁萨兰3个地方特区和31个省。二级行政区（县/市）497个。

## 国体政体

**政　体**　实行总统内阁制。人民协商会议是国家最高权力机构，负责制定、修改与颁布宪法和国家总方针政策，选举总统，副总统（2004年后改由全民直选），监督和评价总统执行国家大政方针情况和在总统违背宪法时对其进行弹劾或罢免。只设中央一级。成员700名，任期5年。

**宪　法**　现行宪法为《“四五”宪法》，于1945年8月18日颁布实施，1949年12月和1950年8月分别为《印度尼西亚联邦共和国宪法》和《印度尼西亚共和国临时宪法》所替代，1957年7月5日恢复实行。1999～2002年先后通过4个修正案。宪法规定，印度尼西亚为单一的共和制国家，“信仰神道、人道主义、民族主义、民主和社会公正”是建国五项基本原则（简称“潘查希拉”）。实行总统制，总统为国家元首、行政首脑和武装部队最高统帅。2004年起，总统和副总统不再由人民协商会议选举产生，改由全民直选；每任5年，只能连任一次。总统任命内阁，内阁对总统负责。

**人　协**　全称“人民协商会议”。国家立法机构，由人民代表会议（国会）和地方代表理事会共同组成，负责制定、修改和颁布宪法，并对总统进行监督。如总统违宪，有权弹劾罢免总统。每5年换届选举。本届人协于2009年10月成立，共有议员692名，包括560名国会议员和132名地方代表理事会成员。设主席1名，副主席4名。现任主席为希达多・达努苏布罗多。

**国　会**　全称“人民代表会议”。国家立法机构行使除修宪和制定国家大政方针之外的一般立法权。国会无权解除总统职务，总统也不能宣布解散国会。但若总统违反宪法，国会有权建议人协追究总统责任。本届国会于2009年10月1日举行就职仪式，共有议员560名，兼任人协成员，每届任期5年。设议长1名，副议长4名。议长马尔祖基・阿里。

**国家政要**　总统苏希洛・班邦・尤多约诺，于2009年10月竞选连任成功，任期至2014年10月；副总统布迪约诺，2009年10月就任，任期至2014年10月；人民协商会议主席希达多・达努苏布罗多；人民代表会议议长马尔祖基・阿里。

**政　府**　本届内阁于2009年10月组建，阁员35人，任期至2014年10月。成员包括：政治法律安全统筹部长佐戈・苏延多、经济统筹部长哈达・拉加萨、国务秘书部长苏迪・希拉拉西、内阁秘书部长迪博・阿兰、内政部长加马万・法乌兹、外交部部长马尔迪・纳塔勒加瓦、国防部长布尔诺默・尤斯吉安多罗、司法人权部长阿米尔・山苏丁、财政部长穆罕默德・查提卜・巴斯里、能源与矿产资源部长杰洛・瓦吉克、工业部长苏莱曼・希达亚特、贸易部长默罕默德・鲁特菲、农业部长苏斯沃诺等。

**司　法**　实行三权分立，最高法院独立于立法和行政机构。最高法院院长由最高法院法官选举，现任院长哈达・阿里。

**政　党**　1975年政党法只允许三个政党存在，即专业集团、印度尼西亚民主党、建设团结党。1998年5月解除党禁。1999年1月28日新政党法规定，50名以上年满21岁的公民只要遵循“不宣传共产主义，不接收外国资金援助，不向外国提供有损于本国利益的情报，不从事有损于印度尼西亚友好国家的行为”的原则，便可成立政党。2009年大选中，共有48个政党参选，9个政党获得国会议席，由苏希洛创立的民主党成为国会第一大党。主要大党包括：

民主党：成立于2001年9月9日，以“潘查希拉”为政治纲领，以维护和巩固国家统一为目标，倡导民族主义、宗教信仰自由、多元主义和人道主义。2009年4月国会选举中获148个议席，国会第一大党。现任总主席为总统苏希洛・班邦・尤多约诺。

专业集团党：1959年组成松散的专业集团联合秘书处，1964年10月由61个群众组织联合成立专业集团，1970年12月扩大为包括291个群众组织的专业组织，1967年至1999年6月为事实上的执政党，但一直自称为社会政治组织。1999年3月7日正式宣布为政党。以“潘查希拉”为政治纲领，主张在民主和民权基础上进行政治体制改革，保障人权，改善民生。2009年国会选举中获106个议席，国会第二大党。总主席阿布里扎尔·巴克利。

民主斗争党：由原印尼民主党分裂出来的人士组成，1998 年 10 月正式成立。系民族主义政党，印尼世俗政治力量代表。以“潘查希拉”为政治纲领，弘扬民族精神，反对宗教和种族歧视。2009 年国会选举中获 94 个议席，国会第三大党。现任总主席为梅加瓦蒂·苏加诺普特丽。

繁荣公正党：成立于 1998 年 7 月 20 日。以伊斯兰教为政治纲领，主张通过参政影响国家发展进程，利用传教便利教化大众，发扬伊斯兰互助精神，扶危济贫。2009 年国会选举中获 57 个议席，国会第四大党。现任总主席为阿尼斯·马塔（Anis Matta）。

国家使命党：成立于 1998 年 8 月 23 日，党员多为印尼第二大穆斯林团体穆哈玛迪亚（Muhammadiyah）成员，具有伊斯兰现代派特征。主张三权分立制衡、人民主权、经济平等、种族宗教和睦等。2009 年国会选举中获 53 个议席，国会第五大党。现任总主席为哈达·拉加萨。

建设团结党：1973 年 1 月由伊斯兰教士联合会、印尼穆斯林党、印尼伊斯兰教士联盟党和白尔蒂伊斯兰教党合并组成。20 世纪 80 年代后伊斯兰教士联合会退出。原政治纲领为“潘查希拉”，现回归伊斯兰教，并将党徽重新改回麦加天房图案。主张司法独立，实施广泛地方自治和宗教平等，全面提高人口素质。2009 年国会选举中获 38 个议席，国会第六大党。现任总主席为苏尔亚达尔马·阿里。

## 经济

**国内生产总值**　2013 年国内生产总值（GDP）达 7570 亿美元（约合 7948.5 万亿印尼盾），同比增长 5.78%。人均国内生产总值达 3154 美元（约合 3311.7 万印尼盾）。（据中华人民共和国外交部网站数据）

**产　业**　2013 年，交通运输业增长 10.19%，金融、房地产和商业服务增长 7.56%，建筑业增长 6.57%，商贸、酒店和餐饮业增长 5.93%，电力和供气、供水业增长 5.58%，制造业增长 5.56%，其他服务业增长 5.46%。农业和矿产业增长相对滞后，其中农业增长 3.54%，矿业增长 1.34%。

**金　融**　货币名称：印度尼西亚盾（Rupiah），简称印尼盾。2013 年，印尼家庭消费增长 5.28%，政府开支增长 4.87%。外汇储备为 994 亿美元（约合 1043.7 万亿印尼盾），2013 年底外债为 2641 亿美元（约合 2773.05 万亿印尼盾）。2013 年，印尼盾与美元的平均汇率为10500：1（据中华人民共和国外交部网站数据）。

**进出口贸易**　据印尼国家统计局统计，2013 年印尼货物进出口额为 3691.8 亿美元（约合 3876.39 万亿印尼盾），比 2012 年（下同）下降 3.3%。其中，出口 1825.5 亿美元，下降 3.9%；进口 1866.3 亿美元，下降 2.6%。贸易逆差 40.8 亿美元，增长 1.5 倍。

**外　资**　据印尼投资统筹机构公布的数据，2013 年上半年，印尼外资额达到 183.62 亿美元（约合 192.8 万亿印尼盾），同比增长 30%。2013 年全年，印尼实际吸引外资约 286 亿美元（约合 300.3 万亿印尼盾），同比增长 22.4%，创下历史最高纪录。2013 年实际利用外资额为 223 亿美元。主要投资来源国为新加坡、日本、美国、英国、韩国。

## 传媒

共有各类报刊 3000 多种。主要印度尼西亚文报纸有《罗盘报》、《专业之声报》、《印度尼西亚媒体报》、《共和国日报等》、《革新之声报》和《印度尼西亚商报》；英文报纸有《雅加达邮报》、《雅加达环球报》、《印度尼西亚观察家报》等；中文报纸有《国际日报》、《商报》《千岛日报》和《星洲日报》（原《印度尼西亚日报》）等。

通讯社目前只有安塔拉通讯社，系官方通讯社，1937 年 12 月 13 日创立，在印尼 27 个省设有分社，约有 300 名记者。该社 2007 年 3 月恢复了北京分社，并派驻常驻记者。

广播电视主要有公立的印尼国家电台和印尼国家电视台。印尼国家电台于 1945 年 9 月 11 日成立，设有 53 个分台和对外广播的“印尼之声”台（用 10 种语言广播）。印尼电视台于 1962 年 8 月 17 日正式运营，共有 13 个分台，395 个转播器，覆盖印尼全境。原为政府经营，2000 年后成为公共电视台。

私营电视台有鹰记电视台、教育电视台、美都电视台等 11 家全国性电视台以及众多的地方电视台。各地的电台多达 1800 个。

# 老　挝

## 国名

老挝人民民主共和国（The Lao People's Democratic Republic），简称老挝。

## 国旗

老挝国旗旗面中间平行长方形为蓝色，占旗地一半，上下为红色长方形，各占旗地的四分之一。蓝色部分中间为白色圆轮，轮的直径为蓝色部分宽度的五分之四。蓝色象征富饶，红色象征革命。白色圆轮表示圆月。此旗原为老挝爱国战线旗帜。

老挝国旗

老挝国徽

## 国徽

老挝国徽呈圆形，由两束稻穗环饰的圆面上有具象征意义的图案：大塔是著名古迹，它是老挝的象征；齿轮、拦河坝、森林、田野等分别象征工业、水力、林业；稻穗象征农业。两侧的饰带上写着“和平、独立、民主、统一、繁荣昌盛”，底部的饰带上写着“老挝人民民主共和国”。

## 主要节日

独立日：10 月 12 日（1945 年）；国庆日：12 月 2 日（1975 年）；老挝人民军成立日：1 月 20 日（1949 年）；老挝人民革命党成立日：3 月 22 日（1955 年）；老挝新年（宋干节，也叫泼水节）：佛历 5 月，一般从每年公历 4 月 13 日开始，前后共 3 天；塔銮节：佛历 12 月，公历 11 月。

## 自然地理

老挝位于中南半岛北部，地处北纬 13°52′～22°05′、东经 100°10′～107°30′。老挝国土面积 23.68 万平方公里，位于中南半岛北部的内陆国家。北邻中国，南接柬埔寨，东接越南，西北达缅甸，西南毗连泰国。境内 80%的国土为山地和高原，且多被森林覆盖，有“印度支那屋脊”之称。地势北高南低，北部与中国云南的滇西高原接壤，东部老挝、越南边境为长山山脉构成的高原，西部是湄公河谷地和湄公河及其支流沿岸的盆地与小块平原。全国自北向南分为上寮、中寮和下寮，上寮地势最高，川圹高原海拔 2000～2800 米。最高峰比亚山峰海拔 2817 米。发源于中国的湄公河是最大河流，流经西部 1900 公里。属热带、亚热带季风气候，分为雨季（5～10 月）和旱季（11 月至次年 4 月）。

老挝孔恩瀑布

## 国民

**人　口**　截至 2013 年 6 月，老挝总人口数约 669.5 万（据美国人口普查局数据）。

**民　族**　2008 年 11 月，老挝六届国会六次会议审议确定，老挝只有一个民族即老挝族，下分 49 个少数民族，分属老挝泰语族系、孟—高棉语族系、苗—瑶语族系和汉—藏语族系。

**语　言**　官方语言是老挝语。部分国民也使用泰语、华语。老挝语和泰语大致可以相通。

**宗　教**　90%的国民信奉小乘佛教，少数信奉基督教、原始宗教等。

## 行政区划

首都为万象。全国划分为 16 个省、1 个直辖市（万象市）和 1 个行政特区（赛宋本）。

## 国体政体

**国　体**　老挝是人民民主国家，全部权利属于人民，各族人民在老挝人民革命党带领下行使当家做主的权利。

**宪　法**　1991 年 8 月，老挝最高人民议会第二届六次会议通过了第一部宪法。

**议　会**　国会（原称最高人民议会，1992 年 8 月改为现名）是国家最高权力机构和立法机构，负责制定宪法和法律。国会每届任期 5 年，每年召开两次会议，特别会议由国会常委会决定或由三分之二以上的议员提议召开。国会议员由地方直接选举产生。第七届国会选举于 2011 年 4 月 30 日举行，共选出国会议员 132 名。2011 年 6 月 15 日，老挝第七届国会第一次会议在万象召开，会议选举老挝人民革命党中央委员会总书记朱马里・赛雅颂为国家主席，中央政治局委员通邢・塔马冯出任政府总理。会议还选举中央政治局委员巴妮・亚陶都为老挝第七届国会主席。

**国家政要**　老挝人民革命党中央总书记、国家主席朱马里・赛雅颂，朱马里在 2006 年 3 月和 6 月分别当选为老挝人民革命党中央委员会总书记和国家主席。2011年3月和6月，朱马里分别再次当选为中央委员会总书记和国家主席。总理通邢·塔马冯，于2011年6月当选。第7届国会主席巴妮·亚陶都，于2011年6月当选连任。

**政　府**　政府是老挝国家最高行政机关。本届政府于2011年6月组成，下设21个部门（18个部和3个直属机构）。总理通邢和四位副总理均连任。总理府更名为政府办公厅，设6名政府办公厅部长（1名兼任办公厅主任）。撤销国家邮电署、科技署、水资源与环境管理署和公务员管理署。新成立邮电通信部、科技部、自然资源与环境部和民政事务部。原教育部和国家体育总局合并为教育体育部、原新闻文化部和国家旅游局合并为新闻文化与旅游部。主要成员有朱马里·赛雅颂（国家主席、中央国防和治安委员会主席），通邢·塔马冯（政府总理），巴妮·亚陶都（女，国会主席），本扬·沃拉吉（国家副主席），宋沙瓦·凌沙瓦（政府常务副总理），阿桑·劳里（政府副总理兼国家监察署主席、党中央党政监察委员会主任）等。

**司　法**　老挝最高人民法院为最高司法权力机关。最高人民法院院长坎潘·西提丹帕，2011年6月当选；最高人民检察院检察长坎山·苏冯，2011年6月当选。

**政　党**　老挝人民革命党是老挝唯一的政党和执政党，于1955年3月22日建立，原称老挝人民党，1972年召开“二大”时改为现名。目前有党员约19.2万名。其宗旨是：领导全国人民进行革新事业，建设和发展人民民主制度，建设和平、独立、民主、统一和繁荣的老挝，为逐步走上社会主义创造条件。

## 经济

**国内生产总值**　据老挝《万象时报》报道，2012～2013财年，老挝国内生产总值（GDP）为101.9亿美元（约合77.95万亿基普），人均GDP为1534美元（约合1173.51万基普）。

**产　业**　目前老挝有投资潜力的领域有农业、种植业、养殖业、不需要大面积用地的中小型加工业和养殖业、物流业、酒店业、餐饮业、旅游景区开发业等。2013年，老挝农林领域保持稳定增长。稻谷种植面积91.65万公顷，稻谷产量352万吨，甜玉米种植面积21.2万公顷，产量125.1万吨，薯类2.4万公顷，产量25.2万吨，蔬菜14.2万公顷，产量159.2万吨，水果6.02万公顷，产量83.8万吨。水利灌溉种植面积38.99万公顷。能源矿产领域发展较快。全国1兆瓦以上电站23座，总装机321.2万千瓦，全年发电136.68亿度，同比增长11%，出口电力110.5亿度，占总发电量的81%，收入4.83亿美元；矿产产量17.69亿美元（约合139256.7亿基普），同比增长6.4%，出口矿产品16.79亿美元，同比增长2.98%。生产黄金19.36吨、铜板8.3吨、铜精矿28.9万吨、钾盐64.6万吨等。

**金　融**　货币名称：基普（Kip）。受食品、原油、电力、煤气等价格上涨影响，老挝2013年全年通胀率达5.64%，同比增加1.19个百分点。2013年上半年，老挝政府财政收入16亿美元（约合12.24万亿基普），较2012年同期增长近两成。2013年财年前6个月，老挝通货膨胀率为4.85%，较2012年同期大幅下降。老挝货币基普对美元升值4.32%，对泰铢贬值0.23%。基普与美元汇率约为7650∶1（据中华人民共和国外交部网站数据）。

**进出口贸易**　2012～2013财年，老挝进出口额为47.12亿美元（约合36.04万亿基普）。其中出口额为18.98亿美元，同比增长18.4%；进口额为28.14亿美元，同比增长3.4%；全年贸易逆差9.16亿美元。老挝出口的商品主要有纺织品、咖啡、木制品和农产品，进口的商品主要有汽车零部件、工业制品、汽油和天然气、建材和食品。老挝政府致力于通过提高本国生产力来削减贸易赤字。

**外　资**　2012～2013财年老挝国会批准实施5581个项目，金额为10.60亿美元（约合8.11万亿基普），其中国内投资项目金额3.85亿美元，外国投资项目金额6.74亿美元。截至2014年2月，老挝10个经济开发区引资43亿美元。自2000年设立经济开发区以来，老挝批准设立了10个经济开发区，占地13564公顷，其中有2个经济特区及8个专业经济区，即：沙湾－色诺经济特区、金三角经济特区、磨丁丽城专业经济区、万象嫩通工业贸易园、赛色塔综合开发区、东坡西专业经济区、万象隆天专业经济区、普乔专业经济区、塔銮湖专业经济区、他曲专业经济区等。目前，进驻开发区的国内外投资企业共100多家，其中有国内企业26家，外资企业74家，合资企业5家，协议资金42.7亿美元。投资行业中服务业占49%、工业占33%、商业占18%。

## 传媒

全国各类报刊约有20种。《人民报》为老挝人民革命党中央机关报，创刊于1950年8月13日，用老挝文出版。其他还有《新万象报》《人民军报》

和《青年报》等。外语报有英文报《VIENTIANE-TIMES》和法文报《LERENOVATEUR》。

巴特寮通讯社是官方通讯社，于1968年1月成立。

广播电台有老挝国家广播电台、老挝人民军广播电台和14个省级广播电台。老挝国家广播电台设在首都万象，用老挝语广播，对外用越、柬、法、英、泰语广播。电视台有老挝国家电视台和17家省（直辖市）电视台。老挝国家电视台建于1983年12月，每天播放老挝语节目5小时左右。此外还有17家省级电视台。

# 马来西亚

## 国名

马来西亚联邦（Federation of Malaysia），简称马来西亚。

## 国旗

马来西亚国旗呈横长方形，长宽之比为2∶1。主体部分由14道红白相间、宽度相等的横条组成。左上方有一个深蓝色的长方形，上有一弯黄色新月和一颗有14个尖角的黄色星。14道红白横条和14颗星象征马来西亚的13个州和政府。蓝色象征人民团结及马来西亚与英联邦的关系（英国国旗以蓝色为旗底），黄色象征国家元首，新月象征马来西亚的国教伊斯兰教。

马来西亚国旗

马来西亚国徽

## 国徽

马来西亚国徽中间为盾形徽。盾徽上面绘有一弯黄色新月和一颗14个尖角的黄色星，盾面上的图案和颜色象征马来西亚的组成及其行政区划。盾面上部列有5把入鞘的短剑，它们分别代表柔佛州、吉打州、玻璃市州、吉兰丹州和丁加奴州。盾面中间部分绘有红、黑、白、黄4条色带，分别代表雪兰莪州、彭亨州、霹雳州和森美兰州。盾面左侧绘有蓝、白波纹的海水和以黄色为地并绘有3根蓝色鸵鸟羽毛，这一图案代表槟榔屿。盾面右侧的马六甲树代表马六甲州。盾面下端左边代表沙巴州，图案中绘有强健的褐色双臂，双手紧握沙巴州州旗。盾面下端右边绘有一只红、黑、蓝3色飞禽，代表沙捞越州。盾面下部中间的图案为马来西亚的国花——木槿，当地人称“班加拉亚”。盾徽两侧各站着一头红舌马来虎，两虎后肢踩着金色饰带，饰带上书写着格言“团结就是力量”。

## 主要节日

全国各地大小节日约有上百个，政府规定的全国性节日有10个，即：国庆（又称独立日，8月31日）、元旦、开斋节、春节、哈芝节、屠妖节、五一节、圣诞节、卫塞节、现任最高元首诞辰。除少数节日日期固定外，其余节日的具体日期由政府在前一年统一公布。

## 自然地理

马来西亚位于东南亚，地处太平洋和印度洋之间，陆地国土面积33万平方公里。全境被南中国海分成东马来西亚和西马来西亚两部分。西马来西亚为马来亚地区，位于马来半岛南部，北与泰国接壤，西濒马六甲海峡，东临南中国海。东马来西亚为沙捞越地区和沙巴地区的合称，位于加里曼丹岛北部，海岸线全长4192公里。属热带雨林气候，内地山区年均气温22℃～28℃，沿海平原为25℃～30℃。马来半岛西岸每年9～12月为雨季，西马东岸、沙巴、沙捞越等地雨季为每年10月至翌年2月。

马来西亚浪中岛

## 国民

**人　口**　马来西亚国家统计局发布公告，截至2014年2月28日，马来西亚人口总数为3000.0565万人，预测到2040年，马来西亚人口将达到3850万人，其中男女比例基本持平，分别为1960万人和1900万人。

**民　族**　沙捞越州原住居民以伊班族为主，沙巴州以卡达山族为主。

**语　言**　马来语为国语，通用英语，华语使用也较广泛。

**宗　教**　伊斯兰教为国教，其他宗教有佛教、印度教、基督教、拜物教等。

## 行政区划

首都为吉隆坡。全国分为13个州，包括西马的柔佛、吉打、吉兰丹、马六甲、森美兰、彭亨、槟榔屿、霹雳、玻璃市、雪兰莪、丁加奴以及东马的沙巴、沙捞越，另有3个联邦直辖区：吉隆坡、纳闽和普特拉贾亚。

## 国体政体

**政　体**　实行君主立宪联邦制。因历史原因，沙捞越州和沙巴州拥有较大自治权。

**宪　法**　1957年颁布马来亚宪法，1963年马来西亚成立后继续沿用，改名为马来西亚联邦宪法，后经多次修订。宪法规定：最高元首为国家首脑、伊斯兰教领袖兼武装部队统帅，由统治者会议选举产生，任期5年。最高元首拥有立法、司法和行政的最高权力，以及任命总理、拒绝解散国会等权力。1993年3月，马来西亚议会通过宪法修正案，取消了各州苏丹的法律豁免权等特权。1994年5月修改宪法，规定最高元首必须接受并根据政府建议执行公务。2005年1月，马来西亚议会再次通过修正宪法案，决定将各州的水供事务管理权和文化遗产管理权移交中央政府。

**统治者会议**　由柔佛、彭亨、雪兰莪、森美兰、霹雳、丁加奴、吉兰丹、吉打、玻璃市等9个州的世袭苏丹和马六甲、滨州、沙捞越、沙巴等4个州的州元首组成。其职能是在9个世袭苏丹中轮流选举产生最高元首和副最高元首；审议并颁布国家法律、法规；对全国性的伊斯兰教问题有最终裁决权；审议涉及马来族和沙巴、沙捞越土著民族的特权地位等重大问题，未经该会议同意，不得通过有关统治者特权地位的任何法律。内阁总理和各州州务大臣、首席部长协助会议召开。2011年10月14日，在马来西亚统治者会议举行的特别会议上，阿卜杜勒·哈利姆·穆阿扎姆·沙阿获选为马来西亚第14任最高元首。12月13日，阿卜杜勒·哈利姆就任马来西亚最高元首，成为马来西亚成立以来首位两次担任这一职务者。2012年4月11日，阿卜杜勒·哈利姆在首都吉隆坡的国家皇宫正式登基。

**议　会**　也称国会，为最高立法机构。由上议院和下议院组成。下议院共设议席222个，任期5年，可连任。2013年6月，新一届下议院中国阵占133席，反对党联盟人民联盟占89席。下议长丹·斯里·达图·班迪卡·阿敏，2008年4月28日就任，2013年6月24日连任。上议院共70席，由全国13个州议会各选举产生2名，其余44名由最高元首根据内阁推荐委任，任期3年，可连任两届。目前共有上议员52名，空缺18名。现任上议长丹·斯里·阿布·扎哈，2010年4月26日就任，2013年5月21日连任。

**国家政要**　最高元首端古·阿尔哈吉·阿卜杜勒·哈利姆·慕阿扎姆·沙阿，2011年12月就职，为马来西亚第14任最高元首。2012年4月正式登基；总理达图·斯里·纳吉布·敦·拉扎克，2009年4月宣誓就职，2013年5月连任。

**政　府**　即内阁，联邦政府采用责任内阁制，内阁是马来西亚最高行政机关，由在选举中占半数以上的政党组成。政府首脑是总理，由最高元首任命。2013年5月15日，纳吉布总理宣布新一届内阁名单，共设24个部门，内阁成员有：总理兼财政部长纳吉布，副总理兼教育与高等教育部长穆希丁、总理府部长贾米尔、瓦希德、依德里斯、约瑟夫、沙希淡、南希、恩图鲁、刘胜权，内政部长艾哈迈德·扎希德，通讯与多媒体部长艾哈迈德·沙贝里·契克等。

**司　法**　最高法院于1985年1月1日成立。1994年6月改名为联邦法院。设有马来亚高级法院（负责西马）和婆罗洲高级法院（负责东马），各州设有地方法院和推事庭。另外还有特别军事法庭和伊斯兰教法庭。联邦法院首席大法官丹·斯里·达图·斯里·扎基，于2007年12月11日获任命。总检察长丹·斯里·阿卜杜尔·甘尼·帕泰尔，于2002年1月1日就任。

**政　党**　注册政党有40多个。13个政党组成国民阵线联合执政。2001年5月，沙巴人民正义党解散，并入巫统。2002年1月，反对党沙巴团结党重返国民阵线。2008年4月，反对党人民公正党、民主行动党和伊斯兰教党联合组成“人民联盟”。2008年9月，沙巴进步党宣布退出国民阵线，成为独立政党。主要执政党有：

马来民族统一机构：马来人政党。成立于1946年5月11日。目前有党员280万名。1996年，从巫统分裂出去的“四六”精神党重返新巫统后再次更名为“巫统”。现有党员338万。巫统主席和署理主席代表国阵出任政府正、副总理。现任主席纳吉布，署理主席穆希丁。

马来西亚华人公会：最大的华人政党。于1949年2月27日成立，原名马来亚华人公会，马来西亚成立后改为现名。目前有党员110万名。现任总会长廖中莱，署理总会长魏家祥。

马来西亚印度人国大党：于1946年8月2日成立。马来西亚印度国大党和巴基斯坦族政党旨在争取和维护两族利益。目前有党员55万名。主席达图·帕拉尼威·哥维达萨米，2010年12月6日就任。

## 经济

**国内生产总值** 2013年马来西亚国内生产总值(GDP)初值为3124.16亿美元（约合9844.53亿林吉特），人均GDP为10432美元（约合32872.28林吉特）。（据马来西亚统计局数据）

**产业** 2013年，马来西亚服务业仍是经济增长的主力，出口额达到398.18万美元（约合1254.7万林吉特），占总出口额的15.4%，而且该行业的贡献以逐年增长的趋势在上升。特许经营领域在2013年的业绩达78.07亿美元（约合246亿林吉特），占国内生产总值的2.5%。农业方面，2013年胡椒工业产品出口量达12105吨，总值0.87亿美元，出口量比2012年增长11.6%，主要出口到日本、中国、韩国及西欧等地。2013年马来西亚棕榈油产量达到1921.5万吨，增长2.3%。出口1812.2万吨，增长3.1%。其中出口中国370万吨，增长5.6%。旅游方面，据马来西亚旅游局公布的数据，2013年马来西亚旅游业取得了超出预期的成果，旅游行业收入达到207.67亿美元（约合654.4亿林吉特），同比增长8.1%。

**金融** 货币名称：林吉特（Ringgit）。马来西亚中央银行公布的数据显示，马来西亚2013年第4季度的通胀率为3.2%。2013年的通胀率同比增长2.1%。截至2013年12月31日，马来西亚中央银行的外汇储备达1401.73亿美元（约合4417亿林吉特）。2013年，马来西亚林吉特兑美元平均汇率为3.1511∶1。

**进出口贸易** 据马来西亚统计局统计，2013年，马来西亚货物进出口额为4345.2亿美元（约合13692.16亿林吉特），同比增长2.4%。其中，出口额为2284.0亿美元，同比下降8.3%；进口额为2061.2亿美元，同比增长4.9%。贸易顺差222.8亿美元，同比下降27.7%。马来西亚主要出口商品有机电产品、矿物燃料、机械设备、动植物油、橡胶及制品等。

2013年，马来西亚前五大逆差来源地依次为中国、中国台湾、法国、德国和越南，分别为33.3亿美元、30.3亿美元、25.1亿美元、20.4亿美元和18.0亿美元，增幅依次为433.9%、-198.4%、27.6%、-6.5%和165.0%。顺差主要来自日本、中国香港特区、新加坡、荷兰和澳大利亚。

**外资** 根据马来西亚国际贸易与工业部发布的公告显示，2013年获得批准的投资项目共有5669个，主要集中在服务、制造业和原产品等领域。其中28%是外国直接投资，其余为国内投资。马来西亚政府2013年批准的直接投资额总值高达607.06亿美元（约合2165亿林吉特），同比增长了29%，创下了近年来投资总值的新纪录。在外来直接投资中，美国以63.2亿林吉特高居榜首，其次为韩国、欧盟、新加坡、日本和中国。

## 传媒

全国约有50份报纸，用8种文字出版。主要报纸有马来文的《马来使者报》、《每日新闻》、《祖国报》；英文的《新海峡时报》、《星报》、《马来邮报》；中文的《南洋商报》、《星洲日报》等。

马来西亚国家新闻社（简称马新社）是一个半官方的通讯社，成立于1968年，在亚太地区设有33家分社。

马来西亚广播电台属官办，建于1946年，拥有6个广播网，用马来语、英语、华语和泰米尔语广播。马来西亚之声电台建于1963年，用马来语、阿拉伯语、英语、印尼语、缅甸语、菲律宾语和泰语等对外广播。马来西亚电视台属官办，建于1963年，设有两个频道，用马来语、英语、华语和泰米尔语播放。另外还有第三电视台（TV3）、城市电视（METRO VISION）和国民电视（NTV）三家私营电视台。近年还开办了ASTRO卫星有线电视频道。2004年1月开播了8TV电视台。

# 缅甸

## 国名

缅甸联邦共和国（Republic of The Union of Myanmar），简称缅甸。

## 国旗

2010年10月21日，根据缅甸国家和平与发展委员会颁布的法令，缅甸正式启用《缅甸联邦共和国宪法》确定的新国旗、新国徽，国歌保持不变。缅甸的新国旗为黄、绿、红三色，中有白色五角星。绿色代表和平、安宁、草木茂盛、青葱翠绿的环境，黄色描绘出团结，红色象征勇敢与决心。白星反映出坚强联邦永恒不坠的意义。

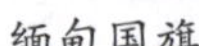

缅甸国旗

缅甸国徽

### 国 徽

现行缅甸国徽于 2010 年 10 月 21 日开始使用，由 1974 年版的缅甸国徽修改而来。1974 年版缅甸国徽中间为缅甸版图置于一个十四齿的齿轮，齿数象征缅甸的省和邦，外饰以稻穗；新国徽中间为缅甸版图置于橄榄枝中间，两头圣狮为守护兽。两者之间为花卉状图案，顶端为一颗象征独立的五角星。下方是绶带。

### 主要节日

独立节：1 月 4 日（1948 年）。泼水节（缅历新年）：4 月 13 日。联邦节：2 月 12 日。农民节：3 月 2 日。建军节：3 月 27 日，初为抗日节，1955 年改为建军节。工人节：5 月 1 日。烈士节：7 月 19 日。民族节：12 月 1 日。

### 自然地理

缅甸位于中南半岛的西部，在西藏高原和马来半岛之间，领土约 67.7 万平方公里。西北与印度和孟加拉国接壤，东北与中国为邻，东南与老挝、泰国毗邻，西南濒临孟加拉湾和安达曼海，海岸线长 3200 公里，均在南部。属热带季风气候，分热、雨、凉三季，3～5 月为热季，6～9 月为雨季，10 月到次年 2 月为凉季。各地年平均气温为 27℃。森林覆盖率占总面积的 50%以上。

缅甸卡拉威宫

### 国 民

**人　口**　2014 年 3 月 30 日，缅甸举行 31 年来首次人口普查。根据缅甸中央统计委员会公布的数字，缅甸 2013 年估计的人口数量为 6157 万。

**民　族**　主要有缅族、克伦族、掸族、克钦族、钦族、克耶族、孟族和若开族等，缅族约占总人口的 65%。

**语　言**　缅甸语为官方语言，各少数民族均有自己的语言，其中缅、克钦、克伦、掸和孟等族有文字。

**宗　教**　全国 85%以上的人信奉佛教，约 8%的人信奉伊斯兰教。

### 行政区划

首都为内比都。全国分七个省和七个邦。省是缅族主要聚居区，邦多为各少数民族聚居地。缅甸国家和平与发展委员会于 2011 年 1 月 27 日颁布了缅甸经济特区法，缅甸南部深水港土瓦被确定为经济特区。

### 国体政体

**政　体**　缅甸实行总统制，总统为国家元首和政府首脑。

**宪　法**　1974 年缅甸制定了《缅甸社会主义联邦宪法》。1988 年军政府接管政权后，宣布废除宪法，并于 1993 年起召开国民大会制订新宪法。2008 年 5 月，新宪法草案经全民公决通过，并于 2011 年 1 月 31 日正式生效，国名更名为“缅甸联邦共和国”。

**国家政要**　总统吴登盛，2011 年 2 月当选；副总统赛茂康，2011 年 2 月 14 日，在联邦议会选举中当选；副总统吴年吞，2012 年 8 月 15 日，当选并宣誓就职。

**政　府**　主要成员有：国防部部长韦伦中将，内政部部长哥哥中将，边境事务部部长岱乃温中将，外交部部长温纳貌伦，宣传部部长吴昂基，农业与水利部部长吴敏莱，环保林业部部长吴温吞，财税部部长吴温欣，建设部部长吴觉伦，国家计划与经济发展部部长坎佐，商务部部长吴温敏。

**司　法**　缅甸法院和检察院共分 4 级。设最高法院和最高检察院，下设省邦、县及镇区 3 级法院和检察院。联邦最高法院为国家最高司法机关，首席法官吴吞吞乌。最高检察院为国家最高检察机关，联邦检察长吞欣博士。

**政　党**　1988 年 9 月 18 日，缅甸军队接管国家政权，宣布废除一党制，实行多党民主制。1990 年 5 月 27 日举行首次多党制大选，有 93 个政党参加竞选，后大批政党自行解散或被取缔。2010 年 11 月 7 日缅甸举行全国多党民主制大选，共有 37 个获批准注册的政党参选。2012 年 4 月 1 日，缅甸议会对 45 个空缺席位进行了补选。现有主要政党：

联邦巩固与发展党：该党由 1993 年成立的缅甸

联邦巩固与发展协会转变而成，2010年5月正式注册成为政党，总部设在内比都，共有党员约1800万人。其宗旨是实现国家永固，主权独立，民族团结，和平稳定，繁荣发展，保护百姓的安全、改善民生，维护人权，实现民主。奉行多党民主制度、市场经济制度和独立、积极的外交政策。2012年10月，缅甸选举现任总统吴登盛继续担任该党名义主席。2013年5月吴登盛正式辞去主席，由人民院议长吴瑞曼接任；副主席为吴埃敏、吴泰乌，总书记为吴貌貌登，现有中央执委44人。

全国民主联盟：简称民盟，总部设在仰光，成立于1988年9月29日，昂山素季任总书记。在1990年5月大选中，该党获得485个议席中的396席，后因军政府拒绝移交权力而与政府进行了长期斗争，系缅甸最大反对党。2010年11月7日缅举行全国多党民主制大选，民盟拒绝重新注册参选，根据选举法规定失去合法政党资格。2011年11月18日，民盟决定向联邦选举委员会申请重新注册政党。2012年1月5日，联邦选举委员会正式批准民盟申请，民盟重新成为合法政党，并于4月1日举行的议会补选中获得大胜。

民族团结党：主席吴吞伊，总书记吴丹丁，副总书记吴钦貌基。该党由原执政的缅甸社会主义纲领党于1988年9月24日改组而成，系缅甸第二大政党。总部设在仰光，各级组织机构健全，在中央、省/邦、县、镇区等各级设有党委会。宗旨是维护民族团结，维护国家独立和主权，为人民服务，为国家政治、经济和社会等各领域发展服务。

掸族民主党：主席吴赛埃榜。该党总部设在仰光。宗旨是维护民族团结，实现掸邦的经济、交通、教育、农业等领域发展。主席吴赛埃榜。

若开民族发展党：主席为埃貌博士，副主席为吴翁丁、吴丁温、吴梭漂、吴昂班达，总书记为吴吴腊梭，书记为吴吞昂党、吴钦貌喇、吴达吞腊、吴凯比梭。总部设在若开邦博达坦镇区。该党于2010年5月注册成立，由若开邦和仰光省的若开族人组成，宗旨是团结全国人民，实现民主，促进国家政治、经济和社会发展，保护若开民族宗教信仰和风俗文化，维护若开民族利益和联邦利益。

全国民主力量党：主席为吴钦貌瑞（原民盟中央执委），副主席为吴梭温和拉梭纽博士。2010年5月成立，总部设在仰光省淡汶镇区。由原民盟中吴钦貌瑞、丹宁博士、温奈博士、吴登纽等4名中央执委，吴盛腊乌、吴梭温、吴丹温等3名中央委员在内的28名民盟前成员另立的新党。2011年12月以来，共有3名该党联邦议会议员宣布重返民盟。

## 经济

**国内生产总值** 2013年缅甸国内生产总值（GDP）初值为594.27亿美元（约合56.99万亿缅元），人均GDP为915美元（约合877485缅元）（据国际货币基金组织、联合国统计司数据）。

**产　业** 据麦肯锡全球研究院报告显示，缅甸增长潜力主要取决于四个关键领域：制造业、能源、农业、矿业。其中，制造业是最为重要的，据缅甸商务部统计，2013年缅甸成衣制造业出口额超过11亿美元（约合10549亿缅元）。能源方面，2013年，在缅甸的陆地石油区块招标中，有10家外国公司中标16个区块。缅甸沿海石油天然气开发项目共有51个区块，包括27个近海浅水区块和24个远海区块，其中有7家外国公司在18个区块作业。2013财年柴油和航空燃油购买量分别为150～160万桶和70万桶。2013～2014财年（2013年4月至2014年3月），农业方面，缅甸农产品出口额约为25.97亿美元。矿业方面，2013年缅甸矿产品出口额达13.36亿美元，其中经海运出口额7.24亿美元，边贸出口额6.12亿美元。其中玉石出口额20余万吨，价值为11.82亿美元，其他矿产品出口额25万吨。

**金　融** 货币名称：缅元（Kyat）。2013～2014财年前6个月（2013年4月至2013年9月）缅甸通胀率为5.7%。截至2013年12月31日，缅甸外债余额为95.93894亿美元（约合92005.44亿缅元）。主要债权国及国际金融机构为16个国家及国际开发协会（IDA，世界银行附属机构）、亚洲开发银行和石油输出国组织等。缅甸官方挂牌汇率显示，缅元与美元的汇率为959∶1。

**进出口贸易** 据中国驻缅甸经济商务参赞处数据显示，2013～2014财年，由于缅甸重拳打击非法走私，合法贸易额大幅上升，达244.8亿美元（约合234763.2亿缅元），同比增长了60亿美元。在2013～2014财年的外贸额中，出口总额为108.23亿美元，进口额为136.35亿美元，贸易逆差达28.12亿美元，为缅甸新政府执政三年来最高值。2013～2014财年，缅甸与亚洲国家的贸易额达230亿美元（约合220570亿缅元），占其总外贸额的95.22%，与欧洲的贸易额为5.53亿美元（约合5303.27亿缅元），占总外贸额的2.22%，而与美国的贸易额仅1.36亿美元（约合1304.24亿缅元）。

**外　资** 根据缅甸投资与公司管理局统计，2013～2014财年，缅甸吸收外资41亿美元（约合

39319亿缅元），累计吸收外资金额达到460亿美元。在向缅甸投资的34个国家和地区中，中国向缅甸投资额为140亿美元。数据显示，中国累计投资额居于首位，其次是泰国100亿美元，第三位是中国香港特区60亿美元。

### 传媒

缅甸报纸均为官办，全国发行的报纸有3种：《缅甸之光》缅文版、《缅甸新光》英文版和1992年9月复刊的《镜报》。地方性的报纸有仰光市出版的《首都报》、曼德勒市出版的《曼德勒日报》和《雅德那榜报》3份。此外，全国还有近180多种杂志和期刊，如《妙瓦底》、《秀玛瓦》、《威达意》、《视野》、《财富》、《缅甸时报》、《声音》、《七日新闻周刊》《仰光时报》、《时尚》等等，其中《金凤凰》为唯一一份中文期刊。

缅甸通讯社为国家通讯社。

缅甸现有电视台6个，包括缅甸之声电视台、妙瓦底电视台、MRTV-4、缅甸国际（MRTV-3）、Channel-7、Skynet-TV。广播电台有缅甸之声广播电台和9个调频电台，包括缅甸之声、城市、曼德勒、波达妙、瑞、彬萨瓦底、茄丽、蒲甘、德仁。

## 菲律宾

### 国名

菲律宾共和国（The Republic of The Philippines），简称菲律宾。

### 国旗

菲律宾国旗呈横长方形，长与宽之比为2∶1。靠旗杆一侧为白色等边三角形，中间是放射着八束光芒的黄色太阳，三颗黄色的五角星分别在三角形的3个角上。旗面右边是红蓝两色的直角梯形，两色的上下位置可以调换。平时蓝色在上，战时红色在上。太阳和光芒图案象征自由，八道较长的光束代表最初起义时争取民族解放和独立的8个省，其余光芒表示其他省。3颗五角星代表菲律宾的3大地区：吕宋、萨马和棉兰老。蓝色象征忠诚、正直，红色象征勇气，白色象征和平和纯洁。

菲律宾国旗

菲律宾国徽

### 国徽

菲律宾国徽为盾形，中央是太阳放射光芒的图案，3颗五角星在盾面上部，其寓意同国旗。左下方为蓝地黄色的鹰，右下方为红地黄色狮子。狮子和鹰图案分别为在西班牙和美国殖民统治时期菲律宾的标志，象征菲律宾摆脱殖民统治、获得独立的历史进程。盾徽下面的白色绶带上用英文写着“菲律宾共和国”。

### 主要节日

独立日：6月12日（1898年）。国庆日：6月12日（1898年）。自由日：2月25日。巴丹日（纪念二战时阵亡的战士）：4月9日。五月花节：5月最后一个星期日。国家英雄日：8月27日。英雄节（纪念民族英雄黎刹就义）：12月30日。

### 自然地理

菲律宾位于亚洲东南部，西濒南中国海，东临太平洋，是一个群岛国家，共有大小岛屿7107个。这些岛屿像一颗颗闪烁的明珠，星罗棋布地镶嵌在西太平洋的万顷碧波之中，菲律宾也因此拥有“西太平洋明珠”的美誉。菲律宾陆地面积29.97万平方公里，其中吕宋岛、棉兰老岛、萨马岛等11个主要岛屿占全国总面积的96%。菲律宾海岸线长达18533公里，多天然良港。菲律宾属季风型热带雨林气候，高温多雨。植物资源十分丰富，热带植物多达万种，素有“花园岛国”的美称。其森林面积为1585万公顷，覆盖率达53%，产有乌木、檀木等名贵木材。

菲律宾黎刹公园，黎刹纪念碑

### 国民

**人　口**　据菲律宾国家统计协调委员会统计，截至2013年年底，菲律宾人口为9735万。菲律宾人口增长率在东盟成员国中最高，也是全球人口增长最快的国家和地区之一。低于24岁的年轻人占总人口一半以上。预计到2040年，菲律宾人口将翻

一番，超过1.84亿，迈入世界人口十大国的行列。（据新华网数据）

**民　族**　菲律宾是一个多民族国家，马来族占全国人口的85%以上，包括他加禄人、伊洛戈人、邦班牙人、比萨亚人和比科尔人等。少数民族和外国后裔有华人、印尼人、阿拉伯人、印度人、西班牙人和美国人，以及为数不多的原住民。

**语　言**　菲律宾有70多种语言。国语是以他加禄语为基础的菲律宾语，英语为官方语言。

**宗　教**　国民约84%信奉天主教，4.9%信奉伊斯兰教，少数人信奉独立教和基督教新教，华人多信奉佛教，原住民多信奉原始宗教。

## 行政区划

全国划分为吕宋、维萨亚和棉兰老三大部分。全国设有首都地区、科迪勒拉行政区、棉兰老穆斯林自治区等17个地区，下设81个省和117个市。

## 国体政体

**政　体**　菲律宾实行总统内阁制。总统是国家元首、政府首脑兼武装部队总司令。

**宪　法**　菲律宾独立后共颁布过三部宪法，现行宪法于1987年2月由全民投票通过并正式生效。宪法规定：菲律宾实行三权分立政体；总统拥有行政权，由选民直接选举产生，任期6年，不得连选连任；总统无权实施戒严法，无权解散国会，不得任意拘捕反对派；禁止军人干预政治；保障人权，取缔个人独裁统治；进行土地改革等。

**议　会**　又称国会。为最高立法机构，由参议院、众议院两院组成。参议院由24名议员组成，由全国直接选举产生，任期6年，每三年改选1/2，可连任两届。众议院由250名议员组成，其中200名由各省、市按人口比例分配，从全国各选区选出；25名由参选获胜政党委派，另外25名由总统任命。众议员任期3年，可连任三届。本届国会于2010年7月选举产生。2013年5月中期选举改选半数参议员和全部众议员。现任参议长富兰克林·德里隆，众议长费利西亚诺·贝尔蒙特。

**国家政要**　总统贝尼尼奥·西米恩·阿基诺三世，于2010年6月就任；副总统杰乔马·比奈。

**政　府**　本届政府内阁于2010年6月组成，此后略有调整。截至2014年3月，内阁成员32名：副总统杰乔马·比奈，文官长帕奎托·奥乔亚，外交部部长阿尔韦特·德尔罗萨里奥，财政部长塞萨尔·普利斯马，司法部长莱拉·德利玛，农业部长普罗塞索·阿尔卡拉，国防部长伯尔泰勒·加斯明，贸易与工业部长格里高利·多明戈等。

**司　法**　菲律宾司法权属最高法院和各级法院。最高法院由1名首席法官和14名大法官组成，均由总统任命，拥有最高司法权。下设上诉法院、地方法院和市镇法院。检察工作由司法部检察长办公室负责，总检察长克莱罗·阿里拉诺。

**政　党**　菲律宾共有政党100余个，大多为地方性小党。主要政党包括：

自由党：是菲律宾执政党，1945年11月自国民党中分裂出来。自由党创始者曼努埃尔·罗哈斯是菲律宾第三共和国的第一任总统，之后，自由党的党首埃尔皮迪奥·基里诺和迪奥斯达多·马卡帕加尔也先后当选为总统。自由党政府在1992年大选中失利，成为在野党。2000年，自由党领导了反对时任总统约瑟夫·埃斯特拉达的群众运动，将其推翻。2010年，自由党候选人贝尼格诺·阿基诺三世参选总统获胜，自由党重新成为菲律宾执政党。2010年，自由党在菲律宾国会中拥有4个参议员席位和19个众议员席位。

基督教穆斯林民主力量党（简称“拉卡斯”）：系前总统拉莫斯于1991年底创立，由人民力量党、全国基督教民主联盟、菲律宾穆斯林民主联盟、团结党等整合而成。主张实行两党制，通过修宪扩大地方政府权力，改革选举制度，将总统任期6年一届修改为4年一届，可连任两届；主张通过谈判实现民族和解，促进社会稳定。经济上重视农业发展，增加就业，扶助贫困，加快私有化进程；倡导经济外交，奉行开放政策。1992年该党在大选中获胜，成为执政党。1998年大选中败于菲律宾民众奋斗党联盟。2001年阿罗约就任总统后，该党成为执政联盟的核心。2002年10月，该党针对2004年大选，对执政联盟进行再次整合改组。该党主席是雷比利亚，总裁是前众议长诺格拉雷斯，前总统拉莫斯任名誉主席。

民族主义人民联盟（NPC）：是前总统埃斯特拉达的执政党联盟——爱国民众战斗党（LAMP）成员之一。2000年10月，埃斯特拉达被弹劾后成为独立党派，目前为菲律宾众议院第二大党。该党支持修改宪法。为防止总统权力过大，主张实行议会制政体及实行两党制，支持加快国有企业私有化。现任主席为前众议员圣胡安。

摩洛伊斯兰解放阵线（简称“摩伊解”）：菲律宾最大的穆斯林反政府组织。现有武装力量12500人，主要活跃在棉兰老岛。1978年，以哈希姆·萨拉马为首的强硬派从摩解脱离后建立。2003年萨拉马去世后，穆拉特任主席。主张建立独立的伊斯兰国家，坚持武装斗争。摩伊解与政府虽多次签署停火协议，但均未能得到有效执行。2000年4月摩伊解与政府冲突升级为“全面战争”，摩伊解的营地被政府军全部攻占，其武装力量溃散后，继续以小股武装袭击政府军和民用设施。自2001年开始，阿罗约政府与摩伊解重开和谈，并曾签署停火协议与和平协议，但双方武装冲突仍时有发生。2003年，南部地区发生多起恐怖爆炸案件，政府认为是摩伊解所为，宣布通缉其主要领导人，威胁要将摩伊解列为恐怖组织。此后，在马来西亚协调下，双方进行多轮谈判，取得了一定进展。阿基诺总统主张同南部“摩洛伊斯兰解放阵线”等分离组织进行全面和谈，推动外国斡旋调停，促进国家团结和民族和解。2012年10月，菲律宾政府同“摩伊解”达成和平框架协议，2014年3月正式签署。

## 经济

**国内生产总值** 菲律宾2013年国内生产总值(GDP)初值为2720.17亿美元（约合115641.04亿比索），同比实际增长7.2%，人均GDP为2794美元（约合118510.02比索）。

**产　业** 菲律宾是东南亚新兴工业国家，并且是世界的新兴市场之一。菲律宾经济的组成以农业及工业为主，特别着重于食品加工、纺织成衣以及电子、汽车组件等。大部分的工业集中于马尼拉大都会区的市郊。菲律宾的矿业仍有很大的潜力，该国拥有大量储备的铬铁矿、镍及铜。在帕拉湾外岛发现的天然气也加入了菲律宾丰富的地热、水力及煤炭等能源储备。菲律宾国家统计办公室数据显示，2013年12月，菲律宾工业生产指数增长26.5%，这也是该指数连续9个月正增长。2013年，菲律宾经济良好表现得益于制造业、服务业和工业的高增长。2013年菲律宾服务业增长率达到7.1%，工业增长9.5%，制造业10.5%。

**金　融** 货币名称为比索(Peso)。菲律宾国家统计局数据显示，2013年全年平均通胀率从2012年的3.2%降至3%，仍处于政府所设目标3%～5%的低端。另外，超级台风“海燕”将菲律宾的通货膨胀率推高到两年来最高点，2013年12月份的通胀率增长4.1%，是2011年12月以来最大涨幅。菲律宾中央银行发布的数据显示，2012年菲律宾总国际储备为838.3亿美元。2013年下降为837.5亿美元。此外，截至2013年12月底，菲律宾央行持有的黄金从2012年103.52亿美元，下降至74.92亿美元。2013年菲律宾比索兑美元平均汇率为42.4159∶1。

中华人民共和国外交部网站数据显示，菲律宾失业率为7.5%（2014年1月）。截至2014年1月，菲律宾外债为1251.7亿美元（约合53091.98亿比索）。

**进出口贸易** 菲律宾工商部统计数据显示，2013年菲律宾商品和服务出口总额达758亿美元（约合32151.25亿比索），同比增长7.2%。服务出口总额较2012年增长20%以上，商品出口总额增长4.1%。菲律宾国家统计办公室表示，从2013年1月到11月，菲律宾商品出口金额达493.7亿美元，同比增长2.6%。2013年，中国与菲律宾贸易额达381亿美元，同比增长4.6%。

**外　资** 据菲律宾中央银行统计，2013年外国对菲律宾直接投资约为39亿美元。主要来源地为墨西哥、日本、美国、新加坡等，主要投资领域为制造业、物流业、房地产、金融保险、矿业。

## 传媒

主要英文日报：《马尼拉公报》、《菲律宾星报》、《菲律宾每日问询者报》、《自由报》、《马尼拉时报》、《马尼拉纪事报》。菲律宾文日报：《消息报》、《菲律宾快报》。中文日报：《世界日报》、《商报》、《菲华时报》、《联合日报》和《环球时报》。

成立于1973年的菲律宾通讯社为官方通讯社，与中国、马来西亚、印尼、泰国、巴基斯坦、日本等15个国家和地区的通讯社建有新闻交换关系，与美联社、路透社均有工作联系。新闻组织有菲律宾全国新闻记者俱乐部、菲律宾新闻摄影家协会、菲律宾出版者协会等。全国有257家出版机构。

全国有629家广播电台，其中商业电台488家，菲律宾商业电台51家，32家为政府所有，10家为宗教台，7家为教育台。有137家电视台，其中广播局和人民电视台属官方性质，其余均为私人所有。菲律宾广播电台、电视台使用的语言主要是英语、菲律宾语和华语。

# 新加坡

## 国名

新加坡共和国（The Republic of Singapore)，简称新加坡。

## 国旗

新加坡国旗由上红下白两个相等的横长方形组成，长宽之比为3∶2。左上角有一弯白色新月和五颗白色五角星。红色代表人类的平等，白色象征纯洁和美德。新月象征国家，五颗星代表国家建立民主、和平、进步、正义和平等的思想。新月和五颗星的组合紧密而有序，象征新加坡人民团结和互助的精神。

新加坡国旗

新加坡国徽

## 国 徽

新加坡国徽由盾徽、狮子、老虎等图案组成。红色的盾面上镶有白色的新月和五角星，其寓意与国旗相同。红盾左侧是一头狮子，这是新加坡的象征，新加坡在马来语中是“狮子城”的意思；右侧是一只老虎，象征新加坡与马来西亚之间历史上的联系。红盾下方为金色的棕榈枝叶，底部的蓝色绶带上用马来文写着“前进吧，新加坡!”。

## 主要节日

独立日：8 月 9 日（1965 年）。华人新年：每年 1 月或 2 月的农历新年。中秋节：农历八月十五日。开斋节：回历 10 月新月出现之时。泰米尔新年：4、5 月间。大宝森节：泰米尔历的 1～2 月间。蹈火节：10～11 月。卫塞节：5 月的月圆日。圣诞节：12 月 25 日。复活节：3 月 21 日月圆后的周日。

## 自然地理

位于马来半岛南端、马六甲海峡出入口，北隔柔佛海峡与马来西亚相邻，南隔新加坡海峡与印度尼西亚相望。由新加坡岛及附近约 63 个小岛组成，其中新加坡岛占全国面积的 88.5%。地势低平，平均海拔 15 米，最高海拔 163 米，海岸线长 193 公里。属热带海洋性气候，常年高温潮湿多雨。年平均气温 24℃～27℃，日平均气温 26.8℃。年平均降水量 2345 毫米，年平均湿度 84.3%。

新加坡总统府

## 国 民

**人　口**　2013 年，新加坡总人口 540 万，公民和永久居民 384.5 万（据中华人民共和国外交部网站数据）。

**语　言**　马来语为新加坡国语，英语、华语、马来语、泰米尔语为官方语言，英语为行政用语。

**宗　教**　主要宗教为佛教、道教、伊斯兰教、基督教和印度教。

## 行政区划

首都为新加坡。新加坡市行政上相当于国家，因此是一个城市国家。新加坡土地面积约为 716 平方公里（2013 年），以符合都市规划的方式将全国划分为五个社区，由相应的社区发展理事会管理。

## 国体政体

**国　体**　新加坡实行议会共和制。总统为国家元首，由全民选举产生，任期 6 年。实行立法、行政、司法三权分立。

**宪　法**　1963 年 9 月，新加坡并入马来西亚后，颁布了州宪法。1965 年 12 月，州宪法经修改后成为新加坡共和国宪法，并规定马来西亚宪法中的一些条文适用于新加坡。宪法规定：实行议会共和制。总统为国家元首。1992 年国会颁布民选总统法案，规定从 1993 年起总统由议会选举产生改为民选产生，任期从 4 年改为 6 年。总统委任议会多数党领袖为总理；总统和议会共同行使立法权。总统有权否决政府财政预算和公共部门职位的任命，可审查政府执行内部安全法令和宗教和谐法令的情况；有权调查贪污案件。总统在行使主要公务员任命等职权时，必须先征求总统顾问理事会的意见。

**国　会**　实行一院制，任期 5 年。国会可提前解散，大选须在国会解散后 3 个月内举行。年满 21 岁的新加坡公民都有投票权。国会议员分为民选议员、非选区议员和官委议员。其中民选议员从全国 9 个单选区和 14 个集选区中，由公民选举产生。集选区候选人以 3 至 6 人一组参选，其中至少一人是马来族、印度族或其他少数种族。同组候选人必须同属一个政党，或均为无党派者，并作为一个整体竞选。非选区议员从得票率最高的未当选候选人的反对党中任命，最多不超过 6 名，从而确保国会中有非执政党的代表。官委议员由总统根据国会特别遴选委员会的推荐任命，任期两年半，以反映独立和无党派人士意见。本届国会于 2011 年 5 月 7 日选举产生，共有 99 名民选议员，其中人民行动党 81 人，工人党 6 人。

**国家政要** 总统陈庆炎，2011年8月28日当选，2011年9月1日就任，任期6年。总理李显龙，2001年11月起兼任财政部长至今，2004年8月任总理，2006年5月和2011年5月两度连任。议长哈莉玛，是首位女议长。

**政　府** 本届内阁于2011年5月21日组成，2012年8月1日改组。主要成员有：总理李显龙，副总理兼国家安全统筹部长及内政部长张志贤，副总理兼财政部长及人力部长尚达曼，贸工部长林勋强，总理公署部长林瑞生，通讯及新闻部长雅国，国家发展部长许文远，国防部长黄永宏，环境及水资源部长维文，外交部部长兼律政部长尚穆根等。

**司　法** 新加坡设有最高法院和总检察署。最高法院由最高法庭和上诉庭组成。1994年废除上诉至英国枢密院的规定，确定最高法院上诉庭为终审法庭。最高法院大法官由总理推荐、总统委任。大法官陈锡强，总检察长桑德莱什·麦农。

**政　党** 已注册的政党共24个。主要政党有：

人民行动党：执政党。1954年11月由李光耀等人发起成立。党的纲领是维护种族和谐，树立国民归属感；建立健全的民主制度，确保国会拥有多元种族代表，努力建立一个多元种族、多元文化和多元宗教的社会。人民行动党从1959年至今一直保持执政党地位。李光耀长期任该党秘书长，1991年吴作栋接任。2004年12月，李显龙接替吴作栋出任该党秘书长。现任党主席许文远。

工人党：1957年11月创立。主张和平、非暴力的议会斗争。1971年重建领导机构，提出废除雇佣制，修改国内治安法，恢复言论和结社自由。近年来影响有所扩大。1981年起，在大选中数次赢得议席。2011年大选中获6席。现任主席林瑞莲，秘书长刘程强。

## 经济

**国内生产总值** 2013年新加坡国内生产总值(GDP)为2422亿美元（约合3030.65亿新加坡元），人均GDP5.4万美元（约合6.76万新加坡元）。(中华人民共和国外交部数据)

**产　业** 新加坡贸工部公布的数据显示，受益于2014年第4季度三大产业——制造业、建筑业和服务业的持续增长，新加坡2013年全年经济增长4.1%，较2012年增长1.9%。2013年，新加坡制造业增长1.7%，较2012年的0.3%有显著提升，而建筑业增速则由2012年的8.6%放缓至5.9%，主要源于公共和私人建筑活动同时放缓。2013年新加坡金融服务和批发零售贸易都取得较好的增长势头，受益于此，服务业比上年增长5.3%，高于2012年的2.0%。

**金　融** 货币名称：新加坡元（Singapore Dollar)。2013年，新加坡通货膨胀率为2.4%，失业率为2%。截至2013年12月，外汇储备为2731亿美元（约合3417.30亿新加坡元）。无外债。2013年，新加坡元兑美元平均汇率为1.2513∶1（中华人民共和国外交部数据）。

**进出口贸易** 据新加坡国际企业发展局统计，2013年新加坡货物进出口额为7834.9亿美元（约合9803.81亿新加坡元），较2012年（下同）下降0.6%。其中，出口额为4103.7亿美元，增长0.4%；进口额为3731.2亿美元，下降1.8%。贸易顺差372.5亿美元，增长29.8%。

**外　资** 在世界银行编撰的《2014年营商环境报告》中，新加坡高居全球营商环境排名榜首。这是新加坡连续8年荣膺这一称号。新加坡两大投资机构淡马锡控股和政府投资公司2013年的直接投资总值达143亿美元（约合178.94亿新加坡元），占全球国家级投资机构直接投资项目的34%。值得关注的是，2013年新加坡房地产投资市场继续保持活跃，全年大宗房地产交易（单笔交易金额超过399.58万美元）总金额239.75亿美元，连续第四年保持在高位。其中，外国投资者投资额41亿新加坡元，比2012年增长超过30%，中国、日本是外资的主要来源国，中国投资者投资额23.18亿美元，比2012年的7.99亿美元投资额猛增近两倍。

## 传媒

英文报有《海峡时报》、《商业时报》、《新报》；中文报有《联合早报》、《联合晚报》、《新明日报》；马来文报有《每日新闻》。此外还有泰米尔文报《泰米尔日报》。

广播电台于1936年开播，1959年1月起用马来语、英语、华语、泰米尔语广播。新加坡广播电台拥有并经营12个国内电台和3个国际电台。电视于1963年开播，1974年开始播送彩色节目。1995年有线电视网开通，用户可接收30多个频道、10余个国家的电视节目。1995年开通卫星电视，有387万用户。1999年，经营电视和广播业的数家公司合并而成新传媒集团，共经营6个电视频道，主要有第5波道、第8波道、亚洲新闻台等。播送华语、英语、马来语、泰米尔语节目。另有私营的报业控股集团设立的优频道和电视通频道。

# 泰　国

## 国名

泰王国（The Kingdom of Thailand），简称泰、泰国。

## 国旗

泰国国旗呈长方形，长宽之比为3∶2。由红、白、蓝三色的五个横长方形平行排列构成。上下方为红色，蓝色居中，蓝色上下方为白色。蓝色宽度相等于两个红色或两个白色长方形的宽度。红色代表民族和象征各族人民的力量与献身精神。白色代表宗教，象征宗教的纯洁。泰国是君主立宪政体国家，国王至高无上，蓝色代表王室。蓝色居中象征王室在各族人民和纯洁的宗教之中。

泰国国旗

泰国国徽

## 国徽

泰国国徽图案是一只大鹏鸟，鸟背上蹲坐着那莱王。传说大鹏鸟是一种带有双翼的神灵，那莱王是传说中的守护神。

## 主要节日

宋干节（公历4月13～15日）；水灯节（泰历12月15日）；国庆日（国王诞辰日，公历12月5日）；农耕节：6月（泰历）。节日由占卜师选择在每年5月（泰农历六月）的一个吉日良辰按照婆罗门教的习俗举行。

农耕节是泰国的重要节日，每年到农耕节时，泰国都要在曼谷大王宫旁边的王家田广场举行大典。农耕节大典始于13世纪的素可泰王朝。

## 自然地理

泰国国土面积约51.3万多平方公里，位于亚洲中南半岛中南部，东南临泰国湾（太平洋），西南濒安达曼海（印度洋），西和西北与缅甸接壤，东北与老挝交界，东南与柬埔寨为邻，疆域沿克拉地峡向南延伸至马来半岛，与马来西亚相接，其狭窄部分居印度洋与太平洋之间。属热带季风气候。全年分为热、雨、凉三季。全年平均气温27.7℃，最高气温可达40℃以上。年平均降水量为1100毫米。平均湿度为66%～82%。

泰国华欣七岩镇

## 国民

**人　口**　据中国经济网2013年7月3日报道，泰国人口总数约为6900万。

**民　族**　全国约有30多个民族，其中傣族人数居多，占人口总数的40%，泰国华侨约占泰国总人口的14%，其余为老挝族、马来族和高棉族。还有一些居住在山地的少数民族，如克伦、掸、瓦、瑶、苗、阿卡、拉祜、傈僳等。在马来半岛山区的热带森林中还有些古老民族，如塞芒人和沙盖人等。此外，还有些因种种原因迁移来的汶人、孟人、越南人、印度人等。

**语　言**　泰语为国语。

**宗　教**　泰国的宗教信仰以佛教为主，其中又以小乘佛教为主。佛教对泰国的政治、经济、社会生活和文化艺术等领域具有重大影响。佛教徒占泰国总人口的94.6%，伊斯兰教占4.6%，基督教占0.7%，其他占0.1%。

## 行政区划

首都为曼谷。全国分中部、南部、东部、北部和东北部五个地区，目前有76个府。府下设县、区、村。曼谷是唯一的府级直辖市。各府名称如下：曼谷（直辖市）、暖武里、巴吞他尼、大城、北标、北揽、佛统、夜功、那空那育、红统、信武里、素攀武里、乌泰他尼、猜那、华富里、龙仔厝、甘烹碧、北榄坡、帕、拍瑶、披集、清莱、夜丰颂、南邦、南奔、素可泰、清迈、程逸、彭世洛、碧差汶、难、呵叻、四色菊、加拉信、色军、孔敬、武里南、耶梭通、乌汶、乌隆、素林、那空帕农、猜也奔、莫达汉、廊开、黎逸、玛哈沙拉堪、巴真、北柳、尖竹汶、春武里、罗勇、达叻、巴蜀、叻丕、北碧、佛丕、达、甲米、北大年、宋卡、沙敦、也拉、拉农、洛坤、春蓬、陶公、素叻、普吉、博达伦、董里、攀牙、沙缴、安纳乍能、廊莫那浦。

## 国体政体

**政　体**　实行君主立宪制。国王普密蓬·阿杜德是国家元首、武装部队最高统帅。1946 年继位，是当今世界在位最久的君主。

**宪　法**　2007 年 8 月 24 日，泰国国王签署御令，批准施行在 8 月 19 日全民公决中通过的泰国新宪法草案。新宪法将在发布正式公告当日生效。2011 年 2 月，泰国国会首次对这部宪法进行了修正。这两份修正案的内容包括：下议院席位将增至 500 个，其中 375 个由直选产生，125 个为按比例分配；政府与外国签署国际协定不必通过国会表决批准。在 2014 年 5 月 22 日因泰国军方宣布军事政变后暂停。

**议　会**　国会是最高立法机构，实行上、下两院制。上议院议员 150 人，其中 76 人直选产生，74 人遴选产生，任期 6 年。下议院议员 500 人，任期 4 年。最新一届下议院于 2011 年 8 月组成，2013 年 12 月解散。上议院于 2008 年 3 月组成。

**国家政要**　国王普密蓬·阿杜德于 1946 年即位，1950 年 5 月加冕；代理总理巴育，2014 年 5 月任职；全国维持和平秩序委员会（维和委员会）主席巴育，2014 年 5 月出任；下议院议长兼国会主席颂萨·革素拉暖，2011 年 8 月当选。

**政　府**　现政府于 2011 年 8 月成立。2013 年 12 月总理英拉宣布解散国会下议院后，政府进入看守状态。英拉·西那瓦于 2011 年 8 月 5 日～2014 年 5 月 7 日任泰国总理，尼瓦塔隆·汶颂派讪于 2014 年 5 月 7 日～22 日任代理总理，现任总理为巴育·占奥差陆军上将，于 2014 年 5 月 22 日就任，同时仍担任国家维持稳定委员会主席，本书截稿时（2014 年 7 月 30 日），新一届内阁成员名单尚未公布。

**司　法**　属大陆法系，以成文法作为法院判决的主要依据。司法系统由宪法法院、司法法院、行政法院和军事法院构成。宪法法院主要职能是对议员或总理质疑违宪、但已经国会审议的法案及政治家涉嫌隐瞒资产等案件进行终审裁定，以简单多数裁决。由 1 名院长及 14 名法官组成，院长和法官由上议长提名呈国王批准，任期 9 年。行政法院主要审理涉及国家机关、国有企业及地方政府间或公务员与私企间的诉讼纠纷。行政法院分为最高行政法院和初级行政法院两级，并设有由最高行政法院院长和 9 名专家组成的行政司法委员会。最高行政法院院长任命须经行政司法委员会及上议院同意，由总理提名呈国王批准。军事法院主要审理军事犯罪和法律规定的其他案件。司法法院主要审理不属于宪法法院、行政法院和军事法院审理的所有案件，分最高法院、上诉法院和初审法院三级，并设有专门的从政人员刑事厅。另设有司法委员会，由最高法院院长和 12 名分别来自三级法院的法官代表组成，负责各级法官任免、晋升、加薪和惩戒等事项。司法法院下设秘书处，负责处理日常行政事务。

**政　党**　截至 2011 年 10 月，共有 61 个政党在选举委员会登记注册。主要政党有：

为泰党：2007 年 9 月 20 日成立。党首乍鲁蓬·荣素旺，秘书长普坦·卫差亚猜，执委 31 人。在上届国会中拥有下议员 262 名。在全国设有 5 个支部，党员 23778 人。

民主党：1946 年 4 月 6 日成立。党首阿披实·威差奇瓦，秘书长察伦猜·希欧，执委 19 人。在上届国会中拥有下议员 160 名。在全国设有 176 个支部，党员 287.3 万人。

自豪泰党：2008 年 11 月 5 日成立。党首披帕·颇沃拉蓬，秘书长蓬提瓦·纳卡塞，执委 12 人。在上届国会中拥有下议员 34 名。在全国设有 5 个支部，党员 36370 人。

泰国发展党：2008 年 4 月 18 日成立。党首提拉·翁萨姆，秘书长潘贴·素里萨廷，执委 11 人。在上届国会中拥有下议员 19 人。在全国设有 6 个支部，党员 14957 人。

为国发展党：2007 年 10 月 3 日成立。党首宛纳勒·参努军，秘书长巴帕·林巴攀。在上届国会中拥有下议员 7 名。在全国设有 8 个支部，党员 9416 人。

春府力量党：2011 年 5 月 4 日成立。党首曹·玛尼翁，秘书长比兰迪鲁·吉达探。在上届国会中拥有下议员 7 名。

祖国党：2008 年 11 月 3 日成立。党首颂提·汶亚拉格林，秘书长曼·帕塔诺泰，执委 15 人。在上届国会中拥有下议员 2 名。在全国设有 5 个支部，党员 7760 人。

大众党：1998 年 2 月 10 日成立。党首阿披勒·西里纳温，秘书长派讪·蒙恩。在上届国会中拥有下议员 1 名。党员 110 万。

新民主党：2011 年 4 月 21 日成立。党首素拉廷·披赞，秘书长威蒙·讪玛诺。执委 9 人。在上届国会中拥有下议员 1 名。

## 经济

**国内生产总值** 据泰国经济和社会发展委员会发布数据显示，2013年泰国国内生产总值（GDP）初值为3872.16亿美元（约合118974.49亿泰铢），同比增长2.9%。人均GDP为5673美元（约合174306.33泰铢）。

**产　业** 2013年，工业和服务业对泰国经济的作用增加，农业的作用却出现下降。2013工业在GDP中的占比为34%，批发零售业在GDP中的占比为12.9%，运输与通讯业在GDP中的占比为6.9%，农业在GDP中的占比为12.3%，建筑业在GDP中的占比为6.6%，其他服务业在GDP中的占比为27.4%。

2013年新增工厂数量为4650家，比2012年增长14.17%，产业工人人数增加30%和投资金额增长78%，相当于投资总额达123.68亿美元。而新建工厂多数为发电厂，是2013年投资较为集中的工业，其次是金属制品工业，为针对汽车制造业生产链上的供应环节，此外还有塑料制品、橡胶制品或与汽车制造业关联的各个生产环节的产业。

**财　政** 累计2014财年上半年（2013年10月至2014年3月）现金赤字达5204.17亿泰铢，为此泰国政府已贷款为42.36亿美元（约合1301.6亿泰铢）用于弥补赤字，截至2014年3月底国库剩余69.54亿美元。2014财年上半年，政府上缴收入共计300.66亿美元（约合9237.82亿泰铢），比2013财年同期减少551.1亿泰铢，下降幅度5.6%，原因是汽车国货税收入低于2013年同期水平，经济放缓及首车计划下的订单基本已全部交付，导致市场对汽车的需求放缓。

**金　融** 货币名称：泰铢（Thai Baht）。据泰国《世界日报》报道，2013年12月份的一般消费者物价指数为106，通货膨胀率同比上升1.67%。综合2013年全年通货膨胀率为2.18%，与经济放缓增长情况相符，并且位于原预测范围内。2013年泰铢兑美元平均汇率为30.7256∶1。

**进出口贸易** 据泰国海关统计，2013年泰国货物进出口额为4734.2亿美元（约合145461.14亿泰铢），比2012年（下同）下降1.3%。其中，出口额为2251.8亿美元，下降1.3%；进口额为2482.4亿美元，下降1.4%。贸易逆差230.6亿美元，下降2.3%。分国别来看，中国、日本和美国是泰国前三大贸易伙伴。分商品看，机电产品、塑料橡胶和运输设备是泰国的主要出口商品，机电产品、矿产品和贱金属及制品是泰国的主要进口商品。

**外　资** 据泰国《中华日报》数据，截至2013年12月25日，泰国工业部一共批准5222个工厂建设项目，工业部批准的工厂项目中，4589个为新建工厂，另有633个为原工厂扩建，涉及总投资154.55亿美元（约合4748.58亿泰铢）（不包括土地价值），总共为国内提供约17.31万个就业岗位。近年来，泰国主要对美国、东盟、中国大陆及台湾地区投资。泰国在中国大陆的投资近年有较大发展。据不完全统计，2013年泰国对中国直接投资新增4.8亿美元，同比增长521.5%。在中国投资的泰国公司主要有：正大集团、盘谷银行等。

## 传媒

媒体以私营为主，按市场规则运作。泰文媒体是主流媒体，英文、中文媒体居辅助地位。主要泰文报纸有《民意报》、《泰叻报》、《经理报》、《每日新闻》等。主要中文报纸有《新中原报》、《中华日报》、《星暹日报》、《亚洲日报》、《京华中原》和《世界日报》等。主要英文报纸有《曼谷邮报》、《民族报》等。

广播电台有230多家，其中由政府民众联络厅掌管的有59家。泰国国家广播电台为国家电台，设有国外部，用泰、英、法、中、马来、越、老、柬、缅、日等语言广播。无线电视台共6家，均设在曼谷，大部分电视节目通过卫星转播。地方有线电视公司86家。电视网覆盖全国。

# 越　南

## 国名

越南社会主义共和国（The Socialist Republic of Viet Nam），简称越南。

## 国旗

越南国旗为长方形，长宽之比为3∶2，红底中间有五角金星。国旗旗底为红色，旗中心为一枚五角金星。红色象征革命和胜利。五角金星象征越南劳动党对国家的领导，五星的五个角分别代表工人、农民、士兵、知识分子和青年，即通常说的金星红旗。

越南国旗

越南国徽

## 国徽

呈圆形。红色的圆面上方镶嵌着一颗金黄色的五角星；下端有一个金黄色的齿轮，象征工业；圆面周围对称地环绕着两捆由红色饰带束扎的稻穗，象征农业；金色齿轮下方的饰带上用越文写着“越南社会主义共和国”。国徽图案于1956年选定。

## 主要节日

国庆日（独立日）：9月2日（1945年）；越南南方解放日：4月30日（1975年）；越南共产党成立日：2月3日（1930年）；胡志明诞辰日：5月19日（1890年）；越南民族传统节日主要有春节、清明、端午、中秋、重阳等，其中春节为最盛大的节日。

越南会安古城

## 自然地理

越南位于中南半岛东部，北与中国接壤，西与老挝、柬埔寨交界，东面和南面临南海，海岸线长3260多公里，国土面积约为32.95万平方公里。越南地形狭长，南北长1600公里，东西最窄处为50公里。越南地势西高东低，境内四分之三为山地和高原。北部和西北部为高山和高原。中部长山山脉纵贯南北。主要河流有北部的红河和南部的湄公河。红河和湄公河三角洲地区为平原。全国森林覆盖率从1998年的32%上升到2010年的39.5%。越南全国地处北回归线以南，高温多雨，属热带季风气候，年平均气温24℃左右，年平均降雨量为1500～2000毫米。北方分春、夏、秋、冬四季。南方雨旱两季分明，大部分地区5～10月为雨季，11月至次年4月为旱季。河内时间：GMT+7小时（比北京时间晚1个小时）。

## 国民

**人　口**　根据2013越南政府白皮书显示，越南人口总数为9000万，共计2300万个家庭。

**民　族**　有54个民族，京族占总人口86%，岱依族、傣族、芒族、华人、侬族人口均超过50万。

**语　言**　通用越南语。

**宗　教**　主要宗教有佛教、天主教、和好教和高台教。

## 行政区划

首都为河内。全国划分为58个省和5个直辖市。2008年8月1日，原河内市与整个河西省、永富省迷灵县、和平省梁山县4个乡合并成新河内市，总面积达3340平方公里。

## 国体政体

**国　体**　越南宪法规定：越南是社会主义国家，越南共产党是领导国家和社会的力量，国家的一切权利属于人民，实行人民代表制度。

**宪　法**　越南现行宪法是第四部宪法，于1992年4月15日在八届国会11次会议上通过，是1946年、1959年、1980年宪法的继承和发展，体现了越共“七大”提出的社会主义目标与国家全面革新路线。宪法规定：越南社会主义共和国国家政权属于人民，越南共产党以马克思列宁主义和胡志明思想为指导思想。

**议　会**　也称为国会，是国家最高权力机关，通常每年举行两次例会。目前为第十三届国会，共有500名国会代表。现任国会主席阮生雄，于2011年7月23日当选。

**国家政要**　越南中央总书记阮富仲，2011年1月当选；国家主席张晋创，2011年7月当选；国会主席阮生雄，2011年7月当选；总理阮晋勇，2006年6月当选，2007年7月当选，2011年7月再次连任。

**政　府**　越南最高行政机关。本届政府于2011年7月成立。主要成员有：政府总理阮晋勇、常务副总理阮春福、国防部长冯光青、外交部部长范平明等。本届政府共设3位副总理，分别是黄忠海、阮善仁和武文宁。

**司　法**　司法体系由最高人民法院、最高人民检察院及地方法院、地方检察院和军事法院组成。最高人民法院院长张和平，于2011年7月当选连任；最高人民检察院检察长阮和平，于2011年7月当选。

**政　党**　越南共产党是唯一政党，于1930年2月3日成立，同年10月改名为印度支那共产党，1951年更名为越南劳动党，1976年改用现名。目前有党员约360多万人，基层组织近5.4万个，同世界上180多个政党建有党际关系。越南共产党十一届中央总书记为阮富仲。

## 经济

**国内生产总值** 据越南统计总局数据显示，2013年越南国内生产总值（GDP）初值为1711.97亿美元（约合3595.13万亿越南盾），增长5.42%。人均GDP为1908美元（约合4006.8万越南盾）。

**产业** 2013年，农林水产业增长2.67%，与2012年持平，占国内生产总值增幅的比重为0.48%；工业和建设业增长5.43%，低于2012年的5.75%，占2.09%；服务业增长6.56%，高于2013年的5.9%，占2.85%。

**金融** 货币名称：越南盾（Vietnamese Dong）。2013年越南通胀率被控制在10年来最低增幅（6.04%）；经济增长率达5.42%。截至2013年12月24日，越南债券指数同比增长22.2%。2013年年底越南外汇储备超过300亿美元（约合630万亿越南盾）。2013年，越南18家央企中有17家实现盈利，股权收益率为16.13%。2013年，越南预算赤字超过30亿美元。越南盾与美元的汇率为21000∶1（据中华人民共和国外交部网站数据）。

**进出口贸易** 据越南海关总局数据显示，2013年，越南与240个国家和地区进行贸易活动。越南六大贸易伙伴包括：欧盟、东盟、美国、中国、日本和韩国。2013年，越南进出口总额达2642.6亿美元（约合5549.46万亿越南盾），同比增长15.7%。对世界各贸易市场的进出口总额分别是亚洲1767.7亿美元，同比增长15.3%；欧洲395.5亿美元，同比增长15.7%；美洲378.4亿美元，同比增长19.4%；大洋洲58.2亿美元，增长3.9%，非洲41.9亿美元，增长22.4%。

2013年，欧盟继续是越南最大出口市场，其金额为243.3亿美元，增长19.8%，占越南出口总额的18%。增长率较高的出口商品是手机及其零件（81.5亿美元，增长43.9%）、鞋类（29.6亿美元，增长11.8%）、纺织品（27.3亿美元，增长11.1%）。欧盟的德国、英国、荷兰、意大利、西班牙、奥地利等8个国家从越南进口商品，价值为10亿美元，越南对上述国家出口额达111.3亿美元。

**外资** 据越南《经济时报》报道，2013年1～12月，越南吸收外资约达216亿美元（约合453.60万亿越南盾），同比增长54.5%。其中新增投资项目1275个，协议金额143亿美元，增长70.5%；增资项目472个，协议金额73亿美元，增长30.8%；实际到位资金约115亿美元，增长9.9%。

主要投资行业。加工制造业仍是外商投资的主要方向，约占外资总额的76.9%，协议金额166亿美元；其次是电力、天然气、蒸汽及空调行业，协议金额20亿美元，占9.4%；其余行业30亿美元，占13.7%。对越南投资排名前五位国家依次为：韩国（37.5亿美元，占新增项目投资总额26.3%）、新加坡（30.2亿美元，占21.1%）、中国（22.8亿美元，占16%）、日本（13亿美元，占9.1%）、俄罗斯（10.3亿美元，占7.2%）。

## 传媒

越南新闻出版法规定报纸由国家控制。中央及地方新闻单位共450家。主要出版社有国家政治出版社、文化出版社、文学出版社、科技出版社、教育出版社和世界出版社等。各种出版物13515种，年发行量2.18亿册。报社约150家，其余为行业小报。主要报刊有：《人民报》，越共中央机关报，1951年创刊，在国外设有3个分支机构，1998年5月开设电子版；《人民军队报》，越南人民军总政治局机关报；《大团结报》，祖国阵线中央机关报；《西贡解放报》（越文和中文版），越共胡志明市委机关报；《共产主义》月刊，越共中央政治理论刊物，1956年创刊，2001年设电子版；《全民国防》月刊。

越南通讯社：国家通讯社，于1945年创立，1976年越南南方解放通讯社与之合并。在全国各省市均设有分社，驻外分社有27个。1998年8月开设互联网（越、英、法、西班牙文）。

“越南之声”广播电台：成立于1954年，有四套对内节目，用越南语及数种少数民族语言播音；对外广播用中国普通话、广东话、俄语、英语、法语、西班牙语、日语、泰语、老挝语、柬埔寨语、印尼语、马来语等。

越南中央电视台：成立于1971年，目前有7套节目。

# 双边关系

## 中国与文莱双边关系

### 一、双边政治关系与重要往来

中国和文莱于1991年9月30日建立外交关系，

双边关系发展顺利，各领域友好交流与合作逐步展开。1999年，两国签署联合公报，进一步发展在相互信任和相互支持基础上的睦邻友好合作关系。2013年，两国建立战略合作关系。

近年来，中国访文莱的领导人主要有：江泽民主席（2000年）、李鹏委员长（2001年）、朱镕基总理（2001年）、吴仪副总理（2005年）、顾秀莲副委员长（2007年）、胡锦涛主席（2005年）、周铁农副委员长（2008年）、戴秉国国务委员（2010年1月）、温家宝总理（2011年11月）、贾庆林政协主席（2012年4月）、杨洁篪外交部部长（2012年8月）、王毅外交部部长（2013年5月）、常万全国务委员兼国防部长（2013年5月）、李克强总理（2013年10月）等。

近年来，文莱访华的领导人主要有：穆罕默德·博尔基亚亲王（2004年、2010年5月）、穆罕默德·比拉王储（2009年）、叶海亚部长（2010年10月）、林玉成外交部部长（2012年5月）、哈桑纳尔·博尔基亚苏丹（1993年、1999年、2001年、2004年、2006年、2008年、2012年4月、2013年4月）等。

2011年9月30日，国家主席胡锦涛与文莱苏丹哈桑纳尔互致贺电，热烈庆祝两国建交20周年。

2012年4月，全国政协主席贾庆林对文莱进行正式友好访问，这是两国建交以来中国全国政协主席对文莱的首次正式友好访问。

2013年4月，文莱苏丹和国家元首苏丹·哈吉·哈桑纳尔·博尔基亚·穆伊扎丁·瓦达乌拉陛下对中国进行国事访问，双方共同发表了《中华人民共和国和文莱达鲁萨兰国联合声明》。

2013年10月9日至11日，应文莱苏丹和国家元首苏丹·哈吉·哈桑纳尔·博尔基亚·穆伊扎丁·瓦达乌拉邀请，中国国务院总理李克强于2013年10月9日至11日对文莱进行正式访问。访问期间，双方发表《中华人民共和国和文莱达鲁萨兰国联合声明》。

## 二、双边经贸关系

建交初期，两国经贸合作进展缓慢。自2000年起，中国开始从文莱大量进口原油，双边贸易额大幅上升。2008年5月，两国举行首次经贸磋商。2008年9月，广东省海洋渔业局和文莱工业与初级资源部渔业局签署渔业合作谅解备忘录。2008年10月，中国工业和信息化部与文莱交通部签署关于加强信息通信领域合作的谅解备忘录。

进入21世纪，中文双边贸易额大幅上升。2008年4月、2011年4月和2013年3月，两国分别举行三次经贸磋商。2013年中国与文莱双边贸易额为17.9亿美元，增长11.6%。中方从文莱进口的商品主要是原油，向文莱出口的商品主要为纺织品、建材和塑料制品等。

两国在投资、承包劳务等方面合作成效显著。截至2013年年底，文莱累计对中国实际投资25.5亿美元，中国累计在文莱非金融类直接投资6980万美元。截至2013年年底，中国累计在文莱签订承包劳务合同额5.1亿美元，完成营业额3.5亿美元。

## 三、其他领域的交流与合作

两国在民航、卫生、文化、旅游、体育、教育、军事、司法等领域的交流与合作逐步展开。先后签署了《民用航空运输协定》（1993年）、《卫生合作谅解备忘录》（1996年）、《文化合作谅解备忘录》（1999年）、《中国公民自费赴文旅游实施方案的谅解备忘录》（2000年）、《高等教育合作谅解备忘录》（2004年）、《旅游合作谅解备忘录》（2006年）。两国于2002年和2004年分别签署了《中华人民共和国最高人民检察院和文莱达鲁萨兰国总检察署合作协议》和《最高法院合作谅解备忘录》。两国各领域的交流与合作继续扩大。文莱大学和中国驻文莱大使馆共同举办首届“中国语言与文化周”。2010年3月，文莱皇家航空公司重开斯里巴加湾至上海航线。

2003年9月，中央军委委员、总参谋长梁光烈访文莱，双方签署了《关于开展军事交流的谅解备忘录》。11月，中国海军舰艇编队首次访文莱。2004年9月，文莱武装部队司令哈尔比少将访华。2005年10月，文莱国防部副部长亚斯敏访华。2006年7至8月，中国人民解放军军乐团赴文莱参加文莱苏丹60岁诞辰国际军乐节庆典活动。2007年，中国、文莱两国互设武官处。2008年1月，中央军委副主席、国务委员兼国防部长曹刚川访文莱。2008年9月，文莱武装部队司令哈尔比少将访华并观摩“砺兵—2008”军事演习。2009年2月，中国人民解放军副总参谋长葛振峰访文莱。2009年8月，中国人民解放军海军南海舰队司令员苏支前少将访文莱，并率“广州号”导弹驱逐舰出席文莱第二届国际防务展。

自2003年7月起，中国对持普通护照来华旅游、经商的文莱公民给予免签证15天的待遇。2005年6月，两国就互免持外交、公务护照人员签证的换文协定生效。

2004、2005 年分别成立中国—文莱友好协会和文莱—中国友好协会。

2012 年 7 月 5 日，中国浙江大学校长杨卫和文莱大学校长祖尔卡内在文莱大学签署合作备忘录。

2013 年，中国交通建设集团三航局兴安基公司承建文莱特里赛—鲁木高速公路项目，合同金额约 1 亿美元。

2013 年 10 月，文莱苏丹和中国国务院总理李克强在汝鲁伊曼皇宫举行了双边会议。

### 四、重要双边文件

1991 年 9 月，中国外交部部长钱其琛和文莱外交大臣穆罕默德·博尔基亚亲王在纽约签署了《中华人民共和国政府和文莱达鲁萨兰国苏丹陛下政府关于两国建立外交关系的联合公报》。

1999 年 8 月，文莱苏丹在对华进行工作访问期间，双方发表关于两国关系未来发展方向的《联合公报》。

2005 年 4 月，胡锦涛主席在对文莱进行国事访问期间，双方发表了联合新闻公报。

另外，两国还签有《鼓励和相互保护投资协定》(2000 年)、《避免双重征税和防止偷漏税的协定》(2004 年)、《促进贸易、投资和经济合作谅解备忘录》(2004 年)、《农业合作谅解备忘录》(2009 年)。

2011 年 11 月 21 日，中国国家开发银行同文莱最大的伊斯兰银行在文莱首都斯里巴加湾市签署《双边合作协议》。

2012 年 4 月，两国签署了《中华人民共和国商务部与文莱达鲁萨兰国工业及初级资源部关于农业领域经贸合作的谅解备忘录》。

2013 年 4 月 2 日，两国在北京签署了中国海油与文莱国油合作协议。

2013 年 4 月 5 日，双方共同发表了《中华人民共和国和文莱达鲁萨兰国联合声明》。

2013 年 10 月 11 日，李克强总理对文莱进行正式访问，双方发表《中华人民共和国和文莱达鲁萨兰国联合声明》。

（来源：中华人民共和国外交部网站．http://www.fmprc.gov.cn/mfa_chn/gjhdq_603914/gj_603916/yz_603918/1206_604714/sbgx_604718/.2013—06—09）

## 中国与柬埔寨双边关系

### 一、双边政治关系与重要往来

中柬两国有着悠久的传统友谊。1958 年 7 月 19 日两国正式建交。长期以来，中国几代领导人与西哈努克国王建立了深厚的友谊，为两国关系的长期稳定发展奠定了坚实的基础。1955 年 4 月，西哈努克亲王在万隆亚非会议上与周恩来总理结识。

近年来中国访柬埔寨的领导人主要有：周恩来总理（1955 年 4 月、1960 年）、刘少奇主席（1963 年）、江泽民主席（2000 年 11 月）；朱镕基总理（2002 年 11 月）；温家宝总理（2006 年 4 月、2012 年 11 月）；贾庆林政协主席（2008 年 12 月）；习近平副主席（2009 年 12 月）、回良玉副总理（2010 年 3 月）、吴邦国委员长（2010 年 11 月）、胡锦涛主席（2012 年 3 月）、傅莹外交部副部长（2012 年 5 月）、戚建国副总参谋长（2013 年 1 月）等。

近年来柬埔寨访华的领导人主要有：西哈努克亲王（1956 年 2 月、1958 年、1965 年、1970 年、1979 年、1992 年、1994 年、1999 年）；谢辛参议院主席（1992 年、1995 年）、拉纳烈国会前任主席（1994 年、1999 年）、洪森首相（1994 年、1996 年、1999 年、2004 年 4 月、2009 年 10 月、2010 年 5 月、2010 年 12 月、2013 年 4 月）、韩桑林国会主席（2011 年 12 月）、西哈莫尼国王（2005 年 8 月、2012 年 2 月）、贺南洪副首相（2012 年 2 月）、西哈努克太皇和莫尼列太后（2012 年 4 月）等。

2008 年 7 月 18 日，中柬在柬埔寨首都金边共同庆祝中柬建交 50 周年。

2008 年 8 月 8 日，柬埔寨太皇诺罗敦·西哈努克前来出席北京奥运会开幕式。

2008 年 10 月 22～25 日，柬埔寨首相洪森前来出席第 5 届中国—东盟博览会及第 5 届中国—东盟商务与投资峰会开幕式。

2009 年 10 月，西哈努克太皇出席中国新中国成立 60 周年国庆招待会和天安门观礼活动。2009 年 10 月，洪森首相来华出席第 6 届中国—东盟博览会，温家宝总理会见。2009 年 12 月，习近平副主席访问柬埔寨。2010 年 3 月，回良玉副总理访问柬埔寨。2010 年 5 月，洪森首相出席上海世博开幕式，胡锦涛主席会见。2010 年 12 月，习近平副主席访问柬埔寨。

2012年3月30日，时任中国国家主席胡锦涛抵达柬埔寨首都金边，开始对柬埔寨进行国事访问，受到柬埔寨王室、政府和人民热烈欢迎。

2012年3月30日至4月2日，时任国家主席胡锦涛对柬埔寨进行国事访问，双方发表了《中华人民共和国和柬埔寨王国联合声明》。2012年年11月，温家宝总理对柬埔寨进行正式访问。

2013年4月6日至10日，柬埔寨王国首相洪森对中国进行正式访问，双方发表联合新闻公报。

2014年4月28日，柬埔寨王国副首相兼国防大臣迪班在金边会见到访的中国人民武装警察部队副政委于建伟，双方就增进中国武警部队和柬埔寨宪兵部队之间的交流与合作交换了意见。

## 二、双边经贸关系

中柬两国经贸关系发展较快，合作领域不断拓宽。1996年，两国签订了贸易、促进和投资保护协定，并于2000年成立两国经济贸易合作委员会。据中国海关统计，2011年中柬双边贸易额达24.99亿美元，同比增长73.5%。目前，已有300多家实力雄厚的中国企业在柬埔寨开展贸易、投资等多种业务，在互惠互利的基础上实现共同发展。

2013年，中国与柬埔寨双边贸易总额达37.72亿美元，同比增长29.05%，占柬埔寨对外贸易总额的23.7%。其中柬埔寨向中国出口3.62亿美元，同比增长67.92%；柬埔寨自中国进口34.11亿美元，同比增长25.95%。

据柬埔寨发展理事会统计，2013年中国企业对柬埔寨投资总额达4.27亿美元，同比增长62%。截至2013年年底，中国对柬埔寨协议投资累计达96亿美元，主要投资领域为制衣、农业、旅游业、房地产、矿产、水电站等。

## 三、其他领域的交往与合作

近年来，中柬在各个领域的交流与合作不断扩大。双方在政治、经贸、文化、教育、军事等领域的友好合作不断加强，在国际和地区问题上保持良好的协调和合作。两国先后签署了文化、旅游、农业等合作文件，两国议会、军队、警务、新闻、卫生、文教、信息、水利、气象、建设、农业、文物保护等部门领导人先后实现了互访。

两国外交部保持良好合作关系。1994年两国外交部官员团实现互访；1995年2月时任中国外交部副部长唐家璇访柬埔寨；1999年1月王毅部长助理赴柬埔寨进行外交磋商；1999年6月柬埔寨国务大臣兼外交、国际合作部大臣贺南洪访华；2000年7月，柬埔寨外交国务秘书吴金安来华进行外交磋商。2003年6月，时任中国外交部长李肇星访柬埔寨；2005年11月，中国外交部部长助理李金章访柬埔寨；2006年7月，柬埔寨副首相兼外交大臣贺南洪访华等；2008年1月，中国外交部长杨洁篪访柬埔寨。

2008年10月，柬埔寨参议院主席谢辛访华。同月，中国人民解放军副总参谋长张黎访柬埔寨。11月，国务委员、公安部部长孟建柱访柬埔寨。12月，全国政协主席贾庆林、全国人大常委会副委员长陈至立分别访柬埔寨。

2009年1月，温家宝总理致信西哈努克太皇夫妇祝贺新春。2月，全国政协主席贾庆林礼节性会见西哈莫尼国王。同月，柬埔寨副首相兼内政部大臣韶肯来华出席“万国禁烟会”一百周年纪念大会。

2010年5月27日至31日，中国全国政协外事委员会主任赵启正率团访问柬埔寨，柬埔寨参议院主席谢辛亲王会见。参议院外事委员会主任迪波拉西、柬埔寨外交国际合作部国务秘书龙威萨罗分别与代表团举行会谈。

2010年12月，柬埔寨首相洪森访华，两国建立全面战略合作伙伴关系。

柬埔寨已在中国广州、上海、香港、昆明、重庆和南宁等地设立总领馆。中方保留在柬埔寨设领权力。

据柬埔寨旅游部统计数据，2013年赴柬中国游客突破46万人次，同比增长38%，中国已成为柬埔寨第二大国际游客来源国。

2014年2月27日，中国农业部副部长余欣荣与柬埔寨农林渔业部国务秘书曼安诺在金边市郊共同为“中柬优质水果蔬菜示范基地”揭牌。中柬优质水果蔬菜示范基地位于金边市郊，占地30公顷。该基地于2012年8月开始建设，目前已实验播种有哈密瓜、甜糯玉米、牧草、豆角等多种水果蔬菜品种。

## 四、重要双边文件（1996年以来）

《中柬贸易协定》（1996年7月）。

《中柬关于促进和保护投资协定》（1996年7月）。

《中柬关于柬在香港特别行政区保留名誉领事馆的换文》（1997年4月）。

《中柬关于柬在广州设立总领事馆的协议》

(1997 年 12 月)。

《中柬在柬台通航问题上的协议》(1997 年 12 月)。

《中柬引渡条约》(1999 年 2 月)。

《中柬文化协定》(1999 年 2 月)。

《中柬旅游合作协定》(1999 年 2 月)。

《中柬关于柬在上海设立总领事馆的协议》(1999 年 5 月)。

《中柬关于柬驻香港领事馆升格为总领事馆的协议》(1999 年 7 月)。

《中柬关于双边合作的联合声明》(2000 年 11 月)。

《中柬关于成立经济贸易合作委员会协定》(2000 年 11 月)。

《中柬农业合作谅解备忘录》(2000 年 11 月)。

《中国红十字会与柬红十字会合作与互助协议》(2004 年 4 月)。

《中柬教育、青年和体育部体育合作协议》(2004 年 4 月)。

《中柬两国政府关于加强文物保护合作的谅解备忘录》(2004 年 4 月)。

《中柬关于旅游规划合作的谅解备忘录》(2004 年 4 月)。

《中柬联合公报》(2006 年 2 月)。

《中柬关于打击跨国犯罪的合作协议》(2006 年 4 月)。

《中柬卫生合作的谅解备忘录》(2006 年 4 月)。

《中柬关于大湄公河次区域信息高速公路项目柬埔寨段建设的谅解备忘录》(2006 年 4 月)。

《中柬关于合作保护吴哥古迹二期项目的协议》(2006 年 4 月)。

《中柬互免持外交、公务护照人员签证协定》(2006 年 7 月)。

《中华人民共和国审计署与柬埔寨国家审计署谅解备忘录》(2007 年 8 月)。

《中柬关于禁止非法贩运和滥用麻醉药品和精神药品的合作谅解备忘录》(2008 年 11 月)。

《中华人民共和国和柬埔寨王国领事条约》(2010 年 2 月)。

《中柬道路桥梁基础设施发展合作备忘录》(2010 年 6 月)。

中柬两国海关《合作协议》(2010 年 6 月)。

《中华人民共和国和柬埔寨王国联合声明》(2012 年 4 月)。

《中柬两国经济技术合作协定》(2012 年 11 月)。

《中华人民共和国和柬埔寨王国联合新闻公报》(2013 年 4 月)。

(来源:中华人民共和国外交部网站 . http://www.fmprc.gov.cn/mfa_chn/gjhdq_603914/gj_603916/yz_603918/1206_604282/sbgx_604286/. 2013—06—09)

# 中国与印度尼西亚双边关系

## 一、双边政治关系与重要往来

中国与印度尼西亚于 1950 年 4 月 13 日建交。1965 年印度尼西亚发生“9·30 事件”后,两国于 1967 年 10 月 30 日中断外交关系。

20 世纪 80 年代,两国关系开始松动。1989 年,时任中国外交部部长钱其琛在日本分别与印度尼西亚总统苏哈托和国务部长穆迪约诺就复交问题举行会晤。同年 12 月,两国就关系正常化的技术性问题进行会谈,并签署会谈纪要。1990 年 7 月印度尼西亚外长阿拉塔斯应邀访华,两国发表《关于恢复两国外交关系的公报》。2014 年两国元首发表中印度尼西亚全面战略伙伴关系未来规划。

1990 年 8 月 8 日,时任中国国务院总理李鹏在访问印度尼西亚期间,两国外长分别代表本国政府签署《关于恢复外交关系的谅解备忘录》,宣布自当日起正式恢复两国外交关系。

近年来,中国访印度尼西亚的领导人主要有:胡锦涛主席(2000 年、2005 年、2009 年 11 月)、朱镕基总理(2001 年)、李鹏委员长(2002 年 9 月)、吴官正中纪委书记(2006 年)、贾庆林政协主席(2006 年)、陈炳德上将(2007 年 8 月)、戴秉国国务委员(2010 年 1 月)、郭伯雄军委副主席(2010 年 5 月)、吴邦国委员长(2010 年 11 月)、李源潮委员(2011 年 6 月)、杨洁篪外交部部长(2011 年 7 月、2012 年 8 月、2013 年 9 月)、温家宝总理(2011 年 4 月、2011 年 11 月)、梁光烈国务委员兼国防部长(2011 年 5 月)、李长春常委(2012 年 4 月)、回良玉副总理(2012 年 4 月)、王毅外交部部长(2013 年 5 月)、万钢政协副主席(2013 年 8 月)、习近平主席(2013 年 10 月)、常万全国务委员(2013 年 12 月)等。

近年来,印度尼西亚访华的领导人主要有:梅加瓦蒂总统(2002 年)、阿敏人协主席(2002 年)、阿贡·拉克索诺议长(2005 年)、希达亚特人协主席（2007年）、尤素夫·卡拉副总统（2007年、2008年）、哈达经济统筹部长（2010年4月、2011年6月）、布迪约诺副总统（2010年10月）、普尔诺莫·尤斯吉安托罗国防部长（2012年2月）、马蒂外交部部长（2012年3月）、苏希洛总统（2005、2006年、2008年、2010年10月、2012年3月）、马尔祖基国会议长（2011年4月）、马尔迪外长（2011年4月）、希达多人协主席（2013年10月）等。

双方除互设使馆外，中国在印度尼西亚泗水、棉兰设有总领馆，正在筹建驻登巴萨总领馆，印度尼西亚在香港、广州、上海设有总领馆。

2010年1月，中国国务委员戴秉国对印度尼西亚进行正式访问并主持两国副总理级对话机制第二次会议。4月，印度尼西亚经济统筹部长哈达和贸易部长冯慧兰来华出席上海世博会开幕式。5月，印度尼西亚社会部长沙里姆·塞加特访华，同月，中国中央军委副主席郭伯雄访问印度尼西亚。7月，印度尼西亚政治法律安全统筹部长苏延多来华参观上海世界博览会。8月，印度尼西亚人民福利统筹部长阿贡来华参观上海世博会。10月，印度尼西亚总统苏希洛来华参观上海世界博览会，同月，印度尼西亚副总统布迪约诺出席第7届中国—东盟博览会并进行工作访问。11月，中国十一届全国人大常委会委员长吴邦国访问印度尼西亚。

2012年4月26日，中共中央政治局常委李长春在雅加达会见了印度尼西亚国会议长马尔祖基。

2012年3月22日至24日，印度尼西亚总统苏希洛对中国进行国事访问，双方发表联合声明。

2013年10月，中国国务院总理李克强在东亚领导人系列会议期间会晤印度尼西亚总统苏希洛。

## 二、双边经贸关系和经济技术合作

两国经贸合作发展顺利。复交后双方签订了《投资保护协定》、《海运协定》、《避免双重征税协定》，并就农业、林业、渔业、矿业、交通、财政、金融等领域的合作签署了谅解备忘录。1990年两国成立了经济贸易技术合作联委会。2001年年底，双方将农业、能源和资源开发以及基础设施建设确定为经贸合作重点领域。2002年3月成立两国能源论坛，9月召开首次会议。2006年10月，双方在上海召开了第二次会议。2008年12月，能源论坛第三次会议在雅加达举行。2007年9月，双方在上海召开第九次经贸技术联委会。2008年3月，中国银行泗水分行复行。2009年，中方支持建设的印度尼西亚泗马大桥举行通车仪式。2009年，两国央行签署总额为1000亿元人民币的双边本币互换协议。

2011年4月，两国签署关于扩大和深化双边经贸合作的协议。2011年，两国贸易额突破600亿美元，较2010年增长近50%。中国成为印度尼西亚非油气类贸易的最大伙伴、最大进口来源地和第二大出口市场。

2012年1至11月，印度尼西亚最大出口市场兼最大进口来源国还是中国。在出口市场方面，中国吸收印度尼西亚商品价值189亿美元。2012年印度尼西亚对中国出口家具约达4000万美元。目前欧美市场需求下降，印度尼西亚将把出口市场移向中国，并将协助印度尼西亚家具企业拓展中国市场，主要目标为上海、北京和广州。同时为保证产品供应充足，印度尼西亚家具生产商将在中国开设仓库。

2013年10月，两国签署经贸合作五年发展规划，续签双边本币互换协议。

2013年中国与印度尼西亚双边贸易额683.55亿美元，同比增长3.23%。其中中国对印度尼西亚出口369.32亿美元，同比增长7.7%；中国自印度尼西亚进口314.22亿美元，同比下降1.59%。

## 三、其他领域的交流与合作

两国在民航、科技、教育、卫生、旅游等领域的交流与合作不断发展。1991年1月两国签署航运协定，开辟直飞航线；1992年1月两国签署新闻合作谅解备忘录，新华社在雅加达开设分社，人民日报向印度尼西亚派驻记者。1994年两国签署旅游、卫生、体育合作谅解备忘录，启动互派留学生项目。1997年两国成立科技合作联委会，迄今为止已举行两次会议。2000年7月两国签署《刑事司法互助条约》。2001年11月两国重新签署《文化合作协定》。2001年印度尼西亚正式成为中国公民自费出境旅游目的地国。两国民航部门于2004年12月就扩大航权安排问题达成协议。2005年，两国相互免除持外交与公务护照人员签证，印度尼西亚政府宣布给予中国公民落地签证待遇。2005年，两国成立海上合作技术委员会，迄今已举行8次会议。2012年，两国成立海上合作委员会并举行首次会议。2013年10月，两国签署《关于探索与和平利用外层空间的合作协议》，同意成立航天合作联委会。

2012年4月26日，在中共中央政治局常委李长春和印度尼西亚国会议长 Marzuki Alie 的共同见证下，中国国家汉办许琳主任与印度尼西亚文教部部长代表 Syawal Gultom 总司长在雅加达共同签署了“关于印度尼西亚汉语教师培养合作协议”。

双方地方政府交流活跃。两国结好省市共 18 对，包括北京市—雅加达特区、广东省—北苏门答腊省、福建省—中爪哇省、云南省—巴厘省、上海市—中爪哇省、海南省—巴厘省、河南省—马鲁古省、天津市—东爪哇省、成都市—棉兰市、漳州市—巨港市、柳州市—万隆市、广州市—泗水市、厦门市—泗水市、北海市—三宝隆市、汕尾市—日里昔利冷县、防城港市—槟港市、济南市—徐图利祖市、东营—巴里巴班市。2013 年，中国公民赴印度尼西亚人数 87.9 万人次。

### 四、重要双边文件

1990 年 7 月，时任中国外交部部长钱其琛与印度尼西亚外交部部长阿拉塔斯在北京签署《中华人民共和国政府和印度尼西亚共和国政府关于恢复两国外交关系的公报》。

2000 年 5 月，唐家璇外长与阿尔维・希哈布外长在北京签署《中华人民共和国和印度尼西亚共和国关于未来双边合作方向的联合声明》及《关于成立中华人民共和国政府与印度尼西亚共和国政府双边合作联合委员会的谅解备忘录》。

2005 年 4 月，胡锦涛主席与苏希洛总统在雅加达签署《中华人民共和国与印度尼西亚共和国关于建立战略伙伴关系的联合宣言》。

2005 年 7 月，印度尼西亚总统苏希洛对华进行国事访问。两国发表《中华人民共和国与印度尼西亚共和国联合声明》。

2007 年 11 月，中国国家海洋局局长孙志辉访问印度尼西亚。双方签署《中华人民共和国与印度尼西亚共和国海洋领域合作谅解备忘录》。

2007 年 11 月，印度尼西亚国防部长尤沃诺访华。双方签署《中华人民共和国与印度尼西亚共和国关于防务领域合作的协议》。

2008 年 12 月，时任中国国务院副总理李克强访问印度尼西亚。双方签署了《中华人民共和国中华全国青年联合会和印度尼西亚共和国青年事务和体育部就青年事务合作的谅解备忘录》和《中华人民共和国政府和印度尼西亚共和国政府体育合作谅解备忘录》。

2009 年 3 月，印度尼西亚央行行长布迪约诺访华。两国签署了金额达 1000 亿人民币的双边本币互换协议。7 月，印度尼西亚外长哈桑访华。双方签署了《中华人民共和国和印度尼西亚共和国引渡条约》。

2010 年 1 月，中国国务委员戴秉国对印度尼西亚进行正式访问。双方签署了《中华人民共和国政府和印度尼西亚共和国政府关于落实战略伙伴关系联合宣言的行动计划》。

2012 年 3 月，苏希洛总统对中国进行国事访问，双方发表《中华人民共和国和印度尼西亚共和国联合声明》。

2013 年 10 月 2 日至 3 日，应印度尼西亚共和国总统苏希洛・班邦・尤多约诺邀请，中华人民共和国主席习近平对印度尼西亚共和国进行国事访问。访问期间，中国和印度尼西亚在雅加达发表《中华人民共和国和印度尼西亚共和国全面战略伙伴关系未来规划》。

（来源：中华人民共和国外交部网站 . http://www.fmprc.gov.cn/mfa _ chn/gjhdq _ 603914/gj _ 603916/yz _ 603918/1206 _ 604954/sbgx _ 604958 /. 2014—06—06）

## 中国与老挝双边关系

### 一、双边政治关系与重要往来

中国和老挝是山水相连的友好邻邦，两国人民自古以来和睦相处。1961 年 4 月 25 日，中国和老挝正式建立外交关系，两国保持睦邻友好关系。20 世纪 70 年代末至 80 年代中期，两国关系曾出现曲折。1989 年中老关系正常化以来，双边关系得到全面恢复和发展，两国领导人频繁互访，在政治、经济、军事、文化、卫生等领域的友好交流与合作不断深化，双方在国际和地区事务中保持密切协调与合作。老挝政府坚持一个中国的立场，支持中国人民和平统一大业。

中老关系正常化以来，中国访老挝的领导人主要有：李鹏总理（1990 年 12 月）、邹家华副总理（1992 年 11 月）、乔石委员长（1996 年 11 月）、吴邦国副总理（1997 年 10 月）、江泽民主席（2000 年 11 月）、霍英东全国政协副主席（2001 年 1 月）、阿不来提・阿不都热西提全国政协副主席（2004 年 1 月）、吴仪副总理（2004 年 3 月）、温家宝总理（2004 年 11 月、2008 年 3 月、2012 年 11 月）、王忠禹全国政协副主席（2005 年 12 月）；胡锦涛主席（2006 年 11 月）、回良玉副总理（2010 年 3 月）、习近平副主席（2010 年 6 月）；孟建柱国务委员

(2011年2月)、贺国强中央纪委书记(2012年6月)、李建国国家常委会副委员长(2012年12月)、戚建国国家人民解放军副总参谋长(2013年5月)等。

中老关系正常化以来，老方访华的领导人主要有：凯山·丰威汉部长会议主席(1989年10月)、坎代·西潘敦总理(1991年、1993年)、凯山·丰威汉主席(1992年4月)、诺哈·冯沙万主席(1995年6月)、沙曼·维亚吉国会主席(1995年5月、2000年1月、2005年12月)、坎培·乔布拉帕副总理(1995年11)、本杨·沃拉吉副主席(1997年7月、2002年2月、2010年10月、2013年5月)、乌敦·卡迪亚国家副主席兼建国阵线中央主席(1998年3月)、西沙瓦·乔森潘建国阵线中央主席(1999年1月、2002年5月、2009年9月)、坎代·西潘敦主席(2000年7月、2003年6月)、波松·布帕万总理(2004年1月、2007年8月、2008年10月、2010年10月)、蓬沙瓦副外长(2009年8月)、阿桑·劳里副总理(2010年10月)、宋沙瓦·凌沙瓦政府常务副总理(2010年11月、2013年6月)、巴妮·亚陶都国会副主席(2010年12月、2013年6月)、通伦·西苏利副总理兼外长(2011年8月)、朱马里主席(2006年6月、2008年8月、2009年9月、2010年4、2011年9月、2013年9月)、通邢·塔马冯国会主席(2008年3月、2010年10月、2012年5月)、通邢·塔马冯总理(2012年9月、2014年4月)等。

2013年9月2日，中国国务院总理李克强在广西南宁会见前来出席第10届中国—东盟博览会的老挝总理通邢。

2014年4月，中国国务院总理李克强在海南省三亚市同来华进行正式访问的老挝总理通邢举行会谈。双方共同宣布启动中老政府间铁路协议商谈，争取尽早签署。

## 二、双边经贸关系

中国企业于20世纪90年代开始赴老挝投资办厂，目前是老挝主要投资方之一。投资领域涉及水电、矿产开发、服务贸易、建材、种植养殖、药品生产等。中国企业在老挝还积极参与劳务和工程承包。

中国在力所能及的范围内，采取无偿援助、无息贷款或优惠贷款等方式向老方提供援助，领域涉及物资、成套项目援助、人才培训及技术支持等。中方为老挝援建的项目有地面卫星电视接收站、南果河水电站及输变电工程、老挝国家文化宫、琅勃拉邦医院及扩建工程、乌多姆赛戒毒中心、老挝地震台、昆曼公路老挝境内1/3路段、万象凯旋门公园、老挝国家电视台三台、老北农业示范园、国际会议中心、万象瓦岱国际机场改扩建等。

中老经贸关系发展顺利。双方先后签署了贸易、投资保护、旅游、汽车运输等经贸合作文件，成立了双边经贸与技术合作委员会。2011年中老双边贸易额为3.17亿美元，同比增长66.8%。其中，老挝对华出口0.65亿美元，同比增长-17.7%，主要商品有木材和木材产品(0.11亿美元)、矿产(0.36亿美元)，占出口额的72.3%；老挝自华进口2.52亿美元，同比增长127.0%，主要商品有投资项目项下进口(0.77亿美元)、一般商品(1.43亿美元)、无偿援助(0.15亿美元)，占进口额的93.3%。

2011年12月28日，中老双方签署《塔銮湖专业经济区开发协议》。“塔銮湖专业经济区”开发项目由上海万峰房地产有限公司投资，占地面积365公顷，项目总投资约128000亿基普(约合16亿美元)，拟在万象塔銮湖地区建成集文化、旅游、休闲、居住为一体的湖滨新城，一期工程于2012年2月开工。

2012年12月9日，中国水利水电建设股份有限公司在老挝首个水电站BOT项目、也是中国企业在老挝的第二个BOT水电项目——南俄5水电站项目投产发电。该项目中国水利水电建设股份有限公司与老国家电力公司共同投资开发，于2008年10月1日正式开工建设，总装机容量12万千瓦，项目投资额1.99亿美元，位于老北琅勃拉邦省和川圹省交界处。该项目的顺利建成得到了老挝的认可和积极评价。

2013年1月9日，东方电气集团与老挝政府南芒河1水电站特许经营协议及与老挝国家电力公司购电合作协议签字仪式在万象举行。该电站位于波里坎塞省，装机容量6.4万千瓦时，总投资9949万美元，特许经营期25年，计划于2016年3月建成发电。

2013年是中老经贸合作取得重大发展的一年，中老双边经贸关系发展顺利，合作水平不断提高，合作领域不断扩大，合作内容不断丰富。据中方统计，2013年，中老贸易额达27.41亿美元，同比增长58.6%。据老挝方面统计，截至2013年11月，中国在老挝投资额累计50.85亿美元，已经成为所有在老挝投资国家中的第一位。

### 三、其他领域的交流与合作

两国在文化、教育、卫生等领域交流与合作发展迅速。1989 年以来，中老双方先后签订了文化、新闻合作协定及教育、卫生和广播影视合作备忘录。两国文艺团体、作家和新闻记者往来不断。中老两国于 1990 年开始互派留学生和进修生。老挝是中国对外提供奖学金人数最多的国家之一。目前老挝在华留学生人数每年保持约 300 名。两国青年团交往密切，保持互访传统。2002 年以来，中国共向老挝派遣 89 名青年志愿者。

中老两军关系顺利发展，中国军队领导人迟浩田、张万年、于永波、梁光烈等先后访老挝，老挝副总理兼国防部长隆再・皮吉等军队领导人多次访华。

老挝分别于 1992 年、1999 年在昆明、香港设有总领事馆。2009 年在南宁增设总领馆。

2012 年，中老之间的经济技术合作取得了重要成果。为支持老挝主办第九届亚欧首脑会议，中国援建或投资建设老挝国际会议中心、第九届亚欧峰会元首官邸别墅项目和万象市瓦岱国际机场改扩建项目。在“中老合作农业试验基地”的基础上，中老合作农作物优良品种试验站顺利建成，将进一步促进中老两国在农作物良种繁育、种质资源保护、品种综合试验以及新品种展示与人员培训方面的合作。

2012 年 6 月，工商银行万象分行成功获得代表老挝国家银行（央行）行使人民币清算中心职责，成为老挝国家银行之外的在老挝第一家、也是唯一一家货币清算银行，同时也是中国工商银行首个在海外获得人民币清算行资格的海外机构。

据老挝方面统计的数字，目前在老挝的中资企业有 700 余家，其中在使馆备案的有近 300 家，主要以地方企业和民营企业为主，有 20 余家央企在老挝水电、矿产、农业、通信等领域开展合作，在两国重大项目中发挥主导作用。

2014 年 2 月 17 日至 20 日，应老挝妇联中央邀请，中华全国妇联副主席、书记处书记崔郁率中国妇女代表团一行访问老挝。老挝党中央政治局委员、中央书记处常务书记、国家副主席本扬，老挝党中央委员、妇联中央主席西赛分别会见代表团。

2014 年 4 月 23 日，由老挝商务部、老挝驻南宁总领事馆共同主办的“中国—老挝综合产业经贸文化交流会”在老挝首都举办。基于区域经济一体化、中老合作在各个行业上不断加深的背景下，老挝人民民主共和国商务部决定在老挝首都举办“2014 年中国—老挝综合产业经贸文化交流会”，以此促进中国—老挝文化交流和经贸合作。

### 四、重要双边文件（1996 年以来）

《中老旅游合作协定》（1996 年 10 月）。

《中老关于成立两国经贸技术合作委员会协定》（1997 年 5 月）。

《中老边界制度条约的补充议定书》（1997 年 7 月）、《中老民事刑事司法协助条约》（1999 年 1 月）。

《中老避免双重征税协定》（1999 年 1 月）。

《中国、老挝、缅甸和泰国四国澜沧江—湄公河商船通航协定》（2000 年 4 月）。

《中华人民共和国与老挝人民民主共和国关于双边合作的联合声明》（2000 年 11 月）。

《中国农业部和老挝农林部关于农业合作的谅解备忘录》（2000 年 11 月）。

《中华人民共和国和老挝人民民主共和国引渡条约》（2002 年 2 月）。

《中国人民银行与老挝人民民主共和国银行双边合作协议》（2002 年 2 月）。

《中华人民共和国教育部与老挝人民民主共和国教育部 2002～2005 年教育合作计划》（2002 年 2 月）。

《中华人民共和国教育部与老挝人民民主共和国教育部 2005～2010 年教育合作计划》（2005 年 10 月）。

《中华人民共和国与老挝人民民主共和国联合新闻公报》（2006 年 6 月）。

《中老越三国国界交界点条约》（2006 年 10 月）。

《中老联合声明》（2006 年 11 月）。

《中华人民共和国政府与老挝人民民主共和国政府关于禁止非法贩运和滥用麻醉品和精神药物的合作协议》（2006 年 11 月）。

《中华人民共和国卫生部与老挝人民民主共和国卫生部卫生合作谅解备忘录》（2006 年 11 月）。

《中国国家质量监督检验检疫总局与老挝农林部关于动植物卫生和食品安全合作谅解备忘录》（2007 年 8 月）。

《中国全国政协与老挝建国阵线合作协议》（2008 年 12 月）。

《中国和老挝农业合作谅解备忘录》（2010 年 3 月）。

《中老两国政府关于发展交通基础设施领域合作的协定》(2010 年 6 月)。

《中华人民共和国政府和老挝人民民主共和国政府关于边界管理制度的协定》(2011 年 8 月)。

《中华人民共和国政府和老挝人民民主共和国政府关于边境口岸管理制度的协定》(2011 年 8 月)。

《中华人民共和国政府向老挝人民民主共和国政府集束弹药受害者提供援助的谅解备忘录》(2011 年 8 月)。

《中华人民共和国政府和老挝人民民主共和国政府外交部合作议定书》(2011 年 8 月)。

《中老两国政府经济和技术合作规划》(2011 年 9 月)。

《中国证券监督管理委员会和老挝证券交易委员会有关证券期货监管合作的谅解备忘录》(2011 年 9 月)。

《中华人民共和国国家发展和改革委员会与老挝人民民主共和国新闻文化和旅游部关于在老挝采用中国地面数字电视传输标准合作建设老挝数字广播电视全国网项目的谅解备忘录》(2012 年 3 月)。

《中国教育部与老挝教育和体育部 2011～2016 年教育合作计划》(2012 年 7 月)。

《中国商务部和老挝工业贸易部关于农产品贸易领域合作的谅解备忘录》(2012 年 7 月)。

《中老两国政府关于边界第一次联合检查的议定书》(2012 年 11 月)。

《中华人民共和国和老挝人民民主共和国联合声明》(2013 年 9 月)。

《中华人民共和国和老挝人民民主共和国联合新闻公报》(2014 年 4 月)。

(来源:中华人民共和国外交部网站.http://www.fmprc.gov.cn/mfa_chn/gjhdq_603914/gj_603916/yz_603918/1206_604354/sbgx_604358/.2014—05—04)

# 中国与马来西亚双边关系

## 一、双边政治关系与重要往来

中国与马来西亚于 1974 年 5 月 31 日正式建立外交关系。建交后，两国关系总体发展顺利。进入 20 世纪 90 年代，中马关系开始进入新的发展阶段，双方在政治、经济、文化、教育等各个领域的友好交流与合作全面展开，并取得丰硕成果。2004 年，两国领导人就发展中马战略性合作达成共识。2013 年，两国建立全面战略伙伴关系。

近年来，中国访马来西亚的领导人主要有：江泽民主席(1994 年)、李鹏总理(1990 年、1997 年)、朱镕基总理(1999 年)、李瑞环政协主席(1995 年)、胡锦涛副主席(2002 年)、姜春云副委员长(2002 年)、李岚清副总理(2003 年)、吴邦国委员长(2005 年、2012 年 9 月)、贾庆林政协主席(2006 年、2013 年 2 月)、胡锦涛主席(2009 年)、王兆国副委员长(2010 年 3 月)、孟建柱国务委员(2011 年 2 月、2012 年 10 月)、华建敏副委员长(2011 年 3 月)、温家宝总理(2011 年 4 月)、陈健商务部副部长(2012 年 3 月和 6 月)、贺国强中央纪委书记(2012 年 6 月)、杨洁篪外交部部长(2012 年 8 月)、习近平主席(2013 年 10 月)等。

近年来，马来西亚访华的领导人主要有：阿兹兰最高元首(1990 年、1991 年)、贾阿法最高元首(1997 年)、萨拉赫丁最高元首(2001 年)、西拉杰丁最高元首(2005 年)、巴达维总理(2004 年、2006 年、2008 年)、拉姆利下议长(2007 年)、米赞最高元首(2008 年)、巴达维前总理(2010 年 12 月)、王弗明上议长(2010 年 4 月)、旺·朱乃迪下议长(2010 年 12 月)、纳吉布总理(2011 年 10 月、2012 年 4 月、2014 年 5 月)、希沙慕丁内政部长(2012 年 8 月)、潘迪卡尔国会下议院议长(2014 年 6 月)等。

2009 年 3 月，全国人大常委会副委员长兼秘书长李建国访马来西亚。2009 年 6 月，应温家宝总理邀请，马来西亚总理纳吉布正式访华。双方签署中马《战略性合作共同行动计划》等合作文件，并举办一系列建交 35 周年庆祝活动。2009 年 11 月，胡锦涛主席对马来西亚进行国事访问，双方签署了多份合作文件。

2010 年 4 月 8 日至 11 日，马来西亚前总理巴达维出席博鳌亚洲论坛年会，并当选论坛新一届理事。2010 年 9 月，马来西亚旅游部长黄燕燕出席上海世博会马来西亚国家馆日活动。2010 年 12 月，马来西亚巴达维前总理出席广州亚残运会开幕式，旺·朱乃迪副下议长出席闭幕式。

2011 年 10 月 21 日，国务院总理温家宝在广西南宁会见出席第 8 届中国—东盟博览会和第 8 届中国—东盟商务与投资峰会开幕式的马来西亚总理纳吉布和东盟秘书长素林。

2012 年 9 月 21 日，时任中国国家副主席习近平在广西南宁会见出席第9届中国—东盟博览会的马来西亚副总理毛希丁。

2014年5月27日至6月1日，中华人民共和国和马来西亚建立外交关系40周年。中华人民共和国国务院总理李克强于5月29日下午在人民大会堂同马来西亚总理纳吉布举行会谈。双方一致表示将以建交40年为契机，充实两国全面战略伙伴关系内涵。

## 二、双边贸易关系和经济技术合作

两国签有《避免双重征税协定》、《贸易协定》、《投资保护协定》、《海运协定》、《民用航空运输协定》等10余项经贸合作协议。1988年成立经贸联委会，迄今为止已举行8次会议。2002年4月成立中马双边商业理事会。

2011年，中国和马来西亚的双边贸易额历史性地达到900亿美元，马来西亚连续第4年成为中国在东盟的最大贸易伙伴，中国也是马来西亚最大的贸易伙伴。

2012年4月1日，中国国务院总理温家宝在广西钦州与马来西亚总理纳吉布共同出席中马钦州产业园区开园仪式。

两国金融合作成效显著。2000年，中国银行和马来亚银行分别在吉隆坡和上海互设分行。2009年2月，中国人民银行与马来西亚国家银行签署了双边货币互换协议。2010年4月，中国工商银行马来西亚分行在吉隆坡开业。2009年7月，中国银行在马来西亚设立的第三家分行中国银行巴生分行开业。2009年8月，两国批准在各自银行间外汇市场开办人民币兑林吉特即期交易业务。2012年2月，中国人民银行与马来西亚国家银行续签双边货币互换协议。2012年4月，中国人民银行与马来西亚国家银行签署了关于马国家银行在华设立代表处的协议。2013年10月，马来西亚国家银行在北京设立代表处。

2013年中国与马来西亚双边贸易额为1060.8亿美元，同比增长11.9%，其中中方出口459.3亿美元，同比增长25.8%，进口601.4亿美元，同比增长3.1%。（马来西亚是中国在东盟国家中最大的贸易伙伴。）中国自马来西亚进口主要商品有集成电路、计算机及其零部件、棕油和塑料制品等；中国向马来西亚出口主要商品有计算机及其零部件、集成电路、服装和纺织品等。截至2013年年底，马来西亚实际对中国投资66亿美元，中国对马来西亚非金融类投资8.6亿美元。

## 三、其他领域的交往与合作

两国在科技、教育、文化、军事等领域的交流与合作顺利开展。1992年两国签署《科技合作协定》，成立科技联委会，迄今为止已举行3次会议。双方还签署了《广播电视节目合作和交流协定》（1992年），《促进中马体育交流、提高体育水平的谅解备忘录》（1993年），《教育交流谅解备忘录》（1997年），《文化合作协定》（1999年），《中马航空合作谅解备忘录》（2002年），《空间合作及和平利用外层空间的协定》（2003年），《在外交和国际关系教育领域合作谅解备忘录》（2004年）等合作协议。2005年，双方签署了《卫生合作谅解备忘录》，并续签了《教育合作谅解备忘录》。目前中国在马来西亚留学生已达万人，马来西亚赴华留学生近千人。中国新华社、中新社在吉隆坡设立分社，中央电视台4套和9套节目在马来西亚落地，《人民日报》海外版在马来西亚出版发行。江苏省与马六甲州、槟城市分别结为友好省市。2009年，两国签署《高等教育合作谅解备忘录》。双方还签署了《旅游合作谅解备忘录》。2013年，马来西亚来华120.7万人次，中国公民首站赴马135.2万人次。中国已成为马来西亚海外主要客源国之一。

1995年，两国互设武官处，军事交往增多，两国海军军舰多次互访。2002年，中华人民共和国中央军事委员会副主席、国务委员兼国防部长迟浩田过境马来西亚，与马来西亚国防部长纳吉布举行会晤。2003年9月，中华人民中央军事委员会委员、总参谋长梁光烈访马来西亚。2004年7月，中华人民中央军事委员会副主席郭伯雄过境访问马来西亚，与马来西亚副总理兼国防部长纳吉布会晤。马来西亚海军军舰访问上海。2004年9月，马来西亚派人员来华观摩中方军事演习。2005年9月，马来西亚副总理兼国防部长纳吉布在访华期间，两国签署了《防务合作谅解备忘录》。2005年12月，中方派团参加了马来西亚国际海空展。中国军事科学院代表团访马来西亚。2006年4月，中华人民中央军事委员会副主席、国务委员兼国防部长曹刚川访马来西亚。2006年5月，总参谋长助理章沁生少将率团访马来西亚，双方举行了首次防务磋商。2009年7月，马来西亚武装部队司令阿齐兹上将访华。2011年4月，华为公司与马来西亚科技部签署人才培训谅解备忘录。2012年9月24日，中国南车集团公司与马来西亚交通部签署战略投资备忘录。2013年11月19日，中马海洋科技合作联委会第二次会议在吉隆坡举行，中国国家海洋局副局长陈连增率中国国家海洋局代表团出席。

### 四、重要双边文件

1974年5月，马来西亚总理拉扎克访华，周恩来总理与其签署《中华人民共和国政府和马来西亚政府关于两国建立外交关系的联合公报》。

1999年5月，马来西亚外长赛义德·哈密德访华，时任中国外交部部长唐家璇与其签署《中华人民共和国政府和马来西亚政府关于未来双边合作框架的联合声明》。

2005年12月，中国国务院总理温家宝总理访问马来西亚，与马来西亚总理巴达维发表《中华人民共和国和马来西亚联合公报》。

2009年6月，马来西亚总理纳吉布访华。杨洁篪外长与马来西亚外长阿尼法签署《中华人民共和国政府与马来西亚政府关于中马战略性合作共同行动计划》。

2012年11月8日，中国银行与马来西亚旅游部在吉隆坡签署关于“马来西亚——我的第二家园推广计划”合作谅解备忘录。

2013年10月5日，中国和马来西亚在吉隆坡发表《中华人民共和国和马来西亚联合新闻稿》。

2014年5月5日，澳大利亚、马来西亚和中国的高级别部长举行会议，共同发表《澳、马、中三方会议联合新闻公报》。

2014年5月27日至6月1日，中华人民共和国和马来西亚建立外交关系40周年之际，应中华人民共和国国务院总理李克强邀请，马来西亚总理纳吉布对中国进行正式访问。访问期间，中马双方签订了《中华人民共和国和马来西亚建立外交关系40周年联合公报》。

（来源：中华人民共和国外交部网站.http://www.fmprc.gov.cn/mfa_chn/gjhdq_603914/gj_603916/yz_603918/1206_604426/sbgx_604430/.2014—06—10）

## 中国与缅甸双边关系

### 一、双边政治关系与重要往来

中缅两国是友好邻邦，两国人民之间的传统友谊源远流长。自古以来，两国人民就以“胞波”（兄弟）相称。两国于1950年6月8日正式建交。20世纪50年代，中缅共同倡导了和平共处五项原则。20世纪60年代，两国本着友好协商、互谅互让精神，圆满解决了历史遗留的边界问题，为国与国之间解决边界问题树立了典范。长期以来，中缅两国坚持睦邻友好，在国际和地区事务中保持良好合作，双边关系稳步发展。

中缅领导人有着互访传统。刘少奇主席、周恩来总理、陈毅副总理等老一辈中国领导人都曾访缅甸，缅甸吴奈温主席、吴山友总统和吴貌貌卡总理等也多次访华。周恩来总理九次访缅甸和吴奈温主席十二次访华被两国人民传为佳话。

2001年12月，时任中国国家主席江泽民对缅甸进行国事访问，这是中国最高领导人首次访缅甸，在中缅关系史上具有里程碑意义。双方确定了农业、人力和自然资源开发、基础设施建设等重点合作领域，并签署了有关双边合作文件。此次访问为中缅传统睦邻友好关系在新世纪不断发展奠定坚实基础。

近年来，中国访缅甸的领导人主要有：李鹏总理（1994年12月）、李瑞环政协主席（1995年12月）、吴邦国副总理（1997年10月、2012年9月）、胡锦涛主席（2000年7月）、李岚清副总理（2003年1月）、吴仪副总理（2004年3月）、何鲁丽副委员长（2008年1月）、习近平副主席（2009年12月）、温家宝总理（2010年6月）、周铁农副委员长（2010年6月）、何勇中共中央书记处书记（2010年9月）、贾庆林政协主席（2011年4月）、李源潮委员（2011年6月）、戴秉国委员（2011年12月）、戚建国人民解放军副总参谋长（2013年1月）、范长龙中央军事委员会副主席（2013年7月）等。

近年来，缅方访华的领导人主要有：苏貌主席（1991年8月）、丹瑞主席（1996年1月、2003年1月、2007年9月）、貌埃副主席（1996年10月、2000年6月、2003年8月）、钦纽总理（2004年7月）、吴梭温总理（2004年10月、2005年10月、2006年2月、2006年10月）、貌埃副大将（2009年6月）、吴丁昂敏乌秘书长（2009年10月、2010年7月）、吴年温外长（2010年6月）、吴登盛总统（2007年6月、2008年8月、2008年10月、2009年4月、2011年5月、2013年4月、2013年9月、2014年6月）、吴瑞曼议长（2008年12月、2010年9月、2012年2月）、吴温纳貌伦外长（2011年10月、2012年6月）、吴钦昂敏议长（2008年9月、2009年8月、2012年9月）、吴年吞副总统（2010年7月、2012年3月）、敏昂莱国防军总司令

(2013 年 10 月）等。

2011 年 5 月，缅甸总统吴登盛对中国进行国事访问，两国发表联合声明，宣布建立全面战略合作伙伴关系。

2013 年 4 月 5 日至 7 日，缅甸总统吴登盛赴海南三亚出席博鳌亚洲论坛并对华进行国事访问。中华人民共和国国家主席习近平与登盛举行会谈，就发展中缅全面战略合作伙伴关系深入交换意见，双方并发表联合声明。

2013 年 9 月 2 日，中国国务院总理李克强在广西南宁会见前来出席第 10 届中国—东盟博览会暨中国—东盟商务与投资峰会的缅甸总统吴登盛。

2014 年 6 月 28 日，中国国务院总理李克强在人民大会堂会见缅甸总统吴登盛，欢迎其访华并出席和平共处五项原则发表 60 周年纪念活动。

### 二、双边经贸关系和经济技术合作

双边经贸协定：1971 年中缅签署贸易协定，双方相互给予最惠国待遇。1994 年，中缅两国政府签署《关于边境贸易的谅解备忘录》。1997 年中缅两国政府签署《关于成立经济贸易和技术合作联合工作委员会的协定》。2001 年中缅两国政府签署《关于鼓励促进和保护投资协定》。

中缅经贸合作取得长足发展，合作领域从原来单纯的贸易和经援扩展到工程承包、投资和多边合作。双边贸易额逐年递增。2013 年，中国与缅甸双边贸易额达 101.5 亿美元，同比增长 45.6%。

2013 年 2 月 23 日，缅甸银联 MPU 与中国银联 CUP 业务合作启动，中国银联卡的用户可以直接通过缅甸银联的 ATM 机提取缅甸货币，或者在缅甸银联的 POS 机上实现刷卡消费。

从 1988 年到 2013 年 9 月 30 日，中国企业对缅甸的投资总额达到 141.9 亿美元，占同期缅甸政府接受外国直接投资总额的 32%。另一方面，缅甸接受的实际投资总额达到 336.7 亿美元，其中，有近 42%来自中国企业，总额达到 141.2 亿美元。中国企业在缅甸主要投资在水电大坝、矿业项目和目前正在进行的中缅油气管道项目上。

目前中国香港在缅甸投资项目 68 个，投资额 64.7 亿美元，其中，63.7 亿美元的投资都已兑现。2014 年 5 月，中国香港特别行政区贸发局官员透露，香港已接近与缅甸方面签署双边投资促进与保护协定（IPPA）。

### 三、其他领域的交流与合作

中缅两国外交部一直保持良好合作。1992 年双方自建立外交磋商机制后，已举行了九次副外长级外交磋商。1998 年 1 月，双方签署《中缅两国政府关于互免持外交和公务护照者签证协定》。1993 年中缅就恢复互设总领馆达成协议，缅甸驻昆明总领馆和中国驻曼德勒总领馆分别于同年 9 月和 1994 年 8 月重新开馆。1997 年 3 月两国签署《中缅两国边境地区管理与合作协定》，并就边境地区禁毒开展了合作。2006 年 5 月两国签署《中华人民共和国政府和缅甸联邦政府关于禁止非法贩运和滥用麻醉药品和精神药物的合作协议》。

中缅文化交流历史悠久，两国建交后交往更加频繁。1960 年，缅甸总理吴努曾率领由文化、艺术、电影等代表团组成的 400 多人大型友好代表团访华。1961 年，周恩来总理率领 530 多人大型代表团回访缅甸，成为两国文化交流史美谈。近年来，两国在文化领域的交流与合作进一步加强，两国文化、历史、新闻、体育代表团交往不断。1996 年 1 月，两国文化部签署了文化合作议定书。1994 年和 1996 年，中国国宝文物佛牙舍利两次被应邀赴缅甸供奉，受到了缅甸政府和各界群众的热烈欢迎。

两军关系稳步发展。近年来，两军领导人保持互访的势头，中国国防部长迟浩田（1995 年 7 月）、中国中央军委副主席张万年（1996 年 4 月）、中国人民解放军总参谋长傅全有（2001 年 4 月）、中国人民解放军总参谋长总参谋长梁光烈（2006 年 10 月）、中国济南军区政委刘冬冬（2007 年 8 月）、中国人民解放军副总参谋长张黎（2008 年 10 月）、中国人民解放军总参谋长陈炳德（2009 年 3 月）、中国人民解放军副总参谋长戚建国（2013 年 1 月）、中央军事委员会副主席范长龙（2013 年 7 月）等军队领导人先后访缅。缅甸陆军司令丹瑞中将（1989 年 10 月）、三军副总司令貌埃上将（1996 年 10 月和 2003 年 8 月）、陆军参谋长丁吴中将（1994 年 11 月和 2000 年 4 月）、三军总参谋长杜拉瑞曼上将（2002 年 12 月、2007 年 1 月和 2008 年 12 月）、第一秘书长兼防空总局局长梭温中将（2004 年 7 月）等军队领导人分别访华、国防军总司令敏昂莱二级大（2011 年 11 月）率高级军事代表团访华、国防军副总司令兼陆军司令梭温（2012 年 11 月）、缅甸国防军总司令敏昂莱（2013 年 10 月）访华。2013 年 10 月 16 日，中国国家主席、中央军委主席习近平在北京人民大会堂会见缅甸国防军总司令敏昂莱。

2011 年 10 月 27 日，中国中央电视台与缅甸 MRTV—4 和 SKYNet 两家集团在仰光联合举行开播仪式，庆祝中央电视台国际频道在缅甸落地开播。

2013年缅甸旅游业创汇9.26亿美元，较2012年增长逾130%，创近3年来新高。2013年赴缅外国游客达204万，其中中国游客占9万人。

### 四、重要双边文件

《中华人民共和国政府和缅甸联邦政府建交公报》（2000年11月）。

《中华人民共和国和缅甸联邦关于未来双边关系合作框架文件的联合声明》（2003年7月）。

《中国与缅甸关于建立全面战略合作伙伴关系的联合声明》（2011年5月）。

2012年2月14日，中国长江三峡集团及中国水电顾问集团昆明勘测设计研究院与缅甸电力二部合作签署缅甸国家电力系统规划项目谅解备忘录。

2013年4月，中国国家主席习近平与缅甸总统吴登盛共同发表了《中华人民共和国和缅甸联邦共和国联合新闻公报》。

（来源：中华人民共和国外交部网站．http://www.fmprc.gov.cn/mfa_chn/gjhdq_603914/gj_603916/yz_603918/1206_604498/sbgx_604502/．2014—6—04）

## 中国与菲律宾双边关系

### 一、双边政治关系与重要往来

中国同菲律宾于1975年6月9日建交。建交以来，中菲关系总体发展顺利，各领域合作成效显著。

近年来，中国访菲律宾领导人主要有：李鹏总理（1990年12月）、乔石委员长（1993年8月）、江泽民主席（1996年11月）、朱镕基总理（1999年11月）、李鹏委员长（2002年9月）、吴邦国委员长（2003年8月）、胡锦涛主席（2005年4月）、温家宝总理（2007年1月）、贾庆林政协主席（2009年11月）、严隽琪特使（2010年6月）、蒋树声副委员长（2011年5月）、梁光烈国防部长（2011年5月）、傅莹外交部副部长（2012年10月）等。

近年来，菲方访华领导人主要有：马科斯总统（1975年6月）、阿基诺总统（1988年4月、2011年8月、2011年9月）、拉莫斯总统（1993年4月）、埃斯特拉达总统（2000年5月）、阿罗约总统（2001年11月、2004年9月、2007年6月、2010年6月）、德贝内西亚众议长（2008年1月）、卡敦戈格空军司令（2008年7月）、诺格拉雷斯众议长（2008年10月）、比奈副总统（2010年12月）、贝尔蒙特众议长（2011年6月）、德尔罗萨里奥外长（2011年7月、2012年8月、2013年8月）、吉米内兹旅游部长（2012年11月）、加西亚副外长（2013年4月）等。

1996年，时任中国国家主席江泽民对菲律宾进行国事访问期间，两国领导人同意建立中菲面向21世纪的睦邻互信合作关系，并就在南海问题上“搁置争议，共同开发”达成重要共识和谅解。2000年，双方签署了《中华人民共和国政府和菲律宾共和国政府关于二十一世纪双边合作框架的联合声明》，确定在睦邻合作、互信互利的基础上建立长期稳定的关系。

2005年，时任中国国家主席胡锦涛在对菲律宾进行国事访问期间，两国领导人确认建立致力于和平与发展的战略性合作关系。

2007年1月，时任中国国务院总理温家宝对菲律宾进行正式访问，双方发表了联合声明，愿共同全面深化中菲致力于和平与发展的战略性合作关系。

2007年4月，阿罗约总统来华出席博鳌亚洲论坛2007年年会。2007年6月，阿罗约对成都和重庆考察访问。2007年10月，阿罗约来华出席上海特奥会并顺访山东烟台。2008年1月，菲律宾众议长德贝内西亚来华访问。2008年8月，阿罗约总统来华出席北京奥运会开幕式并顺访成都。2008年10月，阿罗约总统来华出席亚欧首脑会议并顺访武汉和杭州。2008年10月，菲律宾众议长诺格拉雷斯到广西南宁出席第5届中国—东盟博览会并顺访昆明和厦门。2008年10月，菲律宾副总统德卡斯特罗到成都出席第9届中国西部国际博览会。2008年11月，菲律宾副总统德卡斯特罗到南京出席第4届世界城市论坛并访问安徽和上海。2008年12月，阿罗约总统到中国香港出席“克林顿全球倡议论坛”亚洲会议。

2009年10月，中国外交部部长杨洁篪对菲律宾进行正式访问，双方共同签署《中菲战略性合作共同行动计划》和《中菲领事条约》。

2009年11月，中国全国政协主席贾庆林对菲律宾进行正式友好访问，双方共同签署《中华人民共和国政府和菲律宾共和国政府关于相互承认高等教育学历和学位的协议》、《中国政府向菲律宾政府提供1000万元人民币无偿援助换文》和《中国政府向菲律宾政府提供20万美元现汇的紧急人道主义救灾援助交接证书》。

2009年4月，菲律宾副总统德卡斯特罗到安徽出席第4届中国中部投资贸易博览会。2010年4月，菲律宾副总统德卡斯特罗来华出席上海世界博览会开幕式，2010年5月赴宁波出席上海世博会“信息化与城市发展”主题论坛。2010年6月9日，时任菲律宾总统阿罗约来华出席上海世界博览会菲律宾国家馆日活动。

菲律宾总统阿基诺三世于2011年访华期间，两国领导人同意将2012～2013年定为“中菲友好交流年”。

2012年3月20日，“中菲友好交流年”菲方启动仪式在菲律宾外交部隆重举行。

中菲两国外交部自1991年起建立磋商机制，迄今已举行19次外交磋商。2013年6月14日，第19次外交磋商在北京举行。双方就中菲关系和共同关心的问题坦诚、深入交换意见，一致认为中菲关系健康稳定发展符合两国和两国人民的根本长远利益。

中菲除互设大使馆外，中国在宿务设有总领馆，在拉瓦格开设领事馆。菲律宾在厦门、广州、上海、重庆、香港和澳门分别设有总领馆。

## 二、双边经贸关系和经济技术合作

1999年两国农业部签署《关于加强农业及有关领域合作协定》。2000年双方有关部门签署中方向菲方提供1亿美元信贷协议书。由中方援建的“中菲农业技术中心”于2003年3月在菲律宾竣工。中国优良杂交稻种和玉米在菲律宾试种成功，目前正逐步推广。2004年两国签署《渔业合作谅解备忘录》。2007年1月，两国农业部签署《关于扩大深化农渔业合作的协议备忘录》。据中华人民共和国海关总署统计，2011年，中菲关系总体向好，两国合作交流取得新进展。

据中华人民共和国海关统计，2013年，中菲双边贸易额为380.7亿美元，同比增长4.6%，其中中国出口198.4亿美元，增长18.6%，进口182.3亿美元，下降7.2%。

截至2013年年底，菲律宾累计对中国实际投资额为30.8亿美元，中国累计对菲律宾直接投资额为3.8亿美元。其中2013年，中国对菲律宾直接投资额为4383万美元，菲律宾对中国投资6726万美元。中国在菲律宾签订承包工程新签合同10.9亿美元，完成营业额12.5亿美元。

## 三、其他领域的交往与合作

中菲在文化、科技、司法、旅游等领域的交流与合作不断深化。两国迄今为止共签署了11个双年度文化合作执行计划，举行了13次科技合作联委会会议，共确定了244个科研合作项目。中国新华社在马尼拉设有分社。中国中央电视台第四套节目在菲律宾落地。中菲两国签有：《科技合作协定》(1978年)、《文化合作协定》(1979年)、《民用航空运输协定》(1979年)、《体育合作备忘录》(2001年)、《信息产业合作备忘录》(2001年)、《打击跨国犯罪合作备忘录》(2001年)、《引渡条约》(2001年)、《打击贩毒合作协议》(2001年)、《旅游合作备忘录》(2002年)、《海事合作谅解备忘录》(2005年)、《青年事务合作协议》(2005年)、《卫生和植物卫生合作谅解备忘录》(2007年)、《教育合作谅解备忘录》(2007年)、《文化遗产保护协议》(2007年)、《卫生合作协议》(2008年)等一系列合作文件。

中菲结有24对友好省市，分别为杭州市和碧瑶市、广州市和马尼拉市、上海市和大马尼拉市、厦门市和宿务市、沈阳市和奎松市、抚顺市和利巴市、海南省和宿务省、三亚市和拉普拉市、石狮市和那牙市、山东省和北伊洛戈省、淄博市和万那威市、安徽省和新怡诗夏省、湖北省和莱特省、柳州市和穆汀鲁帕市、贺州市和圣费尔南多市、哈尔滨市和卡加延—德奥罗市、来宾市和拉瓦格市、北京市和马尼拉市、江西省和保和省、广西壮族自治区和达沃市、兰州市和阿尔贝省、北海市和普林塞萨港市、福建省和内湖省、无锡市和普林塞萨港市。

近几年中菲军事交往增多。2002年4月，菲律宾国防部长雷耶斯访华。2002年6月，菲律宾海军舰队首次访华。2002年9月，时任中华人民共和国中央军事委员会副主席、国务委员兼国防部长迟浩田访菲律宾。2004年，菲律宾武装部队总参谋长阿巴亚和国防部长克鲁兹先后访华，双方建立年度防务安全磋商机制。2005年5月，中国人民解放军副总参谋长熊光楷上将赴菲律宾，与菲律宾国防部副部长桑托斯举行中菲首次防务与安全磋商。2006年5月，菲律宾武装部队总参谋长森加上将访华。2006年10月，菲律宾国防部副部长桑托斯访华，双方举行第二次中菲防务安全磋商。2006年10月，中国海军北海舰队访菲律宾，与菲律宾海军举行非传统安全联合演习。2007年5月，中国人民解放军副总参谋长章沁生访菲律宾，双方举行第三次中菲防务安全磋商。2007年9月，中华人民共和国中央军事委员会副主席、国务委员兼国防部长曹刚川访菲律宾。2009年12月，菲律宾军总参谋长维克托·伊布拉多访华。

文化合作方面。据中国国家汉语国际推广领导小组办公室统计，目前，菲律宾是中国派出汉语教师最多的国家之一，名列第二。汉语教学不仅遍及菲律宾全国各地华校，而且已进入部分主流学校。中国在菲律宾共有三所孔子学院，分别为：中山大学和雅典耀大学合办的雅典耀大学孔子学院、西北大学和布拉卡国立大学合办的布拉卡国立大学孔子学院、福建师范大学和红溪礼士大学合办的红溪礼士大学孔子学院。

### 四、重要双边文件

1975年6月，周恩来总理和菲律宾总统马科斯在北京签署《中华人民共和国政府和菲律宾共和国政府建交联合公报》。

2000年5月，菲律宾总统埃斯特拉达对中国进行国事访问，与江泽民主席在北京共同签署《中华人民共和国政府和菲律宾共和国政府关于21世纪双边合作框架的联合声明》。

2004年9月，菲律宾总统阿罗约对中国进行国事访问，双方发表《中华人民共和国与菲律宾共和国联合新闻公报》。

2005年4月，中国国家主席胡锦涛对菲律宾进行国事访问，双方发表《中华人民共和国与菲律宾共和国联合声明》。

2007年1月，中国国务院总理温家宝对菲律宾进行正式访问，双方发表《中华人民共和国与菲律宾共和国联合声明》。

2010年2月26日，中国批准了《中华人民共和国和菲律宾共和国领事协定》。

2011年8月30日至9月3日，菲律宾总统阿基诺三世对中国进行国事访问，这是阿基诺首次对中国进行国事访问，双方签署《中华人民共和国与菲律宾共和国联合声明》。

（来源：中华人民共和国外交部网站.http://www.fmprc.gov.cn/mfa_chn/gjhdq_603914/gj_603916/yz_603918/1206_604162/sbgx_604166/.2014—06—04）

## 中国与新加坡双边关系

### 一、双边政治关系与重要往来

两国于1990年10月3日建立外交关系。建交以来，两国高层交往频繁。两国外交部自1995年起建立磋商机制，迄今已举行7轮磋商。两国除互设使馆外，新加坡在上海、厦门、广州、成都和香港设有总领事馆。

近年来，中国访新加坡的领导人主要有：杨尚昆主席（1993年）、江泽民主席（1994年）、李瑞环政协主席（1995年）、李鹏总理（1997年）、朱镕基总理（1999年）、胡锦涛主席（2002年、2009年）、李岚清副总理（2002年）、吴邦国委员长（2005年）、温家宝总理（2007年）、习近平副主席（2010年11月）、孟建柱公安部长（2011年2月）、梁光烈国防部长（2011年5月、2011年6月）、王岐山副总理（2011年7月）、蔡武文化部部长（2012年5月）、杨洁篪外交部部长（2012年5月）、艾平中联部副部长（2012年8月）、王毅外交部部长（2013年5月）、张高丽副总理（2013年10月）等。

近年来，新加坡访华的领导人主要有：黄金辉总统（1991年）、李光耀总理（1990年）、吴作栋总理（1993年、1994年、1995年、1997年、2000年、2003年）、王鼎昌总统（1995年）、吴作栋国务资政（2007年、2010年6月、2011年4月、2011年9月、2013年4月、2013年9月）、李显龙总理（2008年、2010年9月、2012年9月、2013年8月）、黄根成副总理（2010年6月、2010年7月、2011年4月）、纳丹总统（2001年、2010年8月）、尚穆根外长（2012年2月）、张志贤副总理（2012年5月、2013年9月）、尚达曼副总理（2013年5月）等。

2008年8月，李光耀内阁资政来华出席北京奥运会开幕式，纳丹总统来华观看北京奥运会比赛。2008年9月，中国王岐山副总理与新加坡黄根成副总理在天津共同主持召开中新双边合作联委会第五次会议、苏州工业园区联合协调理事会第十次会议和天津生态城联合协调理事会第一次会议。新加坡国务资政吴作栋到天津出席第二届“夏季达沃斯”年会。2008年10月，新加坡总理李显龙来华出席第七届亚欧首脑会议并正式访华，李光耀内阁资政随美国摩根大通国际理事会高级代表团访华。2009

年1月全国人大常委会副委员长周铁农访新加坡。

2010年4月，吴作栋国务资政来华出席博鳌亚洲论坛，中共中央政治局委员李源潮访问新加坡，张志贤副总理兼国防部长访华。2010年5月，李光耀内阁资政访华。

2011年2月，中国国务委员、公安部长孟建柱访新加坡。4月，吴作栋国务资政访华并出席博鳌亚洲论坛年会，黄根成副总理访问上海并出席“新加坡日”活动。5月，新前总理李光耀访华，中国国务委员、国防部长梁光烈访新加坡。6月，梁光烈国务委员兼国防部长赴新加坡参加“香格里拉对话”。

2012年5月29日，新加坡总统陈庆炎会见了到访的中国外交部部长杨洁篪。陈庆炎表示，新中关系发展势头令人鼓舞，双方高层互访不断，人员往来频繁，合作项目进展顺利，领域不断扩大。在当前国际经济和金融形势下，新中加强合作交流尤为重要。相信在双方共同努力下，新中关系一定能够进一步发展，这符合两国和两国人民的共同利益，也有利于本地区的发展和进步。

2013年9月2日，中国国务院总理李克强在广西南宁会见前来出席第10届中国—东盟博览会的新加坡副总理张志贤。

## 二、双边经贸关系和经济技术合作

中新经贸合作发展迅速。1999年10月，中新签署《经济合作和促进贸易与投资的谅解备忘录》，建立了两国经贸磋商机制。双方还签署了《促进和保护投资协定》、《避免双重征税和防止漏税协定》、《海运协定》、《邮电和电信合作协议》、《成立中新双方投资促进委员会协议》等多项经济合作协议。2008年10月两国签署中新自由贸易协定，于2009年1月1日正式生效。2011年2月18日，中新两国签署外交、公务和公务普通护照持有者互免签证协定，协定自2011年4月17日起生效。

2012年5月18日，新加坡国际港务集团(PSA International)与天津港股份有限公司签署了战略合作框架协议，为开展更多领域、更深层次合作奠定基础。

根据中方统计数字，中国和新加坡双边贸易在2012年全球经济充满挑战的背景下仍增长8.7%，达到692.76亿美元。新加坡是中国在东盟的第三大贸易伙伴。就新加坡的海外投资情况来看，2012年新加坡在华投资至63亿美元（约78亿新加坡元），同比上升3.4%。

2013年3月7日，新加坡金融管理局与中国人民银行续签了双边本币互换协议，互换规模由原来的300亿新加坡元（约合1500亿人民币）扩大至600亿新加坡元（约合3000亿人民币）。

近年来，中新经贸合作发展迅速。中新两国间主要合作项目有苏州工业园区、天津生态城、广州知识城、吉林食品区、川新创新科技园等。新加坡与山东、四川、浙江、辽宁、天津、江苏、广东等7省市分别建有经贸合作机制。

据中国海关统计，2013年，中国成为新加坡最大贸易伙伴，双边贸易额为759.14亿美元，增长9.6%。其中，中国对新加坡出口458.64亿美元，增长12.6%；进口300.5亿美元，增长5.4%。

## 三、其他领域的交往与合作

两国在人才培训领域的合作十分活跃，主要项目有中国赴新加坡加坡经济管理高级研究班、中国市长赴新加坡研讨班、中央党校中青年干部培训班赴新加坡考察、两国外交部互惠培训项目等。2001年起，新方定期派中高级官员团访华。2004年5月，双方决定成立“中国—新加坡基金”，支持两国年轻官员的培训与交流。2007年7月，双方签署《关于借鉴运用新加坡园区管理经验开展中西部开发区人才培训合作的谅解备忘录》。

1992年，两国科技部门签署《科技合作协定》，次年建立中新科技合作联委会。1995年成立“中国—新加坡技术公司”。1998年设立“中新联合研究计划”，合作项目共计18个。2003年10月，中国科技部火炬中心驻新加坡代表处正式挂牌成立。

1999年，两国教育部签署《教育交流与合作备忘录》及中国学生赴新加坡学习、两国优秀大学生交流和建立中新基金等协议，中国15所高等院校在新加坡开办了20个教育合作项目。目前中国在新加坡各类留学人员约3.3万，新加坡在华留学生约1500人。

1996年，两国文化部签署《文化合作谅解备忘录》。2006年，两国政府签署《文化合作协定》。项目每年逾200起。双方在文化艺术、图书馆、文物等领域的交流与合作不断深入。

两国在卫生、旅游、质检和环保等领域也进行了密切的交流与合作。2007年，新加坡来华旅游、探亲总人数达92.2万，增长11.4%；中国赴新加坡游客总人数为111.4万，增长7%。2007年7月，两国有关部门分别签署《出入境卫生检疫合作谅解备忘录》和《关于在城镇环境治理和水资源综合利用领域开展交流与合作的谅解备忘录》。2007年11

月，两国签署《关于在中华人民共和国建设一个生态城的框架协议》及该框架协议的《补充协议》。

2008年9月，中新天津生态城举行开工仪式，中国国务院总理温家宝和新加坡国务资政吴作栋共同出席。

2012年9月21日，首届新加坡－中国社会管理论坛在新加坡举行，中国中央社会治安综合治理委和新加坡社会发展、青年及体育部签署换文，双方同意建立社会管理交流合作机制，促进两国在社会管理政策和实践方面的经验与知识交流，为中新双边合作关系增添全新的内容。

2013年5月15日，在召开的中新中医药合作委员会会议上，中国国家卫生和计划生育委员会副主任、中国国家中医药管理局局长王国强与新加坡卫生部及人力部政务部长许连碹签署中新中医药合作计划书，双方进一步在中医药科研、教育、管理等领域加强交流合作。

两国在旅游、质检和环保等领域也进行了密切的交流与合作。2013年，双边人员往来229万人次。

### 四、重要双边文件

1990年10月3日，时任中国外交部部长钱其琛和新加坡外交部部长黄根成在纽约签署了《中华人民共和国政府和新加坡共和国政府关于建立外交关系的联合公报》。

2000年4月，新加坡总理吴作栋在访华期间，两国政府在北京发表了面向21世纪的《中华人民共和国政府和新加坡共和国政府关于双边合作的联合声明》。

2008年10月23日，在中国国务院总理温家宝和新加坡总理李显龙的共同见证下，中国商务部部长陈德铭与新加坡贸工部长林勋强代表各自政府在北京人民大会堂签署了《中华人民共和国政府和新加坡共和国政府自由贸易协定》。同时，双方还签署了《中华人民共和国政府和新加坡共和国政府关于双边劳务合作的谅解备忘录》。

2011年2月18日，中新两国签署外交、公务和公务普通护照持有者互免签证协定。

2012年7月6日，在中新双边合作联委会第9次会议上两国签署了《中华人民共和国政府和新加坡共和国政府自由贸易协定》框架下的金融合作协议。

2013年10月，双方签署《关于农产品质量安全和粮食安全合作的谅解备忘录》。

（来源：中华人民共和国外交部网站．http://www.fmprc.gov.cn/mfa_chn/gjhdq_603914/gj_603916/yz_603918/1206_604786/sbgx_604790/.2013—05—04）

## 中国与泰国双边关系

### 一、双边政治关系与重要往来

1975年7月1日，中国与泰国建立外交关系。两国关系保持健康稳定发展。2001年8月，两国政府发表《联合公报》，就推进中泰战略性合作达成共识。2012年4月，两国建立全面战略合作伙伴关系。2013年10月，两国政府发表《中泰关系发展远景规划》。

两国互设大使馆，中国在泰清迈、宋卡、孔敬设有总领馆，泰在广州、昆明、上海、香港、成都、厦门、西安、南宁、青岛设有总领馆。

近年来，中国访泰国的领导人主要有：江泽民主席（1999年）、李鹏委员长（1999年、2002年）、胡锦涛副主席（2000年）、朱镕基总理（2001年）、胡锦涛主席（2003年）、杨洁篪外长（2009年）、温家宝总理（2009年、2012年11月）、梁光烈国防部长（2009年）、严隽琪副委员长（2010年3月）、吴邦国委员长（2010年11月）、陈至立副委员长（2011年1月）、习近平副主席（2011年12月）、贾庆林政协主席（2012年4月）、孟建柱国务委员（2012年7月）、王毅外交部部长（2013年5月）、李克强总理（2013年10月）等。

近年来，泰方访华的领导人主要有：诗丽吉王后（2000年）、哇集拉隆功王储（1998年）、沙玛总理（2008年6月、2008年8月）、巴索素上议长（2008年6月）、沙南副总理（2008年8月、2010年6月、2010年12月）、颂猜总理（2008年10月）、朱拉蓬公主（2008年10月、2009年2月）、格实外长（2009年6月、2010年7月）、阿披实总理（2009年6月、2010年9月、2011年11月）、猜·奇触国会主席（2010年1月）吴拉吞财税部长（2010年5月）、素帖副总理（2010年7月）、诗琳通公主（2008年4月、2008年8月、2009年4月、2009年7月、2010年4月、2010年7月、2012年4月、2013年4月）、泰坤蓬·素旺那达国防部长（2012年4月）、英拉总理（2012年4月）、素拉蓬外交部部长（2012年7月）、颂萨·革素拉暖国会主席兼下议院议长（2012年9月、2013年4月）、尼空·瓦拉帕尼上议院议长（2013年1月）、巴育陆军上将（2014年6月）等。

两国除互设大使馆外，中国在泰国清迈、宋卡设有总领馆，泰国在广州、昆明、上海、香港、成都、厦门设有总领馆，在西安、南宁设有领事办公室。

2013年9月2日，中国国务院总理李克强在广西南宁会见前来出席第10届中国—东盟博览会的泰国总理英拉。

## 二、双边经贸关系

1985年两国成立部长级经贸联委会。2003年6月升格为副总理级。2004年7月，吴仪副总理与差瓦利副总理在北京共同主持联委会首次会议。2005年9月，吴仪副总理与颂奇副总理在泰国清迈共同主持联委会第二次会议。

双方还签订了《促进和保护投资协定》（1985年）、《避免双重征税和防止偷漏税协定》（1986年）、《贸易经济和技术合作谅解备忘录》（1997年）、《双边货币互换协议》（2011）等。2003年10月，两国在中国—东盟自由贸易区框架下实施蔬菜、水果零关税。2004年6月，泰国承认中国完全市场经济地位。2009年6月，两国签署《扩大和深化双边经贸合作的协议》。2012年4月，两国签署《经贸合作五年发展规划》。

中国是泰国第二大贸易伙伴，泰国是中国在东盟国家中第三大贸易伙伴。2013年中泰双边贸易额为712.6亿美元，同比增长2.2%。其中中国出口327.4亿美元，同比增长4.9%；进口385.2亿美元，同比下降0.1%。

2013年，泰国对中国直接投资新增4.8亿美元，同比增长521.5%。中国对泰国非金融类直接投资新增3.9亿美元，同比下降10.5%。中国企业在泰国新签对外承包工程、劳务合作和设计咨询合同额22.8亿美元，同比增长187.9%，完成营业额13.2亿美元，同比增长22.3%。

## 三、其他领域的交流与合作

两国在科技、文化、卫生、教育、体育、司法、军事等领域的交流与合作稳步发展。双方签署了《科技合作协定》（1978年，成立了科技合作联委会）、《海运协定及两个补充议定书》（1979年）、《民用航空运输协定和对方全权证书》（1980年）、《旅游合作协定》（1993年）、《引渡条约》（1993年）、《民商事司法协助和仲裁合作协定》（1994年）、《文化合作谅解备忘录》（1996年）、《卫生医学科学和药品领域合作谅解备忘录》（1997年）、《关于高等教育合作谅解备忘录》（1999年）、《关于加强禁毒合作的谅解备忘录》（2000年）、《文化合作协定》（2001年）、《刑事司法协助条约》（2003年）、《环境保护合作谅解备忘录》（2005年）、《中华人民共和国教育部与泰王国教育部关于相互承认高等教育学历和学位的协定》（2007年）、《中华人民共和国教育部与泰王国教育部教育合作协议》（2009年）、《中华人民共和国国家质量监督检验检疫总局和泰王国农业与合作部关于泰国水果过境第三国输往中国检验检疫要求议定书》（2009年）等。

两国军方长期保持友好交往，领导人经常互访，军事院校定期互换学员培训。2001年，两国国防部建立年度防务安全磋商机制。

2003年10月，中方向泰方提供一对大熊猫，与泰方进行为期10年的学术研究和交流。2009年5月，大熊猫生下一只幼仔。

双方成立了泰中友好协会（1976年）、中泰友好协会（1987年）。两国还缔结了23组友好城市和省府：北京市—曼谷市；烟台市—普吉府；昆明市—清迈市；上海市—清迈府；云南省—清莱府；河南省—春武里府；南宁市—孔敬市；葫芦岛市—碧武里市；广西壮族自治区—素叻他尼府；梧州市—尖竹汶府；陕西省—素可泰府；海南省—普吉府；柳州市—罗勇府；北海市—合艾市；潮州市—曼谷市；揭阳市—南邦市；钦州市—龙仔厝府；青岛市—清迈府；哈尔滨市—清迈市；重庆市—清迈府；玉林市—北榄坡府；德宏傣族景颇族自治州—达府；广州市—曼谷市。

2012年6月14日，泰国吉拉达王宫学校举办了庆祝孔子课堂成立三周年活动。诗琳通公主在管木大使陪同下出席了活动，参观孔子课堂成立三周年图片展并观看了中泰文化融合的文艺演出。

2013年7月10日，“2013泰国·中国广西文化年——美丽广西”展演交流活动在泰国曼谷中国文化中心开幕，活动以展览、演出等多种形式向泰国观众集中展现广西民族文化的独特魅力。泰国诗琳通公主为开幕式剪彩。

## 四、重要双边文件

《中泰建交联合公报》（1975年7月）。

《中华人民共和国和泰王国关于二十一世纪合作计划的联合声明》（1999年2月）。

《中国与泰国联合公报》（2001年8月）。

《中泰战略性合作共同行动计划》（2007年5月）。

《扩大和深化双边经贸合作的协议》(2009年6月)。

《中华人民共和国和泰王国关于建立全面战略合作伙伴关系的联合声明》(2012年4月)。

《中泰关系发展远景规划》(2013年10月)。

(来源:中华人民共和国外交部网站.http://www.fmprc.gov.cn/mfa_chn/gjhdq_603914/gj_603916/yz_603918/1206_604642/sbgx_604646/.2014—06—05)

## 中国与越南双边关系

### 一、双边政治关系与重要往来

中国和越南于1950年1月18日建交。中越两国和两国人民之间的传统友谊源远流长。在长期的革命斗争中,中国政府和人民全力支持越南抗法、抗美斗争,越南视中国为坚强后盾。两国在政治、军事、经济等领域进行了广泛的合作。20世纪70年代后期,中越关系恶化。1991年11月,应时任中共中央总书记江泽民和中国国务院总理李鹏的邀请,越共中央总书记杜梅、部长会议主席武文杰率团访华,双方宣布结束过去,开辟未来,两党两国关系实现正常化。

此后,两党两国关系全面恢复并深入发展。两国领导人保持频繁互访和接触,双方在各领域的友好交往与互利合作不断加强。1999年初,两党总书记确定了新世纪两国"长期稳定、面向未来、睦邻友好、全面合作"关系框架。2000年,两国发表关于新世纪全面合作的《联合声明》,对发展双边友好合作关系做出了具体规划。

近年来,中国访越南的领导人主要有:李鹏总理(1992年、1996年6月)、乔石委员长(1996年11月)、李瑞环政协主席(1997年)、尉健行书记(1998年9月)、朱镕基总理(1999年)、李鹏委员长(2001年9月)、江泽民主席(1994年、2002年)、贾庆林政协主席(2006年3月)、胡锦涛主席(1998年12月、2001年4月、2005年、2006年11月)、温家宝总理(2004年、2010年10月)、戴秉国国务委员(2009年3月、2011年9月)、习近平副主席(2011年12月)、傅莹外交部副部长(2012年3月)、厉无畏政协副主席(2012年4月)、刘云山中宣部部长(2012年6月)、习近平主席(2012年10月)、王国强卫生部副部长(2012年12月)、李建国副委员(2012年12月)、何厚铧政协副主席(2013年5月)、李克强总理(2013年10月)等。

近年来,越南访华的领导人主要有:杜梅总书记(1991年、1995年)、黎德英主席(1993年)、黎可漂总书记(1999年)、范世阅常委(1999年10月)、陈德良主席(2000年12月、2003年、2005年)、阮文安国会主席(2002年)、潘文凯总理(1998年、2000年9月、2004年、2005年);阮明哲主席(2007年5月、2008年8月、范家谦副总理(2007年、2008年1月)、农德孟总书记(1994年、2001年、2000年、2003年、2006年、2008年5月)、阮晋勇总理(2007年10月、2008年10月、2009年4月、2009年10月、2010年4月);冯光青国防部长(2010年4月)、阮富仲总书记(2007年4月、2011年10月)、丛氏放国会副主席(2012年1月)、范平明外交部部长(2012年2月)、黄忠海副总理(2008年10月、2012年3月)、阮青山外交部副部长(2012年5月)、阮善仁副总理(2012年6月、2013年5月)、张晋创国家主席(2013年6月)、阮志咏国防部副部长(2013年6月)等。

2010年4月26日至5月1日,越南政府总理阮晋勇来华出席上海世博会开幕式并顺访上海、苏州、浙江,中国国家主席胡锦涛会见。

2010年10月28日至30日,中国国务院总理温家宝赴越南河内出席东亚领导人系列会议,会见越共中央总书记农德孟、政府总理阮晋勇。

2011年10月,越共中央总书记阮富仲对中国进行正式访问,双方发表《中越联合声明》。

2011年12月24日下午,中共中央政治局常委、国家副主席习近平圆满结束对越南、泰国的正式访问,回到北京,陪同人员同机抵达。

2013年6月,越南国家主席张晋创对中国进行国事访问,双方发表联合声明。

2013年9月2日,中国国务院总理李克强在广西南宁会见前来出席第10届中国—东盟博览会的越南总理阮晋勇。

### 二、双边经贸关系和经济技术合作

中华人民共和国驻越南社会主义共和国大使馆经济商务参赞处的数据显示,中越双边贸易额1991年为3200万美元,2011年已突破400亿美元,增长1000多倍。两国力争到2015年将双边贸易额提高到600亿美元。

2012年,中越双边贸易再创新纪录,中国对越南投资继续增加,且从传统的制造业向服务业延伸。中华人民共和国海关总署统计表明,2012年1

～10月，中越贸易额为399.65亿美元，同比增长25.7%。仅2012年上半年，中方企业对越南新增的投资额同比翻了一番，而且合作呈现互利双赢格局，在电力、交通、化工等多个领域的合作中，中国企业凭借成熟的技术和丰富的经验，为越南经济发展和国家建设做出了贡献。中国还向越南提供了16亿美元优买贷款和数十亿美元的出口信贷。

2013年中越双边贸易额达654.82亿美元，增长了29.82%，也是首次突破600亿美元大关，其中，越南对中国出口额达168.9亿美元。中国继续是越南最大贸易合作伙伴，并是越南第4大出口国，仅次于欧盟、美国和日本。

### 三、其他领域的交流与合作

中越关系正常化以来，两国在文化、科技、教育和军事等领域的交流与合作不断向广度和深度发展，党、政、军、群众团体和地方省市交往日趋活跃，合作领域不断扩大。双方还开展了社会主义理论研讨会和青少年交流活动。两国部门间签署了外交、公安、经贸、科技、文化、司法等合作文件近40项。两国空运、海运、铁路等均已开通。

应越南建设部邀请，中国国家开发银行行长蒋超良于2011年4月21～23日访问越南。蒋超良行长与越南建设部副部长阮红军举行了会谈，出席了《中国国家开发银行与越南建设部低收入住房合作备忘录》的签约仪式。

两国文化产业交流与合作起步良好。随着中越两国各方面交流的深入发展，越南对于汉语人才的需求逐年增长，汉语教学近年来发展较为迅速。目前越南开设有中文系的高校大约有近60所，进行汉语教学的中学有近10所。小学阶段目前尚未开展汉语教学。

两国新闻媒体保持着传统友好合作关系。两国的国家电台、电视台之间签有合作协定，省、市级电台、电视台之间的合作富有成效。新华通讯社、经济日报社、人民日报社、中央电视台等中国媒体已先后在越南设立分社和记者站。

2013年10月13日，中国国务院总理李克强在河内越南总理府同越南总理阮晋勇举行会谈，就深入发展中越全面战略合作伙伴关系深入交换意见，达成重要共识。这次双方达成共识，同时成立海上、陆上、金融三个联合工作组，并于2013年启动工作，并行推进三大领域的合作。这是中越关系面向未来取得的重要突破，尤其是成立海上共同开发磋商工作组，发出双方愿通过合作解决难题的积极信号。

### 四、重要双边文件

《贸易协定》(1991年11月7日)。

《经济合作协定》(1992年2月14日)。

《关于互免签证的协定》(1992年2月14日)。

《邮电合作协定》(1992年3月8日)。

《民用航空运输协定》(1992年3月8日)。

《海运协定》(1992年3月8日)。

《关于鼓励和相互保护投资协定》(1992年12月2日)。

《文化协定》(1992年12月2日)。

《科学技术合作协定》(1992年12月2日)。

《中国人民银行与越南国家银行关于结算与合作协定》(1993年5月26日)。

《关于货物过境的协定》(1994年4月9日)。

《关于保证进出口商品质量和相互认证的合作协定》(1994年11月22日)。

《关于成立经济、贸易合作委员会的协定》(1994年11月22日)。

《汽车运输协定》(1994年11月22日)。

《关于对所得避免双重征税和防止偷漏税的协定》(1995年5月17日)。

《卫生合作协定》(1996年4月16日)。

《医药合作协定》(1996年5月10日)。

《领事条约》(1998年10月19日)。

《关于民事和刑事司法协助的条约》(1998年10月19日)。

《边贸协定》(1998年10月19日)。

《陆地边界条约》(1999年12月30日)。

《在北部湾领海、专属经济区和大陆架的划界协定》(2000年12月25日)。

《和平利用核能合作协定》(2000年12月25日)。

《北部湾渔业合作协定》(2000年12月25日)。

《关于扩大和深化双边经贸合作的协定》(2006年11月16日)。

《关于加强预防和打击拐卖人口合作的协定》(2010年9月15日)。

《中越联合声明》(2011年10月)。

《中越联合声明》(2013年6月)。

《新时期深化中越全面战略合作的联合声明》(2013年10月15日)。

(来源：中华人民共和国外交部网站．http://www.fmprc.gov.cn/mfa_chn/gjhdq_603914/gj_603916/yz_603918/1206_605002/sbgx_605006/. 2014—06—07)

# 贸易投资篇

## 东盟十国投资环境

### 文莱投资环境分析

从投资环境来看，文莱的竞争优势十分明显，其政治稳定，国家富裕，市场化程度高，税收政策优惠，政策透明度较高，同时地理位置较为优越，辐射东盟东部地区，贸易和投资的风险相对较低。

企业顾问公司维瑞恩联合公司（Vriens & Partners）发表的亚太地区投资环境报告显示，文莱2014年投资环境指数为73.5，排名亚太区第5位。该报告从法规、国际贸易和商业开放度、政治稳定度、税收水平、廉洁度和财务管理等方面评估各经济体投资环境，文莱在法规、政治稳定度、税收和廉洁度等方面获较高得分。

根据世界经济论坛发布的《2013～2014年全球竞争力报告》显示，文莱竞争力在全球148个经济体中排名第26位，比2012～2013年的排名上升2位。

#### 一、自然资源

文莱油气资源丰富，根据《文莱首相府经济计划发展局统计公报》，文莱已探明原油储量为14亿桶，天然气储量为3900亿立方米。除石油以外，其他矿产资源较少。国土面积仅为海南岛六分之一的文莱，因盛产石油，是全球人均国民生产总值最高的国家之一。文莱林业资源丰富，全国共有11个森林保护区，面积为2277平方公里，占国土面积的39%，森林覆盖率达70%以上，86%的森林保护区为原始森林。

#### 二、基础设施

1. 公路

文莱公路网络建设尚有较大发展空间，公路建设是2007～2012年文莱国家发展规划重点之一，总预算分配达4.12亿美元，占总预算支出的6%。截至2012年，公路总长3650公里，其中沥青路面2819公里。截至2012年年底，文莱登记车辆共约16万辆，平均每月新增注册车辆约1600辆，平均每千人拥有691辆车，是东南亚地区拥有私车比例最高的国家之一。

2. 空运

首都国际机场于1974年建成。国家航空公司为“文莱皇家航空公司”（Royal Brunei Airlines，简称RBA），创建于1974年，现有6架波音767、2架空中客车A320和2架空中客车A319。

每周有多个航班直达东盟、澳大利亚、中东、欧洲、日本、中国（香港和上海）等国家的21个城市。此外，还与其他国家的航空公司开通了代码共享的航线。2008年，文莱国际机场接送进出港乘客155万人次，年货运吞吐量1.96万吨。2012年3月，首都国际机场改扩建项目正式启动，计划2014年11月完成扩建。扩建后的机场预计将拥有年承载300万人次进口港的能力。

中国上海浦东机场与文莱国际机场之间每周一、周三、周五有直航航班往返。

3. 铁路

文莱国内目前并未铺设铁路设施。

4. 水运

文莱的海港包括：

（1）摩拉深水海港，占地24公顷，码头长861米，泊位8个，吃水深度12.5米，另有一个87米长的集料码头。港区有装卸设备、集装箱场地、冷冻设备和水泥密封库。此港停靠货船经常来往于东盟各国、中国香港等国家和地区。2010年港口货物装卸量为104.8万吨，同比增加13%。

（2）斯里巴加湾市有93米长的商业码头，141米长的海军和政府船舶使用的泊位和40米长的旅客码头。

（3）马来奕港可停靠2条船，有744平方米的货仓，1837 平方米的露天存货场。

（4）诗里亚和卢穆特两港口主要供石油与天然气出口使用。

文莱境内还有几条内河，发挥一定的货运与客运作用，文莱水运是重要的交通渠道。2011 年共有各类注册船只 273 艘，但主要为小型客运船只。文莱海运主要目的地有新加坡、中国香港、吉隆坡和马尼拉等周边码头。

5. 通信

文莱已基本完成对全国固定电话网络的改造，全面使用由中国华为公司提供的“下一代网络（NGN）”服务，可与 160 多个国家直通电话和数据交换服务。截至 2011 年，文莱共拥有电话交换线 8 万条，平均每百人约 19 条。据文莱交通部数据显示，截至 2012 年，文莱共拥有移动电话用户约 48 万人，同比增加超过 4 万人，人均移动电话拥有量达到 1.2 部，电话总数已超过全国人口数。统计显示，文莱 48 万移动电话用户中，预付费用户约达 42 万，全国固定电话用户约有 8 万。文莱互联网普及率在东南亚地区位居前列，互联网用户超过 6 万。

文莱互联网普及率在东南亚地区位居前列，政府大力推动电子政务建设和 IT 技术在教育、培训领域的普及。文莱共有两家移动通信服务商，政府致力于信息通信新技术的应用，包括提供移动电话 4G 套餐、建设全国光纤到户宽带网络等，以便国民能充分获得移动电话和互联网服务。2012 年，文莱已进行为期 6 个月的 4G 网络试运行，并对 3G 系统进行升级和完善管理系统及政策。目前，文莱已完成光纤入户工程首个 1000 户家庭的宽带接入，其余地区的网络铺设也在有序进行。

6. 电力

截至 2012 年，文莱用电普及率为 99.7%，只有少数偏远地区未用上电力。总体而言，目前电力供应可满足需求，但鉴于未来工业用电大增，政府拟在 2012～2017 年国家发展规划期间斥资改善供电设备，提高供电效益。现已成立供电设施扩充委员会，负责计划和项目评估。目前，文莱全国有三大供电网络，电力局负责第一和第二电网，装机容量共 45 万千瓦。第三电网为私营的巴拉卡斯发电厂负责，共 26 万千瓦。目前，家庭占全国电力用户的 63%，政府部门占 6%，其余为石油、天然气及商业用户。家庭及政府部门用电占全国用电量 67%，工业用电占全国用电量 33%。配合东盟电力网计划，文莱与马来西亚将在 2015 年之前，全面落实文莱、砂拉越及沙巴电力联通计划。

## 三、重点/特色产业

1. 油气产业

文莱是东南亚主要产油国和世界主要液化天然气生产国。石油和天然气的生产和出口是国民经济支柱，分别占国内生产总值的 66% 和出口收入的 93.6%。石油产量在东南亚居第 3，天然气产量在世界排名第 4。除陆地油田外，文莱现有冠军号（Champion）、西南艾姆巴（South West Amba）、费尔里（Fairly）、费尔里—巴拉姆（Fairly－Baram）（与马来西亚共管）、迈格帕（Magpei）、甘纳特（Gannet）、铁公爵（Iron Duke）7 个海上油田。文莱 90% 的石油和几乎全部商用天然气均出自上述 7 个海上油田。海上油田共有 46 个钻井台，490 多个油井，1300 公里海底输油与输气管道。

表 1：2006～2011 年文莱原油、天然气产量

| | 单位 | 2006 年 | 2007 年 | 2008 年 | 2009 年 | 2010 年 | 2011 年 |
|---|---|---|---|---|---|---|---|
| 生产 | | | | | | | |
| 原油 | 千桶/日 | 218 | 194 | 175 | 168 | 170 | 166 |
| 天然气 | MMscf/日 | 1250 | 1215 | 1182 | 1140 | 1208 | 1287 |
| 出口 | | | | | | | |
| 原油 | 千桶/日 | 206 | 173 | 153 | 149 | 155 | 154 |
| 天然气 | MMBtu/日 | 1053 | 996 | 999 | 920 | 935 | 985 |
| 价格 | | | | | | | |
| 原油 | 美元/桶 | 69.59 | 79.09 | 100.99 | 64.54 | 79.27 | 116.13 |
| 天然气 | 美元/MMBtu | 5.9577 | 6.2954 | 12.93 | 10.46 | 11.64 | 16.50 |

（资料来源：文莱首相署经济计划发展局）

文莱政府一方面对油气开采奉行节制政策，另一方面积极勘探新油气区。在文莱获得油气勘探和开采权的外国公司有：荷兰壳牌集团、道达尔公司、壳牌深海（婆罗）公司。据文莱《婆罗洲公报》报道，文莱壳牌石油公司在文莱 3 个海上区域进行为期 6 个月的钻探工作，新近完成文莱海上西

区总面积3000平方公里的3D地震调查。文莱能源部常秘（副部长）阿兹哈尔也表示，尽管文莱石油勘探生产已近1个世纪，但仍有不少区域待开发，将不断会有新储量发现。

近年来，文莱石油日产量控制在20万桶以下，是东南亚第3大产油国；天然气日产量在3500万立方米左右，为世界第4大天然气生产国。2012年，文莱油气行业产值141.35亿文莱元，占GDP的66.7%，石油和天然气小幅减产，油气产业产值同比下降2.5%，为近3年来首次降低。文莱致力于到2017年将油气产业本地成分从目前的15%提高到25%，到2035年提高到60%。并实现油气行业岗位本地人占据80%，达50000人。

2. 工业

文莱工业基础薄弱，经济结构单一，多年来主要以石油和天然气开采与生产为主。为改变国民经济过度依赖油气资源的局面，文莱政府积极推行经济多元化战略，其中一个重要的方面就是扶持中小企业发展，尤其是制造业在文莱的发展。目前，文莱建立了十几家服装加工厂，生产出口服装。文莱工业政策是鼓励发展进口替代和出口导向型工业。目前，文莱已建成10个工业区，投资环境得到极大改善。

建筑业在数年前曾发展较快，其收入占国内生产总值的5%，为文莱第2大工业。但自1997年亚洲金融危机以来，由于政府投入不足，一直不景气。

3. 农业

随着20世纪70年代油气和公共服务业的发展，很多人弃农转业，使传统的农业受到冲击。现仅种植少量水稻、橡胶、胡椒和椰子、木瓜等热带水果，农业收入在国内生产总值中不到1%。

文莱牛肉及制品主要从澳大利亚、印度等地进口，近年来中国品牌牛肉进入文莱市场并受到欢迎。文莱大力扶持国内以养鸡业为主的家禽饲养业，鸡肉96%自给，鸡蛋已经实现自给。

随着政府大力实施经济多元化战略，农业对GDP的贡献有所增加。但蔬菜、水果、装饰植物、鲜花尚只能部分满足国内市场需求，而肉类、大米和新鲜牛奶的自给率还非常低，离自给自足目标相差较远，约90%的食品仍需进口。

文莱政府近年来制定政策，鼓励和推动国际合作。为保障国家粮食安全，提高粮食自给率，文莱政府于2009年年初制定了农业中长期发展规划，主要目标如下表：

表2：农业中长期发展规划指标

（单位：万文莱元）

| | 2008年 | 2013年 | 2023年 |
|---|---|---|---|
| 农业加工品产值 | 4470 | 1900 | 4900 |
| 畜牧业加工品产值 | 790 | 32100 | 182100 |
| 农作物产值 | 4130 | 11500 | 26700 |
| 畜产产值 | 13160 | 15700 | 60000 |

（资料来源：中华人民共和国驻文莱达鲁萨兰国大使馆经济商务参赞处）

截至2008年，文莱国内稻米自给率不到3%。在文莱苏丹的亲自督促下，发展水稻种植成为农业领域工作的重中之重，文莱政府提出到2015年将国内稻米自给率提高到60%的目标，但2010年文莱稻米自给率仍在3%徘徊，随后文莱将目标调整为2015年达到自给率20%的目标。

目前已有中国、韩国、菲律宾、新加坡等国通过各种形式参与文莱的稻米实验和发展项目。

4. 林业

文莱森林覆盖率为75%，有11个森林保护区，面积为2277平方公里，占陆地面积的39%，86%的森林保护区为原始森林。森林保护区分为5类：保护林、主要保护区、次要保护区、再生林区和森林生产区。文莱限制森林砍伐和原木出口，实行以保护为主旨的森林管理政策。从1997年开始，为推动林业长期发展，保护自然环境，文莱实行“砍一树，种十树”和每年10万立方米限额（价值2700万文莱元以内）的伐木政策（主要满足国内市场需要）。

5. 渔业

文莱有162公里的海岸线，200海里渔业区内有丰富的渔业资源，水域没有污染，又无台风袭击，适宜养殖鱼虾。全国共有50个鱼虾养殖场。

目前文莱人需要的海产消费品50%靠进口。政府鼓励外资与文莱本地公司开展渔业合作。为促进渔产加工业的发展，政府计划成立贮藏和分销中心以及进出口中心，为加工业提供各种服务。中国企业已经进军文莱渔业养殖领域。

文莱政府推行保护海洋渔产资源政策，并大力发展水产养殖业。据渔业局公布的资料，计划至2023年将文莱渔业年均产值提升至4亿文莱元，其中捕捞业1.12亿文莱元，养殖业2亿文莱元，加工业0.61亿文莱元，海洋生态旅游业0.27亿文莱元。

6. 服装制造业

目前，文莱共有17家服装厂，其中从事出口服装加工的共13家，目前各工厂工人总数约2万人，文莱暂无纱厂、织布厂、染色厂（仅有一家工厂拥有染色设备）。文莱服装产品绝大部分直接或经新加坡出口到美国和欧盟，服装出口已经成为文莱继石油、天然气之后的第3大出口货物。随着美国减少对文莱的服装配额，文莱的服装出口产业已大幅萎缩，但是美国仍然是文莱最大的服装出口国，2012年文莱对美国的服装出口额为6600万美元。

7. 清真产业

作为推动经济多元化战略的重要举措之一，文莱政府近年来积极打造“文莱清真”品牌，并将其作为首个国家清真品牌推向世界。2009年7月，文莱工业与初级资源部与中国香港Kerry FSDA公司联合设立Ghanim国际公司，作为“文莱清真”专业认证企业，目前其认证领域主要为食品、药品和化妆品，认证内容除原材料供应外，还包括加工制造、包装和仓储运输等。文莱政府于2000年颁布实施清真肉品、食品、认证及标签等法律和相关法规。2010年1月，文莱政府制定全球首个清真药品加工标准，并推出一本《清真药品指南》。

除定期举办国际清真产品展和国际清真市场研讨会外，文莱清真产业发展计划还包括建立农业科技园和清真科技中心项目，其中占地500公顷的农业科技园将重点发展与清真相关的产业，2010年已陆续有加拿大、日本企业与文方签署了清真药品加工企业投资协议。

目前，在Ghanim国际公司积极推动下，一批中国企业的产品如杯面、鸡块、薯片、曲奇饼干等已陆续获得“文莱清真”认证标签。

8. 金融业

由于在2008年全球金融危机中凸显规避金融风险方面的独特优势，伊斯兰金融得到了文莱政府的大力推动。2008年，文莱财政部颁布伊斯兰银行法令和伊斯兰保险法令，以加强对金融系统的监管，并通过各种宣传途径向公众灌输伊斯兰金融投资理念。2011年元旦，文莱苏丹宣布文莱国家金融管理局正式启动，负责执行国家货币政策及监督金融体制运作，任命皇储比拉担任董事局主席。苏丹还表示文莱将继续维持与新加坡之间货币挂钩的制度。

9. 旅游业

根据文莱政府制定的2012～2016年旅游业发展蓝图，2016年，文莱旅游业收入预计将突破3.5亿文莱元（约17.8亿元人民币），旅游业将成为石油天然气以外新的经济增长点。

## 四、国内市场

（一）生活支出

文莱物价稳定。根据2005年文莱统计局公布的数据，文莱中低收入家庭平均收入分别为4661文莱元和3640文莱元。每户居民平均每月支出2735文莱元，其中70%左右用于以下4项支出：住房、水电及煤气（占32.0%）；交通（占16.5%）；食品饮料（占14.0%）；家具、家用设备及日常房屋维护（占7.5%）。城镇人口的平均支出是乡村人口的1.2倍。近几年没有新数据公布，人们的生活水平没有太大变化。

（二）物价水平

据文莱经济计划发展局公布的数据显示，2012年全年消费品价格指数为107.4，较2011年的106.9同比增长0.5%，主要是由食品及日用品价格上升引起。其中，食品和非酒精性饮料指数较2011年同期增长1.8%，非食品物品价格指数下降0.1%，2011年全年消费品价格指数同比增长1.1%。

近年消费者价格指数（CPI）变化情况如下：

表3：文莱消费物价指数

| 年份 | 2005 | 2006 | 2007 | 2008 | 2009 | 2010 | 2011 | 2012 |
|---|---|---|---|---|---|---|---|---|
| CPI增幅（%） | 1.1 | 0.2 | 0.3 | 2.7 | 1.8 | 1.1 | 2 | 0.5 |

（资料来源：文莱首相署统计局）

## 五、金融环境

近年来，文莱政治局势稳定，金融环境不断改善，外汇管制宽松，为外国投资营造了良好的环境。

（一）汇率

文莱货币为文莱元。文莱采用货币发行局制度（Currency Board Arrangement）的汇率政策。

近年来，受美元持续贬值影响，文莱货币对西方主要货币的汇率呈稳定的上升态势。2008年、2009年、2010年、2011年和2012年，美元与文莱元的汇率平均价分别是1∶1.43、1∶1.46、1∶1.36、1∶1.26、1∶1.22。根据文莱与新加坡政府的货币互换协议，新加坡元与文莱元等值流通。

人民币与文莱元不可直接兑换。

（二）外汇管理

文莱无外汇限制。银行允许非居民开户和借

款。外资企业在当地开设外汇账户须提供公司注册文件及护照复印件等材料。

个人可自由携带现金出入境，不需要申报。

个人及公司外汇可自由汇出，但须在汇出时注明原因。

（三）银行机构

文莱财政部通过下属的财政研究所、货币局和文莱投资局行使中央银行的职能。货币局负责发行钞票。目前货币供应量年增长约 20%。银行利息由银行协会设定。

文莱目前有 10 家商业银行，其中当地主要商业银行是佰都利银行（BAIDURI）、文莱达鲁萨兰伊斯兰银行（IBDB）和伊斯兰发展银行（IDBBB）；外资银行有美国花旗银行（Citibank）、香港汇丰银行（HSBC）、英国渣打银行（Standard & Chartered Bank）、新加坡华联银行（Overseas Union Bank LTD）、大华银行（UOB）和马来亚银行（RHB）。

2006 年 6 月 12 日，文莱财政部宣布成立伊斯兰金融监管理事会。2007 年 3 月 14 日，文莱政府正式发行短期伊斯兰债券。

（四）融资条件

新注册外资企业须提供母公司信用情况证明材料。具体融资条件需要和银行协商确定。

（五）信用卡使用

文莱当地信用卡使用比较普遍。中国发行的 VISA 卡和万事达卡在当地可以使用。目前，中国银联已与文莱佰都利银行合作，开通银联卡客户在佰都利银行 ATM 机终端提款业务。

【来源：改编自商务部国际贸易经济合作研究院，商务部投资促进事务局、中华人民共和国驻文莱达鲁萨兰国大使馆经济商务参赞处共同主编.《2013 版对外投资合作国别（地区）指南——文莱》.第 12～27 页】

## 柬埔寨投资环境分析

柬埔寨投资环境的主要优势在于：实行开放的自由市场经济政策，经济活动高度自由化，资源丰富，劳动力成本低和享有普惠制（GSP）待遇等。竞争劣势是：柬埔寨未来经济展望出现不确定因素，气候变化、全球经济再度陷入衰退和外来援助“枯竭”，将对柬埔寨经济和政府财政构成威胁。

据世界经济论坛发布的《2013～2014 年全球竞争力报告》显示，柬埔寨在全球 148 个国家和地区中，排名第 88 位，比 2012～2013 年的排名下降 3 位。

### 一、自然资源

柬埔寨盛产柚木、铁木、紫檀、黑檀、白卯等高级木材，并有多种竹类。木材储量约 11 亿多立方米。森林覆盖率 61.4%，主要分布在东、北和西部山区。矿藏主要有石油、天然气、金、铁、铝土等。水资源丰富，洞里萨湖为东南亚最大的天然淡水湖，素有“鱼湖”之称。西南沿海多产鱼。

### 二、基础设施

2004 年以来，柬埔寨政府把对基础设施的建设和改善列为“四角战略”的重要任务之一，加快恢复和重建的步伐。目前，以公路和内河运输为主的交通网络建设已取得很大进步。

1. 公路

公路运输是柬埔寨最主要的运输方式，占客运运输总量的 65%，货运运输总量的 69%。

柬埔寨路网总长度约为 4.5 万公里，包括国道 5492 公里，省级公路 6471 公里，农村公路约 3.3 万公里，无高速公路。公路密度（公里/平方公里）为 0.25；沥青路面公路密度极低，仅为 0.01。国道主要是以首都金边为中心的 8 条公路，基本达到中国三级公路标准，沥青路面铺设。

2. 铁路

柬埔寨仅有南北两条铁路线，总长 655 公里，均为单线米轨。北线从金边至西北部城市诗梳风，全长 385 公里，建于 1931 年；南线从金边至西哈努克港，全长 270 公里，建于 1960 年。由于多年战乱及年久失修，上述两条铁路基本处于瘫痪状态。无客运列车，仅有的货运平均时速仅 20 公里，主要是向金边运输发电机用重油以及水泥和大米，向西哈努克市运输出口用木材和石料。

为改善柬埔寨铁路现状，自 2010 年起，柬埔寨政府利用亚洲发展银行的低息贷款和澳大利亚政府提供的无偿援助，开始修复现有两条铁路并新建一条 48 公里的铁路，总耗资 1.4 亿美元。2012 年 12 月 28 日，南线铁路—金边西港 256 公里铁路运输线正式启用，时速 30 公里，北部 337 公里连接金边和卜迭棉芷省波比市和泰国的铁路线计划于 2014 年和 2015 年分阶段启用。

3. 空运

柬埔寨空运主要为客运，货运不发达。有 11 个机场，包括金边和暹粒两个国际机场。由于柬埔寨政府执行航空开放政策，近年来，开通柬埔寨航线的航空公司数量稳步增长。金边机场现运营至马来西亚、新加坡、泰国、越南、中国、中国香港、中国台湾、韩国等8个国家和地区的航线。

中国至柬埔寨的主要航线包括：北京—广州—金边、南宁—金边、昆明—金边、香港—金边、上海—金边、台北—金边、重庆—暹粒、上海—昆明—暹粒。

4. 水运

柬埔寨水运分为海运与河运。

西哈努克港是柬埔寨唯一的深水海港，有2个泊位，码头长度分别为240米和160米，前沿水深9米，2012全年货物吞吐量为25.54万个标准集装箱，同比增长7%，主要进口商品有原料、车辆、药品和日用品，主要出口商品有服装、农产品，特别是大米。该港海运线路可抵达美国、欧盟、中国、中国香港、印度尼西亚、日本、马来西亚、菲律宾、新加坡、韩国、泰国、越南等国家和地区（多个地区需通过新加坡中转）。

柬埔寨内陆水系主要包括湄公河、洞底萨河和巴萨河，雨季总长度约为1750公里，旱季缩减为580公里。全国有7个主要河运港口，包括金边港、磅湛码头、桔井码头、上汀码头、奈良码头、磅清扬码头和重涅码头。2012年，金边港货物吞吐量为9.53万标准集装箱，同比增长17%。2013年1月22日，由中国提供优惠出口买方信贷支持的金边港新建集装箱码头项目竣工。金边港新建集装箱码头距离位于金边以南湄公河畔，距金边市约21公里，码头长300米，宽22米，有2个500吨级货轮泊位，设计年集装箱吞吐量12万个标准箱。

5. 通信

电话：柬埔寨邮电通信部是柬埔寨电信行业决策和管理部门。全国共有非移动电话公司8家，国际通信服务运营商3家，移动服务运营商6家。

柬埔寨共有2条国际电话端口，国际电话服务费用占邮电通信部收入的85%左右，是政府主要收入源之一。国际电话成本虽已降低1/4到1/3，但价格仍然偏高。

在大湄公河流域次区域电讯发展计划框架及外来投资的推动下，柬埔寨正在加快落实和实施光缆发展计划，该项目完成后，光缆及相应配套设施将覆盖全国，届时将大幅改善通信条件和质量，降低通讯成本。

互联网：经加拿大国际发展研究中心协助，互联网服务于1997年引入柬埔寨，由邮电通信部下设的CamNe公司负责提供互联网接入服务。柬埔寨现有24家网络服务公司，5家3G服务公司，27家网络电话（VOIP）公司，1家VSAT服务公司。2011年互联网用户270万，同比增长68%，占全国人口的20%。2012年，柬埔寨电话服务总收入达1589万美元，同比增长14%。

6. 电力

目前，柬埔寨全国电力供应达791兆瓦，仍不能满足需求。柬埔寨主要电力来源为水电站、燃油发电和从越南、泰国等邻国购买的电力。其中，水电站电力供应为223.2兆瓦，包括中国公司投资建设的基里隆1号水电站的12兆瓦、基里隆3号水电站的18兆瓦以及甘再水电站的193.2兆瓦；燃油发电供应为274兆瓦；从越南购买196兆瓦、泰国95兆瓦、老挝2兆瓦。2013～2017年，柬埔寨将陆续建成5个水电站和若干燃煤电站，将增加1609兆瓦电力供应。

在大部分城市和农村地区，电力供应质量仍不稳定，无法保证24小时供电。供电价格远高于国际标准，平均电价约为0.17美元/千瓦时，部分地区甚至超过0.20美元/千瓦时。目前柬埔寨从泰国和越南进口电力来满足一些大城市（如金边）的电力短缺。柬埔寨计划到2020年将电网覆盖全国，总长度从2010年的554公里增加至2020年的2106公里，到2020年，实现村村通电；到2030年，实现70%的乡村家庭能用上电。

## 三、重点/特色产业

柬埔寨经济产业可简略地划分为3类：农业、工业（主要是纺织服装产业，约占工业总产值的90%）、服务业（主要是旅游业，约占25%）。

1. 农业

农业是柬埔寨国民经济的第一大支柱，具有举足轻重的地位。尽管存在基础设施和技术落后、资金和人才匮乏、土地私有制问题等制约因素，但柬埔寨农业资源丰富、自然条件优越、劳动力充足、市场潜力较大、农业经济效益良好。此外，柬埔寨历届政府都高度重视农业发展，将农业列为优先发展的领域，竭力改善农业生产及其投资环境。

2013年，柬埔寨全国水稻种植面积293.58万公顷，稻谷总产量934万吨，同比增长0.4%，除满足国内粮食需求外，剩余478.6万吨。天然橡胶种植面积32.88万公顷，产量约8.53万吨，同比增长均32.2%。

2. 工业

制衣业和建筑业是柬埔寨工业的两大支柱。2013年，柬埔寨制衣业克难前行，建筑业加速发展。全年纺织和制鞋业产值52.18亿美元，同比增长16%。得益于欧盟国家经济复苏，并继续享受欧美日给予的最惠国待遇和普惠制等优惠政策，柬埔寨政府实施经济多元化和优惠招商引资政策，加速对外贸易发展。柬埔寨和欧盟的贸易增长势头良好，全年双边贸易额达到27.39亿美元，同比增长30%。欧盟已成为柬埔寨的第2大贸易伙伴，这也是支撑柬埔寨制衣业稳步发展的关键因素。

建筑业大幅增长。2013年，柬埔寨政府共批准建筑项目1641个，投资总额27.73亿美元，建筑面积759.6万平方米，同比分别增长31.4%和16%。其中，住宅207.5万平方米，占总建筑面积的27%，同比下降23%；工厂148万平方米，占总建筑面积的19%，同比下降26%；商业大楼32.03万平方米，占总建筑面积的42%，同比增长175%；旅游设施21万平方米，占总建筑面积的2.8%，同比下降46%。

3. 旅游业

旅游业增长明显，呈特色多元化集群发展。全年柬埔寨共接待外国游客421万人次，同比增长17.5%，旅游收入达25.5亿美元，同比增长15.4%，占GDP的15.5%，吸引62万个就业岗位。前3大外国游客来源国分别为：越南（85.4万人次）、中国（46.3万人次）、韩国（43.5万人次）。暹粒省的吴哥景区依然是柬埔寨最具吸引力的旅游目的地，共接待国外游客223.6万人次，占接待外国游客总数的53.1%。以西哈努克省为代表的沿海休闲旅游逐渐升温。全年西哈努克省共接待国外游客30.2万人次，同比增长42.17%，占全柬埔寨接待外国游客总数的7.2%，中国、俄罗斯、越南、英国和法国为5大游客来源国，分别为3.50万、3.93万、3.66万、2.42万和2.41万人次，同比分别增长42.01%、62.21%、141.39%、16.19%和19.14%。

旅游业被认为是柬埔寨经济发展的第2大支柱产业，被柬政府誉为“绿金”。一年来，柬政府努力打造国内的旅游景点，开展“柬埔寨：奇迹的王国”和“清洁城市”竞赛等宣传和推介活动，努力打造4大景点集群，即金边和周边地区旅游景点群、暹粒吴哥古迹景区旅游景点群、以被列入“世界最美海滩俱乐部”的西哈努克省为代表的沿海四省440公里海岸线的沿海风光休闲旅游景点群和东北山区生态旅游线路，积极推动旅游的多元化发展，提高旅游产品质量，培训旅游业人才资源，与国外合作研究旅游特色；积极开通来柬航线，开拓旅游新市场。截至2013年年底，全柬共有26家航空公司，其中本地公司2家，国外航空公司24家，开通了数十条国外至金边、暹粒的直飞航线。2014年，柬政府还将举办第三届海洋节和世界旅游博览会等活动，积极宣传和推介柬旅游环境和旅游景点。

旅游业继续带动酒店业及相关产业的发展，截至2013年年底，全柬共有旅游公司和旅行社613家，同比增长5%；酒店671家，同比增长1%，客房约31900间；客栈1330家，同比增长11.5%，客房约19651间。

## 四、国内市场

（一）销售总额

柬埔寨暂无销售总额的统计数据。有关2011年柬埔寨商品市场的需求量如下表：

表1：2011年柬埔寨商品市场需求量

| 类别 | 需求量 |
|---|---|
| 日用品 | 约16.5亿美元 |
| 高档消费品（包含进口香烟、有色酒、啤酒） | 约4.3亿美元 |
| 衣物 | 约6000万美元 |
| 建筑材料（包含房地产、企业厂房建设所需材料） | 约15亿美元 |
| 汽油 | 150万吨 |

（资料来源：柬埔寨商业部）

（二）生活支出

据国际货币基金组织柬埔寨发展报告数据显示，2012年柬埔寨全国储蓄总额占国民生产总值的13.9%，政府储蓄总额占1.2%，私人存款总额占12.8%，全国固定投资额占24.0%，私人投资额占16.4%。

（三）物价水平

2013年，柬埔寨国内消费市场价格温和上涨，全年通货膨胀率为3%。据国际货币基金组织柬埔寨发展报告数据显示，2012年，柬埔寨全年平均通货膨胀率为4.3%。总体看，柬埔寨宏观经济形势良好，贸易保持稳定增长，通货膨胀率处于可控状态。

## 五、金融环境

2004年以来，柬埔寨政府把对基础设施的建设和改善列为“四角战略”的重要任务之一，加快恢复和重建的步伐。目前，以公路和内河运输为主的交通网络已取得很大进步。

（一）汇率

柬埔寨货币为瑞尔。1993年，柬埔寨政府通过并实施《外汇法》，规定汇率由市场调节。近5年来，汇率基本稳定在4000瑞尔兑1美元。2013年，瑞尔对美元汇率均价为4027。

表2：2007～2012年柬埔寨汇率变动情况

| 年份 | 瑞尔兑美元平均汇率 |
|---|---|
| 2007 | 4056.2 |
| 2008 | 4129.3 |
| 2009 | 4148.5 |
| 2010 | 4048 |
| 2011 | 4005 |
| 2012 | 4040 |
| 2013 | 4027 |

（资料来源：亚洲开发银行）

美元被允许在市场上流通。近10多年来，美元成为柬埔寨市场的主要交换媒介，流通量占市场货币流通总量的85%以上。

人民币与瑞尔不可直接兑换，与瑞尔进行结算需以美元搭桥。

（二）外汇管理

根据柬埔寨《外汇法》规定：允许居民自由持有外汇。通过授权银行进行的外汇业务不受管制，但单笔转账金额在1万美元（含）以上的，授权银行应向国家银行报告。

只要在柬埔寨商业主管部门注册的企业均可开立外汇账户。

（三）银行机构

柬埔寨银行体系由国家银行和商业银行构成。

国家银行的主要职能是：建立金融体系的法律框架，维持稳定的价格体系，为制定金融政策提供依据，增加国家资本、承担政府间的财务清算和管理本国货币，管理外汇储备，监督和调控商业银行、专门金融机构等依法运营。

截至2013年12月，柬埔寨共有商业银行32家、专业银行7家、小额贷款机构37家。加华银行、外贸银行等5大商业银行集中了全国商业银行总资产的60%，储蓄存款的70%和提供贷款的70%。2012年11月，中国银行在柬埔寨推出环球通银联双币借记卡，成为中资银行在柬公开发行的第一款银行卡产品。持卡人可在中国银行及银联网络轻松享受柜台交易、特约商户刷卡消费、ATM现金服务等，并享受中行广泛的优惠商户网络。2013年柬埔寨成立了第一家人寿保险公司，截至2012年年底，柬埔寨境内共有6家保险公司和2家人寿保险公司，柬埔寨政府也鼓励发展小额保险业。

柬埔寨政府实施的宽松外汇政策，使外资商业银行获得了较快的发展。中国银行、中国工商银行都已在柬埔寨设立分行。柬埔寨政府实施的宽松外汇政策，使外资商业银行获得了较快的发展。中国银行、中国工商银行都已在柬埔寨设立分行。

（四）融资条件

柬埔寨商业银行业务范围相对较窄，尽管能够提供海外资本划拨、信用证开立及外汇服务，但是提供不动产抵押、贷款等服务仍很困难，且借款期限较短，利率较高。

（五）信用卡使用

自2007年起，信用卡消费在柬埔寨中上阶层开始兴起。柬埔寨全国共有7家银行发行超过10000张信用卡，主要种类为万事达卡、VISA卡和美国运通卡。但由于本地基础设施和技术限制，信用卡在商业领域使用还非常有限，只能在少数高档酒店、餐厅、大型超市使用信用卡付账。

中国发行的银联卡可在当地大型商场、银行使用。

【来源：改编自商务部国际贸易经济合作研究院，商务部投资促进事务局、中华人民共和国驻柬埔寨王国大使馆经济商务参赞处共同主编.《2013版对外投资合作国别（地区）指南——柬埔寨》. 第14～28页】

# 印度尼西亚投资环境分析

印度尼西亚国内外的投资价值每年都出现高幅上升，尤其在最近8年以来的投资值增长更是将近5倍之多。其中外国投资价值的增长，从2005年至2013年的增幅约达463%之巨。从投资环境角度看，印尼的竞争优势主要表现在以下方面：政治稳定；自然资源丰富；经济增长前景看好，市场潜力大；

地理位置重要，控制着关键的国际海洋交通线；人口众多，有丰富、廉价的劳动力；市场化程度较高，金融市场充分开放。

据世界经济论坛发布的《2013～2014 年全球竞争力报告》显示，印尼全球竞争力排名位居第 38 位，比 2012～2013 年上升 12 位，一跃成为 2006 年以来二十国集团（G20）中进步最快的经济体。

## 一、自然资源

印度尼西亚是世界上最大的群岛之国，拥有 17500 多座大小岛屿，自然资源丰富，有“热带宝岛”之称。盛产棕榈油、橡胶等农林产品，其中棕榈油产量居世界第一，天然橡胶产量居世界第二。主要矿产资源有石油、天然气、锡、铝、镍、铁、铜、锡、金、银、煤等，储量均非常丰富。

## 二、基础设施

印尼基础设施建设发展相对滞后，是制约印尼经济增长和投资环境改善的一个主要瓶颈。与此同时，加强基础设施建设也是保证印尼经济能够年均增长 6%的重要因素。印尼是群岛国家，与邻国直接接壤较少，外界互联互通主要通过海路、航空等方式。

1. 公路

由于 1997 年亚洲金融危机以及艰苦的复苏历程，印尼的基础设施建设严重滞后，其中高速公路建设几乎全面停止。印尼从 1978 年开始发展高速公路，1994 年印尼高速公路的通车里程大约为 500 多公里。2004～2009 年，印尼建成的高速公路只有 125 公里，新建高速公路项目进展缓慢，至今全国只有 762 公里长的路段投入运营。已有公路网络也快速老化，国内一半的公路亟待维修。

印尼在“加速与扩大全国经济建设蓝图”的中长期规划中，把高速公路建设列为重点之一，制定的目标是：以爪哇岛和苏门答腊岛为主，在全国建成总里程 5405 公里的高速路网。其中，投资总额约 360 亿美元、全长 2969 公里的印尼历史上最宏大的道路基建工程——苏门答腊岛高速公路已于 2014 年进入全面施工。该高速公路建成后将贯穿苏门答腊岛，将亚齐、棉兰、北干巴鲁、占碑、巨港、巴东、楠榜、明古鲁等 11 个经济中心城市串联起来。

2. 铁路

铁路设施相对落后，仅爪哇和苏门答腊两岛建有铁路。连接苏拉威西岛全岛 6 省的第一条铁路工程正在紧锣密鼓的筹划之中。印尼铁路所有权为国家所有，由印尼国有资产管理公司经营，大规模运输任务都由铁路承担。印尼全国铁路总长 6458 公里，窄轨铁路长 5961 公里，爪哇岛和苏门答腊岛铁路运输比较发达，其中爪哇岛铁路长 4684 公里，占全国铁路总长的 73.6%。根据规划，印尼将在爪哇地区发展南部铁路以及贯通南北的铁路线，并逐渐建设双向铁轨，在加里曼丹和苏拉威西地区将进行铁路运输的调研及准备工作，在雅加达、泗水、锡江和万鸦佬地区考虑建设城市轨道交通。

鉴于铁路交通运输的需求越来越大，印尼政府计划至 2030 年，全国铁道总署应能增加 1.21 万公里的铁道线。

3. 空运

随着经济发展和旅游业兴旺，印尼航空运输日益繁忙。各省、市及偏远的地区均通航，全国有 179 个航空港，其中达到国际标准的有 23 个。开有国际航班、国内航班、朝觐航班、先锋航班等。航空公司主要有 Garuda 航空公司、Merpati 航空公司、Lion 航空公司、Sriwijaya 航空公司。政府的空运业发展方案包括当前主要机场的维护、改进和扩建，以及新机场的建设和旧机场的替代，具体项目包括棉兰、龙目机场建设项目。据 2008 年美国《世界概况》统计，印尼共有机场 652 个。目前为满足日益增长的航空运输需求，印尼交通运输部计划在 2030 年之前新建 14 个机场。

印尼国内航空公司运营的国际航线客运量为 846 万人，同比增长 3.8%。位居榜首的印尼亚洲航空为 319 万人，占市场份额 37.8%。以微小差距屈居次席的鹰航为 318 万人。2 家公司占到国际航线客运总量的 7 成。

外国航空公司国际航线客运量为 725 万人，主要集中在雅加达苏加诺·哈达机场、东爪哇省苏腊巴亚朱安达（juanda）机场、巴厘岛努拉莱（Ngurah Rai）国际机场。

4. 水运

印尼水路运输较发达，水运系统包括岛际运输、传统运输、远洋运输、特别船运。印尼全国有水运航道 21579 公里，其中苏门答腊 5471 公里，爪哇/马都拉 820 公里，加里曼丹 10460 公里。印尼有各类港口约 670 个，其中主要港口 25 个。雅加达丹绒不碌港是全国最大的国际港，年吞吐量约 250 万个标准箱，泗水的丹戎佩拉港为第 2 大港，年吞吐量为 204 万个标准箱。政府发展规划主要集中在境内水运航线和港口的建设方面，包括加里曼丹地区的河运交通建设项目、建设一系列渡口码头和湖泊码头。在海运方面，印尼政府希望尽快扩大其港口的货物处理能力，使其与国家的整体经济相匹配，解决由于装卸能力不足导致的货物滞留问题。未来数年内将开发25个国际码头项目，为解决资金问题，印尼正在逐步放宽对港口的控制，并计划允许私人机构通过BOT方式建设和管理港口。

5. 通信

印尼电信发展潜力巨大，电信建设增长势头迅猛，跨国运营商和资本介人较多。Telkomsel为印尼国内最大的电信公司，Indosa则为最大外资电信公司。印尼3G网络正处于起步阶段并开始运营，印尼5家公司将加大在该基建方面的投入。另外，为保证未来3G网络的顺利建设，印尼固话无线网络将进行频率转移，所有固定无线网络运营商的设备将进行网络调整和扩容以及更新终端用户设备。另外，印尼政府还在推行全国村村通电话工程。

印尼大部分地区都通互联网，但印尼的带宽较小，网速较慢。政府计划在印尼东区兴建全长1.2万公里的光导纤维网，使其拥有3个终端与其他国家连接。该3个终端包括可与菲律宾连接的印尼万鸦佬终端、可与澳洲连接的巴布亚终端，以及可与新加坡和马来西亚连接的加里曼丹终端。印尼共有2.6亿移动终端用户，据预测，2015年3G用户数量将增至45%。

6. 电力

印尼全国供电量为35千兆瓦，还有30%的偏僻地区尚未通电，电力需求年均增长10%～15%。即使首都雅加达偶尔也会因缺电实施轮流停电。由于目前印尼个人和企业用电比例为7∶3，使企业发展对电力的需求更为迫切。为满足国内日益增长的电力需求，印尼政府决定从2006年到2015年投资413.7亿美元进行电站和电网建设。

## 三、重点/特色产业

2012年，印尼油气产业占GDP的比重为7.3%；非油类产业占92.27%，其中第一产业农林牧渔业占14.44%；采矿业占11.78%，制造业占23.94%，电气水供应业占0.79%，建筑业占10.45%，合计第二产业占46.96%；贸易、住宿、餐饮业占13.90%，运输通信业占6.66%，金融房地产商业服务业占7.26%，其他服务业占10.78%，以上合计第三产业占38.60%。

1. 石油天然气

印尼油气资源丰富，共有66个油气盆地，其中15个盆地生产石油天然气。政府公布的石油储量为97亿桶，折合13.1亿吨，其中核实储量47.4亿桶，折合6.4亿吨。印尼天然气储量176.6万亿标准立方英尺（TCF），折合4.8万亿立方米～5.1万亿立方米。石油勘探开发基本上依靠国外石油公司。

印尼石油天然气出口收入是其财政的主要支柱，石油基准价格是财政收入的量化标准。自2003年以来，印尼已成为石油净进口国，2008年初印尼宣布退出石油输出国组织（欧佩克）。近年来印尼石油产量逐渐下降，2012年印尼原油和凝析油产量降至87万桶/日，低于政府制定的93万桶/日产量目标。印尼最大的石油企业为国家石油公司（Pertamina）。据2012年《财富》公布，印尼国家石油公司成为首个进入世界500强的印尼企业，排名第122位。

2. 农林渔业

印尼是一个农业大国，全国耕地面积约8000万公顷，从事农业人口约4200万人。印尼自然条件得天独厚，气候湿润多雨，日照充足，农作物生长周期短，主要经济作物有棕榈油、橡胶、咖啡、可可。2012年，印尼棕榈油产量达到2850万吨，成为全球最大的棕榈油生产国。

印尼森林覆盖率为54.25%，达1亿公顷，是世界第3大热带森林国家，全国有3000万人依靠林业维持生计；胶合板、纸浆、纸张出口在印尼的出口产品中占很大份额，其中藤条出口占世界80%～90%的份额。印尼最大的林业和造纸企业集团为金光集团（Sinar Mas）。

作为世界上最大的群岛国家，印尼海岸线长达8.1万公里，水域面积580万平方公里，包括领海渔业区270万平方公里，专属经济区310万平方公里。渔业资源丰富，海洋鱼类多达7000种，政府估计潜在捕捞量超过800万吨/年，目前已开发的海洋渔业产量占总渔业产量的77.7%，专属经济区的渔业资源还未充分开发。

3. 采矿业

富含石油、天然气以及煤、锡、铝矾土、镍、铜、金、银等矿产资源。矿业在印尼经济中占有重要地位，产值约占GDP的10%。其中，锡、煤、镍、金、银等矿产产量居世界前列。印尼锡的储量为80万吨，主要分布于邦加和勿里洞、林加群岛的新格岛等地；煤炭已探明储量为388亿吨，主要分布在加里曼丹岛、苏门答腊岛和苏拉威西地区。煤矿多数为露天矿，开采条件很好，煤炭质量也好，每千克热量为4000至7000大卡，含硫很低，但水分略高；年储量约为560万吨，居世界前列；金刚石储量约为150万克拉，居亚洲前列；印尼石油储量约为1200亿桶，主要分布在苏门答腊岛、爪哇岛、加里曼丹岛、西兰岛和伊里安查雅等地；还拥有巨大的天然气储量，其中已探明的为24230兆亿立方米，主产于苏门答腊的阿伦和东加里曼丹的巴达克等地。

4. 工业制造业

印尼的工业化水平相对不高，制造业有30多个不同种类的部门，主要有纺织、电子、木材加工、钢铁、机械、汽车、纸浆、纸张、化工、橡胶加工、皮革、制鞋、食品、饮料等。其中纺织、电子、木材加工、钢铁、机械、汽车是出口创汇的重要门类。印尼最大的钢铁企业为国有克拉卡陶钢铁公司（Krakatau Steel），年产量约300万吨。

5. 旅游业

印尼旅游资源非常丰富，拥有许多风景秀丽的热带自然景观、丰富多彩的民族文化和历史遗迹，发展旅游业具有得天独厚的条件。自20世纪70年代起，印尼政府大力发展旅游业，兴建星级酒店等旅游基础设施，通过发展旅游业的法规，逐步扩大到印尼旅游免办签证的国家，并采取其他有力措施，多方吸引外国游客，目前旅游业日益成为印尼创汇的一个重要行业。2012年赴印尼旅游的国外游客年增长5.16%至804万人次，国外旅游收入共计91亿美元，同比上升5.8%。印尼国家统计局发布的数据显示，2013年旅游业共创造了100.1亿美元的外汇收入。

## 四、国内市场

（一）生活支出

据印尼中央统计局统计，2012年印尼居民消费支出449.6万亿印尼盾（约合500亿美元），固定资本形成273万亿印尼盾（约合300万亿美元）。

近年来个人消费支出占GDP的比例在60%左右，中产阶级比例从2000年占全国人口的20%增至2010年的56.5%，印尼已跻身中等收入国家行列，国内消费需求规模较大。

（二）物价水平

虽然印尼经济不发达，但物价水平相对较高，近年来平均通货膨胀率在4%左右。2011年通胀风险降低，全年通胀率仅为3.79%，近20年来印尼首次实现GDP增速高于通胀水平。2012年通货膨胀率4.3%。

2013年年初以来，由于气候原因和政府限制农产品进口政策因素影响，印尼红葱、大蒜、辣椒等调味品市场供应短缺，价格持续飙升，全年累计通胀率达到8.4%。印尼通胀率的升高具有季节性特征，在农产品收获季节，通胀压力能得到缓解。

## 五、金融环境

1997年亚洲金融危机中，印尼银行业受到巨大冲击，印尼盾严重贬值，出现清偿危机，并导致大规模挤兑现象，银行失去社会信誉。为此，根据与国际货币基金组织（IMF）达成的协议，政府对银行体系实行全面的改革。经过整顿，银行效益明显改观。IMF和亚洲开发银行向印尼提供贷款，大大改善了印尼的金融环境。

（一）汇率

印尼货币为印尼盾，印尼盾可自由兑换。在印尼的金融机构、兑换点，印尼盾可与美元、欧元等主要货币自由兑换。受国际金融危机影响，印尼盾在2008年下半年开始贬值，但自2009年以来总体上呈升值趋势。2009年年底，美元对印尼盾汇率为1：9395，全年印尼盾升值15%以上。2010年以来，印尼盾汇率延续了升势。2013年美元对印尼盾汇率平均约为1：10500。2012年以来，受世界经济不景气的影响，印尼出口额不断下降，而印尼国内需求旺盛，进口大幅上升，导致经常项目逆差扩大。全年印尼盾贬值5.9%，在亚洲交易量最大的11种货币中表现倒数第二。

（二）外汇管理

印尼实行相对自由的外汇管理制度。印尼盾可自由兑换，资本可自由转移。印尼货币实行自由浮动汇率政策，印尼银行采取一揽子货币汇率定价法，根据印尼主要贸易伙伴的货币汇率的特别提款权的汇率变化来确定印尼盾的对外比价，每日公布其汇率。

（三）银行机构

中央银行：印尼中央银行即印尼银行（Bank Indonesia），是与内阁各部门平级的独立机构，具有不受其他部门干预，独立行使职能的权力；强调维护金融稳定、加强监督；制定并履行货币政策，维护盾币稳定；管理货币流通和利率，调节和保证支付系统工作质利进行；通过监管手段健全银行和贷款体系。

当地主要商业银行：BankMandiri，Bank Central Asia，Bank Nasional Indonesia，Bank Rakyat Indonesia，Bank Internasional Indonesia，Bank Danamon。

当地主要外资银行：汇丰银行、花旗银行、美国运通银行、JP摩根大通银行、荷兰银行、东京三菱银行、德意志银行、渣打银行、盘谷银行以及中国银行和中国工商银行。与中国银行合作较多的当地代理行有汇丰银行、Bank Central Asia。

（四）信用卡使用

印尼信用卡的使用较普遍，中国发行的 VISA 卡和万事达卡在当地可以使用。中国工商银行印尼分行已经在当地发行 VISA 卡和万事达卡，中国银行雅加达办事处也已发行借记卡。

【来源：改编自商务部国际贸易经济合作研究院，商务部投资促进事务局、中华人民共和国驻印度尼西亚共和国大使馆经济商务参赞处共同主编.《2013 版对外投资合作国别（地区）指南——印尼》.第 15～26 页】

## 老挝投资环境分析

在世界经济处于缓慢复苏的大背景下，老挝经济高速平稳发展，发展速度在本地区和国际位居前列，宏观经济稳定，通货膨胀只有个位数，本币汇率稳定，贸易与投资持续增长。除了政府采取比较积极的财政政策外，周边国家，尤其是中国经济的回升、向好，中老贸易、投资合作快速增长，为老挝经济注入了活力。虽然目前老挝基础设施较差，但随着其经济的快速发展，基础设施建设将会得到不断改善。

老挝在水电、矿业、农林、加工业等领域投资机会巨大。目前这些领域急需获得技术、资金支持，这对中国企业而言是很好的机会。同时，老挝政府亦致力于简化外资审批程序，以促进外商投资。

2012 年 10 月 26 日，老挝被 WTO 正式接收为第 158 个成员国，这些都是老挝吸引外资不断增长的有利条件。世界银行集团发布的《2014 年营商环境报告》显示，老挝在全球 189 个经济体的总体排名中商业环境排名第 159 位。

### 一、自然资源

1. 矿产资源多未开发

老挝矿产资源带属中国三江成矿带延伸部分，主要矿藏有金、银、铜铁、钾盐、铝土、铅及锌等。

2. 水电资源丰富

老挝是东南亚地区水能蕴藏量最丰富国家之一。湄公河水能蕴藏量 60%以上在老挝境内，全国 200 公里以上河流 20 余条，有 60 多个水能丰富的水电站建站点。

3. 农业资源条件良好

老挝土地资源丰富，人口密度为每平方公里 25 人，属热带季风气候，日照时间长，雨水充足，农业开发条件较好。

### 二、基础设施

老挝是内陆国，基础设施比较落后，近年来政府加大对基础设施的投入，贯通南北的 13 号公路保持通畅，中心城市基础设施有所改善。已修建了 3 座连接泰国的跨湄公河大桥（万象—廊开、沙湾拿吉省—穆达汉府、甘蒙他曲—那空伯侬府）。

1. 公路

老挝全国公路里程 47491 公里，其中混凝土路 697 公里，柏油路 6324 公里，碎石路 17556 公里，土路 22915 公里。老挝全国没有高速公路，公路运输占全国运输总量的 79%。

2. 铁路

2008 年 7 月，在泰国的帮助下，老挝首条铁路万象至曼谷建成通车，结束了没有铁路的历史。2009 年 6 月，包括中国在内的 18 个亚太经社委员会成员国签署的《泛亚铁路网政府协定》正式实施，3 条从云南出境的“高铁”都将成为泛亚铁路的一部分。2012 年 6 月，老挝与泰国签署修建泰国塔拉楞至万象之间 7.75 公里的铁路，该项目计划 2 年完工，投资预算约 0.55 亿美元。2012 年 10 月 18 日，老挝国会特别会议审议通过政府向中国全额贷款 70 亿美元，修建连接中老边境及老挝首都万象约 421 公里长的铁路项目，预计在 2017 年完工。

3. 空运

老挝全国有 11 个机场，北部有 8 个小型机场，首都万象机场能起降大飞机，运输量占全国运输总量的 2%。万象瓦岱机场、琅勃拉邦机场和巴色机场为国际机场。有 10 条国际航线：万象—昆明、万象—南宁、万象—曼谷、万象—清迈、万象——河内、万象—胡志明市、万象—金边、万象—暹粒、万象—吉隆坡、万象—新加坡，客运量为 37 万人次/年，货运量为 7 万吨/年。机场有万象瓦岱机场、琅勃拉邦机场和巴色机场等。

4. 水运

水路运输 3000 公里，湄公河在老挝境内全长

1800多公里，流经13个省（市），沿湄公河有20多个小型码头，运输总量占18%。上湄公河部分航道整治后，旱季能通行150吨级船只，雨季能通行300吨级船只，下湄公河航段从会晒以下仍未畅通。

5. 通信

老挝基本建成全国通信网络，光缆分南北和东西走向全长6000公里。截至2010年，老挝固定电话用户167万户，移动电话用户400万户，互联网用户1.6万户。

据老挝邮电部公布的数据，截至2011年6月底，老挝通信光缆总长达4.1万公里，移动电话通信基站4644个，可覆盖该国17个省（市）的138个县，其中3G网络已覆盖2000个自然村。新注册座机号码1.08万个，手机号码17.7万个，全国已注册电话号码累计达540.2万个，平均每百人有88个号码。但老挝互联网普及率仅为5%，累计发放互联网账号2.6万个，网民不到50万人。

从2011年7月1日起，老挝开始执行统一的话费标准，座机（含座机移动电话）通话费为250基普/分钟；手机话费按月缴费用户为300基普/分钟，预付费用户为800基普/分钟；短信费用网内发送100基普/条，跨网发送为200基普/条；国际长途话费1800基普/分钟，国际短信费用500基普/条。

6. 电力

老挝水电资源丰富，目前已拥有10多个水电站，发电总量超过16亿千瓦时。老挝水电除自用外还可出口，但少部分村、县尚未通电。2011年全国发电装机容量258万千瓦，年发电量91亿千瓦时，其中出口68亿千瓦时，创汇2.93亿美元。老挝能源矿产部官员透露，2013～2014财年第1季度，老挝已生产349.5万千瓦时电量，同比增长50.5%，其中出口电量达285.4万千瓦时，创汇同比增加2倍。

## 三、重点/特色产业

1. 水电

老挝现已投入运营的水电站有14座，总装机容量258万千瓦。在建项目11个，总装机容量327万千瓦。据老挝能源矿产部公布的消息，老挝计划2015年将总功率达2976兆瓦的8座水电站投入运营。

2. 采矿业

据老挝计划投资部统计，目前老挝政府已经批准264个矿产项目，分布在老挝16个省和万象市。采矿业是老挝经济的重要贡献者。老挝采矿业占外国直接投资的80%、出口总值的45%、政府收入的12%及国民收入的10%。MMG LXML Sepon矿山是老挝首个大型商业私营矿山，成立于2002年。该矿山与PanAust Ltd的PBM Phu Kham矿山共占老挝全国矿业产量逾90%。

3. 旅游业

老挝琅勃拉邦市、巴色瓦普寺已被列入世界文化遗产名册，著名景点还有万象塔銮、玉佛寺，占巴塞孔埠瀑布、琅勃拉邦光西瀑布等。近年来，老挝与超过500家国外旅游公司签署合作协议，开放15个国际旅游口岸，同时采取加大旅游基础设施投入、减少签证费，放宽边境旅游手续等措施，旅游业持续发展。据老挝官方统计，2008～2012年，老挝接待外国游客数分别为160万、200万、250万、270万和330万，2012年老挝旅游业创汇5.14亿美元。预计2020年老挝外国游客将达到450万人次。

## 四、国内市场

（一）生活支出

老挝公司员工的平均月工资约为180美元。万象市的人均收入和消费水平几乎为全国平均水平的2倍。

老挝居民的消费支出中，食品、住房和家居的开支占主要部分。以居住面积计算，老挝人均住房面积为20平方米，每平方米住房平均价格150美元，相当于当地人均一个月的工资收入。

（二）物价水平

2011年老挝主要商品全年平均价格如下：

大米：每公斤6827基普（约合0.88美元）；

猪肉：每公斤34799基普（约合4.46美元）；

食用油：1升瓶装19000基普（约合1.46～1.71美元）；

成品油：汽油每升10585基普（约合1.36美元），柴油每升9，460基普（约合1.21美元）；

长途大巴（单程）：

万象—丰沙里160000基普（约合20美元）；

万象—琅勃拉邦80000基普（约合10美元）；

万象—沙湾拿吉65000基普（约合8美元）；

万象—占巴塞100000基普（约合12美元）；

万象—沙耶武里90000基普（约合11美元）。

2012年，老挝通货膨胀率为5.12%，2013年，老挝通货膨胀率为5.64%。造成通货膨胀增长的原因主要包括粮食、非酒精类饮品、房屋、自来水、电力、燃料等价格上涨。

## 五、金融环境

老挝金融环境相对宽松，外汇管制逐渐放宽，为外国投资者营造了较好环境。

（一）汇率

老挝货币为基普。根据老挝外汇管理规定，基普为有条件兑换，鼓励使用本国货币，但在市场上基普、美元及泰铢均能相互兑换及使用。人民币仅在老挝北部中老边境地区兑换及使用。

过去几年，老挝货币兑美元的汇率呈稳定上升的趋势。2005 年老挝公布的汇率是 10600 基普兑换 1 美元。2011 财年，老挝基普对美元升值 2%，对泰铢贬值 0.4%。2013 年基普兑换美元平均汇率为 7650 基普兑换 1 美元。

（二）外汇管理

根据老挝外汇管理规定，在老挝注册的外国企业可以在老挝银行开设外汇账户，用于进出口结算。外汇进出老挝需要申报。

携带现金如超过 10000 美元，需要申报并获得同意方可出入境。在老挝工作的外国人，其合法税后收入可全部转出。

（三）银行机构

老挝中央银行即老挝国家银行，是老挝金融管理部门。老挝现有国有商业银行 3 家，即老挝开发银行、农业发展银行和老挝外贸银行。此外，有 1 个政策性银行，即老挝政策银行；5 个合资银行，即合作开发银行、老越银行、2 家老法银行、老泰银行；7 个外资银行，即曼谷分行、大众银行、SIAM 银行、泰京银行、泰国军人银行、阿由他雅银行、中国工商银行；3 个私营银行，即万象商业银行、蓬沙旺银行、建设银行；1 个外资银行代表处，即渣打银行代表处。

截至 2012 年 12 月底，老挝国内银行与外资银行共有 31 家。银行系统的总资产相当于 GDP 的 68.8%，存款额相当于 GDP 的 39.9%，信贷额相当于 GDP 的 36.1%。

（四）融资条件

老挝银行资产少，经营方式单一，尚未建立个人信用体系，银行也较弱小，贷款条件及利息较高。

（五）信用卡使用

老挝当地信用卡使用尚未普及，但中国发行有银联标志或 VISA 及万事达卡可以在当地较大商店使用。

【来源：改编自商务部国际贸易经济合作研究院，商务部投资促进事务局、中华人民共和国驻老挝人民民主共和国大使馆经济商务参赞处共同主编.《2013 版对外投资合作国别（地区）指南——老挝》.第 11～18 页】

# 马来西亚投资环境分析

马来西亚投资环境的竞争优势体现在 5 个方面：地理位置优越，位于东南亚核心地带，可成为进入东盟市场和前往中东澳新的桥梁；经济基础稳固，经济增长前景较好；原材料产品资源丰富，人力资源素质较高；工资成本较低，除私营领域外，大部分行业目前尚未出台最低工资限制；民族关系比较融洽，三大种族和谐相处，政治动荡风险较低。

根据世界经济论坛发布的《2013～2014 年全球竞争力报告》显示，马来西亚竞争力在全球 148 个经济体中排名第 24 位，比 2012～2013 年的排名上升 1 位。

## 一、自然资源

马来西亚是自然资源和农业资源的出口国。马来西亚的主要农产品有棕榈油、橡胶、可可、木材和胡椒等，是世界第 2 大棕榈油及相关制品的生产国和最大的出口国、世界第 3 大天然橡胶生产国和出口国。主要矿产资源有天然气、石油等，是最具价值的出口物资。马来西亚大陆架可划分为 3 个产油盆地区：西部的马来盆地、东部的沙捞越盆地和沙巴盆地。据统计，截至 2012 年 1 月，马来西亚已探明石油储量为 5.46 亿吨，已探明天然气储量为 2.35 万亿立方米。

## 二、基础设施

马来西亚的基础设施比较完善，政府向来重视对高速公路、港口、机场、通信网络和电力等基础设施的投资和建设。马来西亚现有的基础设施能较好地为各类投资者服务，同时政府未来的基础设施建设计划也为外国投资基础设施建设和开展工程承包提供了契机。

1. 公路

马来西亚高速公路网络比较发达，主要城市中心、港口和重要工业区都有高速公路连接沟通。高速公路分政府建设和民营开发两部分，但设计、建造、管理统一由国家大道局负责。马来西亚公路总长约为15.7万公里。目前，马来西亚高速公路网络由贯穿南北的大道为中心构成。

2. 铁路

马来西亚铁路长度为2400公里，主要在西马来西亚，且全部实现电气化。铁路南可直通新加坡，北与泰国铁路接轨。马来半岛各主要城市间均有铁路相通。负责运营马来西亚铁路网的是马来西亚铁道公司（KTMB），该公司具备运送多种货物的能力。2012年，马来西亚铁路共运载旅客365.5万人次，货物614.2万吨。

3. 空运

马来西亚全国共有机场126个，各中心城市及沙巴和沙捞越两州的主要城镇之间都有航空联系。马来西亚现有8个国际机场，即吉隆坡国际机场、槟城国际机场、兰卡威国际机场、亚庇国际机场、古晋国际机场、马六甲国际机场、柔佛士乃国际机场以及瓜拉登嘉楼苏丹马穆德国际机场，这些机场与其他国内航线机场构成了马来西亚空运的主干网络。马来西亚是东南亚重要的空中枢纽之一，2011年空运旅客6310万人次，货物90.5万吨；2012年空运旅客6970万人次，货物88.9万吨；2013年空运旅客8100万人次，货物89.5万吨。中国前往马来西亚有多条航线可供选择，航空公司包括马来西亚航空公司、亚航、中国南方航空、东方航空、厦门航空、深圳航空及香港国泰航空，每周定期往返于中国北京、上海、广州、厦门、昆明、南宁、香港、澳门与马来西亚吉隆坡、槟城、兰卡威及亚庇之间。

4. 水运

马来西亚95%的贸易通过海运完成，全国主要港口共有32个，主要国际港口包括巴生港、槟城港、柔佛港、丹域柏勒巴斯港、关丹港、甘马挽港以及民都鲁港等。其中吞吐量最大的有巴生港、槟城港和柔佛港。巴生港濒临马六甲海峡，为马来西亚最大的港口，集装箱年处理能力约500万标准箱，是东南亚集装箱的重要转运中心，其西港有良好的深水码头，可以停靠世界最大吨位的货船。马六甲海峡集中了世界许多重要航线，以吨位计，在极大程度上超过巴拿马运河。

5. 通信

（1）电话：截至2013年年底，马来西亚固定电话用户数为374.6万，固定电话普及率为32.4%。固定电话运营商是马来西亚电信公司（TM）。马来西亚移动电话网络覆盖全国大部分地区，2013年年底移动电话用户数达到4296万，普及率为143.6%，其中3G用户达1456万。主要移动电话运营商是Celecom、Maxis以及DiGi。

（2）互联网：截至2013年年底，马来西亚共有宽带互联网用户637万，宽带普及率为22.6%。其中237万用户利用ADSL、SDSL、光纤或卫星技术等有线网络上网，389万用户通过移动宽带等无线技术上网，19万人通过“一个马来西亚上网本计划”上网。2012年年底，马来西亚完成了高速宽带计划第二期工程，并预于2013年完成第三期工程。这是该国首个100G网络，可满足用户对更高品质、更低成本宽带及视频业务的持续增长需求。

（3）邮政：根据马来西亚邮政总局的资料，截至2013年年底，马来西亚约有1059个邮政局，全部完成电脑化运营，包括355个小型邮政所和704个邮政局。此外，马来西亚还设有12个24小时自动服务终端（POS24），方便居民使用。

6. 电力

马来西亚的电力由公共能源公司（占98%，包括国家能源公司和州立能源公司）和独立的私人发电厂（占2%）提供，年发电量约1.22亿兆瓦，其中，燃气机组占45.3%、燃煤机组占38.5%、水电机组占10.6%、柴油机组占5.4%、其他0.2%。

## 三、重点/特色产业

1. 农业：马来西亚2013年的农业产值为559.1亿林吉特，同比增长2.1%，占GDP的5.2%；农业出口总值为642.3亿林吉特，占出口总值的8.9%。马来西亚农产品以经济作物为主，主要有油棕、橡胶、可可、稻米、胡椒、烟草、菠萝、茶叶等；2013年，马来西亚油棕产量为1922万吨，同比上涨2.3%。马来西亚棕油产量和出口量都仅次于印尼，为世界第2大生产国和出口国。2013年天然橡胶产量约为83万吨，出口约84.6万吨。主要出口国家（或地区）为中国、欧盟、中东、美国、巴西和韩国等。

2. 制造业：制造业是马来西亚国民经济发展的主要动力之一，主要产业部门包括电子、石油、机械、钢铁、化工及汽车制造等行业。2013年，制造业产值为1930.1亿林吉特，同比增长3.4%，占GDP的24.5%。

3. 服务业：2013年，马来西亚服务业产值为4340亿林吉特，同比增长5.9%，占GDP的55.09%。服务业是马来西亚经济中最大的产业部门，吸收就业人数占马来西亚雇用员工总数的60.1%。其中，旅游业是服务业的重要部门之一。2013年，马来西亚吸引游客2572万人次，创造收入654.4亿林吉特。

4. 采矿业：2013年，马来西亚采矿业产值637.7亿林吉特，占GDP的8.1%；采矿业出口总值964.9亿林吉特，占出口总值的13.4%。马来西亚采矿业以开采石油、天然气为主。2013年，马来西亚生产原油2.08亿桶，出口额达316.4亿林吉特；全年天然气日产量58.9万亿标准立方英尺，出口2525.2万吨，主要出口到日本、韩国和中国台湾。马来西亚的石油和天然气行业管理及开采都掌握在马来西亚国家石油公司（PETRONAS）手中，该公司也是2012年唯一入选《财富》杂志世界500强的马来西亚企业，排名第75位，全年营业收入942.7亿美元，实现利润160.01亿美元。

5. 建筑业：2013年，马来西亚建筑业产值294.2亿林吉特，占GDP的3.7%。

## 四、国内市场

### （一）销售总额

2012年，马来西亚消费总额达4788亿林吉特（按2005年不变价格计算），其中，私人消费总额为3801亿林吉特，公共消费总额为987亿林吉特。

### （二）生活支出

据马来西亚统计局的数据，2009/2010年度，马来西亚每个家庭每月平均总开销约为2190林吉特，其中，食物和软饮料的月平均花费约为444林吉特，烟酒平均48林吉特，服装、鞋类约75林吉特，水电、燃气等495林吉特，家具及房屋维修平均每月89林吉特，医疗费每月平均29林吉特，交通费327林吉特，通讯费124林吉特，文化休闲101林吉特，教育费用31林吉特，在外用餐住宿费用239林吉特，其他花费190林吉特。

### （三）物价水平

马来西亚央行数据显示，马来西亚2012年消费者价格指数增长1.6%，符合市场预期。主要带动CPI上涨的领域包括：食品与非酒精饮料类增长2.7%，交通类增长0.7%，房屋、水电、天然气和其他燃料类增长1.6%。马来西亚央行分析认为，2012年，马来西亚通胀率从1月的2.7%回落至6月的1.6%，下半年稳定在1.3%的水平。主要原因是国内食品供应情况良好，同时交通类增长低于预期水平。马来西亚城市、郊区和乡村的基本生活品价格水平有一定差别，而且零售店、商场和超级市场的价格也不一致，消费者可根据自身情况选择购买。详细信息可参照马来西亚国内贸易及消费者事务部官方网站的“Price Watch”查阅对比。

吉隆坡市超级市场部分基本生活用品的参考价格
（2013年4月16日）

| 商品名称 | 单位 | 价格（林吉特） | 商品名称 | 单位 | 价格（林吉特） |
|---|---|---|---|---|---|
| 鸡肉 | 公斤 | 12.99 | 牛肉 | 公斤 | 22.90 |
| 苹果 | 个 | 2.19 | 木瓜 | 公斤 | 2.90 |
| 西瓜 | 公斤 | 2.60 | 鲳鱼 | 公斤 | 11.49 |
| 圆白菜 | 公斤 | 3.30 | 姜 | 公斤 | 3.90 |
| 胡萝卜 | 公斤 | 4.90 | 大葱 | 公斤 | 9.50 |
| 本地大米 | 10公斤 | 23.99 | 进口大米 | 10公斤 | 109.5 |
| 鸡蛋 | 10只 | 5.75 | 橙汁 | 1升 | 5.50 |
| 食用油 | 5公斤 | 18.99 | 辣椒酱 | 240克 | 7.30 |
| 牛奶 | 1升 | 5.90 | 面粉 | 公斤 | 4.25 |

（资料来源：中华人民共和国驻马来西亚大使馆经济商务参赞处）

## 五、金融环境

1997年亚洲金融危机使马来西亚金融体系遭到了重创，1998年9月2日，马来西亚政府实施固定汇率制，对外汇流出实施严格管制。随着经济状况的好转，2005年7月21日，政府实施管理下的浮动汇率制，外汇管制措施大幅度放宽，为外国投资营造良好环境。

### （一）汇率

马来西亚货币为林吉特（也称令吉，Ringgit Malaysia）。可到银行及货币兑换所兑换林吉特，马来西亚所有银行都能兑现旅行支票。目前，林吉特不允许海外自由兑换。

人民币与林吉特不可直接兑换。人民币与林吉特进行结算需以美元搭桥。2010年8月19日起，中国外汇管理局开始公布人民币对林吉特汇率中间价。人民币对林吉特汇率中间价采取间接标价法。2013年4月11日，中国外汇管理局公布的人民币：林吉特汇率为100∶48.642。自2005年7月以来，林吉特对美元稳定上升，2008年3月一度升至3.1∶1，后略有波动和调整。2006年12月29日1美元约合3.52林吉特，2007年12月31日1美元约合3.31林吉特，2008年10月20日1美元约合3.51林吉特，2009年3月6日1美元约合3.74林吉特。近年来林吉特对美元再呈上升趋势，2013年4月11日，1美元约合3.0373林吉特。

（二）外汇管理

马来西亚外汇管制条例规定，在马来西亚注册的外国企业可以在当地商业银行开设外汇账户，用于国际商业往来支付。外汇进出马来西亚需要核准。外汇汇出马来西亚不需缴纳特别税金。

马来西亚原则上规定外国公民在入境或离境时若携带超过1万美元或等值的其他货币，需向海关申报。

在马来西亚工作的外国人，其合法的税后收入可全部转往国外。

（三）银行机构

马来西亚中央银行是国家银行（www. bnm. gov. my），主要负责维持国家货币稳定，管制和监督银行、金融及保险机构，发行国家货币林吉特。

马来西亚当地主要商业银行有：马来银行、土著联昌银行、大众银行、丰隆银行、兴业银行等。

马来西亚当地外资银行主要有：花旗银行、汇丰银行、标准渣打银行、美国银行、德意志银行、华侨银行以及中国银行和中国工商银行在马来西亚设立的分行等。

与中国国内银行合作较多的当地主要银行有：马来银行、丰隆银行、土著联昌银行等。

（四）融资条件

在融资条件方面，当地商业银行根据企业业绩、信用、发展潜力及具体融资项目对内外资企业的融资要求进行审查，以决定是否给予融资或贷款支持。

马来西亚国家央行的资料显示，2012年年底，马来西亚隔夜利率维持在3%，基本贷款利率为6.53%，1年定期存款利息为3.15%。

（五）信用卡使用

马来西亚当地信用卡使用较为普遍。中国银联公司所属VISA和万事达卡可在当地使用。

【*来源：改编自商务部国际贸易经济合作研究院，商务部投资促进事务局、中华人民共和国驻马来西亚大使馆经济商务参赞处共同主编.《2013版对外投资合作国别（地区）指南——马来西亚》. 第14～26页*】

## 缅甸投资环境分析

从投资环境吸引力的角度而言，缅甸的竞争优势有以下5个方面：缅甸有丰富的自然资源、人力资源和文化遗产；缅甸市场潜力大，又是联接东南亚和南亚两大市场的重要通道之一；缅甸政治上虽然存在不确定性，但目前国内政局相对稳定；缅甸有着丰富的人力资源，人均识字率高达90%；缅甸政府制定政策鼓励外国企业到缅甸来投资，缅甸政府大力支持以资源为基础的外资投资项目、出口项目，以及以出口为导向的劳动密集型项目，其允许投资的范围广泛，包括农业、畜牧水产业、林业、矿业、能源、制造业、建筑业、交通运输业和贸易等。

另外，缅甸的《外国投资法》于2012年11月2日实施，这是缅甸20年以来首次通过新的外国投资法，被外界称为“经济自由化”的举措。在未来数年内，将会有更多外资涌入缅甸，因此，投资者在缅甸投资将面临多元化竞争。

据世界银行发布的《营商环境报告》显示，2014年《营商环境报告》首次纳入缅甸，其“营商容易度”在189个国家和地区中排名第182位。因此，缅甸政府督促各部门加强协调合作，优先为商业主体提供良好服务，并制订针对私营企业改革的系统性计划，切实改善营商环境。

据世界经济论坛发布的《2013～2014年全球竞争力报告》显示，缅甸竞争力在全球148个经济体中排名第139位。

### 一、自然资源

缅甸矿产资源丰富，目前已探明的主要有石油、天然气、铜、铁、镍、铅、锌、银、铁、金、宝石、玉石等。天然气储量2.5万亿立方米，位居世界第10。探明石油储量20.2亿桶，铜储量9.6亿吨，铁储量2.2亿吨。铅、锌、银、金储量分别为30万吨、50万吨、750万吨和100吨。

缅甸森林资源十分丰富。林木种类有2300种，盛产柚木、檀木、鸡翅木、铁力木、花梨木等名贵硬木，其中柚木占世界总储量的60%，国际市场75%的柚木产自缅甸。此外，缅甸还有丰富的水力资源。缅甸海岸线漫长，渔业资源丰富。沿海又具有经济价值的石斑鱼、鲳鱼、龙虾等约105种，年捕捞量达105万吨。

### 二、基础设施

缅甸交通以水运为主，铁路多为窄轨。

1. 公路

近年来，缅甸政府大力修筑公路，陆路运输得到较大发展。缅甸交通和铁道部门数据显示，截至2012年11月，缅甸全国公路里程约为34377.2公里，在建约2921公里。

缅甸与中国、老挝、泰国、印度、孟加拉国接壤。连接中国与缅甸的公路主要有腾密公路。腾密公路缅甸段起点为云南腾冲与缅甸接壤的中缅南四号界桩，终点是缅甸北部重镇密支那，公路全部由中国援建。印度政府也将提供5亿美元经济援助，部分援款将用于修建连接印度、缅甸和泰国的三边公路，公路全长3200公里。

2. 铁路

铁路总长约5759.84公里，在建约284.85公里。拥有蒸汽机车43台、柴油机车270台、客车厢831节、货车厢3906节。

3. 空运

缅甸航空有民用飞机22架，民用机场45个，国内航线总长4500千米，国际航线4000千米。主要航空公司有缅甸航空公司、缅甸国际航空公司、曼德勒航空公司、仰光航空公司、甘波扎航空公司、蒲甘航空公司、亚洲之翼航空公司、金色缅甸航空公司等。全国有大小机场73个，主要机场有仰光机场、曼德勒机场、内比都机场、黑河机场、蒲甘机场、丹兑机场等。仰光、内比都和曼德勒机场为国际机场。截至2012年年底，缅甸已与20多个国家和地区建立了直达航线，主要国际航线可达曼谷、清迈、北京、昆明、广州、南宁、香港、台北、新加坡、吉隆坡、达卡、暹粒、金边、河内、胡志明、柏斯、伽雅、加尔各答、达卡、首尔、多哈、法兰克福等城市。

目前，中国前往缅甸的主要航线有：中国国际航空公司的北京—昆明—仰光航线，东方航空公司的昆明—仰光、昆明—曼德勒、南宁—仰光航线，南方航空公司的广州—仰光航线。

国内航线共17条，大城市和主要旅游景点均已通航。

4. 水运

内河航道约10271千米，各种船只537艘。伊洛瓦底江是主要通航干线。可供远洋货轮停靠的港口主要有仰光港、勃生港和毛淡棉港，其中仰光港是缅甸最大的海港。目前，缅甸在建的大型港口包括北部沿海的实兑港、南部的土瓦港及皎漂港。皎漂港对中国在缅甸及整个区域的战略意义不容小觑。皎漂港口距离实兑港南部仅100公里，是通往印度洋的重要通道。中国一直希望能打通连接印度洋的航线，由此船只将可以绕开马六甲海峡直接进入中国腹地。

主要港口有仰光港、勃生港和毛淡棉港，其中仰光港是缅甸最大的海港。缅甸交通部数据显示，截至2012年11月，内河航道约14836.5公里，各种船只537艘，目前仅有缅甸五星轮船公司经营远洋运输。

此外，缅甸计划在丹那沙林沿海再建2个深水港，即格勒沟深水港和波彬深水港，建成后将成为孟邦、克伦邦及丹那沙林省的贸易枢纽，并成为缅甸“东西经济走廊”越南河内至缅甸毛淡棉（孟邦首府）贸易通道的重要节点。

5. 通信

据缅甸邮电通讯部公布的数字，截至2012年，缅甸全国共有邮局1379个、电报局515个和电话交换台922个。电话交换台中392个为自动交换台，296个为人工接线台；在移动通讯方面，缅甸共有移动电话1435250部。截至2012年年底，缅甸手机用户540万。

在国际通讯方面，缅甸不仅开通了国际卫星电话，而且可以通过亚欧海底光缆2万条线路与33个国家直接连通，并能通过这些国家与世界其他国家进行通话。

缅甸通讯、媒体等有关数据

| 科目 | 数量 |
|---|---|
| 邮局 | 1379 |
| 电报局 | 515 |
| 传真 | 5446 |
| 电子电报 | 140 |
| 电话局 | 922 |
| 数字自动交换局 | 392 |
| 人工交换局 | 296 |
| 农村电话 | 234 |
| 电话 | 2297419 |
| 数字自动交换局 | 794279 |
| ARTS（一种制式）无线电话 | 3856 |
| DECT（一种制式）无线电话 | 1949 |
| CDMA 固定电话 | 20038 |
| 移动电话 | 1435250 |
| CDMA 移动电话 | 583750 |
| CDMA-800 | 250000 |
| D-AMPS 移动电话 | 38400 |

续表

| 科目 | 数量 |
|---|---|
| GSM移动电话 | 485100 |
| WCDMA移动电话 | 28000 |
| Me WLL移动电话 | 50000 |
| 电话覆盖率（每千人电话数） | 39.95 |
| E-mail/Internet | 7885 |
| 本地卫星站 | 1825 |
| 本地卫星站频数 | 7300 |
| 国际电话频数 | 4025 |
| 电视台 | 2 |
| 电视台中继站 | 218 |
| MRTV-4 | 29 |
| FM电台 | 6 |
| FM电台中继站 | 42 |
| 信息和公共关系办公室 | 398 |
| 信息部 | 398 |
| 图书馆机构 | 821 |
| 农村图书馆 | 55755 |
| 电子图书馆 | 126 |
| 政府印刷机构 | 7 |
| 报纸数 | 15 |

目前，中国联通GSM电话可在缅甸使用，但是话费及短信费用很高，中国移动全球通和联通CDMA在缅甸不能漫游。

6. 电力

截至2013年3月，缅甸已建有18个水电站，装机容量260万千瓦；1个火电站，装机容量12万千瓦；15个天然气发电站，装机容量71.4万千瓦。建成电站总装机容量343.4万千瓦。在建项目57个，总装机容量3993.45万千瓦；计划新建2个电站，总装机容量30.5万千瓦，年发电量15.9亿千瓦时；缅甸预计将建电站94个，总装机4387.2万千瓦，年发电量2253.9亿千瓦时。中国在缅甸已投资和拟投资的水电项目已超过20个，总装机容量达4147.6万千瓦。2012～2013财年累计发电97.37亿千瓦时，其中热能发电7.7亿千瓦时，柴油发电0.5亿千瓦时，水力发电65.39亿千瓦时，天然气发电23.77亿千瓦时。随着缅甸经济发展，缅甸用电需求逐年增大。目前，工业用电仍有缺口，但随着越来越多的电站项目建成投产以及输电线路的完善，工业、居民用电将有保障。

## 三、重点/特色产业

1. 工业

2011～2012财年，缅甸工业产值约占国民生产总值的26%。主要工业有石油和天然气开采、小型机械制造、纺织、印染、碾米、木材加工、制糖、造纸、化肥和制药等。

2. 农业

农业为国民经济基础。农业产值占国民生产总值的四成左右。主要农作物有水稻、小麦、玉米、花生、芝麻、棉花、豆类、甘蔗、油棕、烟草和黄麻等。2011年缅甸出口大米84.42万吨，创收3.24亿美元。在农业方面，2011～2012财年，缅甸共出口大米80多万吨。2012～2013财年前11个月，缅甸出口大米130万吨。80%的缅甸大米出口至中国市场。

畜牧渔业以私人经营为主。缅甸政府允许外国公司在划定的海域内捕鱼，向外国渔船征收费用。1990年开始同一些外国公司合资开办鱼虾生产和出口加工企业，水产品出口多个国家和地区。

3. 能源

截至2012年12月底，外国企业在缅甸石油和天然气领域投资113个项目，投资额达141.82亿美元，占外商在缅甸投资的34.18%。来自澳大利亚、英国、加拿大、印度、中国、俄罗斯、韩国、印度等30个国家的公司在41个区块投资，石油和天然气勘探和开采项目共计113个。目前，缅甸近海可供投资的区块有22个。中国的中国石化、中国石油、中海油、北方石油以及泰国国家石油、韩国的大宇、法国的道达尔、越南石油等公司都已与缅甸签署油气勘探开发区块协议。

4. 采矿业

缅甸矿产资源丰富，现已探明的主要矿藏有铜、铅、锌、银、金、铁、镍、红蓝宝石、玉石等。2011～2012财年，缅甸开采锡精矿799公吨、钨锡白钨矿625公吨、重晶石3.18万吨、煤炭35.5万吨、玉石4.31万吨、红宝石106.8万克拉、蓝宝石145.2万克拉、尖晶石47.5万克拉、橄榄石31万克拉。2012～2013财年，缅甸开采锡精矿886公吨、钨精矿2公吨、钨锡白钨矿601公吨、煤炭47.1万吨、玉石1.9万吨、红宝石85.2万克拉、蓝宝石135.1万克拉、尖晶石51.4万克拉、橄榄石28.6万克拉。

5. 加工制造业

截至2013年3月，共有621家缅甸本国企业和

242家外资企业投资加工制造业。2013年，缅甸政府在制造业领域新批外商投资项目89个，同比增长58.9%，新批外商投资额16.99亿美元，同比激增982.2%，占缅甸当年新批外商投资总额的61.1%，制造业成为外国对缅甸投资第一热点领域。

6. 旅游业

缅甸风景优美，名胜古迹多。主要景点有世界闻名的仰光大金塔、文化古都曼德勒、万塔之城蒲甘、茵莱湖水上村庄以及额布里海滩等。政府大力发展旅游业，积极吸引外资，建设旅游设施。较著名的饭店有：仰光的喜多娜酒店、茵雅湖酒店、商贸酒店、皇家公园酒店；内比都的妙多温酒店、丁格哈酒店、阿玛拉酒店；曼德勒的喜多娜饭店、曼德勒山酒店；蒲甘的丹岱饭店、蒲甘饭店等。根据缅甸酒店和旅游部统计数据，2012年赴缅甸游客达到近106万人次，比2011年的81万人次增长29.72%，2013年赴缅甸游客人数首次突破200万人次，其中游客来源国排名前5位的分别为泰国、中国、日本、韩国和马来西亚。

7. 缅甸大型企业

缅甸大型企业主要有缅甸经济控股公司（Myanmar Economic Holding Limited）。

## 四、国内市场

（一）销售总额

国际货币基金组织数据显示，2012～2013财年国内销售总额占GDP的24.6%，达110200亿缅元（约合130.7亿美元）。

（二）生活支出

国际货币基金组织数据显示，2012～2013财年，缅甸CPI为6.3%，预计2013～2014财年，CPI能够降到5.3%。2012年缅甸中央银行储蓄率为17.6%。

（三）物价水平

2012～2013财年，缅甸CPI为6.3%。2012年初，为解决公务员收入低的问题，缅甸政府为公务员提高工资和津贴。工资收入的增加，导致市场上大米、蔬菜及日用品价格上涨20%～50%。超市售大米平均价格1000缅元/公斤（约合人民币8元/公斤），猪肉5000缅元/公斤（约合人民币40元/公斤），食用豆油价格约1800缅元/升（约合人民币13元/升），鸡蛋价格一般为1200缅元/12个，平均每个鸡蛋100缅元（约合人民币0.8元/个）。

## 五、金融环境

（一）汇率

缅甸法定货币为缅元（Kyat），面额主要有10000、5000、1000、500、200、100、50、20和10。

外汇券：自1993年起，外汇券在缅甸流通，缅元对外汇券汇率与缅元对美元汇率基本相同。截至2012年12月31日，缅甸发行流通的外汇券价值3092万美元。2013年3月20日，缅甸联邦议会通过取消外汇券的议案。

汇率：缅甸央行自2012年4月起，采用基于市场情况并加以调控的浮动汇率制，这是缅甸新政府经济改革计划中的重要一环。此次外汇汇率改革，有利于外汇汇率整合、调控及开展国际结算和汇兑业务。

2013年3月31日缅甸外汇市场汇率为：1美元现钞兑换约880缅元，1欧元现钞兑换约1135缅元。

目前，缅元和人民币尚不能直接结算。

（二）外汇管理

缅甸的外汇管理主要通过缅甸外贸银行由外汇管理员和外汇管理部负责，外汇管理委员会负责分配外汇。缅甸外汇管理规定，未经外汇管理局负责人的许可，任何人在国内不得买卖、借贷、兑换外汇；居住在国外的任何在籍人员不得买卖、借贷、暂时支付、转让、兑换外币。国家规定缅元不得出入国境。但在中缅边境地区，根据贸易部（91）7号令，边境贸易可使用人民币和缅元。

除外汇管制当局特别批准保留外汇的情况外，非贸易外汇收入必须上缴。外汇当局仅对居住在缅甸，与官方业务有关的外国国民给予这种特许。

缅甸尚未完全解除外汇管制，但随着对外开放力度的加大，外汇汇进汇出与前几年相比自由度增加，外国企业可通过大华银行将美金汇进缅甸，中国工商银行也可协助企业与缅甸外贸银行协商，将投资资本金汇入。

根据缅甸外商投资法第39条规定，符合下列条件的外国企业的资金可通过涉外银行按汇率汇往国外：

1. 外资输入人应得的外币；

2. 外资输入人应提取的外币；

3. 从外资输入人年利润中扣除税收及其他费用后的纯收入；

4. 扣除税收及家庭成员生活费用后的外籍职员

的收入。

缅甸未规定利润等汇出是否缴税，具体缴税费比例需与缅甸投资管理委员会协商。

从2012年4月开始，外国人在进入缅甸时，可携带不超过1万美元或等值的其他货币而不必向海关申报。

（三）银行机构

缅甸银行机构的相关法律主要有：《缅甸中央银行法》（1990年7月）、《缅甸中央银行法实施细则》（1991年4月）、《缅甸金融机构法》（1990年7月）、《缅甸中央银行金融机构章程》（1992年5月）、《缅甸农业与农村经济发展银行法》（1990年7月）、《储蓄银行业法》（1992年6月）。缅甸已建立以中央银行为中心，以国营专业银行为主体，有多种金融组织并存的金融体系。

1. 缅甸中央银行

缅甸中央银行即国家银行，主要职责是在国内外稳定缅元价值，制定并实施货币政策，是缅甸国内流通货币的唯一发行者，行使缅甸政府的银行职能，作为政府有关经济事务顾问，监督、检查、指导国营和私营金融组织机构的业务工作，管理外汇储备金，以政府的名义参与国际金融事务，代表政府同国际机构进行业务往来。经中央银行批准，可成立国营、国家与私人合营及私营金融组织机构，开展金融活动。

2. 缅甸经济银行

主要职责是接受活期和短期存款，办理储蓄银行存款和发行储蓄单，发放各种贷款，发放退休金，销售汇票及承兑票据。银行分支机构管理缅甸的外汇券（FEC）。缅甸计划今后将缅甸经济银行业务从国内商业银行业务扩展到国际金融服务。

3. 缅甸投资与商业银行

该行始建于1989年，其业务是根据缅甸联邦《外国投资法》、《缅甸公民投资法》为投资筹集资金，为发展私营经济提供必要的国内外银行业务服务。为广泛扩展银行业务，1993年6月在曼德勒开设了缅甸投资与商业银行分行。

4. 缅甸外贸银行

缅甸外贸银行主要经营与外贸业务有关的银行业务。管理外贸中外汇业务和非贸易外汇业务，参与或执行有关外汇收支合同，依据双边贸易协议执行账户清算，经营管理国际国内银行业务，经营的范围有：接受缅元、外币存款；发放担保和未担保贷款；各种债券的发行、接受、贴现、买卖；买卖旅行支票和外币；保险箱业务等。缅甸外贸银行计划今后将逐步从专业银行转变为普通商业银行，第一步是受理个人和公司存款及出口贸易的金融服务。

5. 缅甸农业与农村发展银行

其前身是1953年成立的国家农业银行，1976年更名为缅甸农业银行。根据1990年颁布的《缅甸农业与农村发展银行法》成立的缅甸农业与农村发展银行，其任务是为国内农牧业的发展，为地方经济社会的繁荣进步，每年向农民发放年度、短期和长期贷款。该行在缅甸国内已形成全国性网络，共有14个省邦级分行、164个支行和48个办事处，从1993～1994年度开始实施乡村储蓄动员计划，根据计划向所有农民提供储蓄和贷款服务业务。

6. 缅甸小额贷款公司

根据1990年颁布的《缅甸金融机构法》，小额贷款业务为适应市场经济政策的需要，增进金融活动效率，于1992年3月从缅甸经济银行分离出来后单独成立的缅甸小额贷款公司（Myanmar Small Loans Enterprise）。

7. 缅甸保险公司

缅甸保险公司是缅甸唯一的一家国营保险机构，其任务是为保护投保者和国内外企业主的社会及经济利益，提供人寿、航空、工程、石油天然气、伤残、旅游等多种保险。缅甸保险公司在全国建有34个分支机构。

缅甸金融业的改革打破了由国家垄断银行业的局面。银行所有制有国营、国家和私人联营、私营与外国经营。截至2012年3月，缅甸已开设了4家国有银行和19家私营银行。缅甸政府允许外国人或外国资本在缅甸建立外资银行或外国银行办事处。目前，共有9个国家的银行在缅甸开设外国银行办事处17家，分别是新加坡4家，日本3家，孟加拉、马来西亚各2家，柬埔寨、泰国、文莱、越南、中国各1家等。上述外国银行办事处的开设，将对缅甸经济、通讯、金融等领域发挥重要作用。

近年缅甸开始允许外国银行设立代表处，目前已有中国工商银行、越南投资与发展银行等家外国银行在缅甸设有代表处。

（四）融资条件

缅甸中央银行存款利率10%，其他银行存款利率为8%～13%不等，贷款利率高于13%，缅甸融资条件有限，一般可通过项目抵押融资或者在同业之间拆借。

（五）信用卡使用

缅甸佑玛银行、Kanbawza银行等私人银行曾发行过信用卡，但2003年政府叫停所有信用卡的使用。2012年缅甸重启信用卡业务，但缅甸当地使用信用卡的人数还是很少。VISA、MasterCard等国际信用卡在缅甸的使用场所十分有限，仅在个别高档酒店和珠宝店可以使用。如缅甸Traders Hotel规定可以使用VISA、MasterCard，并向使用者收取4%的费用。从2013年1月1日起，中国银联卡可以在缅甸合作社银行的ATM机上取款，一天可提取3次，每次限额30万缅元（约合2300元人民币），每次取款手续费为5000缅币（约合35元人民币）。目前，除了中国银联支付卡（CUP）以外，万事达信用卡（MasterCard）、维萨信用卡（VISACard）、日本国际信用卡（JBC）3家国际信用卡公司也与缅甸银行签约。

【来源：改编自商务部国际贸易经济合作研究院，商务部投资促进事务局、中华人民共和国驻缅甸联邦共和国大使馆经济商务参赞处共同主编.《2013版对外投资合作国别（地区）指南——缅甸》.第21～35页】

## 菲律宾投资环境分析

菲律宾位于亚洲大陆的南缘，是商业、贸易的中转站，在泛北部湾经济合作中具有十分重要的战略地位。尽管菲律宾吸收外资的水平还有待提高，但其良好的自然资源环境和日益改善的政府鼓励投资政策，特别是菲律宾目前经济社会形势不断好转，使菲律宾的投资环境得到很大改善。

竞争优势：菲律宾环境优势明显。有丰富的旅游业资源、充足的人才资源、低廉的经营成本、巨大的农业发展潜力、前景广阔的采矿业等。菲律宾具有竞争优势的行业包括旅游业、创意产业（广告、音乐、数字内容）、业务流程外包、农商和基础设施等。菲律宾最大的优势是拥有数量众多、廉价、受过教育、懂英语的劳动力。菲律宾居民识字率达到94.6%，在亚洲地区名列前茅。加之菲律宾劳动成本远低于发达国家的水平，因而吸引了大量西方公司将业务转移到菲律宾。

竞争劣势：菲律宾政局较为动荡、基础设施有待改善、法制改革进展缓慢。经济发展急需的各项改革常在国会争论不休，旨在吸引私人资金的公私伙伴关系（PPP）项目进展缓慢；严重滞后的基础设施，特别是电力系统，成为潜在的外国投资者关注的主要问题。另外，世界银行研究显示，菲律宾对外国企业在关键领域的投资和股权限制是亚洲地区最严格国家之一，这是阻碍菲律宾吸引外资的重要因素。根据研究报告，相较马来西亚、越南、印尼、韩国、中国、日本、泰国和新加坡，菲律宾在允许外国资本在关键行业的合资公司中拥有股份的比例是最低的。

世界银行公布的“经商调查”结果显示，菲律宾于2013年成为投资经商环境改善最大的10个国家之一，在189个国家中的排名升至第108位，比2012年大幅上升30位。2014年1月，根据经济学人企业网络的调查，随着投资环境改善，菲律宾的经商环境在亚洲排名第2位。菲律宾因其良好的宏观经济表现信用等级已升级，形势看涨。

根据世界经济论坛发布的《2013～2014年全球竞争力报告》显示，菲律宾竞争力在全球148个经济体中排名第59位，比2012～2013年的排名上升6位。菲律宾政府提升竞争力的目标为，到2016年，菲律宾要在世界经济论坛（WEF）全球148个经济体的年度竞争力排行榜中达到或超过第43位。

### 一、自然资源

矿藏主要有铜、金、银、铁、铬、镍等20余种。铜蕴藏量约48亿吨、镍10.9亿吨、金1.36亿吨。地热资源丰富，预计有20.9亿桶原油标准的地热能源。巴拉望岛西北部海域初步探测的石油储量约3.5亿桶。森林面积1585万公顷，覆盖率达53%，有乌木、紫檀等名贵木材。渔产资源丰富，鱼类品种达2400多种，金枪鱼资源居世界前列。

### 二、基础设施

菲律宾恰好处于亚洲的中心位置，是唯一能在4小时之内抵达本地区主要首都城市的国家。历史上，它一直是地区与全球贸易的中心。甚至在早期西班牙时代，与亚洲邻邦的易货贸易就已经十分活跃。

与老东盟成员相比，菲律宾的基础设施建设比较落后。但近年来，菲律宾对基础设施的投入不断加大，阿基诺总统也将发展基础设施作为一项重要内容纳入了《2011年至2016年菲律宾发展中期规划》。目前，菲律宾的重要基础设施是根据《建设、经营和转让法》（即BOT法）来建设的。该法律允许私有投资者建设和经营基础设施，在一定时间后再移交菲律宾政府。阿基诺政府执政后，大力提倡通过公私伙伴关系（PPP）项目，吸引私人投资，改善基础设施。着重利用日本、美国、欧盟、世行、亚行及国际货币基金组织的融贷，吸引许多国内外企业参与公共工程投资、兴建及运营，基础设施目前正处在建设和完善的过程中。

1. 公路

菲律宾公路通行里程约 20 万公里，国家级占 15%，省级占 13%，市镇级占 12%，其余 60%为乡村土路，可全天候通行的里程不及一半。高速公路总长 200 多公里。全国共有 7440 座桥梁。

2. 铁路

铁路总长 1200 公里，主要集中于吕宋岛，其中可运营的铁路 400 多公里，其余均需改造升级。

3. 空运

大多数主要航线每天或每周都有多个航班从马尼拉飞往亚洲国家和地区以及美国、欧洲与中东的主要城市。菲律宾共有 203 个机场，其中 8 个为国际机场（重要的国际机场位于马尼拉和宿务），85 个为国营机场，118 个为私营机场，但很多机场设施落后，许多省会机场是土石跑道的简易机场。

2012 年，菲律宾国内航线客运量达 2056.7725 万人次，一举突破 2000 万人次大关，比 2011 年增长 9.6%。货运量方面宿务太平洋航空 9.95 万吨，同比增长 11.3%，占国内航空货运总量的 49%。其次分别为菲律宾航空 5.94 万吨，同比增长 10%；菲律宾鹰航空 2.55 万吨，同比增长 3.9%；飞龙航空 1.98 万吨，同比增长 30.2%；亚洲航空菲律宾公司 325 吨；东南亚航空 99 吨，同比减少 42%。

4. 水运

菲律宾共有 414 个主要港口。大多数港口需要扩建和升级，以容纳大吨位轮船和货物。菲律宾的集装箱码头设施完善，能高速有效地处理货运。马尼拉国际集装箱码头是亚洲效率最高的五大码头之一。

2012 年上半年，菲律宾港口货物吞吐量达到 8957 万吨，比 2011 年同期的 8436 万吨增长 6.17%。相较 2011 年同期，国际货运量从 4762 万吨增长至 5305 万吨，涨幅为 11.4%；国内货运量则从 3673 万吨下降 0.6%，达到 3651 万吨；进口货物由 2647 万吨上涨 4.01%，达到 2753 万吨，出口货物由 2115 万吨一跃升至 2552 万吨，涨幅 20.66%。

5. 通信

菲律宾的通信基础设施发展良好，能力属于中上水平，且近年来一直在扩建。国内网络质量高成本低，共有 6 个可用平台：固定线路、移动电话、有线电视、无线电视与广播以及 VSAT 系统。

6. 电力

菲律宾的电力成本高昂，居民用电电价居世界首位，工业用电电价居世界第 2 位，增加了企业的营运成本。目前菲律宾能确保的总装机容量为 1300 万千瓦。据菲律宾能源部估计，今后 20 年菲律宾需要新增电力近 1700 万千瓦，平均年增 4.6%，才能确保电力供应。按照菲律宾能源部《2012 电力发展规划》，2013 年至 2016 年菲律宾将新增装机容量 868 兆瓦，政府通过对菲律宾国家电力公司进行私有化改革，发展可再生能源等工作，努力提高发电量。

## 三、重点/特色行业

1. 农业

2012 年农业产值为 298 亿美元，占 GDP 的 11.89%。主要出口产品为椰子油、香蕉、鱼和虾、糖及糖制品、椰丝、菠萝和菠萝汁、未加工烟草、天然橡胶、椰子粉粕和海藻。

2. 服务外包

2012 年菲律宾服务流程外包（BPO）业务收入为 134 亿美元，占全球市场份额的 15%，对 GDP 的贡献率为 5.4%。

3. 旅游业

2012 年到访菲律宾的外国游客约为 427.28 万人次，比 2011 年增长 9.2%，旅游业收入 41 亿美元，对 GDP 的贡献率为 1.6%。

4. 制造业

2012 年制造业产值为 512 亿美元，占 GDP 的 20%。

5. 海外劳工汇款

菲律宾是全球主要劳务输出国之一，在海外工作的劳工有 1000 多万。2012 年菲律宾海外劳工汇款达 213.9 亿美元，约占 GDP 的比例为 9%，是名副其实的劳务输出大国。

6. 交通、通讯及仓储业

2012 年交通、通讯及仓储业产值为 163 亿美元，占 GDP 的 6.52%。

7. 采矿和采石业

2012 年采矿和采石业产值为 27 亿美元，占 GDP 的 1.09%

2002～2012 年，菲律宾一直没有进入《财富》500 强的企业。

## 四、国内市场

（一）销售总额

2012 年，菲律宾家庭最终消费支出总额按现价计算约为1856亿美元。

（二）生活支出

2013年6月，菲律宾CPI较上年同期上升2.8%。近年来，菲律宾的家庭储蓄率基本保持在18%左右。根据菲律宾国家统计局公布的数据，菲律宾居民的日常用品、个人卫生用品、服装和食品、医疗等基本生活开销占整个消费支出的比例为69%，其中食品支出平均占45%，服装和鞋帽支出占3%。

2013年6月，菲律宾央行调查显示，2013年第二季度仅有约2成的菲律宾家庭拥有储蓄存款。首都大马尼拉区第二季度储蓄存款的居民家庭比例为25.6%，相对于第一季度35%的比例明显下滑；首都区外第二季度储蓄存款家庭比例为21.9%。

（三）物价水平

菲律宾各地区的物价水平极不平衡，总体物价高于中国。其中蔬菜、温带水果（苹果、梨、葡萄、李子等）价格是中国的3～4倍，粮、油、蛋、奶及日用品、水、电、液化气等价格是中国的2～3倍，宾馆住宿、饭店就餐约为中国的2倍，汽车、商品房、服装、鞋子等价格与中国相当，海产品、热带水果较中国便宜。

2013年5月，菲律宾首都大马尼拉地区零售商品价格同比上涨3.2%，环比增长3.1%。所有受监测商品中，饮料和烟涨幅最高，同比增长20%；食品价格则下降了1.9%。

**五、金融环境**

（一）汇率

菲律宾货币为比索，可自由兑换。人民币与比索尚无法进行直接结算。

近年来，比索对美元汇率持续上升，2005年、2006年和2007年的平均汇率分别为55.09∶1、51.31∶1和46.15∶1，其中2007年比索对美元升值近19%，成为当年亚洲表现最佳的货币。截至2008年12月24日，比索兑美元汇率为47.52∶1，比年初贬值15.3%。2012年，菲律宾比索升值迅速，从年初的43.92∶1升至年终的41.19∶1。

（二）外汇管理

自1992年开始，菲律宾进行外汇管理制度改革。主要内容是：解除外汇管制，实行浮动汇率；在银行体系之外，可以自由买卖外汇；外汇收入和所得可以出售给授权代理行，也允许在银行体系之外进行交易，还允许在菲律宾国境内外自由存储外币，并且可以自由用于任何目的。

在菲律宾注册的外国企业可以在菲律宾银行开设外汇账户，用于进出口结算。所有进口商品的支付方式均无须中央银行批准，商业银行可以下列方式出售外汇用于支付进口：信用证、付款交单、承兑交单、贸易账户和直接汇款。在所有出口商品中，出口商均需向商业银行申领“出口报关单”。对出口可采取如下方式支付：许可的方式、其他许可方式、可兑换的外币。

在菲律宾工作的外国人，其合法税后收入可全部转出。携带现金出入境需要申报，数额规定是1万比索，外汇无限额，1万美元以上需报关。

（三）银行机构

菲律宾中央银行是国家货币管理部门，负责制定和实施国家外汇管理政策。菲律宾的银行系统分为4类：商业银行、储蓄银行、农村银行、政府特设银行。

商业银行是菲律宾银行体系的核心，总资产约占银行业总资产的90%。主要商业银行有：首都银行、BDO银行、菲岛银行、菲律宾国家银行等。截至2013年3月22日，菲律宾有36家商业银行，70家储蓄银行及582家农村和合作银行。截至2012年底，各银行的营业网络增加到9410家，拥有ATM机12225台。2012年上半年，菲律宾银行业的总资产为7.41万亿比索，比2011年同期增长5.54%。从数量上看，外资银行参与菲律宾市场的程度居亚洲新兴市场国家前列，外资银行已成为菲律宾银行体系的重要组成部分。菲律宾当地主要外资银行有：渣打银行、汇丰银行、花旗银行、美洲银行。

菲律宾政府在2013年5月份修订了第10574号共和国法案（即外资参股农村银行法）和1992年的第7353号共和国法案（即农村银行法修正案），允许外国投资者收购或购买农村银行60%的投票权股，解除了20年来阻碍农村银行发展的外资股权限制。

（四）融资条件

在菲律宾注册的外商投资企业进行本地融资没有法律障碍，融资的可能性主要取决于公司资质、项目效益、风险评估等方面的因素。

（五）信用卡使用

中国国内各银行发行的信用卡，只要是Visa或Master卡，都可以在菲律宾的机场、饭店、大型购物中心使用；很多商店也接受使用银联卡。

【来源：改编自商务部国际贸易经济合作研究院，商务部投资促进事务局、中华人民共和国驻菲律宾共和国大使馆经济商务参赞处共同主编.《2013

版对外投资合作国别（地区）指南——菲律宾》.第12～21页】

## 新加坡投资环境分析

新加坡是一个岛国，地理位置非常特殊，贸易十分发达，作为一个基本上没有关税的国家，新加坡自由贸易的程度在全球名列前茅。另外，新加坡在投资方面处于世界领先地位。新加坡投资环境的吸引力主要体现在7个方面：地理位置优越、基础设施完善、政治社会稳定、商业网络广泛、融资渠道多样、法律体系健全、政务环境廉洁高效。

投资优势：新加坡的经济竞争优势包括拥有世界级的海陆空交通设施以及良好的宏观经济环境和财政管理。另外，新加坡政府对教育的关注也使得新加坡在高等教育与培训的领域中有所进步。尽管新加坡私人企业界的创新能力越来越强，但仍有进一步提升的空间。

自2006年以来，在世界银行每年一度的《全球营商环境报告》中，新加坡经商环境一直高居全球榜首，被世界银行称为“世界上最容易做生意的地方”。世界经济论坛公布的《2013～2014年全球竞争力报告》显示，新加坡的竞争力在全球148个经济体中排名维持第2位，仅次于瑞士，与2012～2013年的排名持平。

### 一、自然资源

新加坡资源比较匮乏，主要工业原料、生活必需品需进口。岛上保留有部分原生植物群。新加坡所使用的能源主要是天然气，很大程度上依赖进口。并且该国必须进口大部分食品。新加坡的土地极其珍贵，农业用地大部分位于和马来西亚接壤的边境地带。其他重要资源，例如水也很稀缺。

### 二、基础设施

新加坡基础设施完善，拥有全球最繁忙的集装箱码头、服务最优质的机场、亚洲最广泛的宽频互联网体系和通信网络。

1. 公路

新加坡虽土地稀缺，但15%的土地面积用于建设道路，全国形成了以8条快速公路为主线、众多普通道路为支线的公路网络，覆盖全岛每个角落。目前，新加坡公路总里程3377公里，公路密度为每平方公里4.74公里，其中高速公路150公里，普通道路2582公里。据统计，新加坡已建成3000公里以城市快速路为主干、普通道路为主线的道路交通网络。

在新加坡，公共交通网十分成熟和发达。全国形成了以83千米地铁线为中轴、200多条巴士线为辐射、3000多个站点为扩散的公共交通网。截至2012年，新加坡轨道交通合计约175公里，有130多个站，其中快速轨道中轻轨与地铁共计128公里，有92个车站。公共汽车3000多辆，公交车站达4615个，出租车超过1.8万辆，共计250条运营线路。

2. 铁路

2011年7月1日，马来亚铁路新加坡段停运，从而结束了新加坡有铁路的历史。2013年，马来西亚和新加坡达成协议，将架设1条连接新加坡和吉隆坡的高速铁路，预计2020年完工。目前正在计划中的泛亚铁路，将连接中国昆明和包括新加坡在内的7个东盟国家，预计全长7000公里。

截至2011年年底，新加坡轨道交通线路总长158.7公里，其中地铁线路（MRT，Mass Rapid Transit）146.5公里，设97个站；轻轨线路（TRT，Light Rail Transit）28.8公里，共设34个站点。

3. 空运

新加坡是亚洲地区重要的航空运输枢纽。新加坡樟宜机场连续多年被评为世界最佳机场。2012年，新加坡樟宜机场接待乘客数量和航班起降数量分别创历史新高，全年接待量首次突破5000万人次大关，达到5120万人次，航班起降达32.47万趟次。2013年客运量5278万人次，货运量185万吨。截至2013年年底，新加坡樟宜机场每周固定航班超过6600趟。

截至2013年年底，共有107家航空公司在樟宜机场提供服务，衔接新加坡与全球62个国家的250多个城市。中国国航、南航、东航、海南航空、厦门航空和新加坡航空公司、胜安航空、虎航、捷星等9家航空公司已开通新加坡往返中国北京、上海、天津、重庆、长沙、成都、大连、福州、广州、桂林、海口、杭州、哈尔滨、昆明、南京、南宁、宁波、青岛、汕头、沈阳、深圳、太原、武汉、西安、厦门和郑州等26个城市的航线。由网站AirlineRatings.com推出，根据全球航空业监管机构、主要航空协会和政府的审查资料，以及航空公司意外事故死亡纪录，对全球448间航空公司进行安全性排名，新加坡航空排第六。

4. 水运

新加坡是世界上最繁忙的港口和亚洲主要转口枢纽之一，还是世界最大燃油供应港口。以新加坡为中心的海运网络由200多条航线组成，连接123个国家的600个港口。新加坡港有4个集装箱处理码头，集装箱船泊位54个，年集装箱处理能力3500万个标准箱，为全球仅次于中国上海的集装箱港口。

近年来，岸外与海事业一直是新加坡发展非常迅速的行业，它为新加坡经济的贡献超过160多亿新加坡元（约合800亿元人民币）。2013年新加坡港货运量5.6亿吨，集装箱吞吐量3258万标箱，海运客运量658万人次。截至2013年年底，新加坡注册船舶4430艘，总吨位7750万吨。

5. 通信

（1）电话：截至2013年年底，新加坡固定电话用户197万户，移动电话用户842万户。

（2）互联网：新加坡政府高度重视网络基础设施建设，并将其纳入提升国家知识型经济层次和国际竞争力的发展战略。截至2013年，新加坡宽带用户（包括移动互联网用户）1065万户。根据“智慧国2015”计划，到2015年，新加坡将采用光纤到户技术，将全岛宽带网速提升到1Gbps，比现有最高网速快10倍，宽带网普及率从目前的52%提升到90%。

（3）邮政：新加坡设有62个邮局和300多台邮政自助机，邮政服务网络遍布全岛各主要区域，国内和国际快捷邮件业务为邮政业务重点。2012年共处理邮件20.3亿件。

6. 电力

新加坡电力资源供应充足，可满足本国经济和社会发展需要。全国电力装机容量约为10680兆瓦，全部为火电，燃料为石油和天然气。2013年总发电量479.5亿千瓦时，销售电量432.3亿千瓦时。其中，居民用户数量占88%，用电量占17.1%；制造业用户数量占2%，用电量占35.8%，其他企业用户用电量占47.1%。

2008年，中国华能集团新加坡全资子公司——中新电力与新加坡淡马锡集团签署了收购淡马锡大士电力公司100%股权的排他性协议。大士电力是新加坡3大电力企业之一，通过收购大士电力公司，华能集团在新加坡拥有2670兆瓦的装机容量，占有新加坡电力市场25%以上的市场份额。

## 三、重点/特色行业

2013年《财富》世界500强企业名单中，新加坡有两家企业上榜，分别为排名第224的丰益国际（Wilmar International）和排名第492的伟创力(Flextronics International)，2012年两家企业的营业收入分别为454.6亿美元和236.1亿美元。

1. 电子工业

电子工业是新加坡传统产业之一，2013年总产值808.6亿新加坡元，占制造业总产值的27.8%；增加值174.7亿新加坡元，占制造业增加值的30.3%；就业人数7.64万人，占制造业就业人数的18.4%。主要产品包括：半导体、计算机外部设备、数据存储设备、电信及消费电子产品等。

2. 化学工业

新加坡是世界第3大炼油中心和石油贸易枢纽之一，也是亚洲石油产品定价中心。2013年化学工业总产值971.1亿新加坡元，占制造业总产值的33.4%；增加值为39.8亿新加坡元，占制造业增加值的6.9%；就业人数2.49万人，占制造业就业人数的6%。主要产品包括石油、石化产品及特殊化学品。埃克森美孚、壳牌、住友化学公司及中国的中石油、中石化等世界著名石化企业纷纷聚集裕廊工业区。

3. 生物医药

生物医药是新加坡近年重点培育的战略性新兴产业，2013年总产值236.8亿新加坡元，占制造业总产值的8.2%；增加值117.9亿新加坡元，占制造业增加值的20.5%；就业人数1.67万人，占制造业就业人数的4%。启奥生物医药研究园和大士生物医药园吸引了世界顶尖十大制药公司前来投资。

4. 交通工程业

2013年总产值321.7亿新加坡元，占制造业总值的11.1%；增加值97.7亿新加坡元，占制造业增加值的16.9%；就业人数11.14万人，占制造业就业人数的26.8%。新加坡岸外海事工程的主要建造和供应商是胜科海事（Sembcorp Marine）和吉宝集团（Keppel Group）。

5. 精密工程业

2013年总产值331.4亿新加坡元，占制造业总产值的11.4%；增加值为75.1亿新加坡元，占制造业增加值的13%；就业人数8.97万人，占制造业就业人数的21.6%。主要产品包括半导体引线焊接机和球焊机（全球市场占有率为70%）、自动卧式插件机（全球市场占有率为60%）、半导体与工业设备等。

6. 运输仓储业

2013年新加坡运输仓储业产值243.2亿新加坡元，占GDP的6.6%。全年航空客运量5277.5万人次，航空货运量185万吨；海运货运量5.61亿吨，集装箱吞吐量3258万标箱，海运客运量657.7万人次。新加坡航空公司等100多家航空公司在新加坡提供航运服务；新加坡本地海运企业主要有海皇集团（NOLGroup）、万邦航运（IMC Group）、太平船务（PIL）等。

7. 金融保险业

新加坡是区域金融中心和亚洲美元市场中心之一，2013年金融保险业产值423.48亿新加坡元，占GDP的11.4%。

8. 批发零售业

2013年产值634.37亿新加坡元，占GDP的17.1%。

9. 商业服务业

2013年产值543.5亿新加坡元，占GDP的14.7%

10. 资讯通信业

2013年产值138.23亿新加坡元，占GDP的3.7%。新加坡主要电信供应商为新电信（Singtel）、星和电讯（Starhub）和第一通讯（M1）。

为提升新加坡知识经济的竞争力，政府制定了“智慧国2015”（iN2015）发展蓝图，计划在2015年实现六大目标：90%的家庭使用宽带网络；有学龄儿童的家庭100%拥有电脑；在利用资讯通信科技为经济和社会增值方面领先世界各国；资讯通信科技业创造8万个就业机会；资讯通信业增值成倍增加，达到260亿新加坡元（约合172亿美元）；资讯通信业出口的收入翻两番，达到600亿新加坡元（约合400亿美元）。

11. 旅游业

旅游业是新加坡外汇主要来源之一，2013年旅游业收入235亿新加坡元，同比增长2%。全年到访游客1556.78万人次，同比增长7.4%；前五大客源地依次为印度尼西亚、中国、马来西亚、澳大利亚和印度，其中中国游客227万人次，增长11.6%，占外国游客总数的14.6%。

## 四、国内市场

（一）销售总额

2012年，新加坡批发零售营业收入14913亿新加坡元，约合11934亿美元，比2011年下降0.7%，其中零售业营业收入387亿新加坡元，约合309亿美元，比2011年增加2%。

（二）生活支出

2012年，新加坡总储蓄金额1576亿新加坡元，折合1261亿美元，同比增长0.8%，储蓄率45.6%，比2011年度增加0.6个百分点。

2012年，新加坡私人消费支出1355亿新加坡元，折合1084亿美元，其中各项本国消费支出占比为：住房20.4%、文化娱乐13.3%、交通13.1%、医疗6.9%、食品6.8%、餐饮服务6.3%、家具设备及房屋维修5.7%、教育3.5%、衣着2.5%、住宿2.7%、通讯2.1%、杂项商品和其他服务16.3%。

（三）物价水平

受住房、交通以及食品价格上涨影响，2012年新加坡消费价格指数上涨4.6%，涨幅比2011年有所回落。其中住房价格上涨7.1%，贡献2个百分点；交通消费价格上涨7.1%，贡献1.3个百分点；食品价格上涨2.3%，贡献0.5个百分点；医疗、教育等消费价格也都有不同程度上涨。2012年12月底，新加坡主要基本生活品平均价格分别为：泰国香米（5公斤装）约14.5新加坡元/袋，猪五花肉约16新加坡元/公斤、猪排骨约21新加坡元/公斤，牛里脊肉约35新加坡元/公斤、牛腩约16新加坡元/公斤，鸡蛋每10粒约2.8新加坡元，食用油（2公斤装）约7新加坡元/瓶。

据新加坡发布的统计公告，2013年消费价格指数（CPI）同比上涨2.4%，剔除住房和交通之后的核心通胀率为1.7%。在纳入统计范畴的8大类消费中，医疗、教育、休闲和住房价格涨幅靠前，同比分别上涨3.8%、3.3%、2.7%和2.6%。按照各类消费所占权重计算，住房、食品、休闲和交通是消费价格指数上涨的主要推手，对全年CPI升幅的贡献率分别达到27%、19%、18%和15%。

## 五、金融环境

（一）汇率

新加坡的货币为新加坡元（Singapore Dollar）。

新加坡元为可自由兑换货币。新加坡金融管理局通过将新加坡元的贸易加权汇率维持在一定目标区域内实现货币政策目标。新加坡金融管理局每半年发布一次货币政策报告，报告会在金融管理局网站上公布，网址：www.mas.gov.sg/eco_research/policy_issues/Monetary_Policy_Statements.html。

2007年以来，新加坡元对美元兑换率有小幅波动，总体呈稳步增长趋势。基本数据如下表：

2007～2013 年新加坡元兑美元汇率变化情况

| 年度 | 新加坡元/美元 | |
|---|---|---|
| | 当年平均值 | 年末值 |
| 2007 | 1.5071 | 1.4412 |
| 2008 | 1.4148 | 1.4392 |
| 2009 | 1.4545 | 1.4034 |
| 2010 | 1.3635 | 1.2875 |
| 2011 | 1.2579 | 1.3007 |
| 2012 | 1.2497 | 1.2231 |
| 2013 | 1.2513 | 1.2000 |

（资料来源：新加坡统计局）

（二）外汇管理

新加坡本国的外汇管理分属 3 大机构：金融管理局负责固定收入投资和外汇流动性管理，用于干预外汇市场和作为外汇督察机构发行货币；新加坡政府投资公司负责外汇储备的长期管理；淡马锡控股利用外汇储备投资国际金融和高科技产业以获取高回报。

新加坡无外汇管制，资金可自由流入流出，企业利润汇出无限制也无特殊税费。但为保护新加坡元，1983 年以后实行新加坡元非国际化政策，主要限制非居民持有新加坡元的规模。包括：银行向非居民提供 500 万新加坡元以上融资，用于新加坡境内的股票、债券、存款、商业投资等，银行需向金管局申请；非居民通过发行股票筹集的新加坡元资金，如用于金管局许可范围外的境内经济活动，必须兑换为外汇并事前通知金管局；如金融机构有理由相信非居民获得新加坡元后可能用于投机新加坡元，银行不应向其提供贷款；对非居民超过 500 万的新加坡元贷款或发行的新加坡元股票及债券，如所融资金不在新加坡境内使用，汇出时必须转换成所需外币或外币掉期等。

新加坡对个人携带现金出入境有一定限制。根据新加坡政府 2007 年颁布的条例，从 2007 年 11 月 1 日起，旅客出入境新加坡时，如果携带总值超过 3 万新加坡元（或相等币值的外币）与不记名票据（CBNI），必须依照法律规定，如实申报全部数额。对于未如实申报者，最高可被罚款 5 万新加坡元，或被判坐牢不超过 3 年，或两者兼施。所携带的货币与不记名票据也可能被没收。上述不记名票据是指旅行支票或可转让票据。可转让票据即持有人形式、无限制背书、签发给虚构收款人或一经交付即转移持有权的票据，也包括已签署但没写上收款人姓名的可转让票据，可转让票据包括汇票、支票或本票等。

（三）银行机构

新加坡不设中央银行，金融管理局行使央行职能。

截至 2013 年 4 月，新加坡共有商业银行 123 家，其中本地银行 6 家，外资银行 117 家。新加坡本地主要银行有：星展银行、大华银行、华侨银行。中国的中国银行、工商银行、建设银行、农业银行、交通银行均在新加坡设有分行。其中，中国工商银行新加坡分行和中国银行新加坡分行于 2012 年 10 月获得新加坡金融管理局颁发的特权全面银行牌照。2013 年 2 月，中国人民银行授权工商银行新加坡分行为人民币清算行。

（四）融资条件

外资企业可向新加坡本地银行、外资银行或中资银行、各类金融机构申请融资业务，并由银行或金融机构审核批准。可申请的贷款和融资类型包括短期贷款、汇款融资、应收账款融资、出口融资、分期付款等。申请银行贷款，需提交申请者自身情况、申请者企业概况、营业计划、盈利情况等必要材料。此外，新加坡政府为鼓励外资进入，在研发、贸易、企业扩展等方面制订了系列优惠或奖励措施，如新企业发展计划、企业家投资奖励计划、全球贸易商计划、地区总部奖等。上述计划由新加坡法定机构管理，如企发局、经发局、金融管理局、标准、生产力与创新局等。企业可根据自身条件申请，以获得税收优惠或手续便利等。

（五）信用卡使用

信用卡在新加坡使用十分普遍。截至 2011 年年底，各发卡机构新加坡共发行信用卡 833 万张（其中主卡 688 万张，附属卡 145 万张）。2011 年全年刷卡消费金额 352.33 亿新加坡元。但政府对申办信用卡有比较严格的规定，如 21～55 岁之间的申请人年收入需达到 3 万新加坡元；55 岁以上的申请人年收入需达到 1.5 万新加坡元。根据新加坡金融管理局统计数据显示，截至 2013 年 11 月，新加坡的信用卡滚动债款达到 53.79 亿新加坡元，创历史最高纪录。

中国银联近年来与新加坡银行的合作发展迅速，通过星展及其他银行的商户网络，中国银联卡刷卡消费业务基本覆盖新加坡的中高端百货商场，并可在绝大多数自动取款机上直接提取新币。

（六）开户及结算

中资企业在新加坡开立银行账户无特殊限制和税费，只需根据开户行要求提供企业相关文件资料即可。一般可开立新加坡元、美元、港币、欧元、澳元等账户。目前新加坡的中国银行、工商银行、星展银行、汇丰银行已推出了人民币业务，可开设人民币账户，人民币可直接结算。

【来源：改编自商务部国际贸易经济合作研究院，商务部投资促进事务局、中华人民共和国驻新加坡共和国大使馆经济商务参赞处共同主编.《2013版对外投资合作国别（地区）指南——新加坡》.第13～27页】

# 泰国投资环境分析

从投资环境吸引力的角度来看，泰国的竞争优势有6个方面：社会总体较稳定，对华友好；经济增长前景良好；市场潜力较大；地理位置优越，位处东南亚地区中心；工资成本低于发达国家；政策透明度较高，贸易自由化程度较高。

东盟经济共同体（AEC）将在2015年全面建成，届时，东盟各国间的贸易、投资、服务等方面合作的开放力度将进一步放宽。为了迎接AEC，泰国或开放更多保护性行业投资。目前泰国正积极加速跨境交通的构建和基础设施建设的投资，确保连接越南、老挝、泰国以及缅甸4国的东西经济走廊得以健康发展。

根据世界经济论坛发布的《2013～2014年全球竞争力报告》显示，泰国竞争力在全球148个经济体中排名第37位，比2012～2013年的排名上升1位。

## 一、自然资源

泰国矿藏主要有钾盐、锡、钨、锑、铅、铁、锌、铜、钼、镍、铬、铀等，还有重晶石、宝石、石油、天然气等。其中钾盐储量4367万吨，居世界首位；锡总储量约150万吨，占世界总储量的12%，居世界首位；石油总储量2559万吨；褐煤蕴藏量约20亿吨；天然气蕴藏量约3659.5亿立方米；森林覆盖率20%。

泰国还有丰富的生物资源。全国森林面积1440万公顷，覆盖率达25%。有30多万种植物，其中不少属珍贵林木，柚木是主要的名贵木材。泰国的橡胶产量也居世界首位，年产达210万吨，占世界总产量的三分之一，90%用于出口。此外，泰国河流湖泊众多，因而盛产多种鱼类，良好的气候条件同样使当地的榴梿、山竹、荔枝等热带水果名扬天下。

## 二、基础设施

自2011年遭受特大水灾后，泰国政府计划投入3500亿泰铢进行灾后重建和基础设施建设，并计划在10年内投入730亿美元，完成高速铁路网络、城市运输系统、全面防洪工程等项目。

目前，泰国政府已通过约699亿美元投资基础设施计划，兴建4条高铁将该国主要城市连接起来，并最终连接中国、老挝和马来西亚等国。该项目于2013年9月进行国际招标，2014年动工，计划于2020年建成。

1. 公路

泰国的公路交通运输业较发达，公路网覆盖全国城乡各地。泰国全国公路总里程约51537公里。其中，一级公路7100公里，二级公路10780公里，府级公路33200公里，城际公路280公里。与中国及周边国家互联互通情况如下：

R3A线路：泰国—老挝—中国云南省，全长达1200公里；

R3B线路：泰国—缅甸—中国云南省；

R3E线路或“昆曼公路”：泰国—老挝—中国云南省，全长约1863公里，其中中国境内段全长690公里，老挝境内段全长228公里，泰国境内段全长945公里；

R3W线路：泰国—缅甸—中国，全长约1850公里；

R8线路：老挝—越南—中国广西壮族自治区；

R9线路：泰国—老挝—越南（连接R1线路）—中国广西壮族自治区；

R12线路：泰国曼谷—老挝—越南—中国广西壮族自治区，全长约1769公里。

2. 铁路

泰国铁路系统相对较落后，铁路网里程约4430公里，均为窄轨，覆盖全国47府。4条主要铁路干线以曼谷为中心向北部、东部、南部及东北部延伸。北部到清迈，东部到老挝边境，南到马来西亚国境。根据泰国铁路2002～2031年发展规划，泰国国家铁路公司已完成对1539公里轨道的升级。

目前，从云南昆明连接越南、柬埔寨、泰国、马来西亚、新加坡的铁路大部分路段由现有的铁路连接而成。

3. 空运

泰国航空事业比较发达。航空客运已成为外国游客入境泰国的主要运输方式，乘飞机入境泰国的外国游客人数约占入境泰国的外国游客总人数的80%。在货物运输方面，由于航空货运的费用较高，航空货运总额仅分别占国内货运比重和国际货运比重的0.02%和0.3%，采取航运的产品主要是单位价格高的产品，包括电子配件以及花束等。

泰国全国共有38个大小机场。其中国际机场有7个。从泰国任何一个省份或地区到曼谷的飞行时间仅1小时左右。曼谷是东南亚地区重要的航空枢纽。国际航线可直飞亚、欧、美及大洋洲的30多个城市。中国的香港、北京、上海、广州、昆明、成都、汕头等城市都有固定航班往返曼谷。

4. 水运

泰国的水运包括海运和河运。目前泰国已有122个港口码头，包括8个国际深水港，分别位于曼谷（Khlong Toei Port/Bangkok Port）、东海岸的廉差邦（Laem Chabang Port）和马达朴以及南海岸的宋卡、沙敦、陶公、普吉和拉农等府，年吞吐量超过450万标准集装箱。曼谷是最重要的港口，承担全国95%的出口和几乎全部进口商品的吞吐。湄公河和湄南河为泰国两大水路运输干线，内陆水道约4000公里。重要港口包括清盛港（Chiang Saen Port）、清孔港（Chiang Khong Port）等。

5. 电信

泰国电信业比较发达，目前各种形式的电信网络已覆盖全国各地，包括固定电话、移动电话、ADSL宽带互联网、卫星调制解调器及拨号入网服务等。泰国主要的电信服务商包括国有的CAT、TOT以及民营的AIS、DTAC、TRUE等。2012年，泰国移动通讯服务业增长前景明朗，数据业务使用量激增38%，市场总额约54.7亿美元。全国互联网用户约2400万。目前移动、宽带和固定线路的基础设施已覆盖泰国87%的人口。2012年年底，免费的公共Wi-Fi热点将从1万多个增加至3万个，政府推出的免费Wi-Fi服务已经吸引了近28万用户。从2014年4月1日起，泰国国内6个主要机场的所有区域都能向旅客提供免费的无线宽带服务。

6. 电力

目前泰国自身发电能力基本能满足国内需求，但伴随经济复苏，电力供需矛盾日益突出，目前泰国正与老挝、缅甸等周边国家积极开展合作，以期满足本国日益上涨的电力需求。目前，泰国供电容量为3万兆瓦，平常实际发电量只为27000兆瓦。泰国的民用供电系统为交流电压220伏/50赫兹，工业用电为交流电压380伏/50赫兹，电费采用分时段费率计收。

## 三、重点/特色行业

1. 农业

泰国是个农业大国，全国人口的69%在农村务农，超过一半的土地是农业用地，农业在经济和社会结构中占据重要地位。2011年底洪水危机之后，气候条件恢复正常，2012年泰国农业经济增长了4%，农作物产量增长了5.5%，产量增加的农作物主要包括大米、木薯、橡胶、棕榈油、水果。相反，甘蔗、菠萝、玉米和大豆的产量却有所下降。由于国外市场的需求不断增加，木薯、糖和水果的出口量增多。而大米、玉米、棕榈油、菠萝罐头的出口量同比下降。由于鸡肉、猪肉、鸡蛋及原奶的产量增加，2012年畜牧业增长3.2%。2012年泰国农业产值447.76亿美元。主要农产品包括：稻米、天然橡胶、木薯、玉米、甘蔗、热带水果。2012年，泰国大米出口672万吨，出口金额46.1亿美元；天然橡胶出口299.9万吨，出口金额87亿美元；木薯出口470.3万吨，出口金额10.9亿美元。

2. 旅游业

旅游资源丰富，有500多个景点，主要旅游点有曼谷、普吉、帕塔亚、清迈、清莱、华欣、苏梅岛。2012年到访的外国游客达1911万人次，同比增长19.9%，带动酒店餐饮业实现产值171.5亿美元，同比增长7.5%，约占GDP的5%。此外，2015年东盟经济共同体建成将使各国游客到东盟贸易投资或旅游休闲更加便利，也将推动泰国旅游业的继续发展。

3. 制造业

2012年泰国制造业产值1228.6亿美元，占GDP的33.6%。主要制造业门类有汽车装配、电子、塑料、纺织、食品加工、玩具、建材、石油化工等。

4. 建筑业

2012年泰国建筑业产值89.7亿美元，占GDP的2.5%。在2012年泰国建筑产业的雇佣率为246万人，占全国就业人数的6.3%。

5. 汽车工业

2012年泰国汽车产量达245.4万辆，跻身全球10大汽车生产国之列。国内市场销量143万辆，同比大增80%。2012～2013年泰国进口汽车零配件达

20亿美元，但随着泰铢汇率贬值，泰国转向出口汽车零配件。泰国平均生产汽车零配件达6000亿泰铢，内销及出口各占一半。

6. 大型企业

正大集团（Charoen Pokphand Group, CP Group）由华裔实业家创建于1921年，在中国以外称作卜蜂集团。公司已形成以农牧、水产、种子、电信、商业零售为核心，石化、机车、房地产、国际贸易、金融等业务共同发展的格局，是世界上最大的农牧工商一体经营公司。

泰国国家石油有限公司（PTT PCL）是财富杂志世界500强中唯一的泰国公司。2012年公司营业收入796.9亿美元，位列500强第95位，较2011年上升了33位。另外泰国石油计划2014年内再增设40个加油站和对200个加油站进行修缮升级。

诗董橡胶股份有限公司（Sritang Agro Industry PCL）成立于1987年，是泰国最大的天然橡胶生产商和出口商之一，员工总数超过9000人，年天然橡胶总产销量80万吨。

## 四、国内市场

（一）销售总额

2012年，泰国居民消费支出总额61218.8亿泰铢，约合1969.7亿美元。

（二）生活支出

据泰国统计局数据，泰国家庭月均收入23236泰铢，支出17403泰铢。2012年，泰国居民耐用品消费同比增长31.3%，半耐用品消费同比增长4.2%，食品消费同比增长1.4%，非食品类非耐用品消费同比增长6.7%，服务消费同比下降0.9%。

（四）物价水平

曼谷基本生活品物价：食用油40泰铢（约合人民币8元）/升；鸡蛋50泰铢（约合人民币10元）/10个；大米30～40泰铢（约合人民币6～8元）/公斤；猪肉180～190泰铢（约合人民币36－38元）/公斤；去骨鸡肉85～95泰铢（约合人民币17～19元）/公斤。

## 五、金融环境

（一）汇率

泰国货币单位为铢（Baht）。1铢等于100士丁（Satang）。泰铢为可自由兑换货币。2013年3月25日，泰国央行公布的泰铢对美元和欧元的汇率中间价分别为29.1067∶1和37.7939∶1，人民币与泰铢的汇率中间价为4.7161∶1。

近几年来，随着美元疲软，泰铢对美元的汇率呈现稳定升值态势。2005年年底汇率为1美元兑换40.22泰铢，2008年年底为1美元兑换35.0824泰铢，2009年年底为1美元兑换33.5168泰铢，2011年年底为1美元兑换31.8319泰铢，2012年年底进一步降低至1美元兑换30.7775泰铢。

（二）外汇管理

泰国外汇管制法规定对所有居民持有的外汇在携带入泰国时没有数量限制，但在带入境后的7天内须出售给或存入泰国的商业银行。对投资者带入泰国的外汇如投资基金、离岸贷款等没有限制，但这些外汇需在收到或进入泰国7天内出售或兑换成泰铢，或存入一家授权银行的外汇账户。

外资公司向其海外总部汇出利润将征收10%的汇款税，汇出款项的公司在汇款7天内须付清税金。

自1991年4月1日起，泰国充分放宽了对外汇交易的管制。

1. 资金进入

（1）非本国居民：过境的个人通常可以自由携带外汇和可流通的票据；（2）本国居民：携带入境的外汇和流通票据的数量没有限制。但所有的外汇和票据须在收到或进入泰国7天内存入一家商业银行的外汇账户上；（3）投资者：对进入泰国的外汇如投资基金、离岸贷款等没有限制，但这些外汇须在收到或存入泰国7天内兑换成泰铢，或存入一家授权银行的外汇账户上。

2. 资金汇出

投资基金、分红和利润以及贷款的偿还和支付利息，在所有适用税务清算之后，可以自由汇出。同样，本票和汇票也可以自由汇出境外。

3. 商业交易中的外汇汇兑

泰国居民的外汇账户对以下情况，允许泰国个人和法人保留外汇——在泰国授权银行开立的账户，存入从国外或从曼谷离岸业务机构借来的外汇。存款人须提交证据，证明在存款日期3个月内，要向国外的个人、授权银行、泰国进出口银行或泰国工业金融公司偿付外汇。但存款人的存款不能超过上述偿付数额。外汇存款票据和银币不能超过2000美元/天。每一个法人所有账户的日到期余额不得超过500万美元，个人不得超过50万美元。

（1）非本国居民的外汇账户。非本国居民可以在泰国授权银行开立并保留外汇账户。存款需来自海外资金。上述账户的余额可以不受限制地转移。

（2）非本国居民的银行账户。非本国居民可以在泰国任意一家授权银行开立账户。可以自由提取包括出售境外外汇所得的收入或非本国居民外汇账户上的外汇、其他非本国居民泰铢账户上转移过来的数额、本国居民与非本国居民间偿付债务的款项等。

（3）进口。进口商可为进口支付而自由购买或从自己的外汇账户上提取外汇。进口商无须得到泰国银行的许可，但在进口货物或交易价值超过50万泰铢时则须提交 F.T.2 表格以及货物提单给客户。

（4）出口。出口可不受任何外汇管制。但出口收入或交易超过50万泰铢以上时须自出口之日起120天内收到外汇并交予一家授权银行或在收到外汇7天内将其存入授权银行的外汇账户。

（5）无形交易。在提交支持性文件给授权银行后，非本国居民的汇款可以用于非资本项目，如服务费、利息、红利、利润和税费。居民的旅行支出或教育费用也可自由使用外汇。无形交易的收入须交授权银行或在收到收入7日内存入一家授权银行的外汇账户。

居民可以在泰国内持有或交易黄金珠宝、金币、金条。

（三）银行机构

泰国中央银行（Bank of Thailand），主要负责监管国内的金融体系、维护金融体系的稳定、制订货币及汇率政策、发行货币等。

泰国当地主要商业银行有盘谷银行、开泰银行、暹罗商业银行、大城银行、军人银行、泰京银行等。外资银行主要有花旗银行、汇丰银行、大华银行等。盘谷银行、开泰银行、暹罗商业银行等当地银行与中国国内银行合作较密切。中资银行有中国银行曼谷分行、中国工商银行（泰国）有限公司。

（四）融资条件

在融资方面，外资企业与当地企业原则上享受同等待遇，具体贷款条件由各商业银行根据其对贷款企业及项目的分析及风险控制情况而定，泰国央行对商业银行存贷款利率不作硬性限制。

（五）信用卡使用

泰国当地信用卡使用较普遍，国际通行的Visa卡和Master卡在当地均可使用。目前，中国银行（曼谷）分行和中国工商银行（泰国）有限公司均在当地发行了中泰双币信用卡。中国的银联卡在部分场所可以使用，下一步将普及至大部分消费场所。

【来源：改编自商务部国际贸易经济合作研究院，商务部投资促进事务局、中华人民共和国驻泰王国大使馆经济商务参赞处共同主编.《2013版对外投资合作国别（地区）指南——泰国》．第15～30页】

## 越南投资环境分析

越南吸收外资的主要优势：一是劳动力成本相对较低，全国城镇居民人均月收入350万越南盾（约合170美元），相当于中国东部地区三分之一，与中国中西部地区相当；二是地理位置优越，海岸线长达3260公里，港口众多，运输便利；三是面向东盟，投资者可利用东盟自由贸易区优惠政策，将产品销往东盟其他国家。

影响外资的不利因素：一是近年来宏观经济不稳定，通胀压力大，投资者遇到资金困难，同时本地区各国也在竞相吸收外资，增加越南引资难度；二是越南提高外资准入门槛，取消部分优惠政策，强调要吸收低碳和高技术项目，以及有利于提高本国劳动力素质、能带动国内企业发展的项目，传统外资领域正在受到冲击；三是配套工业较落后，生产所需机械设备和原材料大部分依赖进口。

根据世界银行评比，《2014年营商环境报告》显示，越南在全球189个经济体中排名第99位。世界经济论坛发布的《2013～2014年全球竞争力报告》显示，在148个经济体中排名第70位，比2012～2013年的排名上升5位。

### 一、自然资源

越南能源资源丰富、储量惊人，种类多样。矿藏资源分为能源类、金属类和非金属类3种。已探明石油、天然气、煤炭可采储量分别达2亿吨、3000亿立方米和38亿吨，分别可供开采20年、35年和95年。此外，已探明铁矿13亿吨、铝土矿54亿吨、铜矿1000万吨、稀土2200万吨、铬矿2000万吨、钛矿2000万吨、锆矿450万吨、镍矿152万吨、高岭土2000万吨。越南盛产大米、玉米、橡胶、椰子、胡椒、腰果、咖啡和水果等农作物。森林面积约1000万公顷。

### 二、基础设施

1. 公路

公路运输为越南主要运输方式，总里程约22

万公里，2011年共运送旅客26.2亿人次，同比增长15.1%；运输货物6.2亿吨，同比增长13%。目前，在建和拟建的高速公路40多条线，全长6313公里，分为5个路网：一是南北高速路网，含2条线路，全长3621公里，其中东线长1753公里，西线长1868公里；二是北部高速路网，含6条线路，与首都河内相连，全长1074公里；三是中部和西原地区高速路网，含4条线路，全长524公里；四是南部高速路网，含8条线路，全长1094公里；五是河内和胡志明市环城高速路网，含3条线路，其中河内三环线长56公里，四环线长136公里，胡志明市三环线长83公里。此外，河内五环线和胡志明市四环线建设在拟议中，其主要职能是连接两个城市的周边卫星城。根据规划，越南高速公路建设共需资金479亿美元，将主要依靠国家财政投资、民间集资和国际组织和外国政府贷款。

2. 铁路

越南铁路总里程约2600公里，以米轨为主(2160公里，占总长的83.18%)，共7条干线，其中河内—胡志明市统一线全长1726公里，经3次提速后全线行程约29小时。2011年越南铁路共运送旅客1190万人次，同比增长3.5%；运输货物720万吨，同比下降8.2%。根据《至2020年铁路发展规划》，今后越南将重点发展城市铁路交通及连接城内与郊区的铁路运输，首先在河内和胡志明市进行建设。

3. 空运

越南航空业拥有74架飞机，主要机型包括：AIRBUS（320型、321型、330型）34架、波音777型10架、波音737和767、ATR72、FOKKER70等机型，平均机龄约10年；预计2015年，越南民航飞机总数将达到115架，2020年达到165架。越南已开通连接国内20个城市和国外26个城市的70条航线，并在各国设立28个办事处和1000多个代理点；航班延误率为13%，远低于全球平均水平，信誉较好；共有员工1.4万人，其中飞行员422人（含138名国外飞行员），机组服务员700人，技术工程师283人，技术工人590人。2010年越南航空业共运送旅客1410万人次，运输货物18.8万吨。机场建设方面，越南共有17个规模较大的机场，包括河内内排国际机场、胡志明市新山一机场、岘港机场、芹苴机场等4个国际机场。已有45家国际航空公司开通连接越南的55条航线。中国北京、广州、上海、重庆等地均有飞往越南河内、胡志明市的航线。

4. 水运

（1）内河运输：越南内河运输的货运量与客运量仅次于公路运输，在全国运输业居第2位。现有23个主要的内河装卸码头和若干小码头，年吞吐量约700万吨。主要港口位于胡志明、河内、河北、越池、宁平、和平等省市。船队以5～20吨级到1000～2000吨级的船只为主；牵引力较低，约每马力4～5吨；速度慢，每小时5～8公里。内河运输是越南普遍使用的运输方式，货物主要包括粮食、煤炭、水泥、石头、沙子等。2012年越南内河运输游客1.838亿人次，增长3.4%，运输货物1.55亿吨，增长6.8%。

（2）海洋运输：近年来，越南的海洋运输发展较快。现有海港49个，其中一类港口17个，二类港口23个，三类港口9个。分为6大港口群，自北向南依次为：广宁省至宁平省的北部港口群、清化省至河静省的北中部港口群、广平省至广义省的中部港口群、平定省至平顿省的南中部港口群、南部港口群和九龙江平原港口群，吞吐量主要集中在北部港口群和南部港口群，约占总吞吐量的80%。全国海港设计吞吐能力约4亿吨，2011年实际吞吐量约2.8亿吨。海港航道水深大多在10米以下，还不具备通航5万DWT级以上船舶的条件。全国尚无国际中转港，进出口货物均需经新加坡、中国香港地区等地中转。越南海运船队主要由国内自产新船和国外进口二手船组成，共有海运船只1600艘，总载重量620万吨，世界排名第31位。越南最大的海运企业为越南航海总公司（Vinalines)。

5. 通信

越南是世界上经济增长最快的地区也是网民速度增长最快的国家。根据越南Vietnam Internet Network Information Center的数据，得益于越南政府对基础设施的投入，越南互联网普及率达到了35.6%。越南的网民在过去10年增长很快，从2003年的310万增长到2012年10月的3120万人。据General Statistics Office2012年的数据显示，32.5%的越南城市居民拥有宽带网络。越南通讯业发展较快，2012年新增电话用户1185万户。其中，固定电话用户4.96万户、移动电话用户1180万户。目前，全国电话用户为1.33亿户。其中，固定电话用户1550万户，移动电话用户1.17亿户。全国使用因特网人数约3260万人。主要通讯企业包括越南邮电通讯集团、越南军队通讯集团等。

6. 电力

2012年，越南发电量及进口电量约1148亿千瓦时，其中水电占38%，火电占56%，柴油机和其他发电占2%，进口电量占4%。越南电网已覆盖96%的县和76%的村。随着越南经济持续较快发展，电力需求越来越大，供需较紧张。今后几年，越南政府将继续加大对电力领域的投入，特别是加大对再生能源、火电和核电的投入。越南在南部宁顺省的福营和永海两地各建一座核电站，每座电站有两台100万千瓦核电机组，首台机组拟于2020年投入运行。今后10年，越南将建设10～13个核电机组。

2011年6月，越南政府出台关于风电发展机制的第37号决定，提出鼓励风电发展的政策措施，包括将风电并网价格提高至7.8美分/千瓦时（火电和水电并网价格约5.5美分/千瓦时），将风力发电列入越南第七个电力发展规划，计划到2020年将风电功率提高至100万千瓦。此外，越南还鼓励利用太阳能、生物质能和地热等可再生能源发电。

## 三、重点/特色行业

1. 农林渔业

2012年，越南农林渔业产值275亿美元，增长3.4%。颗粒粮食作物产量4850万吨，增产150万吨。其中，稻米产量4370万吨，玉米产量480万吨。牛肉、猪肉和禽肉产量430万吨，橡胶产量83.4万吨，咖啡产量129.2万吨，水产品产量573.3万吨。

2. 工业

2012年，越南工业产值455.9亿美元，增长4.8%，工业生产指数增长5.9%。主要产品包括：煤炭4189万吨，原油1668万吨，天然气93.22亿立方米，液化气562.8万吨，水海加工产品192.7万吨，化肥229.9万吨，水泥5720万吨，电力1148亿千瓦时。

3. 服务业

2012年，越南服务业增长16.1%。全年社会商品零售和服务总额1112亿美元，增长37.7%，剔除物价因素，实际增长4.7%。接待国外游客614.7万人次，增长9.5%，其中中国游客141.1万人次，增长0.08%。

4. 汽车工业

全行业现有12家外资企业和100多家本国企业，其中近20家从事整车组装、近20家生产汽车车身、60多家生产汽车零部件。总体而言，越南汽车企业以进口部件进行组装为主，国产化率较低，仅5%～10%。越南华重商用车有限公司为中方独资企业，也是在越南唯一的中资汽车企业，位于海防市图山工业区，一期总投资1000万美元，主要生产卡车。

5. 电力工业

全国发电装机总容量约2100万千瓦，高压电网1.3万多公里。其中，500千伏电网全长1531公里，220千伏电网全长3839公里，110千伏电网全长7703公里。2012年全国电力产量为1148亿千瓦时。每年从中国进口电约50亿千瓦时。全国变电站总功率为2370.9万千瓦。其中，500千伏变电站功率为423.1万千瓦，220千伏变电站功率为847.4万千瓦，110千伏变电站功率为1100.4万千瓦。

根据越南第七个电力发展规划，到2015年全国电力总需求将达到1940～2100亿千瓦时，相当于2010年需求量的2倍；到2020年将达到3400～3700亿千瓦时。再生能源发电特别是风电将与火电、核电一起成为今后越南电力发展的重点。

目前，中资企业在越南电力市场有较强竞争力，已经完成和正在实施的电力项目包括：海防一、二期热电项目、锦普一、二期热电项目、广宁一、二期热电项目、山洞电站项目、永新二期热电项目、沿海一、二、三期热电项目、海阳热电厂、冒溪热电厂和升龙热电厂等。

6. 油气工业

据越方统计，2012年越南原油产量1668万吨，天然气93.22亿立方米。越南首家炼油厂——容桔炼油厂已于2010年5月30日正式投产，投资总额超过30亿美元，年加工原油650万吨，将满足越南成品油需求量的40%。

## 四、国内市场

（一）销售总额

随着越南经济持续较快发展，人民生活明显改善，国内消费需求不断上升。2012年，越南社会商品零售和服务总额为1116亿美元，增长16%，剔除物价因素，实际增长6.2%。2013年前4个月，越南社会商品零售和服务业总额达849.9万亿越南盾，同比增长11.8%，其中商业增长10.6%，占76.9%；酒店餐饮增长16.3%，占12.1%；旅游增长7.1%，占0.9%；服务业增长16.1%，占10.1%。

根据越南加入WTO的承诺，越南已开放分销服务业，允许外商设立独资企业，从事商品批发、零售、佣金代理等业务，已有10余家外资企业在越南投资超市、商业中心等现代零售业态，包括德国的METRO、法国的BIGC、韩国的LOTTE、马来西亚的 PARKSON（百盛）等，主要通过双边渠道在越南加入 WTO 前就已进驻越南市场。

目前，越南农村人口约占总人口的 72%。高档商品消费仅限于少数人群，主要集中在河内和胡志明市。河内市的中高档商品大多来自欧美、日本、韩国和中国，部分商品来自泰国、马来西亚等周边国家。

（二）生活支出

越南居民储蓄率自 1999 年以来持续下降。10 年前，居民储蓄率约为 20%，到 2010 年降至 10%。近年由于通胀压力大，住房、食品和交通已占居民生活总支出的 80%～90%。目前，越南全国城镇居民人均月收入约 170 美元，约相当于中国东部地区的 1/3。

（三）物价水平

2012 年越南居民消费价格指数（CPI）全年上涨 6.81%，在国会调控目标（8%）范围内。粮食和食品价格上涨 1.01%，涨幅同比下降近 24 个百分点；医疗和教育价格保持较高涨幅，分别上涨 63.6%和 16.9%。2012 年 4 月，越南市场部分商品价格如下：大米 0.8～1 美元/公斤、牛肉 8～9 美元/公斤、鲤鱼 3 美元/公斤、黄瓜 0.6 美元/公斤，鱿鱼 7～8 美元/公斤。

## 五、金融环境

（一）汇率

越南货币为越南盾，不可自由兑换。

2013 年，美元对越南盾的汇率为1：21000。最近 3 年越南盾对美元的汇率基本保持稳定，在 1 美元兑换 20000 越南盾上下小幅波动。

人民币与越南盾不可直接兑换。

（二）外汇管理

外汇管理方面，外国投资者可根据越南外汇管理规定，在越南金融机构开设越盾或外汇账户。如需在国外银行开设账户，需经越南国家银行批准。外国投资者可向从事外汇经营的金融机构购买外汇，以满足项目往来交易、资金交易及其他交易的需求。如外汇金融机构不能满足投资者的需要，政府将根据项目情况，解决其外汇平衡问题。越南海关规定，入出境时如携带 5000 美元或其他等值外币、1500 万越南盾以上现金、300 克以上黄金等必须申报，否则超出部分将按越南海关有关规定进行处罚。中国国内团组访越南，如团费交由专人携带，入出境时超出标准部分应申报，或者分散保管，以免被罚没。

（三）银行机构

1. 中央银行

越南国家银行。越南国家银行规定，从 2012 年 12 月 24 日起，将对农业农村、出口、辅助工业、中小型企业、高新科技企业的越南盾贷款年利率由 13%降低为 12%。同时，活期和 1 个月以下定期的存款年利率上限仍保持 2%；1 个月以上至 12 个月以下定期的存款年利率上限由 9%降低为 8%。

此外，根据越南国家银行第 2646/QD－NHNN 号决定，国家银行将其向商业银行提供贷款的再融资年利率由 10%降至 9%，并将年均贴现率由 8%降至 7%，银行间隔夜拆借年利率由 11%降至 10%。

2. 商业银行

越南本土商业银行包括 5 家国有控股银行（外贸银行、农业与农村发展银行、工商银行、投资发展银行、九龙江房屋发展银行）、34 家城市股份商业银行、18 家农村股份商业银行、12 家金融租赁公司。

3. 外资银行

目前，越南有 50 家外国银行分行、4 家合资银行、5 家外国全资子银行，49 家外国银行代表处。

4. 中资银行

中国工商银行在河内设立了分行；中国银行、中国建设银行、中国交通银行在胡志明市设立了分行；中国农业银行在河内设立了代表处；国家开发银行在河内设立了工作组。

（四）融资条件

融资方面，外资企业与当地企业享有同等待遇。

金融机构根据客户的贷款需求和还款能力及自身的资金能力决定贷款额度。金融机构对于单一客户的融资金融不得超过金融机构注册资本金的 15%，集团关联企业不得超过金融机构注册资本金的 25%。如对一个客户的贷款总余额超过金融机构自有资金的 15%或客户有多种融资的需求，则各金融机构按越南国家银行的规定发放银团贷款。

在美元贷款方面，越南有严格限制，规定企业申请的美元贷款必须用于支付商品或劳务进口且有能力用自有外汇收入支付还款。

（五）信用卡使用

越南信用卡的使用逐渐普及。中国金融机构发行的 VISA 卡、万事达卡、银联卡均可在越南使用。

【来源：改编自商务部国际贸易经济合作研究院，商务部投资促进事务局、中华人民共和国驻越南社会主义共和国大使馆经济商务参赞处共同主编.《2013 版对外投资合作国别(地区)指南——越南》. 第 11～21 页】

# 贸易投资论文

## 中国—东盟自由贸易区人才需求状况分析

随着中国—东盟自由贸易区的建立及快速发展，东盟自由贸易区对人才的需求也日益迫切，人才需求的类型也由原来较为单一的翻译、经贸以及旅游等方面变得更加多样化。中国虽然与东盟各国是近邻，但过去对东盟各国的研究并不算多，人才储备也不足。伴随着中国与东盟各国经济的升温和东盟自由贸易区对人才需求量的增加，那些熟悉国际规则，并且具备跨文化沟通能力和合作能力的高层次、高技能和外向型人才的培养已迫在眉睫。

“人才是关键”，这是中国与东盟国家已达成的共识。由此，培养和造就大批熟练掌握东盟语言和事务的各类人才，搭建中国与东盟的人才培养平台，既是中国扩大对外开放，发展与东盟国家睦邻友好关系的需要，也是让东盟各国更多了解中国和走进中国的需要。本课题针对东盟贸易区人才需求的状况，从人才资源的类型、层次、分布和结构以及人才的国际流动等方面进行研究分析，从而有利于中国同东盟各国开展经贸往来，也有利于完善中国的人才培养体系。因此，本文针对这些情况，重点研究东盟自由贸易区人才需求现况及趋势下中国的应对措施，这对于加强中国和东盟国家的经济交往以及缓解中国就业压力等方面者具有重大的意义。

### 一、东盟人才需求的类型与层次

从需求的类型看，一是外语人才，国家必须拥有熟练掌握东盟诸国语言的人才，才能与东盟进行广泛的合作；二是经贸人才，既懂国际贸易，又熟悉东盟诸国国情的区域性经贸人才，才是中国与东盟开展双边贸易的关键要素之一；三是法律人才，经贸合作的开展必然会带来许多法律问题，要使中国公民和法人的权利得到充分的维护，就要有懂得东盟诸国法律的法律人才；四是文化人才，东盟诸国的文化具有多样性和复杂性，西方文明与东方文明对其都有较深的影响，要与东盟顺利开展各方面的交流与合作，就要深入了解他们的文化，从中找到与中国文化之间的异同性，从而促进文化的交流与发展；五是宗教人才，东盟诸国人民普遍信仰宗教，了解他们的宗教不但使中国公民、法人的事业在东盟得到顺利发展，还为中国的物质产品和文化产品进入到他们的生活提供机会。此外，出入境检验检疫、旅游、物流、交通、会展策划和高级运作、化工等类型的人才，也是东盟自由贸易区较为需要的。

从需求的层次看，一是具有战略眼光的高层次人才，对东盟的政治、经济现状和趋势有较深入的研究，能就国家和地区的战略决策进行论证和提供参考的人才；二是经营管理类人才，对东盟自由贸易区的经济结构、市场需求以及管理方法有全面了解的人才；三是服务型人才，能为中国公民、企业和东盟的公民、企业提供一般性语言服务、商业服务、中介服务的人才；四是个体经营者，通过双边贸易的实践经验，可以看出个体经营者对促进交流、开拓市场有着不可低估的作用，中国与东盟自由贸易区的贸易发展需要一些个体经营者参与其中，对双边贸易的顺利进行提供有效的补充。

本文对人才的定位是具有中专以上学历或初级职称以上的人员。

综上所述，东盟自由贸易区不但需要的人才数量多，而且需要的类型和层次也比较广泛。

### 二、面向东盟人才培养的现状

人才培养是中国—东盟自由贸易区在政治、经济、文化、教育等方面的交流合作中最基础也是最关键的部分，谁占领了这一制高点，谁就在这一领域拥有了最核心的竞争力。

东盟自由贸易区是一个主要由发展中国家组成的自由贸易区。在东盟 10 个成员国中，经济较为发达的文莱、新加坡两国，人均 GDP 能达到 3 万美元以上，而经济相对落后的柬埔寨、老挝和缅甸等国，其人均 GDP 均在 1100 美元以下。除了经济方面，东盟各国在政治、文化、教育、科技等方面的发展水平也是参差不齐，这决定了人才培养工作的复杂性和多样性。因此，加强东盟自由贸易区人才培养的针对性，注重东盟国别差异显得尤为重要。

近年来，中国与东盟的双边贸易呈快速增长态势，对人才总量的需求急剧增长，但是与之相对应的人才增长速度远滞后于经济增长速度，尤其是中高级涉外商务、法律等方面的专业人才以及高层次的复合型人才明显不足，人才问题已成为中国与东盟贸易发展的一大瓶颈。同时，现有人才的素质有待提高，大多缺乏世界眼光和战略性思维。此外，由于地区发展的不平衡，市场配置人才的机制不能充分发挥作用。就与东盟自由贸易区接壤的云南、广西而言，人才总体分布不尽合理，从事国际商务与贸易的人才主要集中在昆明、南宁等中心城市，而沿边或沿海的芒市、瑞丽、钦州、北海、防城港等城市却难以留住人才。

人才培养模式及机制缺乏针对性和有效性。政府方面，缺乏长远性、系统性、整体性的跨国跨境的人才培养规划，各国在人才培养方面也缺乏有效的协作机制；学校方面，各高校的人才培养模式不尽相同，教育教学资源不能得到充分利用，人才培养效率低，人才的适应性和针对性也不强。此外，中国与东盟自由贸易区的人才培养尚缺乏制度性安排，在教育投资及学分学历认定方面，尚未能实现中国与东盟各国间的互认和互信机制，阻碍了各国间专业人才的流动。

教育内容单一，分布不均。虽然中国与东盟互派的留学生数量已超过10万人，但在教育内容、教学手段及方式、目的与要求、留学生分布等方面仍然存在诸多问题。在互派留学生的专业结构方面，多以语言学习为主，而东盟自由贸易区发展需要的法律、经贸、物流、金融等方面的人才培养较为滞后。在教育方式上，多以学生留学交流为主，教师间的互派与交流较少，教学效率不高。在留学生分布方面，以越南、泰国等国家居多，与其他东盟国家的教育交流偏少。

企业在选择招聘渠道时应该考虑到每种招聘渠道都有利弊，招聘工作一般可以概括为选、育、用、留4个流程，如何合理选才、留住人才，企业首先应该考虑从内部选择人才，通过内部晋升和选拔，做到“肥水先流自家田”。内部招聘首先可以激励内部员工，其次从外部招聘可能也会存在一定的风险如外聘员工不能很好融入企业或者需要花费更多的时间来适应企业文化。同时，在选择外部招聘，企业应根据自身发展阶段、人才市场发育情况、需求状况、招聘预算费用等来衡量。

（一）选择恰当的人员筛选方法

恰当人员筛选方法包括简历筛选、电话访谈、面试等方式。

首先进行简历筛选，关注点在于简历的逻辑性、连续性以及与应聘工作的相关性，通过简历筛选将大部分不符合招聘要求的人员淘汰。

简历筛选之后是进行电话访谈，目的主要是确认简历中的模糊信息，如果无误，则与应聘者确认面试的时间地点，为正式面试做准备。

最后是安排面试，在面试中应该在条件允许情况下选择合适的甄选方法，包括言谈面试、模拟操作面试、结构化与非结构化面试、无领导小组面试等，以期为企业招聘到最合适的人才，提高企业员工质量。

（二）评估招聘活动，提高有效性

为提高招聘有效性以及节省招聘成本企业应该对每次招聘活动进行评估。招聘评估步骤如下：

首先对招聘成本效益进行评估。对照招聘预算对招聘费用进行核查、核实来确定一次招聘活动在每个录用人员上花费的成本。

（三）对录用的人员的数量和质量进行评估。

录用人员数量可以用招聘完成比来反映：招聘完成比=（录用人数/计划招聘人数）＊100%，若招聘完成比大于或等于100%则完成了招聘计划。录用人员质量可以用录用比来反映：录用比=（录用人数/应聘人数）＊100%，录用比越小说明录用者的素质越高，反之则说明录用者的素质较低。

总结：通过对公司人力资源招聘的现状进行分析研究，提出完善其员工招聘的主要问题。公司要保持市场竞争力和持续发展的实力，就必须将人力资源招聘工作作为一项重要工作来抓。

目前中国大部分企业的招聘或多或少都存在一些问题，比如缺乏人力资源规划、招聘工作实施部够细致等，这些因素都制约着企业的可持续发展。因此拥有一套规范、有效的招聘制度是帮助企业引进优秀人才、增强企业竞争力的关键。所以在完善企业招聘制度的过程中，要充分结合企业的战略目标，结合企业特点以及企业人力资源管理水平才能制定出一套适合企业的招聘制度。

## 三、面向东盟人才培养的对策

语言是交流合作的工具，在普及的基础上，要形成从专科到本科、硕士、博士的金字塔培养模式，要进一步巩固对东盟自由贸易区语言文化的学习以及研究。同时，要有高水平的教师队伍以及高质量的教学环境，不断提高教学和培训水平，培养出合格的、高素质的人才，为中国与东盟自由贸易区双向人才培养搭建一个稳固且高效的平台。

东盟自由贸易区的建设与发展，涉及面广、政策性强、影响因素多，具有复杂性、多样性、国际性及区域性等特点。在人才知识结构上，不仅要掌握国际贸易的基本理论和方法，熟悉国际贸易规则及相关法律，了解国际市场的发展与变化，还要熟悉东盟各国的法律法规、历史文化，掌握与东盟各国经贸、文化交往的方法与技能。同时，要注意研究东盟自由贸易区各国对人才的要求，进行有针对性的人才培养。充分运用发达的信息技术，加快区域内人才信息资源共享，合力打造区域人才交流一体化的联动平台。此外，还应推动一体化的人才服务合作，搭建区域内通用型人才服务框架，加快区域内人才资格证书的互认，探索建立区域一体化的公共人才服务体系，为人才流动、学术交流、教学科研等营造良好条件。

加强中国与东盟自由贸易区各国在教学科研方面的交流与合作，改革课程体系、教学内容和教学方法，培养综合型和开放型人才。在课程设置上实行多学科、综合性的策略，注重人才综合性、全面性的培养。如外语类专业的学生，不仅要学好语言类课程，还需掌握国际贸易等学科知识；而贸易类专业学生，不仅要掌握好贸易类专业知识，对外语类课程也必须学好学精。在科学研究方面，应主动加强与东盟各国在教育与科研方面的交流与合作，鼓励东盟的专家学者、高校教师到中国的高校、科研机构以及企事业单位进行文化与学术交流。此外，多推动东盟国家的留学生到中国求学深造，积极探索培养东盟国家留学生的教育模式，提升中国在教育科研领域对东盟诸国的影响力和辐射力。

东盟自由贸易区的建立，将形成一个拥有约6亿人口的统一市场。由此，它对工农业、贸易投资、信息通讯、工程建设等专业人才的迫切需要，为开展职业技能培训及相关的国际合作提供了前所未有的机遇。目前，东盟自由贸易区在职业培训及相关的国际合作方面仍处于探索阶段。因此，中国应利用独特的区位优势和良好的文化交流基础，在面向东盟的职业人才培训方面充分发挥积极作用。针对东盟各国的经济发展特点，拓宽与东盟各国多层次的职业培训合作，创新合作方式。由语言类培训向各类专业技能培训拓展，由短期业余性、间断性的培训向长期专业化、持续性的培训发展，促成职业资格互认、职业培训互通的良好合作局面。

（来源：石超、罗丹．《管理学研究》．2013年第11期）

# 广西—东盟合作背景下开放型电子商务公共实训基地建设的思考

## 一、开放型电子商务公共实训基地建设的意义

随着广西—东盟自由贸易合作不断深入，广西的电子商务行业随之高速发展，社会各领域对电子商务专业人才的需求日益迫切，如何利用这一大好形势，让更多人进入电子商务领域，参与就业和创业，这对加快广西的经济发展和维护社会稳定和谐，有着不可忽视的意义。

电子商务是种新兴的行业，社会各界对其行业特性、就业方向等，了解还不够透彻，从而对于电商人才培养还存在着各种问题。首先，对于社会上的待业人员，他们很希望通过电子商务这个门槛较低的行业，进行就业或创业，但苦于没有一个平台能够让他们去了解这个行业，去学习和实践，去提高面对这个行业的自信，去激发进入这个行业的动力，而只是徘徊于这个行业的门槛外。其次，对于电子商务企业而言，拥有优秀的电子商务人才，才能在东盟经贸区这个良好的经济环境下，把握机遇，提高企业竞争力。所以各电商企业，非常注重员工的专业技术素质的培养，但他们也意识到对于培训，投入少，得不到满意的效果，投入过大，不符合经济效益，因此一种能获得最优的培训方式，是各企业所共同期待的。最后，对于广西的各高职院校而言，由于近几年广西各高职院校不断在扩招，电子商务专业的学生不断增加，为了给学生提供专业实训环境，各高职院校均建设电子商务实训基地，而在具体的建设中，往往由于各院校人力物力的缺乏导致实训基地各项软硬设备不完善。较为突出的问题是，许多高校的电子商务实训系统软件，由于缺乏投入，电商系统实训软件模块不完备，软件过于理想化与真实的电子商务运营模式相差甚远。例如，某高职院校所购买的一套电子商务实训系统软件，只包含B2B、B2C、网络支付、进销存和物流管理等一些基础模块，而缺少像网络营销、销售协同、即时通讯等模块。使用这样的实训软件，难以满足教学要求，也不符合电子商务企业的实际需求，而较完善的实训系统需要的投入是巨大的，为此，如何合理地利用一些投入较大的实训设备，为社会、企业和学校尽可能地发挥其应尽的技术服务职能，避免出现各高职院校由于重复的投

入而造成设备利用不充分和资金浪费等现象，是各高职院校一直需求解决的一大难题。

纵观上述问题，分析人士认为，想让问题迎刃而解，建设开放型的电子商务公共实训基地将是不二之选。开放型电子商务公共实训基地，其特点是开放的，共享的，面向社会大众的公共平台，通过它可以为社会大众提供一个学习电子商务的场所，可以给电商企业提供最符合经济效益的员工专业技能培训服务，可以帮各高职院校打造优良的教学环境，满足培养优秀电子商务人才的教学条件。

### 二、开放型电子商务公共实训基地建设的思考

由政府引导，学校与企业有机整合资源，将高职院校与企业的资源有机整合在一起，构建一个开放型的公共实训基地，使得高职院校能充分地利用企业的设备、资金、技术等资源，优化教学环境，提高教学质量，完善教学模式，为社会提供更符合需求的专业技术人才。而企业能有效地利用高职院校的师资、教学环境等资源，巩固企业员工的基础知识，深化员工专业技术知识，提高员工整体素质，为企业带来更好的经济和社会效益。在政府部门的监督引导下，构建一个开放型的电子商务公共实训基地，不仅为高校和企业带来良好的效益，同时也为提高社会就业率，构建和谐社会提供一种有效的途径。

规范管理，保障基地职能。有了政府的引导，还要建章立制，保障基地的实训主要职能。开放型电子商务公共实训基地最主要的功能是面向大众的电子商务职业实训，为保障其主要目标不偏离，合同或章程中除了对设备、资金、场所、人员管理等作出规定外，还必须以电子商务专业人才培养为中心点，明确校企双方对电商人才培养所承担的义务和责任。同时，聘请院校、企业和行业中有经验的电子商务专家，组成电子商务公共实训基地委员会，共同制定教学大纲，实训大纲，培训项目等内容。建立完善的基地内部管理和运行机制，政府、院校和企业三方，要落实机构人员安排，明确职责，建立良好的沟通机制，保障基地实训教学的功能，实现基地服务社会、企业和院校的基本职能。

合理利用，打造多赢局面。政府、企业和高职院校三方能否对公共基地进行有效合理的利用，是基地维持长期稳定发展的关键。在政府部门的统筹规划下，可对在基地中进行电子商务学习实训的人员，颁发相应的职业技能证书，成为他们进入电子商务行业就业或再就业的技术凭证，加大他们就业机会，提高社会就业率。

电子商务企业要在竞争日益激烈的市场环境中立于不败之地，要在广西—东盟自由贸易大好的经济环境下，抢得先机，对其企业员工进行系统的专业知识技能培训是不可或缺的环节。利用基地来培训员工，很大程度上，减少了企业的培训投入，而通过培训后的员工，极大地增强了企业的核心竞争力。同时，企业可以通过基地，制定培训项目，培养出来的人员，更符合企业的实际需求。有部分员工通过培训，明确了个人专业方向，找到了适合自己个人发展的工作岗位。

高职院校在培养电商人才的过程中，无须重复建设投入便可利用基地，为学生提供一个真实的职业环境来进行教学，学生们在一个完全真实的职业岗位来进行实践，严格按照电子商务行业的相关标准来执行，所实训项目均来自电商企业实际的岗位，很有可能成为他们将来所从事的工作岗位。同时，由于电子商务是一门综合性很强的学科，其包含了计算机、互联网、网络安全、电子支付、网络营销等多方面的知识，而且随着网络技术的高速发展，电子商务也在不断地更新、发展。教师单纯的理论讲授，是不可能培养出符合社会需求的人才，只有利用这个公共基地，到电子商务行业的一线去了解行业的动态，把握行业的发展趋势，明确企业对人员的实质要求，才能为学生讲授最实用的知识，培养最符合行业需求的人才。

### 三、小结

建设开放型电子商务公共实训基地，符合广西—东盟自由贸易经济发展的趋势，有效地解决广西在电子商务人才培养过程中所出现的各种矛盾，为广西—东盟自由贸易经济区的电子商务行业输送更多优秀专业人才，发挥应有的社会服务职能。

（来源：冯刚.《电子商务》.2014年第1期）

## 基于东盟10国文化差异分析对中国企业跨国营销策略的探讨

### 一、引言

中国—东盟自由贸易区于2010年1月1日正式全面启动。自由贸易区建成后，东盟和中国的贸易总额占到世界贸易的13%，成为一个涵盖11个国家、19亿人口、GDP达6万亿美元的巨大经济体，

是目前世界人口最多的自由贸易区，也是发展中国家间最大的自由贸易区，基中蕴藏着无限商机。中国毗邻东盟10国，在与东盟开展对外贸易方面有着得天独厚的区位优势。因此，中国企业应抓住这个难得的历史机遇，主动出击，走出国门。

但是，跨越国界的市场营销活动会使营销人员面临更多的未知因素，从而增加营销活动开展的难度，因此必须对目标市场的营销环境及其变化趋势进行深入的了解和分析。有关调查结果显示，文化差异对国际市场营销活动的影响最为深远。因此，唯有深入了解东盟10国的文化差异并采取相应的营销策略，才能确保中国企业探索性的营销活动获得成功。

（一）东盟10国的文化差异比较

虽然东盟10国和中国同处亚洲，共同受儒家文化的熏陶和影响，但是其文化差异仍十分明显。本文按照地缘标准把东盟地区划分为2个区域：一个是中南半岛5国，包括柬埔寨、老挝、越南、缅甸和泰国；另一个是马来群岛5国，包括马来西亚、印尼、新加坡、文莱和菲律宾。本文从人口、语言、宗教、礼仪、习俗、禁忌及年人均GDP等方面进行比较分析。

1. 中南半岛5国情况分析

中南半岛5国有很多共同之处，主要表现为：第一，都是多民族的国家，但是以一个或几个民族为主，这和中国的情况相似；第二，官方语言基本都是自己国家的母语；第三，大多数人都信仰佛教。

中南半岛5国间的不同之处在于：第一，人口数量方面，泰国、越南和缅甸相对而言是人口大国，老挝和柬埔寨人口较少；第二，物质文化水平方面（本文用人均GDP来衡量）差异较大，泰国相对富足，其他国家都比较贫穷；第三，各国都有自己独特的风俗习惯和禁忌。

2. 马来半岛5国情况分析

马来群岛5国的共同点是：第一，大部分人信仰伊斯兰教（新加坡、菲律宾除外）；第二，英语是通用语言（印尼除外）；第三，以马来人、华人为主（印尼除外）。

马来群岛5国间的不同点在于：第一，各国物质文化的差距非常大，新加坡和文莱已达到或接近世界发达国家水平，马来西亚也基本达到中等发达国家水平，而印尼还比较差；第二，人口数量差距很大；第三，各国在风俗习惯、礼仪、禁忌方面均有自己的特点（尤其是菲律宾，由于它曾是西班牙的殖民地，因而在文化上和其他四国差距较大）。

（二）东盟10国的风俗习惯

风俗习惯影响着消费者的方方面面，如消费习惯、节日习惯、爱好与禁忌等，不同的国家有不同的风俗习惯，这些习惯是社会文化的组成部分，反映着一个社会的价值观念和深层次内容，绝对不容忽视。

## 二、东盟10国文化差异分析对中国企业营销活动的启示

（一）做好市场调研工作

毛主席表示，“没有调查，就没有发言权。”对于市场营销活动尤其是跨国营销活动而言，开展市场调研必不可少。企业没有经过系统的市场调研就盲目进入市场，造成产品不能适应消费者的需求，最后遭受重挫的失败案例比比皆是。而且，在区域经济一体化的今天，企业的营销将面对布满重重陷阱的跨文化市场，因此营销调研具有更为重要的意义。企业在跨文化营销的进程中，不但要进行传统的营销调研，还必须根据跨文化营销的特点对市场的文化环境进行重点分析，以追求高度的顾客认同。

（二）制定有文化特点的产品策略

中国企业应针对目标市场的文化特点调整产品策略。如：马来西亚伊斯兰教徒禁食猪肉、禁饮烈性酒，那么中国企业在出口时就应注意这一点。另外，在产品设计方面，一定要了解目标市场上式样、颜色、图案方面的禁忌，设计出既能体现民族特色，又能符合目标市场文化偏好的产品。如：泰国90%以上的人口信仰佛教，那么，中国企业可以瞄准泰国人对佛教的信仰，在包装、式样上体现出佛教的色彩。

（三）制定灵活的价格策略

根据前面的分析可知，东盟10国的物质文化差距很大，所以同样的产品销往不同的区域或国家可以有不同的包装和价格。如：销往新加坡、文莱、马来西亚等国可以考虑用精美一些的包装，价格定得高一些；而销往印尼、越南等国则可以考虑选用大众化的包装，采用低价策略。

（四）制定本土化的促销策略

不但要研究目标市场的风俗和禁忌，还要考虑目标市场的物质文化状况。以广告为例：在老挝、缅甸、柬埔寨的某些地方，甚至没有几家像样的广告代理机构，也没有多少台电视，只能通过村庄之间的流动电影来播放广告。而且在老挝、柬埔寨等

国，成人识字率不高，也很少上网，所以利用报纸、互联网做广告可能效果不佳。所以不同地方的消费者由于收入水平、教育水平、传媒设备、交通条件等不同，对媒体有各自的偏好，中国企业应该根据实际情况合理地选择适合当地的广告媒体。

### 三、总结

综上所述，企业只有比竞争对手更好地满足当地消费者的需要，才能取得竞争优势。具体而言，需要做好以下 3 个方面的工作：对可以做的和禁忌的东西要有文化敏感性，对出现的各种问题要善于从文化的角度寻求答案；认知、理解、接受和尊敬他人的文化和文化差异；避免自我参照标准，从而采取不同的市场营销策略，迎接日益激烈的国际竞争。

（来源：黄灏斌．《中国管理信息化》．2014 年 1 期）

## 中国—东盟自由贸易区的贸易规则升级版之探析

中国—东盟自由贸易区（以下简称 CAFTA）是中国对外签订的第 1 个自由贸易区协定，具有非常重要的意义，对日后中国参与其他的区域经济联合起到了示范效应。2013 年，中国国务院总理李克强在中国—东盟领导人会议上提出了“2+7”合作框架，为未来 10 年中国与东盟伙伴关系的发展提供了思路，也为打造 CAFTA 升级版明确了合作领域。从整体上讲，CAFTA 的相关法律规则和制度仍不完善，特别是涉及内部许多制度的协调以及一体化需要的相关机制方面存在的问题较多，对于中国—东盟自由贸易区升级版的打造，规则是非常重要的保障。因此，本文从法律规则升级角度入手，对 CAFTA 主要规则进行破解与提升。

### 一、货物贸易协议的规则升级分析

《中国—东盟全面经济合作框架协议货物贸易协议》（以下简称“货物协议”），是中国参与的第 1 个自由贸易区的货物贸易协定，也是中国与东盟之间具有里程碑意义的协议。它主要基于 WTO 规则，同时兼顾 CAFTA 自身的需要，并着重体现了对东盟四个新成员国老挝、缅甸、柬埔寨、越南的优惠待遇和特殊照顾，体现了自由贸易区灵活性。

总体上来看，“货物协议”规则有如下特点：其一，明显的 WTO 规则倾向。“货物贸易协议”在条文规则的订立上很多都以 GATT1994 为参照，有的条款规定甚至是对 GATT 中的相关条款原封不动的援引。如“货物协议”第 2 条规定 GATT1994 第 3 条“国内税和国内法的国民待遇”为它的内容一部分。如其直接规定在非关税措施和知识产权等方面适用 WTO 规定等。在采取保障国际收支平衡措施时以 GATT1994 和《关于执行 GATT1994 国际收支条款谅解》为根据。其二，突出自由贸易区自身需要。如在“市场经济地位”方面，东盟国家完全给予中国承认，而且还承诺对中国不适用《中国入世议定书》第 15 条（反倾销替代国）和第 16 条（特殊保障措施）以及《中国加入工作组报告书》第 242 段（纺织品特保条款）。又比如，东盟农产品的“早期收获计划”、“原料及短缺产品”的一般例外，以及商品贸易的常规路径（NormalTrack）与敏感路径（SensitiveTrack）划分等。但就目前来看，货物贸易规则中仍存在一定的不足，不解决则可能会影响中国—东盟自由贸易区升级版的打造。

一方面，防范出口障碍的政策不力。“货物协议”安排使得具有竞争优势的产品会由于关税降低或取消而相应的增加出口总量。但是，出口的激增也不可避免地会对进口国造成不小的压力，在这种情况下，某些成员国选择非关税壁垒的可能会增加，如严格的检验检疫制度等，这无疑也是需要未雨绸缪的。另外，商品出口地区和产业结构分布上，中国与东盟国家相似度较高，无疑增加了双方间政策协调的难度。只有在贸易政策方面紧密协调，才能有效避免成员国对各自出口产品政策支持而造成的恶性竞争。在 CAFTA 这样较为松散并且成员之间国别差异较明显的一体化制度安排中，规则中缺乏统一规范的贸易政策协调机制以防范出口障碍，贸易发展则会存在较大风险。

另一方面，抵御贸易竞争压力的规则欠缺。在 CAFTA 推进中，最早实施的是“早期收获”安排，而在关税方面，有的是双方互免，但更多的则是中国单方减让，在这些农产品中，中国的竞争力并不强。为了建立自由贸易区，中国并没有提出国内农产品实行特定产品和例外产品保护，这体现了贸易大国的实力。但中国是农业大国，在入世时已对农业做出了较大的结构调整，而在此基础上，东盟“早期收获”产品的大幅减税进入中国后，现有农民的生产经营可能将无法适应这种不利的竞争地位，农业发展也会受到一定的影响。

对于以上的问题，从内部来看，中国应解决自身应对向东盟市场开放后的冲击。自由贸易区的构建造成市场的开放，这必然会带来体系内部的重新洗牌，冲击和影响在所难免。虽然自由贸易区许多制度和规则都是参照与援引 WTO 规则，但在处理各成员国间关系时仍然有效，关键是要处理好体制内与体制外在规则适用时的协调，防止出现在一体化体制外强化而在一体化内弱化的不平衡现象。就外部来看，自由贸易区应着力在相关一体化法律机制方面进一步努力，如 CAFTA 贸易体制中涉及关税、非关税和贸易救济等措施方面，在一体化机制上也应着眼于与贸易有关的相关制度环节，比如相关委员会的设立、相关的人员安排，以及建立特定的联系与商洽机制，避免出现违法等现象的发生。只有通过内外不断磨合，才能解决 CAFTA 货物贸易方面存在的隐患，朝着良性方向发展。

## 二、服务贸易协议的规则升级分析

《中国—东盟全面经济合作框架协议服务贸易协议》（以下简称《服务贸易协议》）的签署标志着中国与东盟就服务贸易的交往活动的规模化和规范化的开始，为中国创造了一个货物贸易、服务贸易良性循环的法律环境。总的来看，CAFTA 下以“服务协议”为基础的制度，是与中国及东盟在服务贸易发展方面的特点联系起来的，但结合欧盟（以下简称 EU）、北美自由贸易区（以下简称 NAFTA）的规则和实践，本文认为其还存在一定的差距。

（一）准入程度不高

目前，CAFTA 区内市场开放的程度还不高，存在着很多限制。就承诺减让表而言，“服务贸易协议”采用的是肯定列表方式，而 NAFTA 采用的是否定列表方式，前者更为灵活，而后者更为透明，约束性的肯定列表往往无法穷尽各种可能，因此这就导致很多隐蔽的措施堂而皇之地得以采用。而且，CAFTA 中大多数国家皆为发展中国家，普遍的特点是服务业人数不多，发展成熟度不足，这就更加导致在很多领域充斥着各种贸易壁垒。因此，这种减让表制定方式，会增加中国与东盟国家之间在服务贸易领域的障碍，影响双边服务贸易提供者的积极性，并且令中国—东盟自由贸易区升级版中服务贸易自由化的进程大大减缓。

（二）资格认可欠灵活

根据《服务贸易协议》，为使服务提供者获得授权、许可或证明，一缔约方可承认在另一缔约方已获得的教育或经历、已满足的要求，或已给予的许可或证明。这样的规定给服务提供者的跨境流动提供了一定的方便。但应注意到，这种统一的标准并不是在每个服务贸易领域都是适用的，这与有些服务行业的特定性质有关。在 CAFTA 中，适合有统一标准的服务贸易领域，将应该加强资格的认可，这对于服务贸易人才的培养也将起到有益的反作用，也将对高级人才的吸引起到很大的帮助作用。但是，目前 CAFTA 内还缺乏具体细化的关于资格认可方面的规定。

（三）具体承诺较局限

《服务贸易协议》第 17 条规定了加强柬埔寨、老挝、缅甸和越南的参与；规定其他各国应通过具体承诺的方式，通过商业基础上的技术引进，加强柬埔寨、老挝、缅甸和越南国内服务的能力、效率和竞争力；促进该 4 国进入销售渠道及信息网络；对它们有出口利益的服务部门的市场准入和服务提供方便，实现自由化；且对该 4 国展现适当的灵活性，允许它们开放较少的部门和较少的交易种类，并按照它们各自的发展情况逐步扩大市场准入。因此《服务贸易协议》在具体承诺方面并未过于深入和开放，提供的开放程度较为局限。

鉴于 CAFTA 体制内的市场准入与开放程度还不高，应通过不断地规则和减让谈判，促进市场准入范围的扩大和程度的提高。但由于自由贸易区全部是由发展中国家组成，CAFTA 其必须从中国与东盟各国服务业发展情况的实际出发，坚持逐步自由化开放的模式。从规则上可以发现，《服务贸易协议》允许成员方就涉及国家经济安全、幼稚产业以及一些关键服务行业给予特殊保护。因此，若要促进区内服务贸易升级，应正确处理好自由化与逐步开放之间的关系。在 CAFTA 区内要着重体现出自由贸易区对相对发展滞后成员国家的保护，保证自由贸易区内真正实现互利互惠，这就与 NAFTA 中的差别待遇有相同的作用。

另外，就一体化机制而言，中国应与东盟各成员国之间建立起或指定类似《货物贸易协议》中的组织协调体制或机构，比如设立相关服务咨询点，一方面监督和促进协议的实施，增强服务贸易的机制性，另一方面也可以增加服务承诺的透明度。《服务贸易协议》的实施将逐步地减少服务贸易市场准入的限制，为中国与东盟服务贸易提供了制度性的保障。这一区域法律制度的安排必将对中国和东盟乃至世界经济的发展影响深远。因此，应采取具体措施切实落实相关一体化法律机制，形成中国与东盟在服务贸易领域的联动效应，对 CAFTA 建设发挥积极推动。

## 三、投资协议的规则升级分析

2002年签署的《框架协议》是CAFTA的法律基础性，其提出的“逐渐实现投资机制的自由化”的目标，为各成员国相互直接投资的协调指明了方向。但从一定意义上看，《框架协议》中关于投资的规则较为原则和笼统，内容不够具体。因此，中国与东盟在2009年8月签署了《中国—东盟全面经济合作框架协议投资协议》（下简称《投资协议》）。在便利投资、提高投资规则与规章的透明性、提供投资保护、加强投资合作以及最终在整个中国及东盟地区实现投资体制的自由化方面，都具有巨大的政治、经济及法律意义。

与CAFTA下的《货物协定》不同，《投资协议》为自由贸易区内构建了一套统一的投资保护机制。虽然其大部分内容超出了WTO相关规则的范围，但出于投资的特殊性，其兼顾了对外国投资者利益以及东道国主权的平衡与保护。作为CAFTA全面建成的标志，《投资协议》的签署能够极大地促进中国与东盟国家间的相互投资。但不可否认的是，该协议本身只有27个条款，作为区域经济合作框架下的一项投资规则显然还欠缺完备性。同时，从其规定的内容上看，对于其他在CAFTA内部成员国之间业已达成的双边投资协定等也未加考虑。因此本文认为，确有必要根据《框架协议》中所确定的投资原则，参照WTO《与贸易有关的投资措施协议》、《ASEAN投资区框架协议》（简称AIA）以及中国与东盟成员国家间的双边投资协定等的具体规则，并考察中国与东盟国家间在有关利用外资、对外投资的相关国内立法中存在的问题，从条约解释和制度比较的角度加以完善。

应该说，《投资协议》对投资自由化的约束程度不够高，究其原因主要是存在下列不足之处：其一，与最惠国待遇相比，《投资协议》对投资者实施的国民待遇的是准入后待遇，也即在投资准入的管理环节，各成员可以根据其国内法自由规定，这无疑是留给成员国实施歧视的正当机会。其二，中国承诺的投资待遇问题。中国与除缅甸、柬埔寨外的东盟8个成员国在已经签订的双边投资协定中，都规定了最惠国待遇或者公平公正待遇，AIA规定在2010年前将国民待遇扩大到东盟投资者，在2020年前扩大到所有的投资者，而CAFTA《投资协议》仍实行中国在双边投资协定中所采用的最惠国待遇，这等于是在投资待遇问题上没有任何的进展，相对于AIA反而是一种倒退。其三，《投资协议》对于东道国影响投资的行为规定过于狭隘，这使得那些被东道国广泛采用的征收或国有化具体行政措施，无法符合该协议第1条中“普遍适用”的要求。其四，《投资协议》的安全例外条款未受到必要的制度约束。可以注意到，《投资协议》条文含混简单，操作性不强，比如其中多处使用“经必要修改”后适用本协议或纳入本协议等措辞，但对如何“修改”却并无更进一步的解释或说明，对第6条中的“不符措施”等关键概念也并无任何界定与清晰列举或描述，其对投资促进以及投资便利化的规定在可操作性层面上亦是乏善可陈。

出现上述问题的原因颇多，但无论如何，未来要实现自由贸易区的升级就不应再局限于“抓住机遇、先易后难”式的政治化方式，而应在谈判和规则修订方面力推法律化，这必须在下面2个方面着力完善。一方面，需要加强和革新相关制度。综观各层面的投资立法，外资准入自由化都受到了或多或少的限制，《投资协议》实施准入后的国民待遇是务实的选择，但是随着后续升级要求的提出，投资自由化不断深化与加强是投资规则不容争议的趋势。因此，投资规则的修订不仅要考虑到弥补规则漏洞，比如对东道国行为和待遇全面约束，又如对最惠国待遇和国民待遇的平衡规定，而且还要对于相关模糊概念给予澄清和解释，防止漏洞的出现。另一方面，也要细化《投资协议》规则，完善CAFTA下经济一体化法律政策信息的披露机制。鼓励自由贸易区内的企业和资本进入区内其他成员国家投资创业发展，就要使投资者明确了解投资环境，以便于其对投资预期作出判断，而这些都是建立在相关成员国法律规则及国别政策透明性基础的上。因此，建立CAFTA下的法律政策信息的披露机制，对促进投资及服务贸易就会有较大的促进作用。当然，这些都需要中国与东盟国家的共同努力，协商谈判选择一个各方均能接受的方案。也许方案不是一种最优安排，但其却足以消除障碍并促进区域性投资的自由化。

## 四、争端解决协议的规则升级分析

众所周知，只有建立了争端解决机制，才能真正保证国际协定义务的切实履行。但是，不得不承认，CAFTA争端解决机制与很多学者在论证中所期待的目标还有一定的距离，特别是与美欧相关区域性体制下的已有实践相比，其或多或少都存在如下一些问题需要改进和完善：

（一）仲裁员确定机制

“争端解决协议”虽然明确了仲裁员应当是熟知法律、国际贸易、国际经贸争议解决等方面知识的专家，但NAFTA和许多其他主要的国际仲裁机构都为争端当事人提供了仲裁专家名册，便利当事人从中挑选认为合适的仲裁员。而“争端解决协议”却没有为当事国提供仲裁员名册，只是规定了仲裁庭主席不应为当事方国民，这样的制度设计虽从灵活性上讲优于NAFTA或WTO，但也可能因为选择范围的太过宽泛，从而影响CAFTA在处理争端上的效果。而且，对于仲裁庭主席的确定，“争端解决协议”求助于WTO及国际法院的规定也是欠妥考虑的，不但没有此般先例，而且也并无实际操作性可言。

（二）争端解决主体的局限性

在当今的国际贸易和投资中，虽然统计是以国家为单位的，但私人和企业却是主要的角色。但是“争端解决协议”在序言中明确指出，争端当事方仅指东盟成员国和中国，也就是说，只有该自由贸易区的成员国政府才能作为争端主体提起申诉，企业和个人都被排除在争端主体之外。这样的主体范围限制在一定程度上约束了私人性质的投资者的投资积极性。在此方面，根据《投资协议》第14条，可以提交包括国际投资争端解决中心在内的多种可选择的仲裁机构仲裁。因此，CAFTA投资争端已经涉及关于缔约国政府与另一缔约国私人之间的争端。但是具体而言，在货物、服务等领域，私人仍然没有能够享受到此等争端解决的权利。

（三）裁决公正性无法保障

《争端解决协议》中规定了仲裁这种具有约束力的争端解决方法，并且规定裁决具有最终的法律约束力。但是不难发现，《争端解决协议》对于这种颇具法律化的争端解决方式，并没有在其规定中体现应有的司法救济手段。如果遇到仲裁庭在程序或实体上出现不公正等情形，对于仲裁庭所作出的裁决是应继续维持其权威性还是应如何进一步处理，CAFTA没有明确规定。由此可见，《争端解决协议》只顾及了仲裁争议解决方式其“一裁终局”的特性，而没有考虑其实作为一种非司法救济方式，仲裁最终也会受到各国的司法审查的现实状况。事实上，任何法律制度都需要有一定的救济措施作为后盾，这体现了法律与政治的区别。

（四）执行监督机制缺乏

虽然目前中国与东盟之间发生经贸争端已经可以依据《争端解决协议》加以处理和解决，该协议对执行程序作了一系列的规定，但由于CAFTA并无常设争端解决机构的设置，如专家组或常设上诉机构，因而其裁决的执行也缺乏相应监督机制。而反观WTO，其对专家组的裁决建立了一整套的执行监督体制。另外，对于执行的程度，《争端解决协议》也并未明确，即使建立了执行监督机构，在到底执行中采用何种标准衡量执行的水平时，也只能依赖监督机构的自由裁量。争端解决机制具体如何设计，问题的实质不仅仅是如何处理争端，而是需要综合考虑这个机制的背景中由哪些国家组成，其具体的国际力量配比，以及如何在这种前提下，充分发挥争端解决机制的优势，减少其被滥用的可能。这一方面要结合区域性的组织，同时另一方面也要考察全球性的组织，只有在多方分析和比较的基础上，才能实现有区域特色的CAFTA争端解决机制的构建完善。

总之，CAFTA的形成符合由简单走向复杂，由低端交往迈向高端融合的自贸区发展普遍性特点。然而在此过程中可以发现，其政治性过于浓厚而法律化略显不足。但值得庆幸的是，CAFTA弱化的规则没有阻碍其强劲的发展势头，“黄金十年”即为明证。但未来要在日本、韩国以及欧美等着力竞争东盟市场的背景下，打造CAFTA的升级版，仅仅依靠现有的法律规则是远远不够的。因此不能掉以轻心，应着眼于对相关规则及其一体化机制方面的缺陷问题不断深入探求，以试错的勇气来求得富有特色化区域体制所将带来的潜在效益。

（来源：徐忆斌.《对外经贸实务》.2014年02期）

# 在东盟十国开展投资合作的手续

## 在文莱开展投资合作的手续

### 一、在文莱投资注册企业需要办理的手续

（一）设立企业的形式

在文莱可以设立以下几种形式的企业：独资经营企业、合资或合伙经营企业、公司（私人或公共）及外国公司的子公司。

1. 独资与合伙经营企业：可以是个人、当地企业及外国公司的分支机构，具体规定包括：

（1）合作伙伴不超过20个；

（2）主管部门批准后，将签发企业名称证书，并征收30文莱元；

（3）外国人申请必须事先获得移民局、经济规划和发展局及劳工局的许可。

2. 公司（私人或公共）：可以是以股票或担保或股票及担保承担的有限责任企业，或无限责任企业。具体规定包括：

（1）必须有至少2名及不超过50名股东；

（2）股东可以是非文莱公民或居民；

（3）股东转让股份的权力有限制，禁止任何公众股票招募；

（4）子公司可以持有其母公司股票；

（5）合伙协议必须填写公司注册人及公司名称，同时提供其他标准表格的企业文件；

（6）主管部门批准后，将签发企业证书，并征收2文莱元；

（7）注册费用取决于公司股票资本授权规模；

（8）没有企业最低股本限制。私营企业还有以下要求：①指定当地注册的会计师；②逐年准备资产负债表。

所有企业必须注册名称，名称须经注册师的确认。每个名称征税5文莱元。

2011年元月，文莱财政部宣布修改公司法第138款关于在文莱注册公司对董事会构成的有关规定，并自2010年12月31日起生效。根据新法案，公司董事会构成中，至少两位中的一位（如仅两位董事），或者至少两位（如超过两位董事）必须为本地公民。而修改前法令规定本地公民数量在董事会中须占一半以上。新法案将有利于吸引外国投资。

（二）注册企业的受理机构

在文莱注册企业，需向文莱工业与初级资源部企业登记处申请。

（三）注册企业的主要程序

1. 注册私人有限公司。注册程序如下：

（1）按照指定格式（Form A）向文莱总检察长署的企业注册部门提出申请，审核公司名称是否符合要求；

（2）公司名称获得批准后，30天内向公司注册处提供公司合作协议、章程、董事名单、情况说明、所有股东及董事的身份证或护照复印件等规定文件。按照公司资本股金比例收取注册费。最低档为资本金不超过2.5万文莱元的企业（法定最低注册资本），按300文莱元征收注册费；最高档为资本金达到1.5亿文莱元的企业，按3.5万文莱元征收注册费。

2. 外国公司的子公司。注册没有最低股本要求，须提供以下材料：

（1）有关章程企业等证明文件副本；

（2）董事会名单及详细情况；

（3）主管部门批准后，将签发证书，并征收25文莱元。

注册完毕后需保证以下工作顺利开展：

（1）指定在当地注册的会计师；

（2）准备年度财务表、资产负债表及董事会报告；

（3）准备分支机构账目；

（4）每年提交账目报表；

（5）逐年向公司注册处提交申报表。

## 二、承揽工程项目的程序

（一）获取信息

政府各部门在其公告栏刊登招标公告，并同时在每周的政府公报上刊登。此外，各主要报刊也定期发布招标信息。

（二）招标投标

按照有关规定，政府投资项目一律采用招标方式。大型项目的招标要经过漫长和严密的法律程序；自筹资金承建项目，可通过议标方式进行。

文莱政府工程项目均无预付款，支付方式一般按工程进度支付。若滞后3个月，承包商须垫资承包。政府项目一般不存在工程款拖欠现象。

按惯例，招标项目标的在500万文莱元以下的项目一般会发标给第一标，即最低标；而500万文莱元以上的项目则不一定是第一标中标，还要考虑其他因素。

（三）许可手续

在文莱承包工程的主管部门是发展部。承包商承揽当地工程需要到该部门申请承包建筑工程许可证，并接受该机构对承包工程的审查和项目监督。文莱经济发展理事会（BEDB）作为文莱推进经济多元化的重要执行机构之一，2012年逐渐在承包工程招标方面发挥重要作用，文莱政府住良高速公路项目、机场改扩建项目等均由该机构组织招标，并负责相关问题的协调工作。

## 三、企业在文莱报税的相关手续

（一）报税时间

报税时间根据企业最初注册时间每年申报一次，最长逾期不能超过规定时间的3个月。

（二）报税渠道

通过会计师事务所到税务部门上报。

（三）报税手续

文莱税收较少，报税手续比较简单，相关资料可向当地会计师事务所咨询。

（四）报税资料

企业在文莱报税，需要提交申报表和相关税务收支报表。自2012年起，文莱财政部开通网上报税，可登录网站 www. stars. gov. bn 了解相关详细信息。

### 四、赴文莱的工作准证的办理

（一）主管部门

文莱负责外国人工作许可管理的部门是内务部劳工局。

（二）工作许可制度

外国人赴文莱工作，必须获得当地劳动部门签发的工作许可。

（三）申请程序

在引进劳工的问题上，文莱对外宣称实施的是开放的政策，但为了确保劳工的流入不影响本地人的生活习惯和价值观，实际操作中实行一事一批、个案处理。基本操作程序是：

1. 由需要输入劳务的本地公司将公司经营情况、所需劳务的数量、国别及申请理由上报到劳工局。

2. 由劳工局、移民局等相关部门组成的审查委员会审批后下达劳务输入配额。

3. 请单位获得配额后须在政府认可的银行开设专门账户，按输入劳务的数量存入相应的劳务保证金（按法规要求，此数额应相当于回到派出国的机票款），东盟国家劳务每人600文莱元，东盟以外国家（包括中国）每人1800文莱元。文莱—中国直航于2010年3月恢复后，每人收取800文莱元。

4. 申请单位获取配额后直接招工或委托招工，招工时应出示的文件包括：劳工局配额批准函、已交纳保证金的证明。

5. 申请单位到移民局申领劳务人员工作签证后，劳务人员到文莱使馆申办签证。

6. 劳务人员抵达文莱后接受文莱卫生部的体检，体检通过后办理为期1年或2年的工作准证。卫生部将疟疾、肺结核、艾滋病、性病、乙肝、羊痫疯、精神病和毒瘾等疾病列为“不适合工作”病症，除疟疾患者外，其他患者均需遣返。

7. 劳工工作准证到期须回国或申请工作准证延期。根据上述流程，从申请到获得配额一般需3个月或更长的时间。

另外，专业人士短期到文莱可以办理有效期3个月（可以延续3次，最长1年）的专业工作签证，由雇佣公司持申请信函和护照、执业证书等到移民局申请，此手续办理较快，但需出具相关职业技能证书和有效公正等证明材料。

建筑公司申请劳工时须出示有关项目的清单，如不能证明项目能超过1年，则只能得到1年的配额，如此后再获得新的项目，则可以申请延续配额有效期。

文莱业主办理保证金的方法：

（1）业主在拿到劳工局的配额通知后即向政府指定的银行存入保证金，项目结束外籍劳工都回国后，由政府退还保函，业主可以获得全额退款。这种方法只有在输入人数较少时或政府有强制要求时使用，它要占用业主一定数额的资金，而且退还保证金的时间较长。

（2）业主在拿到劳工局的配额通知后即向保险公司按比例缴纳少量金额，申请一份担保函，凭此担保函到银行办理银行保函，交给政府抵押用。项目执行完毕外籍劳工都回国后，政府取消银行保函即可。实际上业主并没有付出多少钱就可以拿到一大笔银行保函，不仅节约了资金，也减少了风险。如果劳务人员出了问题，需要扣除保证金，也由银行负责。

（四）提供资料

提供的资料包括：①雇主或赞助人的申请函；②工作准证申请表；③签证申请表；④护照复印件或有效旅行文件；⑤雇主的劳工执照；⑥劳工局表格 Form500。

【来源：改编自商务部国际贸易经济合作研究院，商务部投资促进事务局、中华人民共和国驻文莱达鲁萨兰国大使馆经济商务参赞处共同主编．《2013版对外投资合作国别（地区）指南——文莱》．第40～45页】

## 在柬埔寨开展投资合作的手续

### 一、在柬埔寨投资注册企业需要办理的手续

任何在柬埔寨从事商业活动的企业都必须进行注册，否则将被以非法从事商业活动罪论处。

（一）设立企业的形式

在柬埔寨进行经济贸易活动环境比较宽松，经

商标准比较低，可以个人、合伙、公司等各种商业组织形式注册。

（二）注册企业的受理机构

柬埔寨商业部负责管理“工商登记簿”，企业应在设立前向柬埔寨商业部商业注册局或商业部指定的工商登记处进行注册。

在柬埔寨设立分支机构或代表处的企业也应到商业部商业注册局注册。

在柬埔寨从事投资的企业或个人如需获得投资优惠，则还应首先向柬埔寨发展委员会（CDC）提交投资申请，获得有条件注册证书后再进行注册。

（三）注册企业的主要程序

1. 注册申请

企业的一位董事或股东应亲自前往主管部门填写注册登记表，提出申请。柬埔寨商业注册局可为注册者提供公司章程蓝本。注册应提交的文件包括：注册登记申请表、公司章程、文件属实证明、在指定刊物上发布广告的申请、全部董事或股东的身份证或护照复印件和照片、董事无犯罪记录证明、股权分配决定（如有自然人参与）、办公地点以及其他商业部要求的文件。

2. 注册审批

主管部门受理注册申请后，将颁发标有注册号的注册证书。该证书自颁发之日起1个月内为临时证书，在此期间，登记员发现申报材料有误的，可提出异议并吊销注册号。注册审批时间视情况而定，一般为1周。注册费用视公司的形式和规模而定。

3. 注册时效

注册证书从注册之日起，有效期3年。企业应在注册证书到期前30天再次申请换发新的证书。若企业延误申请新的证书，则被视为违法，其原有证书作废，企业必须重新申请注册并缴纳有关费用。

4. 开立银行账户

注册的公司应在柬埔寨境内银行开立1个或以上银行账户。

## 二、承揽工程项目的程序

（一）获取信息

国家项目由各主管部门发布信息；各省及主要城市也发布本地区的项目信息。此外，各主要报刊也定期发布招标信息。

（二）招标投标

柬埔寨国家投资项目或国际组织贷款和援助项目，一律用招标方式。招投标基本程序包括：

1. 准备阶段：设计及其费用估算；向银行提交设计及其费用估算，征求银行意见并获得批准；招标文件准备；向银行提交招标文件征求意见并获得批准。

2. 资格预选阶段：邀请参加资格预选（在报纸上登广告）；评估委员会对资格预选进行评估；资格预选评估报财政部批准；资格预选评估报银行批准；向承包商通知资格预选结果；确定符合资格预选条件的承包商。

3. 招标及评标阶段：发标；承包商准备投标；开标；评标委员会评标；评标结果和授标建议报财经部批准；评标结果和授标建议报银行批准；签署合同。

4. 选决选名单阶段：邀请说明取费率；顾问或监理准备说明取费率；向项目执行部提交取费说明；评估委员会对取费说明进行评估；公司决选名单报财经部批准；公司决选名单报银行批准。

5. 方案准备阶段：邀请决选名单中的公司提出方案；决选名单中的公司准备方案；提交方案。

6. 技术和财政评估阶段：评估委员会对技术方案进行评估；技术报财经部批准；技术方案报银行批准；请决选名单中的公司公开财政方案；评估委员会对财政方案进行评估；按技术方案和财政方案综合最高分的授标建议报财经部批准；按技术方案和财政方案综合最高分的授标建议报银行批准；签署合同。

（三）许可手续

在柬埔寨承包工程需要提供公司资质证明、母国出具的对外承包工程权证书、柬埔寨商业部注册证书及银行提供履约保函，还要经过招标资审，且要通过评标并中标。

## 三、企业在柬埔寨报税的相关手续

（一）报税时间

企业完成商业注册后，需在1个月之内到财经部税务司进行税务登记。税务登记后，企业按月报税，于每月15日前将税务月报表呈交税务局，并按额缴税。每年初呈交上一年度税务年报表。

（二）报税渠道

企业可自行或通过会计师事务所、律师事务所等中介进行报税。

（三）报税手续

纳税人应按税务主管部门规定的格式、时间和地点向税务主管部门报税。纳税人或其法定代表应在纳税申报表上签字。

（四）报税资料

每月提供税务月报表（企业注册资本、当月营业额、当月利润）、年初提供上一年度税务年报表（企业注册资本、年营业额、年利润）。

**四、赴柬埔寨的工作准证的办理**

（一）主管部门

柬埔寨劳工部负责外国人工作许可管理。

（二）工作许可制度

外国劳工必须持有劳工部颁发的工作许可证，该工作许可证的有效期为1年，可以延期，但延期不得超过居留许可证确定的期限。外国人的工作合同每次期限不超过2年。工作合同可以用外文，但应附有一份柬埔寨文。工作合同应明确规定符合劳动法的主要雇佣条件。外国人在合同工作期满后要在柬埔寨继续工作应重新报批。

（三）申请程序

根据劳工法的规定：需要雇佣外国专业技术和管理人员的企业，必须在每年11月底前向劳工部申请下一年度雇佣外劳的指标，每个企业所雇佣的外劳不得超过企业职工总数的10%。未申请年度用工指标，将不被允许雇佣外劳。

（四）提供资料

包括：①雇主预先获得在柬埔寨工作的合法就业证；②雇主的聘用证书；③有效护照；④有效签证；⑤健康证明。

【来源：改编自商务部国际贸易经济合作研究院，商务部投资促进事务局、中华人民共和国驻柬埔寨王国大使馆经济商务参赞处共同主编.《2013版对外投资合作国别(地区)指南——柬埔寨》. 第56～59页】

## 在印度尼西亚开展投资合作的手续

在印度尼西亚开展投资合作，其相关手续和程序问题可向印度尼西亚投资协调委员会等官方机构咨询，也可向律师、投资顾问、咨询机构和中国驻印度尼西亚使（领）馆经商处（室）等部门咨询。

**一、在印度尼西亚投资注册企业需要办理的手续**

（一）设立企业的形式

在印度尼西亚，投资设立企业的形式包括有限责任公司和代表处两种。

（二）企业注册的受理机构

设立有限责任公司和代表处均需得到印度尼西亚投资协调委员会（BKPM）批准。外国投资可以在印度尼西亚雅加达由投资协调委员会（BKPM）批准，也可以由其在印度尼西亚各地和驻国外的代表机构批准。但是，外资欲在保税区内投资项目，必须经过各保税区管理机构向投资协调委员会（BKPM）递交投资申请，进而获得投资协调委员会的批准。

（三）企业注册的主要程序

1. 查阅投资目录

投资者在印度尼西亚投资前，首先应查阅《非鼓励投资目录》（DNI），该目录包含了对国外投资者禁止和限制经营的业务范围。

2. 资金投资规程

如在印度尼西亚进行资金投资，投资者必须专门查阅《资金投资技术指南》（PTPPM），该《指南》中的一些章节列明了允许投资的具体经营范围，资金投资的申请和运作行为，必须按有关规定操作。

3. 批准机构和证书

若投资申请得到批准，投资协调委员会（BKPM）主席、印度尼西亚政府海外代表机构首席代表或地区投资协调委员会（BKPM）主席将颁布投资批准证书。

4. 批准时间

从收到申请到颁布投资批准证书的全过程，最多只需10个工作日。

5. 登记注册

在颁布投资批准证书后，外国投资公司即可按照有限责任公司的有关条款，以章程公证的形式，到税务等政府部门依法登记注册成立。在印度尼西亚投资注册主要程序如下页图所示：

**二、承揽工程项目的程序**

（一）获取信息

印度尼西亚的承包工程项目主要分为4类，即国际金融机构援助项目，如世界银行、亚洲开发银行、欧洲复兴开发银行等提供资金的项目；外国资金援助的印度尼西亚政府项目；外国和本国资金投资的政府项目；私人资金项目。前3类项目由印度尼西亚国家计委或公共工程部、能矿部、交通部和国家电力公司等具体实施项目部门对外发布项目招标信息。私人项目则多通过商业关系寻求合作伙伴。以上信息，大多可通过印度尼西亚当地报纸、电视、网络等途径获得。

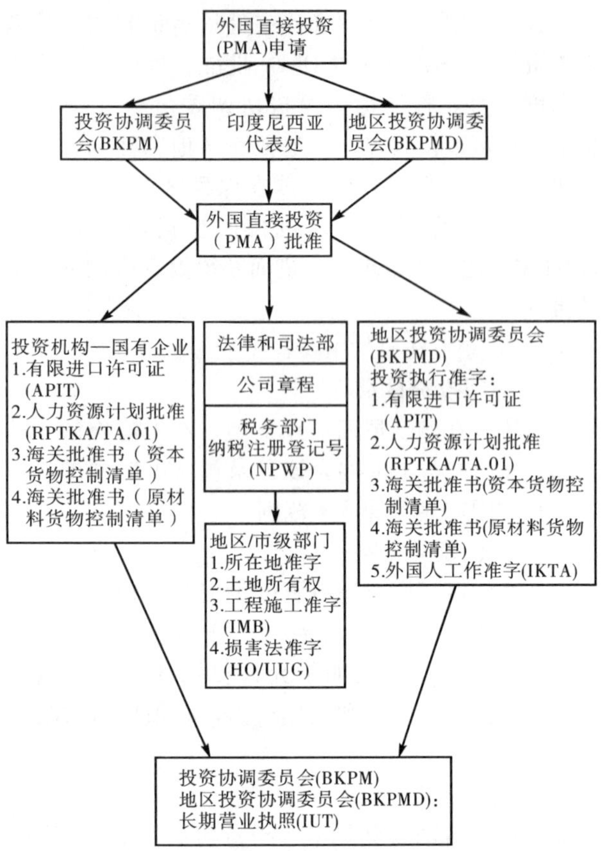

图：外国直接投资（PMA）申请程序及其执行准则

（二）招标投标

根据印度尼西亚国家法律和国际金融组织项目要求规定，由国际金融组织贷款或援助项目，一律采用招标方式；而使用某一特定国家政府贷款项目，一般采用在援助国国籍公司中公开招标形式，但也可通过两国政府协商确定项目实施公司；印度尼西亚政府自筹资金项目的招标形式比较灵活，视情况可进行国际招标或只在印度尼西亚公司中招标；私人项目则由项目业主自行决定议标或招标。

（三）许可手续

在印度尼西亚承包工程的主管部门是公共工程部。中标的外国公司必须在印度尼西亚成立有限责任公司或代表处并取得印度尼西亚公共工程部颁发的承包工程准字，方可与项目业主签约。从事承包工程业务的外国公司，其印度尼西亚合作伙伴必须是具有“A”级资格的印度尼西亚承包商协会或印度尼西亚承包商联合会成员。进行工程咨询业务的公司，印度尼西亚合作伙伴必须是具有“A”级资格的印度尼西亚咨询协会成员。“A”级资格的承包商是指有价值1亿印尼盾的设备，至少有3名工程师，1年至少有10亿印尼盾营业额的工程承包商。

## 三、企业在印度尼西亚报税的相关手续

（一）报税时间

除根据印度尼西亚政府从1月1日到12月31日财政年度报税外，企业也可使用会计年度报税，企业纳税通过月度分期付款的方式来进行。

（二）报税渠道

企业自行到税务部门报税。

（三）报税手续

纳税年度期间应当由纳税人本人每月缴纳分期支付税款的数额，应当等于根据前一纳税年度的《年度所税申报表》到期应付的税款，并且扣除下列所得税：已按规定扣缴的所得税和已征收的所得税；在境外已付或到期应付，并且属于规定的可抵免的所得税。在提交前一年纳税年度《年度所得税申报表》的到期日前，纳税人本人应立即缴纳的分期支付税款的数额，就当等于年度最后月份的分期支付税款的数额。如果在当前纳税年度期间签发了前一纳税年度的税收查定，就应当以有关的税收查定为基础重新计算分期支付税款的数额，并且应当自前一纳税年度的最后月份起生效。

## 四、赴印度尼西亚的工作准证的办理

（一）主管部门

印度尼西亚负责外国人工作许可管理的是移民局。

（二）工作许可制度

外国人在印度尼西亚工作，必须向印度尼西亚大使馆申请工作签证，以及通过雇主办妥印度尼西亚劳工部工作准证，并在抵达印度尼西亚后规定时间内办理临时居留等相关手续。

（三）申请程序

印度尼西亚雇主向投资协调委员会（BKPM）申请人力资源计划（RPTKA），并向印度尼西亚劳工部申请TA.01推荐表，以TA.01表格推荐为基础，移民局局长将向印度尼西亚驻外代表机构发出指示，允许为有关外国人签发限期居留签证（VITAS）有关外国人在得到限期居留签证（VITAS）后，便到印度尼西亚相关移民局办理临时居留证（KITAS）和工作准证。

（四）提供资料

护照或旅行证件的有效期必须在18个月以上；1封海外或印度尼西亚担保人的推荐信；由外国投资公司（PMA）或国内投资公司（PMDN）雇用的申请人、作为海外技术援助专家的外国申请人必须

附上行业主管部门和人力资源部、投资协调委员会(BKPM)的推荐信和使用外国人的人力资源计划(RPTKA)批准书；入境费(签证费)：限期居留签证每人40美元，限期居留准字每人12.5万印尼盾。

【来源：改编自商务部国际贸易经济合作研究院，商务部投资促进事务局、中华人民共和国驻印度尼西亚共和国使馆经济商务参赞处共同主编．《2013版对外投资合作国别(地区)指南——印度尼西亚》．第48～52页】

# 在老挝开展投资合作的手续

## 一、在老挝投资注册企业需要办理的手续

(一) 设立企业的形式

可以设立私营企业、股份企业和公司3种。

私营企业指的是个人拥有全部所有权，以个人名义开展经营并无限制承担企业一切债务的企业形式。

股份企业指的是两个或两个以上个人在协议的基础上共同出资共同经营、共负盈亏的企业形式。股份企业分为一般股份企业和有限股份企业两种。一般股份企业指的是股东以相互信任为基础共同经营并无限制共同承担债务的企业形式；有限股份企业指的是对债务负有限责任，即“债务有限股东”的企业形式。

公司指的是以资金入股，各股价值相同，股东按照入股比率来承担公司债务的企业形式。公司分为有限公司(含一人有限公司)和大众公司两种。有限公司指的是两个或两个以上但不超过30个股东持股的公司形式。只有一个人持股的有限公司叫“一人有限公司”；大众公司指的是由至少9个股东成立并可以自由转让股份和对外公开销售股份的公司形式。

(二) 注册企业的受理机构

企业注册由老挝工业贸易部(或省/直辖市工业贸易厅)企业注册办公室受理。

(三) 注册企业的主要程序

1. 向老挝计划投资部及其下属省/直辖市计划投资厅或者老挝工业贸易部及其下属省/直辖市工业贸易厅申请外国投资许可证；

2. 获得外国投资许可证后2日内向老挝工业贸易部(或省/直辖市工业贸易厅)企业注册办公室递交企业注册申请材料(含：企业注册申请书、企业名称许可证、投资许可证、成立协议、企业章程及授权书等)；

3. 递交申请后10个工作日获得批复(如未获批准将有书面说明)。为便于外国投资者到老挝投资，老挝政府在计划投资部投资促进管理局及省/直辖市设立“一站式”服务办公室，受理外国投资并负责办理企业投资、注册的相关手续。

## 二、承揽工程项目的程序

(一) 获取信息

国家筹资的项目由各主管部门发布信息；各省及主要城市也设有市政府基础设施管理部门，负责发布本地区的发展战略与项目信息。一般而言，招标项目均在主要报刊上发布招标信息。

(二) 招标投标

老挝国家投资或国际组织贷款和援助项目，多数采用招标方式；自筹资金承建项目或国别援助项目可通过议标方式进行。

(三) 许可手续

在老挝承包重大工程项目，一般是通过项目业主向老挝总理府报批，获批后即可签订工程承包协议并进行施工，监理单位可由施工单位推荐并由项目业主最终决定。

## 三、企业在老挝报税的相关手续

(一) 报税时间

报税时间是每年12月31日前，但利润税按季度缴纳，个人所得税逐月缴纳。

(二) 报税渠道

根据老挝法律，企业按规定直接向所在税务登记部门缴纳。

(三) 报税手续

根据老挝的法律，企业在老挝的纳税手续由企业自己到所在税务登记部门申报并缴纳。

(四) 报税资料

企业在老挝纳税需要提供的相关材料包括：税务报表、发票、外国投资许可证、企业营业执照、企业经营许可证等。

## 四、赴老挝的工作准证的办理

(一) 主管部门

老挝负责外国人工作许可管理的部门是老挝劳动社会和福利部外国工作人员管理司。

（二）工作许可制度

外国人赴老挝工作，必须获得当地劳动部门签发的工作许可，并在老挝驻申请人所在国大使馆或领事馆办理B2商务签证。

（三）申请程序

工作许可证由在老挝的雇主（公司或个人）向所在地劳动主管部门提出申请，经审核后，14个工作日内发放工作许可证。

（四）提供资料

申请工作许可证需携带聘用单位的聘用许可证明；1张1英寸照片、含B2商务签证的护照和办证费用（120美元/人/年）。

【来源：改编自商务部国际贸易经济合作研究院，商务部投资促进事务局、中华人民共和国驻老挝人民民主共和国大使馆经济商务参赞处共同主编．《2013版对外投资合作国别（地区）指南——老挝》．第32～34页】

# 在马来西亚开展投资合作的手续

在马来西亚办理投资合作相关手续，需向当地律师、专门秘书或代理机构以及相关咨询机构寻求帮助，有关政策事项也可与中国驻当地使馆经商参处/经商室联系。

## 一、在马来西亚注册企业需要办理的手续

（一）设立企业的形式

在马来西亚，外商投资设立企业的形式主要包括公司代表处（办事处）、分公司、有限责任公司和股份有限公司四种。

（二）注册企业的受理机构

中国企业在马来西亚设立代表处（办事处）、分公司、有限责任公司或股份有限公司，均须到马来西亚公司注册委员会（简称SSM）或通过互联网络（www.ssm.com.my）提交申请，进行注册登记。

（三）注册企业的主要程序

1. 注册申请

申请企业填写有关申请表格，向马来西亚公司注册委员会提出申请。

2. 注册审查

公司注册官员审查拟议中的公司名称是否被使用，如未被使用，则该名称为申请者保留3个月。

3. 提交材料

3个月之内，申请者依据不同的企业形式相应地向注册官提供不同的文件，具体需提供的文件清单可咨询专业秘书公司或律师事务所。

4. 批准申请

公司注册官审查申请材料，批准公司注册，并发出同意公司注册文书以及公司代码（主要供缴纳税务使用）。

5. 开设银行账户

公司注册完毕后，可凭有关文件到马来西亚当地银行开设公司银行账号。

## 二、承揽工程项目的程序

（一）获取信息

马来西亚大型工程项目从可行性研究、设计到最后实施需要较长过程，工程公司应从各种渠道获取工程前期信息，密切跟踪，适时介入。一般而言，政府出资项目由政府主管部门发布信息，私人项目通过主要报刊定期发布招标及项目信息。

（二）招标投标

在马来西亚，由世界银行、亚洲开发银行和其他外来资金参与的项目均按国际标准公开招标。政府财政拨款的工程项目，一般把招标对象限定在拥有A级资格的马来西亚本地公司，外国公司需从中分包或合作。私人发展项目招标对象限制较少，但最大的风险是支付保障问题，要慎重选择有实力有信誉的业主。在马来西亚，无论是哪类项目，均存在议标的情况。

（三）许可手续

在马来西亚主管承包工程的政府部门是建筑业发展局（CIDB）。承包商与当地发展商签订承包合同后，需要向该局申请办理施工许可证，并由其查验承包公司资质和监督审查项目进展情况。一般情况下，承包公司还需申请的许可有机械设备使用许可（机械管理部门）和工人现场驻地和设备材料堆放许可（市政管理部门）。

## 三、企业在马来西亚报税的相关手续

（一）报税时间

在马来西亚，个人必须于每年4月30日前呈报前一年度的个人税务；企业必须于企业财政年度结束后的7个月内向税务机关报税。

（二）报税渠道

马来西亚企业可以指派内部有专业资格的人员到税务机关报税，也可委托有税务代理执照的会计师向税务机关报税。

（三）报税手续

根据法律规定，在马来西亚报税的基本程序是企业按照成立时领取的报税编号向税务机关索取有关报税表格，填写有关呈报内容，缴纳税款。

（四）报税资料

企业在马来西亚报税需要提供的资料包括：企业报税编号、企业基本资料（股份及董事会构成等）、企业银行账户、企业财政年报、派发股息情况以及企业资产损益表等。

根据规定，企业每月须向税务机关缴纳自行估计的税务，到财政年度结束时再统一报税，多缴退还，少缴补足。但是如果少缴的税务超过30%，则要罚款10%。如果个别月份利润增长发生变化，需要单独报告说明。

### 四、赴马来西亚的工作准证的办理

（一）主管部门

负责具体办理外国人工作准证的管理部门是马来西亚内政部移民局（www. imi. gov. my）。

（二）工作许可制度

外国人赴马来西亚工作，必须获得马来西亚内政部移民部门签发的工作许可，赴马来西亚前事先办理好工作准证。

（三）申请程序

1. 制造业公司外籍管理人员职位。由外资公司向马来西亚投资发展局（MIDA）提出申请，投资发展局根据公司投资额核定名额，再交由其内部“一站式”服务部门统筹审批。外籍管理人员期限一般为5年，期满后可再延长5年。

2. 制造业公司雇佣外籍劳务。由雇主向马来西亚投资发展局提交申请，由其内部“一站式”服务部门统筹处理。

3. 制造业以外其他领域雇佣外籍劳务。由雇主向内政部外籍劳工处提交申请。政府对外籍劳工实行个案批准制度，并附带一定条件；雇主必须在尝试雇用本国公民未果后，才可以考虑雇佣外籍劳工。

马来西亚建筑业外劳工作准证无条件延长5年。该项措施已于2011年4月正式生效，在新措施下，建筑业外劳可无条件申请准证延期5年，不必缴费370令吉接受马来西亚建筑发展局（CIDB）重新评估及考取熟练技术文凭。建筑业外劳上一天安全课程，获取建筑发展局发出的绿卡后，便可投入工作，不管有无经验。外劳准证期限最长10年，现有外劳，只要工作期不超过10年，都可申请工作至期限届满。申请手续和以往的既定程序无异，可在各州移民局办理。

（四）提供资料

公司申请信函（申请职位及说明、工作时间、每月工资等）；已缴纳印花税的雇佣合同；公司注册文件；护照原件及复印件、学历证明或技术等级证书复印件及英文翻译件；申请人个人简历；标准护照照片；相关申请表格（一般为Form DP11）。

需要资料及有关费用要求详情请查阅马来西亚内政部移民局官方网站：www. imi. gov. my/eng/perkhidmatan。

办理工作准证过程中应注意：根据马来西亚法律规定，雇主应该亲自向政府提出雇用外籍员工的申请，但由于马来西亚外籍人士办理工作准证手续比较复杂，建议中国企业办理手续前，向当地有经验的人力资源顾问公司咨询，请其提供有关协助。还需注意：最好亲自申请，但必须了解员工情况，熟知程序；合理控制办理准证费用；和移民局官员交涉时注意掌握技巧；委托马来西亚政府认可并批准的中介代理。

【来源：改编自商务部国际贸易经济合作研究院，商务部投资促进事务局、中华人民共和国驻马来西亚大使馆经济商务参赞处共同主编.《2013版对外投资合作国别（地区）指南——马来西亚》.第50～53页】

## 在缅甸开展投资合作的手续

### 一、在缅甸投资注册企业需要办理的手续

（一）设立企业的形式

根据《缅甸联邦外国投资法》规定，外国企业依据如下投资方式进行投资：

1. 外国企业在委员会许可的领域进行全额投资；

2. 外国企业与国民或相关政府部门、组织进行合资；

3. 根据双方合同进行合作。

（二）注册企业的受理机构

企业注册的受理机构为缅甸投资委员会，缅甸投资委员会由相关经济部门领导组成，自2007年以来，由畜牧水产部部长貌貌登准将兼任投资委主席，国家计划与经济发展部副部长都迎佐上校兼任秘书长，商务部部长、交通部部长、建设部副部长为投资委员会成员。国家计划与经济发展部下属的

投资和公司管理局主管公司设立及变更登记、投资建议分析及报批、对投资项目的监督等日常事务。

（三）注册企业的主要程序

1. 根据《缅甸联邦外国投资法》要求，向缅甸投资委员会（MIC）提交申请表（Form），申请表应含以下文件：

（1）企业财务状况表（近几年账务审计情况）；

（2）开户银行推荐信；

（3）项目经济可行性报告；

（4）根据合作性质，如果项目属外商独资，则须提供一份拟与主管部门签署的草本合同；如果项目属合资项目，则须提供1份拟与合作公司签署的草本合同。准备必需的协议草案，如：合资协议；租赁协议；独资项目协议（由有关主管部门代表签字）；

（5）若该项目是以有限公司的名义经营的，应提交按《缅甸公司法》起草的《公司备忘录》或《公司章程》；

（6）按《缅甸联邦外国投资法》第10章26款规定提交税务减免申请函。

2. 由投资和公司管理指导委员会（DICA）对所提交项目建议书进行详细研究，并从以下几方面进行审查：

（1）实施项目是否符合被推选条件；

（2）文件是否齐全一致；

（3）经济可行性和项目的商业期限；

（4）技术适用性；

（5）市场状况；

（6）提供就业机会；

（7）项目实施对环境影响。

3. 投资和公司管理指导委员会（DICA）向政府代理公司或投资者及其代表咨询有关技术问题，并将文件提交MIC。

4. 如果所需提交的文件资料齐全，约在2个月内完成报批手续。

## 二、承揽工程项目的程序

（一）获取信息

一般情况下，缅甸政府各部门及下属司局或直属企业可直接对外发布工程项目招标信息，省级政府亦有部分自筹资金项目对外招标，但市以下级政府对外招标项目数量极少。缅甸主流媒体（缅甸《新光报》、《镜报》等）也会定期发布一些项目招标信息。中国企业一般通过直接联系有关政府部门或通过缅方合作伙伴介绍等方式获取项目信息。

（二）招标投标

缅甸政府规定，承包工程项目原则上采用公开招标的形式，但由政府部门自筹资金且金额在10万美元以上的项目，必须有3家以上的承包商进行投标。通常，发标部门对各投标方的技术细节与价格进行比较，形成授标意见后报请国家采购委员会审批。国家采购委员会一般要与竞标企业再进行一轮价格谈判，之后或维持发标部门的意见，或做出新的授标决定。根据采购委员会的意见，发标部门须上报国家贸易委员会审批，批准后再报内阁批准通过，最后进入实施阶段。

（三）许可手续

按照《商务部关于加强中国驻外使（领）馆经商参处（室）管理对外投资合作工作的指导意见》（商合发［2008］270号）、《对外承包工程项目投（议）标协调办法》以及《对外承包工程项目投（议）表协调办法实施细则》等有关文件规定，中国企业在缅甸承揽工程项目须由驻缅甸经商机构出具推荐函的（详见商合发［2008］270号），须按照有关规定在驻缅甸经商机构对有关项目信息进行备案，并接受经商机构的指导和协调。

## 三、企业在缅甸报税的相关手续

（一）税收体系和制度

缅甸的财政税收由5个部所属的6个局管理。如下图：

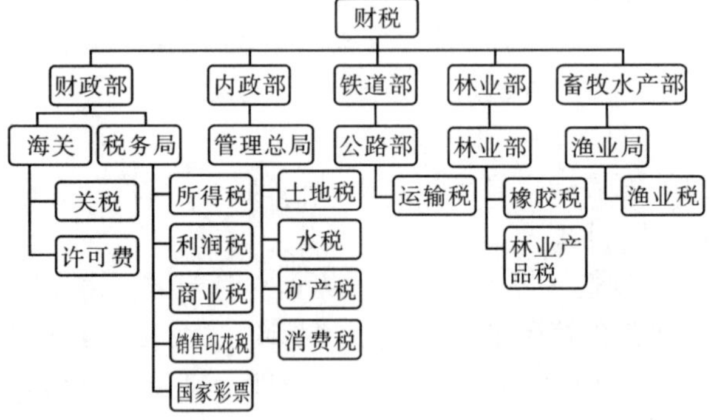


图：缅甸财政和税收管理部门及相关税收

缅甸财政税收体系包括对国内产品和公共消费征税、对收入和所有权征税、关税、对国有财产使用权征税4个主要项目下的15种税费。以上税收由不同部门管理，其中89%以上的政府各项税收由缅甸国家税务局管理。缅甸纳税实行属地税制，企业每月按照财税部要求纳税。

（二）报税时间和渠道

根据《缅甸税务法》（1992）、《缅甸国内税收实施细则》（1987）规定，企业可以在取得收益之年年底算起3个月内，凭可靠的证明向各省/邦税务人员申请缴纳所得税，纳税人的收入按从当年的4月1日起至次年3月31日止的财政年度来计算。税款一般在下一个年度按照上一个年度的收入进行估算，做出估算后，既可每个月也可每个季度缴纳一次税。

纳税人如果想离开缅甸，必须向移民局提交一份完税证明。

（三）报税手续和资料

中国在缅甸纳税的企业需聘请缅甸当地注册的会计师协助整理账务，中方同意签字后，由该会计师代交缅方税务机关，待税务官核定税款后即通知公司签字交税。目前缅方对纳税管理不严，上税的多少，很大程度上取决于当事人的关系。

### 四、赴缅甸的工作准证的办理

外国人到缅甸工作，不需要办理工作许可，缅甸未制定外国人在缅甸工作许可制度。

【来源：改编自商务部国际贸易经济合作研究院，商务部投资促进事务局、中华人民共和国驻缅甸联邦共和国大使馆经济商务参赞处共同主编.《2013版对外投资合作国别（地区）指南——缅甸》.第58～61页】

## 在菲律宾开展投资合作的手续

### 一、在菲律宾投资注册企业需要办理的手续

（一）设立企业的形式

根据菲律宾《1991年外国投资法》及其他相关法律，外国人在菲律宾可设立的企业形式包括：

1. 个人独资企业

由个人全部出资、独享收益并承担全部责任的企业形式，须向菲律宾贸工部申请设立。

2. 合伙企业

由两名以上合伙人建立，具有区别于其合伙人的独立人格，可以为有限责任或无限责任，在菲律宾证券交易委员会申请设立，要求每名合伙人至少出资3000比索。

3. 公司

根据《公司法典》，由5～15名发起人设立，向菲律宾证券交易委员会申请注册，实缴资本至少为5000比索。

4. 分公司

外国公司的延伸机构，不是独立法人，可以在菲律宾境内取得收入，注册时须向菲律宾境内汇入20万美元资本。

5. 代表处

代表母公司在菲律宾境内从事信息发布、联络、促销、质量控制之类的活动，不在菲律宾境内取得收入，注册时须向菲律宾境内汇入3万美元资金。

（二）注册企业的受理机构

1. 证券交易委员会（SEC）负责注册法人企业（5人以上）和合伙企业（3人以上）；

2. 贸工部（DTI）负责注册商业名称（有效期5年）和注册独资企业（以个人名义办公司）；

3. 投资署（BOI）负责注册优先投资计划下的享受优惠企业；

4. 菲律宾经济区署（PEZA）、苏比克湾管理署、克拉克发展署、卡加延经济区署、菲弗德克工业署和三宝颜经济区署负责注册其他享受优惠的投资促进代理机构；

5. 菲律宾中央银行（BSP）负责外国投资注册（以资本回收和利润汇出为目的）；

6. 纳税人还应到对其营业所在地有管辖权的BIR地区税务办公室（RDO）注册；

7. 在社会保险系统（SSS）取得雇主社会保险号，在菲律宾健康保险公司（PHIC）取得政府保健保险系统成员资格。

另外，在SEC和DTI注册之后应取得公司所在地的市长批准。在SEC的注册主要包括以下程序：

（1）投资人向SEC递交申请；

（2）SEC审核申请；

（3）如果申请批准，投资人支付登记费（相当于实收资本的1/1000），并递交相关文件。SEC审核和评估文件，如果用“快速”流程，时间为1周。如果批准，SEC发给注册证明。

### 二、承揽工程项目的程序

（一）获取信息

在菲律宾可以通过以下几个途径获取工程招标信息：

1. 菲律宾政府部门或企业业主在当地媒体上发布招标邀请信息；

2. 业主直接邀请；

3. 业主通过中华人民共和国驻菲律宾共和国大使馆经济商务参赞处、中资企业（菲律宾）协会承包分会发布信息。

（二）招标投标

菲律宾政府工程承包项目根据业务性质分属不同部门管理，如公共工程与公路部负责公路及桥梁等项目，交通部负责铁路、机场、港口等项目，农业部灌溉局主管水利灌溉项目等。使用菲律宾政府财政资金的政府项目，只能由本地企业或外资比例不超25%的合资企业承揽。通讯、电力、房地产等行业多为私企经营，对外资承包商一般没有限制。

工程项目招投标一般需要经历以下程序，业主或融资方还会有各自具体的要求：

1. 招标信息发布；
2. 企业报名，递交意向书；
3. 资格预审；
4. 编制发售招标文件；
5. 投标预备会；
6. 投标；
7. 开标、评标、决授标。

【投资署（BOT）注册】

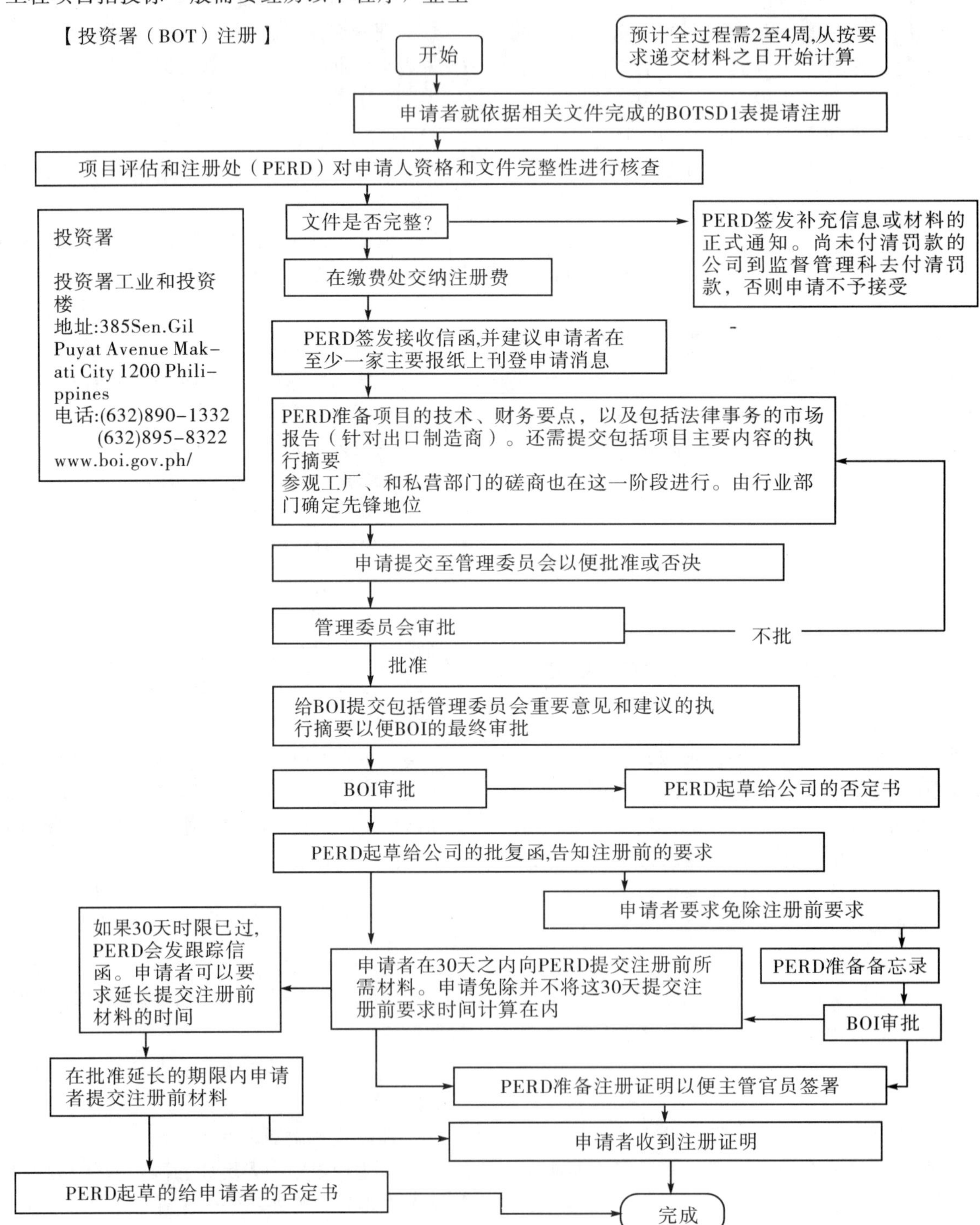

【在菲律宾经济区署（PEZA）的注册】

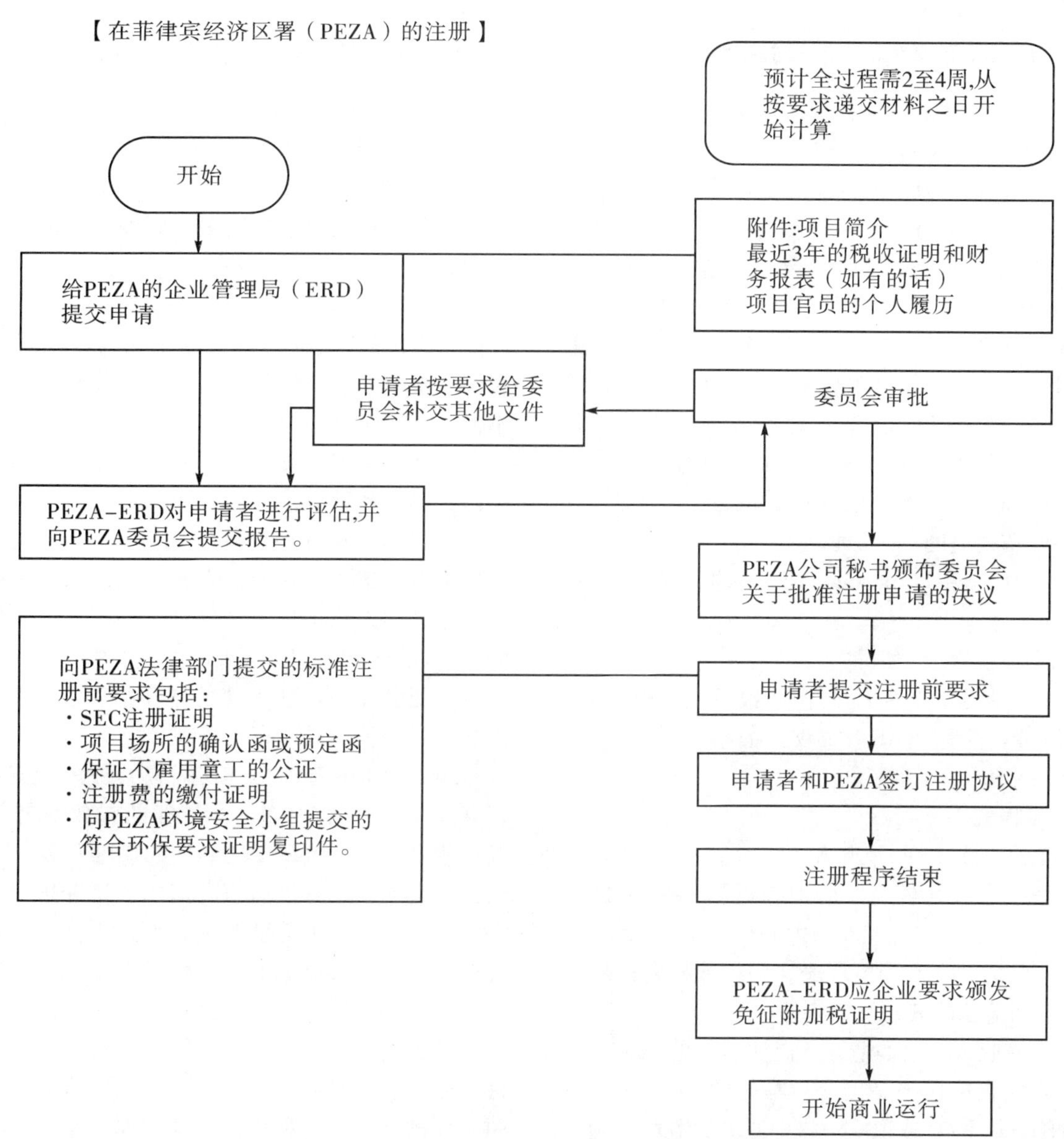


（三）许可手续

外资企业在菲律宾承揽工程项目，均须向菲律宾承包商资格评审委员会（简称 PCAB，隶属菲律宾贸工部）申请特别执照。具体步骤根据企业是否在菲律宾注册略有不同。以在证券委员会注册的中资企业为例，需向 PCAB 递交外国承包商特殊许可申请表、综合信息表、菲律宾证券委员会出具的公司注册证明、公司章程、公司对授权代表的董事会决议、中国政府部门出具的并由所在地的菲律宾使领馆认可的公司资质证明原件及复印件、菲律宾招标企业出具的工程项目是由外国融资的证明、投标邀请函、母公司出具的背对背保证书、自述书、近 6 个月财务审计报告、资产负债表、银行账户、用于运输及建设的机动车注册证及发票、国内收入局出具的证明、工程技术人员有关证明、历史纪录（有关完工的大型工程合同、证明文件以及菲律宾使领馆认证文件）等。PCAB 要求一个项目一个执照，承包商需每年更新特别执照。

不同行业的项目业主对承包商的资质要求有所不同，有关程序和手续也有差异，但核心是审查承包商（或设备供应商）在财务、技术等各方面的履约能力（或交付能力）。另一方面，公共项目业主和私营项目业主的资质要求也不相同。公共项目业主要求承包商履行的资格认证手续往往比较复杂，私营项目业主则相对简单。以菲律宾公造部主管的路桥项目为例，承包商须先通过公造部资格审查并注册，审核过程中需提供营业执照、税务登记证、SEC 登记证、公司章程、财务审计报告、公司业绩等材料。项目招标时，公造部将在投标邀请函中就具体项目提出资质要求。

## 三、企业在菲律宾报税的相关手续

外国投资者在菲律宾注册企业后、开始经营活动前，应到国内税务局（BIR）取得税收证明号（TIN）。具体程序为：携带证券交易委员会颁发的企业登记证明（或在菲律宾经商证明）和市长许可证（或申请市长许可证的文件），前往对其营业所在地有管辖权的 BIR 地区税务办公室（RDO），填写 1903 号 BIR 表格，到 RDO 指定银行缴纳 500 比索的年检费用，向 RDO 支付 15 比索的办证费和 15 比索的印花税，RDO 将签发税务登记证明（2303 号表格）。相关详情可以查询菲律宾国内税务局网站：www. bir. gov. ph/reginfo/regtin. htm

（一）招税时间

上一年所得税（Income Tax）的报税截止时间是当年的 4 月 15 日。

（二）报税渠道

可通过地区办公室授权代理银行（Authorized Agent Bank，简称 AAB）或收入征集官（Revenue Collection Officer）等报税。

（三）报税手续

1. 填写 3 份 1702 号表格；

2. 如果有收入：到注册地临近的 AAB，提交填好的 1702 号表格及收入相关附件；在没有 AAB 的地区，提交给收入采集官表格和相关材料；从相关地点取回盖章的表格及确认件；

3. 没有收入返还的情况：向注册地的地区收入办公室或税收填报中心提交填写好的 1702 表格及相关附件；从 RD0 或税收填报中心取回盖章和确认的表格。

（四）报税资料

申报所得税时，企业或合伙者需要提交以下资料：

1. 不需缴纳预提税（Withholding Tax）的，提交收入证明，并填写 BIR 表 2304（如果满足减免条件）；

2. 税收减免的，填报 BIR 表 2307（如果满足相关条件）；

3. 税收减免备忘录（如果满足相关条件）；

4. 国外税收减免（如果满足相关条件）；

5. 如果税收返还有调整，返还前期返还税收；

6. 账户信息表格（AccountInformation Form，简称 AIF）和独立的注册会计师（CPA）和域经审计的财务报告；

7. 上一年税收应返还数额（如果满足相关条件）。

## 四、赴菲律宾的工作准证的办理

（一）主管部门

菲律宾劳动和就业部、移民局。

（二）工作许可制度

在菲律宾工作或提供服务的外国人可办理下列几种签证：

1.《菲律宾移民法案》第九章（d）规定的协议商 A/投资者签证可签发给进入菲律宾并与其所属国从事贸易活动的外国人。移民局要求最初投资不低于 3 万美元或年贸易额不低于 12 万美元。目前，与菲律宾签订友好、商业和航海条约的国家有美国、德国和日本。

2.《菲律宾移民法案》第九章（g）规定的预定雇员签证签发给在菲律宾从事技术、管理或保密工作的外国人的正规工作签证。外国人被雇用从事的工作或提供的服务，须是本地菲律宾人或居民不愿或不能胜任的，且其录用应有益于公众利益。此类签证需经移民局理事会批准。

申请此 k 签证需向移民局提交外国人就业许可证（AEP）。一般而言，类签证的有效期与其 AEP 或雇用合同的有效期中先到期的期限一致。AEP 要在担保公司经过劳动力市场需求测试并提交一份替补培训计划后，由劳动和就业部批准。劳动和就业部要求在外国人监督下至少培训两名菲律宾人。

3. 第 47 章（a）（2）规定的特别非移民签证

此类签证可签发给在菲律宾经济区署和投资署注册企业雇用的外国人，以及被临时指派到政府项目工作的外国人。尽管这些外国雇员享有多次进入菲律宾的权利，在菲律宾经济区署注册企业的外国雇员无须在移民局留指纹和注册。但是，他们仍需从劳动和就业部获得 AEP。

4. 行政令第 226 号规定的特别非移民签证

此类签证签发给在投资署注册或在菲律宾的跨国公司地区总部工作的外国人。他们享有多次进入菲律宾的权利，并无须支付费用、在移民局留指纹、注册及从劳动和就业部获得 AEP。

5. 总统令第 1034 号规定的特别非移民签证

此类签证签发给在由菲律宾央行正式授权、作为一个离岸银行业务单位运作的离岸银行工作的外国人。他们也享有多次进入菲律宾的权利，并无须支付费用，或在移民局留指纹、注册及从劳动和就业部获得 AEP。

6. 苏比克工作签证

此类签证签发给苏比克自由港内企业雇佣的高

级管理人员，以及其他拥有高级技能的外国人。

7. 其他移民政策

打算来菲律宾的外国人，可以不用获得 EO 第408 号规定的签证作为旅游者入境，或在任何国外的菲律宾领事馆获得第 9 章（a）规定的临时访客签证。第 9 章（a）规定签证可用于因经商、游玩或健康等原因入境，该签证通常最初允许外国人停留 59 天，并可延期至 1 年。

进入菲律宾后，移民局允许外国人将其移民身份从游客/临时访客改为另一个类别的签证，无须离开菲律宾。

当外国人变更移民身份的申请被批准时，变更人必须在菲律宾境内，否则变更无效。如果出现申请人不在菲律宾境内的情况，需要再次提出变更申请。

申请在菲律宾移民局申请更改移民身份期间，申请人应申请临时工作许可证（Provisional Permit to Work）。

（三）申请程序

主要有以下 2 个步骤：

到菲律宾劳动和就业部（Department of Labor and Employment，简称 DOLE）申办劳工许可证（AEP—Alien Employment Permit）；

到菲律宾移民局（Bureau of Immigration）申办 9G 签证，并办理 Card 身份证。

（四）提供资料

需要提交以下材料：

1. 公司在菲律宾证券交易委员会（SEC）注册文件；

2. 公司有效营业执照；

3. 公司最近一年的税务报表或近期经过审计的财务报告。新公司提供在税务局的登记证明；

4. 申办人的护照原件；

5. 个人简历；

6. 个人税号；

7. 2 寸照片 8 张，1 英寸照片 6 张；

8. 申办人和用人单位的劳动合同。

办理工作签证程序较烦琐，周期较长，外国员工多通过中介或代理办理，需注意甄别中介资质和诚信，比较代理费用。

【来源：改编自商务部国际贸易经济合作研究院，商务部投资促进事务局、中华人民共和国驻菲律宾共和国大使馆经济商务参赞处共同主编.《2013 版对外投资合作国别(地区)指南——菲律宾》. 第 48 ～56 页】

# 在新加坡开展投资合作的手续

在新加坡投资合作办理相关手续，需向新加坡法律事务所、公司秘书事务所或会计师事务所寻求咨询和帮助，具体事项请与中华人民共和国驻新加坡共和国大使馆经济商务参赞处、中资企业（新加坡）协会联系。

## 一、在新加坡投资注册企业需要办理的手续

按照新加坡《公司法令》的有关规定，注册成立的公司应是一个商业实体。要组建公司，必须按照《公司法令》的规定注册。要组建有限责任合伙公司，必须按照《有限责任合伙法令 2005》的规定注册。

在新加坡设立企业的有关规定及程序等可上网查询，网址为：www. business. gov. sg。

（一）设立企业的形式

在新加坡投资设立企业的形式主要有：公司代表处或办事处、分公司、私人有限公司、股份有限公司和有限责任公司。

（二）注册企业的受理机构

会计与企业管理局（ACRA）是《公司法令》、《有限责任合伙法令 2005》的执行机构，负责监管新加坡的公司、商业机构、有限责任合伙以及公共会计师。

新加坡国际企业发展局（IE Singapore）负责为制造业、贸易、贸易及与贸易有关的服务业注册代表处。

（三）注册企业的主要程序

在新加坡注册不同的企业形式，需到不同的机构申请。

1. 注册公司

可以通过在线商业注册服务（Online Business Licensing Service）注册公司和申请所需的许可证，网址为 licences. business. gov. sg，也可以通过专业事务所或服务事务处代为注册。

2. 注册外国公司或分支机构

需聘请专业人士帮助准备所需文件并在会计与企业管理局网站 www. acra. gov. sg 通过商业文件系统（azfile）申请注册。

3. 注册代表处或办事处

设立银行及保险业的代表处需事先向新加坡金融管理局申请注册，其他行业只需从新加坡国际企

业发展局的网站下载注册表格或上网roms. iesingapore. gov. sg 注册。

4. 注意事项

需要注意的事项主要有：

(1) 在注册公司之前，需要确定公司商业活动的性质。可通过会计与企业管理局网站www. acra. gov. sg 的 SSIC Search 在线查找商业活动的相应新加坡标准产业分类（SSIC）代码。

(2) 公司在进行某些范围的商业活动前，还需要获得许可证。如公众娱乐、食品商店、广告等。

(3) 一家公司可以有一名董事，该董事必须是新加坡公民、新加坡永久居民或者持有就业准证/原则同意书/家属准证。

(4) 外国公司必须在新加坡有两位本地代理人代表公司。代理人必须是新加坡公民、新加坡永久居民或者持有就业准证/原则同意书/家属准证。外国人也可作为外国公司在本地的代理人，需向人力部（MOM）工作准证署申请就业准证或原则同意书。

## 二、承揽工程项目的程序

（一）获取信息

新加坡所有公共工程项目的招标均由各主管部门负责对外公开发布信息，可通过新加坡政府电子政务网站查询项目信息，网站地址：gebiz. gov. sg。私人工程项目由业主通过报纸、网站或邀请投标的方式对外发布信息。

（二）招标投标

新加坡政府工程建设严格实行国际招标制度。建筑承包商只能按照新加坡建设局审定的资质等级所批准的工程类型及范围进行投标，不得跨级、跨范围投标。私人建设项目允许采用公开招标、有限招标、邀标或议标等多种方式。

（三）许可手续

建筑公司完成公司注册程序后，要到新加坡建设局（BCA）申领资质等级，个人公司或合伙制的企业，首次只能申请 C1 和 L1 资质等级。申领到资质等级后，便可开始投标与资质等级相应的工程项目。

## 三、企业在新加坡报税的相关手续

（一）报税时间

新加坡的所得税（包括个人所得税和企业所得税）的申报为年度申报。个人所得税的申报是每年的 4 月 15 日之前申报上一年度的个人所得税，实行电子申报的纳税人可在 4 月 18 日前完成申报。自 2009 年估税年度起，企业所得税申报的截止日期为每年的 10 月 30 日。

新加坡消费税按季度申报，季度终了后的 1 个月内要完成申报。纳税义务人也可向税务机关申请每 1 个月或每 6 个月申报 1 次。无论是每一个月申报还是每 6 个月申报，申报时间均为相关期间结束后的 1 个月内。

（二）报税渠道

新加坡的个人所得税可通过网络或电话进行电子申报（E-filing），也可进行纸质申报（Paper-filing）。通过网络申报个人所得税可登录www. mytax. iras. gov. sg，网上填写提交申报资料；通过电话申报个人所得税，可拨打 1800－3568322 进行申报。

新加坡企业所得税的申报也分电子申报和纸质申报。电子申报可通过登录 www. mytax. iras. gov. sg，网上填报资料；纸质申报可从税务局网站上下载申报表或致电 1800—3568622 索取申报表，填好后邮寄到税务机关。新加坡税务局规定，消费税必须通过税务局网站（www. iras. gov. sg）进行电子申报。

（三）报税手续

新加坡个人所得税申报手续为：纳税人在规定时间内进行纳税申报后，税务机关会向纳税人出具缴税通知（Notice of Assessment），纳税人须在接到缴税通知后一个月内缴纳税款，否则税务机关会征收罚款。

新加坡的企业所得税申报手续为：纳税人在财年结束后 3 个月内向税务机关报送预估应税收入表（ECI），即便纳税人没有应税收入，也要进行零申报，此为预申报；税务机关在每年 3 月份会向纳税人寄送有编号的申报表 C，纳税人收到申报表后，按照要求填好，通过电子申报或邮寄等方式报送给税务机关；税务机关会对纳税人报送的申报资料进行审核，并向纳税人寄出缴税通知书（Notice of Assessment），纳税人应在收到缴税通知后 1 个月内，通过银行转账等方式缴纳税款，否则税务机关会对欠缴的税款征收罚款。企业可向税务局申请分期支付企业所得税。

如果纳税人在 4 月底未收到税务局寄出的有编号的申报表 C，可从税务局网站上下载或致电 1800—3568622 索取。

个人或企业如果发现预估税通知有不准确之处，应在发出通知之日起 30 日内向税务局提出异议。

（四）报税资料

个人所得税申报资料为个人所得税纳税申报表（表B或B1），若税务机关对个人申报的数据有疑问，会要求纳税人提交相关支持材料；企业所得税的申报资料为申报表C、审计报告，以及税款计算表和相关支持文件；消费税的报税资料为消费税申报表。此外，纳税人需按照要求保存经营及账目记录、税务发票，以及进出口等相关文件，以备税务机关检查。

### 四、赴新加坡的工作准证的办理

（一）主管部门

新加坡负责外国人工作许可管理的部门是新加坡人力部（Ministry of manpower）。

（二）工作许可制度

外籍人员在新加坡工作，必须取得合法工作许可。新加坡针对外籍人员的工作许可分为3类：

1. 就业准证

适用于高技术和管理人才，主要针对受过良好教育，拥有较高文凭，在新加坡企业中担任行政、管理、财务等较高职位的外籍人员。就业准证又进一步细分为P1、P2和Q13个等级，其持有人的月薪分别不得低于8000新加坡元、4500新加坡元和3000新加坡元。此外，从2012年12月1日起，新加坡收紧个人化就业准证（Personalised Employment Pass，简称PEP）申请条件，只有就业准证中最高级别的P1准证持有人才能申请PEP，且收入门槛大幅提高4倍以上，达到每月1.2万新加坡元。身在国外、有意申请PEP来新加坡工作的人，在海外的月收入必须达到1.8万新加坡元。现有PEP持有者须在2014年年底前达到调高后的年薪要求。

2. S准证

新加坡政府为弥补国内技术工人不足，从2004年7月1日起，推出S准证以促进引进中等技术水平的外籍劳工。持S准证在新加坡务工的外籍劳工需要满足最低月薪1800新加坡元、拥有大专学历和相关工作经验等条件。2011年7月1日以后，S准证持有人的底薪调高至每月2000新加坡元。

3. 工作准证

适用于技能较低的外籍劳工，月薪低于1800新加坡元。

2012年以来，新加坡不断收紧外籍劳工的各类工作准证：

（1）收紧家属准证：从2012年9月起，取消P1就业准证持有者为其配偶的父母申请新加坡长期探访准证的资格，取消P2就业准证持有者为本人及配偶的父母申请新加坡长期探访准证的资格，就业准证和S准证持有者为其配偶和子女申请新加坡家属准证的月收入门槛由2800新加坡元提高到4000新加坡元。

（2）收紧中国员工准证：从2013年2月4日起，新加坡雇主和劳务中介为中国员工申请或更新S准证及就业准证时，须通过指定网上平台申请文凭认证并向人力部提供认证证明。3个指定的网上认证平台分别是中国全国高等学校学生信息咨询与就业指导中心、中国学位与研究生教育信息网以及证件核对公司Dataflow Group网站。

（3）调高各类工作准证申请与签发费：从2012年4月1日起，就业准证、S准证和工作准证的申请费分别上调到70、60和30新加坡元，3类准证的签发和更新费也分别升至150、80和30新加坡元；第1次补办准证的行政费提高到100新加坡元，第2次补证则增至300新加坡元；其他证件如个人化就业准证、创业入境准证和受训就业准证等的申请、签发和更新费用，也有不同程度上调。另外，外籍员工以往为家属办理直系亲属证和长期探访证时不用支付申请费，只需在申请获得批准后缴纳一笔签发和更新费；但从2012年4月1日起，办理直系亲属证和长期探访证须分别缴纳60和30新加坡元的申请费。

（三）申请程序

雇主或由雇主委托的中介公司可通过互联网向新加坡人力部提出拟聘用外籍人员的工作许可申请，人力部签发相应的工作许可后，外籍人员方可入境工作。

（四）提供资料

如申请就业准证和S准证，需要提交以下资料：

1. 申请表；
2. 学历证明复印件、就业鉴定复印件；
3. 照片1张（3个月以内的证件照）；
4. 申请人旅行证件（如护照）复印件；
5. 雇主的商业注册文件。

如申请工作准证，只需提交申请表，或登录人力部网站提交相应信息，待人力部预核准后，在网站上直接打印预核准信。外籍人员凭预核准信入境新加坡，在完成体检、按指纹等手续后即可获得正式的工作准证。

（五）风险提示

按照新加坡规定，在办理工作许可过程中提交虚假材料属违法行为，劳务人员可能面临坐牢、罚款或两者兼施。即使被中介公司蒙蔽而办理了假文凭的劳务人员，新加坡人力部也会要求劳务人员留在新加坡协助调查，劳务人员通常也会因此而无辜蒙受较大损失。因此，劳务人员切忌心存侥幸，以免造成严重后果。

【来源：改编自商务部国际贸易经济合作研究院，商务部投资促进事务局、中华人民共和国驻新加坡大使馆经济商务参赞处共同主编.《2013版对外投资合作国别（地区）指南——新加坡》. 第56～61页】

# 在泰国开展投资合作的手续

## 一、在泰国投资注册企业需要办理的手续

（一）设立企业的形式

在泰国，投资设立企业的形式包括合资/合伙企业（两合公司）、私营有限责任公司、公众有限责任公司、合营/合作企业、外国公司分支机构（分公司）、外国公司代表处、跨国公司地区代表处。

1. 合资/合伙企业

根据责任制的不同，泰国主要分为3种不同的合资/合伙形式：

（1）未注册的普通合资/合伙企业的所有合伙人共同承担法律责任，合资的偿还债务责任没有上限。此类合资/合伙企业不是一个合法的实体，并只作为私人个体来收税。

（2）已注册的普通合资/合伙企业是一个法律实体，在商业注册部进行登记后即拥有一个单独的、清楚的、对所有合伙人相对独立的法人身份。已注册的普通合资/合伙企业作为一个公司实体进行征税。

（3）有限责任合资企业是一个或多个合伙人的个人偿还债务责任以各自的投入金额作为上限，以及一个或多个合伙人对所有债务共同承担连带的法律责任的合伙企业。有限责任合资企业作为公司实体来征税。

2. 私营有限责任公司

泰国的私营有限责任公司与通常所说的公司相似。公司可能完全由外国人拥有。然而，在那些泰国国家政策规定中有所保留和保护的商业行业和领域，外资所占的比例通常不能超过49%。

公司股东的债务偿还责任以其被认可的注册资本份额作为上限。然而，如果在公司的合股备忘录或公司章程条款中有所规定，董事会成员的偿还责任也可能没有上限。依据公司的契约宪章以及法律规定，有限责任公司由其董事会进行管理。

虽然法律对于私营有限责任公司没有设定其最低资本的下限，但要求其注册资本必须能满足公司目标的实现。所有的公司股份都必须得到认购，并且至少25%的认购股份必须付清。可以发放普通和优先两种股份，但所有的股份都要有投票权。泰国法律禁止发放没有票面价值的股票；并且规定股票的票面价值在5泰铢或5泰铢以上才允许被发售。

泰国公司法有一些特点可能不被外国经商者所熟悉。其中就有禁止发售库存股票（债券股票）；并且要求私营有限责任公司的股份持有者在任何时间都不能少于7位。另外，对于无投票权的股份，无论是普通股还是优先股，都不允许发售。原始授权资本股份必须要全额认购。

3. 公众有限责任公司

公众有限责任公司的设立程序与设立私营有限责任公司程序很相似。1992年的公众有限责任公司法案中的条款规定，私营有限责任公司可转化为公众有限责任公司。公众有限责任公司与私营有限责任公司最主要的区别在于，私营有限责任公司禁止向公众发售其公司股票。其他区别在下表中列出：

表1：私营有限责任公司和公众有限责任公司比较

| | 私营有限责任公司 | 公众有限责任公司 |
|---|---|---|
| 作为公司发起者的自然人最低数 | 3人 | 15人 |
| 最低持股人数 | 3人 | 15人 |
| 发行计划书的公众认购股份 | 不允许 | 允许 |
| 发行计划书的公众认购债券 | 在特殊条款下允许 | 允许 |
| 每百万注册资本的注册费用（泰铢） | 5500 | 2000 |

（资料来源：中华人民共和国驻泰王国大使馆经济商务参赞处）

4. 合营/合作公司

通常情况下合营/合作公司指的是一定数量的自然人或法人签署联合备忘录/协议来共同运作一项事业。在民法和商法典中还未将其认定为一个法律实体。然而，在税收法典中将合营/合作公司的收入纳入公司税收之下并将其归类为一个独立

实体。

5. 外国公司的分支机构/分公司

在外国法律下成立的公司可在泰国设立其分支机构。在泰国，外国分支机构只允许维持与其业务相关的账目往来。然而，预先将机构的收入组成向泰国税务部门进行澄清尤为重要，因为泰国税务部门可能将外国总部机构从泰国国内市场资源直接赚取的利润纳入泰国税收范围之内。

作为批准外国公司分支机构的外资营业执照的条件之一，外资公司必须注入泰国的注册资本最低不能少于300万泰铢。但是，如果内阁法案有特殊规定，这个数目也可有所变化。分支机构存在期限可为无限期，直至其自行解散之日。

6. 外国公司代表处

一个外国法人实体可在泰国设立其代表处来运作有限度的、无利润收入的相关运营活动。这些运营活动的限制如下：

为公司总部开发在本地市场的产品及服务资源，对其总部生产的产品质量及数量进行监控；对其公司总部直接销售给本地分销商和消费者的产品提供相关的、全方位的建议和售后服务；提供和散发其公司总部新产品和服务的信息资料；向公司总部汇报本地业务发展及活动情况；外国公司代表处的最低注册资本与外国公司分支机构一致。

7. 跨国公司地区代表

一个跨国公司可在泰国设立其地区代表处来运作有限度的、无利润收入的相关运营活动。这些运营活动的限制如下：

为本区域内公司相关的业务活动进行联系、合作及监督；为公司相关的分支机构和子公司提供如下服务，包括顾问建议及管理服务、培训及人力资源发展、财务管理、市场监控及促销、产品的研发和发展。

跨国公司地区代表处所有发生的费用均必须来自跨国公司总部。跨国公司地区代表处的最低注册资本与外国公司分支机构一致。

（二）注册企业的受理机构

在泰国注册上述不同的企业形式，特别是设立有限公司等，均需到泰国商业部商业发展厅企业注册处进行申请。

（三）注册企业的主要程序

1. 有限公司注册程序

（1）公司名称登记和核准。在建立一个有限公司之前，首先要将选定的公司名称进行注册登记并通过商业注册厅的审核。登记的公司名称不能与其他公司的名称相似或相同。一些专门的名称不允许登记且必须遵守泰国商业部商业发展厅的公司名称登记准则。批准后的登记公司名称有效注册期为30天，不能延期。

起草一份联合备忘录（公司章程），其内容包括：已批准之公司登记名称、公司的详细注册地址、公司目标和经营范围、公司7个发起者的名字等个人详细资料。股东的股份认购情况以及公司经批准后的注册资本数据。资本信息必须包括股份数量及每股面值，资本可以分期投入，但总额应明确。

法律上没有明确规定最低资本金额，但要求投入资本应能满足业务运作和发展的需要。公司章程的登记费用为注册资本的万分之五，最低下限为500泰铢，最高上限为2.5万泰铢。

（2）召开法定会议。一旦公司股份架构确定后，在法律和公司宪章的批准下组织全体股东召开法定会议，选举出公司董事会，批准公司发起人的交易和支出，任命审计师。第一次投入的资本不应低于资本总额的25%。

（3）注册。在法定会议召开后3个月之内，公司董事会必须向商业注册厅提交公司注册申请。注册费用为注册资本的千分之五，最低下限为5000泰铢，最高上限为2.5万泰铢。

（4）税务登记。在公司正式成立开始营业后60天之内，必须向税收部门申请公司纳税登记卡和企业代码（税号），缴纳所得税。经营者如果年收益超过60万泰铢，必须在其销售额达到60万泰铢之日起30天内申请产品增值附加税（VAT）的登记，成为增值税纳税人。

2. 分支机构、代表处和地区办公室

外国公司如希望通过设立分支机构、代表处和地区办公室在泰国开展业务，必须提交相关的文件资料。这些文件资料必须由其公司总部提供并得到公证部门的公证或泰国在其本地的大使馆或领事部门的证明和批准。

## 二、承揽工程项目的程序

（一）获取信息

泰国政府项目信息通常通过下列渠道获得：

1. 政府公告。泰国各政府部门都会定期发布各自项目招标公告，投标人可派人到各部门索取投标资料。

2. 政府各部门网站。政府各部门会同时在其各自网站上发布招标信息，投标人可从网站上查找。

3. 报纸公告。某些大型项目，特别是国外资金的大型基础设施项目，主管部门通常会在泰国英文报上发布公告。

4. 邀请投标。某些大型项目，特别是国外资金的大型基础设施项目，主管部门通常会通过商会、大使馆等渠道向各自所在国的承包商发出投标信息。

（二）招标投标

泰国政府项目的招标和投标方式视项目情况而定，通常采用的方式：一是直接投标，通常适用于一般规模项目，有资格的投标人在购买标书后直接进行商务投标。二是资格预审和投标，通常适用于大型项目，尤其是资金来自国外的大型基础设施项目通常采用此方法。投标人须根据标书要求先进行资格预审，通过者方可有资格参加商务投标。资格审查通常分为一般性资审和技术性资审。一般性资审是投标公司背景、以往业绩、财务状况、人员和设备情况等。技术性资审是投标公司必须根据项目的特性提出具体的施工技术方案，甚至设计或设计扩充方案等。超大型项目通常都要进行一般性资审和技术性资审，而某些国内预算项目则可能只要求一般性资审。三是特别招标/议标，国家预算的小项目（通常不超过1亿泰铢）有可能采用议标特别聘雇的方式招标，而国家预算的国外项目如驻外使领馆等也通常采用议标聘雇的方式招标。

泰国所有政府项目在招标前都必须完成预算，确定项目的中间价，上述前两种招标中若项目的中间价大于1亿泰铢，商务投标就必须采用电子竞标（E-Auction）的方式进行。

（三）许可手续

泰国承包公司（泰国法人）可在政府各部门进行资质申请，相关部门会根据申请人的公司情况审批其资质。最高资质为一级，其次为二级、三级等。必须具有各级资质的承包公司方能有资格参加相应的国家预算（非外资）项目的投标，而招标人在招标文件规定（Terms of Reference，简称TOR）中通常会规定投标人必须具备的资质等级。泰国没有国家统一的资质注册，在不同部门（如内政部、交通部、农合部等）注册的资质只适用于该部门，不能相互替代。但是参加某些大型基础设施项目，特别是建设资金来源为外资的项目投标的外国承包商或投标联营体中的外国承包商不受此规定限制。

近年来，泰国大型政府预算项目普遍要求企业所在国驻泰国的使领馆出具企业资信、资质、业绩和股东列表等文件的公（认）证函，只有经过公（认）证后翻译成泰语并交由泰国外交部再认证方可有资格参与项目投标。

## 三、企业在泰国报税的相关手续

（一）税收体系和制度

泰国关于税收的根本法律是1938年颁布的《税法典》，财政部有权修改《税法典》条款，税务厅负责依法实施征税和管理职能。外国公司和外国人与泰国公司和泰国人一样同等纳税。泰国对于所得税申报采取自评估的方法，对于纳税人故意漏税或者伪造虚假信息逃税的行为将处以严厉的惩罚。目前泰国的直接税有3种，分别为个人所得税、企业所得税和石油天然气企业所得税，间接税和其他税种有特别营业税、增值税、预扣所得税、印花税、关税、社会保险税、消费税、房地产税等，泰国并未征收资本利得税、遗产税和赠予税。

泰国的税务条例规定了有关所得税的征收细节。概括起来，泰国的所得税可分为公司所得税、增值税（或特定行业营利税）及个人所得税3大类。在此主要介绍公司所得税报税的相关情况。

泰国财政部是泰国负责财政和税收管理的主管部门，下辖财政政策办公室、总审计长厅、财政厅、海关厅、国货税厅、税务厅、国债管理办公室等8个厅和政府彩票办公室、烟草专卖局、住房银行、泰国进出口银行、扑克牌厂、资产管理公司等16个国有企业。其中负责税收征收管理的主要是税务厅、国货税厅，以及负责关税征收的海关厅。税务厅主要负责征收所得税、增值税、特种行业税以及印花税，国货税厅征收特定商品消费税，海关厅负责进出口关税的征收。地方政府负责财产税以及地方税的征收。

泰国税务厅负责税收征管的最高管理机关，主要征收和管理以下税种：个人所得税、法人所得税、增值税、特别营业税、印花税和石油所得税。税务厅实行厅长负责制，并设4个副厅长。税务厅的组织机构在全国分为两个部分，即中央税收管理和各府税收管理机构。

各府的税收管理包括府税务办公室和曼谷以外的区税务办公室。府以下的税务管理机构由府尹或区行政长官直接管理。

（二）报税时间

公司所得税款征收期以半年为基准，第一次在年度会计期间的前半期，法人应从当年会计年度前半期截止日起2个月内填写报表申报纳税；第二次在当年会计年度后半期终了日起150天内填写报表申报纳税。雇主须从其雇员薪金中扣除个人所得税。除新成立公司外，会计年度一般定为12个月。报税单必须和公司财务报表一并提交给有关部门。

公司纳税人在会计年度的第8个月底前缴付50%的预估年税。纳税人没有按期缴付或者少缴超过25%者，将被罚款，罚款额一般为少缴税款的20%。

个人所得税须在获取收入的第2年的3月底之前进行申报，并缴纳及返还。

（三）报税渠道

泰国政府对于报税方式和渠道无硬性规定。但是，泰国的公司所得税申报比较复杂，计算比较烦琐，因此公司一般都聘请专业的会计师事务所来准备申报材料，帮助企业处理申报工作。

（四）报税手续

企业在申报期限之内自行或委托有资格的会计师填写报税表格，准备所需相关材料，然后呈递至当地（府、县）税务部门，缴纳税金。

（五）报税资料

公司报税所需文件有：填写申报税务表格；经过有资格的审计师确认的公司的账簿（收支明细表）、损益表、资产负债表以及其他一些要求出具的相关文件。

## 四、赴泰国的工作准证的办理

（一）主管部门

泰国劳工部就业厅是外籍人在泰国工作许可的归口管理部门，下属外籍人工作许可证管理局直接管理外籍人在泰国工作许可申请的受理与审批。劳工部会同泰国投资促进委员会、泰国移民局在首都设立境外投资者“一站式服务”窗口；取得当地投资促进优惠政策的企业，其外籍人在申请材料完备的前提下，可在3小时内办妥工作许可证。泰国的外国人就业法规定所有在泰国工作的外国人都必须首先取得工作许可证，如获得泰国投资促进委员会批准的项目，其外籍雇员可在30天内办理申请，并允许其在办理工作证期间工作。申请工作证必须持有非移民签证。

（二）工作许可制度

泰国2008年2月颁布实施的《外国人工作法》，替代了1978年颁布实施的外国人工作法，将“工作”定义为包括任何涉及体力工作或运用知识的活动，有报酬或没有报酬。外国人在泰国工作必须先获得泰国劳工部颁发的外国人劳动许可证，没有工作许可证的外国人禁止在泰国从事任何形式工作。根据移民法规定，临时从事必要和紧急的工作，时间15天或之内的情况除外。申请工作许可的外国人必须是根据移民法规定，允许在泰国合法居住或持非移民签证进入泰国，持旅游或过境的签证外国人不允许申请工作证。

1. 豁免

该法规定从事下述职业的外国人可以不必有工作许可证：外交使节团成员；领事团成员；联合国及其特别机构的成员国代表和官员；从国外来为上述人员工作的私人服务人员；执行泰国政府与他国或国际机构协议项下公务的人员；为教育、文化、艺术或体育事业而进入泰国的外国人员；经泰国政府特别批准来泰国履行义务或执行任务的外国人。

2. 特别例外

尽管大多数外国人必须申请工作许可证，而且必须在许可证签发后才可开始工作，《外国人工作法》为下列情况提供了特别的待遇。

（1）紧急和重要的工作

根据《移民法》，对暂时进入泰国执行任何紧急和重要事件而且在泰国停留时间不超过15天的人，可以不必取得工作许可证。但是这些人必须提交由本人签字并由其雇主背书的书面报告，并经移民局局长或其指定的委托人同意。享有此项待遇的外国人可凭任何一种签证进入泰国。所谓“紧急、重要的工作”法律上并没有明确的规定，是否给予工作证的豁免完全由管理机关决定。

（2）投资促进

根据《投资促进法》，试图在泰国得到工作许可的外国人必须在收到投资促进委员会的任职通知后30天内提交工作许可申请。这类人可以在政府处理其申请期间从事经授权的工作。

（三）申请程序

该法要求在泰国工作的外国人必须在开始工作前获得工作许可。该法第八章规定，在开始工作前雇主可代其填写申请表格。但是根据《移民法》，只有当该外国人根据移民法进入泰国后方给予发放工作许可证，而且必须由本人亲自领取。

工作许可开始的有效期限仅仅是根据移民法该外国人的非移民签证所允许他在泰国居留的时间。因此工作许可将根据签证的延期和更新而进行更新。对于仅持有泰国居留证的外国人，工作许可证可每年更新。劳工厅具体负责办办理各项事宜，原则上工作许可的初始有效期限为1年。工作许可证必须在其到期以前更新，否则将自动失效。

（四）提供资料

申请工作许可需备齐如下文件：

1. 对于非永久性居留，要有1本非移民签证的有效护照；

2. 对于永久居留，需1本有效护照、居留证以及外国人身份证；

3. 申请人的学历证明和原雇主的推荐信，详细说明该申请人过去的职务、职责、表现、工作地点及期限。如果文件是英文，须附有泰文译文并经泰国大使馆或泰国外交部认证；

4. 近期体检证明；

5. 3张5厘米×6厘米照片；

6. 如申请表非本人填写，须附有符合规定格式的有效的委托书及10泰铢税票；

7. 填写申请表“工作描述”一栏时，须详细说明申请者将从事何工作，该工作涉及何人以及工作中所需何种设备原料等；

8. 根据该法，如果申请的工作须依照一些特别的法律审批发放执照（证件），则还须附有该执照（证件）的复印件1份（如教师证、医生行医证、新闻记者证等）；

9. 如申请人已和泰国人结婚，须提交下列各项文件的原件及复印件：结婚证明、配偶身份证、子女出生证明（如有）、户口登记表以及申请人护照复印件（每页都要）；

10. 如申请的工作地点不在曼谷，则申请表应在相关府的劳工厅填写，如没有这样的机构，就在该府市政厅填写；

11. 其他需要的证明。

【来源：改编自商务部国际贸易经济合作研究院，商务部投资促进事务局、中华人民共和国驻泰王国大使馆经济商务参赞处共同主编.《2013版对外投资合作国别(地区)指南——泰国》. 第55～63页】

# 在越南开展投资合作的手续

## 一、在越南投资注册企业需要办理的手续

（一）设立企业的形式

在越南，投资设立企业的形式包括：贸易公司、有限责任公司、股份公司等。

（二）注册企业的受理机构

越南政府已将几乎所有外资项目审批权下放至省级部门，仅维持对少数行业的审批。其中，计划投资部负责审批跨省的BOT项目；工贸部审批石油和天然气项目；国家银行审批银行等金融机构项目；财政部审批保险项目。对于国家重大项目，由国会决定项目的投资立项和项目标准，政府负责制定项目审批程序和颁发投资许可证。

根据2006年9月22日越南政府第108号议定书，外资项目的审批分为登记和审批两种情况：对于总投资3000亿越南盾（约合1500万美元）以下的项目，外商只需向审批部门提供相关资料进行登记即可，时间约需15天；对于总投资3000亿越南盾以上的项目，审批部门须征求相关部委意见并对项目进行审查，时间约需45天。

（三）注册企业的主要程序

1. 外国独资企业

注册的程序如下：

（1）申请书：成立公司之前，创办者必须向省、中央直辖市人民委员会或相当于公司设立办公地点所在地一级行政单位递交成立公司申请。

（2）经营登记：公司必须在省、中央直辖市经济仲裁组织或同级的行政单位进行经营登记。

（3）成立公告：根据相关法律法规，在越南投资的外资企业成立后，必须在中央或地方报纸连登3期公告。

2. 代表处

按照越南法律规定，企业只要根据中国法律规定已登记进行合法经营，即可获得在越南成立代表处的许可证。需要注意的是，外国企业在越南成立的分公司不能再设立代表处。

3. 分公司

成立分公司要把材料寄到越南工贸部。企业申请获得成立分公司许可证所需的文件包括：

（1）企业申请成立分公司的申请表按越南工贸部统一规定的格式；

（2）营业执照副本；

（3）相关文件须经中国公证机关公证，然后由中国外交部领事局认证，之后由越南驻华使馆、领事馆进行领事认证。这样文件才有法律效力。

## 二、承揽工程项目的程序

（一）获取信息

越南计划投资部通过报刊、网站等渠道公布全国范围的投标信息。中国企业可订购由计划投资部主办的《投标报》或通过该部网站（请见附录）获取项目招标信息。

（二）招标投标

根据越南《投标法》规定，越南国家投资项目或国际组织贷款项目，一律采用招标方式。大型项目的招标需过较长时间的审批。自筹资金项目可通过议标方式进行。

越南对项目审批采取分级管理办法，具体包括：

对于由政府总理审批的项目：总理批准投标计划；批准或委托批准承包商评选结果；批准或委托批准投标过程中产生的相关情况并处理违法行为。对属于国家秘密的项目、为国家利益而紧急实施的项目、涉及能源安全的项目，由总理批准或委托批准投标计划和承包商评选结果。

对于由部长、部级机关领导、中央其他机关领导、中央直属各省市人委会主席审批的项目：由该部门行政首长负责批准投标计划；批准或委托批准招标标书，承包商评选结果。

对于由省以下各级地方政府行政首长审批的项目：由该部门行政首长负责审批授权范围内的招投标内容；对于本部门审批权限范围内的项目，可批准项目招投标计划，批准或授权批准标书、承包商评选结果等。

（三）许可手续

根据越南《投标法》规定，承包商须符合以下条件才可参加投标：一是有所在国职能部门颁发的营业证书；二是有独立经济核算资格；三是财务状况健康。

承包商参加投标，首先要进行资格预审，一般在业主发布招标公告之后、承包商投标之前举行。资格预审的内容包括承包商以往的业绩与信誉、设备与技术状况、人员的技术能力、管理水平和财务状况等。承包商应提供投标意向书、公司章程、公司技术和行政管理的人员名单、公司现有的机械设备清单、过去5年承揽项目的合同清单等。

预审合格的承包须根据业主的通知到指定的机构购买招标文件，并着手编制标书。标书编制完成后，承包商须在规定时间内送达业主指定的招标机构，参加竞标。承包商接到中标通知后，要在规定的时间内与业主商签承包合同，并递交履约保函。

（四）优惠政策

1. 优惠政策享受对象

越南《投标法》规定，在国际投标中享受政策优惠的对象包括：

（1）根据越南《企业法》（2005年11月颁布）和《投资法》在越南成立和经营的企业。

（2）承包联合体中含有上述规定企业，且其实施的合同价值占合同总价值的50%以上，则该联合体可享受政策优惠。

（3）对于商品供应项目，承包商所供应的商品其国内价值占30%以上，可享受政策优惠。

2. 优惠政策具体实施办法

（1）对于设计咨询项目：享受优惠的承包商，其标书综合分数可增加7.5%。如果该项目为高新技术项目，则承包商的技术分可增加7.5%。

（2）对于建造和安装项目，不在政策优惠享受之列的承包商，若其标书出现错误并进行修改后，其评标价需加上参加投标价格的7.5%。

（3）对于商品采购项目，不在政策优惠享受之列的承包商，其评标价需加上相当于商品进口税费总额的价格。不需缴纳进口税费的商品除外。

3. 进出口管理

越南《投标法》规定，除国家禁止进出口的商品外，承包商可进口或暂进再出用于实施项目的设备物资。对于许可证管理的进口商品或专业商品，承包商获得越南工贸部或有关行业管理部委批准后方可进口。进口手续如下：

（1）进口施工设备：承包商中标后，可在海关直接办理施工设备进口手续。

（2）从国外租借施工设备：在实施项目过程中，承包商可免税从国外租借有关施工设备。项目完成后，承包商需再出口所租借的设备。如果在越南处理租借的施工设备，需按越南关于进口二手设备有关规定办理手续。

（3）承包商可免税暂进口施工设备，项目完成后，需进行再出口；承包商可暂出口施工成套设备中的损耗部件，在国外修复或更换后再进口。可直接在海关办理暂进再出或暂出再进手续。

## 三、企业在越南报税的相关手续

（一）报税时间

外资企业的计税年度为公历1月1日至12月31日。外资企业可建议越南财政部准予采用其12个月会计年度制，以便于计算和缴纳企业所得税。

（二）报税渠道

企业可以选择向当地税务局自行申报、通过业主代扣或者通过当地会计师事务所代为申报。

企业所得税应税利润，为企业在计税年度中，企业收入总额与支出总额之差额，加上企业其他副业所得的利润后，扣除可转入下一年度的亏损额。外资企业可将经税务机关确认为慈善、人道等目的，向越南组织与个人提供捐助的合理开支，一并计入其总支出。经营过程中，外资企业在向税务机关应税决算后，出现亏损的，可将其亏损额结转人下一年度，该亏损额可从应税收入中扣除，亏损结转期不超过5年。

（三）报税手续

报税手续较简单，企业按规定填写报税单，提供相关文件，缴纳税款后，当地税务局即出具完税证明。

（四）报税资料

企业向当地税务局报税时需要提交的文件包括：税务报表、企业税号文件、报税单等。另外，当地税务局每年不定期抽查企业相关会计凭证和单据是否与上述文件相符。

## 四、赴越南的工作准证的办理

（一）主管部门

越南负责办理劳动许可证的主管部门是越南劳动伤兵社会部及各省、直辖市的劳动伤兵社会厅。

（二）工作许可制度

在越南工作3个月以上外籍劳务人员须办理由越南省（直辖市）劳动伤兵社会厅颁发的劳动许可证，劳动许可证有效期根据合同期定，但不超过3年，应用工单位的要求，可适当延长期限。

（三）申请程序

1. 居留规定

外国人须申报入境目的、时间及居留地址，入境活动应与申报相符。外国人不得在禁区内居留；外国人在越南公安部所属出入境管理机关办理长期居留手续；越南公安部所属出入境管理机关将为获准在越南居留1年以上的外国人颁发长期居留证。居留证有效期为1～3年。持证人出入境免签证；长期居留越南的外国人须每3年1次定期向越南公安部所属出入境管理机关报告；签证、签证加注、签证变更、居留证及居留许可延期申请将在受理之日起5个工作日内完成。

2. 工作许可

越南企业，机关、组织及个人雇佣外籍劳务人员均须签署劳动合同。劳动合同内容应包括：工种、工作时间、工作场所、休息时间、薪资、合同期限、劳动安全、劳动卫生、劳动保险。劳动合同包括书面合同和口头协议两种。外籍劳动者在获得劳动许可证后，用人单位有责任将劳资双方签署的劳动合同复印件呈交给劳动许可证颁发机关，但外籍劳动者系由外方选派到越南工作除外。

3. 社会保险

工作时间超过3个月和无期限合同，须办理强制性社会保险。劳工因工受伤残，雇主须支付医疗费，如未投保，亦按社会保险条件支付赔偿。

（四）提供资料

1. 就业申请书；

2. 本国职能部门颁发的司法履历，如已在越南6个月以上的，需增加由越南所在地司法厅发的司法履历；

3. 体检表；

4. 大学毕业或以上学历证书、工艺技术证等专门技术证书的复印件。如劳工属于具有传统工艺或管理经验的人才，需有该国职能部门的证明；

5. 上交3张近1年内照的彩照（3厘米×4厘米，免冠、正面、不戴眼镜）。

提交的材料须公证，并译成越南文。须有复印件与原件、翻译件与原件相符。

【来源：改编自商务部国际贸易经济合作研究院，商务部投资促进事务局、中华人民共和国驻越南社会主义共和国使馆经济商务参赞处共同主编．《2013版外投资合作国别（地区）指南——越南》．第54～59页】

# 行 业 篇

## 东盟重点市场分析

### 东盟成中国工程机械厂家“粮仓市场”

自中国—东盟自由贸易区建立以来，中国工程机械企业纷纷进驻东盟国家，从设立售后服务处到成立子公司，“中国制造”越来越获得当地客户的认可。自2011年下半年以来，受房地产调控、基建压缩等多重因素影响，中国工程机械市场持续低迷。而在国际市场特别是在东盟市场上，中国工程机械由于质优价廉而备受青睐，保持较快增长。目前，东盟市场已成为中国多个工程机械厂家的“粮仓市场”。

**一、东盟国家对中国工程机械深耕东盟市场寄予厚望**

在第4届中国—东盟工程项目合作与发展论坛上，马来西亚东盟工程科技园秘书长胡逸山表示，随着中国—东盟自由贸易区建成和发展，东盟国家关税降至很低水平，中国与东盟经济依存度也逐步加深。由于东盟国家制造业水平偏低，中国工程机械输入东盟国家有着地缘及贸易优势，合作前景广阔。

柬埔寨国务兼商业大臣占蒲拉西表示，中国与柬埔寨的交流进一步加强，中国的工程机械、汽车等产品在柬埔寨很受欢迎，市场前景很好，希望双方进一步加强合作。

越南工贸部重工业司副司长吴文宙希望更多中国汽车企业到越南投资办厂，生产汽车零部件、工程机械，越南将在税收、土地等方面提供更多的优惠。

目前及未来较长一段时间，整个东盟地区的基础建设市场将迎来一个火热的发展期。以泰国为例，泰国政府制定的国家发展战略第一项就是增加基础建设投资。据悉，泰国将增加2.2万亿泰铢（约合736亿美元）的投资额进行基础设施建设，包括建造以曼谷为中心的四条高速铁路、跨国道路及工业港口。预计这个投资将极大降低物流成本。这对于中国工程机械行业而言是千载难逢的机会。

在电力、路桥、电信、铁路、机场建设等项目工程承包方面，中国企业具有成本、技术优势。截至2012年年底，中国在东盟工程承包签署合同额达1478.7亿美元，完成营业额970.7亿美元。

**二、中国工程机械企业抓住中国—东盟博览会契机，抢滩东盟市场**

在位于广西南宁国际会展中心的第10届中国—东盟博览会室外展区，最引人注目的便是中国众多工程机械厂家的“亮相”，广西柳工机械股份有限公司（以下简称“柳工”）、广西玉柴机器集团（以下简称“玉柴”）、三一重工股份有限公司（以下简称“三一重工”）、中联重科股份有限公司（以下简称“中联重科”）、徐州工程机械集团有限公司等企业悉数到场。

越南工程机械企业协会主席阮文树曾表示，中国工程机械的质量和科技含量较高，价格适中，非常符合越南国情和企业的实际需要，在越南的保有量很高。据介绍，柳工在越南的市场份额正稳步上升，越南作为距离广西最近的地方，柳工正致力于把越南打造为“第二本土市场”。

柳工国际营销事业部总经理罗国兵表示，柳工产品在东盟国家保持着良好的市场口碑，出口额逐年攀升，2012年柳工产品在东盟地区的销量超过2000台，销售收入约7亿元人民币，出口份额约占柳工在国际市场销售的16%。东盟市场已成为柳工的“粮仓市场”。

目前，柳工在东盟地区成立了10家经销商、超过30个销售和服务网点，在新加坡建立了柳工亚太子公司，利用新加坡辐射亚洲及太平洋地区的枢纽优势，更贴近客户，并能加速响应客户需求，为亚太区客户提供优质的服务。

柳工还针对东盟市场的用户需求进行深度开发。2011年8月，柳工针对泰国的实际市场需求，成功研发出了超长臂装载机，2011年超长臂装载机实现销量126台，较2010年增长近20倍，市场占有率提升至29%。2012年以来，这一产品的销量超过200台。

玉柴董事局主席晏平透露，2013年上半年，玉柴发动机海外进入量超过1.6万台，比2012年同期增长了40%。东盟市场表现尤其优秀，2013年1～7月完成2013年全年目标的61%，在东盟市场的销量已占玉柴海外出口销量的35%左右。

截至2013年7月，玉柴在东盟市场保有量达到73954台，仅在越南市场保有量就超过了6万台，玉柴产品广泛服务于越南的汽车行业、工程机械、农业机械、船舶行业等相关领域。

迅速兴起的东盟机械市场引起中国工程机械企业越来越密切的关注，三一重工、中联重科等龙头企业在开拓东盟市场方面同样成效显著。

### 三、拓展东盟市场须稳妥推进避免无序竞争

虽然中国工程机械企业在东盟市场的拓展成绩斐然，但还是有不少问题需要重视。

一是隐性的、技术性的贸易壁垒需引起重视。当前，一些国家设置了“无形”的贸易壁垒，例如设定较高的排放标准、限制关键零部件的出口等。中国企业要“走出去”发展，首先应努力掌握核心技术，不断提高产品质量。

二是加强对当地的法律、政策环境的了解。企业“走出去”发展不可避免地会遇到用工纠纷、产品质量纠纷等一系列问题，必须了解当地的法律法规，确保合法合规经营，以避免不必要的麻烦。

三是须对当地政治、治安、文化环境有较深入的了解。东盟国家虽与中国地缘相近，但仍存在文化差异，各国有着不同的管理模式。须对所在国政治、治安、文化环境多加了解，顺应当地的文化，尊重当地已经形成的管理模式。

四是应尽量避免无序竞争。由于中国工程机械企业竞相开拓海外市场，若是采取“价格战”的竞争方式，势必损害中国工程机械品牌在海外市场的形象，因此必须增强自律，维护中国品牌形象。

（来源：中国行业研究网．http://www.chinairn.com/print/3145035.html.2013－9－23）

## 东南亚：既“生”又“熟”的矿业投资地

受全球经济走势的影响，这两年全球的矿业市场表现得并不如以往出色。虽说中国一直在大力推行“走出去”找矿战略，但这两年中国企业在对外矿业投资方面，无论是投资额还是投资项目数量，都出现较大幅度下降。

值得关注的是，东南亚地区由于矿产资源丰富，而且与中国地缘优势明显——无论是陆地上的毗连性还是航海路线上的关键性都不容忽视，因此，中国矿业企业在东南亚的矿业投资发展迅速。但是，投资者在开拓东南亚矿业市场前，应充分了解当地的矿业投资环境，有的放矢地开展投资活动。

### 一、政治与政策环境

投资者在走进东南亚之前要做好充分的调研准备。首先，须关注政治环境。政治环境主要是指一个国家的政局稳定情况、政府贪腐程度等因素。东南亚国家多数属于单一制国家，只有少数国家如马来西亚属于联邦制国家。政体的不同会导致矿业权管理归属的不同。一般单一制国家矿业权的主要管理机构为中央政府，地方政府起到配合、辅助管理的作用；而属于联邦制国家的马来西亚，主要矿产资源则处于州政府的管理之下。因此，对外投资不仅要考虑一个国家的资源潜力，还需要特别考量其中潜在的政治风险。在政治风险较高的国家投资须特别注重安全问题。

其次，需要关注法规与政策环境。法律规定基本上决定了一国的矿业体系结构，如矿业权的获取、各种税金的缴纳，以及运营过程中的劳工、环保等各项问题。

以菲律宾为例，1995年颁布了《菲律宾矿业法》，1996年颁布了《菲律宾矿业法实施细则的规定》修正案，之后又有多次调整；直到2004年12月，菲律宾高等法院才通过一项判决，允许外资公司持有本国矿产项目最多100%的股权，为外资进入菲律宾矿业领域打开了通道。又如马来西亚，法律规定州政府负责对本州矿权进行管理，主要法律依据是1994年的《矿产资源开发法》和州的矿产法

令。州政府设有矿产资源委员会具体负责矿权的审批。

这些都是关于一国矿业权体系的基本框架性规定。特别值得关注的是，近年来，一些东南亚重要国家矿业立法和政策发生了较大变化，对其矿业投资环境产生了重大影响。如越南政府规定：对于年产100万吨氧化铝以上规模的项目，及2010年后设立的铝冶炼项目，外商只能采用合资合作的方式参与投资，而且必须由越方控股。这些项目，需要由越南企业牵头，与外国合作伙伴合作对矿区的储量进行勘探和评估。再比如，印度尼西亚2009年颁布新《矿业法》，取代了1967年颁布的原《矿业法》。新法将旧法的矿业权合同制度变更为政府颁发矿业许可证的制度，同时要求获得矿业许可证的已生产企业，在国内冶炼加工其矿产品；新法还增加了一项10%的附加税。2012年，印度尼西亚还颁布了禁止出口矿物原料的部长法规，并要求外国投资者分阶段逐步减少他们在该国矿产和煤矿业的股权，使其持有股权最多不能超过49%。

以上这些变化其实可以归结为两个方面，一是矿业投资目标国均加强了对本国矿产资源的控制——最明显的表现就是对企业股权性质的控制；二是增加本国在矿产开发中的经济收益。东南亚国家具有不错的资源储量，在早期的开发中，政府管理比较松散，获得的经济利益也比较有限。而今，这些国家意识到资源对本国经济发展的重要性，开始逐渐加强对资源的控制，境外投资者也因此受到影响。有关学者评价称，越来越多的国家加入“资源民族主义”阵营，通过限制部分矿种和矿业权的外商投资、不允许外商投资企业控股、政府强行参与股权、提高权利金、禁止矿石或初加工矿产品出口等多种方式，限制外商投资。

越来越多的政府干预将成为跨国矿业投资者不得不面对的问题。

## 二、社区问题

社区问题也已成为投资者必须关注的一个重点。如果忽略了矿产资源所在地民众的诉求，企业在对外投资过程势必遭遇了更多困难。

以菲律宾为例，在矿产勘查许可证的审批中，有一个环节是需要得到村庄顾问和原住民委员会的批准，这就从一个侧面反映了当地民众意见的重要性。目前不少国家的地方政府、部族和社会团体中仍存在着根深蒂固的反采矿情绪，如何让当地民众获得切实的好处并化解他们对利益分配、环境保护等问题的顾虑，在投资运营过程中显得非常重要。

而且，有时候社区问题之后还隐藏着更深层次、更复杂的因素。比如中国万宝矿产有限公司（以下简称“万宝矿产”）在缅甸的莱比塘铜矿项目，在动工开始后的1年里，当地村民和社会团体反对项目建设的声音和活动时有发生。当地村民对莱比塘铜矿项目的不满主要体现在环境污染、征地补偿不公、就业安置不良等问题上。当时成立的一个独立调查委员会最终提交的调查报告认为，“综合考虑经济、社会、环保、国际关系等因素，莱比塘铜矿项目应该继续实施，但需要采取建议进行改进措施”。因此，要解决这一问题，就必须加强与缅甸当权政府以及在野党派的沟通、对舆论的引导，并公开项目建设有关环节，同时保障当地民众的利益，每一个环节都需要谨慎处理。

## 三、基础设施、劳工等其他问题

基础设施、劳工等问题也需要投资者关注。

东南亚国家由于国民经济发展程度普遍较低，基础设施条件较差。2009年，中国专门设立了100亿美元的中国—东盟投资合作基金，以支持中南半岛国家的基础设施建设，改善其投资环境。而对于外来劳工的输入，各个国家也都有不同程度的限制。

根据贝里多贝尔集团2012年度对世界主要矿业国家的风险进行评估做出的排名，在其所选取的国家中，东南亚国家的排名大致在拉美国家之后、在个别非洲国家之前。

而加拿大弗雷泽研究所近年发布的有关世界近百个主要国家或地区矿业投资环境评价的调查结果显示，亚洲国家的“政策潜力”大多是排名比较靠后的，印度尼西亚、菲律宾、越南的“政策潜力”甚至排名在倒数之列；而就纯“矿产潜力”也就是单纯的矿产资源状况来说，亚洲国家的状况则较好，印度尼西亚与菲律宾都名列前茅。

整体而言，东南亚国家的矿业投资环境可以称为一般。但是考虑到中国在大力推动发展睦邻友好关系，以及东南亚地区对中国进行资源供给上拥有的地理优势，再加上中国企业跨国矿业投资起步比较晚，全球的优质矿产资源大多都已经被世界矿业巨头所掌控，投资东南亚矿业不失为一种选择。中国企业到境外投资，也要把风险较高的第三世界国家作为重点考察区域。

## 四、风险控制

首先，在投资之前应委托专业机构就标的矿权的资源储量及矿权所在地的政治、法律、社区等各方面环境进行详细调查。对项目的了解是做出决策的前提条件。

其次，须综合并且充分预估项目的成本，且不能仅依据中国的数据做预估。项目的成本不仅仅在于矿业权的取得，勘探、开采、选矿的投入，更要充分考虑当地的基础设施状况、劳动力状况、劳动者工作时间、环境保护支出以及对当地政府、社区、媒体各方面的公关成本，充分估计项目投产的最长周期，成本的预测宜高不宜低。

再次，灵活的策略与谨慎的行动并重。与当地政府和民众打交道时采取灵活的策略，同时，又要非常谨慎。必须对所要签署的投资文件字斟句酌地推敲，最大限度地避免歧义，并做到约定预案以应对可能产生的政策变化。面对当地媒体时，言行须慎重。对民众的宗教信仰、生活习惯要有足够的尊重。可以公开的事项尽量公开。

（来源：中华人民共和国国土资源部.http://www.mlr.gov.cn/xwdt/kyxw/201311/t20131125_1293459.htm.2013—11—25）

# 东南亚成中产阶级海外置业新宠

中国购房团到南欧横扫海岸线，到纽约抄底学区房，如今这些购房团将海外置业指针指向了东南亚。这两年来，中国国内多地发布房产调控政策，限购、限价之声不绝于耳，二套房首付与缴纳社保年限的门槛也逐步提高。收紧的政策抑制了楼市的投资及投机需求，加之股市低迷、大额理财产品渠道有限，海外置业开始成为一些投资者眼中的新“蓝海”。从纽约、伦敦到东京，从温哥华到悉尼，中国的购房团正在以高铁速度冲出亚洲，走向世界。东南亚房产项目以低廉价格及优惠政策招徕客户，加上距离中国较近，因而吸引了中国内地众多消费者的目光。

## 一、多元化优惠政策

在中国国内房地产市场遭遇“红灯”时，饱受楼市低迷困扰的海外房产商，瞄准了中国内地买家，在政策上给海外房产商提供了诸多优惠。马来西亚政府为了吸引世界各国的人移民马来西亚，设立了第二家园计划，仅需在大马银行（AmBank）存入60万元人民币资金（第二年即可取用30万，此后保留30万元在账户即可），50岁以上减半存款，取出的钱可用于购车、购买不动产、子女教育或医疗服务。一人申请，全家可获签证，60岁以上的父母可随行，并可带一名佣人进入马来西亚。而相似的门槛，美国需要花费325万元人民币，加拿大547万元人民币，澳大利亚349万元人民币，新加坡1314万元人民币，中国香港1000万元港币。

新加坡则在贷款政策方面为中国投资者开“绿灯”。外国人在新加坡购房，可以新加坡元借贷，解决了跨国投资的难题。同时，可享受和新加坡公民同样的贷款政策和程序，缩减了海外投资者的购房程序，降低了投资成本。

泰国为游客推出“养老签证”，凡是年龄在50岁以上，每月退休金达到65000泰铢的外国人士，都可以申请为期1年的退休签证，为有意到泰国安享老年的外国老人提供签证办理便利条件。

## 二、低成本宜居之地

中国的普通收入者在北京、上海、广州、深圳这样的一线城市买套面积较小的2居室，就需要300万元人民币左右，每平方米均价2万～3万元人民币。面对中国内地城市的高房价，很多人望而却步，然而投资东南亚房产却很划算。

据数据显示，目前马来西亚面积100平方米的普通酒店式公寓均价约每平方米1.1万～1.5万元人民币，泰国普吉岛144平方米、配有私人泳池和观景露台的精装海景别墅也仅需120万元人民币，这个价格与中国北京、上海、广州、深圳等一线城市的同类型房子相比，十分具有吸引力。

以低价格在国外买房，还需在当地纳税，也有人担心花费更多。分析人士做出计算：在马来西亚吉隆坡市中心购买一套100平方米的新房，每平方米约为2万元人民币，总房价约为200万元人民币。购买时缴纳的费用大体包括印花税约3%，共6万元人民币；律师费按中等收费标准计0.7%，共1.4万元人民币；其他费用约400元人民币，共约7.44万元人民币。购房的费用为214.84万元人民币，这个数字低于在北京市中心地段一套同等面积房子的价格。

## 三、海外买房容易养房难

买房容易养房难，对于投资海外的置业者而言，远隔重洋，根本没有时间去管理自己的房产，如何很好地养房是一个比较现实的问题。置业者可尽量选择有多个合作伙伴的代理机构。有些公司提供多项服务，如收楼、办理按揭、再售、出租，以及出租过程中的客户管理、维修等，有些公司的业务甚至包括办理旅游、移民签证等，这在很大的程度上方便海外置业者。

### 四、新加坡：房价看齐北京

虽然新加坡土地资源稀缺，但是经济发展稳定强劲，目前已经成为国际置业人士的投资首选地之一，尤其是来自中国的买家在新加坡的投资呈迅速上升之势。过去10年里，新加坡私人住宅的房价维持每年10%～15%的涨幅，虽然投资回报率相对中国国内偏低，但相对其他地方的房价仍具备优势。

新加坡可供海外置业者购买的房屋大部分价格为7万人民币～20万元人民币/平方米，这与中国一线城市的高档公寓价格相差无几。北京二环以内高档公寓均价为10万元人民币/平方米，上海浦东区域的高档公寓也超过12万元人民币/平方米。新加坡作为以华人为主体的热带国家，突出的教育优势、治安环境等因素，也成为中国投资者置业新加坡的重要原因。

### 五、泰国：房价近3年来暴涨100%

泰国房产市场近年来发展势头迅猛，尤其像曼谷等世界知名旅游城市，随着游客的逐年增加以及基础设施的不断完善，房价逐年上升。低廉的价格、优越的配套设施和人居环境，是不少投资者选择在泰国买房的主要原因。然而，如今泰国城市房价持续上涨，据了解，泰国公寓房价近3年来暴涨100%，房价均超过200万泰铢。

### 六、印尼：可买公寓房使用权120年

印尼是东南亚国家中外国投资者买房较多的城市，这不仅是因为其拥有较为成熟的房地产市场，更是因为印尼政府的政策支持。

印尼新出台的购房政策明确允许外国人在印尼购置仅限于公寓房的房产，使用期限60年，并可再延长60年。开放外国人购房权限后，外国人不仅可以在印尼买房，同时也可按照相关法律法规，进入当地的房产交易市场。这对常住印尼和有意投资的外籍人士具有极大的诱惑力。

当然，此项购房政策也有一些限制，其中包括：准许外国人拥有房产权，但不可拥有土地权；外国人在一栋公寓楼中购买公寓房的比例限制为40%；所购房产为价值22万美元以上的公寓房；已经购买公寓房的外国人不可加入公寓的业主协会等。

### 七、马来西亚：或成投资新热土

据“2012年中国人海外购房去哪里”的调查显示，6.1%选择马来西亚，位居第5位。马来西亚与新加坡仅一水之隔，房产升值空间大。全球房地产指南数据显示，马来西亚平均房价在全亚洲排名倒数第2位，全球排名第99位，租金却排在世界第9位，租金回报率高。

马来西亚政府对外国人投资房产并无“限贷限购”政策，不过为保障本地人利益，政府要求外国购房者只能购买100万元人民币以上的房产。至于外国人在马来西亚购房能否拥有永久地契，各个州的政策不同，有的是永久拥有地契，有的为99年。

### 八、海外投资置业应注意的问题

（一）投资

1. 选择优越的地理位置；

2. 考虑发展商的实力，从而保障房屋质量；

3. 项目的配套程度，包括环保、购物、会所、交通、学校、医院等；

4. 了解当地房产的市场供需关系；

5. 物业管理公司的品牌；

6. 了解该地的房地产历史所显示的投资回报状况；

7. 当地房屋出租状况；

8. 当地家庭平均收入水平。

（二）置业

1. 正确评估自己的资金投入能力；

2. 确定投资策略，房地产投资不是投机，应该选择中长线；

3. 正确估计投资地区及国家房产潜力；

4. 准确把握投资时机；

5. 提交国内收入证明，银行评定的个人信贷额度；

6. 征求律师的专业意见；

7. 长期与专业销售代理公司保持联系，以便获取最新的市场资讯。

（来源：中国研究网．http://www.chinairn.com/print/3305141.html.2013－12－16）

## 中国—东盟能源合作“海上丝绸之路”再升级

第16次中国—东盟领导人会议于2013年10月

9日在文莱斯里巴加湾举行，会议发表《纪念中国—东盟建立战略伙伴关系10周年联合声明》。声明提出，欢迎中国—东盟自由贸易区“升级版”倡议，加强在环境、相互投资、湄公河流域开发、能源领域的合作，并制订“中国—东盟新能源与可再生能源合作行动计划”。声明与中国国务院总理李克强在第10届中国—东盟博览会开幕式上提出的加快中国—东盟能源互联互通相辅相成。

自古以来，中国就与东南亚国家有着密切的经济贸易联系，这条交通贸易和文化往来的海上通道，被称为“海上丝绸之路”。2013年10月，中国领导人多次提出建设面向东盟的“海上丝绸之路”，中国本身经济的升级也将为双方的能源合作提供更多机会。

## 一、能源贸易有待加强

东盟是中国在全球范围内建立的4个能源重点开发区之一。中国—东盟能源合作的方式主要包括能源贸易、能源投资、保护海上能源通道、争议海域能源资源的共同开发。中国与东盟的能源贸易由来已久。

中国能源企业不仅可以为东盟提供许多专业性的能源服务，还拥有大量的资金。更重要的是，对于南海地区丰富的能源资源，中国与东盟存在共同开发的现实需要。

越南、印度尼西亚和马来西亚是中国在东南亚的三大石油进口国，成品油进口主要来自新加坡，成品油出口则主要面向越南。中国对外经贸大学副教授樊瑛解释，中国与东盟之间的原油贸易较少，尤其是近年来，随着中国能源合作的多元化以及东盟国家能源出口的限制，中国与东盟国家的原油贸易逐渐呈下降趋势，而成品油贸易则逐渐上升。

在煤炭方面，自《中国—东盟全面经济合作框架协议》实施以来，东盟已经是广东口岸进口煤的最大来源地。越南是中国煤炭主要进口来源地，2010年从越南进口煤1804万吨，占当年中国煤炭进口总量的10％。

同时，中国加大了从印度尼西亚、马来西亚、泰国与文莱等国的天然气进口力度。如印度尼西亚同意在未来25年内，通过其西巴布亚省东固工厂每年向中国供应260万吨液化天然气。

总体而言，中国与东盟国家间的油气贸易量不断上升，随着东南亚诸国油气产量的上升及中国—东盟关系的不断推进和改善，油气贸易量还将上升。

此外，随着新能源（含清洁能源）领域的发展，中国与东盟的新能源产品贸易也在逐渐增加。例如，中国太阳能级多晶硅除了面向欧美市场外，菲律宾、马来西亚、老挝也是重要出口市场。中国石油大学教授冯连勇表示，中国的太阳能光热利用、太阳能发电、沼气技术综合利用积累了丰富的经验，这些领域的技术交流、产品贸易将会成为今后中国与东盟贸易的主角。

## 二、能源投资应拓宽思路

除了油气贸易外，能源投资也是中国与东盟间能源合作的重要方面。早在2009年4月，中国—东盟合作的设想和建议就包括签署双边自由贸易区投资协议，以及设立100亿美元的“中国—东盟投资合作基金”，用于双方基础设施、能源消费、信息通信等领域重大投资合作项目。

传统能源投资领域，不仅包括广东振戎能源有限公司与缅甸UMEHL公司、HTOO公司合作的500万T炼油厂及成品油销售网络，中国浙江恒逸集团在文莱建设的大型石化厂，中石油在泰国邦亚开发石油区块，还有马来西亚国家石油公司与美国Chevron海外石油公司合资开发中国辽东湾的两个区块。

传统能源投资如火如荼，新能源领域也“不甘示弱”。2009年中国与泰国共同组织实施了面向东南亚、南亚地区建筑太阳能系统研发与示范国际科技合作项目；在2010年第7届中国—东盟博览会经济合作项目签约仪式中，中国水电集团签署了投资开发老挝水电站的协议；2013年泰国经商环境及投资政策说明会上，以太阳能光伏、光热为代表的新能源产业受到泰方青睐。

风能、太阳能等新能源产业由于投资成本高，在大多数东盟国家发展缓慢，特别是风电市场发展前景较为低迷。因而，中国需要转变思路，拓宽投资领域，因地制宜地做好投资工作。

另外，东盟国家生物资源丰富，从棕榈油、蓖麻油、椰子油可提炼出生物质能，将生物质能转化为新能源可以作为中国与东盟未来的一个合作重点。为此，可以共同组织专家小组，设立专项资金，对重大节能和环保工程项目、极端技术进行联合开发，争取新的突破。

## 三、政府间为能源合作扫清障碍

尽管中国与东盟的能源安全合作已从现实和制度层面展开，但仍然存在能源产品出口受到限制、能源运输通道安全受到威胁等问题。

出于本国能源安全的考虑，许多国家向外国出口大量能源的意愿并不强烈。因此，在中国与东南亚各国的能源合作中，应凸显政府之间的合作特色，增加国家经济外交的力度。同时，中国与东盟各国政府部门、高校、科研机构之间还可以增强文化、教育的交流，通过文化的传递加强政治互信，为能源合作扫清障碍。

（来源：能源网．http://www.cnenergy.org/yw/201310/t20131016_252541.html.2013－10－16）

## 中国—东盟深化金融合作 共谋经济转型

2013年9月，中国银行人民币兑印尼盾现钞汇率挂牌启动仪式、浦发银行南宁离岸业务创新中心揭牌仪式在第10届中国—东盟博览会上举行。

人民币兑印尼盾是实现中国与印度尼西亚贸易结算本币化的关键环节，标志着两国贸易跨入本币结算的崭新时代，为两国贸易带来提高效率、节约成本、规避风险、增加收益等诸多便利。

浦发银行南宁离岸业务创新中心是浦发银行继厦门后设立的第二家离岸业务创新中心，旨在利用广西的区位优势，加快开展对东盟离岸金融、边境自由贸易合作示范区建设等金融试点工作的推进，为广西乃至周边区域发展增添新的动力。

两个揭牌仪式同日举行，是中国—东盟在深化金融合作、共谋经济转型过程中，向专业领域和务实方向迈进的具体表现。

### 一、区域金融合作呈现三大亮点

近年来，中国—东盟金融合作取得长足进展。清迈倡议多边化协议是目前亚洲范围内主要的金融合作机制。2000年，在东盟和中日韩10＋3财长会上，各方通过了《清迈倡议》，同意建立双边货币互换协议网络。2007年，各方一致同意通过建立自我管理的共同外汇储备基金来实现清迈倡议多边化，即相关国家可承诺向该基金投入一定金额的储备资金，当某个国家面临外汇资金短缺困难时，其他国家可以帮助其缓解危机。目前，《清迈倡议》多边化协议总规模已从1200亿美元扩大至2400亿美元。

当前，全球经济进入调整期，亚洲经济处于转型升级期，这对中国与东盟加强金融合作提出了新要求。

中国国务院总理李克强2013年10月9日在文莱举行的中国—东盟领导人会议上建议，应积极探讨制定区域金融合作的未来发展路线图，打造亚洲货币稳定体系、亚洲信用体系和亚洲投融资合作体系。李克强的讲话为双方合作指明了方向。

在第5届中国—东盟金融合作与发展领袖论坛上，北京银行董事长闫冰竹表示，过去10年是中国—东盟优势互补、互利共赢的10年，未来10年将是双方加快转型、深化合作的10年。

经济转型升级和区域经济一体化，离不开金融合作。中国进出口银行副行长朱鸿杰认为，随着中国—东盟经贸合作不断深化，中国—东盟加强金融合作，共谋经济转型升级正当其时。

金融是中国与东盟合作的重要载体，是发展边贸和投资的助推器。据介绍，近年，中国—东盟在金融领域的合作呈现3大亮点：

（一）金融机构发展迅速

截至2013年6月底，中资银行在9个东盟国家共设立了3家法人银行、16家分行以及1家代表处；共有5个东盟国家的银行在中国设立了7个法人银行。2012年中国银行在曼谷设立财富管理中心并与当地的9家资产管理公司签署合资协议，为投资者提供多元化一揽子综合金融服务。

（二）金融业务合作更加多元化、综合化

业务范围由单一的国际结算扩大到信贷类代理类和股权投资类业务，双边银行结算业务进一步加强。菲律宾、马来西亚等国家已经将人民币列为官方储备货币。

（三）金融监管协作加强，双方的金融合作和交往的环境越来越好

共同防御区域性金融风险取得了重要的进展和共识。中国与7个东盟国家的监管机构签署了双边监管谅解备忘录，就市场准入、日常监管等达成共识，双方金融合作的环境日渐趋好。

### 二、服务经济转型编织“区域金融安全网”

当前，世界经济复苏过程艰难曲折，亚洲经济走势不确定性仍然存在，东盟一些国家金融市场的波动加剧。中国—东盟联手加强和完善多层次区域金融安全网建设，服务经济转型的呼声渐高。

中国人民银行副行长、国家外汇管理局局长易纲认为，加强亚太地区金融稳定的合作，首先要提高应对亚太地区金融波动的能力。当前，整个新兴市场出现资本流出趋势，同时造成通货膨胀、货币

贬值，股市市值也有所下降。在这种情况下，编织一个“区域金融安全网”十分必要。

中国银行首席经济学家曹远征认为，加强亚太地区金融稳定的重要一项就是推进本币化进程。1997年以前，亚洲经济对区外货币高度依赖。从1997年亚洲金融危机爆发以后，亚洲国家开始加强合作，减少对外币依赖。而2007年国际金融危机的爆发，导致亚太地区货币流动性出现严重困难，投资贸易受到严重伤害，使亚洲国家认识到加强区域内本币化进程尤其关键。这是人民币国际使用的大背景。

没有金融稳定就不可能有金融合作，国内金融市场如果受到金融波动的冲击和影响，就是因为金融市场缺乏稳定性。柬埔寨国家银行行长谢占多表示，要减少国际金融波动对柬埔寨国内金融市场的冲击和影响，增强金融稳定性，不能只靠自己的力量，而是需要通过各种方式进行合作。谢占多提出，希望中国与东盟国家能够合作发布一个金融稳定性报告，找到具有前瞻性的指标，应对全球范围内出现的金融问题。甚至，中国与东盟国家可以成立一个大机构——金融稳定性管理局，应对全球范围内出现的一些金融问题，实施有效的金融监管和相关金融附属行业的监管。

中国交通银行副行长寿梅生认为，要努力推动金融稳定合作，必须加强各国在政策协调以及金融稳定、金融市场建设、监测与统计、反洗钱等方面的合作，加快对资本流动，尤其是短期资本流动的监测制度建设，构建和提升区域金融风险防范和化解、处置能力。

广西社会科学院副院长黄志勇表示，无论是应对国际金融危机、防范金融风险，还是强化多层次区域金融安全网，成立由中国主导的中国—东盟银行很有必要，应把创建中国—东盟银行摆上重要议事日程。

### 三、广西平台被看好

广西是中国与东盟合作的平台和窗口，中国—东盟自由贸易区的建立，使广西成为中国最具发展潜力、最具投资价值的地区之一。广西与东南亚各国的经贸和金融合作日益密切。2012年，广西与东盟双边贸易已超过100亿美元。金融合作方面，有9个国家与广西开展了跨境人民币结算业务。2012年，广西跨境人民币结算金额高达671.58亿美元，同比增长85%，跨境人民币结算量累计达到1151.8亿美元。

为促进区域内经济持续、健康、快速发展提供金融支持，广西自2009年起，每年在中国—东盟博览会期间，同期举办中国—东盟金融合作与发展领袖论坛，为中国—东盟金融合作搭建了新平台，为推动建立中国—东盟自由贸易区金融业发展互利共赢新格局提出战略意见。

目前，广西正谋划打造成为西南、中南地区开放发展的新的战略支点，拟以申报边境自由贸易合作实验区和沿边金融综合改革试验区为契机，努力丰富金融服务内容，不断提高金融服务水平，切实促进中国与东盟的投资贸易便利化。

广西与东盟深化金融合作的过程中，得到众多金融机构的支持。2013年3月份，中国民生银行与广西政府签署了《战略合作协议》、《支持小微企业发展战略合作协议》、《西江内河航运产业发展合作协议》、《广西现代农业发展合作协议》，合作金额达550亿元人民币。中国民生银行副董事长梁玉堂称，广西享有得天独厚的优势，民生银行非常看好广西的发展势头，愿意利用多种渠道支持广西经济的发展。梁玉堂表示，今后民生银行将积极扶持广西特色农业发展，支持当地民营经济和小微企业发展，支持城镇化进程，努力服务于广西经济发展和经济转型。

据中国华夏银行副行长黄金老介绍，跨境业务是该行的主打业务。6年来，华夏银行为广西企业提供了550多亿元人民币的融资，也为广西的800余家小微信贷业务客户提供累计近百亿元人民币的融资。

同时，广西还成为中小银行探索国际化发展的良好平台。北京银行董事长闫冰竹表示，北京银行正积极申请和筹办南宁分行，推进服务网络向东盟各成员国拓展和延伸，进一步进行国际化发展探索。北京银行将充分发挥在中小企业文化创意、节能减排、新型农业等方面的特色服务，努力形成更多的金融创新成果，全力支持中国企业走向东盟，共同培育中国与东盟合作新的增长点。

（来源：广西日报．http://www.gxrb.com.cn/html/2013—10/30/content_890866.htm.2013—10—30）

## 中国—东盟自由贸易区升级：服务业开放将成谈判难点

2013年10月，东亚领导人系列峰会上，中国国务院总理李克强提出了到2020年中国与东盟贸易额达到1万亿美元的双边贸易新目标。短短7年，中国—东盟贸易额如何从目前约4000亿美元水平，实现“连级跳”，冲破1万亿美元大关？“中国—东盟自由贸易区升级版”被置于聚光灯下。

2013年10月9日，中国国务院总理李克强在东亚领导人系列峰会上指出，中方建议尽快启动中国—东盟自由贸易区升级版谈判，推动双方在货物贸易等领域采取更多开放举措，进一步提升贸易投资的自由化、便利化水平，中国还愿与东盟一道，推动“区域全面经济伙伴关系”（RCEP）谈判，深化亚太地区的经济融合。

所谓RCEP，即由东盟10国发起，邀请中国、日本、韩国、澳大利亚、新西兰、印度共同参加，通过削减关税及非关税壁垒，建立16国统一市场的自由贸易协定。之所以推动RCEP谈判，在于现有的中国—东盟自由贸易区利用率不高。若RCEP谈成，所涵盖区域将成为世界最大的自由贸易区，从而形成一个拥有35亿人口、GDP总值23万亿美元的一体化大市场。

据了解，目前RCEP谈判并非一路坦途，服务业开放将成谈判难点，或将影响谈判总体进程，如何如期完成自由贸易区升级版谈判，加快服务业开放成为关键一步。

## 一、目前中国—东盟自由贸易区利用率不高

早在2010年，中国—东盟自由贸易区正式全面启动，约90%的商品进出口实行零关税。然而与预想不同，事实上，中国与东盟10国之间并未实现商品价格的趋同，继而形成“东亚统一市场”。泰国发展研究院（TDRI）相关研究显示，2012年泰国利用关税优惠，应当可减免2480亿泰铢出口关税，但实际减免额只有1180亿泰铢，即只有一半的出口产品享受了中国—东盟自由贸易区中的关税优惠。

为何零关税的中国—东盟自由贸易区利用率如此之低？日本贸易振兴机构（JETRO）一相关负责人解释，目前中国—东盟自由贸易区中的原产地规则使许多商品在进出口过程中无法享受零关税优惠。

所谓原产地规则，是指海关根据具体规则确定进口货物的原产国，从而给予关税优惠。这意味着只有被认定为东盟国家原产的商品，才能在出口中享受自由贸易区的税收优惠。

然而近年来，从日本到韩国再至越南、泰国等，跨国公司在东亚各国间垂直产业链日渐成熟，一件产品生产的各个环节在不同国家完成，很难确定单一的原产国。

例如，等离子电视机屏幕生产技术含量较高，通常在日本生产后，作为核心零部件出口至日企在泰国、越南等地的加工工厂，利用当地较低的人力成本，完成组装后再出口至中国市场。然而按照目前的原产地规则，在泰国最终组装的等离子电视机既不能被认定为原产于泰国，也不能被认定为原产于日本，从而无法享受零关税优惠。

上述日本贸易振兴机构相关负责人表示，近年来跨国公司在东南亚各国间生产网络布局不断加快，早已不复中国—东盟自由贸易区初建时的语境，亚太地区应当成立更为广泛的自由贸易区。目前正在谈判的RCEP协议若能达成，在亚太范围内形成囊括16个国家的开放市场，东亚垂直产业链上生产的所有产品，将可实现进出口零关税。

在2013年举行的东亚领导人系列峰会上，RCEP谈判被各方视为建立中国—东盟自由贸易区升级版的重要支撑，从而再次被置于聚光灯下。中国国务院总理李克强在讲话中表示，今后10年中国与东盟合作应朝着高水平方向发展，启动中国—东盟自由贸易区升级版进程。

## 二、前瞻“升级版”自由贸易区

如何“升级”中国—东盟自由贸易区，进而在未来7年中将中国—东盟双边贸易额从目前的4000亿美元，提升至万亿美元大关？多位专家表示，完善现有的中国—东盟自由贸易区，同时推动RCEP谈判当为关键。

中国商务部相关官员指出，目前中国与东盟超过90%商品进出口已实行零关税，2018年剩余的高度敏感产品将迎来进一步减税。与此同时，未来一段时间在现有的中国—东盟自由贸易区框架下，通关便利化、检验检疫等协议谈判也将展开。

现有中国—东盟自由贸易区框架下协议内容的不断完善，在促进双边贸易的同时，也为RCEP谈判推进而铺路。

日本贸易振兴机构北京事务所副所长箱崎大表示，RCEP协议签署后，东亚制造产业或将焕然一新。仅以汽车行业为例，日系汽车进入中国将取消进口关税，这将使在中国销售的高端日系进口车型价格大幅降低，从而使中国居民受惠。

据了解，RCEP在货物贸易领域已展开两轮谈判，16国谈判代表共同讨论了关税减让模式，并就关税和贸易数据交换、原产地规则、海关程序等问

题进行了交流。而所有一切，都将对建立16国共同市场、推动制造业跨国生产网络布局带来益处，从而提升双边贸易额。

除传统的制造行业，金融、保险、咨询等新兴服务产业也将受益于RCEP协议的签署。目前东盟是中国第一大投资目的地，然而现有的中国—东盟自由贸易区在服务贸易与投资项下只达成了框架性协议，并没有具有约束力的条款细则，东亚各国服务业市场开放程度较低，致使外资在服务领域的投资多受掣肘。

以咨询行业为例，2012年6月，中国安邦咨询公司在马来西亚首都吉隆坡最繁华的商业地段，成立了马来西亚安邦研究中心，成为中国第一家在海外设立分支机构的咨询公司。安邦咨询合伙人贺军表示，马来西亚安邦研究中心致力于在东盟发出独立的声音，然而作为第三方的研究机构，研究中心不可能拿到政府拨款。若是能以“政府采购服务”的形式，承接东盟国家政府的研究委托，实现如西方跨国智库的盈利模式，才能促进咨询行业的更好发展。

中国社科院亚太所区域合作室主任王玉主表示，未来RCEP谈判过程中，将借鉴跨太平洋伙伴关系协议（TPP）谈判模式，在政府采购、劳工、知识产权保护等方面学习TPP的“高标准”，而这些条款的谈判施行将有助于服务业开放，从而促进如安邦咨询一样的新兴服务业企业海外拓展。

据了解，2013年9月底在澳大利亚布里斯班举行的RCEP第二轮谈判中，16国谈判代表已就各国感兴趣的服务部门开放问题初步交换了意见，并对经济技术合作、知识产权、竞争政策和争端解决等议题进行了信息交流。2014年1月，RCEP第三轮谈判于马来西亚举行，会议对服务业开放与投资自由化的问题也展开了谈判。

### 三、服务业开放将成谈判难点

对于谈判的总体时间表，在2013年举行的东亚领导人系列峰会上，东盟轮值主席国文莱苏丹哈桑纳尔表示，东盟领导人期待能在2015年完成有关谈判，这标志着RCEP谈判已开始进入2年倒计时。

然而对于RCEP的谈判前景，也有业内人士表示担忧。RCEP谈判过程中需整合东盟与6国分别签订的5个自贸协定，而这5个自由贸易协定在货物贸易、服务贸易、投资等方面都存在很大差异。例如，在原产地规则中，中国—东盟自由贸易协定的标准最为简单，仅规定了40%的区域价值成分（RVC）增值标准，而东盟—印度自由贸易协定最为严格，要求同时满足多个条件。

如何统一5个自由贸易协定中不同的贸易规则？《RCEP谈判指导原则和目标》指出，RCEP贸易自由化程度将高于东盟业已缔结的所有自贸协定，这意味着各国在不同领域面临着深化开放的压力。

对中国而言，在关税减降方面，中国与东盟于2012年已实现了93.2%进口金额的零关税，高于其他东盟业已缔结的自由贸易协定，而在服务贸易领域，中国的开放水平则明显偏低。

数据显示，在东盟对外签署的一系列自由贸易协定中，服务贸易领域中国对东盟开放了33个分部门，对韩国开放了85个，澳大利亚85个，新西兰116个。

王玉主表示，若按《RCEP谈判指导原则和目标》规定，RCEP谈判开放水平高于东盟业已缔结的所有自由贸易协定，中国服务业开放压力不言而喻。未来谈判中，中国服务业将面临开放的外部压力，从而倒逼中国国内金融、电信等服务业改革。

例如，在6国与东盟签订的自由贸易协定中，只有中国—东盟自由贸易协定未给予投资者准入前国民待遇，即未在准入、设立、获得、扩大等投资的处置方面给予不低于其在同等条件下给予其本国投资者及其投资的待遇。RCEP谈判过程中，中国势必将面临给予外资准入前国民待遇的压力。

给予外资准入前国民待遇一直是中国服务业开放的最大难点之一。1995年，中国发布《外商投资产业指导目录》，规定了鼓励、限制、禁止外商投资的各行业名录，并形成了一套复杂的外商投资审批程序。给予外资准入前国民待遇，事实上意味着外资在华投资审批将自动废止，金融、证券、电信等行业全面对外资开放。

除准入前国民待遇，东盟—澳新等自由贸易协定中，澳大利亚、新西兰等国还对东盟做出了许多高于WTO的承诺，例如单独列出自然人移动章节、设置业绩要求禁止条款等，而这一切在目前的中国—东盟自由贸易区中尚为空白。

中国商务部研究院亚非研究所副主任袁波表示，16国中既有中国这样的发展中国家，又有日、韩、澳、新这样的发达国家，对于服务贸易领域的协调将较为困难，将日、韩、澳、新的开放承诺扩展到东盟10国乃至中国的难度很大，但加大服务业开放，应当成为下一步推进东亚区域经济合作的努力方向。

（来源：新华网．http://news.xinhuanet.com/2013－10/24/c_125593798.htm.2013－10－24）

## 中国与东盟中药贸易情况调查分析

2013年上半年，中国与东盟中药贸易额为2.67亿美元，同比增长48.57%。其中，中国对东盟地区中药出口额为2.11亿美元，同比增长41.46%；中国从东盟中药进口额为5612.96万美元，同比增长83.24%。由此可见，中国—东盟中药贸易正走上快速发展的轨道。

中国部分省、市、区与东盟国家开展中药贸易具有得天独厚的地缘优势。东盟国家华人集中，用药习惯与中国相近；东盟地区人口数量近7亿，近年来随着地区人口数量增加和经济的增长，当地民众医疗保健意识日益增强，对传统医药的需求越来越大；东盟地区大多数为发展中国家，医药工业基础相对薄弱，对药品的进口依存度较高。这些都是中国企业开拓东盟传统药物市场的有利条件。

### 一、中药材及饮片、提取物表现抢眼

中药材及饮片和提取物一直占据着中国出口东盟中药商品总额80%以上的份额。这几年，中国对东盟中药材出口量一直保持平稳状态，平均出口价格同比增幅在11%左右，主要出口商品为菊花、人参、党参、黄芪、白术、川芎、枸杞和当归等。

2013年上半年中国对东盟中药材及饮片出口有大幅增长，只有少量商品出口有所回落。出口有所回落的主要是当归，原因是当归主产地甘肃岷县发生6.6级地震，岷县当归价格在地震过后的数天上涨了20%～25%，带动出口价格大幅上涨，2013年1～6月中国对东盟当归出口数量为167271千克，同比下降48.87%；出口价格为11.38美元/千克，同比上涨70.9%；出口额为190.32万美元，同比下降12.62%。

桉叶油是中国药材出口东盟的第1大产品。经过多年发展，中国在桉叶油生产技术、质量、产量等方面的能力都大大加强，目前已成为全球最大的桉叶油生产和出口国之一。中国桉叶油产地主要集中在云南、广西、贵州和重庆等地，而以云南滇西为代表。云南滇西地区是桉叶油主产区，有着得天独厚的蓝桉生产环境，当地生产的桉叶油质量上乘，产量也居全国第一。桉叶油按质量标准分为食用香精、工业用油和医药用油，在医药上应用较多的是蓝桉油。蓝桉油具有抗多种细菌的作用，特别是对上呼吸道感染、慢性支气管炎有祛痰作用。从2006年起，中国桉叶油出口价格就连续上扬。2012年中国桉叶油出口价格有较大幅度回落，这主要是由前几年价格上涨过快所导致。2013年上半年，随着需求的进一步稳定，中国桉叶油出口价格回落幅度已大幅收窄。

人参是中国药材对东盟出口的第2大产品。2013年上半年中国对东盟人参出口数量为156984千克，同比增长126.98%；出口价格为78.98美元/千克，同比上涨31.06%。中国对东盟人参出口主要目的国为马来西亚和新加坡。人参价格近年来触底回升，特别是吉林省实行了《人参管理新办法》后，人参可直接作为食品饮料的原料加入各种食品中，这为中国人参类保健食品开发打开了广阔的空间，人参出口价格因此更是稳步上扬。但人参价格连续涨幅过大，今后的市场应当谨慎。

菊花是中国药材对东盟出口的第3大产品。2013年上半年，中国对东盟菊花出口数量比较平稳，出口价格为7.37美元/千克，同比上涨29.34%。出口的目的国为新加坡、越南、马来西亚和泰国，主要出口省份为浙江、广西和安徽。

宁夏中宁县是枸杞原产地。近年来，中宁县把发展枸杞产业作为促进农业增效、农民增收的重大举措，建基地，扩规模，抓质量，树品牌，活流通，提效益，兴加工，促转化，枸杞种植规模稳步扩大，营销网络不断健全，精深加工快速发展，产业链条不断延伸，综合效益日益显现。2012年年底，该县枸杞种植面积达20万亩，枸杞干果总产量达4.8万吨，枸杞产业综合产值达25亿元人民币，“中宁枸杞”品牌价值升至32.7亿元人民币。然而，因枸杞尚无统一的出口标准，且缺乏深加工高附加值产品，所以2013年上半年中国对东盟枸杞出口量虽同比增加271.55%，但出口价格却同比下降20.06%。

### 二、燕窝进口呈恢复性增长

中国的燕窝进口主要来自马来西亚和印度尼西亚。过去中国国内市场燕窝价格高于东南亚地区国家燕窝价格，存在较大利润空间，仅2011年中国就从东盟进口燕窝达7365千克。2011年8月16日，浙江省工商局抽检发现3万多盏血燕亚硝酸盐含量超标，最高超标350倍，血燕产品不合格率高达100%。之后，随着该事件效应不断扩大，中国国内很多燕窝店销售受到很大影响，2012年中国燕窝

进口仅为5千克，同比下降99.93%。为了应对危机，2012年4月和9月中国国家质量监督检验检疫总局与印尼、马来西亚分别签订了《燕窝输华检验检疫和卫生条件议定书》，规定了标准严格、规则详尽的输华燕窝质量要求，敦促印尼和马来西亚政府有关部门将燕窝的采集、加工、出口等各环节纳入法制化监管体系，以此确保通过合法报关和入境动植物检验检疫流程进入中国市场的印尼、马来西亚燕窝及其制品，完全符合中国的食品安全法律法规等要求，从法律层面上切实保障中国燕窝消费者的合法权益。2013年上半年中国燕窝进口量恢复到711千克，进口价格为2079.94美元/千克，呈恢复性增长态势。

### 三、越南、马来西亚为前两大出口市场

2013年上半年中国对越南和马来西亚的中药出口额占对整个东盟市场中药出口额的57%。中国对东盟主要国家的中药出口均呈增长态势，只有对新加坡的出口额同比略有下降。

越南是中国对东盟中药出口的第一大目的国，中国对越南中药出口主要以中药材及饮片为主，如川芎、白术、大黄、籽黄、黄芪和菊花。另外，中国还对越南出口一定数量的卵磷脂（保健品）和肌醇（提取物）。2013年上半年中国对越南出口川芎和白术增长较快，另一传统商品菊花的出口则有所减少。

中国对马来西亚中药出口主要以提取物为主，此外还出口一定数量的中式成药和药材，出口药材主要为菊花、枸杞、人参和党参。2013年上半年中国对马来西亚中药各类商品出口额均有较大的增长，增幅达139%。

### 四、民企出口额同比增长六成

中国对东盟中药产品的出口主要省份为广西、四川、福建、云南和江西。其中，出口增长较快的是江西，出口下降的是广东。2013年上半年，中国共有603家企业拥有中药类商品出口东盟业务。在出口企业中，过去国有企业一直是东盟中药出口的主体，2011年国有企业出口金额曾占比高达50%，但2013年上半年国有企业对东盟中药出口额为6953.23万美元，同比增幅仅为21.82%，低于41.46%的平均水平。而民营企业的出口额为9828.68万美元，同比增长则高达60.25%，民营企业已成为中国对东盟国家中药出口的主力军。

### 五、开发东盟市场正逢其时

虽然中国—东盟自由贸易区贸易总体发展势头良好，但目前中国中药企业如果要真正进入这些市场则还存在一些问题。如东盟各国均对药品设置了准入标准，没有形成统一的互认机制；部分东盟国家政局不稳定，知识产权保护制度缺乏，政府监管力度不足；部分企业对东盟市场了解不足，对中国—东盟自由贸易区政策利用率不高；开拓东盟市场的企业投资规模偏小，开拓方式也较单一；中国医药产品仍难进入当地政府采购、公立医院等主流渠道等。

针对上述问题，中国中药外贸行业应从加强对国际市场的研究，增强企业研发能力，寻找差异化经营，加强与政府主管部门的沟通协商以及行业协调与交流等方面进行有效拓展，扩大发展空间。

事实上，随着经济发展水平的提高，中国土地、劳动力、原材料成本不断上升，逐步超过了东盟国家。中国企业可以充分利用东盟国家丰富的资源，解决中国经济发展中的诸多困难。随着中国—东盟自由贸易区政策的不断实施，将有更多的企业享受到其带来的优惠，开拓东盟市场将是中国企业的正确选择。

（来源：中国行业研究网．http://www.chinairn.com/news/20130924/101217504.html.2013—9—24）

# 东盟国别行业专题分析

## 文　莱

### 探寻文莱渔业发展

#### 一、渔业简介

文莱位于加里曼丹岛的东北部，东、南、西三面与马来西亚接壤，北向南中国海，面积5765平方公里，海岸线161公里。文莱地处东南亚中心位置，具有丰富的渔业资源，沿岸红树林地区是虾苗和鱼苗的繁殖场，文莱海域是金枪鱼洄游的途经之路，有丰富的金枪鱼资源。文莱海域没有污染，也没有台风、地震等自然灾害袭击，非常适宜开展海鲜捕捞和养殖作业。

文莱的渔业主要以捕捞为主，是其主要的经济

方式。为了实现文莱的经济多样化，文莱政府鼓励当地人参与水产养殖和捕捞工业，以补充当地的消费需要与国外市场的需求。文莱地理位置靠近新加坡、泰国、中国、日本和澳大利亚，可以开拓的国际市场十分广阔，单是以资源优势，文莱的就足以成为极富潜力的海鲜生产商与出口商。

传统上，文莱是一个经济结构比较单一的国家，其经济主要建立在传统农业和沿海渔业的基础上。海水鱼是文莱人民的主要蛋白质来源，是该国人均水产品消费量最高的种类之一，每年约45kg。

## 二、保护措施

渔业是文莱最具有发展潜力的产业之一，是文莱实施经济多元化战略的重要组成部分。文莱于1966年成立渔业局，隶属于文莱工业与初级资源部(MIPR)。渔业局的主要职责是负责监督渔业的发展，并协助企业扩大生产以满足本地与出口市场需求；策划和从事系列发展项目，以增加生产并利用各种利基市场；根据地区与国际海洋公约制定各种渔业法规等。

凭借得天独厚的地理位置，文莱希望成为地区海产品加工和进出口的中心。文莱政府制定了鼓励商业渔场开发的政策，推动海产品加工业的发展，推动包括建设鱼类储存及批发中心和地区海产品进出口中心的开发项目。

近年来，文莱水域渔业资源日益减少，渔业调查资料显示，从1980年到2000年间，第一海区0至50m水深的渔业资源已经减少了43%。因此，文莱对海洋渔业资源实行了较为严格的保护措施，实施保护性捕捞。

自2008年1月1日起，文莱在第一海区实施禁渔，禁渔令将持续到该海区的渔业资源完全恢复为止。受到这一政策影响的主要是近岸的小规模渔业。从2008年到2010年，文莱从事捕捞渔业的渔民数量显著下降，其中，全职渔民（主要从事商业性捕捞）数量变化不大，基本维持在1000人，但渔民数量则从2008年的4000多人下降到2010年不足3000人。

到2012年，文莱渔业总产值从20年前的1700万文莱元增至8200万文莱元，增长近5倍，约占文莱国内GDP总量的3%。其中，捕鱼业占总产值88%，约7200万文莱元，水产养殖业占4%，约300万文莱元，海产加工业占8%，约600万文莱元。21世纪初，文莱的鱼类产品自给率只有50%左右，近几年，文莱鱼类产品自给率已达到90%。此外，有数据称，目前文莱渔业年均产值约2亿文莱元，自给率达92%。

为充分保护海洋渔业资源，并避免小型渔船与商业捕捞的冲突，专属经济区海域被划分为四个作业区，第一海区为0～3海里，允许使用外挂式主机的小型渔船，容积吨位3～6吨；第二海区为3～20海里，渔船引擎小于350hp，容积吨位小于60吨；第三海区为20～45海里，渔船引擎351～600hp，容积吨位60～150吨；第四海区为45～200海里，渔船引擎601～800hp，容积吨位150～200吨。

文莱的渔业主要以捕捞为主，在文莱没有发现油气资源之前，海鲜捕捞与渔业捕捞一直是这个海滨国家的主要经济方式。目前，捕捞业也仍然是文莱渔业的主要方式。文莱于1982年制定渔业限制法令，宣布从1983年1月1日起划定200海里专属经济区，宣称对包括中国的南通礁（文莱称Louisa-Reef）在内的海域范围拥有主权。

渔业局于1984年在第二海区和第三海区发放拖网渔船和围网捕捞许可证，外国渔船则只能在第三、第四海区作业。为了便于对商业捕捞船进行管理，渔业局规定，在第二海区作业的商业性捕捞船轮机室漆为橙色，第三海区为蓝色，第四海区为红色。

据文莱渔业局统计，文莱海域最大海鲜可捕捞量（MEY）约21300吨，其中沿岸资源3800吨，底层资源12500吨，浮游资源5000吨。

文莱的海洋捕捞主要有小规模捕捞（small. Scale fisheries）与商业捕捞（commercial fisheries）两种方式，其中，小规模捕捞产量约占总捕捞量的70%。

## 三、未来发展

为加速各项水产养殖发展计划，政府将沿海几个地点规划成水产养殖区，提供基本建设如道路、工业电流、电机、饮用水供应及土地申请。

（一）进口解决

文莱每年人均消费约45公斤海鲜，是东南亚区域海鲜消费最多的国家之一。在2004年以前，文莱仍有极少量的内陆捕捞，年产量为10吨～20吨，但近年来，文莱内陆的捕捞已完全绝迹。而且从1980年到2000年间，第一海区0至50m水深的渔业资源已经减少了43%。由于开采过量，文莱对海洋渔业资源实行了较为严格的保护措施，实施保护性捕捞。目前，文莱水产品有50%的缺口，需要通过大量的进口解决。

（二）建设现代化水产加工中心

文莱发展渔业还存在不少困难，如资源问题、技术问题、开发效率等。

文莱地处赤道附近，渔业资源丰富，海域没有污染，水质好，水温常年保持约30摄氏度，又无台风、地震等自然灾害袭击，非常适宜开展海洋捕捞和鱼虾养殖。越来越多中国企业意识到，到文莱除了可以投资石油天然气开发以外，还可以投资渔业。

文莱耗资2500万美元的水产加工中心于2012年12月启动运营。该中心由当地私营企业和外资合作建成，第一年营业额约1700万美元，第二年有望升至2200万美元，将有效解决目前文莱渔民丢弃70%～90%无法在当地销售的捕捞产品问题。

（来源：综合整理自中华人民共和国商务部网站）

## 文莱大力发展旅游业　推动经济增长

文莱是东马来西亚海岸上的一个小国家，它拥有得天独厚的渔业资源，与重要的海运航道相邻，境内埋藏着可观的石油资源，是一个富裕的国家。传统上，文莱是一个经济结构比较单一的国家，其经济主要建立在传统农业和沿海渔业的基础上。随着20世纪初叶文莱境内发现石油和天然气后，经济主要依赖于石油、天然气的出口。近年来，文莱政府逐步加大实施经济多元化战略部署的力度，力求改变经济过于依赖石油和天然气的单一经济模式。旅游业便是文莱极力推动成为该国经济新的增长点的产业之一。

近年来，文莱经济在向渔业、农业、运输业、旅游业和金融服务业等多元化经济模式转变中取得了一定效果，文莱旅游业也得到较快的发展。

根据统计的数据，文莱2013年共接待268122名外国游客，同比增长5%，其中224904人乘航班到文莱，43214人乘坐游轮。乘坐国际航班的外国游客中，来自东盟游客最多，占53.46%，而马来西亚游客为25.56%，即57476人；来自中国、日本和韩国游客比例从2012年的17.25%增至2013年的24.17%。文莱2012年接待外国游客255379人，其中搭乘航空为209108人，使用游轮为46271人。根据文莱工业与初级资源部近6年的统计数据，2011年迎接的游客最多，共272514人，其中搭乘航空为242061人，使用游轮为30453人。

在推动旅游业发展上面，文莱做出了许多努力。目前，文莱为各国（除以色列外）过境游客提供72小时有效的过境签证，鼓励外国旅客到文莱观光旅游。只要申请者提交转赴其他国家的机票及携带充足款项，文莱当局将当场批发签证。此举的效果立竿见影，据统计，2013年上半年，持过境签证入境文莱的外国游客的人数同比剧增156%。此外，文莱政府全力支持东盟同意签证制度。文莱工业及原产资源部长丕显拿督哈芝雅哈雅在2013年10月于印尼举行的“讨论旅游便利措施的APEC高阶层官员政策对话会”上表示，文莱全力支持东盟签证豁免框架协定的全面推行以及旨在便利非东盟国民的“东盟共同签证”（ASEAN-CommonVisa）机制。

文莱海港局注意到，有许多基地设在新加坡、中国香港、澳洲的国际邮轮公司都会经过摩拉码头，于是在该码头设立了设备齐全的一站式邮轮服务中心，该中心除了有售卖纪念品的商店，还有移民厅及关税局检查站，以方便让邮轮乘客从文莱登船。据了解，文莱摩拉港已正式列入东盟邮轮网络，预计到访的外国邮轮将大幅增加，这将有利于促进文莱旅游业的发展。

另外，文莱还着手各种旅游项目的建设。文莱工业与初级资源部确定了7大发展动力和13个领域和69个项目。7大动力包括户外、文化和伊斯兰旅游、健康、海上、教育、商业等。69个项目包括升级现有博物馆、导游培训等。

目前，文莱正在大力发展高品质旅游市场。根据国际业界同行评价，文莱旅游资源丰富且质量较高。超过90%到访文莱的游客都对文莱文化和自然景点饶有兴趣，其中51%的游客参观过王室陈列馆，20%到访文莱博物馆，马来科技博物馆9%，油气探索馆7%，水村文化旅游馆6%，淡布隆乌鲁国家公园4%等。上述景点均是文莱2011～2015旅游发展规划中的重点项目。根据该计划，文莱旅游重点为自然、文化和伊斯兰旅游。

同其他东盟国家一样，文莱也非常重视拉动中国游客的来临。目前，中国游客是文莱第二大客源，2013年中国游客到文莱旅游为30481人次，约占文莱接待外国游客总数的13.6%。为了吸引更多中国游客到文莱观光，文莱驻中国大使馆近年来简化了签证办理手续，尤其是组团旅游，其签证办理也因此更加便利。2013年6月，文莱的美爵之旅旅行社、飞美旅行社有限公司及天乐旅行社分别与广东的广州广之旅国际旅行社股份有限公司、广州地区旅行社行业协会、深圳海外国际旅行社有限公司及港中旅深圳招商国际旅游有限公司签订了协议，双方在各自所在地推介对方的旅游景点、招揽及组织旅游团前往对方的旅游景点旅游，从而刺激两地的旅游发展。

据文莱旅游局消息，文莱政府计划未来5年大力发展旅游业，力争2016年实现吸引40万人次国际旅客、创汇3亿美元的发展指标。文莱旅游局希望，未来5年至少落实国家旅游发展总体规划的70%。为此，政府将采取更多的措施，促进旅游业发展，其中包括开展一系列海外促销活动等。

（来源：综合整理自南博网、东盟百科信息网）

## 文莱清真产业走国际化发展路线

自2008年文莱自主推出“文莱清真”品牌后，文莱政府大力发展本地清真产业，目前正重点建设集清真产品生产、研发和物流为一体的文莱农业科技园。该科技园建成之后，预计将有望创造逾9000个就业岗位。

清真食品因绿色、纯净、无污染的特点，不仅面向穆斯林消费群体，更符合现代人对健康食品的消费需求，在世界各地均拥有巨大的市场份额。近年来，文莱大力推行经济多元化政策，将经济重心由油气产业向非油气产业转移。其中，加强清真食品推广是多元化政策中的重要一项。

### 一、提升清真产业素质

（一）促进研发创新

文莱工业及主要资源部常任秘书哈嘉诺玛指出，政府将推出更多措施，以提升清真领域的潜力。

哈嘉诺玛表示，政府目前已采取数项具体措施以提升清真领域研发的创新力，相关措施包括设定清真妆品制造与处理规范标准，PBD24：2007清真食品规范标准，GD24：2010文莱清真药物、传统药物及健康辅品规范标准，清真物流规范标准正在拟定中。

哈嘉诺玛进一步表示，为全面拓展清真领域发展潜能，政府近年来积极发展清真科研技术，并取得理想成果。由工业及主要资源部、卫生部、文莱大学及宗教部合设的文莱清真科研与技术中心有望全面投入服务。该中心设置各项先进的研发实验设施，负责清真产品的研发、认证及鉴定工作。

（二）与3家国际研发机构建立合作

哈嘉诺玛称，为加强文莱清真科研与技术中心的作业能力，政府与3家国际研发机构——美国佛罗里达大学、日本大阪大学工程学院及日本食品研发实验中心签署谅解合作备忘录，建立技术与研发合作。

文莱希望通过国际合作来提升文莱清真科研与技术中心的研发技术水平，改进文莱认证的清真产品素质。早前文莱工业及主要资源部也和本地的Neptune生物创新私人有限公司签署合作协定，以制造植物凝乳霜作为奶酪及酸奶生产用途。

哈嘉诺玛介绍，随着占地50英亩的文莱生物创新走廊第一期计划如期完成，当局拟推出更多措施以吸引外资进驻。除了农业支援及制造行业外，文莱生物创新走廊涉猎领域包括清真物流、技术创新及研发。

### 二、积极推动清真企业国际化发展

哈嘉诺玛透露，该部与宗教部和财政部合作创建的文莱清真品牌，已走出国门，出口到新加坡等国，不仅增加文莱清真品牌附加值，同时将促进同外国公司合作，为本地中小企业带来如物流和原料供应的大量商机。全球2亿穆斯林为清真企业带来巨大商机，工业资源部将积极向各国推销文莱清真品牌，支持中小企业发展，从而既实现文莱梦想，又保持天空蔚蓝。

（一）文莱拟在英国建立清真产品行销网络

由文莱政府支持于2011年成立的文莱华菲拉（Wafirah）英国公司总裁于2013年8月表示，该公司计划在未来3年内耗资3.8亿文莱元（约合3亿美元）在英国打造行销网路，将文莱高标准的清真产品陆续在英国乃至欧洲市场推广，满足不断增加的穆斯林人口。2013年7月下旬，华菲拉英国公司开始斋月期间向在伦敦清真寺祈祷的穆斯林派发其在英国北德文郡生产的瓶装水。该产品是文莱在英国生产并推广的首个产品。

另外，为开拓欧洲市场，文莱政府还将在英国伯明翰建造品牌基地。

（二）拟进军中国市场

据中国伊斯兰协会统计，目前中国穆斯林人口约有2200万，这个群体远远超过许多欧洲国家人口的总和。中国清真商业每年增幅超过10%，清真食品交易额在21亿美元以上。这也表明了中国清真食品市场巨大。

在中国穆斯林聚居的宁夏、新疆自治区，超市里经常可以看到产自马来西亚、文莱、泰国的清真食品。这些现象说明了东盟清真食品在中国市场已经占有一席之地。

文莱撒布里食品公司曾4次参加在中国广西南宁举办的中国—东盟博览会，向中国消费者成功推介了自己的清真产品，在中国市场的销售额逐年增加。许多东盟国家的清真食品企业也是通过博览会平台进入中国市场。

文莱斯市中华总商会副会长林柏曾表示，中国拥有众多伊斯兰教徒，清真市场庞大，文莱清真商品拥有良好信誉，大有商机。但他同时强调，进入中国市场前，文莱企业需对中国当地市场进行充分调查了解，并取得清真食品认可证。另外，文莱清真食品品牌仍有许多可改善空间。

（三）文莱欲与法国携手拓市场

目前，法国境内伊斯兰教徒总数已经达到1000万左右，法国市场存在着巨大的清真食品需求。文莱与法国欲在清真食品方面展开合作，同时创立自己的清真食品品牌。

法国驻文莱大使表示，法国与文莱之间的清真食品合作方面存在着巨大潜力。

与此同时，文莱工业和资源部长表示，文莱正致力于发展清真食品产业，并创立清真食品品牌。文莱的当务之急是食品安全，相信文莱在与法国之间通力合作下可以生产出高质量的清真食品。

除了清真食品之外，在航空、国防、奢侈品、农业和能源方面文莱与法国也展开一系列的合作。法国大使表示，鉴于法国目前的经济状况，此时正是法国投资者进入文莱市场的好时机。

（来源：综合整理自联合日报）

# 柬埔寨

## 柬埔寨胡椒业正在腾飞

欧盟驻柬埔寨代表Rafael Dochao Moreno曾向外界表示，柬埔寨贡不省的胡椒闻名全世界。柬埔寨贡布省和白马省所产的胡椒品质非凡，种子优质，土壤、海风等生长条件良好。由于不喷洒任何化学药物，柬埔寨的胡椒比其他地区的胡椒品质佳。

Rafael Dochao Moreno指出，贡布胡椒有着迷幻般的香气，宛如苏格兰的香槟一样，是一个有代表性的柬埔寨农产品，因此从柬埔寨进口的胡椒在欧盟国家非常畅销。

2013年，柬埔寨贡布胡椒是柬埔寨第一个获得地理标志（GI）的产品。其后，虽然柬埔寨胡椒种植规模不断扩大，但贡布胡椒仍然供不应求。业内专家表示，贡布胡椒赢得地理保护标志使其需求快速增长。

### 一、世贸组织“撑腰”贡布胡椒供不应求

2010年，世贸组织将胡椒的起源及最好质量出产地追溯到柬埔寨。柬埔寨贡布胡椒也是柬埔寨第一个获得地理标志（GI）的产品。贡布胡椒协会认为，地理标志的授予证明了胡椒优良的品质和独特的风味。随着需求的持续上升，胡椒种植业将有助于提高农民的生活水平。

Ngoung Lay是柬埔寨152个种植户之一。Ngoung Lay表示，贡布胡椒具有独特的风味，香气充盈，是难得一见的好产品。贡布胡椒是市面上最好的香料之一，柬埔寨椒农每年都在扩大种植面积，提高产量，但是供求关系仍然紧张。当地柬埔寨椒农跟出口公司签订了合同，但目前，胡椒的产量仍然无法满足出口需求。

Preung家族世代种植胡椒，与大多数贡布省和白马省的家庭一样，从法国殖民时期就开始种植胡椒。红色高棉时期被迫停止后，在20世纪80年代初又开始种植。

在世界贸易组织地理标志（GI）的“撑腰”下，如今柬埔寨的胡椒市场欣欣向荣，出口和价格均开始上涨。

### 二、柬埔寨胡椒种植面积扩大

柬埔寨是以农业为主的国家，适合种植各种品质优良的热带农作物。目前，柬埔寨腊塔纳基里省的胡椒种植业大受欢迎，其生产的胡椒畅销国内外市场。腊塔纳基里省农业局局长塞索那表示，由于国际市场需求大，胡椒种植面积与日俱增。

柬埔寨的胡椒业给当地种植户带来了较大的利益，销售价格成倍地增长，相应地种植面积也暴涨。

拉达那基里省索苏那局长表示，由于目前省内农民了解到国内外市场对柬埔寨胡椒的需求量高，越来越多的农民开始从事胡椒种植业。截至2013年8月，柬埔寨拉达那基里省内胡椒的种植面积达101公顷，与2012年相比增加约30公顷。

贡布胡椒协会的主席Ngoun Lay表示，目前柬埔寨南部沿海地区胡椒种植面积是几年前的3倍。种植面积急速扩展主要是由于新的外国投资者的加入。

索苏那局长相信，如果国内外市场对柬埔寨胡椒的需求量不断增长的话，那么拉达那基里省内的

胡椒种植面积也会随之增加。这将为当地农民创造更多的就业机会，减少贫困率，尤其是减少冒险赴他国务工的现象。

### 三、胡椒业爆炸式增长

这几年来柬埔寨的胡椒种植业呈现爆炸式增长，给柬埔寨带来了巨大的经济效益。不少农民2014年年底就可以收获胡椒，白马省目前可以采摘的胡椒树产量预计为30吨。随着耕地大幅增加，2015年产量就可能超过180吨。

贡布省具有适合胡椒生长的优良土壤和气候条件。该省有六个区，不同的区域生产不同品种的胡椒，主要有黑色、红色和白色3个品种，每种胡椒都有独一无二的风味。2013年该省的种植面积从2012年的20公顷扩展到41公顷，在2014年短短的3个月内，胡椒产量从23吨增加到27吨。

胡椒出口商Bright Starling股份公司的执行总裁Him Anna透露，贡布胡椒的出口需求一直稳定增长。在旺盛需求之下，胡椒协会正致力于扩大种植规模，以获取难得的商机和可观的利润。

### 四、外国公司竞相投资

柬埔寨胡椒农的长期坚持有了丰厚的回报，为了分得市场的一杯羹，现今有很多新手不断加入种植胡椒的大军中。近两年，来自日本、印度、新加坡、马来西亚和中国的投资者通过与当地合作伙伴成立合资企业的方式，将大笔投资投入胡椒种植业。目前，日本投资公司已经在柬埔寨购买超过60公顷的土地种植胡椒。

地理标志对“贡布胡椒”品牌的认证涵盖了非常具体的地区：贡布八区中的五个区以及白马的一个区，这些地方胡椒生长的土壤和条件都较为相似。

每年的1月至5月是胡椒的收获季节。2014年，大部分农民喜迎收成，也有很多胡椒农于2013年年底种下胡椒树，这些胡椒农须得静待2015年之后的丰收。

柬埔寨的胡椒稍带辛辣，这一特点使它在全球市场上独树一帜。柬埔寨椒农表示，在2013年之前，白马DamnakChangaur区一公顷的胡椒可以卖到3100美元，根据白马省副省长Samen透露，目前一公顷胡椒的收入接近6500美元。

（来源：综合整理自云南网、柬华日报）

## 柬埔寨旅游业活力勃发

柬埔寨全国的旅游景点主要有1300多处，其中包括100多处自然景观，1161个历史文化景点和约40个休闲胜地。其中，最引人注目的是被引入世界文化遗产的吴哥窟。凭借丰富的旅游资源，加上政府的重视，柬埔寨的旅游业前景非常可观。

### 一、发展势头迅猛

2013年，新加坡著名旅游网站“Relax”盘点了全球十大最便宜的旅游地，柬埔寨以其秀丽的风景、迷人的民俗风情以及低廉的物价水平荣居第一位。越来越多的国际游客将目的地放在了这个因吴哥古迹而闻名的东方小国，而作为柬埔寨政府重力发展的行业之一，柬埔寨旅游业正日益繁荣。

2013年柬埔寨经济增长率达7%，除了出口、建筑业以及服务业的拉动，旅游业的强势发展也为此贡献不少。旅游业是柬埔寨的重点产业，年均增长率达15%～20%，对该国GDP贡献率较高。

据统计，2013年柬埔寨接待国际游客421万人次，较2012年增长了17.5%；2013年旅游外汇收入约25亿美元，占国内GDP的16%。其中，越南是柬埔寨最大的游客来源国，2013年赴柬埔寨旅游的越南游客量达85.4万人次，同比增长12%。

### 二、改善旅游环境　促进旅游业发展

东盟经济共同体将在2015年建成，届时，各国游客到东盟贸易投资或旅游休闲将更加便利，柬埔寨旅游业也将得到进一步发展。此外，柬埔寨政府注重优先发展旅游业。2015年，柬埔寨暹粒省将建立经济特区，并建立博物馆和文化村，投资额约1亿美元。此项目将带动旅游业迅速发展。据预测，到2018年，柬埔寨接待国际游客数量有望达到650万人次，旅游业创汇达到40亿美元。

柬埔寨旅游部对该国旅游业的发展充满信心，并将采取多项措施促进旅游业发展。柬埔寨旅游部制定了5项方案，包括提高旅游产品品质、培训人力资源、旅游和运输便捷化、推广旅游市场和宣传，同时，也开始电子化各项服务体系。

未来，柬埔寨政府将积极改善旅游环境，提高旅游产品和服务，开设更多柬中直飞航线，在酒店、餐厅、旅游景点、旅游网站、宣传册上使用柬、中、英三种文字，提高中餐厅档次等。柬埔寨旅游部还表示，将开通更多网络平台，交换旅游资

讯，进驻社交网站，包括 Facebook、推特，同时也将开通柬埔寨旅游卫星账户、旅游 APP（应用程序）等。此外，柬埔寨旅游业还将组织在线系统，接受游客的批评和投诉。

柬埔寨旅游业希望在 2015 年踏上东盟共同体经济快车，争取更多的国际游客，特别是中国游客。

### 三、拓宽国际市场

（一）大力吸引中国游客

由于旅游资源丰富，且临近中国，柬埔寨成为许多中国游客出境旅游的重要选择。目前，中国是柬埔寨第二大外国游客来源国。2013 年，柬埔寨接待中国游客约达 47 万人次，同比大幅增长 38.7%。

据联合国世界旅游组织调查，中国将成为世界最大的游客来源国，到 2020 年中国出国旅游人数将达 1 亿人次。分析人士表示，2013 年，到访东盟的中国游客达 900 万人次，其中泰国和马来西亚各吸收 200 万，而柬埔寨则接待 47 万人次，同比上升 38.7%。为了争取中国游客这个大市场，2013 年柬埔寨旅游部颁布了《2013～2018 年柬埔寨吸引中国游客旅游战略》，提出 2015 年吸引中国游客 60 万人次、2018 年 130 万人次的目标。2014 年，柬埔寨旅游部调高了这一目标，预计到 2015 年，柬埔寨接待中国游客数量将达 80 万人次。

在简化入境签证手续等措施下，未来柬埔寨旅游业发展将进一步加快。据悉，目前柬埔寨已经单方面允许符合条件、持普通护照的中国公民抵达入境口岸时办理落地签证。如今，柬埔寨游人气迅速升温，成为中国公民出境旅游的热门目的地。

（二）越南游客积极走入柬埔寨

柬埔寨旅游部发布的年度报告指出，2013 年，柬埔寨接待 421 万国际游客，较 2012 年的 358 万，增长 17.5%，其中以越南游客为首，其次为中国、韩国、老挝等。

报告称，2013 年柬埔寨旅游业主要风险因素是国内政局的影响，游客增长率只有 17%，相较 2012 年的 34%，明显下降。2013 年，旅游外汇收入约 25 亿美元，占国内 GDP 的 16%，旅游漏损达旅游外汇收入的 25%。

柬埔寨旅游部预测，2014 年柬埔寨将吸引 470 万人次游客，较 2013 年增长 12%。

柬埔寨旅游部部长唐坤表示，2013 年航空旅客增长约 17.5%，为了确保旅游业持续发展，柬埔寨需要大量航空链接，尤其是远航班机。唐坤披露，目前，有 26 家航空公司经营定期飞往柬埔寨航班。

此外，为了促进旅游业发展，吸引更多日本游客，柬埔寨政府将推出在飞机上办理旅游签证的服务，未来对韩国游客也将实行这一便利服务。

2015 年 2 月初，“世界旅游文化大会”将在柬埔寨暹粒省举办。届时，来自全球多个国家的旅游部长、文化部长以及相关企业人士近 1000 人将参与大会，借此机会，柬埔寨也将举办多项旅游活动。这将吸引大量国际游客前往该国旅游。

（来源：综合整理自南博网、星洲日报）

# 印度尼西亚

## 如何投资印度尼西亚油气产业

印度尼西亚位于亚洲东南部，横跨赤道，有“赤道上的翡翠”之称；境内岛屿 1.7 万多个，亦有“千岛之国”之称。印度尼西亚地理位置十分重要，一是与马来西亚、新加坡一起掌控着关键地带马六甲海峡；二是夹于太平洋与印度洋之间，扼印度洋北部与太平洋西部沟通的咽喉；三是濒临南中国海南端。

印度尼西亚的油气工业发展较早，从 1859 年便开始了石油调查，1922 年发现了塔郎阿卡尔油田，1937 年发现了打拉根油田，1940 年发现了桑加油田，1941 年发现了杜里油田，1944 年发现了米纳斯油田。印度尼西亚石油对国际原油市场影响较大，杜里油和米纳斯油一直是国际市场参考的标准油品。

### 一、印度尼西亚油气工业特点

近年来，印度尼西亚的油气工业呈现如下特点。

（一）油气储量稳中有降，陆上、海上各有侧重

印度尼西亚含油气盆地约 60 个，其中海上和陆上分别占 73%和 27%。已发现油气田 340 多个，其中大油气田 5 个，储量约占全国总储量的 57%。已投产油田 140 多个。含油气盆地集中在 5 大区域：苏门答腊油气区（包括北、中、南苏门答腊三个盆地）、爪哇油气区、东加里曼丹油气区（包括巴里托、打拉根、库特等盆地）、东部油区（包括萨拉瓦、斯兰等盆地）、南海海域（西纳土纳盆地）。近年来，印度尼西亚探明储量基本稳定在 6 亿吨，2012 年有所下降，占世界石油总探明储量的比例在

不断降低，由2006年的0.4%逐年降低到目前的0.2%。天然气探明储量逐渐降低，由2008年的3.18万亿立方米降低到2012年的2.9万亿立方米。印度尼西亚的石油资源大部分位于陆上，天然气资源70%位于海上。

（二）石油产量快速递减，天然气产量稳中趋降

2006年以来，印度尼西亚的石油年产量降到5000万吨以下，且逐年快速下降，2012年已经降到4460万吨，占世界总产量的比例由1.03%降到了1.01%。天然气年产量约700亿～800亿立方米，由高峰时2010年的820亿立方米降到了2012年的711亿立方米，占世界总产量的比例由2.06%降到了2.01%。

印度尼西亚的天然气液化能力居世界前列。现有3座液化天然气厂，总处理能力500亿立方米/年；另有2个年处理能力27.6亿立方米的液化天然气厂即将投产，还有一个年处理能力34.5亿立方米的液化天然气厂将于2018年投产。为满足国内需求，印度尼西亚正着手建设液化天然气再气化装置，并在各群岛建设小型液化天然气接收终端。

（三）石油消费量快速上升，已成为净进口国；天然气消费量相对稳定，出口量已过顶峰并逐年下降

随着经济的高速持续增长，印度尼西亚的石油消费量逐年攀升，由2006年不足6000万吨上升到2012年的7160万吨，约增长19%，占世界总消费量的比例也由1.03%上升到1.07%；由于石油产量快速下降，从2006年起，印度尼西亚就已成为石油净进口国，2012年对外依存度已达到37.7%；印度尼西亚尚有一部分石油出口到日本、美国、韩国、中国和澳大利亚等国家，其从沙特阿拉伯等国进口的石油高于上述比例。天然气年消费量相对稳定，一直徘徊在330亿～410亿立方米之间，但其消费量占世界总消费量的比例不断下降，由1.04%下降到1.01%。印度尼西亚约有50%的天然气可以出口，但出口量在2010年达到创纪录的417亿立方米之后，连续两年下降。

（四）炼油工业成一定规模，但深加工能力不足

印度尼西亚现有炼油厂8座，炼油能力为1142千桶/日。其中最大的3座为芝拉扎（Cilacap，348千桶/日）、巴厘巴板炼厂（Balikpapan，260千桶/日）和西爪哇的巴隆甘炼厂（Balongan，125千桶/日）。与印度尼西亚年石油消费量1565千桶/日（2012年）相比，印度尼西亚仍有27%的成品油需要进口。印度尼西亚炼油厂二次加工能力占总炼油能力的比例小，深加工能力不足。大型石化装置只有一套60万吨/年的乙烯生产装置，以及泛太平洋石化公司2008年投产的50万吨/年对二甲苯、20万吨/年苯和15万吨/年甲苯装置。

石化工业发展潜力巨大，未来对乙烯、丙烯等需求将快速增长，预计到2025年，乙烯、丙烯、聚乙烯、聚丙烯需求将分别达到210、190、155、177万吨，绝大部分由外国进口。

（五）政策优惠开放，监管体制调整

根据2007年3月印度尼西亚新的投资法，外资可享受“国民待遇”，外资使用印度尼西亚土地的最长期限增加到95年，投资项目的审批期限由150天减少到30天，同时在公司所得税、增值税、生产用设备和器具进口税等多方面给予税收优惠，并致力于提高税收服务的透明度等。

在油气领域特殊的优惠政策包括：对深海和边远地区油气区块，公司与政府之间的分成比例由原来的15%∶30%变为49%∶51%；对进口油气设备，取消所有有关的税收；对勘探区块，将义务勘探期由10年变为3年。此外，为了恢复关井油田的生产和提高在产油田的产量，计划实施技术援助合同（TAC）和提高采收率合同（EOR），允许经营者从增加的产量中回收投资成本。其中，TAC是从经营的最初产量中回收，并由印度尼西亚国家石油公司（Pertamina）付给每桶产量的报酬。对新的边际油田还有进一步的鼓励措施。

## 二、扩大油气合作的有利与不利因素

中国与印度尼西亚油气合作既有良好机遇，也存在不利因素。

（一）有利条件

1. 两国友好关系前所未有

（1）政治关系快速深化。中国与印度尼西亚于1950年建交，1967年因故断交，1990年8月复交。近年来，两国关系发展迅速，至2013年10月建立了全面战略伙伴关系。近年来两国高层互访频繁。并且为了吸纳中国游客赴印度尼西亚旅游，印度尼西亚单方面采取措施，自2005年8月起，开放中国公民赴印度尼西亚期限为30天的落地签证申请。

（2）经贸合作发展迅速。1990年两国成立了经贸技术联委会。2001年底双方将农业、能源和资源开发以及基础设施建设确定为经贸合作重点领域。2002年3月成立两国能源论坛，并多次召开论坛会

议。2009年以来，中国的银行和企业以投资、提供优惠贷款、带资建设等多种方式，支持印度尼西亚建成泗马大桥，建设多项基础设施；并在巴布亚、加里曼丹和苏拉威西等东部地区建设工业园区，投资钢铁、镍矿冶炼和石化工业等。双边贸易发展迅速，2012年贸易额达到662.2亿美元，同比增长9.4%。中国成为印度尼西亚的第一大贸易伙伴，印度尼西亚在东盟对中国贸易中位居第四位。据印度尼西亚统计局公布的数据显示，2013年，印尼对中国双边货物贸易额为524.5亿美元，增长2.7%。

2. 政府合作意向强烈

印度尼西亚油气工业的发展一直依赖外资。印度尼西亚政府积极引进外国企业，尤其是美国企业，目前引进的外国公司主要有雪佛龙、Tatol、Eni、埃克森美孚、康菲、BP、INPEX、中国海油、中国石油等。近年来，印度尼西亚政府频繁招标，招标区块较多，主要分布在印度尼西亚中部、东部和海上。

由于印度尼西亚许多大油田都进入了开采后期，石油产量下降较快，对外依存度不断上升，主力油田的接替压力较大。印度尼西亚政府明显加大了开放区块、对外招标、引进外资的力度，这为投资者进一步进入印度尼西亚油气资产市场提供了良好的机遇。

3. 油气资产交易市场规范、活跃

印度尼西亚油气对外合作采用的合同模式主要有：产品分成合同（PSC）、联合作业协议（JOA）、技术援助合同（TAC）、提高采收率合同（EOR）等。其中，产品分成合同为印度尼西亚于1966年首创，合同模式完善，引得众多国家竞相借鉴、效仿，其主要特征是：油气资源的所有权、合同区内作业的全部设备和设施都属资源国，合同者按规定回收投资和作业成本、与政府之间按一定模式分成并依法纳税。这样既保证了投资者的投资回收、降低了投资者的风险，又控制了油气暴利的可能。在油气资产交易实践中，印度尼西亚很少出现政治力量的额外干预，交易市场比较规范。

在开放、规范的市场环境下，近年来印度尼西亚油气资产交易非常活跃，不但印度尼西亚政府区块招标议标签约项目多，而且公司之间的油气区块交易也不少。据不完全统计，2011～2013年交易起数分别为6、3、4起，基本发生在中、小油气公司之间。

4. 西方公司破坏性开采为提高采收率合作留下了空间

西方大石油公司片面追求经济效益，单纯追求投资回报率，在产品分成合同（PSC）的分成模式下，以投资的加速回收为唯一目标。因此，它们在后续投入和油藏开采方面常常采取投机行为，往往导致油藏的破坏性开采，忽略油藏开采的可持续性。若干年后的结果是油藏枯竭快，采出程度低。这就为提高采收率合作留下了空间。中国的二次采油、三次采油技术水平处于世界前列，尤其是大庆油田的三元复合驱技术，为其所独有。因此，中国油企进入印度尼西亚老油田合作市场的机遇不小。

5. 液化天然气产能快速建成、炼油化工工业不够发达等均为外资合作提供了机会

如前所述，印度尼西亚的天然气液化能力和再气化能力均快速上产，建成了较强的天然气产业基础设施，为扩大天然气上游开采准备了条件，为气田国际合作扩大产能提供了机遇。炼油能力不足、化工工业落后，这些也正是印度尼西亚政府大力引进外资重点发展的产业，有着较好的合作机遇，为中国企业赴印度尼西亚开展下游合作提供了一定的空间。

（二）不利因素

1. 资源总体有限，新区块的勘探前景不尽乐观

印度尼西亚总资源量石油75.83亿吨、天然气13万亿立方米。据英国石油公司2013年能源统计，2012年探明储量石油约5亿吨，天然气2.9万亿立方米，油气探明储量分别排在世界的第28、第37位。与大多数油气匮乏国比，印度尼西亚资源储量不算小，但与中东、俄罗斯、中亚、南美等油气富集区部分国家相比，这些储量显得有限。尤其是经历几十年大规模开采之后，印度尼西亚合作前景特别看好的油气资源不多，陆上资源有限。并且随着勘探的不断深入，勘探难度越来越大，新区块的前景不尽乐观。

2. 油气出口受限，政策略为收缩

2007年，印度尼西亚开始成为石油净进口国。为了保证国内的油气需要，印度尼西亚采取收缩性政策措施，包括：（1）对外油气合作合同中对合同者都有分成油国内销售义务条款，如产品分成合同条款约定，合同者5年后需将份额油的25%按国际市场价格的10%在印度尼西亚国内销售；（2）为了保证国内快速上升的天然气消费需求，印度尼西亚陆续出台天然气出口限制措施，2006年开始减少液化天然气出口量，2012年起暂停新项目天然气出口，包括管道气和液化天然气；（3）印度尼西亚新的成本回收法案改变原规定中的17项可回收费用，

列出24项不符合成本回收项目及与经营者纳税义务相关规定；（4）对项目转让征税，勘探、生产阶段的项目税率分别为5％和7％。这种对产品分成合同的修改可能影响印度尼西亚油气投资环境。

3. 国内安全与清廉环境欠佳，外资持观望态度

尽管印度尼西亚政府不断改善投资与经商环境，但仍面临着重重困难：（1）失业问题相当突出，造成社会不稳，解决3600万人失业问题需要印度尼西亚经济连续5年6％以上的增长，改善难度很大；（2）国内燃油涨价导致物价飞涨引起社会不安等。这些都使得外资一定程度地持观望态度。

### 三、石油企业的战略措施

上述有利条件和不利因素要求石油企业在扩大印度尼西亚油气合作中须有自己的企业战略，同时应推动国家制定实施印度尼西亚战略，以创造更加有利的扩大油气合作的环境。

（一）企业战略引领，扩大合作规模

1. 确定战略方向

扩大对印度尼西亚油气合作与别国不同，印度尼西亚的状况决定了两个战略方向。

（1）不求保供，但求效益。印度尼西亚已经是石油净进口国，其对外依存度达到了37.7％，虽然印度尼西亚还出口部分石油，但基本是外国投资者完成印度尼西亚国内销售义务之后的分成份额油，一旦国际局势不稳，印度尼西亚政府的管制令就会让投资者的这点份额油也要在印度尼西亚国内销售，因此，不可指望印度尼西亚油来保供。

印度尼西亚生产的天然气有一半左右可以出口，出口天然气29％通过海底管道出口到新加坡（占其中的77.5％）和马来西亚，其余以液化天然气形式出口到韩国（占其中的41.2％）、日本（占其中的33.6％）、中国台湾等，2013年有一少部分出口到福建，中国总体对印度尼西亚液化天然气的热情不高；另一方面，随着印度尼西亚经济的发展和天然气输送设施的完善，印度尼西亚国内天然气消费需求将会快速增长，对外出口的能力将会越来越不足，印度尼西亚政府陆续出台一些限制天然气出口的政策措施，指望印度尼西亚的天然气来保供也不太现实。因此，在印度尼西亚扩大油气合作，主要考虑的是经济效益，达不到一定投资回报率的项目不应在合作之列。

（2）合作的可能方向在于海上勘探、天然气勘探、老油田提高采收率和下游炼油化工。印度尼西亚的剩余可采储量、资源量多居于海上，多数为天然气；陆上主力油田多数都进入开采后期，需要引进二次采油、三次采油技术进行精细化开采。同时，印度尼西亚的下游能力不足，炼油化工工业是印度尼西亚政府大力促进的投资方向，这些都是投资机会。当然，不排除其他公司因资金不足问题出售油气资产而产生的机会，投资者也需要跟踪并捕捉这样的机会。

2. 采取战略措施

（1）要积极响应印度尼西亚政府招标。为了弥补油气生产的下滑局面，印度尼西亚政府每年都拿出几十个区块对外招标，这些区块虽然风险较高，但只要认真评价、慎重决策，仍有一定的盈利机会。因此，要对参与这些区块的投标保持一定的积极性。

（2）应持续跟踪外国公司退出意向。国际大石油公司往往追求高回报率，其一切经营活动皆围绕着经济效益进行，一旦国际油价波动剧烈使其评估所经营的项目不经济时，或其母公司资金出现严重困难时，他们将会选择退出。这些项目或许因一些条件与中国企业互补，使得经营起来合算，这就是机遇。因此，要持续跟踪外国公司退出意向，积极评价这种合作机会，机会一旦出现，应快速出手。

（3）要关注提高采收率合作和下游合作机会。印度尼西亚的老油田递减得很快，由于一些区块无序开采，导致采出程度不高，因此印度尼西亚对老油田提高采收率合作的意愿强烈，并且出台了一些鼓励措施，这些机会值得关注。印度尼西亚下游炼油化工能力不足，技术相对落后，又是该国政府鼓励发展的行业，在经济条件满足的前提下，合作机会也值得关注。

（4）应培植中国油气企业美誉度。中国已有4家油气企业在印度尼西亚有合作项目，可以现有项目为依托，展示中国企业有能力、负责任、讲信誉的国际大公司形象：一是致力于油田开采的可持续性，避免为追求短期效益采取破坏性开采的负面形象；二是加大对印度尼西亚政府的公关力度，自觉接受印度尼西亚政府部门的依法监管，积极有效沟通双方的需求和关切，避免产生不信任、甚至对抗性行动带来的经济损失；三是注重公益投入，做好社区工作，要有中国企业“进入一点、带富一片”的思想，让当地社区享受到实实在在的好处，进而在印度尼西亚形成热情欢迎中国企业参与合作的社会氛围。

（二）营造战略环境，丰富战略内涵

印度尼西亚是最大的东南亚国家，又是最大的

伊斯兰国家，其重要的地理位置和特殊的国家地位决定了任何国家对其都不可小视，中国尤其应重视。为了创造更加有利的油气合作环境，应该推动国家制定实施有针对性的战略，内涵包括善取义利、构筑双核、携手两洋、辟“新丝路”等。

1. 善取义利

中国历来就有舍生取义、先义后利等优秀的品质和价值观念，人与人相处如此，国与国相处亦然。面对亚非拉广大发展中国家，尤其是像印度尼西亚这样的周边朋友，要注重弘扬先义后利价值观，义字当头、多予少取、先给后取，让周边国家，以及其他发展中国家实实在在地感受到中国的博大胸襟、深厚情谊。

2. 构筑“双核”

东盟自1967年创立以来，一直比较稳定地向前发展，2003年，中国率先加入《东南亚友好合作条约》，同东盟建立起“面向和平与繁荣的战略伙伴关系”，开创了合作的“黄金十年”。2010年建立了世界上最大的发展中国家自由贸易区——中国—东盟自由贸易区后，贸易额快速增长，2012年突破创纪录的4000亿美元，东盟已超过日本成为中国的第三大贸易伙伴。2013年双方又提出致力于打造合作的“钻石十年”。

中国与印度尼西亚有必要在中国—东盟关系中构筑“双黄蛋”型的“双核”稳定架构，中国是这一体系的一个“蛋黄”，同时支持区域内经济规模最大、影响最大的印度尼西亚成为另一个“蛋黄”。中国自当解决好中国方面的事情；印度尼西亚可发挥特殊的影响力，牵头以不同方式联合泰国、柬埔寨、缅甸和马来西亚等国，帮助协调解决好中国—东盟双边关系中一些不必要的矛盾。这样的“双核”结构，将使中国—东盟“10＋1”关系更加稳定，进而影响“10＋3”朝着稳定合作的方向迈进。

3. 携手两洋

随着中国不断发展，中国不但要走向太平洋，而且会逐步走向印度洋。由于印度尼西亚联结着两大洋，地理位置非常特殊，因此，其在中国走向两洋过程中可以发挥独特作用。

（1）保障咽喉要道的安全畅通，包括马六甲海峡的安全畅通和印度尼西亚境内的备用要道的安全畅通。

（2）成为开发两大洋的伙伴，包括联手打击海盗、共同发展大洋沿岸国家经贸、联合开发深海资源等。

（3）进一步开展安全防务合作和太空合作。用好印度尼西亚的特殊资源，照顾印度尼西亚的军事技术需求和太空参与意愿，开展双方关切的防务合作，并在中国—东盟防务机制下，深化防灾救灾、网络安全、打击跨国犯罪、联合执法等非传统安全领域合作。中国跨过南海，对面就是印度尼西亚；跨过印度尼西亚，紧邻就是印度洋，大洋对面就是澳大利亚。因此，对中国而言，印度尼西亚既可以是不太起眼的“普通岛群”，也可以是风水利好的“美玉照壁”，这或许取决于与印度尼西亚的合作关系走向。

4. 辟“新丝路”

自汉朝以来，中国南方沿海路往南，都发展有“海上丝绸之路”，明朝的郑和“七下西洋”将“海上丝绸之路”的繁荣推向顶峰。随着社会不断发展，中国在进一步繁荣传统“海上丝绸之路”的同时，有必要开辟新路，尤其在印度尼西亚。

（1）扩大经贸规模。中国与印度尼西亚贸易额虽然近几年上升很快，但印度尼西亚在东盟中只是中国的第四大贸易伙伴。由于历史上的排华原因，中国不少企业对投资印度尼西亚依然有顾虑，造成中印之间投资规模偏小，截至2013年上半年，中国累计对印度尼西亚非金融类直接投资仅22亿美元，主要集中在基础设施建设领域，贸易和投资规模与全面战略伙伴关系都不够相符。因此，要在打造中国—东盟自由贸易区“升级版”的过程中，以更大的力度、更快的步伐，进一步提升贸易投资自由化和便利化水平，做大中国印度尼西亚经贸规模。中国企业要抓住印度尼西亚优惠政策不断出台和社会环境稳定向好的机遇，积极投资印度尼西亚，同时要吸引印度尼西亚的优势领域到中国投资。

（2）推进互联互通建设，加强金融合作。加强软硬件的联通，为印度尼西亚的基础设施建设提供融资支持。进一步扩大双边本币互换的规模和范围，增加跨境贸易本币结算试点，强化《清迈倡议》多边化合作等。

（3）推动海洋合作。积极探索备用航道在常规状态下推动海洋经济尤其是渔业、海上互联互通、海上环保和科研、海上搜救等领域的务实合作。当马六甲海峡通运受阻时，东亚与中东、非洲、欧洲之间的海运沟通要么近绕印度尼西亚境内的一些海峡水道，如巽他海峡，要么远绕巴布亚新几内亚南端航行太平洋，显然近绕更为经济。中国有必要探索备用航道，进一步开辟新的丝绸之路。

（4）密切人文交流，培植友好情谊。在即将制定的《中国—东盟文化合作行动计划》框架下，促进文教、青年、智库、媒体等领域交流。印度尼西亚华人较多，达 1200 万，华人的天然亲情不言而喻，而华人在印度尼西亚又掌握着大部分经济资源，可以借助语言易沟通、感情易融合等优势，用好华人经济，加强相互经贸合作。积极资助印度尼西亚学生来华留学，帮助他们学好知识和本领，培养他们的对华情谊。两国旅游资源都非常丰富，可以通过扩大旅游增进相互之间的了解，培养相互之间的友好感情。

（来源：中国贸易金融网 . http://www. sinotf. com/GB/News/1003/2014 — 05 — 12/yMMDAwMDE3NDEyMg. html. 2014—05—12）

## 印度尼西亚电子通讯市场潜力巨大

随着互联网和智能手机、平板电脑等上网工具的普及，印度尼西亚电子通讯市场的巨大潜力逐渐显现。连续多年来，印度尼西亚经济以超过 5%的速度持续增长，中产阶级人数迅速增加，带动了电子通讯市场的快速发展。目前印度尼西亚约拥有 2.45 亿人口，注册手机数达到 2.2 亿部，网络普及率约为 20%，且活跃度较高。2010 年以来印度尼西亚电子商务交易额年增长率超过 40%，预计 2015 年交易额将达到 6.5 亿美元。出生于 1982 年到 1992 年的年轻群体是印尼使用电子通讯的主体。

### 一、电子商务迅速发展　竞争日趋激烈

随着经济稳步复苏，互联网用户增多，印度尼西亚电子商务产业日渐兴旺，各种类型的电子商务网站均获得了较快成长。2012 年，印度尼西亚商业巨头 Djarum 集团公司设立的网上直销商店 Blibli. com 的用户浏览和交易量增长了 1600%。分类广告型电子商务网站 Tokobagus. com 也实现了 150%的年增长，网上交易平台 Tokopedia. com 注册商家数增加了 219%，交易量增长则达到 686%。印度尼西亚著名的生活论坛网站 Kaskus 每月网页点击量超过 6 亿次，平均每月有 4000 万人次网友访问。印度尼西亚电子商务市场的规模从 2012 年的不足 40 亿美元猛增至 2013 年的 80 亿美元。

2012 年，eBay 开始与印度尼西亚电信建立合作关系，成立合资公司——电商网站 Plasa. com，eBay 的一支 20 人的团队迅速开发了 C2C 平台。2013 年，Plasa 公司发布印度尼西亚在线集市。由于这是一个印度尼西亚本土企业与 eBay 合资的公司，其目标不仅是成为印度尼西亚 C2C 的龙头，也志在成为 B2C 的龙头。Kaskus、Tokopedia、Rakuten Belanja Online、Rakuten 等与 eBay 在印度尼西亚展开了激烈的竞争，都希望的印度尼西亚电子商务市场上占据最佳地位。

### 二、在线结算逐渐普及

近年来印度尼西亚在线结算服务开始逐渐普及。日本矢野经济研究所报告分析，随着物流系统日益完善，在线结算服务逐渐普及，印度尼西亚经由社交媒体的电子商务交易有望顺利增长。据预测，2015 年印度尼西亚在线结算市场规模将扩大至 4.2 亿美元，比 2012 年增长约 4 倍。

### 三、网民活跃度高

据法国研究公司 Semiocast 报告显示，印度尼西亚雅加达为全球推特（Twitter）活跃度最高的城市，其后依次为美国纽约、日本东京、英国伦敦、巴西圣保罗和印度尼西亚万隆。世界 Twitter 账号排名前五位的国家分别为美国、巴西、日本、英国、印度尼西亚。同时印度尼西亚也是社交媒体脸书（Facebook）的世界第二大市场。“亚洲科技”报告显示，印度尼西亚最大的免费分类广告网站 Toko Bagus 在 2013 年 7 月的网页点击数超过 10 亿次，网友平均每次访问会浏览 25 个网页。

### 四、电子游戏市场增长迅速

近年来，印度尼西亚经济得到快速增长，国内消费市场逐渐扩大，其中需要高消费的电子游戏市场的增速尤其令人关注。据印度尼西亚国内有关机构统计，2009 年电子游戏市场产值仅 700 万美元，2013 年飙升至 1.9 亿美元，增长了 27.1 倍。目前，印度尼西亚电子游戏用户已超过 2500 万人。

（来源：综合整理自中华人民共和国驻印度尼西亚共和国大使馆经济商务参赞处、南博网等）

## 印度尼西亚汽车市场<br>发展逐步进入快车道

作为东南亚最大的经济体，印度尼西亚人口规模约 2.4 亿，中产阶级所占比例为 56.5%，该国还是东南亚最大的经济体，近年来经济保持较快发展趋势。随着中产阶级队伍不断壮大，市场购买力逐渐强劲，以及对汽车产业的投资不断增加，印度尼西亚汽车市场发展逐步进入快车道。

## 一、印度尼西亚有望跃居东南亚最大汽车市场

目前，泰国是东南亚地区最大的汽车市场，而由于该国国内环境因素导致投资者信心下降，印度尼西亚开始成为各大汽车企业拓展东南亚市场的焦点。2014年1月，丰田曾表示，将重新考虑在泰国价值200亿泰铢（约合6亿美元）的投资项目；而如果泰国政治危机久拖不决，丰田甚至考虑削减当地的生产业务。有业内人士预测，最早在2014年，印度尼西亚或有希望超过泰国，跃居东南亚最大的汽车市场。

自2013年5月起，泰国首车效应减退，汽车销量终止了持续近一年半的增长，转而进入连续下跌阶段。又加上该国政局因素，汽车市场再次受到重创。2014年前2个月新车销量同比锐减45.2%，跌至140188辆。据预测，2014年泰国汽车销量可能较2013年下跌11.7%，跌至117.5万辆。

反观印度尼西亚汽车市场，印度尼西亚政府针对低成本绿色汽车（LCGC）实施的优惠措施，使得该国汽车销量持续增长。据预测，2014年印度尼西亚车市预计将同比提升6.5%，汽车销量将增至131万辆。

## 二、巨大潜力吸引国际汽车制造商投资

印度尼西亚越来越受到国际汽车制造商的青睐，通用汽车预计印度尼西亚将是继中国之后汽车业蓬勃发展的下一市场，本田、丰田、铃木等日本知名汽车厂商也将目光投向印度尼西亚，在该国加快投资步伐。

2013年6月，印度尼西亚政府发布2013年第41号政府条例，向环保型汽车、节省燃料消耗汽车和利用替代能源汽车提供减征奢侈品税的优惠。条例规定的环保汽车优惠方案，并不限于特定的汽车集团和特定技术，适用于所有符合条件的汽车生产商。符合条例规定的汽车，将享受减征奢侈品税优惠，即根据车型种类和所使用环保技术，按照相应额度扣减应征收的奢侈品销售税。这一举措使得国际汽车制造商对印度尼西亚汽车市场的投资兴趣上升到一个新的高度。

目前情况是日本汽车厂家在印度尼西亚市场占据绝对优势，拥有超过90%的市场占比。但随着中国和欧美等国家和地区的其他厂商的发力投资，印度尼西亚汽车市场的竞争将更加激烈，由此推动该行业的不断发展壮大。

此外，研究报告显示，印度尼西亚新兴中产阶级人数扩增带动市场需求，促使该国汽车生产商扩大产能，并推动更多零配件供应商进入该国市场。目前印度尼西亚汽车零配件供应商约800家，低于泰国的2300家。印度尼西亚产日系车不仅满足其国内市场需求，也销往其他国家。

## 三、印度尼西亚汽车出口市场有望增长

目前，印度尼西亚汽车产品在国际市场上的竞争力正不断增强。印度尼西亚对其汽车出口市场抱以极大信心，预计每年的出口额将持续提升，并相信未来3年后的汽车出口额将是目前的2倍。

2013年前9个月，印度尼西亚汽车产量为88.2万辆，出口12.5万辆。目前，印度尼西亚汽车出口额约为45亿美元，出口市场包括70多个国家。预计到2017年，印度尼西亚汽车出口额将达到90亿美元，增长100%。为了顺利进行汽车出口，提升出口额，印度尼西亚正在加快建设和完善港口基础设施。

## 四、印度尼西亚汽车销量呈增长态势

据悉，尽管2013年印度尼西亚利率出现大幅攀升，但该国汽车市场却一直保持增长态势，丰田、大发及铃木等汽车品牌推动着销量的增加。2013年，印度尼西亚累计新车销量达到1229865辆，较2012年的1116230辆提升了10.2%。2014年这一态势得以继续维持，前4个月，印度尼西亚新车销量累计达到398108辆，同比增长18%。

2014年前4个月印度尼西亚汽车销量情况（辆）

| 时间 | 销量 | 同比增长 |
|---|---|---|
| 1月 | 103510 | 7% |
| 2月 | 111767 | 8.2% |
| 3月 | 113079 | 17.8% |
| 4月 | 102199 | 17.3% |

（资料来源：中华人民共和国商务部）

由于消费能力提升，现在很多印度尼西亚中产阶级都在考虑购买汽车，价格在7900万印度尼西亚盾至1.2亿印度尼西亚盾（约合7000～11000美元）。值得注意的是，低耗能绿色环保汽车最受用户欢迎。

（来源：南博网.http://www.caexpo.com/news/info/original/2014/07/11/3626933.html.2014—07—11）

# 老挝

## 红木家具看涨<br>老挝红酸枝成市场主力军

从古到今，由红木这类的高级木料做成的硬木家具，始终都是奢侈品。对于收藏者而言，它可能会有增值空间，而对消费能力有限的普通消费者而言，更多的是欣赏中国传统家具制作的工艺以及承载的文化韵味。红木本身色、香、质、纹俱佳，红木家具更是散发着淳朴厚拙的天然美和浓厚的文化气息，被誉为家具中的“贵族”。近几年，红木价格从一路攀高走向低迷。2013年下半年起，红木原材价格重新上涨。

随着大红酸枝资源逐渐稀缺，导致市场价格不断飙升，而且这种涨势很有可能继续蔓延，甚至重演2007年黄花梨暴涨100倍的历史。

### 一、行情：老挝红酸枝成市场主力军

中国香港苏富比2008年拍卖的“清十八世纪红木嵌暗刻描金寿石杂宝彩绣瑞景图六扇屏风”以1152.75万港元成交，创下红木家具拍卖最高价。除了老红木家具，当代红木家具尤其受到更多人群的欢迎。

目前，在北京高碑店古典家具一条街的多家红木家具店内，老挝红酸枝是最常见的品种，仿古三件套家具价格在2万元人民币到6万元人民币之间，少数罕见的用料数吨的大家具价格在50万人民币以上。一些红木家具原材种类相同，款式大小也很相似，但是有一定的价格差异，对此，商家介绍，原材是大料的家具价格偏高，小料拼接的价格较低，做工好坏也有直接影响。

商家还表示，现在市面上有人出售非洲酸枝等一些所谓“红木”，这些木料虽具备红木的某些属性，但并不在中国划定的五属八类33种范围以内，更有甚者通过上漆等手段出售假红木，欺骗消费者。

### 二、析因：自身价值高和消费观转变

红木自古是个人身份与财富的象征，紫檀和花梨更是皇家专用木料，随着时代变化和生活水平提高，红木家具逐渐走进寻常百姓家。

传是拍卖古董珍玩部经理徐东表示，此次红木涨价，国际贸易受管制只是一方面的原因，归根结底还是红木自身的价值所在。由于过去过度开采，当下红木的稀缺性受到人们重视。以海南黄花梨为例，成材起码要二三百年，而现在该原材相当于绝迹了，物以稀为贵是普遍的市场规律。

另外，消费观念转变也是红木家具受热捧的原因之一。近年收藏投资风气盛行，消费者在选购家具时不仅考虑实用性，还有收藏性。同样的价格，买一套欧式家具，十年后会折价不少，但红木家具不仅耐看耐用，还有很大的升值潜力，自然备受消费者青睐。

### 三、趋势：预计最高涨幅可达40%

随着红木原材价格提高，红木家具价格上涨是必然趋势，保守估计涨幅为20%～30%，一些选材上乘、做工精良的家具涨幅更可高达40%。而普通消费者选购最多的中低端红木家具，由于基础价格相对较低，也具备较大的升值空间。同时，需要注意的是在投资选购红木家具时不能“唯材是论”，应综合考虑家具的造型设计和制造工艺等方面。材料好工艺差，收藏价值会大打折扣。

目前市面上除了传统的仿古家具，还有结合了古典和现代风格的新式红木家具。传统的仿古家具不太适合现代人的家居摆放，新式红木家具优势凸显，是市场热门之一。

### 四、观点：“新国标”落实难度大

作为家具中的奢侈品，红木家具价格动辄数万元人民币甚至数十万元人民币，怎样确保自己买到的是真正的红木是消费者极为关心的问题。2013年2月1日，红木“新国标”《红木家具通用技术条件》正式实施，根据规定，红木家具必须标配“一书一卡一证”方可进行销售。然而，研究人员发现，“新国标”落实情况并不理想，商家少有能当场出示家具“身份证”的，部分商品标签分类一栏只标示“红木”二字，信息模糊。

“新国标”符合红木市场规范化的趋势，但客观上，由于红木各树种属性相似，难以进行具体量化，鉴定起来很复杂，因此现阶段“新国标”落实难度比较大。

如何在鱼龙混杂的市场选购到真红木，专业人士建议，最好到大型的家具城购买，虽然价格稍贵，但选材和质量都有保障，刚入门的消费者也可到拍卖行了解和尝试购买。如果具备一定的鉴定功力，可以到高碑店等地购买产品。

（来源：中国行业研究网．http://www.chinairn.com/print/3289139.html.2013—12—9）

## 老挝交通运输业稳定增长

老挝是一个内陆国家，境内80%为山地和高原，多被森林覆盖，交通不便。老挝交通运输以公路为主。老挝的汽车大部分为自中国台湾、日本及韩国等地区进口的二手车。湄公河在老挝的下游河段有急流，不能通航。早年，老挝的铁路只有3.5公里、1000毫米的米轨，而且还是泰国铁路的延伸，严格意义上说，这属于泰国铁路，每天只开行两次客车。

近年来，老挝十分重视交通运输业的发展。老挝政府开始提高投入力度，改善基础设施，大力发展经济贸易。随着老挝政府基础设施投资力度的不断加大，老挝运输业正在稳定增长，与周边国家的交通连接也日渐紧密。

### 一、交通运输业稳定增长

按照《老挝公共工程和运输部2011～2020年交通运输行业发展战略规划》，2011～2020年，老挝交通领域着力发展以下四大重点领域：一是着眼将来，合理发展连接国内外的交通道路；二是促进跨境贸易运输服务便利化；三是建立沿经济走廊运输后勤保障体系；四是推进经济走廊沿线城市现代化建设。努力为投资、生产、贸易、旅游提供安全快捷现代化的运输服务，争取实现年运输量增长7%。

据统计，截至2013年，老挝全国各地道路网络已经扩展至43600公里，公路里程比2012年增长超过7%。根据老挝公共工程和运输部的报告称，老挝货物运输量每年以5%～8%的速度增长，客流量每年增长8%～10%。

2012年，老挝通过水路运输的货物量达到923000吨，比2011年增长11.6%，但客运量有所回落。为了促进水路运输的发展，老挝政府正致力于与周边的中国、缅甸一起维护澜沧江航道的畅通。目前老挝共有333公里的水道可供运输船全年通航。

老挝民航发展迅速，航空业盈利能力稳定增长，2012～2013财年收入4200万美元，比2007～2008财年增长了56.39%，航空货物运输量2012年较2011年增长8.78%，航空客流量增长迅速，仅老挝航空公司就运送旅客约90万人。

随着老挝经济的不断发展，尤其是基础设施投资的不断加大，老挝国内和与周边国家相连的交通条件将不断改善。

### 二、交通运输业国际合作密切

（一）越南—老挝—泰国扩大运输合作

首届越南—老挝—泰国交通运输部长会议于2013年2月21日在河内举行。会上，三国同意早日完成关于将越南和老挝境内8号国道和12号国道补充纳入一号议定书备忘录的签署的内部手续，为大湄公河次区域各国的运输和货物往来创造便利条件。同时，会议同意成立交通、旅游、出入境和海关等分委会以落实三国政府关于陆路旅游运输协议行动计划。

（二）中国老挝宣布启动铁路协议商谈

中国与老挝2014年4月就推进中老全面战略合作伙伴关系达成新的共识，共同宣布启动中老政府间铁路协议商谈，争取尽早签署，促进区域互联互通和共同发展。

近年来，中国铁路出海步伐加快，目前已和50多个国家和地区建立了高铁合作关系，签订合作意向的国家包括俄罗斯、伊朗、泰国、巴西、老挝等多个国家。

据了解，早在2011年，中国就已取代越南成为老挝最大的外来投资国。由于基础设施相对落后，老挝方面多次提出力邀中国企业参与基础设施建设，2011年时政府提出到2020年要基本摆脱不发达状态。2012年，双方通过了老挝与中国铁路连接的磨丁—万象铁路项目方案，据悉，该项目耗资70亿美元，铁路通后不仅可以将产自东南亚的矿产和原材料运往中国边境，而且也将成为泛亚铁路网的重要组成部分。

### 三、老挝运输通道的特点和状况

老挝人口约660万，工业匮乏，商品大多依赖进口。据老挝相关部门公布数据，2013年老挝国内生产总值增长率超过8%，经济增长速度近年稳居东盟各国前列。自2010年中国—东盟自由贸易区成立后，中国与老挝经贸领域展开了全方位的合作。据中国海关数据统计，近年中国与老挝双边贸易总额及老挝出口额增速一直稳居对东盟首位，2012中国对老挝出口额为9.37亿美元，增长96.8%，主要的出口产品为机械、电子、钢铁制品、车辆及其零件、光学医疗设备等。根据中国—东盟自由贸易区关税协定，2015年中国与东盟进出口商品93%将全面实行零关税，中国商品在老挝将有广泛市场发展空间。贸易成就了物流业的发展，老挝与中国有三条物流线路。

（一）北线

北线全程汽运，来自江浙或广东的货物，一般是晚上在昆明装货出发，第二天早上到达磨憨口岸西部市场卸车并办理通关报关手续（一般需要两三天），然后由老挝境内过来的卡车过来运货，到达老挝境内后再次卸车并办理清关手续，然后装车运到老挝首都万象，全程一般需要15天左右，具体时间长短，由边境开关日期决定。北线优点：北线路因多年内有多家货运公司长期经营，凭着几个运输公司的长期商业信誉，只要电话沟通就可以顺利交接货物，沿途衔接比较完善，一般情况下时效还算较快。

（二）东线

东线一般是在南部做木材进口的广东生意人经常选的线路，不管是从他曲的酸枝，还是从巴色的花梨木，运到越南海港（比如岘港）的均摊成本不过几十元人民币，再经香港转运广州或者深圳办理清关手续，这段的海运成本因为距离近，成本每立方米不超过100元人民币，运输成本合计在200元人民币左右，远低北线路线。

（三）南线

即中国国内（江浙，福建、广东等）—曼谷—友谊大桥。由于在泰国转关手续比较麻烦，加上在老挝经商的许多商家对贸易操作具体流程的不太了解，甚至属于小规模的无证经营，并且对这段路线海运的时效有所误解，因此，有不少商家选择了这条路线。空运和快递，一般是各个公司需紧急设备零部件或者贵重物品时才采用的运输方式。空运和快递业务，从广州出发，一般由泰航的广州—泰国—万象，越航的广州一越航（河内或者胡志明）—万象，马航的广州—吉隆坡—万象。这三条线中走的最快的是泰航，价格较贵，最便宜的是亚航，速度相应慢一些。正常情况下，上午在广州白云机场交货，中午前就能够办理好报关手续，一般第二天上午或者中午即可在万象收货。

（来源：综合整理自新华网）

# 马来西亚

## 马来西亚基础建设带动房产升值

基础建设和房产发展息息相关。这个普遍定律可应用在全球，且都已有印证。

自20世纪七八十年代以来，随着经济起飞，马来西亚的基础建设包括公路、铁路、电力、通讯、水利、港口、机场等基础建设，一直以来都比邻国优越，且领先东盟区域。近年来，由于房地产行情的利好，马来西亚大兴土木，从大道到铁路，从特区到运河，基础建设不断扩大。

近几年来，马来西亚房价一路飙涨。房价飙涨地区除了地点和环境优越，更重要的是基础建设完善，尤其是一些快速公路、衔接大道经过的地方，房价节节飙升。

这种称为“房产爆炸效应”的房价飙涨趋势，将在马来西亚已监定的18项基础建设计划催化下逐一引爆，其中包括淡江大道、吉隆坡布城大道等。

### 一、兴建综合城市捷运系统

良好的基础设施不仅能吸引外资前来投资、置业，而且也能直接拉动房产升值，带动马来西亚房产发展。因此，马来西亚政府展开“大吉隆坡与捷运计划”，涵盖兴建综合城市捷运系统。

根据规划，第一阶段以雪兰莪州双溪毛糯为起点、加影为终点的路线规划，贯穿吉隆坡市区，全长达51公里，途经八打岭、吉隆坡市中心、加影共35个捷运站。

这条双溪毛糯连接加影的跌路线衔接雪隆地区，包括多个著名的购物商场如THECURVE、ONE UTAMA，住宅区如哥打白沙罗、敦依斯迈花园、武吉白沙罗、蕉赖。

同时也与重要交通枢纽如中环车站等连接，预计将为120万居民提供便捷的公共交通服务，也势必在未来直接拉动沿线邻近地区的房产升值。

### 二、大吉隆坡计划发展8大工程

在2011年马来西亚经济转型计划下，耗资1720亿林吉特精心打造的“大吉隆坡计划”，预计将巴生谷流域划分为3大区块。

1. 吉隆坡中央地区，简称CKL；2. 吉隆坡大都会，简称MKL；3. 大吉隆坡一带，简称GKl。

这三大区块，标志着人口稠密集中、商业活动频繁，而且也是马来西亚的商业、金融与旅游中心，每年吸引数以万计的国内外人士前来投资、经商、旅游、娱乐、消费。

在“大吉隆坡计划”下，马来西亚政府规划发展8项庞大工程，并推动一系列重建、改造、整治、美化计划，如耗资40亿林吉特整治鹅唛河与巴生河的“生命之河”美化河流与整治河岸计划等。

这反映马来西亚政府致力提升巴生河流域居民的生活质量、促进商业活动、带动房产价值。

这些工程重点要做的是，在未来10年，将吉隆坡打造成世界20个宜居、经济成长活跃的城市之一。

## 三、马新高速铁路计划 助推吉隆坡市成国际大都会

马来西亚政府曾宣布，马来西亚与新加坡两国合作兴建一条时速高达500公里、从吉隆坡到新加坡长达约354公里的高速铁路计划。

隆新快铁预计于2020年前正式通车，通车后只需短短90分钟。另外，飞机来往马来西亚与新加坡两地更为便捷，极大促进马来西亚与新加坡两国的双边联系、增进人民与商业往来，而且也将助推吉隆坡成为国际型大都会，飞跃性地带动吉隆坡的房产价值再攀高峰。

（一）城市景观将焕然一新

可以预见，在未来的10年内，大吉隆坡的城市景观将会焕然一新、完全改观。此外，随着系列发展、重建、改造、美化计划的逐一实现，作为马来西亚经济商业中心地位的吉隆坡将再次成为国际投资的投资热点。

这种优势将激发人口增长、外资投资、商业活动、就业机会、吸引人才，以及提升国民所得、居住与办公环境、生活质量与房产升值潜能。

（二）“大吉隆坡计划”8大工程

1. 耗资260亿林吉特的吉隆坡国际金融中心；

2. 耗资50亿林吉特100层高的“独立世代”摩天大楼发展计划；

3. 大使路的KL Metropolis综合发展计划；

4. 新街锄场重新综合发展的马来西亚城市计划；

5. 改造半山芭旧监狱的武吉免登商业中心重建计划；

6. 双溪毛糯—莎阿南走廊沿区发展计划；

7. 甘榜巴鲁再发展计划；

8. Tamansari房产发展。

## 四、马来西亚五大房产风险管理策略

房产专家提出在马来西亚的五大房产风险管理策略，包括慎选地点、计算回酬、买入估值偏低的房产及良好分配贷款比率。

（一）慎选地点

慎选房产的地点很重要，一些供应过剩的地区，对房产周期相当敏感。由于乡区人民收入主要来自原产品，所以当原产品市场势头转下，将影响房产的价格。

至于城市地区，则主要受到股市表现影响，股市滑落将影响金融系统中的热钱，进而打击房产价格。

马来西亚房地产发展商会公布的2012年下半年房产领域调查显示，马来西亚房产5大热点依序是蒲种、哥打白沙罗、加影、蕉赖及城中城。

（二）计算总回酬

另外，投资者也应学习计算总回酬（Gross Yield，租金/房产价格），这是计算房产投资基本面的方式，透过结果检视自己的投资目标。房产价格越高，带来的总回酬率越低。

情况一：房产A2008年的价值为50万林吉特，每月的租金为2500林吉特，因此总回酬率为：

房产A的总回酬率＝RM2500×12×100％

RM500000＝6％

情况二：房产A的价格在2012年走高至80万林吉特，每月的租金为3000林吉特

房产A的总回酬率＝RM3000×12×100％

RM800000＝4.5％

从计算总回酬的方式发现，马来西亚一些地区的房产，增值速度从过去的30％，飙升至超过100％的水平，但租金增长幅度不大，因此回酬率也不断在下降。

（三）了解房产类型

了解不同房产类型的走势可避免买入估值过高或增值潜能太低的房产。

例如马来西亚高档地区的房产，如满家乐及吉隆坡城中城一带，其增值率已经从2011年中开始下降。这样的趋势也开始蔓延至半城郊地区的中价高楼住宅房产。

同时，高档的住宅房产如别墅或半独立式房屋，增值速度也开始放缓。

（四）供期不超过收入的30％

对于首次购房者，可通过确保每月的供期不超过家庭收入的30％，来减轻本身的负担，并选择靠近公司、学校及设施完善的地点，以降低购房风险。

与此同时，购房者也可以选择在理想的地点先租房子，因为许多估价过高的房产，每月供期比租金贵。

（五）选择屋龄较高的成熟区

对于投资者而言，投资者可选择屋龄已经超过

10年的成熟地区，特别是附近有新房产计划在动工的地区。

新的房产价格一般因为土地成本、劳力及材料而扬升，发展商为了维持利润而拉抬价格。

反之，屋龄超过10年的房产土地价格较便宜，建筑成本也低，所以价格会比新的房产便宜，但房产价值很有升值潜能。这种购买方式，有望带来高租金回酬及更高的资本获利。

（来源：综合整理自中国青年网、中国行业研究网）

## 马来西亚将成为废塑料产业第二大国

### 一、塑料行业发展简史

近几年来，马来西亚加强了在电动工具壳体以及医用装置和个人护理与保健品行业产品领域的地位。在包装行业，马来西亚加强了线形低密度聚乙烯（LLDPE）拉伸膜领先供应商的地位，在当地将LLDPE拉伸膜加工成多层气调包装（MAP）、自立袋和医用包装等产品。

马来西亚拥有1550多家塑料产品制造厂家，在东盟国家中，其塑料和橡胶加工行业最先进，最多样化。由于技术水平高，生产成本低，塑料和橡胶加工行业已重塑为具有强大竞争力的制造业。未来，马来西亚塑料和橡胶加工行业将进一步提高附加值，并充分利用快速发展的东盟地区的新客户资源。

马来西亚塑料行业的快速发展主要是由于作为原料的石油和天然气丰富，基础设施发达，支持服务能力强大，国内具有成本优势，以及马来西亚在东盟地区的战略位置和靠近亚太地区的主要市场。天然气长期可靠、安全的供应保证了马来西亚石化工业的发展。

为了补充现有天然气资源，进一步保障天然气的供应，马来西亚与其他东盟成员国建立了牢固的天然气供应合作关系，如越南、印度尼西亚以及马来西亚—泰国联合开发区（JDA）。另外，马来西亚通过建立东盟天然气供应网将进一步加强天然气的供应，通过天然气供应网，可向所有东盟成员国供气。

东盟自由贸易区（AFTA）完全落实后会消除关税壁垒，马来西亚的石化产品制造商将会受益于一体化的市场。位于马来西亚的制造商还能进入更大的亚太市场，也能因此而受益。由于中国是石化产品的净进口国，马来西亚与中国在早期达成的自由贸易协定将为马来西亚的石化产品制造商创造新的商业机会。

世界著名石化公司，如陶氏化学公司、BP、Shell、BASF、Eastman化工公司、Toray、三菱、Idemitsu、Polyplastics、Kaneka、Dairen和West-Lake化工公司都在马来西亚设有分公司，这表明了马来西亚是石化行业的潜在投资地。这些公司中大多数都与马来西亚国家石油公司（PETRONAS）合作。

在马来西亚还有其他石化厂，如位于沙捞越和吉打的氨和脲工厂，位于槟榔屿的丙烯腈丁二烯苯乙烯工厂，位于拉布安的甲醇工厂和位于柔佛的丁腈橡胶工厂。

马来西亚促进塑料和橡胶工业投资的战略包括：建设配套齐全的特殊高技术园，鼓励跨国公司在马来西亚经营或扩大经营，通过执行国际标准增加出口，鼓励行业重点培育地区和全球网络内的核心技术和实力。

### 二、废塑料产业兴起

近几年来，尽管本国市场的疲软使马来西亚塑料加工企业受到冲击，但欧洲和日本企业为摆脱经济衰退影响，加大对马来西亚塑料的采购以降低成本，这给马来西亚企业带来了意想不到的增长机遇。

马来西亚已从一个石化产品进口国发展成当今的重要石化产品出口国。马来西亚生产多种石化产品，如烯烃、聚烯烃、芳族化合物、环氧乙烷、乙二醇、羰基醇、乙氧基化物、丙烯酸、邻苯二甲酸酐、乙酸、苯乙烯单体、高耐冲击聚苯乙烯、乙苯、氯乙烯单体和聚氯乙烯，以及聚对苯二甲酸丁二酯。这些世界级的工厂能够为塑料工业稳定地供应原材料，为当地下游塑料加工业的发展也做出了巨大的贡献。

马来西亚的主要出口制品是塑料容器、板材、薄膜、片材、箔、条带和其他塑料制品，主要出口地包括欧盟、中国大陆及香港特区、新加坡、日本和泰国等地。

此外，马来西亚国家规划推动工业增长。这些行业包括非资源型行业中的电子、电气，医疗器械和运输设备，以及资源型行业中的石化、橡胶和食品加工业。这些行业都与塑料和橡胶加工业存在固有的联系，马来西亚政府重点发展这些行业必然会促进未来对先进加工设备和解决方案的需求。该国政府的目标是，制造行业每年平均增长5.6%，到2020年占GDP的28.5%。为此，马来西亚每年需要在制造行业投资275亿林吉特。

随着塑料行业的发展，马来西亚政府意识到环保的重要性，于是废塑料再生利用产业成长为马来西亚经济发展中不可或缺的资源型环保产业。因为能源的紧缺与不可再生，中国“绿篱行动”之后，从数据来看，中国废塑料进口来源地向东南亚转移的趋势较为显著，这跟中国废塑料进口商初加工转移至东南亚尤其马来西亚的策略息息相关。

### 三、废塑料产业发展前景

毫无疑问，马来西亚即将成为继中国之后又一个废塑料加工利用国。越来越多的市场人士关注马来西亚的发展，尤其是政策导向方面。

考虑到自身的发展，加之废塑料加工利用自身的经济效益及环境效益，马来西亚对废塑料的加工利用并不忌讳，但对进口料多有顾忌。

马来西亚国际贸易和工业部部长拿督斯里拉菲达在为武吉布伦东的Sipro塑料工厂主持开幕仪式时表态，马来西亚政府禁止接收外来的塑胶废料。

里拉菲达表示，凡被纳入HSCode39.15范围下的塑胶废料及碎片，都会被列入这个禁制令第一节。他强调，进口不干净及含有感染性化学成分的塑胶废料进行再循环，将带来残留杀虫剂跟泥土等感染性物质，造成环境破坏。

2013年11月18日，据新加坡联合早报网报道，马来西亚近年来发展较快，各类垃圾的增幅惊人。数据显示，马来西亚2012年平均每天垃圾量为3.3万吨，该国原本的预估是到2020年才会达到这一数据。马来西亚乡区福利、房屋及地方政府部长阿都拉曼达兰表示，该发展动向令人担忧。他表示，马来西亚296个垃圾土埋场中，唯独165个仍在运作，其中只有8个符合当局卫生标准。

马来西亚对本地资源的重视历来已久。该国垃圾量增加，可循环利用的“垃圾”则成为了隐形的金矿。

（来源：综合整理自中国塑料网、中国工程塑料网）

## 马来西亚木材行业投资前景乐观

森林与木基工业是马来西亚经济命脉的主要组成部分。1997年亚洲金融危机之后，木基工业在马来西亚的经济复苏中扮演着举足轻重的角色。目前，马来西亚木材业已经完成了从单一的木材加工型向木材加工、制造、研发型三方并重的转变，为该国木材业的持续发展打下良好基础。

马来西亚的木材及产品素质佳，比其他国家的产品更优质。因此，马来西亚的木材及产品深受国外市场特别是欧美国家的青睐。马来西亚热带森林生产的巴麻等木材质量好，市场优势大。

### 一、马来西亚木材业转战亚洲市场

据国际热带木材组织《热带木材市场报告》，自2013年3月起，根据马来西亚修订的木材产品出口法规，马来西亚家具出口商必须提供马来西亚木材理事会颁发的木材产品出口许可证。该法规旨在响应欧盟木材法规（EUTR）对木材产品进口商提出的有关尽职调查的要求。行业分析家预计，由于马来西亚木材出口商对新规定和出口程序有一个熟悉的过程，马来西亚向欧盟市场的木材出口量短期内会下降。尽管马来西亚贸易协会和政府机构作了很久的努力，但是仍有一些出口商没有完全熟悉新规程。

以区域计算，马来西亚木材及木基产品三大出口市场是亚洲、美洲、欧洲。若马来西亚的木材产量改善，或印度尼西亚政府修改条例允许更高的木材出口量，市场的供需将会迎来新的局面。另外，若日本或印度对相关产品实施进口税，将会影响马来西亚夹板及木材出口。

由于全球经济放缓、欧盟政策严控等各种外在条件挤压，近年来马来西亚木材业出口额有减少的趋势，马来西亚木材业不得不转战亚洲市场。就目前木材业的景气和出口市场的发展来看，马来西亚木材必须靠亚洲市场，尤其是中国和日本。目前，全球经济不明朗，欧美低迷，不过亚洲买家并未受到严重影响，虽有放缓之势，但跌幅并不大。

早年，泰国也曾因经济衰退导致进口大减，但有中国和日本这两个市场支撑，缓和了欧美市场进口大减的冲击。为了鼓励木材行业发展，马来西亚政府制订了新的出口目标，到2020年，马来西亚木材业出口达530亿林吉特。

保持木材业作为主要出口行业的地位，并使马来西亚在世界范围内成为附加值木材产品的主要生产国，成为马来西亚木材行业的长远计划。要推动木材业出口，马来西亚政府必须制订一套明确的具体策略，还要与私人界配合，研发更多的新产品及开拓更多新市场。

### 二、房地产兴带旺木材业

早前，马来西亚木材业已经完成了从单一的木材加工型向木材加工、制造、研发型三方并重的转变，为其木材业的持续发展打下良好的基础。马来西亚木材业在过去 20 年里出口额平均每年达到 200 亿林吉特。

对于马来西亚的内销市场，若房地产继续兴旺，加上“经济转型”计划以及“大吉隆坡”计划护航，将极大带动马来西亚木材和木基产品的内销市场的发展。房地产继续兴旺，主要施用于建筑及装修所需的杂木便能有所带动。此外，马来西亚政府希望欧美国家的经济能够尽快恢复，以继续向马来西亚购买相同甚至更大数量的木材及木基产品。

尽管马来西亚木材业目前面对出口量激减的难题，但是分析人士表示此难题并没有波及木材行业的发展，目前未有任何木材业者因受此冲击而倒闭或转行。

### 三、木材业前景看好

马来西亚联昌国际投资银行分析员指出，过去几年投资者对木材股的发展持悲观态度，主要是因为木材收益没有太大的增长。这也导致常成控股及大安控股积极地进军原棕油种植活动，并成功获得投资者的青睐。

分析员指出，木材价格于 2013 年上涨的趋势可以改善木材领域的盈利表现，让投资者重新将木材股纳入投资选择。而近期木材价格上涨，也提醒投资者砂拉越的木材需求强劲，在需求走高、供应短缺的情况下，价格回升，价格的涨势将可以抵消产量下滑对盈利造成的冲击。

马来西亚联昌国际投资银行给予木材领域短线交易的评级。分析员表示，在看到木材价格更强稳的上涨及盈利走高之后，木材股才会出现重估。因此，分析员暂时未将行业的评级上调至“加码”。

艾芬投资银行分析员表示，马来西亚木材领域的公司长期前景乐观。在未来的 4 至 10 年，种植林将进入商业收成阶段。树林种植是木材业者维持永续经营的行动之一，种植的树种适合用作加工成为夹板。虽然这项种植活动目前对木材业者的盈利贡献仍不显著，不过，却是一项维持长期供应的策略行动。

分析员预期木材领域在 2014 年的净利将按年增长 57%。因为供不应求的局势，所以木材和夹板的价格维持在高位水平。部分业者更从种植业取得可观的收入，种植业成为一项重要的盈利来源。

为了更好更快地恢复木材业的发展，马来西亚政府不仅调整政策，同时研发新产品、挖掘新市场，以建筑、房产等行业来带动木材业的国内消费，之后通过行销和促销手段打入国际市场。可以预见马来西亚木材业出口再创高峰指日可待。

（来源：综合整理自中国建材网）

## 马来西亚游戏市场蓬勃发展

### 一、全球游戏市场的概况

如今，手游全球化运营已成大势所趋。打造一款类似于 COC 又或者是 Candy Crush 这样风靡全球的游戏，需要的不仅是游戏质量还有时代机遇等各方面因素。中国的手游投资者若想进军全球市场，就必须得仔细考察各个市场的特点。游戏本地化对打入当地市场至为关键，认识当地发行也是必不可少的一步。

目前全球海外十大新兴游戏市场分别是：越南、印度、俄罗斯、中东和北非地区、印尼、马来西亚、泰国、中国台湾省、南非、巴西。

### 二、马来西亚游戏市场规模及概况

马来西亚有约有 3000 万人口，大概有 750 万部智能手机。2013 年，该国 3G 用户达 1450 万人，同比增长 41%，2014 年年底有望突破 1840 万人。新加坡用户比较偏向于国际英语市场，玩家也比较喜欢国际大作。马来西亚用户比较偏向中国台湾市场。新加坡消费能力比较高，主要是因为汇率比较强。以 Facebook 来推广游戏，游戏最好也能用 Facebook 账号来登录游戏。页游每用户平均收入（ARPU）值为 50～200 元人民币。

（一）本地发行

华为 intouch 合作伙伴联盟马来西亚最大运营商 Celcom 大量引入中国品质手游产品在马来西亚发行，种类不限，数量不限，语言要求为英语或者马来语。同时在马来西亚最大游戏资讯平台（GameView Eredan）同步宣传。

（二）游戏题材

中英文市场对博彩等娱乐行业的接受度高。暂没有官方机构来监督网络游戏。马来西亚的用户和中国台湾的用户习惯很接近，以日本风 Q 版为主。

（三）热门游戏

Dragon Ball Z（龙珠 Z），Line Pop、GT Racing

（GT赛车）。

## 三、手游市场的探索

纵观全球，欧洲、北美、南美、中东、非洲、东南亚等地区，唯有东南亚文化具有中国风的特点。东南亚与中国在地域、文化、历史、宗教、经济等方面有着深厚的渊源，也被中国手游厂商视为“出海第一站”。尽管东南亚国家与中国毗邻或隔海相望，但对各国的本土化市场，仍然难以把握，面对无法绕过一系列的障碍——资源对接困难，效率低下，风险成本难以预估等，中国手游厂商们出海之梦不得不停岸搁浅。

（一）市场

主要针对马来西亚国家政府政策、移动网络覆盖情况、本地化特征等方面进行重点解读，通过这部分，可以得知马来西亚安卓的占有率远远超过苹果，移动网络的覆盖面较广，在手机游戏的推广方面，Facebook仍为主要渠道。

马来西亚手游用户主要下载的渠道和中国大陆的不一样。目前马来西亚大多用户都是从正规的appstore & playstore下载，如果要用户从第三方渠道下载，需要重新引导用户，让用户形成习惯。马来西亚政府对于科技创新这个行业有税务上的优惠政策，本地公司需要注册为MSC公司，只要符合特定的条件，就可以享有免税5年的优惠。

马来西亚有3大语种，中文、英文、马来文。不同的语言对应不一样的市场。新加坡与马来西亚的页游运营商都是以单一语言版本来推广游戏，大部分是中文和英文。

目前马来西亚手机游戏主要以英文为主，因为大部分马来西亚人都会看英文。如果手机游戏可以做成跨语言的版本，效果会更好。游戏跨语言版本使用同一个服务器，不同的用户可以设定自己的显示屏幕为不同的语言。

另外，马来西亚主要的城市都有3G覆盖，特定的地区还有4G服务。根据2012年马来西亚的马来西亚通讯与多媒体委员会（SKMM）做的统计，24.7%的用户长时间使用Wifi，26%大部分时间使用Wifi，21.4%长时间使用3G，27.9%大部分时间使用3G。马来西亚26%的手机用户使用智能手机，操作系统的情况是：安卓70.1%、苹果21.1%、黑莓3.2%、Window2.6%。其中35.8%苹果用户进行了“越狱”操作。

中国的手游都是以中国的民情为主，到了新加坡与马来西亚，可能需要做一些本地化的工作。选择Facebook作为嵌入平台，可促使新加坡与马来西亚玩家更容易接触游戏。同时，需要留意的是新加坡与马来西亚玩家基础人数不高，服务器的使用量会偏低，服务器配置和架设方面可能要调整。另外，新加坡、马来西亚开设游戏服务器的速度也不能和中国比。

（二）用户

由于华人占比大，马来西亚用户习惯偏向于中国台湾，马来西亚用户的付费能力高于中国大陆玩家。

根据2012年的统计，基于马来西亚是由多种族民族组成的国家，华人约占22.9%，因此，中文版游戏主要是面对目前的170万华人用户。

马来西亚网络覆盖率基本上涵盖全部大城市，郊外市区的覆盖率还在逐渐提升，周围都可以找到有无线网络的餐馆或咖啡厅。轻度弱社交可以吸引更多的玩家用户包括女性用户和年长的用户，整个游戏会有更多人参与。目前，新加坡与马来西亚比较当红的游戏为Candy Crush和神魔之塔。

马来西亚大部分用户都是由官方网址下载软件，比例是Google 70%，iOS22%，其他8%。

马来西亚的页游付费玩家每用户平均收入（ARPU）比中国大陆的玩家用户高一些。主要通过便利店、网上购点来进行充值。渠道比例为18%～30%。

（三）资源

马来西亚的手游市场对中国手游厂商而言，潜力巨大，值得挖掘。以下是马来西亚地区榜单排名前五位的手机游戏月流水水平情况简介：

1. iOS（苹果操作系统）

（1）Dragon Ball Z

（2）Line Pop

（3）GT Racing

（4）Happy Chef 2

（5）Enemy Strike

2. Android（安桌操作系统）

（1）Candy Crush

（2）Pou

（3）Tank Battles

（4）Subway Surfers

（5）Despicable Me

另外，iOS & Android排名前五的游戏都是国际性的手游，本土的游戏不在列表里。值得一提的是，目前马来西亚还没有出色的手机研发和游戏平台。

马来西亚用户主要是从 app store 及 google play 平台下载游戏，尚未有第三方平台。部分玩家在选择中国港澳台或中国大陆的游戏时，会特地前往官网下载。

（来源：综合整理自中商情报网、中国—东盟技术转移中心网）

# 缅甸

## 紧抓机遇　缅甸旅游业发展奋力向前

近年来，缅甸逐渐成了热门旅游目的地之一。作为世界著名的佛国，缅甸拥有许多历史和建筑遗迹，随着这个国家的逐步开放，这些文化古迹吸引了越来越多的国际游客的到访。另外，该国也积极推动改善酒店、金融、通讯等服务，改善交通物流等基础设施。当下，随着东盟一体化进程的推进，东盟 10 国单一签证政策的逐步实施，缅甸旅游业也迎来发展的良机。未来，缅甸旅游业发展将进一步加快。

### 一、旅游资源丰富

缅甸是一个具有悠久历史和璀璨文化的国家，其自然资源以及独特的人文景观是吸引国际游客到缅甸旅游的前提条件。

首先是在自然旅游资源方面。缅甸自然景观复杂多样，旅游资源极其丰富，有以滨海风光为特色的滨海旅游区，如位于若开邦丹兑的额不里，就是著名的海滨度假胜地。南部是典型的热带风光，西北部海拔 4000 米以上的山地则可以看到高山雪景。伊洛瓦底江、萨尔温江水面宽阔，两岸峰峦起伏，森林茂密，著名的伊洛瓦底江三峡绚丽妩媚。克耶邦的鲁比达瀑布落差 600 米，气势磅礴。

再者就是人文旅游资源方面。缅甸被誉称为“佛塔之国”，保存有许多历代建筑的佛塔。如古代佛教圣地、万塔之城蒲甘现有佛塔 5000 多座，保存有 2000 多座 700～900 多年前的古塔，这在世界上都是罕见的。众塔之王是仰光的大金塔，坐落在仰光市区北部，是缅甸的象征，为世界著名佛塔之一；仰光大金塔是举世闻名的佛教建筑，不仅是佛教徒朝拜的圣地，也是游览胜地。世界闻名的文化古都曼德勒（瓦城）曾是贡榜王朝的京都，有佛塔 1000 多座。主要的人文景点还有班都拉公园、吴威沙拉铜像、昂山博物馆，丹老的中国庙、太公城等。与此同时，缅甸有着浓郁的民族民风。缅甸是佛教国家，它的文化层面有着浓厚的宗教色彩。缅甸的人文景观与东南亚信奉小乘佛教的国家有共同之处，由于其文化深受印度文化和中国文化的影响，又是多民族的国家，各民族世代相传的生活习俗、优美的民族音乐舞蹈、民间手工艺技艺、丰富的民族节日、多彩的服饰装束乃至各民族的社会生活构成独具魅力的旅游资源，具有强烈的民族特色。

### 二、实施便利签证措施　推动旅游业发展

签证是出境的游客最关注的问题。因此，免签政策、落地签政策在吸引外国游客、推动旅游业发展方面有着很大的推动作用。随着东盟一体化进程的推进，东盟 10 国单一签证政策的也在逐步实施，这对于缅甸旅游业的发展是一个大好良机。

目前，缅甸已经与越南、菲律宾、老挝、柬埔寨、印尼等国家签署了互免签证协议。这标志着东盟各国向实现 2015 年东盟共同签证的目标又迈进了一步。协议也将有助于促进缅甸与这些国家的贸易、投资以及旅游合作。

此外，2013 年 8 月起，缅甸移民和人口部准许外国游客从梯客—彭纳伦、大其力—湄赛、妙瓦底—湄索、高东—拉廊等 4 个缅泰边境口岸入境，从这些国际口岸入境的签证分为 6 种，即旅游签证、商业性签证、入境签证、过境签证、外交签证和多次入境签证。持护照入境的任何外国游客都可以到缅甸旅游地区（限制地区除外）游览。而早在 2012 年 6 月，缅甸移民和人口部开放了 26 个国家和地区的落地签证办理，2012 年 8 月又于仰光国际机场开设了中国香港和澳门地区旅客的落地签证办理，2012 年 10 月，开设了内比都和曼德勒国际机场的落地签证窗口。

上述这些签证的便利措施有利于吸引更多国际游客到缅甸旅游。

这几年来，缅甸接待国际游客的数量不断增加。2010 年为 79 万人次，2011 年为 81.6 万人次，2012 年 106 万人次。至 2013 年，这一数目达到 204 万人次，游客数量同比增长 93%，旅游收入 9.26 亿美元，同比大增 130%。预计 2014 年到缅外国游客数量为 300 万人次，2015 年将达 500 万人次。

据了解，入境缅甸的亚洲游客主要来自泰国、日本、中国、韩国和马来西亚等国家，欧洲游客主要是来自法国、英国、德国、意大利和瑞士等国家。

据缅甸旅游机构协会透露，仰光将确定2016年

为缅甸旅游年（Visit Myanmar Year），计划吸引700万外国游客。为吸引更多旅客，缅甸将进一步改进现有落地签证体系。

### 三、着力升级旅游基础设施

目前，缅甸旅游业发展面对的挑战主要是硬件条件薄弱，酒店、航空、交通、电力、通讯等基础设施建设难以支撑越来越多国际游客和投资者的涌入。因此，缅甸政府致力于改善这些薄弱环节。缅甸建立了多个酒店区，并在仰光、曼德勒等各大城市积极扩建或新建国际机场，增加航班，还与其他国家开通直航。同时，缅甸旅游业和其他行业蕴含的巨大商机也吸引了世界投资者的关注，积极加大对酒店、房产、通讯等领域的投资力度。

目前，由于缅甸政府无力承担相关费用，缅甸各旅游公司只能自筹资金在国内外进行宣传并拓展市场。据悉，缅甸总统已经口头批准从事旅游业的私人企业主成立旅游银行，来筹措发展旅游业所需要的资金。该旅游银行目前已经开始书面申请程序。

（来源：南博网．http://www.caexpo.com/news/info/original/2014/05/28/3623631.html.2014—05—28）

## 缅甸：立足亚洲服装行业新前沿

据缅甸制衣业协会主席敏梭透露，受欧盟对自缅甸进口产品恢复普惠制等利好因素影响，2013年缅甸制衣业出口额超过11亿美元，预计2014年将增加至15亿美元，同时可为缅甸创造更多的就业机会。

随着欧美对缅甸解禁制裁，缅甸服装出口增速迅猛。2013年1～10月缅甸服装出口增长109%。《创造可持续发展的服装价值链》系列报告第三部分考查了亚洲新丝绸之路的另一个地方——缅甸。缅甸是2014年东盟轮值主席国，这为检验其自2011年以来实施的改革成果提供了一个契机。这一契机刚好与服装业发展的重要时点重合。

### 一、日渐繁荣的服装行业

缅甸的服装行业十分繁荣。目前该国大约有350家服装厂，服装在制造业产品出口居该国之首。2012年，缅甸服装行业的出口盈利超过9.17亿美元，其中出口到日本盈利3.48亿美元，出口到韩国盈利1.83亿美元。据估计，到2015年，缅甸服装行业能提供10万多个就业岗位。

在大部分国际制裁解除后，缅甸纺织和服装行业的复苏将随着该国的现代化进程产生发展红利，不过该行业总体发展前景仍缺乏可持续性。缅甸国内纺织和服装供应链并不完整，国内服装厂所有的原材料和其他大部分辅料依赖于进口，只有包装材料可在国内采购。

缅甸服装行业的主要问题包括工作条件差、工资低，工人的健康与安全缺乏保障，而追求社会效益的跳跃式发展最合乎逻辑的选择是获得更高的国内生产总值。为此，缅甸必须找到影响价值创造、供应链、竞争驱动力以及本行业社会和环境效益的杠杆。

国际买家在缅甸服装厂下订单通常要看其制造的“剪裁、制作和后整理”（CMT）的方法。缅甸的目标是不断进行生产系统升级，从合同制造商转变为设备制造商（OEM）和原创品牌制造商（OBM），以提高产品附加值。这种转变需要通过修改立法体系来实现。

如果缅甸服装产业群能够按社会和环保要求进行生产，其获得的效益将远远超过目前60亿美元的服装出口额。要通过优化纺织和服装价值链提高社会和环境效益，有两大方案可供选择。

一是产品升级，这意味着服装厂要生产更加复杂的产品，这要求提高企业的各项能力，随着经验的积累，该行业将过渡到提供具有更高附加值的时尚产品。二是工艺升级，通过提高生产效率和精益生产来降低成本，增强灵活性，这需要资本投入和更加熟练的工人来操作新设备，以及更复杂的物流技术的运用。

缅甸赶超其邻国的积极性空前高涨，并有可能进入服装产业群领先者的行列，这种转型需要移植全球最佳管理实践以及政府、行业协会、生产厂家、买方和公众之间的密切合作。由此看来，缅甸的转型模式将对东盟发展前景产生重要影响，既将人性化的工作条件、环境保护与提升竞争力相结合，实现可持续发展。

### 二、缅甸服装行业吸引国际目光

据悉，缅甸绝大多数服装公司都落户于首都仰光附近的工业区。目前缅甸人口约6000万且失业率高，因此劳力相当充沛。专家预测未来几年内缅甸的政治稳定，现行自由化政策也将继续下去。由于在缅甸生产的产品可享低关税及零关税出口欧盟之优惠，越来越多的国际成衣业者迁往缅甸。

（一）吸引西方品牌

缅甸相关专家表示，西方品牌对缅甸的服装行业表现出越来越大的兴趣。

缅甸服装和纺织协会负责人 Khaing Khaing New 表示，西方服装品牌正在缅甸大批廉价劳动力和不完善的基础设施之间权衡利弊。

相比于孟加拉、中国和越南等领先的服装出口国，缅甸的最低月工资低至 40 美元。然而，缅甸在基础设施上存在某些缺陷，例如电力短缺，有些工业地区电源供应时间为 8：00～17：00。

但是，New 指出，买家和生产商认为，缅甸的服装业将会发展起来，不仅是因为出口制裁的取消，还因为该国政府也正在放宽外国投资规定，促使外国企业在该国投资。

行业代表指出，缅甸对欧洲的服装出口已经大幅上涨，因为欧盟根据普遍优惠制（GSP）再次对缅甸进口产品引入了税收优惠。这些税收优惠自从 1997 年以来一直被暂缓。

同时，那些以缅甸当地企业身份经营服装公司的中国内地和台湾制造商已经向缅甸投资和公司管理局（DICA）提交申请文件，拟重新注册为外商直接投资公司。

（二）中国香港成衣制造业转向缅甸进行采购

由于工资上涨及越来越严格的法规，使得中国大陆成衣制造业不断丧失以低成本供应成衣之竞争力，因此越来越多企业开始寻求替代的采购来源，缅甸等新开拓国家皆列入评估之列。

2014 年 4 月 14 日，中国香港立法会纺织及制衣界议员钟国斌于缅甸制衣业训练局举办的研讨会上表示，12 家中国香港成衣业者将在缅甸仰光的迪拉瓦经济特区（Thilawa Special Economic Zone）设厂。

钟国斌指出，这 12 家成衣业者不愿意透露其公司名称，但大部分业者为内衣制造商，其他的则是夹克制造商。其中一家业者将加工处理回收布料，以供应内衣及泳装制造商。

钟国斌表示，中国香港业者分配到 100 公顷的场地面积，并指出，12 家成衣业者中，有一家业者希望在缅甸建立从纺织品到染色的完整生产链。该业者为了转移其供应商而在找寻大的市场空间。

工厂预计于 2014 年 12 月完工，12 家业者将于 2015 年 5 月开始生产。

缅甸国际货柜码头是中国香港和记港口集团部分出资的港口，距离迪拉瓦经济特区仅 20 公里，因此钟国斌表示交通运输将能改善。据悉，和记港口集团愿意投入资金在该码头增添设备与改善码头的容纳量。

钟国斌补充，中国香港政府已与缅甸签署一份投资促进与保护协定，目前仍待“中国大陆”政府同意这项海外协议。

（来源：综合整理自中国网、中国纺织经济信息网）

## 缅甸传统漆器业谁来传承？

漆器是缅甸最有名的传统工艺品之一，从日常生活中用的碗碟，到馈赠亲友时的礼品，漆器在人们日常生活中扮演着十分重要的角色。缅甸漆器的发源地来自著名的“万塔之城”蒲甘，蒲甘也被誉为缅甸的“漆器之乡”。

### 一、缅甸漆器简介

缅甸不仅拥有光辉灿烂的佛教文化，而且还有着十多种极富民族特色的传统工艺品。其中，漆器是最受欢迎的传统工艺品之一。

根据史料记载，蒲甘的漆器源于 12～13 世纪，以式样精美、做工精湛闻名于世，缅甸人赞誉蒲甘为缅甸的“漆器之乡”。在蒲甘，很多家庭从事漆器制作，也有雇佣工人较多、制作规模较大的漆器作坊。随着旅游业的发展，蒲甘也早已出现几家大型的漆器作坊，而且是前店后厂式的经营。

缅甸漆器都是纯手工制作的，非常精细。在缅甸，从修行者化缘用的钵，到凡人家中用的碗，从女性梳妆台上的化妆盒，到馈赠亲朋好友的礼品画，都可能是传统漆器。无论在宗教意义上，还是在日常生活中，漆器成了缅甸人不可或缺的日用品，在他们的心目中占有重要地位。

缅甸有学者认为，缅甸漆器虽然最初来自漆器故乡——中国，但是缅甸人在最初学习借鉴的同时，结合自己的民族文化和佛教文化，进行了创新发展，逐渐形成了具有缅甸民族特色的漆器工艺风格。

缅甸漆器的胎体主要是用竹篾手工编织而成。不论是精致小巧的手镯和碗勺，还是个体很大的花瓶和屏风，都是用竹篾编织后多次上漆制成。缅甸盛产竹子，这为漆器工匠的选材提供了条件，工匠会根据不同物品选择不同竹篾，或用青篾，或用黄蔑，非常讲究。

缅甸漆器所用的漆料和其他颜料都是纯天然的，非常环保。对人体健康无影响。

缅甸漆器上面的图案简洁，既有佛教色彩，又有自然特色，极富民族风格。有的漆器外表图案采用镀金工艺，看上去格外高贵。

外国游客来到缅甸，大多都会买点缅甸漆器作为旅游纪念品。如果想买到最好的漆器，欣赏地道的漆器制作过程，就要到缅甸漆器发祥地去看一看。

缅甸漆器的发祥地是“万塔之城”——蒲甘。蒲甘是缅甸的故都，1044 年第一个统一的封建王朝曾在这里建都。蒲甘王朝是缅甸的一个鼎盛时期，当时的统治者开始大兴佛教，大建佛塔。经过近千年的风雨沧桑，现存大小各类佛塔还有 2000 多座。

千姿百态的佛塔吸引着世界各地的游客来到蒲甘，而蒲甘则会创造精细别致的漆器作为游客的纪念品。

### 二、缅甸漆器的制作工序与做法

缅甸是东南亚地区最早发现有漆器遗址的国家。缅甸编织类漆器主要品种是各类具有实用性的精巧餐饮器、化妆盒、多层食品套盒、分层与隔断的槟榔盒、首饰纹饰盒、化妆盒等。

缅甸漆器的色彩多为红、黄、绿色，漆器的纹饰常用类似“识文”、“彰髹”、“变涂”的混合做法，也就是先用黏稠度适中的漆液描出纹样，风干后满髹色漆，再风干，研磨出纹样，最后做光洁处理。

另一种更具缅甸特色的做法是：用不同的色漆依次满髹在编结的骨胎上，干后研磨出编织肌理，显现其不同色漆的“断面”，形成精致有趣的图案。

在缅甸人尤其是蒲甘人的心目中，缅甸漆器还是以传统漆器为上品，因为传统漆器既有鲜明的民族特色，又有环保健康的质量保证，它的纯手工制作也保证了漆器的原汁原味。在他们看来，那一件件独特精美的漆器，就如同蒲甘 2000 多座古塔佛寺一样，千姿百态，别具一格。漆器的等级和价格，取决于上漆的遍数、设计的图案、颜料的品质及色彩的丰富与否。杯、碗、盘、碟等小小的器皿需要反反复复、层层复杂的制作，工匠需要花费数月的时间才能完成。以下是缅甸漆器制作的工序：

1. 工匠用刀将竹子削成薄竹片，做成竹篾，在这一工序中，工匠的刀工很重要；

2. 用竹篾编织大小器皿，做成可以上漆的胎体；

3. 上漆风干，打磨再漆，这道工序至少重复三四次，而且重复的次数越多越好；

4. 在器皿上制作图案，或者在器皿上绘画，或者雕刻很细的花纹，或者制作镀金花纹，做这道工序的工匠技艺都非常高超；

5. 洗擦器皿使其光亮，完成最后工艺。

### 三、传统漆器业传承难

缅甸传统漆器为纯手工制作，做工考究，图案精美，蕴含了深厚的民族文化，因此深受各国人民喜爱。然而，近年来缅甸传统漆器业的发展面临着后继无人的境况。

蒲甘一家漆器工坊的经营者表示，缅甸开放后给年轻人创造了很多的就业机会，像制作漆器这样的传统行业则少有年轻人问津。目前在蒲甘，中等规模的漆器工坊都遇到了技术员工短缺的尴尬，而这一困难在未来将更为突出，因为从 2013 年开始蒲甘新建了不少酒店，与酒店行业有关的岗位需求发展迅速，年轻人的择业观更偏向这些新兴的岗位。

缅甸自 2011 年新政府成立实行对外开放政策后，外国游客数量猛增，其中古城蒲甘是游客的主要目的地。据缅甸饭店与旅游部统计的数据显示，2013 年蒲甘接待的外国游客数量达到了 20 万人。蓬勃的旅游业带动了当地与旅游相关附属产业的发展，漆器工坊也因此受益。缅甸从 2012 年实行金融改革后，外国游客可以使用信用卡结账，简化了支付流程。不过，任何事情都有其两面性，缅甸漆器业在进步的同时也面临“成长的烦恼”，其中“用工荒”是最为突出的问题。

大多数年轻毕业生对漆器行业不屑一顾，更青睐把现代职场中的“白领”身份作为奋斗目标。为了培养下一代漆器从业者，吴巴聂漆器工坊为当地学生提供暑假期间在工坊免费实习外加补助的机会，但也并没有多少人感兴趣，多数学生的父母都选择把孩子送到电脑班和英语培训班。

从世界范围来看，漆器业都面临着相似的从业人员短缺的困境。蒲甘是世界上仅剩的漆器制品主要生产中心之一，而在未来这一地位能否保持住呢？蒲甘的漆器艺人充满忧虑。

（来源：综合整理自人民网、新华网）

# 菲律宾

## 菲律宾家具行业发展迅猛

在菲律宾国内以及出口市场强劲需求的带动下，菲律宾家具行业发展迅猛，前景看好。

## 一、菲律宾国内家具市场状况

近年来，菲律宾正大量建设大厦、酒店及度假村，基础设施的建设促使菲律宾国内家具需求扩大，家具行业发展迅猛。从数据来看，2013年，菲律宾家具国内销售额达到12亿美元，占整个家具行业的70%。

菲律宾出口商联合会股份有限公司（Philexport）家具行业受托人Myrna Bituin表示，菲律宾国内的一些家具企业偏向选择服务当地的市场需求，比如菲律宾阿克兰省就有不少专注于当地酒店和度假村的家具厂商。

菲律宾工商部曾表示，2014年要参加更多的贸易展览会，积极地推动本地家具产业走向全球。菲律宾贸易与工业部通过其下属的国际贸易博览会代表团（CITEM）称，尤其要多参加美国、欧洲、中东和亚洲的家具展会，以展示菲律宾的家具工艺。

菲律宾家具行业总商会（CFIP）提出，通过寻求更积极的政府干预，有助于促进本地家具业发展，满足国内外家具市场日益增长的需求。该商会主席Nicolaas de Lange预计，随着菲律宾越来越多的酒店、度假村、写字楼和住宅区的建设完成，必将带动当地家具消费的增长，从而促进家具行业利润的持续增加。

宿务的家具业从1974年开始发展。当时少数的家具制造商组织起来成立家具协会，后来成为总部设在马尼拉的菲律宾家具工业理事会的一个下属分会。1994年，它独立出来，成立了宿务家具工业基金会。2001年，宿务家具出口额达2.675亿美元，比2000年增长了近22%。家具的材料为实木、藤和当地的石材，宿务的镶嵌石材很出名，带来很大的出口收入。2001年，宿务有306家出口厂家，直接雇员数达45000人，间接从业人员达80000人。在宿务的前10项出口产品中，家具名列第4。

## 二、菲律宾家具出口市场发展前景

早年，菲律宾贸工部长呼吁家具从业人员继续努力，通过不断创新和有竞争力的价格使菲律宾成为世界家具市场的主要一员，敦促菲律宾家具生产商改变市场营销策略，使产品设计满足消费者的需求。

近年来，菲律宾家具行业发展取得了巨大进步，但与其他主要家具出口国相比，仍有较大差距。目前，菲律宾家具出口仅占全球家具市场0.2%的份额。

目前，菲律宾家具主要向美国、日本、法国、荷兰、沙特阿拉伯、英国和澳大利亚等国出口。中东地区是菲律宾木材行业的潜力市场之一。目前，虽然菲律宾最大的家具消费市场——美国对家具的消费需求有所放缓，但菲律宾的家具出口依然被业内看好。

从数据来看，2013年菲律宾家具出口额达到2.31亿美元，较2012年的1.45亿美元增长了60%。

### （一）欲进军印度家具市场

2012年，印度巨大的家具市场使菲律宾家具业跃跃欲试。据印度国际家具交易会资料，在今后5年，印度家具市场将增长到170亿美元。在旅游业和服务外包业的带动下，办公家具需求巨大，占家具总需求的20%。印度中产阶级人口已达3亿，其高端消费将极大刺激住宅家具需求。为进军印度市场，菲律宾家具业需打造品牌、选择好当地合作伙伴、发展连锁经营。

### （二）家具制造商目标对准欧洲市场

早年，菲律宾宿务市家具工业联合会率先聚焦到欧洲市场，欧洲市场成了宿务家具最有潜力的市场，但是业者必须改进其家具的设计，以适应欧洲市场的情况。虽然如此，欧洲市场的前15名家具供应商中，菲律宾仍不在名单内。宿务市家具工业联合会目前正通过其信息中心，执行一项帮助家具制造商们提高产品质量以适应欧洲市场需要的计划——宿务市家具工业联合会的设计培训项目。该项目由欧亚联盟投资公司（European Union Asia Invest）投资，并与德国工业设计师协会及经济发展联合会合作，培训内容包括有制造可行性的家具设计的职业训练、设计趋势研究，以及原材料的加工处理。创新的设计和良好的品质在家具制造业中至关重要，能使菲律宾的家具吸引更多的欧洲的客户。

### （三）家具企业瞄准美国市场

分析人士对菲律宾出口到美国的家具数量进行评估后发现，过去几年菲律宾的出口之路并不平坦。数据显示，2009年菲律宾出口到美国的家具下降52.4%，接着2010年增长近20%，而2011年下降1.4%。这种过山车式的波动延续到2012年。

虽然充满起伏，但菲律宾依然是美国一个重要的家具供应国，原因是该国拥有丰富的自然资源。菲律宾本土家具制造商目前对家具行业还是抱有乐观态度。随着美国经济的复苏，菲律宾家具行业紧盯着这个家具行业最大的目标市场，据预计，2014年菲律宾对美国家具出口量将增长一倍以上。

菲律宾家具行业总商会主席 Nicolaas de Lange 表示，美国房地产市场正处在恢复上升期，今后的一段时间内，菲律宾或可获得来自美国采购方面更多的订单。

如果菲律宾房地产市场能不断得到改善，那么在未来一年半的时间内家具企业也将有所改善。

### 三、相关政策

菲律宾家具行业总商会及其出口会员认为，确保家具不使用美国、欧洲和澳大利亚消费者认为的非法材料很重要。菲律宾的家具出口商将美国、欧洲和澳大利亚看作是主要出口市场。

2012 年，菲律宾向美国出口 8050 万美元的家具，较 2011 年 8370 万美元的出口下降 4%。菲律宾对美国出口多为木制家具，包括木制卧室家具。菲律宾 GMA Network 公司称，CFIP 要求菲律宾政府建立木材跟踪系统，防止天然林区的树木遭到砍伐。CFIP 还支持通过《可持续森林管理》法案，进行木材跟踪、建立木材监管链。

（来源：综合整理自中国行业研究网）

## 菲律宾烟草业发展进入转型期

烟草是菲律宾的四大经济作物之一。菲律宾的烟草种植业有着悠久的历史，烟草种植面积占该国可耕地面积的 1.4%，其中 58%为烤烟，其他是白肋烟、香料烟和当地烟。菲律宾是亚洲第 6 大卷烟生产国，卷烟价格处于世界最低水平。在菲律宾成年人中男性吸烟率为 50.6%，女性吸烟率为 8%；18 岁以下未成年人的吸烟率为 23%。卷烟制造巨头菲利普莫里斯国际公司称，截至 2014 年 3 月底，菲莫福川烟草公司 2014 年第 1 季度的销量增长 19.6%，达到 162 亿支。这使得菲莫福川公司第 1 季度的市场份额增长至 83.7%，高于 2013 年第 4 季度 72.3%和 2013 年第 1 季度 79.3%的市场份额。

### 一、调高税收　市场调控的杠杆

菲律宾国内收入署称，2010 年菲律宾的烟草消费税收入超出财政部计划额的 22%，达到 316 亿比索。

早年，菲律宾政府调高了烟酒消费税。对政府上调烟酒消费税的举措，菲律宾烟草和烈酒公司称其对经济有负面影响，但菲律宾财政部坚持认为，消费税改革将增加政府收入。菲律宾财政部一位高级官员引用世界银行的一份报告称，菲律宾的消费税低于泰国、印度和巴基斯坦等国。根据该报告，截至 2009 年，菲律宾烟草消费税为其零售价格的 32.9%至 37.5%。酒类产品消费税占零售价格的比率分别为：啤酒 26.1%、红酒 5.5%、白酒 35.8%。但 1997 年以来，烟草和酒精消费税的实际税率已大幅下降。1997 年至 2009 年，消费税收入占菲律宾国内生产总值的比率下降了 0.6 个百分点，降为 1.2%。调查表明，菲律宾烟草消费税税率和税负为东南亚最低。

2012 年 12 月 20 日，菲律宾总统阿基诺三世签署了罪恶税改革法，该法于 2013 年 1 月 1 日开始生效。这项法律提高了未来 5 年对卷烟和酒精产品的征税，目标是对作为有助于为政府的通用卫生保健计划筹集资金的潜在收入来源的酒精和烟草产品的现行赋税进行重组，及阻止人们沾染吸烟陋习。

菲律宾国家烟草管理局局长 Edgardo D. Zaragoz 还向地方行政长官们保证在特定时间发放他们在 RA7171 基金信中的份额，而且因为收取的罪恶税增加，这一举动会给他们提供更多资金。

由 Esmeralda G. Valera 领导的菲律宾国家烟草管理局阿布拉省分局也借此机会将支票授予了烟农们，为他们提供生产援助。

### 二、低价新品　掀起价格战

菲莫国际在菲莫福川烟草公司的当地合作伙伴 LT 集团表示，由于较高的消费税导致了卷烟销售和市场份额下降之后，其 2013 年的利润骤降 32%，至 86.7 亿比索。换言之，菲律宾的新税制扰乱了当地生产的卷烟的定价。这导致了一个曾经基本无名的品牌重新出现，卷烟市场领导者的市场份额下滑，各竞争对手之间展开价格战。

为了竞争，菲律宾卷烟制造商们正在推出低价品牌，并将自己的产品从高价类产品向下调级，归于低价类产品。

制造好彩牌卷烟的英美烟草公司表示，如菲莫福川烟草公司获准将本公司产品万宝路牌卷烟重新归类，英美烟草公司也会要求对自己的品牌分类进行降级，以降低价格。

早前，英美烟草公司将好彩牌卷烟从名优级的分类降低至高级分类，从而使自己缴纳较低的烟税。

此次，英美烟草公司预计会得到否定的答复，因为此前该公司已以低价推出了另一个品牌，很难获得第二次下调分类的机会。

有数据显示，英美烟草公司生产的波迈牌卷烟售价为每包25比索，甚至比每包售价26比索的Mighty卷烟还要便宜。而且这个品牌也比好彩牌卷烟便宜了18比索。

英美烟草菲律宾公司的总经理詹姆士·拉夫尔提认为，这一举措（将万宝路重新归类，从高级分类下调为低级分类）将给政府税收带来负面影响。但如果重新归类获得批准，英美烟草菲律宾公司也别无选择，只能效仿其做法，将好彩牌卷烟重新归类为低等级的卷烟。

詹姆士·拉夫尔提补充说，如果烟草公司2014年必须缴纳每包27比索的消费税，而市场上最受欢迎的名优品牌万宝路却只付每包17比索的消费税，那英美烟草菲律宾公司就会处于极其不利的地位。

目前，菲律宾最贵的卷烟是万宝路，零售价为每包69比索，接着是每包57比索的菲莫、50比索的云斯顿、43比索的好彩、41比索的财富、26比索的Mighty，以及售价为25比索的波迈。

### 三、环保觉醒　稻壳烘烤烟叶

由于较高的消费税导致卷烟销售和市场份额下降之后，菲律宾烟草业不仅要面临“价格战”的考验，同时也要面临技术革新的问题。

目前，菲律宾拉瓦格市的烟农已开始使用环保方式烘烤烟叶，这是菲律宾国家烟草管理局推广的一种代替传统烤烟方式的技术。

这种设备叫作气化炉（gasifier），使用的是碾米厂可大量供应的副产品——稻壳。据分析，这种方式比使用木材在烤烟炉中烘烤烟叶的传统方式加热速度要快。

菲律宾国家烟草管理局的Mario Corpuz介绍，气化炉是烘烤烟草的一种非常有效的方式，不会产生破坏环境的有害烟雾。烟农们不用砍伐木材，他们能够使用非常容易收集的稻壳。

菲律宾北伊罗戈省政府在“Manang Imee's Capitol Express”（译者注：省政府提供的一站式服务活动）期间把这种设备送给了Pinili镇、巴多克镇、Vintar镇和Batac市的烟农。

分析人士透露，这种新技术是在木材变得稀缺，致使烘烤烟草变得困难的情况下推出的。如今，燃料用的木材变得很难获得，随着每年雨季的来临，烟农烘烤烟草将变得更加困难。

（来源：综合整理自中国烟草在线）

## 菲律宾医药市场潜力巨大

“千岛之国”菲律宾是目前东南亚人口增长率最快的国家，人口已经突破1亿大关，每年菲律宾人口以2.36%的速度递增，医疗机械市场每年以大约5%的速度增长。但长期以来菲律宾经济发展缓慢，因此本国医药制造产业十分薄弱，药品主要是从欧美国家进口。目前，菲律宾消费能力与医药产品价格高昂之间的矛盾十分尖锐。

菲律宾医药市场受欧美商家控制，药品大量从欧美国家进口，药品价格昂贵的问题突出，为此，菲律宾已开始寻求新的价格较低、性能能够满足市场需要的进口产品来源。中国、印度等国有可能成为菲律宾新的医药产品进口来源地。

### 一、医疗卫生服务

菲律宾的医疗卫生服务非常多样化，有的是相当高的水准（如奎松市的圣路加医疗中心），而有的地方甚至没有（如许多农村直辖市）。菲律宾医疗卫生保健大部分是由私营医疗服务承担。

早年，在菲律宾虽然能培训医生、护士、护理人员、助产士、卫生管理员等医务人员，但由于医务人员没有接受过多少专业的学习和实践，他们大部分都不能在菲律宾之外的国家从事本专业的工作。

在菲律宾也没有要求登记医学上确定死亡的原因，所以死亡原因在菲律宾国家统计数据中不能被准确地证实。在菲律宾各省，特别是在偏远地区，出生和死亡经常不被记录，除非一些家庭提出来，比如为了进入大学就读这样。因此，在没有法律程序需要牵涉其中的继承里，死亡记录是被家族视为不需要的。在菲律宾的大部分地区都没有日常的药物使用记录。

### 二、医疗卫生发展

据预计，菲律宾医疗卫生业务流程外包业将迅速发展。菲律宾医疗信息管理外包协会（HIMOAP）负责人表示，菲律宾拥有受教育程度高和英文流利的劳动力、良好的通信设施以及合理的经商成本，预计医疗卫生行业的业务流程外包业在今后四年内将迅猛发展，实现2016年全职雇员10万人、收入10亿美元的目标。2011年该行业雇员2.5万，收入3亿美元，预计2014年雇员为4.3万，收入4.33亿美元。该行业的涉及范围也从最初的流动医疗翻译服务扩展到医疗数据管理、疾病管理、收入循环管理、药品利润管理、电子病例、医疗索赔处理、病人教育、保险处理和质量担保等。

### 三、医疗卫生贡献

随着经济的发展，菲律宾政府十分重视医疗卫生领域的发展，2012年，菲律宾发明检测登革热新方法。菲律宾马尼拉大学研究人员发明的这种新方法只需抽验受检者血液，提取核酸并将其放入一种混合培养液，1小时后培养液将改变颜色。如果样品呈绿色，证明样品呈阳性反应含有登革热病毒；如果样品呈橙色，则证明样品呈阴性反应无病毒。实验证明，其检测准确率可达95%，与传统聚合酶链式反应检测技术相当，但检测时间更短、费用更低，且不需要特殊的检测设备。

该研究负责人劳尔·德斯图拉表示，传统检测登革热的方法需5～7天才能得出结果，患者可能在等待结果期间病情恶化甚至死亡。

### 四、国际合作

菲律宾是国际新兴市场之一，2013年GDP菲律宾经济增长连续四个季度超过7%，2013年第2季度GDP更是同比增长7.5%，可与中国比肩，成为亚洲经济的亮点。随着中国—东盟自由贸易区的建成，菲律宾对中国众多产品实行关税减免政策。中菲两国经贸发展良好，双边贸易存在较大的互补性，贸易发展潜力巨大。

菲律宾全国共有公立医院662所，私立医院1061所，公立医院因缺乏资金，需求不大，设备的需求主要来自于私立医院。在供应方面，当地生产量极少，占总需求的2%左右，生产的设备主要是消毒器、保育器、抽气机、机械零配件及一次性用品，如塑胶手套、注射器、针头。几乎100%的设备依靠进口。据统计，2004、2005、2006年这三年来，菲律宾进口医疗设备达1.01、1.06、1.11亿美元，中国企业开拓菲律宾医疗市场正是良机。

菲律宾医疗设备市场规模在2011年约为4亿美元，市场规模与印尼市场规模相当。分析菲律宾医疗设备市场的结构，2011年，影像诊断产品为龙头，占35.8%；其次是医疗器械的占21.9%；其他医疗设备占21.5%；辅助设备，牙科产品，和骨科植入物占9.1%，8.6%和3.2%。由于菲律宾国内医疗器械行业不发达，菲律宾医疗设备市场主要依赖国外进口。据进口分析，医疗耗材产品，大约有94%的伤口敷料产品依赖进口，进口国家主要是比利时和中国；手术手套等防护设备主要从马来西亚进口；此外，辅助设备，如98%以上助听器和心脏起搏器等，主要从中国香港及瑞士进口；人工关节设备大多从中国台湾进口。

据菲律宾ABS—CBN新闻网报道，菲律宾贸工部副部长兼投资署负责人克里斯托波表示，菲律宾的目标是在2015年实现医疗旅游业收入30亿美元的目标，并成为更具吸引力的医疗旅游目的地，充分发挥本国医疗技术和服务人员充足的优势，开拓国际医疗旅游市场。参加菲律宾医疗展将是投资者开拓菲律宾医疗市场的绝好机会。

（一）进入菲律宾医疗设备市场应注意的几个问题

1. 在菲律宾销售医疗器械，须得找到已在菲律宾卫生部食品医药局注册的声誉较好的经销商。声誉好的经销商不但可以影响医院的购买意愿，而且会影响产品的声誉，同时产品的质量也会影响经销商的声誉。此外，医院购买医疗设备时，一般从经销商购买，直接从生产厂家购买的情况很少发生。经销商负责产品的销售咨询、产品展示及演示、促销广告等工作。其利润来自于佣金以及售后服务。

2. 除放射性仪器外，无须事先在食品医药局注册。

3. 没有进口配额（包括二手设备）；只需付3%的进口关税以及12%的增值税。

4. 付款方式主要是电汇及不可撤销（远期）信用证。

（二）菲律宾三大医疗设备经销协会

1. Hospital Medical Laboratory Equipment Supplies Instruments Association of the Philippines

2. Pharmaceutical & Healthcare Association of the Philippines

3. Philippines Association of Medical Technologists

（来源：综合整理自新华网、医药卫生网）

# 新加坡

## 新加坡创新券计划为企业输血

创新券最早在欧洲实行，之后迅速扩展至世界各地，有效促进了中小企业与知识技术部门合作及知识产品商业化，增强了中小企业创新绩效，具体做法也更加丰富和完善。为适应经济全球化和知识化要求，提高企业附加值，推动产业升级，2009年新加坡标准、生产力与创新局（SPRING）也推出了创新券计划。新加坡创新券与欧洲创新券相比，有不少发展，对中国创新券设计有参考价值。

## 一、在“软”创新上做文章

与欧洲最早的创新券相比，新加坡创新券使用领域更加广泛。2009年创新券计划刚推出时，只包括技术创新领域。2012年后扩展至生产率、人力资源和财务管理等领域，全面提升中小企业能力。

在技术领域，中小企业可用创新券购买技术可行性研究、技术支持、技术知识开发、知识产权业务诊断、知识产权法律诊断和客户心理洞察等6项服务。其中，技术可行性研究包括新技术评估、早期研发和样机研究、采用和研发新产品或新工艺和现有产品或工艺的升级等；技术支持涵盖产品设计与开发、工艺流程设计、开发与升级等；技术知识开发为有技术需求的公司制定具体的培训课程，如技术能力升级研讨会与培训课程；客户心理洞察指了解企业所面临的困难，收集关于客户心理的信息，为企业找机会，给企业提供发展建议。

在生产领域，中小企业可购买10项服务，如ISO9001认证，为首次认证的企业提供咨询服务，使其完成认证；危害分析及关键点控制，对原料、关键生产工序及影响产品安全的人为因素进行分析，采取规范的纠正措施；中小企业能力改进，用SMART工具（面向结果的中小企业管理行为）评估企业管理能力，分析卓越企业框架下的优劣势及需要改进的地方，优先解决发现的问题，制定路线图提高企业生产效率；服务诊断，评估企业服务管理能力，找出企业的优劣势，确定需优先解决的问题；服务改进，找出影响服务质量的最大问题，对发现的问题进行现场观察、暗访或其他相关调查，找出解决问题的突破口；生产率诊断和监测等。

新加坡多数中小企业没有专门的人力资源体系，针对这种特殊情况，创新券增加了人力资源领域的咨询服务。比如人力规划，根据当前企业用工情况，做出合理的人力规划；人才招聘与评选，根据当前员工能力、数量和工作流程评估员工需求，并通过多种招聘方法和最佳人才选择工具评选出最佳员工；员工薪酬福利，提供详细的薪酬激励和员工管理咨询服务；员工培训与发展和员工职业生涯管理。

中小企业的财务管理咨询也是新加坡创新券的扩展领域。

新加坡的创新券在“硬”创新方面，即创新领域的技术可行性研究、技术支持、技术知识开发等与欧洲最初创新券相似。在“软”创新方面，即创新领域的知识产权业务诊断、知识产权法律诊断、客户心理洞察以及生产率领域、人力资源领域和财务管理领域，有大量拓展。支持“软”创新能够提高产品与服务质量，节约成本提高企业绩效，这是新加坡创新券的最大特色。

## 二、创新券应用趋于完善

新加坡创新券实施后，不仅服务领域和内容有很大的扩展空间，使用方法也更加完善，在申请程序、资金使用、内容更改、结项要求、跟踪服务等方面，都有改进或深化。

在新加坡注册并实体存在、拥有30%以上本地股权、年销售额不超过1亿美元或全体雇员不超过200名的中小企业，均可向SPRING申请创新券。SPRING在网站上公布提供服务的知识机构名录，中小企业就项目提前与知识服务提供者沟通，双方达成协议后，知识服务机构协助中小企业通过创新券门户网站在线提交申请，2个工作日通知结果。

新加坡创新券面值为5000美元，有效期6个月，可用来购买名录里任一项服务。项目支出超出创新券面值的，超出部分由企业自行承担。支出不足面值的，结项时实报实销。除一次性付款方式外，还允许知识服务者有首付要求，但首付不应超过全款的20%。

在创新券计划实行初期，面值仅为5000新加坡元，企业申请成功后，可单独使用，也可在同一家知识机构与10家以内的非亲属企业所申请的创新券联合使用。初期的这种联合使用功能，与欧洲创新券中的“联合券”相似，但扩展为创新与能力券后，不可联合使用。这种调整对于新加坡的经济结构可能是合适的，对其他国家并一定适用。

项目申请被批准，内容允许更改一次，但仅限一条。可更改内容包括结项日期、知识服务机构、预期结项成果等。结项日期更改，企业需在截止日期的前5日提交延期申请，被通过者结项日期会顺延6个月。

项目完成后，由企业和知识服务机构共同向SPRING提交结项材料。每个领域的结项材料都有明确要求，大致分为结项报告、咨询时间证明和PPT，结项报告需双方签字生效。结项后，一些知识服务机构仍需提供跟踪服务。如在人力资源领域，按结项要求，项目完成后，企业在3个月内可获得5小时以上的跟踪咨询服务。如创新领域的客户洞察服务，结项报告中明确要求服务提供者要为企业制定跟踪服务计划。

### 三、短期效果初显

新加坡创新券实行时间较短，长期效果还有待进一步的实践和评估，但短期效果已经初步显现。

首先是提高了企业绩效。G—Energy Global Pte 公司用创新券向 EWT－COI（Environmental and Water Technology Centre of Innovation）公司购买了技术支持服务，开发了网上监控能源消耗、网上监控建筑和设备的效能的系统，节约了 50%人力成本。使用这套系统的用户能够瞬间评估能源消耗模式，节约了 30%能源消耗，大幅提高生产效率。

其次，扩大了产品市场。如生产传统娘惹糕的 Red Lips 公司用创新券向 FIRC（Food Innovation Resource Centre）购买了技术支持服务，FIRC 为其开展了延长保质期的包装技术研究，使产品的保质期从 1 个月提升至 6 个月，迅速扩大了产品的销售范围，并走向海外市场。

第三，为企业提供外部技术源。新加坡宝鲜然有机食品公司用创新券向新加坡理工学院的食品创新与资源中心购买了生产绿色食品技术可行性研究服务，开发出新产品 Otrimix，即目前市场上畅销的宝鲜然三益粥，是含有不饱和脂肪酸、抗氧化剂和大量纤维的即食燕麦粥，该产品在中国香港、文莱、马来西亚和印度尼西亚等多个国家和地区热销，年销售额已突破百万美元。

从创新券到创新与能力券，新加坡创新券计划的服务领域从单一的技术创新领域扩展至生产率、人力资源和财务管理三个领域。企业受益率从 50%快速提升至 70%，这些企业遍布生物医学、化学材料、电子工业、工程服务、环境保护、食品、信息科技、物流和交通运输等行业。

企业在创新券申请网站上查询到的知识机构，均为创新券计划注册单位。SPRING 提前认定合格服务单位，随后详细公布各单位提供的服务项目、具体联系人和联系方式，企业可通过网站信息迅速与知识服务提供者对接。到目前为止，经过注册的财务管理领域服务单位有 12 家，人力资源领域 23 家，技术创新领域 48 家，生产率领域 104 家。这些服务单位以公司为主，公共服务机构只有 20 余家。

新加坡创新券操作便捷规范。通过门户网站申请，2 个工作日获知结果，申请快速。企业可向知识机构支付全款的 20%作为首付金，付款方式灵活。每个项目都有详细的结项要求，操作规范。

与其他项目相衔接是新加坡创新券的另一特色。企业在一个领域只可申请两张创新券，但若在该领域仍有需求，则可申请 SPRING 的其他资助项目，如工具包项目。工具包项目包括顾客服务工具包、财务管理工具包、人力资源管理工具包、市场工具包以及生产力工具包。以人力资源管理工具包为例，其服务内容有：人力规划；人才招聘与评选；员工薪酬福利；员工绩效管理；员工培训与发展；员工职业生涯管理；人才管理与继任计划；雇员关系。人力资源管理工具包与创新券的人力资源服务领域相比，更加全面。创新券项目与工具包项目的衔接，使企业可以获得比创新券项目更综合更深入的服务。

### 四、对中国创新体系的启发

2012 年中国研究人员曾对欧洲创新券开展研究，建议在中国设立专项基金，并由国家创新主管部门牵头组织，充分发挥科技服务机构的功能，在中小企业密集、创新服务业发达地区先行试点。之后，江苏宿迁、上海杨浦、哈尔滨香坊等地陆续实行了创新券计划。

新加坡创新券的实践，对中国创新券的设计进一步提出一些有价值的借鉴和启发：如服务内容应包括所有创新服务。中国拥有科技人力资源近 7000 多万人，高校 2538 所，科研机构 3696 所，大中型工业企业研发机构 16717 所，外部知识源丰富，建议中国创新券设计应包括设计研发服务、技术转移服务、技术扩散服务、创新能力服务。其中创新能力服务包括战略咨询、投融资和财务管理、法律事务、人力资源等领域。

在形式及面值上，中国创新券设计宜为“单一券”和“联合券”。“单一券”指专门提供单个企业申请的小面值创新券，建议最低面值 5000 元，有效期为 3 至 6 个月；“联合券”指提供多个企业（最多 10 家企业）联合申请的大面值创新券，建议最低面值 5 万元，最高 10 万元，有效期为 1 年。

小面值创新券券最好不要求企业配套，大面值券建议配套超过创新券面值一倍以上的资金。

建议创新券与中国其他资助项目分工明确并衔接到位。如一些小型项目可由创新券完成，而一些大中型项目则应由国家计划项目完成。对完成情况好，又有在本领域继续创新需求的企业，可向国家计划项目推荐。

（来源：经济参考报．http://www.jjckb.cn/2013—11/28/content_478969.htm.2013—11—28）

## 新加坡电信业将引进更多竞争者

新加坡的电信产业傲立于世界，是电信业发展一流的国家。

新加坡发达的电信业与国家政府的扶持与推动密不可分，加上创新的运营模式，新加坡电信行业一直保持着良好的增长。

### 一、新加坡电信产业发展进程

1999年以前，新加坡的电信管制机构处于多头管理的状态，主要有新加坡电信管理局（TAS）、国家计算机局（NCB）。1999年，新加坡信息通讯发展处正式取消TAS与NCB，并于12月1日成立了新加坡信息通讯发展处（IDA）。IDA主要负责制定电信管制，管理电信市场以及促进新加坡电信产业发展。

自从2000年4月1日电信市场全面开放以来，新加坡的电信产业获得了长足的发展。本地和国外的国际企业可以申请执照在新加坡提供电信服务。

2014年5月，新加坡电信宣布，将推出全球首个可以通过4G网络传送的全面电话服务。该服务可以使用户在拨号后更快地接通电话，同时也使用户能够享有更加清晰的通话服务。据悉，该服务除了可以让用户边使用4G网络边通电话，而且还能够在使用4G网络时支持来电等候以及转接来电功能等。

据了解，新电信即将推出的这项新的电话服务，可以在不到2秒的时间内接通来电，比目前的速度快了5倍，而且用户的通话质量也会更加清晰，减少了背景噪音。但是目前并非所有的手机都能享受这种业务，只有部分拥有相关软件的手机才可以使用这种4G服务。

### 二、新加坡电信产业发展现状

目前，新加坡采取的是公民、公共部门与私营部门相互合作的模式来发展资讯通信行业的。政府负责建立主体规划并执行项目计划以确保商业环境有助于经济与社会发展。私营部门因此受到政府鼓励，应用其创新技术、产品与服务，从而让消费者以及企业本身同时获益。新加坡政府与行业的紧密合作创造出1600多项可供新加坡公民和企业全天候访问在线政府服务，从而节省了他们同政府进行互动的时间与资源。

新加坡资信局会还探讨各种可行的做法促进更多流动虚拟网络经营商进场，同时也会继续开放选择，让有兴趣的业者成为第四家全方位电信公司，为新加坡目前只有新电信、星和和第一通三足鼎立的电信市场注入更多活力。

### 三、新加坡电信业发展模式

新加坡资讯通信发展管理局2014年4月展开公共咨询，就如何吸引更多流动虚拟网络经营商(Mobile Virtual Network Operator，简称MVNO)进军电信市场向民众征求意见。新加坡电信市场有望出现更多竞争业者，让手机用户从更低廉的价格和更具创意的服务配套中受惠。

流动虚拟网络经营商不同于全方位的电信公司，他们不拥有无线射频频谱（radio frequency spectrum）使用权，但却可以向电信公司批量购买通话时间或服务，重新包装后在自己的品牌下出售给消费者。

目前，新加坡电信市场为了更好地为客户服务，提出要引进更多的行业竞争者，来提高竞争意识，让电信产业在竞争中不断地进步。而新加坡电信业的创新运营模式，完全值得中国电信产业的学习与借鉴。

在英国和荷兰等起步较早的国家，流动虚拟网络经营商在市场所占的份额均超过10%。这些国家的经验也显示，这类业者进场后能降低流动电话服务的费用。

各国通过不同方式鼓励流动虚拟网络经营商进军市场。有的规定电信业者必须与这类经营商分享无线射频频谱，有的在竞标频谱时，给那些愿意与流动虚拟网络经营商分享频谱的电信业者更多奖励。

新加坡目前也有4个规模较小的流动虚拟网络经营商，例如PLDT和Ztar Mobile。他们主要服务新加坡的外籍女佣或劳工，让其在打电话回家时支付较低通话费用。不过这些经营商的服务范围很小，只有约8万名用户，占新加坡市场份额约1%。

2001年曾进驻新加坡的维珍流动（Virgin Mobile），也采用流动虚拟网络的经营模式，不过营业不到一年就退出市场。

资信局在公共咨询中，就中长期的无线射频频谱资源分配、时间框架征求各方意见。该局希望，在这轮频谱分配中，将新加坡计划展开的易构网(HetNet）建设考虑在内。

（来源：综合整理自新华网、南博网）

## 新加坡全力打造亚洲液化天然气贸易中心

2012年，位于新加坡裕廊岛的总投资达17亿新加坡元的新加坡首个液化天然气（LNG）接收终端投入使用，这不仅提升了新加坡在区域市场的地位，也给整个亚洲LNG市场带来很大的影响。该LNG终端开放后，大量大型的LNG运输船在这里停泊卸货，并转由小型运输船更为灵活地将LNG供应给越南等LNG需求量巨大的亚洲市场买家。得益于其得天独厚的地理优势，新加坡全力打造亚洲LNG贸易中心。

2013年7月，为了进一步打造亚洲LNG贸易中心，新加坡计划在裕廊岛新建LNG终端储气站，扩大LNG储存规模。扩建后储气规模将达到900万吨，为原来的3倍。规模扩大后的新加坡有能力为客户提供现货交易合同，这也是亚洲客户特别希望看到的。亚洲LNG普遍采用同油价挂钩的长期合同，许多客户都希望能用现货合同取代。

伍德麦肯兹新加坡油气分析师忠志新表示，如果新加坡能够成功进行LNG现货交易，将对现货交易市场产生极大的推动作用，也有利于打破目前的长期合同交易机制。扩大储气规模将有助于新加坡在满足自身能源供应的同时，打造亚洲LNG交易枢纽。

作为亚洲石油贸易中心，新加坡正在努力转型成为亚洲LNG交易中枢。这对同样在亚洲LNG交易市场占据重要地位的曼谷而言，将会是一种挑战。目前仅有英国BG集团在新加坡有LNG终端储气业务，此次扩大储气规模开放了更多市场，壳牌、埃克森美孚、淡马锡投资的帕维利恩能源公司等将为此进行竞争。

2014年，新加坡LNG集团（SLNG）宣布，正在出售旗下位于裕廊岛的国内首个、也是东南亚最大的LNG终端。新加坡政府还宣布要新建第二个LNG终端的计划。这再次显现出新加坡欲打造亚洲LNG贸易中心的决心。SLNG执行总裁John Ng表示，SLNG一直都在为打造亚洲LNG贸易中心做准备。

根据国际能源署（IEA）的数据，亚洲LNG贸易量占全球总量的46%，是当之无愧的全球最大LNG市场。这为新加坡打造区域LNG贸易中心创造了良好的环境，新加坡也敏锐地抓住了这个时机。借助自身优势和亚洲旺盛的LNG需求，新加坡希望将自己打造成亚洲LNG贸易中心。对新加坡自身而言，这也很有好处，因为这个国家90%的电力供应均来自天然气。新加坡总理李显龙宣布，正在东部地区为第二个LNG终端选址，新终端将为新加坡的工业和电力部门发展提供强有力的支持。

据新加坡能源市场管理局（EMA）透露，新终端的规模将与目前正在出售的LNG终端相近。位于裕廊岛的终端拥有3个LNG存储设备。年储量达600万吨的，第四个存储装置将于2017年完工，届时储量将提升至900万吨。EMA发言人谭莎伦称，目前出售计划尚在进程中，还没有明确的买家人选。

李显龙表示，新终端将拥有7个LNG储存装置，年处理量将达到1500万吨。裕廊岛LNG终端是亚洲唯一具有存储能力的终端，可以允许贸易商在销售淡季将LNG存储，等到冬夏两季需求高峰来临时再出售。Ng表示，最新完工的第三个LNG存储装置将可能用于短期贸易。

虽然还尚未成型，但新加坡LNG区域贸易中心的潜质已经得到不少公司的认可。意昂、嘉能可超达均同新加坡有业务往来，就连全球最大的LNG生产商卡塔尔天然气公司也不例外。该公司市场主管阿卜杜拉·阿里侯塞尼2013年年底曾表示，卡塔尔天然气公司将扩大新加坡的业务。

国际能源署认为，在亚洲地区，新加坡最适合成为LNG贸易中心，新加坡政府也表示，新加坡政治上的中立立场和用英语交流的劳动力方面的优势，以及其地理位置、金融系统和普通法系等也将帮助其在未来5～10年内成为亚洲LNG贸易中心。

（来源：综合整理自人民网、中国日报网、南博网）

## 新加坡欲打造东南亚硅谷

新加坡试图成为整个东南亚地区的初创企业孵化中心，目前该国正在全力以赴地将自己打造成为东南亚地区的硅谷。

2014年2月20日，全球最大的社交媒体网站Facebook斥资190亿美元收购了即时通讯信息服务商WhatsApp。新加坡政府决策者和该国科技企业家因此受到了极大鼓舞，并认为未来定会有全球科技巨头到新加坡收购该国本土的初创企业。2013年，新加坡科技产业所获得的风险投资总额已经分别超过了日本、韩国和中国香港。

## 一、本土产品受海外投资者关注

新加坡只有约540万人口，城市类型和布局与硅谷差距很远。新加坡从未打造出像谷歌和Facebook这样的全球科技巨头，也没有诞生过微信这样拥有2.72亿月活跃用户的服务。在包括生物科技、媒体和娱乐在内的多个产业里，新加坡的创新成果也是喜忧参半。

然而，投资者却认为，新加坡的科技生态系统正在变得越来越活跃。一些分析师指出，新加坡年轻人缺乏创业精神和政府的财政支持是否到位是投资者最为担忧的两大问题。

新加坡政府曾经承诺拨款160亿新加坡元用于科学研究和开发。作为该项目的一部分，新加坡政府在最近几年里向处于起步阶段的初创企业投资约1亿新加坡元（约合7900万美元），并借此为本土企业的科技和技术创新提供资金支持。很多美国知名的风投机构都开始纷纷瞄准了新加坡市场，比如Andreessen Horowitz就已经向多家新加坡企业进行了投资，其中就包括新加坡视频网站公司Viki。2013年9月，日本电商巨头乐天株式会社花费2亿美元收购了Viki。

新加坡国内另一家吸引投资者兴趣的科技公司则是在线杂货零售商Redmart。Redmart创立于2011年，并曾经从包括Facebook联合创始人爱德华多·萨维林在内的多位投资者手中成功融资1000多万美元。

位于新加坡市中心西部一栋名为Block 71的经过翻新后的七层大楼成为该国初创公司聚集的热区。

英国企业家休·梅森（Hugh Mason）指出，目前这栋大楼里大约有100家初创公司，管理的投资资金超过10亿美元。

## 二、吸引科技投资数额飙升

2013年，风投机构通过各类基金向新加坡科技企业投资的总额达到17.1亿美元。根据总部位于中国香港的《亚洲创业投资期刊》（Asian Venture Capital Journal）公布的数据显示，这一投资总额虽然低于同期中国科技企业获得的34.6亿美元，但却均高于日本、韩国和中国香港。然而，2013年仅仅普华永道（PricewaterhouseCoopers LLP）和美国国家风险资本协会（National Venture Capital Association）两家就在美国为软件公司设立了高达110亿美元的风险基金。不过，2013年新加坡科技公司所获得的基金资助数额在亚洲的占比已经飙升至19%。2011年的这一比例仅为0.3%，总数额只有2730万美元。

谷歌自动驾驶汽车的咨询师布拉德·坦普雷顿指出，与过去几年相比，虽然新加坡的科技市场似乎更加活跃了，但有很多的政府干预并没有帮助初创企业群体的发展，反而阻碍了企业的发展。

以色列用了短短几年时间就建立起了非常扎实的科技产业，新加坡政府在政策上一直在模仿以色列的做法。由新加坡国立研究基金会（National Research Foundation，NRF）在2010年所设立的“科技孵化项目”（Technology Incubation Scheme，TIS）目的就是为处于早期发展阶段的初创公司提供资金和技术帮助。在该项目中，新加坡政府和科技孵化公司联合对挑选出来的初创公司提供资金和技术。其中，政府出资占比最高不超过85%，出资金额最高50万新加坡元。而科技孵化公司则承担剩余15%的出资金额，并为初创公司提供指导和办公地点。而且科技孵化公司有权在3年后买断初创公司中的政府所持股份。目前，有15家科技孵化公司和100多家初创公司参与了该项目。

## 三、科技风投市场看涨

新加坡风投公司Red Dot Ventures董事长莱斯利·罗表示，风投市场发展较好，目前Red Dot Ventures公司月均投资公司为1家，而以前一年才有两到三家。

2000年开始在新加坡科技风投产业工作的道格拉斯·阿布拉姆斯表示，当新加坡初创公司被收购或者公开发售股票时，这些公司的市值一直在呈现快速上升趋势。目前担任新加坡科技风投机构Expara的首席执行官阿布拉姆斯注意到，2013年约有20家新加坡科技公司被收购或公开售股，累计获得融资达4亿多新加坡元，而几年前这一数字还仅为5000万新加坡元。

新加坡资讯通信发展管理局（Infocomm Development Authority）执行副主席史蒂夫·莱昂纳多注意到，新加坡能够提供完善的基础设施、严格的法律以及进入主要市场的便捷通道。

战略创新咨询机构Innosight驻新加坡的执行董事斯科特·安东尼指出，企业仍在耐心地等待新加坡市场上能够出现像Instagram或者WhatsApp这样炙手可热的科技创业公司。

（来源：腾讯科技 .http：//tech.qq.com/a/20140227/000910.htm.2014—02—27）

# 泰国

## 泰国化妆品行业发展前景佳

泰国化妆品在东盟市场较占优势的是护发素、染发剂等美发产品，泰国化妆品在此区域成为除法国化妆品之外最受消费者喜爱的化妆品。在抗皱化妆品世界排名上，泰国化妆品排第12位。泰国化妆品中富含草本植物，奉行自然护肤理念，因此倍受消费者追捧。

### 一、泰国化妆品系列的创新

据调查报告显示，泰国男性护肤市场正在崛起，无论外资还是本土化妆品企业都有极大的发展潜力。

据统计，亚洲男性护肤市场已占据全球最大份额，其中，韩国是当之无愧的领跑者。但是，据相关调查数据显示，泰国等国开始成为男士护肤市场新星。据悉，泰国男性皮肤护理市场已达到同比两位数增长，预计至2017年，泰国男士人均护肤品消费应该会超过中国香港。在泰国，国际品牌很受欢迎，消费者对拜尔斯道夫和欧莱雅集团旗下品牌趋之若鹜。

近年来，除了大众护肤品牌，一些高端品牌的男士系列也开始进入泰国，比如SK－II男士等。同时，泰国本土男士品牌或产品也占有了不小的市场份额。泰国男性对外表越来越重视，在没有太多男士产品选择时，很多人甚至会使用女性或中性护肤品。这给予化妆品企业极大的激励，也直接导致了产业的膨胀。

经过几年的努力，泰国化妆品的发展十分迅猛，在整个亚洲化妆品市场占据一定的市场份额，在业界有着良好的口碑。看中泰国化妆品产品的质量与良好口碑，中国的许多消费者也逐渐接受泰国的化妆品。

### 二、受国外消费者喜爱　出口前景看好

泰国化妆品工业组主席格玛尼女士称，随着泰国娱乐圈的发展，泰国电视剧和电影开始在中国和其他亚洲国家上映，剧中明星们在华营造的追星热推动泰国化妆品出口事业发展。

（一）泰国化妆品看好缅甸市场前景

世界各国与缅甸开展投资贸易的热潮有助于推动缅甸分散收入和提高消费者购买力，进而拉动消费品需求增长。开泰研究中心对泰国化妆品（海关代码HS 33和HS 34，涵盖洗浴用品、护肤品和美容品）出口缅甸市场的前景分析总结如下：

缅甸对外开放有助于提高当地消费者购买力。2008年到2011年的4年间缅甸化妆品进口值增长了近一倍，其中泰国进口产品超过50％。

作为劳动人口主力的缅甸青年的生活方式开始发生变化，对化妆品的需求相当高，尤其是在仰光等正在迈入城市化社会的大城市，而零售业的发展也有助于扩大化妆品销售。

泰国化妆品因质量好而获得缅甸消费者认可，而且长期以来一直为缅甸民众所熟识。因此，缅甸扩大进口化妆品将给泰国化妆品企业带来商机。开泰研究中心预测，2013年泰国化妆品对缅甸出口总值约达到1.4亿美元，同比增长40％。商机较大的商品包括：个人清洁用品，如洗发液、香皂、牙膏；美容用品，如护肤品、防晒霜；脸部化妆品，如粉饼、唇膏、腮红。此外，由于消费文化以及人们对草药功效的信任，含有草药成分的化妆品前景光明。

缅甸的重要化妆品市场包括仰光、曼德勒、渺瓦底和首都内比都，这些城市是缅甸大量中产阶级、公司职员和政府公务官员集中的地区，对化妆品的需求旺盛。此外，化妆品在主要旅游城市如毛棉淡也日益受到欢迎，客户包括游客和当地居民。

不过，在缅甸开展市场营销时必须注意，由于缅甸市场广泛接受各种新产品，泰国产品可能面临激烈竞争。此外，由于缅甸消费者的消费能力因各地收入水平不同而各异，因此企业应该充分了解各地的消费者行为、竞争对手以及重要的贸易法规，以便推出适合各城市消费者需要的产品；寻找可信任的当地人作为贸易伙伴，支持扩大商品销售渠道，提高销售效率，为顺利拓展缅甸化妆品市场铺平道路。

（二）泰国化妆品出口中国市场速度加快

格玛尼表示，中国是泰国最重要的化妆品出口国，近年来，泰国化妆品出口到中国市场的总量和总额都有飞跃性的增长。泰国化妆品出口市场第一位是东盟市场，中国市场占据第二位，第三位是日本市场。泰国化妆品出口事业仍在飞速发展中，除了在三大主力市场的业绩增长迅速，泰国化妆品在中东、美国和欧洲市场的人气也提升不少，这些市场对泰国出口化妆品的需求量均有增加。

2013年，泰国化妆品出口总业绩达到了2100亿泰铢。2014年泰国出口中国的化妆品总额可能会达到1400亿泰铢，上涨13％～15％。

虽然整体化妆品市场呈现良性发展趋势，但是泰国严峻的政治形势仍然在影响着其化妆品市场的正常发展。泰国政局不稳造成境内的化妆品成交量下降了30%以上。

## 三、化妆品制造业发展前景广阔

2014年3月，泰国化妆品工业组主席格玛尼指出，化妆品制造业发展前景广阔，如果国内政局恢复正常，外国企业将决定投资，同时泰国国家食品药品委员会对化妆品出口法规进行修订，让泰国化妆品出口程序简化。

格玛尼表示，化妆品制造业发展前景仍然广阔，在过去一段时间化妆品整体出口持续保持增长势头。

泰国化妆品出口市场中，对东盟市场出口占37%，日本占30%，而对欧洲和澳洲的出口各占5%，其余26%则出口中国市场。中国市场对泰国化妆品的需求有逐步增长的势头，尤其是草药类化妆品，在中国受到消费者的欢迎。目前泰国化妆品出口价值在国内生产总值（GDP）中占比率为2.2%。

面对2015年东盟经济共同体（AEC）即将形成，化妆品经营竞争将会趋向加剧，在东盟贸易出现无边界的形势下，泰国化妆品将面临东盟其他成员国家的挑战，包括印度尼西亚、菲律宾等。据悉，还有一些外国公司希望在泰国设立化妆品生产基地，产品向东盟市场出口。

目前泰国化妆品有约1000个品牌，但是品牌营销动作却较为少见，大力进行品牌宣传的制造商还较少。泰国国家食品药品管理委员会在扶持化妆品出口方面提供了极大的帮助，努力简化出口程序和修订相关规定，让泰国化妆品出口变得更加容易，并且帮助制造商出具在外国销售必需的文件数据，让泰国化妆品的出口经营更加顺利。

（信息来源：综合整理自中华人民共和国驻泰王国大使馆经济商务参赞处网站）

# 泰国全力推动软件业发展

## 一、行业概况

基于有利的政府政策、越来越多的高科技基础设施以及众多提高劳动力技能的措施，泰国软件产业保持强劲的增长势头。目前，从事软件开发和数字内容生产的企业，例如动画和游戏，可获得泰国政府提供的优惠政策。此外，泰国还为投资者提供具有市场竞争力的薪资范围，良好教育背景的劳动力资源，位于东南亚中心的优越位置，以及具有高增长潜力的国内市场。

泰国政府长期鼓励软件开发和数字内容相关企业，例如支持企业投资、提供市场商机、鼓励研发活动、提高劳动力技能，并成立了许多相关组织协会专门服务于软件和数字内容相关产业。一些国际领先软件公司早已进入泰国市场，如微软、甲骨文、IBM、SAP和赛门铁克。与此同时，泰国企业正步入全球市场，与外国企业在动漫、游戏、软件产品等方面建立合作关系共同发展，来满足本地消费及出口。

泰国工业总会电脑软件工业组秘书长集腊汶于2014年4月透露，东盟区域内软件工业最发达国家是新加坡与马来西亚，泰国应该力争上游，政府与企业合作保持开发，至少可缩短泰国软件工业水平与新加坡、马来西亚的差距。

## 二、市场发展情况

2011年，泰国软件市场产值9.81亿美元，同比增长10.1%，其中，商用软件占61%，数字软件占21%，嵌入式软件占15%。按照规划，泰国2011～2015年软件市场产值的年均增长率为10%。

泰国软件市场不断扩大，预计2011～2015年将增长10%。越来越多个人计算机（PC）的使用、新技术的研发以及各种商业模式，例如第三代移动通信网络（3G）、全球互通微波存取（WiMAX）技术，以及计算等产业的发展趋势，成为该行业增长的关键因素。据统计，2011年泰国软件消费总值为9.29亿美元。软件市场产值比2010年增加10.1%，达9.81亿美元。占有主导地位的商用软件占总产值的61%，数字软件占21%，嵌入式软件占15%。2011年泰国软件出口总值达1.14亿美元。

## 三、政策措施

由于具备良好的ICT行业基础设施、高素质的劳动力资源，以及潜力可观的国内市场等条件，泰国政府因势利导，全力推动，加快了泰国软件产业快速发展。

早前为了推动软件行业的进一步发展，泰国信息与通信技术部（MICT）制定了信息通信技术（ICT）2009～2013总体规划。ICT总体规划的重点在于发展知识型社会和培养具有良好教育背景的劳动力人才。为了确保政策的顺利实施，泰国信息与通信技术部还出台了“2011～2020年ICT政策框架”文件，明确指出从社会、经济与环境、促进可持续发展等3个方面努力推动信息与通信技术产业发展。

首先，泰国政府将软件产业定位为引领经济发展的战略性产业之一。

其次，大力鼓励产业发展，广泛提供政策优惠。泰国政府长期鼓励软件开发和数字内容相关企业，例如支持企业投资、提供市场商机、鼓励研发活动、参与人力资源培训以提高劳动力技能等。对于动画和游戏等具有带动意义的软件行业，泰国政府在贷款、市场营销、人力资源保障、国际合作等方面提供全面支持。其他优惠政策还包括：政府协助企业创业，投资软件产业可获得8年免缴所得税，研发人员和工程师可获得专业培训机会，提供弹性商业贷款等。

第三，持续进行电子产业的人才培养和储备工作。在政府的大力支持下，泰国的IT人才已经形成梯次配备，目前泰国81所大学、8所高校和研究机构每年毕业17000多名软件专业人才，其中部分人才还获得了海外留学深造的机会。据统计，截至2012年，泰国软件产业的从业技术人才超过5万人。

第四，充分发挥行业协会的协调互助作用。在软件产业的发展中，泰国政府有关部门除自己有所作为外，还注意借用其他产业的成功经验，先后成立了软件产业促进署、软件工业协会、软件工业园等各种专门服务于软件和数字化产业的行业协会，支持和帮助软件产业的持续发展。

### 四、竞争优势

首先，泰国具备良好的ICT行业基础设施。据统计，2012年泰国互联网用户超过2000万个，拥有互联网主机334万台。这一使用率高于东南亚其他任何国家。此外，泰国还拥有东南亚最可靠的电力供应系统以及光纤、ADSL宽带和超过每秒一千兆比特的专线接入速度。

其次，泰国可以提供大量技术型劳动力资源。

此外，泰国的技术劳动力成本具有竞争力。据2013艺珂泰国薪酬指南，拥有0～5年工作经验的IT行业员工月薪范围为500～2666美元。

最后，泰国政府的大力支持是促进软件和数字产业发展的驱动力。

（来源：综合整理自经济日报、中华人民共和国驻泰王国大使馆经济商务参赞处）

## 简析泰国橡胶业的发展

2013年全球橡胶产量增长，但价格下跌。因世界经济复苏缓慢，以及尚处于高位的国内外橡胶库存，导致全球橡胶市场需求不振。唯中国市场对加工橡胶的需求仍稳步提升，据分析，中国可能在橡胶价格降低时期提高其库存。

### 一、泰国橡胶简况

橡胶是泰国重要的经济作物之一，每年橡胶出口为国家带来巨大收益。近10年里，橡胶种植面积持续扩大，泰国东北和北部逐渐成为新的橡胶种植区，并已开始割胶。

泰国橡胶研究院数据显示，泰国橡胶种植总面积约1900万莱（1莱=1600平方米），分布在67个府，其中南部各府的种植面积超过全国总面积的六成。可割胶的胶树种植面积约1500万莱，产量386万吨。南部可割胶的胶树种植面积同样超出总面积六成，产量超过七成。

泰国生产的橡胶约20%用于国内消费，其余80%出口，主要出口产品包括浓缩乳胶、标准胶和烟胶片等。

根据2012年数据，泰国共有205家厂商以橡胶作为主要生产原料，其中包括汽车零配件制造商31家、橡胶鞋生产商26家、汽车轮胎制造商22家、鞋底生产商14家、橡皮筋生产商14家、自行车和摩托车轮胎制造商11家等。

泰国橡胶价格自1991年的每公斤16泰铢逐渐升至2011年2月破历史纪录的每公斤174.44泰铢，然后逐步走跌至今。尽管胶价近两年出现下跌，但仍有不少农户转向种植橡胶，主要因为与其他作物相比，橡胶仍不失为一种经济效益较高的作物。

### 二、2013年国内外橡胶产业发展情况

据国际橡胶研究组织（InternationalStudy Group：IRSG）估算，2013年全球橡胶产量约为1132万吨，同比微降0.1%。主要因为马来西亚和印度的产量较2012年分别降低10%和8.1%。同期泰国的产量为358万吨，增幅为2%。国际橡胶市场2013年总需求约为1120万吨，增幅为1.6%，得益于中国、美国和印度的需求增长。超出需求的产量，导致2013年年末库存增加了6.4%，达到220万吨。

2013年泰国国内可割胶树种植面积共计1513

万莱，同比增加 9.6%。总产量达 386 万吨，超出国际橡胶研究组织预计的 360 万吨。每莱产量约为 255 公斤。

2013 年全年泰国出口的橡胶共 343.7 万吨，同比增长 14.6%，连续三年持续增长。橡胶出口价格平均每吨 2412.4 美元，较 2012 年降低 17.6%，连续两年降低。主要原因仍是全球橡胶产量提高、橡胶库存增加，以及全球经济复苏仍略显脆弱，尤其是欧美经济。胶价的下跌，导致出口量上升但出口额下降 5.9%，出口总额为 82.34 亿美元，已连续两年负增长。

以出口额计，泰国主要的橡胶市场依次为中国、马来西亚、日本、韩国和美国。其中售至中国市场的出口额占了近半，达到 45.8%，其他各国所占比例分别为 13.5%、10%、5.2%及 5.1%不等。2013 年除了中国市场保持增长，同比增幅为 4.3%外，其他四国出现 5%至 31.6%的减幅，美国市场减幅最大。

泰国橡胶制品出口额达到 85.11 亿美元，同比增幅为 1.2%，连续四年提高。以出口额计，主要出口市场包括中国、美国、日本、马来西亚和越南，中国、美国所占比例为 27.2%和 18.3%，中国、越南市场较 2012 年各有 9.4%和 4.8%的增幅，其他市场均为负增长。

## 三、政府采取措施应对橡胶国际市场疲软

基于国际市场不景气，胶价下跌的状况，泰国政府于 2013 年 4 月批准了 212.49 亿铢的中央预算，在短期内救助胶农。具体措施包括补助胶农每莱 2520 泰铢或每公斤 12 泰铢，使得胶农每公斤收入不低于 91 泰铢等。此项措施实施时间自 2013 年 9 月至 2014 年 3 月，为期 7 个月。

此外，政府还同意泰国胶园救济委员会的决议，于 2013 年 9 月 2 日至 12 月 31 日期间（共约 4 个月），暂停向橡胶出口商收取出口手续费。此措施降低了泰国橡胶的出口成本，提高了国际竞争力，而胶农在与收购商交易时，无须被收购商扣除每公斤 3 泰铢的费用。

## 四、2014 年泰国橡胶产业预测

2014 年 1 至 2 月，泰国橡胶出口量为 65.68 万吨，同比增长 11.0%。出口价格平均为每吨 2132.4 美元，同比锐减 21.4%。胶价继续 2013 年的跌势，导致 2014 年前 2 个月的出口额仅为 14 亿美元，同比降低 12.7%。中国仍是最大的出口市场，占泰国橡胶总出口额的 51.8%，但同比减少 6.3%，其他各市场均出现两位数的减幅。同期泰国出口的橡胶制品总额为 13.55 亿美元，同比降低 1.1%。

据分析，2014 年世界经济增幅为 3.9%，超过 2013 年的 2.9%。泰国农产品主要市场，包括中国、东盟、美国、欧盟、日本等市场的经济增幅可能分别达到 7.3%、5.4%、2.6%、1.3%及 1.2%。尽管世界经济的复苏尚不够强健，但仍对泰国橡胶出口的增长起到一定的推动作用。

国际橡胶研究组织预计 2014 年全球橡胶产量约为 1180 万吨，将超过 2013 年 4.6%，主要是由于泰国、印度尼西亚、马来西亚、印度和中国橡胶产量增加。与此同时，柬埔寨、缅甸及老挝等此前扩大种植面积的邻国，其橡胶产量也将迅速提高，推动全球产量的持续增长。至于全球对橡胶的需求在 1160 万吨左右，增幅约为 4.1%。预期欧美经济的复苏将成为拉动橡胶需求的主要动力，而中国和日本的经济增长可能减缓。但无论如何，预计汽车工业生产将出现 4.8%的增幅，其对橡胶的需求将保持增长，尤其是中国这一橡胶消费大国。

此外，国际橡胶研究组织还预计 2014 年底世界橡胶库存将达到 240 万吨，超出 2013 年底约 20 万吨。因此可能导致橡胶价格提高空间有限，预计胶价将与 2013 年近似，平均每公斤在为 75～80 泰铢。

泰国农业合作部预计，2014 年泰国可割胶树种植面积约为 1580 万莱，同比扩大 4.7%，产量约 400 万吨，同比增产 4.2%，每莱产量为 254 公斤。泰国国内橡胶需求预计为 59 万吨，同比增加 7.27%。

鉴于邻国橡胶种植面积及产量的增长，可能导致泰国橡胶出口不甚理想，泰国农业经济办公室建议胶农尽量降低橡胶的生产成本，并扩大创收途径。而另一方面，政府有关部门更应加快研究的课题是，如何进一步对割取的橡胶进行加工，增加其附加价值。

2014 年可能影响泰国橡胶产量及出口的主要因素包括：

全球橡胶总产量及邻国橡胶种植面积的扩大；总体世界经济仍然脆弱削弱了市场购买力；中国经济成长趋缓及橡胶高库存量；国内外市场对橡胶需求的减缓；气候的变化；政府暂停征收出口手续费等政策；外汇兑换率变化等。

此外，投资者在期货市场的交易，使得期货市场橡胶价格起伏不定，进而影响橡胶现货市场价格。

### 五、AEC时代的泰国橡胶产业走向

因泰国是世界重要的橡胶生产国和出口国，有学者建议，东盟经济共同体（ASEANEconomic Community：AEC）成立之际，应尽快将泰国建成橡胶中心（HUB）以及橡胶加工及橡胶产品制造中心。为此，泰国政府应当放任橡胶价格随市场自由升降，不进行干预，大力促进橡胶加工业和橡胶产品工业的发展，提高橡胶产品的附加价值。学者认为此举可解决橡胶价格下跌及过于依赖外国市场的问题。此外，还需尽早设立政府专管部门，系统、有效地管理全国资源。

有学者认为，政府还应推动农产品期货市场（AFET）的发展，使其更为稳健，最终发展成价格合理的农产品市场。政府有关部门还应进一步研究、开发、提高相关技术，增加国内橡胶用量，包括研发新的橡胶产品，乃至发展新的橡胶工业等。

对于泰国橡胶业的发展趋势，相关专家业者众说纷纭。但无论如何，泰国作为世界最大的橡胶生产和出口国之一，橡胶产业有着良好、坚实的基础。世界经济走势不佳，出口出现困境，也给了之前迅速发展的橡胶产业一个反思的机会，假如政府和业者能借此机会对从橡胶种植到加工、生产橡胶产品的一系列产业链进行改良、创新，无疑是为将来世界经济好转后，橡胶产业新一轮迅速发展打下更坚实的基础，推动泰国橡胶产业的发展。

表一：全球橡胶产量与用量

（单位：万吨）

| | 2011年 | 2012年 | 2013年 | 2014年* |
|---|---|---|---|---|
| 产量 | 1105.50 | 1132.70 | 1132.00 | 1184.30 |
| 用量 | 1096.30 | 1100.50 | 1118.60 | 1164.20 |
| 剩余 | 9.20 | 32.20 | 13.40 | 20.00 |
| 年末库存 | 175.80 | 208.00 | 221.40 | 241.4 |

*表示预估值

（来源：国际橡胶研究组织）

表二：全球重要橡胶出产国产量

（单位：万吨）

| | 2011年 | 2012年 | 2013年 | 2014年* |
|---|---|---|---|---|
| 泰国 | 339.40 | 351.20 | 358.20 | 379.70 |
| 印度尼西亚 | 298.20 | 301.50 | 301.50 | 311.10 |
| 越南 | 81.20 | 86.40 | 90.70 | 94.30 |
| 印度 | 89.30 | 91.90 | 84.50 | 94.20 |
| 马来西亚 | 99.60 | 92.30 | 83.10 | 90.10 |
| 中国 | 72.70 | 79.50 | 82.70 | 86.80 |
| 其他 | 125.10 | 129.90 | 131.30 | 128.10 |
| 总计 | 1105.50 | 1132.70 | 1132.00 | 1184.30 |
| 同比增幅 | 6.40% | 2.50% | −0.10% | 4.60% |

*表示预估值

（来源：国际橡胶研究组织）

（来源：中华人民共和国驻泰王国大使馆经济商务参赞处. http://th.mofcom.gov.cn/article/jmxw/201405/20140500572483.shtml. 2014—05—05）

## 泰国欲打造成东盟生物塑料王国

生物塑料作为一种创新产品正备受世界关注，它将为保护地球环境、根治污染提供新的选择。许多国家已明确制定政策，鼓励使用农业有机原料生产、可降解的生物塑料产品，以取代使用无法降解的石化塑料产品，从而为未来生物塑料市场的发展开辟广阔前景。据估计，世界市场对生物塑料的需求正以超过年均50%的速度递增。开泰研究中心预期，到2020年，全世界对生物塑料的需求将增至约每年130万吨，比2012年的40万吨劲增216.5%。

未来，生物塑料产品的需求将不断加大。据欧洲生物塑料协会预计，全球生物塑料市场增长将在2017年达到620万吨，而2013年全球需求仅为140万吨。生物塑料市场的年增长率超过35%。美国生物塑料使用比例将从2002年的5%，增长到2030年的20%。而欧洲则计划在6年后，实现生物经济化。亚太地区的日本将在6年后，将生物塑料的使用比例提升到20%。

开泰研究中心发现，目前泰国生物塑料产业处于起步阶段，仍面临多重制约因素，例如：投资额大、消费者尚未充分认识使用生物塑料的重要性、垃圾处理系统缺乏效率，以及目前用生物塑料加工的塑料制品性能还存在局限性。

不过，开泰研究中心仍认为，泰国有充分的潜力在未来成为生物塑料的生产基地，因为泰国盛产生物木薯和甘蔗等塑料原料。如果将目前生木薯总产量的25%用于生产新型生物降解材料聚乳酸（PLA），价值可达15.175亿美元，比2013年木薯条和木薯粒出口总值还要高出15.2%。假如以甘蔗为原料，仅使用30%用于加工成为食糖出口的甘蔗来聚乳酸，价值可达30.978亿美元，比2013年砂

糖出口总值还要高出8.4%。

## 一、泰国欲建东盟生物塑料生产中心

生物产品尤其是以生物为原料的塑料制品已经逐步成为各发达国家未来生物经济政策所倡导的环保产品，这将是世界未来消费需求的趋势。泰国塑料产业发展较快，加上该国地处东盟地区中心的区位优势，泰国或将可以发展成为东盟生物塑料生产中心。

2014年4月，泰国工业部工业产业经济办公室主任颂猜表示，现在生物产品已经成为世界未来消费需求的趋势，特别是以生物为原料的塑料制品已经逐步成为各发达国家未来生物经济政策所倡导的环保产品。这对于泰国的发展是一个良机。泰国应该把握机会大力发展生物塑料产业，以满足未来该市场的发展需要。

泰国塑料产业方面在东盟国家具有较大的优势，其优势可谓第一。泰国站在了一个有利的位置，并完全有向前发展生物塑料的条件，并继续保持东盟最大塑料乃至生物塑料市场老大的地位。

颂猜表示，泰国塑料产业发展至今，主要以普通塑料产品为主，目前拥有各类塑料生产加工企业共计2378家，但相比之下，生物塑料的发展还为达到相应的水平。截至目前，仅有不到31家企业从事该产业。生产的生物塑料产品主要以塑料袋为主，产品门类较少，主要输往欧洲和美国等发达国家。

因此，2014年的工业产业开发项目主要以生物塑料发展为主，包括研究、分析以及战略布局等，为未来将泰国打造成为东盟最大的生物塑料企业打下坚实的基础，不管是资源优势、技术优势还是成本优势以及发展前景等。

目前泰国的生物塑料产品主要用于生产塑料袋、塑料杯。未来正在开发更加耐用的生物塑料产品，比如汽车零配件、电器配件或是电子配件。

## 二、加快布局　促进发展

在泰国，政府大力推动的生物塑料会使本国以及亚洲可生物再生材料市场都受益，Frost & Sullivan的分析报告（亚太地区可生物再生材料市场战略分析）预计，亚洲可生物再生材料市场在2018年前将以超过19%的速度增长。该公司称，2011年，亚太市场的销售收入为3610万欧元，预计到2018年将达到1.3亿欧元。

### （一）政府促投资生物塑料行业

从2000年开始，泰国成立近100家生物技术公司，因为泰国的农产品十分丰富，植物多样性有助于生物技术的发展。泰国是全球粮食五大净出口国之一。

如投资者想要在生物技术领域设立研发所、生产基础设施以及提供实验室科学家、技术人员和种植工人等，泰国政府将向生物技术方面的投资公司提供方便。

不同规模的企业从设立公司开始就可从政府中小型企业基金中获得风险投资。生物技术对泰国来说意义十分重要，成长空间巨大，每一个进步都能增强泰国在全球的竞争力，尤其在农业、食品和医药业方面，生物技术有助于提高泰国工业附加值。

2010年，泰国总理副秘书长塔叻东表示，泰国官民联合委员会指示科学部负责拟定紧急措施及补充措施，推动国内生物塑料行业投资。泰国官民联合委员会认为应该重视农产品多方面利用，不应只是作为食物，还可以运用到其他行业，如生物塑料。

生物塑料是利用农产品原料生产，增加农产品附加价值，目前大部分项目是国外投资，泰国业者应该成为该行业国内领军人物。研究报告指出，投资100亿铢，创造利润50亿铢，而且生物塑料对农产品原料的需求量，仅占农产品总生产量的2%，不影响食品行业的发展。

泰国官民联合委员会还要求泰国贸易代表办事处（TTR）为主要执行机构，负责推动生物塑料行业投资。塔叻东表示，泰国官民联合委员会将同意民间业者参与政府项目，帮助解决社会问题，目前政府注重打击腐败，并且出台相应的法律。

### （二）泰国和国外企业合资组建生物塑料加工企业

中国台湾生物塑料复合生产商和设备供应商Minima Technology Co. Ltd. 公司正在开拓泰国市场，与泰国大型塑料薄膜生产商Thai Plastic Bag Industries Co. Ltd. 公司组建合资企业。

双方表示，在生物塑料产品出口和开发东南亚本地市场上均看到机遇，相信在泰国拟建新的生物聚合物树脂生产厂可为企业带来长远的优势。

总部位于泰国Nakornpathom的TPBI是名为Minima（Thailand）Co.，Ltd. 的合资企业的控股股东，将为其中一座工厂提供一条吹膜生产线供启动生产之用，Minima Technology公司的创始人和董事黄建铭这样表示。

TBPI的总经理Somsak Borrisuttanakal表示，TBPI还买下了总部设在中国台湾台中市的Minima

Technology公司的一小部分股份。

凭借充足的农业资源，泰国开始作为生物树脂生产地引起更多的关注。

例如，日本三菱化学株式会社和泰国的PTT Chemical Public Co. Ltd. 公司准备在泰国新建一座生物塑料聚丁二酸丁二醇酯生产厂，而且泰国也可能成为美国PLA树脂生产商Nature works LLC公司（由PTT持股50%）在亚洲第二座生产厂的首选地。

Borrisuttanakal表示，Minima公司在生物塑料行业的长期背景也将有助于在本地市场上确定和发展机遇，且有助于完善生物塑料树脂的性能和降低其价格，这对泰国市场是个重要的要求。

另外，挪威生物塑料生产商在泰国建立了合资企业。挪威生物塑料生产商BioBag International AS公司和泰国Thantawan Industry Public Co.，Ltd. 公司将在泰国组建一家合资企业，生产BioBag产品。这将成为这家北欧公司在亚洲的首个生产基础。

总部位于挪威Askim的BioBag公司的项目销售经理PeterLofvenholm透露，合资企业的产品最初将主要对北美出口，但双方希望联手开拓泰国和东南亚市场，这些市场的需求目前仍处于起步阶段。

Lofvenholm透露，根据协议，合资企业最初将生产手提袋和三明治袋这类产品。该公司之所以选在泰国建造首个亚洲生产基地，是因为泰国正在快速发展成为生物塑料生产地，当地企业对北美、欧洲和其他发达市场的生物可降解性和可堆肥性技术标准比较熟悉。

（来源：综合整理自中华人民共和国驻泰王国大使馆经济商务参赞处、塑料新闻中国）

## 泰国制衣业：中小厂商难生存

近几年，泰国制衣业发生重大的变化，遭遇包括劳工日薪提升、劳工短缺等问题，多个制衣厂要将工厂移转至邻国以求生存。

### 一、中小制衣厂商基本无法生存

目前泰国国内的中小型制衣工厂基本无法生存，能够维持的是向大商场供货订单的小厂家。经历了劳工日薪提升至300泰铢的冲击后，大型制衣厂将工厂移转到邻国发展，至今已经有22家制衣企业在东盟邻国共投资了30家工厂。

目前泰国成衣主要出口市场是美国占32%，欧盟占28%和日本占13%，以及其他一些国家。而美国主导的跨太平洋战略经济伙伴关系协定（TPP）谈判进展还不大，泰国政府不看好加入该协定后的发展，而工业界却认为加入该协定有利于行业的发展。不赞同者认为，根据TPP，多达95%的服务产品市场需要向成员国家开放，谈判协定共有27条，包括劳务、雇佣政策、社会等较深层次的开放，而其余11个成员国对此也表现出不支持态度，估计要推迟3年谈判才会完成。

另外，泰国从2015年1月1日起将被取消欧盟普惠制（GSP）优惠关税20%的待遇。

### 二、中小制衣厂商转向越南设厂制衣

越南对泰国制衣行业而言最具投资潜力，因为越南与欧盟自由贸易区协定预计在2014年秋季签署，而越南与美国的跨太平洋战略经济伙伴关系协定（TPP）估计要用3年时间谈判，在此之前，可以先向欧盟市场出口产品，如越南与美国顺利签署TPP协定，在越南投资的工厂可全力生产更多地供应美国市场，泰国也会在老挝、柬埔寨和缅甸设厂生产以供应欧盟市场。

今后几年，泰国与欧盟的自由贸易区协定谈判估计可完成，泰国的工厂会因此受益，向欧盟出口更多产品。中国由于实施经济架构调整政策，日后会减少出口而提高供应国内消费，泰国也可向中国增加出口。日本目前也增加从泰国采购产品，泰国对日本出口增长达10%，与此同时，日本也会了解泰国出口产品的生产基地所在国家，和了解各国出口的有利政策，以求获得价格更低的产品。

企业到每个国家投资都存在一定风险，如投资越南，其正处于经济发展中，劳工薪酬相对泰国较低，再过2年其劳工薪酬水平估计会涨至与泰国相当。同时，在越南上游产业原料供应只能满足约20%的需求，这也是让一些泰国经营商无意前往越南投资的原因。

### 三、制衣商会出台扶持方案

2014年泰国制衣工业商会就国内制衣工业的扶持方案进行了探讨，制定了2014～2016年泰国制衣业扶持方案蓝图，分为6个方面：一是加强开发产品和推动经营商重视对产品的开发，设立产品开发中心，从商业部争取约1000万泰铢的经费进行运作；二是提高生产效率，改进生产流程，减少损耗和降低成本，提高生产管理，努力在工业内形成综合功率完善的机制，发展经营商多样化生产技能，

努力减少生产对环境的影响；三是努力创立产品品牌和零售品牌，目前泰国制衣工业高达90%订单是贴牌生产加工，自有品牌仅为10%。因为在零售商场寄售的流程中存在问题，自有品牌经营商需要自行承担程式库存和被寄售商场收取较不合理的高额进场费用；四是努力建成具有世界水平的原料采购体系，将上中下游产业链条有机地联合起来，使原料供应系统化；五是发展产品贸易和适应国际市场开放的形势，建立泰国产品目标市场的用户资料程式库和加强与外国谈判签署自由贸易区协定；六是向外国扩张生产基地。如果泰国制衣工业能够做到这些，成衣产品贸易有望得到增加。

（来源：中国纺织助剂网．http://www.ctanet.cn/News/Show_91518671.html. 2014—5—20）

# 越南

## 越南 IT 产业发展现状及展望

### 一、2006～2010 年发展概况

越南IT产业发展在2000～2005年间取得了丰硕成果，2006～2010年间继续维持了高增长率，是国家重要的经济技术产业部门。作为国家经济社会发展的一大动力，越南IT产业为减少贫困、改善人民生活、帮助越南逐渐赶上发达国家和地区的脚步作出了很大贡献。在此过程中，越南的软件产业、硬件产业、数字内容产业、IT服务产业等得到了很好的发展，尤其是数字内容产业和IT服务产业，将迎来迅速增长。

在2006～2010年间，越南IT产业中的软件和服务业的市场和收入均实现增长，成为其最具发展前景的行业领域。IT产业的年平均增长率达到了30%，2010年产业总值达到了10亿美元，同比2005年增长了4倍。

越南软件企业的出口市场主要集中在日本和北美。越南也多次被国际咨询机构评选为十大国际外包出口理想国，如AT科尔尼公司2011年发布的《经济危机时代最佳外包国家》，就将越南列为全球最佳外包国家第8名。

诸如IT外包（ITO）、商业流程外包（BPO）、数据中心基础设施、托管服务、云计算、移动应用、电子银行、电子商务等IT服务，在越南国内市场蓬勃发展，当然也吸引了国外外包企业的注意。近5年来，IT解决方案咨询和系统整合服务在越南发展迅猛，年收益增长率平均为35%。

越南从事软件和IT服务的企业数量也快速增长——2010年企业数量超过1000家，这一数字比2005年增长了2.5倍。这些企业主要位于越南大城市，员工超过7万人。

越南软件和IT服务领域中平均劳动生产率已经达到14800美元/人/年，而在一些更为发达的产业中，平均劳动生产率可达20000美元/人/年。某些提供整合服务的企业平均劳动生产率甚至能达到30000美元/人/年。

截至目前，越南已经有数家超过1000人的软件企业，比如FPT信息系统、TMA、PSV等。特别是FTP公司（越南最大IT公司），雇员数量已经超过了3500人。现在，越南已经有2家软件企业达到了CMMi 5级，还有十几家企业获得CMMi4级、3级或ISO9001的认证。越南现有7个IT产业园，比较著名的有阮惠软件园区、岘港软件园区，还有胡志明市的国立大学软件园区等。

越南硬件和电子产业也发展迅速，这也得益于跨国企业在越南进行的投资。截至2010年，泰国电子产业、硬件产业的收入达到560亿美元，是2005年的5倍。这个产业排在越南出口额前五名产业的首位。

越南电子产业主要出口产品为电脑相关产品、电子产品及零部件，这些产品出口至35个国家和地区。

截至2010年，越南硬件与电子企业从业人员达到127500人。其中，有10%的人员从事电信产品制造，25%的人员从事办公设备和电脑制造，剩余65%的人员从事电子产品和电子应用制造。

越南硬件与电子企业从业人员有90%通过了专业认证，或拥有电子、电信和IT产业的工作经验。越南硬件、电子产业员工所创造的收入可达44100美元/人/年。

IT领域很多跨国企业都计划扩大在越南的投资和运营，比如英特尔、三星电子、HP、诺基亚等大型企业。越南本地硬件企业也积极在现代化产品线上进行投资，并努力以国际标准为标准改善企业管理系统，捍卫其产品在国内市场的地位，如FTP Elead、CMS、VTB等。部分越南本土手机在国内市场也拥有了可观的市场份额，如Q－Mobile、AVIO－Mobile、Bluefone等。

芯片和电子板设计行业也取得了可喜的成绩。越南现在有能力设计和生产8位、16位和32位微处理器。最为知名的是由研究教育中心（The Research and Education Center，ICDREC）制造的名为VN1632的32位微处理器。研究教育中心隶属于胡志明市国立大学。

对于越南而言，数字内容产业是个迅速发展的新兴产业，年增长率超过40%。数字内容产业主营手机网络内容、因特网网络内容、在线游戏、在线娱乐、电子商务、网络图书馆、数字电视、电子新闻等。截至2010年，越南数字内容产业达到9.34亿美元，同比2005年增长9倍。

近来，越南数字内容企业已将市场和服务扩展到其他国家，比如老挝、柬埔寨、印度尼西亚、韩国等。

截至2010年，越南有超过500家数字内容企业，知名企业有：VTC、VNG、FPT、VASC、VDC等。越南现有数字内容从业人员50900名，其中有70%直接参与内容产品的生产与提供。大部分数字内容从业人员教育程度良好，其中有10%拥有硕士学位，70%拥有大学本科学位，剩余20%拥有专科或职业教育证书。越南数字内容从业人员所创造的收入可达18300美元/人/年。

考虑到为IT产业发展而制定的相关法律框架和政策，越南政府颁布了很多法律文件，其中包括2006年颁布的《信息技术法》、2005年颁布的《电子交易法》、2008年颁布的《高科技法》以及诸多具有指导性的法律文件。

这些法律文件为IT产业提供了基本的法律环境，以促进和规范IT产业和IT应用，越南政府竭诚为信息社会的发展创造最适宜的环境，推动越南工业化和现代化。

越南法律给予信息技术产业，特别是给予软件开发领域很多吸引外资的政策。为了推动IT产业的发展，越南也批准了很多国家项目和计划，比如《越南软件产业2010发展项目》、《越南数字内容产业2010发展项目》、《越南电子产业2010发展项目以及2020年展望》等。这些项目和计划为越南这些具有巨大潜力产业的发展起到了重大指导作用。

## 二、IT业绩屡创新高

越南正在成为一个越来越吸引外国资讯科技公司投资的市场。据越南资讯科技业报告显示的信息（BMI），越南资讯科技（IT）市场将会是一个强劲成长和表现最受瞩目的地方。一些外资公司如：苹果、佳能、戴尔、联想、惠普、松下、索尼、东芝、华为、F－Secure公司、Juniper网路公司和Palo Alto网路公司，正在透过各种合作管道投资越南市场。

位于英国伦敦供应商公司的数据分析报告，由于越南政府制定建设现代化企业和推动环境方案，预计从2014至2017年，资讯科技业的平均年增长率（CAGR）为14.1%。2013年越南电脑硬件的销售金额为21.1亿美元，软件销售金额为2.671亿美元，估计2017年时硬件销售金额会上升至33亿美元，软件销售金额也将提升至4.9520亿美元，硬件年增长率约12.5%，软件年增长率约17.5%。同时，IT服务在2013年的金额为5.714亿美元，预计2017年也上升至11亿美元，年增长率约18.2%。据国际数据公司预测，越南2014年的资讯科技市场消费将增长15.5%，市场总收入高达130.5亿美元。

防毒科技公司（Trend Micro）驻越南和柬埔寨经理Ngo Viet Khoi表示，每个月甚至每星期资讯科技公司都会推出他们的新型产品，外资公司不断地扩大他们的业务，因为越南正在迅速崛起为全球供应为IT硬件和服务的重要生产供应的地方。

## 三、2015～2020年IT产业发展展望

2010年9月22日，越南批准国家级战略《使越南尽快进入先进ICT国家》，这份文件为越南IT产业的发展指明了基本目标：

截至2015年，越南IT企业将完全具备设计、制造IT设备的能力，并逐渐用国产产品代替进口零部件，鼓励研究和制造集成电路。越南自主品牌要具备设计和制造某些硬件产品的能力，满足国内外市场的需求。越南现已成为提供外包服务和数字内容行业的排名前15的国家之一。越南软件、数字内容和IT服务产业要大力加强其专业性，让这些越南企业在国内和区域性市场具有竞争力。

截至2020年，建立专门进行ICT领域研究的研发机构，特别是提倡在企业内部建立研发部门——使企业具有高科技产品的研发能力。鼓励越南软件产业与外包服务的增长，努力推动使越南的外包服务和数字内容产业跻身全球前十名。越南企业能在本土软件、数字内容和IT服务市场占主导地位，并具备进军海外市场的能力。越南本土企业或本土化的开源软件能够研究和开发部分应用于公共机构和商业的IT产品和应用。信息技术产业，尤其是其中的软件产业、IT服务和基于服务的IT产业，将成为越南国家经济技术产业中增长最快速的关键产业部门，并极大提高越南GDP。

（来源：中国经济网．http://intl.ce.cn/specials/zxgjzh/201312/09/t20131209_1884972. shtml. 2013-12-09)

## 越南保险业发展潜力大

越南人口偏向于年轻化，人均收入较低，这些因素削弱了对人寿保险、其他传统保险和储蓄产品的需求，参保人口不到10%，越南显然是亚太地区保险市场增长潜力巨大的国家之一。

2012年3月，越南政府通过了2012～2020年的保险市场发展战略。这一计划旨在促进越南保险市场的发展，使其在2010年占越南GDP的份额为1.6%的基础上，逐步增加到2015年的2%～3%，并且，越南政府希望到2020年达到该国GDP的3%～4%。

越南在2007年成为世界贸易组织成员国后，采取了多项举措推进该国金融市场的自由化。最近几年，越南的保险市场获得了快速发展，签约保费总额每年以大约20%的速度增长。尽管取得如此大的进步，但与许多东南亚邻国相比，越南的保险业规模仍然偏小，发展程度不足。越南保险行业对2012年的增长预期持谨慎态度。许多保险公司都指出，增长幅度预期不会太高，大约为5%～10%。通货膨胀控制和宏观经济稳定性被视为未来几年的关键问题。

为了实现保险市场的总体发展目标，越南政府的这一战略规划列出了越南保险公司未来几年应该为之努力奋斗的几个具体行业指标。据披露，未来几年，越南保险公司必须逐步改善资金状况，以履行对国内保险客户的赔偿和保险给付义务。在2010年，越南保险业支付了大约5.56亿美元的赔偿金和附加保险合同项下的保险金，与2009年相比总额增长19%。

随着越南保险市场的持续发展，各保险公司必须与其风险投资组合和客户义务保持同步。有鉴于此，这项政府计划要求，国内保险公司的备用资金规模到2015年要翻一倍，到2020年提高4.5倍。

为了满足这个东南亚国家日益多样的保险需求，特别是不断上升的灾难、财产和全球供应链风险，2012～2015年的首要目标就是要使越南保险市场更加安全，更加可持续而有效率。根据该战略，越南政府计划在未来3年对该国的保险行业逐步进行重组，具体做法是：对那些效率低下、国家财力支持的保险公司进行业务上的整合，并按照国际最佳实践提高国内行业的管理和服务水准。除了努力推进重组，也将把新的产品和服务引入市场，包括出口信用保险和未来2年将试点的农村小额保险计划。

越南中央政府希望，在随后的2016～2020年间，越南的保险管理机构和主要的私营保险业者能够一起制定一些特有的行业机制和方针，这将增强各保险公司的管理和运营能力。政府在其发展战略计划中列出了期望看到改进的3个关键区域：提高资本充足率，风险管理实践以及在越南保险公司中实现更大的公平性和更高的透明度。除了提升资本水平和商业行为，到2015年越南的保险业也有望对国家财政预算的贡献度实现翻倍，到2020年税收贡献提高4倍。

有些经济学家把越南近来的经济停滞归咎于一些大型国有企业、证券公司和保险公司，而越南中央政府也已经认识到有必要对它们进行重组。该国的保险市场支离破碎，主要由效率低下的公有制垄断企业和无能为力的小公司组成。越南财政部已经在采取一些初步措施来解决这个问题，比如，制定一套市场标准对越南保险公司评定和编入目录，以便稳定市场。从2012年开始，该部把保险公司划分为4种不同的类别，从需要进行支持的好企业到应该加以整合或彻底倒闭的亏损保险公司，对每个类别运用特定的管理和控制措施。

目前，越南有43家保险公司，包括29家非寿险公司和14家寿险公司。由于保费持续增长的行业潜力，未来将会有更多的保险企业进入市场。激烈的竞争和沉重的索赔负担（尤其是车险）困扰着越南非寿险行业，而高昂的营业成本现在已经使本地的保险公司难以实现保险业务的盈利。越南的4大非寿险公司正逐渐在市场份额上输给一些规模更小、多半有外资背景的竞争对手。越南存在许多灾难风险，包括强台风、火灾和洪水损失等种种威胁，也在推动着购买非寿险再保险的需求。

在过去10年，外资保险公司已经进入越南寿险市场，为了销售这些当地人仍知之甚少的保险产品，他们也带来了大量资本和专业知识。那些期望在越南获得成功的保险公司，应遵从新的行业指导方针，同时也要培育竞争力以及在新兴经济体中普遍应有的大量经营优势。

（来源：综合整理自越南中国商品网）

# 越南瓷砖行业盘点

## 一、越南国内瓷砖消费状况

2009年，越南瓷砖产量为2.95亿平方米（位居世界第7名），与2008年同期相比增长9.3%；消费量为2.4亿平方米（位居世界第6位），比2008年增长9.1%。值得一提的是，在世界主要瓷砖出口大国出口形势一片低迷的2009年，越南的瓷砖却是以12%的高速度增长，并以2800万平方米的出口量成为亚洲瓷砖出口量增长的主要动力之一。

越南是亚洲继中国和印度之后瓷砖出口量排名第3的国家。越南国内对瓷砖的需求量并不大，出口主要是辐射周边地区，如泰国、马来西亚、菲律宾等。因为各个国家的需求不同，所以越南各种瓷砖的产量都差不多，并不偏好哪一类型的瓷砖。

越南国内的陶瓷企业多是有1、2条生产线的小规模厂家，生产的主要是一般和低端的瓷砖。其中抛光砖因国内政策保护而得到发展。越南将抛光砖列为一般敏感产品，限制抛光砖的进口量，此举使越南国内的抛光砖因为少了国外产品的竞争而得到了较快的发展。

## 二、消费者偏爱高知名度的品牌

越南消费者青睐高知名度的瓷砖产品。深受消费者欢迎的品牌有：Prime、Taicera、Vitaly、UB以及Viglacera等。

建陶股份公司（Prime Group）是越南顶级的瓷砖生产商之一，年生产量为5000万平方米。2002年至今，Prime集团一直是越南墙地砖产量最大的企业。该集团旗下拥有6个生产厂家，超过500种产品设计，涵盖各种尺寸。Prime集团的产品不仅在越南拥有40%的市场，同时还将产品出口到多个国家和地区，如英国、瑞典、韩国、斯里兰卡和中国台湾等。此外，该集团不仅在瓷砖行业有所成就，而且还将业务扩大到其他产品领域，如热水器、厨卫用具、食品、矿产、房地产等。

大同奈陶瓷公司（Taicera）是越南地区产量和销量均名列前茅的企业，以生产高端瓷砖为主。Taicera成立与1994年，主要由3家在中国台湾陶瓷业已经发展近30年的专业陶瓷制造商Zun－Ly、Engar和正丰陶瓷所共同成立。这家100%中国台湾合资企业于2006年正式在胡志明市证券交易所挂牌上市，并于2年后以1200万平方米的年产量和6000万美元的销售额成为越南名列第一的专业瓷砖制造厂家。

Vitaly公司是一家国有企业，拥有40年瓷砖制造的历史。Vitaly从世界顶级的设备制造商意大利SACMI公司进口设备，并从意大利和西班牙等国进口色釉料等原材料，从而保证公司产品的美观度和耐用性。生产过程中有严格的技术标准控制，对产品的耐磨性、硬度、形状、平整度和颜色均有严格的监管，使产品符合欧洲标准（EN177，EN59）。除了内销以外，Vitaly瓷砖还出口到泰国、斯里兰卡、澳大利亚和美国等地。

## 三、越南通胀率高　瓷砖行业危中有机

从2010年开始，越南的宏观经济就处于一种不稳定的发展状态中，通货膨胀率居高不下。据分析，目前越南宏观经济不稳定，持续高通胀，房价高于消费者的承受能力，需求不旺。2012年5月份越南全国消费价格指数（CPI）环比增长0.18%，同比增长8.34%。2012年前5个月的消费价格指数与2011年12月相比增长2.78%，同比增长13.3%。

国内经济的不稳定造成楼市的低迷，瓷砖消费也随房地产市场一蹶不振，甚至更加惨淡。

当然，有危必有机，越南房地产市场遇到危机却隐含发展的机遇。首先，房地产市场低迷有利于给房地产降温，使房产接近消费者承受能力；其次，房地产市场低迷有利于政府加强调控，完善相关法规，规范市场秩序；第三，市场潜力大，有利于实力雄厚的企业进行战略性投资。

房地产的调整和规范对于瓷砖市场而言是一个发展机遇。当地的瓷砖企业可以在低迷的市场中进行整顿和规范，调整生产策略，提高产品质量，开辟新的市场，从而减少或摆脱房地产市场的消极影响。

## 四、中国陶瓷和设备在越南

跟其他东南亚国家一样，越南是典型的制造业发达国家。在以出口为主的国内形势下，越南瓷砖的进口数量不多。另外，值得一提的是，由于越南瓷砖生产设备及技术不如中国，因此，中国的机械和技术在越南仍然有广阔的市场。

（一）中国瓷砖出口越南少

越南建筑陶瓷协会秘书长Mr. Hung于2011年6月曾提到，越南政府大力鼓励陶瓷制造产业的发

展，目前已经把中国进口的系列陶瓷产品的关税提升到38%，预计到2015年左右，越南基本不需从中国进口瓷砖。而出口公司也称，中国出口越南的瓷砖数量并不多，以小规格的瓷砖为主，抛光砖和仿古砖均有涉及。但产品多是走低端市场，部分高档的瓷砖则应用到越南当地的城市建筑工程中。在越南，中国产品由于质量较好，很受客户信赖。即使关税和价较高，但这对中国瓷砖的消费影响不大。

（二）中国设备在越南受青睐

由于越南国内陶瓷生产较晚，跟中国比约有5～10年的差距。因而中国的设备和技术在越南备受青睐，拥有广阔的发展前景。

在亚洲，中国的设备和技术都比较领先，中国的设备在越南有着广阔的市场。一方面，中国机械设备水平和质量高于越南国内，所以越南厂家需要进口中国设备；另一方面，比起西方国家，如西班牙、意大利等国家的设备，中国设备价格较低，厂家为了降低生产成本，提高利润，也往往会选择中国机械设备。越南企业最喜爱中国的两种设备：压机和窑炉。在价格方面，中国的设备有绝对的优势。由于越南经济通胀率很高，因此，中国设备对越南的出口也变得越来越谨慎。

（来源：综合整理自越南中国商品网）

## 越南高尔夫产业的腾飞与局限

过去几年，越南高尔夫球场迅速增加。据估计，2007～2008年间，平均每周都有新的球场建设计划获得批准。至2009年，已经建成或在建球场有76个，正在申请许可的球场有68个，这144个球场的土地面积总计将超过4.5万公顷。越南高尔夫产业呈飞速发展之势，然而在这个国土面积不大、人口密度高的国家，这一产业也陷入一种复杂的困局。越南“以华为师”，包括经济政策和法规的制定都效仿中国，因此越南高尔夫发展所遇到的问题或许也值得中国高尔夫产业借鉴。

### 一、高尔夫在越南的崛起

高尔夫在越南的发展始于20世纪初，第一个高尔夫球场修建在法国殖民时代，主要是为了供越南末代皇帝保大享乐。到1975年，越南仅有2个高尔夫球场，越南开始允许外国投资，但是高尔夫球场仍然被视为“奢华享乐”而受到限制。越南高尔夫产业真正的兴起是在20世纪90年代，这与越南的国家经济密切相关。越南在20世纪80年代以前的几十年里饱受战争之苦，成为一个贫穷落后的国家。20世纪80年代中期战争结束后，越南政府坚持把国家的稳定放在首位，在1986年实行“革新开放”。但革新开放头几年并没有颁布具体的举措，后因中国改革开放的成就逐渐对越南产生巨大影响，越南政府也开始采取从计划经济向市场经济转变的具体措施，不断推出更加积极的外用型经济发展战略以吸引大量外商直接投资。其中高尔夫就是政府有力的吸引外资手段，例如韩国商积极在越南投资修建球场，高尔夫也为美资企业提供休闲娱乐等。

越南高尔夫产业的发展并非一帆风顺，在1996年至2006年间，可谓举步维艰。2004年，当泰国第一座高尔夫球场欢庆50岁“生日”时，越南的高尔夫产业还处于“婴儿”阶段，整个国家只有7个高尔夫球场，其中2个在北部，5个在南部。据数据显示，当时越南高尔夫人口数量不到1000人，不管是在“国王岛”俱乐部，还是位于河内西边35公里的同模，球场上的挥杆者中只有10%是越南人，因为越南中产阶级消费不起平均2万美元的会员费和55美元的果岭费。最终，内需不足导致一半的高尔夫球场项目在拿到执照后被迫流产，外资流入的一度放缓又使当地外国人数量减少。至灵明星高尔夫俱乐部和乡村俱乐部经理拉尔斯霍尔还指出了限制越南高尔夫发展的另一个原因：高尔夫难以在旅游市场推广，因为越南无法与其他东南亚国家（如泰国、马来西亚等）竞争，越南的收费比这些国家高出30%～50%，在价格上毫无优势。

尽管面临诸多不利因素，越南高尔夫产业的发展仍然在逆境中迈步，逐渐获得投资者青睐。投资者斥巨资，或对原有球场进行扩建，或接手一度中止的项目，开始了新一轮的赛跑。其中国王岛俱乐部从18洞变成了36洞，至灵明星高尔夫球场也扩建为36洞。万英贸易和旅游公司接手了被外国投资者遗弃的位于海防省涂山镇的项目。高尚开发公司着手复苏最初由大宇公司承担的位于河内东英的金弩高尔夫球场项目——来自中国香港的投资者与当地人合作，用3600万美元建设位于中越边境广宁省芒街的高尔夫场地。与此同时，鸥勒公司在下龙湾的洵洲岛也建了一座36洞的高尔夫球场。最终，越南高尔夫球场的佼佼者同模、支梭、大叻、平顺等已达到国际标准。

2006年是越南高尔夫的一个转折点，2007～2008年平均每周都有新的球场建设计划获得批准，至此已达到共144个球场项目，其中19个投入运营。高尔夫在越南的春天与越南经济策略密切相关。越南2005年加入东盟，2006年11月加入世界贸易组织，成为WTO第150个成员国。2006年越南国内生产总值（GDP）达573亿美元，同比增长8.17%，经济社会发展各项指标为革新开放20年来之最高点。目前，越南已同世界200多个国家和地区建立贸易关系，货物和服务贸易发展势头良好，更具备吸引外资的3个条件：政治环境稳定、投资成本低、市场潜力巨大。高尔夫在越南跟在中国初期一样，都肩负招商引资的任务，在整个社会背景和经济环境下，越南高尔夫的数量大增。

随着越南经济的发展，在许多人看来，高尔夫正是他们下一步要掌握的东西。球场经营者们对高尔夫在越南的发展充满期待，球场经营者正着眼于本地市场，并确保高尔夫在未来成为越南旅游业的支撑。球场经营者希望吸引更多来自日本、中国的游客以及居住在越南的外籍人士。球场经营者希望越南能像30年前的日本一样，大批的越南高尔夫球员将和与日俱增的国内生产总值一起增长。越南球场把海外游客当作潜力巨大的市场加以开发，尽管目前无法与泰国、马来西亚相比，但整体局势正朝着好的一面发展。

由中国人投资、建造、管理的芒街国际高尔夫球会成为最靠近中国的球场。从广西南宁或者广西北海机场出发只需2小时车程即可抵达该球场，该球场在2008年元旦正式营业。在越南本地打球人口极少的情况下，芒街球场面对的主要是旅游市场，而最为主要的客源地则是中国大陆和台湾地区以及日本、韩国，芒街球场致力于打造旅游休闲型度假球场。越南高尔夫经营者表示，越南在吸引高尔夫游客方面，有很大的潜力。

实际上，近几年来随着经济发展，来自韩国等其他国家的投资者对高尔夫这种集休闲和商务于一身的高雅运动有很大需求，因此越南出现高尔夫球场建设热潮也成为一种必然。

## 二、越南高尔夫产业在矛盾中前行

越南高尔夫球场的数量猛增、发展之快对社会造成了一定压力，甚至出现矛盾激化。目前越南包括在建球场有144个，在中国包括在建的有500多个，但中国面积是越南的29倍。根据2008年世界人口密度排行，越南以平均每公里256人的密度位于世界第五，属于高人口密度区域，中国名列第11位。越南现在处在以农业为主的发展阶段，经济的持续高速增长是建立在工农业快速稳步发展、投资与出口大规模扩大的基础上。越南在2009年受经济危机影响，国内物价上涨且通货膨胀形势严峻，虽然越南一直奉行外用型经济发展战略，但危机之下高尔夫加剧国内农业矛盾的问题也浮出水面。

越南大多数高尔夫球场和高端房地产项目都建在越南水资源丰富的平原地区，而大部分良田也位于这些人口稠密、密集耕种的传统农业区，农民与高尔夫也因此“结怨”。

统计数据显示，在越南64个省市中，有49个在过去5年间耕地面积减少80%，这些耕地大部分被高尔夫球场和房地产项目侵占。目前，越南的球场分布在39个省市，占用耕地4.93万公顷，其中1626公顷是肥沃土地。在2003～2008年间，耕地的流失共影响了约250万越南农民的生活，近年来在主要城市周边地区多次发生针对高尔夫球场开发的抗议活动。大城市周边的土地开发价值较高，但转让相关土地的农民通常只能获得相当于土地农业产出价值的补偿。因此，越来越多在征地中未获得足够补偿的农民和城市周边居民开始以抗议或静坐等方式表达自己的诉求。农民对高尔夫球场的不满主要集中在几个方面：球场不仅占用稻田耕地，还破坏原本直通的道路；高尔夫球场建设导致农业人口失业。据越南媒体报道，永福省黛莱高尔夫球场占用了数千农民的土地，但是却只为当地人提供了30个就业机会。高尔夫球场的建设热潮加剧了农村剩余劳动力转移就业难题的矛盾。在这一轮全球金融危机中，越南农村剩余劳动力遭遇了前所未有的困境。

另外，高尔夫在越南的建设方式也受到环境工作者的严厉指责。有评论指出，越南人均水稻种植面积为0.1公顷，这意味着一个占地动辄上百公顷的高尔夫项目，将导致1000人面临失业和饥饿的问题。越南一名环境学者提出，当地一座18洞的标准高尔夫球场平均占地在70公顷左右，如果这一大片土地用作农田，将可以维持7000人的生计，生产稻米350吨。同时鉴于政府把高尔夫当招商引资平台对待，根据规定越南高尔夫球场项目的税收比其他形式的开发项目要低，因此不少房地产项目都以高尔夫球场作为掩护进行圈地，用于别墅、度假村修建。高尔夫球场对水资源利用也带来了压力，一座18洞的高尔夫球场每天消耗5000吨水，足以供应2万户居民的用水。迫于民怨和社会舆论压力，越南计划投资部将建议越南政府总理取消50个已批准的高尔夫项目。规划实施至2020年越南将有

89座高尔夫球场分布在中部的中游山区和沿海滩涂地区，以及全国各重点旅游区。高尔夫球场具体分布情况为北中部和南中部沿海29座，东南部21座，红河平原16座，北方中游山区11座，西原地区8座，九龙江平原4座。越南政府要求，建设高尔夫球场必须节省和有效使用土地，促进当地经济、旅游、体育和服务业发展，增加就业机会和国家财政收入。禁止占用稻田、工业区土地、林业用地、城区土地等建设高尔夫球场。审批高尔夫球场建设项目，必须符合当地社会经济发展规划和土地使用规划。项目审批12个月后未动工的，收回投资许可证；从项目审批之日起，48个月内必须竣工并投入运营。

实际上高尔夫并不是越南经济和社会矛盾的毒瘤，虽然面临的问题和压力很大，目前高尔夫在越南尚属于初级发展阶段，需要的是合理开发。在日本，人口密度为每平方公里338人，位于世界第二高密度，但日本却拥有2600多座高尔夫球场和2000万打球人口。随着政府的调控、经济结构的不断调整和发展，越南高尔夫也会逐渐成为支撑国民经济、解决就业、环保发展、促进旅游产业的一大力量。

（来源：综合整理自越南中国商品网）

## 越南汽车产业发展历程艰辛

### 一、现状

经过10年的发展，越南汽车产业未达预期目标，生产仅限于组装。越南汽车工业2020年发展规划实施已10年，有关部门投入大量的人力和资金。然而，自主生产“越南制造”的汽车，将汽车产业建设成重点工业，并走向世界的目标遥遥无期。

据越南海关总局统计数据，2013年越南原装汽车进口量达3.52万辆，同比增长28.5%，进口额约7.27亿美元，同比增长18.1%。其中，卡车进口16730辆，同比增长69.1%，进口额达3.81亿美元，增长29.4%；9座以下汽车进口15500辆，同比增长13%，进口额达1.8亿美元，增长26.8%。仅在2013年12月份，越南进口原装汽车达3730辆，环比增长41.6%，进口额达8300万美元，环比增长27.9%。

越南工贸部重工业局数据显示，目前，越南有汽车生产组装厂56家，其中外资企业18家，内资企业38家，年产量约46万辆，其中轿车20万辆，卡车21.5万辆。总体上看，目前越南汽车产业在产量上基本能满足国内需求，并逐渐形成一些配套工业，为国内汽车生产和组装提供零配件。越南汽车工业业每年纳税10亿美元，共解决8万人就业问题。越南重工业局局长阮孟军表示，越南汽车产业发展未达预期目标，仍停留在焊接、漆料清洁、组装等三道工序。

越南汽车产业国产化比例较低。对于普通汽车，政府提出2005年国产化目标为40%，2010年为60%，但目前国产化比例仅约10%。此外，越南汽车配套能力薄弱，全国210家汽车零部件厂商以中小型企业为主，生产的汽车零部件技术含量低，主要是：镜子、坐垫、电池等。

报道称，越南汽车价格比其他东盟国家高20%，原因是产量低，大多数组装线的产能仅达到50%。因此，越南汽车零部件生产和组装利润不大，出口也缺乏竞争力，难以吸收投资。税率不稳定也在一定程度上制约越南汽车产业的发展。

### 二、越南汽车商倾向整车进口业务

目前越南从东盟国家整车进口税已由70%下降为60%，摩托车进口税仅5%。因此许多摩托车、汽车生产企业已由生产转为从东盟地区内部进口。越南海关总局数据显示，仅2013年2月越南就从泰国进口整车527辆，而从韩国进口整车511辆（此前韩国为越南第一大整车进口来源地）。2012年，越南从泰国进口整车4400辆，从韩国进口11800辆。

目前越南几乎所有汽车商都在加大对汽车销售网络的建设，等待2018年东盟内部整车进口税下调为0～5%。越南丰田前任总经理Akito Tachibana表示，到2018年，最多剩下三家汽车公司保留在越南的生产厂，其他将通过进口销售的模式经营。

### 三、企业期待政府扶持

按照发展进程，越南汽车关税将逐年下降。2014年越南自东盟进出汽车关税降至50%，2015年降至35%，2016年降至20%，2017年降至10%，2018年为零关税。进口汽车将对国产汽车造成冲击。不少汽车企业表示不敢贸然投资。为规避关税下降带来的风险，提高越南汽车国产化比例，企业建议政府提供政策扶持。

越南工业战略与政策研究院院长杨庭监表示，按规划，2020年越汽车市场保有量为200～350万辆。政府坚持将汽车产业作为工业发展的重心，努力实现零部件生产、组装和整车生产国产化比例达到50%。

越南税务咨询协会秘书长阮氏菊表示，汽车生产企业应降低生产成本、提高产量，出口汽车的企业享受减免消费税和增值税的优惠，同时还应享受出口退税优惠。越南福特汽车公司总经理表示，要发展全球性的汽车产业链，必须要有一定的市场规模和稳定的政策扶持。

（来源：综合整理自中华人民共和国驻胡志明市总领事馆经济商务室）

# 商务资讯篇

## 东盟重点商务资讯

### 中国与新加坡跨境人民币创新业务正式在苏州启动

2014年6月20日，苏州工业园区跨境人民币创新业务试点政策宣讲会举行，标志着中新跨境人民币创新业务正式在苏州启动。

此前，中国人民银行总行批复，同意在苏州工业园区开展4项跨境人民币创新业务试点。此次获批在园区开展的跨境人民币创新业务包括：新加坡银行机构对园区企业发放跨境人民币贷款、股权投资基金人民币对外投资、园区内企业到新加坡发行人民币债券、个人经常项下及对外直接投资项下跨境人民币业务。

据悉，2014年6月19日，在跨境人民币创新业务试点日，共有7家新加坡银行和11家园区企业参与试点，签署5.28亿元跨境人民币贷款合同，已到账1.56亿元人民币。其中，中国银行新加坡分行额度最大。

南博网获悉，此次试点探索实施负面清单管理，重点限制产能过剩、高耗能高污染等行业开展创新业务。

此外，日前星展银行（中国）有限公司宣布，已在苏州工业园区跨境人民币创新业务试点下，协助区内一家源于东南亚的企业从星展银行新加坡总部借入人民币贷款。星展银行是在该试点下开展业务的首批银行之一，并且是唯一一家总部位于新加坡的银行机构。

新加坡华侨银行经济学家谢栋铭表示，此次试点将进一步扩大人民币回流机制。同时，较以往的试点不同，此次的试点更为平衡，除了进一步扩大人民币回流机制之外，试点包括了人民币流出机制，将允许在工业园区内设立的股权投资基金以人民币形式投资新加坡在内的东南亚国家。

中新跨境人民币创新业务将进一步拓宽中国和新加坡之间的跨境人民币双向流动渠道，为两地个人和企业人民币资金往来提供便利，更有助于促进新加坡离岸人民币市场和人民币国际化的发展。

（*来源：南博网*. http://www.caexpo.com/news//info/focus/2014/06/24/3625444.html. 2014—06—24）

### 即时通讯应用在东南亚市场展开激烈角逐

据南博网了解，东南亚地区正逐步成为即时通讯应用开发商争夺的重点市场。究其原因，主要是源于该地区庞大的、拥有巨大发展空间的智能手机市场以及该地区消费者的上网习惯。东南亚地区大多数用户是通过手机等移动设备上网的，由于它们大多数没有其他的上网方式，因此，消费者对类似应用的偏好有着很强的可塑性。

东南亚用户都会在智能手机中安装数款免费的即时通讯应用。研究机构尼尔森（Nielsen）的数据表明，泰国约50％的手机使用者拥有智能手机，相比之下，印度尼西亚的占比为23％，而菲律宾的占比仅为15％，远低于中国71％的智能手机渗透率。根据On Device Research在2013年做的一项调查，印度尼西亚智能手机用户的手机上平均有4.2个即时通讯应用，是美国用户的2倍。

目前，微信、黑莓Messenger、WhatsApp、Line等即时通讯应用在东南亚展开激烈角逐，由于约6亿东南亚用户尚未从功能手机升级至智能手机，因此该市场还没有出现真正的企业龙头。

目前，在东南亚市场流行的绝大多数即时通讯应用在该地区早已拥有了数以百万计的用户，但这些通讯应用却很少为西方用户所熟悉。日本的Line、腾讯的微信和Kakao的Kakao Talk早已成为该地区的主流即时通讯应用。一些不知名的即时通讯应用，在东南亚市场表现良好，这其中包括了2014年2月被乐天斥资9亿美元收购的Viber，以及2012年发布的越南即时通讯应用Zalo。目前，Zalo在越南市场已拥有超过1000万用户。

市场调研公司Ovum分析师内哈·德哈里亚表示，各大即时通讯应用目前在东南亚市场展开激战要把用户绑定在自己的应用中。即时通讯应用虽然应用是免费的，但是许多用户会选择购买附加服务，如游戏中的虚拟物品和卡通表情，其拥有巨大的利润空间。

目前在即时通讯应用领域占据统治地位的WhatsApp，在全球拥有超过5亿/月的活跃用户，但WhatsApp在东南亚市场的扩张却并不顺利。因为竞争对手都在不断调整产品，来迎合本土用户的偏好。如在泰国，2013年Line在泰国的用户超过WhatsApp，成为最流行的即时通讯应用，并推出了广告宣传和为市场量身定做的表情。

据悉，Line目前在全球拥有4.50亿注册用户，其中包括2700万泰国用户。Line在印度尼西亚市场拥有2000万用户，该款应用同样也针对这一市场推出了一些本土化的表情，来吸引该国的穆斯林用户。Line首席运营官Takeshi Idezawa表示，该公司正尝试着关注细节并本地化应用，为用户所在国优化服务。Line的母公司Naver当前正考虑让Line进行首次公开招股，预计该公司的估值将达到98亿美元。

而依赖于表情和视频游戏获取营收的微信，则致力于通过本地推广活动来提升用户数量。目前，微信每月在全球的活跃用户总数已达3.96亿人。微信母公司腾讯并未按照国家披露微信的市场份额，也没有披露微信的具体营收数据。腾讯表示，2013年第4季度，微信的营收在2亿元人民币至3亿元人民币之间（约合3200万美元至4800万美元）。目前微信是马来西亚最流行的移动应用，也是越南、印度尼西亚和菲律宾市场的流行应用。

黑莓目前是印度尼西亚排名第一的即时通讯应用，尽管其智能手机业务开展得艰难。黑莓曾在2013年年底考虑分拆的黑莓Messenger业务，目前仍在全球拥有8500万活跃用户。不过除印度尼西亚市场外，黑莓Messenger已不再是其他国家的流行应用。

此外，乐天的Viber通过提供免费发送短信和拨打电话，在马来西亚、菲律宾和越南市场越来越受欢迎。Viber表示，该公司已在全球拥有超过3亿用户。Viber首席执行官塔尔蒙·马科表示，东南亚市场对Viber至关重要。该地区庞大的人口基数，以及智能手机占有率的不断提升都是非常重要的因素。Viber既销售表情，也收费让用户向非Viber用户拨打电话，但这家公司仍未实现盈利。2013年，Viber的净亏损为2950万美元。

其外，Kakao联席首席执行官Sirgoo Lee表示，Kakao Talk在韩国市场获得流行之后，最近该公司把目标瞄准了马来西亚、印度尼西亚和菲律宾市场，把这些区域作为公司下一个潜力市场。Kakao Talk目前拥有1.5亿注册用户。

（来源：南博网. http://www.caexpo.com/news/info/focus/2014/06/23/3625356.html. 2014—06—23）

## 中国—东盟自由贸易区催热中国—东盟跨国物流

在中国—东盟自由贸易区正式建成之前，水果贸易作为自贸区“早期收获计划”内容提前实现零关税。凭祥浦寨边境贸易区迅速发展成为中国对东盟最大的交易市场之一，2013年水果进出口总量87万吨，进出口额逾33亿元人民币。

同时凭祥市还是中国最大的红木市场之一，来自老挝、柬埔寨、越南等国家的红木从这里走向全国各地，2013年经过凭祥口岸的红木进出口量达到1.1万吨。

快速增长的边境贸易催生了物流热。凭祥市鹏泰物流公司的一名工作人员介绍，现在凭祥市有七八十家物流公司，而在五六年前还只有四五家。物流公司类似于中介机构，商家有需求和物流公司联系，物流公司再协调大货车司机。

广西巨龙公司邓丁表示，越南的物流公司和中国的物流公司在这里实现无缝对接，做水果贸易非常方便。

从事红木贸易的商人黄智宏表示，越南北宁省同济村是个巨大的红木集散市场，中国企业的国际物流公司20多家，这些物流公司使从事红木贸易十分便捷。

跨国物流发展快，竞争变得更加激烈了。凭祥市物流产业的蓬勃发展是中国—东盟物流业的一个缩影。随着中国—东盟自由贸易区建设向纵深推进，物流陆路通道不断扩展。目前，中国与东盟已有近10条重要陆路货物运输通道进行互联互通，有力推动了双方经贸合作。

（来源：南博网. http://www.caexpo.com/news/info/focus/2014/06/23/3625354.html. 2014—06—23）

## 中国与新加坡金融合作惠东盟

中国工商银行新加坡分行总经理张伟武表示，工行新加坡分行是新加坡两家拥有全牌照的中资银行之一，目前分行可以提供人民币存款、汇款、现钞兑换和外汇买卖等服务，受到了新加坡乃至东盟众多客户的欢迎。

人民币的升值前景佳。分析人士称，人民币利率比美元、新加坡元等货币要高，加上升值预期，投资人民币能获得比其他货币更多的收益。

目前，得益于中国和东盟的巨额贸易，人民币在东盟已经由贸易货币变成了投资、融资货币。环球银行金融电信协会表示，新加坡已超越伦敦，成为仅次于中国香港的全球第二大离岸人民币中心。为满足东盟投资者对人民币的投资需求，中国工商银行新加坡分行和中国银行新加坡分行相继发行了20亿元人民币和30亿元人民币计价债券“狮城债”。

新加坡大华银行经济分析师全德健表示，中国是东盟的重要贸易伙伴，东盟希望中国投资者能投资东盟股市。东盟已经将新加坡、马来西亚、泰国、印度尼西亚等7个证券交易所连接起来，建立名为东盟证券交易所的区域性股票市场。2014年6月，东盟国家还编制了共同的“东盟之星指数”，希望吸引包括中国投资者在内的国际投资者。

中国经济飞速发展，东盟国家投资者也希望能够分享中国经济发展的丰硕成果。据悉，新加坡证券交易所已于2014年第3季度推出以中国沪深股市50只A股为成份股的新华富时中国A50指数期权。新交所衍生品部主管冼显明表示，鉴于东南亚投资者对中国A股市场的浓厚兴趣，推出中国A50指数期权，可以帮助投资者通过投资组合保证金操作来参与并享有更多的交易机会。

实际上，新交所早在2006年就推出了以中国股票为投资标的中国A50指数期货。作为东盟的金融中心，新交所推出的中国A50指数期货吸引了众多东盟投资者。在市场强劲需求的推动下，中国A50指数期货已成为新交所增长最快的金融衍生品合约，2013年成交量创下2200万张合约的历史新纪录。截至2013年年底，中国A50指数期货的未平仓合约价值超过20亿美元。

新加坡证券交易所券商销售主管威廉王表示，新加坡是东盟的财富管理中心，很多东盟投资者看好中国经济发展前景，希望通过新加坡金融市场投资中国。因此，新交所推出了许多和中国相关的金融产品。

近几年，中国经济的强劲增长不仅带动了东盟国家出口的增长，也为东盟国家的银行业和资本市场带来了机会。全德健称，中国和新加坡的金融合作更上层楼，加上新加坡作为区域金融中心的强大辐射作用，中新金融合作将惠及东盟的发展，为东盟经济发展注入新的活力。

（来源：南博网. http://www.caexpo.com/news/info/focus/2014/06/23/3625353.html. 2014—06—23）

## 防城港与东盟加强合作交流　取得双赢实效

防城港近年来引导企业“走出去”开拓东盟市场，“请进来”引进东盟各国企业进驻该市经营发展，取得双赢实效。

防城港与越南一河之隔，是连接中国—东盟的桥头堡。防城港鼓励市内企业进军东盟，吸引东盟各国企业落户防城港。

通过实施“走出去”战略，防城港目前已有20多家企业在越南、马来西亚、印度尼西亚等东盟国家设立了营销网络、办事机构和投资办厂，在东盟各国设立办事机构和投资办厂企业数量居广西第一。

防城港亦为东盟各国提供了相应的发展空间。东盟到防城港投资合作的项目，主要涉及粮油、农产品加工、化工、海产品加工等。目前，来自越南、泰国、缅甸、新加坡等国家的客商在防城港投资置业，涉及化工、食品、养殖等领域。

截至目前，在东盟国家中，越南、新加坡、缅甸成为防城港出口3大贸易伙伴，越南、马来西亚、印度尼西亚成为防城港进口3大贸易伙伴。2013年，防城港对东盟国家外贸进出口额15.3亿美元，占同期全市外贸进出口总额的35.58%。

据专家学者预测，2014年全球贸易正在蓄势回暖，必将迎来新一轮的扩张，这是防城港企业积极“走出去”抢占先机的大好机遇。

当前，防城港正加快交通等基础设施建设，构筑中国南宁—防城港—东兴—越南下龙—河内—老挝万象—泰国曼谷—马来西亚吉隆坡—新加坡的中国东盟陆路大通道主干道，打造通往东南亚国际通道重要枢纽。同时，发展钢铁、有色金属、粮油等7大产业基地为主的临港工业，以及特色优势农业和现代服务业，进一步加强与东盟国家农业产业与技术合作和交流。

（来源：南博网. http://www.caexpo.com/news/info/focus/2014/06/18/3624992.html. 2014—06—18）

## 东盟—中国香港自由贸易协定展开正式谈判

据南博网了解，东盟与中国香港特区经贸合作关系由来已久，日渐紧密：东盟是中国香港第2大货物贸易伙伴，也是第4大服务贸易伙伴；东盟是中国香港的第5大对外直接投资目的地也是第6大外来直接投资来源地。为进一步加强双方合作，发挥各自优势，形成资源互补，2014年5月，香港政府表示，在中央政府支持下，中国香港已得到东南亚国家联盟（简称“东盟”）的同意，在短期内将就“东盟—香港自由贸易协定”展开正式谈判。

日前，中国香港特区政府商务及经济发展局局长苏锦梁在政府总部与商会代表讨论有关中国香港与东南亚国家联盟缔结自由贸易协定。苏锦梁表示，东盟代表于2014年7月10日至11日到达香港开始自由贸易协定谈判的进程。自贸协定将涵盖撤销或降低关税；产地来源规则；开放服务贸易；开放、促进和保护投资；知识产权合作等主要领域。

早在2014年5月份，中国香港政府已经就相关事宜咨询公众，邀请香港各界人士，就东盟10国的市场准入、贸易规则，以及自由贸易协定的各个范畴表达意见，供政府与东盟谈判时参考。目前，苏锦荣也与当地的5个商会（中国香港中华总商会、中国香港中华厂商联合会、中国香港工业总会、中国香港中华出入口商会和中国香港总商会）代表会面，咨询他们对东盟自由贸易协定和港资企业在内地营运的意见。商会在货物贸易便利、服务业准入市场、投资保障及促进等方面给予了相关意见，并表示了尽快完成谈判工作的愿望。不过，中国香港工业总会主席刘展灏指出，中国香港已经是一个免税地区，所以商讨的难度非常高。

另据南博网获悉，“东盟—中国香港自由贸易协定”不但有助企业家专注于实质的市场机遇，而且能提供稳定且具透明度的框架，让工商业蓬勃发展，有效合作。随着中央政府协助中国内地和香港企业共同“走出去”政策的实施，来自中国内地经香港到东盟的潜在投资额巨大，更紧密经济融合所带来的互补性及协同效应将为东盟和中国香港创造更多机遇。

（来源：南博网. http://www.caexpo.com/news/info/focus/2014/06/17/3624900.html. 2014—06—17）

## 东盟国家食品加工和包装机械需求不断扩大

大部分东盟国家的产业以农业为主，物产丰富，品种多样，产量大。为满足东盟国家市场以及出口市场的需求，东盟国家开始逐渐将食品工业由初级加工向精深加工转变。目前，东盟国家越来越重视发展食品加工技术和包装质量，对食品加工和包装机械的需求不断扩大，市场潜力巨大。

东盟食品行业迅速成长，食品机械长期依赖进口。以泰国为例，从泰国投资促进委员会发布的调研报告中获悉，食品行业是泰国经济最重要的驱动力。2011年泰国食品行业总收入达320亿美元，成为亚太地区最大食品出口国和世界第7大食品出口国。食品加工行业的新兴投资进一步提高了泰国农业在国民经济中的整体价值。据估计，泰国共有超过一万家本地和外国食品加工企业。这些企业包括雀巢、萨哈帕塔纳国际控股、PatumRiceMill&Granary、皇家菲仕兰内华达、联合利华、泰国联盟、泰国多尔、正大集团、Betagro、萨哈农场、泰国饮料、家乐氏、卡夫、百事、德尔蒙特、宝洁、味之素、爱芬食品等。东盟经济共同体将于2015年12月31日正式成立，泰国食品加工业无疑将迎来投资资本大量注入和厂房建设、扩展的热潮。

作为农业大国，泰国目前正向食品包装和加工生产国转变。这一转变为本地及外国制造业投资者及企业提供了生产各类型农业机械的机会。如干燥、冷却和净化机，水果、蔬菜和谷类加工机，以及动物饲养机器。目前，超过一万家食品加工企业对包装机械的需求大大增加，例如用于装填、封口、密封、包装和贴标的机械。每年，泰国需进口食品加工和包装机械价值约621.7亿泰铢（约合127亿元人民币）。

和东盟多数国家一样，泰国的食品加工业发展相对滞后，规模也相对较小，与此同时，食品行业的不断扩大导致了对加工和包装机械设备的大量需求。2011年泰国食品出口总值增长20%，食品加工和包装机械的进口增长约为8%。

中国食品机械行业的优势在于：首先，随着中国—东盟自由贸易区建成，中国食品加工和包装机械企业出口东盟可以享受零关税政策，在很大的程度上降低了出口成本，为中国企业带来可观的利润，又能以较低的价格同期他国家的产品相竞争。

其次，近年来，中国与东盟食品进出口贸易额逐年增长，很多东南亚国家的食品加工业水平落后，食品加工和包装机械的进口不断增长。

第三，中国的产品性价比高，并且由于地理上的天然优势，售后服务可以保证，也获得了东盟国家的认可。

中国食品加工和包装机械产品具有运输成本低、交货快、质量可靠、性能稳定、操作简便、价格合理、技术适用等独特优势，东盟国家非常青睐“中国制造”，这为中国食品加工和包装机械出口东盟提供了机遇。

专家认为，食品加工和包装机械行业在短期内具有每年近10%的增长潜力，源于主要供应商一直保持着进口食品加工和包装机械的市场份额。如今，中国进口机械拥有19%的市场份额，占低端市场的主导地位。未来，东盟国家食品加工和包装机械的需求会进一步增加。

（来源：南博网. http://www.caexpo.com/news/info/focus/2014/06/13/3624676.html. 2014—06—13）

## 中国—东盟物流行业合作委员会在昆明成立

第5届中国—东盟行业合作会议于2014年6月6日在云南省昆明市举行，来自中国与东盟国家有关代表围绕物流、建材、食品、木材工艺品和家具等4个行业进行了广泛讨论，与会代表决定成立中国—东盟物流行业合作委员会。

会议期间，中国和东盟有关国家物流行业代表就国际物流行业现状进行交流，探讨了在中国—东盟自由贸易区框架下加强物流业对接与合作，以实现互利共赢的可行性。与会代表一致认为中国—东盟物流行业合作委员会的成立，将进一步加强中国和东盟物流行业在信息交流、机制健全、技术研讨等方面的合作，推动区域物流业的全面发展。

会议决定，中国—东盟物流行业委员会中方主席由中国—东盟商务理事会执行理事长许宁宁兼任，中方执行主席由马来西亚国际（中国）商贸中心有限公司董事长夏宝文等4人担任；委员会东盟方主席由印度尼西亚物流协会会长哈纳非担任，东盟其它国家各设东盟方执行主席一职。

会议上，夏宝文作为中方执行主席发言称，当今世界区域合作已成为和全球一体化同等重要的经济发展命题。与东盟的合作，一直是近年来中国经济发展的重要组成部分，其中，物流企业间的交流与合作，对形成双边经贸合作的繁荣局面又起到了巨大的推动作用。

夏宝文表示，随着东盟与中国全方位合作的不断深化，处在马六甲咽喉要道的马来西亚巴生港自贸区将会在东盟委员会的支持和帮助下，成为东盟经贸发展的一个崭新平台，为促进中国与东盟经济全面合作发挥更大作用。

会议同时确定，支持将马来西亚巴生港建成中国—东盟物流对接基地。随后，各方代表共同签署了“关于成立中国—东盟物流行业合作委员会的备忘录”。

泰国驻华大使馆公使衔参赞程瑞声、印度尼西亚驻华大使馆公使衔参赞弗雷迪·西拉伊特、越南驻华大使馆商务参赞裴辉煌、缅甸驻华大使馆商务参赞昂觉单、菲律宾驻华大使馆商务参赞夏婷婷等列席会议，并对委员会工作表示支持。

（来源：南博网. http://www.caexpo.com/news/info/focus/2014/06/12/3624502.html. 2014—06—12）

## 中老泰三国物流企业签订跨国物流合作协议

现今，世界经济一体化经济不断推进，国际贸易关系不断紧密，推动了国际物流运输的需求迅速上升。大湄公河次区域（The Greater Mekong Sub-region，以下简称“GMS”）作为亚太地区经济快速发展地带，物流运输的地位显著，该地区各国物流行业的发展和合作也迎来巨大的发展机遇，通过产业对接、行业合作，为广大物流企业开展务实合作提供了新的商机。

2014年6月7日，以“GMS物流行业合作与新商机”为主题的大湄公河次区域物流企业合作委员会第2次会议在中国昆明召开，来自柬埔寨、老挝、缅甸、泰国、马来西亚以及中国物流企业代表70人出席了会议，围绕“一带一路”建设及云南桥头堡战略下GMS物流产业如何对接、物流产业发展现状等问题作深入探讨，并对进一步加强和推动GMS的物流行业合作达成了新的共识。

在会议上，中远洋物流有限公司与泰国的K.N.R物流集团、老挝的LFF物流公司就“中老泰跨国物流合作”签订框架协议。该协议约定了以下几个方面的内容：一、签约各方应发挥自身优势，配合其他签约方共同打造昆曼公路跨国物流服务，为各国企业提供优质的物流服务；二、在跨境运输中，不同国家的企业可以根据自身的优势承担不同的运输任务，使整体运力得以均衡配置，便于共同承接重大运输项目和物流服务项目；三、三方承诺在其采购各项物流服务时，同等条件下优先选择签约企业作为其主要物流服务合作方；四、涉及合作各方的所有资讯均为商业机密，各方都不得向任何有利益冲突的第三方透漏；五、各自的营销计划、运营方案均由各自享有版权，不得在未达成合作时独自采用。

（来源：南博网. http://www.caexpo.com/news/info/focus/2014/06/09/3624292.html. 2014—06—09）

## 中国资金到东南亚寻找投资出路

新加坡和东南亚的风险和私募基金投资活动，正开始迎接更多来自中国的“过江龙”。

中国风险投资公司戈壁合伙人公司的东南亚基金合伙人邱家睦指出，中国房地产市场已经在调整，资金正在寻找海外投资出路，而中国的科技企业也在走出中国，投资于东南亚的公司及从中学习。

邱家睦称，已经进军本区域的业者包括中国最大私募基金鼎晖投资以及腾讯公司，戈壁合伙人在新加坡和东南亚则已有多项投资，而且正在筹募公司的第 2 个东南亚基金。

根据鼎晖投资官网介绍，公司目前管理基金规模超过 70 亿美元，其中包括私募股权、创业投资、地产投资和证券投资基金，并在香港、北京、新加坡、上海、深圳和雅加达设有办事处。该公司几年前收购了新加坡交易所挂牌公司新达科技并将后者除牌。经营即时通信 QQ 和微信的腾讯，是目前中国最大的互联网综合服务提供商之一。腾讯已在泰国、新加坡和菲律宾做出多项投资，包括投资于新加坡的线上游戏平台供应商 Garena 公司。

邱家睦表示，戈壁合伙人公司最近投资的新加坡公司是手机游戏出版商 Tais Mobile，后者是电脑游戏公司 Cubinet 的子公司，希望借助母公司现有 500 万用户来发展在东南亚的手游业务。戈壁合伙人已于新加坡投资基地，专注于印度尼西亚市场的网络游戏出版商 Main Games。戈壁合伙人投资的新加坡公司还包括 IAH Games。

邱家睦透露，戈壁合伙人管理着 5 个基金，总共 3 亿美元的规模，其中 4 个是中国基金，另一个是 3000 万美元的东南亚基金。公司的第 1 个东南亚基金的资金已用完，目前正在筹集第 2 个东南亚基金，目标规模在 5000 万美元至 1 亿美元之间，视投资者反应而定。目前第 2 个基金已经吸引到马来西亚财政部旗下的马来西亚风险投资管理公司承诺 2500 万美元的投资额。

邱家睦表示，新东南亚基金的集资对象除了东南亚的私人投资者之外，还包括主权财富基金、日本基金、美国科技公司以及中国投资者。由于日本政府的新经济政策，日本国内资金非常充裕，正在寻找海外投资机会。美国科技公司则已经看到东南亚市场，例如缅甸电信业开放发展，美国科技公司希望分到一杯羹。中国经济则因为房地产已在调整，投资海外是富豪商家们的一个选择，而中国大型科技企业也在东南亚投资公司，希望借此走出国门。

东南亚市场已有 6 亿人口，而且市场潜力巨大，智能手机 3 年后将普及印度尼西亚，而缅甸市场将直接跳到智能手机，因此相信接下来会有不少新兴产品将来自东南亚市场。

（来源：南博网. http://www.caexpo.com/news/info/focus/2014/06/06/3624196.html. 2014—06—06）

## 东南亚将成智能手机厂商抢占的下一座金矿

随着经济的发展及消费行为的变化，东南亚智能手机市场的商机逐渐显现。日前，市场研究机构 GFK 发布的一项调查报告显示，2014 年 1 季度，东南亚 7 国（新加坡、马来西亚、印度尼西亚、泰国、菲律宾、柬埔寨、越南）共销售智能手机达 1800 万台，同比大增 43%，总价值达 42 亿美元，同比增长 25%。其中，2014 年 3 月份的销量为总销量的 55%。由数据分析可知，东南亚将成为智能手机厂商激烈争夺的下一座金矿。

统计数据显示，凭借庞大的人口总量和日益壮大的中产阶级队伍，印度尼西亚成为东南亚最大的智能手机市场。2014 年 1 季度，印度尼西亚智能手机销量达 730 万台，占据该地区智能手机总销量的 2/5，同比激增 68%。接下来销量增速排在 2、3 位的分别是越南与泰国，市场增长速度分别为 59% 和 45%。

此前，东南亚手机用户多使用功能机，但随着经济和科技的发展，用户们逐渐转向选择性价比高的安卓智能机。在价格选择上，售价低于 100 美元的智能手机最受东南亚用户的欢迎，基本占据 30% 的市场份额。中国制造的安卓智能手机凭着物美价廉的性价比优势，在东南亚更是热销。此前小米手机 3 在马来西亚开卖，售价为 889 林吉特（约合 1715 元人民币），首批一共 4000 部备货，17 分钟售罄，成绩不俗。

（来源：南博网. http://www.caexpo.com/news/info/focus/2014/06/06/3624195.html. 2014—06—06）

## 中国西南连接东南亚“立体通道”已具雏形

目前，昆明金马正昌果品市场已成为东南亚水果进入中国市场最主要的集散地之一。

2013年年底，昆曼公路的最后一道“瓶颈”—泰国清孔至老挝会晒大桥正式通车，真正实现了从中国昆明到泰国曼谷的公路贯通，行车时间进一步缩短。云南省交通厅有关负责人透露，云南正在加快昆明至磨憨、昆明至瑞丽、昆明至河口、昆明至腾冲4条国际公路境内段高速化，并积极推动境外段建设和升级改造。

云南地处中国西南边疆，与老挝、越南、缅甸3国接壤。目前，云南省已经建构了清晰的沿边开放战略架构，并充分发挥独有的面向印度洋地区的对外开放优势，连接东南亚周边国家的公路、铁路、水运、航空、能源、物流通道构成的“立体大通道”已初具雏形，中国与东南亚国家的互联互通在各方的共同努力下正迈入新时代。

来自云南省相关部门的统计显示，中国目前对缅甸、老挝、越南的主要口岸分别是瑞丽、磨憨和河口，在2013年，3个口岸进出口总额62.3亿美元，同比增长62%；进出口货物总量566.6万吨，同比增长54%；进出口岸车辆347万辆/次，同比增长19%。所有数据均呈现大幅上升的趋势。

公路建设加快的同时，国际航运也稳步发展。澜沧江—湄公河国际航道自中老缅泰4国自2001年正式开通以来，国际航运从单一的货物运输已发展为国际客货和旅游运输兼有的综合运输。2014年1至2月，国际航运方面中国进出境货运量增长强劲，比2013年同期增长53.27%。另外两条通道，中缅伊洛瓦底江陆水联运通道和中越红河航运通道，正在积极争取与相关国家的合作。

来自昆明铁路局的消息，昆明至新加坡泛亚铁路东、中、西线云南境内段的建设以及中国经缅甸、孟加拉国至印度的铁路通道也在积极推进中。

而航空的“先导”作用也日趋显现。目前云南省内12个机场的密度达到每万平方公里0.3个。截至2013年年底，云南已通航国内外城市131个，开通了至泰国、新加坡、印度、马来西亚、越南、孟加拉国等东南亚、南亚航线，覆盖南亚和东南亚13个国家。

国际通道的特殊性在于，是否通畅并非一个国家可以把握。云南省交通运输厅厅长刘一平表示，在稳步推进中老、中越等国际道路运输合作的同时，中方还在积极推进中老泰运输合作，多渠道协调外方，消除便利运输法律障碍，推动形成现代化的跨国物流产业，让古老的“南方丝绸之路”焕发新的生机与活力。

（来源：南博网. http://www.caexpo.com/news/info/focus/2014/06/06/3624153.html. 2014—06—06）

## 亚太区零售商青睐扩张东南亚市场

作为新兴市场，东南亚地区逐渐受到国际零售商的青睐。商业地产服务和投资公司世邦魏理仕（CBRE）日前发布的《亚太地区零售商活跃度调查》显示，亚太地区的零售商倾向于东南亚地区扩张势力，如越南、马来西亚、印度尼西亚等国。新加坡作为发达城市，更吸引北美和欧元区的零售商的兴趣。

日本零售巨头永旺集团此前就表示了其在东南亚地区进一步扩大投资范围的劲头。据悉，继2014年1月份越南第一家店铺开业后，永旺集团陆续于2014年6月在柬埔寨、2014年年底在印度尼西亚开设店铺。集团计划2016年之前，将以上3国的店铺数量增至10家左右。同时该集团也正在考虑在缅甸和老挝的投资计划。

上述世邦魏理仕的调查覆盖了亚洲的11个主要市场，包括中国大陆、中国香港、印度、印度尼西亚、日本、马来西亚、菲律宾、新加坡、韩国、中国台湾、泰国，以及太平洋地区的澳大利亚和新西兰。据调查显示，凭借着巨大的经济实力和消费热情，中国依然是世界零售商2014年在亚太地区进行扩张的首选地。

（来源：南博网. http://www.caexpo.com/news/info/focus/2014/06/05/3624055.html. 2014—06—05）

## 东盟区域一体化为各成员国的发展注入活力

2014年4月28日，国际货币基金组织（IMF）公布了最新的亚太经济展望报告，预测2014年东盟经济增长率为5%，低于2013年的5.1%，并预测2015年该区域经济增长5.3%。除了国际因素的影响，按计划在2015年正式建成东盟经济共同体也是推动2015年经济增长的一个因素。国际货币基金组织亚太研究中心主任罗曼·杜瓦尔先生表示，东盟区域一体化将带动本地区内各统一的生产基地提高生产效益，从而为东盟各成员国的经济发展注入活力。

据悉，随着世界经济一体化的进程不断加速，单一经济体很难形成强劲的竞争力。因此，在2007年，东盟各成员国已经开始为2015年建成东盟经济共同体做准备，以形成一个具有竞争力、各成员经济体平衡发展的市场。此外，在世界经济一体化过程中，经济危机在一个经济体发生将很容易蔓延其他经济体。因此，东盟各成员经济体应设立区域性的金融安全网，为各成员经济体参与全球金融安全网络创造便利条件。

据了解，目前东盟已制定规模为20亿美元的东盟各国货币互换协定和成立规模2400亿美元的清迈倡议多边化机制（CMIM）下设立区域外汇储备基金等系列措施，预防经济危机爆发。此外，东盟10国也成立东盟融入监察机构和清迈倡议多边化协议机制的独立宏观经济监测机构等。

（来源：南博网.http://www.caexpo.com/news/info/focus/2014/05/21/3623121.html.2014—05—21）

### 未来10年资金或大量从中国流向东南亚国家

博鳌亚洲论坛于2014年4月8日至11日在海南博鳌举行，在“海上丝绸之路与华商经济”分论坛上，卡内基国际和平研究院研究员黄育川表示，未来10年，资金以每年400亿人民币或600亿人民币的速度流出中国，其中很大一部分将会进入东盟国家、东南亚国家。

黄育川表示，过去10年间，中国的薪酬以每年10%的速度增长，而薪酬在一些东盟国家并没有增长，比如马来西亚、泰国、菲律宾，很多国家甚至呈现负增长，这会导致经济活动慢慢朝东盟国家转移。近年来向欧美出口增长较快的是东盟国家，且这些国家的工厂、公司都由在海外的华人运营。中国企业需要往价值链上游走，所以这个结构性贸易的问题再加上薪酬变化，将会改变东盟地区的生产力。黄育川指出，在未来10年，资金将会慢慢地从中国流出，每年也许会达到400亿人民币或600亿人民币的水平，很大一部分将会进入东盟国家、东南亚国家。

（来源：南博网.http://www.caexpo.com/news/info/focus/2014/04/14/3620497.html.2014—04—14）

### 中国西部第一大港逐渐变成面向东盟国际航运枢纽

2014年5月27日，越南籍货轮“海龙27”号停靠在防城港码头的8号泊位，待2000吨豆粕装载完毕驶回越南海防港。作为古代海上丝绸之路的重要站点，如今的防城港已从一个小渔村经成为中国西部第1的亿吨大港、面向东盟的国际航运枢纽和港口物流中心。

防城港市政府发展研究中心主任杨佰升表示，防城港是天然深水良港，是距离东南亚最近的港口，自古以来在中国与东盟的航运贸易中扮演着至关重要的角色。

潭蓬古运河长约2公里，东西走向，是中国少有的海上古运河。在古运河的石壁上，仍然保留着“咸通九年三月七日”等古代石刻。

杨佰升介绍，相关文献记载，潭蓬古运河早在公元1世纪开始开凿，直到公元860年（即唐咸通九年），才由安南节度使高骈募工凿通。运河投入使用后，来往船只可绕过江山半岛，不但缩短了15公里的航程，还避开了江山半岛南端白龙尾的滔天恶浪。《唐书；高骈传》记载以“舟楫无滞，安南储备不乏，至今赖之”，记录了潭蓬古运河在中国与越南海上贸易中发挥的历史作用。

防城港市委书记金湘军介绍，防城港是中国唯一与东盟国家海陆相连的港口城市，防城港将通过加快港口建设和产业聚集，通过改革创新，探索沿边开放开发新模式和新经验，海陆并举融入“21世纪海上丝绸之路”的建设中。2013年，防城港已建成泊位121个，万吨级以上深水泊位33个，年吞吐量达到1.06亿吨。

（来源：新华网.http://news.xinhuanet.com/2014－05/27/c_1110882676.htm.2014－05－27）

### 中国携手东盟10国 推进内镜与微创医学发展

中国医学临床18个专科的内镜与微创医学“奥运会”——第24届中国内镜微创医师大会暨东盟医学内镜会议，2014年5月23日至25日在广西南宁召开。来自中国和东盟10国的内镜微创医学、工学、理学等领域的众多专家汇聚一堂，共同推进中国和东盟内镜微创医学的发展。

内镜及微创医学是兴起于20世纪的新兴诊疗技术。使用内镜的微创手术以创伤小、时间短、康复快等优势备受医患方青睐。目前，中国90%的医疗机构已开展内镜下诊疗项目，其技术已成为消化、呼吸、妇科等系统疾病诊断和治疗必不可少的工具。

据悉，每年一度的“中国内镜微创医师大会”，是中国各专科内镜与微创医学领域的一大盛事，被称作医学“奥运会”。1990年，现任中国医师协会副会长、内镜医师分会会长、世界内镜医师协会主席张阳德教授，组织联络中国著名内镜微创专家，在北京召开了“第一届中国内镜医师大会”，此后每年一届，至今已举办24届。该会议在推广内镜微创技术在中国的发展、内镜微创设备的研发、内镜微创诊疗标准的制定、内镜微创医师培养与考核等方面做出了重要贡献，为内镜微创医学的发展和各专科学术交流搭建了一个联合创新的平台。

据介绍，随着中国—东盟自由贸易区正式建成，许多东盟国家正在向全民医疗保健迈进，泰国、马来西亚和印尼等国家正在成为全球医疗器械销售、投资和发展的新热点。

世界内镜医师协会主席张阳德在开幕式致贺词。张阳德表示，此次选择在南宁召开会议，将促进中国和东盟10国内镜与微创医学领域的学术交流，展示中国和东盟10国医学各专科内镜与微创医学的最新进展，为同行间学术交流搭建一个共同创新平台，推动中国—东盟10国内镜微创外科事业的发展。

广西壮族自治区卫生和计划生育委员会副主任尤剑鹏表示，东盟各国外宾越来越频繁地在广西进行商贸、旅游活动，在广西就诊的外宾也因此逐年增加。以承办方广西瑞康医院为首的各大医院，应借此机会提高医疗服务质量，加强医疗安全保障，为广西民众和东盟国家友人提供一流的医疗服务。

湖南省卫生厅厅长张健认为，中国与东盟国家地理相近，形成了相近的用药习惯，中医药在东盟有较好的民众基础及市场潜力。广西具有丰富的中草药资源和悠久的中医药文化，再加上地理位置与东盟相邻，将会有利于广西和东盟在医药和医疗卫生方面加强进一步交流与合作。

本届大会举办期间，与会内镜相关专科专家代表将就内镜微创新手术以及EMR技术的最新进展做精彩汇报，进行手术转播，并就内镜微创医师培训考核规范统一标准等展开讨论。胃肠外科、肝胆腺体外科、消化科、无气腹腹腔镜等18个专科也将分为7个会场进行学术演讲。

（来源：国际在线．http://gb.cri.cn/42071/2014/05/26/7371s4554901.htm.2014—05—26）

## 中国将在更多省份设立东盟商品交易中心

第8届泛北部湾经济合作论坛于2014年5月15日在广西南宁召开，中国—东盟中心秘书长马明强在会上透露，中国将在更多省份设立东盟商品交易中心，帮助东盟商品打开中国市场。

马明强表示，中国—东盟中心有5项授权，要推动中国—东盟在投资、贸易、教育、文化、旅游做5个领域的合作。

在贸易领域，中国—东盟中心目前的主要工作是要把东盟的产品介绍到中国的市场。马明强表示，中国在义乌建立了中国—东盟商品交易中心，这个交易中心于2013年已经挂牌成立了，在中国的其他省份也在复制这种模式，马明强希望有更多东盟的商家用好这个平台，能够分享中国市场。

（来源：中国证券网．http://news.cnstock.com/news/sns_bwkx/201405/3024077.htm.2014－05－15）

## 广西南宁打造中国—东盟信息“枢纽”

2014年4月23日，广西南宁市宣布启动“网上南宁”建设。南宁市将大力推进信息化基础设施建设，构建一体化的“中国—东盟”信息枢纽服务体系，逐步建设成为面向东盟的区域性信息交流中心和信息化国际城市。

南宁市市长周红波介绍，作为中国—东盟交流合作的前沿城市和广西北部湾经济区核心城市，南宁市先后建成“应急联动”、“数字城管”、“数字绩效”等在中国国内领先的信息化项目。

周红波表示，已启动建设的南宁东盟国际信息服务展示中心，拟建中国—东盟间综合性一站式信息服务与展示平台，建设中国—东盟基础、商贸、旅游、经济、文化、教育等综合信息数据库，完善东盟客服呼叫信息中心，为东盟客商提供权威、规范的双边贸易投资、文化教育等信息服务。

此外，南宁市加快推动面向东盟的信息服务业发展，拟开发建设东盟多语种翻译软件，打造中国东盟网上博览会、东盟电子商务平台，积极拓宽双边贸易合作方式。

周红波称，目前，南宁市正在规划建设依托云计算、大数据等新技术的城市公共云计算中心，努力建成面向北部湾城市和东盟国家的区域性网络中心、大数据中心。

目前，中国联通正在南宁五象新区建设总投资达50亿元人民币的信息交流中心暨联通南宁总部项目，建设内容包括南宁区域性国际通信业务出入口、南宁国际直达数据专用通道、西南区域IDC及云计算中心、西南区域服务外包呼叫中心、南宁国际综合通信枢纽、中国一东盟交流中心、创新业务研发中心等。

（来源：中国新闻网．http://www.chinanews.com/df/2014/04—23/6098508.shtml.2014—04—23）

### 中国卫星助力东盟国家测绘地理信息建设

广西自治区国土厅2014年4月15日披露，广西目前已有部分测绘资质单位在越南、老挝、柬埔寨、泰国、缅甸等国家开展实质性合作，包括帮助他们建立全球卫星导航基站等测绘基础设施，参与矿业、水利水电等专题测量工作，服务质量获得好评，并取得良好效益。

2014中国—东盟矿业合作论坛新闻通气会于2014年4月15日在广西南宁举行。广西测绘地理信息局副局长李占元在会上介绍，2014年中国—东盟矿业合作论坛新增测绘地理信息分论坛，为中国—东盟地理信息产业合作提供稳定的交流平台，也为广西乃至中国测绘地理信息企业走向东南亚开辟更加广阔的渠道。

近年来，广西与东盟在测绘地理信息方面的合作不断扩展和深化，目前已有部分单位向东南亚市场供应具有民族品牌的测绘仪器和设备，帮助东盟建立完善测绘基础设施，包括全球卫星导航、卫星定位基准站、基准网；同时为东盟国家的经济建设提供前期性测绘服务，例如参与矿业、水利水电等专题测量工作等。

李占元介绍，下一步将以拓展合作、深化合作为目标，为广西测绘地理信息企业保驾护航，鼓励和帮助他们走向东盟，以基于国产卫星为主的卫星遥感和卫星导航定位技术应用、专题测绘工程、地理信息系统平台建设、技术交流、人才培训等方面为重点和方向，广开合作。

中国—东盟矿业合作论坛秘书处秘书长田凤鸣介绍，2014中国—东盟矿业合作论坛暨推介展示会于2014年5月9日至10日在广西南宁举行。马来西亚、印尼、缅甸等东盟国家矿业部门副部级官员将率团参会，与500余政府官员、企业界代表、专家学者围绕“建设绿色矿山，促进矿业可持续发展”的主题展开交流探讨，促进和扩大中国—东盟矿业技术、投资融资、项目合作，以提升中国—东盟矿业整体发展水平。

据悉，本届推介展示会展出面积约13300平方米，设有东盟国际展区、矿物珠宝展区和观赏石展区3个展馆。中国—东盟矿物珠宝交易中心亦将在开幕式上揭牌。

（来源：中国新闻网．http：//finance.chinanews.com/cj/2014/04—15/6067638.shtml.2014—04—15）

# 东盟国别商务资讯

## 文　莱

### 文莱回教银行设立首要理财中心

文莱回教银行向世界证明，虽依照回教教义的方式发展，也能取得与其他国际非回教银行同业一样辉煌的成绩。

文莱最大银行——文莱回教银行为其首要理财客户，设立一间专用的“首要理财中心”。这第一间“首要理财中心”设在该银行久纳分行大厦一楼。文莱教育部长丕显拿督哈芝阿布巴卡亲临为该分行剪彩开幕。

丕显拿督哈芝阿布巴卡在致辞中表示，文莱回教银行是一家受国际承认的回教金融集团，能与其他新兴市场的银行相提并论。文莱回教银行经过25年的发展，不单成为文莱国内最大、也最主要的金融机构，更在国际上得奖无数，包括了2013年文莱区亚太最佳新兴市场银行和2013年文莱区世界最佳回教金融机构奖。这些奖项证明文莱回教银行在资产扩大、建立战略政策、开发新业务和推出创新产品等方面都取得成功。

哈芝阿布巴卡表示，文莱回教银行通过本身的努力，证明它可与其他受国际承认的银行并驾齐驱，并充分利用其符合回教教义的优势，争取更多生意，这些举措已经成为其他本地金融机构学习的榜样。哈芝阿布巴卡强调，文莱回教银行的一个特点是，它在维护固有利益的同时，亦能在其他方面取得进步。

首要理财中心，是个专以国内权贵为对象的服务中心。文莱回教银行董事经理贾威阿末表示，不断提升品牌形象，主要目的就是为这些高阶客户提供更多适合文莱市场需要的产品、服务和利益。

贾威阿末介绍，持文莱回教银行白金信用卡消费，将获得更高的积分。同时，回教银行发出的优先证可让会员使用120多个国家、400多个城市的700个机场的贵宾室优待。

在文莱回银行新设的首要理财中心，顾客可以预定和使用中心里的公共或小型会议室、阅览电子杂志并有专用停车位和礼宾服务等。

（来源：南博网. http://www.caexpo.com/news/asean/wenlai/jmzx_wl/2014/06/18/3624954.html. 2014—06—18）

## 文莱 Paypal 按年增长 96％　为成长最快出口市场

《2013 年 PayPal 跨境洞察报告》显示，2013 年增长快速的出口市场为文莱、印度、中国、印尼及中国香港。

据悉，透过 PayPal 全球支付平台，文莱成为成长最快的出口市场，按年计增长 96％。随后为印度（按年计增长 78％）、中国（按年计增长 58％）、印尼（按年计增长 56％）及中国香港（按年计增长 55％）。

另一方面，PayPal 在全球 193 个国家有超过 1.43 亿的活跃用户，使他们能便捷地进行国际销售。消费者亦可轻易地向世界各地的商家直接进行网购交易。Paypal 支付服务可让客户立即收到付款，无须签约或付费，以及支持多种货币支付满足国际客户的需求。

PayPal 是 1998 年 12 月由 Peter Thiel 及 Max Levchin 建立的因特网服务商，总部设在美国加利福尼亚州圣荷西市，其允许用户使用电子邮件来标识身份并转移资金，避免了传统邮寄支票或汇款的方法。PayPal 也和一些电子商务网站合作，成为它们的货款支付方式之一，但用这种支付方式转账时，PayPal 将收取一定数额的手续费。

此外，PayPal 也是 eBay 旗下的一家公司，致力于让个人或企业通过电子邮件，安全、简单、便捷地实现在线付款和收款，目前已成为全球最大的网上支付公司。

（来源：南博网. http://www.caexpo.com/news/asean/wenlai/jmzx_wl/2014/06/11/3624476.html. 2014—06—11）

## 文莱与中国合资设立公司　启动油气开采合作

2014 年 5 月，文莱中海油服合资有限公司在完成企业注册手续后，顺利召开第一次董事会会议，审议并通过 2014 年合资公司运营管理计划，标志着文莱与中国在油气开采领域的合作正式启动。

文莱中海油服合资有限公司由文莱国家石油服务公司与中海油田服务股份有限公司共同出资成立，是中海油服首家境外投资企业。

据悉，该公司将为文莱 Champion 油田建造 6 座新平台，包括 4 座井口平台、1 座钻井平台和 1 座天然气压缩平台。此外，中海油服负责为合资公司提供技术指导，并协助培训当地员工。

另一方面，该项合资公司协议于 2013 年 10 月签署。新合资公司于文莱注册，此为文莱努力在海工服务业积累经验和能力的一部分。文莱国家石油公司将持有合资公司的 51％股权，中海油服持有剩余股权，公司董事长来自于文莱国家石油公司，总裁则由中海油服推荐。

（来源：南博网. http://www.caexpo.com/news/asean/wenlai/jmzx_wl/2014/05/13/3622532.html. 2014—05—13）

## 文莱经济发展局与中国公司签署土地租赁协议

文莱经济发展局与中国葫芦岛市钢管工业有限公司于 2014 年 4 月签署土地租赁协议。

在文莱首相署副部长兼文莱经济发展局主席拿督哈芝阿里的见证下，代表文莱签署协议的为文莱首相署副常任秘书兼文莱经济发展局首席执行员哈芝阿都玛纳博士，而中国葫芦岛市钢管工业有限公司一方则为其主席宋树新。

在这项协议下，中国葫芦岛市钢管工业有限公司将在文莱沙兰比嘉工业园开展一项 5000 万美元的计划，以发展焊接圆形碳钢管的制造工厂。

该工厂将为石油和天然气以及建筑等行业生产约 10 万吨焊接圆形碳钢管，而每年的出口价值达 1 亿美元。这也是第二家中国公司在文莱进行投资，并在 2017 年正式运作和为文莱制造约 300 个就业机会。

另一方面，文莱首相署副部长兼文莱经济发展局主席拿督哈芝阿里表示，新项目的投资和创造就业机会符合文莱苏丹陛下于 2014 新年御词所提的，呼吁文莱创造更多商业环境，以刺激经济增长，尤其是在私人界创造更多本地就业机会。

（来源：南博网. http://www.caexpo.com/news/asean/wenlai/jmzx_wl/2014/04/30/3621652.html. 2014—04—30）

## 每年 3％保证利率　文莱房屋基金计划受追捧

文莱雇员信托基金局推出的房屋基金计划反响

热烈，2013年该项计划获得近6成会员参与。

文莱政府协助国人实现居者有其屋目标的房屋基金计划，此项计划以自愿存款方式运作，政府将为房屋基金计划的存款者提供每年3%的保证利率。

若雇员信托基金局提供的年利率少于3%，不足数额将由政府承担，与雇员基金存款计划不同的是，雇主不必为参与该项计划的本地员工缴款。

雇员信托基金局官员强调，参与房屋基金计划的会员须符合一些先决条件，即申请者须是文莱公民，未拥有房屋及未曾接受任何政府退休金。

该官员表示，月收入少于6000文莱元的文莱公民将获得3%的年利率，月收入少于2000文莱元的文莱公民或月收入少于4000文莱元的家庭，将获得政府提供总额两万五千文莱元的房屋援助金。

欲申请房屋基金计划的国人须符合下列条件：

（1）在提交申请时，须年满25岁；

（2）在提交申请时，未拥有房屋；

（3）存款须持续至少48个月，每月缴纳金额不少于月薪5%。

该官员还介绍，未婚的单身申请者可获得1.25万文莱元的房屋援助金，婚后可获得另外一笔1.25万文莱元房屋援助金，当局将依据申请者的审核标准提供房屋援助金。

（来源：南博网. http://www.caexpo.com/news/asean/wenlai/jmzx_wl/2014/04/17/3620772.html. 2014—04—17）

## 文莱金融业被评中高风险　业界持乐观态度

早前公布的“国家金融业风险评估”中，文莱金融业被评为处于中高风险，但部分业内人士表示那不一定是对国内金融业的负面评估。

根据报告，在1至10的风险评估指数中，文莱金融业风险指数为6，与危地马拉、巴林、西班牙、泰国及土耳其同属一组。

《亚洲资产管理》出版人陈利副（译音）就此作评论时表示，以文莱个案而言，有关评估“相当正面”，与当前文莱国内未出现信贷带动资产价格泡沫化的经济状况非常吻合。陈利副同时强调，相关评估应以当初该评估进行之际的时段为准。而过去的例子也显示相关行业的风险评估，在不同时段中可能出现巨大的变化。

与此同时，《牛津商业集团》区域总编包里斯表示，虽未对有关评估作更深入的了解，不过以文莱金融业而言，拥有强稳的储蓄金与流动资金是肯定的。

佰都利银行财务主任彭基兰阿查林表示，该评估实际上极为正面，同时认为文莱金融仍有许多可以改进的空间。

（来源：南博网. http://www.caexpo.com/news/asean/wenlai/jmzx_wl/2014/04/16/3620613.html. 2014—04—16）

## 文莱政府将全面扩建摩拉港集装箱码头

据文莱《文莱时报》报道，文莱交通部将扩建现有的摩拉港集装箱码头，包括将码头延展150米至200米，工期预计18个月。2014年3月12日，文莱交通部宣布委任本地KR Kamrulzaman and Associates公司承担扩建工程的咨询工作，包括设计、规划、监管以及编制招标文件。码头扩建计划被列为《文莱第十国家发展规划》的重点项目之一。摩拉港集装箱码头2013年吞吐量为111817个集装箱，较过去5年增加31%。扩建工程竣工后，集装箱码头将拥有最先进的设施，为国际集装箱大型运输船提供包括货物转载、集装箱卸运、物流及船运衔接等服务。

（来源：南博网. http://www.caexpo.com/news/asean/wenlai/jmzx_wl/2014/03/17/3618815.html. 2014—03—17）

## 文莱与中国加强外贸往来　签约促成商企合作

文莱中国友好协会2014年3月6日与中国对外贸易中心签署合作协议，双方同意共同研究宣传、互访、展览、商旅及咨询服务，并采取有效措施，积极加强文中两国间商业机构的合作。

中国对外贸易中心徐兵副主任率代表团到文莱进行推广工作，定于2014年3月6日举办“第115届中国进出口商品交易会：文莱推介会”，主要是帮助文莱企业采购品质优良且价廉物美的产品、增加商品出口机会、了解出口商品最新资讯，欢迎对广州交易会有兴趣的企业家出席。

这项推介会是由中国驻文莱大使馆与中国对外贸易中心联合主办、文莱中国友好协会协办，文中友协以及中国对外贸易中心代表也将在活动上签署合作协议。

协议内容大致分为4项：一、双方具有发展互利合作关系的共同愿望；二、愿意在各自领域，为加强中文两国企业间的联系做出积极贡献；三、本着“优势互补、循序渐进、互利共赢、长期合作”的原则；四、为了达到预期的合作目的，双方有必要建立经常、稳定的联系。

协议中，中国对外贸易中心，将为组团到访中国进出口商品交易会（简称“广交会”）的文莱中国友好协会提供VIP待遇；文莱中国友好协会也将根据广交会的需要，定期向广交会提供当地市场情况说明报告，报告的内容不限于当地市场情况，协助广交会需要收集必要的客商信息、客商需求和反馈等。

这也是继2013年12月，文莱中国友好协会与深圳贸促会签署合作协议之后，近一年来与中国贸易机构签署的第2项合作协议。

（来源：南博网. http://www.caexpo.com/news/asean/wenlai/jmzx_wl/2014/03/05/3617898.html. 2014—03—05）

## 恒逸实业有限公司与文莱达迈控股有限公司签订合资协议

2014年2月25日，恒逸实业有限公司（以下简称“恒逸实业”）及香港天逸国际控股有限公司，与文莱达迈控股有限公司在杭州签订合资协议，后者是文莱政府附属信托基金旗下战略发展资本基金拥有的全资子公司。合资方将在文莱大摩拉岛上承建石油精炼和芳烃裂解厂项目。

签字仪式由杭州市委副书记兼市长张鸿铭见证，出席签约仪式的还有文莱财政部副部长拿督巴赫林。代表恒逸实业签署协议的是恒逸石化股份有限公司董事长邱建林，文莱财政部副常任秘书阿布巴卡尔代表达迈控股有限公司签署协议。

中国香港天逸国际控股有限公司作为浙江恒逸石化股份有限公司的全资子公司，将持有合资企业的70%股权，达迈控股有限公司将持有30%股权。

邱建林表示，恒逸实业很高兴与达迈控股有限公司成为合作伙伴。该合资协议符合恒逸石化股份有限公司的投资战略，并标志着大摩拉岛石化项目建设的一个重要里程碑。恒逸实业在文莱大摩拉岛项目上的承诺给予石化行业潜在合作伙伴很大信心，合作伙伴相信恒逸实业是一个负责任和有实力的运营商。恒逸实业签署与达迈控股有限公司的合资协议是该信心的证明。

恒逸实业拟投资、建设、运营大摩拉岛综合炼油和芳烃裂解企业。该项目的一期投资预计约40亿美元，将创造780个就业机会。一旦所有施工条件具备，一期建设将立即开始。一期完成后，将可生产石油产品如汽油、柴油、航空燃油，以及石化产品如对二甲苯和苯，这将帮助文莱延伸油气行业的产业链。

（来源：南博网. http://www.caexpo.com/news/asean/wenlai/jmzx_wl/2014/02/28/3617484.html. 2014—02—28）

## 文莱参与TPP　获实质经济效益

参与泛太平洋战略经济伙伴关系协定（简称“TPP”）将为文莱带来实质经济效益。泛太平洋战略经济伙伴关系协定将构建一个具强大竞争力的区域自由贸易区，有利文莱发展非油气领域，促进经济多元化发展。

泛太平洋战略经济伙伴关系协定主张国际投资保障，参与协定的国家必须依照协定，为投资者提供全面的投资保障。

作为参与泛太平洋战略经济伙伴关系协定的经济体之一，文莱必须履行协定承诺，采取措施保障投资者的利益。这将有利于文莱吸引外资，打造文莱成为区域投资枢纽。

泛太平洋战略经济伙伴关系协定，原为2005年新加坡、新西兰、智利、文莱在APEC框架内签订的多边自由贸易协定。

2008年美国加入，其后澳洲、秘鲁、越南、马来西亚先后跟进。自2011年年初起，美国积极施压推动日韩也加入该协定。2011年11月11日，日本宣布加入谈判。

目前，美国和澳洲、文莱、智利、马来西亚、新西兰、秘鲁、新加坡和越南8国，就泛太平洋战略经济伙伴关系协定达成广泛框架协议。

（来源：南博网. http://www.caexpo.com/news/asean/wenlai/jmzx_wl/2014/02/24/3616676.html. 2014—02—24）

## 文莱摩拉港8策略搞提升打造区域货物转口中心

文莱政府大力鼓励全球海运业者，通过摩拉海港进行货物转口活动。

目前，货物转口业者可免费使用摩拉海港货仓长达21天，业者也享有货柜处理收费折扣及优先使用港口一切设施的特惠。

政府目前已拟定8项策略，以全力打造摩拉海港成为区域的杰出港口。

有关的8项策略分别为：1. 全力推动船运业发展；2. 打造世界级的船运服务设施；3. 发展摩拉海港成为东盟东部经济成长区的一个区域船运中心；4. 鼓励直接船运服务，让摩拉海港与世界各主要港口接轨；5. 推动港运后勤服务；6. 鼓励快艇载客活动；7. 发展货品转运活动；8. 推出更多港运服务来增加政府收益。

（来源：南博网. http://www.caexpo.com/news/asean/wenlai/jmzx_wl/2013/12/24/3611113.html. 2013—12—24）

## 中国与文莱正式启动油气开采领域合作

2014年5月，文莱中海油服合资有限公司在完成企业注册手续后顺利召开了第一次董事会会议，审议并通过了2014年合资公司运营管理计划，这一会议标志着中国与文莱在油气开采领域的合作正式启动。

该公司由中海油田服务股份有限公司与文莱国家石油服务公司共同出资成立，是中海油服首家境外投资企业。公司将为文莱Champion油田建造6座新平台，包括4座井口平台、1座钻井平台和1座天然气压缩平台。中海油服负责为合资公司提供技术指导，并协助培训当地员工。

（来源：中华人民共和国驻文莱达鲁萨兰国大使馆经济商务参赞处. http://bn.mofcom.gov.cn/article/jmxw/201405/20140500572242.shtml. 2014—05—05）

## 文莱投资环境列亚太区第5位

企业顾问公司维瑞恩联合公司最新发表的亚太地区投资环境报告显示，文莱2014年投资环境指数为73.5，排名亚太区第5位。前4位分别为新加坡、新西兰、中国香港和澳大利亚，中国排在第11位。该报告从法规、国际贸易和商业开放度、政治稳定度、税收水平、廉洁度和财务管理等方面评估各经济体投资环境，文莱在法规、政治稳定度、税务和廉洁度等方面获较高的得分。

（来源：中华人民共和国驻文莱达鲁萨兰国大使馆经济商务参赞处. http://bn.mofcom.gov.cn/article/jmxw/201404/20140400558399.shtml. 2014—04—22）

## 中国对文莱直接投资又迈出坚实一步

2014年4月28日，葫芦岛七星国际投资集团与文莱经济发展局就该公司在文莱独资项目签订土地租赁协议，从而标志着项目实施向前迈出了坚实的一步。该项目计划投资5000万美元，设计年产钢管10万吨，这是继恒逸集团之后中国又一个民营企业在文莱的重大直接投资。

文莱首相署副常任秘书兼经济发展局首席执行官马纳夫博士表示，该项目符合文莱经济多元化战略需要，不仅能为本地创造更多就业机会，而且将为交通物流等行业带来更多商机。文莱首相署副部长兼文莱经济发展局主席拿督阿里以及中国驻文莱使馆临时代办房新文和经商处负责人方家文等出席签约仪式。

（来源：中华人民共和国驻文莱达鲁萨兰国大使馆经济商务参赞处. http://bn.mofcom.gov.cn/article/jmxw/201404/20140400568760.shtml. 2014—04—30）

## 中国与文莱加强海上合作推进共同开发

国务院总理李克强2013年10月9日至11日访问文莱期间，两国发表《中华人民共和国和文莱达鲁萨兰国联合声明》。双方决定进一步深化两国关系，并一致同意加强海上合作，推动共同开发。

两国政府对双方在能源领域，特别是中国海洋石油总公司与文莱国家石油公司之间的现有合作表示满意，对中国海油与文莱国油签署关于成立合营公司的协议表示欢迎。双方同意根据2013年4月5日发表的中文《联合声明》，支持两国相关企业开展海上共同开发，勘探和开采海上油气资源。

2013年4月5日，文莱苏丹哈桑纳尔访华期间，两国发表《联合声明》，同意支持两国有关企业本着相互尊重、平等互利的原则共同勘探和开采海上油气资源。有关合作不影响两国各自关于海洋权益的立场。

（来源：人民网. http://politics.people.com.cn/n/2013/1011/c1001－23165834.html. 2013－10－11）

# 柬埔寨

## 外资进驻柬埔寨服装厂正逐年增加

随着中国工资水平日益上升，许多服装工厂搬迁到柬埔寨，并在这里扎根。近年来，柬埔寨新服装厂数量逐步增加，推动了服装出口增长，与此同时，柬埔寨的服装设备和原材料进口也在逐年增加。

服装产业是柬埔寨最重要的产业，占其国家收入的主要部分，其出口产品中服装占据 80% 的份额。

柬埔寨的服装厂大多做单纯的加工，服装厂多数是外商投资，投资商主要以中国台湾、日本、韩国、中国香港、中国大陆为主。柬埔寨服装厂主要集中在金边和西哈努克市，且面辅料基本都从中国进口。

目前，柬埔寨服装厂已具备水洗、钉珠、扎染、绣花等工艺技术。

（来源：南博网. http://www.caexpo.com/news/asean/jianpuzhai/jmzx_jpz/2014/06/24/3625400.html. 2014—06—24）

## 柬埔寨与泰国边境安汶口岸正式成立

在泰国大量遣返非法柬埔寨劳工下，柬泰边境局势依然维持友好状态，两国地方政府不断推动经贸和人民往来。

2014 年 6 月 14 日，柬埔寨奥多棉芷省和泰国武里南府政府举行安汶口岸正式成立庆祝仪式，奥省省长苏塔雷和武里南府尹斯里西利哈达赖、两地地方首长及高级官员皆出席。

奥省省长苏塔雷表示，有关口岸是位于奥省卜迭安波县安波乡，和泰国武里南府接壤。安波乡边境口岸早在 2012 年便开放，属于实验性质，且一周只开放 2 天，即周五和周六。

苏塔雷称，鉴于两国当地民众都希望安汶口岸开放天数能增加，以便利两地人民和商品的往来，因此奥省政府和武里南府分别向各自政府提出要求，要求将安汶口岸列为正式关卡。在考虑到安汶口岸当地民众的需求后，柬泰政府决定批准地方政府申请，允许安汶口岸成为正式边关，开放天数也由原本的 2 天增至 3 天，即周五、周六及周日。

苏塔雷称，安汶口岸正式成立反映了两地政府和人民之间的密切和友好关系，两地政府都希望通过促进边境贸易，来提升当地人民的生活水平。

（来源：南博网. http://www.caexpo.com/news/asean/jianpuzhai/jmzx_jpz/2014/06/19/3625069.html. 2014—06—19）

## 柬埔寨申请原产地证书电子化项目正式启动

柬埔寨商业部发布通告称，2014 年 6 月 15 日起，商业部正式启动申请原产地证书电子化项目。

企业可以通过电子原产地证书，无须实地申领，可自行打印具有电子签章和高效防伪特征的电子原产地证，可有效减轻企业办证负担、缩短通关时间和降低成本。

柬埔寨商业部通告称，自 2014 年 6 月 15 日起，商业部开始实行申请原产地证书电子化项目，出口企业可以向商业部贸易服务总局注册，为了申请账户和登入密码。

通告称，已经有账户的出口企业可以直接通过（ICO. MOC. GOV. KH）网站，申请原产地证书。

通告还称，还没有在商业部贸易服务总局注册账户的出口企业，可以按照以往程序，继续直接在商业部申请原产地证书。

（来源：南博网. http://www.caexpo.com/news/asean/jianpuzhai/jmzx_jpz/2014/06/13/3624644.html. 2014—06—13）

## 柬埔寨 3 种产品将获地理标志认可

柬埔寨商业部国务秘书屋波佳透露，在联合国贸发会议的协助下，柬埔寨 3 种本地产品将获得世界贸易组织的地理标志（GI）认可。

继实居省粽糖和嗊吥省胡椒后，另外即将获得地理标志的本地产品，分别是马德望省特冒高县的大米、嗊吥省的榴梿和高棉省的丝绸。柬埔寨商业部国务秘书屋波佳在一项关于本地产品地理标志研讨会上表示，柬埔寨商业部正与联合国贸发会议专家继续研究考察，以获得世界贸易组织的资金和技术上的援助，让柬埔寨上述 3 种本地产品通过世贸组织的地理标志认可。

屋波佳表示，申请 1 种产品通过地理标志认可的经费至少需要 100 万美元，而联合国贸发会议很乐意为柬埔寨提供援助。

屋波佳称，目前获得商业部知识产权局认可的优质本地产品共有 22 种，而正准备申请地理标志认可的 3 种产品也在其中。

保护实居棕糖协会主席宋沙仁表示，获得地理标志认可后，实居省棕糖的销量和价格飙升。

宋沙仁表示，在收成季节结束后，协会在2014年内棕糖销量达30公吨，比2013年的25公吨，增长了20%。有地理标志的实居省棕糖1公斤5500瑞尔。

马德望省特冒高县拥有最大碾米厂的LORAN集团总裁林文兴表示，柬埔寨特冒高县的大米申请地理标志认证，将对柬埔寨大米在国际市场的知名度有很大的帮助。

另外，高棉丝绸协会主席高莫尼认为，申请高棉丝绸加入地理标志产品行列似乎太早，因为本地丝绸产量还很少。莫尼称，目前协会的生产丝绸会员约100人，一年生产量约1公吨，还不能满足市场需求。

地理标志，又称原产地标志。在世界贸易组织在有关贸易的知识产权协议中，对地理标志的定义为：地理标志是鉴别原产于一成员国领土或该领土的一个地区或一地点的产品的标志，但标志产品的质量、声誉或其他确定的特性应主要决定于其原产地。因此，地理标志主要用于鉴别某一产品的产地，即是该产品的产地标志。地理标志也是知识产权的一种。

（来源：南博网. http://www.caexpo.com/news/asean/jianpuzhai/jmzx_jpz/2014/05/14/3622673.html. 2014—05—14）

## 柬埔寨橡胶含金量大　成为本土致富之源

近年来，国际天然橡胶价格的走势不断飙升，带动了柬埔寨天然橡胶种植业与出口贸易的快速发展。柬埔寨的橡胶产业含金量巨大，2010年，柬埔寨出口橡胶3万吨，创收8600万美元；2011年，柬埔寨出口橡胶4.67万吨，创收2亿美元。

目前，柬埔寨政府为了确保柬埔寨橡胶产业的国际竞争力，柬埔寨制定了新的发展政策及有效措施来提高柬埔寨橡胶的质量和推动橡胶产业的发展。

橡胶产业在柬埔寨具有悠久的历史，但由于柬埔寨基础经济较为落后，科技技术设备无法满足现代化的发展，加上柬埔寨缺乏专业人才，使得柬埔寨的橡胶产业发展较为缓慢。

如今，橡胶耗用量成为一个国家工业化程度的重要标志，橡胶作为具有巨大经济价值的农作物受到国际市场的重视，而且它用途广泛，可再生性强。国际市场对橡胶的需求也逐渐增加，柬埔寨政府也实施了各种积极的政策扶持橡胶产业，鼓励国内外投资者投资，期望具有巨大发展潜力的天然橡胶产业能成为柬埔寨经济的发展支柱。

（来源：南博网. http://www.caexpo.com/news/asean/jianpuzhai/jmzx_jpz/2014/05/04/3621851.html. 2014－05－04）

## 柬埔寨橡胶产业发展潜力巨大

柬埔寨农林渔业部日前公布数据显示，柬埔寨全国橡胶生产企业共70家，其中乳胶厂30家，橡胶板加工厂36家，橡胶木加工厂4家，分布在5个省18个县。

截至目前，柬埔寨全国橡胶种植面积32.88万公顷，但许多胶林尚未长至割胶期，可割胶面积仅7.85万公顷，可生产乳胶制品8.52万吨。据柬埔寨农业部初步估计，到2018年柬橡胶种植面积将突破42万公顷，生产橡胶制品将达到40万吨。

（来源：南博网. http://www.caexpo.com/news/asean/jianpuzhai/jmzx_jpz/2014/05/04/3621751.html. 2014—05—04）

## 柬埔寨20年吸引外资超270亿美元

自1993年成立首届王国政府以来，柬埔寨执行经济市场开放政策，并一直在改善投资环境，旨在吸引外资投入，重建和发展国家。20年来，柬埔寨吸引大量外资，经济社会得以持续发展。

2015年，东盟经济共同体建成，柬埔寨的贸易投资环境将有新的变化，但是柬埔寨投资委员会官员称，贸易投资环境的新变化并没有影响柬埔寨的发展，因为投资者更多看重柬埔寨的国际市场。

柬埔寨发展理事会公共关系与私人投资促进局局长顺速波日前向商家表示，投资者在柬埔寨考察投资的时候，不能只看到柬埔寨1500万人口的市场，应该看到柬埔寨拥有6亿人口的东盟市场，更重要的是，柬埔寨还拥有美国、欧盟、中国等国际市场准入，出口关税优惠。

据柬埔寨发展理事会介绍，柬埔寨于1999年加入东盟，东盟经济共同体2015年建成后，柬埔寨将拥有6亿人口的东盟市场，同时，欧盟早于2001年向柬埔寨给予“EBA”即除武器外一切产品出口优惠的待遇，2004年，柬埔寨成功加入世界贸易组织，享有出口国际市场的权益。

顺速波局长表示，美国、欧洲国家、中国等24个国家和地区向柬埔寨提供“MFN/GSP最惠国待遇市场准入”，同时，中国、日本、韩国、美国（OPIC）、法国等24个国家也同柬埔寨签署了《投资保护和促进协议》，体现柬埔寨的投资环境依然受到各国投资者看重。

顺速波局长指出，在柬埔寨投资的理由是，经济开放、良好的宏观经济环境、具有竞争力的投资鼓励、一站式服务——便捷的28天投资审批程序、低廉劳工成本、区位战略、优惠贸易地位、东盟和世界市场准入。

柬埔寨鼓励的投资领域是：农业和农加工业、交通和通信业、能源和电力、劳动力密集型工业、制造加工业、旅游业、人力资源开发、石油、天然气、矿业。

20年开放以来，柬埔寨吸引外资超出270亿美元，对经济社会发展起到重要的作用。据统计，1994年至2013年，柬埔寨吸引大量的外来投资，排在前10名的有：中国96.11亿美元，韩国44.05亿美元，欧盟36.49亿美元，马来西亚26.20亿美元，越南15.24亿美元，美国12.94亿美元，中国台湾10.21亿美元，泰国8.99亿美元，中国香港8.70亿美元，新加坡7.86亿美元，日本3.91亿美元。前10名的外来投资累积突破270亿美元。

顺速波局长表示，柬政府开放所有投资行业，但从投资项目的集中来统计，所有投资集中农业10%、服务业17%，工业29%，旅游业44%。

随着国际环境和国内形势的变化，本地投资也开始为国家经济社会发展做出贡献。根据柬埔寨发展理事会的数据，在2008年国际金融危机之前，主要投资多来自外国，2008年以后的投资逐渐突显本地企业的实力，这也体现了国内企业开始有能力投资。

据统计，2008年，柬埔寨发展理事会批准的投资总额114亿美元，本地占36.73%；2009年批准投资63亿美元，本地占60.81%；2010年批准投资30亿美元，本地占14.91%；2011年79.84亿美元，本地占29.76%；2012年29.65亿美元，本地占42.08%；2013年33.14亿美元，本地占用68.80%。

由此可见在外资减少的时候，本地投资发挥了“替代”作用。顺速波进一步表示，柬埔寨政府的投资政策自由开放，外资企业可以100%占项目的所有股权而不需要找本地合作伙伴。同时，没有外汇管制，提供税务优待，柬埔寨是投资的好地方。柬埔寨总理洪森在2014年年初的“《2014～2018年柬埔寨商业一体化战略计划》发布会”上表示，柬埔寨政府决心不断改善商贸和投资环境，旨在吸收更多的投资、旅游和贸易，创造更多的就业机会，提高人民生活水平和促进减贫。

（来源：南博网. http://www.caexpo.com/news/asean/jianpuzhai/jmzx_jpz/2014/04/23/3621167.html. 2014—04—23）

## 柬埔寨将成《东盟特权与豁免协议》第4个东盟成员国

柬埔寨外交与国际合作部和国会外交、国际合作与新闻宣传委员会2014年4月10日在国会大厦召开会议，就柬埔寨将批准《东盟特权与豁免协议》的事宜进行深度讨论。国会外交、国际合作与新闻宣传委员会主席吴长文会后接受媒体采访时透露，柬埔寨将会批准《东盟特权与豁免协议》。

2009年10月泰国华欣举行的第15届东盟首脑会议中，东盟外交部长共同签署了《东盟特权与豁免协议》。该协议的目的为制定东盟法律框架，包含作为东盟政府间国际组织、东盟官员和工作人员、参与东盟举办的各项正式活动的人员享受特权与豁免权的规定。协定包括13项条款，对东盟在国际法和东盟成员国法律上的法人资格，东盟特权与豁免权（针对东盟资产、税收优惠、通信联络等）、东盟秘书长和东盟秘书处工作人员的特权与豁免权做出具体规定。

柬埔寨于2014年2月21日的内阁会议中已审批通过了柬埔寨批准《东盟特权与豁免协议》的草案。待国会审批通过和国王签署后，柬埔寨将正式成为批准该协议的国家。这意味着柬埔寨将成为批准该协议第4个东盟成员国家。

（来源：南博网. http://www.caexpo.com/news/asean/jianpuzhai/jmzx_jpz/2014/04/14/3620455.html. 2014—04—14）

## 银联国际在柬埔寨发行信用卡

2014年4月，银联国际与柬埔寨湄江银行共同在柬埔寨发行了首张银联白金IC信用卡。

此次发行的银联白金IC信用卡是一张国际支付卡，主要面向柬埔寨前往中国的商务人士和当地迅速增长的中产阶级，为他们的本地消费及国际出行提供支付便利。该卡为柬埔寨持卡人提供了优厚的积分计划及专属的旅行保险权益。目前，在东南亚地区，银联卡可在新加坡、马来西亚、泰国、印尼、菲律宾、越南、缅甸、柬埔寨、老挝和文莱等10个国家使用，柬埔寨8成以上的ATM和POS机接受银联卡。

（来源：中国经济网．http://finance.ce.cn/rolling/201404/10/t20140410_2630283.shtml．2014－04－10）

## 中国工商银行成为柬埔寨人民币业务清算银行

总部位于北京的中国工商银行（以下简称“工行”）于2014年3月25日宣布，柬埔寨国家银行已于2014年3月18日正式批准中国工商银行金边分行作为柬埔寨人民币业务清算行。

工行金边分行将为当地银行同业提供包括人民币账户管理、当地人民币同业清算、跨境人民币资金清算、流动性支持以及同业人民币资金市场服务等全面的人民币清算服务。这是工行继成为新加坡、老挝的人民币业务清算行之后，在中国境外的第3个国家成为获得监管部门批准的人民币业务清算银行。

工行相关负责人表示，工行金边分行自2011年11月成立以来，一直致力于拓展当地同业和柬埔寨央行的人民币业务，此次工行获准成为柬埔寨人民币清算行，亦表明当地监管机构对跨境人民币业务的重视和对工行人民币业务实力的认可。下一步，工行将以此为契机，努力为柬埔寨当地客户提供更加全面、高效和快捷的人民币服务。

作为全球最大的人民币银行，近年来工行进一步完善全球人民币清算网络。数据统计显示，2013年工行办理的跨境人民币业务量超过了2.1万亿元，较2012年增长近4成。自2009年业务启动以来，工行办理的跨境人民币业务量累计已近5万亿元。

工行新加坡分行作为中国人民银行指定的中国之外首家人民币清算行，自2013年5月开业至2014年2月末，实现平稳运行9个月，累计办理人民币收付业务超过8.9万笔，金额达到6.8万亿元人民币。特别是2014年以来，工行新加坡人民币清算行业务实现“井喷式”增长，仅2014年前2个月的清算量已达到4.2万亿人民币，超过2013年全年水平。

（来源：中国新闻网．http://finance.chinanews.com/fortune/2014/03－25/5991293.shtml．2014－03－25）

## 中国在柬埔寨建成首个农作物优良品种示范基地

中国农业部副部长余欣荣与柬埔寨农林渔业部国务秘书曼安诺于2014年2月27日在金边市郊共同为“中柬优质水果蔬菜示范基地”揭牌，这是中国在柬埔寨建设的首个农作物优良品种示范基地。

中国与柬埔寨优质水果蔬菜示范基地位于金边市郊，占地面积30公顷。该基地于2012年8月开始建设，目前已实验播种有哈密瓜、甜糯玉米、牧草、豆角等多种水果蔬菜品种。余欣荣称，该基地是中国在境外实施试验示范项目中的成功典范，将促进柬埔寨蔬菜水果产业的快速发展。

曼安诺表示，感谢中国对柬埔寨在农业发展上的帮助，在柬埔寨2013年的GDP中，农业比重超过50%。该示范基地的建成，不仅使柬埔寨农民增产增收，还能传承了中柬的传统友谊。

2010年10月29日，时任中国总理温家宝在越南河内出席第13次中国与东盟领导人会议时承诺，进一步实施优质高产农作物示范田建设，与东盟各国共同建设农作物优良品种试验站20个，示范推广面积100万公顷，繁育推广优良品种，提高农作物单产水平和生产能力。

（来源：国际在线．http://gb.cri.cn/42071/2014/02/28/6871s4442115.htm．2014—02—28）

## 中国电力建设集团中标柬埔寨公路项目

2014年2月23日，中国电力建设集团有限公司（以下简称“中国电建”）所属中国水电国际公司收到来自柬埔寨公共工程与运输部的中标函，中标柬埔寨13号国家公路改造工程及314D公路改造工程项目。

中标柬埔寨13号国家公路改造工程及314D公路改造工程项目位于柬埔寨柴桢省，其中13号国家公路改造项目道路全长62.43公里，314D公路改造项目道路全长25.49公里，工程内容包括加宽现有道路，铺设沥青路面及加高过水路段路堤等。

两大项目由中国水电通过激烈竞标获得，资金来源为亚洲开发银行，其中13号国家公路改造项目是亚行目前在柬埔寨单个项目合同额最大的公路项目。

此次成功中标是中国水电在柬埔寨市场非中国资金领域的重大突破，为中国水电多领域、多渠道开发柬埔寨市场，深化本地营销，奠定了良好的基础。

（来源：国务院国有资产监督管理委员会网站．http://www.sasac.gov.cn/n1180/n1226/n2410/n314289/15707720.html.2014—02—28）

### 柬埔寨首家燃煤发电站投入运营

柬埔寨首相洪森2014年2月25日出席设在西哈努克省首家燃煤火力发电厂启用仪式。

洪森首相在仪式上表示，该发电厂投入运营后将有利于减少对进口原油的依赖及降低电价，为促进柬埔寨经济社会发展和扶贫事业做出贡献。

由柬埔寨能源公司建设的西哈努克省首燃煤发电站投资总额为1.95亿美元，总装机100兆瓦，年发电量7.53亿千瓦。柬埔寨能源公司是马来西亚立达环球控股有限公司子公司。

据柬埔寨电力机构统计数据显示，目前，柬埔寨电力用户仅有226万户，电力人口覆盖率仅达50%。2013年柬埔寨供应量达1370兆瓦，同比增长67%。柬埔寨政府提出了2020年实现全国乡村电网全覆盖，2030年实现电力人口覆盖率达70%的目标。

（来源：中国—东盟博览会官方网站．http://www.caexpo.org/html/2014/zimaoqudongtai_0227/202978.html.2014—02—27）

### 柬埔寨公布《2014～2018年阶段商业一体化战略计划》

柬埔寨王国政府正式公布《2014～2018年阶段商业一体化战略计划》，目的是推动柬埔寨融入全球贸易并将贸易转化为推动柬埔寨经济发展的主要动力。

柬埔寨王国政府首相洪森在和平宫殿就公布《2014～2018年阶段商业一体化战略计划》举行仪式。洪森表示，贸易是柬埔寨促进经济增长过程中的优先领域，认为柬埔寨《2014～2018年阶段商业一体化战略计划》将有助于柬埔寨增加为2015年建成的东盟共同体做出的贡献。

洪森表示，从2007年至2013年的过去7年里，柬埔寨货物与服务出口金额增加1倍，从2007年的45亿美元增加至2013年的94亿美元。柬埔寨的主要出口货品包括：服装、鞋类、灯泡生产与装配、加工食品、鱼制品、糙米、木薯、橡胶、丝绸和旅游服务等。美国、欧洲各国、中国、泰国、越南、新加坡、马来西亚、日本和韩国等是柬埔寨的主要贸易伙伴。

（来源：中国贸促网．http://daibiaochu.ccpit.org/Contents/Channel_1482/2014/0224/380176/content_380176.htm.2014—02—24）

### 柬埔寨金边将建3个卫星城

柬埔寨金边市公共工程和运输局局长松碧盛透露，为实现金边市未来5年发展计划项目，金边市公共工程和运输局计划将在金边市建造3个新卫星城。

金边市公共工程和运输局局长松碧盛于2014年1月13日上午出席参加由公共工程和运输部召开的“总结2013年工作成绩及部署2014年工作”总结会上，发表上述讲话。

松碧盛表示，为实现金边市未来5年发展计划项目，金边市公共工程和运输局正在进行筹备工作，计划将在金边市辖区内建造3个新卫星城。松碧盛指出，金边市内计划建造9个卫星城，其中6个项目正在进行兴建，即万谷湖开发区项目、钻石岛卫星城、柬韩卫星城、GrandPhnomPenh卫星城、水净华卫星城和PlantinumCity卫星城。而另外3个卫星城正在进行筹备工作。

松碧盛介绍，正在筹备建造的3个新卫星城，即第一、在雷西郊区白达赛分区的卫星城（SatelliteCity）发展项目；第二、棉芷区尼罗分区的万初发展项目；第三、棉芷区长夏下社分区的绿市（GreenCity）发展项目。

松碧盛透露，卫星城发展项目的开发公司是由海外柬华投资公司负责，项目主要包括兴建住宅、商业中心和办公楼等；万初发展项目的开发公司是由Sokimex公司负责，项目主要兴建住宅区；绿城发展项目的开发公司是由AZ公司负责，项目主要部分是兴建住宅区。

（来源：人民网．http://gx.people.com.cn/n/2014/0117/c340462－20417211.html.2014－01－17）

## 印度尼西亚

### 印度尼西亚未来5年将加大对兴建工业区投资

印尼政府计划在2015～2019年间投资657.46万亿印尼盾在印尼建设工业区，首年度投资额

131.4万亿印尼盾，其中70%在爪哇岛外。印尼工业部长希达悦此前在雅加达表示，2015～2019年间增加爪哇岛外工业区预算开支，主要是因为爪哇岛内工业区基础已相对扎实，而爪哇岛外或印尼东部地区的工业区还为数不多。

印尼政府2014年已经颁发的2014年第3号国家法令规定投资建设工业区必须着重在印尼东区或爪哇岛外，这样才能逐渐平衡印尼全国工业区的发展，同时也达到经济平衡发展的目标。据统计，2013年爪哇岛外拥有的工业区仅达印尼工业区总数的28%。希达悦表示，希望爪哇岛外工业区比例2015年增为35%，到2035年增至45%。

（来源：南博网.http://www.caexpo.com/news/asean/yinni/jmzx_yinni/2014/06/25/3625546.html.2014—06—25）

## 印度尼西亚：符合要求的公司可继续出口原矿至2017年

南博网了解到，2014年1月11日，印尼颁布法令调整原矿出口禁令，放宽原矿石出口期限，允许符合要求的公司继续出口原矿石至2017年。据悉，这些公司均在某种程度上实现矿石精炼或者有确实计划修建矿石冶炼厂，共计有66家。其中就包括Freeport McMoRan和Newmont设在印尼的子公司，这两家公司目前占有印尼铜矿出口97%的份额。该法令还规定允许其他公司继续出口锰、铅、锌和铁矿石。

不过，上述调整后的新法令并非针对所有的原矿，对于矾土、镍、锡、铬、金和银矿石，印尼政府依然维持必须经过精炼后才能出口的规定。

总体而言，印尼此次对原矿石政策的调整对于安抚国内的矿业公司以及缓和印尼议会内部的反对声音是起到作用的。不过，此次原矿石政策调整的消极影响依然巨大，主要体现在就业领域。据印尼矿业企业联合会表示，已经有3万名工人失去工作，一些采矿行业信息渠道也表示有超过80万人面临失业危险，有20万矾土矿工人可能失去工作。印尼工会也对此表示出强硬态度。此外，该政策调整也会使短期内印尼经常账户受到不利影响，进而影响其货币与经济稳定。面对印尼巨大的就业压力，以及当前经济形势的不确定性，未来不排除印尼政府进一步放松对原矿石出口的限制。

不过，在发展印尼矿石冶炼业，延伸其价值链这一点上，印尼国内是坚持出口规定的，而且印尼各党派早已形成共识，因为这才有利于长远发展。

（来源：南博网.http://www.caexpo.com/news/asean/yinni/jmzx_yinni/2014/06/24/3625477.html.2014—06—24）

## 世界银行对印度尼西亚经济增长预期乐观

世界银行根据全球经济发展情况，调低了2014年全球经济增长预期，从2014年年初预估的3.2%降至2.8%，预计全球经济增长率2015年和2016年可增至3.4%和3.5%。其中，世界银行对美国、俄罗斯、印度等国的预估经济增长率均已下调，但对印尼维持5.3%的增长预期，虽然低于印尼2014年国家收支预算修正案中对经济增长5.5%的预期。世界银行还调高了印尼2015年经济增长预期，认为2015年和2016年经济增长率可增至5.6%，世界银行较为看好印尼未来2年的经济走势。世界银行认为，印尼已基本控制通胀率，保持货币稳定，市场信心有所增强，但继续实施原矿出口禁令，将致贸易赤字进一步扩大。

此外，如印尼政府提高燃油价格，将在一段时期内抬高通胀率，但最终将减少政府燃油津贴开支，促进宏观经济健康发展。

（来源：南博网.http://www.caexpo.com/news/asean/yinni/jmzx_yinni/2014/06/18/3624989.html.2014—06—18）

## 印度尼西亚发布限制含硼合金钢进口新规

2014年6月2日，印尼贸易部发布一项旨在限制含硼合金钢进口的新规定，根据新规，硼合金钢进口商需取得印尼工业部出具的有效期2年的推荐函，方可进一步取得印尼贸易部的进口许可证。新规将进口商分为两类，一类是生产型进口商，进口的目的是为下游生产；另一类为贸易进口商，进口的目的为转售。

印尼工业部制造工业司司长表示，将逐步完善生产商和进口商名录，并评估年度进口需求情况，以落实推荐函制度的实施，以促进印尼下游产业发展并适度控制进口。

据了解，此前印尼合金钢厂商曾多次要求印尼政府限制含硼合金钢进口。印尼钢铁工业协会主席伊尔凡曾公开表示，进口含硼合金钢大量涌入印尼，削弱了印尼生产商竞争优势，导致部分印尼厂商被迫减产。伊尔凡认为印尼政府必须采取行动，在保证汽车等工业原料供应的前提下限制合金钢进口。

（来源：中华人民共和国驻泗水总领事馆经济商务室 . http://surabaya. mofcom. gov. cn/article/jmxw/201406/201406006265-76. shtml. 2014—06—16）

## 调查称印度尼西亚 人均使用电子设备时间最久达 9 小时

国际市场研究机构明略行针对每天平均盯着智能手机、电视、笔记本电脑/台式电脑以及平板电脑的时间，以 30 个国家逾 1.2 万名年龄介于 16 至 45 岁的人为采访对象，做了一项调查。

调查结果显示，印尼人每天平均盯着电子装置荧幕的时间长达 540 分钟，居 30 个受访国首位，其次为菲律宾 531 分钟，第 3 名为中国大陆 479 分钟，美国排名第 5，为 444 分钟。

单就智能手机部分而言，调查显示，尼日利亚人每天使用智能手机的时间最久，平均达 193 分钟，其次是沙特阿拉伯 189 分钟，印尼 181 分钟。

中国大陆、美国、韩国、日本每天使用智能手机的平均时间分别为 170 分钟、151 分钟、144 分钟、135 分钟。

在笔记本电脑/台式电脑的部分，中国大陆民众每天盯着计算机及笔记本电脑的荧幕最久，平均达 161 分钟，其次是越南 160 分钟，第 3 是俄罗斯 158 分钟。

（来源：南博网. http://www. caexpo. com/news/asean/yinni/jmzx_yinni/2014/06/16/3624801. html. 2014—06—16）

## 中国经济增长对印度尼西亚 对外经济的敏感度正在增强

据南博网了解，由于美国和中国经济增长放缓，2014 年以来印尼出口增长成绩不乐观，至 2014 年年底出口可能仍然难以提振，而消费品进口依旧强劲，将导致经常账赤字进一步扩大。印尼最大银行万自立银行此前预测经常账赤字将从占 GDP 的 2.7%增至 3.1%，印尼央行据此可能再调高基准利率 0.25 个基点至 7.75%。

据南博网观察，尽管印尼贸易正趋向平衡，然而中国经济放缓对于印尼的出口是不利的。统计数据显示，2014 年前 4 个月，印尼出口总值为 585.93 亿美元，同比下降 2.63%；其中印尼对中国出口 62.04 亿美元，同比下降 9.25%。

相关研究表明，中国经济的增长对印尼对外经济的敏感度正在增强。印尼政府经济信息中心的研究数据显示，中国以 0.33 水平的敏感度级别位居第 1，美国为 0.11，日本和新加坡分别为 0.10 和 0.08。

因此，印尼政府在制定经济政策时需要更多地关注和考虑中国经济增长的因素。印尼经济统筹部长丹绒表示，印尼货币紧缩政策已达到最大限度，若再收紧将进一步妨碍经济发展。印尼 2013 年经济增长 5.8%，低于 6.3%的增长预期，2014 年 1 季度进一步放缓至 5.2%。2014 年以来，印尼政府一再降低经济增长预期，已从原来增长 5.8%～6.2%降至增长 5.1%～5.5%。

（来源：南博网. http://www. caexpo. com/news/asean/yinni/jmzx_yinni/2014/06/13/3624594. html. 2014—06—13）

## 丰田或将生产基地移向印度尼西亚

据悉，泰国动荡政局使日本汽车厂商印尼丰田阿斯特拉机车公司增加其机车产量，使印尼成为其生产基地。

为成为生产基地，丰田必须将产能提高 20%，而且还须在印尼开始生产可运用两种能源的混合动力汽车，因为混合动力技术支持印尼政府提倡的节能纲领。不过混合动力汽车价钱较普通汽车贵，吸引力不强，因此还须先进行深入研讨。

（来源：南博网. http://www. caexpo. com/news/asean/yinni/jmzx_yinni/2014/06/09/3624285. html. 2014—06—09）

## 未来 6 年印度尼西亚 将在基建领域投资 5503 亿美元

印尼致力于在 2020 年成为中等收入国家，但是其国内的基础设施还比较落后，这成为其经济发展的制约因素。因此，印尼表示将大力发展基础设施建设，在未来 6 年内，该国将在基础设施建设领域投资 5500 万亿印尼盾（约合 5503 亿美元）。

计划中的投资项目主要有公路、铁路、水路运输、城市建设等，具体为：公路建设 1070 亿美元，铁路建设 233 亿美元，市区运输建设 139 亿美元，海运建设 472 亿美元，河运和渡轮建设 76 亿美元，空运建设152亿美元，电力建设97亿美元，煤气及其他能源建设449亿美元，水资源建设916亿美元，卫生与净水建设559亿美元，民房与住宅区建设322.5亿美元，电子信息技术203亿美元。

（来源：南博网.http://www.caexpo.com/news/asean/yinni/jmzx_yinni/2014/06/06/3624175.html.2014—06—06）

## 印度尼西亚小麦消费趋升　市场潜力巨大

据南博网观察，随着人口数量的增加、饮食习惯的变化以及通货膨胀的上涨，印尼对小麦食品的消费呈现不断上升的趋势，推动着小麦进口的增加以及相关食品行业的商机显现。

中产阶级规模的增长及其饮食习惯的改变是推动印尼小麦消费需求增加的因素之一。因为越来越多的消费者趋向于西餐式的食品，如面条、吐司、比萨、甜甜圈、蛋糕、麦片、饼干等，而且小麦食品比大米更多的潜在健康益处使得其受到印尼人的青睐。另一方面，由于通货膨胀的上涨，较大米而言更为低廉的小麦食品就逐渐成为印尼消费者的新宠。

不过，印尼对小麦的需求严重依赖于进口市场，澳大利亚、加拿大和美国是其前3大小麦供应市场。在过去20年里，印尼小麦进口量增长超过3倍。相关报告显示，未来5年内印尼小麦进口量将大幅增长，并有望超过1000万吨，从而跃居世界上最大的小麦进口国，与埃及并齐。

据悉，在过去的20年，印尼小麦粉的人均消费量几近翻倍，目前印尼每年人均消费小麦粉约26公斤。不过，印尼小麦消费市场的巨大潜力也是基于这一数据，因为相对其他小麦消费大国（全球平均水平为76公斤）而言，印尼在这方面的市场还拥有深远的发展空间。

印尼小麦消费市场的巨大潜力推动了相关产业的发展，并吸引了外国投资者的到来。据悉，目前印尼面粉加工商的数量约为21家，而在1998年只有4家。2013年年初，日本三菱商事株式会社收购了印尼知名小麦粉制粉企业Sriboga Raturaya 10%的股份；印尼FKS Indonesia、马来西亚Malayan Flour Mills和日本丰田通商株式会社成立了合资公司PT Bungasari Flour Mills Indonesia，其首家工厂预计将于2014年在西爪哇投产。

（来源：南博网.http://www.caexpo.com/news/asean/yinni/jmzx_yinni/2014/06/03/3623892.html.2014—06—03）

## 印度尼西亚即将开放5个新经济特区

印尼经济统筹部经济特区全国委员会秘书艾诺透露，印尼政府为推动和加强印尼经济增长，将落实5个新经济特区的建设计划。艾诺表示，经济统筹部正深入研究5个新经济特区将实行的一系列许可证和条例事项，主要涉及海关、税务、许可证、移民和劳动力等方面的规定。

据悉，该5个新的经济特区是中苏拉维西省的巴鲁，北苏拉维西省的比东，西努省的曼达利卡，北马鲁古省的摩罗泰和苏南省的丹绒阿比阿比。此前规划的2个经济特区——万丹省的丹绒勒松和苏北省的塞芒吉将于2015年2月投入运作。

（来源：中华人民共和国驻泗水总领事馆经济商务室.http://surabaya.mofcom.gov.cn/article/jmxw/201405/20140500602190.shtml.2014—05—27）

## 印度尼西亚手机市场被进口产品支配

南博网了解到，目前印尼本土手机制造业发展得比较落后，手机市场为进口产品支配。据统计，2013年，印尼手机市场数量达到5000万台至5500万台，该年度印尼手机进口总额约28亿美元，同比增长7.7%，为印尼非油气类第1大进口商品。

据悉，印尼现有5家手机制造厂，生产能力每月达到50万台至60万台。不过，这些制造厂都在使用进口手机零件生产手机。印尼工业部高科技优势工业总署长布迪表示，这几家工厂若能最大限度提高产量，则本地工业将供应600万台手机，或等于20%市场份额。

此前，为了促进本土手机制造业的发展，印尼工业和贸易部表示将针对手机征收20%的奢侈品销售税，该税收制度的影响将波及印尼全国所售的手机，而不仅仅限于政府此前所提及的售价超过500万印尼盾（约合442.28美元）的高价手机。

（来源：南博网.http://www.caexpo.com/news/asean/yinni/jmzx_yinni/2014/05/27/3623506.html.2014—05—27）

## 印度尼西亚变石油进口国

据悉，1977年印尼每日生产168万桶石油，而每日只消耗大约 30 万桶燃油，因而成为石油输出国组织（OPEC）的成员。但是从 2003 年开始，印尼燃油消费一直上升，而产量一直下降，该国成了燃油进口国。

目前，印尼日产 85.7 万桶石油，全国燃油需求量则达每日 150 万桶，意味着该国不得不进口原油和燃油。据悉，印尼现在每日需要花费 1.5 亿美元进口燃油。

据悉，印尼油产下降是因为油井自然减少，燃油消耗增加是因为车辆不断增加。

（来源：南博网. http://www.caexpo.com/news/asean/yinni/jmzx_yinni/2014/05/23/3623247.html. 2014—05—23）

## 印度尼西亚原矿出口禁令促中企建镍加工厂

日前，8 家中国企业准备在印尼南苏省班塔英县投资 24 亿美元建造镍提炼工厂，依计划每家企业将把 120 吨镍加工成为镍铁、不锈钢等其他具有增加值的产品。这 8 家中国企业并不是组成一个财团形式，而是各自独立，有三四家企业已准备在 2014 年内落实投资，如神雾集团与 TitanMeneralUtama 公司合资的企业，华迪钢业集团和新华联集团的投资企业等。

除此之外，广新集团及广青科技参股的广青镍业60 万吨镍铁项目落户印尼中苏拉威西省 Morowali 县印尼经贸合作区青山工业园区，目前已经举行了开工典礼，这一项目将建设年产 60 万吨含镍量约 10%的镍铁，计划于 2016 年初投产。

这些企业纷纷在印尼投资建厂，是因为印尼实行的原矿出口禁令。2013 年，中国跃居世界最大不锈钢生产国，其利用红土镍矿生产的不锈钢产量占比超过 60%，而这些镍矿原料 99%来自进口，其中 55%来自印尼。可见印尼镍矿出口对中国企业的重要性。这一纸禁令使得很多中国企业无法正常开工，为此中国企业不得不另寻他途，其中之一就是到印尼去建设镍矿加工厂，以此绕过印尼的原矿出口禁令。

（来源：南博网. http://www.caexpo.com/news/asean/yinni/jmzx_yinni/2014/05/15/3622784.html. 2014—05—15）

## 未来 10 年中国将成印度尼西亚咖啡豆策略市场

据报道，中国庞大的咖啡消费市场吸引众多外资品牌进入，中国是印尼咖啡豆出口的潜在市场，印尼出口中国的咖啡豆预期每年将平均增长 20%。未来 10 年，中国将成为印尼咖啡豆的策略市场。

据悉，目前在中国销售的可比克产品进口来源都是从印尼，是从 2012 年开始进入中国市场，之后增长迅速，每年均以 30%～40%的速度实现高速增长，目前是中国咖啡市场的第 3 品牌。2014 年可比克品牌将加快在中国的扩张，继推出 4 种咖啡产品丰富产品线，还将进行全方位营销，销售将再创新高。

中国市场人口总量庞大，人均收入较高，目前中国咖啡消费量年均增长速度为 10%～15%，有望成为世界上最具潜力的咖啡消费大国。这对于外资咖啡品牌而言具有很大的诱惑力，也给印尼出口高质量的咖啡豆提供了机会。

（来源：南博网. http://www.caexpo.com/news/asean/yinni/jmzx_yinni/2014/05/09/3622367.html. 2014—05—09）

## 印度尼西亚成为全球第十大经济体

印尼经济发展迅速，将超越韩国和新加坡，列居全球第十大经济体。这是世界银行公布的 2011 年国际比较计划（ICP）统计数据所显示的。数据还显示，印尼将紧追巴西、法国、英国，对全球经济产出贡献 2.3%。上述 ICP 是世界银行依照购买力平价（PPP）标准来计算的，结果为全球前 9 大经济依次为美国、中国、印度、日本、德国、俄罗斯、巴西、法国、英国，印尼跃升 6 级，成为全球第十大经济体。

印尼总统苏希洛表示，目前印尼已经是中等收入国家，但是需要采取措施减少失业人数，降低贫穷人口的比率。世界银行预计，2014 年印尼的经济增长率为 5.3%。此外，作为印尼重要的贸易伙伴，中国 2014 年经济发展趋于缓慢，这将对印尼的出口产生一定负面影响。

（来源：南博网. http://www.caexpo.com/news/asean/yinni/jmzx_yinni/2014/05/06/3622030.html. 2014—05—06）

## 外资控制印度尼西亚 75%可可加工业

印尼可可厂商协会总主席希坤邦表示，印尼 75%可可加工厂是欧盟、美国和马来西亚等外国投资的跨国企业，印尼国内企业仅占 25%。希坤邦指出，印尼国内投资可可加工厂占率低的原因是资金短缺。

根据印尼可可厂商协会录志，外国投资可可加工企业至少有7家，Papandayan CocoaIndustry 公司、Barry Calebaut 公司等每年加工生产容量为12万吨。

（来源：南博网. http://www. caexpo. com/news/asean/yinni/jmzx_yinni/2014/04/22/3621093. html. 2014—04—22）

## 印度尼西亚地产商200亿元人民币投资成都建世界最大综合体

中国四川省成都市郫县与印尼力宝集团合作打造的“成都力宝东盟城”大型城市综合体项目正式签约。

资料显示，“成都力宝东盟城”是以发展现代服务业为主的高端产业项目，通过土地整理与合作开发，采取政府主导、专项规划、商业为主、配套住宅、分期实施、市场运作的模式，将打造成体量超过150万平方米的世界最大的城市综合体。

据介绍，“成都力宝东盟城”投资200亿元人民币，涵盖了商业规划、配套住宅、东盟商品展销馆、亚洲美食街、酒店等多个专项规划。项目建成后，将容纳6万人居住，超过1.4万家商户入驻。该项目也将成为承接中国产业由沿海向西部转移的国际商贸集散地，预计年营业额将达到600亿元人民币。

力宝集团是印尼最大的金融控股财团，旗下控有各国上市企业20多家，投资领域包括商业银行、保险、房地产、百货超市、制造业、信息技术、基础设施、传媒、医疗及娱乐服务业等，投资区域遍及印尼、新加坡、中国香港、美国、澳大利亚和中国，企业总资产规模达200多亿美元。

（来源：南博网. http://www. caexpo. com/news/asean/yinni/jmzx_yinni/2014/04/18/3620930. html. 2014—04—18）

## 印度尼西亚贸易部确定10种优势产品促进出口

印尼贸易部希望2014年其优势产品出口增长5.5%～6.5%达967～977亿美元，并希望该增长能助推印尼出口总值增长4.1%达1900亿美元。这10种优势产品包括棕榈原油和衍生产品、纺织与纺织产品、电子、橡胶和橡胶产品、木材产品、纸浆和家具、化学品、金属、机器、加工食品和机动车等。

印尼贸易部长穆哈默德·鲁特菲表示，印尼为推动产品出口已制定了5项策略，包括宣传、贸易保护措施、制订设施和条例提高竞争力、优化下游产业和替代进口提高竞争力，以及提高基础设施竞争力。

鲁特菲解释称，将优先向主要市场和前景明朗的市场出口，主要市场是指最近5年来贸易趋向顺差、以出口市场份额和出口值作为参考数据来确定的市场。而前景明朗的市场，是指最近5年来贸易趋向顺差、市值和出口市场份额提高，出口增长率逐渐的市场。其中，主要出口市场包括中国、日本、韩国、印度、新加坡、马来西亚、泰国、菲律宾、美国、荷兰、德国、意大利、西班牙和英国等14个国家。前景明朗的出口市场包括中国台湾地区、中国香港地区、土耳其、缅甸、柬埔寨、沙特阿拉伯、阿拉伯联合酋长国、伊朗、俄罗斯、乌克兰、巴西、墨西哥、阿根廷、秘鲁、智利、澳大利亚、南非、埃及和尼日利亚等19个国家及地区。

（来源：中华人民共和国驻泗水总领事馆经济商务室 . http://surabaya. mofcom. gov. cn/article/jmxw/201404/20140400538951. shtml. 2014—04—03）

## 8年来印度尼西亚外资总额激增463%

据悉，印尼国内外的投资价值每年都出现高幅上升，尤其在最近8年以来的投资值增长更是将近5倍之多。其中外国投资价值的增长，从2005年至2013年的增幅约达463%。

印尼内阁秘书部长迪波阿兰表示，在2005年印尼国内投资价值仅达21万亿印尼盾，2013年增加到51万亿印尼盾；2005年，印尼吸收外国投资额为30亿美元，2013年增至159亿美元。

（来源：南博网. http://www. caexpo. com/news/asean/yinni/jmzx_yinni/2014/04/03/3620009. html. 2014—04—03）

## 中国华为在印度尼西亚举办数字业务合作峰会

中国华为公司举办的2014年南太平洋地区数字业务合作峰会3月19日在印尼雅加达开幕，为期2天的会议就“数字时代的业务合作及共赢”这一话题进行深入交流和探讨。

华为南太地区部执行副总裁程琦在会议开幕式上表示，华为致力于协助运营商和合作伙伴为个人、家庭与企业提供丰富的数字业务与应用，共同创造价值，分享利益。

印尼旅游与创意经济部合作发展司长洛莉表示，印尼市场在数字时代拥有巨大的潜力和发展创新性业务的机会，希望印尼运营商、华为全球合作伙伴及社会各界共同为印尼打造一个数字化的生态系统。

据了解，共有超过100家华为全球合作伙伴和12家南太区域的领先电信运营商参加本次会议。

（来源：南博网. http://www.caexpo.com/news/asean/yinni/jmzx_yinni/2014/03/21/3619300.html. 2014—03—21）

## 印度尼西亚与中国达成出口燕窝检疫互认协议

据悉，印尼已与中国已达成"检疫互认协议"，并将着手签署协议。印尼贸易部国际贸易合作司司长Iman Pambagyo于2014年3月10日表示，有关直接输出燕窝到中国的协议已接近完成，印尼将不再需要通过马来西亚出口燕窝；印尼已完成中国政府提出的检疫要求，中国相关政府部门对印尼燕窝进行相关测试和产品检验后，印尼燕窝可直接输出到中国。同时根据互认协议，中国也将向印尼出口大蒜、果蔬等农产品。

此前印尼一直对中国大蒜等农产品出口在通关环节设置障碍。据悉，印尼每年将出口400吨燕窝到中国，货值高达7万亿印尼盾（约合6.4亿美元）。

（来源：中华人民共和国驻泗水总领事馆经济商务室. http://surabaya.mofcom.gov.cn/article/jmxw/201403/20140300521165.shtml. 2014—03—18）

## 印度尼西亚成为戴尔10个主要新兴市场之一

印尼区戴尔公司经理萨利赫·孟希表示，印尼是戴尔电脑制造商的10个主要新兴市场之一。

萨利赫·孟希还透露，在上述前10名中，东南亚地区仅有印尼和泰国等国，此外，亚洲地区还有中国和印度等国。

萨利赫·孟希指出，印尼是一个潜力巨大的市场，原因是该国年度经济增长率为6%，其中中产阶层（人均收入3600美元以上）日益增多，预计到2030年，印尼中产阶层人数可达9000万人。

与此同时，互联网数据中心预测，2014年印尼信息技术市场销售额可达168亿美元，其中通信、金融、生产和销售等领域消费占83%。

（来源：南博网. http://www.caexpo.com/news/asean/yinni/jmzx_yinni/2014/03/03/3617631.html. 2014—03—03）

## 印度尼西亚将严格限制12种进口服务业

印尼贸易部副部长巴尤表示，为了减少贸易平衡表上的赤字，同时也考虑到服务业方面经常出现过高的贸易逆差，印尼政府计划推出一项有关限制12种进口服务业产品的贸易法令。据悉，受到进口限制的服务业是配送服务、电信服务、教育服务、环保服务、财政服务、建筑与相关技术服务、社会保健服务、体育与文化休闲服务、旅游服务、运输服务等。

根据印尼贸易部的资料，印尼服务业在2013年前3季度的出口额为167亿美元，服务业进口额达249亿美元，服务业逆差额为82亿美元。

（来源：中华人民共和国驻泗水总领事馆经济商务室. http://surabaya.mofcom.gov.cn/article/jmxw/201402/20140200502903.shtml. 2014—02—17）

## 印度尼西亚工业部<br>要求66种工业品须具SNI认证

印尼工业部表示，为提高产品竞争力和消费者安全，将对66种工业产品强制实行印尼国家标准质量制度（SNI）。印尼工业部秘书长安沙利披露，2015年东盟经济共同体的实施将使外国工业产品可自由进入印尼，为防止进口产品自由涌入，非关税壁垒工具例如SNI是必需的，符合SNI的印尼产品更易于填补印尼国内市场。根据印尼工业部要求，须拥有SNI的产品包括电子产品、家具、金属产品、基础化学产品和下游产品，以及饮食品、机车产品和海洋产品等。

印尼锌厂协会第二主席阿古斯沙林对强制实行SNI规定表示欢迎，阿古斯沙林表示目前市场上不符合SNI的产品都是进口产品，其售价比拥有SNI认证的印尼本地产品便宜10%。

（来源：中华人民共和国驻泗水总领事馆经济商务室. http://surabaya.mofcom.gov.cn/article/

jmxw/201401/20140100458779. shtml. 2014—01—08)

### 印度尼西亚央行禁止市场采用比特币

印尼央行总裁阿古斯宣称，目前在印尼全境还不适宜采用比特币，因为这种用户自治的加密电子货币至今还没有在印尼央行正式登记。阿古斯称，在印尼境内使用比特币，与2011年有关在印尼流通货币的第7号法令不符。目前印尼还不可能把比特币当作市场交易工具。据悉，在印尼爪哇岛外有2家企业采用比特币作为网上交易工具。

（来源：中华人民共和国驻泗水总领事馆经济商务室．http://surabaya. mofcom. gov. cn/article/jmxw/201312/20131200435177. shtml. 2013—12—18)

### 印度尼西亚多项措施巩固珍珠开采大国地位

印尼海洋与渔业部长表示，为了巩固世界珍珠生产和出口大国地位，印尼已出台多项措施，其中包括海洋与渔业部将设立非消费产品发展司，加强珍珠生产的指导和协调；在海洋与渔业部营销总署的海产委员会中设立珍珠分会；在珍珠主产地龙目岛附近的巴厘卡朗阿森建设孵化中心；尽快颁布印尼珍珠国家标准认证；海洋与渔业部和印尼珍珠养殖协会合作，每年举办印尼珍珠联欢节，扩大国际影响并促进出口。

印尼一直是世界天然珍珠生产和出口大国，其南海珍珠产量占全球供应量的43%。但由于生产及加工技术等原因的限制，2012年印尼珍珠的出口创汇仅有2940万美元，约占世界珍珠出口总值的7%。

（来源：南博网. http://www. caexpo. com/news/asean/yinni/jmzx_yinni/2013/11/04/3606313. html. 2013—11—04)

### 印度尼西亚4种主要粮食仍依赖进口

尽管印尼是属于热带国家，但主要粮食如大米、玉蜀黍、小麦和混合麦、面粉和砂糖等，至今仍然依赖国外供应。

根据印尼中央统计局的数据报告，印尼2013年8月从印度、阿根廷、巴西、泰国和巴拉圭进口约18.3万吨、价值5374万美元的玉蜀黍；2013年1～8月，印尼从国外进口的玉蜀黍约为180.5万吨，价值5.44亿美元。

此外，印尼也从澳大利亚、加拿大、印度、美国和新加坡进口小麦和混合麦谷物，2013年8月份进口了约55万吨，价值1.91亿美元；2013年前8个月，印尼进口小麦和混合麦谷物约443.1万吨，总值16.6亿美元。

根据数据报告，印尼于2013年8月从斯里兰卡、印度、土耳其、乌克兰和日本等国家进口面粉约达1.15万吨，价值435万美元；2013年前8个月，印尼面粉进口量约为10.40万吨，总值4525万美元。

此外，印尼从泰国、马来西亚、澳大利亚、韩国和新西兰进口砂糖，2013年8月份的进口量约有1140吨，价值65.5万美元；2013年前8个月，印尼进口砂糖共5.25万吨，总值3111万美元。

（来源：南博网. http://www. caexpo. com/news/asean/yinni/jmzx_yinni/2013/10/10/3604360. html. 2013—10—10)

### 印度尼西亚跻身摩托车生产大国

近年来，印尼摩托车产业快速发展。据印尼摩托车协会统计，2012年印尼摩托车产量达到714万辆，在东南亚独占鳌头，仅次于中国和印度名列世界第3。预计2014年产量将突破780万辆。

（来源：南博网. http://www. caexpo. com/news/asean/yinni/jmzx_yinni/2013/09/23/3603193. html. 2013—09—23)

## 老　挝

### 老挝央行拟限制外币交易

老挝央行宣布将采取一系列措施限制外币在老挝的流通和交易，以保证老挝货币基普的稳定。

据悉，老挝央行目前已起草货币及贵重物品管理办法草案，正在征求相关各方意见，并于2014年内提交给内阁和国会审议。

除限制外币在日常交易中的流通外，草案还包括要求老挝所有本地企业、外国企业和国际组织必须使用老挝基普结算员工工资。目前在老挝市面上流通的外币主要为泰铢和美元，被广泛用于工资支付、购物、偿还贷款和缴付学费等。老挝央行认为外币的广泛流通已严重干扰老挝本国货币的稳定，为国家宏观经济稳健发展带来一定困难。

但许多居住于老挝边境的居民对此表示忧心，由于经常性的边贸往来，他们已习惯使用泰铢作为交易货币，该法案会给他们带来不便。

（来源：新华网 . http://news.xinhuanet.com/world/2014－06/18/c_1111208085.htm.2014—06—18）

## 老挝大力推动服务业发展

近年来老挝经济得到快速发展，服务业、矿业、水电、制造业、旅游业、农业等领域已经成为老挝经济增长的主要动力。在过去几年里，服务业对东盟地区各国GDP的贡献率最高，在此趋势下，老挝也在大力推动服务业发展。

目前，老挝服务业已经达到较大的规模。2012年，老挝服务业增长了8.1%，占GDP的39%。南博网获悉，近年来老挝经济开发区不断发展，而服务业在吸引投资上面的成绩喜人，在相关投资行业中占据了最大比重（49%）。

作为老挝最大的外资来源国，中国与老挝在服务业领域的合作有着深远的潜力。据悉，中国在老挝的服务业投资主要涉及酒店和商场，经营品种以服装、家电和通讯为主。在第3届中国（北京）国际服务贸易交易会上，老挝也向中国推介了自己的优势，如免税政策、低廉的土地租赁费用以及其他相关贸易便利化措施，希望吸引更多的中国投资者进入服务贸易领域。此外，随着东盟经济共同体正式建成的日子不断推进，未来老挝也将开放更多服务业自由化领域，中国投资者也将挖掘更多的商机。

（来源：南博网. http://www.caexpo.com/news/info/industry/2014/06/05/3624059.html.2014—06—05）

## 中国和老挝首部合作电影签约

2014年5月29日，2014中国—东盟博览会文化展在广西南宁举行电影签约仪式。中国和老挝首部合作电影《琅勃拉邦有我的爱》进行签约，中国和新加坡合作电影《遇见》进行信息发布。

据悉，2014年是中国—东盟文化交流年，《琅勃拉邦有我的爱》和《遇见》两部电影以中国—东盟博览会为背景，生动反映中国和东盟国家友好合作，讴歌中老两国人民、中新两国人民的友谊，意义重大。

（来源：南博网. http://www.caexpo.com/news/asean/laowo/jmzx_lw/2014/06/03/3623830.html.2014—06—03）

## 老挝经济开发区快速发展

老挝国民经济走向现代化的标志之一，就是经济开发区建设进入快速发展阶段。自2000年设立经济开发区以来，老挝共批准设立了10个经济开发区，其中有2个经济特区和8个专业经济区，占地1.36万公顷，共引资近43亿美元。

据老挝有关部门的统计，目前进驻上述10个开发区的国内外投资企业共100多家，其中有中国企业26家，其他国家企业74家，合资企业5家，协议资金42.7亿美元。在相关投资的行业中，服务业占49%、工业占33%、商业占18%。

（来源：南博网. http://www.caexpo.com/news/asean/laowo/jmzx_lw/2014/05/30/3623789.html.2014—05—30）

## 中资企业首次尝试商圈融资模式<br>助力老挝经济发展

老中银行与老挝三江有限公司2014年5月7日在老挝万象举行了综合授信合作协议签约仪式，首次尝试“商圈融资模式”，助力老挝经济发展。中国驻老挝经济商务参赞赵文宇、老中银行行长邓预、老挝三江有限公司董事长丁国江以及三江商贸城的众多商户代表共同出席。

老中银行与老挝三江有限公司此次签署的综合授信合作协议，主要由老挝三江有限公司、老挝三江大酒店和董事长丁国江个人所持三江公司股份作为担保，老中银行为三江商贸城商户提供流动资金贷款，商铺租赁权质押按揭贷款两项金融服务。

本次合作协议的签署，是老中银行成立以来首次的银企合作，“商圈融资模式”在老挝当地也属首次尝试。

老中银行成立于2014年1月，是由中国云南省省级地方性股份制商业银行、富滇银行股份有限公司和老挝本地最大的商业银行老挝外贸大众银行在老共同投资设立的合资金融机构，是老挝央行批准的首家中老合资银行，是中国银监会批准的中国城市商业银行在境外设立的首家经营性机构。

（来源：南博网. http://www.caexpo.com/news/

asean/laowo/jmzx_lw/2014/05/09/3622370. html. 2014—05—09)

## 老挝银联卡芯片化将推网上支付业务

2014 年 3 月 20 日，银联国际与老挝最大商业银行——老挝外贸银行在万象签署合作协议，启动老挝的银联卡芯片化迁移，并加深发卡及网上支付等领域的合作。

根据协议，今后双方在老挝合作发行的银联卡将全部为芯片卡，老挝外贸银行旗下 ATM 和 POS 也将尽快实现银联芯片卡全面受理。同时，2014 年年内双方还将合作推出航空联名白金信用卡、旅游预付卡等更多特色产品，并开通银联卡跨境网上支付，老挝的银联卡产品和服务体系将更加完善。

（来源：南博网. http://www.caexpo.com/news/asean/laowo/jmzx_lw/2014/04/10/3620319. html. 2014—04—10)

## 互联互通建设提速<br>中老政府间铁路协议商谈启动

当前，中国—东盟自由贸易区建设不断推进，互联互通建设不断提速。为了推进区域互联互通和共同发展，2014 年 4 月 8 日，中国与老挝就推进中老全面战略合作伙伴关系达成新的共识，共同宣布启动中老政府间铁路协议商谈，并争取尽早签署。

目前，中国在铁路修建（包括设计线路、铺设铁轨、提供信号平台等）以及铁路运行（包括机车车辆和城轨车辆等）方面都已经掌握了丰富的经验，中国的铁路技术已经完全可以走出国门。近年来，中国铁路出海步伐加快，目前已和 50 多个国家和地区建立了高铁合作关系，签订合作意向的国家包括俄罗斯、伊朗、泰国、巴西等多个国家。

近年来，中国与老挝经贸投资合作不断紧密，中国在 2011 年就已经成为老挝最大的外资来源国。老挝政府曾提出到 2020 年基本摆脱不发达状态，但目前该国的基础设施条件比较落后，中国与老挝在这方面的合作也在不断加强。2012 年，双方通过了老挝与中国铁路连接的磨丁—万象铁路项目方案，据悉，该项目耗资 70 亿美元，铁路通后不仅可以将产自东南亚的矿产和原材料运往中国边境，而且也将成为泛亚铁路网的重要组成部分。

（来源：南博网. http://www.caexpo.com/news/asean/laowo/jmzx_lw/2014/04/09/3620239. html. 2014—04—09)

## 中国与老挝签署合作协议加强林业合作

援老挝北部森林可持续管理示范项目合作协议签字仪式于 2014 年 3 月 31 日在老挝农林部举行，亚太森林组织秘书长曲桂林、老挝农林部林业司代司长坎派·玛尼翁代表中老双方在协议上签字。中国国家林业局副局长陈述贤与老挝农林部副部长迪·蓬玛萨博士共同出席活动并致辞，中国驻老挝经济商务参赞赵文宇及中老媒体等参加上述活动。

老挝北部森林可持续管理示范项目是中国在第 9 届亚欧首脑峰会倡议提出，由中国国家林业局委托亚太森林网络负责规划、设计和组织实施。项目由老挝农林部负责实施，执行期 5 年，项目总金额约 360 万美元，其中中国政府通过亚太森林组织资助 300 万美元，老挝配套 60 万美元。项目主要在老挝北部的南塔、乌都姆塞和波乔三省以及中国云南西双版纳自然保护区开展退化林恢复示范、社区林可持续经营模式探索、联合森林执法、跨境生物多样性保护机制建设、森林恢复与管理最佳实践经验的信息共享等。该项目将有利于加强两国林业交流与合作，推动两国林业共同发展。

（来源：中华人民共和国驻老挝人民民主共和国大使馆经济商务参赞处. http://la.mofcom.gov.cn/article/jmxw/201404/20140400537624. shtml. 2014—04—02)

## 中老合作更加紧密　中国成老挝最大投资国

2014 年 1 月 29 日，由中国驻老挝大使馆、老挝老中合作委员会共同主办，老挝中国商会协办的中老经贸合作成果展在老挝万象举行。展览通过“双边贸易投资”、“中国在老援助项目”、“中资企业在老公益投入”3 个部分共 83 张图片，全面展示了中老经贸合作给老挝人民带来的利益和福祉、近年来中老经贸合作取得的丰硕成果和美好前景以及中老全面合作伙伴关系的丰富内涵。老挝政府副总理阿桑·劳里出席开展仪式并与中国驻老挝大使关华兵一起为成果展剪彩，并参观了展览。

关华兵表示，2013 年是中老经贸合作取得重大发展的一年，中老双边经贸关系发展顺利，合作水平不断提高，合作领域不断扩大，合作内容不断丰富。据中方统计，2013 年 1～11 月，中老贸易额达 20.3 亿美元，同比增长 29.62%。据老方统计，截至 2013 年 11 月，中国在老挝投资额累计 50.85 亿美元，已经成为所有在老挝投资国家中的首位。

（来源：南博网. http://www.caexpo.com/news/asean/laowo/jmzx_lw/2014/03/24/3619388.html. 2014—03—24）

## 中国北方国际投资的南湃水电站举行特许经营协议签约仪式

2014 年 2 月 28 日，老挝南湃水电站特许经营协议签约仪式在万象举行。老挝政府副总理宋沙瓦、计划投资部副部长本塔维、能源矿产部副部长坎玛尼、赛松本省副省长庞康、计划投资部部长助理兼老中合作委员会副主席维吉以及中国驻老挝大使关华兵、中国北方国际副总经理兼南湃电力有限公司董事长张世平、南湃电力有限公司总经理齐岳等出席上述仪式。

南湃水电站由中国北方国际香港全资子公司誉星发展有限公司（持股 85%）与老挝国家电力公司合资组成的南湃电力有限公司（持股 15%）投资，装机 8.6 万千瓦，年均发电量约 4.2 亿千瓦时。

（来源：中华人民共和国驻老挝人民民主共和国大使馆经济商务参赞处. http://la.mofcom.gov.cn/article/jmxw/201403/20140300505685.shtml. 2014—03—03）

## 老挝矿业开发中铜矿投资居首位

老挝计划投资部的统计数据显示，老挝全国获批的矿产类投资项目达到 470 个，项目特许经营面积 3.63 万平方公里，总投资额 59 亿美元。其中，北部省份的特许经营面积最大，达到总面积的 59%。

老挝全国获批并进行勘探、开采的矿产项目主要集中在 21 种矿产中，其中投资项目数量最多的是铜矿，有 49 个项目，占总项目数的 24.02%，面积 1.45 万平方公里，占总面积的 39.82%；排名第 2 的是铁矿，共有 29 个项目，占总项目数的 14.12%，项目面积 3428 平方公里，占总面积的 9.44%；排名第 3 的是金矿，有 24 个项目，占项目数的 11.76%，项目面积 4394 平方公里，占总面积的 12.10%；排名第 4 的是煤炭，有 18 个项目，项目面积 2782 平方公里，占总面积的 7.66%。

矿产投资项目分布在全国各地，北部有 15 种矿产，特许经营面积 2.14 万平方公里，其中，铜矿占面积达一半以上，达到 57.56%，接下来依次是金矿、铁矿和煤炭；中部有 13 种矿产，特许经营面积 7584 平方公里，其中钾矿 2923 平方公里，占中部总特许经营面积的 38.55%，其次是金矿，2130 平方公里，占中部总特许经营面积的 28.10%，接下来是铁矿，占中部总面积的 14%；南部有 7 种矿产，特许经营面积 7297 平方公里，其中铝土矿面积 3101 平方公里，占南部总特许权区面积的 42.50%，接下来依次是铜矿和铁矿，分别占南部总特许经营面积的 23.24%和 15.39%。

（来源：南博网. http://www.caexpo.com/news/asean/laowo/scfx_lw/tzhj_lw/2014/02/11/3615477.html. 2014—02—11）

## 中国勐康—老挝兰堆口岸开放

2013 年 12 月 28 日，中华人民共和国勐康口岸—老挝人民民主共和国兰堆国际口岸举行开放仪式。

勐康口岸位于云南省普洱市江城县，与老挝丰沙里省相邻，勐康口岸是中国“十一五”规划建设的一类口岸，是云南省通往老挝及东南亚最便捷的陆路通道之一，口岸性质为双边公路客货运输口岸。勐康口岸于 2008 年 7 月正式开工建设，2011 年 7 月中国国务院正式批准勐康口岸为国家一类口岸，2013 年 11 月顺利通过国家级验收，12 月 18 日中老两国完成外交换文正式开放。

据了解，2013 年 1～11 月，中国勐康口岸完成进出口贸易额 1798 万美元，与 2012 年同比激增 99%，主要进出口货物有煤、木材、甘蔗、建材、农机具、日用百货等。

（来源：南博网. http://www.caexpo.com/news/asean/laowo/jmzx_lw/2014/01/02/3612253.html. 2014—01—02）

## 中国公司将建设老挝万象最高的五星级酒店

中国重庆方德房地产开发公司与老挝国防部 2013 年 12 月 3 日在老挝万象宣布，将合作开发包括一座高达 33 层的五星级酒店在内的一处大型商业地产项目，建成后该酒店将成为目前万象最高的一座酒店建筑。

中国驻老挝经济商务参赞赵文宇、重庆方德房地产开发公司董事长樊彦、老挝国防部办公厅主任康希、老挝经济合作局局长康米等出席了仪式。

据介绍，“拉莎翁广场”的地产项目位于老挝首都万象市区，由重庆方德房地产开发公司与老挝国防部共同开发，总投资约1亿美元。项目除一座33层的五星级酒店以外，还包括23层的写字楼和公寓楼各一座，5层的医疗康复中心和购物中心各一座以及2层的地下车库一座，总建筑面积约12万平方米。项目于2014年2月开工，预计2016年底完工。

樊彦表示，老挝近年来连续保持8%左右的经济增长率，经济发展迅速且潜力巨大，商业地产前景明朗。

据了解，由于历史文化以及经济发展水平等原因，万象市区多数都是低层建筑，目前层数最高的酒店只有14层。

（来源：南博网. http://www.caexpo.com/news/asean/laowo/jmzx_lw/2013/12/05/3609331.html. 2013—12—05）

### 中国昆明海关与老挝、泰国海关共促通关便利化

中国昆明海关与老挝、泰国海关国际合作迈出实质性步伐。2013年11月26日，中国、老挝、泰国沿昆曼公路、澜沧江—湄公河国际航道沿线海关联络员会议签署会议纪要，3方海关共同商讨在打击走私违法犯罪活动、促进通关便利化等方面加强合作。

此次会议商讨了联络员工作的职责和内容、开展工作方式以及联络渠道等，就国际合作方面的做法和经验进行了交流，就各方的合作需求进行了讨论。根据纪要，3方海关将积极发挥联络员作用，加强昆曼公路、澜沧江—湄公河国际航道沿线海关间的沟通与交流，在海关法律法规信息交换、共同打击走私违法犯罪活动、促进通关便利化等方面加强合作。昆明海关副关长旦巴加措表示，此次会议将助推3方海关的务实合作，昆明海关也将积极促进云南省大通道建设及边境地区贸易安全与便利化。

（来源：南博网. http://www.caexpo.com/news/asean/laowo/jmzx_lw/2013/11/28/3608761.html. 2013—11—28）

### 中国与老挝将磋商经济合作区路线图

2013年11月19日，中国云南省澜沧江—湄公河次区域（GMS）经济合作协调小组办公室副主任施朝秉表示，“中老将就磨憨—磨丁经济合作区路线图展开实质性讨论和磋商”。

施朝秉表示，在2013年10月16至17日召开的中国云南—老挝北部合作特别会议暨工作组第6次会议上，云南省副省长高树勋与老挝南塔省省长平玛松·棱坎玛共同签署了“建设中国磨憨—老挝磨丁经济合作区的备忘录”，双方将就合作区建设路线图、相关政策及推进措施展开实质性讨论和磋商。

施朝秉介绍，中老经济合作区路线图将划定合作区区域，商定合作框架，制定合作区总体规划和控制性详细规划，建设基础设施及开展招商引资等。

2004年，中老两国决定，建立中国云南—老挝北部合作工作组。该机制启动以来，中国和老挝在贸易、农林及替代种植、能源及矿产投资、旅游文化、交通通讯、教育科技、公共卫生、边境警务等方面合作取得显著进展。中国中央企业在老挝水电开发等领域持续保持订单优势。

2013年上半年，中国云南省和老挝进出口贸易额达2.1亿美元，同比增长40.8%，其中，云南省出口7684万美元，同比增长14.6%；进口1.33亿美元，同比增长62.3%。

施朝秉指出，但双方仍存在部分项目进展缓慢、难以推动，贸易客货运输便利化不足等问题。

云南省社会科学院副研究员杨思灵分析，中老作为传统友好国家，理应建成高水平边境经济合作区，因此中国有必要与老挝健全、深化安全领域合作机制，相应进一步提升中老全方位合作水平。

施朝秉认为，中老双方将以经济合作区建设为抓手，积极推动两国更高水平经济合作。

（来源：南博网. http://www.caexpo.com/news/asean/laowo/jmzx_lw/2013/11/21/3608059.html. 2013—11—21）

### 太平洋证券在老挝合资证券公司开业

2013年11月16日，由中国太平洋证券股份有限公司与老挝农业促进银行、老挝信息产业有限公司合资成立的老—中证券有限公司举行开业庆典。老挝政府副总理宋沙瓦、国家企业改革委员会主席赛辛里、中央银行副行长宋赛、证券管理委员会办公厅主任瓦塔纳、证券交易所副主席帕克、农业促进银行行长本恩、老挝信息产业有限公司董事长维来坎、总经理维陪以及中国驻老挝大使关华兵、中

国驻老挝经济商务参赞赵文宇、太平洋证券股份有限公司战略发展委员会主席涂建、总经理李长伟等出席上述仪式。

在仪式上，老—中证券有限公司与老挝外贸银行签署了《证券资金清算合作协议及长期战略合作备忘录》。

老—中证券有限公司成立于2013年6月，并于同年11月16日获得老挝证管委颁发的永久牌照，公司属综合类全资质证券公司，可按老挝证券法开展所有证券业务。该公司是经中国证监会批准在国外设立的首家证券金融机构，也是继老挝—越南、老挝—泰国证券公司之后，老挝第3家合资证券公司。该公司总投资额1000亿基普（约合8000万元人民币），太平洋证券股份有限公司占股39%，老挝农业促进银行占股41%，老挝信息产业股份有限公司占股20%，太平洋证券有限公司负责委派总经理及业务管理团队。

（来源：中华人民共和国驻老挝人民民主共和国大使馆经济商务参赞处. http://la.mofcom.gov.cn/article/jmxw/201311/20131100394549.shtml. 2013—11—18）

## 老挝政府叫停投资稀土加工行业

据悉，出于环保考虑，老挝政府决定取消4家中资企业在老投资的稀土加工厂生产许可证。上述4家中资企业均已投资建厂，其中3家民营企业、1家港资企业。

（来源：中华人民共和国驻老挝人民民主共和国大使馆经济商务参赞处. http://la.mofcom.gov.cn/article/jmxw/201311/20131100392243.shtml. 2013—11—15）

## 老挝3种农产品正式获准以一般贸易方式进入中国

从中国云南出入境检验检疫局获悉，老挝西瓜、香蕉、木薯干已完成输华检验检疫准入，正式获准以一般贸易方式进入中国。

近年来，随着中国和老挝政府禁毒工作国际合作的进一步加强，老挝政府积极引进外资进行罂粟替代种植，云南省政府积极推进“桥头堡”战略，鼓励中国企业到老挝投资开发，与老挝的经贸合作呈现出良好的发展态势。截至2012年年底，累计完成境外罂粟替代种植超过6万公顷，带动了老挝北部地区农业经济发展，老挝政府希望扩大农产品对云南的出口，并希望中老双方尽快解决输华农产品贸易检验检疫准入问题。

随后，云南出入境检验检疫局成立老挝农产品输华风险分析工作组，于2012年6月正式启动对老挝输华农产品有害生物风险分析工作。1年多来，工作组查阅大量资料，赴老挝种植基地开展疫情调查，掌握了老挝香蕉、西瓜及木薯干的病虫害发生情况，完成了风险分析报告，并于2013年6月20日顺利通过国家质检总局组织的专家评审，为中老两国正式签署农产品输华协议奠定了科学基础。

2013年9月26日，中国国家质量监督检验检疫总局与老挝农林部共同签署《关于老挝西瓜输华植物检验检疫要求议定书》、《关于老挝香蕉输华植物检验检疫要求议定书》和《关于老挝木薯干输华植物检验检疫要求议定书》3份协议，标志着老挝西瓜、香蕉和木薯干等农产品完成了输华检验检疫准入，正式获准以一般贸易方式进入中国。

云南出入境检验检疫局有关负责人表示，协议的签署有效解决了上述农产品输华和替代种植农产品大量返销中国的问题，必将促进中国农业“走出去”战略的实施和促进云南省境外罂粟替代种植的发展。

（来源：南博网. http://www.caexpo.com/news/asean/laowo/jmzx_lw/2013/10/08/3604084.html. 2013—10—08）

## 老挝政府规范矿产开发

在2013年7月召开的老挝七届国会五次会议上，老挝国会要求尽快出台规定，遏制矿产滥采带来的巨大环境损害；对一些不遵守相关法律法规的矿产公司，老挝政府可以终止合同，取缔违法开采行为。

同时老挝政府正在对一些已取得采矿许可但迟迟不进行开发的企业进行检查，必要时将吊销其采矿许可。

为保护环境，规范开采活动，2012年6月，老挝政府出台规定，2016年前不批准新的采矿申请，但是事关国计民生的煤炭开发不在此列。

（来源：南博网. http://www.caexpo.com/news/asean/laowo/zcfx_lw/zcdx_lw/2013/09/22/3603122.html. 2013—09—22）

## 上海福伊特“走进”老挝

2013年9月10日，全球领先的技术与工业服务供应商福伊特集团宣布，旗下上海福伊特水电设备有限公司已正式启动老挝纳姆欣本水电站的设备整体总承包项目，这标志着上海福伊特水电在开拓东南亚水电市场方面再获突破。

上海福伊特水电赢得为老挝纳姆欣本水电站提供水轮发电机组的合同，为纳姆欣本水电站提供2台15兆瓦灯泡式水轮发电机组和包括变压器、开关站等在内的全部电站辅助系统。同时，作为该项目的总承包商，上海福伊特水电还将承担工程的设计和管理、系统的集成和运行等工作。

上海福伊特水电设备有限公司总裁安瑞田表示，作为福伊特水电在华基地和德资所有的中国本土企业，上海福伊特凭借强大的本土设计、制造、管理和执行能力，已成为中国水电市场上的主要供应商。此次电站设备整体总承包项目的启动是上海福伊特水电开拓海外市场的一个里程碑。上海福伊特水电设备有限公司期待着东南亚市场成为水电市场的主要驱动力。

老挝水利资源丰富，不断加大对电力能源建设领域的投入。老挝政府计划2030年将发电量增加到2.3万兆瓦，并将对泰国、越南、柬埔寨等国出口。而成立于1867年的福伊特是全球领先的水力发电解决方案供应商之一。早在1910年，福伊特就为中国第一座水电站——云南石龙坝水电站提供了水轮发电机组设备。

（来源：南博网. http://www.caexpo.com/news/asean/laowo/jmzx_lw/2013/09/16/3602802.html. 2013—09—16）

# 马来西亚

## 马来西亚拟在3年内建设1000座电讯塔

据《南洋商报》报道，马来西亚通讯及多媒体部长阿末沙伯里表示，政府希望在未来3年，兴建1000座电讯塔，以提高网速。阿末沙伯里表示，马来西亚总理在2014年财政预算案中宣布，专门拨款提高网速，政府希望在2018年将网速提高至48～50mbps，目前马来西亚网速在5.8～5.9mbps之间。

（来源：南博网. http://www.caexpo.com/news/asean/malaixiya/jmzx_mlxy/2014/06/20/3625163.html. 2014—06—20）

## 马来西亚与中国香港将加强伊斯兰金融合作

据《南洋商报》报道，马来西亚证券监督委员会将与中国香港证券及期货事务监察委员会紧密合作，加强马来西亚与中国香港两地的伊斯兰金融市场。马来西亚证监会主席表示，马来西亚是伊斯兰基金在亚洲的主要门户，联通中东和欧洲市场，中国香港可利用马伊斯兰基金的管理能力，马来西亚也将从作为国际金融中心的香港市场获益。

（来源：南博网. http://www.caexpo.com/news/asean/malaixiya/jmzx_mlxy/2014/06/20/3625153.html. 2014—06—20）

## 中国—马来西亚贸易“网上丝绸之路”开启

2014年5月31日，中国—马来西亚经济高层论坛在北京举行，期间，渤海商品交易所（以下简称“渤商所”）与马来西亚JC Capital管理公司交换了战略合作框架协议，双方决定强强联手推动马来西亚燕窝、棕榈油等特色资源产品在渤商所挂牌销售。渤商所作为国内首家开通现货商品跨境交易人民币结算业务的非银行类机构，与马来西亚达成全面合作关系，积极筹划立足自身电商平台，开启两国贸易的“网上丝绸之路”。

根据合作协议，未来中马两国企业可通过渤商所的跨境电子商务平台，直接使用人民币结算来完成燕窝、棕榈油等马来西亚特色资源产品的进出口贸易，通过集支付、清算、物流、仓储、贸易和技术为一体的“线上自贸区”实现国际贸易的转型升级。

据悉，JC Capital管理公司是一家新兴的大型跨国企业集团，致力于服务马来西亚的大宗商品产业转型升级，是马来西亚领先的大宗商品运营商和服务商。此次与渤海商品交易所合作，双方将依托各自优势，在产品开发、市场拓展、人员培训、信息共享等方面展开全面深入的合作。

目前，中马关系正处于最广泛、最活跃、最富有成果的时期，渤商所此时与建彰资本管理有限公司共同推动马来西亚生产企业进入渤商所现代现货市场，将马来西亚特色资源产品及优势产品通过渤商所的跨境电子商务平台进行销售。此举得到了马来西亚政府相关部门的政策支持，将在交易商资质审核、商品商检通关、资金跨境结算等方面实施一系列有利于贸易便利化的措施，为马来西亚商品在渤商所挂牌上市营造良好的合作环境。马来西亚燕窝、棕榈油即将登陆渤商所，柴油、天然气等国家战略能源也将被纳入现代现货市场。

马来西亚国际贸易与工业部部长慕斯塔法表

示，马来西亚特色资源产品登陆渤商所，可以加速马来西亚产业链上企业实现生产集约化、贸易电商化、管理标准化、物流现代化、产品品牌化，满足双边贸易需求。马来西亚有关职能部门将积极配合，做好落实工作，在企业资质审核、商品商检通关、资金跨境结算等方面采取一系列有利于贸易便利化的措施，营造良好的贸易环境，进一步促进双边经贸合作多元化稳步发展。

（来源：南博网. http://www.caexpo.com/news/asean/malaixiya/jmzx_mlxy/2014/06/19/3625108.html. 2014—06—19）

## 马来西亚经济将稳健发展

随着外部市场的复苏以及内部环境的推动，2014年马来西亚经济将全面向好，稳健发展。

外部的利好因素在于欧美市场经济的缓慢复苏以及其他国际市场的逐步好转，拉动了马来西亚出口业的前进。南博网了解到，2014年1季度，马来西亚出口出现明显涨势，在很大的程度上推动该国经济的增长。2014年1季度，马来西亚出口总额为569.8亿美元，同比增长10.9%。其中，制造业产品出口表现突出，实现13%的高增长；农产品、矿产品等也呈现增长态势。

内部的促进因素主要表现在强劲的内需以及私人投资方面。统计数据显示，2014年1季度，马来西亚整体消费增长了7.8%，私人消费和公共消费均为增长状态：在劳动力市场稳定、工资上涨拉动下，私人消费增长了7.1%；在政府加大供给和服务支出的情况下，公共消费增长了11.2%。私人投资的强势恢复也推动着马来西亚经济的发展。据统计，2014年1季度马来西亚私人投资增长了16.7%，达444亿林吉特，占据总投资的66.5%，在服务业以及制造业领域表现尤其出色。

此外，马来西亚外商投资信心的恢复以及经商环境的改善等也使得该国经济的稳定发展。根据日前全球管理咨询公司科尔尼公司发布的文告，2014年马来西亚的外来直接投资信心指数上升了10位，列居全球第15位。而根据此前《经济学人》旗下经济学人智库公布的《2014年至2018年全球最佳营商环境》报告，马来西亚总体营商环境有所改善，总排名从第24位跃升至第19位，首次跻身全球前20的位置。2014年世界银行全球经商环境报告也显示，马来西亚经商环境排名跃升至第6位；在2014年全球竞争力报告中，马来西亚排名第12位。

从当前的形势来看，马来西亚经济将得以稳健前进。据悉，2014年1季度，马来西亚经济超预期增长6.2%。2014年，马来西亚经济增速或能达到5%。马来西正致力于在2020年以前实现高收入国家的目标。

（来源：南博网. http://www.caexpo.com/news/asean/malaixiya/jmzx_mlxy/2014/06/16/3624826.html. 2014—06—16）

## 马来西亚最大太阳能发电厂建成发电

据《南洋商报》报道，马来西亚企业AMCORP投资8700万林吉特在金马士建成马来西亚最大太阳能发电厂。该发电厂占地2.27公顷，装置4.11万块太阳能发电板，发电产能10.25兆瓦，每日可提供4.1万千瓦电能。另外，该电厂所用太阳能电池板由一家中国公司提供。

（来源：南博网. http://www.caexpo.com/news/asean/malaixiya/jmzx_mlxy/2014/06/13/3624631.html. 2014—06—13）

## 马来西亚耗资逾10亿林吉特维修联邦道路

据《南洋商报》和《东方日报》报道，马来西亚工程部长法迪拉尤索夫指出，政府2014年共耗资10.37亿林吉特维修联邦道路，其中定期维修6.28亿林吉特，一般维修4.09亿林吉特。维修联邦道路全长1.75万公里，由8家特许公司具体实施，其中3家在西马半岛，5家在沙巴、砂捞越和纳闽。该维修计划预计2015年完成，部分工程将在2016年至2018年完成。

目前马来西亚有注册F级承包商2.8万人，该资质承包商可承揽2万林吉特以下工程，马来西亚政府希望当地小型承包商积极参与政府工程。

（来源：南博网. http://www.caexpo.com/news/asean/malaixiya/jmzx_mlxy/2014/06/12/3624516.html. 2014—06—12）

## 马来西亚将成立“国际清真贸易与咨询中心”服务中国企业

马来西亚清真工业发展局、马来西亚巴生港自贸区和马来西亚国际（中国）商贸中心2014年6月10日在吉隆坡达成合作意向，3方将共同成立“国际清真贸易与咨询中心”服务中国清真企业。

合作3方是在由马来西亚清真发展局主办的“推动巴生港自贸区清真产业发展专题研讨会”上达成上述共识的。3方还决定，“国际清真贸易与咨询中心”于2014年6月底在巴生港自贸区国际贸易与清真产业中心园区挂牌，并着手筹备于2014年年底举办首届国际清真用品展。

马来西亚国际（中国）商贸中心董事长夏宝文表示，国际清真贸易与咨询中心将包括清真品牌资讯与认证、清真保证体系、清真课程培训、国际清真贸易促进中心、电子商务、仓储物流、清真实验室、清真园和清真政策奖励机构等9个部门。该中心的建立标志着在清真产品认证过程中，马来西亚清真工业发展局、马来西亚巴生港自贸区和马来西亚国际（中国）商贸中心3方实现了跨国联合。

夏宝文称，该中心的成立将会帮助中国清真企业更好的理解国际清真认证的流程，更快捷的获取马来西亚国际清真认证，从而使产品走向全球清真市场。

马来西亚清真工业发展局代表称，“国际清真食品贸易与咨询中心”在政府的支持下，将会为马来西亚巴生港自贸区的清真产业的发展带来新的契机和新的活力。相信在各方的共同努力下，巴生港自贸区国际贸易与清真产业中心制定的成为区域性物流中心、国际采购中心和世界穆斯林产品集散地的目标一定会实现。而马来西亚政府也将会一如既往的支持巴生港自贸区国际贸易与清真产业园区的发展。

马来西亚清真工业发展局隶属于马来西亚贸易与工业部，是马来西亚国家级清真产业推广和审查机构。

（来源：南博网. http://www.caexpo.com/news/asean/malaixiya/jmzx_mlxy/2014/06/12/3624503.html. 2014—06—12）

## 日企将在马来西亚建世界最大火力电厂

据日本媒体报道，日本三井物产公司2014年6月4日发布消息称，该公司将在马来西亚建设世界上最大规模的煤炭火力发电厂，年发电量将达到2000兆瓦，预计总投资达到3300亿日元（约合人民币201.3亿元）。

据报道，三井物产公司将与马来西亚的国营投资公司一起合资来建设这家火力发电厂，主要的发电设备将采用日本东芝和IHI钢铁公司等日本企业制造的设备发电厂将会在2018年投入使用，投入使用以后，其发电总量将占马来西亚总电力的10%。

（来源：南博网. http://www.caexpo.com/news/asean/malaixiya/jmzx_mlxy/2014/06/09/3624316.html. 2014—06—09）

## 马来西亚公司将扩大中国废水处理厂

据《南洋商报》报道，马来西亚达力公司与中国银川市建筑局签署协议，将增加投资9亿人民币（约合4.65亿林吉特），升级改造并扩大银川市4座废水处理厂。工程预计历时4年，从2014年1月至2017年12月分阶段推行。

（来源：南博网. http://www.caexpo.com/news/asean/malaixiya/jmzx_mlxy/2014/06/05/3624074.html. 2014—06—05）

## 中国与马来西亚合作重大项目：中国首个零排放海水淡化项目启动

马来西亚恩那社集团牵头实施的中国首个零排放海水淡化项目2014年5月29日在天津南港工业区正式启动建设，在满足周边工业区用水及工业盐需求的同时，也实现对海洋生态环境的保护。

作为在2013年“中国－马来西亚经济峰会”上签署的8项经贸合作项目之一，天津南港工业区“海水淡化与工业制盐一体化项目”由恩那社资源（香港）有限公司的全资子公司先达（天津）海水资源开发有限公司投资，预计总投资达到150亿元人民币，其中一期投资约55亿元人民币，预计2017年投产，淡化海水日产量可达30万吨。

恩那社集团首席执行官、先达公司董事长、废水处理专家韦相亮表示，马来西亚恩那社集团将与中国建设规模最大，同时也是首个真正实现“零排放”的海水淡化项目，生产出的淡化海水用于工业消耗，同时利用浓盐水生产精制盐及各种盐化工产品，保证南港工业区经济发展所需的水和盐。

韦相亮介绍，在零排放理念的指导下，该项目投产后将有效解决天津市淡水资源短缺问题，还可以将浓盐水直接用于氯化钾、溴素等化工原料的提炼，而这些在目前国内市场上都比较紧缺。

韦相亮还表示，除了为在南港工业区落户的石油重化工项目就近提供多种工业用水与基本原料之外，该项目预计还可节约置换出约300平方公里的盐田用地，提高国土资源的有效附加值利用。

南港工业区是天津经济技术开发区于2009年

开始投资建设的石油重化工产业区域，位于天津滨海新区南部海边，规划面积200平方公里。

恩那社集团成立于1981年，总部位于马来西亚吉隆坡，经过30多年的发展，集团子公司已经遍布马来西亚、新加坡、中国、澳大利亚和欧洲等地，成为亚太地区领先的专业水处理和投资集团公司。

2013年8月28日，南港工业区与恩那社集团先达公司签署了投资协议，2013年10月4日，在中国和马来西亚两国领导人的共同见证下，双方互换《投资合作协议》签约文本。

南开大学周恩来政府管理学院副教授刘丰介绍，中马海水淡化合作项目的启动是两国经济关系密切发展的体现，随着中国国际地位的提升，中国应该不断注重周边国家的战略需求，找到利益汇合点，开展更广泛的战略合作。

继日本、韩国后，马来西亚已成为第3个与中国双边贸易额突破1000亿美元的国家，目前中国是马来西亚最大的贸易伙伴，马来西亚也是中国在东盟国家最大的贸易伙伴。

（来源：南博网. http://www.caexpo.com/news/asean/malaixiya/jmzx_mlxy/2014/05/30/3623805.html. 2014—05—30）

## 中国与马来西亚企业签署协议为养虾厂提供技术支持

据《南洋商报》报道，2014年5月28日，马来西亚农业部部长依斯迈沙比里在“2014年中国西安清真美食旅游季暨马来西亚清真美食节”活动上，见证中国通威股份公司与马来西亚皆富集团签署水产养殖技术合作协议，农业部将为皆富集团在柔佛州开发的约161.87公顷白虾养殖场提供技术协助，包括养殖基地规划、重点技术支持等。

（来源：南博网. http://www.caexpo.com/news/asean/malaixiya/jmzx_mlxy/2014/05/30/3623761.html. 2014—05—30）

## 马来西亚：极具竞争优势的服务行业

据《南洋商报》报道，马来西亚将就6条收费高速公路颁发200亿林吉特的建筑合同。其中，总值50.4亿林吉特的西海岸高速公路和总值11.8亿林吉特的白沙罗淡江大道延长线工程，已获得融资，并将在近期开工。另外4条高速公路分别是：金銮镇—白沙罗高速、白沙罗—莎阿南高速、新街场—淡江高架快速路和巴生谷东部高速。有消息称，4条高速公路将于2015年开工建设。

（来源：南博网. http://www.caexpo.com/news/asean/malaixiya/jmzx_mlxy/2014/05/29/3623641.html. 2014—05—29）

## 未来5年马来西亚力争中国最大投资份额

据南博网了解，近年来，中国与马来西亚贸易投资合作不断加强，马来西亚已经连续多年成为中国在东盟第1大贸易伙伴，2013年中国对马来西亚投资额为30.2亿林吉特（折合约56亿人民币），中国是马来西亚第6大外资来源国。

据预计，未来5年中国对外投资可达5000亿美元，日前，马来西亚贸工部部长穆斯塔法在新加坡出席活动时表示，马来西亚将力争获得其中的最大投资份额。马来西亚希望吸引中国企业到马来西亚投资，尤其是服务业、制造业等马来西亚的优势领域。

据悉，自2014年5月25日起，穆斯塔法陪同首相纳吉布对中国进行为期3天的正式访问。由马来西亚贸工部所组成的团队于2014年5月31日出席在北京所举办的经济论坛，论坛期间，马中商务理事会和中国商务部洽谈两国贸易合作事宜，并与中方签署“21世纪海上丝绸之路”合作备忘录，以促进两国之间的经贸合作。

（来源：南博网. http://www.caexpo.com/news/asean/malaixiya/jmzx_mlxy/2014/05/26/3623368.html. 2014—05—26）

## 马来西亚竞争力排名全球第12位

据《南洋商报》报道，瑞士洛桑国际管理发展学院公布《2014年世界竞争力年鉴》，马来西亚全球竞争力排名从2013年的第15位升至2014年的第12位，超过英国、澳大利亚、芬兰、日本、韩国等多个发达国家。马来西亚在亚太地区排在新加坡和中国香港之后列第3位，在人均国内生产总值少于2万美元的国家和地区中排名第1位。

该年鉴主要依据经济表现、政府行政效率、商业效率及基础建设4个方面评估，马来西亚2014年排名上升主要原因是在国际投资、物价、商业法规、科技基建及医疗环境等项目上表现良好。

（来源：南博网. http://www.caexpo.com/news/asean/malaixiya/jmzx_mlxy/2014/05/23/3623258.

html. 2014—05—23)

## 马来西亚全球规模最大廉价机场正式投入运作

越南通讯社报道，马来西亚全球规模最大专门为各家廉价航空公司服务的吉隆坡二号国际机场正式投入使用。

马来西亚吉隆坡二号国际机场装备了最现代化设备，每年接待乘客量可达4500万人次。其将代替马来西亚吉隆坡现有的各个廉价国际机场。马来西亚机场集团希望投入运初期，吉隆坡二号国际机场每天接待乘客量可达7000人次，并从2014年9月将该数字提升到5万人次。预计2014年吉隆坡二号国际机场接待乘客量可达2200万人次。

马来西亚吉隆坡二号国际机场2010年动土兴建，其总投资额为40亿林吉特（约合13亿美元）。马来西亚吉隆坡二号国际机场项目占地面积25.7万平方米，共设有60个接客门，80条引机桥，225个零售店等。此外，马来西亚吉隆坡二号国际机场还设有可容纳的车和公车6000量的停车场。

（来源：南博网. http://www.caexpo.com/news/asean/malaixiya/jmzx_mlxy/2014/05/08/3622238.html. 2014—05—08）

## 中石化将入股购马来西亚国家石油LNG项目

据《华尔街日报》报道，马来西亚国家石油公司称，该公司将向中国石油化工股份有限公司（以下简称“中国石化”）出售旗下加拿大液化天然气项目Pacific Northwest LNG 15%的股权。上述交易的财务细节尚未公布。

马来西亚国家石油公司发布公告称，中国石化每年将获得180万吨液化天然气，相当于Pacific Northwest LNG项目产量的15%，期限至少为20年。

中国石化的一家关联公司将另外每年购买300万吨液化天然气，期限为20年。

（来源：南博网. http://www.caexpo.com/news/asean/malaixiya/jmzx_mlxy/2014/04/30/3621701.html. 2014—04—30）

## 马来西亚与美国签总值20亿美元商业交易谅解备忘录

马来西亚首相纳吉布和美国总统奥巴马见证了马美公司签署总值20亿美元的商业交易谅解备忘录，涵盖的领域包括航空、生物科技和保险业。

第一项谅解备忘录是由美国通用电气航空和亚航X签署，亚航X购买CF6－80E1引擎，以装置在其25架全新的A330－300空客，总值15亿美元。

第二项是森那美收购位于美国圣地亚哥的Verdezyne生物科技公司的30%股权，这项合作主要是把棕油废料转化为工业化学。

第三项则是马国第五大银行集团阿马银行属下保险公司与美国大都会保险结为伙伴，后者投资约2.5亿美元收购阿马寿险和回教保险的股权，这是美国对马国回教保险市场的第1项投资。

奥巴马声称，马来西亚与美国在贸易和投资领域的密切关系，为两国制造了商机和就业机会。

（来源：南博网. http://www.caexpo.com/news/asean/malaixiya/jmzx_mlxy/2014/04/30/3621658.html. 2014－04－30）

## 中国台湾食品业进军马来西亚与新加坡

中国台湾食品业者全力抢攻东南亚市场，除了把握台星经济伙伴协定生效利多外，外贸协会并率领中国台湾食品供应商到吉隆坡拓销。

中国台湾外贸协会表示，新加坡酒品以啤酒消费量最大，超过90%。此外，新加坡与欧盟已于2013年签订免税协定，德国及比利时等地的啤酒将于2014年底或2015年初免税出口新加坡，台湾酒品因此须趁机抢进“狮城”。

在新加坡成功举办的“第19届新加坡国际食品展”上，中国台湾对外贸易发展会筹组的台湾馆，旗下99家参展单位接获1112万美元订单，预期后续1年内接单出口绩效可达3682万美元。

此外，中国台湾外贸协会接续办理“台湾食品赴马来西亚贸访团”，带领20家台湾食品供应商到吉隆坡进行商约200场次谈会，签订229.8万美元的订单。

（来源：南博网. http://www.caexpo.com/news/asean/malaixiya/jmzx_mlxy/2014/04/17/3620774.html. 2014－04－17）

## 中国将取代新加坡成为马来西亚最大出口市场

根据汇丰银行全球连接报告，2012年，新加坡是马来西亚最大出口市场，其后是中国；预计到

2030年，这两个国家的位置将会调换，中国将超越新加坡成为马来西亚最大的出口市场。

马来西亚国际贸易与工业部数据显示，2012年，马来西亚出口至新加坡的贸易额为955亿林吉特，占总额约14%，位居首位；马来西亚出口至中国的贸易额为887亿林吉特，占总额约13.4%。

新加坡是亚洲的贸易枢纽，以前马来西亚的企业家主要是通过新加坡再同海外公司进行贸易合作。不过如今情况已经发生改变，根据2013年的数据发现，越来越多的马来西亚企业家开始绕过新加坡直接与海外企业展开贸易。

根据汇丰银行全球贸易信心指数调查，近期，贸易前景维持稳健，2013年下半年指数仅下跌1点至113。调查还指出，马来西亚多数人对中国市场前景看好。汇丰银行预测，自2014年起至2016年，中国的出口经济有望每年增长10%。

目前，马来西亚的经商环境也在不断改善。根据世界银行的调查，2013年在全球最容易经商国家排名中，马来西亚位于第12位，相较2012年的第18位上升6位。

汇丰银行预测，随着马来西亚国内生产总值恢复动力，加上全球需求增加，出口商品价格走高，马来西亚出口会重拾动力。2013年前3季，马来西亚出口下滑；2014年在中国和新加坡的带动下，马来西亚出口预计可增长5.6%，2015年增长6%。

目前，在新兴市场中，马来西亚在高科技产品出口的地位优于其他国家，该国在全球资讯科技工艺和工业机械市场有很强的地位，因此少了一些可从全球高科技产品投资中的受惠。据预测，马来西亚2013至2030年的高科技产品出口增长，很大可能超越整体出口增长。目前，大马高科技产品占总出口的3.3%，2030年预计增至3.7%。

（来源：南博网. http://www.caexpo.com/news/asean/malaixiya/jmzx_mlxy/2014/03/28/3619623.html. 2014—03—28）

## 占市场68.8%　马来西亚回教债券傲视全球

马来西亚首相纳吉布透露，马来西亚仍然是全球最大的回教债券市场，在2013年全球发行的回教债券中，马来西亚占了其中68.8%，总值达到840亿美元（2660亿林吉特）。

纳吉表示，此外，其他回教体系也有良好的增长迹象，因此将会放眼未来成为全球回教金融及回教金融教育的枢纽。在回教银行外汇交易方面也有增长现象，由2012年146亿林吉特，增加至2013年的181亿林吉特。

纳吉强调，这些数字也证明回教金融体系依据回教律法不但获得国内外肯定，同时也获得社会的认同。

纳吉表示，从世界银行有意在马来西亚国内开设分行，证明马来西亚已成为回教金融界的典范，以向国内回教金融系统学习及吸取经验。在目前环境下，马来西亚可吸引本区域更多金融机构在马来西亚回教金融市场分一杯羹。

纳吉另外表示，马来西亚是全球首个发售回教债券的国家，目前已发展成一个全球最深化、具流通性以及最活跃的回教债券市场，现今之所以获得全球关注的典范，主要是一切回教金融体系都是依据回教律法管理。

纳吉进一步强调，回教金融的特色，在于遵循回教律法，强调共享分润和风险，以及严禁利息的发放，而这也奠定回教金融系统的地位。

纳吉表示，回教金融鼓励分担风险和禁止投机，对维持全球金融市场稳定性深具意义，在西方国家陆续发生次房贷风暴和欧洲主权债券危机之后，回教金融业吸引市场目光，寄予厚望。

纳吉总结，为了巩固回教金融体系，马来西亚政府在2013通过回教金融服务法令来管理及立法。马来西亚将推动全球对回教金融标准达致共识和相互承认的标准，以便全面释放回教金融的发展潜能。

（来源：人民网. http://gx.people.com.cn/n/2014/0505/c346501－21140611.html. 2014—05—05）

## 中国—马来西亚建立“两国双园”联合协调机制

中国—马来西亚钦州产业园区和马来西亚—中国关丹产业园区联合合作理事会第一次会议于2014年2月25日在北京召开，这标志着中马“两国双园”联合协调机制正式建立，双方将高效推动“两国双园”开发建设。

中国商务部副部长高燕介绍，在中马两国领导人的关心和直接推动下，中马“两国双园”建设开局良好，已经取得了阶段性成果。2013年钦州产业园累计完成基础设施投资6.5亿元人民币，多个项目开工建设，目前明确入园意向项目共16个，产业投资近100亿元人民币；关丹园区合资公司已正式成立，关丹港参股工作基本完成，首个入园项目基本确定。

马来西亚贸工部副部长哈敏·沙慕利表示，马来西亚政府将继续支持关丹和钦州两个产业园的建设，双方相关机构应抓住时机，为产业园吸引更多的项目。马来西亚政府欢迎中国在钦州产业园建立燕窝检测中心，促进马来西亚燕窝对中国的出口。此外，哈敏·沙慕利还建议中马两国推动金融等其它领域的合作。

就如何推动两个园区未来发展，广西壮族自治区政府副主席张晓钦认为，中马双方应发挥联合理事会的统筹协调作用，研究确定事关双园发展的战略目标、重大政策、扶持措施、开发步骤，重点推进双园产业与科技合作，通过发挥各自优势和资源，吸引两国和全球有实力的投资商到双园投资兴业，推动产业集群式发展。

张晓钦表示，广西将认真落实中马两国领导人共识，在两国有关部委的指导帮助下把中马“两国双园”打造成为中马投资合作的旗舰项目，成为21世纪“海上丝绸之路”的先行示范园区，实现中马两国互利共盈。

此次会议还审议通过了“两国双园”联合理事会架构和工作方案，以及中马钦州产业园区和马中关丹产业园区工作报告。

（来源：中国新闻网．http://www.chinanews.com/gn/2014/02－25/5881727.shtml.2014－02－25）

## 日企在马来西亚建设完成“东南亚最长隧道”

据日本媒体报道，为解决马来西亚首都吉隆坡周边缺水问题，由日本企业建设的“东南亚最长隧道”于2014年2月19日顺利完工。

据悉，该工程是马来西亚政府活用日本政府提供的日元贷款，由2个日本大型建筑公司与马来西亚当地企业合作建造，历时5年竣工。为引邻州水解决人口增加而造成的首都吉隆坡及周边地区的缺水问题，全长44公里的“东南亚最长隧道”建成。

据报道，2014年2月19日，在隧道施工人员的见证下，大型挖掘机将最后的岩石打穿，隧道连通。此隧道贯通于海拔1000多米的高山之间，曾因预期外的泉水涌出而影响施工。但由于对策充分，这些困难均迎刃而解。

（来源：新华网．http://my.xinhuanet.com/2014—02/21/c_126169093.htm.2014—02—21）

## 马来西亚向中小型企业资助75亿美元

马来西亚国际贸易与工业部代表透露，通过马来西亚中小企业协会、马来西亚工业发展金融机构和中小企业银行等下属单位，该部门30年来向5.1万家中小型企业资助230亿林吉特（约合75亿美元）。

其中，该部门已向马来西亚手套制造商（Top Glove Corp BHd）提供资助，让本家公司从一个小型制造商发展成为世界最大手套制造商。

在2014年马来西亚企业论坛上发表讲话时，该国国际贸易与工业部部长穆斯塔法·穆罕默德表示，近段时间该部门正对各家中小型企业运营效果进行总体评价。

穆斯塔法表示，中小型企业是整个经济体的重要组成部分，因此，中小型企业的发展将有利于促进经济增长。

（来源：中国—东盟博览会官方网站．http://www.caexpo.org/html/2014/zimaoqudongtai_0221/202922.html.2014—02—21）

## 马来西亚巴生港自贸区国际贸易中心概要

马来西亚巴生港自由贸易区是马来西亚国家级自由贸易区。巴生港自由贸易区的建立，是马来西亚政府着眼于全球穆斯林市场的开发与拓展，创建了一个极具特征的超大型国际自由贸易经济区。

面对全球拥有57个国家（18亿人口）的穆斯林市场及区域经济一体化中的东盟10国（近6亿人口）的东盟市场，结合巴生港坐落在马六甲海峡咽喉位置的商业地理优势，马来西亚政府规划与确定了《马来西亚巴生港国际贸易与清真产业中心》为巴生港自贸区发展的核心项目。

该中心将依托巴生港自由贸易区已经完善的工业加工、仓储物流、转口贸易等多功能配套设施，利用马来西亚政府给予巴生港自贸区发展的优惠条件及一站式服务的优势，集中国际穆斯林市场上需求的各类名、优、特、新产品，高科技产品；吸引全球各类商家与大型采购商团，齐聚巴生港国际贸易与清真产业中心。该中心将因大容量的国际供应集群与国际采购集群的云集，成为全球穆斯林市场极具影响力的国际贸易平台；东盟唯一的清真产品交易中心；亚洲最大的清真产品转运中心；世界穆斯林的产品集散地。

作为巴生港自贸区商业运营的总策划与管理者，马来西亚国际（中国）商贸中心有限公司，主要负责巴生港自贸区国际化商业运营的策划与管理，协同马来西亚政府，为来自世界各地的投资发展商在自贸区内开展各类工业加工及商业贸易提供相关服务。落实马来西亚国家给予自贸区的各种优惠政策。提供最快捷的国际清真认证服务及各类投资与发展的咨询服务。为商家优化商务及金融配套服务。主办各类大型国际商品展销会、国际商贸洽谈会，承办全天候的国际产品代理中心，为包括清真产品在内的各类产品的国际营销提供一站式服务（含电子商务）。兼营国际物流、分装包装、加工与仓储。

马来西亚国际（中国）商贸中心有限公司，在管理与运营巴生港国际贸易与清真产业中心的同时，还建立了全球化的国际穆斯林贸易联盟，开展各种大宗类国际贸易交流与技术合作。

（来源：中越物流网．http://www.cnvnlo.com/ReadArt.aspx? Article_id=38984. 2013—12—24）

# 缅　甸

## 投资剧增　缅甸经济将高速增长

据南博网观察，2014年缅甸吸引投资保持迅速增长势头，加之该国准备对外开放金融市场，因此，缅甸经济将有望高速增长。

据南博网数据显示，2013年，缅甸吸引外国投资27.8亿美元，同比增长160.2%；2014年1～3月，缅甸新批外国投资项目42个，协议投资金额19.5亿美元，同比剧增212.1%。

为改善投资环境，缅甸与投资伙伴加强合作。2014年6月，美国与缅甸两国代表在缅甸国家计划与经济发展部举行第一次投资与贸易促进会议，旨在落实2013年5月21日两国签署的投资与贸易框架协议。2014年3月，欧盟委员会与缅甸财政部就投资保护协定展开谈判欧盟方面拟在协定中加入投资者—国家争端解决条款，该条款将允许外国投资者通过国际仲裁途径起诉被投资国政府。2014年5月，中国香港贸发局官员透露，香港已接近与缅甸方面签署双边投资促进与保护协定。

据了解，缅甸已与7个亚洲邻国签署了类似投资保护协定，相关协定的签署将大大提升外国公司对缅甸的投资信心。

此外，缅甸已经开始准备对外开放金融市场，计划在2014年内允许外国银行在缅甸开设分行。据报道，缅甸将批准10家已在该国开设了代表处的外国银行办理营业许可证，不过为保护本国银行，这些外国银行经营的业务范畴会受到一定限制，主要是为外资公司服务。缅甸银行业协会主席表示，外国银行入驻缅甸能使缅甸企业更容易获得低利率的贷款，并有效促进缅银行业健康发展，总体影响积极正面。

基于上述利好环境，加上缅甸出口增加、旅游业繁荣、能源业发展、政府采取有力措施等因素，将可推动缅甸经济保持强劲增长势头。此前，国际货币基金组织预测2014～2015财年缅甸经济增长7.7%，但考虑到上述因素，该组织将此数据上调为8.5%。可见缅甸经济增长前景被看好。

（来源：南博网．http://www.caexpo.com/news/asean/miandian/jmzx_md/2014/06/25/3625566.html. 2014—06—25）

## 缅甸商务部在仰光设立首家缅甸贸易中心

2014年6月21日，缅甸商务部在仰光举办缅甸贸易中心开幕式。缅甸商务部长吴温敏介绍，设立贸易中心是缅甸政府推动经济改革的规划之一，是缅甸政府实现其贸易促进规划的重要举措。缅甸贸易中心的主要职能是在贸易信息和规章政策等方面为国内外企业提供咨询和便利。在仰光设立首家贸易中心后，缅甸商务部还将在其他城市设立新的贸易中心。

（来源：中华人民共和国驻缅甸联邦共和国大使馆经济商务参赞处．http://mm.mofcom.gov.cn/article/jmxw/201406/20140600635002.shtml. 2014—06—23）

## 缅甸再次降低国内产品贸易税

据缅甸国内税务局2014年6月11日消息称，为增强缅甸国内产品竞争力，减少进口产品冲击，将原征收国内产品5%的贸易税改为征收2%。该项政策只对缅甸国内企业产品适用，外资在缅甸境内企业产品不享受此优惠。

（来源：中华人民共和国驻缅甸联邦共和国大使馆经济商务参赞处．http://mm.mofcom.gov.cn/article/jmxw/201406/20140600630971.shtml. 2014—06—19）

## 中国车企：突破缅甸　抢占东南亚市场

一直以来，在东南亚市场，日本汽车占据了欧美和中国汽车难以抗衡的市场份额，足有90%；而今，东南亚汽车市场的魅力不断焕发，国际汽车厂商都想要在此抢占一席之地。据悉，为此中国车企开始采取一种策略，即先突破缅甸，再在东南亚市场抢占份额。

目前，中国企业正在缅甸日益扩大的新车市场展开攻势。2014年2月，中国东风汽车在缅甸仰光中心地段开设了首家汽车经销店，店铺面积约400平方米。东风汽车还考虑在缅甸的其他城市新建销售展厅。另外，北京汽车集团也在仰光市开设了销售展厅。该公司计划最早于2015年在位于中缅边境的云南省瑞丽市启动年产能为数万辆的新车组装工厂。据悉，其目的是将该工厂作为出口缅甸的汽车生产基地。此外，上海汽车集团也有意愿进入缅甸市场。

中国车企为何将缅甸作为拓展东南亚市场的突破口？据南博网了解，长期以来，缅甸为控制外汇流出，对汽车进口实施严格的限制措施。2011年春，缅甸阶段性地放宽了二手车的进口限制，不过却对购买新车的人进行了限定。缅甸没有有力的本土汽车厂商，日产的二手车占据市场份额的9成以上。而到了2013年秋季，缅甸放开了对企业进口新车的限制，市场上的新车开始不断增多，虽比不上二手车的数目，但也迅速占据了10%～20%的市场份额。

据南博网分析，如今正是打开进军东南亚突破口的时机，而在缅甸市场，各国都还处在同一起跑线上。此外，在缅甸仰光等地区，人均GDP达到2000美元，未来汽车市场将进一步扩大，缅甸也有可能发展成为汽车生产基地。

（来源：南博网．http://www.caexpo.com/news/asean/miandian/jmzx_md/2014/06/12/3624552.html．2014—06—12）

## 缅甸：解决用电缺口为当务之急

“最后一块投资热土”——缅甸的经济近年来保持着快速发展的势头，吸引了越来越多国际投资者的到来。然而，正如其著名的绰号“免电”，电力供应的不足严重困扰着投资者在缅甸拓展市场的步伐，并成为制约缅甸经济向前发展的瓶颈。

据统计，目前缅甸的供电量只能满足国内26%人口的用电需求，到了夏季，在缅甸的企业更是常常受到供电不足的困扰。随着经济的发展和外资的进入，缅甸的用电需求还在迅速上涨，每年的增长速度高达15%。因此，解决用电缺口已经成为缅甸的当务之急。

缅甸发展电力领域有着天然的优势，其丰富的水资源及煤炭资源和其地形优势，有利于该国发展大型水力和燃煤发电项目。未来，缅甸将持续加大在能源供应领域的投入。

（来源：南博网．http://www.caexpo.com/news/asean/miandian/jmzx_md/2014/06/06/3624173.html．2014—06—05）

## 缅甸村民向总统递交请愿函<br>支持中国炼油厂项目

缅甸媒体《声音》和《德林达依周报》报道令人震惊，位于缅甸南部德林达依省劳龙镇的约1370名村民联名向总统、能源部长等政府高官递交请愿函，希望政府支持当地一个年加工能力为500万吨的原油炼油厂项目的建设，该项目是由缅甸经济控股公司、图集团公司和中国广东振戎能源公司合作建设，以建设—运营—移交的形式运行30年。

2014年4月29日，反对上述炼油厂项目的周围7个村庄的少数村民举行了反对游行，并有部分当地媒体刊登了一些不实报道。这引发当地支持项目的村民的不满，因此决定以村民签名写请愿函的方式发出客观正面的声音。为了提交请愿函，他们自2014年5月4日起收集签名，签名的地点涵盖项目周边9个村庄和劳龙镇区。2014年5月16日，村民代表同时在项目所在地的土瓦市和缅甸首都内比都递交了联名请愿书，并成功递交至总统府，总统秘书已签收。缅甸能源部长在得知缘由后破例接见了村民代表，耐心听完请愿细节，还留下了请愿书。抵达缅甸投资委员会办公楼时，相关部长也接见了村民代表并接受了请愿书。另外该请愿书也被顺利递交给项目所在地的镇政府、市政府、省政府和公安厅等部门，包括广东振戎公司在内的3个合作方也收到了请愿书。

据悉，缅甸能源部长接见村民代表，在缅甸开创了村民代表无须申请登记直接拜见部长的先例。而当地民众联署支持中方投资项目，在缅甸也是第1次，而且还将这种声音传递到缅甸总统府。

这些村民认为，缅甸处于变革期，利用外国投资建设工厂有利于增加就业，而且电力等方面也将迅速发展。因此，他们支持上述炼油厂项目的建设。在这些村民当中，有人曾去中国考察洛阳炼油厂，他们认为炼油厂项目的建设不仅能改善当地的经济状况，也能让他们的后代享受其他发达国家一样的生活条件。

（来源：南博网. http://www.caexpo.com/news/asean/miandian/jmzx_md/2014/06/04/3623966.html. 2014—06—04）

## 缅甸3大经济特区齐发力迎接东盟经济共同体

按计划，东盟经济共同体将在2015年全面建成，为了迎接AEC的到来，抓住其中的发展机遇，缅甸要求在2014、2015两年同时发力建设其国内的3大经济特区：土瓦经济特区、迪洛瓦经济特区、皎漂经济特区。

南博网了解到，缅甸的这3大经济特区根据地域情况各有不同的特色。土瓦经济特区位于德林达依省，主要由缅甸和泰国一些企业发起开发建设，一期项目包括修建缅泰公路、深水港建设和工业区建设，计划于2015年竣工。迪洛瓦经济特区位于仰光省丁茵—皎丹镇区，一期400公顷基础建设项目已开始实施，计划2015年年中开始商业运行。皎漂经济特区位于若开邦，目前正在招标筛选特区顾问工作组和开发咨询公司，并继续实施国际开发商招标。据皎漂经济特区管委会主席介绍，目前皎漂经济特区正按照制定的规划，公开招聘开发咨询公司、公开招标开发商、筛选开发商并实施项目开发，每个环节都公开透明。

缅甸的这一决定对中国企业而言，将是一个重大的机会。缅甸对外开放的时间不长，国民经济的多个领域尚处于起步阶段，拥有无限的潜力，引起了世界各国投资者日益增长的兴趣。而中国和缅甸是山水相连的友好邻邦，两国在经济合作方面的优势互补明显，发展潜力巨大，无论是作为境外投资还是设厂生产，中国企业走进缅甸都是必然趋势，尤其是中国的轻工、建材、电子、农业、服装、基建、林业、矿产等产业，完全具备了资金、技术和管理优势，而缅甸正在起步的生产和市场规模，更是中国中小企业一展身手的好机会。

（来源：南博网. http://www.caexpo.com/news/asean/miandian/jmzx_md/2014/05/30/3623798.html. 2014—05—30）

## 缅甸旅游业蓬勃　高端酒店市场空间大

国际房地产投资机构仲量联行的报告显示，随着缅甸旅游业的持续繁荣，来自泰国、日本、中国和韩国的游客成为拉动该国国际客房需求的主力军，缅甸的酒店投资面临重大机遇。

仲量联行酒店集团泰国及印度、中国区总经理安德鲁·兰登表示，自2011年以来，缅甸仰光的酒店市场持续供小于求。在仰光可提供的9163个客房中，只有不足1/3符合国际标准，远不能满足国际游客的需求。

上述报告指出，一些国际连锁酒店运营商如雅高和希尔顿已拟定投资计划，预期将在2014年开设针对仰光酒店市场的重点项目。在未来5年内，4518个客房有望投入缅甸酒店市场，这将解决目前供需不平衡的问题。

目前，缅甸高端酒店的入住率已从2009年的45.8%上升到80%，在过去的5年里，每个可用客房的平均收益上升了7倍，达126美元。据预计，由于2014年客房供应计划增加，入住率将全面稳定在80%。

（来源：南博网. http://www.caexpo.com/news/asean/miandian/jmzx_md/2014/05/29/3623676.html. 2014—05—29）

## 中缅油气管道开始推行混合所有制改革

据南博网了解，中国第4大能源进口通道——中缅油气管道在继中国石油天然气集团公司（以下简称“中石油”）将西气东输一线、二线及相关资产挂牌出售后，开始了其混合所有制改革的进程。

据悉，中石油控股的中缅油气管道广西境内天然气管道，将引入投资主体，目前已经确定引入广西国资委旗下投资集团公司，共同成立合资公司运营该部分管道。据悉，广西投资集团就上述中缅管道的合作事宜已经和中石油方面进行磋商成立管道合资公司，未来共同开展管道相关业务的合作，包括但可能不限于中缅油气管道广西段。中缅油气管道广西境内的混合所有制改革事宜，被认为是中石油管道资产整合扩容，也意味着中石油已有的天然气进口管道将全面推行混合所有制改革。

中缅油气管道是继中亚油气管道、中俄原油管道、海上通道之后的中国第4大能源进口通道，全长7676公里，其中缅甸段1504公里，中国段6172

公里，管道每年能向中国输送120亿立方米天然气，而原油管道的设计能力则为2200万吨/年。2013年9月30日，中缅天然气管道全线贯通，开始输气。海上进口原油和缅甸天然气资源可以绕过马六甲海峡输送至国内。按照中石油与缅甸方面签署的中缅原油管道权利与义务协议，中石油作为控股方的东南亚原油管道有限公司，享有对中缅原油管道的特许经营权，负责中缅原油管道建设运营等。

（来源：南博网. http://www.caexpo.com/news/asean/miandian/jmzx_md/2014/05/28/3623607.html. 2014—05—28）

### 中国香港与缅甸商签投资保护协定

中国香港特别行政区贸发局官员透露，中国香港将与缅甸签署双边投资促进与保护协定。该官员表示，中国香港是缅甸的第3大投资来源地，而东盟是中国香港的第2大贸易伙伴，中国香港商界对缅甸的玉石、珠宝以及农产品等表现出浓厚兴趣。通过目前正在谈判的投资保护协定和中国香港—东盟自由贸易区的安排，缅甸公司可与中国香港业界合作，通过授权和连锁等经营方式，以较低成本进入中国大陆市场。

相关数据显示，目前中国香港在缅甸投资项目68个，投资额64.7亿美元；2013年双边贸易额较2009年大幅增长62%，达1.52亿美元。

（来源：南博网. http://www.caexpo.com/news/asean/miandian/jmzx_md/2014/05/26/3623366.html. 2014—05—26）

### 缅甸首个经济特区已启动土地租赁

据缅甸迪勒瓦经济特区管理人员2014年5月6日透露，迪勒瓦经济特区土地租赁已经启动。该管理员表示，目前迪勒瓦经济特区首期约合971公顷土地的评级工作接近完成，整体建设进度则达到19%，其中道路工程完成5%，排水管网完成15%。根据协议，缅甸电力部将为迪勒瓦经济特区提供电力供应。

（来源：南博网. http://www.caexpo.com/news/asean/miandian/jmzx_md/2014/05/08/3622207.html. 2014—05—08）

### 缅甸将与相关国家讨论增开边境口岸

缅甸商务部部长吴温敏表示，为了促进边境贸易，缅甸将与相关国家就增开边境口岸进行商讨。

目前缅甸与中国、泰国、印度和孟加拉有14个边贸口岸，分别是中缅边境的木姐、拉扎、清水河和甘拜迪口岸，缅印边境的德姆、瑞德口岸，缅泰边境的大其力、妙瓦底、果当、丹老、那布莱、莫丹口岸和缅孟边境的实兑、貌朵口岸。为了促进与上述国家的边境贸易，缅甸计划增开中缅边境的迈拉口岸，缅泰边境的迈赛、帕亚洞苏、班巴金口岸，缅印边境的唐德拉口岸等边境口岸。

（来源：中华人民共和国驻缅甸联邦共和国大使馆经济商务参赞处. http://mm.mofcom.gov.cn/article/jmxw/201405/20140500574275.shtml. 2014—05—06）

### 缅甸用电需求飞速上升<br>加快发展电力工业迫在眉睫

随着缅甸开放本国市场，国际投资者不断涌入该国市场，缅甸经济增长迅速，同时，在电力方面的需求也在不断上涨。继续大力发展电力工业势在必行，尤其是在建设大型电力项目方面，已经迫在眉睫。

据南博网了解，缅甸夏季（3月～5月）用电需求最大，因为居民用电需求急剧上升。预计2015年夏季用电量为284.4万千瓦，2016年为395万千瓦。到2020年缅甸电力需求将达到568.6万千瓦，2030年为1921.6万千瓦。然而，根据亚洲开发银行的数据，缅甸目前的发电量只能保障全国约26%的人口用电需求，而且供应并不稳定。在夏季，在缅甸的企业经营者常常需要担忧断电导致的停产问题。

据悉，虽然缅甸水资源和天然气资源非常丰富，但是利用率并不高。缅甸拥有1082立方的潜在水资源以及495立方的地下水，但目前的利用率只有约5%。缅甸天然气储量庞大，已探明的天然气储量总计7.8万亿立方（米），在世界上排名第46位。

未来，随着缅甸经济的不断发展，外资的不断涌入，该国的电力需求将不断被推高。虽然目前缅甸电力领域吸引的外国投资也在不断增加，但从长远来看，继续发展电力工业尤其是建设大型电力项目是必行之势。日前，缅甸电力部长吴钦貌梭表示，缅甸今后必须着手建设低耗能发电量大的燃煤发电项目和大型水电项目。同时，要优先满足缅甸国内的用电需求，再考虑电量的出口。

（来源：南博网. http://www.caexpo.com/news/asean/miandian/jmzx_md/2014/04/28/3621487.html. 2014—04—28）

## 制造业成为外国投资缅甸首要热点领域

随着缅甸经济改革和对外开放的推进，欧美等西方国家逐步恢复对缅甸进口商品的普惠制待遇，外国投资者加大了对缅甸纺织、服装等制造业的投资。据缅甸官方公布的数据，2013年，缅甸政府新批外商投资项目113个，同比增长54.8%；新批外商投资总额27.81亿美元，同比激增160.1%。其中，在制造业领域新批外商投资项目89个，同比增长58.9%；新批外商投资额16.99亿美元，同比激增982.2%，占缅甸2013年新批外商投资总额的61.1%，制造业成为外国投资缅甸的第一热点领域。

（来源：中华人民共和国驻缅甸联邦共和国大使馆经济商务参赞处. http://mm.mofcom.gov.cn/article/jmxw/201404/20140400561312.shtml. 2014—04—24）

## 缅甸经济增速在东盟地区保持领先水平

据悉，在强劲内需的拉动以及在欧美发达国家经济逐步回暖的驱动下，2014年东南亚地区的经济也将有所好转，整体经济增长速度将有望回升到5.3%左右。据南博网观察，缅甸经济发展前景被看好，增长速度将在东盟地区保持领先水平。

目前，东盟地区的经济发展主要是由出口带动，低端制造业正不断向本地区转移。2015年年底，东盟经济共同体将有望正式建成，届时，将有越来越多的外资进入本地区的越南、柬埔寨、缅甸等国家，诸多积极因素下，东盟地区的经济将保持高增长。

世界银行和亚洲开发银行在其最新发布的经济报告中均对缅甸经济增长持以乐观态度。世界银行的报告表示，缅甸经济增长在2014～2016年将有可能稳定在7.8%；在此之前，该行预计缅甸2014、2015两年的经济增速是6.9%。亚洲开发银行则估计缅甸在2013～2014财年（2013年4月～2014年3月）GDP增速为7.5%，在接下来的2个财年得到7.8%的高增速。世界银行和亚洲开发银行均肯定了缅甸政府在2013年的宏观经济改革取得的成效，并认为，在投资者信心上升、出口贸易增长、旅游业兴旺发展等积极因素带动下，缅甸经济可以得到高速发展。

南博网总结了一些机构对东盟各国2014年经济增速的预计：越南5.5%、新加坡2%～4%、印尼5.8%～6%、菲律宾6.5%、老挝7.2%、柬埔寨7.2%、泰国3%、马来西亚4.9%、缅甸7.5%。显而易见，缅甸2014年的经济增速预估是最高的。

2013年全球经济增速为3%。由于西方发达国家经济缓慢复苏，2014年4月8日，国际货币基金组织预计2014年全球经济增速为3.6%。东盟地区的大多国家都高于全球平均增速。

（来源：南博网. http://www.caexpo.com/news/asean/miandian/jmzx_md/2014/04/11/3620404.html. 2014—04—11）

## 瑞丽边境缅甸境内可刷银联卡购物结算

2014年4月3日，银联商务有限公司云南分公司和中国云南瑞丽市金通进出口有限公司签订了《合作协议》，中国对缅甸首个非现金支付跨境使用业务正式启动，瑞丽边境缅甸境内可凭银联卡刷卡购物、结算。

金通进出口有限公司董事长尚朝贤介绍，该业务主要投放在与瑞丽口岸毗邻的缅甸木姐市区，共有3个服务点。业务主要是通过银联提供的POS跨行转账及EATM小额取现功能，实现中缅边境缅甸境内开展人民币跨境支付业务，为人民币境外投资边境贸易提供良好的支付环境，既方便中国公民在瑞丽边境缅甸境内进行刷卡消费和境外投资支付，又方便持有人民币银联卡的缅甸商人和缅籍普通百姓实现不出国境就能支付从中国进口商品、缴纳电费、电话费等款项。

据了解，非现金支付工具在境外沿边地区的使用，不仅加强了中国与缅甸双边金融基础设施建设的跨境合作，方便了两国边民在沿边地区的金融服务，还极大地提高了人民币在沿边地区的影响力，对建立以人民币为主导的人民币市场区和人民币经济区起着积极的作用。

（来源：南博网. http://www.caexpo.com/news/asean/miandian/jmzx_md/2014/04/10/3620315.html. 2014—04—10）

## 缅甸从2014～2015财年起严格禁止进口香烟和酒类

南博网从缅甸投资委员会获悉，缅甸从2014～

2015 财年起将严格禁止进口香烟和酒类。

缅甸投资委员会一位负责人透露，缅甸没有正式颁发过香烟和酒类进口许可证。缅甸有些公司机构是用饭店和旅游部的证明进口香烟和酒类的，如达到批量进口的数量，政府将不允许在 2014～2015 财年继续进口。此外，缅甸将从 2014～2015 财年起，完全禁止进口香烟和酒类。

据悉，在缅甸，香烟和酒类属于禁止进口商品，但这些商品以多种方式进入缅甸。目前，包括到非法仓库进行检查并加以追究在内，缅甸有关方面采取必要的措施严格打击香烟和酒类非法进口现象。

（来源：中华人民共和国驻缅甸联邦共和国大使馆经济商务参赞处. http://mm.mofcom.gov.cn/article/jmxw/201402/20140200490788.shtml. 2014—02—18）

## 缅甸公布在缅甸 7 类投资须进行环评

缅甸环保部门 2014 年 2 月公布，7 类在缅甸投资的项目须先进行环境评估。主要包括：特别投资项目、能源项目、农业与林业项目、工业项目、基础设施与服务项目、矿业项目、制造业项目。其中工业项目包括：食品与饮料、服装及纺织品、皮革、林业产品、化学品、日用品、建筑、工业、金属、电器、废弃物与饮用水项目等。缅甸环保部门规定上述 7 类项目须进行自然环境评估，提出关于自然环境影响的报告，并拟订环境管理计划。

（来源：中华人民共和国驻缅甸联邦共和国大使馆经济商务参赞处. http://mm.mofcom.gov.cn/article/jmxw/201402/20140200482110.shtml. 2014—02—10）

## 缅甸与中国边贸额突破 35 亿美元

从缅甸商务部贸易与消费司负责人处获悉，2013～2014 财年（2013 年 4 月 1 日至 2014 年 3 月 31 日）前 11 个月，缅甸与中国的边境贸易额达到了 35.8 亿美元。其中，木姐—瑞丽边境贸易区的贸易额达 32.83 亿美元，清水河口岸 2.23 亿美元，雷基口岸 4900 万美元，甘拜地口岸 2382 万美元。

（来源：南博网. http://www.caexpo.com/news/asean/miandian/jmzx_md/2014/03/12/3618512.html. 2014—03—12）

## 日本投千亿日元布局缅甸手机市场

据悉，日本 3 大电信运营商之一 KDDI 与日本住友商事共同合作，正在与缅甸政府交涉以进军该国的手机市场。

日方已获得与缅甸国有邮政电信公司（MPT）开展资本和业务合作的优先谈判权，今后将朝着设立合资公司的方向进行交涉。双方若达成合作，将是日本企业首次进入增长潜力巨大的缅甸手机市场。

相关资料显示，缅甸目前的手机普及率只有 1 成左右。MPT 公司曾垄断缅甸的手机市场，但由于资金和技术不足，手机基站的建设严重滞后。缅甸政府计划 3 年内将手机普及率提高到 80%，新增 4000 万手机用户，因此开始研究 MPT 公司的国企民营化改革，以利用外国的技术和资金发展缅甸手机市场。

双方在 2014 年 3 月份完成合资公司事业规划，明确 3 个公司的注册资本构成和基建出资比例。预计日方在第一阶段将投资 1000 亿日元（约合 10 亿美元）用于建造手机基站，并于 2014 年年底前在缅甸最大城市仰光开通手机高速通信服务。

（来源：南博网. http://www.caexpo.com/news/asean/miandian/jmzx_md/2014/02/13/3615778.html. 2014—02—13）

## 缅甸被列入 2014 年涌入外资最多国家名单

英国风险评估机构 Maplecroft 发布的公报显示，缅甸被列入 2014 年外国投资涌入最多国家名单。

上述公报表示，在最不适宜投资国家名单中，2012 年，缅甸排在第 1 位；2013 年，因为缅甸对关于外国投资的法规进行了调整，在该排名中下降到第 3 位；2014 年，排名为第 5 位。缅甸有望在 4 年内从最不适宜投资国家名单中除去。

公报称，缅甸把阻碍外国投资的部分限制予以放宽，此外，缅甸的法制也有所巩固，这些因素使缅甸成为 2014 年最佳投资国。

缅甸于 2012 年 11 月颁布了新外国投资法。据缅甸投资委员会的数据，截至 2013 年 9 月底，有 30 多个国家和地区在缅甸投资，投资额约有 430 亿美元。

（来源：中华人民共和国驻缅甸联邦共和国大

使馆经济商务参赞处.http://mm.mofcom.gov.cn/article/jmxw/201401/20140100464064.shtml.2014—01—17)

### 中国香港第一太平戴维斯在缅甸开设办事处

中国香港房地产服务公司、第一太平戴维斯公司2013年12月16日在缅甸仰光举行的新闻发布会上宣布，该公司已在仰光巴罕镇区开设办事处。中国香港第一太平戴维斯公司负责人在新闻发布会上说，缅甸房地产市场虽然有竞争和困难，但前景广阔。第一太平戴维斯将向缅甸房地产市场提供寻求市场方式等帮助，以便缅甸房地产业务能开拓市场。

中国香港第一太平戴維斯公司是全球地产咨询服务机构，在伦敦证券交易所上市。该公司在美洲、英国、欧洲、亚太、非洲、中东等地区开设500多个办事处。

（来源：南博网.http://www.caexpo.com/news/asean/miandian/jmzx_md/2014/01/08/3613094.html.2014—01—08）

### 缅甸获得中国给予的出口商品免征待遇

据悉，中国对最不发达国家提供的出口商品免征待遇，缅甸出口的商品也可以享受这一待遇。为了让出口商品获得中国给予的免征待遇，缅甸出口商须从缅甸商业部商业与消费局申请原产地保证书。

中国是缅甸主要贸易伙伴。2012～2013财年前7个月，中国与缅甸边贸额为20多亿美元。

（来源：南博网.http://www.caexpo.com/news/asean/miandian/jmzx_md/2013/12/25/3611453.html.2013—12—25）

### 云南腾冲县正式启动中缅边境旅游异地办证

2013年12月16日，云南保山市腾冲县启动中缅边境旅游异地办证。

据悉，保山市开通了腾冲至缅甸密支那3日游的旅游路线，中国居民在户籍所在地已经实行按需申领护照的，到达保山市后，可以通过腾冲五洲国际旅行社以团队组织的形式，按要求提交居民身份证等申请材料到腾冲县公安局出入境管理大队，申办3个月1次出入境有效的《中华人民共和国出入境通行证》（收费标准为20元/本）参加边境旅游。其中申请人属于中国国家工作人员的，需按照有关规定提交本人所属工作单位或上级主管单位按照人事管理权限审批后出具的同意出境证明；申请人为中国台湾居民的，可以凭中国台湾居民往来中国大陆通行证提出申请。

（来源：南博网.http://www.caexpo.com/news/asean/miandian/jmzx_md/2013/12/19/3610687.html.2013—12—19）

### 缅甸每年平均需进口食用油35万吨

2013年12月14日，缅甸食用油商会主席吴登汗表示，缅甸6000万人口年均消耗加上宾馆、饭店等所需的食用油量已达85万吨，而缅甸自产的仅为50万吨，每年需从国外进口35万吨。

（来源：南博网.http://www.caexpo.com/news/asean/miandian/jmzx_md/2013/12/18/3610588.html.2013—12—18）

### 缅甸仰光迪勒瓦经济特区开建

2013年11月30日，缅甸仰光迪勒瓦经济特区举行开建仪式，这表明缅甸第1个经济特区建设进入具体实施阶段。缅甸国家计划和经济发展部副部长、仰光迪勒瓦经济特区管理委员会主任吴色昂在仪式上表示，这是特区第一阶段建设，占特区总面积中的400公顷，将于2015年完成基础开发。

缅甸迪勒瓦经济特区位于仰光市以南25公里处，规划总面积2400公顷，经济特区将吸引高新技术产业、劳动密集型产业等方面的投资。日本在其中占49%的股份，缅甸占51%的股份。

2013年5月25日，缅甸9家股份公司联合体与包括三菱、丸红、住友3家公司在内的日本财团在仰光签署了合作开发缅甸迪勒瓦经济特区的谅解备忘录。

据报道，缅甸与日本两国2013年5月在内比都签署协议，日本向缅甸提供510亿日元贷款，主要用于合作开发仰光迪勒瓦经济特区等发展项目。

（来源：南博网.http://www.caexpo.com/news/asean/miandian/jmzx_md/2013/12/12/3610087.html.2013—12—12）

### 缅甸允许中小企业进口二手机器

缅甸商务部副部长表示，缅甸政府此前为保护缅甸企业免遭欺诈而禁止进口外国二手机器设备，但目前该禁令已被解除。缅甸中小企业主称进口二手机器设备可有效降低企业前期投入。

（来源：南博网. http://www.caexpo.com/news/asean/miandian/jmzx_md/2013/11/18/3607521.html. 2013—11—18）

## 缅甸首次入选世界银行《营商环境报告》

世界银行和国际金融集团2013年10月28日发布《营商环境报告》，首度将缅甸纳入，在全部189个国家及地区中综合排名182位。报告肯定了缅甸政府近期在放松经济管制、降低企业所得税率等方面的努力，但也指出在缅甸设立企业程序复杂，耗资较大，且缅甸商事法律陈旧，难以有效保护投资者权益。专家指出，入选该报告为缅甸未来衡量改革成效提供了有效标尺。

（来源：南博网. http://www.caexpo.com/news/asean/miandian/jmzx_md/2013/11/07/3606666.html. 2013—11—07）

## 中国进出口银行与缅甸签署小额农贷等协议

2013年10月18日，中国进出口银行与缅甸方在缅甸内比都举行贷款协议签字仪式，与缅甸外贸银行签署《缅甸小额农业贷款首期1亿美元贷款协议》、与缅甸中央银行签署《缅甸铁路机车厂项目优惠出口买方信贷贷款协议》和《缅甸铁路客车厂项目优惠出口买方信贷贷款协议》。

缅甸副总统吴年吞、缅甸合作社部长吴觉山、缅甸财政部长吴温欣、缅甸计划发展部长甘佐、中国驻缅甸使馆临时代办陈辰、中国缅甸使馆经济商务处蒋寅刚参赞等出席签字仪式。

（来源：南博网. http://www.caexpo.com/news/asean/miandian/jmzx_md/2013/10/23/3605440.html. 2013—10—23）

## 缅甸发行旅游万事达卡

缅甸合作社银行首席执行官吴觉林2013年10月8日在万事达卡推介会上表示，在缅甸首发的旅游万事达卡可以在120个国家带万事达卡标识的自动取款机取款并可网上支付，也可以在宾馆、饭店和超市使用。该卡是缅甸合作社银行与万事达卡合作发行。办卡费用为8000缅元，需事先充值50～5000美元，月服务费为2美元，再次充值每次收取1000缅元服务费。

（来源：南博网. http://www.caexpo.com/news/asean/miandian/jmzx_md/2013/10/15/3604706.html. 2013—10—15）

## 福特缅甸经销店开业　成为首家外国车商

2013年10月4日，福特汽车公司在缅甸开设首家授权福特经销店，正式于当地商业中心仰光开张，也是首家进军缅甸市场的国际汽车制造商。

福特汽车公司亚太新兴市场集团地区经理大卫·韦斯特曼表示，福特是与泰国RMA集团、Capital Automotive合作，为缅甸客户提供世界级福特汽车产品。

据了解，新的经销店面积达2600平方米，并按照福特国际设计和运营标准建立，拥有一间展示12辆汽车的陈列室和可服务12辆汽车的空间，坐落在仰光市中心永盛路。

随着业务发展，福特计划在缅甸其他地区设立经销店进行拓展，并以迅速在全国建立销售、服务和零部件业务布局为目标。

（来源：南博网. http://www.caexpo.com/news/asean/miandian/jmzx_md/2013/10/09/3604201.html. 2013—10—09）

## 缅甸改革有成　外来直接投资暴冲

缅甸政府2013年4至8月期间核可的外来直接投资（FDI）案的总金额逾18亿美元，超过2011～2012财年的14亿美元，显示缅甸市场对外商吸引力大增。据悉，缅甸批准的FDI案绝大部分为其他亚洲国家所提，2012～2013财年迄今，最大投资国为马来西亚，包括日产汽车和陈唱摩多拟斥资5亿美元在缅甸设厂组装日产汽车一案。

然而，缅甸办公室租金居于东南亚首位，逐渐成为外商的一大负担。据悉，仰光办公空间目前每平方米租金近80美元，高于泰国曼谷的约25美元、越南河内的30美元，以及新加坡的70美元。

（来源：南博网. http://www.caexpo.com/news/asean/miandian/jmzx_md/2013/09/23/3603227.html. 2013—09—23）

## 2030年缅甸电力需求将增长5倍

据报道称，至2030年缅甸电力需求将增长至

2000万千瓦，目前的发电能力约400万千瓦。据悉，缅甸电力部规划未来能够使用风能、水能、太阳能、天然气及燃煤生产发电。

（来源：南博网. http://www.caexpo.com/news/asean/miandian/jmzx_md/2013/09/17/3602876.html. 2013—09—17）

# 菲律宾

## 菲律宾欲打造亚洲特许经营枢纽

菲律宾经济增长强劲，民众的购买能力提升，促使该国特许经营领域增长迅速，在亚洲处于领先地位，甚至超过中国。据称，菲律宾正逐渐架构起世界到亚洲其他地区的桥梁，打造亚洲特许经营枢纽。

南博网了解到，自2000年至2011年，菲律宾特许经营行业取得了262%的大幅增长，年均增速达到20%。据估计，菲律宾特许经营领域在未来5至10年内发展将进一步加快，增速达到20%～30%。

菲律宾经济的快速增长是该国特许经营领域向前的有利因素，反之，特许经营行业的迅速发展也为菲律宾经济的进步做出巨大贡献。据统计，菲律宾国内1300个特许经营商和1.25万个加盟商为菲律宾70%的经济增长提供了消费驱动。此外，菲律宾品牌在国际特许经营领域不断创新价值，当地的特许经营行业盈利额至少为110亿美元，迅速成为菲律宾最大的创汇行业之一。特许经营行业是菲律宾零售业中最具发展潜力的行业，目前，该领域的销售额约占菲律宾零售业销售额的30%。

据悉，菲律宾特许经营业始于20世纪80年代，最初只有20多个品牌，至今已经有超过1100个，包括食品类（42%）、零售类（34%）、服务类（24%）等广泛行业。该领域的迅速发展是由多方面的因素推动的。第一，法律环境较宽松。菲律宾并没有专门的特许经营法规，涉及特许经营的法律法规主要有三部：知识产权法、民事法、零售贸易自由化法。第二，菲律宾政府对特许经营领域的发展给予高度重视。第三，相关行业组织发挥积极作用。菲律宾最大的特许经营行业组织——菲律宾特许经营协会（PFA）自行制定了公平特许经营标准，作为一部行业自律法规，该标准对确保会员在特许行为中的公平交易起着约束作用，同时保护特许人和被特许人的利益。PFA还实施了多个项目，在投资机会、战略规划、商业信息、潜力开发、广告推介、教育培训等方面支持会员企业的发展。第四，菲律宾自身的特殊优势。菲律宾处于亚太地区核心，人口总数大，经济增长快，消费市场潜力巨大。而且该国有大量以服务业为导向的讲英语的劳动力，该国也是东南亚注册特许经营管理专业毕业生最多的国家。商业环境良好，特别是零售业发展较为成熟，全球最大的15个购物中心有4个位于马尼拉。

近几年，大量国外的品牌涌入菲律宾市场，菲律宾本土的加盟商也在不断向外拓展。随着经济的发展、消费群体的不断壮大，菲律宾将吸引越来越多的特许经营商，不断推动该国成为亚洲的特许经营中心。

（来源：南博网. http://www.caexpo.com/news/asean/feilvbin/scfx_flb/zdhyfx_flb/2014/06/24/3625480.html. 2014—06—24）

## 菲律宾将从中国进口价值5.4亿元人民币的轻轨列车

中国北车集团大连机车车辆有限公司（以下简称“中国北车大连机辆公司”）2014年6月16日披露，该公司与菲律宾交通部签订了出口合同，为马尼拉城市轨道交通3号线提供轻轨列车，合同金额约为5.4亿元人民币。这是中国获得的首个菲律宾城铁车辆订单。

中国北车大连机辆公司相关负责人介绍，菲律宾属热带雨林气候，马尼拉地理位置接近地球赤道，是沿海城市，这里每月最高气温均达30度以上，空气湿度盐分大，台风、暴雨等复杂天气多变。这些列车将接受高温高湿环境的考验，可谓“赤道城轨车辆”。此次签约的马尼拉3号线车辆，采用接触网受电。该车辆总长约31米，宽2.5米，高3.65米，最高运行时速65公里。

专家称，3号线车辆设计将充分考虑当地特殊的自然环境，通过采用耐腐蚀性更好的不锈钢材质、大功率空调、电动塞拉门及全自动车钩等设备，为马尼拉打造耐高温高湿的轻轨车辆，提升列车的可靠性和舒适性。

马尼拉是菲律宾最大的港口城市和旅游城市，现运营城铁线路有3条，原有车辆主要产自日韩和欧洲部分国家。

据悉，“中国造”新车上线扩大运能后，采用4节车辆编组运行，发车间隔缩短为2分半，将大大提高线路的运能，有效缓解现在的拥挤状况。首列车计划在18个月内交付。

（来源：南博网.http://www.caexpo.com/news/asean/feilvbin/jmzx_flb/2014/06/17/3624889.html.2014—06—17）

## 全球房价涨幅排名　菲律宾第一

国际货币基金组织（IMF）近日指出，截至2013年第4季度，在全球楼价涨幅最高的国家和地区中，中国香港紧随菲律宾之后，排在全球第2位，楼价涨幅超过10%，而中国内地楼价也按年上升了9%排名第4。国际货币基金组织发出警示称，目前许多国家的楼价已远高于历史平均水平，各国必须采取行动，防止楼市再次崩盘。

IMF发表的最新全球楼市监察报告指出，在2013年，全球52个国家和地区中，33个国家和地区的楼价都在上升。而全球楼价则按年增长了3.1%，其中，以新兴市场楼价的上升速度最快。截至2013年第4季度，全球楼价升幅最大的首3位分别是菲律宾、中国香港及新西兰，菲律宾及中国香港楼价升幅均超过10%，新西兰及中国内地楼价也平均上升了9%（分别排名3、4）。

全球经济衰退爆发后，各国央行官员们将利率降至历史最低水平，推高了房价。IMF发出警示指出，目前全球楼价在原有高位上加速上升，澳大利亚、比利时及瑞典等不少国家楼价已远高于历史平均水平，且还有进一步上升的趋势。IMF认为，从中国香港到以色列的多个经济体，当前楼价都对经济构成重大风险，楼价的上升将会成为经济稳定的最大威胁因素之一。

同时，IMF还指出，虽然现在许多国家也推出了稳定楼价政策，包括收紧按揭、提高银行在高风险贷款方面的资本要求、实施印花税遏制外资对房产需求，但暂时都收效不大。对此，IMF执行副总裁朱民则表示，各国须采取行动防范楼市泡沫爆破风险。

（来源：南博网.http://www.caexpo.com/news/asean/feilvbin/jmzx_flb/2014/06/17/3624846.html.2014—06—17）

## 菲律宾禁止褐藻和海草出口

由于近年海藻特别是褐藻和海草的商业价值高，市场需求旺盛，菲律宾海域海藻采集活动日益增加，致使海藻数量减少，海洋生物缺少食物来源。为保持海洋生态环境，菲律宾农业部部长办公室签发第250号渔业行政命令，禁止个人、组织和公司采集、收割、出售和出口褐藻和海草。出口禁令已于2014年5月19日生效，违反命令的公司或个人将受到2～10年的刑罚并处罚金。

（来源：南博网.http://www.caexpo.com/news/asean/feilvbin/jmzx_flb/2014/05/28/3623563.html.2014—05—28）

## 菲律宾制造业复苏有望　靠汽车产业振兴

近年来，菲律宾制造业萎靡不振，制造业指数一再下降，其中出现过连续3个月呈现负增长的情况，前景令人担忧。

菲律宾的汽车市场规模较小，国内竞争巨大，尽管菲律宾劳动力廉价，但其基础制造业滞后以及政府政策的问题，国外的投资商并不看好菲律宾汽车产业，就连美国汽车巨头福特公司也在2012年关闭了菲律宾的汽车工厂。由于菲律宾本国制造业滞后的因素，不少汽车投资商都纷纷离开菲律宾转站选择其他地区进行投资。

但在2013年以来，菲律宾的制造业有回暖的迹象。2013年7月菲律宾制造业生产指数增长14.9%，8月增长了18.3%。

近日，菲律宾贸工部副部长阿尔达巴指出，想要复苏菲律宾的制造业，汽车产业将起到至关重要的作用。

据南博网分析，菲律宾汽车产业具有600万以上的消费者市场，若是汽车产业能迅速发展，其产业链能带动整个菲律宾制造业的发展。目前，菲律宾政府实施了各项措施鼓励投资商来菲律宾投资，以推动菲律宾汽车产业的发展。

（来源：南博网.http://www.caexpo.com/news/asean/feilvbin/jmzx_flb/2014/05/09/3622374.html.2014—05—09）

## 菲律宾消费市场活跃　推动经济发展

目前，菲律宾正成为亚洲新兴市场罕见的一个亮点，该国消费市场活跃，强劲的消费支出推动着国家经济的向前发展。

此前，世界银行预测2014年菲律宾经济增长率为6.6%，2015年为6.9%。这是在该国积极重建和恢复台风“海燕”影响的地区之下做出的乐观估计。总体而言，消费市场的发展对菲律宾经济的增长有着重要的影响。在东盟国家中，菲律宾的私人消费占国内生产总值约70%的比重，内销市场发展比较蓬勃，其零售渠道也比较成熟，购物商场分布得很广。

据悉，2014年4月份菲律宾消费者物价指数同比增长4.1%，在食品和公用事业费用上面上升明显。菲律宾是全球最有信心的消费市场之一，在2014年2月份尼尔森发布的调查数据显示，2013年第4季度菲律宾的消费者信心指数排在全球第4位。南博网了解到，日益壮大的中产阶级是菲律宾消费活跃的助力之一。近年来，外国投资进入菲律宾市场逐渐增多，使得越来越多的消费者进入中产阶级。南博网了解到，2012年菲律宾人口总量约为9760万，人均收入约为2612美元。

另外，亚洲开发银行称，菲律宾的消费增长是受益于服务业和建筑业的就业增长，还有海外人员的资金汇入。

（来源：南博网. http://www.caexpo.com/news/asean/feilvbin/jmzx_flb/2014/05/07/3622158.html. 2014—05—07）

## 菲律宾2014年出口收入倚赖电子产品复苏

菲律宾一位政府高级官员日前称，2014年菲律宾出口收入有望倚赖电子产品领域的复苏获得同比10%的增长。

菲律宾工商部长杜明戈提到，比索贬值将助推菲律宾制造的产品国际竞争力，有助于出口。2014年出口将增长超过10%，主要受益于电子产品领域的反弹。同时，比索的贬值也将使菲律宾产品更便宜，更容易在海外销售。

菲律宾统计局的数字显示，2014年2月份菲律宾出口创汇同比增长24.4%，达46.5亿美元。2014年2月份由于所有主要商品的海外装运量上升，出口收入创3年来单月新高。电子产品出口仍然占据菲律宾主要地位，2014年2月出口同比上升26.6%，达到18.8亿美元，占总比的40%。

（来源：南博网. http://www.caexpo.com/news/asean/feilvbin/jmzx_flb/2014/04/22/3621091.html. 2014—04—22）

## 菲律宾发布新的进口物资入境申办指南

菲律宾国内税务署近期发布了新的进口物资入境申办指南，目的是加强关税和其他税费征管。按照新规，所有进口物资的入关电子申报都将通过海关总署的“国家单一窗口系统”进行。

所有进口商或报关公司必须在税务署进行税务登记，个人申请者必须向税务署提交所得税完税证明以及经审计的财务报表，否则进口申请将不被受理。海关在有关材料提交完备无误后的下1个工作日内决定是否批准进口。菲律宾政府估计由于走私每年损失税收约2000亿比索至4000亿比索。

（来源：中华人民共和国驻菲律宾共和国大使馆经济商务参赞处. http://ph.mofcom.gov.cn/article/jmxw/201404/20140400536164.shtml. 2014—04—01）

## 菲律宾有望延期大米优惠关税待遇

2014年4月9日，菲律宾与世界贸易组织就大米优惠关税的延期问题举行会谈。根据世贸协议，菲律宾目前每年以40%的关税进口3.5万吨大米，超出的部分将支付高关税。据菲律宾农业部介绍，在早前的WTO委员会的会议中，中国、印度、印尼支持了菲律宾的请求，与美国、加拿大、澳大利亚和泰国的协商进展良好，“优惠关税”有望延期至2017年。

（来源：南博网. http://www.caexpo.com/news/asean/feilvbin/jmzx_flb/2014/03/28/3619645.html. 2014—03—28）

## 汇丰银行：菲律宾基础设施地区最差

汇丰银行称，基于对周边地区基础设施水平的分析，菲律宾在基础设施领域位于亚洲地区13个国家（地区）末位。排名由高及低分别为中国香港地区、新加坡、中国大陆、韩国、中国台湾地区、日本、越南、泰国、马拉西亚、印尼、斯里兰卡、印度以及菲律宾。该排名是在综合分析道路、电信、电力、供水等要素后得出的。汇丰银行指出，菲律宾在这些国家中并不是最穷的，但即便更穷的国家也能建造很有质量的基础设施。

（来源：中华人民共和国驻菲律宾共和国大使馆经济商务参赞处. http://ph.mofcom.gov.cn/article/jmxw/201403/20140300519440.shtml. 2014—03—17）

## 菲律宾期待中国投资

2014年2月21日，“2014走进菲律宾投资说明会”在中国北京举行，菲律宾贸易工业部副部长、经济园区管理署署长德利马在会上表示，菲律宾近年来经济发展迅速，期待中国企业前往投资合作，并助力中国“走出去”战略。

会上发布的数据显示，2012年菲律宾国内生产总值（GDP）增长率为6.6%，2013年GDP增长了7.2%，2014年预计增幅为6.5%～7.5%，2014年～2016年年度GDP目标增幅为7%～8%。而且，2013年中菲贸易额达到381亿美元，同比增长4.6%。2014年1月份双方贸易额同比增长30.7%。在投资方面，2012年中国企业对菲律宾非金融类直接投资增长5.3%。

中国—东盟商务理事会执行理事长许宁宁在会上表示，中菲两国有着经贸合作的区位优势、产业互补优势，双方企业开展合作空间大、商机多，双方促进企业间的经贸合作将惠及两国经济增长和人民生活，这符合双方共同利益。许宁宁建议中国企业应增进对菲律宾商机的了解，利用好中国—东盟自由贸易区优惠政策，开发菲律宾市场。

（来源：南博网. http://www.caexpo.com/news/asean/feilvbin/jmzx_flb/2014/02/24/3616731.html. 2014—02—24）

## 菲律宾马尼拉获评亚太地区第4大不动产投资市场

普华永道公司和城市土地学会联合报告称，菲律宾马尼拉为亚太地区第4大不动产投资市场，仅次于日本东京、中国上海和印尼雅加达，高于澳大利亚悉尼。报告认为，经济高速发展、在外国人中的受欢迎程度上升、民众对于透明和良政的认知度增长是马尼拉排名提升的主要原因，此外，年轻人居多、消费带动的经济增长方式、海外劳工汇款以及与西方文化相近的人文环境也成为马尼拉加分的重要因素。

（来源：南博网. http://www.caexpo.com/news/asean/feilvbin/jmzx_flb/2014/01/14/3613734.html. 2014—01—14）

## 菲律宾经济将保持迅猛增长趋势

日前报道称，英国智库经济和商业研究中心预测，东盟经济在2014年至2015年阶段将保持高速增长态势。据观察，2013年以来，东盟成员国菲律宾的经济增长速度比其他多数成员国要快许多，菲律宾经济的这种迅猛增长态势将可在2014年继续保持。

2013年上半年，菲律宾国内生产总值同比增长7.6%，是世界上发展最快的国家之一。2013年第3季度，由于受到超级台风“海燕”的影响，菲律宾住宅、商业和农业地产等领域受到破坏的规模介于65亿美元至145亿美元之间，菲律宾经济增速放缓，不过仍达到7%的增长率，使得2013年前9个月菲律宾经济增长率为7.4%。这一数字仍高于2012年菲律宾同期6.7%的经济增长率。

据了解，2013年菲律宾吸收外国直接投资显著上升。2013年前9个月，外国直接投资净流入菲律宾达31.08亿美元，较2012年同期的23.33亿美元增长了33%；其中，9个月净流入3.19亿美元，同比大增141%。2013年5月上旬，标普宣布将其对菲律宾的主权信用评级调升至“投资级”，前景展望为“稳定”。2013年3月27日，惠誉率先把对菲律宾信用评级调升至“投资级”，这是菲律宾史上首次获主要国际信用评级机构给予“投资级”评级。这反映了菲律宾宏观经济发展的良好前景。

虽然台风“海燕”给菲律宾经济带来重创，但是，2014年菲律宾经济仍将保持快速增长趋势。穆迪分析在《2014年亚洲展望：实现潜力》的报告中指出，到2014年，菲律宾将继续领跑，成为世界上经济增长最快的国家之一。花旗研究在其《泛亚前方道路：2014年展望》中指出：超级台风“海燕”可能使菲律宾2013年第4季度的经济增长放缓，但重建工作可能会大大推高2014年第1季度的经济增长。摩根大通预计菲律宾经济将在2014重建工作真正开始时呈V型复苏。

在投资者和消费者信心持续高涨的带动下，2014年菲律宾经济将可继续保持高速增长的态势。

（来源：南博网. http://www.caexpo.com/news/asean/feilvbin/jmzx_flb/2014/01/02/3612375.html. 2014—01—02）

## 菲律宾7个城市入围全球重要服务外包城市名单

根据美国咨询投资公司公布的2014年全球服务外包城市前100名榜单，菲律宾有7个城市入选。其中，马尼拉取代印度孟买成为全球第2重要的业务流程外包服务城市，宿务市名列第8位，达沃市列第69位，圣罗莎市列第82位，巴科洛德市列第93位，西米沙鄢列第95位，碧瑶市列第99位。

（来源：中华人民共和国驻菲律宾共和国大使馆经济商务参赞处．http://ph.mofcom.gov.cn/article/jmxw/201401/20140100475275.shtml.2014—01—27）

## 更多国际零售商进入菲律宾市场

随着越来越多的全球知名品牌进入菲律宾市场，2014年菲律宾消费者将迎来一个更加充满活力的零售市场。由于受到菲律宾消费者的强劲消费鼓励，许多国际品牌不断涌向菲律宾。

2014年菲律宾零售业预计将继续增长，可出租总面积将超过24.2万平方米。这包括新商场的零售面积，如计顺市的Fairview Terraces和Fisher购物中心、马加智市的Century购物中心、和巴石市的Unimart Capitol Commons等商场。

2013年第4季度，进入菲律宾的新国际品牌有59%是日本品牌，美国品牌占17%，其次是澳洲（12%）、中国香港（6%）和英国（6%）。

（来源：中华人民共和国驻宿务总领事馆经济商务室．http://cebu.mofcom.gov.cn/article/jmxw/201401/20140100474543.shtml.2014—01—27）

## 外国公司主导菲律宾股市交易

在2013年菲律宾股市交易中，外国股票经纪公司主导了整个股票市场。按交易额排名，前5位交易商依次是：Deutsche Regis Partners公司，交易额5639.6亿比索，占总交易额的11.07%；UBS Securities公司，5393.8亿比索，占10.59%；CLSA Philippines公司，4702亿比索，占9.23%；Maybank ATR Kim Eng公司，4060.6亿比索，占7.97%；Macquarie公司，3498.4亿比索，占6.87%。

（来源：中华人民共和国驻菲律宾共和国大使馆经济商务参赞处．http://ph.mofcom.gov.cn/article/jmxw/201401/20140100460003.shtml.2014—01—14）

## 菲律宾每年需新增电力250兆瓦～300兆瓦

针对菲律宾近期电力紧张电价上涨的情况，菲律宾独立电力生产商协会会长阿波迪斯称，菲律宾每年需要新增电力250兆瓦至300兆瓦才能满足日益增长的需求。按照菲律宾能源部《2012电力发展规划》，2013年至2016年菲律宾将新增装机容量868兆瓦，但还需另增500兆瓦才能满足需求。

（来源：中华人民共和国驻菲律宾共和国大使馆经济商务参赞处．http://ph.mofcom.gov.cn/article/jmxw/201401/20140100451887.shtml.2014—01—06）

## 福布斯从商环境国家排名：菲律宾排第90位

福布斯“2013最佳商业环境国家排名”出炉，菲律宾在145个国家中位居第90位，比2012年下滑了3位。该排名根据各国贸易自由度、金融自由度、产权、发明、技术、办事效率、投资保护、腐败情况、个人自由、税负和市场表现共11项指标评出。其他几个东南亚国家的排名情况依次是：新加坡（第7位）、马来西亚（第34位）、泰国（第74位）、印尼（第84位）、柬埔寨（第106位）、越南（第113位）、缅甸（第143位）。

（来源：中华人民共和国驻菲律宾大使馆经济商务参赞处．http://ph.mofcom.gov.cn/article/jmxw/201401/20140100449785.shtml.2014—01—03）

## 巴厘岛协议使菲律宾受益

据悉，菲律宾与其他158个国家加入第1个全球贸易协议已经超过20年。

菲律宾工商部长杜明戈表示，“巴厘岛协议”，即2013年12月7日结束的世界贸易组织（WTO）在印尼巴厘岛第9届部长级会议通过的商业协议草案，将使菲律宾从中受益。它要求削减烦琐的海关和港口手续，同时给予欠发达国家临时补贴范围和一些优惠措施。

WTO第9届部长级会议达成了旨在简化贸易的一揽子协议。这项协议将允许发展中国家在食品安全领域有更多选择权，并将帮助最不发达国家提升贸易。这标志着历时12年的多哈谈判终于取得突破性的进展。

WTO总干事Azevedo表示，巴厘岛协议的达成对完成多哈回合意义重大，巴厘岛协议重新确认了各国对WTO的信心。

杜明戈表示，总体而言，菲律宾将受益于巴厘岛协议。根据农业协议，发展中国家如菲律宾，将能保持并扩大在WTO争端粮食安全中的公众份额。

“巴厘岛协议”被描述成WTO自1995年成立以

来首个全球贸易协议，其中对全球商业影响最大的是贸易便利化部分，协议将简化贸易流程并加速清关。

该协议关于农业和棉花的部分着重强调了将发展中国家为确保粮食安全的公共计划排除出贸易扭曲的考虑范围，也就关税配额管理问题达成一致。

（来源：南博网. http://www.caexpo.com/news/asean/feilvbin/jmzx_flb/2013/12/11/3609788.html. 2013—12—11）

## 菲律宾灾后重建资金预计将超过2500亿比索

菲律宾国家经济发展署署长巴利萨坎日前对媒体谈及灾后重建时表示，“海燕”台风灾后的重建资金可能将超过2500亿比索，菲律宾政府可能将向国际社会寻求低息发展援助。据菲律宾国家减灾委的估计，台风灾害给菲律宾基础设施和农业带来的损失约为117亿比索。

（来源：南博网. http://www.caexpo.com/news/asean/feilvbin/jmzx_flb/2013/11/21/3607987.html. 2013—11—21）

## 菲律宾工商部和雀巢公司计划建立更多咖啡收购站

菲律宾工商部和雀巢菲律宾公司计划建立更多咖啡收购站，使农民可以直接出售自己的咖啡豆，而无需通过中介。

菲律宾国家产业集群咖啡经理DTI－CAR局长Myrna Pablo在声明中表示，根据该计划，将在科迪勒拉行政区建立两个收购站。

雀巢菲律宾公司企业事务副总裁Ruth Novales表示，雀巢公司正在基里诺省建立一个大型收购站。

目前该公司在以下地区已经拥有收购站：甲美地省Silang、八打雁省Lipa市、卡加延河谷Tuguegarao市、东黑人省Dumaguete市、南苏里高省Tagbina、东米撒米斯省Cagayan de Oro、北纳卯省Tagum、南哥打巴托省将军市和怡朗。

Novales表示，雀巢菲律宾公司在菲律宾建立收购站，有这么一条规则：该地区每年能够生产350～400吨咖啡豆。

Pablo表示，雀巢菲律宾公司为菲律宾产咖啡的主要采购商。

Novales称，由于速溶咖啡的需求，在菲律宾，罗布斯塔咖啡需求最大，可以在国内各地种植。

然而，雀巢菲律宾公司每年仅有20%在菲律宾采购，其他80%来自越南和印尼。

（来源：南博网. http://www.caexpo.com/news/asean/feilvbin/jmzx_flb/2013/11/15/3607457.html. 2013—11—15）

## 转基因大米或在菲律宾商业化

菲律宾研究人员表示，尽管遭到环保组织强烈反对，转基因大米商业化仍有可能在2到3年内在菲律宾获批。

据报道，菲律宾农业部生物科技项目协调官安东尼奥·阿方索表示，菲律宾已经完成了转基因大米的稻田试验，现在即将进行安全试验。虽然有一块试验田2013年8月遭到人为破坏，但最终能够完成试验。

国际水稻研究所副所长阿齐姆·杜伯曼表示，由于审批过程长短不一，最少需要2到3年的时间才能获得批准，将“黄金大米”的种子发到农民手中。一切都在计划当中，许多重要的研发工作已经完成。杜伯曼表示，中国正在研究抗虫害转基因大米，但现在不知何时才能实现商业化。目前，全球还没有一个国家官方批准转基因大米上市。

（来源：南博网. http://www.caexpo.com/news/asean/feilvbin/jmzx_flb/2013/11/06/3606555.html. 2013—11—06）

## 中国银行菲律宾境内人民币资金汇划系统启动

2013年10月21日晚，中国银行马尼拉分行与菲律宾交易系统控股集团在马尼拉联合举办了人民币资金汇划系统（RMB Transfer Service，简称“RTS”）投产签字仪式，参加签字仪式的有当地金融机构的总裁、首席财务官及企业代表共110余人。中国驻菲律宾使馆马克卿大使、中国银行首席运营官杨士华、菲律宾中央银行副行长基尼甘多等出席了签字仪式并致辞。中国驻菲律宾大使馆吴政平经济商务参赞出席了签字仪式。

RTS启动标志着人民币成为菲律宾市场上继美元后第二种可实时清算的外国货币，将为菲律宾金融机构、贸易商、投资商提供高效率低成本的人民币结算手段，同时有效规避汇率风险并获取较高外汇理财回报。下阶段中国银行将深入开发菲律宾境内人民币市场，引入更多人民币投资产品，未来还将提供人民币跨境清算服务，进一步降低成本，提高人民币跨境贸易支付效率。后续推出的人民币产品与服务可望进一步推动中国与菲律宾乃至与东盟各国、中国香港及台湾地区的经贸关系。

据悉，中国已与东盟国家各银行签订了1.4万亿的货币互换协议，且已实现人民币与马来西亚和泰国等国货币的直接交易。

（来源：南博网.http://www.caexpo.com/news/asean/feilvbin/jmzx_flb/2013/10/24/3605489.html.2013—10—24）

## 菲律宾央行将进一步放宽外资管制

为促进跨境投资交易，菲律宾中央银行将进一步放宽外资管制，允许更多的外国投资者参与本地股市。作为菲律宾央行决策机构，菲律宾货币委员会近期批准新的谅解备忘录，并规定外国投资者可以通过注册托管银行的方式进入菲律宾证券交易市场，央行还允许外国投资者将外币资金在本地转换上市。这些变化都会为准备在菲律宾证券交易所上市交易的外国投资者铺平了道路。据菲律宾央行称，这将有利于菲律宾在2015年前提早实现对东盟经济一体化的相关承诺。

（来源：中华人民共和国驻菲律宾共和国大使馆经济商务参赞处.http://ph.mofcom.gov.cn/article/jmxw/201310/20131000363877.shtml.2013—10—24）

## 菲律宾互联网和移动电话用户继续上升

国际电讯联盟的一项研究显示，自2000年以来，菲律宾的互联网普及率一直显著增长。个人使用互联网的比例已从2000年的2%上升到2012年的36%。2010年，互联网用户增长16%。2009年，菲律宾使用互联网的个人只有9%，但在2010年增长到25%。与东盟其他国家相比，菲律宾的互联网普及率排名第4，仅次于新加坡（74%）、马来西亚（65%）和越南（39%）。菲律宾每100个人中移动电话用户数量在2000年只有8台，到2012年已达106台。

（来源：中华人民共和国驻菲律宾共和国大使馆经济商务参赞处.http://ph.mofcom.gov.cn/article/jmxw/201310/20131000362059.shtml.2013—10—23）

## 中国房地产公司进入菲律宾市场

中国南京主要的房地产开发商进入菲律宾市场，其目标是成为菲律宾蓬勃发展的房地产市场的活跃的房地产开发商。

菲中企业百湖开发公司表示，该公司已经达成一项协议，购买上市房地产公司黎刹省的IRC地产公司的物业。

IRC地产公司在提交证券署的披露文件称，该公司已经收到出售18.37万平方米土地的部分款项，计8727万比索。百湖开发公司承诺，支付5亿元人民币预付款，以将该物业转到百湖的名下。

百湖开发公司，60%的股份由菲律宾人拥有，40%的股份由中国企业拥有。该公司的中国合作伙伴是南京沥源集团。该公司自称是南京5大房地产开发商之一。

沥源集团常务副董事长简燕表示，该交易是沥源集团进入菲律宾市场的第一步，这是一个有吸引力的投资。

在住宅、写字楼、商业及旅游的带动下，菲律宾房地产市场有望实现全线增长。

（来源：南博网.http://www.caexpo.com/news/asean/feilvbin/jmzx_flb/2013/10/15/3604733.html.2013—10—15）

## 中兴欲成为菲律宾智能手机市场最大供应商

中兴通讯2013年10月9日表示，该公司计划在3年内成为菲律宾智能手机市场最大供应商。

中兴公司东南亚区负责人周方当日在菲律宾金融中心——大马尼拉地区马加智市举行的新闻发布会上称，中兴智能手机在菲律宾市场刚刚推出1年就已取得令人瞩目的成绩，市场份额达到20%。随着4款新手机推出，预计该公司很快将占据菲智能手机市场半壁江山。

周方还透露，一旦中兴公司实现成为菲律宾最大智能手机供应商的目标，该公司可能将部分产能转移到菲律宾。

（来源：南博网.http://www.caexpo.com/news/asean/feilvbin/jmzx_flb/2013/10/12/3604554.html.2013—10—12）

## 菲律宾外包产业面临用工短缺困境

菲律宾信息产业协会主席马里梅尔卡多近日称，经过10年的快速增长，菲律宾外包产业已成为该国的经济支柱，但目前面临着用工短缺的困境。马里梅尔卡多指出，2012年菲律宾外包产业从业人员达77.7万，海外盈利达130亿美元；预计2013年从业人员达96万，海外盈利达160亿美元；2016从业人员将达130万，海外盈利达250亿美元。目前该产业占菲律宾经济的8%，2016年这一比例可能提高到10%左右。

（来源：南博网. http://www.caexpo.com/news/asean/feilvbin/jmzx_flb/2013/10/10/3604299.html. 2013—10—10）

### 未来10年菲律宾将成为亚洲劳动力增长最为强劲的国家

美国投资银行美银美林称，未来10年菲律宾将成为亚洲地区劳动力增长最为强劲的国家。据悉，未来10年菲律宾劳动力增速为21.3%，比马来西亚的15.4%、印尼的15.2%以及新加坡的14.3%都要快，同时也远远高于未来10年东南亚国家劳动力12.2%的平均增速。同时，该机构还预测，未来10年亚洲其他地区劳动力增速仅为5.1%。

（来源：南博网. http://www.caexpo.com/news/asean/feilvbin/jmzx_flb/2013/09/10/3602375.html. 2013—09—10）

### 菲律宾智能手机普及率上升98% 用户关注手机广告

智能手机自问世以来迅速风行全球，在菲律宾也是如此。谷歌数据显示，智能手机日渐风行菲律宾，用户们对智能手机依赖性增大。日常生活的方方面面渐渐都离不开智能手机。调查显示，菲律宾98%的用户会关注手机广告，这也意味着商家们应改变其营销战略，以更好地吸引顾客。

谷歌援引益普索媒介研究公司的一份调查指出，目前菲律宾的智能手机使用率达39%。该调查称，人们对手机依赖性增大。70%的菲律宾智能手机用户每次出门都必定会携带手机。

谷歌菲律宾分公司经理Narciso Reyes指出，在日常生活的方方面面中，人们对智能手机具有很强的依赖性。依赖性的增大主要是因为在日常生活中人们经常会用到智能手机。

智能手机主要用于社交或应用方面。调查显示，有88%的用户会用手机搜索产品或服务，63%用户会用手机寻找产品具体信息。53%用户会搜索旅游方面信息，49%会搜索餐馆和酒吧信息，8%会搜索住房信息。有44%的受访者会每天都利用手机上网搜索信息，72%会每周都用手机进行搜索。

据统计，多达98%的受访者表示他们会关注手机广告。93%的用户会用手机搜索当地商品信息，而在搜索之后，有88%的用户会逛逛店铺，向他人推荐或购买商品。

（来源：南博网. http://www.caexpo.com/news/asean/feilvbin/jmzx_flb/2013/09/03/3601939.html. 2013—09—03）

## 新加坡

### 黄金需求强劲 新加坡将推出实物黄金全球性合约

目前，亚洲市场对黄金需求强劲，过去10年全球对黄金消费需求增长50%，而同期东南亚地区对黄金消费需求则猛增250%。在这种情况的推动下，2014年6月25日，新加坡贸工部部长林勋强表示，新加坡交易所于2014年9月份推出首个以批发25公斤条金为主体的全球性合约。

据悉，该合约由6个每日合约组成一个系列，将实施集中交易，并在新加坡进行实货交付黄金合约的清算。

对于上述合约，摩根大通、渣打、南非标准银行以及加拿大丰业银行等黄金银行都表示支持。

据了解，早在2012年，新加坡政府宣布将推动新加坡成为地区贵金属交易中心。同年10月，新加坡决定对投资级黄金及其他贵金属免征7%的商品和服务税，以促进黄金交易发展。受益于该政策，新加坡2013年黄金交易额大幅上涨94%至280亿美元。

据悉，中国是世界上第一大黄金进口国，2013年黄金进口量占全球黄金生产总数的近50%；中国也是最大的黄金消费国，2013年的消费总量达全球的60%。世元金行高级研究员肖磊表示，中国黄金现货市场的需求量大增，以及金价历经3年的价格调整，人们开始接受目前较低的黄金价格，新加坡推出黄金衍生品合约正是时候。

（来源：南博网. http://www.caexpo.com/news/asean/xinjiapo/jmzx_xjp/2014/06/26/3625623.html. 2014—06—26）

### 中国建设银行成中国内地首批新加坡RQFII中资托管行

2014年6月17日，中国建设银行宣布，通过协助新加坡毕盛资产管理有限公司获批人民币合格境外机构投资者（RQFII）资格，该行成为中国内地首批服务于新加坡申请RQFII资格的金融机构的中资托管行。

据悉，新加坡华盛资产管理获批为人民币合格境外机构投资者（RQFII），成为另一家获准投资中国证券、债券市场的新加坡机构，中国建行将为华盛RQFII的中资托管行。据悉，自2013年10月新加坡获得500亿人民币的RQFII投资额度以来，中国建设银行一直积极与新加坡的金融机构密切合作，协助他们参与中国内地资本市场。

在跨境托管服务方面，中国建设银行是首家开展QFII托管业务的中资银行，在中国香港、新加坡的RQFII托管业务领域处于领先地位，至今已为近50家QFII、RQFII客户提供托管服务。截至2014年5月底，中国建设银行托管业务总额超过6400亿美元。中国建设银行在中国大陆向境外机构投资者提供包括托管服务、证券交易资金结算、银行间市场债券结算代理和期货保证金存管等一系列业务服务。

至今，中国建设银行新加坡分行已经在新加坡经营16年，持有批发银行牌照，是当地唯一一家提供商业银行业务与全面投资银行业务的中资银行。中国建行银行新加坡分行的业务区域以新加坡本地为主，涵盖除越南以外的整个东南亚。据中国建设银行新加坡分行负责人介绍，中国建设银行非常重视推动人民币国际化的发展，将会在包括RQFII托管等新型人民币离岸金融服务投入更多精力。目前，中国建设银行新加坡分行利用位于国际金融中心的优势及建设银行广大的分支机构网络，为中国大中型企业和新加坡企业提供贸易融资、公司贷款、资金交易和投资银行的服务。

（来源：南博网. http://www.caexpo.com/news/asean/xinjiapo/jmzx_xjp/2014/06/20/3625133.html. 2014—06—20）

## 敦豪公司拟投约9000万欧元在新加坡建新中心

中外运敦豪供应链公司（以下简称“敦豪”）宣布，计划在新加坡投资9000多万欧元新建一座综合处理中心，以提升技术与自动化处理水平，改善运能，减少碳排放。

该处理中心名为敦豪供应链高级区域中心，将使作为区域性供应链中心的新加坡处理中心提升为跨国枢纽。这是敦豪供应链在东南亚地区发展战略的一部分。敦豪供应链计划从2015～2018年将产能提升50%。此间的投资将注重建设新场地、发展IT解决方案、扩大运输能力以及进一步加强员工技能培训。

敦豪供应链高级区域中心占地近6万平方米，仓储建筑面积9万多平方米，预计可将敦豪在新加坡的仓储能力提升40%。同时，将根据客户在航空、医疗和技术领域的需求，建设在新加坡的淡滨尼物流园。

这座多用途物流中心的建设费用由敦豪出资约2300万欧元，凯诗物流信托基金出资7000余万欧元，预计在2015年下半年完工。届时，敦豪的亚太、中东和非洲区域办事处和新加坡办事处将迁往此地。

敦豪供应链南亚和东南亚地区首席执行官Oscar de Bok称，敦豪2015～2018年将投资约2300万欧元，重点用于加强仓储设施，提高运输能力、IT技术和员工水平。中心建成后，敦豪将把新加坡的员工数量提升至2000人以上，有利于实现2015年区域员工数量比2014年增长65%，达到2.5万名员工的目标。

该物流中心还将容纳敦豪在德国境外的首个创新中心——亚太解决方案与创新中心，作为区域平台为顾客、行业伙伴和新加坡政府部门、研究机构提供商业和创新服务。中心可现场演示最新物流趋势和创新解决方案，还设置了多个功能中心来识别、监控、利用特定物流行业的趋势和市场发展情况。

（来源：南博网. http://www.caexpo.com/news/asean/xinjiapo/jmzx_xjp/2014/06/17/3624909.html. 2014—06—17）

## 新加坡金管局将启动<br>50亿元人民币隔夜拆借机制

近年来，人民币交易活动在新加坡发展活跃，为了缓和金融机构每日结算时资金紧张的情况，确保满足新加坡当地金融机构短期人民币拆借需求，2014年6月13日，新加坡金融管理局宣布，将自2014年7月1日起，启动50亿元人民币的隔夜拆借机制。

当前新加坡的金融机构运行的人民币借贷机制是新加坡金管局根据中国与新加坡两国间本币互换协议提供的，能够满足贸易、直接投资和稳定市场的需要，让金融机构以期限贷款的形式借贷人民币资金。上述即将启动的新机制将同现行机制相辅相成，将进一步增强市场信心，为人民币交易活动在新加坡的蓬勃发展营造一个更加适宜的环境。

新加坡当地各大银行欢迎以上新机制的实施，认为此举将进一步夯实新加坡作为岸外人民币清算市场的基础，同时金融机构也将获得新的资金渠道，以确保及时清算人民币交易，进而鼓励更多企业通过新加坡来落实人民币贸易融资。有分析认为，隔夜拆借机制将加强市场的流动性和新加坡本地银行的流动性管理能力，从而提高市场对新加坡人民币清算系统的信心。

（来源：南博网. http://www.caexpo.com/news/asean/xinjiapo/jmzx_xjp/2014/06/17/3624905.html. 2014—06—17）

## WTO贸易促进协议生效后新加坡将落实全部有关条款

在世界贸易组织的贸易促进协议生效后，新加坡将即刻全部落实所有有关的条款。

新加坡贸工部表示，新加坡已通知世界贸易组织此事。该协议是世贸组织成员之间的协议，旨在简化世贸组织成员的通关和边境程序，减少跨境贸易的繁文缛节。

世贸组织的贸易促进协议是经过超过9年的谈判后，在2013年12月于巴厘岛签署的。经济合作与发展组织估计，当该协议实行后，商家的商业成本有望下降10%～15%。而根据彼得森国际经济研究所，这将使世界经济获得超过1万亿美元的提振。

新加坡贸工部指出，该协议具有实际和广泛的经济好处。透明与有效率的通关程序将支持商业供应链，吸引外来投资和促进国内发展。商家节省时间和成本，并将受经商容易的经济体吸引前去投资。国际商业机器公司的调查估计，在新加坡营业的公司每年可节省高达10亿美元，贸易商通关电子方式提交的文件，可同时达到所有有关当局。实行该协议将促进经济整合及增长，这对东盟和亚太区是特别关联的目标。

除了新加坡，哥伦布、哥斯达黎加、中国香港、墨西哥以及韩国等，也已经通知世贸组织对该协议的承诺。

商家和经济体若要从该协议获得有意义的好处，所有成员应通知该组织落实该协议的承诺，并尽快批准该协议。

（来源：南博网. http://www.caexpo.com/news/asean/xinjiapo/jmzx_xjp/2014/06/13/3624604.html. 2014—06—13）

## 中国无人驾驶地铁将出口新加坡

日前，中国南车四方机车车辆股份有限公司与日本川崎重工业株式会社及其新加坡分公司联合中标新加坡陆路交通管理局91列364辆无人驾驶地铁车辆项目。

这批车辆为新一代无人驾驶车辆，采用铝合金车体，最高运行时速为90公里，每侧设置5扇车门，能够保证乘客更加顺畅乘降。

新加坡地铁是目前世界上最为发达、高效的公共交通系统之一，地铁车辆也是世界地铁车辆技术标准最高的国家之一。该批车辆将在新加坡的汤申线至东区线运行，新造车辆还将采用新的电流再生技术，具有更好的节能特性。

（来源：南博网. http://www.caexpo.com/news/asean/xinjiapo/jmzx_xjp/2014/06/09/3624311.html. 2014—06—09）

## 北控水务集团在新加坡设立国际总部

2014年6月1日，中国北控水务集团有限公司在新加坡召开新闻发布会，宣布该集团在新加坡设立国际总部，冠名为北控水务国际有限公司，负责中国大陆之外的所有海外水务市场的开发、投资和经营，预计海外投资将达到20亿新加坡元（约合16亿美元）。

北控水务集团是中国国有企业，目前在中国大陆、马来西亚、葡萄牙、印尼和中国台湾地区经营管理300多家自来水和污水处理厂，日处理规模超过2000万吨，已在中国香港上市，是中国水务行业龙头企业。北控水务集团总裁胡晓勇表示，新加坡良好的投资环境和国际网络、在水务技术研发上的创新和政府对水务事业的重视和扶持，使该集团决定在新设立国际总部，进一步整合海外资源，谋求更好、更大的发展。

新加坡经济发展局助理局长林国强、新加坡公用事业局副总裁陈玉仁先后在发布会上致辞，新加坡是世界领先的水务枢纽，全球130多家水务公司和28个研发中心已在新设立分支机构。

（来源：南博网. http://www.caexpo.com/news/asean/xinjiapo/jmzx_xjp/2014/06/04/3623961.html.

2014—06—04)

## 中国光大国际反向收购新加坡汉科环境科技

中国光大国际集团将把其废水处理业务以58亿元人民币（约合12亿新加坡元）的价格，注入新加坡挂牌公司汉科环境科技。交易完成后，光大国际集团将掌控汉科环境科技78%股权。

这是一项反向收购交易，汉科环境科技必须先得到股东批准。

买卖双方在2013年底已经签署了有关的框架协定。汉科环境科技2014年6月2日在文告中表示，汉科环境科技签署买卖协议，将以约12亿新加坡元的价格收购中国光大水务投资公司的全部股权，这笔交易将完全以发出汉科的新股给卖方（中国光大国际的子公司中国光大水务控股公司）来完成，共将发出19亿股汉科股票。

中国光大国际集团打算以汉科作为它发展水处理业务的单一平台，交易完成后，汉科将改名为中国光大水务公司。汉科表示，这使汉科在迈向成为中国最大水处理公司之一的目标。交易完成后，汉科环境科技拥有的资产将包括32座废水处理厂（日处理能力达340万吨废水）。

据悉，汉科已委任星展银行为这项收购协议的财务顾问。

汉科环境科技2014年6月2日暂停交易，当天傍晚宣布了中国光大国际将注入资产的消息。

德意志摩根建富证券研究重申给予它的“买入”评级，目标价为1.61元，表示该公司和中国光大国际的任何反向收购交易，将继续是股价催化剂，毕竟这项交易一旦落实，将让它享有较低融资成本以及较容易获得融资等优势。

（来源：南博网. http://www.caexpo.com/news/asean/xinjiapo/jmzx_xjp/2014/06/04/3623930.html. 2014—06—04）

## 阿里巴巴2.5亿美元投资新加坡邮政

中国电商巨头阿里巴巴2014年5月28日宣布，该公司已以2.5亿美元认购了新加坡邮政有限公司10%的股份。同时双方还签署了战略合作备忘录，以继续讨论组建合资公司来推进“国际电商物流平台”的建设。

据合作声明表示，此次合作协议旨在创建国际电商的物流解决方案，同时阿里巴巴还可享受新加坡邮政的国际邮政、物流能力、基础设施和强大的配送网络服务。

阿里巴巴集团首席运营官张勇表示，该公司和新加坡邮政合作，并引入其强大的递送网络和端到端电商解决方案，助力国际电商。通过这次合作，该公司希望能够为海外的买家和卖家带来实在的好处，提升用户体验，为用户提供更好的物流解决方案和产品。

尽管阿里巴巴在美国的投资已涉足硅谷的初创企业，但谈到东南亚市场，该公司仍停留在其核心业务——为在线购物者提供商品。2013年秋季，阿里巴巴在东南亚地区推出了本地化版本的淘宝网，解决了中国商家和新加坡顾客之间的语言障碍以及运货障碍。而今，通过此次投资加强其物流业务，阿里巴巴便能提升其运货的速度及效率，并能在国际市场扩张中提升其竞争力。

（来源：南博网. http://www.caexpo.com/news/asean/xinjiapo/jmzx_xjp/2014/05/29/3623717.html. 2014—05—29）

## Lazada集团进军新加坡电子商务市场

东南亚最大的网上购物商城Lazada集团开始进军新加坡电子商务市场。

Lazada集团于2012年在东南亚各地开设网购商城，分别在印尼、越南、马来西亚、泰国与菲律宾开启了电子商务业务。Lazada集团表示，它目前在东南亚电子商务市场上拥有最高的网站流量，每日有100万次的网站浏览，Lazada也是东南亚最多消费者在Facebook上关注的零售业者。

Lazada联合创始人兼董事总经理哈登贝格称，Lazada已经在东南亚建立稳固的市场，有相当高的市场占有率，是区域内最大的网上购物商城，因此，Lazada进军新加坡市场是众望所归的。Lazada在东南亚的区域总部从2012年公司成立时就设立于新加坡。但是，由于新加坡电子商务市场竞争激烈，Lazada决定先掌握东南亚发展中市场的走势，在东南亚取得强劲市场占有率后，才在新加坡开启网上购物商城。

该网购平台将为消费者提供各类产品，包括健康美容、家居生活与电子产品等。Lazada集团预计在2014年6月推出适用于iOS和Android平台的免费应用程序。

（来源：南博网. http://www.caexpo.com/news/asean/xinjiapo/jmzx_xjp/2014/05/29/3623674.html.

2014—05—29）

## 中新天津生态城向起步区以外拓展

2014年5月21日，中新天津生态城投资促进会在新加坡举行，据悉，中新天津生态城项目的起步区已经完成，将开始向起步区以外拓展。

新加坡国家发展部副常任秘书郑锦宝表示，现在是企业在中新天津生态城投资与借助其增长潜力的最佳时机。目前在生态城注册的企业已超过1000家，进驻的企业集群囊括文学创作、影视动漫等文化产业、基金与非银行金融机构、新能源、互联网产业等，总注册资本达800亿元人民币（160亿新加坡元）。天津生态城为新加坡及其他国际企业进入中国提供了有力的平台。

据悉，生态城所处的天津滨海新区的经济规模在过去5年里平均取得21.6%的年增长率，该区2013年GDP超过1300亿美元，年增长率达17.5%。在这样的背景下，投资促进会吸引了约120多名与会者，显示出新加坡企业对到中国北方寻求商业机会的强烈兴趣。郑锦宝表示，天津生态城目前正着重加强其经济发展，欢迎新加坡企业前往投资。

据了解，中新天津生态城是中国首个最大的生态城，是中新两国政府间合作的典范区域。中新两国于2007年签署了框架协议，自此两国政府紧密合作，共同推动天津生态城的发展。生态城整体占地面积30平方公里，开发目标是要成为一个经济繁荣、社会和谐、环境友好、资源节约，以及可复制、能推广的新型城市样板。在生态城投资能够享有税务回扣、专项基金支持、租房和购房补贴、知识产权补贴、人力资源协助等多方面的优惠政策。

在投资促进会上，有4家新加坡企业分别与生态城开发商签订租赁协议，将在生态科技园设立办公室。中国银行新加坡分行及中国银行天津分行也与生态城合资公司签署了谅解备忘录，将在未来3年向有意进驻生态城的新加坡企业提供80亿元人民币（约合13亿美元）的融资配套及相关服务。

（来源：南博网. http://www.caexpo.com/news/asean/xinjiapo/jmzx_xjp/2014/05/23/3623308.html. 2014—05—23）

## 新加坡黄金地段豪宅价格全球第5高

财富顾问公司New World Wealth的一份调查报告显示，新加坡的黄金地段豪宅价格为每平方米2.66万美元，全球排名第5。

调查报告同时显示，居首位的是英国伦敦的豪宅，平均每平方米4.23万美元，比新加坡昂贵59%。比新加坡黄金地段豪宅价格昂贵的城市还有中国香港（3.6万美元）、美国纽约（3.06万美元）和瑞士日内瓦（2.9万美元）。

该调查中的黄金地段豪宅定义是售价不低于100万美元的住宅，并且是位于各主要城市中“最受期盼”的地点，这些主要城市的人口都不少于100万人。其平均尺价的资料来源包括各城市的房地产估价记录、销售数据和要价。

根据该公司最近发布的报告，在全球黄金地段豪宅平均价最高的20个城市当中，有6个是亚太城市。

除了排在第2和第5的中国香港和新加坡，还有排在第8位的日本东京（2.29万美元）、第9位的悉尼（2.21万美元）、第15位的上海（1.21万美元）和第16位的北京（1.18万美元）。

该公司也指出，伦敦是全球最多富豪居住的城市，共有约33万名百万富翁和4300名超高净值人士在伦敦长期居住。此外，他们预计有另1.1万名超高净值富豪在伦敦拥有第二住宅。

超高净值富豪偏好的伦敦区域包括骑士桥、肯辛顿、切尔西、摄政公园、汉普斯特德和贝格拉维亚。

调查也研究了超高净值人士喜欢购买的第二住宅或度假屋地点。这些地点当中，最贵的度假屋在摩纳哥，每平方公里为5.04万美元，紧随其后的是法国圣特罗佩、法国卡普费拉、美国加州蒙特雷卵石滩和法国戛纳，价格在每平方米2.24万美元至3.45万美元之间。

（来源：南博网. http://www.caexpo.com/news/asean/xinjiapo/jmzx_xjp/2014/05/20/3623009.html. 2014—05—20）

## 中国游客在新加坡消费表现强劲

在2013年10月1日中国新旅游法正式生效之后，中国游客到新加坡旅游的人数减少。然而，与此相反的是，中国游客在新加坡的消费反而增加了。

据悉，2013年第4季度，中国赴新加坡旅游人数同比下降31%，但消费同比增长1%。据介绍，中国新旅游法取缔了团费相当于或低于成本的廉价促销购物旅行团，但是促使了更多中国游客通过自由行的方式赴新加坡旅游，这些人在新加坡消费较高。因此，中国游客人数下降但消费增长的趋势可能会持续一段时间，新加坡旅行社并不担心游客人数的下降。

统计数据显示，2013年新加坡接待的中国游客为227万人次，同比增长12%。2013年印尼仍是新加坡最大的旅游客源国，赴新游客总数达到309万人次。一直以来，印尼都是在新加坡消费最多的游客群体，但2013年这一情况发生了逆转，中国游客在新加坡的消费金额首次超过印尼。中国游客的消费金额为29.8亿新加坡元（约合24亿美元），同比增长18%。

（来源：南博网. http://www.caexpo.com/news/asean/xinjiapo/jmzx_xjp/2014/05/13/3622575.html. 2014—05—13）

## 新加坡成全球第2大离岸人民币中心仅次于中国香港

据南博网了解，此前，中国香港特区是全球最大的离岸人民币中心，排在第2位的是英国伦敦。而在2014年3月份，新加坡已经超过伦敦，跃居全球第2大离岸人民币中心。

2014年3月28日，环球银行间金融通信协会发布的数据显示，2014年3月新加坡处理的人民币支付量同比激增375%，人民币支付结算金额占全球总额的6.8%，超过伦敦的5.9%。而中国香港处理人民币支付量占全球总量的72%以上，继续是最大离岸人民币中心。

在2013年2月，中国工商银行新加坡分行经中国人民银行的授权，成为在新加坡的人民币清算行，这是首个在中国以外指定的人民币清算行。

据悉，目前人民币已经是全球第7大支付货币，2014年3月，人民币在全球的支付比重为1.62%，在2014年2月份，比重是1.42%。

（来源：南博网. http://www.caexpo.com/news/asean/xinjiapo/jmzx_xjp/2014/04/29/3621592.html. 2014—04—29）

## 新加坡推出知识产权融资计划

2014年4月8日，新加坡教育部兼律政部高级政务部长英兰妮主持召开“新加坡知识产权融资计划”推介会。该计划首期为期2年，新加坡知识产权局指定专业评估机构对企业的专利权进行估价，企业以专利权为抵押，可向参与该计划的银行申请贷款，一旦企业无法偿债，知识产权局将拨出1亿新加坡元，用于承担银行的部分亏损。新加坡是继美国之后，全球第2个推出银行提供知识产权融资的国家。

英兰妮部长表示，新加坡企业的无形资产价值有升高趋势，市场调研数据显示，2011年新加坡公司有35%的商业价值来自无形资产，这一比重在2012年提高到42%，融资计划的推出，将使企业有机会用知识产权来套取现金，发展业务。

新加坡知识产权局局长陈一山表示，风险承担的比重，将视个别贷款者的情况而定，目前已有一些企业参与计划的试验性阶段，进行专利权估价。同时，该局推出知识产权服务中心，为有意开发专利的企业提供商业与法律咨询。

新加坡知识产权局指定的3家专业评估机构是：American Appraisal Singapore、Consor知识资产管理机构和德勤财务咨询公司。

目前已参与该计划的银行共3家，为星展银行、华侨银行和大华银行。该计划规定，申请贷款的最长年限为6年，利率顶限为7.5%。星展银行表示，该行将提供1年至6年期的美元和新加坡元知识产权贷款，利率介于3.5%～7.5%之间，低于一般小额无抵押贷款8%10%的利率。大华银行表示，由于专利权有一定的时效性，商业价值也可能迅速摊销，因此贷款期一般应不超过3年。华侨银行表示，将专利权从企业切割出来进行单一估价，是新的领域，该行将从最初的几个交易中吸取经验，从中改进。这3家银行指出，知识产权融资并不局限于科技业者，而是涵盖潜在的专利资产，包括企业品牌、某项作业程序、甚至某种服务方式等。该计划的意义在于提升企业对专利资产价值的意识，并制定一套系统化的估价框架，推动市场发展。

（来源：中华人民共和国驻新加坡共和国大使馆经济商务参赞处. http://sg.mofcom.gov.cn/article/zhengt/201404/20140400544551.shtml. 2014—04—09）

## 新加坡零售店2016年不设香烟陈列柜台

新加坡政府宣布了全面推行烟草展示禁令，预计最快能在2015年底修订烟草广告与销售管制法案，零售商随后将有1年的宽限期更换柜台。至

2016年年底，新加坡零售店面将不再设香烟陈列柜台。

目前，零售商普遍把香烟陈列在收银处柜架上，让公众选购。修订法案通过后，零售商只能将香烟存放在公众看不到的地方。

根据新加坡全国健康调查报告，每天吸烟的18岁至29岁青年比率，从2004年的12.3%增至2010年的16.3%。

一项针对1300名国人的调查显示，半数年轻烟客看到陈列柜的香烟时，会产生想抽烟的念头，46%会购买香烟。20%非烟客看到陈列柜的香烟后，则会对吸烟产生好奇。

新加坡卫生部2013年3月表示有意禁止零售商在柜台展示香烟，并于2013年6月展开公共咨询，73%与烟草业不相关的受调公众对禁令表示支持。

新加坡烟草协会调查则显示，近80%香烟零售商认为推行禁令不会降低吸烟率，并担心禁令会影响烟草业的生意。新加坡交通部兼卫生部政务次长费绍尔表示，新加坡政府将与零售商合作，在实施过程中解决香烟零售商的顾虑。

此外，新加坡政府2013年起实施更严格的烟草包装条例，并于2014年政府财政预算案中宣布调高烟草税10%。

（来源：南博网. http://www.caexpo.com/news/asean/xinjiapo/jmzx_xjp/2014/03/20/3619210.html. 2014—03—20）

## 新加坡已成为中国最大投资来源国

根据中国商务部发布的数据，2013年新加坡对中国投资73.27亿美元，同比增长12.06%，成为中国最大的投资来源国。

数据显示，新加坡在中国投资的金额已超过欧盟28国对中国实际投入外资金额的总和，后者2013年共在中国投资72.14亿美元，同比增长18.07%。与此同时，日本对中国投资70.64亿美元，同比下降4.28%；韩国对中国投资30.59亿美元，同比下降0.23%，与2012年基本持平。

新加坡贸工部兼国家发展部高级政务部长李奕贤表示，新加坡长期以来在中国累积投资近550亿元美元，超过23000个项目，以往投资的内容主要是制造业和房地产业的开发。未来根据中国国内市场的需求和新加坡的实力，新加坡投资可能会更倾向服务业，包括金融、保险、会计、律师、高科技等。

作为新加坡在中国最大的外资企业之一，凯德集团凭借对中国发展的坚定信心和极富前瞻性的战略思维，在中国近5年（2009～2013）累计注入外资金额约39亿新加坡元（约合192亿元人民币），占同期新加坡对中国投资额约一成。

作为进入中国最早、目前中国最大的外资房地产企业，凯德将中国市场视为集团战略发展的重要支点，在不断壮大规模、巩固布局的同时始终保持稳健前行。目前，凯德在中国45个城市运营着涵盖住宅、购物中心、办公楼、服务公寓及综合体在内的145个项目，资产占比集团约45%。

（来源：南博网. http://www.caexpo.com/news/asean/xinjiapo/jmzx_xjp/2014/03/14/3618786.html. 2014—03—14）

## 新加坡人民币存款达2000亿元

新加坡金融管理局助理局长梁新松于2014年3月13日表示，截至2013年12月，新加坡人民币存款达到2000亿元，较2013年3月增长70%。

梁新松当日在一个离岸人民币市场研讨会上表示，与2013年同期相比，以人民币计价的贷款增长近25%，总额超过3000亿元人民币，其中大部分来源于贸易融资。根据环球银行金融电信协会的数据，新加坡的人民币贸易融资占到除中国大陆和中国香港以外总量的60%。

2013年2月，中国人民银行授权中国工商银行新加坡分行担任人民币业务清算行，成为首个在中国以外指定的人民币清算行，工行新加坡分行从2013年5月份开始清算业务。

此后，新加坡市场共成功发行6笔“狮城债”，共计75亿元人民币，其中工行新加坡分行2013年11月发行20亿元人民币的“狮城债”，中国银行新加坡分行于2014年2月发行30亿元人民币的“狮城债”。“狮城债”受到新加坡及区域投资者的强烈追捧

梁新松表示，新加坡离岸人民币市场之所以发展迅速，一方面依赖多家参与行共同打造的稳定且高效的人民币业务基础设施，另一方面则得益于新加坡作为众多跨国公司区域财务中心的地位。同时，在贸易融资方面，新加坡也看到人民币信用证贴现的增长幅度在增加，这意味着更多新加坡和亚洲地区的国际大宗商品贸易商开始接受人民币计价支付。

梁新松表示，尽管中国的未来可能面临复杂局

面，但是中国政府传递的中期目标是明确的，那便是促进人民币国际化、实现资本账户可兑换，推动资本市场深入发展。

梁新松称，在亚洲，人民币扮演着越来越重要的角色，这将在未来5到10年的时间里改变亚洲的金融格局。

（来源：南博网. http://www.caexpo.com/news/asean/xinjiapo/jmzx_xjp/2014/03/14/3618779.html. 2014—03—14）

## 中国招商银行新加坡分行正式开业

2014年3月5日，中国招商银行新加坡分行正式开业。在3个月的试营业期间，招商银行新加坡分行已开立各种账户26个，总资产近9亿美元，涉及的业务有传统的双边美元贷款和贸易融资业务，也有离岸人民币贷款业务。

中国招商银行行长田惠宇表示，近2年来，中国与新加坡双边投资不断增长，两国贸易往来不断向前推进，新加坡已成为中国香港以外的最大离岸人民币中心。与此同时，中国招商银行客户的业务也日趋扩大并延伸到新加坡和东南亚地区，该地区已成为中国招商银行的重点战略性区域。

中国驻新加坡大使段洁龙表示，希望招商银行新加坡分行为促进中新两国贸易和投资的发展，也为新加坡成为中国香港以外最大的人民币离岸业务中心作出积极贡献。

（来源：南博网. http://www.caexpo.com/news/asean/xinjiapo/jmzx_xjp/2014/03/06/3618160.html. 2014—03—06）

## 中国华为拟迁南太平洋企业业务总部至新加坡

据悉，中国国际电信业巨头华为计划加大新加坡宣传力度，希望在3年内把新加坡市场份额占有率从3%提升到20%。此外，为了争取新加坡电信基础设施市场，华为将在2014年把设在马来西亚的南太平洋企业业务区域总部搬到新加坡。

2013年，华为公司的智能手机在全球销量达到5200万台，比2012年多出67.5%，成为全球第3大智能手机制造商。其中，在中东和非洲地区的销量增幅高达650%；亚太地区的增幅则接近400%，而在拉丁美洲的增幅为200%。

同上述地区相比，新加坡的市场虽然小，但新加坡消费者对高端手机需求高，消费习惯在亚太地区深具影响力，是华为高度重视的市场之一。

华为终端有限公司销售与服务副总裁刘江峰在世界移动通信大会上表示，要打入新加坡市场非常困难，原因在于新加坡消费者非常注重品牌，大约8成的消费者喜欢著名品牌，只有2成的人选择其他品牌。

据悉，华为在2006年左右才进入新加坡市场。由于行销方式较为低调，因此品牌知名度不高，华为2013年在新加坡的手机市场份额只占近3%。刘江峰表示，公司的目标是在3年内把这个数字提升到20%，但未透露未来的投资额。

另一方面，华为看中新加坡的优越地理位置以及在亚太区域的巨大影响力，加上华为的多个合作伙伴和客户在新加坡也设有办事处，于是决定把区域企业业务的运作核心设在新加坡。

目前，华为在新加坡、马来西亚、印度尼西亚、菲律宾、澳大利亚、新西兰和南太平洋岛国都有电信业务。

华为技术有限公司IT产品线总裁郑叶来表示，新加坡面积不大，但国内生产总值很高，是充满潜力的电信业市场。

随着4G电信网络投入服务，数据传输速度更快的5G网络将是未来智慧城市不可缺少的网络技术，郑叶来表示，公司将投入更多资源争取这块网络技术大饼。

郑叶来强调，华为的主要强项是数据中心、云计算和数据分析业务。由于不同国家和地区的现有电信基础设施和未来需求有所不同，华为可以按照新加坡的要求‘量身定制’新的电信网络。

华为在2011年开始与新加坡电信公司合作，提供电信基础设施和相关设备，业务涉及数据储存、伺服器、电信网络和云计算等。除了继续发展这些业务之外，公司接下来将把焦点锁定在数据分析业务上。

华为曾经协助中国数个城市如合肥打造为智慧城市，凭着过往经验，郑叶来有信心公司能在感应器数据收集方面和传输数据技术上，为新加坡提供良好的服务。

（来源：南博网. http://www.caexpo.com/news/asean/xinjiapo/jmzx_xjp/2014/03/04/3617735.html. 2014—03—04）

## 中国成为新加坡第一大贸易伙伴

新加坡国际企业发展局（以下简称“企发局”）

2014年2月20日公布的统计数据显示，2013年，中国超过马来西亚成为新加坡最大贸易伙伴，双边贸易额达到1152亿新加坡元（约合914.3亿美元），比2012年增长11%，占新加坡贸易总额的11.8%。

根据企发局公布的数据，2013年新加坡对外贸易总额为9802亿新加坡元（约合7779亿美元），比2012年下跌0.5%，非石油国内出口下滑6%，除中国大陆和中国台湾地区以外，新加坡对其余出口市场的非石油出口均出现下滑。其中，对欧盟、韩国和马来西亚的出口跌幅最为明显。

企发局预计2014年全球经济将稳步增长，新加坡对外贸易总额和非石油国内出口平均将获得1%～3%的增长。

（来源：南博网. http://www.caexpo.com/news/asean/xinjiapo/jmzx_xjp/2014/02/21/3616636.html. 2014—02—21）

## 新加坡最大规模的人民币债券发行获超额认购

中国银行新加坡分行发行30亿元“狮城债券”，获得2.96倍超额认购，这是迄今为止新加坡最大规模的人民币债券发行。

此次发行的债券，是中国银行2013年12月启动100亿美元额度的中期票据发行计划后的第3只人民币债券，2年期债券票息率为3.30%，5年期债券票息率为4%，穆迪和惠誉评级分别给予该票据计划A1和A评级。认购投资者中，新加坡投资者占52%，亚洲其他市场投资者占25%，其余23%则来自欧洲。本批债券由中国银行与新加坡的星展银行、华侨银行、渣打银行担任联合簿记行，中国农业银行新加坡分行为副主承销商，不久后将在新加坡交易所上市。

2013年9月中国银行在新加坡首次发布了人民币跨境指数，该指数在2013年第4季首度冲破200点，创下228点历史记录，显示人民币国际化进程不断加速。中国银行表示，将继续积极推动新加坡离岸人民币中心的快速发展。

（来源：中华人民共和国驻新加坡共和国大使馆经济商务参赞处. http://sg.mofcom.gov.cn/article/zhengt/201402/20140200501368.shtml. 2014—02—27）

## 新加坡基尼系数自2009年来首次下滑

新加坡统计局2014年2月18日公布的《2013年住户收入主要趋势》报告显示，2013年新加坡贫富差距有所改善，基尼系数从2012年的0.478下降至0.412，自2009年以来首次下滑，是2000年新加坡统计局计算包含政府补贴后的基尼系数以来的最低点。

由于收入最高10%住户人均月收入实际下滑5.2%，而收入最低10%群体的月收入获得2.4%的实际增长，使得2013年的贫富差距出现收窄的好迹象。新加坡受雇居民住户2013年的工作收入保持稳定增长，实际增幅是1.6%。

新加坡学者和经济师认为，由于人手紧缺，雇主必须改善薪金配套，以吸引本地员工，这让低收入工人取得薪金增长，对缩小收入差距起到积极作用。

（来源：中华人民共和国驻新加坡共和国大使馆经济商务参赞处. http://sg.mofcom.gov.cn/article/zhengt/201402/20140200492292.shtml. 2014—02—19）

## 中国海通国际新加坡公司正式开业

2014年1月22日，中国第二大证券商海通证券旗下的海通国际证券集团（新加坡）公司正式举行了开业庆典，新加坡金融管理局助理局长梁新松出席庆典并致辞。中资券商的国际化发展是提升竞争力的必然途径，作为上海金融机构在海外成立的首家持牌分支机构，新加坡分公司的开业，标志着海通证券成功迈出国际化发展的重要一步。

海通国际（新加坡）向新加坡金管局申请的证券交易和期货合同已于2014年1月17日获批。该公司已经启动了在新的股票、期货业务，鉴于新加坡私人财富管理行业的持续增长，公司也计划在新加坡经营资产管理业务。新加坡公司将首先集中发展人民币产品，这将有助于海通证券更好把握新加坡离岸人民币业务快速发展的机遇，为新加坡人民币市场健康发展做贡献。

新加坡是全球第3大外汇交易中心，全球顶级商品交易中心以及首个大中华区以外获得人民币清算行的金融中心，海通率先在新加坡建立分支，将为公司打开东盟市场，拓展海外业务奠定基础。随着人民币资金池的不断扩大，海通国际（新加坡）将以新加坡作为区域中心，为新加坡及整个东盟地区的投资者提供更丰富的人民币产品投资渠道，并将全力支持中资企业探索海外发展的机遇。利用新加坡作为基金管理枢纽及人民币结算中心的地位，进一步拓宽海通国际的全球网络。

（来源：中华人民共和国驻新加坡共和国大使馆经济商务参赞处．http://sg.mofcom.gov.cn/article/zhengt/201401/20140100474677.shtml.2014—01—27）

## 新加坡金融机构可申请成为人民币合格境外机构投资者

2014年1月24日，新加坡金融管理局发布文告称，即日起，在新加坡成立且经过金管局批准经营基金管理业务的金融机构，例如基金管理公司、银行和保险公司，可通过中国批准的托管银行，向中国证监会申请成为人民币合格境外机构投资者（RQFII），获准后再向国家外汇管理局申请投资额度。若金融机构有意投资债券市场，还须向中国人民银行申请准入中国银行间债券市场。这意味着更多金融机构将能提供多样化的人民币投资产品以扩大人民币资金池，散户投资者直接从中国市场获利的机会也将增加。

据市场人士透露，RQFII的申请可能需4至6个月。受访的金融机构大多表示有意申请成为人民币合格境外机构投资者并推出相应的离岸人民币产品。

2013年10月举行中新双边合作联合委员会第十次会议期间，双方签署协议，把人民币合格境外机构投资者试点扩大至新加坡，总投资额度为500亿元人民币（约100亿新加坡元）。

（来源：中华人民共和国驻新加坡共和国大使馆经济商务参赞处．http://sg.mofcom.gov.cn/article/zhengt/201401/20140100474667.shtml.2014—01—27）

## 华联拟投资千万新加坡元在新加坡设分公司

据悉，2014年北京华联集团投资控股有限公司（以下简称“华联”）将继续扩张，目前筹备店铺超过20家。据消息人士透露，华联拟在新加坡设立全资子公司，投资总额1000万新加坡元。

新加坡的商业地产及零售业发展较快，在购物中心运营领域有一定的影响力。华联在新加坡成立公司，可以引入国外先进的管理团队及专业化运营管理经验，适应公司在购物中心领域做大的需求，推动业务发展。

根据公开数据显示，华联2013年前3季度营业收入为8亿元人民币，较2012年同期增长35.04%，其中净利为4234.25万元人民币，增长18.09%。但与王府井百货、翠微百货这些竞争对手相比，仍有差距。

华联主营业务定位于购物中心的运营管理，目前正式营业的购物中心共25家，另有3家收购门店或于2014年年底或2015年年初开业。

除了扩张，日前华联与阿里合作打造线上线下闭环购物体验：阿里巴巴将首次试用高德地图LBS功能引导客流到店，负责北京华联40家购物中心的定位推广及扩大流量工作。在移动互联端，阿里将陆续开放淘系不同定位所有客户端给华联。

此外，双方将打通CRM系统，改变原有的消息投递模式，通过阿里巴巴的技术拓展，做到针对华联所在顾客群体的精准消息投递。

但业内人士对于华联扩张战略能否取得成效提出了质疑：1.宏观经济增速持续下滑，势必对华联营收造成影响；2.新开门店经营效率不达预期；3.购物中心竞争加剧，华联需要考虑的问题比扩张更为复杂。

（来源：南博网．http://www.caexpo.com/news/asean/xinjiapo/jmzx_xjp/2014/01/17/3614294.html.2014—01—17）

## 2013年中国投资者在新加坡房地产投资增长近2倍

2014年1月9日，新加坡房地产咨询中介机构戴德梁行和世邦魏理仕发布的报告显示，2013年新加坡房地产投资市场继续保持活跃，全年大宗房地产交易（单笔交易金额超过500万新加坡元）总金额近300亿新加坡元，连续第4年保持在高位。其中，外国投资者投资额41亿新加坡元，比2012年同比增长超过30%，中国、日本是外资的主要来源国，中国投资者投资额29亿新加坡元，比2012年的10亿新加坡元投资额猛增近2倍。

（来源：中华人民共和国驻新加坡共和国大使馆经济商务参赞处．http://sg.mofcom.gov.cn/article/zhengt/201401/20140100456121.shtml.2014—01—10）

## 2013年新加坡在全球港口集装箱吞吐量排名第2

2014年1月7日，新加坡交通部长吕德耀在出席新加坡海事基金会新年酒会时宣布，2013年新加坡港集装箱吞吐量预计达3260万个标准箱，比

2012年同比增长2.9%，再创历史新高，在全球主要港口排名中，连续第3年名列第2位，位居中国上海港之后。

据新加坡海事及港务管理局公布的统计数据，2013年新加坡港停靠船只总吨数达23.3亿吨，比2012年同比增长3.2%；货运吞吐量达5.58亿吨，同比增长3.6%；燃油销售量4250万吨，略跌0.4%，但仍为世界上燃油销售量最高的海港；截至2013年年底，在新加坡注册船只总吨位7360万吨，同比增长13.2%，在全球排名前10位。

吕德耀表示，新加坡海洋事业占GDP的7%，雇员总数超过17万人，是新加坡重要的经济支柱之一，新加坡政府将继续致力于支持海洋事业的发展。

（来源：南博网. http://www.caexpo.com/news/asean/xinjiapo/jmzx_xjp/2014/01/09/3613176.html. 2014—01—09）

## 新加坡能源公司与中国国家电网达成两项交易

新加坡新能源集团发表文告称，2014年1月3日，新能源国际已经把其独资公司新能源国际（澳洲）资产的60%股权卖给中国国家电网，同时把新能源澳洲电网的19.9%的股权一并卖给中国国家电网，但与此同时，新能源国际将继续持有新能源澳洲电网的31.1%的股权。

据了解，中国国家电网是通过其子公司——中国国家电网国际公司与新能源国际达成了这两项交易。其中，新能源是以8.24亿澳元向中国国家电网出售了新能源澳洲电网的19.9%的股权；但是具体是以多少价钱出售的新能源国际（澳洲）资产的60%股权，目前尚不知晓。

新加坡能源公司在公告中表示，通过在新能源国际（澳洲）资产所持有的其余40%股权，以及在新能源澳洲电网的31.1%股权，新能源将继续把澳大利亚做为其专注的一个战略市场，并承诺将继续在澳大利亚的电力和煤气传输与分销网络业务方面长期投资，为澳大利亚的消费者提供安全可靠的能源供应服务。

新能源集团总裁黄锦贤表示，对于新加坡能源与中国国家电网完成这两项交易感到欣慰，同时有信心在中国国家电网和新加坡能源的强力支持与合作下，双方在澳大利亚的业务一定能够取得进一步的增长。

（来源：南博网. http://www.caexpo.com/news/asean/xinjiapo/jmzx_xjp/2014/01/06/3612671.html. 2014—01—06）

## 新加坡将打破液化气进口垄断模式

为了从更具竞争力和透明度的天然气价格环境中受益，新加坡将放宽液化天然气的进口方式，允许新增两家进口商以批量形式引进液化气。

新加坡总理公署部长兼内政部及贸工部第二部长易华仁在第二届亚洲天然气峰会上宣布，新加坡能源局在2014年初就“后300万公吨时代”的小批量液化气进口模式展开二阶段方案征求书，这标志着自2008年起就存在的BG新加坡垄断进口模式将被打破。

第一阶段，有兴趣的进口商可提出相应计划，如何通过来源多元化、价格指数和合约长短等手法为新加坡争取液化气供应的稳定性和价格竞争力，能源局从中筛选不超过3家。第二阶段，入选进口商有半年时间与潜在买家签订买卖合约，并向新加坡能源局呈交一份供今后买家考虑的基线合约。新加坡能源局在2014年第1季度展开征求活动，最终选出最多两家进口商，这批新供应最早到2016年或2017年才会进入市场。

此外，从能源安全角度出发，新加坡也不能一味依赖液化气来供应新加坡国内需求，因此新加坡能源市场管理局也有意解除管道天然气暂停进口禁令。易华仁也指出，新加坡当初设定管道天然气暂停禁令是为了确保新兴的液化气市场能成长，未来还是需要打开市场让不同天然气来源进入，以确保市场竞争力。

（来源：中华人民共和国驻新加坡共和国大使馆经济商务参赞处. http://sg.mofcom.gov.cn/article/zhengt/201311/20131100380838.shtml. 2013—11—07）

## 天津狗不理落地新加坡

2013年10月23日，新加坡食品制造商第一家集团与天津老字号企业狗不理集团签署了合作备忘录。未来，双方将合作生产狗不理食品，在亚太区域市场分销。

据了解，此次合作是继在日本东京开设加盟店后，狗不理集团再次“进军”海外市场。合作主要围绕食品工业领域，中新双方未来将合作生产狗不理食品。据了解，新加坡第一家的分销网络覆盖全球 50 个城市。据介绍，早在 2012 年 9 月 5 日，新加坡总理李显龙就曾到狗不理水上北路店品尝狗不理包子以及天津特色菜，并曾表示欢迎狗不理到新加坡去开店，让更多新加坡人有机会尝到中国传统美食，体验中国美食文化。

作为中华老字号企业，狗不理集团始终坚持“走出去”战略，在日本东京开设的加盟店非常受当地食客欢迎。2012 年 9 月，狗不理集团股份有限公司还是与英国 SSP 公司就亚太地区国际机场暨国内机场餐饮项目战略合作签订了协议，其首个合作项目位于杭州萧山国际机场，营业面积 285 平方米，能满足 130 人同时就餐，主要经营以狗不理包子为代表的中式简餐，目前已经开业，第 2 个项目正在紧张洽谈和筹备中。据了解，英国 SSP 公司是全球知名的机场餐饮品牌运营商，合作伙伴遍布全球 30 多个国家、130 多个机场，每天为超过 500 万名旅客提供餐饮服务。

（来源：南博网. http://www.caexpo.com/news/asean/xinjiapo/jmzx_xjp/2013/11/19/3607766.html. 2013—11—19）

### 上海期货交易所与新加坡交易所签署合作备忘录

上海期货交易所（以下简称“上期所”）2013 年 10 月 21 日披露，已与新加坡交易所在上海签署合作备忘录，就加强双方在信息共享、经验交流、高层互访等方面的合作达成框架合作协议。

上期所总经理刘能元和新交所首席执行官 Magnus Bcker 出席了协议签署仪式。

刘能元表示，新加坡交易所作为亚太地区领先的综合性交易所，一直致力于与亚洲地区其他交易所建立友好合作关系，共同促进亚洲衍生品市场的发展，并在期货市场业务创新、跨境合作和境外市场开拓等方面拥有丰富市场资源和运营经验。与之建立合作伙伴关系，有助于提升上期所的国际化水平，促进上期所战略目标的实现，并进一步推动中新两国期货市场和实体经济的发展。

Magnus Bcker 表示，面对监管环境和客户需求的不断变化，新交所致力于挖掘新的机遇，并为全球客户提供公平透明的定价机制和风险管理工具。与上期所签署合作备忘录，将有助于加强两国衍生品市场的沟通联系，并且可通过此契机，加深对中国衍生品市场的认识，为今后双方在相关业务领域开展更多互利共赢合作进行有益探索。

（来源：南博网. http://www.caexpo.com/news/asean/xinjiapo/jmzx_xjp/2013/10/22/3605309.html. 2013—10—22）

## 泰　国

### 泰国有望成为亚洲廉价航空中枢

亚洲航空公司乘客预订座活跃，泰国汇商银行研究中心指泰国成为亚洲廉价航空运输中枢前景乐观。

亚洲航空公司行政总裁纳达表示，亚航于 2014 年 6 月 17 日开通泰国曼谷至韩国航线首航，乘客上座率达 100%，同时亚航还准备开通缅甸—曼谷—韩国航线，以满足缅甸和韩国游客 2014 年 10 月预计有 63470 人次的乘坐需求。

泰国汇商银行研究中心指出目前泰国航空运输业竞争空前激烈，尤其是廉价航空市场。在过去 5 年中，廉价航空运输已经增加了足够的竞争实力，从各航空公司以多种形式进行努力地争夺市场份额和廉价航空公司在 2009～2013 年期间扣税前利润平均达到 42%的良好业绩表现中可得到印证。

而 2015 年东盟经济共同体正式建成，东盟各个成员国家自由开放航空运输服务业，加上泰国拥有吸引投资优势，旅游需求不断增长的支援因素，以及拥有东南亚地理中心的优越条件，将吸引东盟其他国家争相进入泰国增开航空运输业务。因此，泰国的航空公司应调整经营策略，例如：降低经营成本、提高服务质量和树立服务品牌以在日后继续保持泰国优越于竞争对手的优势。

（来源：南博网. http://www.caexpo.com/news/asean/taiguo/jmzx_tg/2014/06/23/3625323.html. 2014—06—23）

### 2017 年泰国汽车产能有望达 300 万辆

泰国媒体 2014 年 6 月 19 日消息，泰国汽车产业机构主任伟才表示，投资促进委员会向该委员会上报了审议节能型轿车 2 期发展计划。

伟才称，经济型轿车 2 期扩产发展计划进入 BOI 审议阶段后，将有望拉动国家经济的发展，贯彻国安委经济发展政策规划精神。同时还能够更好的增加汽车产能的增加，并在 2017 年达到年产 300 万辆的目标。

而 2014 年的汽车产能估计将比 2013 年的 245 万辆减少近 5%～10%，主要由于国内汽车消费减少，而汽车出口商可以借此提高汽车出口量。

而泰国汽车产业发展的未来目标则是，保持全球第9大汽车生产地位后，并与东盟国家一同协调联合，避免内部竞争，一致对外，将东盟打造成为世界汽车生产基地，满足中国、日本、欧洲以及美国的汽车发展需求。

如果来自中国大陆、日本、欧洲以及美国的汽车投资厂商赴泰国投资设厂，将更加有效减低成本，同时也会对整个东盟国家企业产业的发展带来机遇。

（来源：南博网．http://www.caexpo.com/news/asean/taiguo/jmzx_tg/2014/06/20/3625198.html. 2014—06—20）

## 光谷北斗3个增强基站泰国启用 2016年覆盖其全境

随着小型无人飞机缓缓揭下红色幕布，3个北斗卫星地基增强系统示范站在泰国露出真容。截至目前，由武汉光谷北斗公司建设完成的第一批地基增强站，在泰国春武里府正式运行，这是北斗进入东盟市场的标志性事件。

北斗卫星地基增强系统示范站，将为重点区域和特定场所实现室内外无缝定位服务覆盖提供基础支撑。通过示范站演示终端，能清晰地看到北斗导航车辆的运行轨迹，定位精度达到0.5米，测速精度达到每秒0.2米，导航服务精确到“车道级”，而此前精度在10米左右。

光谷北斗公司董事长李德仁称，这标志着北斗卫星导航的定位和导航精度、灵敏度和定位速度，从纸上理论落到实处，可广泛应用于国土、城建、交通、能源、环保等领域。

泰国地理信息与空间技术发展局局长阿诺德介绍，基于北斗卫星导航系统在泰国的基础设施建设及重大行业应用，已列入泰国政府经济发展建设规划。

2013年10月，国务院提出“实现北斗卫星导航系统全球覆盖”的发展目标，将东盟纳入北斗现阶段重要服务对象名单，泰国则是北斗打入东盟市场的第一环。2014年，光谷北斗将在泰国建设完成30个示范站，到2016年建设220个，总投资100亿元，覆盖泰国全境。

（来源：南博网. http://www.caexpo.com/news/asean/taiguo/jmzx_tg/2014/06/19/3625103.html. 2014—06—19）

## 泰国商讨3万亿泰铢基建投资规划

综合泰国媒体消息，价值3万亿泰铢的基础设施建设计划的资金来源问题成为2014年6月16日交通会议的绝对主题。该会议由泰国公共债务管理办公室、国企政策办公室、预算局和国家经济与社会发展委员会联合召开。

公共债务管理办公室顾问素逸表示，会议结果于2014年6月19日提交给国家维和委员会审核。

由交通部次长颂猜领导的交通策略委员会已经通过了一项3万亿泰铢的基础设施投资计划。

该计划包括前政府提议的2万亿泰铢基础设施计划中的大部分项目，项目实施期限从2015年起至2022年。

然而，泰国军方早就已经决定搁置价值8000亿泰铢的高铁项目，称项目不具有可行性。素逸表示，所有相关机构都必须在拥有一个清晰的投资计划的同时，寻找到合适的支持资金。

对预算局而言，不清晰的投资计划是其最大的担忧，因为这样的投资常常包括在年度预算分配之中。预算局要求各机构提交那些有可能获得投资的项目计划。

素逸表示，许多包括在2012～2013年预算当中的投资项目，没有取得任何进展。基础设施投资的资金来源有望从年度预算中批复，也有可能向公共债务管理办公室借贷，或者来自公共—私营合作伙伴关系。年度预算将被用来支付投资早期的费用，比如顾问费、环境影响研究费用等。而借贷的资金则会被保留用以支持建设开销。

素逸补充，泰国公共债务管理办公室已经准备好资金，政府有权借贷高达年度支出50%的资金。

根据最近由维和委员会批准的2.58万亿泰铢的2015年预算框架，公共债务管理委员会可以在2015年财年借贷1.27万亿泰铢资金。由于投资基础设施项目通常比较费时间，因此并不是所有的借贷计划都会在2015年发生。

（来源：南博网. http://www.caexpo.com/news/asean/taiguo/jmzx_tg/2014/06/19/3625027.html. 2014—06—19）

## 泰国2.4万亿泰铢大交通基建项目筛选启动

泰国陆运和交通规划政策办主任朱拉，在与财政部公债办商讨有关确立优先发展公共交通项目框架前表示，此次与公债办的磋商主要是集中讨论有关国家大交通基础设施开发建设项目能够在 2.4 万亿泰铢的大框架内。

朱拉表示，现在的大交通发展规划与之前有所改变，预算总额有新增加，达到 2.4 万亿泰铢。为了让国家财政编制得到更好的发展，泰国需要重新就项目预算资金的准备和划拨进行前提安排。

目前初步分析，泰国整个大交通投资计划的资金除了涉及 2015 年的财政预算部分外，还有一部分可能涉及公债发债的问题。因此，与公债办的磋商划定合适的大交通发展计划。

比如，2015 年度特别急需发展的优先项目包括，双轨铁路开发计划；城市电车发展计划，如电车橙色线（文化中心至民武里区）；电车粉色线（克莱至民武里区）；电车黄色线（叻抛至寺那卡淋路）。此外优先项目还包括公路发展项目，部分码头发展项目。

其中高铁项目将不在大交通发展规划中，因此整个项目投资额保证在 2.4 万亿泰铢的框架内。而 3 万亿泰铢大交通计划则是贯穿到 2022 年的中长期计划。

磋商结束后，朱拉将向交通部次长回报会议成果，之后再向国安委经济小组组长巴金上将汇报，最终由国安委审议敲定。

（来源：南博网. http://www.caexpo.com/news/asean/taiguo/jmzx_tg/2014/06/18/3624973.html. 2014—06—18）

## 中国与泰国探寻打破电子产品标准障碍

据悉，由于目前中国与泰国电子产品双边贸易需求较大，中国—东盟技术转移中心将于 2014 年 8 月在泰国曼谷召开中泰电子产品检测认证及标准互认对接洽谈会，以消除两国电子产品在出口对方市场时面临的认证及标准障碍，推动双方合作的进一步深化。

据中国—东盟技术转移中心国际部部长苏浩介绍，随着中国产业转型升级的深入，一些电子产品零部件的生产厂商向东南亚国家转移，再出口至中国进行整合组装。然而，泰国大宗电子产品出口至中国时，出现检测不合格、禁止出口等现象，这给双方电子产品贸易深化带来较大困难。

对此，中泰两国都试图加深对对方国家电子产品检测认证及标准体系（3C 认证即中国强制认证）的了解，2014 年 6 月底，泰国国家科学技术开发署下属电子产品检测中心将前来中国，与中国质量认证中心等机构进行研讨，了解双方质量认证体系、电子产品标准及检测认证体系等的相关法律法规。

苏浩介绍，2014 年 8 月 12 日至 28 日，中国—东盟技术转移中心和中国质量认证中心、广西标准技术研究院、泰国国家科学技术开发署及其下属电子产品检测中心等机构，将在泰国曼谷共同举办中泰电子产品检测认证及标准互认对接洽谈会。届时，主办方将安排部分企业代表做现场项目推介。

洽谈会期间，来自中泰两国的电子产品检测认证机构专家将通过研讨会，帮助企业掌握电子产品进出口的检测认证制度、检测技术规范，指导电子产品制造商调整制造工艺，推动中泰两国的电子产品顺利进入对方市场。

（来源：南博网. http://www.caexpo.com/news/asean/taiguo/jmzx_tg/2014/06/18/3624971.html. 2014—06—18）

## 泰国企业可通过电子商务渠道打入中国市场

据南博网了解，目前中国正在全面调整经济架构，泰国商业部希望泰国企业借此机会通过电子商务的渠道打入中国市场，寻找更多商机，加强合作。

泰国商业常务次长诗腊表示，目前中国正在对经济架构进行全面调整和升级，注重市场对经济发展的调节作用，泰国企业在包括贸易、投资、服务等各领域开拓中国市场将迎来更多的机遇。

贸易方面，由于中国重视提高产品品质、安全和与环境亲善的标准，对食品、有机农业产品、创意产品和新型产品有更大的需求，泰国应当抓紧提高产品品质和标准，和保持泰国特色，让消费者对泰国产品更加有信心，这样泰国产品可以更多地出口到中国市场。

投资方面，中国政府也大力鼓励中国企业到海外投资，也为泰国各工业创造与有意前来泰国投资的中国企业进行合作的机会。

服务方面，中国政府加强发展服务产业，也为泰国有实力的经营商提供了进入市场的机会，包括餐厅、美容，和幼儿老年人照顾服务等经营。

泰国商业部表示，泰国企业可以通过电子商务的渠道开启中国市场，因为当前中国正在大力发展电子商务，而且这是中国—东盟双边贸易的一个趋势。南博网了解到，泰国商业部已经推动在 www.thaitrade.com 网站上大力开展电子商务的工作，而该网站也将中国市场列为重要的交易市场。但从事电子商务的商家必须加强提高电子商务知识和技能，包括要注意保证产品品质、电子付款和货品跨境交付等环节。

泰国企业在中国市场有很多机会，但也需要注意很多问题。比如法规政策、地区环境、金融服务、物流服务等。诗腊表示，已经指示泰国驻中国的经济商务参赞加强追踪中国政府的政策法规的变化情况，因为中国是泰国重要的出口市场，虽然2014年前4个月对中国出口有所放缓，但相信今后对中国出口有机会增长。商业部特别重视中国市场，要重点加强对中国市场增加出口和增加开展中国市场事务的工作人员。

（来源：南博网．http://www.caexpo.com/news/asean/taiguo/jmzx_tg/2014/06/18/3624965.html．2014—06—18）

## 泰国房产投资具优势

目前泰国，特别是曼谷房地产市场除居住的需要，越来越多的国人已经将其视为一种投资手段。随着通货膨胀率的提升，新房的售价也随之水涨船高，促使置产情节不断上扬。

泰国政府早就意识到拉升国内购买力对于整体经济成长的加持，东盟自由经济体将于2015年成形，曼谷无疑成为东南亚房地产市场的首选目标，将给各大国内开发商带来大笔商机。

2013年全球经营环境排名中，泰国在全球185个国家和地区中排名为第18位。当东盟经济一体化于2015年启动后，东盟经济共同体成员国间的免关税自由贸易和免签生效，给泰国的房地产价格带来很大的上升空间。由于泰国地处东盟地区的中心，泰国将有机会比大多数成员国更多的受惠于新贸易区的建成。

2013年泰国房地产交易保持持续增长的局面，2012年第4季房地产成交额增长4.4%，房地产的需求和供应均出现增长。比较曼谷和其他亚洲城市的房价，曼谷的房价平均在每平米2800美元，中国北京则为6800美元，新加坡更是高达1.8万美元，而中国香港是2万美元。截至2014年5月，曼谷的公寓价格年比上涨9.47%，成为东南亚最具房屋升值潜力的市场。

泰国的房地产具有价格低廉、租金回报率高昂、以及拥有永久产权等优势。泰国的房价基本是更具市场导向而变化，政府调控的影响力较小。但总体来看，整体的涨幅却很稳定。

根据环球房地产指南发布的研究报告显示，曼谷的租金回报率介于3.97%～7.41%之间，这令曼谷成为继菲律宾马尼拉、印尼雅加达之后，第3个表现最佳的置产城市。

实际上，在泰国投资房地产的风险较低，泰国房地产市场的操守较为规范，房价不容易出现较大的波动。目前泰国已经对中国开放落地签证，免签的事宜也在谈判的过程中。与其他东盟国家相比，较高的开放度也是泰国的优势。轨道交通建设的不断完善，使得周边房地产的价格增长空间更大。除曼谷市区内的捷运和地铁线路持续向郊区扩展，覆盖范围扩大之外，泰国还将计划兴建曼谷通往清迈的高铁以及曼谷通往南部、中部和东北部的双轨火车。完善的交通设施建设，将给房地产的投资带来更多的机遇。对于将购买公寓作为投资的人群而言，泰国虽然没有限购、限贷、限价的房地产政策，但是投资者在购买时确认房产是否为永久产权。其次就是房产的位置，这个地点将和投资回报有着密切的关系。了解清楚房产的相关资讯，才能有助于选对好的投资项目。

（来源：南博网．http://www.caexpo.com/news/asean/taiguo/jmzx_tg/2014/06/17/3624857.html．2014—06—17）

## 泰国与16国签订自贸协定　基本实现零关税

目前泰国已经与16个国家签署了自由贸易协定，并与这些国家基本实现商品交易的零关税。这16个国家分别为：新加坡、马来西亚、印尼、菲律宾、文莱、柬埔寨、老挝、越南、缅甸、中国、印度、澳大利亚、新西兰、韩国、秘鲁。

据统计，2014年1～4月，泰国与上述16个国家的贸易总值高达830亿美元，但是透过FTA框架出口的商品价值仅265亿美元，主要来自食品、汽车、纺织品及成衣、皮具、珠宝、电器及电子、空调及制冷机器等产业。

泰国与上述国家签署的自贸协定有多边性的，也有以东盟的名义签订的。比如泰国—印度自由贸易协定，初步商讨的早收清单共有83个项目，自2006年起实现零关税优惠，但是目前仍未正式签订；东盟—印度FTA已完成谈判，并且在2010年开始实现，在5224项商品中，2014年1月1日已实现零关税的商品种类已超过70%。泰国国际贸易促进厅长南塔婉表示，如果国内增加的产品附加值达到35%～40%，该商品即符合自由贸易协定的标准，能够享受零关税优惠待遇，仅有部分商品的原产地规则不相同。泰国厂商与印度交易时，应该先行查询商品是否能够享用零关税优惠。

南塔婉称，目前多项生产成本上升，经营者若能合理利用上述自由贸易协定，将可以降低出口成本，提高在国际市场的竞争力。南塔婉认为，印度市场的潜力很大，泰国应抓住机会加强与印度的贸易合作。印度是在亚洲地区仅次于日本和中国的第3大经济体，年均经济增长率高达8%，对外资的吸引力强；印度消费市场巨大，中等水平的消费者数目达到3.5亿人。不过，需要注意的问题是，印度的进口关税较高，而且贸易障碍较多，所以厂商更应善用自由贸易框架的关税优惠，降低泰国商品出口到印度的关税成本，进而提高泰国商品的竞争能力。从FTA中受惠的泰国商品有化学品、塑胶制品、珠宝及首饰、汽车零配件、铝制品、家具及零配件、化妆品、蔬果、调味食品、沙丁鱼罐头等。

（来源：南博网. http://www.caexpo.com/news/asean/taiguo/jmzx_tg/2014/06/13/3624642.html. 2014—06—13）

## 泰国19类商品已与东盟统一标准

综合泰国媒体2014年6月12日消息，泰国工业部工业产品质量鉴定处已和东盟相关部门联合制定通用标准，覆盖19类货品，泰国现已先完成其中17类的标准调整，并已进入听证阶段。工业部次长威吞此前已示下调整工业产品质量标准的执行路线，工业产品质量鉴定处已遵照执行，而且将融入东盟标准，希望可为国外投资人加强信心。

东盟10国为了提高整体工业产品与服务质量，以配合国际水平，故联合制定共同标准，涉及的货品与服务为机动车、木具、橡胶成品、纺织品、电子、农产品、渔产品、信息科技、保健产品、航空、旅游和物流。

工业产品质量鉴定处主任邬立日前表示，东盟制定共同标准，除了可促使区域内贸易更加灵活外，还在进军世界市场上较为顺利。邬立称，工业产品质量鉴定处现已加入国际工作质量认证系统组织以及实验室系统认证协调组织，凭此优势促使泰国实验室和质量鉴定水平获得东盟会员国信任。

（来源：南博网. http://www.caexpo.com/news/asean/taiguo/jmzx_tg/2014/06/13/3624640.html. 2014—06—13）

## 泰国成为东南亚地区企业所得税第2低国家

泰国企业所得税一直在下调，2012年税率由30%下调至23%，2013年继续下调为20%，从中可以看出泰政府为降低企业税收成本所采取的措施取得显著成效。从世界银行所发布的经商环境难易程度排名中看到，泰所有营业税总和不到30%。其中包括：企业所得税，由雇主支付的社会保障费用，特殊企业税务支出及其他税费。

（来源：南博网. http://www.caexpo.com/news/asean/taiguo/jmzx_tg/2014/06/13/3624620.html. 2014—06—13）

## 泰国亚洲电讯宽带网络传输增速3倍

综合泰国媒体消息，2014年，泰国亚洲电讯通过3次技术革新修订，截至2014年6月泰国已将其宽带上网服务网速控制在每秒至少30兆位的水平。亚洲电讯首席商务官马纳特先生表示，通过本次固定线路技术革新，将使亚洲电讯在线宽带及移动宽带传输速度皆由10兆位/秒提升至30兆位/秒。

现代家庭平均拥有超过3种类型互联网连接设备，如智能手机、平板电脑和个人电脑。因此消费者对宽带网络要求日益增高。互联网服务供应商因此不得不将服务器升级，以此运转高速宽带网络服务。

马纳特先生称，亚洲电讯的宽带网络服务现已足够资格满足高速互联网服务需求，亚洲电讯宽带网络已扩展至66个省份，涵盖440万户。亚洲电讯日前正为各种捆绑服务套餐进行促销，其移动宽带及在线宽带每月服务费不到1000泰铢。亚洲电讯主要提供每月799泰铢的12兆位/秒高速宽带服务。

马纳特先生预计亚洲电讯2014年将有220万宽带用户，年度总收入可提高200万美元。届时，亚洲电讯将占领高速互联网65%份额。马纳特先生介绍，泰国互联网用户总数自2013年2300万增至3000万，亚洲电讯亦希望2014年度宽带业务能较2013年14亿泰铢总收入增长21%。马纳特先生同时承认，亚洲电讯需要切实渗透大众市场，以便进一步提高市场占有率。

亚洲电讯的下一个目标是成为千兆宽带网络服务供应商。千兆宽带网络意味着该网络的每个服务器必须拥有千兆比特容量，而其传输速度将高至1万兆位/秒（10 Gbps）。

（来源：南博网. http://www.caexpo.com/news/asean/taiguo/jmzx_tg/2014/06/09/3624251.html. 2014—06—09）

### 泰国机场管理拟斥资185亿泰铢整修5座机场

泰国机场管理公司准备斥资185亿泰铢，扩充廊曼机场及地方机场服务面积，提升为乘客服务质量，致力在2022年推动非航空收入高达110亿泰铢，包括打造航空公司—机场社区购物中心等，以最大限度地提高机场面积利用率，增加机场流动性。预计2022年的纯利润将实现80亿泰铢。

泰国机场管理公司董事迈金于2014年5月26日表示，该公司董事会2014年5月22日召开的会议形成重要决议，批准针对国内5座机场投资185.67亿泰铢用于提升机场服务项目，该项目的实施期限为2015～2019年，被纳入该扩充计划的5座机场分别为廊曼机场、普吉机场、清迈机场、合艾机场以及皇太后机场。预计该部分的投资将助泰国机场管理公司实现非航空收入达110亿泰铢，纯利润高达80亿泰铢。

机场公司将以自助扩充机场服务的形式打造“机场城”，包括：一、普吉机场，首个阶段将投资2.62亿泰铢，将扩大乘客停车大楼前的停车场地，以缓解机场周边交通拥挤及停车问题。同时还将投资40.8亿泰铢，为乘客提供自助式的服务，以满足乘客对生活方式的需求；二、廊曼机场将把现有的仓库进行改装，投入90亿泰铢利用30万平方米的面积为乘客提供自助式服务。至于总部办事处讲兴建成为社区购物中心形式的机场操作区，面积达20万平方米；三、再投入2.25亿泰铢扩大地方机场面积。

迈金指出，按照机场公司的投资计划，将主要依靠公司内部资金，因为目前公司的利润和所持现金流动性佳。

预计2016～2018年期间将有651.2亿泰铢缺乏流动性，分别为2016年341.9亿泰铢、2017年252.7亿泰铢以及2018年的56.6亿泰铢，公司可能需要在2016年增加贷款。

此外，机场公司还计划在2015～2021年航空设施完善项目，包括投资素汪那普机场79.33亿泰铢（2015～2018年）以及投资廊曼机场70亿泰铢（2015～2016年）。

（来源：南博网. http://www.caexpo.com/news/asean/taiguo/jmzx_tg/2014/05/28/3623568.html. 2014—05—28）

### 泰国重推会展旅游市场发展

目前，泰国正着力复苏旅游业，尤其是注重推动会展旅游市场的发展。这不仅仅是因为会展旅游业的高价值，也是因为泰国在这个领域拥有较高的国际竞争力。泰国将着重吸引亚洲地区尤其是中国的商务会展人士。

据悉，泰国会展的总面积约为22.3万平方米，全国共有9个展览中心，每年举办的会展数量在区域内排名前列。泰国会展旅游产业不仅在亚太地区和中东市场上竞争力强，在国际市场上也具有竞争能力。泰国会展局大力推动本国的会展产业向全球领先水平发展，2013年该局表示泰国已经具备承接国家高标准大型活动的能力，宣布为会展业注入最新国际元素，力求为全球会展人士和企业客户提高标准国际化服务。

中国是泰国重要的游客来源国，也已经在2013年成为泰国会展业的最大来源国家。据悉，2013年泰国接待中国会展游客数量超过12.8万人次，创收22.4亿元人民币。中国活力无限的会展业对泰国来说是一个巨大的市场，泰国正采取措施吸引中国商务会展人士。目前，泰国向中国推出曼谷、芭提雅、清迈、普吉岛和孔敬5个会展城市，并推出“连接泰国”、泰国会展奖励政策、网上推广活动等优惠政策，不仅宣传了泰国会展旅游产业的优势，更是为各种商业活动提供全方位的支持，吸引更多的中国企业和商务人士前往泰国进行会展活动。

（来源：南博网. http://www.caexpo.com/news/asean/taiguo/jmzx_tg/2014/05/19/3622959.html. 2014—05—19）

### 泰国正大福州投资20多亿元人民币建生态农业示范园

2014年5月8日，正大奥格（福建）生态农业项目（南平浦城）、南平延平区畜禽养殖零排放资源化循环经济及长万水库流域零排放、水体修复项目在福州正式签约，2个项目总投资20.5亿元人民币。

在签约仪式上，福建省副省长郑晓松表示，正大集团在原有的企业宗旨“利国、利民、利企业”上新增加了“利后代”，福建省领导深表赞许，这也是福建省的发展原则，与福建既要“金山银山”，也要碧水青山的发展理念不谋而合。当前福建发展形势大好，正大集团到福建投资不仅带来资金、项目，更给福建带来先进的管理理念和技术。福建省非常重视与正大集团的合作，将本着互利共赢精神，全力以赴支持正大集团与福建各设区市的合作，推动双方共同发展。

泰国正大集团是世界500强企业，在农牧、水产养殖、环保等领域有许多先进技术，均是业界领先水平。本次签约在浦城的项目计划在今后5年内完成总投资15亿元人民币，在浦城建设农资生产（固废综合利用）示范园、生态农业高新示范园、食品加工产业园和冷链物流园等生态农业产业化示范项目。在延平区的项目预计分3期总投资5.5亿元人民币。

（来源：南博网. http://www.caexpo.com/news/asean/taiguo/jmzx_tg/2014/05/15/3622790.html. 2014—05—15）

## 泰国商业部建议拓展中国香港化妆品及保健品市场

综合泰国媒体2014年5月13日消息，泰国商业部国际贸易促进厅厅长南塔婉女士称，来自中国香港贸易促进局发布的香港化妆品和保健品市场报告显示，过去10年，香港特区在化妆品和保健品消费方面暴涨1500%。赴港购物游已经成为中国大陆游客一种消费旅游产品。

南塔婉表示，中国大陆消费者的消费能力暴涨，前往中国香港等避税天堂购买化妆品、保健品、衣服、鞋子、首饰等成为旅游热销产品，中国香港年接待游客量已经从1660万人提升到5430万人。

10年间，香港特区化妆品和保健品商店由之前的190家店面扩张到1440家店面；衣服和鞋子店铺15410家，增长42%；首饰店铺3850家。店铺数量的暴增，主要得益于中国大陆赴港游的不断上涨，已经取代了香港本土市民的购买力。

此外，化妆品流行趋势则主要以韩国等化妆品为主流，不仅仅是中国香港本土市民选购，就连中国大陆游客赴港也不忘选购韩国化妆品。这也和中国游客消费行为改变有一定关系，更加注重自身消费方面的投资，价格不是首要考虑的问题。

而泰国化妆品和保健品企业则应该改变战略，通过开发新产品更好的适应和满足消费者的消费需求，迎合市场需要。中国香港旅游消费的旺盛，对于泰国企业而言，也将是一个良机。开拓泰国企业在香港特区的市场，不仅仅只是满足当地消费者的需要，更是借助香港的国际化平台，向全世界的游客销售泰国化妆品和保健品。

据南塔婉介绍，2014年第1季，泰国化妆品、香皂以及护肤品等产品出口，共计6.68亿美元（约合216.30亿泰铢），较2013年同期降4%，2013年全年该类商品的出口总值高达27.07亿泰铢，约合376.53亿泰铢，同比增长1.1%。

（来源：南博网. http://www.caexpo.com/news/asean/taiguo/jmzx_tg/2014/05/14/3622656.html. 2014—05—14）

## 泰国北部多府发现新油源

综合泰国媒体2014年5月8日消息，泰国北部原油开发中心副主任干上校透露，北部多府经勘探后发现新油源，其中清迈府芳县缊藏约4000万桶，南奔约1500万桶，南邦约9000万桶，帕约800万桶，清莱帕夭府交界处约2200万桶，但油质有待进一步化验。

干上校称，芳县在很早之前就发现了新油源，后来由铁道机构、公路厅、陆军能源厅联合进行勘探，但钻油与提炼工作交给陆军能源厅负责，至今已有54年的时间，但该地累计取得油量仅为1300万桶。

另据能源部能源业务厅长颂律表示，芳县油田的商业价值非常有限，主要是含有琉黄高达每公升50克，不符合欧洲4级标准，故出口量较少。颂律表示，泰国2013年能源使用价值高达2.13万亿泰铢，其中成品油为1.32万亿泰铢。

（来源：南博网. http://www.caexpo.com/news/asean/taiguo/jmzx_tg/2014/05/09/3622338.html. 2014—05—09）

## 泰国拟建立数据安全法

综合泰国媒体消息，由于网络系统遭受攻击的次数不断上升，泰国2014年被国际软件安全公司列为世界上遭遇网络安全威胁国家中的第28名。赛门铁克公司出具报告显示，泰国在157个国家和地区中排名第28。

赛门铁克公司泰国分公司主席巴牧表示，美国、中国、印度、荷兰和德国是2013年遭遇网络安全威胁最严重的5个国家。因为国内缺少数据安全法，所以网络安全威胁和黑客攻击的现象越来越多。巴牧补充，泰国亟须建立数据安全法，在确保消费者信心的同时改善商业信用模式。

巴牧指出，2013 年全球大规模数据遭攻击，增长率为 62%，约 5.52 亿身份认证数据被泄露。2013 年共发生 8 起重大数据泄露事件导致超过 1000 亿人员身份信息遭泄露，而在 2012 年，类似事件只有 1 起。其中被泄露的信息内容主要为姓名、出生日期、身份证号。卫生部门、教育机构以及公共公司人员信息遭泄露的情况占据总泄露信息的 58%。零售、电脑软件和财政方面，身份证号被泄露的数量占了总泄露数的 77%。

手机和社交工具的信息安全威胁正在逐步上升，缺乏法律监控是导致上述现象发生的主要原因。巴牧呼吁有关部门拟定数据安全法，确保消费者利益，并不断提高各行各业的服务安全性。不过，目前缺乏职能完备的政府，许多公立和私营安全投资项目不得不延迟进行。

（来源：南博网. http://www.caexpo.com/news/asean/taiguo/jmzx_tg/2014/04/28/3621454.html. 2014—04—28）

## 中国 TCL 进入泰国市场 10 年　跃居行业第 4 位

作为最早一批响应政府号召迈出国门、走入世界的中国企业之一，TCL 已经进入泰国市场整整 10 年，并且在 10 年的时间里销售量跃居彩电行业第 4，成为泰国消费者认可的家电品牌。2014 年 4 月 24 日，TCL 在曼谷举行新闻发布会，对国际化进程的经验和成绩进行总结的同时，也将转型树立为下一个 10 年的目标。

TCL 泰国总经理张平波在会上介绍，2013 年 TCL 泰国公司取得了优异的成绩，彩电销售收入达到 15 亿泰铢（约合 5000 万美元），LCD 销量达到 25 万台，市场份额上升至 8.8%。接下来，TCL 的目标是在做好彩电主业的同时逐步引入多元化产品，如照明产品、冰箱、洗衣机等产品。

张平波介绍，与此同时，TCL 将在泰国市场实现转型，从中低端、小尺寸到中高端、大尺寸的彩电产品转型；从单一彩电产品到全系列产品的转型。努力做到 3 年之内实现彩电市场份额跃居行业前 3 名；10 年之内，成为泰国消费者最信赖的消费类电子品牌。

TCL 如今在泰国市场的成绩建立在过去十几年间不断尝试探索的基础上。TCL 多媒体科技控股有限公司副总裁王成表示，TCL 国际化的道路很艰辛。15 年前，TCL 在越南开设第 1 个工厂和销售机构，正式走出国门，但刚开始却连续亏损 2 年。最终通过长时间对当地市场进行了解，才最终扭亏为盈。

王成介绍，中国企业走出国门通常面临 3 个方面的挑战。首先是产品的挑战，与在国内面对的本土企业不同，国际市场上面临的对手都是成熟的全球化的对手，因此必须通过不断积累资源，将在国内的优势输入海外市场，制造出具备竞争力的产品。

第二个挑战则是跨文化、跨国界的管理。在海外市场不能照搬中国的管理办法，必须根据当地的情况进行调整。最大的挑战则是人才的挑战。王成认为，中国企业的国际化就是中国人的国际化，因此 TCL 一直致力于培养有全球化背景的人才，将人才送出国学习国外的语言、模式，同时也不断吸收国外有经验的人才加入团队。

王成介绍，泰国市场一直是 TCL 最重视的市场之一。泰国与中国关系友好紧密，且消费能力是东南亚国家中最强的，同时有一定的工业基础。TCL 也一直与泰国政府保持密切沟通和配合，如近期加入的泰国教育部大尺寸电视采购的项目等。

从最初的默默无闻，到慢慢提升认知度，建立口碑，TCL 在泰国市场已经实现了突破。但王成表示，企业国际化进程还有很远的路要走。

（来源：南博网. http://www.caexpo.com/news/asean/taiguo/jmzx_tg/2014/04/28/3621395.html. 2014—04—28）

## 泰国化妆品市场潜力极大　发展前景广阔

近年来，泰国化妆品受到国际消费者的关注，而且化妆品制造业的发展十分地广阔。

据南博网了解，泰国化妆品对东盟市场出口占 37%，日本占 30%，而对欧洲和澳洲的出口各占 5%，其余 26%则出口中国市场。

随着泰剧的收视率上升，泰国的化妆品因电视剧受到了广大消费者关注，加上国际电子商务的发展，可以看到不少“泰国代购”、“产地泰国”产品的经销商与代购商。泰国的化妆品除了开发泰国本地的市场之外，还对外开拓国际市场，产品主要出口地区是亚洲与东南亚地带。

在东南亚方面上，泰国最看好缅甸的市场，泰国研究中心认为，泰国化妆品出口缅甸的前景十分乐观，把握好缅甸，可以进一步扩大泰国的贸易。

泰国化妆品的出口保持着良好的增长趋势。而且，泰国政府机构也实施了一系列规定与政策，为扶持化妆品出口提供帮助，让泰国化妆品经营更加的顺利。

分析人士表示，未来几年泰国的化妆品制造业将会火速发展。

（来源：南博网. http://www.caexpo.com/news/asean/taiguo/jmzx_tg/2014/04/25/3621379.html. 2014—04—25）

## 泰国工业部指出机电技工缺口高达50万人

综合泰国媒体消息，泰国工业部工业产业经济办主任颂猜于2014年4月表示，与劳工部、教育部联合进行的一项泰国劳工市场缺口调研发现，泰国工业产业仍存在较大的劳工用工荒的问题，缺口数量仍较大。而过去的一年，总体缺口近50万工作岗位。

研究发现缺口最大的是职业技术学历等级的毕业生，主要以机械工和电工缺口最严重。导致缺口的原因比如经济增长放缓，以及工厂向周边具有劳动力价格优势的国家转移等。还有就是企业产业升级，加大高新技术的运用。

相信劳工缺口的问题，在2014年2～3季度出现放缓。主要得益于出口开始复苏。出口市场转向利好，以及厂家开始了解了当前的政治形势，同时也学习到了目前类似的问题的解决方法。有的企业也适应性的将此类问题加入到了企业长期发展战略考量，而非短期计划。

而教务部学制改革也在一定程度上影响了毕业生步入相关行业的数量。为此，工业产业经济办协同汽车行业和劳工技能培训署共同为职业技术学校学生提供技能培训项目，以便更好地适应当前用工需要，更好地与市场接轨。

（来源：南博网. http://www.caexpo.com/news/asean/taiguo/jmzx_tg/2014/04/17/3620754.html. 2014—04—17）

## 中国汽车企业在泰国拓展市场

中国汽车产业发展迅速，以前，中国本土汽车品牌注重的是国内市场，但是在国外汽车品牌不断进入之后，市场竞争不断激烈，中国汽车企业为了生存必须拓展海外市场。目前泰国是东盟地区最大的汽车制造基地，中国汽车企业也看中并进入这个市场。

中国汽车产业规模巨大，2012年汽车产量达1900万辆，几乎是美国汽车产量的2倍。在人口数量以及人们收入增加的环境下，中国市场的汽车需求量巨大，汽车企业得到政府在财政补贴和减少销售时的政策支持。

以前，中国本土品牌的汽车并不尽为国外人知，每年汽车出口的数量只占到产量总数的5%，国内制造的汽车在本土得到消耗。但从2010年开始，外国汽车品牌开始不断进军中国，外国品牌与中国品牌开始激烈竞争，中国本土品牌的市场占有率也开始减小，国内品牌的扩张则放缓至每年3%的增长率。因此，中国汽车品牌不得不走出国门，寻找海外市场。

除了专注于非洲、拉美等新兴市场，中国企业对在未来几年很有可能成为出口和组装的主要目的地的泰国市场也很看重。2013年，中国最大的汽车制造商，上海一汽集团宣布，英国已于2005年将品牌出售给中国，目前正与泰国合资的正大集团下的MG进行劳斯莱斯汽车组装。并于同时预定本年度生产50000台的计划。长城汽车以皮卡和运动型多用途车称，同时希望投资3亿美元在罗勇府建设场地，年生产10万辆台汽车。

目前，泰国是东盟地区最大的汽车制造市场。2013年，泰国的汽车产量约为250万辆，其中获得了110万美元的出口利润。

中国汽车进军泰国市场，是一个双赢的机会。对中国而言就是在泰国占据市场份额，并为下一步在东南亚地区拓展市场筑基；对泰国而言，可以提供给消费者更多更好的选择，而且多元化的产业和本土零件部门制造商在这里将产生新的订单和合作机会，同时对部门整体进行了强化，并且创造了更多的就业机会。

不过，中国汽车企业想要在泰国市场占据一席之地并非易事。目前，泰国的汽车供应商市场主要是日本以及合作伙伴，“中国制造”在质量以及消费者认知方面还需要加大力度改善。中国汽车企业需要提升产品技术水平，增加欧洲汽车品牌的技术，达到国际顶级产品的标准，在此条件下，还要在价格方面与日本等品牌进行竞争。

（来源：南博网. http://www.caexpo.com/news/asean/taiguo/jmzx_tg/2014/04/16/3620709.html. 2014—04—16）

## 泰国廊曼机场拟投200亿泰铢建第三航厦

泰国机场公司（AOT）2014年4月10日公布廊曼机场第4期扩建工程方案，预估投入200亿泰铢资金，建设第三航厦。该航厦将与捷运绿色线及红色线相连接，拥有更齐全的便利服务设施，促使该机场未来可承接客流量每年3900万人次。

泰国机场公司廊曼机场管理局局长乍都隆卡蓬空军中校透露，AOT推出廊曼机场第4期扩建工程方案，将向政府申请预算200亿泰铢，用于建设新航厦。拥有100年历史的廊曼机场目前拥有两座航厦，其中座在落在北面的第二航厦目前成为该机场的主要候机大楼。AOT拟在第一与第二航厦之间的停车楼区域建成第三航厦，投资预算为50亿泰铢，并把第3、4货运仓库楼改建成为办公楼和购物中心，投资预算为100亿泰铢。

乍都隆卡蓬指出，新建的第三航厦将与捷运绿色线和红色线相连接，第一层楼将拥有15万平方米的客运中转中心，使乘客可便利使用该机场服务。廊曼机场拥有较大的货运仓库，可承接每年80万吨的货运能力，但现在每年的货运量仅10万吨，因此将把部分货运仓库改建成办公楼和购物中心。

AOT还将投资翻新第一航厦，使用70亿泰铢采购新的行李检查和运输系统。预计2014年10月起将暂停使用第一航厦进行重修，同时全面改进停机坪和滑行跑道。廊曼机场整个第4期扩建和翻新项目2014年将陆续启动，并在2016年全面完成，预计完成后可使该机场每年承接客运量将达3900万人次。

（来源：南博网. http://www.caexpo.com/news/asean/taiguo/jmzx_tg/2014/04/14/3620452.html. 2014—04—14）

## 泰国电视剧带动化妆品销路

综合泰国媒体消息，泰国化妆品工业组主席格玛妮女士于2014年3月表示，泰国娱乐圈的潮流趋势，包括泰国的电视剧、电影在东盟各国或中国的上映，拉动了泰国化妆品的出口业，估计2014年出口可增长13%～15%，总金额可达1400亿泰铢。

特别是中国市场，对其的出口增长特别大。中国已经成为泰国第2大化妆品进口国家，占总数的37%，其中，东盟市场占首位，而日本市场也从原先的第2位下滑到第3位，排名次于中国。而现在中东、欧洲和美国市场对泰化妆品的进口也在持续扩大。2013年对化妆品的出口占化妆品总销售额的40%，出口金额为2100亿泰铢。

格玛妮表示，很多喜爱泰剧的外国人，十分关注在剧中出现过的化妆品，就像人们追韩剧，对韩国的化妆品也情有独钟一样，所以韩国的化妆品在泰国很受追捧。

无论如何，尽管化妆品业的出口趋势良好，但是泰国政局依旧影响这消费者的支付信心，所以自泰国发生动乱以来，化妆品在国内的销量已经减少了30%～50%。

现在泰国生产的化妆品在国际市场上较为突出，且在东盟市场中出口最多的产品为美发产品，如护发素、染发剂等，因此，泰国产品成为排在法国之后的第2大受欢迎的产品，而抗皱护肤产品在全球排第12位，并在意大利、西班牙、瑞士等有主要客户群，因为此类护肤品的有1个优势，那就是成分中添加看草本成分，因此受到大家的青睐。

（来源：南博网. http://www.caexpo.com/news/asean/taiguo/jmzx_tg/2014/03/19/3619094.html. 2014—03—19）

## 泰国拟3年后实现开放领空

综合泰国媒体消息，泰国航空无线电公司将加紧安装高新设备，提高全国航空连接管理系统，实现科技现代化，迎接东盟经济共同体成型后的航空自由化。该公司相信2017年将实现开放领空，届时航班数量将大幅成长，从现时的每年70万个航班增加至100万。

泰国航空无线电公司董事巴乍于2014年4月22日表示，在公司全心全意为广大乘客提供66年服务期间，主要侧重于力保每一架飞经泰国航空领域航班的飞行安全。目前泰国空域每天的航班数量超过2000个，或记为每年超过70万个，预计2017年将会出现大幅度攀升，突破100万个。而该公司准备落实支持未来航班增长趋势的航空运输战略计划。

巴乍透露，即将全面实现高新科技系统的航空服务基础设施项目，对于泰国空域发展来说是十分重要的，该项目执行时间为2012～2015年，包括依据全球空中交通管理系统规定的尖端设备及技术，在全国范围内实现现代化空中交通连接网络。

（来源：中华人民共和国驻泰王国大使馆经济商务参赞处 . http://th.mofcom.gov.cn/article/

jmxw/201404/20140400559779. shtml. 2014—04—23）

## 泰国政府制定280亿美元出口中国目标

国际贸易促进厅消息指出，按照2014年第2、第3季度亚洲地区的经济、贸易和投资发展趋势，贸促厅已制定出针对相关国家的出口目标，其中，向日本和中国出口总额目标达500亿美元。其中制定向日本出口目标总额为220亿美元、增长2%，向中国出口目标总额280亿美元、增长3%。

国际贸易促进厅厅长南塔汪表示，对于日本市场，本厅制定加强扶持泰国增加贸易和投资，主要目标产品包括食品、时尚产品、保健和美容产品、塑料、电子产品、特定消费群体的环境友好型产品，而主要的目标行业包括泰国料理、SPA、娱乐、保健品等，帮助泰国企业提升经营能力和开拓销售渠道，采取积极主动的市场营销策略，加强商务对接和电子商务，并加强开拓特定消费群体市场。同时，政府鼓励企业充分利用“日本＋1”策略的优惠权益，鼓励企业开发绿色和节省产品。

至于中国市场方面，泰国政府期许加强泰国企业和中国各省份的合作，充分利用“东盟＋中国”、“东盟＋3”和“东盟＋6”等框架合作协议，扶持企业尤其是中小企业加强经营实力，争取具备在大市场内开拓小众市场的能力，努力在中国有发展潜力的2级城市寻找商机，大力鼓励中小企业前往中国开拓市场。

而2014年前2个月主要的出口产品方面，日本市场有汽车和零配件出口总额2.23亿美元。中国市场橡胶出口总额7.25亿美元占最大份额，另外还有木薯制品、塑料颗粒、化工产品、橡胶制品、计算机和用品及零件、成品油等。

南塔汪表示，目前需要关注日本的经济指标变化，影响未来投资的关键指标仍然不平稳，反映出对日本经济复苏前景信心不足，尤其是从2014年3月初日本实施提高消费税以来。外界多预测日本央行可能会在第2或者第3季度采取更加宽松的货币政策，日本央行一致决定维持现时的货币政策，和维持对日本经济复苏前景为中等程度的判断。

中国经济市场方面，中国人民银行的报告指出，中国正小心谨慎地推进财政政策和稳妥控制流动性，让借贷和融资可以适当地增长。另外，美国和欧盟经济复苏信号出现，有利于泰国向中国增加出口，其中化工产品、塑料颗粒、电器及零件等产品有更多机会增加出口。

（来源：泰国中华网．http://www. thaizhonghua. com/article—1491—1. html. 2014—4—20）

## 泰国拟投资500亿泰铢修挽巴茵—大城高速路

综合泰国媒体消息，泰国交通部特别路政局针对挽巴茵—大城高速公路连接曼谷北郊项目，于2014年3月12日举办第1次公开听取民众意见会，研究该项目工程、经济、金融以及对环境的影响等。特别路政局强调，将加紧推动该项目的展开与落实，预计将耗资500亿泰铢。

特别路政局局长艾亚纳表示，本次听证会广泛收集了各方代表的意见与建议，多数人均支持落实该项目，民众最关心的问题是工程一旦展开后，是否会对大城府的古老建筑带来影响，相关机构必须针对项目线路及环境影响进行仔细考虑，包括途经民众小区和旅游景点的部分路段的研究等。该机构已经准备好听取各方意见加以深入研究，研究工作将耗时15个月的时间，即自2013年11月1日起至2015年1月31日，在此之后再举办第2次听取民众意见会。

艾亚纳表示，起初预计该项目将消耗资金500亿泰铢，土地成本约占20%，至于投资的形式问题，必须等待研究结果出炉后再做决定，包括交通部和政府的相关政策研究等。

艾亚纳还指出，该项目下的高速公路将属于连接曼谷北郊的交通网络，目前路政局还在研究连接南郊的高速公路路线，可能将与曼谷岛卡农—拉玛相汇合；至于曼谷东郊，则将从布拉帕威提高速公路延伸至芭堤雅，与廉差邦码头连接。上述整个工作形成系统后，将推动廉差邦码头的物品运输能更便利地输送至大城府工业园区，促使大城府成为交通枢纽，包括陆路、轨道及水上运输。

（来源：中华人民共和国驻泰王国大使馆经济商务参赞处．http://th. mofcom. gov. cn/article/jmxw/201403/20140300516345. shtml. 2014—03—13）

## 泰国曼谷紧急服务中心走进商场

泰国曼谷市政府2013年8月1日在巴卫区天堂百货公司，启用一座“曼谷紧急服务中心”，专门为市民提供便捷的户籍手续服务，迎合市民新的生活方式，让市民可在节假日逛商场时顺便办理与户籍或身份证相关的系列手续。曼谷市长素坤攀亲王表示，这类新型的户籍服务办事处越来越受市民欢迎。

素坤攀亲王主持“曼谷紧急服务中心”正式启用仪式，该中心设在巴卫区 PARADISE 商场 G 层。曼谷市市长指出，在商场开设便利的户籍手续服务处符合市政府的发展理念和改善服务政策。由于以往民众办理户籍手续，要专程到区办事处联络办理，耗费一整天时间，许多民众抱怨很不方便。而市政府在几个商场和 BTS 捷运站试验开办“紧急服务中心”后，发现十分受到欢迎，甚至发生市民在紧急服务中心柜台前排长队办理手续的情况。

曼谷市巴卫区获得诗娜卡琳路 PARADISE 商场的支持，该服务中心可免费使用该商场 G 层一片 84 平方米的区域，计为 1 年内豁免缴租金 120 万泰铢，政府投入大约 200 万泰铢进行场地布置，每天上午 11 时至晚上 7 时提供户籍手续服务（节假时照常办公），例如办理身份证发证或延期手续、户籍影印、出具出生证或死亡证等简易手续。该中心每天下午 2～3 时休息 1 小时。

曼谷市市长还表示，市政府计划在堪纳耀区“时尚岛商场”、帕西乍能区 SEACON 商场、挽帕区陈华盛商场开设类似的“曼谷紧急服务中心”，以便于市民办理与户籍有关的各类手续。

（来源：环球网 . http://china. huanqiu. com/News/mofcom/2013—08/4203676. html. 2013—08—02）

# 越　南

## 越南查鱼加工业进行结构重组

据越南媒体报道，截至目前，越南仍是世界查鱼重要出口国家之一。然而，2014 年以来，由于国际市场变动和越南国内经济困难，查渔业发展也出现波折。

为满足发展需求，越南查渔业主张加强所有工序的管理和调整，旨在保障养殖者和企业的利益，同时重视产品质量，满足市场的严格要求。

查鱼是越南出口潜力巨大的商品之一。2013 年，查鱼出口额达 18 亿美元；截至 2014 年 4 月底，查鱼出口额为 5.46 亿美元。越南查鱼已出口到世界 149 个国家和地区，占全国水产品出口额的 26%。

不过，由于越南查鱼的传统市场增长趋缓，因此越南查鱼加工和销售碰到了很多困难。再者，美国、欧盟等大型市场的贸易竞争也给越南查鱼出口企业造成不少损失。

因此，为了站稳脚跟和开拓市场，越南查鱼业正制定长期并具有可持续性的发展战略。其中，提高出口产品质量、重视产品推介，让消费者更充分了解产品的来源和加工流程均符合食品卫生安全和环保标准是一项重要措施。

在越南国内，越南查鱼业采取了一系列改革养殖、加工规程的措施，旨在丰富产品类型，提高产品质量，满足市场要求。

一项优先采取的措施是推动地区联动合作，以及企业和养殖者之间的沟通，旨在加强养殖场管理，更好地保障查鱼产量，确保水产养殖技术规定的实施。

越南查鱼业协会副主席兼秘书长武雄勇表示，越南政府颁布了有关大力实施“越南良好农业操作”标准和“全球良好农业操作”标准的 36 号议定。今后将推广这些标准以改善养殖区条件。该议定还提出了具有约束性的条件，尤其是制定符合出口市场要求的质量标准。

近期，由越共中央经济部和西南部指导委员会联合举办的一次会议也强调，要推动查鱼业结构重组。

越共中央经济部副部长黎永新在会上强调了平衡开发需求与销售市场的措施，其中重视产品质量和加强联系，以生产链为模式重组生产结构。黎永新认为，现在越南查鱼加工业要按照市场规律进行规划，其中要整合土壤、土地、水源等因素。市场机制只认高效率并遵守各种规定的企业。因此，应对希望扩大市场但缺乏资金的企业采取优惠政策。

政府总理也批准了由欧盟资助的“建设越南查鱼和巴沙鱼可持续供应链”项目。该项目有利于提高越南查鱼在国际市场上的竞争能力。

通过该项目，欧盟将在越南查鱼鱼苗供应、饲料生产、查鱼养殖和加工到产品销售等方面直接协助越南。

该项目自 2013 至 2017 年实施，并集中于提高生产能力，推动高度负责的生产活动，旨在提高产品质量，减少对环境的影响，降低生产成本。该项目还确定查鱼是有条件的经营行业，以产业群方式发展，以根据产品质量标准从养殖场、加工、出口到销售进行一条龙管理。这是越南查鱼实现可持续生产，给劳动者带来收入和保障高经济效益的重要因素。

（来源：南博网. http://www. caexpo. com/news/asean/yuenan/jmzx/2014/06/24/3625432. html. 2014—06—24）

## 越南纺织服装品的国际竞争力日益提高

据越通社报道，2014年前6个月，越南纺织服装品出口额约达102.1亿美元，同比增长16.4%。这是越南纺织服装集团市场委员会会长陈越于2014年6月16日在河内举行的会议上所公布的统计数字。

陈越先生透露，自2014年初以来，越南纺织服装品在美国、欧洲、日本、韩国等主要市场的进口增长率不高的同时，越南纺织服装品向这些市场出口却迅速增长，分别为14.5%、11.3%、11.6%和30.1%，这表明越南纺织服装品国际竞争力日益提高。

2014年前6个月，越南纺织服装集团纺织服装品出口额达16.2亿美元，同比增长15%，进口额同比增长7%。

越南纺织服装集团领导表示，越南纺织服装集团已为首次公开募股上市制定总体计划及具体时间表。2014年7月22日，越南纺织服装集团将在胡志明市证券交易所正式开始首次公开募股路演。

（来源：南博网. http://www.caexpo.com/news/asean/yuenan/jmzx/2014/06/19/3625061.html. 2014—06—19）

## 越南配套产业发展空间大

长期以来，越南为了在短期内提高工业产值，着力于吸收大型的外资项目，但配套产业的水平非常落后，还处在起步阶段。从长远看，将不利于经济的可持续发展。不过，另一方面，这也意味着越南配套产业有着非常大的发展空间。

据了解，截至2013年，越南的配套工业企业只满足了日企32%的需求，而在中国、泰国和印尼分别为64%、53%、43%。总体来看，越南的配套产业可能只能满足在越企业15%～25%的材料和零部件需求。例如在电子制造领域，佳能和三星在越南的分公司仍依赖中国及其他国家进口材料和零部件，因为无法在越南找到同样的产品。再如在纺织服装行业，越南国内不能生产高质量的面料，纺织原辅料严重依赖进口市场。

近年来，越南已经逐渐开始重视配套产业的发展，并出台相关鼓励政策，希望吸引外资进入配套工业领域。截至2013年3月，越南吸收了外资配套项目超过1630个，合同总额约230亿美元，分别占外商在工业领域投资项目数量和合同总额的13.2%和20.8%，主要来自日本、韩国和中国台湾地区。不过，整体来看，越南配套产业发展仍旧缓慢，而且比较散乱，没有形成完整的体系。

据观察，越南政府没有制定针对配套产业发展的特殊优惠政策，所以对外资而言没有足够的吸引力，这是导致外资进入越南配套产业较少的一大原因。此外，在税收政策方面，外资企业在越南国内购买原材料需要交纳增值税，从国外进口原材料则不需要交纳，这便导致外企宁可从国外进口原材料也不在越南投资生产。

配套产业发展的落后将不利于越南留住投资者。因为缅甸、印尼等其他东南亚国家在经营成本方面和优惠政策等的优势渐渐凸显，吸引了外商的投资目光。此外，2015年至2018年期间，亚洲各国将逐步消除关税壁垒，也将影响越南对外资的吸引力。

可见，越南已经亟须采取措施推动配套产业的发展。据悉，目前越南已经成立了配套产业协会。从目前到2020年，越南将重点发展纺织服装、电子信息技术、皮革制鞋、工程机械和汽车制造五大行业的配套产业。

（来源：南博网. http://www.caexpo.com/news/asean/yuenan/jmzx/2014/06/18/3625007.html. 2014—06—18）

## 越南拟改善投资环境吸引外资

《西贡解放报》报道，为促进吸引外资，越南政府将进一步改善投资环境。从现在起到2020年，拟重点改善3大“战略突破”领域，即：完善市场经济体制和法律制度；建设现代化的配套基础设施，特别是交通基础设施；提升人力资源素质。

报道称，目前，在越外商直接投资有效项目逾1.63万个，总投资额约2380亿美元。来自100多个国家和地区约100家跨国集团在越南投资。2013年，越南吸收外商直接投资额协议金额逾220亿美元，同比增长35%。

（来源：南博网. http://www.caexpo.com/news/asean/yuenan/jmzx/2014/06/18/3624987.html. 2014—06—18）

## 越南拟将高科技及应用产品比重提升至50%

越南政府总理日前批准了《到2025年展望

2035 年的工业发展战略》。

报道称，为实现发展目标，越南将朝着现代化方向集中发展并重组工业结构。其中，优先发展的重点行业是：加工制造业、电子和通讯、新能源和再生能源。到 2035 年工业发展战略目标是：大部分行业技术水平先进，达到国际标准，较深入地参与全球价值链，节约、有效使用能源，在国际融入中公平竞争，拥有专业的劳动队伍。到 2020 年，工业生产速度年均增长 12.5%～13%；2021～2025 年期间增长 11%～12.5%；2026～2035 年期间增长 10.5%～11%。到 2020 年，工业和建筑业占全国经济结构比重的 42%～43%，2025 年占 43%～44%，2035 年占 40%～41%。到 2025 年，高科技工业和应用产品总值占 GDP 总值的 45%，2025 年以后占 50%以上。

（来源：南博网. http://www.caexpo.com/news/asean/yuenan/jmzx/2014/06/16/3624783.html. 2014—06—16）

## 越媒称越南将成为电子生产中心

越南《投资报》报道，英国莱尔德科技有限公司在越南投资的首个工厂日前在北宁省建成投产。包括三星、诺基亚在内的多家电子和零配件工厂建在北宁省，该省成为越南电子工业的“首府”。Laird 公司负责人表示，越南已成为全球科技集团重要的电子零配件生产中心。

越南三星电子公司称，在 60 家电子零配件的供应商中，有 45 家是韩国企业，5 家越南企业，另外 10 家来自其他国家。目前电子工厂主要分布在北宁省、北江省、兴安省、永福省和河内市。2013 年，三星电子厂在太原省建厂后，不少投资者也相继到该省投资。泰国励展博览公司负责人 Duangdej Yuaikwamdee 分析，越南越来越吸引电子科技领域的投资，主要原因是每年电子及零配件出口涨幅较大。2012 年越南出口电子及零配件同比增长 68%，2013 年增长 35%。

（来源：南博网. http://www.caexpo.com/news/asean/yuenan/jmzx/2014/06/16/3624779.html. 2014—06—16）

## 出口仍是越南经济发展的动力

《越南经济时报》报道，越南工贸部最新报告称，2014 年前 5 个月，越南货物贸易出口额为 585 亿美元。其中，国内企业出口额增长 11.9%，增幅高于 2013 年。相反，外商直接投资企业涨幅 18.6%，低于 2013 年的 36%。此外，加工产品出口比重增加，矿产原料出口下降，符合越南出口发展战略。越南工贸部进出口局称，如 2014 年下半年的出口涨幅保持 2014 年 3、4 月份的水平，2014 年全年出口额涨幅将达 10%以上。

报道称，目前越南正在商签的多项自贸区协定将会带来更多的出口机会。越南对美国、欧盟、日本、中国和东南亚等主要市场出口将保持增长，同时开拓东欧、非洲、西亚和拉丁美洲等潜力市场。

（来源：南博网. http://www.caexpo.com/news/asean/yuenan/jmzx/2014/06/16/3624706.html. 2014—06—16）

## 2020 年越南旅游业直接劳动力约达 100 万

据越通社报道，题为“2015～2020 年旅游酒店业高素质人力资源发展计划”的座谈会于 2014 年 6 月 9 日在河内举行。该计划由越南旅游酒店网负责开展，目的是提高越南旅游酒店业人力资源的质量。

据专家预计，至 2020 年越南将吸引 1000 万名国际游客，创造 300 万个就业机会，旅游业直接劳动者人数约达 100 万名。酒店系统也增至 80 万房，其中 3 星级至 5 星级比例达 40%。因此，旅游业应进行培训高素质人力资源来满足发展需求。然而，目前旅游业的人力资源培训系统仍存在许多不足之处，尤其是旅游管理人员的培训工作尚未满足实际需求。

座谈会上，专家们认为越南旅游酒店网的计划是改善旅游酒店业人力资源质量的有效措施。越南旅游酒店网是为越南旅游业可持续发展而活动的非营利组织。在目前旅游人力资源培训单位仍存在许多不足之处的背景下，该网络将帮助各所学校改善培训质量，帮助大学生寻找工作，企业可找到最适合的人力资源，该网络将发展成有效满足实际发展需求的平台。

（来源：南博网. http://www.caexpo.com/news/asean/yuenan/jmzx/2014/06/12/3624527.html. 2014—06—12）

## 2020 年越南木材出口有望达 100 亿美元

据越南工商部的数据显示，2014 年前 5 个月木材及木制品出口24.2亿美元，同比增加17.5%。

美国、中国、日本是越南木材3大出口市场，占66.16%，增幅分别为25.58%、16.96%及28.78%。

根据由农业与农村发展部提出并刚刚得到批准的2014～2020年阶段木材及木制品发展行动计划，到2020年越南木材及木制品出口额将达100亿美元。

但是越南木材林产协会总秘书阮尊权称，届时的出口额肯定超过上述目标。因为美国、日本以及中国市场对越南木材的进口前景非常乐观，并且欧盟已摆脱经济危机。

目前木材及木制品在越南十大商品出口中居第5位。如果及时采取有效措施及协助政策，那么在接下来的10年内越南木材及木制品出口有望达150～200亿美元。

（来源：南博网. http://www.caexpo.com/news/asean/yuenan/jmzx/2014/06/12/3624524.html. 2014—06—12）

## 越南咖啡出口增长快　市场前景好

据南博网观察，2014年越南咖啡出口保持增长趋势，前景市场佳。在继续发扬优势和逐渐解决现存问题之后，越南咖啡出口将能获得更好的成绩。

统计数据显示，2014年前5个月，越南咖啡出口量为96.6万吨，同比增长36.7%，出口额为19.6亿美元，同比增长29%。其中，5月份的咖啡出口量为15.4万吨，出口额为3.36亿美元。越南咖啡的平均出口价格为每吨2001美元。

德国和美国依然是越南咖啡的前2大出口市场。2014年前5个月，越南对德国咖啡出口量达11.48万吨，同比增长33.9%，出口额达2.29亿美元，同比增长34.7%；对美国咖啡出口量达7.59万吨，同比增长11.4%，出口额达1.56亿多美元，同比增长5.5%。比利时和法国是越南咖啡增长最快的市场。

2014～2015作物季越南咖啡产量预计约为175万吨，比2013～2014作物季174万吨的产量略有上升。出口方面，预计2014年越南咖啡出口量不低于150万吨，出口额约30亿美元，同比增长20%。

为了继续保持咖啡出口市场的增长趋势，越南继续保持咖啡的种植面积、年产量、出口量以及在国际市场上的份额，此外，还需要解决目前产业发展面临的一些问题。首先是解决咖啡小规模种植户过多、零售商散乱的问题，其次需要提高产品的质量和附加值，逐渐改变咖啡豆作为主要出口产品的现状，并积极提高产品认证率，以提高出口价格，在国际市场上赢得更强的竞争力。

目前越南咖啡出口的市场主要是欧美地区，为了提高效益，越南需要大力拓展新兴市场，如日本、中国、东南亚等地区。

（来源：南博网. http://www.caexpo.com/news/asean/yuenan/jmzx/2014/06/10/3624408.html. 2014—06—10）

## 三星投资10亿美元在越南建电子生产车间

据胡志明市政府副主席黎孟河透露，该市已经批准韩国三星集团在胡志明市高科技工业区投资10亿美元的电子生产车间建设项目。

2014年5月中旬意外事故造成不良影响，在这背景下，该市批准三星在越南建设项目，这对吸引外资而言是可喜信号，这显示投资商对胡志明市在促进行政审批改革、简化投资手续及推出多项针对外商投资优惠政策等方面作出的努力的信心。

三星大额投资建厂项目符合胡志明市鼓励吸引外商投资高科技产品的主张。因此，未来该市将迅速处理各个相关手续以便投资商项目的展开。

2009年，三星集团在越南北宁省投资6.7亿美元兴建手机厂，其后增资至25亿美元。到2013年3月，三星电子越南太原公司在太原省投资额20亿美元兴建总面积约100公顷的综合高科技工业区。项目竣工后，该公司将开始生产和安装手机等高科技产品。

（来源：南博网. http://www.caexpo.com/news/asean/yuenan/jmzx/2014/06/10/3624354.html. 2014—06—10）

## 越南旅游总局首个海外办事处落户东京

越南旅游总局首个海外办事处于2014年6月4日在日本首都东京正式开张。

该办事处将成为向日本市场和东北亚市场提供有关越南旅游信息的桥梁；与其他国家在日本的旅游代表机构及办事处建立合作关系；为日本旅游企业提供越南旅游、投资发展政策的相关信息。

越南在日本开设办事处有利于在日本和东北亚各国推广越南旅游和文化，为吸引更多游客赴越南观光旅游做出积极贡献。

（来源：南博网. http://www.caexpo.com/news/

asean/yuenan/jmzx/2014/06/09/3624267.html. 2014—06—09）

## 越南船舶工业总公司将大量建造渔检船

越南《经济时报》报道，2014年6月4日，越南政府总理阮晋勇率政府工作组赴广宁省视察了下龙造船公司（隶属越南船舶总公司）。阮晋勇要求，增加建造4艘排水量为2000吨的渔检船（这将使得越南排水量2000吨位以上的渔检船数量达8艘）；再增加建造15艘中型渔检船（这样加上正在建造和即将完工的，越南装备现代化的渔检船数量将达50艘；对全国13万艘渔船中的首批3000艘木质渔船加装铁壳。3000艘木质渔船的改造费用约为10万亿越南盾（约合4.7亿美元）。

（来源：南博网.http://www.caexpo.com/news/asean/yuenan/jmzx/2014/06/09/3624205.html. 2014—06—09）

## 越南互联网渗透率略高于世界平均水平

互联网实时统计网站报道，根据该网站发布的2014年7月1日世界各国互联网用户情况预估表，2014年越南互联网用户数为3977万，比2013年增长9%，数量位居世界第15位，互联网渗透率为42.97%。2014年中国互联网用户数为6.42亿，比2013年增长4%，数量位居世界第1位，互联网渗透率为46.03%。2014年美国互联网用户数为2.8亿，比2013年增长7%，数量位居世界第2位，互联网渗透率为86.75%。2014年全球互联网用户数为29.25亿，比2013年增长7.9%，互联网渗透率为40.4%。

互联网实时统计网站是由Web技术权威机构万维网联盟建立的网站，其发布的2014年世界各国互联网用户情况表的数据来自于国际电信联盟、联合国人口司、印度互联网与手机协会和世界银行数据。

（来源：南博网.http://www.caexpo.com/news/asean/yuenan/jmzx/2014/06/05/3624053.html. 2014—06—05）

## 越南总理批准增加5个免税出境口岸

《越南新闻》报道，根据越南总理阮晋勇2014年5月30日批准的“806/TTg－KTTK”号文件，自2014年7月1日起，从越南离境的外国人可享受增值税退税的口岸从2个增加到7个，分别是河内内排国际机场、胡志明市新山一国际机场、岘港国际机场、庆和省金兰国际机场等4家机场，以及胡志明市庆会港、岘港港、庆和省芽庄港等3家港口。截至目前，越南全国共有69家企业以及268家商店加入了该试点项目。

（来源：南博网.http://www.caexpo.com/news/asean/yuenan/jmzx/2014/06/04/3623946.html. 2014—06—04）

## 丹麦市场调研公司称 越南有近2500万人使用Facebook

越南《经济时报》报道，根据丹麦电子评论（Epinion）市场调研公司的调查，越南有3600万人使用互联网，有近2500万人使用脸书（Facebook）。该项调研由该公司在2014年4月份通过直接采访1000名18岁以上的越南人实现的。调查结果显示，97%受访者称，他们通过自己的脸书账户与朋友、亲人交流，分享经验、信息和进行市场营销。丹麦市场调研公司称，越南社交网络工具日益发展，特别是脸书。过去几年，使用脸书的用户每年在成倍增长。78%受访者承认，社交网络工具是人们分享信息时选择最多的渠道。其次分别是邮件和Viber、Skype和Zalo等免费短信应用。

（来源：南博网.http://www.caexpo.com/news/asean/yuenan/jmzx/2014/06/03/3623841.html. 2014—06—03）

## 越南公布127个国家项目 拟吸引600亿美元外资

越南《投资报》报道，经过两年的准备，政府总理于2014年5月颁布至2020年吸引外商投资项目名单。其中，国家项目127个，投资额约600亿美元。分5大领域：技术基础设施、社会基础设施、工业、农业保鲜与加工、制造与服务领域。

报道称，每个领域还能细分，比如技术基础设施领域包括交通基础设施（公路、铁路、机场、港口）、能源基础设施、城市基础设施（交通、供水、处理都市固体废物）和工业园区基础设施等领域。而交通基础设施项目达25个，有11个项目投资规模在10亿美元以上。最大项目为龙城国际机场第一期项目，投资额56.2亿美元；其次为边和—头顿铁路，投资额50亿美元；第三为油线—连姜高速公路，投资额35.2亿美元；第四为河内—胡志明市铁路改造升级项目，投资额23亿美元；第五为北—南高速公路宁平至清和段，投资额达18.67亿美元等。

其他领域大项目还有，在庆和省投资80亿美元的南云风炼油项目，投资形式是75%的外资联营；拟投资40亿美元的平定电力中心项目等。

（来源：南博网.http://www.caexpo.com/news/asean/yuenan/jmzx/2014/05/30/3623800.html.2014—05—30）

## 越南与欧洲自由贸易联盟就自由贸易协定签署达成一致

越南与欧洲自由贸易联盟有关自由贸易协定谈判工作组于2014年5月27日在河内就通过越南与欧洲自由贸易联盟间自由贸易协定的谈判和签署来提升双边经济合作水平达成一致。

在自由贸易协定谈判框架内，欧盟、欧洲自由贸易联盟等伙伴国经常向越南提出有关地理标志保护的要求。为了介绍欧盟、欧洲自由贸易联盟成员国所采用的地理标志保护体系，越南工贸部于2014年5月27日上午在河内与越南国家知识产权局，欧洲自由贸易联盟秘书处联合举办题为“地理标志”的研讨会。

这是越南有关单位、组织进一步了解欧洲自由贸易联盟的地理标志保护和申请体系以及欧洲自由贸易联盟与欧盟之间地理标志保护关系的契机。与此同时，越南各地了解在欧洲申请地理标志保护的问题之后会主动地提出给越南商品申请地理标志保护的建议。此外，这一平台充分为越南阐述有关在越地理标志的观点。

来自国内外的50余名管理者、专家和已申请地理标志的北江省六岸荔枝、木州茶叶、邦美蜀咖啡等商品的产业协会代表参加研讨会。

就越南而言，虽然地理标志保护是较为崭新问题，但是越南实际上按一些伙伴国的要求对其一些商品实施地理标志保护，同时已提出给越南一些驰名农产品实施地理标志保护的要求。越南于2012年在欧盟地区给越南富国鱼露成功申请了地理标志保护。

（来源：南博网.http://www.caexpo.com/news/asean/yuenan/jmzx/2014/05/29/3623659.html.2014—05—29

## 中越合资越南第2大钢铁生产厂首批产品出炉

2014年5月26日，位于越南老街省宝胜县Tang Loong镇的越中钢铁生产厂首批生铁正式出炉。

越中炼金公司总经理阮文全表示，每批生铁重120吨，耗时30～45分钟。该厂的年生产量预计达1500吨/天。

越中钢铁生产厂建设项目分两期施工，一期项目工程的年产量为50万吨铣铁和50万吨钢胚，二期项目工程将兴建1条新的钢压产线。二期工程完工后，全厂的生产能力将提高1倍。

越中钢铁生产厂是中国昆钢钢铁集团和越南钢铁总公司合资成立的。这是越南采用最新先进技术，也是越南继太原钢铁生产厂后的第2大钢铁生产厂。

（来源：南博网.http://www.caexpo.com/news/asean/yuenan/jmzx/2014/05/29/3623655.html.2014—05—29）

## 世界第6大润滑油生产商工厂在越南落成

2014年5月，新日本石油和能源（越南）公司举行了位于海防市廷宇工业区的润滑油生产厂落成仪式。

新日本石油和能源公司设在海防市廷宇工业区的润滑油生产厂。这是新日本石油和能源公司设在外国的第8家润滑油生产厂。该厂采用先进技术，预计年产量将达4万吨。

新日本石油和能源公司是日本炼油和原料油经营领域的龙头企业。其产品占日本润滑油产量的30%，是世界第6大润滑油生产商。新日本石油和能源公司1996年开始在越南经营润滑油，2010年在胡志明市设立代表办事处。

（来源：南博网.http://www.caexpo.com/news/asean/yuenan/jmzx/2014/05/28/3623592.html.2014—05—28）

## 越南胡椒产业发展机遇与挑战并存

据南博网了解，作为目前世界上最大的胡椒出口国，越南胡椒产业的发展有着继续快速发展的潜力，但同时也面临一些挑战。

越南重视扩大胡椒的种植面积，在1991年，该国胡椒种植面积只有4000公顷，而到了2013年，该国胡椒种植面积约达6万公顷。从20世纪70年代开始，越南逐渐将胡椒销售面向国际市场，并逐步在各大出口取得知名度。在2001年，越南以5.65万吨的出口量跃居世界最大的胡椒出口国。截至2014年5月，越南继续保持这一地位。

目前越南胡椒的产量占据世界胡椒产量的30%，其出口占据世界胡椒出口市场份额的50%，出口市场包括90多个国家和地区。由于处于这一地位，越南在平衡国际胡椒价格上面能够掌握有利因素。

2013年，越南胡椒出口量约达13.3万吨，同比增长13.8%，出口额约8.9亿美元，同比增长12.1%。2014年越南胡椒出口呈继续增长态势。统计数据显示，2014年前4个月，越南胡椒出口量达7.2万吨，出口额达4.93亿美元，创下历史新高。预计2014年该国胡椒出口量将达15万吨，出口额将突破10亿美元大关。

在保持继续快速发展的趋势下，越南胡椒产业也需要重视一些问题。比如在种植方面的自然灾害、生产成本，还有由于国际市场对食品安全问题的重视而需要在生产安全、保证质量等，另外还有来自其他胡椒生产和出口国的竞争挑战。

（来源：南博网.http://www.caexpo.com/news/asean/yuenan/jmzx/2014/05/26/3623442.html.2014—05—26）

## 越南出台畜牧业结构重组方案

越南农业与农村发展部日前批准畜牧业结构重组方案，以提高行业附加值和实现可持续发展。

报道称，根据方案，将越南北部红河平原的生猪养殖比例从2013年的25.74%降至2020年的15%，东南部的生猪养殖比例从10.51%降至5%。与此同时，中部山区生猪养殖比例从2013年的24.1%增至2020年的30%，北中部从19.38%增至24%，西原地区从6.58%增至15%。到2020年，越南生猪产量占畜牧业比重将从2013年的74.2%降至2020年的62%，并将家禽产量比重从目前的17.3%增至28%。到2020年，越南进口种母猪比例将从2013年的19.8%增至2020年的30%～33%，努力将进口和杂交猪占工业养殖的比例提高至75%以上。到2020年，越南实现生猪出口100万吨的目标。

（来源：南博网.http://www.caexpo.com/news/asean/yuenan/jmzx/2014/05/23/3623303.html.2014—05—23）

## 中国手机品牌纷纷踏足越南

越南公司经理（中国全球电话集团）认为，不久的将来，中国产品将会占领整个越南市场。正如目前越南市场表现的那样，中国的智能手机产品在性价比方面占着很大的优势。这些产品不包括山寨产品在内的中国手机大品牌。

2013年年初，越南手机市场出现的中国产品仅有联想，当时没有对品牌进行过多的推广，联想手机的销量的上涨完全是因为联想电脑的品牌在越南的地位带动的。

然而，直至2013年10月，在中国还较为年轻的品牌OPPO也开始通过与越南Viettel合作打入越南市场，为了进驻越南市场，OPPO在品牌推广不惜花重金，做足市场调查以及不断建立新的渠道合作，这让OPPO在越南各地开花结果。据悉，OPPO刚进入越南的第1个月销售额已经达到300亿越南盾。

2013年，华为在世界手机生产排名第3位。华为在OPPO之后踏足越南，通过FPT作为销售渠道，华为手机还在移动世界的线上交易平台以及各大连锁店进行销售。

除此之外，还有平民化的智能手机品牌，如海尔、金立等也来越南分羹。接下来中兴、小米也将陆续登陆越南。

（来源：南博网.http://www.caexpo.com/news/asean/yuenan/jmzx/2014/05/20/3622997.html.2014—05—20）

## 中国香港企业在越南隆安省兴建色纺纱厂

据越南隆安省科学和技术厅透露，隆安省人委会刚批准香港华发公司在隆安省芹德县隆定乡顺道工业区展开色纺纱厂项目。这是采用现代技术和善待环境的项目。

色纺纱厂项目的占地面积为20.38公顷，投资总额约为2.85万亿越南盾。染布过程排出的废水将通过对流循环处理系统回收利用。该技术的优点是节约燃料和减少在生产过程中排出的废水量。

建设色纺纱厂项目的目的为向越南各家纺织企业提供优质色纺面料和出口。

（来源：南博网.http://www.caexpo.com/news/

asean/yuenan/jmzx/2014/05/16/3622831. html. 2014—05—16)

## 越南煤炭需求大涨　2030 年将达 2.2 亿吨

据南博网了解，未来 20 年东南亚地区的能源消费将翻番，从可购性及可获得性来看，煤炭将取代天然气成为最重要的化石燃料。到 2035 年，该地区煤炭需求将增长 3 倍。越南是东南亚经济发展最快的国家之一。随着国家经济的持续增长，越南对煤炭的需求大大增加。

日前，越南发布了煤炭发展规划报告，报告显示未来越南煤炭需求量将不断加大，到 2015 年需求量为 5620 万吨，2020 年需求量为 1.12 亿吨，2025 年需求量为 1.46 亿吨，2030 年需求量为 2.2 亿吨。

以前，越南煤炭出口量较大，2006～2011 年期间，越南年均出口煤炭约 2100 万吨。而据了解，目前越南国内煤产量每年约为 4000 万吨，由于开发新煤矿比较困难，而且成本高，平均投资额 3～4 亿美元，再加上需要 7～8 年的建设时间，因此，从现在需求的增速和产量考虑，越南将面临国内煤炭供应不足的困境。为此，越南政府开始限制煤炭出口，并提出进口煤炭的计划。

就全球而言，目前世界能源日益紧缺，煤炭供应日渐紧张，若长期大量进口煤炭，在保证稳定的供应来源上将会遇到很大的困难。越南能源科学理事会副会长阮明悦称，要有稳定的煤炭供应来源，必须在国外开发新煤矿。但开发新煤矿风险较大，且需要政府担保。此外，进口煤炭还将面临航海运输、仓库保管等一系列问题和困难。

（来源：南博网. http://www. caexpo. com/news/asean/yuenan/jmzx/2014/04/30/3621606. html. 2014—04—30)

## 越南吸引外商投资 4 大空港

越南计划暨投资部 2014 年 5 月 11 日公布，当地政府已审核 2014～2020 年间招引外资的国家投资案名录。据此，资金约 56 亿美元的同奈省隆城 4F 标准国际机场、资金约 2.44 亿美元的广宁省 4E 标准广宁机场、资金约 2.12 亿美元的庆和省金兰 4F 标准国际机场及资金约 6000 万美元的 3C 级民用、3 级军事老街机场等 4 大国际空港为该期间的招引外商投资项目。

（来源：越南投资发展网 . http://www. vnone. cn/index. php? m=content&c=index&a=show&catid=34&id=3967. 2014—06—04)

## 越南人每年在啤酒上消费近 30 亿美元

据医疗部 2012～2013 调查报告显示，越南人每年在啤酒上消费超过 30 亿美元。

医疗部政策战略院副院长表示，2012 年研究报告显示，越南人平均每人每年的啤酒使用量超过 30 升，这让越南人的啤酒消费量在整个东南亚排名第 1，在整个亚洲排名第 3，仅次于日本和中国。

越南人的平均收入在东南亚 11 个国家中只排到了第 8，然而“嗜酒”的爱好却让越南人对啤酒的花费冲刺至 30 亿美元/年。

（来源：越南投资发展网 . http://www. vnone. cn/index. php? m=content&c=index&a=show&catid=27&id=3922. 2014—06—04)

## 美国企业投资 2000 万美元在越南扩建饲料生产厂

美国嘉吉饲料有限公司在 2014 年 5 月举行总投资额为 2000 万美元的平定省饲料生产厂扩建项目的竣工仪式。这是嘉吉集团设在越南的 8 家饲料生产厂之一。

扩建之后，嘉吉饲料（平定）生产厂将扩大 3 倍，年产量从 6 万吨提升至 24 万吨，嘉吉集团在越南各厂的总产量将达 140 万吨/年，并提供 50 个就业岗位。

除了平定省之外，嘉吉集团还在北部各省和九龙江平原等地设有 7 家生产厂，为越南市场大量供应饲料。嘉吉集团还投资食品和饮料原料等商品。

（来源：越南中国商品网 . http://www. vccn. com/info/? aid=106307. 2014—05—13)

## 越南依旧是诺基亚手机销售前 10 大市场之一

根据越南媒体 Vietnamnet. vn 报道称，越南诺基亚首席执行官 Vinod Muralidharan 已经确认，近期，Lumia 630 将在该地区上市。据了解，诺基亚已于两天前在拥有许多忠实的越南首都河内启动了 Lumia 630 的发布会。Muralidharan 表示，越南依旧是诺基亚手机销售前 10 大市场之一，越南仍然是微软收购诺基亚设备部门之后首选发布新设备的市场之一。

该报道称，Windows Phone 设备在越南已经出现了可观的增长，市场份额已从2013年的16%增长到2014年同期的26%。诺基亚，而不是微软越南，将会继续负责诺基亚手机在越南地区的市场推广和售后支持，包括Windows Phone、Asha、塞班或Nokia X设备。

对微软而言这是个好消息，因为越南用户并不在意设备所有权易主的变化，该地区用户仍然对智能耐用的“诺基亚”手机非常期待。报道随机对越南当地的用户进行访问，一位来自河内的用户表示，诺基亚不会在越南市场没落。

（来源：越南中国商品网．http://www.vccn.com/info/? aid=106314. 2014—05—13）

### 越南将建立货物批发中心

越南《海关报》报道，越南批发中心2014年5月在河内举办“越南企业团结起来提高竞争力”为主题的研讨会。该中心销售经理邓黄香江表示，成立越南批发中心，将为越南企业搭建进出口平台，特别是主营手工艺品、内外家装饰业务的企业。目前，该批发中心的展览厅设在越南国家展览宫，展览面积3公顷。

报道称，越南批发中心70%的客户是国外客户。此外，该中心专设为企业提供协助的工作小组。

（来源：中华人民共和国商务部网站．http://www.mofcom.gov.cn/article/i/jyjl/j/201405/20140500576011.shtml. 2014—05—07）

# 政策法规篇

## 东盟十国对外国投资合作的法规和政策

### 文莱对外国投资合作的法规和政策

#### 一、对外贸易的法规和政策规定

1. 贸易主管部门

文莱贸易政策的制定和实施主要由文莱工业与初级资源部负责，财政部、经济发展理事会等其他有关部门参与。

文莱工业与初级资源部主要职责是：鼓励和支持当地企业及外国投资者开展商品生产和服务，保障国家食品安全和就业，推动经济持续、多元化发展。该部下辖5个执行局：农业局、森林局、渔业局、工业发展局和旅游局。

2. 贸易法规体系

文莱与贸易相关的主要法律包括《海关法》、《消费法》以及一系列涉及食品安全和清真要求的法规。2001年和2006年分别颁布《证券法》和《银行法》。具体包括：

表1 截至2007年与贸易相关的主要法规

| 法规名称 | 主要内容 |
| --- | --- |
| 《海关法及相关规定》(2006) | 有关海关法规定包括特别关税、关税返还、对违反规定的处罚等 |
| 《进口商品估价规定》(2001) | 根据世贸规则明确海关估价 |

续表

| 法规名称 | 主要内容 |
| --- | --- |
| ①《东盟通用特别关税条例》(2005)<br>②《中国—东盟全面经济合作框架协议下东盟—中国早期收获计划商品关税条例》(2005)<br>③《中国—东盟全面经济合作框架协议下海关货物贸易协议》(2006) | 实施有关东盟贸易协议 |
| 《公司法》(1957) | 公司注册法规等 |
| 《证券法》(2001) | 政府间金融往来、为经营商及有关个人在管理和交易证券方面提供建议 |
| 《银行法》(2006) | 银行执照 |
| 《投资促进法》(2001) | 投资领域 |
| 《清真肉类法》 | 规范清真肉类产品的进口和市场供应 |
| 《商标法》(2000) | 商标 |
| 《公共卫生(食品)条例》(2001)<br>《公共卫生(食品)法》(2002) | 食品安全 |

(资料来源：文莱工业与初级资源部)

3. 贸易管理的相关规定

文莱实行自由贸易政策，除少数商品受许可证、配额等限制外，其余商品均放开经营。

【进口管理】出于环境、健康、安全和宗教方面的考虑，文莱海关对少数商品实行进口许可管理。

植物、农作物和牲畜须由农业局签发进口许可证（植物不能带土），军火由皇家警察局发证，印刷品由皇家警察局、宗教部和内务部发证，木材由森林局发证，大米、食糖、盐由信息技术和国家仓库发证，二手车由皇家海关发证，电话装置、无线电设备由通讯局发证，药品由卫生部发证，鲜、冷冻的鸡肉和牛肉由宗教部、卫生部和农业局发证。除以上有关部门发放进口许可证外，机动车、农产品、药品及与药品相关的产品进口还须提供相关的原产地证书和检验证明。

没有商业价值的样品可免税进口，对于有商业价值的样品进口，需交抵押金，如果样品在3个月内出境，可退还抵押金。

禁止进口商品包括：鸦片、海洛因、吗啡、淫秽品、印有钞票式样的印刷品、烟花爆竹（从2008年起允许指定经营商进口）等。

酒精饮料进口受到严格限制。

【出口限制】除了对石油天然气出口控制外，对动物、植物、木材、大米、食糖、食盐、文物、军火等少数物品实行出口许可证管理，其他商品出口管制很少。

4. 进出口商品检验检疫

文莱公共卫生（食品）条例规定所有食品，无论是进口产品还是本地产品，都要安全可靠，具有良好品质，符合伊斯兰教清真食品的要求，尤其对肉类的进口实行严格的清真检验。对于某些动植物产品，如牛肉、家禽，需提交卫生检疫证书。进口食用油不能有异味、不含任何矿物油，动物脂肪需来自在屠宰时身体健康的牲畜并适合人类食用，动物脂肪和食用油须是单一形式，不能将两种或多种脂肪和食用油混合。脂肪和食用油的包装标签上不得有“多不饱和的”字眼或相似字眼。非食用的动物脂肪须出具消毒证明。进口活动物必须有兽医证明。

大豆奶应是从优质大豆中提取的液体食品，可包括糖、无害的植物物质，除了允许的稳定剂、氧化剂和化学防腐剂外，不得含有其他的物质，并且其蛋白质含量不少于2%等。

此外，该条例对食品添加剂、包装以及肉类产品、鱼类产品、调味品、动物脂肪和油、奶产品、冰淇淋、糖与干果、水果、茶、咖啡、无酒饮料、香料、粮食等，都规定了相应的技术标准。对食品的生产日期、保质期、食品容器及农药最大残留量、稳定剂、氧化剂、防腐剂等都有明确的规定。

5. 海关管理规章制度

【管理制度】2006年新《海关条例》对特别关税、关税返还、处罚方式等作了规定。

【关税税率】对东盟成员国产品的关税税率大部分在0%～5%之间。对食品类及大部分建筑材料和工业机械免征进口税，电器类商品及香水、化妆品、地毯、珠宝、水晶灯、丝绸、运动器材等征5%的进口税，汽车征收20%的进口税（目前已改为同等税率的消费税），烟和酒精饮料有特别税率。

自2010年中国—东盟自由贸易区正式启动以来，文莱对中国商品关税逐年下降，部分非敏感产品关税在2012年已降至0%，一般敏感产品关税已降至20%以下。

文莱总体关税税率很低，对极少商品如香烟等商品的进口关税略高于对东盟成员国的关税。

## 二、对外国投资的市场准入的规定

1. 投资主管部门

文莱主管国内投资和外国投资的政府部门为工业与初级资源部和经济发展理事会。

2. 投资行业的规定

文莱对外来投资实行准入限制。

【禁止的行业】包括武器、毒品及与伊斯兰教义相悖的行业等。

【限制的行业】林业不对外资开放。

【鼓励的行业】包括化工、制药、制铝、建筑材料及金融业等行业。

文莱于2001年颁布新的投资促进法，将部分产业纳入先锋行业，投资享受税收优惠，以吸引外来投资。

3. 投资方式的规定

文莱对大部分行业外资企业投资没有明确的本地股份占比规定，仅要求公司董事成员其中1人须为当地居民。外资在文莱投资可成立私人有限公司、公众公司或办事处。文莱对外国承包商承包当地工程没有规定禁止领域，但承包合同金额较小的项目只能由本地企业或与本地企业合资承包。

外资并购文莱企业的案例极少，具体操作时应向有关主管部门充分咨询过户手续及审批期限，必要时可寻求中国驻文莱使馆经商处协助。

## 三、文莱关于企业税收的规定

1. 税收体系和制度

文莱无个人所得税，也无出口税、销售税、薪工税、资本收益税和生产税。文莱的税种也很少。在投资者创业和发展阶段，文莱提供比其他国家更为优惠的条件。

2. 主要税赋和税率

【企业税】企业须对以下收入纳税：(1) 各项经济活动中获取的利润；(2) 从未在文莱纳税的公

司中获得的分红；(3) 利息和补贴；(4) 版税、奖金和其他财产收入。

为促进国内经济发展及投资意愿，文莱苏丹陛下准许企业税从现有的低税率再下调至18.5%。文莱首相署第二财政部长丕显拿督哈芝阿都拉曼在第10届国会的第3天会议中表示，这些新企业税率将从2015年开始生效。

文莱无资本收益税。但如果征税官确定其中部分收入来自普通贸易，则按正常收入征税。

独资和合伙经营商行无需缴纳所得税，在文莱注册的公司有义务对其从文莱或境外所获得的收入缴纳所得税。非本地注册公司只需对其在文莱获得的收入纳税。

有限公司所得税征税率自2007年起连年小幅下调，目前降至20%。

外国税收免除的相关规定：(1) 文莱和英国签订了避免双重税务协定，所得税可以按比例免除，课税扣除只针对本地公司；(2) 英联邦国家提供内部互免优惠，但优惠额不能超过文莱税率的一半，此优惠提供给本地及非本地注册公司；(3) 2004年9月，中国与文莱签署了《避免双重征税和防止偷漏税协定》。

【印花税】根据文莱相关法律，印花税主要征收范围包括抵押、房屋租赁、转让。其中，抵押每500文莱元征税1文莱元，房屋租赁（年租金）每250文莱元征税1文莱元，转让每250文莱元征税1文莱元。

【石油税】1963年修改后的所得税法为石油生产征税特别立法。对扣除王室分成、政府分成及各项成本后的石油净收入按照55%征收石油税。

【代扣所得税】非本地公司的债券、贷款等的利息收入按20%比例交纳所得税。

【进口税】工业用的食品和其他产品免缴进口税。电器产品、木材、照相设备和耗材、家具、汽车及零部件的进口税率为20%，化妆品和香水进口税率为30%。2010年1月，中国—东盟自由贸易区正式建成，文莱作为6个老东盟成员国之一，对中国90%以上约7000种产品实行了零关税。

2014年5月，文莱政府为了鼓励大家远离烟害，将实施严禁卷烟广告、促销及赞助并大幅上调卷烟进口税等措施。文莱政府同时下令，卷烟盒的50%到75%的面积必须印上“吸烟危害健康”的警示图文。另外，学校方圆1公里以内的所有商店，都不准销售香烟。

目前，文莱的禁烟区已经扩大到机场、水陆出入境大厅、公共交通运输站、公交车站、出租车站、卖场和市场等。

## 四、文莱对外国投资的优惠

1. 优惠政策框架

文莱政府于1975年颁布《投资促进法》，2001年在该法基础上颁布新的投资促进法令，延长了对部分鼓励投资产业的税收优惠期。

2. 行业鼓励政策

根据投资促进法，在以下产业投资享受税收优惠：

(1) 先锋产业，即有限责任公司达到以下要求：①符合公众的利益；②该产业文莱未达到饱和程度；③具有良好的发展前景，产品应具有该产业的领先性，可以获得先锋产业资格证书，并享受以下优惠：免收所得税；免30%的公司税；免公司进口机器、设备、零部件、配件及建筑构件的进口税；免原材料进口税；为生产先锋产品而进口的原材料免征进口税；可以结转亏损和津贴。先锋产品包括：航空食品、搅拌混凝土、制药、铝材板、轧钢设备、化工、造船、纸巾、纺织品、听装、瓶装和其他包装食品、家具、玻璃、陶瓷、胶合板、塑料及合成材料、肥料和杀虫剂、玩具、工业用气体、金属板材、工业电气设备、供水设备、宰杀、加工清真食品、废品处理工业、非金属矿产品的制造。

表2 先锋产业的免税期

（从生产日开始计算）

| 注册资本金额 | 免税期 |
|---|---|
| 50万～250万文莱元 | 5年 |
| 250万文莱元以上 | 8年 |
| 高科技园区内 | 11年 |
| 免税期延长 | 每次3年，总共不超过11年 |
| （高新区）免税期延长 | 每次5年，总共不超过20年 |

（资料来源：文莱经济发展局）

(2) 先锋服务公司，即符合公众利益，并从事以下经营活动的公司：涉及实验、顾问和研发的工程技术服务；计算机信息服务和其他相关服务；工业设计的开发和生产；休闲和娱乐的服务；出版；教育产业；医疗服务；有关农业技术的服务；有关提供仓储设备的服务；组织展览和会议的服务；金融服务；商业顾问、管理和职业服务；风险资本基金业务；物流运作和管理；运作管理私人博物馆；部长指定的其他服务和业务，可享受免所得税以及可结转亏损和补贴待遇。免税期8年，可延长，但不超过11年。

3. 特殊经济区政策

文莱政府共划出10个工业区以吸引外国投资。其中双溪岭工业区为最主要的工业区，规划面积283公顷，主要用于油、气下游和高科技产业。在该区最大的外来投资项目是日本投资的甲醇厂项目，总投资6亿美元，设计产能85万吨，2010年5月第1批产品出口中国。

表3 文莱十个工业区

| 编号 | 工业区名称 | 规划面积（公顷） | 主要用途 |
|---|---|---|---|
| 1 | Serasa | 83 | 制造业及服务 |
| 2 | Kampong Salar | 40 | 家具、仓储及冷藏 |
| 3 | Lambak Kanan (East) | 74 | 高科技产业 |
| 4 | Lambak Kanan (West) | 45 | 食品加工 |
| 5 | Beribi I&II | 47 | 制造业及服务 |
| 6 | Serambangun | 40 | 制造业及服务 |
| 7 | Sungai Liang（双溪岭工业区） | 283 | 石油下游产业、高科技 |
| 8 | Sungai Bera | 50 | 制造业及服务 |
| 9 | Pekan Belait | 38 | 制造业及服务 |
| 10 | Batu Apoi | 5 | 制造业及服务 |

（资料来源：文莱工业与初级资源部）

文莱目前并未特别设置经济开发区，仅有工业园区，暂无中国企业入驻。

### 五、与投资合作相关的主要法律法规

与投资相关的法律包括《合同法》、《土地法》以及《投资促进法》。

文莱工业与初级资源部负责有关投资合作政策的制订和实施，查询网址：www.brubeimipr.gov.bn。

自2012年1月1日起，文莱全面实施2011年消费者保护法令，以保护国内消费者，包括游客和居民的消费权益。

文莱卫生大臣、全国烟草控制委员会主席阿德南于2012年6月14日表示，为进一步加大控烟力度，自2012年9月1日起将实施新的烟盒包装与宣传法令。阿德南指出，根据新法令，烟盒上的健康警语所占面积将由目前的50%提升至70%。

2013年1月1日，文莱政府正式宣布开始实施《价格控制法案》。根据法案，文莱将对食品、建材、机动车和汽油等民生产品实施价格上限管理，对烟草实施价格下限管理，并将加强对打折促销行为的监督，打击虚假销售现象。

（来源：南博网．http://www.caexpo.com/news/asean/wenlai/zcfx_wl/fghj/2013/07/05/3597389.html.2013—07—05）

## 柬埔寨对外国投资合作的法规和政策

### 一、对外贸易的法规和政策规定

1. 贸易主管部门

柬埔寨商业部为柬埔寨贸易主管部门。

2. 贸易法规体系

柬埔寨与贸易相关的法律法规主要包括《进出口商品关税管理法》、《关于制衣行业原产地证书、商业发票、出口许可证核发的规定》、《关于商业公司贸易行为的规定》、《关于实施装运前检验服务的规定》、《加入世界贸易组织法》、《关于风险管理的次法令》、《关于成立海关与税收署风险管理办公室的规定》等。

3. 贸易管理的相关规定

商业部负责出口审批和免税进口核准手续。在多数情况下，进口货物无需许可证。但部分产品需要获得相关政府部门特别出口授权或许可后方可出口。柬埔寨主要的贸易伙伴为美国、欧盟、中国、韩国、泰国、越南、马来西亚和加拿大。

2013年12月，柬埔寨商业部和财经部联合发表《公报》，将改善柬埔寨出口程序，解决柬埔寨产品出口复杂手续问题，旨在减轻出口商负担和提供方便，以达到扩大出口的目标。根据柬埔寨商业部长孙占托和财经部长翁本莫尼洛签发的联合公报决定即日开始改善出口商交付的服务费、协调柬埔寨出口程序等。公报指出，即日起有意从柬埔寨出口产品的公司或出口商未规定向商业部或相关单位申请《一般原产地证明书（CO文件）》，这将减少商家不必要的开支，助商家省下更多的时间。公报表示，出口公司和出口商必须在产品出口的30天之内缴纳应上缴的费用，且要在规定的地点缴纳，否则出口公司将被处罚，或者被暂时取消出口权利。

【作为最不发达国家享受的出口优惠】作为最不发达国家，欧盟、美国、日本等28个国家和地区给予柬埔寨普惠制待遇。美国给予柬埔寨较宽松的配额和进口关税，欧盟在“除军火外所有商品倡议”下，给予柬埔寨除军火外几乎所有产品零关税的待遇。

从2014年5月1日起，柬埔寨免除大米出口手续费，以鼓励大米出口。目前，柬埔寨大米出口须缴纳6万瑞尔/集装箱（约合15美元）的手续费，约合22美元/吨，而邻国越南的大米出口手续费仅为15美元/吨。

【出口商品当地含量及原产地原则】柬埔寨目前无当地含量要求，即不限制使用进口原材料、零部件（对健康、环境或社会有害的原材料、零部件除外）。

在柬埔寨，出口商应重视普惠制的原产地规则要求。普惠制下出口至美国的产品，原产地规则对当地含量的最低要求为35%（符合条件的东盟成员国，即柬埔寨、泰国、印尼和菲律宾，在原产地规则要求中视为同一国家）。在“除军火外所有商品倡议”下，原产地规则要求出口产品至少有40%的含量出自出口国。

2013年柬埔寨政府决定取消出口商品须有柬埔寨原产地证的政策，若进口国没有要求，出口商不必向商业部申请。柬埔寨财经部长温本莫尼洛和商业部孙占托日前联合签发一项通令，宣布调整商品出口程序，以方便出口。目前，美国和日本已不再要求柬埔寨出口商提供原产地证，但欧盟国家仍需要。

【出口优惠、限制】根据《投资法》、《修正法》，由柬埔寨投资委员会批准的出口型合格投资项目可享受免税期或特别折旧。其出口产品增值税享受退税或贷记出口产品的原材料。

柬埔寨工业和手工艺部长占比塞在出席绿色工业研讨会上提出了针对非环保型车龄超过10年以上的二手汽车禁令。占比塞部长表示，柬埔寨鼓励绿色产业发展，以减少对环境的影响，减少温室气体排放。

禁止或严格限制出口的产品包括文物、麻醉品和有毒物质、原木、贵重金属和宝石、武器等。半成品或成品木材制品、橡胶、生皮或熟皮、鱼类（生鲜、冷冻或切片）及动物活体需缴纳10%的出口税。

柬埔寨农林渔业部制定新政策，将全面停止出口活牛，旨在保证柬埔寨的粮食安全，从而促进牲畜生产业迅速发展。柬埔寨农业对国家生产总值贡献了27.5%，其中牲畜业占了14.1%，反映出柬埔寨牲畜产业对提高农民生活水平起到积极促进作用。

服装出口须向商业部缴纳管理费。普惠制下服装出口至美国或欧盟的，须获得出口许可证。

目前，美国、欧盟、日本等28个国家和地区给予柬埔寨普惠制待遇。对于柬埔寨的服装纺织产品，美国给予较宽松的配额和减免增收进口关税、欧盟不设限、加拿大给予免征进口关税等。这些优惠的措施推出，无疑是为中国企业走进柬埔寨提供一个良好的投资平台。据调查，在柬埔寨的200余家纺织服装企业中，80%以上来自中国（含港、澳、台）。

【免税进口】根据《投资法》、《修正法》，由柬埔寨投资委员会批准的出口型合格投资项目可免税进口生产设备、建筑材料、原材料和生产投入附件。为取得生产用原材料免税进口批件，进口公司应每年向柬埔寨投资委员会申报拟进口材料的数量和价值。

4. 进出口商品检验检疫

柬埔寨财经部海关与关税署、商业部进出口检验与反欺诈局联合负责进出口商品检验。检验地点为工厂或进出口港口。目前，柬埔寨全部进出口货物均接受检验，检验地点通常为工厂或进出口的港口，政府正计划逐年降低检验比率。价值5000美元或以上的进口货物，在出口国进行装运前检验。检验报告和其他装船前检验文件将被递交柬埔寨海关，货物抵达柬埔寨后，货主凭检验单据到海关缴纳税款并提出货物。

5. 海关管理规章制度

【管理制度】柬埔寨政府近年来不断改进海关管理制度，致力于实现简洁、高效、透明和可预测的海关管理。

2006年，柬埔寨起草完成并通过《关于通过风险管理实施贸易便利化的次法令》，准备实施基于贸易商档案数据的风险管理系统，即通过利用电脑系统分析贸易商档案数据、商品或原产地进行海关监管。为此，柬埔寨政府还采用了计算机化海关清关综合系统——自动海关数据系统。

此外，为简化海关程序，柬埔寨政府决定推行使用“海关一站式服务系统”，并计划在西哈努克港安装自动海关数据系统终端。柬埔寨政府希望借此减轻贸易活动的行政负担，并减少腐败滋生的机会。

【关税税率】除天然橡胶、宝石、半成品或成品木材、海产品、沙石等5类产品外，一般出口货物无需缴纳关税。

所有货物在进入柬埔寨时均应缴纳进口税，投资法或其他特殊法规规定享受免税待遇的除外。进口关税主要由四种汇率组成：7%、15%、35%和50%。部分进口产品税率见下表：

表1　柬埔寨主要商品的税率

| 货物类别 | 关税 | 特别税 | 增值税 |
| --- | --- | --- | --- |
| 布类 | 35% | — | 10% |
| 服装 | 35% | — | 10% |
| 童装、运动装 | 7% | — | 10% |
| 窗帘、床罩 | 7% | — | 10% |
| 伞 | 7% | — | 10% |
| 卷烟 | 50% | 10% | 10% |
| 啤酒 | 35% | 10% | 10% |
| 葡萄酒、烈酒类 | 35% | 33.33% | 10% |
| 饮料 | 35% | 10% | 10% |
| 罐头 | 35% | — | 10% |
| 水果 | 7% | — | 10% |
| 茶叶 | 7% | — | 10% |
| 肉类（鲜、冻） | 35% | — | 10% |
| 鱼类 | 15% | — | 10% |
| 药品 | — | — | 10% |
| 学生文具 | — | — | 10% |
| 玩具类 | 7% | — | 10% |
| 游戏机类 | 50% | — | 10% |
| 古董、艺术品 | — | — | 10% |
| 家电类 | 15% | — | 10% |
| 125cc以下摩托车 | 15% | 5% | 10% |
| 125cc及以上摩托车 | 15% | 45% | 10% |
| 贵金属（金、银） | 30% | — | 10% |
| 钻石 | 50% | — | 10% |
| 农具 | — | — | 10% |
| 其他五金制品 | 15% | — | 10% |
| 塑料制品 | 7% | — | 10% |
| 发电机 | 15% | — | 10% |
| 纸类 | 7% | — | 10% |
| 水泥 | 7% | — | 10% |
| 钢铁 | 7% | — | 10% |
| 玻璃 | 7% | — | 10% |
| 铝材 | 7% | — | 10% |
| 化肥 | — | — | 10% |
| 汽油、柴油 | 30% | — | 10% |
| 机油、润滑油 | 30% | — | 10% |

（资料来源：柬埔寨海关）

在东盟自由贸易协定的共同有效关税体制下，从东盟其他国家成员国进口、满足原产地规则规定的产品可享受较低的关税税率。按照整体关税减让时间表规定，到2010年，除少数特例商品外，柬埔寨关税税率降至0%～5%。

## 二、对外国投资的市场准入的规定

柬埔寨商业部于2013年11月25日在金边召开"商业部和私营企业协商"相关会议，主要改善柬埔寨投资环境进行讨论。商业部部长孙占托表示，目前，柬埔寨商业部已同相关部门合作，开始对《贸易一体化研究文件》进一步研究和更新，并制定许多目标，包括促进更多农产品出口、实施纺织品出口多元化和提高附加值、在旅游业促进出口服务、制定贸易透明度制度、实施区域和世界贸易和运输便利化、加强政府、生产商与出口商之间的合作等。

1. 投资主管部门

柬埔寨发展理事会是唯一负责重建、发展和投资监管事务的一站式服务机构，由柬埔寨重建和发展委员会和柬埔寨投资委员会组成。该机构负责对全部重建、发展工作和投资项目活动进行评估和决策，批准投资人注册申请的合格投资项目，并颁发最终注册证书。

但对于下列条件的投资项目，需提交内阁办公厅批准：（1）投资额超过5000万美元；（2）涉及政治敏感问题；（3）矿产及自然资源的勘探与开发；（4）可能对环境产生不利影响；（5）基础设施项目，包括BOT、BOOT、BOO和BLT项目；（6）长期开发战略。

2. 投资行业的规定

柬埔寨政府视外国直接投资为经济发展的主要动力。柬埔寨无专门的外商投资法，对外资与内资基本给予同等待遇，其政策主要体现在《投资法》及其《修正法》等相关法律规定中。

柬埔寨国会审议通过《柬埔寨—越南投资促进和保护协定》修正补充协定书，意味着该协定正式生效。这项修正法案是在2011年由两国领导达成签署，旨在促进双方未来投资合作活动和打造新法理基础。

【鼓励投资的领域】《投资法》12条规定，柬埔寨政府鼓励投资的重点领域包括：创新和高科技产业；创造就业机会；出口导向型；旅游业；农工业及加工业；基础设施及能源；各省及农村发展；环境保护；在依法设立的特别开发区投资。投资优惠包括免征全部或部分关税和赋税。

【限制投资的领域】《投资法修正法实施细则》列出了禁止柬埔寨和外籍实体从事的投资活动，包括：神经及麻醉物质生产及加工；使用国际规则或世界卫生组织禁止使用、影响公众健康及环境的化学物质生产有毒化学品、农药、杀虫剂及其他产品；使用外国进口废料加工发电；森林法禁止的森林开发业务；法律禁止的其他投资活动。

此外，该细则还列出了“不享受投资优惠的投资活动”和“可享受免缴关税，但不享受免缴利润税的特定投资活动”。

【对外国公民的限制】《投资法》对土地所有权和使用作出规定：(1) 用于投资活动的土地，其所有权须由柬埔寨籍自然人、或柬埔寨籍自然人或法人直接持有51%以上股份的法人所有；(2) 允许投资人以特许、无限期长期租赁和可续期短期租赁等方式使用土地。投资人有权拥有地上不动产和私人财产，并以之作为抵押品。

3. 投资方式的规定

【外国直接投资】在柬埔寨进行投资活动比较宽松，不受国籍限制（土地法有关土地产权的规定除外）。除禁止或限制外国人介入的领域外，外国投资人可以个人、合伙、公司等商业组织形式在商业部注册并取得相关营业许可，即可自由实施投资项目。但拟享受投资优惠的项目，需向柬埔寨发展理事会申请投资注册并获得最终注册证书后方可实施。获投资许可的投资项目称为“合格投资项目”。

【合资企业】合格投资项目可以合资企业形式设立。合资企业可由柬埔寨实体、柬埔寨及外籍实体或外籍实体组成。柬埔寨王国政府机构亦可作为合资方。股东国籍或持股比例不受限制，但合资企业拥有或拟拥有柬埔寨王国土地或土地权益的除外。在此情况下，非柬埔寨籍实体的自然人或法人合计最高持股比例不得超过49%。

【合格投资项目合并】两个或以上投资人，或投资人与其他自然人或法人约定合并组成新实体，且新实体拟实施投资人合格投资项目，并享受合格投资项目最终注册证书规定投资优惠及投资保障的，新实体需向投资委员会书面申请注册为投资人，并申请将合格投资项目最终注册证书转让新实体。

【收购合格投资项目】投资人或其他自然人或法人收购合格投资项目所有权，且拟享受合格投资项目最终注册证书规定投资优惠及投资保障的，应向投资委员会提出收购申请，将合格投资项目最终注册证书转让新实体。收购人为未注册自然人或法人的，需先申请注册为投资人。

投资人股份转让造成受让方取得投资人控制权的，投资人须向投资委员会提出转让申请，并提供受让人名称和地址。

4. 特别经济区政策

2005年12月，《关于特别经济区设立和管理的148号次法令》颁布，特别经济区体制在柬埔寨开始施行。柬埔寨发展理事会下设的柬埔寨特别经济区委员会是负责特别经济区开发、管理和监督的一站式服务机构，特别经济区管委会是在特别经济区现场执行一站式服务机制的国家行政管理单位，由柬埔寨特别经济区委员会设立，并在各特别经济区常驻。至2008年年底，斯登豪、曼哈顿、柴柴、欧宁、金边和西哈努克等6个特别经济区已获政府正式批准，另有5家也已取得特别经济区委员会许可。

特别经济区次法令规定特别经济区委员会应向全部特别经济区提供优惠政策。《投资法》修正法规定，位于特别经济区的合格投资项目有权享受与其他合格投资项目相同的法定优惠政策和待遇。经济区开发商和区内投资企业可享受的优惠投资政策见表2。

表2 特别经济区享受的优惠政策

| 受益人 | 优惠政策 |
|---|---|
| 经济区开发商 | 1. 利润税免税期最长可达9年；<br>2. 经济区内基础设施建设使用的设备和建材进口免征进口税和其他赋税；<br>3. 经济区开发商可根据《土地法》取得国家土地特许，在边境地区或独立区域设立特别经济区，并将土地租赁给投资企业。 |

续表

| 受益人 | 优惠政策 |
| --- | --- |
| 区内投资企业 | 1. 与其他合格投资项目同等享受关税和税收优惠；<br>2. 出口国外市场的产品，免征增值税；进入国内市场的产品，应根据数量缴纳相应增值税。 |
| 全体 | 1. 经济区开发商、投资人或外籍雇员有权将税后投资收入和工资转账至境外银行；<br>2. 外国人非歧视性待遇、不实行国有化政策、不设定价格。 |

（资料来源：柬埔寨发展理事会）

迄今为止，柬埔寨政府以次法令形式正式批准14个经济特区，另外还有8个特区获得柬埔寨经济特区局证书。获批的经济特区主要分布在国公省、西哈努克省、柴帧省、卜迭棉芷省、茶胶省、干拉省、贡布省、磅湛省和金边市。其中，西哈努克省经济特区数量最多，包括中国江苏红豆集团与柬埔寨国际投资开发集团合资建立的西哈努克港经济特区。

西哈努克港经济特区是中国商务部首批中标的境外经贸合作区之一，也是首批获商务部财政部验收确认的6个境外合作区之一。该合作区在中柬两国政府首脑的直接关注下，以及各级政府领导的关心支持下，建设进展顺利，目前已吸引服装、摩托车等类入区企业7家。

据柬埔寨发展理事会统计，2011年，柬埔寨各类经济特区共吸引外资项目39个，吸纳就业3.2万人次，吸引投资7.15亿美元，占柬埔寨全年新批投资额的10%。在柬经济特区投资，可享受税收、设备和原材料进口、产品出口等方面的优惠政策。近年来，柬埔寨经济特区吸引外资呈增长趋势。在柬埔寨经济特区投资的外商主要来自日本、中国、中国台湾、马来西亚和新加坡，行业涉及服装、制鞋、电子、农产品加工等。

## 三、柬埔寨关于企业税收的规定

1. 税收体系和制度

柬埔寨实行全国统一的税收制度，并采取属地税制。1997年颁布的《税法》和2003年颁布的《税法修正法》为柬埔寨税收制度提供法律依据。

2013年12月，柬埔寨新一届政府严格执行各种税收制度，不仅海关人员实价征收入口税，中小型企业也须“接招”。柬埔寨财经部税务总局提醒，有义务纳税的中小型企业在达成产品或服务交易后，必须开出账单和税务发票。同时，违规的企业将被勒令暂停营业、罚款或面临法律制裁。税务总局将以税收法第78、133和136条，对付违规企业，包括勒令暂停营业，或罚款高达1千万瑞尔（约2500美元）、判处1年徒刑。

2. 主要税赋和税率

现行赋税体系包括的主要税种是：利润税、最低税、预扣税、工资税、增值税、财产转移税、土地闲置税、专利税、进口税、出口税、特种税等。柬埔寨对私人投资企业所征收的主要税种和税率分别是：利润税9%、增值税10%、营业税2%。

【利润税】利润税应税对象是居民纳税人来源于柬埔寨或国外的收入，及非居民纳税人来源于柬埔寨的收入。税额按照纳税人公司类型、业务类型、营业水平来确定使用实际税制、简化税制或预估税制计算。除0%和9%的投资优惠税率外，一般税率为20%，自然资源和油气资源类税率为30%。

【最低税】最低税是与利润税不同的独立税种，采用实际税制的纳税人应缴纳最低税，合格投资项目除外。最低税税率为年营业额的1%，包含除增值税外的全部赋税，应于年度利润清算时缴纳。利润税达到年度营业额1%以上的，纳税人仅需缴纳利润税。

【预扣税】居民纳税人以现金或实物方式支付居民的，按适用于未预扣税前支付金额的一定税率预扣，并缴纳税款。税率有15%、10%、6%和4%四种。从业居民纳税人向非居民纳税人支付利息、专利费、租金、提供管理或服务的报酬、红利等款项的，应按支付金额的14%预扣，并缴纳税款。

【工资税】工资税是对履行工作职责获得工资按月征收的赋税。柬埔寨居民源于境内及境外的工资，及非居民源于柬埔寨境内的工资应缴纳工资税，由雇主根据以下分段累进税率表预扣。

表3 柬埔寨工资税税率

| 月应税工资（瑞尔） | 税率（%） |
| --- | --- |
| 0～500000 | 0 |
| 500001～1250000 | 5 |
| 1250001～8500000 | 10 |
| 8500001～12500000 | 15 |
| 12500000以上 | 20 |

（资料来源：柬埔寨发展理事会）

【增值税】增值税按照应税供应品应税价值的10%税率征收。应税供应品包括：柬埔寨纳税人提供的商品或服务；纳税人划拨自用品；以低于成本价格赠予或提供的商品或服务；进口至柬埔寨的商品。对于出口至柬埔寨境外的货物，或在柬埔寨境外提供的服务，不征收增值税。

【其他税赋】柬埔寨其他税种及税率如下表所示：

表 4　柬埔寨其他税种及其税率

| 税种 | 税率 |
|---|---|
| 针对特定商品或服务征收的特种税 | 10% |
| 国内及国际航空机票 | 3% |
| 国内及国际电信 | 20% |
| 饮料烟草、娱乐、大型车辆、排气量125cc以上摩托 | 10% |
| 石油产品、排气量2000cc以上汽车 | 30% |
| 财产转移税不动产和某些类型车辆的所有权转让 | 转让价值的4% |
| 土地闲置税（超过1200平方米以上的部分征收） | 评估价值的2% |
| 专利税（企业年度注册时缴纳） | 300美元 |
| 房屋土地租赁税 | 租金的10% |

（资料来源：柬埔寨发展理事会）

## 四、柬埔寨对外国投资的优惠

1. 优惠政策框架

柬埔寨政府给予外资与内资基本同等的待遇，《投资法》及其《修正法》（1997年、1999年两度修订）为外国投资提供了保障和相对优惠的税收、土地租赁政策。此外，外国投资同样可享受美国、欧盟、日本等28个国家/地区给予柬埔寨的普惠制待遇。

【投资保障】柬埔寨政府对投资者提供的投资保障包括：（1）对外资与内资基本给予同等待遇，所有的投资者，不分国籍和种族，在法律面前一律平等；（2）柬埔寨政府不实行损害投资者财产的国有化政策；（3）已获批准的投资项目，柬埔寨政府不对其产品价格和服务价格进行管制；（4）不实行外汇管制，允许投资者从银行系统购买外汇转往国外，用以清算其与投资活动有关的财政债务。

【投资优惠】经柬埔寨发展理事会批准的合格投资项目可获得的投资优惠包括：（1）免征投资生产企业的生产设备、建筑材料、零配件和原材料等的进口关税；（2）企业投资后可享受3～8年的免税期（经济特区最长可达9年），免税期后按税法缴纳税率为9%的利润税；（3）利润用于再投资，免征利润税；分配红利不征税；（4）产品出口，免征出口税。

2. 行业鼓励政策

柬埔寨行业鼓励政策主要体现在农业和旅游业两个方面。

【农业】在吸引外商投资农业上，柬埔寨政府依据《投资法》对开发种植1000公顷以上的稻谷、500公顷以上的经济作物、50公顷以上的蔬菜种植项目；对畜牧业存栏在1000头以上、饲养100头以上的乳牛项目、饲养家禽10000只以上项目；占地5公顷以上的淡水养殖、占地10公顷以上的海水养殖项目均给予支持和优惠待遇。主要鼓励措施是：（1）项目在实施后，从第一次获得盈利的年份算起，可免征盈利税的时间最长为8年。如连续亏损则被准许免征税。如果投资者将其盈利用于再投资，可免征其盈利税；（2）政府只征收纯盈利税，税率为9%；（3）分配投资盈利，不管是转移到国外，还是在柬埔寨国内分配，均不征税；（4）对投资项目需进口的建筑材料、生产资料、各种物资、半成品、原材料及所需零配件，均可获得100%免征其关税及其他赋税，但该项目必须是产品的80%供出口的投资项目。

【旅游业】自柬埔寨王国政府提出优先发展旅游业的战略以来，柬埔寨旅游业的经济功能受到了充分重视，为旅游业的产业化发展奠定了良好基础。10多年来，旅游业成为柬埔寨国民经济的主要增长点和支柱产业。目前全国大多数省市都把发展旅游业作为首要工作之一，将旅游产业定位于“优先发展行业”、“支柱产业”、“特色产业”来加快发展。

## 五、与投资合作相关的主要法律法规

《投资法》制约所有柬埔寨公民和外国公民在柬埔寨境内的投资活动，对投资主管部门、投资程序、投资保障、鼓励政策、土地所有权及其使用、劳动力使用、纠纷解决等作出明确的规定。

《投资法修正法》是对《投资法》的补充和修正。在投资申请、投资项目购进与合并、合资经营、税收、土地所有权及其使用、劳动力、惩罚等方面给出相关定义，并作出明确规定。

《关于柬埔寨发展理事会组织与运作法令》规

定了柬埔寨投资主管部门——柬埔寨发展理事会的组织结构、职权任务和运作方式。

《关于特别经济区设立和管理的第148号法令》规定了建立经济特区的法律程序，经济特区的管理框架与任务、对经济特区的鼓励措施、对出口加工生产区的特别措施、劳动力管理与使用、职业培训、侵权与纠纷的解决。

《商业管理与商业注册法》对商业公司的成立、组织、运作、解散、转让和变更作出了规定，对公司的类型进行了划分。

《商业合同法》规定了所有类型合同的成立、履行、解释和执行，也进一步详细地描述了某些类型的合同，比如销售合同、租赁合同、借贷合同、个人财产抵押和担保。

（来源：南博网 .http://www.caexpo.com/news/asean/jianpuzhai/zcfx _ jpz/fghj/2013/07/05/3597394.html. 2013—07—05）

# 印度尼西亚对外国投资合作的法规和政策

## 一、对外贸易的法规和政策规定

1. 贸易主管部门

印度尼西亚主管贸易的政府部门是贸易部，其职能包括制定外贸政策，参与外贸法规的制定，划分进出口产品管理类别，进口许可证的申请管理，指定进口商和分派配额等事务。

2. 贸易法规体系

印度尼西亚与贸易有关的法律主要包括《贸易法》、《海关法》、《建立世界贸易组织法》、《产业法》等。与贸易相关的其他法律还涉及《国库法》、《禁止垄断行为》和《不正当贸易竞争法》等。

3. 贸易管理的相关规定

除少数商品受许可证、配额等限制外，大部分商品均放开经营。2007年年底，印度尼西亚贸易部宣布了进出口单一窗口制度，极大简化了管理程序。

【进口管理】印尼政府在实施进口管理时，主要采用配额和许可证两种形式。适用配额管理的主要是酒精饮料及包含酒精的直接原材料，其进口配额只发放给经批准的国内企业。适用许可证管理的产品包括工业用盐、乙烯和丙烯、爆炸物、机动车、废物废品、危险物品，获得上述产品进口许可的企业只能将其用于自己的生产。其中，氟氯化碳、溴化甲烷、危险物品、酒精饮料及包含酒精的直接原材料、工业用盐、乙烯和丙烯、爆炸物及其直接原材料、废物废品、旧衣服等9类进口产品主要适用自动许可管理；丁香、纺织品、钢铁、合成润滑油、糖类、农用手工工具等6类产品主要适用非自动许可管理。为方便进口，印尼贸易部在2009年大力推行网上办理进口许可证，目前大部分工作已经完成，办理进口许可证过程变得更加简便，原本手工办理许可证需要5～10天时间，利用网上全国一站式服务只需8小时。

印尼贸易部于2013年4月22日颁布了有关农产品进口的2013年第16号贸易部长条例，决定对39种农产品实施进口限制，比此前的57种减少了18种，减少的产品包括大蒜、蒜粉、咖喱粉和圆白菜等。此外，印尼贸易部取消了农产品进口配额限制，同时简化了进口许可证办理流程，开通网络在线办理服务。

【进口许可制度】2010年，印尼开始实施新的进口许可制度，将现有的许可证分为两种，即一般进口许可证和制造商进口许可证。一般进口许可证主要是针对为第三方进口的进口商，制造商进口许可证主要是针对进口供自己使用或者在生产过程中使用的进口商。2010年8月，印尼财政部颁布了《有关汽车在自由贸易区和自由港进口和出口规则的财政部长条例》。根据该条例规定，机动车辆属于动产，为了监督和保障国家权益，拥有上述汽车必须向相关的主管机构注册。自由贸易区和自由港是在印尼共和国司法辖区内而与海关辖区分开的特定区域，因此得以豁免征收进口税、增值税、奢侈品销售税和税费。为了对汽车在自由贸易区和自由港的进口和出口进行监督，防止滥用免税优惠，有必要制定汽车进出口的法定义务，除了向海关申报，也必须申请由海关办事处发出的出人口证明书。已获得自由贸易区营业机构发给营业执照的企业家可以从区外进口汽车。

据报道，进口的牛心和牛肝在印尼市场销售，已对饲养农造成负面影响，为此，2014年第二季度，印尼贸易部不再发出牛内脏进口许可证。

【出口限制】出口货物必须持有商业企业注册号/商业企业准字或由技术部根据有关法律签发的商业许可，以及企业注册证。出口货物分为4类：受管制的出口货物、受监视的出口货物、严禁出口的货物和免检出口货物。受管制的出口货物包括咖啡、藤、林业产品、钻石和棒状铅。受监视的出口货物包括奶牛与水牛、鳄鱼皮（蓝湿皮）、野生动植物、拿破仑幼鱼、拿破仑鱼、棕榈仁、石油与天然气、纯金/银、钢/铁废料（特指源自巴淡岛的）、不锈钢、铜、黄铜和铝废料。严禁出口的货物包括幼鱼与金龙鱼等，未加工藤以及原料来自天然森林未加工藤的半成品，圆木头，列车铁轨或木轨以及锯木，天然砂、海砂，水泥土、上层土（包括表面土），白铅矿石及其化合物、粉，含有砷、金属或其化合物以及主要含有白铅的残留物，宝石（除钻石），未加工符合质量标准的橡胶、原皮，受国家保护野生动植物，铁制品废料（源自巴淡岛的除外）和古董。除以上受管制、监视和严禁的出口货物外，其余均属免检的出口货物。

据报道，印尼宣布自 2014 年 1 月 12 日起禁止出口一切原矿，把矿石精炼限制在印尼国内，以提高矿产品出口附加值。目前，印尼是全球第 1 大镍出口国。

4. 进出口检验检疫的相关规定

【卫生与植物卫生措施】印尼所有进口食品必须注册，进口商必须向印尼药品食品管理局申请注册号，并由其进行检测。检测过程繁琐且费用昂贵，每项检测费用从 5 万印尼盾到 250 万印尼盾之间，每一件产品的检测费用在 100 万印尼盾到 1000 万印尼盾之间。此外，印尼药品食品管理局在测试过程中要求提供极其详细的产品配料和加工工艺情况说明，这可能涉及商业秘密。这些规定加重了出口商的负担。

2012 年 5 月 7 日，印尼贸易部长吉达签署颁布 2012 年第 30 号关于进一步规范蔬果进口的条例，通过进口许可证的方式限制新鲜蔬菜水果进口。此前，印尼农业部也出台从检验检疫、国家标准和指定口岸等方面限制进口蔬菜和水果的措施。

据印尼媒体报道，2013 年 4 月，印尼工业部工业标准总司总司长阿尔延托在雅加达称，为了增强印尼工业竞争力，2013 年印尼政府将把 400 种商品纳入国家标准名录，进口目录内有关商品须通过印尼国家标准检验。目前印尼政府国家标准目录中已列入 4108 种工业产品，其中机械与机器产品最多，达 834 种，其后依次为金属与钢铁产品（420 种）、化学与科技产品（407 种）、纺织品与成衣产品（402 种）和饮食品类（395 种）。

【国家标准】2009 年以来，印尼政府开始在食品、饮料、渔业等诸多行业强制推行国家标准。印尼贸易部出台新规定，要求包括进口产品在内的所有产品必须附有印尼文说明。印尼海洋渔业部规定要求 81 种渔业产品必须符合印尼国家标准，甚至将捕鱼工具、渔产加工程序及微生物学测试程序等也列入印尼国家标准。

印尼工业部等政府部门在 2011 年对电线、电子、汽车零部件、家电、五金建材、玩具等几十种产品强制推行国家标准。印尼贸易部出台新规，要求包括进口产品在内的所有产品必须附有印尼文说明。

5. 海关管理的相关规定

【管理制度】印尼关税制度的基本法律是 1973 年颁布的《海关法》。现行的进口关税税率由印尼财政部于 1988 年制定。自 1988 年起，财政部每年以部长令的方式发布一揽子“放松工业和经济管制”计划，其中包括对进口关税税率的调整。印尼进口产品的关税分为一般关税和优惠关税两种。印尼关税制度的执行机构是财政部下属的关税总局。为促进进出口贸易，改善投资环境，印尼财政部关税局于 2009 年宣布，决定在部分港口推行和提供每周 7 日、每日 24 小时的海关和港口服务。

【关税税率】根据世界贸易组织统计，印尼 2009 年简单平均约束关税继续维持在 37.1%，简单平均最惠国适用关税税率为 6.8%，其中农产品为 8.4%，非农产品为 6.6%，基本与 2008 年持平。印尼对汽车、钢铁以及部分化学产品不征收关税，并将大多数的关税约束在 40% 左右。根据印尼《2009～2012 年协定关税表》，到 2012 年年底，印尼将对绝大多数的中国进口产品实行零关税。2010 年，印尼将草药、化妆品和节能灯列为特种进口品，到目前为止，已有 41 种产品被列在该清单内。根据规定，这些产品只能通过印尼国内 5 个码头进口，即棉兰的勿佬湾、雅加达的丹绒普禄、三宝垄的丹绒额玛斯、泗水的丹绒贝拉克及锡江的苏加诺哈塔码头。其中，巴布亚的查雅布拉码头为只能进口食品和饮料的码头。同时，提高 4 种香烟关税，将 4 种香烟关税平均提高 6%，这 4 种烟草产品为机器卷丁香烟、机器卷白烟、手卷丁香烟/白烟和滤嘴手卷丁香烟/白烟。

根据《中国—东盟全面经济合作框架协议货物贸易协议》，中国和印尼逐步削减货物贸易关税水平。中国—东盟自由贸易区在 2010 年初建成后，中国和印尼 90% 以上的进出口产品实现零关税。

【贸易限制政策】2012 年以来，印尼贸易部、工业部、农业部等相继发布了一系列限制进出口贸易的政策规定值得关注。（1）出口限制。印尼政府 2012 年 5 月施行关于提炼和加工原矿石活动而提高矿产品出口值的能源矿务部长第7号条例，对65种矿产品出口加征20%出口税并实行了其他限制措施，并再次明确在2014年禁止原矿出口，鼓励外国投资者在印尼投资设立冶炼加工厂。(2)进口禁令。2012年5月，印尼政府颁布了2012年第30号关于进一步规范蔬果进口的条例，通过进口许可证的方式限制新鲜蔬菜水果进口。6月初开始对进口新鲜瓜果蔬菜采取贸易保护措施，将进口上述产品的8个航空港和海运港口缩减至4个，并对出口商增设限制。(3)技术性贸易壁垒。印尼政府对于更多种类的产品规定需符合印尼强制性国家标准的要求，2012年印尼相继发布了关于婴幼儿纺织服装及玩具的标准草案，并要求相关产品应符合SNI标准的要求，且生产商需持有SNI标志，否则不能进入印尼市场。由于印尼SNI认证流程复杂，所需资料繁多，且认证周期较长，对贸易带来不必要的障碍。

## 二、对外国投资的市场准入的规定

1. 投资主管部门

印尼主管国内投资和外国投资的政府部门分别是：投资协调委员会、财政部、能矿部。其职责分工是：印尼投资协调委员会负责促进外商投资，管理工业及服务部门的投资活动，但不包括金融服务部门；印尼财政部负责管理金融服务部门的投资活动，包括银行和保险部门；印尼能矿部负责批准能源项目，而与矿业有关的项目则由能矿部的下属机构负责。

2. 投资行业的规定

【鼓励、限制、禁止投资的领域】根据2007年第25号《投资法》，国内外投资者可自由投资任何营业部门，除非已为法令所限制与禁止。法令限制与禁止投资的部门包括生产武器、火药、爆炸工具与战争设备的部门。另外，根据该法规定，基于健康、道德、文化、环境、国家安全和其他国家利益的标准，政府可依据总统令对国内与国外投资者规定禁止行业。相关禁止行业或有条件开放行业的标准及必要条件，均由总统令确定。

2007年7月4日，印尼颁布第25号《投资法》的衍生规定，即《2007年关于有条件的封闭式和开放式投资行业的标准与条件的第76号总统决定》和《2007年关于有条件的封闭式和开放式行业名单的第77号总统决定》。根据这两个决定，25个行业被宣布为禁止投资行业，仅能由政府从事经营，禁止投资的行业包括：毒品种植交易业、受保护鱼类捕捞业、以珊瑚或珊瑚礁制造建筑材料，含酒精饮料工业、水银氯碱业、污染环境的化学工业、生化武器工业，机动车型号和定期检验、海运通讯或支持设施、舰载交通通信系统、空中导航服务、无线电与卫星轨道电波指挥系统、地磅站，公立博物馆、历史文化遗产和古迹、纪念碑以及赌博业。

印尼政府官员在雅加达表示，为了给国内企业一个更好参与竞争的机会，印度尼西亚日前出台了旨在限制外国投资本国石油工业的钻井、维修和施工的新规。作为对外国投资规则实施大整顿的一部分，印尼政府相继出台了一系列民族主义政策，印尼总统苏西洛在雅加达称这些民族主义政策是一种吸引海外投资者的方法。

此外，外国投资者可投资绝大部分营业部门。依照印尼《投资法》的规定，外国直接投资可以设立独资企业，但须参照《禁止类、限制类投资产业目录》规定，属于没有被该《目录》禁止或限制外资持股比例的行业。外国投资者也可在规定范围内与印尼的个人、公司成立合资企业，还可通过公开市场操作，购买上市公司的股票，但受到投资法律关于对外资开放行业相关规定的限制。

上述《目录》还对某些领域的外资准入限制条件进行了调整，主要变动如下：

(1) 除非法律另有规定，如果外资只是把在印尼的相同业务经营拓展到印尼境内其他地区，政府不再要求外资事先设立新的企业或申请新的许可；

(2) 通过在印尼资本市场实现的非直接投资或资产组合投资，可不受《禁止类、限制类投资产业目录》中有关规定的约束；

(3) 对在同一业务领域的兼并、收购和合并行为，存续公司受有关外资股权限制规定的约束；

(4) 合资公司因业务发展，需要增加股权投资。如印尼合作方无力增资，外方有优先增资权。如企业增资后，外方所持有的股权超过法规允许的最高比例，外方需通过以下方式，在2年内将所持有的股权降至法规允许的最高比例范围内：

①向印尼合作方出售超出上限的股份；

②通过印尼境内资本市场出售超出上限的股份；

③由合资公司回购超出上限的股份。

(5) 为促进相关行业发展，印尼政府放宽外资进入以下领域的条件：

①以特别许可证形式允许外资进入过去不对外开放的糖精工业部门；

②在建筑公共工程行业，外资股权比例最高限

制由55%提高到67%；

③开放外资进入文化旅游领域中的电影服务业（包括影片工作室、影片处理实验室、配音设备、电影洗印和复制）。外资股权比例最高不超过49%；

④外资在医院服务、专科诊所、临床试验室的股权比例限制由65%提高到67%。对外资的经营地点不再限制，允许外资在印尼境内开展经营业务；

⑤电力行业。允许外国企业通过合作方式参与开发0.1万千瓦和1万千瓦的发电项目；对1万千瓦以上的发电项目，外资股权比例不得超过95%。

（6）为保持新法令的一致性，向印尼投资者提供更多的投资机会，印尼政府对外资在以下行业领域的股权比例进行了调整：

①根据2009年第41号关于保护农业用地可持续利用的法令，主要粮食作物（玉米、大豆、花生、绿豆、大米、木薯和红薯等）种植面积超过25公顷的，外资股权比例最高不能超过49%；

②语言息通讯领域。根据2009年第38号关于邮政的法令，从事邮递业必须获得特殊许可，且外资股权比例最高不能超过49%；电讯基站建设、运营和管理等，须100%由内资控股。

此外，《禁止类、限制类投资产业目录》附件中，增加新的条款，进一步放宽对东盟其他成员国投资者在印尼投资的股权限制和地域限制。如在海运货物装卸服务领域，东盟成员国投资者被允许最高持股比例60%，而东盟以外国家投资者只被允许最高持股比例49%。

【2009年调整的外资政策】

（1）2009年年初，印尼颁布新的《矿产和煤炭法》。根据该法，外国公司不再被禁止申请和持有矿业许可权，这是印尼矿业领域利用外资政策的重大突破。但新法规定，已在印尼获得矿产经营准字和矿产经营协议的已生产的企业，需建设矿产冶炼加工厂，而按照原有工作合同生产的企业，最迟在新法实施后5年内建立上述冶炼厂。按照新法规定，企业面临采矿期被缩短，采矿面积也被缩小的局面。在企业缴纳正常的所得税和矿产税之外，新法还增加了一项税率为10%的附加税，中央和地方政府分别得到4%和6%。印尼能矿部颁布的相关实施细则规定，对优先使用本土公司提供的矿业服务、外资公司向当地政府或企业转让股权等问题作出具体规定。

（2）2009年以来，印尼的外资政策调整还包括：根据2009年通过的新电力法，印尼向私营企业开放电力投资领域。印尼政府拟修改《非鼓励投资目录》，放宽医疗、教育、物流、电信等行业的外资准入。与此同时，印尼对外资进入某些领域做出了限制，具体如下：

①限制外企在基建工程投资。印尼国家计委称，将限制外国企业在政府基础设施工程的投资，以保护国内企业市场份额。外资企业只被允许参加基础设施部门建筑价值在1000亿印尼盾以上，其他部门采购和服务价值在200亿印尼盾以上的投标。此外，外资企业只许参加合同价值在100亿印尼盾以上的服务咨询投标。

②限制外国投资者拥有农用地股权。印尼农业部表示，将限制外国投资者对与食品有关的土地如稻田的所有权，其拥有的股份比例不得超过49%。

【2010年调整的外资政策】

（1）2010年，印尼政府采购须使用国货。为更好地扶植国内工业发展，印尼政府拟修改有关条例，规定今后凡政府单位采购价值超过50亿印尼盾，必须使用本国的物资与服务。

（2）出台绿色建筑法令。印尼于2010年实施首个绿色建筑标准法令，意在发展低碳建筑来提高能源利用效率。该法令以大城市的酒店、办公楼和公寓等碳排放量较大的建筑为对象，设定符合绿色建筑标准的9项条件，包括环保材料、低碳燃料、水和废物管理以及室内空气质量等。法令要求，绿色建筑所使用的材料应来源于当地且具有绿色证书，该证书由印尼环境部指定的独立机构出具。

（3）强力推行投资审批一站式服务制度。印尼政府颁布多部门联合签发的条例，强制要求地方各级政府推行投资审批一站式综合服务，要求全部省市县在2010年实施投资审批一站式综合服务以及网上办理许可证等制度，以提高投资效率。对于能提供良好投资服务的地方政府，中央政府将予以奖励；对不实施或实施力度不强的地方政府将予以惩罚，如减少财政资金分配等。

（4）使商业银行合理增加信贷以支持实体经济发展。印尼央行颁布新规，要求商业银行将存贷款比例（即发放贷款占存款的比率）控制在78%至100%之间，而存贷款比例低于78%或高于100%的商业银行将增缴额外的存款准备金。此外，印尼央行还要求商业银行公布贷款的基础利率。长期以来，印尼商业银行惜贷现象较为普遍，贷款利率居高不下，印尼央行此举意在鼓励商业银行增加放贷，并防范过度放贷的风险。

（5）印尼政府在2010年取消了大宗商品出口信用证限制，允许外国游客在印尼购物可获10%的退税，并与巴新、中国香港签订避免双重征税协定。

【2011 年调整的外资政策】

（1）2011 年印尼政府表示将进一步加大政策扶持力度，通过资金奖励和提供辅助设备，吸引投资者发展经济特区基础设施建设。目前各经济特区的基础设施还不能达到投资者要求，交通运输、能源、电力、劳工、原料、市场、投资等方面的手续办理程序和规定尚未完备，这使得吸引投资者的进程十分缓慢。从 2005 年到 2010 年 14 个经济特区只吸收到 27.5 兆印尼盾的投资额，占全国投资总额的 3.14%。目前只有东加里曼丹（11 兆盾）、南加里曼丹（3 兆盾）北苏拉威西（3 兆盾）3 个经济特区吸收了较大的投资额。根据 147 号政府条例，对上述 14 个经济特区投资可享受 5 年内减免所得税 30%的优惠。

（2）出台税收的鼓励措施，主要有：

①外企自用机械设备、零配件及辅助设备等资本物资免征进口关税和费用；

②外企 2 年自用生产原材料免征进口关税和费用；

③生产出口产品的原材料可退还进口关税；

④位于印尼东部的外企，65%产品出口，雇用外籍人员不受限制；

⑤外企用于研究开发、奖学金、教育和培训以及废物处理的开支可列入成本并从毛收入中提扣；

⑥对政府鼓励的重点领域，可提供 8～10 年亏损结转或提高设备及建筑物折旧率；

⑦在印尼东部地区投资，土地和建筑物税在 8 年内减半征收；

⑧在开创性行业的投资，企业所得税可由政府承担 10～12 年；

⑨政府对保税区和设在全国 15 个地区的综合开发区的外国投资还给予一些优惠待遇。

（3）印尼政府暂停颁发矿业经营许可证。2011 年不再颁发或延长矿业经营许可证，政府先对有问题的 8000 个矿业经营许可证进行审计。截至 2010 年 8 月份，印尼拥有采矿权的企业已突破 1 万家，而在 2000 年之前，只有 597 家企业拥有采矿权。

（4）印尼国会通过新《园艺业法》。新《园艺业法》规定外国投资最多只能占到 30%，并且必须把资金存放在印尼国内的银行。该限制是针对新投资者，对于新法颁布前的老投资者，则给以 4 年的时间来出让股份。该限制措施是为了防止大型园艺企业被外资所控制，因为目前多数大型的园艺企业如种子公司为外资所控制。新园艺法有 4 个重要组成方面，即地域规定、制种规定、贸易规定和行销规定。地域规定将由各地方长官来决定。在制种方面，政府将放开让小型制种公司来销售其产品，不需要证书。

【2012 年调整的外资政策】

（1）自 2011 年 12 月 1 日起，在印尼的投资者可以申请免税优惠，相关的执行准则已经出台。刚刚签署的执行准则中规定，凡有意申请免税优惠的投资者，必须把总投资额 10%资金存放在印尼国民银行。投资者可以向印尼工业部或投资协调署提出免税优惠申请。

（2）2012 年 9 月，印尼出台了新的投资批准制度，以提高投资便利化水平和进一步改善投资服务。印尼投资协调署将出台包括网上交易服务在内的一系列新型投资服务，方便投资者查询申请投资许可的步骤和进度，并加强对投资资金的统计和监管。

【2013 年调整的外资政策】

（1）印尼政府将于 2013 年推出供工程用途的外国贷款限额。在 2013～2015 年间的最高贷款限额介于 60～61 亿美元之间。通过该措施，将促进印尼政府对外国贷款加大选择性，提高外国贷款质量，同时确保降低外债比例，实现外债占国家 GDP22%的目标，保证国家财政状况良好。此外，该措施也将成为印尼国家计划部制定使用外国贷款或外国赠款计划的参照。印尼国家计划部强调，外国贷款必须用于从事生产性的工程。

（2）为更好吸引投资，印尼政府将对各地方政府办理外资企业营业执照特别是办理投资许可证程序进行全面评估和改进，并将发布法令，要求从 2014 年起，营业执照办理时间从现在的 17 天缩短为 10 天。

（3）印尼央行颁布新规，要求印尼国内银行贷款总额的 20%以上必须作为中小微型企业的贷款。

（4）2013 年初，印尼政府进一步修改投资负面清单，或放宽酒类饮料投资禁令，减少外商投资限制，以吸引更多外商投资。

3. 投资方式的规定

【合资企业】根据 2007 年第 25 号《投资法》及相关规定，在规定范围内，外国投资者可与印尼的个人、公司成立合资企业。

【独资企业】依照印尼《投资法》的规定，外国直接投资可以设立独资企业，但须参照《非鼓励投资目录》规定，属于没有被该《目录》禁止或限制外资持股比例的行业。

【外资并购】外国投资者可以通过公开市场操作，购买上市公司的股票，但受到投资法律关于对外资开放行业相关规定的限制。印尼市场中多数律师事务所和咨询公司提供此项服务。

【有关案例】中国工商银行并购印尼 Halim 银行。自 2005 年 4 月开起，工商银行就与印尼当地银行接触，探讨并购合作的可能性，但当时市场上几桩外资银行收购印尼本地银行的案例溢价都比较高，如何确定一个让双方都能接受的并购价格是一个严峻的挑战。工商银行根据既定的收购策略，着眼于未来的长远发展，牢牢把握谈判的主动，最终以合理的价格和适当的投资支付方式获取了在金融资源和市场机会丰富的印尼市场的全牌照经营资格。工商银行与 Halim 银行股东于 2006 年 12 月 30 日顺利签署了股权买卖协议，斥资约 2200 万美元成功收购 Halim 银行 90%的股份，成为中资银行成功收购境外银行的范例。经过 5 年多的发展，印尼工银已成为印尼市场中资产规模最大的中资金融机构。2010～2012 年，印尼工银连续 3 年荣誉入选印尼《投资家》评出的印尼境最佳内 50 家银行；2010 年 7 月，工银印尼荣获印尼银行业协会颁发的 2010 年度印尼银行业最佳表现奖；2012 年 1 月，工银印尼荣获印尼知名杂志《SHENGYI》颁发的“2011 年最佳中国品牌”奖；2012 年 4 月，工银印尼荣获《商业评论》杂志评选的“2012 年印尼企业风险管理奖”。截至 2012 年 9 月底，工银印尼资产规模已突破 24 亿美元。

## 三、印度尼西亚关于企业税收的规定

1. 税收体系和制度

印尼实行中央和地方两级课税制度，税收立法权和征收权主要集中在中央。现行的主要税种有：公司所得税、个人所得税、增值税、奢侈品销售税、土地和建筑物税、离境税、印花税、娱乐税、电台与电视税、道路税、机动车税、自行车税、广告税、外国人税和发展税等。

2. 主要税赋和税率

【所得税】2008 年 7 月 17 日印尼国会通过了新《所得税法》，个人所得税最高税率从 35%降为 30%，分为 4 档：①5000 万印尼盾以下，税率 5%；②5000 万至 2.5 亿印尼盾，税率 15%；③2.5 至 5 亿印尼盾，税率 25%；④5 亿印尼盾以上者，税率 30%。

企业所得税率：2009 年为过渡期税率 28%，2010 年后降为 25%。印尼对中、小、微型企业还有鼓励措施，减免 50%的所得税。为减轻中小企业税务负担，2013 年印尼税务总署向现有的大约 100 万家印尼中小企业推行 1%税率，即按销售额的 1%征税。

【增值税】一般情况下，对进口、生产和服务等征收 10%的增值税。

【印花税】是对一些合同及其他文件的签署征收 3000 印尼盾或 6000 印尼盾的象征性税收。

## 四、印度尼西亚对外国投资的优惠

1. 优惠政策框架

【旅游业优惠】东盟旅游部长会议（东盟旅游论坛）于 1999 年 1 月在新加坡举行，各国一致同意对外资投资旅游业提供以下优惠：兴建观光旅馆、休闲中心、高尔夫球场可免税，外资可持有 100%股权；旅游设施进口手续简化并免征关税。

印尼考虑将旅游土地使用年限延长为 70 年（目前为 30 年），使旅游业成为吸引外资的“火车头”。印尼投资部考虑像泰国一样成立投资单一窗口，帮助外商办理各项繁杂事务；投资部还将授权印尼驻外使领馆办理外商投资申请前的协调、咨询事务，以使外商能在入境 10 天内完成所有行政手续。

【制造业优惠】1998 年 12 月，东盟各国首脑峰会在越南河内召开，这次会议发表了包括《河内宣言》、《河内行动计划》、《东南亚自由贸易区》及《共同优惠税率计划》在内的《大胆措施方案》。在该方案中，印尼对外商的优惠措施有：所有制造业均允许外资拥有 100%股权（包括经审核的批发零售业）。外商可拥有已登记注册的新银行的 100%股权。1 亿美元以下的投资案，审核时间将在 10 天内完成。

【税收优惠】（1）1999 年 1 月，印尼政府第 7 号总统令，公布了恢复鼓励投资的“免税期”政策。对纺织、化工、钢铁、机床、汽车零件等 22 个行业的新设企业给予 3 到 5 年的所得税免征。如投资项目雇用工人超过 2000 人，或有合作社 20%以上的股份，或投资额不少于 2 亿美元，则增加 1 年优惠。对于已超过 30%的规模进行扩大再生产的项目，减免其资本货物以及 2 年生产所需材料的进口关税。对于某些行业或一些被视为国家优先出口项目和有利于边远地区开发的项目，政府将提供一些税收优惠。上述行业及项目将由总统令具体决定。对出口加工企业减免其进口原料的关税和增值税及奢侈品销售税。对位于保税区的工业企业，政府还有其他的鼓励措施。

(2) 根据印尼《有关所规定的企业或所规定的地区之投资方面所得税优惠的第1号政府条例》，印尼政府对有限公司和合作社形式的新投资或扩充投资提供所得税优惠。提供的所得税优惠包括：

①企业所得税税率为30%（根据新《所得税法》，2010年以后为25%），可在6年之内付清，即每年支付5%；

②加速偿还和折旧；

③在分红利时，外资企业所缴纳的所得税税率是10%，或者根据现行的有关避免双重征税协议，采用较低的税率缴税；

④给予5年以上的亏损补偿期，但最多不超过10年。

上述所得税优惠，由财政部长颁发，并且每年给予评估。

据报道，随着印尼政府在税收宽免规则修订中，把企业获得损失赔偿的条件放宽计划的落实，工商业者获得税收减免奖励将更便利。印尼财政部财政政策处执行主任安丁指出，不把利润汇回海外而进行再投资的外资企业，可以获得5年以上的损失赔偿。

赔偿损失是税收宽免规则的奖励形式之一。在企业获得盈利后，5年中的损失将成为减免所得税的数额。其他的奖励形式是从投资额中减去30%净收入，每年减5%，在6年内全部付清。

2. 行业鼓励政策

【行业优惠】自2007年1月1日起，印尼政府对6种战略物资豁免增值税，即原装或拆散属机器和工厂工具的资本物资（不包括零部件），禽畜鱼饲料或制造饲料的原材料，农产品，农业、林业、畜牧业和渔业的苗或种子，通过水管疏导的饮用水，以及电力（供家庭用户6600瓦以上者例外）。

2007年2月，为吸引外商进入印尼，与当地企业合作从事鱼类加工业，印尼政府准备采取多项税收措施，具体包括免除国内加工鱼产品的出口税，减轻渔业加工机械进口税，减免收入税及增值税，在综合经济开发区和东部地区投资的企业还可获得土地建设税减免优惠。2009年，印尼政府进一步明确对工业发展用机器、货物和原料免征进口税。2010年，对部分行业的投资给予财政奖励或税收优惠。印尼政府将对至少10个营业部门提供财政奖励以支持其发展，即食品饮料业、纺织业、电子行业、交通运输业、通讯信息产业、基础金属与机器工业、石化工业、农畜产品加工业、林业和海洋产品加工业、创意产业。此外，印尼政府还拟对环保型企业、大型投资项目、在落后地区投资的基建项目，以及具有较多附加值、提供广泛就业机会和运用先进科技的工业部门提供税收减免等优惠。自2011年以来，印尼推出财政奖励政策，大力支持资本和劳动力密集型产业的发展。针对包括原金属、炼油、天然气、有机基础化学、可再生能源和电信设备等5个工业部门，投资规模在1万亿印尼盾以上的，免除其开始商业运行后5～10年的税款，对已投资印尼但经营尚不足1年的企业也可以享受到此项优惠税收政策。同时对符合印尼产业导向和优先发展领域的120个产业和地区提供相应的税收优惠。

【投资便利】印尼中央与地方政府实行投资审批一站式服务。实行一站式服务之后，每个部门都派代表到投资统筹机构办事处，以便加快办理审批手续。依据《投资法》第30条第7款，需要中央政府审批的投资领域包括对环保有高破坏风险的天然资源投资，跨省级地区的投资，与国防战略和国家安全有关的投资。

3. 地区鼓励政策

印尼为了平衡地区发展，按照总体规划部署和各地区自然禀赋、经济水平、人口状况等特点，将重点发展“6大经济走廊”，即爪哇走廊—工业与服务业中心、苏门答腊走廊—能源储备、自然资源生产与处理中心、加里曼丹走廊—矿业和能源储备生产与加工中心、苏拉威西走廊—农业、种植业、渔业、油气与矿业生产与加工中心、巴厘－努沙登加拉走廊—旅游和食品加工中心、巴布亚－马鲁古群岛走廊—自然资源开发中心。

印尼政府将按照规划出台政策和措施，对在上述地区发挥比较优势的产业提供税务补贴等优惠政策，优先鼓励发展当地规划产业。除爪哇岛等地区外，未来几年印尼的发展重点，将是包括巴布亚和马鲁古等在内的东部地区，将进一步出台向投资当地的企业提供税务补贴等优惠政策。

4. 特殊经济区域的规定

目前印尼正在计划建设特殊经济区域。2009年，印尼通过了经济特区新法律。根据该法，印尼将在2010～2014年间建立5个经济特区。在特别经济区开展业务的公司，可以享受税收（包括增值税、销售税及进口税等）、土地使用等方面的优惠政策。政府将简化投资人申请设立公司或申办其他事项的手续。

对于经济特区，印尼期望能引进更多的先行性企业，行业涵盖物流、工业、技术、旅游、能源、出口加工等。投资企业可享受5至10年的免税期。经济特区都将提供开放和灵活的特殊政策，拥有进入国际市场的能力（近海港或空港），位于第1资源地区，欢迎个人和私人资本采用多样化的合作模式进行投资。

### 五、与投资合作相关的主要法律法规

主要法律有：《投资法》、《公司法》、《所得税法》、《劳动法》、《知识产权法》、《破产法》、《贸易法》、《海关法》等。

综合印尼《雅加达邮报》等媒体2013年12月26日报道，印尼官方投资统筹机构主任西雷加尔向媒体公布了最新投资负面清单修订情况。

第1类为对外资更加开放领域，陆路交通客站和车辆常规检验部门的外资可持股比例从零放宽至49%，为此次放宽幅度最大的2个行业；其他两个行业为制药业和金融风险投资业，外资可持股比例分别从原来的75%和80%调整至85%。广告业外资可持股比例亦从零放宽至49%，但仅限东盟国家。

第2类为新设定的外资可持股领域，固定通讯、多媒体综合网络电信、多媒体服务供应商的外资可持股比例分别为65%、65%和49%。

第3类为公私合营的基础设施项目领域，其中机场、港口和陆路交通客站（含铁路）的经营管理外资可持股权分别为49%、95%和49%，供水95%，收费公路95%，10兆瓦以下发电厂49%，10兆瓦以上的100%，输电和配电分别为100%。

此外，此次修订负面清单还收紧了几个外资可持股比例领域，如货物分销业和仓储业从100%缩减至33%。农业领域外资可持股比例因须与2010年颁布的园艺法规定相配套，从95%缩减至30%。

印尼经济统筹部长哈达表示，政府采取上述措施主要是应对全球经济放缓及投资增长动力不足，维持经济增长。修订后的投资负面清单需呈报总统批准，择日生效。印尼修订投资负面清单自2010年以来着手进行，因照应本国民族保护主义情绪而几经搁置。反对者呼吁政府保护本国战略性产业，防止外资涌入并掌控。

2014年2月11日，印尼国会通过了印尼第一部综合性的《贸易法》，旨在通过限制进出口，从而保护本国产业及市场，以增强印尼国产商品的国际竞争力。《贸易法》通过后，引起印尼国内外、各领域争论，印尼政府认为该法通过保护国内市场提高印尼国产商品的竞争力，对印尼各界都有好处。但当地有关专家也表示担忧，认为印尼政府获得了更多的授权，可以干预几乎所有的贸易领域，影响市场正常运转。同时，《贸易法》具体实施细则和是否违反世界贸易组织有关规定等问题也成为各方关注的焦点。

（来源：南博网．http://www.caexpo.com/news/asean/yinni/zcfx _ yinni/fghj/2013/07/05/3597387.html. 2013—07—05）

## 老挝对外国投资合作的法规和政策

### 一、对外贸易的法规和政策规定

1. 贸易主管部门

老挝贸易主管部门为老挝工业与贸易部，下设省市工业与贸易厅、县工业与贸易办公室。主要职责是制定、实施有关法律法规，发展与各国、各地区及世界经济贸易的联系与合作，管理进出口、边贸及过境贸易，管理市场、商品及价格，对商会或经济咨询机构进行指导以及企业与产品原产地证明管理等。

2. 贸易管理法律体系

老挝与贸易相关的主要法律有《投资促进管理法》、《关税法》、《企业法》、《进出口管理令》、《进口关税统一与税率制度商品目录条例》等。

3. 贸易管理的相关规定

老挝所有经济实体享有经营对外经济贸易的同等权利，除少数商品受禁止和许可证限制外，其余商品均可进出口。

【禁止进口商品】枪支、弹药、战争用武器及车辆；鸦片、大麻；危险性杀虫剂；不良性游戏；淫秽刊物等5类商品禁止进口。

【禁止出口商品】枪支、弹药、战争用武器及车辆；鸦片、大麻；法律禁止出口的动物及其制品；原木、锯材、自然林出产的沉香木；自然采摘的石斛花和龙血树；藤条；硝石；古董、佛像、古代圣物等9类商品禁止出口。

【进口许可证管理商品】活动物、鱼、水生物；食用肉及其制品；奶制品；稻谷、大米；食用粮食、蔬菜及其制品；饮料、酒、醋；养殖饲料；水泥及其制品；燃油；天然气；损害臭氧层化学物品及其制品；生物化学制品；药品及医疗器械；化

肥；部分化妆品；杀虫剂、毒鼠药、细菌；锯材；原木及树苗；书籍、课本；未加工宝石；银块、金条；钢材；车辆及其配件（自行车及手扶犁田机除外）；游戏机；爆炸物等25类商品进口需许可证。

据《仰光时报》，商业部商业与消费局副处长吴纽昂表示，为了控制缅甸各地区出现的酒类非法走私现象，商业部将采取措施批准酒类、啤酒、香烟等商品合法进口。据报道，目前仅准许酒店根据业务需要，可从国外进口酒类与啤酒，但须预先向商业部提出申请。

【出口许可证管理商品】活动物（含鱼及水生物）；稻谷、大米；虫胶、树脂、林产品；矿产品；木及其制品；未加工宝石；金条、银块等7类商品出口需许可证。

4. 进出口商品检验检疫

老挝对各类动植物产品的进口有检疫要求，要求对进口产品的特征及进口商的相关信息进行检查。

【动物检疫】根据老挝动物检疫规定，活动物、鲜冻肉及肉罐头等进口商须向农林部动物检疫司申请动物检疫许可证。商品入境时由驻口岸的动物检疫员查验，并出示产品原产国有关机构签发的动物检疫证和老挝农林部签发的检疫许可证。

【植物检疫】老挝农林部负责植物检疫工作。进口植物及其产品须在老挝的边境口岸接受驻口岸检查员检查，并出示产品原产国有关机构签发的植物检疫证。

5. 海关管理的相关规定

【管理制度】老挝政府于1994年12月颁布实施《统一制度和进口关税商品目录条令》，2005年5月颁布实施《关税法》及2001年10月颁布实施《商品进出口管理法令》等法律法规，对海关管理作了系列规定。其中《关税法》对进出口商品限制、禁止种类、报关、纳税、仓储、提货、出关、关税文件管理及报关复核等作了相关规定。

【关税税率】老挝关税分自主关税、协定关税、优惠关税、减让关税和零关税等5种不同的税率。详情可参看《统一制度和进口关税商品目录条令》及有关关税调整通知等文件。缅甸《金凤凰》周刊消息，缅甸海关宣布，将进口手机的关税税率由10%降低到5%。

【报关流程】货物进入仓库→过磅→做仓库临时报关单→打货物临时报关单→报海关审核→报海关领导签字→打税单上税→海关检验货物→付仓库费→海关作记录、进关。

【报关所需材料】老挝投资部批文、企业投资许可证、企业申请报告、企业营业执照（复印件）、企业税务登记（复印件）和货物老挝文清单（含数量、价格、重量、规格等）。

## 二、对外国投资的市场准入的规定

1. 投资主管部门

工贸部、计划投资部、政府办公厅分别对老挝投资的一般投资、特许经营投资和经济特区投资负责。

2. 投资行业的规定

除危及国家稳定，严重影响环境、人民身体健康和民族文化的行业和领域外，老挝政府鼓励外国公司及个人对各行业、各领域投资。

3. 投资方式的规定

外国投资者可以按照“协议联合经营”、与老挝投资者成立“混合企业”和“外国独资企业”等3种方式到老挝投资。“协议联合经营”是指老挝投资法人与外方在不成立新法人的基础上联合经营。“混合企业”是指由外国投资者和老挝投资者依照老挝法律成立、注册并共同经营、共同拥有所有权的企业。外国投资者所持股份不得低于注册资金的30%。“外国独资企业”是指由外国投资者独立在老挝成立的企业，形式可以是新法人或者分公司。

目前，矿产、水电行业为外资在老挝主要投资领域，资金来源地主要为周边国家。越南、泰国和中国为老挝前3大投资国。

4. 特殊经济区域的规定

2011年年底，老挝政府颁布《2011年至2020年在老挝开发经济特区和专业经济区战略规划》，规划到2015年建立14个经济特区和专业经济区。即：万象市的东坡喜专区、会山专区、塔銮湖专区、赛萨坛专区；占巴色省的西潘敦专区、巴松菠萝芬高原专区、万道专区；甘蒙省的甘蒙黄金城专区；沙耶武里省的南横口岸专区；波里坎赛省的万坎开发区；华潘省的浓康专区；沙湾拿吉省的老堡边境贸易区；川圹省的石缸平原专区和波乔省的湄公河大桥桥头专区等。目前，老挝政府批准7个经济特区和专业经济区，其中万象市的挪通贸易工业园区和甘蒙省的普乔经济专区2个经济特区已开发建设，中国企业投资的塔銮湖专业经济区也已开工建设。

## 三、老挝关于企业税收的规定

1. 税收体系和制度

目前老挝实行全国统一的税收制度，外国企业和个人与老挝本国的企业和个人一样同等纳税。老挝共有6个税种，其中间接税含营业税和消费税2种，直接税含利润税、最低税、所得税、手续和服务费等4种。经老挝国会通过，2009年1月1日起实行增值税税制改革。

2. 主要税赋和税率

【营业税】指个人、法人或者机构在老挝境内进行商品买卖和服务时必须按比例缴纳营业税（部分免税商品除外），缴纳比例一般为5%和10%，但出口商品免交营业税。

【消费税】老挝政府规定：燃油、酒（含酒精）类、软饮料、香烟、化妆品、烟花和扑克牌、车辆、机动船只、电器、游戏机（台）、娱乐场所服务、电信服务、彩票和博彩业服务等15类商品和服务项目必须缴纳消费税，具体税率为10%～110%。

【所得税】老挝政府规定：薪金、劳务费、动产和不动产所得、知识产权、专利、商标所得等必须缴纳所得税，具体税率以30万基普为起征点，30万～150万基普为5%、150万～400万基普为10%、400万～800万基普为15%、800万～1500万基普为20%、1500万基普以上为25%。外国公民按总收入的10%计征。

【利润税】按可收税利润（6千万基普以上）的35%计征。

【红利税】公司股东年终分红时须缴纳红利税，税率10%。

【最低税】生产单位每年须缴纳最低税，即年度收入的0.25%计征。

【增值税】消费者在购买产品同时需额外支付产品进项价格10%的增值税。

## 四、老挝对外国投资的优惠

1. 优惠政策框架

老挝对外国投资给予税收、制度、措施、提供信息服务及便利方面的优惠政策。

2. 行业鼓励政策

老挝鼓励外国投资的行业有：(1) 出口商品生产；(2) 农林、农林加工和手工业；(3) 加工、使用先进工艺和技术、研究科学和发展、生态环境和生物保护；(4) 人力资源开发、劳动者素质提高、医疗保健；(5) 基础设施建设；(6) 重要工业用原料及设备生产；(7) 旅游及过境服务。

税收优惠政策方面：(1) 进口用于在老挝国内销售的原材料、半成品和成品可享受减征或免征进口关税、消费税和营业税。即：进口经有关部门证明并批准的原材料可免征进口关税和营业税；进口老挝国内有但数量不足的半成品5年内可按最高正常税率减半征收进口关税和营业税；进口经有关部门证明并批准的老挝国内有但数量不足或质量不达标的配件可按照东盟统一关税目录中的税率征收配件关税及消费税；(2) 进口的原材料、半成品和成品在加工后销往国外的，可享受免征进口和出口的关税、消费税和营业税；(3) 经老挝计划投资部批准进口的设备、机器配件可免征进口关税、消费税和营业税；(4) 经老挝计划投资部或相关部门批准进口的老挝国内没有或有但不达标的固定资产可免征第一次进口关税、消费税和营业税；(5) 经老挝计划投资部或相关部门批准进口的车辆（如载重车、推土机、货车、35座以上客车及某些专业车辆等）可免征进口关税、消费税和营业税。

3. 地区鼓励政策

老挝政府根据不同地区的实际情况给予投资优惠政策：(1) 一类地区，指没有经济基础设施的山区、高原和平原。免征7年利润税，7年后按10%征收利润税。(2) 二类地区，指有部分经济基础设施的山区、高原和平原。免征5年利润税，之后3年按7.5%征收利润税，再之后按15%征收利润税。(3) 三类地区，指有经济基础设施的山区、高原和平原。免征2年利润税，之后2年按10%征收利润税，再之后按20%征收利润税，免征利润税时间按企业开始投资经营之日起算，如果是林木种植项目，从企业获得利润之日起算。

此外，企业还可以获得以下4项优惠：(1) 在免征或减征利润税期间，企业还可以获得免征最低税的优惠；(2) 利润用于拓展获批业务者，将获得免征年度利润税；(3) 对直接用于生产车辆配件、设备，老挝国内没有或不足的原材料，用于加工出口的半成品等进口可免征进口关税和赋税；(4) 出口产品免征关税。

## 五、与投资合作相关的主要法律法规

2010年3月，老挝国家主席签署第75号主席令，正式颁布实施老挝新版《投资促进法》。新版《投资促进法》由原来的《国内投资促进管理法》和《外国投资股促进管理法》合并而成，并对其中8处作了修订和完善，如：投资方式、投资类型、审批程序、一站式投资服务、投资指导目录、优惠政策、专门经济区开发投资以及中央与地方管理职能划分等内容。

《民法》规定了老挝的自然人之间、法人之间以及自然人与法人之间的财产关系，为私有财产提供保护。

《企业法》规定了企业成立、组织、运作、解散、转让和变更，划分企业类型，规范企业章程。

《矿产法》（1997 年 5 月实施，后进行修订）对矿产资源的所有权、保护和开发、环境保护、矿山经营者权益和当地居民权益和保护等做出的规定。

据老挝《万象时报》报道，为缓解国内通货膨胀压力，老挝政府将取消部分短缺物资和设备的进口关税。老挝政府发布的 1 份政府报告中提出，老挝将把部分国内无法提供的生产原料和机械设备的进口关税从 10%降至 0%，以提高其国内的商品生产能力。

2013 年上半年，老挝出口额为 8.8 亿美元，进口额则高达 11.6 亿美元，进口额中占据主要地位的是加工食品。高额贸易逆差导致老挝国内通货膨胀率不断攀升，据统计，在食物价格大幅上涨的带动下，2013 年 7 月份通胀率突破 7.4%。

老挝财政部负责人表示，政府期望通过取消部分短缺原材料及机械设备的进口关税来推动国内商品生产，并促进对老挝商品特别是食品生产领域的投资，提升本土商品生产和加工能力，满足国内市场供应及出口需求，以降低贸易逆差并缓解通货膨胀压力。

老挝政府同时表示，已指定有关机构进行研究，以确保在遵守世贸组织和东盟自由贸易区各项规定的基础下实施这一举措。

（来源：南博网 .http://www.caexpo.com/news/asean/laowo/zcfx _ lw/fghj _ lw/2013/07/05/3597393.html. 2013—07—05）

## 马来西亚对外国投资合作的法规和政策

### 一、马来西亚对外贸易的法规和政策规定

1. 贸易主管部门

马来西亚主管对外贸易的政府部门是国际贸易和工业部，主要职责是：负责制定投资、工业发展及外贸等有关政策；拟定工业发展战略；促进多双边贸易合作；规划和协调中小企业发展；促进和提升私人企业界和土著的管理和经营能力。

2. 贸易法规体系

马来西亚主要对外贸易法律有《海关法》、《海关进口管制条例》、《海关出口管制条例》、《海关估价规定》、《植物检疫法》、《保护植物新品种法》、《反补贴和反倾销法》、《反补贴和反倾销实施条例》、《2006 年保障措施法》、《外汇管理法令》等。

3. 贸易管理的相关规定

马来西亚实行自由开放的对外贸易政策，部分商品的进出口会受到许可证或其他方面的限制。

【进口管理】1998 年马来西亚海关禁止进口令规定了 4 类不同级别的限制进口。第 1 类是 14 种禁止进口品，包括含有冰片、附子成分的中成药，45 种植物药以及 13 种动物及矿物质药。第 2 类是需要许可证的进口产品，主要涉及卫生、检验检疫、安全、环境保护等领域。包括禽类和牛肉（还必须符合清真认证）、蛋、大米、糖、水泥熟料、烟花、录音录像带、爆炸物、木材、安全头盔、钻石、碾米机、彩色复印机、一些电信设备、武器、军火以及糖精。目前大约有 27%的税目产品需要进口许可证。第 3 类是临时进口限制品，包括牛奶、咖啡、谷类粉、部分电线电缆以及部分钢铁产品。第 4 类是符合一定特别条件后方可进口的产品，包括动物、动物产品、植物及植物产品、香烟、土壤、动物肥料、防弹背心、电子设备、安全带及仿制武器。

为了保护敏感产业或战略产业，马来西亚对部分商品实施非自动进口许可管理，主要涉及建筑设备、农业、矿业和机动车辆部门。如所有重型建筑设备进口须经国际贸易和工业部批准，且只有在马来西亚当地企业无法生产的情况下方可进口。

马来西亚海关负责发放进口许可证，国际贸易及工业部及其他部门负责进口许可证的日常管理工作。

2013 年 12 月 19 日马来西亚官方发布公报称，马来西亚从 2014 年 1 月 1 日起对海关编码 7227 栏目下所有进口合金线材要求取得许可证。

【出口管理】马来西亚规定，除以色列外，大部分商品可以自由出口至任何国家。但是，部分商品需获得政府部门的出口许可，其中包括：短缺物品、敏感或战略性或危险性产品，以及受国家公约控制或禁止进出口的野生保护物种。此外，马来西亚《1988 年海关令（禁止出口）》规定了对 3 类商品的出口管理措施：第 1 类为绝对禁止出口，包括禁止出口海龟蛋和藤条；禁止向海地出口石油、石油产品和武器及相关产品。第 2 类为需要出口许可证方可出口；第 3 类为需要视情况出口。大多数第 2 和第 3 类商品为初级产品，如牲畜及其产品、谷

类、矿物/有害废弃物；第3类还包括武器、军火及古董等。

国际贸易与工业部及国内贸易与消费者事务部负责大部分商品出口许可证的管理。

4. 进出口商品检验检疫

马来西亚要求所有肉类、加工肉制品、禽肉、蛋和蛋制品必须来自经马来西亚农业部兽医服务局检验和批准的工厂，所有进口产品必须获得兽医服务局颁发的进口许可证。

所有肉类、加工肉制品、禽肉、蛋和蛋制品必须通过回教中心的清真认证，牛、羊、家禽的屠宰场以及肉蛋加工设备必须获得马来西亚穆斯林发展部的检验和批准。

5. 海关管理规章制度

【管理制度】马来西亚关税有两种归类系统：一种用于东盟内部贸易，税则号为6位数字；另一种用于与其他国家贸易。国际贸易及工业部下属关税特别顾问委员会负责对关税进行评审，每年在政府预算中公布。

【关税水平】马来西亚关税99.3%是从价税，0.7%是从量税、混合税和选择关税。世界贸易组织《2012世界研究》公布数据显示，2010年，马来西亚最惠国关税简单平均关税税率约6.5%，农产品最惠国平均简单关税10.8%，非农产品该税率为5.8%。

## 二、对外国投资的市场准入的规定

1. 投资主管部门

马来西亚主管工业领域投资的政府部门是贸工部下属的马来西亚投资发展局，主要职责是：制定工业发展规划；促进制造业和服务业领域的国内外投资；审批工业执照、外籍员工职位以及企业税务优惠；协助企业落实和执行投资项目。

马来西亚其他行业投资由马来西亚首相府经济计划署及有关政府部门负责，EPU负责审批涉及外资与土著持股比例变化的投资申请，而政府部门则负责其业务有关事宜的审批。

2. 投资行业的规定

【限制的行业】外商投资下述行业会在股权方面受到严格限制：金融、保险、法律服务、电信、直销及分销等。一般外资持股比例不能超过30%或50%。

【新开放领域】2009年4月，马来西亚政府为了进一步吸引外资，刺激本国经济发展，开放了8个服务业领域的27个分支行业，允许外商独资，不设股权限制，包括：

（1）计算机相关服务领域：电脑硬件咨询服务；软件应用服务（包括软件系统咨询服务、系统分析服务、系统设计服务、电脑程序服务、系统维护服务）；资料处理服务（包括资料输入服务、资料处理与制表服务、共享服务等）；数据库服务；电脑维修服务；其他（包括资料准备、训练、资料修复、内容开发等服务）；

（2）保健与社会服务领域：兽医服务；老人院及残疾中心提供的服务；孤儿院服务；育儿服务（包括残疾儿童中心提供的服务）；为残疾人士提供的职业培训服务；

（3）旅游服务领域：主题公园；会展中心（超过5000个座位）；旅行社（仅限国内旅游部分）；酒店与餐馆（仅限四星级及五星级酒店）；食品服务（仅限四星级及五星级酒店）；饮品（仅限四星级及五星级酒店）；

（4）运输服务领域：C级交通运输（私营运输执照——仅限自用货物运输）；

（5）体育及休闲服务领域：体育服务（体育赛事承办与促销）；

（6）商业服务领域：区域分销中心；国际采购中心；科学检验与分析服务（包括成分与纯度化验分析服务、固体物检验分析服务、机械与电子系统检验分析服务、科技监督服务等）；管理咨询服务〔包括常规服务、金融（商业税收除外）、市场、人力资源、产品与公关服务等〕；

（7）租赁服务领域：船只租赁（不包括沿海及岸外贸易）；国际货轮租赁（光船租赁）；

（8）运输救援服务领域：海事机构服务、船只救护服务。

为了进一步刺激外资流入，马来西亚政府在2012年逐步开放17个服务业分支行业的外资股权限制，包括：电讯领域的服务供应商执照申请、电讯领域的网络设备供应与网络服务供应商执照申请、快递服务、私立大学、国际学校、技工及职业学校、特殊技术与职业教育、技能培训、私立医院、独立医疗门诊、独立牙医门诊、百货商场与专卖店、焚化服务、会计与税务服务、建筑业、工程服务以及法律服务。

马来西亚服务业发展理事会是分支领域开放的监管单位，负责审查服务业限制领域发展的有关规定，监督和协调各部门相关工作。

【鼓励的行业】马来西亚政府鼓励外国投资进入其出口导向型的生产企业和高科技领域。

马来西亚比较适合外国投资的产业包括：农业生产、农产品加工、林业、橡胶制品、棕油产品、石油化工、医药、木材、纸浆制品、纺织、非金属矿物制品、钢铁业、有色金属、机械设备及零部件、交通设备及部件、电子电器、专业医学、科学测量仪器制造、相机及光学产品、塑料制品、酒店与旅游业、影视制作以及一些制造业相关的服务业等。

据报道称，马来西亚将放宽目前对国外汽车制造商生产小型汽车的限制措施，以期在投资方面与竞争对手泰国抗衡。

据马来西亚汽车制造商协会首席执行官M. Mandani Sahari表示，马来西亚希望外国投资为其带来先进技术，并通过个性化的政策吸引投资商。基于此前政策，国外汽车制造商只允许制造大型汽车。目前，新政策允许制造小型汽车，此举不仅能提高国内汽车制造商的国际竞争力，同时吸引更多的外国投资商。同时，新政策的出台恰逢泰国处于政局不稳定时期，这也为马来西亚提供了良好的外部环境。

3. 投资方式的规定

【直接投资】外商可直接在马来西亚投资设立各类企业，开展业务。直接投资包括现金投入、设备入股、技术合作以及特许权等。

【跨国并购】马来西亚允许外资收购本地注册企业股份，并购当地企业。一般而言，在制造业、采矿业、超级多媒体地位公司、伊斯兰银行等领域，外资可获得100%股份；同时，马来西亚政府还先后撤销了27个服务业和上市公司30%的股权赔额限制，进一步开放了服务业和金融业。

【股权收购】马来西亚股票市场向外国投资者开放，允许外国企业或投资者收购本地企业上市。2009年，马来西亚首相纳吉布宣布取消外资公司在马来西亚上市必须分配30%土著股权的限制，变为规定的25%公众认购的股份中，要求有50%分配给土著，即强制分配给土著的股份实际只有12.5%；此外，拥有多媒体超级走廊地位、生物科技公司地位以及主要在海外运营的公司可不受土著股权须占公众股份50%的限制。纳吉布同时废除外资委员会的审批权，拟在马来西亚上市的外资公司直接将申请递交给马来西亚证券委员会。

4. 特殊经济区域的规定

【依斯干达经济特区】自2006年开始，马来西亚政府在其最南端、与新加坡仅一条海峡之隔的柔佛州，新开辟出首个经济特区——依斯干达经济特区。特区面积为2217平方公里，相当于2.5个新加坡的国土面积。依斯干达经济特区优惠政策框架包括以下几个方面：

（1）公司所得税减免。符合条件的企业，以及战略性投资项目，经核准后可免缴5～10年的企业所得税，或在5年内减免70%的法定收入所得税；

（2）投资税赋减免。符合条件的企业和项目，其用于固定资产投资额的60%可在5年内抵消其应缴纳所得税的70%，或其合格资本支出的60%可在5年内从其所得税中扣除；

（3）再投资税赋减免。对于符合条件的企业，其再投资额的60%可抵消其应缴纳所得税的70%，优惠期限15年或更长；

（4）进口税、销售税和国产税减免；

（5）在依斯干达经济特区投资创意行业、教育、物流、财务咨询和顾问、旅游以及医疗保健等6大服务领域的公司，将不受马来西亚新经济政策的约束，30%的股份不必保留给当地居民，不受外资条例约束，能够自由在全球集资，可以在经济特区内无限制的聘请国外员工，并享有免缴公司税及预扣所得税的优惠，为期10年。

依斯干达经济特区的投资领域主要集中在工业和制造业。据马来西亚政府公布的数据，截至2012年11月30日，依斯干达经济特区已累计吸引投资337亿美元，约含1051.4亿林吉特，完成特区总体规划的42%。

【中马钦州产业园区与马中关丹产业园】中马钦州产业园区与马中关丹产业园是首个中国政府支持的以姊妹工业园形式开展双边经贸合作的项目。2012年4月1日，中马钦州产业园区正式开园；2013年2月5日，马中关丹产业园举行了盛大的启动仪式，标志着“两国双园”模式的全面启动，将进一步推进双边各领域全方位合作。作为中国—东盟经贸合作的示范项目，“中马钦州产业园”与“马中关丹产业园”这两个姊妹园区可有效利用中马双方的资源、资金、技术和市场等互补优势，提升区域发展水平，促进中国与东盟国家间的互联互通。

（1）中马钦州产业园区

基本规划：园区毗邻钦州保税港区和国家级钦州港经济技术开发区，园区规划面积55平方公里，计划分三期实施开发建设：一期为包含居住、产业、商业及行政办公用地的综合区，面积为15.11平方公里；二期为生活性服务中心、产业区和居住区，面积18.1平方公里；三期为智慧生态区及产业区，面积22.2平方公里。

开发模式：园区开发由中马双方牵头企业在华成立中马钦州产业园区投资合作有限公司，作为园区开发主体，由中方控股51%，马方占股49%，共同从事土地开发和园区基础设施建设。

产业指引：园区采取产业与新城融合发展、产业链与服务链共同打造的模式，合理布局工业与服务业。重点发展3类产业：一是综合制造业，包括汽车零配件加工、船舶零配件、工程与港口机械装备、食品加工、生物技术等产业；二是信息技术产业，包括电子信息产业、信息和通讯技术产业、云计算数据中心等；三是现代服务业，包括金融、大宗商品交易、现代物流仓储、教育服务等生产性服务业和服务配套、房地产等生活性服务业。

（2）马中关丹产业园

基本规划：产业园位于彭亨州关丹市格宾工业区内，面积1500英亩（约6.07平方公里），距离关丹港仅5公里，关丹市区25公里，关丹机场40公里，距离吉隆坡250公里，地理位置优越，交通便利。关丹港距离钦州港1104海里，航行仅需3～4天，到中国其他港口也只需4～8天时开发模式：由中马双方牵头企业在马成立合资公司作为产业园开发主体，由马方占股51%，中方占股49%，共同从事土地开发和基础设施建设以及后期招商工作。

产业指引：10大重点产业包括：塑料及金属行业设备、汽车零部件、纤维水泥板、不锈钢产品、食品加工、碳纤维、电子电器、信息通讯、消费类商品以及可再生能源。

优惠政策：目前，马方对产业园提出的优惠政策主要分为财政优惠和非财政优惠2类。其中，财政优惠包括：①自第一笔合法收入起10年内100%免缴所得税，或享受5年合格资本支出全额补贴；②工业园开发、农业及旅游项目免缴印花税；③机械设备免缴进口税及销售税。非财政优惠包括：①地价优惠；②工业园基础设施相对成熟；③外籍员工政策相对灵活；④人力资源丰富。

马来西亚《星报》报道，马来西亚政府同意在柔佛州依斯干达特区内，划分出3个类似位于努沙再也美迪尼的新附属特区。

据悉，马来西亚首相兼财长纳吉布已经批准设立这3个附属特区。这项建议由柔州政府和依斯干达特区发展局在2013年年底的会议上提出。这3个附属特区可能分布在依斯干达发展特区的东门开发区、西门开发区，以及士乃一古来增长走廊，以进行不同的经济活动，如油气、教育、旅游、保健和航空。

另消息称，尽管面对全球经济增长不明朗的局面，但纳吉布对该特区自2006年发展以来所取得的成就，感到相当满意，进而批准上述建议。

### 三、马来西亚关于企业税收的规定

1. 税收体系和制度

马来西亚联邦政府和各州政府实行分税制。联邦财政部统一管理全国税务，负责制定税收政策，由其下属的内陆关税局（征收直接税）和皇家关税局（征收间接税）负责实施。直接税包括所得税和石油税等；间接税包括国产税、关税和进出口税、销售税、服务税和印花税等。各州政府征收土地税、矿产税、森林税、执照税、娱乐税和酒店税、门牌税等。外国公司和外国投资者与马来西亚企业和公民一样同等纳税。

马来西亚首相兼财长纳吉布宣布将从2015年4月1日起实施6%消费税，取代现有的销售税和服务税。纳吉布指出，水供、每月家电首200个单位，以及基本民生食品如白米、糖、盐、面粉、食油等将不征消费税。政府服务如护照、执照、卫生服务和教育，以及运输服务如巴士、火车、轻快铁、渡轮及大道收费也不征收消费税。

2. 主要税赋和税率

【公司税】自2009纳税年度起，马来西亚的公司税为25%。但对实收资本低于250万林吉特的公司，第1个50万林吉特收入的税率为20%，以后收入的税率为25%。

【石油所得税】税率为38%，征收对象为与马来西亚国家石油公司或马来西亚—泰国联合发展机构签署石油行业相关协议的纳税个体。

【个人所得税】2010年起，对于年收入不超过26501林吉特的本国公民，个人所得税为1%～26%，外国公民的税率固定为26%。采用0～27%的累进税率，并可获得减免，2013年起征点为5000林吉特。

【预扣税】非居民公司或个人应缴纳预扣税，特殊所得（动产的使用、技术服务、提供厂房及机械安装服务等）为10%；利息为15%。依照合同获得承包费用：承包商缴纳10%、雇员缴纳3%；佣金、保证金、中介费等10%。

【销售税】根据《1975年服务税法》规定，对所有在马来西亚制造的产品和进口商品征税，平均税率为10%，税率范围为5%～10%。

【服务税】根据《1975年服务税法》规定，服务税的征收对象包括律师、工程师、建筑师、问卷调查人员以及顾问等在内的专业人员，广告公司、私人医院及宾馆酒店等公司所提供的服务，税率为6%。

【进口税】大多数进口货物需缴纳进口税，税率分从价税和特定税，近几年马来西亚已取消了多种原料、机械与零部件的进口税。马来西亚与东盟国家之间实行特惠关税，工业产品的进口税在0%～5%之间；与日本实行双边自由贸易协定框架下的进口税；与中国和韩国实行中国—东盟自由贸易区以及韩国—东盟自由贸易区的区域自由贸易协定框架下的进口税；与澳大利亚签订自由贸易协定，根据协定，马来西亚将减免自澳进口商品97%以上的关税。

【出口税】马来西亚对包括原油、原木、锯材和原棕油等在内的资源性产品出口征收出口税。

2013年，马来西亚政府根据4月份每吨2383.84林吉特的毛棕榈油参考价格设定出口关税。

【国内税】根据《1975年服务税法》规定，本地制造的一些特定产品，包括香烟、酒类、扑克、麻将、汽车、四驱车和摩托车等，须缴纳国产税。

### 四、马来西亚对外国投资的优惠

1. 优惠政策框架

马来西亚投资政策以《1986年促进投资法》、《1967年所得税法》、《1967年关税法》、《1972年销售税法》、《1976年国内税法》以及《1990年自由区法》等为法律基础，这些法律涵盖了对制造业、农业、旅游业等领域投资活动的批准程序和各种鼓励与促进措施。

2010年，马来西亚联邦政府出台了一系列新的举措，以促进投资增长。包括设立国家投资委员会，由马来西亚贸工部长和首相府绩效管理实施署长作为联席主席，委员由马来西亚财政部、首相府经济计划署、央行、绩效管理实施署、贸工部、投资发展局、统计局的官员组成，负责实时审批投资项目；将投资主管机构马投资发展局（原名工业发展局）企业化，授予更多权限，以提高该机构施政灵活性，吸引更多投资；修订了《促进行动及产品列表》（即鼓励外商投资产业目录）；关注5大经济发展走廊吸引投资情况，强化各走廊发展局的职能。

鼓励政策和优惠措施主要是以税务减免的形式出现的，分为直接税激励和间接税激励两种。直接税激励是指对一定时期内的所得税进行部分或全部减免；间接税激励则以免除进口税、销售税或国内税的形式出现。

（1）新兴工业地位：获得新兴工业地位称号的企业可享受为期5年的所得税部分减免，仅需就其法定收入的30%征收所得税。

（2）投资税务补贴：获得投资税务补贴的企业，可享受为期5年合格资本支出60%的投资税务补贴。该补贴可用于冲抵其纳税年法定收入的70%，其余30%按规定纳税，未用完的补贴可转至下一年使用，直至用完为止。享受新兴工业地位或投资税务补贴的资格是以企业具备的某方面优势为基础的，包括较高的产品附加值、先进的技术水平以及产业关联等。符合这些条件的投资被称为“促进行动”或“促进产品”。马来西亚政府专门制订了有关制造业的《促进行动及产品列表》。除制造业外，两项鼓励政策均可适用于其他行业申请，如农业、旅游业及制造业相关的服务业。

（3）再投资补贴：再投资补贴主

要适用于制造业与农业。运营12个月以上的制造类企业因扩充产能需要，进行生产设备现代化或产品多样化升级改造的开销，可申请再投资补贴。合格资本支出额60%的补贴可用于冲抵其纳税年法定收入的70%，其余30%按规定纳税。

（4）加速资本补贴：使用了15年的再投资补贴后，再投资在“促进产品”的企业可申请加速资本补贴，为期3年，第1年享受合格资本支出40%的初期补贴，之后2年均为20%。除制造业外，加速资本补贴还适用于其他行业申请，如农业、环境管理及信息通信技术等。除制造业外，加速资本补贴还适用于其他行业申请，如农业、环境管职信息通信技术等。

（5）农业补贴：马来西亚的农业企业与合作社/社团除了农业《促进行动及产品列表》外，也可申请新兴工业地位或投资税务补贴的优惠。《1967年所得税法》规定，投资者在土地开垦、农作物种植、农用道路开辟及农用建筑等项目的支出均可申请资本补贴和建筑补贴。考虑到农业投资计划开始到农产品加工的自然时间间隔，大型综合农业投资项目在农产品加工或制造过程中的资本支出还可单独享受为期5年的投资税务补贴。

（6）多媒体超级走廊地位：马来西亚政府于1996年推出了信息通信技术计划，即多媒体超级走廊，目标是成为全球信息通讯产业中心。经多媒体发展机构核准的信息通讯企业可在新兴工业地位的基础上，享受免缴全额所得税或合格资本支出全额补贴（首轮有效期为5年），同时在外资股权比例及聘请外籍技术员工上不受限制。

（7）运营总部地位、国际采购中心地位和区域分销中心地位。为进一步加强马来西亚在国际上的区域地位，经核准的运营总部、区域分销中心和国际采购中心除了100%外资股权不受限制以外，还可享受为期10年免缴全额所得税等其他优惠。

2. 行业鼓励政策

【清真食品加工及认证】凡生产清真食品的公司，自符合规定的第一笔资本支出之日起5年内所发生符合规定资本支出的100%可享受投资税赋抵减。

【多媒体超级走廊公司】为了成为全球信息与通信技术产业的中心，马来西亚政府于1996年创建了信息与通信技术计划，即多媒体超级走廊。所有取得多媒体超级走廊地位的公司都可享受马来西亚政府提供的一系列财税、金融鼓励政策及保障，主要包括：提供世界级的硬体及资讯基础设施；无限制地聘请国内外知识型雇员；公司所有权自由化；长达10年的税收豁免政策或5年的财税津贴等。

【鼓励发展生物科技】马来西亚《2007年财政预算报告》公布了一系列新举措，鼓励在生物科技领域的投资，推动生物科技的发展。投资鼓励政策包括：第一，生物科技公司从首年盈利开始，免交10年所得税；第二，从第11年开始缴纳20%的所得税，优惠期仍为10年；第三，在生物科技领域进行投资的个人和公司，将减去与其原始资本投资相等的税收，并获得前期的融资支持；第四，生物科技公司在进行兼并或收购时，可免征印花税，并免交5年的不动产收益税；第五，用于生物科技研究的建筑物可获得有关的工业建筑物津贴。

马来西亚2013年政府预算案特别提出几个行业领域的鼓励政策：

（1）国家关键经济领域：2013年拨款30亿林吉特用于国家关键经济领域内的“切入点计划”。其中，15亿林吉特用于棕榈油、橡胶以及其他高价值作物等农业项目；5亿林吉特用于巴生河美化工程；为改善供水与污水处理系统，额外增加3亿林吉特用于供水管道改造更新。

（2）国内投资：为进一步推动内资发展，拨款10亿林吉特设立国内投资策略基金，由投资发展局监管；此外，收购外国公司或小型内资服务类企业合并为大型企业均可享受额外税务优惠。

（3）中小企业：为进一步推动中小企业发展，拨款10亿林吉特设立中小企业基金，由中小企业银行监管，提供融资支持。

（4）清真产业：为进一步推动清真产业发展，中小企业银行与伊斯兰发展银行联合提供2亿林吉特资金用于支持重点清真产品开发及出口。

（5）油气产业：①为鼓励私营领域参与油气行业投资，土地购置及公私合作项目可享受为期10年免交全额所得税、预扣税及印花税；②投资炼油项目可享受为期10年投资税务全额补贴。

（6）研发：①进行研发成果商业化的企业可享受为期10年免缴全额所得税；②其母公司可享受对其全部投资的等额税务补贴；

（7）天使投资：对创业企业的全部投资可用于等额充抵其应纳税收。

3. 地区鼓励政策

【5大经济特区】近年来，马来西亚政府鼓励外资政策力度逐步加大，为平衡区域发展，陆续推出5大经济发展走廊，基本涵盖了西马半岛大部分区域以及东马的2个州，凡投资该地区的公司，均可申请5～10年免缴所得税，或5年内合格资本支出全额补贴。根据具体区域实际情况，联邦政府制定了不同的重点发展行业：

伊斯干达开发区：位于马来半岛南端柔佛州，占地面积约2200平方公里，重点推动服务业成为经济发展的关键动力。鼓励投资行业包括：旅游服务、教育服务、医疗保健、物流运输、创意产业及金融咨询服务等。

北部经济走廊：涵盖了马来半岛北部玻璃市州、吉打州、槟州及霹雳州北部区域，占地面积约1.8万平方公里，重点鼓励投资行业包括农业、制造业、旅游及保健、教育及人力资本和社会发展等。

东海岸经济区：包括东海岸吉兰丹州、登加楼州、彭亨州及柔佛州的丰盛港地区，占地面积约6.7万平方公里，重点鼓励投资行业包括旅游业、油气及石化产业、制造业、农业和教育等。2012年最受关注的项目是中马两国合作开发的马中关丹产业园区。2013年2月，中国政协主席贾庆林与马来西亚总理纳吉布共同出席了园区启动仪式。

沙巴发展走廊：涵盖了东马沙巴州大部分地区，占地面积约7.4万平方公里，重点鼓励投资行业包括旅游业，物流业，农业及制造业等。

砂捞越再生能源走廊：位于东马砂捞越州西北部，占地面积约7.1万平方公里，砂州拥有丰富的能源资源，重点鼓励投资行业包括油气产品、铝业、玻璃、旅游业、棕油、木材、畜牧业、水产养殖、船舶工程和钢铁业等。

自2006年推行经济走廊计划以来，5大经济走廊已吸引投资264.5亿林吉特，创造了13.2万个工作机会。其中伊斯干达发展区吸引投资额最高，达83.4亿林吉特，创造了5.6万个工作机会；北部经济走廊吸引投资68.9亿林吉特，创造了2.6万个工作机会；东海岸经济区吸引投资51.4亿林吉特，创造了2.7万个工作机会；沙巴发展走廊吸引投资54.2亿林吉特，创造了1万个工作机会；砂捞越再生能源走廊吸引投资额8.3亿林吉特，创造了1.3万个工作机会。

马来西亚总理府副部长迪瓦马尼表示，经济走廊计划不仅通过投资发展使该区人民受益，还通过开展人力资源培训提升当地居民的经济生活水平。

【“大吉隆坡”计划】马来西亚“大吉隆坡”计划全线启动。大吉隆坡/巴生河谷地区：经济转型计划中提出的国家关键经济领域之一，位于吉隆坡—巴生河谷流域，涵盖了吉隆坡附近10个城市，占地面积约2800平方公里。概念参考了大伦敦和大多伦多地区，计划从基础设施、人民收入和居住环境三方面着手，将吉隆坡打造成为世界前二十大适合居住的国际大都市之一。

### 五、与投资合作相关的主要法律法规

《合同法》规定了合同的订立、撤销、履行、代理等内容，是马来西亚民商法律的基础。

《公司法》对公司登记成立、股份债券、抵押登记、公司管理、股份公司、公司账目与审计以及公司清盘作出了详细规定，还明确了投资公司、外国公司的概念。

《工业协调法》规定了从事制造业的公司，如果投资超过250万林吉特，或其全职雇员超过75人，必须向马来西亚贸工部（MITI）申请工业执照。工业执照需每年申请更新。

《投资促进法》是马来西亚工业投资促进方面最重要的法律，投资优惠措施以直接或间接税赋减免形式出现，直接税激励指对一定时期内所得税进行部分或全部减免，间接税激励则以免除进口税、销售税或消费税的形式出现。

《劳资关系法》调整资方、劳工和工会之间的关系，预防与解决劳资争端。

在马来西亚办理投资合作相关手续，需向当地律师、专门秘书或代理机构以及相关咨询机构寻求帮助，有关政策事项也可与中国驻当地使馆经济商务参赞处/经商室联系。

2014年1月21日，马来西亚公布修订海关法2013（禁止进口）一览表4第II部分被修订，通过在第9项之后插入建筑材料。这些材料的进口必须附带由建筑业发展局最高行政官或其代表颁发的批准证明或豁免信。

（来源：南博网 .http://www.caexpo.com/news/asean/malaixiya/zcfx_mlxy/fghj_mlxy/2013/07/05/3597392.html.2013—07—05）

## 缅甸对外国投资合作的法规和政策

### 一、对外贸易的法规和政策规定

1. 贸易主管部门

缅甸贸易主管部门为缅甸商务部，负责办理批准颁发进出口营业执照、签发进出口许可证，管理举办国内外展览会、办理边境贸易许可、研究缅甸对外经济贸易问题、制定和颁布各种法令法规等。下设贸易司和边贸司，边贸司在各边境口岸设有边境贸易办公室，负责办理边境贸易各种事务。缅甸私商从事对外贸易须通过进出口贸易注册办公室领取营业执照，申领进出口许可证，在国家政策许可范围内自由从事对外贸易活动。

2. 贸易法规体系

现行与贸易管理相关的法律和规定有：《缅甸联邦进出口贸易（临时）管理法》（1947年）、《缅甸联邦贸易部关于进出口商必须遵守和了解的有关规定》（1989年）、《缅甸联邦关于边境贸易的规定》（1991年）、《缅甸联邦进出口贸易实施细则》（1992年）、《缅甸联邦进出口贸易修正法》（1992年）等。

3. 贸易管理的相关规定

1988年以来，缅甸政府实行市场经济，允许私人从事对外贸易，对外贸易实行许可证管理制度。1989年3月31日，缅甸政府颁布《国营企业法》，宣布实行市场经济，并逐步对外开放。缅甸政府放宽对外贸的限制，允许外商投资，农民可自由经营农产品，私人可经营进出口贸易，并开放了同邻国的边境贸易。

自2006年以来，在中缅边境地区出口的木材及矿产品贸易，需获得缅甸商务部、林业部木材公司出具的证明及中华人民共和国驻缅甸联邦大使馆经济商务参赞处的证明。

缅甸于2014年4月1日起停止原木出口，木材

必须经加工后方可出口。2012年～2016年，缅甸将逐年递减15%的柚木和20%的硬木采伐量，并分别减少75%和22%勃固山脉的柚木和硬木采伐量。

缅甸以前规定产品出口要先申请出口许可证，若此笔出口交易最终没达成或出口金额不足许可证申请金额，要缴纳一笔出口许可证取消罚金，罚金约为不足差额的5%。尽管数额不大，但这一举措提高了缅甸出口企业的贸易成本。缅甸商务部贸易司副司长吴丹昂觉表示，废除出口许可证取消罚金将促进缅甸对外出口，创造一个更便利化的外贸环境。

缅甸《金凤凰》周刊报道，缅甸海关宣布，将进口手机的关税税率由10%降低到5%。

4. 进出口商品检验检疫

缅甸进出口检验检疫工作由农业部主管。《缅甸植物检疫对外投资合作国别（地区）指南法》（1993年）规定禁止有害生物通过各种方法进入缅甸；切实有效抵制有害生物；对准备运往国外的植物、植物产品，必要时给予消毒、灭菌处理，并发给植物检疫证书。无论是从国外进口的货物，还是旅客自己携带的物品入境时，都必须接受缅甸农业服务公司的检查、检疫。

《缅甸植物细菌防疫法》（1993年）规定不论任何人，未取得进口许可证的，不可从国外进口植物、植物产品、细菌、有益生物和土壤。必要时对即将运往国外的植物或植物产品进行杀虫和灭菌工作，并颁发无菌证书。根据接收国的需要，规定进行检验的方法。

《缅甸联邦对从事进出口贸易的最新规定》对进出口需要申报进行植物检疫的商品作了详细规定。

5. 海关管理规章制度

《缅甸海关进出口程序》（1991年）对禁止进出口的物品作了详细规定，《缅甸海关计征制度及通关程序》对进出口关税、通关程序作了详细规定。与海关管理相关的法规还有：《海洋关税法》（1978年）、《陆地海关法》（1924年）、《关税法》（1953年）、《国家治安建设委员会1989年第4号令》、《商业税法》（1990年）、《进出口管制暂行条例》（1947年）、《外汇管制法》（1974年）。

目前，中国海关与缅甸海关正在推动输华产品零关税事宜。若此项协议达成，缅甸95%的输华产品将会享受零关税待遇。

## 二、对外国投资的市场准入的规定

1. 投资主管部门

缅甸投资委是主管投资的部门。其主要职能是：根据《缅甸联邦外国投资法》《缅甸联邦公民投资法》的规定，投资委对申报项目的资信情况、项目核算、工业技术等进行审批、核准并颁发项目许可证，在项目实施过程中提供必要的帮助、监督和指导，同时也受理许可证协定时限的延长、缩短或变更的申请等。

缅甸投资委员会由相关经济部门领导组成，自2007年以来，由畜牧水产部长貌登准将兼任投资委主席，国家计划与经济发展部副部长都迎佐上校兼任秘书长，商务部长、交通部长、建设部副部长为投资委员会成员。缅甸国家计划与经济发展部下属的投资和公司管理局主管公司设立及变更登记、投资建议分析及报批、对投资项目的监督等日常事务。

为提高外商在缅甸的投资注册效率，缅甸于2013年4月10日在仰光开设国内外投资注册等业务的一站式窗口，地址位于仰光岩更镇区帝莎路1号。窗口单位有计划发展部、商务部、税收部门、缅甸央行、海关、移民局、劳工部、工业部、投资与公司管理局、投资委等，为获准的国内外企业提供注册、延期及其他服务。

2. 投资行业的规定

缅甸新外商投资法明确将依据以下原则审批外商投资项目：

（1）弥补国家发展规划不足及因国家及国民财力、技术无力实施的项目。

（2）增加就业机会。

（3）扩大出口。

（4）替代进口物资的制造业。

（5）需要大量投资的制造业。

（6）获取高技术及发展技术型产业。

（7）需要巨额投资的制造业及服务业。

（8）低能耗项目。

（9）发展地方经济。

（10）开发新能源及生物能源项目。

（11）发展现代工业。

（12）保护环境。

（13）有助于信息技术产业。

（14）不影响国家主权及人民安全。

（15）培养国民知识技能。

（16）发展国际水准的银行及金融业。

（17）国家及国民需要的现代服务业项目。

（18）保障能源及资源的短期和长期内需。

【限制或禁止的项目】以下项目为限制或禁止外商在缅投资的项目：

（1）影响民族传统及习俗的项目。

（2）影响民众健康的项目。

（3）影响破坏自然环境及生态链的项目。

（4）输入有害有毒废弃物的项目。

（5）国际公约限制的、生产或使用有害化学品的项目。

（6）投资法细则规定的仅国民从事的制造业及服务业。

（7）输入国外不成熟或未经授权使用的技术、药品及用具的项目。

（8）细则规定的仅国民从事的农业及种植业项目。

（9）细则规定的仅国民从事的畜牧业项目。

（10）细则规定的仅国民从事的海洋捕鱼项目。

（11）除联邦政府批准的经济区外，国界线缅方一侧10英里内的外国投资项目。

此外，缅甸政府不允许外国企业从事玉石、宝石相关矿业开采项目。投资项目需获联邦政府同意，并经投资管理委员会批准。

3. 投资方式的规定

【投资方式】根据《新外国投资法》规定，外国企业在缅甸投资方式有独资、与缅甸国民或相关政府部门或组织进行合作、根据双方合同进行合作。1988年外商投资法规定在所有的合资公司里，外商至少要占到本公司35%以上的股份，新投资法并未予以规定。酒店以及房地产项目可以采取BOT（建造、运营和转让）方式，而自然资源的开发和开采则可以采用PSC（产品分成合同）方式。

新外商投资法规定：外国公司向外国公民或缅甸公民全部转让出售股份，需事先征得委员会许可并交回原有许可并按规定对股权转让注册。外国公司向外国公民或缅甸公民出让部分股份，需重新获得委员会许可并对股份转让登记。

因缅甸金融市场并不完善，尚无正规的证券交易市场，外商无法通过并购上市的方式进行外商投资。

【外商投资的最低标准】1988年，外商投资法规定外商投资的最低金额是：生产制造业50万美元，服务业为30万美元，投资可以是货物也可以是现金的形式。新外商投资法对此并未予以具体规定，投资最低金额仍参照生产制造业50万美元，服务业30万美元的标准，具体由投资委根据投资项目行业和规模来确定。

【土地利用】根据现行的缅甸土地法，任何外国的个人和公司不得拥有土地，但可以长期租用土地用于其投资活动。

目前中国企业在缅甸投资主要注册独资或合资公司，投资领域主要集中在油气资源勘探开发、水电、矿业以及加工制造业等领域，投资项目主要采用BOT或产品分成合同的方式运营。

4. 特殊经济区域的规定

缅甸规划建设的经济特区主要有缅甸南部德林达依省的土瓦经济特区、缅甸西部若开邦的皎漂经济开发区以及仰光南部迪洛瓦工业区。但目前上述经济开发区仅处于规划阶段，尚未开工建设实施。目前，缅甸尚无保税区。

缅甸政府于2011年1月27日颁布了《经济特区法》，于2011年3月颁布了《土瓦经济特区法》。2012年3月1日，缅甸投资委主席兼工业部长吴梭登对国内媒体表示，目前已聘请日本专家协助起草新的经济特区法。

土瓦经济特区内划分为9个区域，分别是：高技术工业区、信息通讯区、出口产品生产区、港口区、后勤运输区、科技研发区、服务区、二级贸易区、政府临时指定的区域。缅甸国家和平与发展委员会颁布第2011/17号法律《土瓦经济特区法》。该法共分12章58条。投资人在该特区内可从事的行业有：（1）原料加工、机械化深加工、仓储、运输、服务；（2）投资项目所需的原材料、包装材料、机器零配件、机械用油可以从国内外进口；（3）进出口贸易；（4）生产的产品除药品和食品以外，其他未达到质量标准但还可以使用的产品，如果符合特区管委会的规定的可以在国内市场销售；（5）经特区管委会批准，投资人和国外服务商可以在特区内设办事处。

此外，在特区可以开展的行业还有：建深水港、钢铁厂、化肥厂、原油炼油厂、油气厂、火电厂、天然气发电厂等工业项目；在特区还可以开展服务业，修建从项目所在地通往边境地区的公路、铁路，修建输变电线路、铺设油气管道，建立包括住宅、旅游景点和度假设施在内的基础设施以及经管委会批准的不违反现行法律的其他经济项目。

该专项特区法比《缅甸经济特区法》的个别规定更加明确，如第36条规定在特区内开展的项目要向政府或指定组织缴纳土地租赁费、土地使用保险费等。

## 三、缅甸关于企业税收的规定

1. 税收体系和制度

缅甸的财政税收由5个部所属的6个局管理。

如下图：

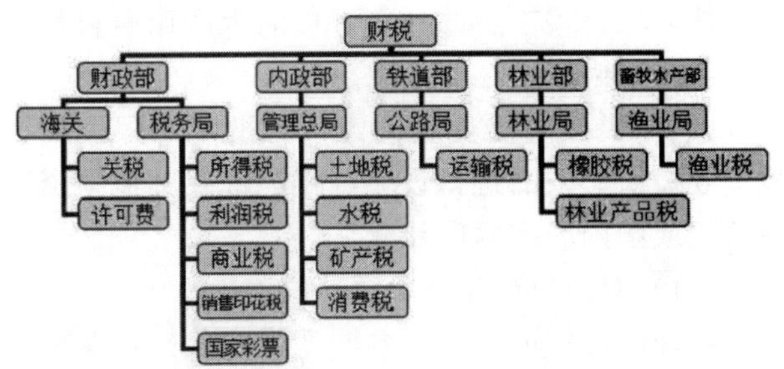


图　缅甸财政和税收管理部门及相关税收表

缅甸财政税收体系包括对国内产品和公共消费征税、对收入和所有权征税、关税、对国有财产使用权征税4个主要项目下的15种税费。以上税收由不同部门管理，其中缅甸国家税务局管理占政府各项税收89%以上。

2. 主要税赋和税率

缅甸政府与外资直接相关的税收法律共有5部，即《缅甸联邦外国投资法》（1988）、《所得税法》（1974）、《商业税法》（1990）、《关税法》（1992）、《仰光市政发展法》（1990），对外资进入缅甸均做了相应规定，相关内容详见姜永仁等主编的《缅甸联邦经济法律法规汇编（1988～2001年）。

缅甸主要赋税和税率的基本情况如下：

【所得税】缅甸《所得税法》于1974年颁布，个人、企业、公司及其他团体产生的源于缅甸的所得都要缴税，非缅甸居民只对在缅甸的所得赋税。所得税主要包括企业所得税、个人所得税和资产获得税。

表1　缅甸所得税税率一览表

| 项目 | 纳税人 | 税率 |
|---|---|---|
| 1 | 公司 | 30% |
| 2 | 外资企业 | 30% |
| 3 | 外国组织从事国家项目的 | 30% |
| 4 | 从事国际项目的外国人 | 20% |
| 5 | 非本地人来自国外的收入 | 10% |
| 6 | 当地外国人收入 | 15% |
| 7 | 当地资产所得 | 10% |
| 8 | 非当地外国人资产所得 | 40% |
| 9 | 工资 | 3%～30%，收入超过500001缅元按30% |
| 10 | 个人非公开所得 | 5%～35%，超过20000001缅元按35% |
| 11 | 非本地外国人 | 35%或以上的税率 |
| 12 | 合作性社团 | 3%～30%，收入超过500001缅元按30% |
| 13 | 国有企业 | 30% |

（资料来源：缅甸财税部国税局）

【利润税】1976年利润税法颁布，税基是私人公司和自营者的收入、利润、资本所得，所得税法没有征收项目的适用于该法。当选择两种税赋之一时，公民必须提供相关证明给当地财税部门。税率在3%～50%之间。

【商业税】1990年制定了商业税法，代替了原来的货物和服务税法，适用于所有部门，是在产品生产和销售过程中征收的税赋，既适用国内产品也适用进口产品。

表2　缅甸商业税税率一览表

| 项目类号 | 商品表 | 税率 |
|---|---|---|
| 1 | 72 | 免税 |
| 2 | 58 | 5% |
| 3 | 134 | 10% |
| 4 | 91 | 20% |
| 5 | 55 | 25% |
| 6 | 19（特殊商品） | 30%～200% |
| 7 | 10种服务 | 5%～30% |

（资料来源：缅甸财税部国税局）

【印花税】1935年颁布了《印花税条例》，印花税包括确定（根据法院收费条例）和非确定（根据缅甸印花税条例）的印花税。

【彩票税】昂巴勒国家彩票是唯一的官方彩票，1938年设立，直到1989年3月每2个月开1次，国家彩票委员会是发行彩票并且征税的唯一合法组织。至2005年11月，一等奖奖金达到5000万缅元，其中60%销售所得用于奖金，40%用于彩票税。以上前两项是直接税，后两项是间接税。

【关税】新的《关税法》共4章，将商品按统一代码分成6062个税目。

表3　缅甸关税税率表

| 第一章 | 进口税 | 由24个税率组成，税率范围为0%～40% |
|---|---|---|

续表

| 第二章 | 特许税 | 免税或最高税率为10% |
|---|---|---|
| 第三章 | 出口税 | 一般出口税不计税，但以下商品计税：大米及其制品，按每公吨100缅元计征；豆类及其他作物、油籽饼、生皮和皮，税率为5%；竹，税率为5% |
| 第四章 | 边境出口税 | 0%～15% |

（资料来源：缅甸财税部国税局）

据《妙瓦底日报》报道，据缅甸珠宝成品综合检查处负责人表示，从2013年12月开始，翡翠税将按其重量和质地进行征收，以平抑翡翠价格的炒作。具体税收征缴办法如下：玉镯类（每个）：A级5000缅元或6美元；B级3000缅元或3.5美元；C级500缅元或0.6美元；D级300缅元或0.35美元。玉片类（每公斤）：A级20000缅元或25美元；B级10000缅元或12美元；C级和D级2000缅元或2.5美元。毛料切面类（每克）：A级200缅元或0.235美元；B级100缅元或0.118美元。其他的玉珠和雕刻类均按公斤征缴税收。

## 四、缅甸对外国投资的优惠

1. 优惠政策框架

为引进更多外资，《外国投资法》提供了很多激励和担保措施。按照《外国投资法》批准的企业将享受5年免税期，其中包括企业开始商业运营的当年。如果企业申请，而且投资委认为项目符合国家利益，也可将免税期延长。此外，投资委也可能批准以下一项或几项减免措施：

（1）制造业及服务业从开始经济运行第1年起连续5年免所得税。并视项目情况延长减免期限。

（2）项目利润作为专项资金在1年内用于追加该项目投资的，减免所得税。

（3）项目设备、建筑物及其他资本的折旧，按规定折旧率计算后从利润中扣除。

（4）对出口产品减免50%所得税。

（5）外国人缴纳所得税税率享受国民待遇。

（6）在境内从事项目有关的研发费用，从利润中扣除。

（7）项目享受5年减免所得税后，如果连续2年出现亏损，则从亏损年起连续后3年减免所得税。

（8）项目建设期间必要的进口设备、配件及其他物资减免关税、国内税或两项并减。

（9）项目竣工后前3年进口的生产用原材料减免关税或国内税或2项并减。

（10）经投资委员会同意，对投资期限内扩大投资规模所必须的进口设备、零配件及其他物资减免关税或国内税或两项并减。

（11）对出口产品减免贸易税。

联邦政府保证在项目合同期限内包括延期期限内，不会对依法成立的企业实施国有化。如果没有充足的理由，保证不会在许可期限内搁置项目。保证外资投资人在合同期满后，可以使用最初投资的货币币种提取收益。

2. 行业鼓励政策

缅甸政府鼓励外商企业投资能够促进当地就业、增加出口、无污染的加工制造型企业。对于符合外商投资领域的加工制造，外商企业可向政府或缅甸私营企业、个人租赁土地，在签订土地租赁协议后，直接到缅甸投资管理委员会申请注册外资公司。一般情况下，在填报资料提交后2周，MIC可给外商企业颁发外资企业注册执照。

外商投资鼓励政策需根据《外国投资法》中相关规定来制定。

据悉，缅甸《知识产权法》草案最终稿正在法律审查过程中，审查之后将提交国会予以审议，预计最快能在年底前通过实施。缅甸政府起草的这部《知识产权法》草案是由世界知识产权组织协助的，目前已形成了12稿，草案涵盖版权、工业设计、商标和专利等领域，并规定了违法可能引致的民事和刑事责任。

3. 地区鼓励政策

据2014年5月缅甸《Eleven Daily News》报道，缅甸中央银行副行长、迪拉瓦经济特区管委会主席吴萨昂透露，缅甸经济特区法实施细则已起草完毕，目前正在与缅甸税务部门探讨具体细节。根据该细则，经济特区内的国内外投资者可享受最多免除7年收入税的优惠政策，而投资建设特区的企业则可享受最多免除8年收入税的优惠。2014年1月23日，缅甸总统签署了《缅甸经济特区法》，该法已成为2014年颁布的第一部法律。目前缅甸有皎漂、土瓦、迪拉瓦等3个经济特区。

## 五、与投资合作相关的主要法律法规

缅甸与投资合作相关的主要法律有：《缅甸联邦外国投资法》（2012年11月颁布）、《缅甸联邦外国投资法实施细则》（2013年1月颁布）、《缅甸联邦外国投资委员会1989年第一号令》、《缅甸联邦贸易部关于国内外合资企业的规定》、《外国对缅甸联邦投资程序及优惠政策》、《缅甸联邦公民投资法》、《缅甸联邦公民投资法实施细则》、《缅甸允许私人投资的经济项目》等。

据《缅甸新光报》2014年3月18日报道，缅甸中央银行副行长于2014年3月17日在议会上表示，央行正计划出台《外汇管理法实施细则》。细则规定，持有交易许可证的私营银行将可以经营吸收居民外汇存款、自缅国内和国际金融市场进行外汇融资以及在缅甸国内发放外汇贷款等业务。

据缅甸《Weeky Eleven》报道，为了维护公平的市场秩序，防止个人或组织通过垄断、投机等不正当手段损害公众利益，缅甸从2014年5月11日起通过官方媒体向公众公布《竞争法草案》。该草案规定，企业以控制价格为目的，在提供产品和服务时，或进行贸易时规定某些限制，或者直接、间接向其他经营者强加某些条款，破坏市场公平的，将处以3年以下有期徒刑或300万缅元以下罚款，情节严重的同时处以徒刑和罚款。经营者以恐吓或暴力等非法手段限制其他消费者、经营者或合作者从事相关行业的，最高可处以5年有期徒刑或700万缅元罚款。该草案还规定了禁止经营者以非法途径进口商品并低于市价销售这些商品。

（来源：南博网 .http://www.caexpo.com/news/asean/miandian/zcfx_md/fghj_md/2013/07/05/3597391.html.2013—07—05）

## 菲律宾对外国投资合作的法规和政策

### 一、对外贸易的法规和政策规定

1. 贸易主管部门

贸易工业部是菲律宾的外贸政策制定及管理部门，成立于1898年6月，其前身为菲律宾商务部。

【主要职能】制定综合的工业发展战略；制定鼓励政策促进出口；创造有利于促进投资贸易和工业发展的环境；促进竞争和公平贸易；负责双边和多边贸易合作的谈判；支持中小企业的发展。

【日常事务】定期进行回顾和评估国家出口状况、问题和前景；确定影响出口发展的主要问题及问题所存在的领域；监督有关部门制定和实施质量控制原则，保证出口商品的质量管理；向国会建议有利于出口发展的立法；组织国际贸易展览会；为国内外进出口商提供信息服务；整理进出口贸易数据库；对本国的消费者和贸易商进行培训；审批各种贸易商会成立的申请；审批外资企业在菲律宾投资设厂；颁发进出口许可证。

贸易工业部下设的产品标准化局主要负责产品技术标准和法规的管理和实施；进口服务署主要负责特定产品进口法规的实施以及发起和指导反倾销、反补贴及保障措施的初步调查。

菲律宾关税委员会主要负责关税政策的制定，包括关税的减让、变更、退还，负责反倾销和反补贴的公众听证会和磋商以及保障措施的调查工作。

菲律宾财政部下设的关税局主要负责关税法律的具体实施和进出口关税、进口产品增值税及其他附加税的征收。

其他贸易管理机关还有：海关总署、国家经济发展署、中央银行、贸工部的工业局、投资署、环境管理署、卫生部、技术转让署、食品和医药品局、危险药品局、渔业和水产资源局、国家肉类检疫委员会、计划工业局、能源管理署和服装纺织品出口局等。

2. 贸易法规体系

菲律宾是世界贸易组织和亚太经合组织成员国，也是东南亚国家联盟的成员国，实行多边的、自由的、外向型的贸易政策，同时对国内新兴产业适当进行保护。菲律宾政府对其贸易政策不断进行调整并出台了系列出口鼓励措施。

菲律宾管理进出口贸易相关法律主要包括：《海关法》、《出口发展法》、《反倾销法》、《反补贴法》、《保障措施法》等。

3. 贸易管理的相关规定

据菲律宾《马尼拉公报》报道，2015年底东盟将建成单一市场，根据东盟商品贸易协定原产地规则，东盟成员国间将实现货物自由流通，出口商自行申报货物，不再需要提供原产地证书。2012年8月29日印尼、老挝和菲律宾签署谅解备忘录，3个国家间试点“自行申报”制度，2012年12月12日菲律宾签署法令，开始执行这项制度。凡是从事对东盟国家出口业务1年以上，了解原产地规则，受过相关培训的制造商或生产商可以从海关取得“自行申报”资质。进口业务可以在菲律宾境内的所有港口办理。

【进口商品管理】菲律宾对进口商品分为3类：自由进口商品；限制进口商品；禁止进口商品。

禁止进口商品包括：枪支弹药；不道德的印刷

品、底片、电影、相片、艺术品；违法堕胎的物品及宣传广告：用来赌博的装备及用具；含金、银或其他贵重金属或合金制成的物品；假冒劣质的食品或药品；鸦片或其他麻醉品及其合成品；合成盐或成品盐；鸦片吸管及配件；有关菲律宾法律禁止进口的物品及配件。

限制进口产品必须经过菲律宾政府机构如农业部、食品药品局核发的进口许可证才能进口，主要涉及汽车、拖拉机、小汽车、柴油机、汽油机、摩托车、耐用消费品、新闻出版和印刷设备、水泥、与健康及公共安全有关的产品等130多种，约占进口商品的4%。

【出口商品管理】菲律宾政府对出口贸易采取鼓励政策，主要包括简化进口手续并免征出口附加税，进口商品再出口可享受增值税退税、外汇资助和使用出口加工区的低成本设施等。

4. 进出口商品检验检疫

菲律宾是《关税与贸易总协定》东京回合中《技术贸易壁垒协议》的签约国。该技术协议要求在采用标准程序和建立争端解决审议程序时公开，目的是确保政府机构遵守这些规定。菲律宾产品质量局是负责产品质量标准的机构，通过质量管理认证的手段来促进产品质量的提高，对进口商品粘贴合格标志来管理进口商品。适用的标准是ISO9000和ISO14000。

【工业品】有28种产品要在当地进行产品标准检验，包括：照明用品、电线电缆、卫生洁具、家用电器、气胎和水泥等。至于其他产品，海关通常接受产品质量证明或原产国标准证明。产品生产者应依据本国或普遍国际标准进行生产，其产品上要附有产品标准质量标志。

菲律宾环境和自然资源部于2013年12月23日宣布发布第2013－24号行政命令“铅和铅化合物化学品管理指令”以限制以下产品中的铅和铅化合物：1. 化妆品；2. 食品接触包装；3. 燃料添加剂；4. 建筑、装饰和家用产品的涂料；5. 工业用涂料；6. 文具；7. 玩具；8. 水管。该指令将适用于进口商、分销商、制造商、工业用户、回收和废品服务的提供方（输送者、处理者和处置者），在名为《Malaya》的报纸上公布的15天后，且国家行政登记办公室确认收到1份文件后才能生效。该命令于2014年1月18日开始生效。

【民生、健康、安全和财产的商品】菲律宾贸工部要求出具产品标准许可和产品标准局的证明。这些产品包括：医用氧气、消费品、电器和防火设备、建筑材料等。非公制的度量衡用品、仪器、仪表的进口由产品标准局事先发放许可。

【环保的要求和规定】菲律宾环境和自然资源部主要负责实施政府的环境保护政策。进口商须符合环保的要求和规定。

【食品健康和安全规定】食品方面，如成分、添加剂、非酒精饮料及混合物、糖果类、咖啡、茶、点心、乳制品、蔬菜、水果、肉类等必须符合食品法典委员会和世界动物卫生组织制定的标准；新鲜、冷冻鱼类产品必须取得菲律宾农业部1999年颁布的《195号行政法规》中规定的国际健康证和卫生植物检疫证；如果进口来自有害虫区的蔬菜和水果，则应具有消毒证明；化妆品、医药在生产时必须取得生产许可证，并提供国际认证机构的临床试验报告。对于危险品的进口，必须依照菲律宾卫生部标准添加标签、销售和扩散。规定中的危险品包括刺激物和腐蚀性、易燃和放射性物质。

【植物及植物产品】目前，植物及植物产品如要进入菲律宾市场须办理如下检疫手续：出口商将发票和箱单传给菲律宾进口商，进口商凭出口商的发票和箱单向菲律宾农业部农作物局植物检疫处申请进口许可证，该证会注明每种产品离岸前的要求；进口商将该证交给出口商，出口商提请出口国检疫部门对产品进行离岸检疫并出具检疫证明；出口商将检疫证明和其他运输单据一起以适当渠道转交菲律宾进口商；在货物到达菲律宾港口后，进口商提供给菲律宾检疫部门进口许可证和出口国的检疫证明；菲律宾检疫部门根据进口许可证和检疫证明进行复验，合格后方可入关。

【动物、动物产品及其副产品】菲律宾农业部动物产业局是负责动物、动物产品及其副产品进出口检疫的政府部门。动物产业局对不同动物的进出口有不同的进出口程序和检疫规定。

5. 海关管理规章制度

菲律宾进出口关税的主要法律是《菲律宾关税与海关法》，进口关税税率由菲律宾关税委员会确定公布，出口关税的税率由海关总署确定，并由海关通过有授权的菲律宾中央银行征收。

菲律宾对大部分进口产品征收从价关税，但对酒精饮料、烟花爆竹、烟草制品、手表、矿物燃料、卡通、糖精、扑克等产品征收从量关税。根据《税收法》，海关对汽车、烟草、汽油、酒精以及其他非必要商品征收进口消费税。进口产品还应向菲律宾海关当局缴纳12%的增值税，征税基础为海关估价价值加上所征关税和消费税。

菲律宾还对进口货物征收印花税，该税一般用于提货单、接货单、汇票，其他交易单、保险单、抵押契据、委托书及其他文件。从2010年1月1日起，中国与包括菲律宾在内的东盟6个老成员国之间，共有7000多种，即超过90%的产品实行零关税。中国对东盟平均关税从9.8%降到0.1%，东盟6个老成员国对中国的平均关税从12.8%降到0.6%。

除了货物贸易之外，双方服务部门的开放水平也有进一步的提升，投资政策和环境得到法律制度的保障，更加稳定和透明。随着中国与东盟之间基本实现自由贸易，资金、资源、技术和人才等生产要素的流动效率会显著提高，双方之间经济一体化程度将会达到前所未有的水平。

菲律宾国内税务署近期发布了新的进口物资入境申办指南，目的是加强关税和其他税费征管。按照新规，所有进口物资的入关电子申报都将通过海关总署的“国家单一窗口系统”进行。所有进口商或报关公司必须在税务署进行税务登记，个人申请者必须向税务署提交所得税完税证明以及经审计的财务报表，否则进口申请将不被受理。海关在有关材料提交完备无误后的下一个工作日内决定是否批准进口。菲律宾政府估计由于走私每年损失税收为2千亿比索至4千亿比索。

【进口关税】菲律宾关税与海关法将应税进口商品分为21类，进口关税税率一般为3%～30%。

表1　进口关税税率

| 税率 | 项目 |
|---|---|
| 3% | 国内缺乏或不能生产的原材料，如天然石墨、粘土、金属矿砂、精矿、煤炭等矿产品及无机化学品等。 |
| 10% | 国内能生产的原材料，如大理石、石油、棉花及制品等。 |
| 20% | 零配件如小五金工具、各种方式切割的木材、汽车、摩托车零配件等。 |
| 30% | 制成品如部分农产品、各类服装、烟酒、汽车、摩托车整车等。 |

（资料来源：菲律宾海关署）

另外，菲律宾对部分农产品实行关税与配额并用的措施，对配额内的产品征收正常关税，对配额外的商品则征收高关税。如活动物及其产品、新鲜蔬菜等。

目前，菲律宾对东盟成员国全部产品实行零关税。

菲律宾工贸部称，对高耐破度纸板产品课以保障措施进口税的措施将延长到2015年，但印度尼西亚的高耐破度纸板产品不受此项措施的约束。

【出口关税】菲律宾对以下出口商品征收关税，且关税税率均为20%：圆木、木材、饰面用薄板和胶合板；金属矿砂及其精矿、金、矿渣水泥、硅酸盐水泥；船用燃料油、石油沥青；银；未加工的ABACA（一种产纤维的植物，产于菲律宾）；香蕉、椰子及椰子产品、菠萝及其成品；糖及糖制品；烟草；小虾和对虾。

据菲律宾矿业和地质局表示，菲律宾提高镍矿出口关税的政策仍在商讨中，由于当地矿业部门多持反对意见，因此2014年菲律宾镍矿出口关税是否能从2%上调至7%还有待商议。

但自印尼限制镍矿出口后，菲律宾市场越来越受到中国进口商的关注，进口量也在逐渐增加。若2015年菲律宾也效仿印尼上调出口关税，在高成本与低利润的影响下，矿商操作意愿将受限制，这也将在一定程度上影响菲律宾镍矿在中国市场的占有率。

【出口退税】《菲律宾关税和海关法》规定：用于从事对外贸易或沿海贸易的船舶推进器燃料油，可退还不超过99%的已征关税或给予税收抵免；用进口原材料生产或制造的产品（包括包装、标签等）出口时，对所用原材料进口时征收的关税将予以退还或给予税收抵免；财政部根据海关总署的建议可发布允许对本法规定的商品实行部分退税的法规规章。退税将由海关总署在收到一套正确、完整的文件后60天内支付。

## 二、对外国投资的市场准入的规定

1. 投资主管部门

菲律宾贸工部是负责投资政策实施和协调、促进投资便利化的主要职能部门。贸工部下设的投资署、经济特区管理委员会负责投资政策包括外资政策的实施和管理。此外，菲律宾在苏比克、克拉克等地设立了自由港区或经济特区，并成立了相应的政府机构进行管理。

2. 投资行业的规定

菲律宾政府每2年更新一次限制外资项目清单。部分领域外国公民权益不得超过25%，绝大多数领域外国公民权益不得超过40%。

菲律宾政府将所有投资领域分为3类，即优先投资领域、限制投资领域和禁止投资领域。对于优先投资领域，菲律宾政府每年制定一个《投资优先计划》，列出政府鼓励投资的领域和可以享受的优惠条件，引导内外资向国家指定行业投资。优惠条件包括减免所得税、免除进口设备及零部件的进口关税、免除进口码头税、免除出口税费等财政优惠，以及无限制使用托运设备、简化进出口通关程序等非财政优惠。

2012年菲律宾政府制定的《投资优先计划》中鼓励投资的领域包括：出口产业、农业、农业企业、渔业、创意产业、知识型服务产业、造船业、住宅建设、能源行业、基础设施、绿色产业、汽车行业、旅游业、战略性投资活动、公私合营项目、防灾减灾产品、灾后重建项目与研发活动等。此外，菲律宾林业法、矿业法、书籍或教材印刷出版法、解除对石油下游产业管制法、生态固体废物管理法、清洁水法、残疾人权利宪章、可再生能源法与旅游法等法律也规定了对有关投资的优惠措施。对于在棉兰老岛穆斯林自治区投资的企业，《投资优先计划》中专门规定了可享受优惠措施的投资领域。

据菲律宾《每日问询者报》报道，菲律宾贸工部表示，将对2014年投资优先计划做出修订，以便对投资者更具吸引力，发挥投资对于产业升级的推动作用。贸工部官员称，目前正在研究哪些产业可能被纳入修订计划中，其中电子、半导体、农业、信息技术、创意产业以及化工和造船等产业最值得期待。据悉，贸工部还将在网上公布修订草案，广泛征求各方意见。

3. 投资方式的规定

对于绝大多数公司，菲律宾公民须拥有至少60%的股份以及表决权，不少于60%的董事会成员是菲律宾公民。如果公司不能满足上述关于菲律宾公民所占比例的要求，则必须满足以下条件：（1）经投资署批准，属于先进项目，菲律宾公民无法承担，且至少70%的产品用于出口；（2）从注册之日起30年内，必须成为菲律宾本国企业，但是产品100%出口的公司无须满足该要求；（3）公司涉及的先进项目领域不属于宪法或其他法律规定应由菲律宾公民所有或控制的领域。

菲律宾关于并购等商业行为有一系列法律法规，其中《公司法》对并购的手续和流程进行了相关规定，《反垄断和限制贸易的合并法》（Republic Act 3247）明确了由于并购等行为造成的垄断或贸易阻碍的情形及相关处罚措施。

如无法律明文禁止，外资企业可按菲律宾国内企业收并购流程并购菲律宾企业，具体做法如下：首先由双方董事会各自通过并购方案，并至少在专门召开的股东或成员大会两周前提交方案。股东大会上，2/3以上股权票或2/3以上成员票赞成即为方案通过后，并购方案如需修改，亦须在股东大会上获得相同比例的赞成票。方案获股东大会通过后，合并双方总裁或副总裁在注明合并方案、投票情况的合并书上签字，由董事会秘书或秘书助理认证后，提交至证券交易委员会（SEC）批准（如合并涉及银行、银行业金融机构、信托公司、保险公司、公用事业、教育机构或其他由特别法律规范的特别行业，需先由相关政府机构出具推荐函）。SEC认定并购行为不与《公司法》或其他相关法律抵触后，出具并购许可，并购行为自此生效。在菲律宾，律师事务所或会计师事务所均可咨询并购事宜。

4. 特殊经济区域的规定

菲律宾目前共有各类经济区239个，分为以下几类：

【工业园区】工业园区指为工业发展所设立的专门区域，拥有一定的基础设施，如道路、供水、排水系统、厂房和住宅。

【出口加工区】出口加工区是区域内企业主要为出口导向型的工业园区。出口加工区的优惠政策包括进口设备、原材料和零部件的税收和关税减免等。

【自由贸易区】自由贸易区设在交通枢纽附近，如海港或空港周边。进口的货物可以免交进口关税，并在此进行卸货、分类、重新包装等。但如果这些货物进入非自由贸易区，仍需缴纳关税。

【旅游经济区】旅游经济区指专门为旅游业发展而设立的经济特区，区域适合建立旅游休闲设施，比如体育休闲中心、宾馆、文化和会议设施、餐饮中心等以及相应的基础设施。

【IT园区或建筑】IT园区或建筑指专门为IT项目或服务设立的区域。IT园区可以是一片区域或一栋建筑，其整体或部分将具备为IT企业提供相应设施和服务的条件。

根据经济特区内的企业从事不同性质的活动，可享受的优惠政策有：

（1）进口固定设备、原材料、零部件、良种牲畜和基因材料等免除关税；

（2）传统项目4年免所得税，先锋项目6年免所得税；

(3) 免所得税后的收入，仅需根据5%的税率纳税，以此替代其他各项国家和地方税收；

(4) 扣除进口替代品课税；

(5) 免除码头费用、出口税和进口费；

(6) 减免国内固定设备、良种牲畜和基因材料的课税；

(7) 可征税收入中额外减去人工费用；

(8) 托运设备的非限制使用；

(9) 外国投资者和家庭的永久居留权；

(10) 雇用外国公民；

(11) 可不经菲律宾央行审批汇出收入；

(12) 免除地方营业税；

(13) 如果已交纳5%综合所得税，外企在菲分支机构免纳利润汇回。

## 三、菲律宾关于企业税收的规定

1. 税收体系和制度

菲律宾税收的基本法是《国家内部收入法》，1997税收改革法案（RA No.8424），及2005年11月1日开始实施的9337号修正案（RA No.9337）。主要税种有：公司所得税、个人所得税、增值税、消费税和关税。

2. 主要税赋和税率

【所得税】国内公司以菲律宾国内外所有净收入为基础纳税；常驻外国公司（180天以上）就菲律宾境内取得的净收入纳税；非常驻外国公司则就菲律宾境内的总收入纳税。

现行的公司所得税税率为应纳税金额的30%。如果公司应纳税收入为零或负数，或最低公司所得税超过其普通公司应纳所得税，则自该公司第4个年度起可按2%的最低公司所得税征收。专营教育机构和非营利性医院按应纳税收入净额的10%征收。

表2 各商业类别的比例税率

| 商业类别 | 比例税率 |
|---|---|
| 在菲律宾营业的人寿保险公司 | 所收保费总额的5% |
| 水和气的公用事业单位、广播和/或电视公司。 | 总收入的2% |
| 年收入不超过1000万比索 | 总收入的3% |
| 本地普通递送 | 总收入的3% |

续表

| 商业类别 | 比例税率 |
|---|---|
| 经营运送和车库 | 根据经营场所和使用的运输工具的不同，征收税率不同。 |
| 从菲律宾用电话、电报和其他通信设备服务进行的海外调度、信息或会议传输 | 总收入的10% |
| 银行和非银行金融机构 | 1. 借贷活动产生的利息、佣金、折扣和金融租赁收入，以票据形式且不超过5年的，征收5%，超过5年征收1%。<br>2. 分红、股权和补助的净收入0%。<br>3. 版权等专有权，不动产或私人财产出租，交换得来的利润—7%。<br>4. 纳税年度内外汇贸易净盈余、债券、衍生产品及其他类似的金融工具—7%。 |
| 在证券交易所名单中并在证券交易所交易的股票的销售 | 0.5% |
| 其他非增值税登记的业务 | 总销售或总收入的3%，不超过150万比索。 |

（资料来源：菲律宾国内税务局）

居民、非常驻居民、常驻外国人、非常驻外国人在菲律宾从事商业和贸易按5%到32%的超额累进税率征收个人所得税。在菲律宾不从事商业和贸易的外国人一律按25%的税率对其收益进行征收（如利息、投资收益）。

【增值税】根据9337号修正案规定，增值税率从2006年2月1日起提高到12%。部分交易免征增值税。免征增值税的交易主要包括：农产品；水产品；种子；种苗；鱼苗；饲料；认证的私人教育机构提供的教育服务；由个人提供的服务；在合作发展署登记的农业合作社对其会员的销售；直接用于农业投入的进口机械和设备包括零部件等；销售、进口或出租船舱、货舱和飞机，包括发动机、设备和零部件等。

【消费税】消费税主要征收对象为在菲律宾生产、制造的用于国内销售或消费以及其他目的的特定商品（如烟、酒、机动车等）。消费税也适用于部分应缴纳增值税和关税的进口商品。

【比例税】免征增值税的个人和实体，如从事国内或国际客运交通或娱乐业的，将按总收入征收比例税（营业税）。

【印花税】印花税征税范围包括文件、契约、证券、贷款协议，还有接收、签署、销售转移责任、权力或资产等的证明。征收对象为制作者、签字人、接收者或转移者。

卷烟制造商日烟国际菲律宾公司支持政府的印花税项目。该公司指出，此项目将减少逃税行为和卷烟非法贸易。

【关税】进入菲律宾的商品一般都要缴纳关税。根据关税和海关代码中商品的分类确定申请的税率。特殊商品进口可以免税，如进入海关免税仓库的商品，进口商及其代理应从商品进口之日起，保留进口商品记录3年。这期间海关署有权对进口商代理商的记录进行事后审核，以确认是否符合海关条例及评估和是否少付关税。

【地方税】地方政府法规定，地方政府有权在其管辖范围内对某些特殊行为或商业行为征税，法律规定免税的除外。地方政府也有权每年对不动产征税，如土地、建筑物、机械和其他改造，还有对不动产的销售、捐赠、易货或其他任何形式的转移进行征税。然而，地方政府无权征收所得税、关税、印花税、财产税、礼品税。

## 四、菲律宾对外国投资的优惠

1. 优惠政策框架

（1）免所得税。

新注册的优先项目企业将免除6年的所得税，传统企业免交4年所得税。扩建和升级改造项目免税期为3年，如项目位于欠发达地区，免税期为6年。

新注册企业如满足下列其中一个条件，还将多享有1年免税奖励：①本地生产的原材料至少占总原材料的50%；②进口和本地生产的固定设备，其价值与工人的比例不超过每人1万美元；③营业前3年，年外汇存款或收入达到50万美元以上。

（2）可征税收入中减去人工费用。

（3）减免用于制造、加工或生产出口商品的原材料的赋税。

（4）可征税收入中减去必要和主要的基建费用。

（5）进口设备的相关材料和零部件减免关税。

（6）减免码头费用以及出口关税。

（7）自投资署注册日起免除4～6年地方营业税。

【非财政优惠措施】具体的优惠措施包括：

（1）简化海关手续。

（2）托运设备的非限制使用：托运到菲律宾的设备贴上可出口的标签。

（3）进入保税工厂系统。

（4）雇佣外国公民：外国公民可在注册企业从事管理、技术和咨询岗位5年时间，经投资署批准，期限还可延长。总裁、总经理、财务主管或者与之相当的职位可居留更长时间。

2. 行业鼓励政策

菲律宾投资署每年制定一部“投资优先计划”，规定政府优先发展的项目领域，该计划经总统批准后发布。该计划详情可以查询菲律宾投资署网站：www.boi.gov.ph，需要注意的是，这些领域中有一些是限制或禁止外国投资的领域。

【经济特区鼓励政策】菲律宾经济区主要由PEZA所辖的96个各类经济区和独立经营的菲弗德克工业区、苏比克、卡加延、三宝颜、克拉克自由港等组成。这些经济特区的优惠政策包括：

（1）企业可获得4年所得税免缴期，最长可延至8年。所得税免缴期结束后，可选择缴纳5%的“毛收入税”（GROSS INCOME TAX），以代替所有国家（中央）和地方税，其中3%上缴中央政府，2%上缴地方财政；

（2）进口资本货物（设备）、散件、配件、原材料、种畜或繁殖用基因物质，免征进口关税及其他税费。同类物品如在菲律宾国内采购，可享受税收信贷，即先按规定缴纳各项税费，待产品出口后再返还（包括进口关税部分的折算征收、返还）；

（3）经批准，允许企业生产产品的30%在菲律宾国内销售，但须根据国内税法纳税；

（4）免缴码头税费和出口税费；

（5）给予初始投资在15万美元以上的投资者及其配偶和未成年子女（21岁以下）在经济区内永久居留的身份，此类人员可以自由出入经济区，而不需向其他部门另行申请；

（6）简化进出口程序；

（7）允许聘用外籍雇员，为外国经理人员和技术人员办理2年的可延续工作签证，但外籍雇员数量不能超过企业总雇员的5%；

（8）企业用于员工技术培训和提高管理能力的费用的一半可以从上缴中央政府的3%税收中扣除；

此外，是否给予E.O.226规定的其他优惠待遇，由PEZA自行决定。

3. 地区鼓励政策

菲律宾将棉兰老岛地区专门列入投资优先计划。2011 年投资优先计划第 4 章为《棉兰老岛自治区特别清单》，规定该地区以下产业享受优惠政策：出口行业（包括出口商和供应商）、农业、农业企业、渔业、基础工业（包括药业、纺织业、无机和有机肥、矿业勘探和开发以及水泥制造业等）、消费品生产、基础设施及水电供给、工业服务业、工程工业、物流、旅游业、卫生和教育行业以及穆斯林产业。

此外，根据 2011 年投资优先计划，菲律宾对在阿布拉省、阿巴耀省、伊富高省、卡林噶省和高山省等 19 个欠发达省的郊区从事主要必需基础设施建设的企业，以及在高山省、朗布隆省、保和省、东内格罗斯省和北三宝颜省等 30 个极贫困省的乡村经营的企业给予鼓励。

## 五、与投资合作相关的主要法律法规

菲律宾有数个涉及投资的重要法律，目前有关方面正在推动将所有促进投资的法律合并成一部法律，进一步规范各部门出台财政或非财政激励政策。

《1987 年综合投资法典》共和国第 226 号法令，共和国第 7918 号法令对其进行了修正。该法典为国内外企业提供一系列国家优先发展领域的综合激励措施。企业需参与“投资优先计划”所列的领域且享受这些优惠措施。如果企业未参与列入“投资优先计划”的领域，在满足以下任一条件后也能享受这些优惠措施：

（1）50%以上的产品出口（菲律宾公民所有的企业）；

（2）70%以上的产品出口（外商持股 40%以上的企业）。

《1991 年外国投资法》共和国第 7042 号法令，共和国第 8179 号法令对其进行了修正。外国公司被允许在菲律宾从事未列入《外国投资限制清单》的行业。在《外国投资限制清单》中列举了禁止和限制外国投资的领域，主要包括两部分：

清单 A 为宪法或其他法律规定禁止和限制外国投资的领域；

清单 B 为外商所有权受法律限制的领域，包括与国防、执法、公众卫生、道德、保护中小企业等相关的领域。

《1995 年经济特区法案》共和国第 7916 号法令，共和国第 8748 号法令对其进行了修正。该法案于 1995 年通过，旨在通过发展经济特区促进经济增长。菲律宾经济特区署负责该法的实施和给予经济特区内的合格企业优惠政策。经济特区分为工业园区、出口加工区、自由贸易区、旅游经济区、IT 园区、农业经济区等各类经济园区。

每个经济特区都朝着政府干预最小化、独立自由区域的目标发展。经济特区不需政府提供特别帮助，自我管理经济、金融、工业及旅游发展，同时与周边区域建立起相应的联系。

《1992 年基地转型及发展法案》共和国第 7227 号法令。根据该法案成立了基地转型发展委员会、苏比克湾管理署以及苏比克经济特区和自由港区。在苏比克经济特区和自由港区注册的企业将享受各种投资优惠，包括一流的商业、居住和旅游设施。

《地区总部、地区生产总部和地区仓储中心相关法案》共和国第 8756 号法令。该法案明确了关于在菲律宾设立跨国公司地区总部、地区生产总部和地区仓储中心的规定和指南。地区总部是指跨国公司在菲律宾设立、但并不从菲律宾获取收入的分支机构。地区生产总部指跨国公司在菲律宾设立、可以通过提供服务而获取收入的分支机构。

《投资者租赁法案》共和国第 7652 号法令。该法案允许外国投资者在菲律宾租用商业用地最长不超过 75 年（过去规定为 50 年）。根据该法，任何到菲律宾投资的外国投资者在遵守菲律宾法律和下列条件的情况下，可租赁私人土地：（1）土地租赁合同期限为 50 年，仅可一次性延长 25 年；（2）租赁的土地仅做投资用途；（3）租赁合同应符合《综合土地改革法》和《地方政府法案》。

《1994 年出口发展法案》共和国第 7844 号法令。该法案向出口商提供优惠政策，鼓励增加在出口方面的投入，包括：（1）设立出口发展委员会；（2）鼓励私营部门参与出口推介活动，包括建立世界水准的菲律宾贸易中心；（3）设立私营部门为主导的融资中心，直接为促进出口服务；（4）为出口商提供财政激励政策。

《出口发展法案》在相关政府部门如投资署和菲律宾经济区管委会给予优惠政策的同时，还给予其他的优惠政策。

《BOT 法》共和国第 7718 号法令。明确了私营企业参与一般由政府负责的基础设施建设和有关服务的政策和规定。

2012 年 5 月 9 日，菲律宾众院以 46 票对 14 票通过了调整后的“罪恶税”案。2013 年 1 月 1 日起菲律宾政府开始加征烟草“罪恶税”，这是菲律宾

15年以来首次对烟草消费税进行修订。根据调整后的“罪恶税”案，净售价低于11.5比索的香烟将在法案实行后第一年被征12比索的消费税，第二年以后涨为22比索；高于11.5比索的香烟则要在第一年被征28.3比索，并在第二年后加征为30比索。酒类方面，净售价低于90比索的蒸馏类酒精饮品将被征收20比索的消费税，90～150比索的征80比索，150比索以上的则将征320比索。目前，菲律宾香烟的消费税率为2.72～28.30比索；酒类为42～317比索，但原定于2014年降至统一的150比索。

菲律宾总统阿基诺已经签署烟酒消费税改革法案。阿基诺称，新烟酒税改革法增加的税收将投入兴建诊所和医院，菲律宾政府拟将所增收入中的15%分配给烟草种植者，85%分配给保健事业。菲律宾国税局宣布，新的课税制度已于2013年1月1日生效。

（来源：南博网．http://www.caexpo.com/news/asean/feilvbin/zcfx_flb/fghj_flb/2013/07/05/3597395.html.2013—07—05）

# 新加坡对外国投资合作的法规和政策

## 一、对外贸易的法规和政策规定

1. 贸易主管部门

新加坡国际企业发展局（简称“企发局”），是隶属于新加坡贸易工业部的法定机构，是新加坡对外贸易主管部门，其前身是成立于1983年的新加坡贸易发展局（简称“贸发局”）。企发局下设贸易促进部，并分设商务合作伙伴策划署和出口促进署，主要职责是宣传新加坡作为国际企业都会的形象以及提升以新加坡为基地公司的出口能力。

2. 贸易法规体系

新加坡与贸易相关的主要法律有《商品对外贸易法》、《进出口管理办法》、《商品服务税法》、《竞争法》、《海关法》、《商务争端法》、《自由贸易区法》、《商船运输法》、《禁止化学武器法》、《战略物资管制法》等。

3. 贸易管理的相关规定

【开展进出口和转运业务的基本条件】（1）必须在新加坡组建一家公司并向会计与企业管理局注册（查询网址：http：//www.licences.business.gov.sg，通过在线商业注册服务注册公司）。（2）注册公司后，需向新加坡关税局免费申请中央注册号码。中央注册号码将允许通过贸易网系统提交进出口和转运准证申请。

贸易交换网系统是新加坡全国范围内的贸易电子信息交换系统，能让公共和私营部门在此平台上交换电子贸易数据和信息。一般情况下，在新加坡开展进出口或转运业务必须在贸易交换网上获得相关业务准证。

【货物的进口】货物进口到新加坡前，进口商需通过贸易交换网向新加坡关税局提交准证申请。如符合有关规定，新加坡关税局将签发新加坡进口证书和交货确认书给进口商，以保证货物真正进口到新加坡，没有被转移或出口到被禁止的目的地。一般情况下，所有进口货物都要缴纳消费税。如果进口货物是受管制的货物，必须向相关主管部门提交准证申请并获得批准。

表1　新加坡进口管制物品及主管机构一览表

| 项目 | 主管机构 |
|---|---|
| 投币式或盘片操作游戏机，包括弹球桌、射击游戏机和影像放映游戏机 | 公共娱乐执照组（PELU） |
| 动物、禽类及其产品 | 农粮与兽医局（AVA） |
| 武器与爆炸物 | 武器与爆炸物执照署（A&E） |
| 石棉制品 | 污化管制处（PCD） |
| 具防攻击功能的衣物，包括防弹背心 | 武器与爆炸物执照署（A&E） |
| 电池（普通、碱性）、炭锌和汞氧化物 | 污化管制处（PCD） |
| 预录的盒式磁盘、卡式磁带、音频光盘 | 媒体发展管理局（MDA） |
| 化学品：毒性及危险性化学品、有毒及易制度化学品、杀虫剂 | 污化管制处（PCD）国家机构、化学武器公约（NA，CWC）污化管制处（PCD） |
| 香口胶、香口胶（牙科用）、香口胶（药用） | 违禁品，新加坡关税局（Singapore Customs）、化妆品控制单位（CCU）、管制支援单位（RSU） |
| 氟氯碳化合物（CFCs） | 污化管制处（PCD） |

续表

| 项目 | 主管机构 |
| --- | --- |
| 打火机（气枪或左轮手枪形状） | 违禁品，武器与爆炸物执照署（A&E） |
| 化妆品与美容产品（除了由RSU管制的皮肤与面部药性美容液或膏以外） | 化妆品控制单位（CCU） |
| 柴油或汽油 | 污化管制处（PCD） |
| 来自黎巴嫩未经加工的钻石；<br>未经加工的钻石（KPCS） | 违禁品，新加坡关税局（Singapore Customs）；<br>新加坡关税局（Singapore Customs） |
| 胶卷，影片/录像/激光光盘 | 媒体发展管理局（MDA） |
| 爆竹 | 违禁品，武器与爆炸物执照署（A&E） |
| 鱼类与渔业产品 | 农粮与兽医局（AVA） |
| 易燃物质 | 新加坡民防部队（SCDF） |
| 食品（不包括新鲜或冷冻蔬菜及水果） | 农粮与兽医局（AVA） |
| 水果（新鲜或冷藏） | 农粮与兽医局（AVA） |
| 水果机/吃角子老虎机 | 新加坡警察部队执照署（SPF） |
| 人参 | 农粮与兽医局（AVA） |
| 唱片 | 媒体发展管理局（MDA） |
| 手铐 | 武器与爆炸物执照署（A&E） |
| 哈龙（Halons） | 污化管制处（PCD） |
| 染发剂与护发品（毒性或无毒性） | 管制支援单位（RSU）、化妆品控制单位（CCU） |
| 头盔（工业安全型或钢质） | 职业安全健康处（OSHD）、武器与爆炸物执照署（A&E） |
| 人类病原体 | 生物安全组（BSB） |
| 工业安全项目（安全带、安全挽具、救生绳索、安全绳、救生网） | 职业安全健康处（OSHD） |
| 放射性器材 | 放射防护中心（CRP） |
| 任何媒介的录制与翻录器材（CD、CD－ROM、VCD、DVD、DVD－ROM） | 新加坡关税局（Singapore Customs） |

续表

| 项目 | 主管机构 |
| --- | --- |
| 动物与禽类的肉与肉制品 | 农粮与兽医局（AVA） |
| 药物、药剂、药制品 | 管制支援单位（RSU） |
| 兽医用药剂 | 农粮与兽医局（AVA） |
| 奶粉以及马来半岛、沙巴、沙捞越生产的新鲜、去脂、巴氏杀毒牛奶 | 农粮与兽医局（AVA） |
| 硝化纤维素 | 武器与爆炸物执照署（A&E） |
| 有机肥料 | 农粮与兽医局（AVA） |
| 石油 | 新加坡民防部队（SCDF） |
| 带泥土或不带泥土的植物、花及种子 | 农粮与兽医局（AVA） |
| 罂粟种子（kaskas） | 中央肃毒局（CNB） |
| 易制毒化学品 | 中央肃毒局（CNB） |
| 出版物 | 媒体发展管理局（MDA） |
| 放射性物质 | 放射防护中心（CRP） |
| 犀牛角及处理后该产品的废料和粉末 | 违禁品，农粮与兽医局（AVA） |
| 米（不包括米糠） | 新加坡国际企业发展局（IE Singapore） |
| 阴离子表面活性剂 | 污化管制处（PCD） |
| 餐桌用品与厨房器皿（陶瓷、晶质玻璃） | 农粮与兽医局（AVA） |
| 磁带（预录） | 媒体发展管理局（MDA） |
| 通信设备 | 新加坡资讯通信发展管理局（IDA） |
| 木材与木料 | 农粮与兽医局（AVA） |
| 玩具手枪、气枪、左轮手枪 | 武器与爆炸物执照署（A&E） |
| 玩具对讲机 | 新加坡资讯通信发展管理局（IDA） |
| 蔬菜（新鲜、冷藏） | 农粮与兽医局（AVA） |
| 废铅酸电池及任何废铅、镉或汞制电池 | 污化管制处（PCD） |
| 部分从朝鲜进口或转口的货物 | 违禁品，新加坡关税局（Singapore Customs） |
| 部分从伊朗进口或转口的货物 | 违禁品，新加坡关税局（Singapore Customs） |

（资料来源：新加坡海关）

【货物的出口】非受管制货物通过海运或空运出口，必须在出口之后3天内，通过贸易交换网提交准证申请。受管制货物，或非受管制货物通过公路和铁路出口的，需要在出口之前通过贸易交换网提交准证申请。出口受管制货物还必须事先取得相关主管机构的批准或许可。

表2 新加坡出口管制物品及主管机构一览表

| 项目 | 主管机构 |
| --- | --- |
| 动物 | 农粮与兽医局（AVA） |
| 武器与爆炸物 | 武器与爆炸物执照署（A&E）<br>新加坡关税局（Singapore Customs） |
| 具防攻击功能的衣物，包括防弹背心 | 武器与爆炸物执照署（A&E）<br>新加坡关税局（Singapore Customs） |
| 化学品：有毒及易制度化学品、杀虫剂 | 国家机构、化学武器公约（NA，CWC）<br>新加坡关税局（Singapore Customs）<br>污化管制处（PCD） |
| 氟氯碳化合物（CFCs） | 污化管制处（PCD） |
| 未经加工的钻石 | 新加坡关税局（Singapore Customs） |
| 鱼类与渔业产品 | 农粮与兽医局（AVA） |
| 人参 | 农粮与兽医局（AVA） |
| 手铐 | 武器与爆炸物执照署（A&E） |
| 哈龙（Halons） | 污化管制处（PCD） |
| 钢质头盔 | 武器与爆炸物执照署（A&E） |
| 放射性器材 | 放射防护中心（CRP）<br>新加坡关税局（Singapore Customs） |
| 肉类与肉类制品 | 农粮与兽医局（AVA） |
| 军事设备、其他军用品 | 新加坡关税局（Singapore Customs） |
| 易制毒化学品 | 中央肃毒局（CNB）<br>新加坡关税局（Singapore Customs） |
| 放射性物质 | 放射防护中心（CRP）<br>新加坡关税局（Singapore Customs） |
| 犀牛角及处理后该产品的废料和粉末 | 违禁品，农粮与兽医局（AVA） |
| 米（不包括米糠） | 新加坡国际企业发展局（IE Singapore） |
| 橡胶 | 新加坡国际企业发展局（IE Singapore） |
| 出口欧盟或美国的新加坡生产的纺织品和服装 | 新加坡关税局（Singapore Customs） |
| 木材与术料 | 农粮与兽医局（AVA） |
| 玩具手枪、气枪、左轮手枪 | 武器与爆炸物执照署（A&E） |
| 废铅酸电池及任何废铅、镉或汞制电池 | 污化管制处（PCD） |
| 出口到阿富汗、科特迪瓦、刚果民主共和国、伊拉克、利比里亚、卢旺达、塞拉利昂、索马里、苏丹的各类武器和相关物品及零件 | 违禁品，新加坡关税局（Singapore Customs） |
| 出口或转口到朝鲜的坦克、装甲车、大口径炮、战斗机、战斗直升机、军舰、导弹或导弹系统及设备零件；任何与核项目、弹道飞弹等联合国列名项目相关的材料、设备、技术等；奢侈品 | 违禁品，新加坡关税局（Singapore Customs） |

（资料来源：新加坡海关）

【货物的转运】所有从一个自由贸易区转运至另一个自由贸易区的货物，或在同一个自由贸易区内转运受主管部门管制的货物，必须事先通过贸易交换网取得有效的转运准证才能将货物装载到运输工具上。

4. 进出口商品检验检疫

新加坡对进口商品检验检疫的标准和程序十分严格。负责进口食品、动植物检验检疫的部门是农粮兽医局（Agri－Food and Veterinary Authority，简称AVA），负责进口药品、化妆品等商品检验的部门是卫生科学局。

【农产品和食品检验】农产品和食品的进口商须向AVA申请执照，只有获得AVA进口执照的贸易商才能在新加坡从事农产品和食品进口业务。AVA有完整的一套食品安全计划，对肉、鱼、新鲜水果和蔬菜、蛋、加工食品等商品的进口来源、包装运输、检验程序、检验标准有不同的要求和详尽的规定（查询网址：http//www. Ava. gov. sg)。

【动物检疫】只有获得AVA执照的进口商才可以在新加坡从事商业用途的动物进口。每次进口动物须向AVA申请许可，并提前获得海关清关许可。所有进口动物需符合AVA的兽医标准（查询网址：http//www. ava. gov. sg)。

【植物检疫】进口植物及植物产品须出示原产国有关机构签发的植物检疫证书并获得AVA的进口许可。所有进口植物及植物产品必须符合AVA规定的健康标准，除另有规定外，植物及植物产品进口后必须接受AVA检查。受CITES保护的濒临绝种植物，必须备有CITES的许可证方可进口。

【药品、化妆品检验】根据《药品法》、《有毒物质法》、《滥用药物法令》，新加坡所有从事药品进口、批发、零售以及出口的经营者须向HSA取得相关许可方可开展业务。进口药品和化妆品前，须向HSA如实申报其成分、疗效等相关信息，获得批准后方可进口。HSA对进口相关产品进行抽检，一旦与申报不符，即取消其经营相关产品的资格。

5. 海关管理规章制度

新加坡《海关法》规定，进口商品分为应税货物和非应税货物，应税货物包括石油、酒类、烟类和机动车辆等4大类商品，非应税货物为上述4大类商品之外的所有商品。应税货物和非应税货物进口到新加坡都要征收7%消费税，应税货物除征收消费税外，还需征收国内货物税和关税。

2008年10月在中国和新加坡签署的自由贸易协议中，新加坡对从中国进口的应税货物税率给予了优惠安排。

表3　新加坡应纳税商品及关税/国内货物税一览表

| 商品名称 | 国内货物税 |
|---|---|
| 酒类商品 | 每公升48～70新加坡元 |
| 烟草类商品 | 每千克181～352新加坡元 |
| 石油类商品 | 每十升3.7～7.1新加坡元 |
| 机动车 | 20% |
| 带引擎的摩托车、自行车 | 12% |

（资料来源：新加坡海关）

## 二、对外国投资的市场准入的规定

1. 投资主管部门

新加坡负责投资的主管部门是经济发展局（EDB，简称“经发局”），成立于1961年，是隶属新加坡贸工部的法定机构，也是专门负责吸引外资的机构，具体制订和实施各种吸引外资的优惠政策并提供高效的行政服务。其远景目标是将新加坡打造成为具有强烈吸引力的全球商业与投资枢纽中心。

2. 投资行业的规定

新加坡对外资准入政策宽松，除国防相关行业及个别特殊行业外，对外资的运作基本没有限制。此外，新加坡政府还制定了特许国际贸易计划、商业总部奖励、营业总部奖励、跨国营业总部奖励等多项计划以鼓励外资进入。

根据新加坡政府公布的2010年长期战略发展计划，电子、石油化工、生命科学、工程、物流等9个部门被列为奖励投资领域。

3. 投资方式的规定

外资进入新加坡无方式限制。除金融、保险、证券等特殊领域需向主管部门报备外，绝大多数产业领域对外资的股权比例等无限制性措施。

新加坡对于外资在新加坡开展并购总体上无特殊限制。普通私人有限公司收购兼并活动中需要遵守公司法及公司章程的相关规定，对于上市企业在收购兼并过程中，必须符合“Securities and Futures Act，Company Act and Merge and Take over Code”的相关规定（详见新加坡金管局网站）。对收购兼并的目标，需要由第三方独立的机构进行公允值评估，作为收购或者兼并的依据，同时在兼并收购过程中，也需要遵守合同法等其他相关法律法规的要求。新加坡有竞争法，以确保企业在运营、经营中公平竞争。关于收购兼并的主要手续及操作流程，并没有固定的格式与要求，建议企业在进行收购兼并之前，委托当地具有一定影响力和公信度的会计师事务所、律师事务所及相关的行业机构。例如环保部门等就收购兼并目标的财务、法律、行业合规性等进行尽职调查，矿业及资源类的企业应对矿业、资源的储量、拥有权、开采权等进行相应调查。

4. 特殊经济区域的规定

【商业园和特殊工业园】新加坡境内的商业园和特殊工业园有：

（1）商业园：国际商业园、樟宜商业园、资讯园。

（2）特殊工业园：①石油化学：裕廊岛；②先进显示器工业园：淡滨尼；③生物医学：大士生物医药园、生物科技园；④物流：樟宜机场物流园、裕廊岛化工物流园；⑤食品：麦波申、大士。

(3) 科技企业家园：裕廊东的企业家园、新加坡科学园的 iAxil、红山—新达城科技企业家中心、菜市科技园。

新加坡是城市国家，实行全国统一的税收制度，对外资也实行国民待遇。上述园区内无特殊税收优惠政策，各个园区主要根据区内产业发展的特点而建，区内相关产业的配套基础设施比较完备，可发挥产业集群效应。

【海外工业区】新加坡临近的主要海外工业区有：

(1) 印尼巴淡岛、民丹岛工业区

淡岛工业区：该园区距新加坡 20 公里，仅 1 小时船程。土地面积 1570 平方公里，总人口 99.1 万。现有外资企业 894 家。

民丹岛工业区：该园区距新加坡 50 公里，70 分钟船程。土地面积 1866 平方公里，总人口约为 50 万。现有外资企业 23 家。

巴淡岛和民丹岛工业园区都具有完备的基础设施和较低的制造成本，工人最低月工资约 118 美元。主要适合电子加工业、服装鞋帽、玩具等轻工业以及钢铁、钻油等重工业，还可发展贸易、旅游和转运。属于自由贸易区，无进口税，无销售税与奢侈品税，免增值税；可享有东盟特惠关税，享有与 52 个国家签署的避免双重征税协议优惠，与 33 个国家达成普惠制协议，允许 100%海外控股，无外汇管制。

(2) 马来西亚伊斯干达开发区

马来西亚政府于 2006 年 11 月推出伊斯干达开发区（Iskandar Development Region，简称 IDR），它是马来西亚目前着力打造的境内最庞大的发展计划。马来西亚政府计划将 IDR 打造成马来西亚半岛南部最发达的地区，以及居住、娱乐、环境和商业完美融合的国际化大都市。

IDR 位于马来半岛南部的柔佛州，包括南柔佛的新山、哥打丁宜和笨珍等数个地区，占地 2217 平方公里。IDR 陆海空交通方便，与新加坡隔柔佛海峡相望，距离亚洲的主要大城市（如班加罗尔、迪拜、中国香港、首尔、中国上海、中国台北、东京）仅 6～8 小时飞行航程。从 IDR 通过公路到吉隆坡仅 3 个小时车程，距新加坡樟宜国际机场仅 55 分钟车程。IDR 人口约 135 万，人均 GDP 约 1.48 万美元。目前新加坡是该地区最大的外资来源地，一些经济学家将 IDR 与新加坡的关系喻为深圳之于香港。

目前依斯干达开发区的经济支柱为制造业和服务业。根据马来西亚国库有限公司拟订的全面发展计划，除继续加强电子电器、石油化工与油脂化工、食品与农业加工、物流及相关服务业和旅游业 5 大领域外，依斯干达开发区还将把医疗保健、教育、金融以及信息产业定为新的增长领域。依斯干达开发区的重点规划项目包括物流枢纽、国际教育中心、医疗中心、金融中心等。

马来西亚鼓励投资的优惠措施主要包括公司所得税和投资税赋减免、进口税及销售税减免等。

由于新加坡土地资源有限，生产成本较高，新加坡政府鼓励企业赴上述临近的海外工业区投资。企业如在上述园区投资设厂，可将区域总部、管理中心、研发中心、营销中心等设立在新加坡，既可降低生产成本，也可充分利用新加坡在物流、金融、税收、知识产权保护等各方面的优势条件。

## 三、新加坡关于企业税收的规定

1. 税收体系和制度

新加坡以属地原则征税。任何人（包括公司和个人）在新加坡发生或来源于新加坡的收入，在新加坡收到或视为在新加坡收到的收入，都属于新加坡的应税收入，需要在新加坡纳税。换而言之，即使是来源于新加坡之外的收入，只要是在新加坡收到，就需要在新加坡纳税；相应的，如果收入来源于新加坡境外，并且不是在新加坡收到或视为收到，则不需在新加坡纳税。

新加坡作为城市国家，在全国实行统一的税收制度。任何公司和个人（包括外国公司和个人）只要根据上述属地原则取得新加坡应税收入的，就需在新加坡纳税。

2. 主要税赋和税率

新加坡现行主要税种有：企业所得税、个人所得税、消费税、不动产税、印花税、车船税等。此外，还有对引进外国劳工的新加坡公司征收的劳工税。新加坡之前还有遗产税，新加坡政府在 2008 年 2 月 15 日之后取消了该税。

【企业所得税】新加坡对内外资企业实行统一的企业所得税政策。新加坡税法规定，企业所得税的纳税义务人包括按照新加坡法律在新加坡注册成立的企业、在新加坡注册的外国公司（如外国公司在新加坡的分公司），以及不在新加坡成立但按照新加坡属地原则有来源于新加坡应税收入的外国公司（合伙企业和个人独资企业除外）。新加坡根据公司的控制和管理职能是否在新加坡，对纳税人分为居民公司和非居民公司2类。居民公司是指公司的控制和管理职能在新加坡的公司。换言之，只要公司的控制和管理职能在新加坡，无论公司是否按照新加坡的法律在新加坡注册，其即为新加坡居民公司。反之，若公司的控制和管理职能不在新加坡，即使是按照新加坡法律在新加坡注册的公司，在税务上也为非居民公司。

自2008年估税年度起（即在2008年度缴纳2007财年的所得税时），企业所得税税率为18%，自2010年估税年度起所得税税率调为17%，并且所有企业可以享受前30万新加坡元应税所得的部分免税待遇：一般企业前1万新加坡元所得免征75%，后29万新加坡元所得免征50%；符合条件的起步企业前10万新加坡元所得全部免税，后20万新加坡元所得免征50%。

【个人所得税】纳税人分为居民个人和非居民个人2类。居民个人包括：新加坡居民、新加坡永久居民，以及在一个纳税年度中，在新加坡居留或者工作183天以上（含183天）的外籍个人（公司董事除外）；非居民个人是指在一个纳税年度内，在新加坡居留或者工作少于183天的外籍个人。

一般情况下，居民个人和非居民个人都要就其在新加坡取得的所有收入纳税。自2004年1月1日之后，纳税人在新加坡取得的海外收入不再纳税，但通过合伙企业取得的海外收入除外。因为合伙企业不是一个法律实体，合伙企业本身不需缴纳企业所得税，但每个合伙人需要纳税。如果合伙人是个人，则需按照个人适用的所得税税率缴纳个人所得税；如果合伙人是公司，则需按照公司适用的所得税税率缴纳企业所得税。

居民个人的应纳税所得额为收入总额扣除费用、捐赠和税务减免后的所得。适用税率为0%～20%的超额累进税率。

非居民个人的应纳税所得税额为收入总额扣除费用和捐赠后的所得，非居民个人不适用税务减免。非居民个人的受雇所得适用15%税率和居民个人所得税税率取两者中较高者。

表4　居民个人所得税税率表

| 年应纳税所得额 | 税率（%） | 应纳税额 |
|---|---|---|
| 首20000新加坡元 | 0% | 0 |
| 后10000新加坡元 | 3.5% | 200 |
| 首30000新加坡元 | — | 200 |
| 后10000新加坡元 | 3.5% | 350 |
| 首40000新加坡元 | — | 550 |
| 后40000新加坡元 | 7.0% | 2800 |
| 首80000新加坡元 | — | 3350 |
| 后40000新加坡元 | 11.5% | 4600 |
| 首120000新加坡元 | — | 7950 |
| 后40000新加坡元 | 15% | 6000 |
| 首160000新加坡元 | — | 13950 |
| 后40000新加坡元 | 17% | 6800 |
| 首200000新加坡元 | — | 20750 |
| 后120000新加坡元 | 18% | 21600 |
| 首320000新加坡元 | — | 42350 |
| 320000新加坡元以上 | 20% | |

注：此税率表为2012年度税率。董事费、咨询费和其他所得，适用20%的税率。

（资料来源：新加坡税务局）

【消费税】即货物和劳务税，是对进口货物和所有在新加坡提供货物和劳务服务征收的一种税，相当于一些国家的增值税，税负由最终的消费者负担。从事提供货物和劳务服务且年营业额100万新加坡元以上的纳税人，应进行消费税的纳税登记。进行了消费税登记的纳税人，其消费税应纳税额为销项税额减去购进货物或服务支付的进项税额后的差额。

自2007年7月1日之后，消费税的税率为7%。住宅财产的销售和出租以及大部分金融服务可免征消费税。出口货物和服务的消费税税率为零。

【不动产税】这是对所有不动产如房子、建筑物和土地征收的一种税。所有的不动产所有人都应为所拥有的不动产缴纳不动产税。不动产税按年缴纳，每年1月份缴纳全年的不动产税，纳税基数为不动产的年值。不动产的年值是根据不动产的年租金收入估计的，估计的租金收入不包括出租的家具、装置和服务费。不动产出租、自用或空置适用同样的基数。新加坡税务局每年会对不动产的年值进行审阅，以确定是否需要修改。如果不动产的年值发生变化，税务局会通知纳税人。目前不动产税的税率为10%。居住在自有住宅里的个人适用减免税率，自2011年1月1日起实施的减免税率如下：

| 年租金收入 | 税率（%） | 应纳税额 |
|---|---|---|
| 首6000新加坡元<br>后59000新加坡元 | 0%<br>4% | 0<br>2360 |
| 首65000新加坡元<br>65000新加坡元以上 | —<br>6% | 2360 |

（资料来源：新加坡税务局）

在2013年新政中，外国人在新加坡被限制购买政府组屋。首付最低5成，印花税上调到5%～7%，最高享受80%的贷款，贷款利率约为0.8%。

【印花税】这是对不动产有关的书面文件征收的一种税。与不动产有关的文件包括不动产得买卖、交换、抵押、信托、出租等；与股份有关的文件包括股份的派发、转让、赠予、信托、抵押等。在新加坡境内签署的文件，应在文件签署之日起14日内缴纳印花税；在新加坡境外签署的文件，应在新加坡收到文件的30日内缴纳印花税。不同的文件使用的税率不同。印花税支付根据文件中得条款确定，如果文件对此未加以明确，则根据下表确定纳税人。

表5　印花税纳税义务人确定原则

| 文件种类 | 纳税义务人 |
|---|---|
| 债券、债券契约或证书正本、副本 | 承租人、出租人 |
| 财产转让 | 受让人 |
| 财产出租正本、副本 | 承租人、出租人 |
| 抵押 | 抵押人或债务人 |
| 分割 | 财产分割参与方 |

（资料来源：新加坡税务局）

## 四、新加坡对外国投资的优惠

1. 优惠政策框架

新加坡优惠政策的主要依据是《公司所得税法案》和《经济扩展案》以及每年政府财政预算案涉及的一些优惠政策。

新加坡采取的优惠政策主要是为了鼓励投资、出口，增加就业机会，鼓励研发和高新技术产品的生产以及使整个生产经营活动更具有活力。如对涉及特殊产业和服务（如高技术、高附加值产业）、大型跨国公司、研发机构、区域总部、国际船运以及出口企业等，给予一定期限的减、免税优惠或资金扶持等。政府推出的各项优惠政策，外资企业基本上可以和本土企业一样能享受到这种福利。

【主要优惠政策】新加坡经济发展局为鼓励、引导企业投资先进制造业和高端服务业、提升企业劳动生产力，推出了先锋计划、投资加计扣除计划、业务扩展奖励计划、金融与资金管理中心税收优惠、特许权使用费奖励计划、批准的外国贷款计划、收购知识产权的资产减值税计划、研发费用分摊的资产减值税计划等税收优惠措施，以及企业研究奖励计划和新技能资助计划等财政补贴措施。

新加坡国际企业发展局为支持企业开展国际贸易活动、打造环球都市，推出了环球贸易商计划。

新加坡标新局为扶持中小企业发展、鼓励创新、提升企业劳动生产力，推出了天使投资者税收减免计划、天使基金、孵化器开发计划、标新局起步公司发展计划、技术企业商业化计划、企业家创业行动计划、企业实习计划、管理人才奖学金、高级管理计划、业务咨询计划、人力资源套餐、知识产权管理计划、创意代金券计划、技术创新计划、品牌套餐、企业标准化计划、生产力综合管理计划、本地企业融资计划、微型贷款计划等财税优惠措施。

此外，为了实施新加坡经济战略委员会2010年提出的未来10年7大经济发展战略，围绕提高劳动生产力、提升企业能力和打造环球都市这3大战略目标，新加坡政府出台了一系列优惠措施，比如，推出了生产力及创新优惠计划、培训资助计划和特别红利计划，设立了国家生产力基金，强化了就业人息补助计划，通过税收减免鼓励企业并购重组和土地集约化经营，并将于近期组建项目融资机构支持企业国际化经营。

特别值得一提的是生产力及创新优惠计划（一年共计5.2亿新加坡元）。该计划于2010年推出，有效期为2011～2015年。根据该计划，企业在规定的6项经营活动中，首30万新加坡元符合规定的费用可以享受250%的税额抵扣。这6项费用包括：研究与开发费用、认可的设计费用、收购知识产权费用、知识产权注册费用、购买/租赁自动化设备、员工培训费用。政府于2011年预算案中宣布加强计划的各项优惠。在6大项目中，每个项目可享受税额抵扣的上限从首30万新加坡元提高到40万新加坡元，可享受的税额抵扣比率从以前的250%提高到400%。换言之，企业在规定的6项活动中的任一项中，每花费100新加坡元即可从政府处收到68新加坡元的津贴。2011年预算中还提升了该计划的现金发放额，除了税收抵扣外，企业也可选择在首笔10万新加坡元符合规定的费用中享受现金发放，最高套现额从2010年的2.1万新加坡元提升到目前的3万新加坡元。

有关政府优惠政策的详细情况可通过新加坡企业通网站（www.enterpriseone.gov.sg）查询。

2. 行业鼓励政策

【先锋企业奖励】享有先锋企业（包括制造业和服务业）称号的公司，自生产之日起，其从事先锋活动取得的所得可享受免征5～10年所得税的优惠待遇。先锋企业由新加坡政府部门界定。通常情况下，从事目前新加坡还未大规模开展而且经济发展需要的生产或服务的企业，或从事良好发展前景的生产或服务的企业可以申请“先锋企业”资格。

【发展和扩展奖励】从政府规定之日起，一定基数以上的公司所得可享受最低为5%的公司所得税率，为期10年，最长可延长到20年。此项政策主要是为鼓励企业不断增加在高新技术和高附加值领域的投资并提升其设备和营运水平。曾享受过先锋企业奖励的企业以及其他符合条件的企业均可申请享受此项优惠。

【服务出口企业奖励】从政府规定之日起，向非新加坡居民或在新加坡没有常设机构的公司或个人提供与海外项目有关的符合条件的服务的公司，其符合条件的服务收入的90%可享受10年的免征所得税待遇，最长可延长到20年。

【区域/国际总部计划】将区域总部（RHQ）或国际总部（IHQ）设在新加坡的跨国公司，可适用较低的企业所得税税率。区域总部为15%，期限为3～5年；国际总部为10%或更低，期限为5～20年。此项政策主要是为鼓励跨国公司将区域或国际总部设立在新加坡。具体的优惠政策企业可与新加坡企业发展局（EBD）进行商谈，企业发展局可根据公司规模和对新加坡贡献为企业量身定做优惠配套。

【国际船运企业优惠】拥有或运营新加坡船只或外国船只的国际航运公司，可以申请10年免征企业所得税的优惠，最长期限可延长到30年。申请企业应具备以下条件：属于新加坡居民公司；拥有并运营一定规模的船队；在新加坡的运营成本每年超过400万新加坡元；至少10%的船队（或至少一只船）在新加坡注册。此类优惠项目由新加坡海运管理局（MPA）负责评估。

【金融和财务中心奖励】此项政策是为鼓励跨国企业在新加坡设立金融和财务中心（FTC），从事财务、融资和其他金融服务业务而制定。金融和财务中心从事符合条件的活动取得的收入可申请享受10%的企业所得税优惠税率，为期10年，最长可延长到20年。

【研发业务优惠】为鼓励企业加大研发力度，新加坡政府规定，自2009估税年度起，企业在新加坡发生的研发费用可享受150%的扣除，并对从事研发业务的企业每年给予一定金额的研发资金补助。

【国际贸易商优惠】为鼓励全球贸易商在新加坡开展国际贸易业务，对政府批准的全球贸易商给予5～10年的企业所得税优惠，税率减低为5%或10%。此项优惠项目由新加坡国际企业发展局（IES）负责评估。

此外，新加坡还对部分金融业务、海外保险业务、风险投资、海事企业等行业给予一定的所得税优惠或资金扶持。

## 五、与投资合作相关的主要法律法规

与在新加坡投资合作相关的法律主要有：企业注册法、公司法、合伙企业法、合同法、国内货物买卖法、进出口管理法、竞争法等。具体内容可参阅以下网站：www.singaporelaw.sg。

据设在国家质检总局的中国WTO/SPS国家通报咨询中心消息：新加坡拟定2014年2月批准农食兽医局（AVA）修订马匹进口兽医条件的通报。修订内容涉及新加坡马匹永久及临时进口相关协议：(1) 出口前3个月马匹所在国未报道发生亨德拉病毒（Hendra virus）感染病例。(2) 出口前3个月马匹所在国报道发生过亨德拉病毒感染。如未接种疫苗，则马匹必须在出口前在兽医监督下经过连续21天的检疫期，并通过出口前14天内的酶联免疫吸附检测（ELISA test）结果显示，亨德拉病毒感染试验呈阴性反应；如接种了疫苗（必须采用最新疫苗，必须以预防接种证明及疫苗接种数据库登记的形式提交疫苗接种证明），马匹必须在出口前在兽医监督下接受连续21天的检疫，且在出口前的21天连续检疫期间，不得查出任何亨德拉病毒感染的临床症状。

2014年2月14日，新加坡公布2014年的食品法规修正草案。

新加坡农食兽医管理局已经审议了食品法规，并且提议对含有植物甾醇，植物甾醇酯，植物甾烷醇和植物甾烷醇酯的食品上必须声明的强制性声明做出补充的修订。

目前，要求含有植物甾醇、植物甾醇酯、植物甾烷醇和植物甾烷醇酯的食品在其产品标签上带有下列强制性声明：

①该产品是一种专供想要降低其血液中胆固醇水平的人的特殊用途食品；

②服用降胆固醇药物治疗的患者应当在医生的监督下食用该产品；

③该产品可能不适合作为孕妇和哺乳期妇女，以及5岁以下儿童的营养；

④该产品应当作为均衡及多元化饮食的一部分，其中包括经常食用水果和蔬菜，以便有助于维持胡萝卜素水平；

⑤应当避免每天食用超过3克的添加植物甾醇或植物甾烷醇；以及建议该食品每次（称为一份餐）食用量（以克或毫升）和建议每天食用餐数的声明，以及每一份餐植物甾醇或植物甾烷醇量的声明。

新加坡提议修订上述强制性声明如下：

①该产品可能不适合作为孕妇和哺乳期妇女，以及5岁以下儿童的营养；

②该产品应当用作均衡饮食的一部分；

③建议每天食用2～3克的植物甾醇/植物甾烷醇；

④每一份餐包含的植物甾醇，植物甾醇酯（按植物甾醇计算），植物甾烷醇或植物甾烷醇酯（按植物甾烷醇计算）量的声明。

（来源：南博网．http://singapore.caexpo.com/zcfx_xjp/fghj_xjp/2013/07/05/3597388.html.2013—07—05）

# 泰国对外国投资合作的法规和政策

## 一、对外贸易的法规和政策规定

1. 贸易主管部门

泰国主管贸易的政府部门是商业部，其主要职责分为两部分：对内负责促进企业发展、推动国内商品贸易和服务贸易发展、监管商品价格、维护消费者权益和保护知识产权等；对外负责参与WTO和各类多、双边贸易谈判、推动促进国际贸易良性发展等。泰国商业部主管对外业务的部门有贸易谈判厅、国际贸易促进厅和对外贸易厅等，主管国内业务的部门有商业发展厅、国内贸易厅、知识产权厅等。

2. 贸易法规体系

泰国与贸易相关的主要法律有1960年《出口商品促进法》、1979年《出口和进口商品法》、1973年《部分商品出口管理条例》、1979年《出口商品标准法》、1999年《反倾销和反补贴法》、2000年《海关法》和2007年《进口激增保障措施法》等。

3. 贸易管理的相关规定

【进口管理】泰国对多数商品实行自由进口政策，任何开具信用证的进口商均可从事进口业务。泰国仅对部分产品实施禁止进口、关税配额和进口许可证等管理措施。禁止进口产品主要涉及公共安全和健康、国家安全等的产品，如摩托车旧发动机、博彩设备等；关税配额产品包括桂圆等24种农产品，如大米、糖、椰肉、大蒜、饲料用玉米、棕榈油、椰子油、龙眼、茶叶、大豆和豆饼等，但关税配额措施不适用于从东盟成员国的进口；进口许可分为自动进口许可和非自动进口许可，非自动进口许可产品包括关税配额产品和加工品，如鱼肉、生丝、旧柴油发动机等。自动进口许可产品包括部分服装、凹版打印机和彩色复印机。泰国商业部负责制定受进口许可管理的产品清单。

综合泰国媒体2014年3月10日消息，泰国家食品与农产品标准管理办事处副秘书长披汕表示，本办事处准备好将花生标准部令草案提交给内阁研究，以作为全国花生的标准，预估在2015年可颁布实施，也可作为花生进口的检测标准。

【出口管理】泰国除通过出口登记、许可证、配额、出口税、出口禁令或其他限制措施加以控制的产品外，大部分产品可以自由出口，受出口管制的产品目前有45种，其中征收出口税的有大米、皮毛皮革、柚木与其他木材、橡胶、钢渣或铁渣、动物皮革等。

目前，泰国外贸司设立了泰国出口香米新标准，旨在提高泰国香米在国际市场上的价值。根据这一新标准，泰国最佳出口香米至少需含有98%的茉莉香米，旧标准为92%。

【贸易壁垒】泰国对WTO成员方的平均实施关税是11.2%。

(1) 关税高峰。泰国现对大量的进口产品征收超过30%的关税，包括农产品、汽车和汽车零部件、酒精饮料、纤维和一些电子产品。如丝织品、羊毛织物、棉纺织品及其他一些纤维织物的进口关税多为60%，摩托车及一些特殊用途车的进口关税达到或超过80%、大米52%、奶制品216%。

(2) 关税升级。泰国对绝大多数工业原材料和必需品，如医疗设备征收零关税；对有选择的一些原材料、电子零配件以及用于国际运输的交通工具征收1%的关税；一些化工原料，如氯化铵、氯化钙、氯化镁等氯化物的关税也仅为1%；对初级产品和资本货物大部分征收5%的关税；对中间产品一般征收10%的关税；对成品一般征收20%的关税；对需要保护的特殊产品征收30%的关税。

（3）关税配额。根据WTO《农业协定》，泰国对24种农产品实行关税配额管理，分别是桂圆、椰肉、牛奶、土豆、洋葱、大蒜、椰子、咖啡、茶、干辣椒、玉米、大米、大豆、洋葱籽、豆油、椰子油、速溶咖啡、土烟丝、生丝等。这些产品在配额内实行低关税，在配额外实行高关税，如大蒜进口配额仅64.6吨，配额内关税为27%，配额外关税高达57%。

（4）进口限制。泰国规定42种产品需要进口许可，包括原材料、石油、工业原料、纺织品、医药品及农产品。泰国禁止进口二手摩托车及其零件和游戏机。产品进口必须满足规定的要求，如缴纳特别费用、需要原产地证明等。进口食品、医药产品、矿产品、武器弹药、艺术品，需要相关部长的特别许可。泰国要求在食品进口登记中提供关于食品生产工艺及组成成分的详细产品经营信息。泰国卫生部食品药品管理局规定所有食品、药品及部分医疗设备的进口均须符合进口许可证的管理。食品进口许可证每3年换1次，每次均需要重新认证，文件送达食品药品管理局后还需重新收费、药品进口许可证每年更换1次，同样需要缴纳有关费用。

（5）技术性贸易壁垒。泰国对10个领域的60种产品实行强制性认证，包括农产品、建筑原料、消费品、电子设备及附件、PVC管、医疗设备、LPG气体容器、表层涂料及交通工具等。泰国卫生部食品药品管理局规定，所有进口食品、药品及部分医疗设备要符合标准、检测、标签和认证要求。进口上述产品必须附有泰文说明产品名称、重量或容量、生产和失效日期的标签，并经泰国卫生部食品药品管理局批准。

（6）政府采购。泰国不是WTO《政府采购协定》的签署国。在政府采购招标中，泰国对外国投标企业设置一系列限制，使外国企业无法投标或难以中标。如泰国常在招标文件中规定非泰国产品不得参与投标；政府采购部门对投标资格的规定不确定，有权在任何时候接受或拒绝部分或所有投标，甚至可以在招标过程中修改技术要求；投标者对招标结论没有申诉权利等。根据2000年5月泰国颁布的《对销贸易法》，对金额超过3亿泰铢的政府采购合同，外国中标企业须易货回购价值不低于合同金额50%的泰国产品，该规定在很大程度上提高了外国中标企业的经营成本。

4. 进出口检验检疫

泰国负责商品质量监督、检验和标准认证的管理部门主要是卫生部下属的食品与药品监督管理局（Food and Drug Administration，简称FDA）及农业合作部下属的国家农业食品和食品标准局（National Bureau of Agriculture Commodity and Food Standards，简称ACFS）。

FDA行使职责依据的国内法规和国际协议主要有：泰国1967年《药品法》、1975年《精神类物质法》、1979年《食品法》、1979年《麻醉品法》、1988年《医疗器械法》、1990年《防止滥用挥发性物质法》、1992年《化妆品法》、1992年《危险物质法》、1971年《关于精神类物质的国际公约》和1988年联合国《关于反对非法买卖麻醉品和精神类物质的协定》等。FDA根据相关法律法规对商品的市场准入进行控制，审核发放各类商品相应的卫生证明、GMP证明、HACCP证明和自由销售证明等。进口商必须申请进口许可证后才能进口食品，指定的食品储藏室必须经FDA检验后才能使用，进口许可证要每3年更新1次；对于特别控制的食品，进口商必须到FDA注册，获得批准才能进口。

ACFS的主要职责是制定初级农产品、食品和加工农产品的标准，发放许可证明，对有关产品的认证机构及企业进行认证等。此外，还协助和参与技术问题、非关税措施及国际标准等方面的对外谈判，其主要工作目标是发展泰国农产品和食品标准体系使其适应国际标准，以扩大泰国农产品和食品的出口额。ACFS自成立以来，共制定公布了22项植物食品标准、10项动物产品标准、3项鱼类食品标准和20项其他标准。

5. 海关管理规章制度

《海关法》是泰国实施海关管理的根本法律制度。目前，泰国海关进出口商品代码和关税管理体系是根据1987年修订的海关关税法令制定的。泰国政府根据管理需要会对商品代码分类和海关关税进行不定期调整，有关法令和公告可在泰国海关厅网站上查询，网址为www.gtf.customs.go.th/igtf/en/main.frame.jsp。

在泰国，大部分进口商品都需要缴纳两部分税，一是海关关税，二是增值税。关税计税方法一般为按价计税，也有部分商品按照特定单位税率的方式征税。一般情况下，进口商品关税额计算公式为商品到岸价乘以该项商品的进口税率，绝大部分商品的进口关税在 0%～80%之间；增值税的计算公式为进口商品缴纳关税和消费税（部分商品需缴纳）后的总价值乘以 7%。

表 1　泰国主要进口商品的关税税率

| 商品名称 | HS 编码 | 一般关税税率 |
| --- | --- | --- |
| 原油 | 2709 | 25% |
| 集成电路 | 8542 | 35% |
| 打字机等办公机器的零部件 | 8473 | 40% |
| 摩托车零部件 | 8708 | 60% |
| 光盘、磁带、记忆卡等未录制内容的固体媒体存储介质（胶卷除外） | 8523 | 60% |
| 成品油 | 2710 | 税号 27101211～27101220 税率为 2.91 泰铢/升，其余部分以 30%的税率按价计税 |
| 天然气和其他气体燃料 | 2711 | 采用特定单位税率 0.001 泰铢/千克 |
| 未加工的精铜和铜合金 | 7403 | 6% |
| 自动数据处理设备 | 8471 | 40% |
| 未加工的金、金粉 | 7108 | 35% |

（资料来源：中华人民共和国商务部）

泰国新财政部常务次长廊山上任初始，便对政府税收结构进行大调整。廊山表示税收重大调整的时机已经到来，多个税收调整计划已经研究多时，需要认真贯彻执行。特别是绿茶类应该恢复收取 10%的消费税。之前政府一直都在大力扶持鼓励农产品，相信通过重新起征绿茶 10%的消费税，国货税厅每年可新增几十亿泰铢的税收收入。

泰国给予东盟成员国和与其签订多双边贸易协定的国家地区不同程度的关税减让，具体商品的关税税率和减让情况均可以通过 HS 税号或商品名称在海关网站上查询，网址为 www. igtf. customs. go. th。

## 二、对外国投资的市场准入的规定

1. 投资主管部门

泰国主管投资促进的部门是投资促进委员会（Board of Investment，简称 BOI），负责根据 1977 年颁布的《投资促进法》及 1991 年第 2 次修正和 2001 年第 3 次修正的版本制定投资政策。投资促进委员会办公厅隶属于泰国工业部的国家厅级单位，负责审核和批准享受泰国投资优惠政策的项目、提供投资咨询和服务等。

2. 投资行业的规定

根据《外籍人经商法》（1999）有关规定，泰国限制外国人投资的行业有以下 3 类：

（1）因特殊理由禁止外国公民投资的业务：报业、广播电台、电视台；种稻、旱地种植、果园种植；牧业；林业、原木加工；在泰国领海、泰国经济特区的捕鱼；泰国药材炮制；涉及泰国古董或具有历史价值之文物的经营和拍卖；佛像、钵盂制作或铸造；土地交易等。

（2）涉及国家安全稳定或对艺术文化、风俗习惯、民间手工业、自然资源、生态环境造成不良影响的投资业务，须经商业部长根据内阁的决定批准后外国投资者方可从事的行业：①涉及国家安全稳定的投资业务，包括生产、销售、修理枪械、子弹、火药、爆炸物及其有关配件，武器、军用船、飞机、车辆，一切占用设备的机件设备或有关配件；国内陆上、水上、空中等运输业，包括国内航空业。②对艺术文化、风俗习惯、民间手工业、自然资料、生态环境造成不良影响的投资业务，包括泰国传统工艺品的古董、艺术品买卖，木雕制造，养蚕、泰丝生产、泰绸织造、泰绸花纹印制，泰国民族乐器制造，金器、银器、乌银镶嵌器、镶石金器、漆器制造，涉及泰国传统工艺的盘器、碗器、陶器制造。③对自然资源、生态环境造成不良影响的投资业务，包括蔗糖生产，海盐、矿盐生产，石盐生产，采矿业、石头爆破或碎石加工，家具、木材加工等。

（3）本国公民对外国公民未具竞争能力的投资业务，须经商业部商业注册厅长根据外籍人经商营业委员会决定批准后可以从事的行业：碾米业、米粉和其他植物粉加工；水产养殖业；营造林木的开发与经营；胶合板、饰面板、刨木板、硬木板制造；石灰生产；会计、法律、建筑、工程服务业；工程建设，但不包含：①外国人投入的最低资本在 5 亿泰铢以上的公共基本设施建设、运用新型机械设备、特种技术和专业管理的公共设施、交通设施建设。②部级法规规定的其他工程建设；中介或代理业务，但不包含：①证券交易中介或代理、农产品期货交易、有价证券买卖业务，②为联营企业的生产、服务需要提供买卖、采购、寻求服务的中介或代理业务，③为外国公民投入最低资本1亿泰铢以上的、行销国内产品或进口产品的国际贸易企业提供买卖、采购、推销、寻求国内外市场的中介或代理业务；拍卖业，但不包含：①国际性拍卖业，其拍卖标的物不涉及具有泰国传统工艺、考古或历史价值的古董、古物、艺术品之拍卖；②部级法规规定的其他拍卖；法律未有明文禁止涉及地方特产或农产品的国际贸易；最低资本总额低于1亿泰铢的百货零售业、最低资本少于2500万泰铢的商店；最低资本少于100万泰铢的商品批发业；宣传广告业；旅店业，不含旅店管理；旅游业；餐饮业；植物新品种开发和品种改良；除部级法规规定的服务业意外的其他服务业等。

外国公民除需经商业部长根据内阁决议批准外，还需满足以下两个条件方可从事上述第2类规定的行业：一是泰籍人或按照本法规定的非外国法人所持的股份不少于外国法人公司资本的40%（除非有适当原因，商业部长根据内阁的批准可以放宽上述持股比例，但最低不得低于25%）；二是泰国人所占的董事职位不少于2/5。

对上述属于外商经营企业法所规定的须得到允许方可进行投资的2、3类行业，外国人在泰国开始商业经营的最低投资额不得少于300万泰铢，其他行业最低不少于200万泰铢。对在泰国注册的法人而言最低投资额是指注册资本，对未在泰国注册的外国投资者或法人而言是指来泰经商所汇人的外汇。如果外国人属于《投资促进法》、《工业园管理条例》或其他有关法律规定可享受投资优惠或得到经营许可的投资者，则可以从事第2、3类中规定的某些行业。

根据泰国投资促进法的有关规定，在泰国获得投资优惠的企业，投资额在1000泰铢以上（不包括土地费和流动资金），须获得ISO9000国际质量标准或其他相等的国际标准的认证。具体审批标准如下：①投资额不超过5亿泰铢（不包括土地费和流动资金）的项目，产品增加值必须不低于销售收入的20%，但电子产品及其配件、农产品加工和投资促进委员》会特别批准的项目除外；新投资项目的负债与注册资本之比不得超过3∶1；投资项目必须使用先进生产技术和新机械设备，若需使用旧机器，其效率必须获得权威机构的验证，并获得投资促进委员会的准许；必须有足够的环境保护措施，对环境有不良影响的项目，投资促进委员会将着重审核其工厂设立地点及其污染处理方法。②投资额在5亿泰铢以上（不包括土地费和流动资金）的项目，除按上述规定执行，尚需按投资促进委员会的规定提交项目可行性报告。

以下行业的泰国籍投资者的持股比例不得低于51%：农业、畜牧业、渔业、勘探与采矿业和1999年颁布的《外籍人经商法》附录第1类行业中的服务行业。2006年1月9日，泰国政府内阁会议原则通过了泰国商业部提交的《外籍人经商法》修正草案，决定送交法制委员会对某些条款作进一步修改。该修正草案的要点共有3项：第一，对于“外国法人”的定义，在原先规定外国人持股比例超过50%即视为外国法人外，还规定即使外国人持股比例没有超过50%，但外国人投票权比例超过50%，也被视为“外国法人”；第二，修改处罚规定，增加对未获批准擅自经营限制外商经营的业务的外资企业或由泰国人代理持股的外资企业的处罚金额；第三，调整《外籍人经商法》附件中的第三类行业目录（即泰资企业尚缺乏能力与外资企业竞争的行业，外资企业须获得外国人经商委员会的批准并由商业部商业发展厅签发许可证后方可经营该类行业），已有其他专门法律规范的行业（如旅游业、金融业、证券业等）将不酬人第3类行业。

对于不符合上述规定的现有外资企业，《外籍人经商法》修正草案给予修正的宽限期对于未获批准或使用泰国人代理持股经营第一类行业（因特殊理由禁止外国人经营的行业，如报纸、广播电台、电视台、土地交易等）和第二类行业（涉及与国家安全和文化艺术有关的行业，如武器、文物和艺术品等）的外商投资企业，必须在90天内向商业部报告，并在1年内修正；对于外国人持股不超过50%但拥有超过一半投票权的外商投资企业，必须在1年内通知商业部并在2年内将投票权降低在50%以下。对于属于第三类行业的外商投资企业，必须分别在90天及1年之内向商业部报告其外国人持股地位及其拥有投票权的比例，然后便可继续经营，而不需减少外国人持股和拥有投票权的比例，因为这类行业与国家安全无关，而且不属于禁止外国人经营的行业。对于在《外籍人经商法》修正案通过后成立的企业，必须按照新的法律规定执行。

3. 投资方式的规定

【股权投资】外籍人在泰国开展投资经营活动的方式可分为2类：一是按照泰国法律在泰国注册为某种法人实体，具体形式有合伙企业、有限公司和大众有限公司等；二是成立合资公司，通常指一些自然人或法人根据协议为从事某项商业活动而组建的实体，根据泰国《民商法典》，合资公司不是法人实体，但是根据《税法典》，合资公司在缴纳企业所得税时被视为单一实体。

【上市】泰国法律规定，只有公众有限公司才有资格申请登记加入证券交易市场。根据1992年颁布的《公众有限公司法》的有关规定，有限公司可以转为公众有限公司。泰国没有发布关于外资公司在泰国上市的特殊限制，在泰国注册成立的公众有限公司，只要符合泰国证券交易委员会（Securities Exchange Commission，简称SEC）和股票交易所（Stock Exchange of Thailand，简称SET）的有关规定，即可申请上市。

【收购】泰国没有发布关于跨国并购的专门法律法规，规范收购行为的法律法规包括《民商法典》、《大众有限公司法》和1992年颁布的《证券交易法》。收购行为通常有全资并购、股票收购和资产收购。收购私人有限公司，须符合《民商法典》有关规定。而收购上市公司，必须符合《证券交易法》和泰国证券交易委员会的有关规定。

泰国没有专门针对外资并购安全审查及国有企业投资并购方面的法律规定，外来投资者只要不违反泰国《外籍人经商法》对于外籍人禁止或限制投资的有关规定，即可按《民商法典》、《大众有限公司法》和《证券交易法》有关规定在泰国开展投资并购。

4. 特殊经济区域的规定

泰国工业部下设有工业园管理局（Industrial Estate Authority of Thailand，简称IEAT），负责发展工业园区和科技园区等工业地产。2007年，IEAT第4次修改《工业园机构条例》，以提高工业园内投资者的竞争能力。

根据《工业园机构条例》，泰国的工业园分为2类：一般工业区和自由经营区（原出口加工区）。在一般工业区投资的外国投资者，不必向BOI提交申请，就可以获得工业园内的土地所有权和引进外国技术人员、专家来泰国工作的权利。此外，IEAT还向工业园内的投资者提供便利设施和一条龙服务，如运输服务、仓库、培训中心和医疗服务等。在自由经营区的投资者，还可以享有更多的优惠政策，如无条件向国外出口产品，享受更大的进口物件和原材料便利，除BOI鼓励投资政策提供的优惠条件外，还可以享受更多的税务优惠。

根据IEAT统计，截至目前泰国共在14个府建立了各类工业园46个，其中IEAT独立开发的工业园11个，IEAT与合作者联合开发的工业园35个。泰国各工业园的优惠政策与BOI的地区鼓励政策基本保持一致，根据所处的府分别享受当地最高的投资优惠（包括税收、土地、人员引进及进口机械设备或原材料免税等诸多方面优惠），各工业园企业无需特别申请即可享受BOI的投资优惠政策。上述46个工业园的地理位置、基本信息、产业方向、设施状况、优惠政策等请见工业园管理局网站（http：//www. ieat. go. th）。

目前，有2家中资企业与泰国当地企业合作分别参与了2个工业园的开发（均采用“园中园”形式）：

（1）泰中罗勇工业园，位于泰国安美德城市工业园内，目前已有40多家中资企业入驻。有关详细信息请见 www. sinothaizone. com/index. asp。

（2）泰国湖南工业园，位于泰国甲民武里工业园内，目前刚开发不久，已有多家中资企业入驻。另有大量中资企业入驻泰国不同的工业园。

2013年4月，泰国工业园协会会长威通表示，工业园认识到提升中小企业经营实力的重要性，决定将分别在中部、北部和东北部设立中小企业工业园，推出优惠扶持措施吸引中小企业进驻。威通表示中小企业在国家经济体系中发展劳动技能、创造就业岗位、创造附加价值和为国家创造外汇以及进行取代进口类产品生产方面具有重要地位。

## 三、泰国关于企业税收的规定

1. 税收体系和制度

泰国关于税收的根本法律是1938年颁布的《税法典》，财政部有权修改《税法典》条款，税务厅负责依法实施征税和管理职能。外国公司和外国人与泰国公司和泰国人一样同等纳税。泰国对于所得税申报采取自评估的方法，对于纳税人故意漏税或者伪造虚假信息逃税的行为将处以严厉的惩罚。目前泰国的直接税有3种，分别为个人所得税、企业所得税和石油天然气企业所得税，间接税和其他税种有特别营业税、增值税、预扣所得税、印花税、关税、社会保险税、消费税、房地产税等，泰国并未征收资本利得税、遗产税和赠与税。

2. 主要税赋和税率

【企业所得税】在泰国具有法人资格的公司须依法纳税，纳税比例为净利润的30%，每半年缴纳1次。基金、联合会和协会等则缴纳净收入的2%～10%，国际运输公司和航空业的税收则为净收入的3%。未注册的外国公司或未在泰国注册的公司只需按在泰国的收入纳税。正常的业务开销和贬值补贴，按5%～100%不等的比例从净利润中扣除。对外国贷款的利息支付不用征收公司的所得税。企业间所得的红利免征50%的税收。对于拥有其他公司的股权和在泰国证券交易所上市的公司，所得红利全部免税，但要求持股人在接受红利之前或之后至少持股3个月以上。企业研发成本可以作双倍扣除，职业培训成本可以作1.5倍扣除。注册资本低于500万泰铢的小公司，净利润低于100万泰铢的，按20%计算缴纳所得税；净利润在100万～300万泰铢之间的，按25%计算缴纳。在泰国证交所登记的公司净利润低于3亿泰铢的，按25%计算缴纳。设在曼谷的国际金融机构和区域经营总部按合法收入利润的10%计算缴纳。到泰国投资的公司如果注册为泰国公司，可以享受多种税收优惠。

【个人所得税】个人所得税纳税年度为公历年度。泰国居民或非居民在泰国取得的合法收入或在泰国的资产，均须缴纳个人所得税。税基为所有应税收入减去相关费用后的余额，按从5%到37%的五级超额累进税率征收。按照泰国有关税法，部分个人所得可以在税前根据相关标准进行扣除，如租赁收入可根据财产出租的类别，扣除10%～30%不等；专业收费中的医疗收入可扣除60%，其他30%，著作权收入、雇佣或服务收入可扣除40%，承包人收入可扣除70%。

【增值税】泰国增值税率的普通税率为7%。任何年营业额超过120万泰铢的个人或单位，只要在泰国销售应税货物或提供应税劳务，都应在泰国缴纳增值税。进口商无论是否在泰国登记，都应缴纳增值税，由海关厅在货物进口时代征。免征增值税的情况包括年营业额不足120万泰铢的小企业；销售或进口未加工的农产品、牲畜以及农用原料，如化肥、种子及化学品等；销售或进口报纸、杂志及教科书；审计、法律服务、健康服务及其他专业服务；文化及宗教服务；实行零税率的货物或应税劳务包括出口货物、泰国提供的但用于国外的劳务、国际运输航空器或船舶、援外项目下政府机构或国企提供的货物或劳务、向联合国机构或外交机构提供的货物或劳务、保税库或出口加工区之间提供货物或劳务。当每个月的进项税大于销项税时，纳税人可以申请退税，在下个月可返还现金或抵税。对零税率货物而言，纳税人享受退税待遇。与招待费有关的进项税不得抵扣，但可在计算企业所得税时作为可扣除费用。

目前泰国财政部有上调增值税1%的构想，从现时的7%增至8%，这举措将促使官方提高500亿泰铢财政收入，但是泰国政府担心此举会影响商品价格上扬，进而加大民众的生活负担。政府表示如果经济有所好转，财政部将考虑调整增值税。

【特别营业税】征收特别营业税的行业有银行业、金融业及相关业务、寿险、典当业和经纪业、房地产及其他皇家法案规定的业务。其中，银行业、金融及相关业务为利息、折旧、服务费、外汇利润收入的3%，寿险为利息、服务费及其他费用收入的2.5%，典当业经纪业为利息、费用及销售过期财物收入的2.5%，房地产业为收入总额的3%，回购协议为售价和回购价差额的3%，代理业务为所收利息、折扣、服务费收入的3%。同时在征收特别营业税的基础上还会加收10%的地方税。

## 四、泰国对外国投资的优惠

1. 优惠政策框架

BOI向投资者提供2种形式的优惠政策：一是税务上的优惠权益，主要包括免缴或减免法人所得税及红利税、免缴或减免机器进口税、减免必需的原材料进口税、免缴出口产品所需要的原材料进口税等；二是非税务上的优惠权益，主要包括允许引进专家技术人员、允许获得土地所有权、允许汇出外汇以及其他保障和保护措施等。

非税务优惠适用于所有获BOI批准的项目，税务优惠则根据项目所在地和所属行业等不同情况享受相应的优惠。一般而言，位于受到特别鼓励投资区域的项目、生产出口型的项目或者属于泰国政府鼓励支持产业范畴内的项目均可以获得更大程度的优惠。

此外，为鼓励外商投资，BOI还放宽了对外商持股比例的限制，对于工业企业投资，无论工厂设在何处，BOI允许外商持大部分或全部股份，如果有适当理由，BOI可规定外商在某些受鼓励的行业持股比例的限额。

2. 行业鼓励政策

BOI将鼓励投资的行业分为7大类，分别是：农业及农产品加工业，矿业、陶瓷及基础金属工业，轻工业，金属产品、机械设备和运输设备制造业，电子与电器国内工业，化工产品、造纸及塑胶和服务业及公用事业。

每个大类下还细分为许多小类，BOI对一些重点鼓励投资的行业都规定了特别的优惠条件，其中，农产品加工业、人才及科技发展业、公共事业、基础设施、环境保护等属于特别重视的项目。

3. 地区鼓励政策

BOI根据全国77个府（2011年3月23日新成立汶干府，原为76个府）的收入和基础设施等经济发展因素，将其划分为3个区域：

第一区，分别是曼谷、北榄、龙仔厝、巴吞他尼、暖武里和佛统。

第二区，分别是夜功、叻丕、北碧、素攀、大城、红统、北标、坤西育、北柳、春武里、罗勇和普吉。

第三区，为其他府。

对各级投资区域分别给予不同程度的投资优惠政策，有关详细情况请见 www.boi.go.th/index.php? page=criteria _ for _ granting _ tax。

### 五、与投资合作相关的主要法律法规

1.《民商法典》，明确了自然人、团体和法人之间的民事关系，对法人的设立、组织、经营、变更等行为作出了规定。

2.《外籍人经商法》，规定外籍人在泰国经商行为的根本法律。

3.《税法典》，规定泰国税种、税率和计算方式等税务相关问题的根本法律。

4.《投资促进法》（以及历次修改公告），明确了外商在泰国投资可以享受的各项优惠权益。

5.《劳动保护法》，明确了雇主和雇员的权利及义务。

6.《外籍人工作法》，规定外籍人在泰国工作的根本法律。

7.《海关法》，规定了商品进出泰国关境的原则和方式，明确了进出口经营者和海关管理机构的权利义务等。

据泰国《中华日报》消息，根据泰国看守内阁会议2013年12月19日通过的财政部的提案，同意修改个人所得税征税标准。征税标准从原来的5级，调整为7级。而新的7级税率标准分别为：1级：净收入不超过30万泰铢，缴税5%；2级：净收入高于30万泰铢，但不超过50万泰铢，缴税10%；3级：净收入高于50万泰铢，但不超过75万泰铢，缴税15%；4级：净收入高于75万泰铢，但不超过100万泰铢，缴税20%；5级：净收入高于100万泰铢，但不超过200万泰铢，缴税25%；6级：净收入高于200万泰铢，但不超过400万泰铢，缴税30%；7级：净收入超过400万泰铢，缴税35%。其中最高税率也从37%调降至35%。收入不超过15万泰铢者仍将获得免交个税的政策。

（来源：南博网．http://www.caexpo.com/news/asean/taiguo/zcfx _ tg/zchj _ tg/2013/07/05/3597390.html. 2013—07—05）

## 越南对外国投资合作的法规和政策

### 一、对外贸易的法规和政策规定

1. 贸易主管部门

越南主管贸易的部门是工贸部，设有36个司局和研究院，负责全国工业生产（包括机械、冶金、电力、能源、油气、矿产及食品、日用消费品等行业生产）、国内贸易、对外贸易、WTO事务、中国—东盟自由贸易区谈判等。

2. 贸易法规体系

越南主要贸易法律法规包括：《民法》、《贸易法》、《电子交易法》、《海关法》、《进出口税法》、《知识产权法》、《信息技术法》、《反倾销法》、《反补贴法》、《企业法》、《会计法》、《统计法》等。

3. 贸易管理的相关规定

【进口管理】根据加入WTO的承诺，越南逐步取消进口配额限制，基本按照市场原则管理。禁止进口的商品主要包括：武器、弹药、毒品、有毒化学品、军事技术设备、麻醉剂、部分儿童玩具、颓废和反动的文化品、爆竹、烟草制品、二手消费品、右舵驾驶机动车、二手物资、低于30马力的二手内燃机、含有石棉的产品和材料、各类专用密码及各种密码软件等。

越南工贸部组织目前已讨论《贸易法实施细则决议草案》，拟禁止进口二手纺织品和电子产品等商品。

根据2012年11月12日越南政府相关部门制定的编号为95/2012/ND－CP议定，制定2014年调整食糖、盐类、家禽蛋类进口关税原则相关规定。

【出口管理】关于出口，越南主要采取出口禁令、出口关税、数量限制等措施进行管理。禁止出口的商品主要包括：武器、弹药、爆炸物和军事装备器材、毒品、有毒化学品、古玩、伐自国内天然林的圆木、锯材、来源为国内天然林的木材、木炭、野生动物和珍稀动物、用于保护国家秘密的专用密码和密码软件等。越南科学技术部于2012年9月颁布关于进口中国机械设备的新规定。规定称，暂停进口中国2255家企业淘汰的18个领域的落后

技术和设备。包括钢铁、合金、炼煤、铜、铅、锌、电解铝、冶炼、化纤、水泥、平板玻璃、造纸、酒及酒精、味精、熟皮、柠檬酸印染等生产行业二手设备。从2012年9月15日起，越南海关总局只允许经由科学技术部确认不属于暂停进口范围的中国产二手设备通关。

据《越南经济时报》报道，越南工贸部第34/2013/TT-BCT号通知称，自2014年2月5日起，禁止越南外资企业出口石油或其他原油。此外，通知规定越南外资企业不可进口各类雪茄、香烟；烟草或烟草制品。报道称，该通知还禁止外资企业进行部分产品的分销，主要包括：大米、蔗糖、甜菜糖、原油及加工品、药品、炸药、书籍杂志、珠宝首饰等。

4. 进出口商品检验检疫

越南进出口商品检验检疫工作根据不同商品种类由不同部门负责，食品和药品检验由卫生部负责，动植物和其他农产品检验由农业与农村发展部负责，具体规定可在网上查询。

5. 海关管理规章制度

【管理制度】越南现行关税制度包括4种税率：普通税率、最惠国税率、东盟自由贸易区税率及中国—东盟自由贸易区框架下特别优惠税率。普通税率比最惠国税率高50%，适用于未与越南建立正常贸易关系国家的进口产品。原产于中国的商品享受最惠国税率，其中属于越南海关税则1～8章的商品适用于“早期收获”税率，即零关税。根据中国—东盟自由贸易区货物贸易协议，从2011年始，越南对从中国进口的商品每2年削减1次进口关税。到2015年，除少量敏感产品外，将对95%以上的商品征收零关税。

【关税税率】根据越南财政部官网声明，越南部分商品进口税率见下表：

表1 越南部分商品进口税表

| 商品名称 | 关税税率 | 商品名称 | 关税税率 |
|---|---|---|---|
| 香烟原料 | 30% | 纺织原料 | 5%～12% |
| 皮革原料 | 0%～10% | 成衣 | 5%～20% |
| 皮革制品 | 0%～28% | 鞋 | 5%～32% |
| 木材原料 | 0%～5% | 玻璃 | 0%～40% |
| 纸浆 | 0% | 钢材 | 0%～32% |
| 纸张 | 5%～25% | 发动机 | 0%～38% |
| 农机 | 5%～15% | 汽车（5座） | 78% |

（资料来源：越南海关）

据报道，越南海关总局表示，对于汽车零配件的分类及关税计算政策已在2006年4月15日启用至2011年12月31日为止。从2012年1月1日开始，对于汽车零配件的分类以及关税计算按第九十八章，9821组规定进口关税税率将为0%～74%。

据越南工业与贸易部下属单位市场竞争管理局透露，越南政府将对包括精致大豆与棕榈油在内的进口植物油按照4%的税率征收“食用油保障税”。

## 二、对外国投资的市场准入的规定

1. 投资主管部门

越南主管投资的政府部门是计划投资部，设有26个司局和研究院，主要负责对全国“计划和投资”的管理，为制定全国经济社会发展规划和经济管理政策提供综合参考，负责管理国内外投资，负责管理工业区和出口加工区建设，牵头管理对官方发展援助的使用，负责管理部分项目的招投标等。

2. 投资行业的规定

【禁止投资项目】

（1）危害国防、国家安全和公共利益的项目；

（2）危害越南文化历史遗迹、道德和风俗的项目；

（3）危害人民身体健康、破坏资源和环境的项目；

（4）处理从国外输入越南的有毒废弃物、生产有毒化学品或使用国际条约禁用毒素的项目。

【限制投资项目】

（1）对国防、国家安全、社会秩序有影响的项目；

（2）财政、金融项目；

（3）影响大众健康的项目；

（4）文化、通信、报纸、出版等项目；

（5）娱乐项目；

（6）房地产项目；

（7）自然资源的考察、寻找、勘探、开采及生态环境项目；

（8）教育和培训项目；

（9）法律规定的其他项目。

【特别鼓励投资项目】

（1）新材料、新能源的生产；高科技产品的生产；生物技术；信息技术；机械制造；配套工业，具体包括：

①复合材料、轻型建材、珍稀材料。

②高级钢材、合金、特种金属、钢坯。

③太阳能、风能、生物燃气、地热及海潮等新

型能源应用。

④医疗分析设备生产、医学遗注技术应用、整形设备、残疾人专用车辆及设备生产。

⑤应用先进技术和生态技术生产药物达国际GMP标准、抗生素原材料生产。

⑥计算机、通信设备、电信、互联网及重点通信技术产品生产。

⑦半导体和高科技电子配件生产、软件及数码通信素材生产；软件服务、通信技术研究及通信技术人才培养。

⑧精密机械设备生产制造；工业生产安全监控及检测设备生产；工业机器人开发。

(2) 种植、养殖及加工农林水产；制盐；培育新的植物和畜禽种子包括：

①植护林。

②荒地、沼泽区域种养农林水产。

③远洋捕捞作业。

④物种、树种及家禽种苗培养且经济价值高。

⑤盐业生产、开发及精炼。

(3) 应用高科技、现代技术；保护生态环境；高科技研发与培育：

①在越南未投入使用的新技术和高工艺；生态技术应用。

②污染处理及环境保护；环保处理、观测及分析设备生产。

③污水、废气及固体排放物处理及回收再利用。

④研究、发展和培育新工艺。

(4) 使用5000人以上劳动密集型产业。

(5) 工业区、出口加工区、高新技术区、经济区及由政府总理批准重要项目的基础设施建设。

(6) 发展教育、培训、医疗、体育和民族文化事业的项目：

①投资建设戒毒、戒烟中心。

②投资成立疫病防御中心。

③投资建设老年中心、集中救助中心、残疾人看护中心及孤儿院。

④投资建设现代化教育培训中心和体育场所。

(7) 发展民间传统手工业；

(8) 其他需鼓励的生产和服务项目：25%以上的纯利润用于研究与发展。

3. 投资方式的规定

根据越南《投资法》，外国投资者可选择投资领域、投资形式、筹集资金方式、投资地点和规模、投资伙伴及投资项目活动期限。外国投资者可登记注册经营一个或多个行业；根据法律规定成立企业；自主决定已登记注册的投资经营活动。

【直接投资】直接投资方式包括：外商独资企业；成立与当地投资商合资的企业；按BOO、BOT、BTO和BT合同方式进行投资；通过购买股份或融资方式参与投资活动管理；通过合并、并购当地企业的方式投资；其他直接投资方式。

【间接投资】间接投资方式包括：购买股份、股票、债券和其他有价证券；通过证券投资基金进行投资；通过其他中介金融机构进行投资；通过对当地企业和个人的股份、股票、债券和其他有价证券进行买卖的方式投资。间接投资的手续根据《证券法》和其他相关法律的规定办理。

【外资并购】越南正在对隶属于70多家集团和总公司的1600多家国企进行改革，包括银行、航空、通信、造船、汽车、电力、水泥、交通等重要行业。鼓励外商参与，允许外商购买股份和参与管理，仅保留554家与国防、安全等有关的国有全资企业。外商可通过购买上市企业的股票，或购买股份制企业的股权等方式进行并购。

## 三、越南关于企业税收的规定

1. 税收体系和制度

越南实行属地税法，已建立以所得税和增值税为核心的全国统一税收体系。根据越南《投资法》规定，外国投资企业和越南内资企业都采用统一税收标准，对于不同领域的项目实施不同的税率和减免期限。如特别鼓励投资项目所得税率为10%，减免期限为4～15年；鼓励投资项目所得税率为15%，减免期限为2～10年；所有优惠税率最长不超过15年，过优惠期后按普通税率征税；普通投资项目所得税率为25%，减免期限为2年。

2. 主要税赋和税率

越南是以间接税为主的国家，现行税制中的主要税种是：公司所得税、个人所得税、增值税、特别销售税、社会保障税、健康保险、进出口税、生产特许权使用费、财产税和预提税。

越南国会修法对特别消费税拟立草案，自2015年7月起，拟对碳酸饮料、投票游戏以及通过发短信来投注的博彩等加征特别消费税。碳酸饮料将征收10%的税率；投票游戏和发短信来投注的博彩要征收30%的税率；酒精量超过20%的烈酒税率将从50%调升至65%、酒精含量小于20%的一般酒品，税率亦将调升至35%；啤酒税率将调升至60%；香烟、雪茄及其他烟草制品将从65%调升至75%。

【企业所得税】

（1）纳税人：企业所得税的纳税人分为居民企业和非居民企业。企业所得税法对常设机构作了规定。外商在越南投资必须得到有关当局批准且取得营业执照，而取得企业所得税纳税人身份是获得批准的手续之一。居民纳税人身份与外汇管制和税收协定相关。

（2）征税对象、税率：居民企业应当就其来源于全世界的经营所得纳税，非居民企业仅就来源于越南的经营所得纳税。

目前，外商投资企业、国内企业、外国企业的分支机构以及不受《外国投资法》管辖的外国承包商适用标准的企业所得税，税率为25%。建设—经营—移交（BOT）企业的标准税率为10%。

国内外石油、天然气企业的标准税率为50%，优惠税率最低为32%。

符合政府规定条件（见税收鼓励政策）的外资企业和国内企业，优惠税率为20%、15%和10%。

（3）应纳所得税额计算存货估价。对于存货估价，目前没有专门规定。存货的税务处理采用会计处理方法，遵循《越南会计标准》。

资本获益。资本投入所得利润应按规定缴纳所得税。根据资产属性，某些销售收入应缴纳增值税。外国投资者转让在越南注册公司的权益所获得的利润，应按照25%的税率纳税。

折旧的扣除。从2004年1月1日起，税收折旧应与会计折旧区别对待。在计算企业所得税时，超过规定折旧率的部分不能扣除所得税。对各类资产（包括无形资产）规定最长和最短使用年限。一般采用直线折旧法计算，在特殊情况下也可采用双倍余额递减折旧法和生产折旧法进行计算。

【个人所得税】

（1）纳税人：越南个人所得税纳税人分为居民纳税人和非居民纳税人。外国公民1年中在越南居住和工作的时间满183天，则为居民纳税人，按累进税率纳税；在越南居住和工作的时间不满183天，则为非居民纳税人，按单一税率纳税。

（2）征税对象、税率：居民纳税人应当就来源于全世界的所得纳税。非居民外国公民仅就来源于越南的所得纳税，第1年适用25%的税率，以后的年度适用居民外国公民的税率。与越南签订了避免双重征税协定的国家的居民个人纳税人，如果是越南的非居民纳税人并符合一定条件，则可以免缴个人所得税。

越南财政部于2012年3月8日公布“个人所得税法修改草案”内容。该修改法草案于2012年5月呈请国会审议通过，并于2014年1月1日起与“企业所得税修改法”同时颁布生效。主要修改内容包括：1. 提高个税起征点，由目前的500万越南盾/月上调到600万越南盾/月；2. 提高家景减除额度。由目前的每人160万越南盾上调到240万越南盾。3. 下调个税最高税率。由目前的35%下调到30%。

【其他主要税种】

（1）增值税：是对商品和服务的增值金额征税。在越南设立的内资和外资营利性机构都应当缴纳增值税。自2004年1月1日起，根据商品和服务种类，增值税适用5%和10%（标准税率）2种税率。加工制造业产品出口和劳务出口，免征增值税。进口环节增值税优惠政策自2004年1月1日起取消。

据《西贡经济时报》2014年1月23日报道，越南财政部已经公布第385/BTC－CST号关于减免增值税的通知。根据通知，种植、养殖、水产养殖和捕鱼等行业未经加工或初加工的产品将免征增值税。

（2）印花税：对各种性质企业每年必收的费用，以企业注册资金为依据。注册资金在100亿越南盾以上征收300万越南盾；50～100亿越南盾征收200万越南盾；20～50亿越南盾征收150万越南盾；20亿越南盾以下征收100万越南盾。新成立企业在上半年完成税务登记并获得税号将按全年征收印花税，下半年获得按50%缴纳。

### 四、越南对外国投资的优惠

1. 优惠政策框架

2006年7月1日，越南出台了新的《投资法》，对国内和外商投资实行统一管理，取消先行实施的《外国投资法》的诸多限制，进一步开放市场。取消的限制包括：要求优先购买、使用国内商品和服务，或必须购买国内某一生产厂家的产品和服务；要求商品或服务出口必须达到一定比例；限制出口商品和服务的种类、数量和价值；要求商品进口数量和价值与商品出口数量和价值相当或必须通过自身出口来平衡进口所需外汇；要求商品生产要达到一定的国产化比例；要求研发工作要达到一定水平或价值；要求在国内外某具体地点提供商品及服务；要求总部设在某具体地点等。

《越南经济时报》2013年12月23日报道，越南政府日前公布关于对农业、农村领域投资企业的一系列优惠政策。优惠政策主要包括：对于特别优惠的投资项目，政府免收土地使用费；对于优惠投资的项目，减免70%的土地使用费；对于鼓励投资的项目，减免50%的土地使用费。

报道称，对于投资禽畜集中养殖项目，越南财政拟对每个项目资助14万～23万美元，约合30万～50亿越南盾，用于基础设施建设。对海产品养殖投资项目，越南拟对每个项目资助100立方米的网箱水域面积。

2. 行业鼓励政策

越南鼓励外商直接投资发展高新技术产业，尤其是鼓励到高新技术开发区投资建厂。

根据规定，入驻高新技术园区的企业应符合以下条件：高科技产品的销售额占营业收入的70%以上；生产技术需达到先进程度；产品可以出口或替代同类进口产品；产品质量达到ISO9000标准；人均产值4万美元以上等。为加快人才培养，越南还规定：至少40%的企业员工拥有高等学历，并在国外研究机构或现代化生产一线受过业务培训；100%的中层干部和工人应得到业务和技术培训，其中至少5%的员工需经过国外现代生产线操作培训；科研经费的支出不得低于年营业收入的2%；对于法定资金超过1000万美元的项目，科研和培训经费至少每年20万美元，人均营业收入需达到7万美元（法定资金超过3000万美元，员工超过1000人的企业除外）等。

越南对该类投资项目提供以下政策优惠：

（1）外商投资高新技术产业，可长期适用10%的企业所得税税率（园区外高科技项目为15%，一般性生产项目为20%～25%），并从盈利之时起，享受4年免税和随后9年减半征税的优惠政策。

（2）在高新技术企业工作的越南籍员工与外籍员工在缴纳个人所得税方面适用同等纳税标准。

（3）外国投资者和越南国内投资者适用统一租地价格；投资者可以土地使用权价值及与该土地使用面积相关联的财产作抵押，依法向在越南经营的金融机构贷款；对高新技术研发和高科技人才培训项目，可根据政府规定免缴土地使用租金。

（4）在出入境和居留方面，外籍员工及其家属可申请签发与其工作期限相等的多次入境签证；越南政府依据有关法律规定为外籍员工在居留、租房、购房等方面提供便利条件。

（5）高新技术项目：投资者根据其他投资优惠政策法规文件的规定享受最高的优惠政策待遇。

3. 特殊经济区域的政策

【特殊经济区域】越南政府首相的72/2013/QD—TTg号决定规定对于关口经济区域的财政政策、机制从2014年1月15日起生效，其中，对于关口经济区有很多税务优惠。

具体为，对于在关口经济区域活动企业的企业所得税优惠根据企业所得税及其他指引实行文件实现。

越南公民和外国公民直接在关口经济区域工作、生产经营，在关口经济区域有工作收入、生产经营收入，属于根据个人所得税法规定的个人所得税承担对象，获得扣除应缴税款的50%。

决定对于关口经济区域的增值税、出口税、进口税也有很多优惠。

## 五、与投资合作相关的主要法律法规

《民法》规定越南的自然人之间、法人之间以及自然人与法人之间的财产关系，为私有财产提供保护。

《投资法》规定外商在越南投资的项目审批、权利、义务、税收、政策优惠等。

《海关法》规定商品进出越南的原则和方式，以及海关机构和进行商品外贸活动的公民的权利和义务等。

《竞争法》、《企业法》、《证券法》、《企业所得税法》对企业并购及外国投资者股权比例、外国投资税收优惠有明确规定。

越南《增值税法》若干条文修订补充法自2014年4月1日起生效。

至于社会住房5%税率（已于2013年7月生效），根据越南国会常务委员会的解释，低中收入对象对住房需求很大，所以采用5%税率创造条件让种中低收入者有机会接近社会住房。

据《越南新闻》报道，2014年4月12日，越南国会经济委员会召开会议，征求关于《投资法》修订的意见。与会代表同意修改现行《投资法》，改进审批程序，提高投资监管效率。

2014年4月21日，越南国会常务委员会一致同意，为贯彻《宪法》精神，尤其是处理好政府、市场与企业之间的关系，启动越南《企业法》（2005）修订工作尤为必要。国会常委会当日审议的修正案包含10章220条，比现有版本增加了40条。修订的内容主要集中在当前进行的企业改革尤其是国企股份化进程方面，同时增加了激励企业采取符合国际惯例、顺应经济一体化的现代企业管理方式等内容，最终落脚点则是处理好政府、市场与企业之间的关系。

据《越南经济时报》报道，越南国会日前以多数赞成票通过了《公共投资法》和《建筑法》修正案。《公共投资法》是一部新法。包含6章和108条款，自2015年1月1日起生效。法律内容包括：管理和使用公共投资资金；管理公共投资项目；规定参与公共投资的单位、组织和个人的权利、义务和责任。

修正后的《建筑法》补充了30条款。新条款强化了政府管理部门在投资建设中的职能，确保项目按照规划进行，同时增加了投资项目的审查和质量管理机制。

（来源：南博网 .http://www.caexpo.com/news/asean/yuenan/zcfx/fghj/2013/07/05/3597386.html. 2013—07—05）

# 企业案例篇

## 北部湾之“翼”玉林玉柴集团掘金东盟市场

越南下龙湾景区“HUONGHAI”号豪华旅游客船由玉柴股份公司制造提供，这也是该景区历史上第一艘主、辅机全部采用中国动力的旅游客船，玉柴打破了国外其他著名国际品牌在越南旅游客船的垄断局面。

10年前，随着《面向和平与繁荣的战略伙伴关系联合宣言》的签署，中国与东盟正式建立战略伙伴关系。10年来，中国与东盟双方经贸关系飞速发展，交流全面扩大，各领域合作结出了丰硕果实。玉柴集团也搭乘着这股合作东风，在东盟市场奋力前行，开创出一片属于自己的新天地：2013年上半年，玉柴发动机海外进入量超过1.6万台，比2012年同期增长了40%；玉柴发动机在东盟市场表现尤其优秀，2013年1～7月完成全年目标的61%；玉柴发动机在东盟市场的销量已占玉柴海外出口销量的35%左右。

### 一、从0台到73954台的飞跃

1951年，玉柴建厂，东盟市场进入量为0。

20世纪60年代初，玉柴2105船用发动机和发电机组开始进入越南市场。此后十多年间，玉柴发动机以节能、环保且可靠性强的优势，逐渐赢得了东盟各国的信赖。

20世纪90年代，玉柴发动机搭载整车，开往东南亚各国，驰骋在东盟各国的大小公路上；

21世纪伊始，玉柴开始全面进军东盟市场，并在越南、菲律宾、马来西亚、印尼和泰国等市场取得高速、稳定的发展；

2000年，玉柴先后在越南、印尼设立办事处，并辐射周边国家和地区，玉柴产品在东盟市场的份额逐渐扩大；

2005年，玉柴又分别在马来西亚、菲律宾和泰国设立了服务点。这一年，玉柴出口东盟国家各型柴油机3000台；

2007年，玉柴专用汽车公司生产的搅拌车和自卸车首次出口越南；

2008年，玉柴提出了“突破东南亚”的战略构想；

2009年7月，马来西亚最大的物流公司——马来西亚东南集团成为玉柴服务代理商，成为马来西亚首家引进玉柴CNG发动机的厂家；

2010年，玉柴YC6M340N气体机顺利打开泰国市场；

2012年，玉柴船机在东盟市场崭露头角；

截至2013年7月，玉柴在东盟市场保有量达到73954台，仅在越南市场保有量就超过了6万台。如今，越南河内、胡志明市公交线路和中国崇左、越南谅山国际客车联营公司所有车辆已全部使用玉柴机器，玉柴产品广泛服务于越南的汽车行业、工程机械、农业机械、船舶行业等相关领域。

同时，缅甸、泰国和老挝等市场的玉柴发动机销量也在大幅增长，在越南和缅甸的卡车市场、菲律宾和印尼船电市场、泰国气体机市场和马来西亚的客车市场，玉柴产品都取得了优势地位，对日韩品牌汽车形成相当的竞争力。

从20世纪60年代开始，玉柴已在东盟各国打开市场，发展的势头十分迅猛。

### 二、借外力　扬风帆

玉柴股份公司越南办第一任主任梁冰介绍，在越南市场的前期开拓中，虽然自己带着营销团队想了很多办法，但是收效却不明显。连续几年，玉柴发动机在越南的销售量都处在一两百台的阶段。

就在业务停滞不前的时候，2004年，首届中国—东盟博览会召开，玉柴盛装参展东盟博览会。领先、齐全的产品，大气的场馆设计，吸引了东盟各国的眼球，盛装参展博览会成为玉柴扩大在越南乃至东盟销售的助推剂。

搭乘着东盟博览会的东风，相继有越南、老挝、缅甸、马来西亚等国的政府、企业代表团来访玉柴，为玉柴产品在当地的影响不断造势，玉柴在东盟各国的道路越走越宽。

2005年，时任越南副总理、现任总理阮晋勇率越南政府代表团访问玉林并参观玉柴，并与玉柴互赠礼品。

2009年10月，时任越南常务副总理、现任越南国会主席阮生雄率领越南政府考察团一行来到玉柴，先后参观了玉柴重机加工、重机装配这两条生产线，听取了关于玉柴各类发动机的性能和市场表现的介绍。玉柴自动化的生产线、领先国内水平的发动机研发技术，给阮生雄一行留下了深刻的印象。阮生雄一行回国后，参与考察的人员多次向当地企业介绍玉柴，鼓励当地企业同玉柴合作。梁冰表示，到玉柴考察、洽谈业务的企业不断增加，玉柴在越南当地的销售量飞快上升，最多时年销售量达到一万多台。

除中国—东盟博览会外，玉柴还不断借力其他各式商品博览会提升玉柴产品的影响，通过参加国际性展会、广告宣传投放及市场推广活动，玉柴吸引了一批潜在客户和合作者，玉柴品牌在海外的知名度不断扩大。

中国广西（越南）商品博览会就是玉柴每年必定参加的项目。在每年的展览会上，玉柴都会根据越南的地理环境、用户喜好，推出合适的优秀产品。2013年6月19日，第8届中国广西（越南）商品博览会上，玉柴发动机再次大放异彩，展出的5大系列展机吸引了众多的经销商、主机厂与用户。越南政府副总理阮善仁也是其中的一员，阮善仁听取了玉柴人员对发动机性能等的介绍后，非常认可玉柴的产品品质。

### 三、政府搭台　企业唱戏

每年玉柴集团公司董事局主席晏平都会随广西壮族自治区政府经贸考察团到东盟推介玉柴机器。2007年，时任广西壮族自治区党委书记的刘奇葆带领广西代表团出访东盟五国，晏平作为广西知名企业代表随同代表团参加了此次活动，引起了广泛关注。经贸洽谈会期间，玉柴分别与越南、印尼及马来西亚3个国家达成6大项目的合作合同，项目资金总额超过1900万美元。2013年7月，自治区主席陈武率广西代表团到东盟举办商品博览会、推介会等系列活动，晏平再次作为代表团成员陪同，向东盟展示了玉柴机器的风采。

玉柴产品在东盟各国有着良好的市场表现，玉柴产品在打开销售市场的同时，也吸引了众多媒体的眼球。不仅国内知名媒体相继到玉柴考察，探寻、报道玉柴的发展之道，东盟各国记者也组成采访团，走进玉柴实地采访，向本国介绍玉柴和玉柴的产品，各国记者还走进玉柴驻东盟各国的办事处采访玉柴产品在海外市场的表现。这种“外力”，不断扩大着玉柴品牌的影响和魅力。

### 四、健全网络　做稳做实市场

开辟海外市场的路并不总是一帆风顺。中国工程机械在东盟市场一向颇受欢迎，2009年、2010年甚至呈现井喷式的发展，但在2011、2012年却连续遇冷，市场需求量逐步减小。业内人士分析表示，主要是越南等东盟国家经济发展不景气、同业过度竞争、部分企业产品售后服务缺乏保障等。

针对这种情况，玉柴从自身特点出发，在不断提升产品的技术、增加产品的核心竞争力的同时，创新销售模式，完善服务网络体系。目前，玉柴围绕顾客与市场，已建立了45个海内外办事处、3000多个服务站、4500多家配件销售网点，建立了中国行业内网络规模最大、服务半径最小、三包里程最长、响应时间最短的服务网络。

玉柴股份公司越南办主任汤海东介绍，目前玉柴在越南已经签约了8家代理商，配件网点已经达到了20家，基本上在越南的北部和中部，在8个小时以内配件就能到达客户的手里。在南部20小时能够到达客户手里，玉柴把售后服务作为在市场立足的根本。

同时，玉柴还不断扩大产品范围，适应越南及东南亚国家的需要，增加产品矩阵，提高产品在市场上的整体竞争力。比如在越南北部地区，玉柴针对当地是甘蔗产地的特点，投放了甘蔗联合收割机、田园搬运机等新产品，使玉柴产品不断深入越南多个地区、多个行业。

玉柴股份公司副总经理王利民表示，通过沟通，不断满足用户的动力需求，玉柴产品在东盟的市场基础进一步夯实，客户关系进一步巩固，市场份额也进一步提高。玉柴不断做稳做实东盟市场，仅从越南市场看，在国内出口越南车辆中，玉柴产品占据了超过50％的市场份额。

玉柴一系列行动取得了积极的成效。如今，东盟市场已成为玉柴海外市场中的重要组成部分——

玉柴在海外共建立了13家办事处，其中东盟地区就占了7个办事处，服务区域覆盖了所有的东盟国家。玉柴在海外建立的服务代理商共有98家，其中在东盟市场有39家。

2007年，玉柴提出了国际化发展战略。在未来，玉柴将以国际化的经营理念，在“产业布局、资本运作、产品市场、管理水平、人才建设”等方面推进国际化建设，实现“打造国际知名品牌，成就大型跨国企业集团”的愿景。玉柴集团公司董事局主席晏平表示，地缘上的优势，产品上的契合，使得玉柴在东盟市场有着良好的表现，玉柴也以此为基础，继续向全球拓展业务。

（来源：国际在线．http://gb.cri.cn/42071/2013/10/29/2225s4300691.htm.2013—10—29）

## 碧桂园试水马来西亚　楼市的鲶鱼效应

截至2013年9月24日，碧桂园控股有限公司（以下简称“碧桂园”）在马来西亚柔佛州新山市卖掉了6000多套房子，销售额达91亿元人民币，而新山市2012年全年所有项目加起来的销售额，只有30亿元人民币左右。该地块是2012年12月才获得政府的批注，一共有9000余套货量。

中国驻马来西亚大使柴玺表示，许多人惋惜没有早发现马来西亚这块沃土。最近一年里有越来越多的中国企业向马来西亚政府了解当地的市场情况。

据了解，碧桂园正酝酿在当地获取面积更大的新项目。

### 一、沙丁鱼群中的鲶鱼

碧桂园金海湾项目工作人员方俊甜表示，现在新山几乎所有的开发商都在密切关注碧桂园的举动。碧桂园就像是一群沙丁鱼中的“坏鲶鱼”。碧桂园没有到来之前，新山市所有的开发商，均是坐销模式，在售楼处里坐等客户上门。而碧桂园却实行行销模式，销售网不仅撒向马来西亚，也撒向了国内。

从2013年4月末开始，碧桂园每天都会组织数个看房团前往马来西亚。看房团从广州、香港等地出发，4天3晚只需要花费约3000元人民币。看房之后，有人毫不犹豫当场刷卡购买房产。

在与依斯干达仅一水之隔的新加坡，近年来房价涨幅超过了中国内地，当地媒体报道中国买家是新加坡房价上涨的重要推手之一。目前马来西亚的房价约为新加坡的五分之一。

马来西亚官方消息称，将在2020年前建成吉隆坡直通新加坡的高速铁路，从吉隆坡到新加坡长达约354公里的距离，只需90分钟的时间即可到达。从碧桂园金海湾的展示区就可以望见新加坡的建筑群。

新加坡在2011年底实行了限外政策，针对外国买家及公司购买住宅征收房价10%的额外买方印花税。不过“地广人稀”的马来西亚暂时还没有出台这样的政策。柔佛州州务大臣莫哈末卡立诺尔丁证实，还没有听闻房地产限制的消息。

现在，根据马来西亚的第二家园计划（MM2H），无年龄限制、无英语要求、无须资产来源证明，外籍人只需在马来西亚银行存入60万林吉特（一年后其中的30万林吉特即可取出），即可在保留原国籍的基础上全家取得马来西亚身份。

马来西亚为君主立宪政体，柔佛苏丹是国家轮值最高元首之一。柔佛苏丹王的大管家表示，他在马来西亚也有房地产项目，原本需要10个月的时间办理销售证件，但碧桂园的工作效率却较高，在很短的时间内就拿到批文。

### 二、中国房企的优势

金海湾地块并不是碧桂园在马来西亚获得的第一块土地。2012年初，碧桂园取得了马来西亚加影和万挠两幅土地，均是和当地开发商合作建造，但至今还没有开盘时间表。当项目超过一个股东，重大决策都需要商量，项目开发相对缓慢。

对于出海的中国房企而言，当地的政治、经济、法律和文化习俗，都是必须了解的。通过获取加影和万挠两幅土地，碧桂园开始接触马来西亚市场，并结识当地官员，熟悉当地的法律。比如，有些地块的产权是永久的，有些地块只有99年使用权。直到新山项目后，碧桂园才转入熟悉的开发节奏，快速周转。在新山项目中，碧桂园有100%的控股。

碧桂园马来西亚区域总裁阮家声介绍，新山项目地价超过40万/公顷，是碧桂园过去20年里取得的最昂贵的土地，这让企业曾倍感压力。但这一次，碧桂园创办人兼董事会主席杨国强充分放权到区域公司。阮家声发现，新山市的市场最主要的客户，不只是来自于新山本地，可辐射至新加坡周边800万人口。但疯狂的销售进度也让阮家声感到有些意外。当时国内开发商甚至没有意识到自己的优势。

2013 年 9 月 16 日，是中国的工作日，却是马来西亚当地的公众假期。碧桂园金海湾的展示区一直繁忙到夜里。展示区里，一些当地居民举家出动，有人在展示区里拍摄婚纱照，还有孩童在滑梯上玩耍。用时 4 个多月修建的展示区，有游艇码头、沙滩等，展示区几乎成为当地的公共设施。

尽管类似的展示区在国内并不鲜见，但当地尚没有一位开发商如此去做。据当地人介绍，很多项目甚至连样板间也不做就开售。

根据马来西亚法律，商品房必须有三分之一的房源售给当地马来人。而金海湾每平方米 1.5 万元人民币的均价在当地并不占优势。阮家声认为，当地项目体量比较小，碧桂园的优势在于有更好的配套，酒店、医院、学校对于发展中的城市吸引力巨大，不论是中国地方政府，还是马来西亚官员，都表现出了浓厚的兴趣。

阮家声还介绍，碧桂园有 1000 人的设计团队，过去 20 年里产品库里至少上万种户型。结合本地居民的习惯，再从产品库里选择市场反应最好的户型。这使得房产快速开发成为可能。

据阮家声透露，近期来自其他国家的外籍客户比例已经开始上升，中国客户已不占据主导地位。订购客户中，大约有 40％来自马来西亚、30％来自新加坡、25％为中国客户，其余 5％则为其他国家。

（来源：中国新闻网．http://finance.chinanews.com/house/2014/03－01/5898562.shtml.2014—03—01）

## 广西“电建兵团”架“友谊桥梁”赢得东盟国家赞誉

2014 年 2 月，由广西送变电建设公司（以下简称“电建兵团”）承建的广西电网首个老挝境内电力项目——老挝沙耶武里省农村电气化工程全面启动运行。该项目是广西电网公司在老挝境内实施的第一个电力工程项目，工程总投资 1094 万美元，惠及 69 个自然村 8000 多户家庭 5.1 万人。

在老挝沙耶武里省项目起点村的村长表示，以前老挝村民们想看电视，需要购买蓄电池再到有电的省城或柴油机发电点去充电，充一次电只够看一两小时电视，非常不方便。

随着一个个电力项目的投产运行，广西“电建兵团”以实际行动彰显了中国与东盟国家的睦邻友好关系。中国—东盟投资合作基金总裁李耀曾表示，中国企业积极参与东盟国家的互联互通计划，中国企业不仅能够较快推动东盟国家的发展，还可在支持东盟发展过程中，为中国赢得当地社会广泛的尊重和理解。

### 一、走出国门闯市场

据了解，大多数的东南亚国家都面临着电气化水平低，电网基础设施不发达，以及缺乏资金和技术的问题。这些国家中，老挝、越南、缅甸、柬埔寨等国，基础设施建设需求很大，但缺技术，当地人对中国企业建设基础设施工程技术非常肯定。针对这种情况，广西电网公司大力实施“走出去”战略，与东南亚国家在电网建设、电力技术等方面进行全方位的合作，取得了积极成效。

广西“电建兵团”先后建设了菲律宾 Cebu－Mactan 联网工程、中越联网工程、越南海防发电厂工程、柬埔寨 230 千伏金边西至菩萨至马德望输变电工程、柬埔寨金边环网输变电 EPC 项目、老挝沙耶武里省农村电气化工程、老挝洪萨 500 千伏输电线路工程等多个电力工程。

广西电网建设主力军广西送变电建设公司更是以良好的信誉、过硬的工程质量和优质服务赢得了东盟国家的赞誉。广西“电建兵团”在菲律宾、柬埔寨、老挝等国接连承建电力项目，为东盟国家经济社会发展做出贡献之余，还为他们培养了大量的电力技术人才，既促进了中国与东盟的交流合作，还用电网架起了东盟“友谊桥梁”。

### 二、攻坚克难树形象

电网建设，在中国实施尚且不易，海外施工会遇到更多困难，在中国国内花一分力可以完成的事，在国外却要花上十分力。语言不通、施工队伍能力参差不齐、合同施工范围不断更换等困难常常成为国外工程施工的障碍。除了这些，当地的地形、地势及天气也给施工造成许多难以预测的困难。

据了解，2012 年，广西送变电建设公司在柬埔寨施工期间，就遇到了常人难以克服的困难。首先是语言问题。基础、铁塔施工时，除了从国内带去的施工队，其余全是当地队伍，线路工程及变电站施工均配备翻译人员，施工上的沟通勉强过关，但商业谈判就很考验项目经理的语言能力。为了避免出现“差之毫厘，谬以千里”的情况，在合同谈判时，中方项目经理要求至少要有两名翻译在场，事后还要求翻译复述谈判的内容，如两名翻译复述的内容一致，还要再对合同条款进行反复的斟酌。为使工程建设顺利完成，除了依靠翻译充当“耳朵和嘴巴”外，项目部管理人员还得学习柬埔寨语，以便能和柬方人员进行沟通。

其次是天气问题。柬埔寨属于热带雨林气候，全年炎热潮湿。雨季时节是柬埔寨热病的高发期，当地最普遍的病情是肠热病或登革热病，染上热病的概率较大。由于气候特殊，当地人只在雨季种庄稼，种庄稼的季节不能施工，项目部只能尽量安排在旱季施工。但有时为了赶工，雨季也要进行施工。每年5月，正值当地雨季，雨水成了施工的头号天敌。施工道路常因暴雨而严重损毁，材料、工器具运输不便，线路现场路况差，泥石流、滑坡等给施工造成了很大的困难。

为了赶工期，抢进度，施工人员只能起早贪黑，节假日也不休息，有施工人员还把婚期一拖再拖，或新婚不久就赶赴海外工地。就这样，建设团队克服了一个个常人难以克服的困难，提前完成了任务，并在异国他乡树立了良好形象，受到业主及当地人的高度赞赏。

**三、电网架起友谊桥**

在230千伏欧桑变电站竣工仪式上，柬埔寨电力工业部工程计划部主任朱乐沙对项目团队表示感谢，柬埔寨会将更多的设施建设交给中国施工团队。这不仅是对中国企业的信任，更是一种友谊的体现。

在老挝沙耶武里省农村电气化工程项目正式破土动工时，沙耶武里省副省长、老挝电力公司副总经理亲自到开工仪式现场致辞。工程建设期间，老挝国家电力公司曾分别3次派遣代表团到广西送变电建设公司参观考察，加深业务往来。工程竣工后，沙耶武里政府给承建企业广西送变电建设公司颁发了奖状，进一步增进了中老两国人民之间的友谊和团结。

广西“电建兵团”目前与越南、老挝、柬埔寨等东南亚国家在电力设计、电网建设、物资供应、业务技术等方面进行全方位的合作，同时在非洲等地进行了多方面、多角度、多层面的合作，广西“电建兵团”走出国门的步伐越迈越大。

（来源：综合整理自广西日报）

## 红豆国际化战略成效显著<br>柬埔寨西港特区成典范

多年来，在各级政府部门及行业协会的关心支持下，红豆集团从一家名不见经传的乡镇小厂发展成为以纺织服装、橡胶轮胎、生物制药、置业为主要产业的跨地区、跨国界的大型民营企业集团。红豆集团现有10家子公司，其中1家为上市公司，本部员工22000人，2012实现产销402亿元。公司实现“千亿红豆”的蓝图越走越坚实。

**一、由“境外据点”到“境外园区”的质变**

红豆集团能够持续健康发展，与大力实施国际化战略有着很大的关系。从2002年起，红豆集团分别在美国洛杉矶、纽约和日本东京建立了外贸公司。这些设在境外的外贸公司，成了企业的“境外据点”，加强了与客户的关系，把握当地市场行情，提高外贸出口总量和经济效益。

2007年，为响应国家“走出去”战略的号召，由红豆集团有限公司等国内4家企业合资成立的江苏太湖柬埔寨国际经济合作区投资有限公司，与柬埔寨国际投资开发集团有限公司联合投资开发柬埔寨西哈努克港经济特区（以下简称“西港特区”），实现了由“境外据点”到“境外园区”的根本性转变。“西港特区”地处柬埔寨唯一的国际港口城市——西哈努克市，总占地11.13平方公里，以轻纺服装、机械电子、高新技术为主导产业。

现在中国在东盟投资的有五个工业园区，而由国内纺织服装龙头企业江苏红豆集团等投资的西哈努克港经济特区就是其中一颗耀眼明星。

西港特区的建立一方面为中国企业搭建了集群式投资贸易发展平台，帮助企业充分利用“两个市场，两种资源”，有效实现国内优势产业的转移；另一方面也是企业实施国际化战略的内在发展需要，通过设立境外特区，充分利用当地优惠的劳动力、土地、原材料资源，以及宽松的国际贸易环境，绕开贸易壁垒，建立稳固的出口基地。

**二、西港特区已经成为中国企业走出去的国际样板**

西港特区是首批通过中国国家商务部、财政部考核确认的6个境外经贸合作区之一，自创建之初就得到了中柬两国领导人和各级政府部门的关心与支持。2010年12月13日，在中柬两国总理的见证下，两国政府部门签订了《中华人民共和国政府和柬埔寨王国政府关于西哈努克港经济特区的协定》，奠定了西港特区的法律地位，使西港特区成为首个签订双边政府协定的合作区。同时，在双边框架协定下，2012年12月4日，由中国商务部副部长陈健、柬埔寨发展理事会秘书长索庆达共同主持的西港特区协调委员会第一次会议在无锡召开，标志双边政府支持推动西港特区发展的长效协调机制正式启动。

在中柬两国政府部门的关心下，西港特区进展迅速，已成为柬埔寨当地生产、生活配套环境最完善的工业园区之一。为尽快满足企业入驻需求，西港特区不断加快发展步伐，目前3平方公里区域内已完成通路、通电、通水、通讯、排污（五通）和平地（一平），各项配套设施正在同步跟进，已成为柬埔寨当地生产、生活配套环境最完善的工业园区之一。此外，西港特区还引入了来自中国、欧美及日本等国家和地区在内的32家企业入驻，产业涉及服装、箱包、电子、家具等，区内从业人数达8000多人。

在外投资建设，必须积极融入当地文化，主动履行社会责任。在实现自身发展的同时，实现与当地人民、社会的和谐发展，树立企业自身乃至中华文化在国际上的良好形象。西港特区始终奉行这一原则，积极履行捐资助学、为当地修桥铺路、参与公益慈善活动等社会责任。

建设中的西港特区以创建一个投资环境优越的国际样板园区，一个充满活力的上市公司，一个生态环境良好的现代化工业新城镇为战略目标。

### 三、大数据时代　真实数据背后反映出投资的上升态势

红豆集团相关负责人表示，当前西港特区发展态势良好，大数据时代，一切以数据为准。但是，一些不明就里的人士乱用数据，不实报道混淆视听。有鉴于此，红豆集团通过相关核实发现有很多地方应予以澄清。

首先，西港特区总体规划面积并非11.3平方公里，而是11.13平方公里。首期开发5.28平方公里，现已完成了3平方公里的开发建设，西港特区正有步骤地朝着既定规划目标不断向前发展。

其次，经济开发区建设并不能一蹴而就，它是一项投入大、时间持续长、涉及面广的系统工程。西港特区每年都通过商务部、财政部委派的中国国际工程咨询公司的严格考核评审，受到了中国商务部、财政部的高度评价，是发展最快的境外园区之一。

2012年3月，在商务部合作司组织召开的部分国家经贸合作区经验交流会上，商务部合作司副司长方蔚表示，相比其他合作区，西港特区外部基础配套设施较差，但是，经过几年的发展，已取得了一定的成绩，发展势头良好。

第三，西港特区自创建以来，便得到了中柬两国领导人及各级政府部门的高度关注。2012年6月13日，两国领导人共同为西港特区揭牌，为西港特区快速发展奠定了强大的政治保障。

第四，“缺乏政府间常设对接机构”的报道更是无稽之谈。2010年12月13日，中柬双边政府在北京签署《中华人民共和国政府和柬埔寨王国政府关于西哈努克港经济特区的协定》，西港特区成为中国第一个也是唯一的签订双边政府协定确立法律地位的国家级合作区。同时，在双边协定下，建立了双边政府协调委员会这一支持推动西港特区发展的长效机制，并定期为西港特区解决跨地区、跨部门事宜。

西港特区一方面要努力为中国企业打造“投资东盟、辐射世界”的绝佳投资贸易平台，另一方面要为创造柬埔寨当地就业岗位，促进柬埔寨社会经济的发展做出应有的贡献。相信，不久的将来，西港特区必将成为中国境外经贸合作区的成功典范。

（来源：综合整理自中国经济网）

## 华能新加坡项目：一个央企“走出去”的成功样本

目前，中国华能集团公司（以下简称“华能”）凭借雄厚的清洁煤电开发实力和专业的经营管理理念，在有“花园国家”之称的新加坡建成了中国首座海外全资大型洁净煤电厂并投入商业运行。

国务院国资委新闻中心副主任胡钰称赞，华能集团在新加坡收购大士能源公司，还在这个环保标准非常高的国家成功开发了首个绿色煤电项目。华能新加坡项目，是中国央企“走出去”的一个成功样本。

### 一、收购大士：创中国发电企业最大海外并购

目前在新加坡发电市场占据21%份额的大士能源公司，原属新加坡政府全资控股公司淡马锡旗下的发电企业。2008年3月，华能集团以42.35亿新加坡元（约合210亿元人民币）的价格收购大士100%股权。

华能集团新闻中心主任陆文辉介绍，此次收购不仅是华能最大一次海外收购，也是中国发电企业最大宗海外收购。当时淡马锡是面对国际市场公开招标竞购者，华能凭借自己在发电领域的专业化实

力，击败日本、印度等5家国际竞争对手，成功胜出。

华能是中国最早实施国际化战略的国企之一。早在1994年，华能国际已在美国纽约公开上市，成为当时第一家在美上市的中资发电企业。特别是2000年以来，随着国内电力体制改革的深化，行业竞争日益加剧，优良电源点日渐稀少；同时，随着燃料成本持续上涨，受制于国内电价监管体制，发电企业赢利空间受限。在此背景下，华能进一步加大国际化步伐。

2004年，在获悉新加坡电力市场私有化改革的消息后，华能便开始对新加坡电力资产进行了全面考察，并对淡马锡旗下包括大士能源在内的3家发电公司资产处置情况进行持续关注。2007年10月，淡马锡正式启动电力资产出售，华能迅速出手，参与竞标。经过两轮激烈竞争，2008年3月14日，华能与淡马锡签署收购大士能源协议书。

据了解，收购完成后，华能不仅全部留用了大士能源原有管理层，而且没有向新加坡派遣任何股东方管理人员。只是在国内成立了一个大士能源管理办公室，配备了精简的专职人员负责监控和管理涉及大士能源的有关工作，同时归口协调华能总部各部门对大士的业务指导和监管。

华能国际大士项目负责人陈西透露，对于华能这种管理方式，当时外界多有质疑：这样能管好吗？会否导致国有资产流失呢？事实上，大士能源以稳定的管理、丰厚的回报交出了一份完美的答卷。过去6年，大士项目取得了远超预期的盈利水平，尤其是在国内市场燃料成本高企发电企业经营普遍陷入困境的2011年，华能新加坡投资当年的盈利成为华能国际保持整体盈利的支点。

华能收购大士能源，也受到新加坡方面的充分肯定。在淡马锡总部，一位媒体负责人表示，新加坡非常肯定大士在加入华能以后对新加坡电力供应所做出的贡献，这表明淡马锡当初的决定是正确的。新加坡能源管理局（EMA）副总裁杨奕成表示，作为监管方，EMA对大士能源被华能收购后在电力供应上继续保持高度的可靠性和稳定性表示感谢。

## 二、开发登布苏：在环保苛刻的国家上煤电项目

按照新加坡相关规定，为保证电力市场的竞争性，各发电主体特别是三大发电公司的发电装机规模受到政府的严格控制。这对华能的国际化雄心带来挑战。但华能凭借着对发电行业的深刻理解，开始另辟蹊径，寻求在新加坡市场的新突破。

华能国际大士项目办负责人表示，通过调研发现，新加坡作为全球第3大石油炼化中心，其石化工业集中分布于裕廊岛。作为没有任何自然资源的城市国家，新加坡能源供应主要依靠来自印尼和马来西亚的天然气，这使得裕廊岛面临着严峻的成本压力。据此，华能大士能源顺应新加坡政府能源供应多元化需求，提出在裕廊岛开发洁净煤混烧生物质发电项目——登布苏项目。

新加坡一方面没有任何煤炭发电经验，另一方面却拥有比欧洲还要严苛的环保要求。为打消民众和政府对燃煤方案的疑虑，同时实现降低发电成本和满足现行环保要求的双重目标，华能大士经多方考察研究后决定，登布苏项目采用循环流化床锅炉结合煤与生物质混烧的方案，即规划中的热电厂燃用低灰低硫煤和生物质（棕榈壳/木屑），从而满足排放标准。

据大士能源总裁兼首席执行官林纲培介绍，作为一个规划总投资20亿新加坡元（约合100亿元人民币）的热电多联产项目，登布苏清洁发电方案在通过新加坡政府严格的环保审核的同时，还适应市场需求，提出了“一站式公用事业服务”理念。除了为园区内石化企业提供电力、蒸汽服务外，华能大士还提供包括淡化海水、高品质用水、污水处理等在内的一系列公共事业产品与服务。

登布苏项目于2009年11月正式启动，项目全部建成后将具有160兆瓦发电能力、900吨/小时蒸汽供应能力、7000立方米/小时海水淡化能力，以及1000立方米/小时工业污水处理能力。2013年2月27日，项目一期投入商业运行。

2013年12月5日，项目控制室屏幕上的排放数据显示，二氧化硫控制标准为514毫克/标准立方米，实际数据仅为100毫克/标准立方米；氮氧化物控制标准为550毫克/标准立方米，实际数据仅为200毫克/标准立方米；而在使用高效布袋除尘器后，颗粒物排放则被控制在12毫克/标准立方米以下。同时，全部灰渣实现了结晶化无害处理……

大士能源副总裁、登布苏项目总经理陈佳齐表示，作为新加坡第一座以煤为主要燃料的电厂，登布苏项目在近10个月的运行中，各类排放物指标均达到新加坡严格的环保标准。

新加坡经济发展局（EDB）能源化工署署长梁子健评价，华能依靠自身在煤电领域世界领先的技术和经验，改变了新加坡电力发展的历史。

### 三、华能野心：构建国际化经营管理平台

华能有关人士透露，收购大士能源是华能实施'走出去'战略的一项成果，但并不是华能的终极目标。鉴于新加坡的特殊位置以及中西合璧的特殊文化背景，华能希望把大士能源建设成为华能今后面对世界的一个平台，通过这个平台，华能既可以寻求更好的资产项目，同时也可以寻求更新的能源技术，参与更深的国际合作。

据了解，基于上述考虑，华能收购大士一个重要目的是"学习"。华能集团总经理曹培玺指出，华能提出了"电为核心、煤为基础、金融支持、科技引领、产业协同，把华能建设成为具有国际竞争力的世界一流企业"的战略定位，要实现"具有国际竞争力的世界一流企业"的目标，就要"走出去"与"世界一流企业"合作，学习和积累自身国际化运营管理的经验。

作为原淡马锡旗下企业，大士公司拥有淡马锡独特的公司治理结构。华能保留其原有的公司治理结构（只增加了两名来自华能的董事会成员），其重要目的就是学习其先进的机制设计，如母子公司的管控模式、企业内控制度建设等。

同时，华能通过收购，还学习和探索出了一条国际化项目的融资管理模式。据介绍，华能收购大士能源实现了在境外收购中采取国际银团贷款模式进行无追索权的项目融资，大大降低了项目的投资风险和融资成本。利用贷款资金充分发挥财务杠杆效应，为提高华能资本金投资回报率奠定了基础。

此外，华能收购大士能源还有一个目的，就是学习和掌握竞争性电力市场的运营经验。华能新闻中心主任陆文辉表示，新加坡电力市场化改革起步虽然较晚，但却走在中国前面，新加坡电量交易完全实现了市场化。华能虽然没有向大士派出一名管理人员，但却在不断派出学习人员，特别是派出年富力强的业务骨干赴新加坡进行短期工作和在岗培训，培养了一批熟悉国际市场运行规则、具有国际化经营管理能力的专业人才队伍，这为华能参与未来国内电力市场化改革和竞争做好人才储备。

（来源：新华网．http://news.xinhuanet.com/energy/2013－12/23/c_125899161.htm.2013—12—23）

## 加速开拓东盟市场　长城汽车火力全开

东盟10国虽然都是发展中国家，但近年来，汽车市场发展迅速，汽车需求旺盛，引起了中国国内汽车企业的广泛关注。但关注之余，东盟汽车市场的高额关税却阻挡了很多车企进军东盟的脚步。中国—东盟自由贸易区建成后，对中国整车出口似乎并未起到太大促进作用。

随着世界经济的复苏，东盟经济发展迅速，无论是商用车还是乘用车需求量都很大。长城汽车股份有限公司（以下简称"长城汽车"）国际部亚太区经理张红亮称，由于东盟各国人口基数大，近几年经济发展平稳，因此汽车市场增速很快。2010年，东盟10国汽车年销量已达250万辆。马来西亚、泰国、印度尼西亚汽车年销量都达到50万辆。东盟10国汽车消费潜力较大，长城汽车看好东盟汽车市场的前景。

### 一、扩张市场　欲在东盟建5个生产基地

据了解，截至2010年11月，长城汽车在东盟已有3个KD组装厂，预计2015年要建成5个生产基地。

长城汽车销售公司副总经理商玉贵对外宣称，早在2003年，长城汽车就已经正式进入东盟市场，2004年开始在越南进行组装生产。目前，长城汽车已经在菲律宾和马来西亚建立了两家KD工厂。菲律宾KD工厂目前年产量为1万辆，马来西亚KD工厂的年产量为3万辆。

目前东盟国家实现组装的国家有越南、印尼、菲律宾3个国家。实现整车销售的有老挝、柬埔寨、缅甸、文莱4个国家。目前正在洽谈的组装合作有马来西亚、泰国。

商玉贵表示，做好东盟贸易长城主要的对策是：不能守株待兔，实行"走出去"战略，主动寻找合作机会；兵马未动，售后先行。由于汽车产品的特殊性，消费者更加关注的是产品的品质和售后服务的情况。因此，长城选择的经销商都要具备售后服务经验，以解决消费者的顾虑；出口产品"对症下药"，针对市场有重点推出不同产品。另外，非常重要的一点是，利用目前东盟自由贸易零部件关税较低的优势，在东盟国家建立KD组装厂，以当地合作方为主，实行技术入股，实现当地组装生产，辐射周边国。

据了解，为开拓东盟市场，长城汽车在"对症下药"做足了功夫，早在2005年就开发出了右舵车，这些车型主攻马来西亚、泰国、印尼、新加坡。在泰国、印尼主要发挥长城皮卡的竞争优势。而在越南、菲律宾、马来西亚等国重点推出节能环

保的乘用车。

## 二、斥资建厂 欲与当地厂商合作提高出口

（一）长城汽车计划斥资40亿元在马来西亚建厂

中国长城汽车公司对外宣布，为寻求在东南亚的更大市场份额，将与马来西亚本土合作方共同获得政府向外国企业发出的首张牌照以加速对该国的汽车出口。

马来西亚Go汽车制造厂的首席执行官阿玛德·阿扎·苏阿曼（Ahmad Azam Sulaiman）表示，这将是马来西亚Go汽车制造厂与长城汽车合作关系的一次扩展。另外，马来西亚Go汽车制造厂已经在马来西亚组装，帮助长城汽车在中国成为畅销品牌之一的皮卡和SUV等车型。

在东盟10国中，马来西亚的整车进口关税较低，在20%～30%之间。按照不同产品类别，实行不同的关税制度。泰国关税非常高，最高能达到60%。原因是泰国有自己的汽车产业，泰国希望通过设置关税壁垒保护本土汽车产业。此外，东盟10国内部关税标准也不尽相同。10个国家内部分为两类，一类是东盟成立初期加入的6个国家，这些国家之间相互贸易的关税已经降到5%以下；另一类是其他4个不发达国家，如老挝、越南等国，这些国家对东盟内部国家征收的进口产品关税较高，有些产品进口关税甚至超过100%。

2014年1月，马来西亚政府宣布将开始开放汽车市场，并给出了一些优惠政策：混合动力车在2015年12月之前无需在马来西亚缴税，而非混合动力车的进口税可能会达到105%。

消息称，长城汽车与马来西亚政府达成投资协议，长城汽车将为马来西亚吉打州（Kedah）新工厂投资大约20亿林吉特（约合6.2亿美元）。该厂投产节能型汽车（Energy－Efficient Vehicles，简称EEV），预计初期产能为80000辆/年，耗资约40亿元人民币，旨在将马来西亚打造成为东南亚市场的生产基地和供应链枢纽。

根据上述的投资协议，长城Go汽车将在2018年之前修建一家年产能10万辆新车的工厂，新车型将满足马来西亚政府对燃油经济性的要求。根据马来西亚政府的声明，工厂将位于北部的吉打州，基于这一协议生产的车辆中，60%将会出口至其他东南亚国家。

协议将是马来西亚试图在燃油经济车型的生产方面成为东南亚国家领头羊计划的一部分。在2003年之前还是东南亚最大的乘用车生产国的马来西亚，目前落后于泰国和印度尼西亚，高进口税和其他试图帮助国内品牌成长的保护主义措施被认为是导致该国落后的原因。

（二）长城计划推动出口

马来西亚在东南亚市场具有重要地位。2012年该国新车总销量为62.7753万辆。而长城汽车从2011年第3季度开始进入马来西亚市场。

根据马来西亚车业公会（Malaysian Automotive Association，简称MAA）的数据，2011年长城汽车在马来西亚市场销售了87辆商用车，2013年则进一步提升为173辆。分析人士认为，倘若长城在马来西亚建厂投产，在当地乃至其他东南亚市场销量将则大幅增加。

长城汽车2012年销量达到62万辆，同比攀升28.3%，其中出口销量9.65万辆；净利润达到57亿元人民币，同比大幅增长62.6%。2013年长城汽车将发布13款新车，包括哈弗H2、哈弗H8、2013款长城C50和风骏6等，销量目标为70万辆。预计长城2014年出口量将再创新高。

（三）菲律宾国家汽车公司建立合资总装厂

长城汽车公司将与菲律宾国家汽车公司建立合资总装厂，并计划在年底前开始在菲律宾生产汽车。

与长城汽车合资建厂的伙伴，正是长城汽车产品在菲律宾代理商菲律宾国家汽车公司，后者曾长期在当地经销进口长城SUV和皮卡产品。据悉，双方组建的合资企业最快将于2014年年底开始运作，计划年产汽车1万辆，合资厂组装的首批产品时长城的哈弗SUV和风竣皮卡。如果初期合作顺利，长城轿车产品也将随后导入菲律宾，实现本地化生产和销售。

如果上述计划得以顺利实施，长城将成为首家通过本地化生产方式，进入菲律宾市场的中国汽车制造商。目前，生产微面的上汽通用五菱汽车公司和生产客车的中通客车公司，同样通过菲律宾国家汽车公司的代理进入了当地市场，但是这些产品仅仅是进口而不是现地组装。

2009年年底，长城汽车已经在越南组建了第2家整车组装厂，新厂投产后，长城汽车因物美价廉对越南当地市场产生了很大冲击。而此番在菲律宾设立组装厂，是这家中国民营汽车企业开始加大力度开拓东盟市场的重要计划。

目前，长城已经同俄罗斯、印度、伊朗、越南和埃及的当地合作伙伴建立有合资总装厂。长城汽

车已经成为中国出口量最大的汽车制造商之一，数据显示，仅是2010年上半年，长城公司就实现销售17万辆，同比增长近88%，其中出口约3万辆。

（四）亮相曼谷车展　欲进军泰国市场

2013年，长城汽车亮相曼谷国际车展，此举被看作是进入泰国市场的前奏。2013年3月26日，长城汽车国际部相关负责人表示，长城汽车计划要在泰国建立独资生产工厂，主要生产哈弗SUV车型，初期进入车型初步定为哈弗H6。具体的工厂地址及投产时间还未最终确定。

长城汽车此次在泰国的投资项目，也吸引了当地政府及汽车行业人士的关注。早在此次车展前，长城汽车就已经与相关机构开始了接触，泰国工业部、BOI投资委员会陆续参观了长城汽车位于中国总部的生产基地。对于长城汽车的规模及实力，也受到了相关方面的认可。

泰国市场有着非常成熟的汽车产业，10多个汽车品牌在当地均有生产工厂。长城汽车在泰国投资建厂，是其布局东盟市场的重要战略举措。泰国是一个右舵国家，而长城汽车也在其他右舵国家澳大利亚、南非等地区的市场基础扎实。长城汽车后期在泰国生产的车型将出口到澳大利亚等国家，形成长城汽车在东盟的右舵车出口基地。

此次车展，长城汽车参展车型均为SUV，打出了“亚洲SUV新领军者”的口号。参展的5款SUV分别为哈弗E概念车、哈弗H8、哈弗H6、哈弗M4以及哈弗达喀尔赛车。其中哈弗H6在中国SUV销量中排名第1，M4在中国市场也是销量进入SUV单车型前10，而哈弗H8作为长城汽车的首款高端SUV于2013年面世，均为长城汽车SUV重点车型，由此可见其对泰国市场的重视程度。而在2013年达喀尔排名第6的哈弗达喀尔赛车，也为展会现场增色不少，吸引了大量的消费者关注。

### 三、制定战略　欲加速开拓市场步伐

近年来，长城汽车确立了以“客户满意”和“市场领先”为主要目标的营销战略，通过营销服务的创新变革，实施一系列组合拳，提升终端形象和服务质量，把人、财、物向“客户满意”聚焦，以超值服务为客户创造惊喜，不断提升客户满意度。

长城汽车副总经理商玉贵认为，在开拓东盟市场的同时，不能盲目乐观。东盟市场中日系车走俏，尤其是丰田车在东盟国家已有10多年的发展历史，市场保有率极高。东盟国家对中国汽车的认知度很低，因此其他品牌汽车开拓市场的难度更大。

开拓东盟市场初期应当求质不求量，关键在于提高产品的附加值。商玉贵建议，首先车企要系统地建立海外市场，而不仅仅是出口一单整车，不能赚一笔算一笔。与此同时，针对不同国家，所制定的战略思路也应该有所区别。如泰国、印尼就是皮卡大国；马来西亚是右舵车市场；越南、菲律宾、文莱则是乘用车市场。应该找准市场特点，去强化开拓。小排量有利于比亚迪、吉利等品牌发展。

（来源：综合整理自经济观察网）

## 康美药业加速布局全产业链　瞄准东盟进口香料及中药材市场

继2013年11月宣布加速进军医院业务，上市药企康美药业再发公告，称将在广西壮族自治区玉林市建设中国—东盟康美玉林中药材（香料）交易中心及现代物流仓储项目，投资规模高达30亿元人民币。

消息传出，康美药业股价即上涨3.36%。值得注意的是，2013年10月下旬以来，康美药业加快全产业链布局的动作频频。除了并购吉林省梅河口市三家公立医院的计划，康美药业还先后公布了收购上海中绿全额股权和直销资格获批等利好消息，并宣布回购不超过6亿元的公司股份。

### 一、瞄准东盟进口香料及中药材

公告显示，康美药业将在广西成立全资子公司康美中药城（玉林）有限公司，主要负责玉林项目。

据了解，玉林地处广西东南部，是泛珠三角经济区和中国—东盟自由贸易区的结合部，是中国东部西进、西部东进最便捷的通道。而东盟和中国的贸易占世界贸易的13%，现已成为一个涵盖11个国家、19亿人口、GDP达6万亿美元的巨大经济体，是目前世界人口最多的自由贸易区，也是发展中国家间最大的自由贸易区。

得益于广西“中药资源大省”的地位，玉林目前已成为东南亚地区最大的香料市场之一。玉林香料60%以上为中药材，市场贸易辐射全国20多个省市地区，转口远销日本、韩国、越南、泰国、马来西亚、新加坡等东南亚地区。2012年，玉林地区中药材交易规模在150亿元左右，其中东盟药材交易约占其四分之一。

为此，康美药业方面表示，未来计划依托玉林的中药材交易中心项目，申报并推动制定东盟在中国的中药材（香料）标准，申报中国—东盟中药材（香料）大宗交易平台建设，并推动国家级中国—东盟中药材（香料）标准重点研究室和中国—东盟中药材价格指数平台建设。

### 二、动作频频加速打造全产业链

中药材交易市场具有极高的资源属性，中国70%以上的中药材购销都集中在17个中药材专业市场。2013年10月16日，国家食品药品监督管理总局宣布将进一步加强中药材管理，除现有17个中药材专业市场外，今后各地一律不得开办新的中药材专业市场。

业内人士指出，这一政策大大提升了中药材交易市场的进入壁垒，而对于已经拥有大型药材交易中心的康美药业则无疑是一个很大的利好。此前，在这些中药材交易专业市场中，康美药业已收购安徽亳州中药材市场（世纪国药）、广东普宁中药材市场、河北安国中药材市场，在建市场包括陇西、青海中药城等项目。

光大证券分析师江维娜认为，随着康美药业落子广西，其基本在国内排名靠前的重要中药材交易市场完成了布局。伴随着国家队中药材市场的严管政策落实，未来康美在中药材市场的话语权和市场份额都将继续提升。

国信证券分析师胡博新指出，康美玉林中心项目完工后，康美药业涉足的中药材贸易市场将达到6家，掌控的市场交易规模超全国的一半，全产业链的优势将进一步巩固。布局中药材交易市场是康美完善中药材全产业链的关键环节，也是其掌握中药材价格、交易量、库存等关键信息的核心渠道。完成中药材市场布局，将全面提升康美药业对中药材价格的掌控力。

值得注意的是，在公告中，康美药业还透露，将在广东普宁市设立全资子公司广东康美支付，注册资本3000万元，经营范围包括电子商务、电子支付、支付结算和清算系统，计算机技术服务，在线数据处理与业务、信息服务业务等。

有分析人士指出，康美药业动作频频，而公司2013年第3季的季报显示其货币资金为67.7亿元人民币，未来或面临资金压力。

自2013年10月22日对外宣布回购公司股份以来，康美药业先后公告直销经营获商务部批复同意、拟并购梅河口市三家公立医院等多项大动作，涉及金额超42亿元。2013年8月20日，康美曾发布公告将发行短期融资券20亿元人民币。有市场人士表示，不排除这20亿元人民币是为此次广西中药材中心做准备。

（来源：新华网 .http://news.xinhuanet.com/fortune/2013—11/14/c_125701719.htm.2013—11—14）

## 奇瑞的马来西亚扩张之路：建立据点　辐射东盟市场

进入21世纪，经济全球化浪潮迅速席卷全球。在此期间跨国公司的发展壮大，有力地推动了国际分工与合作，而区域间的政治、经济合作框架，又使得国际商贸发展日益成熟。为迎接来自新世纪的挑战，越来越多的中国企业选择走出国门，到海外寻求更广阔的市场。古有国人下南洋，今又有中资企业再把目光投向充满生机与活力的东南亚，奇瑞汽车股份有限公司（以下简称“奇瑞”）便是他们中的一员。

### 一、扩张海外　建立据点

作为中国自主研发的汽车品牌，奇瑞是较早关注东南亚市场的汽车公司之一。2003年中国与东盟签署《战略合作伙伴关系宣言》后，奇瑞公司乘此东风，于2004年敲开了马来西亚的国门，顺利迈出进入东盟这个资源丰富、潜力无穷的大市场的第一步。经过几年的市场宣传和实地销售，至2008年，奇瑞取得了更进一步的发展，与马来西亚阿拉多公司正式签约，决定在马来西亚合资建厂生产汽车。这项决策对奇瑞公司而言，是又一项海外成功建厂的创举，对于中国—东盟双方而言，则是彼此加强经贸合作、推动区域间战略合作伙伴关系的积极成果，是无数中国—东盟合资企业成功的典型代表之一。

奇瑞选择在马来西亚投资建厂。奇瑞控股马来西亚公司CEO黄景平（Paul Ng）表示，奇瑞与当地政府和生意伙伴合作建厂，获益匪浅。与本地商人合作，可以少走许多弯路。相较于自己单打独斗，找一个良好的合作伙伴，能帮助外资企业更快把品牌打响，节省进入市场的时间。既可增进资本收益，又可结合本地实际开创新品牌。奇瑞之所以能在马来西亚站稳脚跟，实现年销售量不断攀升，与这一合作模式不无关系。现在，马来西亚已经记住并且相信奇瑞这个品牌。黄景平称，在未来希望马来西亚能够成为奇瑞在亚太地区的中心，成为将奇瑞推向整个东盟，乃至全球市场的桥梁。除了马来西亚，汽车销量巨大的泰国和印度尼西亚市场也将成为奇瑞下一步关注的焦点。奇瑞公司将在这些国家寻找合作伙伴，把马来西亚模式继续发扬下去，在东盟地区创造下一个合资企业的成功案例。

奇瑞公司在马来西亚建厂之际，应邀前来的马来西亚总理纳吉布曾表示，马来西亚希望成为东南亚地区的汽车产业中心。现在奇瑞公司到马来西亚与本地企业合作，不仅为自身赚取了海外利润，也推动了马来西亚汽车工业的发展，使双方实现了互利共赢，而这仅仅是众多在东盟国家取得成功的合资企业中的一例。

马来西亚禁止 1.8T 以下排量的车进口，这个政策对当地的两个品牌——宝腾（Proton）和派洛多（Perodua）起到了保护作用，马来西亚市场这两个本地生产品牌的市占率超过 60%。

包括哈飞、长安、众泰等中国企业，则因为政策的门槛纷纷在进入两三年后无功而返。在马来西亚唯独奇瑞坚持下来，在发展了 38 家经销商后，奇瑞正计划在马拉西亚建造一个投资 3 亿美元的合资厂。

2013 年 5 月 25 日，黄景平介绍，如果市场表现好，奇瑞将于 2014 年开始在马来西亚建合资工厂。

奇瑞汽车副总周必仁则表示，逆势进入马来西亚，奇瑞“醉翁之意不在酒”。奇瑞在马来西亚建造工厂的目的是为了借此据点辐射东盟市场。

据了解，奇瑞正在进行销售版图的重新规划。与此前从中国辐射全球不同，未来奇瑞的布局将向大众、通用一样打造一个全球一体化的市场架构，将全世界的市场重新进行划分。而奇瑞总部每开发一个产品，都将有目的性地同时针对几个法规相近的市场。

## 二、等待政策放开

为迅速进入东盟市场，从 2008 年进入马来西亚市场，奇瑞就一直在等待政策对排量限制的放开，从而在马来西亚建立工厂。按照规划，奇瑞计划投资 3 亿林吉特，五年内在马来西亚建成一个具有 2 万辆规模的 CKD 工厂。

马来西亚鼓励消费国产车，政府制订的政策明显向国产车倾斜，对进口车收取高额关税。马来西亚从 2005 年开始执行的进口车排量不得低于 1.8L 的政策，这个政策同样限制合资公司的产品引进。盖世汽车网 CEO 陈文凯认为，此项政策实际上阻止了国外的小排量车进入马来西亚。

马来西亚人均年收入 9000 美元，属于发展中国家。但马来西亚人的用车经验可与欧洲等发达国家媲美。马来西亚每户家庭至少拥有一辆车，马来西亚籍 20 岁以上公民拥有汽车驾驶执照比例为 73%，其中 25 岁到 45 岁阶段汽车驾驶执照拥有率为 94%。这使得马来西亚消费者在选择汽车上非常理性。汽车对于大多数人而言，就仅仅是一个交通工具，大多数人都选择小排量汽车。

奇瑞大多数的产品都在 1.8L 以下，如果政策不能放开，意味着建工厂后，奇瑞的大部分有竞争力的产品仍然不能进入马来西亚生产，从投资回收率的角度考虑，奇瑞将建立工厂的计划延后。黄景平坦言，等到政策放开，奇瑞就在马来西亚建厂。不过，迫于欧盟的压力，黄景平相信马来西亚“限排”的政策不会再坚持多久。事实上，不止奇瑞，包括大众在内的汽车厂商都在等待马来西亚政策的放开。

## 三、跳板效应

奇瑞汽车副总周必仁介绍，马来西亚是东盟成员国，在东盟任何一个成员国建厂，只要本地化程度达到一定比例，就能出口到东盟任何一个国家。

奇瑞从“走出去”到“走进去”的国际化战略中，将“走进去”的国家首选为本国没有汽车工业的国家，因为只有这样，才不会受到地方保护的限制。如在埃及，奇瑞就成功与当地企业合作，打造了一家合资工厂，奇瑞输出技术，埃及当地无汽车工业，奇瑞在进入埃及的过程中，获得了当地政府的支持。

相对于埃及市场，奇瑞在马来西亚市场优势并不明显。马来西亚有自己的汽车品牌宝腾，还有与丰田合资的派洛多，而奇瑞仅凭 EASTAR 和 TIGGO 两款车的奇瑞，目前在马来西亚的总销量仅 3000 辆。

不过，奇瑞控股马来西亚公司 CEO 黄景平却表示，仅马来西亚、印尼和泰国的东盟 3 国销量就超过 280 万辆。这意味着，如果能在马来西亚实现国产，并将产品出口到印尼和泰国，奇瑞仍有很大的发展空间。

奇瑞正在进行新一轮的销售体系再造。2013 年 3 月奇瑞汽车公司副总经理、奇瑞国际公司总经理周必仁，同时分管奇瑞汽车销售公司，统领国内市场，这样调整的目的，是为了使奇瑞国内销售业务和国际销售业务统一。

奇瑞内部人士透露，未来奇瑞的销售体系不再同以前一样，国内和国际分开，而是全球一体化的销售体系。奇瑞不再把业务分为国内和国际业务分开管理，而是参照大众通用等跨国公司模式，按照区域划分业务。

比如，奇瑞未来的业务版图将划分为：中国公司、南美公司、东南亚公司等。每个业务板块都有自己的生产工厂，如马来西亚工厂辐射东盟、巴西工厂辐射南美、越南工厂辐射东南亚等。

中国公司走出国门，进入东盟市场，一方面增加了自己的经济效益，另一方面也在促进东盟各国经济的发展。既可扩大销售市场，又为当地人提供了工作机会，可谓一举多得。在奇瑞控股马来西亚公司做销售的本地店员 Syah 表示，奇瑞有着独特的企业文化和融洽的工作氛围，Syah 看好奇瑞的产品前景和中外合资的企业运作方式。这也表明，中国—东盟合资企业在东盟深得人心。

奇瑞在马来西亚的成功并非不可复制的神话，随着双方战略合作伙伴关系的不断深入，双方的经贸往来将更加密切，到时会有更多的合资企业在东盟市场斩获成功，大放异彩。

### 四、产品开发全球化

市场调整的目的是为了奇瑞战略的实现。奇瑞汽车董事长尹同跃为奇瑞制订了“三步走”的发展战略。2013～2016 年，稳固在入门级汽车市场的领先地位，成为中国最好的品牌汽车企业；2016～2020 年达到主流跨国汽车企业的体系能力，产品主要技术性能达到国际标准水平；2020 年后成为具有国际竞争力的世界级汽车企业，产品主要技术性能达到国际一流水平。

要达到奇瑞的终极目标，奇瑞必须要在国际市场取得一席之地。海外市场能缓解奇瑞目前对利润和和品牌的渴求。在海外市场，由于中国自主品牌进入时，产品已经成熟，消费者对中国品牌的偏见并没有在中国大，如在埃及市场，奇瑞就是律师、企业高管等中高层消费群体的座驾；而在马来西亚市场也是如此，奇瑞的定价为 9 万林吉特左右，远高于马来西亚本土的宝腾，这有助于奇瑞提升品牌形象。

奇瑞正在制订完善的海外计划。从销售体系、产品、营销策略进行调整。周必仁表示，现在是奇瑞出口的关键期。

在打造全球一体化销售体系的同时，奇瑞针对全球产品的规划也已拉开序幕。走过了逆向开发阶段，奇瑞如今已回归到“正向开发”。

陈文凯认为，未来奇瑞推出的每一款产品，都是正向开发的，这是奇瑞国际化的基础。从长期来看，奇瑞要走向国际化，如果不走正向开发，很难在国际市场上获得一席之地，甚至可能面临政策和法规风险。

2016 年奇瑞要成为中国最好的品牌，重要的衡量标准就是实现正向开发。而与此前主要围绕中国市场开发产品，然后再找法规适合的市场进行出口不同，奇瑞的开发思路也正在全球化，在开发每一款产品之前，就会预先考虑好该产品具体针对哪些法规相同的市场，将每一款产品都打造成具有针对性的国际化产品，增强奇瑞全球竞争力。

（来源：综合整理自 21 世纪经济报道、《中国—东盟博览》杂志）

## 三一重工如何抢滩东盟市场？

三一重工股份有限公司（以下简称“三一重工”）由三一集团投资创建于 1994 年，主要从事工程机械的研发、制造、销售。这家起源于中国湖南的民营企业慢慢地在中国市场站稳脚跟，并一步步地成长为一家顶级跨国公司。伴随着三一重工在国际上不断开疆扩土，海外销售额持续攀升，三一重工的全球产业布局已经形成。如今，三一重工把目光瞄准在以东盟为首的新兴市场上，深谋远虑在东盟布局、抢滩，最终获得了巨额的丰收。

### 一、如何走出去？

众所周知，中国企业，尤其是民营企业要走出国门走向国际是非常艰难的。2012 年 9 月 28 日，美国总统奥巴马以威胁美国国家安全为由，签发行政命令，禁止三一集团关联公司罗尔斯在美国俄勒冈州一个军事基地附近兴建 4 座风力发电厂。为此，三一集团将就风力发电项目在美受阻对奥巴马政府进行了起诉。这个项目之前也曾遭遇“美国海外投资委员会”的禁令。罗尔斯公司也曾把“美国海外投资委员会”告上法庭。

一方面，由此案例可知，三一重工拾起法律的武器来维护自身的权益，勇气可嘉，同时也意味着中国企业在运用法律武器维护自己的权益，这是中国企业走出去对外投资所跨出的重要的一步。另一方面，此案例也提醒企业经营者，问题是根本存在的，中国的企业在国外的投资频频受到投资壁垒的限制。

《哈佛商业评论》就此曾提出疑问：民营企业得到的支持是不是足够的？他们在对外投资中还需要销售什么政策性和制度性的障碍？这些障碍该如何避免或解决？

前招商银行董事长、永隆银行董事长马蔚华：民企相对更困难

总体而言，中国金融对走出去的支持是远远不到位的，国企还有很多的大银行支持，民企可能就相对更困难一点。主要有三个方面：第一个方面就是对走出去的企业还有一个资金的额度支持问题，如担保额度、对外投资额度等，作为信贷均有这方面的制约。第二个方面是中国的银行以外的直接资本市场不发达，所以，企业只能从银行贷款，银行贷款还有额度限制。中国国内的债券市场，场外交易市场和PE都不太成熟，而且他们走出去还没有经验，这个投资的渠道很贫乏。第三个方面是中国的对外信用担保这个还很薄弱，尤其对民营企业还欠缺。这些都是金融支持不够的体现。还有，中国的金融机构在境外机构刚刚建设，它本身的融资能力也不足以支持当地的金融机构。所以，很多走出去都是外资银行支持。

另外，政府的支持很重要。到目前为止中国还缺少一个海外投资的法律，应该有一个明确的海外投资法律。另外，政府审批还要进一步减少，因为流程很长。然后多头管理，现在一个企业走出去要很多很多部门的审批，这些都需要在下一步进一步的修改完善。

三一重工总裁向文波：勇敢地面对挑战

据中国金融信息网报道，三一重工总裁向文波在采访时表示，三一重工必须按国际方式、用国际语言来表达自己，跟国际沟通，通过法律解决问题就是用国际语言解决问题。

勇敢地面对挑战，用国际惯例和国际通用的方式来维护自身的权利，是中国企业在世界市场上的生存之道。然而，在遭遇不公正待遇时，企业维权也需要政府作为其冲锋陷阵的坚强后盾。

中国企业的国际化，在很多场合下讲，这个不是一个企业的问题，它是一个国家的问题。这个企业的国际化是伴随着中国的文化，中国的软实力和硬实力一起走出去，如果说没有这些东西作为匹配，中国企业国际化会走得十分艰难，企业也不可能发展成功。中国国际化，还是要政府的更多关注和支持，不要简单地把它看成是一个纯市场的行为。

**二、抢滩东盟获得了什么样的成绩？**

三一集团副总经理、亚太大区总经理谢峰表示，三一重工2013年东盟销售额达20亿元人民币。同时，2014年1月7日，三一重工获得了“2013中国走进东盟成功企业奖”。

三一重工国际化进程基本分为三步走战略

出口贸易 ⇨ 海外投资 ⇨ 并购投资

三一重工总裁向文波表示，从出口贸易，到海外投资，再到并购投资，三一在国际化的道路上越走越畅通。三一正在成长为工程机械领域“世界级的三一”。

目前，中国—东盟自由贸易区是世界上最大的发展中国家自由贸易区，中国是东盟的最大贸易伙伴，东盟是中国的第3大贸易伙伴。据悉，从2002年到2012年，中国和东盟的双边贸易额平均增长23.6%，目前已达到4000亿美元；相互投资累计超过1000亿美元，增长3.4倍。

面对这一具有潜力的新兴市场，三一重工积极布局，推动建设，抢滩市场。早在2007年，三一重工开始在马来西亚、菲律宾、缅甸分设办事处，同年在新加坡注册三一东南亚公司；于2009年在泰国注册全资子公司；于2009年12月在越南注册全资子公司；于2010年4月在印尼注册全资子公司。目前，三一重工与东盟8个国家16家当地企业开展了合作。

（一）工程机械受欢迎

三一重工印尼“淘金”

2014年1月12日举行的“走进印度尼西亚投资贸易推介会”传出消息，湖南在印尼投资企业已达39家，其中包括三一重工。

随着中国—东盟自由贸易区建设加快，东盟成为湖南对外投资特别是中小民营企业对外投资的首选地。作为东盟最大的经济体，印尼是中国在东盟重要的贸易伙伴、投资目的地和外资来源地之一。值得骄傲的是，三一重工的工程机械在印尼市场很受欢迎。三一重工在印尼爪哇省以西的卡拉旺投资2亿美元兴建三一印尼产业园，成为第一家在印尼制造业领域进行大型投资的中国企业。

（二）三一重工泰国获认可

据三一集团副总经理、亚太地区总经理谢峰介绍，三一重工股份有限公司目前在泰国的设备保有量已经超过1000台。早前，三一重工与泰国工程建筑承包巨头Unique公司签下了8300万美元的工程设备订单，首批采购合同金额达3300万美元，产品

涵盖汽车起重机、挖掘机、旋挖钻、压路机、平地机、搅拌站、搅拌车等17台，是泰国历史上最大的工程设备订单。

谢峰表示，此次采购甚至引起了日本财政部的关注，因为泰国用的是日本贷款，却采购了中国的设备。

日本财政部部长曾质疑泰国为什么选择中国的三一重工。Unique公司的回答是：第一三一重工已是一家国际化的企业，它在美国、德国、印度、巴西都有工厂，汇集了重工机械领域的顶尖人才，实力雄厚；第二在中国的工程机械市场中，三一重工的市场占有率高居第1，远远超过第2名日本小松，中国机械具备了与日美欧跨国企业同台竞技的实力；第三“中国制造”在价格上有一定的竞争力，三一重工十分谦逊，将客户服务放在第一位。

## 三、产业定位是什么?

在对国内外经济形势、市场需求、同行业竞争对手、公司自身优劣势进行深刻分析的基础上，三一重工在未来三年内，实施专业化经营战略，将主导产业定位为工程机械产业。同时，作为战略协同产业，在全球范围内开展以工程机械设备为主的租赁业务，以租促销，先租销，再设厂。在此基础上，高度关注与本公司产品相关度高的机械制造产业首先是环保机械行业的发展，为公司进入通用机械制造业打下基础。

## 四、有何优势?

(一) 产品

三一重工产品的种类繁多且具有较强的竞争优势，产品包括建筑机械、筑路机械、起重机械等25大类120多个品种。三一重工注重产品品质的发展，但纵观这几年的海外投资发展，三一重工在创新上有很大比重的投入。

三一重工产品

| | |
|---|---|
| 混凝土机械 | 泵车、拖泵、混凝土搅拌站、搅拌车、车载泵、干混砂浆成套设备、环保型混凝土搅拌站 |
| 挖掘机 | 小挖、中挖、大挖 |
| 起重机 | 全地面起重机、汽车起重机、越野轮胎起重机、常规吊装系列履带起重机、塔式起重机、随车起重机、8系列履带起重机、风电系列履带起重机、强夯机系列 |
| 桩工机械 | 旋挖钻机、电液压桩机、连续墙抓斗、盾构 |
| 筑路机械 | 压路机、平地机、摊铺机、铣刨机、沥青搅拌站 |
| 港口机械 | 正面吊、堆高机、场桥、岸桥、自装卸车、螺旋式连续卸船机、港口轮胎式起重机、门座式起重机、平衡重式叉车、海工装备 |
| 风机产品 | 陆上型风机、海上型风机、海上风电施工装备 |
| 煤炭机械 | 掘进机、采煤机、变频抗磨刮板输送机、轻型智控支架、刨煤机、钻装机、矿用汽车 |

有数据显示，目前，三一共有1000多台履带式起重机在全球各地作业。三一履带式起重机的高稳定性、高安全性、低故障率在国际市场上赢得了客户的普遍认可。

值得一提的是，三一重工2011年推出的“8”系列履带起重机格外引人注目。8系列产品主要针对欧美高端市场开发，研发定位非常明确。主要功能和性能都需要经过客户严苛的评审，任何不符合全球市场要求的设计，均不允许通过。

推向市场后，三一产品迅速打开局面，在德国、澳洲、美国实现近3亿元人民币的销售。尤其是在美国市场，最先完成销售的SCC8300履带起重机已经在加州某风电场进行施工。2012年，三一履带起重机在美国市场的占有率已经跻身前三。

吴立昆表示，三一重工是国内唯一一家进入核岛穹顶吊装领域的企业，履带起重机的安全性经受了严苛的考验，产品不仅得到国家认可，更得到全球客户欢迎。三一重工未来将依托湖州产业园的研发和制造能力，全面实现履带起重机产品国际化，力争在2016年进入全球前三。

(二) 竞争

1. 国内竞争者

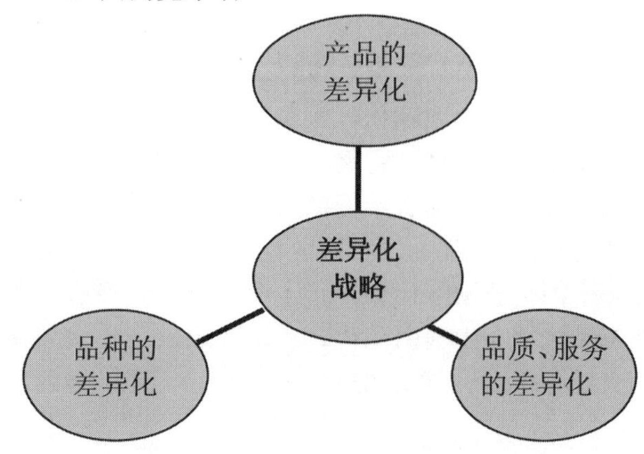

通过实施差异化战略，全面提升公司产品、服务、品牌全方位的竞争优势。

2. 国外竞争者

对国外竞争者采取全面成本领先战略。所谓全面成本领先，指在与国外品质接近的情况下，产品以较低的销售价格进入市场，利用产品的高性价比参与竞争。通过进一步提高全员劳动生产率，控制管理成本、财务成本和利用现有营销网络降低营销成本，以保持和加强公司产品在成本方面的竞争优势。

### 五、未来在东盟的发展之路如何走？

对于未来的发展模式，三一重工总裁向文波胸有成竹。

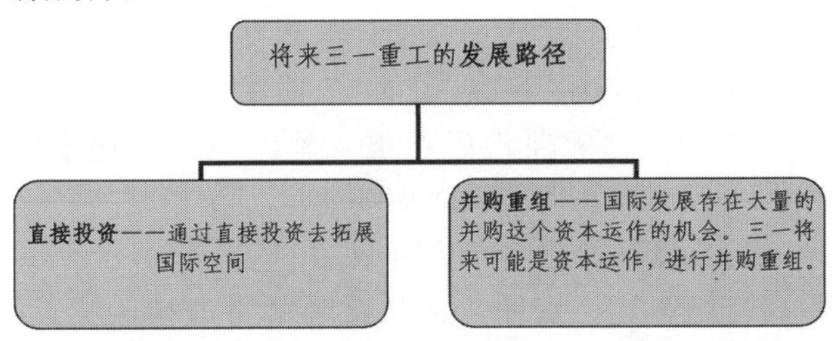


2014 年在某一次联谊会上，三一重工股份有限公司副总经理谢锋表示，企业将借助中国—东盟“升级版”自由贸易区的平台加快当地网络建设、推动产业落地。同时希望自贸区能积极发挥“升级版”的作用，对相关产品和生产过程制定统一的标准，取消差别对待，使外来企业和本地企业之间能形成平等的竞争关系。

据南博网调查，近年来，为了发展经济，东盟各国积极开拓区域内市场，升级基础设施建设。经贸的发展离不开基础设施的保证，目前东盟各国都加大基础设施的投入，为国内大型基建项目寻求融资渠道。随着中国—东盟自由贸易区全面建成、中国—东盟自由贸易区“升级版”的推进，有 8 种工程机械整机降低关税，协定税率为 5%。面对这个巨大的基建市场，三一重工已经开始发力东盟市场并取得了巨大的成就。

2015 年实现东盟经济共同体将指日可待，经过东盟各国的努力，东盟市场已逐渐转化为自给自足、具弹性、有活力的区域贸易。三一重工若想在对东盟区域内继续拓宽经贸蓝图，还需得从这十国的盈利性、竞争程度、进入壁垒、公司特质等客观因素进行分析。

（来源：南博网．http：//www.caexpo.com/news/info/original/2014/07/01/3625972.html．2014—07—01）

## 深谋远虑　中国重机在东盟市场展宏图

当前国内市场低迷且面临转型升级的困难局面下，很多工程机械企业纷纷加大了开拓国际市场的力度，国际化营销、并购、布局已经愈演愈烈。中国重型机械有限公司（以下简称“中国重机”）积极拓展东盟市场，在 2014 年 1 月 7 日，中国—东盟商务理事会在北京举办中国—东盟迎新春增合作系列活动上，荣获了“2013 中国走进东盟成功企业奖”。此次获奖作为一个新的起点，中国重机与东盟国家的经贸合作还有更远的路要走。

### 一、业务理念

中国重型机械有限公司（以下简称“中国重机”）成立于 1980 年，隶属中国机械工业集团有限公司，是以工程总承包、带资运营、贸易和服务为主营业务的工程总承包综合服务企业。业务覆盖冶金、矿山、交通、建材、电力、水务、环保、化工、生物能源、农产品仓储及加工等行业领域。

中国重机本着积极拓宽海外市场的理念，公司具有商务部批准的对外承包工程经营资格、国家甲级设备监理单位资格证书，建立了质量、环境和职业健康安全管理体系，获得 ISO19001、ISO14001 和 OHSAS18001 体系认证。经商务部批准，在缅甸、越南、柬埔寨、塔吉克斯坦、印度尼西亚、土耳其、泰国、斯里兰卡、埃塞俄比亚、南苏丹、肯尼亚和几内亚等 12 个国家设立驻外代表处。

中国重机成立三十多年来，先后承担了上海宝山钢铁（集团）公司二期、三期工程，内蒙古元宝山露天煤矿工程，秦皇岛三期煤码头工程，广州港新沙煤、矿石码头工程等一大批代表国家重大技术装备水平的大型成套项目和以美国通用汽车公司泰国，英国汽车冲压生产线，缅甸甘蔗制糖厂、丹伦（毛淡棉）大桥、露天煤矿、燃煤电站，越南新光水泥厂、水电站，柬埔寨达岱水电站、金边环网输变电工程、农村电网扩建工程，土耳其新蒸汽锅炉工程为代表的海外 EPC 总承包和海外 BOT 投资项目，为全球 40 多个国家和地区提供了专业化服务。已完成的项目获得所在国家业主的广泛认可和好评，多次荣获国内、国际权威机构颁发的各种奖项。

经过商务部正式批准，总公司已在缅甸、越南、柬埔寨、塔吉克斯坦、印尼、南苏丹、埃塞俄比亚等东南亚及非洲地区设立了驻外代表处。

## 二、挺进东盟

2011年以来，随着房地产、基建投资增速持续回落，工程机械各类产品下游需求大幅萎缩，资金趋紧，工程机械行业近期较为惨淡。纵观近年来的发展，工程机械行业市场竞争的惨烈，但正是在竞争加剧的背景下，促生了行业内企业的内生应变能力。在当前国内市场下滑比较严重的情景下，工程机械企业纷纷加大了开拓国际市场、扩大出口的力度，其中不少优秀企业向高端升级的步伐正在加快。在重点领域的研发投入和试验条件的建设，基础件、基础工艺和基础材料的国产化科研攻关，国际化并购等方面的自觉性都明显加大。

现今，在矿山、建材、交通等领域，中国重机与东南亚各国均有合作。

(一) 签订老挝500kV输变电项目EPC合同

2014年1月22日，中国重机与老挝国家电力公司(EDL)签订老挝沙拉湾—色贡500KV高压输变电项目EPC合同，该项目包括两个500kV变电站和72公里的500kV输电线路，合同工期为42个月。

中国重机公司董事长陆文俊、副总经理王卫国和EDL总经理西沙瓦先生、副总经理博翁先生分别代表双方签署了相关文件。老挝政府副总理宋沙瓦·凌沙瓦阁下、老挝能矿部副部长咔马尼阁下、中国政府驻老挝大使关华兵、经济商务参赞赵文宇以及老挝有关部委官员出席了签约仪式。

近年来，中国重机按照“巩固传统市场，扩大非洲市场，布局拉美市场”的国际市场开发工作总体部署，进一步巩固和扩大在公司传统市场的竞争优势。陆文俊董事长亲自带队，深入市场开发一线，积极开拓东盟及东南亚国家新的市场。在老挝市场积极寻找商机，进行市场调研分析和项目筛选，重点跟踪开发电力项目，积极推进项目进展。输变电项目自2013年11月1日签订MOU，到合同正式签订仅用了两个半月时间，创下了公司在新的市场从进入到实现成功签约最短的时间记录。

老挝输变电项目EPC合同的成功签订，标志着公司在东南亚地区增添了新的市场，巩固了中国重机在输变电专业领域的竞争优势，也为老挝后续输变电、水电站项目的进一步开发奠定了基础，创造了条件。

(二) 柬埔寨农网扩建(二期)EPC工程项目签约

2014年1月24日，公司与柬埔寨国家电力公司签订柬埔寨农网扩建(二期)EPC工程合同。柬埔寨国家电力公司副总经理Praing Chulasa博士、采购部经理Nget Sokhan先生与公司副总经理王卫国、电力事业部副总经理许云鹏代表双方在合同上签字。

该项目是利用中国政府优惠出口买方信贷资金建设，内容包括750公里大容量农网三相架空线路，50公里地下电缆线路，15公里跨河水底电缆线路等。工程计划于2014年开工建设，2017年建成投运。

近年来，中国重机深度开发柬埔寨市场，积极参与柬埔寨基础设施建设，实施农村电网改造工程，力争把电力输送到每个村庄，改善当地居民生活。柬埔寨农网扩建(二期)工程项目的签约，是公司继柬埔寨金边环网项目、农网扩建(一期)项目和金边—巴威项目后在柬实施的第四个输变电EPC工程。标志着公司在柬埔寨电力市场坚持“区域滚动”发展的战略得到有效的落实，也是公司积极履行企业社会责任，参与柬埔寨当地社区建设，扎扎实实、持之以恒地做好项目开发和执行工作，实现与当地社区共同发展所取得的丰硕成果。

(三) 缅甸TIGYIT露天矿

缅甸TIGYIT露天矿项目位于缅甸，业主为缅甸SHANYOMA NAGAR有限公司。设计能力为年产原煤80—100万吨露天煤矿。中国重机承担了露天煤矿成套设备的设计、供货、安装调试、运行指导及技术培训的工程总承包。

(四) 越南宣光水泥厂项目

该项目为中国重型机械总公司在越南新光承揽的以EPC形式总承包的2500t/d水泥项目，业主为新光水泥股份公司。工程地址为越南宣光省宣光市长达村。工程建设工期为19个月，宽限工期为22个月，建设总投资为7400万美元。

该项目水泥生产线工程主要包括主生产线部分和辅助生产设施两大部分，主生产线部分土建项目主要有：石灰石预均化堆场、辅助原料预均化堆场及输送、原料调配及输送、原料粉磨及废气处理、生料均化库及生料入窑喂料系统、熟料烧成窑尾、熟料烧成窑中、熟料烧成窑头、中央控制室、煤预均化库及输送、熟料储存及输送、煤粉制备、煤破碎及输送、水泥调配及输送、水泥粉磨/粉煤灰库、水泥储存及输送、水泥包装及成品堆存等，还包括矿山部分的土建工程和皮带机输送廊道等项目及相应的电力室、控制室等组成；辅助生产设施土建项目主要有各类堆场、堆棚，水池、泵站、空气压缩站、办公楼、宿舍、餐厅等。工程的钢筋混凝土生料均化库、熟料储存及输送、水泥储存库、窑中窑墩、水泥磨房等框架结构房屋、排架结构房屋、地坑及料坑、设备基础、钢结构等为本工程的重点施工工艺。

### 三、发展目标

目前，整个东盟地区的基建市场将会迎来一个火热的发展期。以泰国为例。泰国政府制定的国家发展战略第一项就是增加基础建设投资。据了解，泰国将增加2.2万亿泰铢（约合736亿美元）投资以进行基础设施建设，包括建造以曼谷为中心的4条高速铁路、跨国道路及工业港口。预计这个投资将大大降低物流成本。这对于中国工程机械行业来说是千载难逢的机会。

中国重型机械有限公司董事长陆文俊表示，东盟是中国重机重要的目标市场。从缅甸起步，中国重机将其成功经验复制到其他东盟国家，以点带面，辐射周边，不断开拓越南、柬埔寨等东盟市场。中国重机将把此次获奖作为一个新的起点，将继续加大与东盟国家的经贸合作，更好地为东盟国家的经济和基础设施建设做出更多的贡献。公司的战略规划和目标是，希望在未来两到三年的时间内在东盟国家的投资将增加到10亿美元。

此外，陆文俊还表示，在海外工程承包和投资的过程中，作为中央企业的中国重工承担了很大一块社会责任，为当地的企业、社会提供了无偿的援助和捐赠，改善了当地人民生活的条件。

（来源：综合整理自中国重工机械网、南博网）

## 天虹纺织稳抓机遇　走进东盟获佳绩

### 一、喜讯频频　荣膺不断

2013年，天虹纺织集团（以下简称“天虹”）喜讯频频。2013年1月24日，中国企业走进东盟和东盟企业走进中国评选颁奖典礼在北京举行，中国和东盟国家的20家企业和10位企业家分别获得成功企业奖和杰出企业家奖。其中，天虹纺织集团荣获2012中国走进东盟十大成功企业。中国—东盟商务会常务副秘书长许宁宁称天虹抓住机遇，果断决策。

2013财富中国500强排行榜于2013年7月16日发布，天虹纺织集团以超过70亿的收入首次荣登，排名498。该排行榜不仅提升了集团的声誉及企业形象，也是对集团竞争力的高度认可。

2013年12月，由中国纺织工业联合会主办的“2013中国纺织创新年会”在北京召开，来自工信部、中国纺织工业联合会的领导，以及纺织产业集群地、国内外纺织企业和知名媒体的近400名代表共同见证了此次盛会。会上，天虹纺织集团、鲁泰纺织和广东溢达纺织等国内知名纺织企业被授予“2013年度中国纺织工业联合会产品开发贡献奖”荣誉称号。

### 二、海外扩张　稳健发展

伴随着中国—东盟经贸关系的不断密切，尤其是自2010年中国—东盟自由贸易区建成以来，越来越多中国和东盟的企业重视开发对方市场，利用自由贸易区的优惠条件开展经贸合作。这种合作也已成为当前双方企业应对世界经济复苏缓慢的积极作为。天虹集团开始了海外扩张之路。

（一）签订投资合作协议

2013年9月，为了加强越南广宁省与天虹集团之间投资互利合作关系，促进经济增长，创造更多的就业机会，扩大贸易，改善技术和提高群众生活水平，广宁省与天虹集团经过商讨，双方达成统一意见并签订长期投资合作协议。

双方的合作将在三个主要领域实现：城市和工业园区基础设施投资，发展纺织工业；商贸旅游发展合作；开发娱乐产业。此次合作是在平等的、长期稳定的、保护环境的原则基础上实施。

广宁省领导在签约仪式上致辞时表示，广宁省一直以来都将天虹集团视为长期的战略合作伙伴。广宁省将创造最便利的条件，让天虹集团开展投资研究和展开项目建设。双方签订投资合作不仅是促进广宁省经济社会的发展，扩大天虹集团商品销售市场，而且更重要的是将有助于增强和稳固越南与中国、广宁省与天虹集团的外交友谊和商贸合作的关系。

天虹集团董事长洪天祝先生表示，此次签订合作协议以及天虹集团前期已在广宁省投资最典型的芒街天虹纱厂项目的成效，将成为奠定双方合作关系的坚实基础。投资广宁将是未来几年天虹集团长期的核心战略。与此同时，广宁对招商引资的积极投入，也将继续增强外国投资者，尤其是中国投资者的信心。

（二）细致考察　斥资设厂

2006年10月24日，天虹越南纺织股份有限公司；

2009年底为越南工厂添加前纺设备，为2010年越南厂房生产更多优质的牛仔纱做好准备；

2010年6月18日，天虹在越南启动190000纱锭建设工程。

目前，天虹在越南已经拥有40万枚纱锭。2006年，天虹对越南进行了3个月的考察，从越南对外国投资的优惠政策、纺织产品贸易政策等相关政策的了解，到原材料的获取，再到人力资源成本、运输成本等各方面的信息，天虹做了全面而细致的考察，最终决定在越南投资设厂。天虹在越南投资后，进行了一系列的本土化运营实践，原材料本地化、效益本地化、管理人才本地化，三个本地化的实践带给天虹的是经济效益和社会效益的双丰收。

在获得许可证之后，中国天虹集团（Texhong）于2014年7月动工建设位于海河工业区的基层建设和经营投资项目。

据广宁省经管委表示，天虹集团旗下的海河国际投资有限责任公司和海河天虹工业区有限责任公司组成的联营公司于2014年4月26日获得基层建设和经营投资项目许可证。该项目位于广宁省海河县海河工业区，一期工程投资总额为2.15亿美元，占地面积约660公顷。

广宁省海河工业区以发展纺织及相关工业生产线为目的，满足市场和跨太平洋经济伙伴关系协议（TPP）需求。该项目目前已经动工建设。

（三）占领越南棉花市场

天虹纺织集团成立于1997年，是全球最大的包芯棉纺织品供应商之一。该集团在越南拥有4家工厂。目前，越南工厂占该集团生产能力的一半。

天虹纺织集团董事长洪天祝在越南靠近胡志明市的同奈省投资建设纺织厂，除了考虑可以自由进口国际市场棉花以外，也考虑到当地工人的工资只有中国的一半左右。这个措施已使他成为“亿万富翁”。

为了节约成本，洪天祝先生进一步加大了越南的投资力度，在同奈省建厂。2013年9月，据美国彭博财经通讯社称，过去的12个月内，天虹纺织集团上海分支的股价已增加了445%。因此，这也将该集团董事长洪天祝的资产净值提升到10亿美元。

据悉，中国棉花价格比越南高出75%左右。香港DBS Vickers证券公司分析者Dennis Lam表示，天虹纺织扩大国外市场的时间较早，越南是主要市场。天虹纺织充分利用棉花价格差异，在越南收购棉花而在中国销售产品。

据悉，2013年上半年天虹纺织的利润上升到7300万美元，增了3倍。其收入升到58820万美元，增加了8.5%。该集团还打算2014年在土耳其和乌拉圭建厂，以便节约成本并且进一步扩大市场。

### 三、推陈出新　调整企业发展战略

天虹从创立之初至今，一直致力于打造差异化产品并不断地推陈出新，在棉纺织领域推动产业升级及变革，目前已在行业中享有较高的声望，吸引了诸多国际知名纤维供应商的关注与合作。天虹多年来采用美国英威达发明并拥有专利的莱卡氨纶系列，出品的弹力纱线已广泛应用于知名高档品牌服装的面料。同时天虹与奥地利兰精公司合作，使用其生产的天丝纤维、莫代尔纤维及粘胶制造高档机织纱、牛仔纱和高档针织用纱。此外，天虹也开始应用具有环保概念的涤纶生产与其他纤维的混纺纱线，并强化与日本东丽公司的合作，开发腈纶保暖针织用纱。

天虹所研发的高档纱线，亦同步应用于本集团坯布及面料的生产。天虹借助长期累积与高端客户的合作经验，目前已具备准确预测国际面料发展趋势的能力。对新型面料的应用，亦能紧密地与纱线研发结合，快速实现产业升级。

天虹纺织走进东盟市场的成功经验主要有以下几点：根据市场变化及时调整企业发展的战略，做出正确的经营决策；重视企业的信誉，注重产品和服务的质量，不断创新；入乡随俗，积极履行企业社会责任，惠顾当地民生。

（来源：综合整理自广西日报）

## 小米挥师东南亚　海外扩张信心满满

北京小米科技有限责任公司（以下简称“小米”）于2010年4月正式成立。短短几年，小米CEO雷军带领这家驻地北京的公司创下了惊人的销量，成绩斐然，现已发展成为世界最大手机市场的顶尖手机商之一。

目前，由于市场扩张迅速，小米挥师东南亚，海外扩张稳步向前。

### 一、积极布局海外市场

（一）新加坡是首站

小米继2013年拓展台湾和香港地区市场之后，在2014年走出大中华区，第一站选择了人口不多的岛国新加坡。新加坡只有530万人口，少于中国香港，也不到北京人口的一半，所以新加坡并不是一个不成则败的市场，对于小米而言此次扩张是一次重要的试验。

新加坡的手机市场与中国不同。据调研公司IDC数据，新加坡的智能手机占了手机市场的92.1%，市场已经饱和。此外，苹果在新加坡销售排第二位，市场份额为25.8%。而苹果在中国只能挤进前五，2013年小米销量还曾在一段时间内超过了苹果iPhone。

小米早期投资者、纪源资本管理合伙人李宏玮（Jenny Lee）表示，通过社交平台和口口相传培养追随者是小米的特别法宝。初期用户有3000多万，结果品牌亲和力打破了纪录。中国的小米发烧友为其免费传播，他们还使用小米应用市场的定制软件。李宏玮坦言，小米的策略就是基于粉丝。

小米全球业务副总裁雨果·巴拉对外表示，如同在中国本土一样，小米在新加坡依然会采用以客户为中心的战术，如听取用户意见，并根据用户意见对产品进行微调。同时，如中国本土一样，新加坡也将拥有一个只提供售后的服务店。销售将通过网购或是合作的电信运营商来进行，但电信运营商可以自己设定价格。

据新加坡媒体报道，小米3于2014年3月7日正式在新加坡开卖，售价为419新加坡元（约合人民币2027元），开售2分钟内即售罄。

进入一个新的国家，尤其是岛国，一切几乎都要从头开始。小米已经在Facebook上单独创建了“Xiaomi Singapore”主页，并有了2700个关注者。与此同时，小米主账号“Xiaomi”已经有了47.6万关注者。关于小米新加坡及其他市场拓展事宜，小米发言人没有予以置评。

随着小米在中国的快速扩大，手机UC浏览器CEO俞永福把小米、腾讯、阿里巴巴一同列为中国科技领头公司。俞永福评价，小米是一个奇迹创造者。

小米能否在中国之外再创奇迹，目前尚不可知。市场研究机构Canalys评估，小米在中国的市场份额约为6%，小米在中国主场留有强劲势头，仍有足够的增长空间。

（二）盯紧印度、印尼等市场

2014年2月，中国的手机制造商小米在新加坡举办了一次发布会。除了宣布红米、小米3登陆新加坡外，小米全球业务副总裁雨果·巴拉（Hugo Barra）和总裁林斌也透漏了小米对全球市场的野心。

雨果·巴拉解释了为什么会选择新加坡作为进军东南亚战略的首站。事实上，新加坡是其国际业务的总部。雨果·巴拉表示，新加坡市场规模小但是非常成熟，能够帮助公司迅速发展。小米可以通过这些经验来打开马来西亚、印度尼西亚、泰国等周边市场。

据透露，小米一直在密切关注印度、印尼等地区市场，并在那里积极寻找合作伙伴。这是个在发布会上特别提到的市场，或将是小米下一步进军的地方。与此同时，巴拉表示就目前情况来看登陆美国和欧洲市场有些困难。因此未来这个中国手机制造商的重点或许仍将是在亚洲，以促进品牌的成长。

（三）初期从马来西亚到巴西

雨果·巴拉介绍，雷军对小米出海的筹算是从东南亚为起点。这也是小米公司第一次较为正式地对外透露他们的国际化战略。

在未来一段时间内，雷军将开始把小米手机卖到马来西亚，那里的侨民将是良好的基础和开端，紧接着印度尼西亚、泰国和菲律宾都将会成为雷军继续“扩充米粉”的先行地。同时，雨果·巴拉透露，小米还在积极寻求进入印度、巴西、墨西哥的手机市场。小米副总裁林斌也表示，小米将继续提升生产能力，把产品扩展到更多国家。

相比手机销售，小米MIUI在2013年年底已经覆盖58个国家超过3000万的用户数。而早在2012年，雷军与DST创始人Yuri Milner对话时称：2013年年底，是小米在中国附近试点国际化的第一步。在2013年4月的米粉节上，小米与中国台湾运营商远传电信开展合作，2013年6月首批小米2S在中国台湾开售。2013年年底，雷军称，美国是小米期待进入的市场，在拓展市场之前，小米会做好充分的准备，而且小米会针对各地的用户需求做产品。

雷军在Google手中挖来了其全球副总裁雨果·巴拉，这让许多海外公司认识了小米。软件设计很难在功能和设计上很好地照顾到各国国情，但硬件可以。特别在东南亚等新兴国家，中低端机型是这些市场主流。只有iPhone售价一半的小米3和不足1000元的红米手机，在硬件参数和价格上都具备一定优势。

## 二、加速海外扩张步伐

雨果·巴拉2014年3月在香港表示，小米正在争取与李嘉诚掌控的和记黄埔有限公司（Hutchison

Whampoa）进行更加深入的合作。和记旗下的移动运营商3 Hong Kong将发布小米最新旗舰智能机小米3。

雨果·巴拉称，小米希望与和记在其他市场展开合作，例如印度尼西亚和越南，并将在这些新兴市场推出小米的产品。作为其全球发展战略的一部分，小米正在极力将其产品打入新加坡、中国台湾以及中国香港市场。在中国内地，售价低配置高的智能手机日渐受到欢迎。

在中国香港，因在商界的重要影响力以及对未来发展的独特嗅觉，李嘉诚被称为“超人”。李嘉诚的商业帝国和记黄埔是著名的综合性实业公司，涉及领域包括电信、码头以及酒店，其在全球52个国家拥有270000名员工。该公司旗下的运营商3 Group服务6900万消费者，其涵盖的市场包括意大利、英国、印度尼西亚、越南以及中国香港。3 Group不仅为三星在全球范围内分销手机产品，同时也是苹果的合作伙伴。

在过去数年中，李嘉诚在科技领域进行了一系列的高调投资，其中最引人关注的是在2007年，其通过私人科技投资机构Horizons Ventures购买了社交网络巨头Facebook价值6000万美元的股票。据悉，Horizons Ventures还投资了音乐流媒体服务商Spotify、以色列众包导航应用Waze以及新锐新闻应用Summly。

总部位于北京的小米通过销售高配置低价位的智能手机，名声大噪，其最新智能手机小米3的售价为330美元，不到苹果和三星电子高端智能手机产品的一半。这家私人控股的公司经常因产品供货不足，只能通过网络进行限量销售。

雨果·巴拉称，小米正在竭尽全力使得产品实现供求平衡。就此，雨果·巴拉已经与富士康董事长郭台铭在深圳进行过会晤，主要商讨的就是增加小米手机的生产线，以应对缺货现象。

据雨果·巴拉透露，富士康和另一家台湾企业英业达（Inventec）均为小米的手机代工厂商。

富士康，也就是鸿海科技集团（Hon Hai Precision Industry），亦为苹果iPhone和iPad的主要代工厂商。

为把握好市场，小米加大与其他企业合作的力度。在智能手机领域异军突起的初创企业小米公司正在寻求借助其他平台，进一步实现其海外扩张的步伐。

（来源：综合整理自环球网科技、腾讯科技）

## 云南电网合作之东盟战略：电力贸易成新增长点

作为全国第一个“走出去”的省级电网公司，云南电网公司（以下简称“云南电网”）架设起国际化区域电网，推动云南与缅甸、老挝、越南等国家的电网互联，电力贸易逐渐成为云南与东盟贸易的新增长点。

2012年11月28日，中国和越南合作的首个水电投资项目——小中河水电站首台机组并网发电。2012年12月21日，越南小中河水电站第二台机组投运，小中河水电站正式进入发电期。

2012年12月21日，老挝国家电力公司与云南电网公司就230千伏老挝北部电网建设项目签订协议。

2012年12月26日，瑞丽江一级水电有限公司、云南电网公司及中色镍业（缅甸）达贡山镍矿共同签署了《达贡山镍矿用电项目补充供电及辅助服务协议》。这是云南电网公司第一次对“走出去”的中国企业提供电网稳定和能源支持的项目。

在对越南送电方面，2014年1～3月，云南电网累计对越送电量为4.75亿千瓦时。目前通过110千伏河老线、110千伏猫河线、220千伏新老双回线、220千伏马河线两个电压等级五回线路向越南供电；在对老挝送电方面，2014年1季度累计对老挝送电量为4981.1万千瓦时；在对缅甸购电方面，2014年1季度累计向缅甸购电2.21亿千瓦时，其中，累计向缅甸瑞丽江一级电站购电1.17亿千瓦时，累计向缅甸太平江一级水电站购电1.04亿千瓦时。

这些数据仅是云南电网和东盟在电力合作方面的最新进展。随着中国—东盟经贸合作的不断加强，电力合作便是其中的一个领域。作为南方电网公司实施“走出去”战略的操作平台和对外窗口，云南电网公司紧紧围绕电力进出口贸易、境外电力投资、电力工程承包和设备代理进出口等核心业务展开电力外交与合作，成为中国—东盟电力合作的先锋。电力合作不但打开了云南对外经贸的通道，更让世人看到中国—东盟共赢发展、开拓未来具有建设性意义的另一面，并在友好合作过程中为中国在东盟各国社会与民众心中赢得了广泛的尊重和赞誉。

## 一、能源贸易：打通东盟经济通道　电力贸易成新增长点

云南拥有丰富的水电资源，每年发电量约 4700 亿千瓦时，在全国排第二位。云南电网公司依托得天独厚的地理和资源优势，成为全国第一个“走出去”的省级电网公司。云南电网架设国际化区域电网，如今，云南与缅甸、老挝、越南等国家的电网互联，电力贸易逐渐成为云南与东盟贸易的新增长点。

据云南电网公司数据显示：在电力出口方面，2012 年 1～10 月，云南电网公司 4 条对越送电线路累计出口电力收入达 1.60 亿美元；从云南电网开始对东盟开展电力贸易以来，在电力出口方面，自 2004 年 9 月 25 日起至 2012 年 12 月 31 日，对越南送电累计出口电力收入达 12.43 亿美元；自 2009 年 12 月 6 日至 2012 年 12 月 25 日，115 千伏勐腊—那磨线对老挝送电累计出口电力收入达 1702.4 万美元。

云南电网公司副总经理王文表示，随着云南电力产能和市场份额的不断扩大，云南电网将逐步向更多的东盟国家实现输电。

据了解，按照中国与东盟合作的有关协议，以及云南省“云电外送”规划，未来三四年，云南省对越送电电压将提高到 500 千伏，新增送电 200 万千瓦，送电规模达到 270 万千瓦。同时，结合糯扎渡等电站的投产，实施向泰国送电 300 万千瓦。届时，云南电网在东盟电力交换枢纽、交易平台作用将进一步凸显。

为了培育电力市场，在对外出口电力的同时，云南电网还进口电力。这也是云南电网公司抢占东盟市场的策略之一。

据云南电网公司数据显示：2012 年，云南电网公司从缅甸瑞丽江一级水电站购电累计结算金额为 3.66 亿元人民币；自 2008 年 12 月起至 2012 年 12 月 25 日，自缅甸瑞丽江电站购电累计结算金额为 13.38 亿元人民币；自 2010 年 8 月起至 2012 年 12 月 25 日，云南电网累计自缅甸太平江电站购电累计结算金额为 9589.7 万元人民币。

## 二、市场拓展：投资境外水电　探索直供电模式

2012 年 11 月、12 月，由云南电网公司和越南北方电力总公司共同投资建设的小中河水电站两台 11 兆瓦机组先后并网发电，标志着中越首个合资电源项目正式进入发电期。

业内人士评价，小中河电站是中国和越南的首个水电投资合作项目，也是南方电网公司参与大湄公河次区域电源投资合作的第一块试验田，它实现了南方电网境外电源投资零的突破。

目前，云南电网公司正积极寻找新的境外水电投资项目，开展缅甸南卡江项目、南垒河项目前期工作，储备新的电源项目，并进一步加强老挝南孚水电项目的水文气象、地形地质条件、对外交通、输电线路以及项目可研工作等信息的深层次研究，为南方电网公司的投资决策提供详细资料。

下一步，云南电网将坚持以网对网为主，巩固缅甸达贡山中国有色金属工业总公司镍矿直供电业务和缅甸太平江电站施工用电供电的成功经验，继续探索直供电模式，寻求新的合作项目。

## 三、基建合作：境外施工推进互联互通

云南通过向东盟国家进出口电力，投资水电项目，还收获了许多电力开发项目，为南方电网公司探索和积累了丰富的境外电源投资建设的实践经验，并造就和培养了一批境外电源建设合作的骨干力量。

老挝国家电力公司副总经理西沙瓦·提拉翁评价，老挝与云南电力部门的合作已经有十多年了。2009 年，中方承建的 115 千伏那磨输变电工程，高质高量，是目前老挝政府和公司认定的电力建设标杆工程。

另据了解，东盟互联互通总体规划涉及数百个项目，包括建设东盟电网、昆明至新加坡铁路网建设、高速公路网的建设，升级原有的公路等。然而，大多数的东南亚国家都面临着电气化水平低，电网基础设施不发达，以及缺乏资金和技术的问题。

云南省东南亚南亚研究院研究员朱振明表示，东盟国家中城市化相对较高的国家，如新加坡，大规模的基础设施建设阶段已经结束。而老挝、越南、缅甸、柬埔寨等国家基础设施建设需求很大，但缺技术，东盟国家对中国企业建设基础设施工程技术非常肯定。

近年来，中国企业在东盟国家承揽和实施了包括电站、大坝、电网、桥梁等在内的许多工程项目，业务规模逐年扩大。据统计，中国对外工程承包合同在马来西亚、老挝、泰国 3 个国家增速最快，老挝是中国对东盟国家和地区进行对外工程承包项目和业务的重要国家和地区。业内分析人士认为，中国对老挝的对外工程承包项目未来 5 年幅度有望

达到87.4%以上，特别是电力工程和输变电工程等关系国民经济基本设施建设的领域，其增长幅度有望超过2.2倍以上。

目前，云南电网公司正依托境外电网工程，大力拓展境外电力工程承包。2012年12月21日，中老友协会长、老挝政府办公厅部长兼主任辛拉翁·库拍屯、老挝国家电力公司（EDL）总经理西沙瓦·提拉翁与云南电网公司副总经理王文签订了建设230千伏老挝北部电网的协议。

参与互联互通计划不仅具有经济意义，更具有政治意义。中国—东盟投资合作基金总裁李耀曾表示，中国企业积极参与东盟国家的互联互通计划，不仅能够较快推动东盟国家的发展，而且可以在支持东盟发展过程中，为中国赢得当地社会广泛的尊重和理解。

### 四、技术对接：智能电网市场可观

虽然东南亚国家基础建设落后，但东南亚国家的政府和相关行业正在努力跟上全球清洁能源发展的新趋势，泰国、马来西亚、印度尼西亚和菲律宾已经开始制定具体的智能电网技术发展路线图。据相关数据显示，东南亚智能电网将从2011年的19亿美元增至2020年的45亿美元，主要源自输变电、配网升级及智能电表部署等方面的投资。

云南省科学技术情报研究院副院长马敏表示，云南太阳能热利用、新能源发电、新能源接入等领域的科技水平在国内处于领先地位，而东盟各国在新能源技术、产品方面有巨大市场需求。

目前，中国的风能、太阳能等新能源装机迅速增长，但受气候和天气影响，发电功率难以保证平稳。业界普遍认为，微电网和储能技术是决定新能源前途和命运的两大关键技术，而在智能微电网和储能技术方面，云南电网公司早已开展相关研究，而且此前已经开展了大量新能源上网方面的研究。

据了解，云南在新能源利用和上网方面的技术优势，也成了2012年中国一东盟教育培训中心新能源与可再生能源科技培训中心落户云南的原因之一。在首次中国—东盟新能源与可再生能源新技术交流与对接活动中，中泰两国企业就在泰国建立太阳能示范基地签约。

### 五、拉动制造：设备出口潜力无限

云南通过参与东盟电力基础设施建设，拉动了云南机电设备制造产业和建筑材料产业的发展。

越南电力企业考察云南省宝峰500千伏变电站，断路器、电流感应器等先进的变电设备令越南客商惊叹。很多越南公司希望引进中国防雷设备。

王文表示，云南电网公司与越南电力企业建立良好的合作关系，并为中国企业和电力产品在越南树立了良好形象。

目前，中国变电设备逐渐进入越南市场，云南电网公司和越南有关部门每半年召开一次联络会，交流技术夯实合作基础。而云南省也加快培育光伏、光机电一体化设备、主动式OLED、半导体照明为主的光电子产业，着力构建从光电子材料到器件、整机、系统和配套加工装备的全产业链，并以云南中部地区为重点，推进昆明国家光电子产业基地建设。

此外，东南亚国家及一些发展中国家对电工仪器仪表的市场需求也将有所提高，这将给中国电工仪器仪表企业拓展国外市场带来机会。

相信不久的将来，更多的“中国造”电力设备将进入东盟市场，提升中国电力设备在国际上的地位。

（来源：综合整理自中国电力新闻网）

## 一路风雨　十年奋发
## ——东盟成为TCL国际化桥头堡

近年来，由于欧美经济不景气及国内市场需求大幅降低，新兴的东南亚市场成为家电行业复苏的重要动力，家电企业对其投入力度不断加大。进军东南亚市场TCL并非孤军作战，美的、日本的大金工业、索尼公司以及韩国的三星、LG等都对已经对其发起了进攻。作为未来家电行业主要增长点，东南亚市场已经“硝烟弥漫”。

1999年，TCL集团看中东盟巨大的经济增长潜力和在原材料、劳动力、税收等方面的比较优势，率先开发越南市场。截至2010年，TCL已在东盟主要国家建立了完整的研产销架构，树立了良好的品牌声誉和形象，占据了领先的市场份额。

### 一、进入泰国市场十年跃居行业第四

作为最早一批响应政府号召迈出国门、走入世界的中国企业之一，TCL已经进入泰国市场整整十年，并且在十年的时间里销售量跃居彩电行业第四，成为泰国消费者认可的家电品牌。2014年4月24日，TCL在曼谷举行新闻发布会，对国际化进程的经验和成绩进行总结的同时，也将转型树立为下一个十年的目标。截至2014年4月，TCL的销售

量已经赶超日本品牌，成为仅次于韩国三星和LG的泰国第三大电视品牌。

TCL泰国总经理张平波在新闻发布会上介绍，2013年TCL泰国公司取得了优异的成绩，彩电销售收入达到15亿泰铢（约合5000万美元），LCD销量达到25万台，市场份额上升至8.8%。接下来，TCL的目标是在做好彩电主业的同时逐步引入多元化产品，如照明产品、冰箱、洗衣机及小家电等产品。

张平波介绍，TCL将在泰国市场实现转型，从中低端、小尺寸到中高端、大尺寸的彩电产品转型；从单一彩电产品到全系列产品的转型。努力做到三年之内实现彩电市场份额跃居行业前三名；十年之内，成为泰国消费者最信赖的消费类电子品牌。

TCL“走出去”的历史已经有15年了，公司最早拥有海外工厂是在1999年的越南。经过15年的努力，TCL在国际化方面已经日益成熟，积累了不少国际化和本土化的经验。在电视面板和电视芯片等核心技术领域，TCL已经拥有了不少自主知识产权，从而给TCL在成本控制上提供了核心竞争力，这也是TCL近年来在泰国和越南等东南亚国家市场份额不断增长的真正原因所在。

（一）接受挑战　迅速成长

TCL多媒体科技控股有限公司副总裁王成介绍，中国企业走出国门通常面临三方面的挑战。首先是产品的挑战。与在国内面对的本土企业不同，国际市场上面临的对手都是成熟的全球化的对手，因此TCL必须通过不断积累资源，将在国内的优势输入海外市场，制造出具备竞争力的产品。

第二个挑战则是跨文化、跨国界的管理。在海外市场不能照搬中国的管理办法，必须根据当地的情况进行调整。最大的挑战则是人才的挑战。王成认为，中国企业的国际化就是中国人的国际化，因此TCL一直致力于培养有全球化背景的人才，将人才送出国学习国外的语言、模式，同时也不断吸收国外有经验的人才加入团队。

王成表示，泰国市场一直是TCL最重视的市场之一。泰国与中国关系友好紧密，且消费能力是东南亚国家中最强的，同时有一定的工业基础。TCL也一直与泰国政府保持密切沟通和配合，如加入泰国教育部大尺寸电视采购的项目等。

TCL正从产品为重点转移到面向用户体验，从传统的电视制造商逐步转型为一个全球性的多媒体娱乐科技企业。通过建立以产品为驱动的模型，提升市场洞察力，以互联网为导向的战略，实现品牌全球化。随着渠道的重组，建立一个O2O平台，以及供应链的改善，在未来几年，TCL会最大限度地提升其产品创新能力和效率。

从最初的默默无闻，到慢慢提升认知度，建立口碑，TCL在泰国市场已经实现了突破。但王成表明，企业国际化进程还有很远的路要走。

（二）TCL在泰国发布新一代4K电视

2014年4月24日，泰国TCL电器有限公司（以下简称TCL泰国）在曼谷举行TCL进入泰国10周年庆典暨2014年4K UHD超高清新品发布会。在发布会上，TCL泰国展示了其UHD（超高清电视）的最新产品线，其中包括新一代TCL 4K UHD电视。TCL泰国总经理张平波称，TCL的UHD电视于2014年在国际消费电子展上获得成功。研究表明，大屏幕尺寸及更高分辨率的电视产品对观众来说越来越有吸引力，所以，TCL目前把相当大的精力集中投入到UHD电视产品线的研发和创新。

TCL 4K UHD电视分辨率高达3840×2160，比FHD（1920×1080）高4倍，可以为观众提供每一个细节的清晰显示。同时，通过顶尖的软件处理能力，TCL 4K UHD电视拥有强大的4K图像效果和生动的、细腻的视觉细节。电视自动调整亮度和色彩饱和度将更优化消费者的视觉体验。此外，TCL 4K UHD电视配备了USB 3.0和HDMI 2.0端口，有效提高了数字视频数据的传输速度。

TCL的85英寸4K UHD电视，可以实现真人1∶1的显示效果，图像清晰度和分辨率达到了高度逼真的效果。据TCL泰国工作人员介绍，该电视还配备了四核处理器和4K顶级解码芯片，在图像显示方面比传统电视有了质的飞跃。

## 二、成印尼家电市场最大中国品牌

在激烈的市场竞争中，深圳品牌脱颖而出。TCL多媒体海外业务中心印尼分公司总经理尚玉国表示，TCL进军印尼市场整整10年，因善用当地资源、实施差异化竞争策略，争抢“另一块金砖”，成为印尼市场最大的中国家电品牌。

（一）善用当地资源少走弯路

尚玉国坦言，TCL国际化道路，曾付出了惨重代价。TCL曾因为收购汤姆逊而步履艰难，但现在终于从这起失败的国际并购案中领悟了教训。因此，TCL在印尼选择了一种完全不同的市场战略：不是幻想一口吃成一个胖子，而是稳扎稳打地推进，利用当地的资源，更好地控制成本和风险。

国际市场风险很高，如果贸然进入很容易水土不服。尚玉国表示，TCL 在印尼中爪哇三宝隆与当地一家制造工厂合作，有效实现了资源的合理配置。

这是一种双赢。因为是当地企业，工厂就能专心生产制造，特别是可以更好地适应当地商业环境，处理各种关系，减少海关繁杂手续，分担了风险。工厂进口散件一般第二天就能通关，第三天就能够上生产线。同时，TCL 派员进行生产流程和品质管理，保证每台整机的质量经得住市场检验。

有当地的合作伙伴的支持，TCL 在印尼少走很多弯路。尚玉国介绍，本地工厂善于生产制造，TCL 精于销售渠道，这是一种理想的合作模式。目前，双方已经合作了整整 10 年，TCL 集团正在同合作伙伴进行洽谈，计划进一步扩大工厂的生产制造能力，把印尼工厂打造成海外重要的生产制造基地。

（二）差异化赢得市场主动

差异化竞争，成了最好的“撒手锏”。尚玉国介绍，TCL 不与韩国品牌比广告投入，不进行豪华奢侈的形象店装修，这些动辄几百万、上千万的“高举高打”的投入，会让一个最初进入印尼市场的品牌“损失惨重”。

TCL 目前所进行的品牌推广策略为：实行差异化管理，结合不同区域进行不同的规划，然后线上和线下分步进行。

经过艰难的市场拓展，TCL 慢慢得到印尼客户的认可。2012 年，TCL 自主品牌在印尼将实现 4 亿元人民币的销售额，其中多媒体电视产品占 55%。

价值取向的变化，不仅让 TCL 初步赢得了印尼市场，也让其在国际国内市场上“大丰收”。2012 年前 9 个月，TCL 集团 LCD 液晶电视销量达 1085 万台，同比大幅增长 51.5%，其中海外销售立下了汗马功劳，达 487.8 万台，同比增长 75.97%。

（三）选拔本地员工实现更好管理

管理是一门学问，特别是对海外企业，好的管理可以让团队拧成一股绳。目前，TCL 多媒体海外业务中心印尼分公司总部设在雅加达，设有 10 个支公司。

从人力资源管理和匹配的角度分析，海外企业最好由当地人管理。尚玉国透露，目前，整个销售团队 200 人，中方员工只有 5 人，因此需要选拔当地优秀员工，实现更好更科学的管理。

TCL 集团倡导积极的发言制度，每个员工都能挑战自我。目前 TCL 印尼分公司的印尼员工逐渐认同了公司理念，特别是可以看到的激励制度，让员工选择了更加积极的态度去开拓市场。

**三、进入开拓进取阶段**

（一）商业模式

家电行业的转型升级已经跨过空谈理念的时期，进入脚踏实地的开拓进取阶段。2014 年，传统家电企业的互联网式进化将超越以往的在线传播和在线销售的局面，真正深入到基于用户参与的产业链和整个产业价值链的再造中。家电财务公司的产业链金融不仅有促进收入增长的经济价值，更有服务集团转型升级，解决中小企业信贷难题的社会价值。2014 年，TCL 集团以用户为中心，推进“智能＋互联网”战略转型，建立“产品＋服务”新商业模式。

（二）展战略模式

TCL 集团股份有限公司董事长兼总裁李东生在博鳌亚洲论坛年会的“企业新兴市场战略”分论坛上表示，物美价廉是进入东南亚市场的前提。

李东生认为，东南亚市场和欧美市场的产品需求并不雷同。在东南亚这些新兴市场，物美价廉的产品是进入这个市场基本的前提条件。从 2012 年开始平板电视的成本已经到了中国主流消费者能够购买的水平，2012 年平板电视在中国市场有一个爆炸性的增长。未来几年这种情况可能陆续会在其他的新兴市场发生。

同时，李东生表示，新兴市场对性价比有优势的产品有很大的需求量。TCL 集团不能忽略新兴国家市场对新的产品技术的强烈追求。在一些经济发展比较快的国家，像中国、中东地区、俄罗斯对一些新的科技产品的需求往往是出乎很多人的意料，所以在这个市场上产品必须满足不同的客户的需求。

（来源：综合整理自人民网、泰国中华网）

# 转型拓展东盟市场<br>昆明中远物流持续迈进

2013 年 11 月 1 日，昆明中远物流有限公司（以下简称“昆明中远物流”）在昆明召开了印尼磷酸硫酸磷石膏项目总结会暨印尼 PKG 项目启动会。会议对印尼磷酸硫酸磷石膏物流项目进行了总结，该项目自 2013 年 3 月启动至 10 月完成 13 批次，11 船次货物的运输，共 56595.417 计费吨，远远超过业主预计 40000 吨货物的运输量，业绩斐然。会议还对即将开始操作的印尼 PKG 项目做了计划和安排。会议认为，昆明中远物流东盟项目部印尼项目稳步推进，开拓印尼市场进展顺利，尤其是与印尼 GAMA 公司于 2013 年 10 月下旬在昆明签订的战略合作协议，标志着东盟项目部又向国际市场迈进了坚实的一步，更给在转型面向东盟发展道路上的昆明中远物流提供了更广阔的发展平台。

### 一、桥头堡机遇促企业转型

云南桥头堡建设的实施，扩大了云南对外开放，促使更多企业走出去开拓东盟南亚国际市场，这给中远物流发展带来了机遇。昆明中远物流总经理马利军介绍，随着中资企业投资东盟项目增多，大件运输也在增多，而不少大件运输是一般运输企业难以完成的。比如，老挝开元钾盐项目钢梁长货运输。该项目典型的超长货物是 19 米钢梁，系昆钢安宁钢结构厂生产的轻型钢结构，货物自身强度不够，加之货物超长，运输途中容易变形，运输难度大。老挝北部山区路况差，弯道多，长车转弯受到限制，老挝车辆有效载货平台只有 12 米，业主对长货运输的要求，货物超出车厢部分不允许超过 4 米，老挝车辆无法完成此项运输任务。对此，昆明中远物流通过前期道路勘察，经过仔细计算，设计出临时改造老挝车辆的运输方案。通过对老挝车辆进行临时加长改造，昆明中远物流顺利完成该项目所需 180 根超长钢梁的运输任务，同时节约物流操作成本约 30 万元人民币，得到业主的肯定。

桥头堡建设的机遇令中资企业海外物流需求增多，中远物流北京总部以昆明中远物流为支撑，于 2010 年 3 月在昆明成立了中远物流东盟项目部，主要在东盟国家进行大宗的大型工程设备运输。马利军介绍，中远物流是中国最大的中外合资第三方物流企业。中远物流东盟项目部的成立，标志着昆明中远物流面向东盟的转型。经过两年多的开拓发展，目前东盟项目部已成为中国面向东南亚、南亚地区最大的一个物流基地，有效满足了中资企业东盟大件物流运输需求。

### 二、东盟 6 个国家设项目部

国外大件运输是国内及东南亚国家多数运输企业的短板。中国华电柬埔寨额勒赛水电项目，其中尾水肘管是该项目中的超限设备，该批设备最宽 5.2m，最高 4.8m，如此庞大的一个货物，采用公路运输是难以实现的。华电把项目运输交给了昆明中远物流东盟项目部。昆明中远物流发掘一切可利用的条件，最终选择了水陆联运的方式完成了运输，即采用驳船将货物运抵额勒赛下游码头，采用汽车吊卸船装车运输至工地现场，取得了柬埔寨项目部第一次大件运输的圆满成功。基于柬埔寨项目操作实际需要，昆明中远物流在柬埔寨成立了项目部，以独立、高效的经营和管理模式不断开拓市场。

随着在柬埔寨工程物流市场上所占份额越来越大，昆明中远物流已经逐步在柬埔寨找到立足之地。马利军高表示，这也为昆明中远物流开拓东盟市场积累了经验。2011 年以来，昆明中远物流采取以项目为支撑，扩大战果，做大做强的模式，先后在泰国、老挝、柬埔寨、越南、菲律宾、印尼 6 个国家设项目部。业务以大型电力、能源工程类项目为主，成功开发 12 个项目，项目物流金额都在千万元以上，最大项目达 5000 万元。

### 三、东盟市场占物流总量 30%

印尼 Paiton 项目是衡阳特变电打开印尼市场的标志性项目，同时也是中远物流在印尼的第一个国际、国内总承包项目。该项目涉及国内公路运输、内河运输、设备报关、国际海运、印尼泗水港口清关、印尼公路运输 6 个物流环节。自 2013 年 7 月该项目中标后，按照总部要求，由昆明中远物流负责该项目操作。为了保证这次运输工作的顺利完成，项目人员不畏酷暑，多次查看了 334 吨主变设备的运输车辆、内河船舶的准备情况，对湘江的水位进行了解，详细掌握航道近阶段的通行能力，还对长沙周边地区气候条件及降雨量会造成的影响进行了调查。通过整体管控对印尼 Paiton 项目设备的运输模式进行调整和完善，提供了一揽子项目物流解决方案，最终运送到项目工地现场。

昆明中远物流提供电力工程大型成套设备和材料的国际国内物流服务，提供一揽子项目物流解决方案，受到越来越多中资企业的欢迎，中远物流的收获越来越大。2012 年物流额实现 2000 万元，2013 年突破 3000 万元，是昆明中远物流 2013 年物流总额 1 亿元的 30%。随着对东盟市场的不断开拓，2015 年中远物流对东盟市场物流有望达到 4000 万元，占比物流总额 40%。

（来源：云南日报 . http://yn. yunnan. cn/html/2013—11/26/content_2971728. htm. 2013—11—26）

# 经商实务篇

## 中国公民赴东盟十国签证

### 文莱签证办理指南

#### 一、签证规定

目前，约30个国家的公民可以免签证入境文莱。文莱当局为这些国家的公民提供一次入境14天至90天不等的居留期，其中美国公民每次入境文莱可以享有长达90天的居留期；比利时、加拿大、丹麦、法国、印尼、意大利、日本、立陶宛、卢森堡、马尔代夫、荷兰、挪威、秘鲁、菲律宾、波兰、西班牙、瑞典、瑞士、越南及泰国等国公民每次入境文莱可以享有长达14天的居留期；澳大利亚、英国、德国、马来西亚、新西兰、阿曼、爱尔兰、新加坡、韩国及阿联酋等国家公民每次入境文莱可以享有长达30天居留期。

另外，柬埔寨、伊朗、老挝、缅甸及越南5个国家的外交官享有免签证入境文莱的优待。伊朗外交官每次入境可以享有长达30天的居留期。柬埔寨、老挝、缅甸及越南4国外交官每次入境享有长达14天的居留期。

中国入境文莱基本每年以50%的人数在递增，2013年，文莱政府在中国提高了推广力度，希望中国游客去文莱旅游的人数能达到一个峰值，预计增加70%～80%。中国香港特区护照持有人可免签证前往文莱旅游，最长可逗留14天。中国澳门特区身份证明局于2012年3月13日证实，特区政府已接获文莱驻香港总领事馆的通知，特区护照持有人可免签证进入文莱逗留最多14日。

据悉，除了以色列公民，所有过境文莱的外国公民都可获得政府签发过境签证。文莱政府为外国旅客提供过境签证，旨在鼓励他们利用过境之便到文莱作短暂观光，但文莱移民局有权拒绝签发过境签证予携款不足的外国旅客。凡欲申请过境签证的外国旅客，须先向负责官员提呈前往其他国家的机票，并证明自己携带充足款项应付入境文莱的开销。

#### 二、签证类型

（一）文莱旅游签证

文莱旅游签证颁发给赴文莱旅游的申请人，包括观光旅游及医疗治病等。申请人必须能证明其意图只是临时进入文莱，目的仅为旅游。申请人还必须证明有充足的资金支付在文莱停留期间的费用，并证明在其祖国有牢固的社会、经济和其他方面的联系以迫使其在文莱短期、合法访问后能如期返回。签证所需的材料如下：

1. 相片2寸近照5张；
2. 有效期9个月以上的护照原件；
3. 申请人的身份证正反复印件1份；
4. 申请人个人资料，内容包括：婚姻状况、家庭住址、联系电话等；
5. 有效期：6个月，最多停留14天；
6. 办理时间：预计工作日35天；
7. 收客范围：全国各省因私护照持有人。

（二）落地签证

落地签证主要针对来不及事先办妥签证的中国公民，可申办落地签证，具体手续为：由文莱担保人向文莱移民局申请批准函，将批准函原件邮寄或传真给拟来文莱的中国公民，中国公民抵达文莱国际机场后，凭该批准函原件或传真件、护照和回程机票在移民局机场柜台办理落地签证，签证费20文莱元。

目前文莱对中国旅游团组实行72小时落地签证，由当地旅行社与国内旅行社联手办理，并事前一周得到文莱移民局的批准。文莱旅游局对外表示只要中国公民拥有第三国旅游签证（或第三国离开的机票），移民局会给中国公民72小时落地签证权，中国公民可以享受不用签证在文莱待上72小时。比如说中国公民拥有一个马来西亚签证，从马来西亚飞往文莱，那么中国公民不需要签证可以直接进入文莱。

（三）商务签证

文莱商务签证是文莱每年签发得最多的签证，主要签发对象是想进入文莱进行短期商务活动的外国人士。由于文莱商务签证需事先向移民局申请并认证，而且要求提交的材料也比较严格，因此出国人士在办理文莱商务签证时，签证材料齐全并符合要求是关键。文莱商务签证所需的材料如下：

1. 护照。护照有效期在6个月以上的因私护照原件；持换发护照者，请提供所有旧护照原件。

2. 照片。近6个月内拍摄的两寸白底彩色近照2张；照片尺寸35毫米×45毫米（护照照片大小）。

3. 签证申请表。在中国签证资讯网下载签证个人资料表，并完整填写。

4. 身份证。身份证正反面复印件。

5. 营业执照。中方公司的营业执照正副本复印件（须加盖公司公章）。

6. 单位派遣信。派遣信需以申请人所在单位正规抬头纸打印，加盖单位公章，由负责人签名。单位抬头纸以及派遣信的具体内容请查看派遣信模版。

7. 其他必备资料。已出票的电子客票行程单。

8. 文莱邀请方应提交的材料。文莱邀请人发出的邀请信（必须写明具体停留时间及出访目的和地址等）原件及复印件各1份。

（四）个人访问签证

中国公民申请文莱的个人访问签证所需的材料如下：

签证有效期1个月；

最多停留时间14天；

护照及照片2张，含一晚酒店；

护照签发地规定及价格（全国地区）；

预计7个工作日（不含快递及邮寄时间），价格2800元/人；

签证通过率近100％。

## 三、申请文莱签证须知

1. 自入境日期起算，6个月以上有效期之护照正本（护照影本1份）；

2. 2寸照片1张；

3. 过境观光签证申请表格1张；

4. 身份证影印本1份；

5. 进出文莱国际段航班机票影本；

6. 10人以上，需附团体名单1份。

## 四、个人办理文莱签证的注意事项

签证申请表格每一栏均需填写正确资料，若无者请填NIL；星期一至四早上9点至中午12点收件，下午2点至5点领件，工作日为4天（即今天早上送，4天后下午领），每次入境文莱至多可停留14天，可在当地办理加签延期，至多两次；持中国台湾地区护照者，皆须申请签证方可进出文莱。

持以下护照者免签证可免签停留14天：印尼、泰国、菲律宾、韩国、日本、法国、瑞士、荷兰、比利时、卢森堡、列支敦士登、瑞典、丹麦、挪威、西班牙、马尔代夫、加拿大、阿曼、秘鲁。

可免签停留30天：马来西亚、新加坡、英国、德国、新西兰。

可免签停留90天：美国。

持澳洲护照可申请落地观光签证，至多停留14天。

（来源：综合整理自南博网）

# 柬埔寨签证办理指南

## 一、签证规定

中国公民赴柬埔寨须事先到柬埔寨驻华使、领馆办理签证。目前，柬埔寨在中国上海、广州、重庆、昆明、南宁和香港地区均设有总领事馆。柬埔寨驻华使、领馆一般只发旅游、商务签证，有效期3个月，停留期1个月。自2006年9月14日起，中柬两国互免持外交和公务护照人员签证。持商务签证（E签证）入境后可通过当地旅行社向柬埔寨移民局申请半年或1年的长期居留签证。持旅游签证（T签证）入境后不能改变签证种类。入境须填写入、出境卡和海关申报单。入境卡由口岸存留，出境卡交予旅客保存，待出境时查验。中国公民自第三国赴柬埔寨，可在柬埔寨国际口岸办理落地签证。

据中国澳门特区政府身份证明局2011年3月29日消息，中国澳门特区护照持有人可取得落地签证入境柬埔寨王国境内。自2012年12月27日起，泰国与柬埔寨单一签证协议生效，包括中国在内的

35个国家和地区的公民可以凭单一签证进入泰柬两国。

根据单一签证协议，这35个国家和地区的公民向泰国和柬埔寨任意一国获得签证后，便可在两国各逗留60天。除中国外，享受这项政策的国家和地区还包括美国、日本、中国香港、英国、澳大利亚等。

从2013年6月1日起，中国香港特别行政区政府同意让持有“公务护照”或者“外交护照”的柬埔寨公民免签证出入中国香港，逗留时间最多为14天。

2013年12月中旬，柬埔寨与缅甸两国政府签署互免签证协议，双方公民可无需签证在对方国家停留至多14天。

从2014年3月27日起，柬埔寨允许持普通护照的中国公民在抵达其入境口岸时，办理落地签证。

### 二、签证类型

（一）商务签证

所需材料：签证申请表1份、有效期6个月以上的护照原件、照片2张、身份证复印件1份。

有效期：自签发日起3个月内有效，逗留期30天。

服务费（含签证费）：500元（含护照回邮费）。

办理时间：3天（不含邮寄时间）。

受理范围：全国各地。

备注：如需加急服务，另收250元加急费。

（二）旅游签证

所需材料：签证申请表1份、有效期6个月以上的护照原件、照片2张、身份证复印件1份。

有效期：签发日起3个月有效，逗留期30天。

服务费（含签证费）：350元（含护照回邮费）。

办理时间：3天（不含邮寄时间）。

受理范围：全国各地。

备注：如需加急服务，另收250元加急费。

（三）劳工签证

所需材料：签证申请表1份、有效期6个月以上的护照原件、照片2张、身份证复印件1份。

有效期：签发日起3个月有效，逗留期30天。

服务费（含签证费）：560元（含护照回邮费）。

办理时间：3天（不含邮寄时间）。

受理范围：全国各地。

备注：如需加急服务，另收250元加急费。

（四）一年多次往返签证

所需材料：签证申请表1份、有效期6个月以上的护照原件、两寸照片2张、身份证复印件1份。

有效期：自签发日起1年内有效，逗留期1年。

服务费：电话咨询（021－51015850）。

办理时间：6天（不包括邮寄时间）。

受理范围：全国各地。

### 三、签证延期

所需材料及要求：提供护照原件及1张彩色近照，必须商务入境才可办理；身份证复印件1份。

1个月单次入境：660元；

3个月单次入境：850元；

6个月多次往返：1370元；

1年多次往返：2010元。

办理时间：14天（不含邮寄时间）。

受理范围：全国各地。

### 四、柬泰一体签（ACMECS）

所需材料：签证申请表1份、有效期6个月以上的护照原件、两寸照片2张、身份证复印件1份。

有效期：自签发日起3个月内有效，每个国家逗留期30天。

服务费（含签证费）：650元（含护照回邮费）。

办理时间：3天（不含邮寄时间）。

受理范围：全国各地。

备注：如需加急服务，另收250元加急费（不适用于中国台湾地区护照）。

（来源：综合整理自南博网、柬埔寨王国驻上海总领事馆）

## 印度尼西亚签证办理指南

### 一、签证规定

目前，印尼对中国公民实行为期30天的“落地签”，并争取在飞机上完成签证。中国是印尼第二大客源地，2012年中国游客50多万人，近5年以15%的幅度增长。2013年，印尼争取吸引中国游客超过100万人。为吸引中国游客，印尼对中国公民实行“落地签”，可以停留30天。为了更加方便中国游客办理签证，印尼与航空公司合作，将“落地签”转移到飞机上完成。

印尼对包括中国在内的62个国家实施落地签证服务，即旅客可以直接在印尼国际机场办理签证。南宁每周有两趟航班飞往雅加达，印尼鹰航最新聘用的中国空姐也将在中国飞雅加达航班上为旅客服务。自 2010 年 11 月 12 日起，中国政府和印尼政府修订互免签证协定，将“持外交或公务护照人员入境、停留、过境对方国免签 14 天”修改为“30”。中国公民持普通和因公普通护照前往印尼可办理落地签证的规定不变。

印尼正式于 2012 年 3 月 15 日在上海开设领事馆。从 2013 年 5 月 4 日起，印尼鹰航在上海推出其在全球范围内的“机上签证”服务，乘客将无须排队，便可在飞机航程中完成签证手续，落地后即可快速过关。

自 1 月 28 日起，中国公民持有有效期 6 个月以上的因私普通护照及往返机票或前往第三国机票，均可在印尼指定的机场或口岸办理落地签，停留期为 30 天，并可在当地延期一次，再延长停留 30 天。

## 二、签证类型

（一）商务签证

商务签证是印尼每年签发得最多的签证，主要签发对象是想进入印尼进行短期商务活动的外国人士。由于印尼商务签证需事先向移民局申请并认证，而且要求提交的材料也比较严格，因此出国人士在办理印尼商务签证时，签证材料齐全并符合要求是关键。印尼商务签证介绍如下：

签证种类：B；

签证有效期：90 天；

签证停留期：30 天及 60 天；

工作日：4 天（注：印尼国家针对中国公民可能遇到的紧急签证的情况，特开设加急业务，可在 1 个工作日内出签）；

所需材料：护照正本、2 张 2 寸彩色照片、身份证正反面复印件、在职证明信英文版。

（二）旅游签证

签证种类：B；

签证有效期：90 天；

签证停留期：30 天及 60 天；

工作日：4 天（注：印尼国家针对中国公民可能遇到的紧急签证的情况，特开设加急业务，可在 1 个工作日内出签）；

所需材料：护照正本、2 张 2 寸彩色照片、身份证正反面复印件、在职证明信英文版。

（三）多次往返签证

签证种类：B；

签证有效期：360 天；

签证停留期：60 天；

工作日：4 天（注：印尼国家针对中国公民可能遇到的紧急签证的情况，特开设加急业务，可在 1 个工作日内出签）；

所需材料：护照正本、2 张 2 寸彩色照片、身份证正反面复印件、在职证明信英文版。

（四）工作签证

签证种类：Z；

签证有效期：360 天；

签证停留期：360 天；

工作日：4 天（注：印尼国家针对中国公民可能遇到的紧急签证的情况，特开设加急业务，可在 1 个工作日内出签）；

所需材料：护照正本、2 张 2 寸彩色照片、身份证正反面复印件、在职证明信英文版。

（五）过境签证

签证种类：B；

签证有效期：90 天；

签证停留期：7 天；

工作日：4 天（注：印尼国家针对中国公民可能遇到的紧急签证的情况，特开加急业务，可在 1 个工作日内出签）；

所需材料：护照正本、2 张 2 寸彩色照片、身份证正反面复印件、在职证明信英文版。

（六）落地签证

此签证适用于从第三国入境或者中国赴印尼旅游的团体。落地签证签发给前往印尼旅游、社会文化访问、商业访问、办政事的外国人或某地区的居民。落地签证由边防检查局出入境处的移民官员所签发。落地签证的有效期不超过 30 天，除非因某种原因而得到移民专员许可延长，但不许更改为其他种类的移民许可。移民官员有权拒绝和/或取消外国人的落地签证。

详细说明：第三国入境是指从新加坡旅游后进入印尼旅游，不可以持白本护照直接前往印尼办理落地签证。印尼国家针对中国公民可能遇到的紧急签证的情况，特开设加急业务，可在 1 个工作日内出签。

## 三、注意事项

1. 雅加达转机：需事先在国内办好印尼签证；

2. 马来西亚转机：推荐在国内办好印尼签证后，在马来西亚申请过境签，过境停留时间 5 天；

3. 新加坡转机：如果不在新加坡停留，可直接到印尼巴厘岛申请落地签；

如果停留，需在国内办好新加坡签证，然后到巴厘岛办理落地签，或者搭乘两小时大巴游新加坡。只需交上护照，无须签证，即可体验两小时新加坡的市容；

4. 国内办理印尼签证所需材料和费用：护照（有效期至少6个月）、2张照片（2寸白底彩照）、完整的申请表、身份证复印件（正反面）、中方单位营业执照或组织机构代码证复印件（需盖公章）、中方单位准假信；

5. 中国台湾地区护照申请，还需提供台胞证原件。

（来源：综合整理自南博网）

## 老挝签证办理指南

### 一、签证规定

老挝签证共分为过境签证、旅游签证、劳务签证、探亲访友和商务签证等。旅游签证即到老挝旅游的外国人，申请签证可到老挝驻华大使馆（北京）或老挝驻昆明总领事馆申请。一般情况下可以获得一份为期30天的单式签证（签证期满可到老挝移民局申请延期），该签证可以再延长15天时间。商务签证根据协议，中国公民赴老挝，持外交、公务、因公普通护照者免办签证。打算进行市场调研的商务人员，应先申请一份单式签证，接着再申办一张为期3个月的商业签证（也叫多式签证）。该签证可以再延长3个月。一旦外国投资者的工厂建成或动工，外商则可获得一份6个月到1年的签证。另外老挝《外资法实施细则》规定，如果外商需要与老挝外资管理委员会磋商有关事务，则他们可以获得一份为期3个月的多式签证，该签证可以再延长3个月期限。居留老挝处理投资事务的外商和外国雇员，可以获得为期1年的签证，这种签证还可以再延长1年时间，直到工作结束。驻老挝的外国代表，必须向老挝内务部或居留地的省或地区的安全保卫部门，申请一份居住证。

过境签证停留期为7天。获取签证进入老挝后，必须按所申请的签证种类从事相应的活动，否则将被视为非法活动并予以处罚。老挝海关限每人携带5000美元现金或同等币值的现钞出境，超出5000美元的，须得到老挝外汇管理局的许可，否则将视情节轻重处以50%的罚款或全部没收。

中国澳门特区护照持有人可取得落地签证入境老挝逗留最多30日。申请落地签证的护照有效期需不少于6个月，申请人须自备2张近照，在抵达老挝时向各国际口岸管理部门提出申请。

从边检机关获悉，自2012年3月起，老挝已修改相关出入境政策。根据原有规定，外国公民获旅游签证入境老挝后，可在老挝申请改签劳务或定居签证等，但2011年老挝废止了该项政策。根据现有规定，在老挝的外国公民如需申请更改其他签证，必须出境另行申请或到原签证颁发机关重新申请办理。

2013年春节前，中国公安部公布了45个国家（地区）对持普通护照的中国公民实施免签、落地签证政策，目前南宁边检已经落实政策。从南宁机场出境无须签证，只需出具有效的护照和已订好座位的联程客票即可放行，最轻松实现落地签的国家有泰国、印尼、老挝、缅甸东盟4国。

### 二、签证类型

（一）商务签证

签证种类：NI—B2；

签证有效期：90天；

签证停留期：30天及60天；

工作日：4天，老挝国家为方便中国公民紧急情况，特开加急业务，可在1个工作日内出签；

所需材料：护照正本、2寸彩照4张、身份证正反面复印件、签证申请书原件、1份老挝商业组织或公司邀请书（注明邀请人、被邀请人及目的）。

（二）旅游签证

签证种类：T—B3；

签证有效期：60天；

签证停留期：30天；

工作日：3天，老挝国家为方便中国公民紧急情况，特开加急业务，可在1个工作日内出签；

所需材料：护照正本、护照照片2张（签证申请表填写2张，用英文大写填写）、身份证正反面复印件、护照首页复印件。

（三）落地签证

自2002年3月起，中国公民可以在云南磨憨（BOTEN）口岸申请落地签证。

所需材料：有效期大于6个月的护照原件，1张护照照片，签证申请表1份（可以通过传真索取后复印）

办理时间：3个工作日

签证逗留期限：30天

费用：20美元

注意：签证政策随时都可能改变，应以当时使领馆或入境口岸的要求为准。此外，中国边检不允许中国公民无签证出境，即便可以向前往国申请落地签证。中国公安部于2014年发布了新政策，中国边检已放行老挝落地签，即使是白本护照也可以（即没有有效签证的护照）放行。空港方面，只需出示护照和前往机票即可出境；陆路方面，云南磨憨边防站确认放行老挝落地签。

（三）一年多次往返签证

代码：(212)；

签证种类：B；

签证有效期：360天；

签证停留期：60天；

工作日：4天，老挝国家为方便中国公民紧急情况，特开设加急业务，可在1个工作日内出签；

所需材料：护照正本、2寸彩色照片2张、身份证正反面复印件。

（四）劳务签证

签证种类：LA－B2。

关于引进劳务及工作签证的管理规定：

1. 外籍劳务进入老挝后，需到外交部领事司办理多次往返签证；到社会福利劳动部或省市社会福利劳动厅办理工作证；到公安部出入境管理局办理暂住证。

2. 外籍劳务在老挝工作期限为2年，可再延期2年，期满后必须在15日内返回本国，并在2年后方可再次申请进入老挝务工。

（五）探亲访友签证

签证种类：LA－B3。

### 二、申办老挝签证的程序

办理老挝签证，无论采取委托代办还是自己直接办理，一般需要经过下列几个程序：

（一）递交有效期半年以上的护照。

（二）填写并递交签证申请表格。签证不同，表格也不同，多数要用外文填写，同时缴付本人照片。

（三）同前往国驻华大使馆或领事馆官员会见。有的国家规定，凡移民申请者必须面谈后才能决定；有的国家规定，申请非移民签证也必须面谈。

（四）大使馆或者领事馆，将填妥的各种签证申请表格和必要的证明材料，呈报国内主管部门审查批准。有少数国家的使领馆有权直接发给签证，但仍须转报国内备案。

（五）前往国的主管部门进行必要的审核后，将审批意见通知驻华使领馆。如果同意，即发给签证；如果拒绝，也会通知申请者。

（六）缴纳签证费用。一般而言，递交签证申请的时候就要先缴纳费用，也有个别国家是签证申请成功的时候才收取费用。一般而言，移民签证费用略高，非移民签证费用略低。也有些国家和地区的签证是免费的。

（来源：综合整理自南博网、老挝人民民主共和国驻昆明总领事馆）

## 马来西亚签证办理指南

### 一、签证规定

马来西亚签证是马来西亚为维护本国主权、尊严、安全和利益而采取的一项措施。马来西亚签证是马来西亚实施出入本国国境管理的一项重要手段。任何一个国家的公民如果希望到马来西亚旅行、定居、经商、留学等，除必须拥有本人的有效护照或旅行证件外，另一个条件，就是必须获得前往国的签证。

中国公民赴马来西亚应在境外办妥签证，未事先办好签证的散客如果途经泰国或新加坡入境马来西亚可以申请口岸签证；从中国来访的旅行团可以申办口岸团体签证，前提是马来西亚接待旅行社须由马来西亚移民总局授权并已经备案。经第三国抵达彭亨州刁曼岛的旅客，如能出示有效回程机票可以申请落地签证。

自2011年5月18日起，中国与马来西亚公民凡持有效外交护照、公务护照和官员护照，且入境目的为正式访问、度假旅游、探亲和其他缔约一方主管机关同意之目的等的人员，在对方国家入境并停留不超过30天，可免办签证。

自2012年始，马来西亚移民局为外籍太太推出10年居留证。2012年4月，中国人到马来西亚签证一站式服务中心在中国部分主要城市如北京、上海设立，这个以合资方式运作的一站式服务中心将协助欲赴马来西亚旅游的中国游客更快捷地获得签证。

2013年6月13日，马来西亚首相兼财政部长纳吉布宣布放宽现有签证措施，日后符合资格的外国投资者可获得长达5年的多次往返签证。

2014年1月13日，马来西亚内政部指出，只有通过机场从新加坡或泰国入境马来西亚的中国和印度游客，才能获得落地签证，并于2014年1月份生效，配合从2014年4月1日开始推动的2014马来西亚旅游年。经由边界线或陆路方式从新加坡或泰国进入马来西亚的游客，将无法获得落地签证。马来西亚境内可办理落地签的口岸有吉隆坡国际机场、吉隆坡国际机场廉航终站、槟城国际机场、新山士乃国际机场、沙巴州亚庇国际机场和沙捞越州古晋国际机场。

### 二、签证类型

马来西亚签证种类主要分为：

（一）普通签证

发给以旅游、探亲访友和商务活动为目的的中国公民，有效期3个月，停留期30天。普通签证不能延期，除非因健康原因、航班问题而不能及时回国，可凭有关医院和航空公司出具的证明信函到移民局办理延期签证。

（二）工作和学生签证

在马来西亚工作或学习需由马来西亚公司或学校首先向移民局申请，获准后，由马来西亚移民局通知申请人所在地区的使领馆颁发普通签证。有关人员到马来西亚后，再到移民局换成相应种类的长期签证。就读马来西亚大学的，长期签证通常由学校到移民局总部申请；就读高中及以下学校的，由自己向所在州的移民局申请办理。

（三）探亲签证

来马来西亚探亲最长可停留6个月。一般由在马来西亚工作、学习、居住的亲属事先向马来西亚移民局申请，亦可持普通签证到马来西亚后再更换探亲签证。申请此类签证要求提供的文件较多，如亲属关系证明，在马来西亚工作、学习及收入证明等。

### 三、签证材料

1. 护照正本，有效期半年以上；
2. 照片2张2寸彩色白底；
3. 身份证复印件；
4. 商务签证还需要提供邀请函。

### 四、申办途径

中国公民申办马来西亚签证大致有三种途径：

（一）本人直接向马来西亚驻华大使馆或领事馆申请办理；

（二）委托中国旅行社的签证处申请办理（一般只限旅游签证）；

（三）由外国亲友直接向该国移民局申请签证。

以上三种方式的采用要视情况而定。如本人熟悉情况，大使馆又受理个人申请的，可由本人直接向马来西亚驻华大使馆、领事馆申请签证。

马来西亚驻华领事馆负责办理其管辖地区范围内的人员申请前往他们国家的签证。因此，申办签证的人士，应事先了解前往马来西亚驻华大使馆、领事馆及管辖地区。

### 五、出入境注意事项

（一）临时来马来西亚的人员须携带至少500林吉特现金

马来西亚移民局对中国游客（散客），尤其是30岁以下妇女的入境要求尤其严格，如在短期内来往马来西亚多次，当事人会被原机遣返。马来西亚移民局有权拒绝有犯罪记录、无经济能力及谎报来马来西亚的外国人入境。

（二）出入境检查

入境免税物品有：200支香烟，1升酒，价值不超过200林吉特的化妆品、香水，每件限价为25林吉特的纪念品或礼物。本国货币入境不得超过1000林吉特。

外国人可携带任何货币入境，外国人出境时可将任何货币带出，只要在入境时向海关和税务部门申请。根据马来西亚海关政策，外国人可将自己的日常生活物品带入马来西亚，数量和品种没有限制，只要海关认定这些物品是日常生活必需品即可。

禁止入境的物品：有色情内容的出版物与雕刻品、短剑、收音机、彩色复印机、爆竹、《古兰经》印刷品、毒品等。录像带须经检查合格后才能放行。

出境：外国人携带本国货币出境不得超过5000林吉特；外国货币出境不得超过入境时的申报数额。

（来源：综合整理自中国新闻网、南博网）

## 缅甸签证办理指南

### 一、签证规定

所有到访者均必须持带有签证的有效护照，凡持因公普通护照和因私护照来缅甸者都须办理有效签证。目前，中国公民进入缅甸，持外交、公务护照者可免办签证。中国公民可前往在北京的缅甸驻中国大使馆或驻昆明、南宁、香港总领馆申办缅甸签证。目前中国云南省已经与缅甸在旅游方面实现了互免签证，旅游者可以到当地的旅行社办理通行证。目前缅甸较常用的签证种类为旅游签证和商务签证。

从中缅边境陆路进入缅甸者可持地方政府边境通行证，但活动范围有限。根据当地规定，外国人出入缅甸一般遵循“飞机来，飞机走；陆路来，陆路走”的原则，例如，乘飞机来仰光的中国公民不允许从中缅边境陆路回国。由边境口岸入境、出境必须是同一口岸。以非法途径入境，护照上无入境记录者无法正常出境。

往返签证有多次往返签证和一次往返签证。多次往返签证有效期一般为 3 个月、半年或 1 年。一次往返签证有效期一般为 1 个月。

在缅甸注册的外资合资公司的董事可申请 6 个月或 1 年有效期的多次往返签证。一般外国经商人员可申请 3 个月有效期的多次往返签证。多次往返签证不分有效期长短，收费均为 180 美元。一次往返签证收费 54 美元。

缅甸最近出台了对中国公民开放落地签证的利好政策，另外从 2012 年 6 月份开始，除对中国公民开放落地签证的仰光国际机场外，缅甸曼德勒国际机场也从 2012 年 11 月 1 日起开始开放办理落地签证。

自 2013 年 8 月起，缅甸移民和人口部准许外国游客从梯客—彭纳伦、大其力—湄赛、妙瓦底—湄索、高东—拉廊等 4 个缅泰边境口岸入境，从这些国际口岸入境的签证分为 6 种，即旅游签证、商业性签证、入境签证、过境签证、外交签证和多次入境签证。持护照入境的任何外国游客可以到缅甸旅游地区（限制地区除外）游览。

## 二、签证类型

### （一）商务签证

目前，外国人赴缅甸工作，须持有效护照及商务签证进入缅甸。办理商务签证需要缅甸政府有关部门或企业出具的邀请函。中国公民可在缅甸驻华使馆以及缅甸驻昆明总领馆办理商务签证。凡持商务签证在缅甸长期经商者，须办理以下手续：

1. 劳动卡

根据缅甸政府规定，外国人在缅甸长期经商若需办理签证延期，首先要办理劳动卡。办理劳动卡需要以一个当地合法注册登记的公司雇员身份到缅甸劳动部办理劳动卡，须提供相片并缴费。

2. 办理签证延期、逗留许可

办理劳动卡后，办理签证延期及逗留许可同样要当地合法注册登记公司出具证明，到中华人民共和国商务部办理手续，然后再到缅甸移民局办理签证延期及逗留许可，一般一次可延期 3 个月至 1 年。签证逾期每日罚款 3 美元，也须提供相片并缴费。

3. 办理外侨登记证

凡到缅甸居住时间超过 3 个月者，均需提前到缅甸移民局办理外侨登记证，须提供相片并缴费。超期未办者将被罚款。凡到缅甸 1 个月内申请办理外侨证的外籍经商者，只需缴纳 9 美元，超过 1 个月再办理须缴纳 18 美元。

4. 离境表

凡到缅甸居住超过 1 个月者，离境前须到缅甸移民局办理离境表。长时间居住者，须向缅甸移民局交回外侨登记证，并领取 2 张离境表，其中一张离开时交予缅甸机场移民局，另一张下一次来缅甸时，再到缅甸移民局换回原有的外侨登记证。来到缅甸 1 个月内换证缴纳 6 美元，超过 1 个月须缴纳 12 美元。

### （二）旅游签证

根据缅甸规定，从边境口岸入境，需持护照并办理签证，并由旅游公司带领方可在缅甸旅行。

1. 目前缅甸较常用的签证种类为旅游签证和商务签证，其中旅游签证停留期限一般为 28 天，不可延期，只能在规定的地区旅游；商务签证停留期限一般为 70 天，可否延期由缅甸移民局视情况而定。在缅甸注册的中资公司人员可通过其缅方合作伙伴协助办理居留延期手续，或由中国驻缅甸大使馆经商处出具证明协助办理延期。另有探亲签证，停留期限 28 天，最多可延期至 70 天。签证期满逾期滞留者，每超一日罚款 3 美元；超过 90 天者，每日罚款 5 美元。

2. 从中缅边境陆路进入缅甸可持边境通行证，但活动范围有限。

3. 在缅甸停留超过 3 个月须办理外侨证，有效期分 1 个月、3 个月和 1 年。

### （三）个人旅游签证

持中国各省因私护照者均可申请缅甸个人旅游签证，签证可停留天数为 28 天，有效期为 90 天。

### （四）落地签证

自 2012 年 6 月 1 日起，缅甸对 27 个国家及地区的公民开放仰光机场落地签证，后期还将在曼德勒机场和内比都机场实行。目前开放的落地签证种类为商务（含工作）签证、入境许可及过境签证 3

种，暂不包括旅游签证。27 个国家及地区为东盟 9 国及澳大利亚、中国、丹麦、法国、德国、印度、意大利、日本、韩国、朝鲜、新西兰、挪威、西班牙、瑞典、瑞士、英国和美国等。

缅甸当局实施落地签证，细则规定如下：

1. 任何国家的国民，只要持有合法的普通护照和符合有关规定，就会颁发落地签证；

2. 申请落地签证者的护照有效日期从到达之日起最少要有 6 个月期限；

3. 对申请旅游落地签证者征收 30 美元，允许居留 28 天，但不能延期；

4. 对持有商务护照的申请者征收 40 美元，批准居留 70 天，而且可以延期；

5. 对持有探亲护照（社交旅游）的申请者征收 40 美元，允许居留 28 天，可以延期；

6. 对申请过境签证者征收 18 美元，允许逗留 24 小时；

7. 申请者须持有往返机票；

8. 申请者必须投宿在有合法执照的宾馆、汽车宾馆、旅店，必须填写详细地址；

9. 在亲戚朋友家或在工厂等地方居住的申请者必须写明主人的地址；

10. 须备有 6 个月内拍摄的两张照片（4 厘米×6 厘米）；

11. 申请者必须严格遵守包括缅甸移民法律在内的所有现行法律；

12. 在护照内附带有 7 岁以下的子女获免费批准。持有个别护照的 7 岁以下的子女也免缴签证费；

13. 个人来旅游者最少持有 300 美元现金。携带家眷旅游者最少持有 600 美元现金；

14. 居留和观光者必须遵守缅甸现行签证条款中的规定；

15. 不能前往受限地区旅游，接待者有责任让外国旅客明白哪些地方是受限地区；

16. 接待旅客投宿的宾馆、汽车宾馆、客栈、旅店、住家、办公室等，必须向有关地区移民局报告旅客的相关资料；

17. 落地签证申请表可以从航空公司或从网络上提前获取后申请。

这一落地签政策不适用于准备从中缅陆地口岸入境缅甸的中国公民，此类人员仍需去缅甸驻中国使领馆事先办妥签证。根据中缅双方原先的互免签证的协议，持外交、公务（官员）护照的中国公民仍无需签证入境缅甸。

## 三、签证需提交材料

（一）商务签证所需材料

1. 护照须有 6 个月以上的有效期，申请签证前，持照人须在护照上签名；

2. 近期半年内彩色照片 4 张；

3. 缅甸公司邀请函原件（须有邀请人姓名和电话号码）；

4. 照会或公函上应注明访问目的和停留时间；

5. 缅甸公司有效期内营业执照复印；

6. 填写 3 份申请表；

7. 填写 3 份《签证申请表》和 1 份《到达报告表》，经申请人签字后，同邀请函一起交到缅甸总领事馆。

（二）旅游签证所需资料

1. 填写两份申请表；

2. 提供 3 张申请人近期彩色照片（3.5 厘米×4.5 厘米）；

3. 有签证页的有效护照（护照有效期需长于 6 个月）；

4. 1 份《到达报告表》；

5. 填写 2 份《签证申请表》和 1 份《到达报告表》，经申请人签字后交到缅甸总领事馆；

6. 旅游签证自签证之日起算，有效期为 6 个月。停留期自入境之日起算，可停留 4 周。

（三）个人旅游签证所需材料

1. 有效期为 6 个月以上的护照原件（指回国后还有 6 个月以上的有效期），护照末页必须由持证人亲笔用蓝、黑色水笔或圆珠笔签名；

2. 护照内应至少有两页完整的空白签证页，不包含备注页；

3. 近 2 年拍摄的两寸白底光面彩照 2 张（3.5 厘米×4.5 厘米）；

4. 在职人员还须提供公司空白抬头公文纸 2 张并加盖公章（在公文纸中注明仅限缅甸签证使用）；

5. 申请人长期居留地址、身高及申请人父亲的姓名。

（四）落地签证所需材料

必要条件：

1. 两份签证申请表；

2. 缅甸有关部门介绍信；

3. 两张申请人近期彩色照片（35 毫米×45 毫米）；

4. 有空白签证页的有效护照；

5. 一张登陆卡。

以下人员有资格申请落地签证：

1. 居住在距离缅甸使领馆很远的地方不便申请签证者；

2. 居住在没有设立缅甸使领馆的国家的公民；

3. 对于持已过期的正常签证，但过期时间不超过7天者。

（来源：综合整理自中华人民共和国外交部、中华人民共和国驻缅甸联邦共和国大使馆经济商务参赞处、新华网、南博网）

# 菲律宾签证办理指南

## 一、签证规定

根据菲方新的规定，凡由菲律宾政府授权的旅行社接待的到菲律宾中国团体游客（至少3人），可在菲律宾任何国际入境口岸申办落地签证，在菲律宾停留期最长不超过14天；菲律宾政府授权的旅行社接待的到菲律宾中国个体游客也可享受以上政策。持中国香港特区护照、BNO护照、中国澳门特区护照或澳葡护照到菲律宾者，7天之内免签。持中国台湾护照、中国香港DI（Document of Identity）、CI（Certificates of Identity）或旅行证到菲律宾者，应申请菲方签证。此外，团体中国游客落地签证费有所降低，3人至19人团减为每人25美元，20人以上团（含20人）减为每人15美元。

另外，任期不超过6个月（含6个月）的中国记者，应在到菲律宾前申请临时访问签证（9A签证），到菲律宾后移民局将为其颁发特别工作许可（Special Working Permits）。该许可有效期为3个月，并可再延期3个月。

到菲律宾工作任期超过6个月的中国记者有两种选择：一是到菲律宾前，由其在菲律宾工作单位协助，向菲律宾劳工部申请外国人就业许可（Alien Employment Permit），并凭该许可向菲律宾移民局申请工作签证（9G签证）。如申请获批，由菲律宾外交部通知菲律宾驻华使领馆为申请人颁发签证。二是到菲律宾前申请临时访问签证（9A签证），到任后依照有关规定向菲律宾移民局申请更换为工作签证（9G签证）。

目前，新签证政策对参加旅游局认可的旅行社组织的旅游团的中国游客，将给予30天免签证逗留，拥有美国、日本、澳洲、加拿大、申根、新加坡或英国签证的印度人给予14天免签证逗留，将166个国家和地区21天免签证逗留期延长至30天。

2013年6月19日，菲律宾移民局宣布推出“长期停留旅游签证续签”政策，希望在菲律宾多作停留的外国游客，可向菲律宾移民局申请办理6个月的长期停留旅游签证续签。

2014年1月，菲律宾移民局长签署备忘录，并通知菲华商联总会呼吁外侨，若签证有效期即将届满，须亲自前往移民局办理延期手续，以便能在菲律宾继续逗留。若是签证有效期已逾期，则应亲自前往移民局补办手续。移民局规定，外国游客到菲律宾旅游，可在本地逗留至签证有效期届满为止。若要延期可到移民局办理延期手续，但不能超过2年，若超过2年应前往移民局补办手续并自动离境。移民局局长可按情况考虑是否不将其列入黑名单。外籍游客若是在本地逾期居留超过12个月，一旦被发现或被抓扣，将在15天内被遣派出境，并被列入黑名单，同时也将被罚款。

## 二、签证类型

（一）旅游签证

1. 所需材料

护照或旅行证件有效期至少6个月以上，不包括允许在菲律宾的停留时间（复印护照资料页）。

签证申请表：持中国大陆护照2份，并贴上照片；持中国台湾和其他国籍护照1份，并贴上照片。

工作单位出具的在职证明或介绍信，用英文书写（退休人士请提供退休证）。

至少通过如下文件之一证明、证实经济能力，但领馆官员会要求申请人提供更多证明：

（1）房产证明；

（2）银行存款证明；

（3）有效的国际信用卡（复印件）；

（4）授权的菲律宾旅行社的书面担保书（如果通过授权的中国旅行社申请），保证当事人能按时离开菲律宾；

（5）未成年人提供出生证明（16周岁及以下）；

（6）不与父母同行的未成年人，需申请WEG。

确认的往返或前往他地机票（复印件）。

中华人民共和国公民签证费为250元人民币，其他国籍为300～400元人民币。

2. 手续

申请人必须亲自或通过经授权的旅行社递交申请；

办理和签发签证不超过3个工作日；

一个工作日加急办理加收250元人民币，两个工作日加急办理加收150元人民币；

在签证申请表上写明警告严厉禁止毒品走私和禁止外国游客从事零售买卖。

可在菲律宾的停留时间：7～30天。

（二）商务签证

1. 所需材料

护照或旅行证件有效期至少6个月以上，不包括允许在菲律宾的停留时间（复印护照资料页）。

签证申请表：持中国大陆护照需2份，并贴上照片；持中国台湾和其他国籍护照需1份，并贴上照片。

（1）工作单位出具的在职证明/介绍信原件，用英文书写（退休人士请提供退休证）；

（2）经公证的菲律宾公民或正规菲律宾公司出具的保证当事人能按时离开菲律宾的书面担保函公证件原件；

（3）授权的菲律宾旅行社的书面担保书（如果通过授权的中国旅行社申请），保证当事人能按时离开菲律宾；

（4）确认的往返或前往他地机票（复印件）。

中华人民共和国和中国台湾公民签证费为250元人民币，其他国籍为300～400元人民币。

2. 手续

申请人必须亲自或通过经授权的旅行社递交申请；

办理和签发签证不超过3个工作日；

一个工作日加急办理加收250元人民币，两个工作日加急办理加收150元人民币；

在签证申请表上写明警告严厉禁止毒品走私和禁止外国游客从事零售买卖。

可在菲律宾的停留时间：59天。

（三）过境签证

1. 所需材料

2份签证申请表：中国大陆护照2份，并贴上照片；持中国台湾和其他国籍护照1份，并贴上照片。

有效的护照有效期至少6个月以上，不包括允许在菲律宾的停留时间。

确认的前往别国机票和赴该国的有效签证。

通过如下证明、证实经济能力，但领馆官员会要求申请人提供更多证明：

（1）工作单位出具的在职证明/介绍信，用英文书写；

（2）个人财产证明；

（3）授权的中国旅行社的保证书；

（4）银行存款证明；

（5）有效的国际信用卡（复印件）；

（6）菲律宾公民或有声望的菲律宾公司经过公证的担保书原件。

确认的往返或前往他地机票（复印件）。

签证费为200元人民币。

2. 个人办理手续

申请人必须亲自或通过经认可的旅行社递交申请；

办理和签发签证不超过3个工作日；

一个工作日加急办理加收250元人民币，两个工作日加急办理加收150元人民币。

3. 过境签证旅行社办理手续

旅行社必须在过境者到达菲律宾前的48小时之内，书面通知菲律宾移民局递交其身份、护照号码、旅行安排和其他相关的移民资料，并在48小时内向菲律宾移民局递交过境签证书面申请和担保书。

每位过境者支付1000比索服务费到菲律宾移民局（BI）账户，其地址是Magallanes Drive，Intramuros，Manila。

旅行社出示1000比索服务费的正式发票后，菲律宾移民局通过菲律宾移民控制处（IRD）处长，把过境抵达通知（TAN）发布给指定入境口岸的所有移民官。过境抵达通知上有每位到达的过境者名字和信息，指示移民官将过境抵达通知上的每位过境者作为非移民允许入境，限制停留时间为3天。同时菲律宾移民局身份卡会发给每位过境抵达通知上的过境者。

（四）海员/机务人员签证

1. 所需材料

海员证和护照有效期至少6个月以上，不包括允许在菲律宾的停留时间（复印海员证和护照资料页）。

（1）工作单位出具的在职证明/介绍信用英文书写；

（2）菲律宾公民或有声望的菲律宾公司经过公证的担保书原件；

（3）填写好并附上照片的签证申请表；

（4）确认的往返或前往他地机票。

签证费为200元人民币。

2. 手续

办理和签发签证不超过3个工作日；

一个工作日加急办理加收250元人民币，两个工作日加急办理加收150元人民币；

在签证申请表上写明警告严厉禁止毒品走私和禁止外国游客从事零售买卖。

（五）临时访问签证：旅行团

1. 所需材料

护照或旅行证件有效期至少 6 个月以上，不包括允许在菲律宾的停留时间；

填写好的旅行团签证申请表，以及旅行团每位成员护照资料页复印件（1 份原件 2 份复印件；原件递交菲律宾移民局，使领馆存档复印件一套，旅行社保存另一套复印件）；

菲律宾旅行社的担保书；

旅行团成员不满 20 人，签证费为 250 元人民币/人；旅行团成员满 20 人及以上，签证费为 150 元人民币/人。

2. 手续

办理和签发签证不超过 3 个工作日，菲律宾使领馆有权根据工作量决定是否提前发放签证；

不收取加急费（不适用于菲律宾驻香港领事馆）；

申请表背面将贴上签证，旅行团每位成员的护照上会有如下格式的印章：

Joining Group Tour 参加旅行团

With Persons 同位游客

Under Visa No. 签证号

Organized by 组织者

Name of Agency 旅行社名称

每个旅行团只用 1 个签证号，旅行团每位成员护照上是这个签证号后加一个连续的数字后缀。

在签证申请表上写明警告严厉禁止毒品走私和禁止外国游客从事零售买卖。

（四）留学签证

1. 所需材料

2 份填写好并附上 2 张照片的签证申请表。

(1) 有效中国护照或旅行证明文件，有效期需超过在菲律宾停留时间 6 个月以上；

(2) 短笺/介绍信；

(3) 菲律宾高等教育委员会发的录取通知书；

(4) 菲律宾的大学/学院的录取通知书；

(5) 体检报告（包括实验室和 X 光片结果）；

(6) 警察当局无犯罪记录证明（复印件）；

(7) 被鉴定的中学和大学毕业证书拷贝；

(8) 被鉴定的学校成绩记录的拷贝；

(9) 财务支持证明；

(10) 介绍人/在菲律宾的联系人的目录和机票拷贝。

签证费为 2500 元人民币。

2. 手续

外国学生可直接与授权可以接受外国留学生的菲律宾的学校联系并顺从学校制度性条件要求，包括递交下列文件：

4 份签有他的英文和他本国文字的签名的他的履历，并盖上他的个人印章，如果有的话。附上 2 厘米×2 厘米的照片并押上左右大拇指印。照片必须是近期拍照的并且背景是白色的。

他的国家或居住地的菲律宾外交办事处和有领事权的办事处鉴定的学生成绩表；足够财政支持的证明，资金用于住宿、生活，学校费用和其他的临时费用。

学生满足学校要求，学校则发给他录取通知书并向外交部递交上述文件包括上列文件的复印件，以及高等教育委员会签发的接纳留学生资格证明。如果某一课程因缺乏设施而入学受到限制，这些文件和在信中提到的学生签发留学生签证的附信应由学校指定的联络官员亲自递交给外交部。附信应是签有学校注册主任签名和盖有学校公章的学校正式信笺。

外交部在确认这些文件完全无误之后，批准给学生的国家或居住地的菲律宾外交办事处或有领事权的办事处，在根据外交部的规则判定学生的身份和资格之后，签发留学生签证。学生请求在学生国家或居住国之外签发签证将不予以理睬。

外交办事处书面通知学生收到的文件并邀请他携带他自己收到的录取通知书到领事馆接受审查并顺从领事条件。

领事馆的外交办事处要求学生到指定的医务处进行全身身体健康检查，按规定表格（FA Form 填写 No. 11）的健康检查证明和实验室结果和标准的胸部 X 光片将直接递交给领事馆。

留学生也应递交其国家的居住地的警察当局发放的无犯罪记录的证明文件。

到菲律宾之后，应立即到接收的学校报到，而学校应帮助学生到移民局领取必要的外国人注册证和留学生临时居住证。

## 三、签证照片注意事项

1. 照片规格：申请人最近 6 个月内拍摄的 2 寸彩色白底正面照片 2 张；

2. 人像大小：脸部占据整张相片面积的 70%～80%；

3. 照片表面：无墨迹、折痕、污迹、油渍、指印或粘胶印；

4. 人像衣着：衣着整齐；

5. 照片画质：色彩呈现自然肤色，光源均匀且不能有阴影或闪光反射在脸部；

6. 佩戴眼镜：相片人像不得佩戴眼镜或墨镜，阻止辨识人貌。视障者除外；

7. 头巾佩戴：不得佩戴头巾，人貌五官尤其眼部须清楚呈现。宗教因素除外；

8. 头部装饰：相片中人像不得佩戴头帽或其他装备；

9. 隐形眼镜：人像不得佩戴有色隐形眼镜；

10. 签证申请表格含下列照片均一律退件：

（1）人像眼部呈现红色；

（2）相片含污迹；

（3）脸部占据相片面积太大或太小；

（4）非白色背景；

（5）画质不清晰；

（6）眼睛不正视相机镜头拍摄，视障者除外。

（来源：综合整理自中华人民共和国驻菲律宾共和国大使馆经济商务参赞处、菲律宾驻沪总领事馆）

## 新加坡签证办理指南

### 一、签证规定

新加坡签证是主权机关所在国或外国公民所持的护照或其他旅行证件上的签注、盖印，以表示允许其出入本国国境或者经过国境的手续，也可以说是颁发给他们的一项签注式的证明。新加坡签证可向新加坡移民局申请，也可向新加坡驻中国大使馆（或领事馆）申请。新加坡驻华使领馆包括驻北京大使馆、驻上海总领馆、驻厦门总领馆（及厦门总领馆驻广州领事办公室）和驻香港总领馆。

《中华人民共和国政府和新加坡共和国政府关于外交、公务和公务普通护照持有者互免签证的协定》已于2011年2月18日在新加坡签署。双方已完成本国法律程序并确认上述协定自2011年4月17日起生效。协定规定，持有效外交、公务和公务普通护照的中国公民和持有效外交、公务护照的新加坡公民，入境缔约另一方如不超过30日，免办签证。

上述中国、新加坡两国公民如欲进入缔约另一方国境并停留超过30日，或以工作、学习或任何营利活动为目的，应根据缔约另一方主管部门的有关规定在抵达缔约另一方国境前申办签证或有关通行证。

按进入新加坡的时间长短，新加坡的签证分为短期签证（如：旅游签证、探亲访友签证和商务签证等）和长期签证（如：长期旅游证、学生准证和就业准证等）。前者在新加坡停留时间短（4～30天），后者停留时间较长（3个月到1年不等）。

从2012年起，新加坡特别引入了结婚移民签证，它为新加坡公民的合格外籍配偶提供更长期的居留权，同时还享受保健和就业权益。据悉，该签证申请条件为婚生子女中至少有一人为新加坡公民。对于没有婚生子女但欲申请成为新加坡公民的，将考察其他因素，如婚姻的长短、担保人支持家庭的财力以及担保人和申请人是否具备良好品行等。

从天津出入境边防检查站获悉，自2013年10月14日起，新加坡移民局为申请新加坡签证的中国旅游团颁发电子团体签证，取代原先的贴纸团体签证。中国公民赴新加坡旅游须由旅行社组团，并由旅行社领队带队，凭有效护照、电子团体签证打印件、旅游团队名单表办理出境手续，无需再持新加坡团体签证原件。

### 二、签证类型

申请签证必须提供以下材料：

护照：有效期应在6个月以上（从入境日期开始计算），并至少有一张空白签证页。同时提交护照照片页复印件。

Form 14A签证申请表格（原件）：一份用英文填写完整，并有申请者亲笔签名的申请表格。申请表格可在网上下载（http：//www. mfa. gov. sg/shanghai）。

彩色照片：2张（一张贴在表格上，另一张供扫描用）。照片应符合下列要求：

两寸、彩色、白底的3个月内的近照。

正面免冠（如按特殊宗教或风俗要求戴帽或配饰，帽子或配饰不得掩盖申请者面部特征）；

中国身份证：原件及复印件（注：申请商务签证者，只需复印件）；

签证费（概不退还）：人民币153元（请自备零钱）。

签证申请者必须本人亲自来本馆递交申请，以下情况除外：

若申请人未满16周岁，可由其父母代办，但必须出具能证明其关系的出生公证书或户口本和父母身份证（原件及复印件）。

如申请人已退休或60周岁以上，可委托他人办理，但需提供本人退休证原件、复印件及委托书（注明被委托人的姓名和身份证号码）。被委托人必须携带自己身份证原件并提交复印件。

如申请人由在华的新加坡公民或新加坡永久居民作介绍，介绍人（必须21周岁以上）需亲自来本馆递交申请，并提供填好的V39A表格原件（介绍信）及其新加坡身份证或护照的原件及复印件。

申请商务签证者，需提供如下材料：

（一）旅游签证

在职证明：申请人若为在职员工，必须提供由就职公司出具的在职证明信原件一份。证明信中需注明公司同意其休假，并详细注明申请者在该公司任职时间、职务及工资。在职证明信必须列有公司及有关联系人的地址、电话和传真号码。信函必须加盖公章。

申请人若无工作，则必须提供证明其个人经济状况的文件，如银行存款证明、房产证等（原件及复印件）。银行存款证明的金额没有具体要求，但银行签发日期必须是签证申请递交日期的两个星期内。此证明应能够如实的反映经济能力。

户口簿：申请者户口簿（全本、每页：原件及复印件）。如为集体户口，可在警察局办理户籍证明，并提供原件及复印件。

（二）商务签证

委托书：如本人不能亲自来使馆申请签证，需出具委托书，委托书要注明被委托人的姓名及身份证号码（中英文均可）。被委托人必须携带自己身份证原件并提交复印件。即使是同一个人被委托，请在申请及领取签证时各递交一张委托书。

新加坡公司商业注册简况打印件：由新加坡会计与企业管理局（http：//www. acra. gov. sg）出具的新加坡公司最新商业注册简况打印件一份，该简况的打印日期距递交日期不得超过6个月。由新加坡政府机构、大学邀请或出席在新加坡召开的展览会、大型会议等的申请者，无须出具V39A表格和新加坡公司商业注册简况。申请者只需递交该机构或组织签发给申请者的邀请函原件。邀请函上必须要有该机构或组织邀请人的签名和申请者的名字。

V39A表格原件（介绍信）：由新加坡注册公司代表人用英文填写完整的原件一份。信上必须注明新加坡公司的地址、电话、传真号码、公司章和公司代表人的新加坡身份证号码与签名。

（三）入境签证

入境签证仅适用于以下申请者：

1. 已获得新加坡移民与国民登记局批准新加坡永久居民通知书的人士。

2. 原则上已获新加坡移民与国民登记局或新加坡人力部批准即将发给各类准证的人士。如工作许可证、受雇准证、学生准证、长期社交访问准证、职业人士访问准证。

3. 已获新加坡移民与国民登记局批准并被通知在新加坡驻北京大使馆领取签证的人士。

申请入境签证须提供以下材料，必要时新加坡驻华使馆有权要求申请人提供其他材料：

1. 申请者护照有效期至少6个月（从出国之日起开始计算），并至少有1张空白签证页。

2. 一份用英文填写的14表格（表格第1、2页每一项都需填写，第3页必须由申请者本人签字并注明申请日期），申请者须附2张2寸彩色近照，请将一张彩照粘贴在14表格上而另一张彩照供扫描用。照片必须符合下列要求：

最近3个月内的近照，照片尺寸为35毫米（宽）、45毫米（长）、无白边；正面免冠（按特殊宗教或风俗要求戴帽或配饰者，帽子和配饰不得遮盖申请者面部特征）。面部尺寸为25毫米（宽）、35毫米（长）、白色背景。

3. 申请者须提供新加坡移民与国民登记局或新加坡人力部批准函的复印件。

4. 签证费为每人102元人民币。

5. 签证办理过程为两个工作日。

6. 签证地点：北京市朝阳区建国门外秀水北街1号，邮编：100600。

（四）留学签证

新加坡留学“入境签证”与“学生准证”，包括所有希望在新加坡进行全日制学习的留学生都必须向移民与关卡局（ICA）申请学生准证及签证（若适用）。需要签证才能入境的申请者，请确保至少在开课日期两个月以前向ICA申请学生准证。

“入境签证”是申请人第一次入境新加坡时，由新加坡移民局签发的签证（俗称“白卡”）。抵达新加坡后，工作人员会为申请者安排到新加坡移民局领取“学生准证”。这个“学生准证”是多次往返的长期居留证。凭借这个学生准证，申请者可以在新加坡留学期间自由出入新加坡并且不需要另外的签证。

新加坡留学申请条件：

1. 申请者首先必须被一所合法的新加坡学校录

取才能开始全日制课程的学习。

2. 申请者须有足够的资金来支付学费与生活费用，并提交相关证明文件。

3. 申请学生准证必须有一位当地担保人。当地担保人必须是年满 21 岁的新加坡公民或永久居民或者是报读当地学校的申请者。

学生准证的申请必须在课程开始日期之前的 2～6 个月之间递交。

## 三、申请签证步骤

1. 申请者护照有效期至少 6 个月（从出国日期开始计算）并至少有一张空白签证页。

两份用英文填写的 14 表格（表格第 1、2 页每一项都要填写，第 3 页必须由申请者本人签字并注明申请日期）。每份申请表须附 1 张护照尺寸的彩色照片（共 2 张）。

申请者公司出具的同意其休假并说明申请者在该公司任职时间、职务及工资的信函。信函所用信笺需注明公司的名称、地址、电话号码及传真号码。信笺需加盖公章。

2. 2 寸彩色近照粘贴在 14 表格上，照片必须符合下列要求：

4 个月内的近照，照片尺寸为 35 毫米（宽），45 毫米（长），无白边；正面免冠（按特殊宗教或风俗要求戴帽或配饰者，帽子和配饰不得遮盖申请者面部特征）。面部尺寸为 25 毫米（宽），35 毫米（长）；白色背景。

3. 观光签证自签发之日起 5 周内有效。签证持有人可在 5 周之内多次进出新加坡。由新加坡移民与关卡局官员决定每次停留的天数，最多不超过 30 天。

签证办理过程为 3 个工作日。

申请人如没有工作，需提供相关文件以证明其有足够的资金（例如：本人存折或存款证明原件及复印件）。

如申请人由在华的新加坡公民或新加坡永久居民作担保，则无须按上第 3、4 条规定办理。但需担保人亲自到使馆递交申请，并提供填好的 V39A 表格及担保人身份证复印件。

注：签证是否出签由新加坡领事馆为准，任何单位及个人无权利认可签证是否通过。

## 四、担保金交纳须知

被要求交纳担保金的申请者将在其递交申请表的第 2 个工作日，由新加坡驻华使馆通知其办理交纳手续。

申请者需领取一份四联的进账单（送款单上须填写本人姓名、存款日期、身份证号码及联系电话），到中国银行总行一层 16～18 号柜台存入担保金 5100 元人民币后，持经中国银行盖章的进账单首联和第三联（回单和收账通知）和填写完整并有申请者亲自签名的担保函到新加坡驻华使馆再次办理签证。上述手续办理完毕后，于第 2 个工作日领取签证。

观光签证到期后，不可继续在新加坡停留；不可在新加坡谋求长期居留；不可打工（有偿或无偿）、经商或参与其他专业活动及不利于新加坡安全的活动；不可吸毒、走私或贩卖毒品。违反上述规定者将被没收担保金 5100 元人民币。

## 五、担保金退款须知

进入新加坡时，入境者应主动出示护照及旅游签证卡。在离境时新加坡边防检查站官员会收回签证卡并在护照上加盖出境章。如签证卡未被收回，入境者应主动交给边防检查站官员。

担保金只有在新加坡驻华使馆收到新加坡移民与关卡局的通知后方能退还。申请者在离开新加坡后 1 个月可打电话咨询，得到确认后可预约领取担保金的时间。领取担保金的时间为每月的 5～25 日。

在指定时间到新加坡驻华使馆领取现金支票，再到中国银行总行一层 19～24 号柜台兑现。

若申请者不能亲自办理担保金退还手续，申请者可出具委托书，并附上被委托人身份证复印件。被委托人凭委托书、申请者护照复印件及担保金收据到新加坡驻华使馆办理手续。

若申请者在签证有效期内未前往新加坡，申请者本人需持护照、签证卡、收据及本人写的解释信到新加坡驻华使馆，经确认后方能预约时间领取担保金。

若收据遗失，申请者必须提交公安局丢失证明或相关公证书予以证明。

若未交回签证卡或新加坡驻华使馆未得到新加坡移民与关卡局退款授权，申请人将担保金收据，护照首页及有入境、离境章的签证页复印，一起送交到新加坡驻华使馆。新加坡驻华大使馆在接到退款申请后致函新加坡移民与关卡局查询，时间两个月以上。

## 六、注意事项

1. 从 2009 年 8 月 1 日起，赴新加坡签证申请的递交与领取时间更改如下：

材料递交：周一至周五上午9：00至11：00

领取签证：周一至周五下午4：00至4：30

2. 申请表格可从 http：//www. Ica. gov. sg 下载。

3. 申请材料原件在签证窗口审核后会立即返还给申请者。

4. 未填好的表格、材料不齐或不符合要求的有可能导致拒签或推迟受理。

5. 签证申请是否被批准及批准的有效期限都由签证官根据申请者个别情况决定。

6. 申请者应在签证批准后再购买机票。

7. 签证的签发日期一般是签证的申请日，签证一旦被签发，有效期将不再变更。申请者不应过早递交申请材料。若签证已过期，申请者需重新递交申请材料。申请者在领取签证时，应仔细核对签发日期及签证有效期。建议申请者在出国前1至2周递交申请。

8. 签证持有者不一定可以入境新加坡。签证持有人须符合入境规定方可准许入境，如持有有效护照、足够的资金和往返机票。新加坡移民与关卡局官员有权决定其是否可入境。

9. 新加坡移民与关卡局官员在签证持有者入境时决定其停留天数。申请者应留意护照的入境章和批准的停留期限。

（来源：综合整理自新加坡共和国驻上海总领事馆经济商务室、南博网）

# 泰国签证办理指南

## 一、签证规定

泰国签证是泰国在本国或外国公民所持的护照或其他旅行证件上的签注、盖印，以表示允许其出入泰国国境或者经过国境的手续，也可以说是颁发给他们的一项签注式的证明，是进入泰国的通行证件之一。

目前，泰国允许中国公民办理落地签证，但是该政策具有一定限制。泰王国驻上海总领事馆通知：自2012年11月1日起，泰王国驻上海总领事馆签证处办理各类型签证所需工作时间将由1个工作日调整为3个工作日（如周一送签，周四出签）。

泰国与柬埔寨单一签证协议自2012年12月27日开始生效，包括中国在内的35个国家和地区的公民可以凭单一签证进入泰柬两国。根据单一签证协议，这35个国家和地区的公民向泰国和柬埔寨任意一国获得签证，便可在两国各逗留60天。除中国外，享受这项政策的国家和地区还包括美国、日本、中国香港、英国、澳大利亚等。

2013年8月28日，泰缅在来兴府的美索口岸、拉农府的阁颂口岸、清莱府美赛口岸正式实施护照及签证通关制度，无须手续费，泰国及外国游客可在以上任何一个口岸持护照及有效签证入境，并可以在原口岸或其他口岸出境，取代以往使用的通关临时证明。

自2014年起，中国赴泰国旅游的“落地签”项目开通。游客乘飞机到达泰国的机场后，直接在机场办理旅游签证，只需要准备一张照片和1000泰铢（约200元人民币）即可。凭借这个签证可在泰国逗留最多15天，但非旅游签证和需要多次往返的情况并不在此范围内，需要在出国前申请好。

据悉，2014年泰国驻青岛总领事馆将成立，山东居民可3天在省内办好签证。

## 二、签证类型

（一）商务签证

凡赴泰国为联系业务、出席会议、参加培训和进行学术交流不超过90天者，需办理此类签证。申请者需递交如下材料：

1. 护照原件（须有6个月以上的有效期，末页须签名）；

2. 两寸白底免冠彩照3张；

3. 申请表两份；

4. 中方营业执照及副本的复印件，国际健康证明（有效期为1年）及劳动部门出具的合法证明（表明允许出国工作）；

5. 中方派遣函（须有公司地址、电话、传真，商务访问目的，批准准假证明，停留时间，按期返回中国的保证，申请人姓名、性别、护照号码、出生年月、职务、月薪、身份证号码），须用加盖公章并有负责人签名的公司抬头信笺打印；

6. 邀请方公司发出的邀请函（须有逗留时间，逗留目的，行程安排及标明境外费用由哪一方提供）及泰国外交部发到泰国驻华使馆的批文。

（二）过境签证

凡目的地是第三国仅从泰国过境者，或者从第三国经泰国返回中国者需办理此类签证。在申请过境签证时，需递交如下材料：

1. 填写过境签证申请表一式3份，申请表必须本人签名；

2.2 寸近照 3 张；

3. 前往第三国的有效签证或者入该国国境不需要国境签证的证明；

4. 出示已经确认的票务，该票务必须注明飞往泰国和第三国的日期或者从第三国途径泰国回中国的日期，并递交该票务的复印件 1 份；

5. 半年以上有效期本人护照和护照复印件 1 份。

签证费：180 元。

提交以上材料后在 2 个工作日内可获得过境签证。

特别提示：过境签必须事先在泰国驻中国各领使馆办理，不能在泰国境内当场办理。

（三）二次入境签证

旅游签证为单次入境，如果需要中途离开泰国再返回，可以在离境前办理二次入境签证（Re—entry）。只需填写一张申请表、附一张白底 2 寸照片即可。在机场办理二次签证是在换好登机牌之后、进入海关之前；陆路出境是在办理离境手续之前。

签证费：1000 泰铢。

（四）旅游签证

凡赴泰国旅游、访友需办理此类签证，先填写旅游签证申请表一式一份，申请表必须本人签名，半年内 2 寸彩色照片一张，申请者本人在国内的工作单位或街道办事处的英文担保信原件（内容包括：申请者姓名、赴泰国目的、在泰国停留期。该信必须担保申请者按期返回中国，使用印有该单位抬头的信纸打印，并附有该单位的地址及电话，此信还必须加盖单位公章、负责人签字及签字人的姓名和职务），出示确认往返时间的出入泰国的机票（含机票票号），并递交该票的复印件一份，护照和护照复印件一份。（小孩若未满 16 周岁，需提供中英文出生证或者中英文的关系公证书原件及复印件），需要的材料如下：

1. 签证申请表（附白底 2 寸近照 1 张）；

2. 往返票务及复印件；

3. 半年以上有效期本人护照及第一页复印件；

4. 申请者本人单位或街道办事处的英文担保信原件（内容包括申请者姓名、赴泰目的、停留时间。此信还必须加盖单位公章及经办人签字）；

签证费：230 元。通过旅行社代办 280 元。

提交以上材料后在 3 个工作日内可获得有效期 3 个月、在泰国停留不超过 60 天的个人旅游签证。

（五）落地签证

中国游客前往泰国可以在到达后在机场落地签专柜办理落地签证。

1. 填写一张申请表，并签字；

2. 一张白底 2 寸照片；

3. 出示入境和出境的票务；

4. 半年以上有效期本人护照和护照复印件一份。

签证费：1000 泰铢（快速通道申请费用为 1200 泰铢）。

提交以上材料后可当场获得在泰国停留不超过 15 天的落地签证。

友情提示：如果护照上没有其他任何国家的有效签证，中国海关可能会不允许离境。

### 三、泰国出境及安检注意事项

中国香港特别行政区、中国澳门特别行政区颁发的护照，可以免签进入泰国，停留期不超过 30 天。中国台湾颁发的护照必须办理签证，停留期 15 天。

1. 出境流程：办理登机牌和行李托运手续——持护照和登机牌到出境处办理出境手续（盖边检章）——进行出境安检——进入候机厅。

2. 国际航班须提前 90 分钟到达机场。如果对机场不熟悉，或者还要办理托运，须提前 2 个小时。

3. 安检：随身携带的行李中，不得有超过 150 毫升的液体。关于液体标准，每个机场标准略有不同。

4. 不得随身携带尖锐物品，如瑞士军刀。若需携带，请务必托运。

备注：以上所有签证须本人申请，申请需两个工作日，护照有效期在半年以上。

（来源：综合整理自泰王国驻上海总领事馆经济商务室、南博网）

## 越南签证办理指南

### 一、签证规定

中国公民赴越南持外交、公务与因公普通护照免签证。持因私护照须向越南驻华大使馆申请签证。在越南持有国家合作与投资委员会发给的投资许可证或经营许可证的外国人，则可获多次同入境有效签证，期限自 3 个月至 1 年，依在越南的工作性质而定。

赴越南旅游，须持具有组团出境游资质的旅行社出具的团体名单表，该表有省级旅游行政主管部门加盖的出境专用章，并有领队带队方可整团出境，前往目的地国办理落地签证，个人游无法享受办理落地签证的优惠政策。

自2014年3月10日起，外国游客入境越南富国岛30天免签的政策生效。

中国公安部出入境管理局于2014年1月底公布的《关于更新对持普通护照中国公民实施免签落地签政策国家（地区）名单的通知》中，老挝、泰国、越南在列。该政策的发布标志着公民可以持用“白本护照”前往老挝、泰国、越南，这三个东南亚旅游热门国家单方面允许符合条件的持普通护照的中国公民抵达入境口岸时办理落地签证。

从2013年1月1日起，越南已经上调外国人和海外定居的越南人的签证费和居留证费用。其中，一次的，签证费上调至45美元（目前为25美元）。多次的，签证将分为三类，即1个月多次的，为65美元；6个月以下多次的，为95美元；6个月以上多次的，为135美元。因护照过期更换后的改签费将从10美元上调至15美元，居留证调整为15美元。

## 二、签证类型

（一）商务签证

代码：(211)；

签证种类：B；

签证有效期：90天；

签证停留期：30天及60天；

工作日：4天（注：越南国家为方便中国公民紧急情况，特开设加急业务，可在一个工作日内出签）；

所需材料：护照正本、照片2张2寸彩色、身份证正反面复印件、在职证明信英文版。

（二）旅游签证

代码：(211)；

签证种类：B；

签证有效期：90天；

签证停留期：30天及60天；

工作日：4天（注：越南国家为方便中国公民紧急情况，特开设加急业务，可在一个工作日内出签）；

所需材料：护照正本、照片2张2寸彩色、身份证正反面复印件、在职证明信英文版。

另外，办理越南个人旅游签证需要提供6个月以上有效期的护照，护照最后一页须签名（中文姓名且不能用铅笔），护照至少两张连续空白页（不含备注页），持换发护照者，需同时提供所有旧护照原件，半年内拍摄的两寸白底或者蓝底免冠彩照两张，以及真实完整的个人资料。

（三）一年多次往返签证

代码：(212)；

签证种类：B；

签证有效期：360天；

签证停留期：60天；

工作日：4天（注：越南国家为方便中国公民紧急情况，特开设加急业务，可在一个工作日内出签）；

所需材料：护照正本、照片2张2寸彩色、身份证正反面复印件、在职证明信英文版。

（四）工作年签证

代码：(312)；

签证种类：Z；

签证有效期：360天；

签证停留期：360天；

工作日：4天（注：越南国家为方便中国公民紧急情况，特开设加急业务，可在一个工作日内出签）；

所需材料：护照正本、照片2张2寸彩色、身份证正反面复印件、在职证明信英文版。

（五）过境签证

代码：(111)；

签证种类：B；

签证有效期：90天；

签证停留期：7天；

工作日：4天（注：越南国家为方便中国公民紧急情况，特开设加急业务，可在一个工作日内出签）；

所需材料：护照正本、照片2张2寸彩色、身份证正反面复印件、在职证明信英文版。

（六）落地签证

此签证适用于从第三国入境或者中国赴越南旅游的团体。

详细说明：第三国入境是指从新加坡旅游后进入越南旅游，不可以持白本护照直接前往越南办理落地签证。

越南国家为方便中国公民紧急情况，特开设加急业务，可在一个工作日内出签。

### 三、办理流程

中国公民前往越南必须获得越南签证，可亲自到越南驻中国领事馆办理，办理流程如下：

1. 准备所需材料；
2. 到最近的领事馆递交材料；
3. 领取护照（签证）。

因亲自到领事馆办理所需手续相对烦琐，越来越多的游客更倾向于找有签证资质的签证机构办理，如旅行社。有出境资质的国际旅行社或出境组团社都可以办理出国签证，手续也相对简单，只需提供护照正本及小二寸蓝底或白底彩照片两张，3个工作日即可出签。

### 四、注意事项

暂住越南的外国人的签证若需要延期，应由本人或越南主管机关向所在地出入境管理处或管理局书面申请，附上护照和越南常住证。

如签证期满，而暂住期限未满，签证无须延期。如签证和暂住也已期满，需要再住的公民只需办理暂住延期。暂住证可以延期，每次不超过12个月。

入境越南的外国人向越南口岸公安站出示护照或代护照证件和出入境证后，立即获发暂住证。在越南口岸签发的暂住证有效期与入境许可证有效期相适应，自签发之日起不超过12个月。

商务签证可通过越南的某个贸易公司提出申请，旅游签证则可在驻任何国家的越南大使馆或泰国和越南各旅行社办理签证（越南已授权国外旅游机构代办赴越南旅游签证业务）。

用传真办理签证，须提供申请人的姓名、出生日期、地点、籍贯、家庭地址、职业、护照号码、逗留时间和入境地点。越南河内发出的签证可允许在越南境内活动，越南胡志明市发出的签证则只允许在胡志明市内活动。

（来源：综合整理自中华人民共和国外交部网、南博网）

# 东盟十国商标指南

## 文莱商标指南

### 一、文莱商标简介

（一）文莱商标法

商标法（第98章）。

（二）商标的定义

商标是指可识别的、能够图示的，并能将自己的商品或服务与他人的商品和服务区分开的标志。

（三）商标的申请标准

1. 在文莱，可注册的商标必须是新颖独特的（注：没有相同或会引起混淆的类似或近似商标在同一类商品中被申请）；
2. 形状、颜色和包装方面都是可以注册的，也有关于驰名商标保护的规定；
3. 文莱也接受服务商标的注册。文莱也提供多元分类、个别分类和综合分类的申请。

（四）成员资格

1. 不适用于《巴黎公约》；
2. 不适用于《马德里协定》。

（五）优先法则

文莱是使用优先制国家，该国的商标分类是根据国际分类法。

（六）期限与续展

在旧法律下，商标注册后的有效日期为7年，更新可延用至14年。在新法律下，于2000年6月1日或以后更新的商标有效期为10年；在2000年6月1日以前更新的商标则继续享有14年的有效期。

### 二、文莱商标申请程序

（一）申请

每一份商标注册申请书须呈交文莱商标局。

（二）审查

确认申请表已递交以后，该商标局会翻查申请记录，接着进入审定通知程序。申请者将会被告知并给予回复的机会。

（三）登宪公告

通过审查的商标将会在商标局的宪报上公布。

（四）异议

第三方可在登宪公告为期3个月内提出抗议。

（五）注册

如注册申请顺利通过，该商标将被核准，其详细资料将被记入注册记录册。此外，文莱商标局会在商标周刊中公布有关的注册公告，并向申请人发出注册证明书。注册日期会追溯至提交申请当日，换言之，作为注册商标拥有人的权利，应由提交申请当日起计。

### 三、申请注册所需的文件及资料

（一）商标注册申请书；

（二）商标注册委托书；

（三）一份清晰的商标打印图样；

（四）申请人资格证明资料

1. 以公司名义申请，附企业营业执照副本；

2. 以个人名义申请，附身份证或护照副本。

（五）列出寻求注册的商品或服务，须严格按照《尼斯协定》分类表指出商品或服务类别。

（六）如商标由颜色或颜色组合构成，须附明确描述。

（七）非英语字体、字形商标的音译及翻译（须认证）。

（八）如申请享有《巴黎公约》优先权，一份核证相关优先权符合证明（如非英语证件，须附认证英译本）。

## 四、文莱申请商标须提交的文件

（一）基本注册申请文件

| 文件 | 备注 | 提交时限 |
|---|---|---|
| 委托书及申请者声明 | 须签署 | 在申请日 |
| 英语音译非英语字体、字形商标 | 须认证 | 递交注册申请书后2个月内 |

（二）申请《巴黎公约》优先权附加文件

| 文件 | 备注 | 提交时限 |
|---|---|---|
| 优先权符合证件 | 一份基本申请证明副本（非英语文件须附英译本） | 递交申请后2个月内 |

（三）商标转让申请或更换名字、地址申请文件

| 文件 | 备注 | 提交时限 |
|---|---|---|
| 副本：<br>商标转让契约 | 须公证 | 注册有效期内无限时 |
| 更换名字申请书 | 须认证 | |
| 更换地址申请书 | 须认证 | |

（四）提出抗议或反抗议申请文件（注：提出抗议申请须在该商标公告3个月内提交）

| 文件 | 备注 | 提交时限 |
|---|---|---|
| 列国注册证明书副本 | 无须核准 | 在申请日 |
| 商标市场存在证明副本，如广告、宣传册子等 | 无须核准；尽可能多的且尽早提交。 | 在申请日 |

## 五、文莱申请商标所需的费用

| | Prof. Fee (USD) | Official Fee (USD) | Total (USD) |
|---|---|---|---|
| 1. Filing application for one class (including advise on registrability and specification) | 470 | 130 | 600 |
| 2. Search per mark per class | 180 | 20/hour | 180 |
| 3. Filing priority claim | 80 | — | 80 |
| 4. Applying for extension of time | 150 | — | 150 |
| 5. Reporting and responding to the Examiner's report, filing of Statutory Declaration of use or arguments to overcome official objections, amendments, searches and other general works. | 730 | — | 730 |
| 6. Filing an application to amend specification of goods and services | 220 | 35 | 255 |
| 7. Recordal of change of name, address, applicant, etc. (per mark) | 220 | 35 | 255 |
| 8. Recordal of Assignment (per mark) | | | |
| 8.1 where agreement is prepared by us | 280 | 55 | 335 |
| 8.2 where agreement is not prepared by us | 220 | 55 | 275 |
| 9. Reporting the issuance of the Notice of Acceptance of the application for publication, checking and forwarding the Certificate of Registration | 250 | 105 | 355 |
| 10. Application for renewal | 340 | 180 | 520 |
| 11. Opposition proceedings: — | 0 | | |

续表

| | Prof. Fee (USD) | Official Fee (USD) | Total (USD) |
|---|---|---|---|
| 11. 1 Preparing Notice Of Opposition to registration，min | 670 | 210 | 880 |
| 11. 2 Preparing Counter—Statement in answer to a Notice of Opposition，min | 750 | 170 | 920 |
| 11. 3 Preparing Statutory Declaration，min | 940 | — | 940 |
| 11. 4 Attending Opposition Hearing，min | 1400 | — | 1400 |
| 12. Disbursement (Travelling，Courier，Facsimile，Postage，etc) | 100～200 | — | 100～200 |

（来源：综合整理自南博网）

# 柬埔寨商标指南

## 一、柬埔寨商标简介

（一）柬埔寨商标法

关于商标、商品名称及不正当竞争（商标法）行为的法律。

（二）商标的定义

“标记”是指能够区分商品（商标）或企业服务（服务商标）的任何明显的迹象。“商品名”是指名称和/或标识识别和区分的企业。

（三）商标申请的标准

以下商标不能有效注册：误导公众；公用标志；商品或服务的特征，如性质、质量或数量等；商品的形状或组成部分；违反道德、秩序、习惯或法律；未经所有人的同意；与已经注册的商标相同或相似等。

（四）成员资格

1. 适用于《巴黎公约》；

2. 不适用于《马德里协定》。

柬埔寨于1998年成为《巴黎公约》的成员国，借此，所有公约国家的申请可在柬埔寨得到同等的优先权日的待遇。优先权的申请必须在一个公约国家首次申请6个月内提出。

（五）优先法则

柬埔寨是注册优先制国家，凭商标的原始凭证认定权利人。

（六）期限与续展

商标权的期限10年，期满可以续展，每次10年。

## 二、柬埔寨商标申请程序

（一）申请

每一份商标注册申请书须呈交柬埔寨商标局，须附指定的委任书，商标模式，服务及商品列表，第一次注册号码、日期、国家及申请日。

（二）实质审查

该商标局将在该商标公告后进行为期6个月的实质审查。

（三）注册

注册所需时间至少2个月，有效期从申请日起生效。

## 三、申请注册所需的文件及资料

（一）商标注册申请书；

（二）商标注册委托书；

（三）15份清晰商标打印图样；

（四）列出寻求注册的商品或服务，须严格按照《尼斯协定》分类表指出商品或服务类别；

（五）申请人资格证明资料

1. 以公司名义申请，附企业营业执照副本；

2. 以个人名义申请，附身份证或护照副本。

（六）非英语字体、字形商标的音译及翻译（须认证）。

## 四、柬埔寨申请商标须提交的文件

（一）基本注册申请文件

| 文件 | 备注 | 提交时限 |
|---|---|---|
| 委托书 | 须签署、须公证人监证 | 副本与注册申请书同时递交，正本于1个月内补交 |
| 商标图样 | 附最大8厘米×8厘米商标样本 | 与注册申请书同时递交 |

（二）申请《巴黎公约》优先权附加文件

| 文件 | 备注 | 提交时限 |
|---|---|---|
| 优先权符合证件 | 须公证人监证 | 副本与申请同时递交、正本于1个月内补交 |

（三）商标转让申请或更换名字、地址申请文件

| 文件 | 备注 | 提交时限 |
| --- | --- | --- |
| （一）商标转让申请： | | 与申请同时递交 |
| 1. 委托书 | 须签署、须公证人监证 | |
| 2. 商标注册证书正本 | | |
| 3. 商标转让契约正本 | 须转让人及受让人签署 | |
| （二）名字或地址转换： | | 与申请同时递交 |
| 1. 委托书 | 须公证人监证 | |
| 2. 拥有者名字或地址转换声明书（注明新名字或地址） | 须公证人监证 | |
| 3. 商标注册证书正本 | | |

（四）提出抗议或反抗议申请文件（注：提出抗议申请须在该商标公告3个月内提交）

| 文件 | 备注 | 提交时限 |
| --- | --- | --- |
| 委托书 | 须签署、公证人监证 | 与抗议申请同时递交 |
| 商标使用宣证书 | 须公证人监证或认证 | 与抗议申请同时递交 |
| 商标在柬埔寨市场存在证明，如提单、广告、宣传册子、包装、相片等 | | 与抗议申请同时递交 |

## 五、柬埔寨申请商标所需的费用

| | Prof. Fee (USD) | Official Fee (USD) | Total (USD) |
| --- | --- | --- | --- |
| 1. Conducting search, per each class | 240 | 40 | 280 |
| 2. Filing Application | 250 | 155 | 405 |
| 3. Priority Claim | 60 | — | 60 |
| 4. Reporting an official action by email | 130 | — | 130 |

续表

| | Prof. Fee (USD) | Official Fee (USD) | Total (USD) |
| --- | --- | --- | --- |
| 5. Response to an official action (per an hour) | 150 | — | 150 |
| 6. Extension of time for response to an official action | 180 | — | 180 |
| 7. Publication and Issuance of Certificate | 190 | — | 190 |
| 8. Recordal of change for one trademark application | 190 | 55 | 245 |
| 9. Recordal of partial assignment for one trademark application | 190 | 90 | 280 |
| 10. Recordal of assignment for one trademark application | 220 | 65 | 285 |
| 11. Recordal of change for trademark registration (post grant) | 220 | 45 | 265 |
| 12. Recordal of assignment for one trademark registration (including fee for conducting search of relative trademark), post grant | 220 | 65 | 285 |
| 13. Renewal fee for each class | 250 | 155 | 405 |
| 14. Surcharge Late payment within six－month grace period, per month | 180 | 10% | 180 above |
| 15. Filing Affidavit of Use/Non－Use | 250 | 70 | 320 |
| 16. Tax | — | 5% | 5% |
| 17. Disbursement (Travelling, Courier, Facsimile, Postage, etc) | 100～200 | — | 100～200 |

（来源：综合整理自南博网）

# 印度尼西亚商标指南

## 一、印度尼西亚商标简介

（一）印度尼西亚商标法

印度尼西亚共和国2001年第15号关于商标的法律。

（二）商标的定义

商标是用于表示具有使用的符号和其商品或服务的权利的人之间的连接的目的的标志。

（三）商标申请的标准

任何标识、数字、文字、名称、标签、字母或上述的组合均可构成商标。

商标要独特或者能区别于其他的商品或服务。

包含以下元素之一的商标均不得注册：

1. 违反现行法律、道德、宗教、礼仪和公共秩序；

2. 无区别因素；

3. 已是公共财产。

（四）成员资格

1. 适用于《巴黎公约》；

2. 不适用于《马德里协定》。

印度尼西亚于1950年成为《巴黎公约》的成员国，借此，所有公约国家的申请可在印度尼西亚得到同等的优先权日的待遇。优先权的申请必须在一个公约国家首次申请6个月内提出。

（五）优先法则

印度尼西亚是注册优先制国家，凭商标的原始凭证认定权利人。

（六）期限与续展

商标权的期限10年，期满可以续展，每次10年。

## 二、印度尼西亚商标申请程序

（一）申请

向印度尼西亚商标局呈交商标注册申请书。

（二）审查

在提呈上述文件给予商业标志单位后，有关单位将依据法定程序给予审查，有关申请者将拥有2个月的时间对有关的商标申请文件作出修正。一旦所有的申请文件符合所有的法定需求，该单位将会发出申请日期。此外，在该单位发出申请日期后，属第三方独立机构在9个月内将进行审查。

（三）公告

有关单位会将所有的商标申请发布在官方商标公告上，为期3个月，通过最长10天期限的审查阶段。

（四）异议

若有人对有关商标申请提出抗议，必须提出反对有关商标注册的有利文件，包括申请商标注册与他人先取得的合法权利商标相冲突，存有共同点或存有违反法令的嫌疑。一旦呈交反对信件后，反方必须在2个月内提呈有关有利反抗议的文件。该单位将会就有关的商标申请重新作出审查，所需时间约2个月。

（五）注册

一旦完成所有的程序，这包括反方反对的案件调查完结后发出注册证书。有关申请注册程序需费时至少1年至18个月，有效期从其申请日期开始生效，保护期为10年。

## 三、申请注册所需的文件及资料

（一）商标注册申请书；

（二）商标注册委托书（印尼文，无须英译本）；

（三）20份清晰商标打印图样；

（四）列出寻求注册的商品或服务，须严格按照《尼斯协定》分类表指出商品或服务类别；

（五）申请人资格证明资料：

1. 以公司名义申请，附企业营业执照副本；

2. 以个人名义申请，附身份证或护照副本。

（六）如商标由颜色或颜色组合构成，须附明确描述；

（七）非英语字体、字形商标的音译及翻译（须认证）。

## 四、印度尼西亚申请商标须提交的文件

（一）基本注册申请文件

| 文件 | 备注 | 提交时限 |
| --- | --- | --- |
| 委托书 | 须签署 | 与注册申请书同时递交 |
| 申请者声明书 | 须签署 | 与注册申请书同时递交 |
| 商标的详细解说或图样 | 须指明商标构成颜色（如黑白、颜色，或颜色组合），附9厘米×9厘米样本 | 与注册申请书同时递交 |

（二）申请《巴黎公约》优先权附加文件

| 文件 | 备注 | 提交时限 |
|---|---|---|
| 优先权符合证件 | 一份基本申请证明副本（非英语文件须附英译本） | 优先权有效日期起7个月内 |

（三）商标转让申请或更换名字、地址申请文件

| 文件 | 备注 | 提交时限 |
|---|---|---|
| 副本： | | 注册有效期内无限时 |
| 1. 商标转让契约 | 须有公证人监证，后由印尼领事馆核证 | |
| 2. 委托书 | 须签署 | |
| 3. 商标使用声明书 | 须签署 | |

（四）提出抗议或反抗议申请文件（注：提出抗议申请须在该商标公告3个月内提交）

| 文件 | 备注 | 提交时限 |
|---|---|---|
| 列国注册证明书副本 | 无须核准 | 与提出抗议或反抗议申请书呈交 |
| 委托书 | 须签署 | 与提出抗议或反抗议申请书呈交 |
| 商标市场存在证明，如广告、宣传册、荣誉颁发证明书等 | 无须核准 | 与提出抗议或反抗议申请书呈交 |

### 五、印度尼西亚申请商标所需的费用

| | Prof. Fee (USD) | Official Fee (USD) | Total (USD) |
|---|---|---|---|
| 1. Search of a mark in 1 class | 290 | — | 290 |
| 1. 1. Proprietor Search | 100 | — | 100 |
| 2. Application (maximum 10 items of goods/Services per class) | 720 | 80 | 800 |
| 3. Priority Claim | 140 | — | 140 |
| 4. Late filling of priority document | 190 | — | 190 |
| 5. Reporting preliminary objection including with opinion | 240 | — | 240 |
| 6. Responding to a preliminary objection by written arguments | 770 | — | 770 |
| 7. Filing opposition or Rebuttal by written arguments | 1150 | 100 | 1250 |
| 8. Grant | 380 | 15 | 395 |
| 9. Renewal per class | 770 | 285 | 1055 |
| 10. Recordal of Assignment | 450 | 70 | 520 |
| 11. Recordal of change of name, address, applicant | 290 | 40 | 330 |
| 12. Disbursement (Travelling, Courier, Facsimile, Postage, etc) | 100～200 | — | 100～200 |

（来源：综合整理自南博网）

# 老挝商标指南

## 一、老挝商标简介

（一）老挝商标法

老挝总理的商标法令第06/PM（1995）。

（二）商标的定义

标记包括单词、字母、数字、图形或照片、徽章以及上述要素的组合等。

（三）商标申请的标准

为了保护商标，必须满足下列任一条件：

1. 它必须是独特的；
2. 它不能通用；
3. 它不能与以前的或现有的商标近似；
4. 它不能是一个地理名称或姓氏；
5. 它不能带有欺骗性质或容易引起混淆；
6. 它不能是恶意中伤或带有攻击性；

7. 它不能直接引用商品/服务的特点或性质。

（四）成员资格

1. 适用于《巴黎公约》；

2. 不适用于《马德里协定》。

老挝于1998年成为《巴黎公约》的成员国，借此，所有公约国家的申请可在老挝得到同等的优先权日的待遇。优先权的申请必须在一个公约国家首次申请6个月内提出。

（五）优先法则

越南是注册优先制国家，依据商标在该国的注册纪录确定权利人。

（六）期限与续展

商标权的期限10年，期满可以续展，每次10年。

## 二、老挝商标申请程序

（一）申请

向老挝商标局呈交一份商标注册申请书，须附指定的委任书，商标模式，服务及商品列表，第一次注册号码、日期、国家及申请日。

（二）实质审查

该商标局将在该商标公告后进行为期6个月的实质审查。

（三）注册

注册所需时至少2个月，有效期从申请日起生效。

## 三、申请注册所需的文件及资料

（一）商标注册申请书；

（二）商标注册委托书；

（三）20份清晰商标打印图样；

（四）列出寻求注册的商品或服务，须严格按照《尼斯协定》分类表指出商品或服务类别；

（五）申请人资格证明资料

1. 以公司名义申请，附企业营业执照副本；

2. 以个人名义申请，附身份证或护照副本。

（六）非英语字体、字形商标的音译及翻译（须认证）。

## 四、老挝申请商标须提交的文件

（一）基本注册申请文件

| 文件 | 备注 | 提交时限 |
|---|---|---|
| 委托书 | 须签署、须公证人监证 | 副本与注册申请书同时递交，正本于1个月内补交 |
| 商标图样 | 附最大8厘米×8厘米商标样本 | 与注册申请书同时递交 |

（二）申请《巴黎公约》优先权附加文件

| 文件 | 备注 | 提交时限 |
|---|---|---|
| 优先权符合证件 | 须公证人监证 | 副本与申请同时递交，正本于1个月内补交 |

（三）商标转让申请或更换名字、地址申请文件

| 文件 | 备注 | 提交时限 |
|---|---|---|
| （一）商标转让申请 | | 与申请同时递交 |
| 1. 委托书 | 须签署、须公证人监证 | |
| 2. 商标注册证书正本 | | |
| 3. 商标转让契约正本 | 须转让人及受让人签署 | |
| （二）名字或地址转换 | | 与申请同时递交 |
| 1. 委托书 | 须公证人监证 | |
| 2. 拥有者名字或地址转换声明书正本（注明新名字或地址） | 须公证人监证 | |
| 3. 商标注册证书正本 | | |

（四）提出抗议或反抗议申请文件（注：提出抗议申请须在该商标公告3个月内提交）

| 文件 | 备注 | 提交时限 |
|---|---|---|
| 委托书 | 须签署、公证人监证 | 与抗议申请同时递交 |
| 法定宣誓书 | 须公证人监证或认证 | 与抗议申请同时递交 |
| 商标使用宣证书 | 须公证人监证或认证 | 与抗议申请同时递交 |

### 五、老挝申请商标所需的费用

| | Prof. Fee (USD) | Official Fee (USD) | Total (USD) |
|---|---|---|---|
| 1. Search | 230 | 60 | 290 |
| 2. Filing Application | 250 | 180 | 430 |
| 3. Priority Claim (one claim) | 140 | — | 140 |
| 4. Publication and Issuance of Certificate | 190 | — | 190 |
| 5. Reporting an official action by email | 130 | — | 130 |
| 6. Response to an official action (per an hour) | 150 | — | 150 |
| 7. Extension of time for response to an official action | 180 | — | 180 |
| 8. Recordal of change for one trademark application | 190 | 75 | 265 |
| 9. Recordal of assignment for one trademark application | 190 | 85 | 275 |
| 10. Recordal of change for trademark registration (post grant) | 200 | 120 | 320 |
| 11. Recordal of assignment for one trademark registration (post grant) | 200 | 120 | 320 |
| 12. Renewal of per mark | 250 | 180 | 430 |
| 13. Surcharge Late payment within six—month grace period, per month | 60 | 10% | 60 above |
| 14. Tax | 0 | 5% | 5% |
| 15. Disbursement (Travelling, Courier, Facsimile, Postage, etc) | 100～200 | — | 100～200 |

（来源：综合整理自南博网）

# 马来西亚商标指南

## 一、马来西亚商标简介

（一）马来西亚商标法

1976年商标法（法案175），1997年商标法（章程），1994年商标法（修订版）和2000年商标法（修订版）。

（二）商标的定义

商标是用于表示具有使用的符号和其商品或服务的权利的人之间的连接的目的的标志。标志包括文字、标识、标签、名称、字母、数字或上述的组合。

（三）商标申请的标准

为了保护商标，必须满足下列任一条件：

1. 用专门或特定的方式代表个人、公司或企业的名称；

2. 注册申请人的签名；

3. 一个新创字；

4. 一个没有任何直接引用商品或服务的特性或品质，不是普通意义上的词；

5. 地理名称或姓氏；

6. 任何其他鲜明的标志。

（四）成员资格

1. 适用于《巴黎公约》；

2. 不适用于《马德里协定》。

马来西亚于1989年成为《巴黎公约》的成员国，借此，所有公约国家的申请可在马来西亚得到同等的优先权日的待遇。优先权的申请必须在一个公约国家首次申请6个月内提出。

（五）优先法则

马来西亚是使用优先制国家，凭商标的原始凭证认定权利人。

（六）期限与续展

自申请日算起，注册商标的有效期为10年。注册商标有效期满后，需要继续使用的，应当在期满前3个月内申请续展注册，每次续展注册的有效期为10年。

## 二、马来西亚商标申请程序

（一）申请

马来西亚商标局呈交一份商标注册申请书。

（二）审查

确认申请表已递交以后，该商标局会翻查商标记录，以确定在相同或类似的货品或服务，是否有其他商户已经注册或申请注册相同或类似的商标；同时，查核有关商标是否符合商标法律法规的注册规定，进而可能对有关商标提出异议。如有异议，申请人将有机会在限定时间内提出反异议答复。

如审核通过，申请程序将进入下一阶段（登宪公告阶段）。

（三）登宪公告

该商标局核准申请后，便会在商标周刊上公告，为期3个月。如无人提出抗议该商标即可成功注册。

（四）异议

任何人可在登宪公告为期3个月内提出抗议。申请人将可以对该抗议进行答辩。

（五）注册

如注册申请顺利通过，该商标将被核准，其详细资料将被记入注册记录册。此外，马来西亚商标局会在商标周刊中公布有关的注册公告，并向申请人发出注册证明书。注册日期会追溯至提交申请当日，换言之，作为注册商标拥有人的权利，应由提交申请当日起计。

## 三、申请注册所需的文件及资料

（一）商标注册申请书（TM 5）；

（二）商标注册委托书（TM 1）；

（三）清晰商标图样：

1. 如黑白商标，一份清晰打印图样；

2. 如颜色或颜色组合商标，15份清晰打印图样。

（四）列出寻求注册的商品或服务，须严格按照《尼斯协定》分类表指出商品或服务类别；

（五）申请人资格证明资料：

1. 以公司名义申请，附企业营业执照复印件；

2. 以个人名义申请，附身份证或护照副本。

（六）一份声明商标拥有权的宣誓书。如本地签署，由宣誓人监督；如外地签署，由公证人监督；

（七）非英语字体、字形商标的音译及翻译（须认证）；

（八）如申请享有《巴黎公约》优先权，一份核证相关优先权符合证明（如非英语证件，须附认证英译本）。

## 四、马来西亚申请商标须提交的文件

（一）基本注册申请文件

| 文件 | 备注 | 提交时限 |
|---|---|---|
| 法定宣誓书 | 须公证人监证 | 自申请日2个月内 |
| 英译非英语字体、字形商标 | 须认证 | 自申请日2个月内 |

（二）申请《巴黎公约》优先权附加文件

| 文件 | 备注 | 提交时限 |
|---|---|---|
| 优先权符合证件 | 一份基本申请证明副本（非英语文件须附英译本） | 递交申请后2个月内 |

（三）商标转让申请或更换名字、地址申请文件

| 文件 | 备注 | 提交时限 |
|---|---|---|
| 副本： | | 注册有效期内无限时 |
| 1. 商标转让契约 | 须有公证人监证 | |
| 2. 更换名字申请书 | 须认证 | |
| 3. 更换地址申请书 | 须认证 | |

（四）提出抗议或反抗议申请文件（注：提出抗议申请须在该商标公告3个月内提交）

| 文件 | 备注 | 提交时限 |
|---|---|---|
| 列国注册证明书副本 | 无须核准 | 在申请日 |
| 商标市场存在证明，如广告、宣传册、荣誉颁发证明书等 | 无须核准 | 在申请日 |

## 五、马来西亚申请商标所需的费用

| | Prof. Fee (USD) | Official Fee (USD) | Total (USD) |
|---|---|---|---|
| 1. Search (domestic registered mark, result only) | 170 | 7/hr | 170 |
| 2. Application (for one class excluding registration fee) | 240 | 140 | 380 |

续表

| | Prof. Fee (USD) | Official Fee (USD) | Total (USD) |
|---|---|---|---|
| 2.1 Filing Request for Approval for expedited examination of a trademark application | 750 | 90 | 840 |
| 2.2 Filing Request for expedited examination of a trademark application | 240 | 400 | 640 |
| 3. Filing priority claim | 80 | — | 80 |
| 4. Applying for extension of time (first month) | 150 | 80 | 230 |
| —each additional month | — | 50 | 50 |
| 5. Reporting and responding to the Examiner's report, filing of Statutory Declaration use or arguments to overcome official objections, amendments, searches, and other general works, min | 560 | — | 560 |
| 6. Filing an application to amend specification of goods and services | | | |
| 6.1 Trademark before registration | 150 | 50 | 200 |
| 6.2 Trademark after registration | 150 | 30 | 180 |
| 7. Recordal of change of name, address, applicant | | | |
| 7.1 Trademark before registration | 150 | 50 | 200 |
| 7.2 Trademark after registration | 150 | 30 | 180 |
| 8. Recordal of Assignment, per mark | | | |
| 8.1 Agreement prepared by us | 220 | 120 | 340 |
| 8.2 Agreement NOT prepared by us | 170 | 120 | 290 |

续表

| | Prof. Fee (USD) | Official Fee (USD) | Total (USD) |
|---|---|---|---|
| 9. Reporting the issuance of the Notice of Acceptance of the application for publication, attending to the artwork of the mark, monitoring the Malaysia Government Gazettes for advertisement, receiving, checking and forwarding the Certificate of Registration | 220 | 220 | 440 |
| 10. Application for renewal of registration of trademarks | 180 | 220 | 400 |
| —Application for late renewal of registration of trademarks | 180 | 310 | 490 |
| —Application of restoration and renewal of registration | 220 | 330 | 550 |
| 11. Opposition proceedings: | | | |
| 11.1 Preparing Notice of Opposition to registration | 940 | 220 | 1160 |
| 11.2 Preparing Counter—Statement in answer to a Notice of Opposition | 940 | 150 | 1090 |
| 11.3 Preparing Statutory Declaration | 940 | — | 940 |
| 11.4 Attending Opposition Headings | 1310 | 230 | 1540 |
| 12. Disbursement (Travelling, Courier, Facsimile, Postage, etc) | 50～100 | — | 50～100 |

（来源：综合整理自南博网）

# 缅甸商标指南

## 一、缅甸商标简介

（一）缅甸商标法

商标在缅甸是属于普通法概念上的保护，没有针对注册的法律体系，但商标注册可以在《注册法》第18（F）章获得。打击假冒行为适用刑法第478，打击侵权行为可以根据特定救济法第54条和缅甸商品商标法令。

（二）商标的定义

商标是代表特定的人生产的产品或商品的标志，民法没有对商标具体含义和构成要件的阐述，但一般认为，商标应当具有显著性。一个商标应当含有一个或多个具有创造性的词语，也可以是针对某些特定的产品进行注册。在缅甸的法律中，没有任何对颜色组合注册的限制。

缅甸商标采用使用主义，注册纯粹是为抵制他人仿冒之依据。因此，曾经使用过的特有品牌或标签是否构成商标并不重要，因为制造商可以通过使用商标受到法律的保护，这是普通法在打击假冒行为方面的特有优势，而在其他建立了商标注册制度的国家往往需要通过反不正当竞争法来实现。缅甸商标专用权自商标首次使用日起，至商标专用权人允许他人使用该商标止。

（三）商标申请的标准

缅甸目前还没有商标法。但缅甸刑法第478规定，“对特定的人制造或生产的物品的标记的使用被称为商标。商标必须是独特的，有别于其他人的商品的商标所有权。”

（四）成员资格

1. 不适用于《巴黎公约》；

2. 不适用于《马德里协定》。

（五）申请资格

申请人必须是该商标的所有人，通过注册或使用，或者两者结合的方式获得商标所有权。外国申请人必须在其想申报商标的公司任命一个商标律师。

（六）优先法则

缅甸是使用优先制国家，凭商标的原始凭证认定权利人。

（七）期限和续展

在缅甸，法律没有颁布商标注册的有效期。根据惯例，商标注册的续展每3年进行一次，通常由以下方式之一完成：

1. 通过声明的方式进行重新注册；

2. 通过当地报纸或刊物的方式进行重新公布；

3. 通过重新注册、重新公布二者结合的方式。

## 二、缅甸商标申请程序

（一）商标所有权声明

向缅甸注册局发布所有权声明的形式进行注册。申请者可就出具此声明而获得注册。

（二）登记

在授权律师呈报业者文件后，当地执法局将有关的呈报业者申请注册登记于契约及保证登记录上，当局将发布临时的注册号码予申请者，而真正的批准程序则需时2至3个星期。

（三）审查

该商标局会就呈报文件进长达6至8个月的审查。

（四）公告

业者有权力在获得注册批准后，选择是否公告在当地报纸，这是为了避免有关的商标受侵犯。

（五）完成注册

完成商标注册程序须时2个月，有效期从申请日生效。

## 三、申请注册所需的文件及资料

（一）商标注册申请书；

（二）商标注册委托书；

（三）5份清晰商标打印图样；

（四）列出寻求注册的商品或服务，须严格按照《尼斯协定》分类表指出商品或服务类别；

（五）申请人资格证明资料：

1. 以公司名义申请，附企业营业执照副本；

2. 以个人名义申请，附身份证或护照副本。

（六）非英语字体、字形商标的音译及翻译（须认证）。

## 四、缅甸申请商标须提交的文件

（一）基本注册申请文件

| 文件 | 备注 | 提交时限 |
|---|---|---|
| 商标所有权声明书 | 须签署、须公证人监证及缅甸领事馆核证 | 该声明起效的4个月内 |
| 委托书 | 须签署、公证人监证、再由缅甸领事馆核证 | 该声明起效的4个月内 |

（二）优先权申请

缅甸尚未加入《巴黎公约》或《马德里公约》，因此申请者不能在缅甸申请优先权。

（三）商标转让申请或更换名字、地址申请文件

| 文件 | 备注 | 提交时限 |
|---|---|---|
| （一）商标转让申请： | | 该声明起效的4个月内 |
| 1. 转让人委托书 | | |
| 2. 受让人委托书 | 须签署、须公证人监证 | |
| 3. 商标转让契约副本 | 须签署、须公证人监证 | |
| | 须转让人及受让人签署、公证人监证、再由缅甸领事馆核证 | |
| （二）名字或地址转换： | | 该声明起效的4个月内 |
| 1. 委托书 | 须公证人监证 | |
| 2. 拥有者名字或地址转换声明书（注明新名字或地址） | 须公证人监证 | |
| 3. 商标注册证书正本 | | |

（四）提出抗议或反抗议申请文件

与其他国家不同，缅甸不采用第三方反对制。如任何一方对有关商标的注册不满，可向法庭提出控诉。此外，商标拥有者不可阻止相同或近似商标在不同类别的商品或服务使用。

## 五、缅甸申请商标所需的费用

| | Prof. Fee (USD) | Official Fee (USD) | Total (USD) |
|---|---|---|---|
| 1. Search | 250 | — | 250 |
| 2. Filing one application for registration of one trademark | 200 | 100 | 300 |
| 3. Publication (Cautionary Notice) | 200 | — | 200 |
| 3.1. Advertising in Myanmar Times (per column/cm) | — | 20 | 20 |
| 3.2. Advertising in Weekly Eleven Journal (per inch/column) | — | 30 | 30 |
| 3.3. Advertising in Myanmar Today Business Journal (per column/cm) | — | 10 | 10 |
| 4. Recordal of change of Name/Address of Proprietorship | 190 | 100 | 290 |
| 5. Deed of Assignment | 250 | 100 | 350 |
| 6. Renewal of per mark | 190 | 100 | 290 |
| 7. Disbursement (Travelling, Courier, Facsimile, Postage, etc) | 100～200 | — | 100～200 |

（来源：综合整理自南博网）

# 菲律宾商标指南

## 一、菲律宾商标简介

（一）菲律宾商标法

菲律宾知识产权法典（共和国 8293 号法案）。

（二）商标的构成要素

单词、字母、数字、图形或照片、徽章、颜色或者颜色组合、商品的容器或外包装的形状（不能仅是为了获得某种功能的形状），以及上述要素的组合等。若申请彩色商标则必须确切指明色彩。

（三）商标的申请标准

以下商标不能注册：误导公众；公用标志；商品或服务的特征，如性质、质量或数量等；商品的形状或组成部分；违反道德、秩序、习惯或法律；未经所有人的同意；与已经注册的商标相同或相似等。

（四）成员资格

1. 适用于《巴黎公约》；

2. 适用于《马德里协定》。

菲律宾于 1965 年成为《巴黎公约》的成员国，借此，所有公约国家的申请可在菲律宾得到同等的优先权日的待遇。优先权的申请必须在一个公约国家首次申请 12 个月内提出。

（五）优先法则

菲律宾是使用优先制国家，凭商标的原始凭证认定权利人。

（六）期限与续展

1. 使用期限

自申请日算起，注册商标的有效期为10年。注册商标有效期满后，需要继续使用的，应当在期满前6个月内申请续展注册，每次续展注册的有效期为10年。

2. 使用规定

连续5年未使用，将丧失商标专用权。相关事项：1998年修订的新商标法则规定申请人必须于提出申请3年内提交实际使用宣誓书及证明，否则商标局将会撤销此件申请案。

3. 对注册商标撤销的规定

商标注册期间在5年之内或者是在任何注册期间，此注册商标变成缺乏显著性；申请人放弃专用权；商标注册以不正当方式取得商标名称使消费者对于商品之产地或服务（服务标章）产生误认；在3年期间无正当事由不使用该商标。

## 二、菲律宾商标申请程序

（一）申请

向菲律宾商标局呈交商标注册申请书。

（二）审查

审查期限为提呈日期后的12至18个月内。菲律宾商标局在收到商标注册申请后，便会对商标申请进行形式审查和实质审查，以确定所提交的申请文件是否备齐，申请商标是否具备显著性，是否违反商标法有关禁用条款的规定以及是否与他人在先申请或注册的商标相同或类似。如果经审查申请不符合注册规定，商标申请将被驳回。如果申请人对商标局做出的裁定不服，可向菲律宾上诉法院提出上诉。若审查员对于申请人所提交的申请文件内容有异议，可要求申请人提交证明文件以证明文件的正确性。审查员也可要求申请人删除某些指定商品，但以不损害申请人的利益为前提。

（三）公告

有关当局将在申请期后12至24个月内公告有关的申请及发出允许通知，申请者必须在获得有关允许通知后的两个月内，缴纳申请注册费用。之后有关当局会将有关申请刊登在公报上，以接受有关方面的异议。

（四）异议

在该异议期内，任何人可以对该商标申请提出抗议。申请人可以对该异议进行答辩。异议方必须在公报刊登的30天内提出异议，并提交有利的文件。审查官将对抗议结果作出裁定。

（五）发出申请批准通知

若在公报刊登期间并未接获申请的反对，有关当局将会在发出允许通知后的3个月内批准有关申请。

（六）注册

申请者必须在接获批准通知后的两个月内缴付注册费，商标局会在5至7个月内发出注册证书，注册时间共须时为18个月至24个月。

## 三、申请注册所需的文件及资料

（一）商标注册申请书；

（二）商标注册委托书；

（三）一份清晰的商标打印图样；

（四）列出寻求注册的商品或服务，须严格按照《尼斯协定》分类表指出商品或服务类别；

（五）申请人资格证明资料：

以公司名义申请，附企业营业执照副本；

以个人名义申请，附身份证或护照副本。

（六）如商标由颜色或颜色组合构成，须附明确描述；

（七）非英语字体、字形商标的音译及翻译（须认证）。

## 四、菲律宾申请商标须提交的文件

（一）基本注册申请文件

| 文件 | 备注 | 提交时限 |
|---|---|---|
| 委托书 | 须签署 | 与注册申请书同时递交或递交申请后的2个月内 |
| 商标的详细解说或图样 | 须2厘米×3厘米，显示商标图样颜色 | 在申请日 |

（二）申请《巴黎公约》优先权附加文件

| 文件 | 备注 | 提交时限 |
|---|---|---|
| 优先权申请书 | 副本、须认证（非英语文件须附英译本） | 呈交申请后3个月内 |
| 优先权注册证件 | 副本、须认证（非英语文件须附英译本） | 如已呈文件足够证明基本申优条件，但未能呈交外国或本国注册证件，在职审查官可暂时予以申优批准及搁置该证件的提交要求。申请人必须在12个月内补交有关证件 |

（三）商标转让申请或更换名字、地址申请文件

| 文件 | 备注 | 提交时限 |
| --- | --- | --- |
| 商标转让契约副本 | 须核证 | 提交申请当日 |

（四）提出抗议或反抗议申请文件（注：提出抗议申请须在该商标公告3个月内提交）

| 文件 | 备注 | 提交时限 |
| --- | --- | --- |
| 提出抗议通知 |  | 受抗议商标公告的30天内 |
| 延展提交核实反对动议书 | 可申请三次延展 | 每次延展30天 |
| 委托书 | 须公证人监证，再由菲律宾领事馆核证 | 与核实反对动议书呈交 |
| 非挑院行诉声明书 | 须公证人监证，再由菲律宾领事馆核证 | 与核实反对动议书呈交 |
| 抗议方宣证书 | 须公证人监证，再由菲律宾领事馆核证。<br>此宣证书须含抗议方公司资料、商标来历（如开始使用日期等）、该商标的列国注册或待审申请、该商标在国外的注册证明、相关国际业绩（包括在菲律宾）、有关国际广告及推销的开销（包括在菲律宾）。 | 与核实反对动议书呈交 |
| 分销商宣证书 | 只须公证人监证。<br>此宣证书可含有关其销售、广告推销、组织、生意伙伴或所有使用该商标的产品资料。 | 与核实反对动议书呈交 |

## 五、菲律宾申请商标所需的费用

续表

|  | Prof. Fee (USD) | Official Fee (USD) | Total (USD) |
| --- | --- | --- | --- |
| 1. Filing of application for original registration | 290 | 45 | 335 |
| 2. Preparation of set of drawings/facsimiles | — | — | — |
| 3. Claiming convention priority, including submission of priority application documents | 60 | 31 | 91 |
| 4. Filing of application for renewal of registration | 290 | 139 | 429 |
| 5. Petition for priority examination | 200 | 132 | 332 |
| 6. Request for extension of time to file response to office action | 150 | 16 | 166 |
| 7. Response to official action | 200 | — | 200 |
| 8. Interview/conference with examiner not exceeding one (1) hour | 200 | — | 200 |
| 9. Request for suspension of action by examiner | 150 | 21 | 171 |
| 10. Revival of abandoned application | 250 | 26 | 276 |
| 11. Amendment to the application (correction of formalities, etc.) | 150 | 18 | 168 |
| 12. Conversion of application from Home Registration to intent to use | 160 | 54 | 214 |
| 13. Attendance to Notice of Allowance & Publication Fees for publication for possible Opposition | 150 | 21 | 171 |
| 14. Simultaneous attendance to Notice of Allowance & Payment of Publication Fees & Issuance of Certificate of Registration, including securing, reviewing & transmitting the certificate | 190 | 67 | 257 |

续表

| | Prof. Fee (USD) | Official Fee (USD) | Total (USD) |
|---|---|---|---|
| 15. Attendance to Notice of Issuance and 2nd Publication Fee for the issuance of the certificate of registration, including securing, reviewing & transmitting certificate of registration | 180 | 46 | 226 |
| 16. Filing of Affidavit of Use or Non—use/Declaration of Actual Use | | | 0 |
| 16. 1. Within three (3) years from filing date | 220 | 41 | 261 |
| 16. 2. Within 1 year from 5th year anniversary | 220 | 51 | 271 |
| 17. Single extension of time to file Declaration of Actual Use | 160 | 81 | 241 |
| 18. Recordal of assignment, licensing or similar document for one pending trademark application (excluding registration with the Technology Transfer Registry) (pre—publication) | 190 | 20 | 210 |
| 19. Search and report per mark in one class | 160 | — | 160 |
| 20. Recordal of change of name, address or other instrument affecting ownership of marks, e. g. Merger | 190 | 36 | 226 |
| 21. Securing & transmittal of certificate of registration or new certificate based on assignment or change of ownership | 150 | 26 | 176 |

续表

| | Prof. Fee (USD) | Official Fee (USD) | Total (USD) |
|---|---|---|---|
| 22. Preparing and filing petition for voluntary surrender or cancellation, amendment or disclaimer after registration | 160 | 15 | 175 |
| 23. Obtaining substitute certificate of registration for the unexpired term of the original registration due to amendment or disclaimer of a registration | 150 | 26 | 176 |
| 24. Obtaining certification regarding registration or recordal in the Bureau of Trademarks of any document relating to marks | 150 | 15 | 165 |
| 25. Submission of documents, including late filing of priority documents, submission of Priority Home Registration documents and the like submission of Priority Home Registration documents and the like | 150 | — | 150 |
| 26. Disbursement (Travelling, Courier, Facsimile, Postage, etc) | 100～200 | — | 100～200 |

（来源：综合整理自南博网）

# 新加坡商标指南

## 一、新加坡商标简介

（一）新加坡商标法

商标法（2005年修订版）（第332章），商标规则及商标（国际注册）规则。

（二）商标的构成要素

单词、字母、数字、图形或照片、徽章、颜色或者颜色组合、商品的容器或外包装的形状（不能仅仅是为了获得某种功能的形状），以及上述要素的组合等。新加坡也接受非视觉性商标如声音、味道、嗅味商标。

（三）商标申请的标准

一个注册商标必须具有新颖性，能够区别于其他近似或相同的商品或服务。描述性商标，标记“共同的贸易”，带有违反公共政策、带有欺骗性或与之前的商标有着近似标记的商标都是不被允许注册的。

（四）成员资格

1. 适用于《巴黎公约》；

2. 适用于《马德里协定》。

新加坡于 1995 年成为《巴黎公约》的成员国，藉此，所有公约国家的申请可在新加坡得到同等的优先权日的待遇。优先权的申请必须在一个公约国家首次申请 6 个月内提出。

（五）优先法则

新加坡是使用优先制国家，凭商标的原始凭证认定权利人。

（六）期限与续展

自申请日算起，注册商标的有效期为 10 年。注册商标有效期满后，需要继续使用的，应当在期满前 6 个月内申请续展注册，每次续展注册的有效期为 10 年。

## 二、新加坡商标申请程序

（一）申请

向新加坡商标局呈交商标注册申请书。

（二）审查

新加坡知识产权局收到注册商标申请后将进行审查，确保不会与之前的注册商标出现相同之处。知识产权署受理申请后，会对该项申请进行初审，如果符合商标条例规定的标准，又没有与以前申请个案重复或类同，该项申请就会进入公告阶段。

（三）公告

有关商标申请会公布在商标公告上，反方在公告后 2 个月内可提出抗议。在公告期间，如果没有遭到他人反对，拿到证书的概率会很高。

（四）异议

在该公告期间，任何人可以对该商标申请提出抗议。申请人可以对该抗议进行答辩。

（五）注册

若异议不成立或并没有任何一方提出抗议，有关商标将核准注册，新加坡知识产权局将会发出注册证书。

## 三、申请商标所需的文件及资料

（一）商标注册申请书（TM 4）；

（二）商标注册委托书（TM 1）；

（三）清晰商标图样：

1. 黑白商标，一份清晰打印图样；

2. 颜色或颜色组合商标，一份 JPEG 格式图样。

（四）列出寻求注册的商品或服务，须严格按照《尼斯协定》分类表指出商品或服务类别；

（五）申请人资格证明资料：

1. 以公司名义申请，附企业营业执照复印件；

2. 以个人名义申请，附身份证或护照副本。

（六）非英语字体、字形商标的音译及翻译（须认证）。

## 四、新加坡申请商标须提交的文件

（一）基本注册申请文件

| 文件 | 备注 | 提交申请时间 |
|---|---|---|
| 商标的详细解说或图样 | 认证英译非英语字体、字形商标（自由） | 递交注册申请书（TM4）后 2 个月内 |

（二）申请《巴黎公约》优先权附加文件

| 文件 | 备注 | 提交申请时间 |
|---|---|---|
| 优先权符合证件 | 一份基本申请证明副本（非英语文件须附认证英译本） | 递交申请后 2 个月内 |

（三）商标转让申请或更换名字、地址申请文件

| 文件 | 备注 | 提交申请时间 |
|---|---|---|
| 副本： | | 注册有效期内无限时 |
| 1. 商标转让契约 | | |
| 2. 更换名字申请书 | 认证 | |
| 3. 更换地址申请书 | 认证 | |

（四）提出抗议或反抗议申请文件（注：提出抗议申请须在该商标公告 2 个月内提交）

| 文件 | 备注 | 提交申请时间 |
|---|---|---|
| 列国注册证明书副本 | 无须核准 | 与提出抗议或反抗议申请书呈交 |
| 商标市场存在证明，如广告、宣传册子、荣誉颁发证明书等 | 无须核准 | 与提出抗议或反抗议申请书呈交 |

### 五、新加坡申请商标所需的费用

| | Prof. Fee (USD) | Official Fee (USD) | Total (USD) |
|---|---|---|---|
| 1. Search (domestic registered mark, result only) | 280 | — | 280 |
| 2. Application ( for one class, including registrability and specification) | 560 | 315 | 875 |
| 3. Filing priority claim | 80 | — | 80 |
| 4. Applying for extension of time (Each month) | 150 | — | 150 |
| 5. Reporting and responding to the Examiner's report, filing of Statutory Declaration use or arguments to overcome official objections, amendments, searches, and other general works, min | 750 | 70 | 820 |
| 6. Filing an application to amend specification of goods and services | 220 | 40 | 260 |
| 7. Recordal of change of name, address, applicant | 220 | 40 | 260 |
| 8. Recordal of Assignment, per mark | | | 0 |
| 8.1 Agreement prepared by us | 280 | 75 | 355 |
| 8.2 Agreement NOT prepared by us | 220 | 75 | 295 |

续表

| | Prof. Fee (USD) | Official Fee (USD) | Total (USD) |
|---|---|---|---|
| 9. Reporting the issuance of the Notice of Acceptance of the application for publication, attending to the artwork of the mark, monitoring the Malaysia Government Gazettes for advertisement, receiving, checking and forwarding the Certificate of Registration | 280 | — | 280 |
| 10. Application for renewal | 340 | 225 | 565 |
| 11. Opposition proceedings: | | | 0 |
| 11.1 Preparing Notice of Opposition to registration, min | 660 | 315 | 975 |
| 11.2 Preparing Counter—Statement in answer to a Notice of Opposition, min | 750 | 300 | 1050 |
| 11.3 Preparing Statutory Declaration, min | 940 | — | |
| 11.4 Attending Opposition Hearing, min | 1400 | 600 | 2000 |
| 12. Disbursement ( Travelling, Courier, Facsimile, Postage, etc) | 50～100 | — | 50～100 |

（来源：综合整理自南博网）

# 泰国商标指南

## 一、泰国商标简介

（一）泰国商标法

泰国商标法颁布于1991年，最近一次修订是在2000年，修订后的商标法于2000年6月实施。

泰国是WTO成员，于1989年加入了WIPO，目前尚未加入巴黎公约、马德里协定及其议定书。

（二）商标的构成要素

泰国商标法对商标注册和商标保护进行了规定，并将商标定义为用于说明商品所属的符号，包括立体商标和颜色商标。

（三）商标申请的标准

含有下列要素的商标不可注册：

1. 一个显著标志，其中包括一个人的名字，根据其普通含义，法人或商品名以特殊的方式表示的一个名字是不是一个姓。

2. 标记不包括或由以下因素构成：泰国王室或官方的印章、标志、旗帜、装饰等；泰国王室的名称、签字、缩写以及朝代名称；泰王国国王、王后和其他皇室成员及其继承人的肖像，以及其名称、签字、标志等；外国的、国际组织的、外国首脑的、外国官方的旗帜和标志；外国的和国际组织的各种产品质量保证标志，或者外国或国际组织的名称、首字母缩写等，除非得到该外国和国际组织的授权；各国的官方标志、国际红十字标志等；违反社会秩序、社会道德和公共利益的商标；受有关法律保护的地理名称，以及其他为商标法和商标条例所禁止作为商标使用的要素。

3. 申请注册的商标与他人在相同或不同类别在先注册的商标近似，并足以造成公众对产品来源的混淆或误认。

（四）成员资格

1. 适用于《巴黎公约》；

2. 适用于《马德里协定》。

泰国于2008年成为《巴黎公约》的成员国，借此，所有公约国家的申请可在泰国得到同等的优先权日的待遇。优先权的申请必须在一个公约国家首次申请6个月内提出。

（五）优先法则

泰国是使用优先制国家，凭商标的原始凭证认定权利人。

（六）期限与续展

自申请日算起，注册商标的有效期为10年。注册商标有效期满后，需要继续使用的，应当在期满前3个月内申请续展注册，每次续展注册的有效期为10年。

## 二、泰国商标申请程序

（一）申请

有关的申请必须由业者或者其代理（在泰国拥有固定商业住址）提出申请。

（二）审查

泰国商标局在受到商标注册申请后的3～4个月内会对商标申请进行形式审查和实质审查，以确定申请商标是否违反商标法有关禁用条款的规定以及是否同他人在相同或类似商品上在先申请或注册的商标相同或相近。该审查须时6至8个月。

（三）公告

该商标局会将所有受批申请发布在官方商标公告上，为期6个月，再进行90天的公告程序。

（四）异议

在公布期90天后，若有人提出异议，有关商标将被批准注册。

（五）注册

申请者在获得通知书后的30天内必须缴付注册费，商标注册共需时12至18个月。

## 三、申请注册所需的文件及资料

（一）商标注册申请书；

（二）商标注册委托书；

（三）13份清晰打印图样；

（四）列出寻求注册的商品或服务，须严格按照《尼斯协定》分类表指出商品或服务于类别；

（五）申请人资格证明资料：

1. 以公司名义申请，附企业营业执照副本；

2. 以个人名义申请，附身份证或护照副本。

3. 非英语字体、字形商标的音译及翻译（须认证）；

4. 如商标由颜色或颜色组合构成，须附明确描述。

## 四、泰国申请商标须提交的文件

（一）基本注册申请文件

| 文件 | 备注 | 提交时限 |
|---|---|---|
| 委托书 | 须签署、公证人监证 | 与注册申请书同时递交或递交申请后的60天内 |
| 商标的详细解说或图样 | 附5厘米×5厘米商标样本（JPEG格式） | 与注册申请书同时递交 |

（二）申请《巴黎公约》优先权附加文件

| 文件 | 备注 | 提交时限 |
| --- | --- | --- |
| 优先权符合证件 | 一份基本申请证明副本（非英语文件须附英译本 | 递交申请当日或递交后60天内 |
| 声明书信 | | 递交申请当日或递交后60天内 |

（三）商标转让申请

| 文件 | 备注 | 提交时限 |
| --- | --- | --- |
| 商标转让契约正本 | 须有公证人监证 | 递交申请当日或递交后60天内 |
| 受让人委托书 | 须签署、公证人监证 | |

（四）商业注册地址转换

| 文件 | 备注 | 提交时限 |
| --- | --- | --- |
| 显示新地址的委托书 | 须公证人监证 | 递交申请当日或递交后60天内 |

（五）商标拥有者名字转换

| 文件 | 备注 | 提交时限 |
| --- | --- | --- |
| 注明拥有者新名的委托书 | 须公证人监证 | 递交申请当日或递交后60天内 |
| 公司注册处或相关部门名字转换的发出证书正本 | 须公证人监证 | 递交申请当日或递交后60天内 |

（六）提出抗议或反抗议申请文件（注：提出抗议申请须在该商标公告3个月内提交）

| 文件 | 备注 | 提交时限 |
| --- | --- | --- |
| 委托书 | 须公证人监证 | 递交抗议申请当日或递交后60天内 |
| 商标市场存在证明，如广告、宣传册子、荣誉颁发证明书等 | | 递交抗议申请当日或递交后60天内 |

## 五、泰国申请商标所需的费用

| | Prof. Fee (USD) | Official Fee (USD) | Total (USD) |
| --- | --- | --- | --- |
| 1. Search (domestic registered mark, result only) | 170 | — | 170 |
| 2. Application (for one class, including registrability and specification) | 250 | 17 per item | 250 |
| 3. Filing priority claim | 190 | — | 190 |
| 4. Late filing of required documents | 80 | — | 80 |
| 5. Filing amendment, disclaimer, associated trademark status | 220 | 4 | 224 |
| 6. Filing an appeal before Trademark Board, hourly | 220 | 70 | 290 |
| 7. Filing a notice of opposition | 350 | 35 | 385 |
| 8. Filing a petition for cancellation of a registered mark | 220 | 17 | 237 |
| 9. Filing an assignment of trademark | 220 | 35 | 255 |
| 10. Change of owner | 220 | 8 | 228 |
| 11. Registration and transmission of Certificate per class/application | 180 | 10 per item | 180 |
| 12. Filing counter statement against notice of opposition, petition for cancellation or submitting evidence of use, etc | 350 | Nil | 350 |
| 13. Obtaining duplicates of Trademark Certificate | 190 | 5 | 195 |
| 14. Checking status of trademark application (different applicant) | 150 | 4 | 154 |
| 15. Renewal of trademark application | 270 | 34 per item | 270 |
| 16. Disbursement (Travelling, Courier, Facsimile, Postage, etc) | 100～200 | — | 100～200 |

（来源：综合整理自南博网）

# 越南商标指南

## 一、越南商标简介

（一）越南商标法

法令第54/2000/ND—CP。

（二）商标的构成要素

单词、字母、数字、图形或照片、徽章、颜色或者颜色组合、商品的容器或外包装的形状（不能仅是为了获得某种功能的形状），以及上述要素的组合等。

（三）商标申请的标准

一个商标必须满足下列条件，才能提出保护要求。

1. 它必须是独特的；
2. 它不能通用；
3. 它不能与以前的或现有的商标近似或相同；
4. 它不能是一个地理名称或姓氏；
5. 它不能带有欺骗性质或容易造成混淆；
6. 它不能是恶意中伤或带有攻击性；
7. 它不能直接引用商品/服务的特点或性质。

（四）成员资格

1. 适用于《巴黎公约》；
2. 适用于《马德里协定》。

越南于1949年成为《巴黎公约》的成员国，借此，所有公约国家的申请可在越南得到同等的优先权日的待遇。优先权的申请必须在一个公约国家首次申请6个月内提出。

（五）优先法则

越南是注册优先制国家，凭商标的原始凭证认定权利人。

（六）期限与续展

自申请日算起，注册商标的有效期为10年。注册商标有效期满后，需要继续使用的，应当在期满前6个月申请续展注册，每次续展注册的有效期为10年。

## 二、越南商标申请程序

（一）申请

每一份商标注册申请书须呈交越南商标局。

（二）形式审查

进行约3个月的形式审查。申请者可要求针对有关的申请文件作出纠正，期限是申请纠正日期后的2个月内。

（三）公告

在通过形式审查后，有关商标申请会公布在宪报上。

（四）实质审查

实质审查有关商标将在公告后进行，为期6个月。

（五）注册

若完成所有的步骤，有关申请注册商标将核准注册，注册过程时间需至少12个月，并从申请日开始生效。

## 三、申请注册所需的文件及资料

申请人须向商标局呈交以下文件及资料以完成申请手续：

（一）商标注册申请书；

（二）商标注册委托书；

（三）12份清晰商标打印图样；

（四）列出寻求注册的商品或服务，须严格按照《尼斯协定》分类表指出商品或服务类别；

（五）申请人资格证明材料：

1. 以公司名义申请，附企业营业执照副本；
2. 以个人名义申请，附身份证或护照副本。

（六）如商标由颜色或颜色组合构成，须附明确描述；

（七）非英语字体、字形商标的音译及翻译（须认证）。

## 四、越南商标申请须提交的文件

（一）基本注册申请文件

| 文件 | 备注 | 提交时限 |
| --- | --- | --- |
| 委托书 | 须签署 | 副本与注册申请书同时递交，正本于1个月内补交 |
| 商标的详细解说或图样 | 附最大8厘米×8厘米商标样本 | 在申请日 |

（二）申请《巴黎公约》优先权附加文件

| 文件 | 备注 | 提交时限 |
| --- | --- | --- |
| 优先权符合证件 | 须认证 | 副本与申请同时递交，正本于1个月内补交 |

（三）商标转让申请或更换名字、地址申请文件

| 文件 | 备注 | 提交时限 |
|---|---|---|
| 委托书 | 须签署 | 在申请日 |
| 商标注册证书正本 | | 在申请日 |
| 两份商标转让契约正本 | 须转让人及受让人签署 | 在申请日 |
| 申请人名字或地址转换声明书（注明新名字或地址） | 须公证人监证、须认证 | 在申请日 |

（四）提出抗议或反抗议申请文件（注：提出抗议申请须在该商标公告3个月内提交）

| 文件 | 备注 | 提交时限 |
|---|---|---|
| 委托书 | 须签署 | 在申请日 |
| 商标在越南市场存在证明，如广告、宣传册子、包装等 | | 在申请日 |
| 如该商标拥有高知名度，可提供该商标在国外的注册证书、荣誉颁发证明书、该商标商业活动量、客户群、营业额等资料 | | 在申请日 |

## 五、越南商标申请所需的费用

| | Prof. Fee (USD) | Official Fee (USD) | Total (USD) |
|---|---|---|---|
| 1. Search | 180 | — | 180 |
| 2 Application in one class with/under 6 products | 190 | 42 | 232 |
| 2. 1. Surcharge (Each product/services in excess of six) | 6 | 8 | 14 |
| 3. Claiming each convention priority | 64 | 38 | 102 |
| 3. Office Action | | | |
| 3. 1 Reporting | 130 | — | 130 |
| 3. 2 Preparing response, per hour | 150 | 20 | 170 |

续表

| | Prof. Fee (USD) | Official Fee (USD) | Total (USD) |
|---|---|---|---|
| 5. Issuance, publication and register fee of certificate of registration | 170 | 23 | 193 |
| 6. Opposition | | | |
| 6. 1 Preparing Notice of Opposition against a pending application | 200 | 19 | 219 |
| 6. 2 Filing a request for suspension of a trademark registration | 250 | 27 | 277 |
| 6. 3 Filing a request for cancellation of a trademark registration | 250 | 34 | 284 |
| 7 Renewal | | | |
| 7. 1. For Registration with one class | 180 | 49 | 229 |
| 7. 2. Surcharge each class in excess of one | 140 | 43 | 183 |
| 8. Assignment | | | |
| 8. 1. Assignment for one trademark application | 190 | 15 | 205 |
| 8. 2 Assignment for one trademark registration | 200 | 51 | 251 |
| 9. Recordal of change of name, address, applicant | | | |
| 9. 1 Change for one trademark application | 190 | 15 | 205 |
| 9. 2 Change for trademark registration | 190 | 23 | 213 |
| 10. Extension of Time | 190 | 7. 5 | 197. 5 |
| 11. Translation of documents relating to application | | | |
| 11. 1 From English or Chinese into Vietnamese (per 100 words) | 13 | — | 13 |

续表

| | Prof. Fee (USD) | Official Fee (USD) | Total (USD) |
|---|---|---|---|
| 11.2 From Vietnamese into English or Chinese (per 100 words) | 19 | — | 19 |
| 11. Tax | — | 5% | 5% |
| 12. Disbursement ( Travelling, Courier, Facsimile, Postage, etc) | 100～200 | — | 100～200 |

（来源：综合整理自南博网）

# 东盟十国专利指南

## 文莱专利指南

### 一、文莱专利简介

2012年1月1日，2011年专利法令和2012年专利法则正式生效。2011年文莱的专利法令取代了之前新加坡、马来西亚、英国和欧洲专利局的重新登记专利体系（指定英国），并建立了一个独立的专利体系。

（一）法律

2011年专利法令和2012年专利法则。

（二）获得专利标准

专利要获得保护须满足以下标准：

1. 新颖性；
2. 具有独创性；
3. 具备工业用途。

（三）实用新型

不适用于文莱。

（四）成员资格

1. 不适用于《巴黎公约》；
2. 不适用于《专利合作条约》。

国际申请日2012年7月24日或之后的任何PCT申请可指定文莱（国家代码—BN）。

（五）优先法则

巴黎公约优先权适用于文莱。

（六）期限与续展

在该法令下，授予专利权的期限为自申请日起20年。全年费用须就第5年起支付。

### 二、文莱专利申请程序

（一）申请

每名申请人需提交一份申请，在12个月的优先权的日期内提交给专利主管部门。

（二）审查

对申请表进行形式上的审查，以确保其符合法定的要求。

（三）公示

该申请将在提交申请日18个月后公示。

（四）审查

有四种审查方式：

1. 本地检索和审查请求书（对非PCT专利申请）

申请人可要求自优先权日起13个月内进行检索，并在自优先权日起21个月内请求审查或一并进行检索和审查。

2. 专利局指定的专利申请书（对非PCT专利申请）或专利性国际初步报告（对PCT专利申请进入国家阶段）

申请人可提供来自外国专利局（即来自于欧洲、美国、日本、澳大利亚、加拿大、英国、新西兰或韩国）相应的英文申请信息（如检索、审查结果或权利声明）（对非PCT专利申请），或专利性国际初步报告（IPRP）（对PCT专利申请进入国家阶段），以满足自优先权日起42个月内的授权要求。但需注意，该种专利申请审查，其审查对象获得的专利权权利范围，必须与国外专利局审查其新颖性、独创性和工业应用性后授予的专利权权利相等或者范围更窄。

3. 延长申请时限提交相应信息的专利申请书（对非PCT专利申请）

如申请人未能出示规定的从指定专利局获得的最终结果或国外专利局对申请的认可，申请人可选择通过提交延期申请39个月或将提交的专利申请书及规定的信息资料的最后期限延长至60个月的方式放慢申请速度。

4. 延长申请时限进行当地检索和审查的专利申请书（对PCT专利申请进入国家阶段）

申请人可提交申请延期39个月，并要求基于国际检索报告的当地审查或在延期内请求一并检索和审查，这类似于在延长申请时限选项中的对非PCT专利的申请。

（五）注册

收到检索和审查报告后，该申请人须评估是否需要继续获得一份专利的授权及维持该专利。如申请人认为有需要，之后他将提交一份授权请求。一经授权后，就会发布授权证书。该授权书的内容和日期将在《专利杂志》上给予发表。

## 三、文莱专利申请所需的文件

在文莱提交专利申请需提供如下的信息或文件：

（一）国家直接申请：

1. 对授予专利的申请：

（1）申请人名称和地址；

（2）发明人的名称和地址；

（3）一份详细说明，包括说明书、权利要求和必要的图表；

（4）如已获得申请优先权，需注明在哪国获得以及申请的具体情况。

2. 专利代理人委托。

3. 需陈述并解释申请人如何有权获得发明者的专利，通常借助于委托或雇佣关系。

4. 并无硬性要求发明者向申请人提交正式委托书。

（二）PCT 国家阶段申请：

1. 专利授予请求；

2. 一份英语 PCT 申请副本（即 PCT/RO/101 申请表）；

3. PCT 申请的详情（与世界知识产权目录相匹配）；

4. 一份最初提交的 PCT 说明文件副本（英译）；

5. 一份在国际阶段提交的修正文件副本（英译）；

6. 一份由申请人签署的代理人委任表；

7. 需陈述并解释申请人如何有权获得发明者的专利，通常借助于委托或雇佣关系。

## 四、文莱专利申请须提交的文件

（一）基本要求

| 文件 | 备注 | 提交申请时间 |
|---|---|---|
| 专利说明书、权利要求和英文摘要 | 并无需要法律认证 | 在申请日 |
| 图表 | （如果有的话） | 在申请日 |

（二）公约专利申请的附加文件

| 文件 | 备注 | 提交申请时间 |
|---|---|---|
| 优先权文件 | 基本专利申请的认证副本 | 提交申请后 2 个月内 |
| 代理人委任表（PF41） | | 提交申请后 2 个月内 |

（三）在文莱 PCT 专利申请进入国家阶段所需的附加文件

| 文件 | 提交申请时间 |
|---|---|
| 基于国际初步检索报告（第一章）的专利性国际初步报告 | 在申请日 |
| 基于国际初步审查报告（第二章）的专利性国际初步报告 | 在申请日 |

## 五、文莱专利申请所需的费用

| | Prof. Fee (USD) | Official Fee (USD) | Total (USD) |
|---|---|---|---|
| 1. Filing application for grant of a Patent with specification (excluding drafting and typing) | 720 | 140 | 860 |
| 2. Reviewing and Formalising Specification to conform with Brunei Registry's Formal Requirements, min | 480 | — | 480 |
| 3. Filing a Request for a Search Report or a Supplementary Search Report | 480 | 1460 | 1940 |
| 4. Filing Request for an Examination Report | 570 | 920 | 1490 |
| 5. Filing Request for Search and Examination Report | 760 | 2170 | 2930 |
| 6. Filing request for early Publication | 220 | 45 | 265 |

续表

| | Prof. Fee (USD) | Official Fee (USD) | Total (USD) |
|---|---|---|---|
| 7. Filing priority document (with any translation) after lodging application | 220 | — | 220 |
| 8. Filing request for extension of time and payment upon approval | 290 | 170 | 460 |
| —each month | — | 170 | 170 |
| 9. Responding to official actions，min | 380 | — | 380 |
| 10. Preparing assignment document and proof of change of name | 220 | 60 | 280 |
| 11. Filing of Amendments and/or correction | 220 | 10 | 230 |
| 12. Filing request for issuance of Certificate of Grant and forwarding Certificate | 440 | 170 | 610 |
| — each claim excess 25 claims | — | 17 | 17 |
| 13. Application to amend specification after grant | 220 | 90 | 310 |
| 14. Notice of Opposition to amendment of specification after grant | 340 | 410 | 750 |
| 15. Annuities for maintaining patents | | | |
| 5th year | 220 | 140 | 360 |
| 6th year | 220 | 140 | 360 |
| 7th year | 220 | 140 | 360 |
| 8th year | 220 | 230 | 450 |
| 9th year | 220 | 230 | 450 |
| 10th year | 220 | 230 | 450 |
| 11th year | 220 | 300 | 520 |
| 12th year | 220 | 300 | 520 |
| 13th year | 220 | 300 | 520 |
| 14th year | 250 | 390 | 640 |

续表

| | Prof. Fee (USD) | Official Fee (USD) | Total (USD) |
|---|---|---|---|
| 15th year | 250 | 390 | 640 |
| 16th year | 250 | 390 | 640 |
| 17th year | 250 | 470 | 720 |
| 18th year | 250 | 470 | 720 |
| 19th year | 250 | 470 | 720 |
| 20th year | 250 | 560 | 810 |
| For each year after 20th anniversary | 250 | 810 | 1060 |
| Overdue annuity payment | 250 | 45 | 295 |
| — Each month not exceeding 6 month | — | 85 | 85 |
| Applying for restoration of a patent | 380 | 430 | 810 |
| —additional fee | 250 | 260 | 510 |
| Request For Certified or Copies of extracts from Register | 100 | 45 | 145 |
| i — By Impressed Stamp first 20 sheet | — | 15 | 15 |
| —additional sheet | — | 0.3 | 0.3 |
| ii — Sealed and attached to the documents | — | 25 | 25 |
| —additional sheet | — | 0.3 | 0.3 |
| 16. Disbursement ( Travelling，Courier，Facsimile，Postage，etc) | 50～100 | — | 50～100 |

（来源：综合整理自南博网）

# 柬埔寨专利指南

## 一、柬埔寨专利简介

在柬埔寨，专利保护通过一种方式获得，即直接提交国家申请的方式。

（一）法律

Prakash 第 706 号专利，实用新型和外观设计。

（二）获得专利标准

发明要获得专利需符合以下条件：

1. 新颖性；

2. 具有独创性；

3. 具备工业用途。

以下情况不能获取专利：

1. 发现、科学理论和数学方法；

2. 经商的计划、规章及方法；纯粹为精神领域服务的智力活动或游戏娱乐；

3. 对人或动物进行手术、治疗及诊断的方法。这一规定不适用于任何使用这些方法的产品；

4. 《柬埔寨法》第136条规定的医药产品；

5. 除微生物以外的动植物，以及生物过程中的动植物的生产。

6. 植物种类。

（三）实用创新

柬埔寨专利制度授予实用新型证书。实用新型必须符合新颖性和工业应用性的标准（但不包括发明在内）。实用新型证书在提交申请日后的第7年年末到期，且不可续期。

（四）成员资格

1. 适用于《巴黎公约》；

2. 不适用于《专利合作条约》。

柬埔寨于1998年成为《巴黎公约》的成员国，借此，所有公约国家的申请可在柬埔寨得到同等的优先权日的待遇。优先权的申请必须在一个公约国家首次申请6个月内提出。

（五）优先法则

“第一申请”是柬埔寨确定专利优先权的规则。

（六）期限与续展

在柬埔寨，专利保护期为自正式提交申请日起20年。每年须支付维持专利权的续展费用。

## 二、柬埔寨专利申请程序

一旦提交文件材料后，注册程序通常可在大约1至2年的时间内完成。

## 三、柬埔寨专利申请所需的文件

在柬埔寨提交专利申请需提供如下的信息或文件：

（一）国家直接申请：

1. 申请表：

（1）申请人的姓名、地址及国籍；

（2）发明人的姓名、地址和国籍；

（3）如申请人是发明者，该申请需附信说明；

（4）国际专利分类；

（5）一份详细说明，包括说明书、权利要求、摘要和必要的图表；

（6）如已获得申请优先权，需注明在哪国获得以及申请的具体情况。

2. 专利代理人委任。

3. 要求发明者向申请人提交正式委托书。

## 四、柬埔寨专利申请须提交的文件

（一）基本要求

| 文件 | 备注 | 提交申请时间 |
|---|---|---|
| 专利说明书、权利要求和英文摘要 | 并无需要法律认证 | 在申请日 |
| 图表 | （如果有的话） | 在申请日 |

（二）柬埔寨专利申请的附加文件

| 文件 | 备注 | 提交申请时间 |
|---|---|---|
| 优先权文件 | 认证副本 | 在申请日 |
| 营业执照（如申请人为法人实体） | 认证副本 | 在申请日 |
| 委托书 | 经公证 | 自申请之日起2个月内 |
| 转让协议 | 经公证 | 自申请之日起3个月内 |

## 五、柬埔寨专利申请所需的费用

| | Prof. Fee (USD) | Official Fee (USD) | Total (USD) |
|---|---|---|---|
| 1. Filing an Application — Each additional claim in excess of 10—USD26 | 250 | 90 | 340 |
| 2. Each Priority Claim | 100 | 20 | 120 |
| 3. Late filing | 100 | 30 | 130 |
| 4. Filing Amendment to the Content of Pending Application | 160 | 20 | 180 |
| 5. Filing & Evaluation of Search Result | 210 | 30 | 240 |
| 6. Publication of Search Report | 150 | 50 | 200 |

续表

| | Prof. Fee (USD) | Official Fee (USD) | Total (USD) |
|---|---|---|---|
| 7. Submitting Results of Foreign Substantive Examination | 180 | 10 | 190 |
| 8. Evaluation of Substantive Examination | 180 | 20 | 200 |
| 9. Filing a Response to the Official Action | 200 | 20 | 220 |
| 10. Obtain an Extension of deadline for submitting required documents | 150 | 20 | 170 |
| 12. Grant | 250 | 180 | 430 |
| 13. Post Grant Publication of Patent | 150 | 50 | 200 |
| 14. Filing patent certification | 160 | 30 | 190 |
| 15. Change of Address | 170 | 30 | 200 |
| 16. Recordal of assignments | 170 | 70 | 240 |
| 17. Translation, per sheet of less than 300 words | 40 | — | 40 |
| 18. Fax charge, per sheet | 16 | — | 16 |
| 19. Disbursement (Travelling, Courier, Facsimile, Postage, etc) | 100～200 | — | 100～200 |

（来源：综合整理自南博网）

## 印度尼西亚专利指南

### 一、印度尼西亚专利简介

在印度尼西亚，专利保护可以通过两种方式获得：一种是PCT（专利合作条约）专利申请进入国家阶段的方式，一种是直接提交国家申请的方式。

（一）法律

印度尼西亚2001年14号关于专利的共和国法。

（二）获得专利标准

发明如符合以下标准可获得专利权：

1. 新颖性；
2. 具有独创性；
3. 具备工业用途。

（三）实用创新

印度尼西亚有两种专利，即专利和简单专利（实用新型）。简单专利被授予10年期限，自简单专利证书签发之日起开始计算。

（四）成员资格

1. 适用于《巴黎公约》；
2. 适用于《专利合作条约》。

印度尼西亚于1950年成为《巴黎公约》的成员国，借此，所有公约国家的申请可在印度尼西亚得到同等的优先权日的待遇。优先权的申请必须在一个公约国家首次申请6个月内提出。

印度尼西亚亦于1997年成为专利合作条约（PCT）的成员。如已进行国际申请，申请人可从该国际申请进入印度尼西亚国家阶段之日或从最早的优先权日起（如要求优先权）的30个月内，提交申请或实施。

（五）优先法则

“第一申请”是印度尼西亚确定专利优先权的规则。

（六）期限

已注册的专利有效期为20年，而简单专利的有效期为10年。

### 二、印度尼西亚专利申请程序

（一）专利申请

每名申请人需在12个月优先权的日期内提交一份申请。

（二）公示

在提交申请日18个月内公示专利申请。

（三）异议

该专利申请公示期为6个月，在此期间相关方可提出异议。在审查阶段，会考虑到有关异议的陈述和反陈述。

（四）实质审查

必须在申请日后的36个月内提交审查请求，否则会导致申请自动退回。另外，简单专利仅对新颖性进行审查。

（五）注册

在申请日后的36个月内。专利局有义务批准或者拒绝一项专利申请。完成正常手续后，专利局将发放专利证书并在专利注册上列出相关发明。

## 三、印度尼西亚专利申请所需的文件

在印度尼西亚提交专利申请需提供如下的信息或文件：

（一）国家直接申请：

1. 对授予专利的申请：

（1）申请人的名称和地址；

（2）发明人的名称和地址；

（3）一份详细说明，包括说明书、权利要求和必要的图表；

（4）如已获得申请优先权，需注明在哪国获得以及申请的具体情况。

2. 专利代理人委托。

3. 要求发明者向申请人提交正式委托书。

（二）PCT国家阶段申请：

1. 一份英语PCT申请副本（即PCT/RO/101申请表）；

2. PCT申请的详情（与世界知识产权目录相匹配）；

3. 最初提交的PCT文件；

4. 专利性国际初步报告；

5. 一份在国际阶段提交的修正文件副本（用英文书写）；

6. 委托书；

7. 要求发明者向申请人提交正式委托书。

## 四、印度尼西亚专利申请须提交的文件

（一）基本要求

| 文件 | 备注 | 提交申请时间 |
|---|---|---|
| 专利说明书、权利要求和英文摘要 | 被译为印尼语 | 在申请日 |
| 图表 | （如果有的话） | 从专利申请日起1个月内 |

（二）公约专利申请的附加文件

| 文件 | 备注 | 提交申请时间 |
|---|---|---|
| 优先权文件 | 经认证的引文翻译 | 自优先权日起16个月（不得延期） |
| 委托书 | 并无需要法律认证 | 自专利申请日起1个月 |
| 发明委任书（如申请人并非发明人 | 并无需要法律认证 | 自专利申请日起1个月 |

（三）印度尼西亚PCT专利申请进入国家阶段所需的附加文件

| 文件 | 备注 | 提交申请时间 |
|---|---|---|
| 表格PCT/IB/306或经公证的变更认证副本 | | 自专利申请日起2个月 |
| 最初提交的PCT文件 | | 自专利申请日起1个月 |
| 表格PCT/RO/101 | | 自专利申请日起1个月 |
| 表格PCT/IB/332 | | 自专利申请日起1个月 |
| 表格PCT/IPEA/401 | | 自专利申请日起1个月 |
| 表格PCT/IPEA/408 | | 自专利申请日起1个月 |
| 表格PCT/IPEA/416 | | 自专利申请日起1个月 |
| 在国际阶段提交申请的修正文件 | | 在申请期内至实质审查请求生效 |

## 五、印度尼西亚专利申请所需的费用

| | Prof. Fee (USD) | Official Fee (USD) | Total (USD) |
|---|---|---|---|
| 1.1 Search — family or corresponding patent | 250 | — | 250 |
| 1.2 Search — local publication, per subject | 880 | 35 | 915 |
| 2. Application | 1120 | 75 | 1195 |
| — each additional claim excess of 10 | 16 | 6 | 22 |
| 2.1 Urgent filing fees (within 3 days) | | | |
| 3. Priority Claim | 160 | — | 160 |
| 4. Substantive Examination | 850 | 250 | 1100 |
| 4.1 Translation per 100 words | 48 | — | 48 |
| 4.2 Translation of Cover of Priority Document | 80 | — | 80 |
| 4.3 Drawing (per page) | 80 | — | 80 |
| 4.4 Late filling of formal documents | 110 | 25 | 135 |

续表

| | Prof. Fee (USD) | Official Fee (USD) | Total (USD) |
|---|---|---|---|
| 4.5 Reporting substantive examination report with translation | 160 | — | 160 |
| 4.6 Request to Rely on Foreign Examination Report | 320 | — | 320 |
| 5. Response to Office Action by written arguments already prepared | 320 | — | 320 |
| 6. Filing/responding to an opposition by written arguments, min | 1600 | — | 1600 |
| 7. Publication | 320 | — | 320 |
| 8. Notification of Grant, Allowances and expenses related to the granted patent | 240 | 30 | 270 |
| 9. Recording an Assignment (not included assignment drafting) | | | 0 |
| 9.1 Pending Patent application | 320 | 15 | 335 |
| 9.2 Granted Patent | 320 | 70 | 390 |
| 10. Recordal of change of name, address, applicant (before grant) | 320 | 15 | 335 |
| 10.1 Recording of change of name, address, applicant (after grant) | 320 | 20 | 340 |
| 11. Request for Extension of Time | 150 | 20 | 170 |
| 12. Declaration of Use | 150 | 420 | 570 |
| 13. Patent Annuities | | | |
| 1st year (each additional claim—USD11) | 250 | 100 | 350 |
| 2nd year (each additional claim—USD11) | 250 | 100 | 350 |

续表

| | Prof. Fee (USD) | Official Fee (USD) | Total (USD) |
|---|---|---|---|
| 3rd year (each additional claim—USD11) | 250 | 100 | 350 |
| 4th year (each additional claim—USD24) | 250 | 150 | 400 |
| 5th year (each additional claim—USD24) | 250 | 150 | 400 |
| 6th year (each additional claim—USD32) | 250 | 200 | 450 |
| 7th year (each additional claim—USD48) | 250 | 300 | 550 |
| 8th year (each additional claim—USD48) | 250 | 300 | 550 |
| 9th year (each additional claim—USD56) | 250 | 400 | 650 |
| 10th year (each additional claim—USD56) | 250 | 500 | 750 |
| 11th year (each additional claim—USD56) | 250 | 700 | 950 |
| 12th year (each additional claim—USD56) | 250 | 700 | 950 |
| 13th year (each additional claim—USD56) | 250 | 700 | 950 |
| 14th year (each additional claim—USD56) | 250 | 700 | 950 |
| 15th year (each additional claim—USD56) | 250 | 700 | 950 |
| 16th year (each additional claim—USD56) | 250 | 700 | 950 |
| 17th year (each additional claim—USD56) | 250 | 700 | 950 |
| 18th year (each additional claim—USD56) | 250 | 700 | 950 |
| 19th year (each additional claim—USD56) | 250 | 700 | 950 |
| 20th year (each additional claim—USD56) | 250 | 700 | 950 |
| 14. Disbursement (Travelling, Courier, Facsimile, Postage, etc) | 100～200 | — | 100～200 |

（来源：综合整理自南博网）

# 老挝专利指南

## 一、老挝专利简介

在老挝，专利保护可以通过两种方式获得：一种是PCT（专利合作条约）专利申请进入国家阶段的方式，一种是直接提交国家申请的方式。

（一）法律

专利、小专利和外观设计专利第01/PM号法令。

（二）获得专利标准

专利要获得保护必须符合以下条件：

1. 新颖性；

2. 具有独创性；

3. 具备工业用途。

以下情况不能获取专利：

1. 发现、科学理论和数学方法；

2. 经商的计划、规章及方法，主要为精神领域服务的智力活动或游戏娱乐；

3. 对人或动物进行手术、治疗及诊断的方法；

4. 本法第136条提供的药物用品；

5. 动植物种类，或生物过程中动植物的生产；

6. 植物种类。

（三）小专利

老挝专利制度规定授予小专利（实用新型）。小专利必须符合新颖性和工业应用性的标准（但不包括发明在内）。在老挝，小专利有效期为自正式提交申请日起10年。如每年支付专利维持费，可有一次2年的延期。专利最长保护期限为12年。

（四）成员资格

1. 适用于《巴黎公约》；

2. 适用于《专利合作条约》。

老挝于1998年成为《巴黎公约》的成员国，借此，所有公约国家的申请可在老挝得到同等的优先权日的待遇。优先权的申请必须在一个公约国家首次申请12个月内提出。

老挝亦于2006年成为专利合作条约（PCT）的成员。如已进行国际申请，申请人可从该国际申请进入老挝国家阶段之日或从最早的优先权日起（如要求优先权）的30个月内，提交申请或实施。

（五）优先法则

“第一申请”是老挝确定专利优先权的规则。

（六）期限

专利保护期为自正式提交申请日起20年，每年须支付专利维护费。

## 二、老挝专利申请程序

（一）每名申请人需提交一份申请，在12个月的优先权的日期内提交给专利主管部门。

（二）从提交申请到授权日为50个月（对专利而言）和12个月（对小专利而言）。

## 三、老挝专利申请所需的文件

在老挝提交专利申请需提供如下的信息或文件：

（一）国家直接申请：

1. 申请表：

（1）申请人的名称、地址和国籍；

（2）发明人的名称、地址和国籍；

（3）发明专利和小发明专利的标题；

（4）如已获得申请优先权，需注明在哪国获得，申请号及原国外申请提交日期。

2. 专利代理人委任。

3. 发明人需向申请人提交委任报告书。

（二）PCT国家阶段的专利申请：

1. 一份英语PCT申请副本（即PCT/RO/101申请表）；

2. PCT申请详情（与世界知识产权组织目录相匹配）；

3. 一份最初提交的PCT说明文件副本（用英文书写）；

4. 一份在国际阶段提交的修正文件副本（用英文书写）；

5. 一份由申请人签署的代理人委任表；

6. 如申请人并非发明者，需陈述并解释申请人如何有权获得发明者的专利，通常借助于委托或雇佣关系。

## 四、老挝专利申请须提交的文件

（一）基本要求

| 文件 | 备注 | 提交申请时间 |
|---|---|---|
| 专利说明书，包括说明书、权利要求、摘要 | 两个副本 | 在申请日 |
| 图表 | 两个副本（如需要） | 在申请日 |

（二）公约专利申请的附加文件

| 文件 | 备注 | 提交申请时间 |
| --- | --- | --- |
| 认证的优先权文件 | 可在自国外申请初次提交申请日起的12个月内提出公约国优先权 | 提交申请后2个月内 |
| 由外国专利审查员或有关国际组织提供的发明检索报告 | — | 在申请日 |
| 委托书 | 经认证 | 在申请日 |
| 转让协议 | 经认证 | 在申请日 |

（三）PCT专利申请进入国家阶段所需的附加文件

| 文件 | 备注 | 提交申请时间 |
| --- | --- | --- |
| PCT专利申请详情 | | 在申请日 |
| 国际初步审查报告 | | 在申请日 |
| 国际检索报告 | | 在申请日 |
| 更改记录告知 | | 在申请日 |
| 国际阶段提交申请的修正文件 | | 在申请日 |

**五、老挝专利申请所需的费用**

| | Prof. Fee (USD) | Official Fee (USD) | Total (USD) |
| --- | --- | --- | --- |
| 1. Filing Application | 500 | 105 | 605 |
| 1.1 Additional fee for each claim in exceed of 01 claim | 19 | 3 | 22 |
| 1.2 Priority Claim (one claim) | 230 | 25 | 255 |
| 2. Examination and publication | 230 | 91 | 321 |
| 3. Amendment of application | 160 | 20 | 180 |
| 3.1 Submitting Result of Foreign Substantive Examination | 170 | 19 | 189 |
| 4. Late filing document | 160 | — | 160 |
| 5. Reporting an official action | 80 | — | 80 |
| 5.1 Filing a Response to the Official Action, hourly | 160 | 20 | 180 |
| 5.2 Obtain an Extension of deadline for submitting required documents | 200 | — | 200 |
| 6. Grant and post—grant publication of Patent | 250 | 105 | 355 |
| 7. Duplication of Patent | 190 | 15 | 205 |
| 8. Change of name/address | 200 | 73 | 273 |
| 9. Recordal of assignments | 200 | 73 | 273 |
| 10. Translation per sheet of less than 300 words | 46 | — | 46 |
| 11. Fax charge, per sheet | 16 | — | 16 |
| 12. Patent annuity | | | |
| First 4 years | 220 | 206 | 426 |
| 5th annuity | 170 | 75 | 245 |
| 6th annuity | 170 | 89 | 259 |
| 7th annuity | 170 | 104 | 274 |
| 8th annuity | 170 | 147 | 317 |
| 9th annuity | 170 | 207 | 377 |
| 10th annuity | 190 | 266 | 456 |
| 11th annuity | 190 | 355 | 545 |
| 12th annuity | 190 | 442 | 632 |
| 13th annuity | 190 | 561 | 751 |
| 14th annuity | 190 | 678 | 868 |
| 15th annuity | 200 | 797 | 997 |
| 16th annuity | 200 | 945 | 1145 |
| 17th annuity | 200 | 1106 | 1306 |
| 18th annuity | 200 | 1268 | 1468 |
| 19th annuity | 200 | 1431 | 1631 |
| 20th annuity | 200 | 1622 | 1822 |
| 13. Disbursement (Travelling, Courier, Facsimile, Postage, etc) | 100～200 | — | 100～200 |

（来源：综合整理自南博网）

# 马来西亚专利指南

## 一、马来西亚专利简介

在马来西亚，专利保护可以通过两种方式获得：一种是PCT（专利合作条约）专利申请进入国家阶段的方式，一种是直接提交国家申请的方式。

（一）法律

《1983年专利法》（第291法令）。

（二）获得专利标准

专利获得必须符合以下条件：

1. 新颖性；

2. 具有独创性；

3. 具备工业用途。

以下情况不能获取专利：

1. 发明如包含以下内容，则不可获得专利权：

2. 发现、科学理论和数学方法；

3. 动植物种类，或生物过程中动植物的生产；

4. 经商的计划、规章及方法，以及主要为精神领域服务的智力活动；

5. 对人或动物进行手术、治疗及诊断的方法。

（三）实用创新

马来西亚专利制度授予实用创新证书。实用创新必须符合新颖性和工业应用性的标准（但不包括发明在内）。实用创新证书可以只有一个对权利的声明，但须符合马来西亚的商业和工业应用，并享有和专利相同的保护期限。

（四）成员资格

1. 适用于《巴黎公约》；

2. 适用于《专利合作条约》。

马来西亚于1989年成为《巴黎公约》的成员国，借此，所有公约国家的申请可在马来西亚得到同等的优先权日的待遇。优先权的申请必须在一个公约国家首次申请12个月内提出。

马来西亚亦于2006年成为专利合作条约（PCT）的成员。如已进行国际申请，申请人可从该国际申请进入马来西亚国家阶段之日或从最早的优先权日起（如要求优先权）的30个月内，提交申请或实施。

（五）优先法则

并没有规定要求提交关于优先权申请的证明（审查员特别要求除外）。“第一申请”是马来西亚确定专利优先权的规则。

（六）期限

在2001年8月1日之前申请的专利，保护期为自授予日起15年，或自申请日起20年，以两者中更晚的日期为准。在2001年8月1日及以后申请的专利，该期限为自申请日（对于直接提交国家申请）和国际申请日（对于专利合作条约国家阶段申请）起20年。

## 二、马来西亚专利申请程序

（一）提交专利申请

每名申请人需提交一份申请，在12个月的优先权的日期内提交给专利主管部门。

（二）公示

专利申请及其组成部分在自申请日起公示18个月后生效。一旦公示，该专利申请将享有临时保护，申请人有权对未经授权使用该发明主张赔偿。

（三）实质审查

申请人须提交实质性审查文件。对于马来西亚非PCT的专利申请，在自专利提交申请日起18个月内提交（在2011年2月15日前提交的申请需要24个月）；对于进入马来西亚国家PCT的专利申请，自国际申请日起48个月内提交。专利主管部门会把该申请交付审查员。之后，审查员将依照法规进行审查并提供报告，如申请人对报告有异议或修改，审查员将视情况决定是否进行重新审查，最终交付报告给主管当局继续申请程序。

（四）注册

专利一经注册，其有效期为20年。期限内将受到保护，并需每年缴纳专利续展费。

## 三、马来西亚专利申请所需的文件

在马来西亚提交专利申请需提供如下的信息或文件：

（一）国家直接申请：

1. 对授予专利的申请（PF1）：

（1）申请人的名称和地址；

（2）发明人的名称和地址；

（3）一份详细说明，包括说明书、权利要求和必要的图表；

（4）如已获得申请优先权，需注明在哪国获得以及申请的具体情况。

2. 专利代理人委托（PF17）。

3. 如申请人并非发明者，需陈述并解释申请人如何有权获得发明者的专利，通常借助于委托或雇佣关系。

4. 并无硬性要求发明者向申请人提交正式委托书。

（二）PCT 国家阶段申请：

1. 2A 表格；

2. 一份英语 PCT 申请副本（即 PCT/RO/101 申请表）；

3. PCT 申请的详情（与世界知识产权目录相匹配）；

4. 一份最初提交的 PCT 说明文件副本（用英文书写）；

5. 一份在国际阶段提交的修正文件副本（用英文书写）；

6. 一份由申请人签署的代理人委任表；

7. 如申请人并非发明者，需陈述并解释申请人如何有权获得发明者的专利，通常借助于委托或雇佣关系。

## 四、马来西亚专利申请须提交的文件

（一）基本要求

| 文件 | 备注 | 提交申请时间 |
|---|---|---|
| 专利说明书、权利要求和英文摘要 | 并无需要法律认证 | 在申请日 |
| 图表 | （如果有的话） | 在申请日 |

（二）公约专利申请的附加文件

| 文件 | 备注 | 提交申请时间 |
|---|---|---|
| 优先权文件 | 基本专利申请的认证副本 | 审查员提出要求 2 个月内 |
| 代理人委任表（PF10） | | 审查员提出要求 2 个月内 |

（三）在马来西亚 PCT 专利申请进入国家阶段所需的附加文件

| 文件 | 提交申请时间 |
|---|---|
| 基于国际初步检索报告（第一章）的专利性国际初步报告 | 在申请日 |
| 基于国际初步审查报告（第二章）的专利性国际初步报告 | 在申请日 |

## 五、马来西亚专利申请所需的费用

| | Prof. Fee (USD) | Official Fee (USD) | Total (USD) |
|---|---|---|---|
| 1. Application. Each additional claim excess of 10－USD7 | 300 | 150 | 450 |
| 2. Priority Claim | 110 | — | 110 |
| 3. Request for substantive examination: | | | |
| 3. 1. 1 Normal substantive examination | 270 | 370 | 640 |
| 3. 1. 2 Modified substantive examination | 270 | 215 | 485 |
| 3. 1. 3 Expedited substantive examination | 750 | 820 | 1570 |
| 4. Filing for extension of time. Each month additional USD30 | 150 | 100 | 250 |
| 5. Responding to official actions, min | 220 | — | 220 |
| 6. Preparing assignment document and proof of change of name | 230 | 50 | 280 |
| 7. Filing of amendments and/or correction for grant of patent Innovation or vice versa, min | 150 | 30 | 180 |
| 8. Request to convert application for patent into application for certificate of Utility | 170 | 100 | 270 |
| 9. Payment of Issuance Fees, checking and forwarding Certificate of Grant | 170 | 50 | 220 |
| 10. Preparing and filing of miscellaneous documents, min | 170 | — | 170 |
| 11. Annuities for maintaining patents | | | |
| 2nd year | 200 | 100 | 300 |

续表

| | Prof. Fee (USD) | Official Fee (USD) | Total (USD) |
|---|---|---|---|
| 3rd year | 200 | 120 | 320 |
| 4th year | 200 | 140 | 340 |
| 5th year | 200 | 170 | 370 |
| 6th year | 200 | 190 | 390 |
| 7th year | 200 | 220 | 420 |
| 8th year | 200 | 230 | 430 |
| 9th year | 200 | 260 | 460 |
| 10th year | 200 | 280 | 480 |
| 11th year | 220 | 300 | 520 |
| 12th year | 220 | 320 | 540 |
| 13th year | 220 | 370 | 590 |
| 14th year | 220 | 420 | 640 |
| 15th year | 220 | 450 | 670 |
| 16th year | 230 | 560 | 790 |
| 17th year | 230 | 640 | 870 |
| 18th year | 230 | 740 | 970 |
| 19th year | 230 | 840 | 1070 |
| 20th year | 230 | 900 | 1130 |
| 12. Applying for reinstatement of a lapsed patent | 300 | 50 | 350 |
| 13. Overdue annuity payment | — | 100% fees | 100% fees |
| 14. Request for Certified copies of extracts from Register | 150 | 30 | 180 |
| —For first 5 page | — | 35/page | 35/page |
| — For every additional page | — | 1/page | 1/page |
| 15. Disbursement (Travelling, Courier, Facsimile, Postage, etc) | 50～100 | — | 50～100 |

（来源：综合整理自南博网）

# 缅甸专利指南

## 一、缅甸专利简介

（一）法律

《缅甸专利和设计法》于1995年颁发，但从未生效，后来该法废除。1946年的《专利和外观设计（紧急规定）法（紧急法令）》仍然在缅甸法典中，虽已被废除，但其主要目的是适用于《1911年印度专利和外观设计法》。印度法从未被列入缅甸法典中，故在缅甸实际上没有专利和外观设计法。与此同时，司法部受政府委托已草拟了新的符合知识产权协议的《专利和外观设计法》。事实上，缅甸是世界贸易组织、东盟的成员国，至少在2001年已加入世界知识产权组织。在过渡期内，专利/外观设计可根据《注册法》第18（f）章进行注册。

（二）获得专利标准

专利获得保护必须符合以下条件：

1. 新颖性；
2. 具有独创性；
3. 具备工业用途。

以下不能获取专利：

发明如包含以下内容，则不可获得专利权：

1. 发现、科学理论和数学方法；
2. 动植物种类，或生物过程中动植物的生产；
3. 经商的计划、规章及方法，以及主要为精神领域服务的智力活动。

（三）实用专利

不适用于缅甸。

（四）成员资格

1. 适用于《世界贸易组织》；
2. 适用于《巴黎公约》；
3. 不适用于《专利合作条约》。

（五）优先法则

优先权请求尚未在缅甸注册制度中获得。

（六）期限与续展

缅甸法律没有颁布专利注册的有效期。按照惯例，专利注册的续展每3年进行一次，通常由以下方式之一完成：

1. 通过声明的方式进行重新注册；
2. 通过当地报纸或刊物的方式进行重新公布；
3. 通过重新注册、重新公布二者结合的方式。

## 二、缅甸专利申请程序

（一）申请声明

专利持有人须提交一份声明，包含陈述注册协议和保证的相关事实。

（二）注册

提交声明，即对专利给予注册。

（三）公布

在指定的地方报纸上公布告知，以避免可能的侵权的假冒行为。

（四）保护

没有对专利本身的保护程序。

### 三、缅甸专利申请所需的文件

在缅甸提交专利申请需提供如下的信息或文件：

（一）国家直接申请：

1. 申请表：

（1）申请人的姓名、地址及国籍；

（2）发明人的名称、地址和国籍；

（3）一份详细说明，包括说明书、权利要求和必要的图表；

（4）如已获得申请优先权，需注明在哪国获得以及申请的具体情况。

2. 专利代理人委托。

3. 如申请人并非发明者，需陈述并解释申请人如何有权获得发明者的专利，通常借助于委托或雇佣关系。

4. 并无硬性要求发明者向申请人提交正式委托书。

### 四、缅甸专利申请须提交的文件

（一）基本要求

| 文件 | 备注 | 提交申请时间 |
| --- | --- | --- |
| 专利所有权的声明 | 署名并经公证。如已在其他国家注册（即美国专利申请号），其注册号、国家及发明背景的详细资料须附于声明中。 | 在申请日 |

（二）公约专利申请的附加文件

| 文件 | 备注 | 提交申请时间 |
| --- | --- | --- |
| 委托书 | 署名并经公证。公证人的署名和印章须由相关国家缅甸大使馆进行证实 | 在申请日 |

### 五、缅甸专利申请所需的费用

| | Prof. Fee (USD) | Official Fee (USD) | Total (USD) |
| --- | --- | --- | --- |
| 1. Patent application filing & registration | 250 | 100 | 350 |
| 2. Disbursement（Travelling，Courier，Facsimile，Postage，etc） | 100～200 | — | 100～200 |

续表

（来源：综合整理自南博网）

## 菲律宾专利指南

### 一、菲律宾专利简介

在菲律宾，专利保护可以通过两种方式获得：一种是 PCT（专利合作条约）专利申请进入国家阶段的方式，一种是直接提交国家申请的方式。

（一）法律

菲律宾知识产权法（第 8293 号共和国法）。

（二）获得专利标准

在人类活动的任何领域，凡涉及新颖性、独创性和工业用途的技术解决方案都可申请专利。这可能涉及产品、方法或对上述任何事项的改善。

发明如包含以下内容，则不可获得专利权：

1. 发现、科学理论和数学方法；

2. 计划、规则和主要为精神领域服务的智力活动，游戏娱乐或业务开展及计算机程序；

3. 对人或动物进行手术、治疗及诊断的方法。这一规定不适用于产品和构成；

4. 动植物种类，或生物过程中动植物的生产。这一规定不适用于微生物和非生物和微生物过程；

5. 在对动植物种类提供特殊保护及对社区知识产权保障制度方面，本条款不得妨碍国会颁布法律；

6. 审美创造力；

7. 任何违反公共秩序或道德的事物。

（三）实用新型

实用新型可在菲律宾注册。实用新型必须符合新颖性和工业用途的标准（但不包括发明在内）。这一条款 7 年来一直没有更改。

（四）成员资格

1. 适用于《巴黎公约》；

2. 适用于《专利合作条约》。

菲律宾于 1965 年成为《巴黎公约》的成员国，借此，所有公约国家的申请可在菲律宾得到同等的优先权日的待遇。优先权的申请必须在一个公约国家首次申请12个月内提出。

菲律宾亦于2001年成为专利合作条约（PCT）的成员。如已进行国际申请，申请人可从该国际申请进入菲律宾国家阶段之日或从最早的优先权日起（如要求优先权）的30个月内，提交申请或实施。

（五）优先法则

“申请优先”是由菲律宾确定专利优先权的规则。

（六）期限与续展

专利申请一经注册，有效期为自专利申请日起20年。

## 二、菲律宾专利申请程序

（一）专利申请

每名申请人需在12个月的优先权日期内向菲律宾知识产权局提交一份申请。

（二）审查

在提交申请后，将对申请进行审查。该申请人随后会收到一份检索报告。

（三）公示

该专利申请会在自申请日起18个月内给予公示。自公示日起6个月内，须提供实质审查请求。一经完成实质审查后，将会授予专利特许证。该发明将连同其他相关资料初次公示。

（四）异议

邀请第三方在规定的专利申请公示期内对申请提出异议。

（五）注册

最终完成对异议的处理后，将发放注册证书，并须缴纳相关费用。注册期限最少可有2～3周时间。该注册自专利申请日起生效。

## 三、菲律宾专利申请所需的文件

在菲律宾提交专利申请需提供如下的信息或文件：

（一）国家直接申请

1. 对授予专利的申请：

（1）申请人的姓名、国籍和地址；

（2）发明人的姓名、国籍和地址；

（3）一份详细说明，包括说明书、权利要求和必要的图表；

（4）如已获得申请优先权，需注明在哪国获得以及申请的具体情况。

2. 专利代理人委任。

3. 如申请人并非发明者，需陈述并解释申请人如何有权获得发明者的专利，通常借助于委任或雇佣关系。

4. 并无硬性要求发明者向申请人提交正式委托书。

（二）PCT国家阶段的专利申请

1. 一份英语PCT申请副本（即PCT/RO/101申请表）；

2. PCT申请的详情（与世界知识产权组织目录相匹配）；

3. 一份最初提交的PCT文件副本（用英文书写）；

4. 一份在国际阶段提交的修正文件副本（用英文书写）；

5. 一份由申请人签署的代理人委任表；

6. 如申请人并非发明者，需陈述并解释申请人如何有权获得发明者的专利，通常借助于委任或雇佣关系。

## 四、菲律宾专利申请须提交的文件

（一）基本要求

| 文件 | 备注 | 提交申请时间 |
| --- | --- | --- |
| 专利说明书、权利要求和英文摘要 | 并无需要法律认证 | 在申请日 |
| 图表* | （如果有的话） | 在申请日 |

*注解：

（1）图表必须由申请人或其律师或代理人签署；

（2）图表的纸张必须选用优质板纸或质地柔韧、牢固、白色平滑、不反光、耐用；

（3）图表必须使用光刻钢笔，易于复制；截面图无阴影和线条；

（4）图表截面图上须注明虚线；

（5）标题的间隙在右，签名在左；图片需紧凑，置于轮廓线内；

（6）图表必须符合实用新型或工业设计的要求，数字应按顺序编号。

（二）公约专利申请的附加文件

| 文件 | 备注 | 提交申请时间 |
| --- | --- | --- |
| 优先权文件 | 基本专利申请的认证副本 | 在申请日，或自输入日期起6个月 |
| 委托书 | 需署名；不需要公证书 | 在申请日，或自输入日期起2个月 |

## 五、菲律宾专利申请所需的费用

| | Prof. Fee (USD) | Official Fee (USD) | Total (USD) |
|---|---|---|---|
| 1. Filing of original application | | | |
| 1.1 For invention/entering the PCT national phase in the Philippines (plus official fee of USD 8 each claim in excess of 5) | 400 | 96 | 496 |
| 1.2 For utility model (plus off. fee of USD 6 each claim in excess of 5) | 350 | 80 | 430 |
| 1.3 For design (plus off. fee of USD 40 each embodiment in excess of 1) | 320 | 89 | 409 |
| 2. Request for substantive examination | 160 | 93 | 253 |
| 3. Preparation of formal drawings per sheet | 16 | — | 16 |
| 4. Claiming convention priority | | | |
| 4.1 Invention patent | 80 | 48 | 128 |
| 4.2 Utility model and design | 80 | 40 | 120 |
| 5. Late filing of formal documents for each application | 80 | 20 | 100 |
| 6. Request for extension of time to file priority documents | 150 | 35 | 185 |
| 7. Request for suspension of action | 160 | — | 160 |
| 8. Reporting official action with advice | 150 | — | 150 |
| 9. Response to official action, hourly min | 200 | — | 200 |
| 10. Request for extension of time to respond | 150 | 18 | 168 |

续表

| | Prof. Fee (USD) | Official Fee (USD) | Total (USD) |
|---|---|---|---|
| 11. Conversion to another kind of application | | | |
| 11.1 Invention to utility model | 210 | 15 | 225 |
| 11.2 Utility model to invention | 240 | 32 | 272 |
| 12. Request for registrability report | 150 | 30 | 180 |
| 13. Petition for revival of abandoned application | 220 | 28 | 248 |
| 14. Request for certification of documents | 150 | 15 | 165 |
| 15. Recordal of assignment, licensing or similar document | 190 | 22 | 212 |
| 16. Submission of re-typed amended specification and claims— | 150 | 20 | 170 |
| 17. Review, preparation of amended claims and marked up sheets | 200 | — | 200 |
| 18. Conference/interview with examiner not exceeding one (1) hour | 200 | — | 200 |
| 19. Issuance of each original letters patent, checking, preparing and/or filing request for correction of letters patent | 150 | 40 | 190 |
| 20. Payment of publication fee of granted patent | 150 | 20 | 170 |
| 21. Payment of annual fees * * (graduated professional fees) | 180 | schedule | 180 |
| 22. Monitoring due date of payment of annual fees | 140 | — | 140 |
| 23. General search and report for each class/subject | 210 | — | 210 |

续表

| | Prof. Fee (USD) | Official Fee (USD) | Total (USD) |
|---|---|---|---|
| 24. Recordal of the change of name of the patentee of the letters patent | 190 | 22 | 212 |
| 25. Filing of renewal of design patent | | | 0 |
| 25.1 First extension of term, includes publication fee | 230 | 70 | 300 |
| 25.2 Second extension of term, includes publication fee | 230 | 118 | 348 |
| 26. Appeal to the Director from the final action of the examiner including preparation of appeal brief | Hourly | 80 | 80 |
| 27. Other services not covered by the foregoing list | 150 | | 150 |
| 28. Disbursement (Travelling, Courier, Facsimile, Postage, etc) | 100～200 | — | 100～200 |

（来源：综合整理自南博网）

# 新加坡专利指南

## 一、新加坡专利简介

在新加坡，专利保护可以通过两种方式获得：一种是PCT（专利合作条约）专利申请进入国家阶段的方式，一种是直接提交国家申请的方式。

（一）法律

新加坡的专利保护须遵守《专利法》（第221章）。

（二）获得专利标准

发明如符合以下标准可获得专利权：

1. 新颖性；
2. 具有独创性；
3. 具备工业用途。

（三）实用创新

不适用于新加坡。

（四）成员资格

1. 适用于《巴黎公约》；
2. 适用于《专利合作条约》。

新加坡于1995年成为《巴黎公约》的成员国，借此，所有公约国家的申请可在新加坡得到同等的优先权日的待遇。优先权的申请必须在一个公约国家首次申请12个月内提出。

新加坡亦于1995年成为专利合作条约（PCT）的成员。如已进行国际申请，申请人可从该国际申请进入新加坡国家阶段之日或从最早的优先权日起（如要求优先权）的30个月内，提交申请或实施。

（五）优先法则

“第一申请”是新加坡确定专利优先权的规则。

（六）期限

专利期限为自提交申请日起20年，需支付专利续展费。

## 二、新加坡专利申请程序

（一）申请

每名申请人需提交一份申请，在12个月的优先权日期内提交给专利主管部门。

（二）公示

该申请将在提交申请日18个月后公示。

（三）审查

有两条审查路径：选项1：本地检索和审查请求。申请人可要求自优先权日起36个月内进行本地检索和审查。选项2：修改审查请求。申请人可自优先权日起54个月内提出修改审查的请求。如果允许通过，申请人需提交有关国外申请程序的描述性信息，并附上补充审查回应表。申请人可以自收到拒绝通知的2个月内，对不良的、负面的以及补充的审查报告做出回应。

（四）注册

收到检索和审查报告后，该申请人须评估是否需要继续获得一份专利的授权及维持该专利。如申请人认为需要，可在2个月内提交一份授权请求。一经授权后，就会发布授权证书。该授权书的内容和日期将在《专利杂志》上给予发表。

## 三、新加坡专利申请所需的文件

在新加坡提交专利申请需提供如下的信息或文件：

（一）国家直接申请［PF1（2014）］

1. 对授予专利的申请：

（1）申请人的名称和地址；

（2）发明人的名称和地址；

（3）一份详细说明，包括说明书、权利要求和必要的图表；

（4）如已获得申请优先权，需注明在哪国获得以及申请的具体情况。

2. 专利代理人委托（PF41）。

3. 需陈述并解释申请人如何有权获得发明者的专利，通常借助于委托或雇佣关系（PF8）。

4. 并无硬性要求发明者向申请人提交正式委托书。

（二）PCT 国家阶段申请

1. 表 37；

2. 一份英语 PCT 申请副本（即 PCT/RO/101 申请表）；

3. PCT 申请的详情（与世界知识产权目录相匹配）；

4. 一份最初提交的 PCT 说明文件副本（用英文书写）；

5. 一份在国际阶段提交的修正文件副本（用英文书写）；

6. 一份由申请人签署的代理人委任表；

7. 需陈述并解释申请人如何有权获得发明者的专利，通常借助于委托或雇佣关系（PF8）。

## 四、新加坡专利申请须提交的文件

（一）基本要求

| 文件 | 备注 | 提交申请时间 |
|---|---|---|
| 专利说明书、权利要求和英文摘要 | 并无需要法律认证 | 在申请日 |
| 图表 | （如果有的话） | 在申请日 |

（二）公约专利申请的附加文件

| 文件 | 备注 | 提交申请时间 |
|---|---|---|
| 优先权文件 | 基本专利申请的认证副本 | 提交申请后 2 个月内 |
| 代理人委任表（PF41） | | 提交申请后 2 个月内 |

（三）在新加坡 PCT 专利申请进入国家阶段所需的附加文件

| 文件 | 提交申请时间 |
|---|---|
| 基于国际初步检索报告（第一章）的专利性国际初步报告 | 在申请日 |
| 基于国际初步审查报告（第二章）的专利性国际初步报告 | 在申请日 |

## 五、新加坡专利申请所需的费用

| | Prof. Fee (USD) | Official Fee (USD) | Total (USD) |
|---|---|---|---|
| 1.1 Conventional Patent Application | 710 | 150 | 860 |
| 1.2 PCT Patent Application | 710 | 180 | 890 |
| 2. Reviewing and formalizing specification to conform with Singapore Registry's Formal Requirements, min | 470 | — | 470 |
| 3. Priority Claim | 190 | 100 | 290 |
| 4. Request for Search and Examination | 780 | 2170 | 2950 |
| 5. Filing Prescribed Details of Corresponding International Application or Corresponding Application | 560 | — | 560 |
| 6. Filing request for extension of time and payment upon approval | 280 | 340 | 620 |
| —each month | — | 45 | 45 |
| 7. Responding to official actions, min | 390 | — | 390 |
| 8. Preparing assignment document and proof of change of name | 210 | 60 | 270 |
| 9. Filing of amendment and/or correction, min | 220 | 11 | 231 |

续表

| | Prof. Fee (USD) | Official Fee (USD) | Total (USD) |
|---|---|---|---|
| 10. Filing request for issuance of Certificate of Grant and forwarding Certificate. Each claim in excess of 25 claims (USD 17) | 430 | 170 | 600 |
| 11. Application to amend specification after grant | 220 | 90 | 310 |
| 11.1 Opposition to amendment of specification after grant, min | 340 | 400 | 740 |
| 12. Preparing and filing of miscellaneous documents, min | 170 | Varies | 170 |
| 13. Annuities for maintaining patents | | | 0 |
| 5th year | 240 | 140 | 380 |
| 6th year | 240 | 140 | 380 |
| 7th year | 240 | 140 | 380 |
| 8th year | 240 | 230 | 470 |
| 9th year | 240 | 230 | 470 |
| 10th year | 240 | 230 | 470 |
| 11th year | 240 | 300 | 540 |
| 12th year | 240 | 300 | 540 |
| 13th year | 240 | 300 | 540 |
| 14th year | 250 | 380 | 630 |
| 15th year | 250 | 380 | 630 |
| 16th year | 250 | 380 | 630 |
| 17th year | 280 | 460 | 740 |
| 18th year | 280 | 460 | 740 |
| 19th year | 280 | 460 | 740 |
| 20th year | 280 | 550 | 830 |
| 14. Applying for restoration of a patent | 380 | 420 | 800 |
| —additional application | 240 | 250 | 490 |
| 15. Disbursement (Travelling, Courier, Facsimile, Postage, etc) | 50～100 | — | 50～100 |

（来源：综合整理自南博网）

# 泰国专利指南

## 一、泰国专利简介

在泰国，专利保护通过一种方式获得，即直接提交国家申请的方式。

（一）法律

《专利法》B. E. 2522。

（二）获得专利标准

发明要获得专利需符合以下条件：

1. 新颖性；
2. 具有独创性；
3. 具备工业用途。

（三）实用创新

泰国拥有专利和“小专利”（实用新型专利）。小专利授予具有新颖性和工业用途的“发明”，但缺少独创性。

（四）成员资格

1. 适用于《巴黎公约》；
2. 适用于《专利合作条约》。

泰国于2008年成为《巴黎公约》的成员国，借此，所有公约国家的申请可在泰国得到同等的优先权日的待遇。优先权的申请必须在一个公约国家首次申请6个月内提出。

（五）优先法则

“第一申请”是泰国确定专利优先权的规则。

（六）期限

专利保护期为20年，小专利为6年，而设计专利保护期限为10年。

## 二、泰国专利申请程序

（一）提交专利申请

每名申请人需提交一份申请，在12个月的优先权日期内提交给专利主管部门。

（二）初步审查

对申请表进行形式上的审查，以确保其符合法定的需求。申请人需要在90天内提供附加文件或材料。

（三）公示

如完成审查及发明的申请专利，则该申请将被公示。

（四）异议

相关方需在公示90日内提交异议，必须在公告期5年内提出申请。

（五）注册

如没有异议，审查员也没有发现专利或产品设计专利中的问题，则审查员将责令申请人缴纳申请费用。支付费用后，专利主管部门将授予专利注册证书。

### 三、泰国专利申请所需的文件

在泰国提交专利申请需提供如下的信息或文件：

（一）对授予专利的申请：

1. 申请人名称和地址；

2. 发明人的名称和地址；

3. 一份详细说明，包括说明书、权利要求和必要的图表；

4. 如已获得申请优先权，需注明在哪国获得以及申请的具体情况（包括序列号和申请日）。

（二）专利代理人委托。

（三）要求发明人向申请人提交正式委托书。

### 四、泰国专利申请须提交的文件

（一）基本要求

| 文件 | 备注 | 提交申请时间 |
|---|---|---|
| 专利说明书（说明书、权利要求和摘要） | — | 在申请日 |
| 泰语译文的说明书（说明书、权利要求、摘要） | — | 在申请日起90天内 |
| 图表 | （如果有的话） | 在申请日 |

（二）公约专利申请的附加文件

| 文件 | 备注 | 提交申请时间 |
|---|---|---|
| 优先权文件 | 需要各个专利局的认证副本 | 在自优先权日16个月内或公示前 |
| 委托书 | 正式署名并公证 | 在申请日 |
| 转让协议（如申请人不是发明人或设计师） | 发明人、设计师和申请人的署名及原件；不需要公证书 | 在申请日 |
| 申请人权利声明（如申请人是发明人或设计师） | 发明人、设计师和申请人的署名及原件；不需要公证书 | 在申请日 |

（三）可选文件

| 文件 | 备注 | 提交申请时间 |
|---|---|---|
| 国外审查报告，与主要专利局的专利一致的授权专利 | 意见书可加快审查进程 | 在请求实质审查日或审查期间的任何时间 |

### 五、泰国专利申请所需的费用

| | Prof. Fee (USD) | Official Fee (USD) | Total (USD) |
|---|---|---|---|
| 1. Application | 960 | 17 | 977 |
| 2. Priority claim (per priority claim) | 382 | — | 382 |
| 3. Request for substantive examination | 500 | 10 | 510 |
| 4. Translation of grant certificate and reporting | 320 | 17 | 337 |
| 5. Publication | 500 | 10 | 510 |
| 6. Request for extension of time | 400 | — | 400 |
| 7. Express filing (48 hours excluding translation) | 2240 | — | 2240 |
| 8. Responding to official actions (hourly rate) | 800 | — | 800 |
| 9. Annuities for maintaining patents | 0 | | 0 |
| 5th Year | 400 | 30.93 | 431 |
| 6th Year | 400 | 37.116 | 437 |
| 7th Year | 400 | 49.488 | 449 |
| 8th Year | 400 | 68.046 | 468 |
| 9th Year | 400 | 92.79 | 493 |
| 10th Year | 460 | 123.72 | 584 |

续表

| | Prof. Fee (USD) | Official Fee (USD) | Total (USD) |
|---|---|---|---|
| 11th Year | 460 | 160.836 | 621 |
| 12th Year | 460 | 204.138 | 664 |
| 13th Year | 460 | 253.626 | 714 |
| 14th Year | 460 | 309.3 | 769 |
| 15th Year | 460 | 371.16 | 831 |
| 16th Year | 500 | 439.206 | 939 |
| 17th Year | 500 | 513.438 | 1013 |
| 18th Year | 500 | 593.856 | 1094 |
| 19th Year | 500 | 680.46 | 1180 |
| 20th Year | 500 | 773.25 | 1273 |
| All annuities 5th to 20th Year | 1120 | 4330.2 | 5450 |
| 10. Translation fees from English (per page) | 102～128 | — | 102～128 |
| 11. Disbursement (Travelling, Courier, Facsimile, Postage, etc) | 300～600 | — | 300～600 |

（来源：综合整理自南博网）

# 越南专利指南

## 一、越南专利简介

在越南，专利保护可以通过两种方式获得：一种是PCT（专利合作条约）专利申请进入国家阶段的方式，一种是直接提交国家申请的方式。当前，越南的专利有以下三种类型：发明专利、实用专利、外观设计专利。

（一）法律

《知识产权法》50/2005。

（二）获得专利标准

发明专利申请保护须满足以下标准：

1. 新颖性；
2. 具有独创性；
3. 具备工业用途。

以下情况不能获取专利：

1. 动植物种类；
2. 对人体进行预防、诊断或治疗疾病的方法；
3. 动植物；
4. 集成电路和计算机程序的布图设计。

（三）实用专利

实用专利受到实用专利权的保护。实用专利不需具有发明专利的独创性。

（四）成员资格

1. 适用于《巴黎公约》；
2. 适用于《专利合作条约》。

越南于1949年成为《巴黎公约》的成员国，借此，所有公约国家的申请可在越南得到同等的优先权日的待遇。优先权的申请必须在一个公约国家首次申请12个月内提出。

越南亦于2006年成为专利合作条约（PCT）的成员。如已进行国际申请，申请人可从该国际申请进入越南国家阶段之日或从最早的优先权日起（如要求优先权）的31个月内，提交申请或实施。

（五）专利适格性

申请人如不在越南居住或经营业务，须在越南任命一位专利代理人。

（六）优先法则

“第一申请”是越南确定专利优先权的规则。

（七）期限

发明专利一经注册，其有效期为自正当提交申请日起20年；实用专利期限为10年。

## 二、越南专利申请程序

（一）提交专利申请

每名申请人需提交一份申请，在12个月优先权的日期内提交专利主管部门。

（二）审查

正式审查在提交申请日起的1个月内开展。对专利申请修正的反馈需在自申请日起2个月内完成。

（三）公示

国家申请在自优先权日起的19个月内公布；PCT专利申请自受理之日起2个月内公布。

（四）实质审查

实质审查请求须在自优先权日起42个月内完成。实质审查的期限为自提交请求书起12个月。

（五）注册

注册期限时间最少21个月。该专利注册生效日期从申请日起计。

## 三、越南专利申请所需的文件

在越南提交专利申请需提供如下的信息或文件：

（一）国家直接申请：

1. 对授予专利的申请：

（1）申请人姓名、地址及国籍；

（2）发明人姓名、地址和国籍；

（3）发明专利及实用专利的标题；

（4）如已获得申请优先权，需注明在哪国获得，申请号及原国外申请的提交申请日。

2. 专利代理人委托。

3. 要求发明者向申请人提交正式委托书。

（二）PCT 国家阶段的专利申请：

1. 一份英语 PCT 申请副本（即 PCT/RO/101 申请表）；

2. PCT 申请的详情（与世界知识产权目录相匹配）；

3. 一个副本作为最初提交（或翻译成英文）；

4. 一份在国际阶段提交的修正文件副本（用英文书写）；

5. 一份由申请人签署的代理人委任表；

6. 如申请人并非发明者，需陈述并解释申请人如何有权获得发明者的专利，通常借助于委托或雇佣关系。

## 四、越南专利申请须提交的文件

（一）基本要求

| 文件 | 备注 | 提交申请时间 |
|---|---|---|
| 专利说明书、权利要求和英文摘要 | 译为越南语的专利说明书和权利要求，也需提交摘要 | 在申请日 |
| 图表 | 图表也需在提交时译为越南语 | 在申请日 |

（二）附加文件

| 文件 | 备注 | 提交申请时间 |
|---|---|---|
| 优先权文件 | 认证副本 | 自提交申请日起 3 个月内 |
| 委托书 | 经公证 | 自提交申请日起 1 个月内 |
| 转让协议 | 经公证 | |

## 五、越南专利申请所需的费用

| | Prof. Fee (USD) | Official Fee (USD) | Total (USD) |
|---|---|---|---|
| 1. Application | 190 | 19 | 209 |
| — Each independent claim in excess of 1 | 80 | 12 | 92 |
| —Each page in excess of 5 pages | 3 | 1 | 4 |
| 2. Priority Claim | 60 | 38 | 98 |
| 3. International Classification | 60 | — | 60 |
| 4. Substantive Examination | 180 | 27 | 207 |
| 4.1 Surcharge (Each independent claim in excess of one) | 80 | 27 | 107 |
| 4.2 Conducting search, per each subject—matter | 50 | 8 | 58 |
| 4.3 Surcharge Late filing request for substantive examination — within six—month grace period | 160 | 15 | 175 |
| 5. Office Action | | | 0 |
| 5.1 Reporting | 130 | — | 130 |
| 5.2 Preparing response, per hour | 150 | 8 | 158 |
| 5.3 Discussing with the examiner about the patent application (before filing a response to an official action — per an hour) | 160 | — | 160 |
| 6. Grant | 190 | 23 | 213 |
| 6.1 Each independent claim in excess of 1 | 80 | 8 | 88 |
| 6.2 Preparing English version of the patent, per A4 page | 10 | — | 10 |
| 7. Opposition | | | 0 |

续表

| | Prof. Fee (USD) | Official Fee (USD) | Total (USD) |
|---|---|---|---|
| 7. 1 Filing a request for opposition against a pending application | 200 | 27 | 227 |
| 7. 2 Filing a request for suspension of validity of a patent | 250 | 27 | 277 |
| 7. 3 Filing a request for cancellation of validity of a patent | 250 | 34 | 284 |
| 8. Assignment | | | 0 |
| 8. 1 Recordal of assignment for the patent | 250 | 51 | 301 |
| 8. 2 Surcharge (Each independent claim in excess of one) | 60 | 29 | 89 |
| 8. 3 Filing amendment to a pending application | 190 | 8 | 198 |
| 8. 4 Filing amendment to a granted patent | 190 | 23 | 213 |
| 8. 4. 1 Surcharge — Each independent claim in excess of one | 60 | 19 | 79 |
| 9. Extension of Time | 180 | 8 | 188 |
| 10. Report an official action | 130 | — | 130 |
| 11. Patent Maintenance Fees for each independent claim, each year | | | |
| 1st year to 2nd year | 180 | 19 | 199 |
| 3rd year to 4th year | 180 | 30 | 210 |
| 5th year to 6th year | 180 | 49 | 229 |
| 7th year to 8th year | 180 | 75 | 255 |
| 9th year to 10th year | 180 | 113 | 293 |
| 11th year to 13th year | 180 | 158 | 338 |
| 14th year to 16th year | 180 | 207 | 387 |
| 17th year to 20th year | 180 | 263 | 443 |

续表

| | Prof. Fee (USD) | Official Fee (USD) | Total (USD) |
|---|---|---|---|
| 12. Translation of patent specification and other documents relating to application | | | 0 |
| 12. 1. From English, Chinese into Vietnamese (per 100 words) | 10 | — | 10 |
| 12. 2. From Vietnamese into English, Chinese (per 100 words) | 13 | — | 13 |
| 12. 3 Printing patent specification (per page) | 0. 5 | 0. 8 | 1. 3 |
| 13. Tax | — | 5% | 5% |
| 14. Disbursement (Travelling, Courier, Facsimile, Postage, etc) | 100～200 | — | 100～200 |

（来源：综合整理自南博网）

# 东盟十国工业品外观设计指南

## 文莱工业品外观设计指南

### 一、文莱工业品外观设计简介

（一）法律

1999年（工业品外观设计）紧急令，其生效日期为2000年5月1日。

自2012年10月1日起，文莱的工业品外观设计注册局已从律政署转移至专利注册局（PRO）。

（二）定义

工业品外观设计是指通过工业生产的方法应用于产品上的形状或构造以及图案或修饰的特征。这种特征极具吸引力，并能通过眼睛来识别。但以下情况不包含在内：

1. 建筑施工方法或原则；
2. 产品的形状或构成特征；
3. 只取决于产品自身的功能；
4. 依赖于另一种产品的外观，其中设计者有意使其构成一个不可分割的组成部分。

（三）标准

符合以下条件才可申请设计专利：

1. 外观设计必须具备新颖性，即在此之前没有被公布过；

2. 产品的外观必须具备物质形态；

3. 公布或使用该设计不得违反公共秩序或道德；

（四）优先法则

优先权申请须在巴黎公约国、世界贸易组织成员国或权利继承人处自申请日起的 6 个月内完成，须遵从相关的规定和法规。

（五）期限与续展

注册外观设计有效期为自申请日起 5 年。之后，注册最长可续展至 15 年，但要缴纳相关的续展费用。

## 二、文莱工业品外观设计申请程序

（一）申请

每份外观设计申请均需向注册部门提交。

（二）审查

注册主管部门告之注册申请日期，并着手对该申请进行正式审查。如若发现可疑之处，则该申请人会在规定时间内告知整改。

（三）注册

如通过正式审查，则该申请即可执行。根据第 27 条法令，注册部门将收取相关设计申请费用。

## 三、文莱工业品外观设计申请所需的文件

在文莱提交工业品外观设计申请需提供如下的信息或文件：

（一）外观设计专利申请者需提供

1. 申请人的姓名和地址；

2. 若申请人不是设计者本人的，需提供申请人对该设计的权利说明；

3. 文莱国的受理文件地址；

4. 如不是罗马字母文字，需提供申请名字的音译；

5. 对产品或应用于外观设计的产品进行说明；

6. 根据洛迦诺公约中规定的类和子类，对产品分类或对应用于外观设计的产品进行说明。

（二）六组设计物的附加展示。

## 四、文莱工业品外观设计申请须提交的文件

| 文件 | 备注 | 提交申请时间 |
|---|---|---|
| 图片/照片 | 大小不得超过 160 毫米×160 毫米，最低不得小于 30 毫米。 | 在申请日 |

注：凡任何文件不是英语的都需提供英文译本，并经注册部门核实通过。对此并不需要进行公证。这也同样适用于其他声明文件。

## 五、文莱工业品外观设计申请所需的费用

| | Prof. Fee (USD) | Official Fee (USD) | Total (USD) |
|---|---|---|---|
| 1. Filing application to register one design for articles not forming a set of articles | 530 | 260 | 790 |
| —For each additional application | 530 | 170 | 700 |
| 2. Filing application one design for articles forming a set of articles | 530 | 430 | 960 |
| —For each additional application | 530 | 260 | 790 |
| 3. Filing of amendments and/or Correction, min | 220 | 90 | 310 |
| 4. Reporting and responding to the Examiner's report, filing of Statutory Declaration or arguments to overcome official objections, amendments, searches and other general works, min | 450 | varies | 450 |
| 5. Reporting and attending to the advertisement in Government Gazette, receiving, checking and forwarding Certificate of Registration | 250 | 430 | 680 |

续表

| | Prof. Fee (USD) | Official Fee (USD) | Total (USD) |
|---|---|---|---|
| 6. Application for extension of period of registration | | | |
| —for the first period of 5 years | 480 | 430 | 910 |
| — for the second period of 5 years | 570 | 600 | 1170 |
| 7. Overdue annuity payment | 380 | 170 | 550 |
| 8. Disbursement (Travelling, Courier, Facsimile, Postage, etc) | 100～200 | — | 100～200 |

（来源：综合整理自南博网）

# 柬埔寨工业品外观设计指南

## 一、柬埔寨工业品外观设计简介

（一）法律

关于专利、实用新型和外观设计的第706号Prakas法。

（二）定义

外观设计是指以形状、线条、维度、色彩或任意组合的产品的外观。

（三）标准

申请外观设计标准如下：

1. 新颖性；
2. 独具创造性；
3. 应用于工业用途。

（四）优先法则

优先权申请须在自最早的申请日算起的6个月内完成。

（五）期限

柬埔寨外观设计专利有效期为自官方提交申请日起5年。此后，每5年续展一次，最长可续展至15年。

## 二、柬埔寨工业品外观设计申请程序

获得外观设计专利的时间为自官方申请日起12个月左右。

## 三、柬埔寨工业品外观设计申请所需的文件

在柬埔寨提交工业品外观设计申请需提供如下的信息或文件：

（一）申请表

1. 申请人的姓名和地址；

2. 外观设计说明，包括：

（1）应用于外观设计的产品的名称；

（2）应用于外观设计的产品使用的领域；

（3）说明外观设计的显著特征。

3. 如设计者本人并非申请人，则需对申请人注册外观设计的权利给予说明。

（二）委托书。

（三）6组设计物展示（图片或照片）。

（四）优先权文件和对该文件的合格的英文译本（如有必要）。

## 四、柬埔寨工业品外观设计申请须提交的文件

（一）基本文件

| 文件 | 备注 | 提交申请时间 |
|---|---|---|
| 委托书 | 申请人署名并经公证人公证 | 在申请日 |
| 转让协议 | （如果可能）申请人署名并经公证人公证 | 在申请日 |
| 图片/照片 | 七个角度（前、后、左、右、顶部、底部和远景）的正投影图或照片（白色背景和灰度图像）。典型尺寸应不小于90毫米×120毫米，不大于210毫米×297毫米。 | 在申请日 |

（二）获得公约优先权的附加文件

| 文件 | 备注 | 提交申请时间 |
|---|---|---|
| 优先权文件 | 经核实的 | 在申请日 |

## 五、柬埔寨工业品外观设计申请所需的费用

| | Prof. Fee (USD) | Official Fee (USD) | Total (USD) |
|---|---|---|---|
| 1. Filing an Application | 660 | 80 | 740 |
| 2. One Priority Claim | 70 | 20 | 90 |
| 3. Publication | 140 | 80 | 220 |
| 4. Certificate of Grant | 210 | 150 | 360 |

续表

| | Prof. Fee (USD) | Official Fee (USD) | Total (USD) |
|---|---|---|---|
| 5. Disbursement (Travelling, Courier, Facsimile, Postage, etc) | 100～200 | — | 100～200 |

（来源：综合整理自南博网）

# 印度尼西亚工业品外观设计指南

## 一、印度尼西亚工业品外观设计简介

（一）法律

2000 年第 31 号法律。

（二）定义

外观设计是指用于工业品和手工艺品等产品的生产，且富有美感，具有二维或三维形状的外形、结构、线条、色彩或上述组合。

（三）标准

具有美学特征和新颖性特点的设计是工业品外观设计保护的对象。

（四）优先法则

一件外观设计申请须在其优先权日起的 6 个月内提交。

（五）期限与续展

外观设计保护期限为自申请日起 10 年，且不能续展。

## 二、印度尼西亚工业品外观设计申请程序

（一）申请

外观设计申请均须向印尼专利局提交。如该申请不完善，将给予 3 个月的整改，否则将被视为撤回。提交申请后会颁布申请号和申请日期。

（二）公布

自申请日起 3 个月内对申请进行公布。根据要求，申请可延长至 12 个月的最长期限。

（三）异议

相关方在申请公布期内可提出异议。反对的陈述需在收到通知书后的 3 个月内进行提交。

（四）实质审查

只有存在异议的情况下才会进行实质审查。反对意见和反陈述会在审查中给予考虑。在申请公布期结束后的 6 个月内来决定申请注册是否成功。

（五）注册

审查结束后的 30 天内将颁发注册证书。

## 三、印度尼西亚工业品外观设计申请所需的文件

在印尼提交工业品外观设计申请需提供如下的信息或文件：

（一）申请表

1. 申请人的姓名和地址；

2. 设计说明；

3. 如已获得申请优先权，需注明在哪国获得以及申请的具体情况；

4. 设计者的姓名和地址。

（二）委托书。

（三）该设计的展示。

（四）优先权文件和对该文件的合格的英文译本（如有必要）。

## 四、印度尼西亚工业品外观设计申请须提交的文件

（一）基本文件

| 文件 | 备注 | 提交申请时间 |
|---|---|---|
| 委托书 | 需签署 | 在申请日 |
| 设计持有人的声明 | 需签署 | 在申请日 |
| 设计说明 | （被译为英语） | 在申请日 |
| 实物样品（如有的话/可能的话） | 如果实物太大，可携带图纸或从各个角度拍摄的照片作为样品的替代物。 | 在申请日 |
| 图片 | （软盘或 CD－ROM）A4 纸张 | 在申请日 |

（二）获得公约优先权的附加文件

| 文件 | 备注 | 提交申请时间 |
|---|---|---|
| 优先权文件 | （被译为英语） | 自提交申请日起 2 个月内 |

### 五、印度尼西亚工业品外观设计申请所需的费用

| | Prof. Fee (USD) | Official Fee (USD) | Total (USD) |
|---|---|---|---|
| 1. Search | 560 | — | 560 |
| 1. Application | 480 | 80 | 560 |
| 2. Priority Claim | 160 | — | 160 |
| 2. 1. Late filing of priority document | 160 | — | 160 |
| 2. 2 Urgent fees (within 3 days) | 50% | — | 50% |
| 3. Responding to a preliminary objection by written arguments | 480 | — | 480 |
| 4. Filing Opposition | 0 | — | 0 |
| 5. Responding to a preliminary objection by written arguments | 480 | — | 480 |
| 6. Filing Opposition or Rebuttal by written argument | 1280 | 20 | 1300 |
| 7. Oral proceedings (hourly basis) | 320 | — | 320 |
| 8. Grant | 240 | 15 | 255 |
| 9. Assignment | 320 | 55 | 375 |
| 10. Recordal of change of name, address, applicant | 320 | 20 | 340 |
| 11. Disbursement (Travelling, Courier, Facsimile, Postage, etc) | 100～200 | — | 100～200 |

（来源：综合整理自南博网）

# 老挝工业品外观设计指南

## 一、老挝工业品外观设计简介

（一）法律

关于专利、小专利和工业品外观设计的第01/PM号法令。

（二）定义

外观设计是指以形状、线条、维度、色彩或任意组合的产品的外观。

（三）标准

申请外观设计标准如下：

1. 新颖性；

2. 独具创造性；

3. 应用于工业用途。

（四）优先法则

优先权申请须在自最早的申请日算起的6个月内完成。

（五）期限

老挝外观设计专利有效期为自官方提交申请日起5年。此后，每5年续展一次，最长可续展至15年。

## 二、老挝工业品外观设计申请程序

获得外观设计专利的时间为自官方申请日起12个月左右。

## 三、老挝工业品外观设计申请所需的文件

在老挝提交工业品外观设计申请需提供如下的信息或文件：

（一）申请表

1. 申请人的姓名和地址。

2. 外观设计说明，包括：

（1）应用于外观设计的产品的名称；

（2）应用于外观设计的产品使用的领域；

（3）说明外观设计的显著特征。

3. 如设计者本人并非申请人，则需对申请人注册外观设计的权利给予说明。

（二）委托书。

（三）6组设计物展示（图片或照片）。

（四）优先权文件和对该文件的合格的英文译本（如有必要）。

## 四、老挝工业品外观设计申请须提交的文件

（一）基本文件

| 文件 | 备注 | 提交申请时间 |
|---|---|---|
| 委托书 | 申请人署名并经公证人公证 | 在申请日 |
| 转让协议 | （如果可能）申请人署名并经公证人公证 | 在申请日 |

续表

| 文件 | 备注 | 提交申请时间 |
| --- | --- | --- |
| 图片/照片 | 七个角度（前、后、左、右、顶部、底部和远景）的正投影图或照片（白色背景和灰度图像）。典型尺寸应不小于90毫米×120毫米，不大于210毫米×297毫米。 | 在申请日 |

（二）获得公约优先权的附加文件

| 文件 | 备注 | 提交申请时间 |
| --- | --- | --- |
| 优先权文件 | 经核实的 | 在申请日 |

**五、老挝工业品外观设计申请所需的费用**

| | Prof. Fee（USD） | Official Fee（USD） | Total（USD） |
| --- | --- | --- | --- |
| 1. Filing Application | 570 | 105 | 675 |
| 2. Writing an ID Description（minimum） | 250 | — | 250 |
| 3. Each Priority Claim | 200 | 25 | 225 |
| 4. Substantive Examination（per embodiment） | 240 | 60 | 300 |
| 5. Grant and publication of Patent | 270 | 150 | 420 |
| 6. Disbursement（Travelling，Courier，Facsimile，Postage，etc） | 100～200 | — | 100～200 |

（来源：综合整理自南博网）

# 马来西亚工业品外观设计指南

## 一、马来西亚工业品外观设计简介

（一）法律

马来西亚的工业品外观设计受1996年《工业品外观设计法》的保护，该法于1999年9月1日开始实施。在此之前，马来西亚的工业品外观设计都需通过在英国提交注册才可受到保护。

（二）定义

工业品外观设计是指通过工业生产的方法应用于产品上的形状或构造以及图案或修饰的特征。

（三）标准

设计须具备形状或构造以及图案或修饰的特征，这些特征须具备新颖性和吸引力，并只能单凭眼睛进行评断。

关于新颖性，马来西亚工业品外观设计法具有该地区的新颖性标准，即就同一产品或任何其他产品而言，该设计不能在优先权日前或马来西亚申请注册之日前在马来西亚的任何地方向公众公开。申请人仍需在已注册的设计申请中附上一份“新颖性声明”。

排除事项：

以下方面不包括在马来西亚工业品外观设计注册范围之内：

1. 建筑施工方法或原则；
2. 形状或构造的特征；
3. 依赖于另一种产品外观的形状或构造的特征，其中设计者有意使其构成一个不可分割的组成部分；
4. 产品外观无关紧要的设计。从这个意义上来讲，美学的标准通常对于使用那些产品的人来说并不认为是重要的。

（四）优先法则

优先权申请须从最早的提交申请日起的6个月内办理。

（五）期限与续展

自提交申请之日起，马来西亚工业品外观设计的第一个注册期为5年。申请人可延续另外4个5年的期限，25年为上限。

## 二、马来西亚工业品外观设计申请程序

（一）申请

设计申请均需向马来西亚工业品外观设计注册局提交。

（二）审查

经主管部门审查，所有申请需符合自提交申请日起6个月内的正式要求。无须对该申请进行调查或实质审查。然而，实践过程中会有异议问题出现。此时，主管部门会决定申请人是否需对该申请做出修正或修改。

（三）公开

证书一经颁发，主管部门就会在官方公报上给予公开。包含注册登记通知书、注册人的详细资料及其他相关信息。

（四）注册

主管部门会将该设计的详情备案，并给申请人

颁发注册证书。注册的外观设计有效保护期为5年。如再次缴纳续展费用可延续至10年注册期。

### 三、马来西亚工业品外观设计申请所需的文件

在马来西亚提交工业品外观设计申请需提供如下的信息或文件：

（一）工业品外观设计表格1

1. 申请人的姓名、地址和国籍；

2. 产品名称和新颖性陈述及优先权申请详情，即国家和提交申请日期；

3. 工业品外观设计国际分类及优先权申请序列号；

4. 设计者的姓名和地址；

5. 关于申请人如何获取设计者专利权的信息（通常通过转让权，雇佣关系或其他协议）。

（二）由申请人签署的代理人的委任表格（工业品外观设计表格10）。

（三）六组设计物展示（图片或照片）。

（四）优先权文件和对该文件的合格的英文译本（如有必要）。

### 四、马来西亚工业品外观设计申请须提交的文件

（一）基本文件

| 文件 | 备注 | 提交申请时间 |
|---|---|---|
| 代理人委任表（工业品外观设计表格10） | 不需要法律认证或公证 | 在申请日 |
| 设计说明 | 被译为英语 | 在申请日 |
| 图片/照片 | | 在申请日 |

（二）获得公约优先权的附加文件

| 文件 | 备注 | 提交申请时间 |
|---|---|---|
| 优先权文件 | 被译为英语 | 自提交申请日起2个月内 |

### 五、马来西亚工业品外观设计申请所需的费用

续表

| | Prof. Fee (USD) | Official Fee (USD) | Total (USD) |
|---|---|---|---|
| 1. Application (one design, publication, receiving, checking and forwarding Certificate of Registration) | 340 | 200 | 540 |
| — Publication of each view | — | 70 | 70 |
| — Additional industrial design | 340 | 170 | 510 |
| — Preparation of drawings, each set of design (if drawing is not provided) | 110 | — | 110 |
| 2. Reporting and responding to the Examiner's report, filing of Statutory Declaration or arguments to overcome official objections, amendments, searches and other general works | 190 | 70 | 260 |
| 3. Application for extension of the period of registration | | | |
| 3. 1 for second period | | | |
| —single industrial design | 300 | 270 | 570 |
| —Each additional industrial design | 300 | 270 | 570 |
| 3. 2 for third period of | | | |
| —single industrial design | 380 | 270 | 650 |
| —Each additional industrial design | 380 | 270 | 650 |
| 4. Disbursement (Travelling, Courier, Facsimile, Postage, etc) | 100～200 | — | 100～200 |

（来源：综合整理自南博网）

# 缅甸工业品外观设计指南

### 一、缅甸工业品外观设计简介

（一）法律

《缅甸专利和设计法》于1995年颁发，但从未生效，后来该法被废除。1946年的《专利和外观设

计（紧急规定）法（紧急法令）》仍然在缅甸法典中，虽已被废除，但其主要目的是适用于《1911年印度专利和外观设计法》。印度法从未被列入缅甸法典中，故在缅甸实际上没有专利和外观设计法。

与此同时，司法部受政府委托已草拟了新的符合知识产权协议的《专利和外观设计法》。事实上，缅甸是世界贸易组织、东盟的成员国，至少在2001年已加入世界知识产权组织。在过渡期内，专利/外观设计可根据《注册法》第18（f）章进行注册。

（二）成员资格

1. 适用于世界贸易组织；

2. 适用于巴黎公约；

3. 不适用于专利合作条约（PCT）。

（三）优先法则

优先权申请尚不能在缅甸注册制度中获得。

（四）期限和续展

缅甸法律没有颁布专利注册的有效期。根据惯例，专利注册的续展每3年进行一次，通常由以下方式之一完成：

1. 通过声明的方式进行重新注册；

2. 通过当地报纸或刊物的方式进行重新公布；

3. 通过重新注册、重新公布二者结合的方式。

### 二、缅甸工业品外观设计申请程序

（一）申请声明

外观设计持有人须提交一份声明，包含陈述注册协议和保证的相关事实。

（二）注册

提交声明，即可对设计专利给予注册。

（三）公布

在指定的地方报纸上公布告知，以避免可能的侵权和假冒行为。

（四）保护

没有对设计专利本身的保护程序。

### 三、缅甸工业品外观设计申请所需的文件

在缅甸提交专利申请需提供如下的信息或文件：

国家直接申请：

（一）申请表：

1. 姓名、地址及申请人的国籍；

2. 姓名、地址和发明人的国籍；

3. 一份详细说明，包括说明书、权利要求和必要的图表；

4. 如已获得申请优先权，需注明在哪国获得以及申请的具体情况。

（二）专利代理人委任。

（三）如申请人并非发明者，需陈述并解释申请人如何有权获得发明者的专利，通常借助于委托或雇佣关系。

（四）并无硬性要求发明者向申请人提交正式委托书。

### 四、缅甸工业品外观设计申请须提交的文件

（一）基本文件

| 文件 | 备注 | 提交申请时间 |
|---|---|---|
| 设计专利所有权的声明 | 署名并经公证。如已在其他国家注册（即美国专利申请号），其注册号、国家及发明背景的详细资料须附于声明中。 | 在申请日 |

（二）公约设计专利申请的附加文件

| 文件 | 备注 | 提交申请时间 |
|---|---|---|
| 委托书 | 署名并经公证。公证人的署名和印章须由相关国家缅甸大使馆进行证实 | 在申请日 |

### 五、缅甸工业品外观设计申请所需的费用

| | Prof. Fee (USD) | Official Fee (USD) | Total (USD) |
|---|---|---|---|
| 1. Filing one application for registration of one Design | 250 | 100 | 350 |
| 2. Disbursement（Travelling，Courier，Facsimile，Postage，etc） | 100～200 | — | 100～200 |

（来源：综合整理自南博网）

## 菲律宾工业品外观设计指南

### 一、菲律宾工业品外观设计简介

（一）法律

菲律宾知识产权法典（第8293号共和国法）。

（二）定义

外观设计是指用于工业品和手工艺品的生产，具有特殊的外观和图案，具有三维形状的线条或色彩的组合，或与线条、色彩无关的组合。

（三）标准

工业品外观设计的保护标准：即新颖性和独创性。外观设计本质上是由技术因素或功用性来决定的。任何违反公共秩序、公共卫生或道德的设计将不会受到保护。

（四）优先法则

优先权申请须在从相应国家最早的申请日算起的6个月内完成。

（五）期限与续展

注册的外观设计有效期限为自申请日起5年。每次续展都不得超过2个连续的5年注册期。

## 二、菲律宾工业品外观设计申请程序

（一）申请

外观设计申请均须向菲律宾知识产权局提交。

（二）审查

在发布提交申请日期后将办理正式的审查手续，以确保该申请是否符合相关程序。

（三）异议

如在正式审查中发现设计申请有需要修改或不足之处，那么负责人会通知该申请人，而申请人须在给定的期限内对此进行更正。

（四）注册

设计申请符合章程就会颁发注册证书，并在设计杂志上给予发布。一经发布，则该设计可被公众查阅。从提交外观设计申请到成功注册大约需要2至3个月时间。

## 三、菲律宾工业品外观设计申请所需的文件

在菲律宾提交工业品外观设计申请需提供如下的信息或文件：

（一）外观设计注册申请

1. 申请人信息；

2. 指出该设计应用到手工艺品生产商所生产的物品的种类；

3. 设计者的姓名和地址；

4. 根据菲律宾知识产权保护法规定，申请人不是设计者本人的，需对该外观设计注册的权利来源发表声明。

（二）由申请人签署的委托书。

（三）一组设计展示（图画、照片或其他适当的形式）。

（四）优先权文件和对该文件的合格的英文译本。

## 四、菲律宾工业品外观设计须提交的文件

（一）基本文件

| 文件 | 备注 | 提交申请时间 |
|---|---|---|
| 委托书 | 须签名，无须公证。<br>被译为英语（如有必要） | 自提交申请日起2个月内 |
| 设计说明 | 说明应包含如下内容：<br>标题：<br>1. 简要描述对图画的不同意见；2. 对设计的特征描述；3. 要求说明。<br>被译为英语（如有必要） | 在申请日 |
| 图画 | 对该设计全貌的不同意见，其中应包含申请人或代理人的签名。<br>被译为英语（如有必要） | 在申请日 |
| 转让协议 | （如果可能）<br>经公证。<br>被译为英语（如有必要） | a. 在对该设计申请正式审查期间；或 b. 在外观设计注册申请期间。 |

（二）获得公约优先权的附加文件

| 文件 | 备注 | 提交申请时间 |
|---|---|---|
| 优先权文件 | 被译为英语（如有必要） | 自提交申请日起6个月内 |

（来源：综合整理自南博网）

# 新加坡工业品外观设计指南

## 一、新加坡工业品外观设计简介

（一）法律

注册工业品外观设计法（第266章）。

（二）定义

工业品外观设计是指通过工业生产的方法应用于产品上的形状或构造以及图案或修饰的特征。是我们日常所见的物品的外观。物品即指应用于外观设计中任何事物。

（三）标准

注册的外观设计主要用于保护工业用途上的产品外观设计。外观设计可以是两维或三维，并能应用到日常用品中。在一般情况下，如要获得注册，设计需满足两个主要标准。

新颖性：即该设计不曾在新加坡和其他地方注册，或在第一次提交申请日前，未曾在世界其他国家公布。因此，外观设计持有人需谨慎行事，不应向任何人透露，除非已经提交了设计注册申请。

工业过程：申请注册的外观设计必须符合工业生产过程。即生产出或意欲生产出超过 50 份的该设计产品作为出售或出租之用。

根据新加坡的注册外观设计法律，下列不能被注册：

1. 违背公共政策或道德的设计。

2. 计算机程序或集成电路的布图设计。

3. 适用于某些产品的设计：雕塑作品（而不是把用于或打算使用的铸模作为模子，或是工业生产过程大批量生产的图案）；装饰墙牌，奖章和纪念章，以及主要具有文学性或艺术性质的印刷品（包括书籍封套、挂历、证书、优惠券、服装制作图案、贺卡、标签、传单、地图、规划图、扑克牌、明信片、邮票、商业广告、贸易表单和名片、转印图案及类似品）。

4. 建筑施工的方法或原则。

5. 具有多功能的设计。

6. 依赖于另一种产品的外观，其中设计者有意使其构成一个不可分割的组成部分；或使该产品与另一个产品相关联，以使每个都发挥其功效。

（四）优先法则

新加坡外观设计注册制度采取“第一申请”的原则。换言之，第一个提交设计申请的人通常会比其他人有优先权。

（五）期限与续展

已注册的外观设计初始有效期限为 5 年。此后，根据注册人缴纳的续展费用，每 5 年更新一次，最长期限为 15 年。

## 二、新加坡工业品外观设计申请程序

（一）申请

设计申请均须提交到新加坡知识产权局。

（二）审查

在发布提交申请日期后将办理正式的审查手续，以确保该申请是否符合相关程序。

（三）异议

如在正式审查中发现设计申请有需要修改或不足之处，那么负责人会通知该申请人，而申请人须在给定的期限内对此进行更正。

（四）注册

设计申请符合章程就会颁发注册证书，并在设计杂志上给予发布。一经发布，则该设计可被公众查阅。从提交外观设计申请到成功注册大约需要 2 至 3 个月时间。

## 三、新加坡工业品外观设计申请所需的文件

在新加坡提交工业品外观设计申请需提供如下的信息或文件：

（一）表格 D5

1. 申请人的姓名、地址和国籍；

2. 产品名称和新颖性陈述及优先权申请详情，即国家和提交申请日期；

3. 工业品外观设计国际分类及优先权申请序列号；

4. 设计者的姓名和地址；

5. 关于申请人如何获取设计者专利权的信息（通常通过转让权、雇佣关系或其他协议）。

（二）由申请人签署的代理人的委任表格（表格 D2）。

（三）六组设计物展示（图片或照片）。

（四）优先权文件和对该文件的合格的英文译本（如有必要）。

## 四、新加坡工业品外观设计申请须提交的文件

（一）基本要求

| 文件 | 备注 | 提交申请时间 |
|---|---|---|
| 代理人委任表（工业品外观设计表格 2） | 不需要法律认证或公证 | 在申请日 |
| 设计说明 | 被译为英语 | 在申请日 |
| 图片/照片 | | 在申请日 |

（二）获得公约优先权的附加文件

| 文件 | 备注 | 提交申请时间 |
|---|---|---|
| 优先权文件 | 被译为英语 | 自提交申请日起 2 个月内 |

### 五、新加坡工业品外观设计申请所需的费用

| | Prof. Fee (USD) | Official Fee (USD) | Total (USD) |
|---|---|---|---|
| 1. Filing application to register on design excluding cost of preparing representations | 520 | 240 | 760 |
| 2. Reporting and responding to the Examiner's report, filing of Statutory Declaration or arguments to overcome official objections, amendments, searches and other general works, min | 470 | Varies | 470 |
| 3. Receiving and responding to the Examiner's report, filing of Statutory Declaration or arguments to overcome official objections, amendments, searches and other general | 470 | — | 470 |
| 4. Application for extension of period of registration: | | | |
| —for the first period of 5 years | 470 | 200 | 670 |
| — for the second period of 5 years | 470 | 300 | 770 |
| —for the third period of 5 years | 560 | 405 | 965 |
| —for the fourth period of 5 years | 560 | 505 | 1065 |
| 5. Request for extension of time | 380 | — | 380 |
| 6. Disbursement ( Travelling, Courier, Facsimile, Postage, etc) | 100～200 | — | 100～200 |

（来源：综合整理自南博网）

# 泰国工业品外观设计指南

## 一、泰国工业品外观设计简介

（一）法律

泰国专利法 B. E. 2522。

（二）定义

外观设计是指用于工业品和手工艺品的生产，具有特殊的外观和图案，具有线条或色彩的组合形式。

（三）标准

用于工业品和手工艺品的新的外观设计专利需基于本法案。

以下外观设计不符合规定：

1. 某外观设计在本国已广为知晓或已被他人使用；

2. 某外观设计在本国或他国已经公布；

3. 根据法案第 65 条和第 28 条款而公布的外观设计；

4. 与上述规定 1、2、3 条描述的外观设计相似的模仿设计。

（四）优先法则

一件外观设计申请须在其优先权日起的 6 个月内提交。

（五）期限与续展

在泰国，注册外观设计有限期限为自提交设计申请日起 10 年。年费须从第 5 年开始支付，一直到第 10 年。

## 二、泰国工业品外观设计申请程序

（一）申请

需提交外观设计申请。

（二）初审

外观设计初审需遵从有关法律。申请人还需在 90 天内提交有关文件或材料。

（三）公布

初审完成并符合授予专利的权利将在官方公报上给予公布。

（四）异议

公布期 90 天内，如无相关异议，将进行实质性审查。

（五）实质审查

外观设计注册无须请求实质审查。

（六）注册

缴纳发布费用后将颁布注册证书。

## 三、泰国工业品外观设计申请所需的文件

在泰国提交工业品外观设计申请需提供如下的信息或文件：

（一）申请表格

1. 申请人的姓名和地址；

2. 设计者的姓名和地址（如不是该申请人）；

3. 如已获得申请优先权，须注明在哪国获得以及申请的具体情况；

4. 申请人不是设计者本人的，需提供转让协议书一份。

（二）委托书。

（三）图片。

（四）优先权文件和对该文件的合格的英文译本（如有必要）。

## 四、泰国工业品外观设计申请须提交的文件

（一）基本要求

| 文件 | 备注 | 提交申请时间 |
|---|---|---|
| 委托书 | 申请人署名并经公证人公证 | 在申请日 |
| 转让协议 | （如有可能）申请人署名并经公证人公证 | 在申请日 |
| 图片/照片 | 七个角度（前、后、左、右、顶部、底部、远景）的正投影图或照片（白色背景和灰度图像）。 | 在申请日 |

（二）获得公约优先权的附加文件

| 文件 | 备注 | 提交申请时间 |
|---|---|---|
| 优先权文件 | 经证实 | 自提交申请日起2个月内 |

## 五、泰国工业品外观设计申请所需的费用

| | Prof. Fee (USD) | Official Fee (USD) | Total (USD) |
|---|---|---|---|
| 1. Filing of one design patent application | 480 | 8 | 488 |
| 2. Request for publication | 250 | 10 | 260 |

续表

| | Prof. Fee (USD) | Official Fee (USD) | Ttotal (USD) |
|---|---|---|---|
| 3. Translation of grant certificate and reporting | 200 | 17 | 217 |
| 3.1 Translation fees (English to Thai), per 100 words | 32 | — | 32 |
| 4. Late filing of document | 130 | 2 | 132 |
| 5. Filing of priority documents | 190 | 2 | 192 |
| 6. Express Filing (24 hours excluding translation) | 960 | 8 | 968 |
| 7. Request for substantive examination (facultative) | 250 | 8 | 258 |
| 8. Filing amendment to drawings, per hour | 200 | 2 | 202 |
| 9. Filing response to office action (excluding preparation of amendments and translation) | 250 | — | 250 |
| 10. Recording change of name or address | 200 | 2 | 202 |
| 11. Filing recordal of assignment or license | 250 | 8 | 258 |
| 12. Annuities for maintaining design patents | | | |
| 5th year | 200 | 500 THB | 216 |
| 6th year | 200 | 650 THB | 220 |
| 7th year | 200 | 950 THB | 229 |
| 8th year | 200 | 1400 THB | 243 |
| 9th year | 200 | 2000 THB | 262 |
| 10th year | 200 | 2750 THB | 285 |
| All annuities 5th to 10th year | 320 | 7500 THB | 552 |
| 13. Disbursement (Travelling, Courier, Facsimile, Postage, etc) | 100～200 | — | 100～200 |

（来源：综合整理自南博网）

# 越南工业品外观设计指南

## 一、越南工业品外观设计简介

（一）法律

知识产权法 50/2005；第 44/2002/PL－BUTVQH10 号法令；第 103/2006/ND－CP 号法令；第 105/2006/ND－CP 号法令；第 106/2006/ND－CP 号法令；第 01/2007/TT－BKHCN 号通告。

（二）定义

外观设计是指以形状、线条、色彩或任意组合的产品的外观。

（三）标准

外观设计保护需符合下列条件：

1. 新颖性；
2. 创造性；
3. 应用于工业用途。

（四）优先法则

为了获得《巴黎公约》的优先权，越南的外观设计申请须在自最早的优先权日起的 6 个月内进行提交。

（五）期限与续展

根据越南知识产权的法律和法规，工业品外观设计专利有效期为自申请日起 5 年，可续展两次，每 5 年时间续展一次。专利续展费应在申请日前的 6 个月内支付。

## 二、越南工业品外观设计申请程序

（一）申请

外观设计专利申请需向越南国家知识产权局（NOIP）提交。

（二）审查

在提交申请日起的 1 个月内对该申请进行审查。2 个月内对该申请回复修改意见。

（三）公布

在受理申请之日起的 2 个月内对该申请专利进行公布。

（四）实质审查

实质审查期限是自专利公布之日起 6 个月。

（五）注册

外观设计专利从申请到批准授予的时间可能会有所不同，一般是 9 到 11 个月的时间。注册有效期从申请之日起算起。

## 三、越南工业品外观设计申请所需的文件

在越南提交工业品外观设计申请需提供如下的信息或文件：

（一）申请表

1. 申请人的姓名、地址和国籍；
2. 发明人的姓名、地址和国籍；
3. 对外观设计和要求保护的描述说明；
4. 根据越南知识产权法律和法规，需提交外观设计申请的证明文件，诸如转让协议、雇佣协议或继承文件。然而在实践中，如申请人是一家公司或是不同于优先权申请的，则不要求向越南国家知识产权局（NOIP）提交此类文件。

（二）委托书。

（三）六组设计物展示（图片或照片）。

（四）优先权文件和对该文件的合格的英文译本。

## 四、越南工业品外观设计申请须提交的文件

（一）基本文件

| 文件 | 备注 | 提交申请时间 |
| --- | --- | --- |
| 委托书 | 经署名；不需要法律认证或公证；英文译本（如可能） | 自提交申请日起 1 个月内 |
| 图片/照片 | 对其前、后、左、右、顶部、底部和远景的展示 | 如原件已在自申请之日起的 1 个月内提交，则需提供图片和图纸的传真副本。 |
| 设计说明及保护要求 | 英文译本（如可能） | 在申请日 |

（二）获得公约优先权的附加文件

| 文件 | 备注 | 提交申请时间 |
| --- | --- | --- |
| 优先权文件 | 经证实的英文译本（如可能） | 如该优先权文件的核证副本已在自申请日起的 3 个月内提交，则提交优先权申请数据即可。 |

## 五、越南工业品外观设计申请所需的费用

| | Prof. Fee (USD) | Official Fee (USD) | Total (USD) |
|---|---|---|---|
| 1. Application including fees for filing, publication, substantive examination and conducting search for substantive examination | 190 | 45 | 235 |
| 1.1 Surcharge (Each embodiment in excess of one) | 130 | 42 | 172 |
| 1.2 Surcharge (Each drawing in excess of one) | 32 | 4 | 36 |
| 1.3 Preparing a description of design and classification | 160 | — | 160 |
| 2. Priority Claim | 60 | 38 | 98 |
| 3. Office Action | | | |
| 3.1 Reporting | 130 | — | 130 |
| 3.2 Preparing response, per hour | 150 | — | 150 |
| 4. Publication and Grant | 190 | 23 | 213 |
| 4.1 Surcharge (Each drawing in excess of one) | 48 | 8 | 56 |
| 5 Opposition | | | |
| 5.1 Filing a request for opposition against a pending application | 200 | 19 | 219 |
| 5.2 Filing a request for suspension of validity of a patent | 250 | 27 | 277 |
| 5.3 Filing a request for cancellation of validity of a patent | 250 | 34 | 284 |
| 6. Assignment | | | |
| 6.1 Assignment of rights for a pending application, per each embodiment | 190 | 15 | 205 |

续表

| | Prof. Fee (USD) | Official Fee (USD) | Total (USD) |
|---|---|---|---|
| 6.2 Surcharge (Each embodiment in excess of one) | 130 | 4 | 134 |
| 6.3 Recordal of assignment for industrial design patent | 220 | 51 | 271 |
| 7. Recordal of change of name, address, applicant | | | |
| 7.1 Filing amendment to a pending application | 160 | 8 | 168 |
| 7.2 Surcharge Amendment after publication of application | 150 | 8 | 158 |
| 8. Extension of Time | 200 | 8 | 208 |
| 9. Filing post grant amendments | 200 | 23 | 223 |
| 9. Renewal (two times) | | | |
| 9.1. Renewal of the patent, for each embodiment | 200 | 49 | 249 |
| 9.2. Surcharge Each embodiment in excess of one | 130 | 42 | 172 |
| 10. Translation of other documents relating to application | | | |
| 10.1 From English, Chinese into Vietnamese (per 100 words) | 13 | — | 13 |
| 10.2 From Vietnamese into English, Chinese (per 100 words) | 19 | — | 19 |
| 11. Tax | — | 5% | 5% |
| 12. Disbursement (Travelling, Courier, Facsimile, Postage, etc) | 5% | — | 5% |

（来源：综合整理自南博网）

# 区域合作篇

## 中国—东盟自由贸易区

### 概述

中国—东盟自由贸易区（China－ASEAN Free Trade Area，简称 CAFTA）于 2010 年 1 月 1 日正式建成，是中国与东盟 10 国组建的自由贸易区，即“10＋1”。中国—东盟自由贸易区是中国对外商谈的第一个自贸区，也是东盟作为整体对外商谈的第一个自贸区。建成后的中国—东盟自由贸易区覆盖 1300 万平方公里，惠及 19 亿人口，是世界上拥有消费者最多和覆盖面积最大的自贸区，也是发展中国家间最大的自贸区，被称为继欧盟、北美自贸区之后的未来世界第 3 大经济体。

东南亚国家联盟，简称东盟，正式成立于 1967 年 8 月，由文莱达鲁萨兰国、柬埔寨王国、印度尼西亚共和国、老挝人民民主共和国、马来西亚联邦、缅甸联邦共和国、菲律宾共和国、新加坡共和国、泰王国和越南社会主义共和国组成。

20 世纪 90 年代以来，中国与东盟的经济联系日益紧密，双边贸易持续攀升。2000 年，中国与东盟双边贸易额达到 395 亿美元。东盟在中国的商品贸易市场份额提高到 8.3％，成为中国的第五大贸易伙伴；中国在东盟的对外贸易市场份额提高到 3.9％，成为东盟的第六大贸易伙伴。建立中国—东盟自由贸易区的设想于 2000 年在新加坡召开的中国与东盟领导人会议期间提出。领导人会晤期间，针对东盟方面关注中国加入 WTO 对东盟的影响，时任中国国务院总理朱镕基提议就中国与东盟之间建立自由贸易区的可行性进行研究。随即成立的中国—东盟经济合作专家组经过研究，向各国领导人提出了建立中国—东盟紧密经济伙伴关系的建议，其中包括建立中国—东盟自由贸易区，该建议被多方领导人采纳。

中国—东盟自由贸易区是中国与东盟共同协议构建的所有货物贸易取消关税和非关税壁垒、实现涵盖众多部门的服务贸易自由化、建立开放和竞争的投资机制、便利和促进中国与东盟相互投资的贸易区，即指在中国与东盟 10 国之间构建的自由贸易区。

中国—东盟自由贸易区计划始于 1992 年，原计划用 15 年时间完成。中国—东盟自由贸易区的建设是通过落实“共同有效优惠关税”计划（CEPT）来进行的。1994 年，东盟决定把 CEPT 完成的时间由 15 年缩短为 10 年，即从 2008 年提前到 2003 年，规定被列入“暂时排除项目单”的商品 2000 年到期失效，并使 CEPT 扩展到未加工的农产品。1998 年东盟决定把实施 CEPT 的时间再提前一年，即到 2002 年。6 个老成员国（即文莱、印度尼西亚、马来西亚、菲律宾、新加坡和泰国）承诺到 2000 年把 85％的 CEPT 关税降到 0％～5％，2000 年把 CEPT 关税比例提高到 90％，2002 年提高到 100％。新成员中，越南到 2003 年，老挝和缅甸到 2005 年实现目标。建立中国—东盟自由贸易区的时间表一再提前，开放的项目一再扩大。此外，东盟还制定了“东盟投资区”建设计划，规定东盟老成员到 2003 年，新成员到 2010 年完成计划目标。中国—东盟自由贸易区的建设既包括关税减让，也包括非关税削减。为了扫除削减非关税障碍，东盟制定了《流转商品便利化框架协议》、《相互承认安排框架协议》等。

中国和东盟之间存在很强的互补性，同时也存在一些竞争性很强的产品，因此，在如何安排敏感产品的开放，如何保护弱势产品，即如何达到双方互利双赢的问题上，还有不少难题需要解决。尤其是近几年来，东盟因受金融危机的影响，经济陷入困境，经济增长放慢，外资流入减少，使新竞争性产品能力的形成缓慢。即使在金融危机的影响下，中国经济仍能继续保持增长，外资继续大量流入，形成了许多新的具有竞争力的产品，因此中国与东盟之间出现了新的竞争不平衡的局面，东盟对中国竞争的担忧由此增加。但最终东盟还是同意与中国建立自由贸易区，其根本原因在于东盟不仅看到了竞争压力的一面，同时也看到了机会的一面。一个拥有13亿人口、经济持续发展的大市场，对东盟而言具有非常重大的意义。

中国和东盟建立自由贸易区有利于东亚合作进程，将成为加快东亚一体化的一个有利因素。从积极的方面来看，可以设想它可能起到三个方面的效应：一是中国和东盟先行在一个大的范围内建成自由贸易区，把其他国家吸引进来；二是激励其他国家采取更积极的态度加快与东盟建立自由贸易区的步伐；三是推动整个东亚地区自由贸易区建设的进度，从而激励东亚领导人及早对“东亚合作展望小组”关于建立东亚自由贸易区的建议作出决定，提出规划并开始落实。

## 提出

2000年9月，在新加坡举行的第4次东盟与中国（10+1）领导人会议上，时任中国国务院总理朱镕基提出建立中国—东盟自由贸易区的建议得到东盟有关领导人的积极响应。2001年11月，在文莱举行的东盟首脑会议期间，中国和10个东盟成员国宣布在未来10年内建成中国—东盟自由贸易区的目标。2002年11月4日，第6次东盟与中国领导人会议在柬埔寨首都金边举行。时任中国国务院总理朱镕基和东盟10国领导人签署了《中国—东盟全面经济合作框架协议》，宣布2010年建成中国—东盟自由贸易区，启动中国—东盟自由贸易区的建设进程。2013年10月，在第16次中国—东盟领导人会议上，李克强总理提出的五项倡议中，打造升级版的“中国—东盟自由贸易区”这一倡议，得到了东盟各领导人的积极响应。

## 目标

第一，用10年的时间完成所有关税和非关税的削减，消除中国与东盟双方之间存在的关税及非关税壁垒；第二，建立一个综合框架，包含市场一体化等一系列措施，如投资促进、贸易便利化及投资规则与标准。

## 重要性

建立中国—东盟自由贸易区是中国和东盟合作进程中历史性的一步。它充分反映了双方领导人加强双边睦邻友好关系的良好愿望，也体现了中国和东盟之间不断加强的经济联系，是中国与东盟关系发展的新里程碑。

中国—东盟自由贸易区的建成，创造了一个拥有19亿消费者、近6万亿美元国内生产总值、4.5万亿美元贸易总量的经济区。按人口算，其是世界上最大的自由贸易区；从经济规模上看，其是仅次于欧盟和北美自由贸易区的全球第三大自由贸易区，是发展中国家组成的最大的自由贸易区。

## 内容框架

由于中国和东盟成员国经济发展水平差距巨大，所处的经济发展阶段各不相同，合作的目标和承受的能力也不尽相同，加上实行的社会制度有所差异，必须要综合考虑各国的实际情况，才能兼顾各成员国的利益。因此，中国—东盟自由贸易区关税减让的时间表安排是一个复杂的过程。此外，中国—东盟自由贸易区合作的领域不仅限于货物贸易自由化，还将扩大到其他领域。中国—东盟自由贸易区的内容可大致概括为以下几方面：

第一，中国—东盟自由贸易区目前存在两个关税时间表：一是中国加入WTO后，关税将按WTO的规则逐渐降低。而在2007年之前，东盟7个成员国（新加坡、马来西亚、印尼、菲律宾、文莱、泰国和缅甸）是WTO成员国，中国与东盟WTO成员国于2003年7月1日实行WTO最惠国关税率。《中国—东盟全面经济合作框架协议》规定中国与非WTO东盟成员国也于2003年7月1日实施WTO最惠国关税率；二是根据《中国—东盟全面经济合作框架协议》的规定，2010年中国和原东盟6国建立自由贸易区，而与东盟新成员国建成的时间是2015年。

中国—东盟自由贸易区的货物贸易关税减让分为正常类和敏感类。

正常类：经各方同意各自实施的最惠国关税税率依照特定的减让表和税率逐步削减或取消。对于中国与原东盟6国，实施期从2005年1月1日到2010年；对于东盟新成员国，实施期从2005年1月1日到2015年。

敏感类：一方根据自身安排纳入敏感类的产品，应依照相互同意的最终税率和最终时间削减或取消，而敏感产品的数量应在各缔约方相互同意的基础上设定一个上限。

由于各成员国经济发展情况不同，中国与东盟各国有不同的关税减让时间表。泰国率先提出与中国进行果蔬零关税贸易，双方已同意于2003年10月1日起将双方的果蔬关税减至0%。越南也提出提前享受果蔬的零关税待遇。同样，其他东盟国家也会根据本国与中国经济的发展情况提出不同的关税减让方案。

第二，早期收获。中国—东盟自由贸易区的关税减让还根据双方的具体情况，分行业制定减税时间表。《中国—东盟全面经济合作框架协议》对中国—东盟自由贸易区的“早期收获”作了规定，产品范围包括活动物、肉及食用杂碎、鱼、乳品、其他动物产品、活树、食用蔬菜、食用水果及坚果。关税减让时间最迟在2004年初开始下调农产品的关税，并于2006年取消全部农产品关税。

第三，逐步取消非关税壁垒（措施），简化和协调关税程序，但仍保留各自对非成员国的贸易保护政策。非关税壁垒（措施）包括但不限于对任何产品的进口或者对任何产品的出口或出口销售采取的数量限制或禁止，缺乏科学依据的动植物卫生检疫措施以及技术性贸易壁垒。

第四，实施有效的贸易便捷化措施，包括但不限于简化海关程序和制定相互认证安排。

第五，逐步实现涵盖众多部门的服务贸易自由化。

第六，中国—东盟自由贸易区对东盟新成员国给予特殊和差别待遇及灵活性。2001年，中国宣布向老挝、柬埔寨和缅甸提供特殊优惠关税待遇，给予非WTO东盟成员国享受WTO最惠国关税税率，以增加从这些国家的商品进口量。2002年11月，中国还宣布免除老挝、柬埔寨、缅甸等国家的全部或部分债务。为推进建立中国—东盟自由贸易区，双方已经落实一些具体的合作项目，如中方出资500万美元资助湄公河通航问题，中方愿以援助的方式承建昆明—曼谷公路中老挝境内三分之一的路段。中方对建设泛亚铁路继续持积极的态度，表示只要东盟最后确定选线方案，中方将尽快启动境内相关线路的修建或改造。

第七，建立中国—东盟自由贸易区，除了货物贸易自由化外，中国与东盟的合作还扩大到金融、旅游、投资、农业、人力资源开发、中小企业、产业合作、知识产权、环境保护、林业及其产品、能源及次区域开发等领域。在2001年东盟和中国“10＋1”首脑会议上，双方领导人确定了中国与东盟在新世纪重点加强五个领域的合作：农业、信息及通信技术、人力资源开发、投资和湄公河流域开发。

农业合作。农业在中国与东盟国家中均占有十分重要的地位，双方在农业技术、农作物品种、农产品加工、农产品市场等方面存在十分明显的互补性。双方除了签署《中国与东盟农业中长期合作谅解备忘录》之外，在农业方面的技术培训与合作也开展顺利。

金融合作。1997年东南亚金融危机后，中国与东盟有关国家签订了《清迈倡议》。2001年12月和2002年3月、6月，中国分别同泰国、日本、韩国签署了双边货币互换协议，而与其他东盟国家也就双边货币互换协议的问题开始进行接触。2010年10月29日，中国—东盟银行联合体在第13次中国—东盟（10＋1）领导人会议期间正式成立。目前东盟10国已在中国设立30多家银行机构，中资金融机构在东盟国家也设立了11家分支机构。中国已经与印尼、老挝、新加坡、越南、泰国等5国签署了监管合作备忘录。东盟国家还是中国境内公司境外上市的区域之一，已有4家公司在新加坡上市。

投资合作。加强双方投资领域的合作，创造透明、自由和竞争的投资机制，提供投资保护，便利和促进中国—东盟自由贸易区的投资。

信息技术合作。中国积极支持并参加“电子东盟”的建设，加大对东盟人员信息技术的培训力度，积极参加东盟国家信息通讯基础设施的建设。中国与东盟签署《中国与东盟信息产业中长期合作谅解备忘录》。中方经举办多期培训班，为东盟培训信息技术方面的人才。

人力资源开发合作。自宣布加强中国与东盟在人力资源开发方面的合作以来，中方向中国—东盟合作基金出资500万美元，举办了通信技术与管理、人员交流、地震学、社会保障、农药管理、商务信息网、农业技术、交通管理技术、艾滋病实验室、媒体等研讨会和培训班，效果良好。

旅游合作。中国和东盟都积极发展旅游业。目前，东盟10国均已成为中国公民出国旅游目的地国。中国还与泰国、新加坡、菲律宾、越南、缅甸等东盟国家分别签署了政府旅游合作协定或旅游合作谅解备忘录。在2011年第10次东盟与中日韩旅游部长会议上，东盟10国旅游部长签署了《2011年至2015年东盟旅游发展战略计划》，旨在把中日韩作为东盟重要的旅游市场，将东盟地区打造成世界一流的旅游目的地。

非传统安全领域的合作。中国与东盟除了加强以经济为重点的合作外，还拓展非传统安全领域的合作，如打击跨国犯罪、禁毒、防治艾滋病、环境保护、打击恐怖主义等。中国已与缅甸、泰国、越南、柬埔寨、老挝和联合国禁毒署共同建立了六国七方禁毒合作机制，与东盟签署了《东盟和中国禁毒合作行动计划》，与缅甸、老挝、泰国举行了4国禁毒合作部长会议，在禁毒技术和人员培训、替代种植等方面，中国给予了东盟北部国家大力支持。在打击跨国犯罪方面，中国提出中国与东盟可重点建立高效的情报交流机制，并加强执法人员的交流和培训。2002 年 5 月，中方在东盟地区论坛上提交了《关于加强非传统安全领域合作的中方立场文件》。2002 年 11 月，在柬埔寨金边召开的东盟与中国“10+1”首脑会议上，双方将反对恐怖主义与地区安全纳入中国与东盟合作议题。

2003 年上半年，面对 SARS 的挑战，中国与东盟国家加强了合作。双方于 2003 年 4 月 26 日在马来西亚吉隆坡召开的东盟和中国、日本、韩国“10+3”卫生部长会议及 2003 年 4 月 29 日在泰国曼谷召开的东盟和中国首脑特别会议上，分别发表了《东盟与中、日、韩卫生部长会议关于 SARS 的联合声明》和《中华人民共和国与东盟国家领导人特别会议联合声明》，双方决定就防治 SARS 和重振地区经济与信心方面进一步加强合作。SARS 的挑战使中国—东盟自由贸易区的合作进一步扩大到医疗卫生以及应对突发事件等领域。

第 2 届东盟与中国（10+1）和第 5 届东盟与中日韩（10+3）打击跨国犯罪部长级会议于 2011 年 10 月 12 日在印度尼西亚巴厘岛举行。印尼副总统布迪约诺出席会议开幕式。中国公安部副部长陈智敏率团参加会议。第 2 届东盟与中国（10+1）打击跨国犯罪部长级会议肯定了双方合作打击跨国犯罪取得的成果。自 2009 年 11 月续签修订后的《非传统安全领域合作谅解备忘录》以来，双方互信不断加深，打击跨国犯罪合作更加深入，各领域务实合作取得了新的进展。中国代表团在会上提出的增进人员往来和业务团组互访、推进执法能力建设领域合作、加强打击跨国犯罪务实合作、共同打击电信诈骗犯罪等倡议，受到东盟国家一致欢迎。会议审议通过了《关于落实〈中华人民共和国政府与东南亚国家联盟非传统安全领域合作谅解备忘录〉的行动计划》，并发表了《联合声明》。

第八，中国—东盟自由贸易区的标准将以东盟自由贸易区为基础，与 WTO 倡导的贸易自由化宗旨和目标相一致（如便利和促进对与贸易有关的知识产权进行有效和充分的保护）。另外，它在市场上的开放程度比 WTO 更进一步。

此外，中国—东盟自由贸易区的谈判内容还包括原产地原则，配额外税率的处理，补贴、反补贴措施及反倾销措施的各项规定等。

### 发展进程

1997 年 12 月，中国和东盟领导人在首次东盟—中国领导人非正式会议上确定了建立睦邻互信伙伴关系的方针。为扩大双方的经贸交往，1999 年，时任中国国务院总理朱镕基在菲律宾马尼拉召开的第 3 次中国—东盟领导人会议上提出，中国愿加强与东盟自由贸易区的联系，这一提议得到东盟国家的积极回应。2000 年 11 月，时任中国国务院总理朱镕基在新加坡举行的第 4 次中国—东盟领导人会议上首次提出建立中国—东盟自由贸易区的构想，并建议在中国—东盟经济贸易合作联合委员会框架下成立中国—东盟经济合作专家组，就中国与东盟建立自由贸易关系的可行性进行研究。

2001 年 3 月，中国—东盟经济合作专家组在中国—东盟经济贸易合作联合委员会框架下正式成立。专家组围绕中国加入世界贸易组织的影响及中国与东盟建立自由贸易关系两个议题进行了充分研究后，建议中国和东盟用 10 年时间建立自由贸易区。这一建议获得中国—东盟高官会和经济部长会议的认可，于 2001 年 11 月在文莱举行的第 5 次中国—东盟领导人会议上正式宣布。

2002 年 11 月，第 6 次中国—东盟领导人会议在柬埔寨首都金边举行，时任中国国务院总理朱镕基和东盟 10 国领导人签署了《中国—东盟全面经济合作框架协议》，决定到 2010 年建成中国—东盟自由贸易区。这标志着中国—东盟建立自由贸易区的进程正式启动。

1995～2002 年，中国与东盟双边贸易额年均增长 15%。

2003 年，中国与东盟双边贸易额创下历史性的 782 亿美元，比 2002 年增长 42.9%。

2004 年 1 月 1 日，中国—东盟自由贸易区实施“早期收获计划”，下调农产品关税。到 2006 年，约 600 项农产品的关税降为零。

2004 年 10 月 30 日，第 10 次东盟首脑会议举行，在中国国务院总理温家宝和东盟 10 国领导人的见证下，中国与东盟签署了《中国—东盟全面经济合作框架协议货物贸易协议》，时任中国商务部部长薄熙来与东盟 10 国经济部长共同签署了《中国—东盟全面经济合作框架协议争端解决机制》。这标志着中国—东盟建设自由贸易区进程的全面启动进入实质性执行阶段。东盟在协议中承认了中国的市场经济地位。

2005 年 4 月，时任中国国家主席胡锦涛在访问文莱、印尼和菲律宾时提出，到 2010 年，中国和东盟双边贸易额将达到2000亿美元。

2005年7月20日，中国—东盟自由贸易区《中国—东盟全面经济合作框架协议货物贸易协议》降税计划开始实施，中国和东盟的7000种产品在大幅降低关税、免除配额以及其他市场准入条件进一步改善的情况下，更加顺畅地进入对方市场，这有助于东盟国家的产品扩大对中国市场出口，也有助于中国企业以更低成本从东盟进口原材料、零部件和设备。

自2005年7月中国—东盟自由贸易区《中国—东盟全面经济合作框架协议货物贸易协议》实施以来，中国对东盟各国已减免了5375种产品的关税，平均税率从9.9%降到5.8%。同时，东盟各国对中国的平均关税也有不同程度的降低。

2006年，中国与东盟贸易额达1608.4亿美元，同比增长23.4%。其中中国进口895.3亿美元，增长19.4%；出口713.1亿美元，增长28.8%。

2007年1月14日，中国与东盟10国签署了中国—东盟自由贸易区《中国—东盟全面经济合作框架协议服务贸易协议》。这是中国—东盟经贸合作领域取得的又一重大成果，标志着中国—东盟自由贸易区建设向前迈出关键的一步。

2007年7月1日，中国—东盟自由贸易区《中国—东盟全面经济合作框架协议服务贸易协议》开始正式实施。

2007年1～7月，中国与东盟双边贸易额达1097.7亿美元，同比增长27.5%。其中中国进口587.7亿美元，增长22.4%；出口510亿美元，增长34%。

2007年11月20日，时任中国国务院总理温家宝在新加坡出席第11次中国—东盟领导人会议，并与东盟各国领导人一同出席了《中国—东盟关于加强卫生和植物卫生合作谅解备忘录》的签字仪式。

截至2008年8月，双边贸易额已提前3年突破2000亿美元，约7000种税目商品开始实施全面降税。双方签署了《服务贸易协议》，60多个服务部门相互作出了高于WTO水平的市场开放承诺，中国—东盟自由贸易区投资谈判取得了积极进展。

2008年，中国自东盟进口受惠货物61亿美元，企业优惠税款32亿人民币。同时，中国企业申领了18.4万份中国—东盟自由贸易区优惠原产地证书，向东盟出口受惠货物51亿美元。随着中国—东盟自由贸易区宣传力度加大和税率进一步降低，双方企业将享受到更多的优惠。

2009年8月15日，第8次中国—东盟经贸部长会议在泰国曼谷举行，时任中华人民共和国商务部部长陈德铭与东盟10国的经贸部长共同签署了中国—东盟自由贸易区《投资协议》。《投资协议》的签署标志着双方成功地完成了中国—东盟自由贸易区协议的主要谈判，中国—东盟自由贸易区将如期在2010年全面建成。

2010年1月1日，按照《中国—东盟全面经济合作框架协议》的时间框架，中国—东盟自由贸易区全面启动。这标志着由中国和东盟10国组成接近6万亿美元国民生产总值、4.5万亿美元贸易额的区域开始步入零关税时代。

2010年1月7日至8日，中国—东盟自由贸易区论坛在广西南宁举行。中国与东盟签署18个项目，签约金额48.96亿美元。项目涉及通信技术、电力、农业等行业。此外还举行了钦州保税港区、南宁保税物流中心揭牌仪式，既为中国—东盟自由贸易区建成献礼，也为中国—东盟自由贸易区下一步发展提供动力、夯实基础。

2010年3月24日，清迈倡议多边化协议正式生效，总规模为1200亿美元的区域外汇储备库和7亿美元的区域投资信用担保基金也相继建成。中国与东盟国家之间的财金合作已经取得了政府间投资合作基金以及信贷、跨境贸易人民币结算试点、金融领域人才交流培养等多项可持续性成果。

2010年10月19至24日，第7届中国—东盟博览会和中国—东盟商务与投资峰会在广西南宁举行。第7届博览会以“自贸区与新机遇”为主题。在延续了往届嘉宾规格高、展位逐年增多等情况的同时，第7届博览会和峰会更为务实，在多个领域取得了实效性的收获。

2010年10月29日，在第13次中国—东盟领导人会议上通过了《落实中国—东盟面向和平与繁荣的战略伙伴关系联合宣言的第二个五年行动计划》。在这一《行动计划》规划了从2011年至2015年双方合作的主要内容，对中国—东盟自由贸易区深化合作具有重要意义。中国国务院总理温家宝在东盟领导人会议上提出中国与东盟贸易额力争2015年达5000亿美元的目标。

2010年10月29日，中国与东盟签署了《〈中国—东盟全面经济合作框架协议货物贸易协议〉第二议定书》，双方企业可更方便地使用自贸区优惠政策，从自贸区中得到更多利益。

2011年1月，中国—东盟外长会议在云南昆明举行。此次会议是首次在华举行中国—东盟外长会，对进一步推进包括互联互通在内中国—东盟战略合作，提升双方关系水平具有重要意义。会前，中国与东盟国家外长及高官共同出席了中国—东盟友好交流年启动仪式。

2011年8月，时任中国国务院总理温家宝与东盟轮值主席国印度尼西亚总统苏希洛互致贺电，热烈庆祝中国—东盟建立对话关系20周年。12日，第10次中国—东盟“10＋1”经贸部长会议在印尼万鸦老举行，来自中国和东盟10国的经贸部长参会。会议一致同意将中国—东盟贸易谈判委员会改名为中国—东盟自由贸易区联合委员会。会议发表联合新闻声明，表示期待第8届中国—东盟博览会10月份在南宁举办。

2011年，中国与东盟双边贸易额达3628.5亿美元，同比增长23.9%。其中，出口1700.8亿美元，同比增长23.1%；进口1927.7亿美元，同比增长24.6%；对东盟贸易逆差226.9亿美元，扩大37.1%。

2012年是《中国－东盟全面经济合作框架协议》10周年，2002年中国和东盟10国共同签署的《中国—东盟全面经济合作框架协议》，总体确定了中国—东盟自由贸易区包括货物贸易、服务贸易、投资和经济合作等在内的基本架构，是中国—东盟自由贸易区的纲领性文件。

2012年8月20日，第3届中国—东盟行业合作昆明会议在中国昆明市召开。与会者围绕“中国—东盟：打造优势互补产业链”的主题，共同商议加强行业合作，以促进中国—东盟自由贸易区内各国经济增长。会议达成《昆明共识》。中国国际贸易促进会昆明市支会与菲律宾菲华联谊总会、菲律宾橡胶行业协会、缅甸水稻产商协会、泰国食品加工者协会、新加坡食品厂商联合会分别签署了《合作备忘录》。中国—东盟商务理事会与东盟国家有关商（协）会签署《合作备忘录》。

2012年9月21日，第9届中国—东盟博览会、第9届中国—东盟商务与投资峰会暨2012中国—东盟自由贸易区论坛在中国广西南宁举行，三大盛会同期举行，意义重大。期间，举办了系列政商高端对接活动以及系列会议论坛活动，取得丰硕成果。9月22日，博览会期间，作为中国与东盟双边产品的展示交易平台和商贸物流基地的中国—东盟商品交易中心在广西南宁举行落成仪式。中国—东盟自由贸易区向一个新的阶段发展。

2012年中国与东盟贸易总额高达4000.9亿美元，较上年增长了10.2%，高于中国对外贸易6.2%的增幅。其中，中国向东盟出口增长了20.1%，中国从东盟进口仅增长了1.6%。中方贸易顺差84.51亿美元，而2011年中方贸易逆差达226.88亿美元。

2012年中国与东盟双方人员往来达1500万人次，是10年前的4倍。中国赴东盟游客730万人次，比2010年前增长2.6倍，中国已成为东盟第2大游客来源地。中国与东盟每周往来航班达1000多架次，超过中日和中韩。

2013年3月13日，中国——东盟自由贸易区联合委员会第3次会议在浙江义乌召开，此次会议主要讨论如何尽快地解决中国与东盟之间的贸易壁垒，进一步扩大两地之间的经贸合作。会议包括全会及下设经济合作、原产地规则、海关手续和贸易便利化等工作组会议。主要内容包括审议自贸协议执行情况，研究进一步推动贸易自由化和便利化的措施等。此次会议在义乌举行，将为义乌展示其强大的贸易、流通、展示能力提供了良好契机，对进一步加强义乌与东盟各国的经贸交流合作有重大意义。

2013年9月3日，第10届中国—东盟博览会、中国—东盟商务与投资峰会在中国广西南宁开幕。第10届博览会是在中国—东盟合作迈向更高水平的新起点上举办的一次盛会。中国国务院总理李克强在开幕式上发表主旨演讲时指出，中国与东盟有能力在取得“黄金十年”的基础上，进一步打造“钻石十年”。开幕式上，来自中国与东盟的11国青年代表按下手印，共同发起成立“中国—东盟青年联谊会”。中国和东盟各国科技部长共同为“中国—东盟技术转移中心”揭牌。来自中国和东盟港口城市的代表共同发起设立“中国—东盟港口城市合作网络”。中国和东盟企业家、商协会代表共同发起成立“中国—东盟企业家联合会”。

2013年10月9日，第16次中国—东盟领导人会议在文莱斯里巴加湾举行，会议发表了《纪念中国—东盟建立战略伙伴关系10周年联合声明》。声明重申，中国继续支持东盟共同体建设、东盟互联互通、东盟团结和东盟在演变中的区域架构中发挥主导作用的重要性；赞赏中国在东盟对话伙伴中率先加入《东南亚友好合作条约》，率先与东盟建立战略伙伴关系，率先与东盟建成自贸区。

（来源：综合整理自中国新闻网、广西日报、中华人民共和国中央人民政府网）

# 大湄公河次区域合作

## 背景

大湄公河次区域经济合作（Great Mekong Subregion Cooperation，简称 GMS）是由亚洲开发银行于 1992 年根据银行成立时制定的宗旨和其章程中关于促进银行发展中国家成员间合作的授权，并为贯彻银行于 1991 年通过的中期发展框架性计划，经与湄公河沿岸中、柬、老、泰、缅、越等 6 国进行一系列磋商后发起的项目。1991 年至 1995 年间，亚洲开发银行根据上述 6 国政府的要求，进行了两次较大规模的大湄公河次区域经济合作可行性研究（称为“可行性研究第一阶段”和“可行性研究第二阶段”）。这两次研究得到了中、柬、老、泰、缅、越等 6 国政府的全力支持和配合。最后框架性报告得出大湄公河次区域经济合作是大势所趋、人心所向的结论，这为 6 国彼此间的合作奠定了坚实的基础。

大湄公河次区域的范围以及依据：亚洲开发银行把促进亚太地区发展中国家之间的合作定名为区域经济合作，为此在亚太区域经济合作框架下的中、柬、老、缅、泰、越之间的合作定名为次区域经济合作。除柬、老、缅、泰、越之外，中国主要指的是中国云南省。大湄公河次区域的界定有以下八个方面的理由：

一、共同拥有湄公河。湄公河在 6 国的经济生活中占有重要地位。6 国都需要在湄公河开发利用方面加强合作；

二、6 国除泰国外均属转型经济；

三、6 国都推进对外开放；

四、6 国都是资源富集地区，在合理使用低廉劳动力来进行开发方面，各国相互间有巨大的互补关系；

五、6 国边贸日趋繁荣；

六、基础设施极为落后，其中中国云南省和老挝无出海口；

七、6 国发展资金极度匮乏；

八、6 国文化背景极为相似。

大湄公河次区域经济合作部长级会议：大湄公河次区域经济合作项目启动后，为保证相关的投融资计划与亚洲开发银行按成员国组成董事会决定重大投融资事项的体制相衔接，并讨论和决定大湄公河次区域经济合作的重大问题的实施，大湄公河次区域经济合作部长级会议应运而生。

2013 年 12 月 10 日至 11 日，大湄公河次区域（GMS）经济合作第 19 次部长级会议在老挝首都万象举行。财政部副部长史耀斌率由外交部、发改委、财政部等组成的中国代表团出席会议。

## 地理态势

大湄公河次区域涉及澜沧江—湄公河流域内的中国、缅甸、老挝、泰国、柬埔寨、越南等国，面积达 256.86 万平方公里，总人口约 3.2 亿，连接着中国和东南亚地区，地理位置十分重要。

贯穿大湄公河次区域的澜沧江—湄公河是亚洲一条重要的国际河流，中国境内段称为澜沧江，中国境外段称为湄公河。澜沧江—湄公河发源于中国青藏高原唐古拉山，自北向南流经中国青海、西藏、云南 3 省区和缅甸、老挝、泰国、柬埔寨、越南 5 国，于越南胡志明市附近注入南中国海，全长 4880 公里。

大湄公河次区域涵盖了多种气候类型，又兼具多种地理特征，蕴藏着丰富的水资源、生物资源和矿产资源，经济潜能和开发前景巨大。大湄公河次区域内居住着多个民族，建筑、风情、服饰、宗教习俗各不相同。大湄公河次区域各国还拥有不少名胜古迹，包括中国的丽江古城、缅甸的仰光大金塔、老挝的琅勃拉邦古都、柬埔寨的吴哥窟、泰国的大王宫和越南的下龙湾等。

大湄公河次区域拥有丰富的生物资源、农业资源、水能资源、矿产资源、土地资源、人力资源、人文资源和旅游资源，区位优势特别明显，在资源和市场方面具有较强的互补性，有着巨大的贸易和投资机会，具有极大的发展潜力。另外，大湄公河次区域腹地涉及东南亚和南亚的许多国家和地区，拥有大约 20 亿人口，是当今世界经济最具活力的地区之一，也是世界重要的战略物资补给地，有望成为 21 世纪世界和亚洲巨大的新兴市场。

## 合作目标

加强经济联系，消除贫困，促进发展。

## 主要机制

亚洲开发银行大湄公河次区域合作（Great Mekong Subregion Cooperation，简称 GMS）。亚洲开发银行大湄公河次区域合作项目自 1992 年起开始实施，经过初期规划、项目选择，目前已进入项目实施阶段。亚洲开发银行大湄公河次区域合作范围包括湄公河流域的老挝、缅甸、柬埔寨、泰国、越南 5 国和中国云南省，涉及 7 个合作领域，即交通、能源、电讯、环境、旅游、人力资源开发以及贸易与投资。该合作机制分为两个层次：其一是部长级会议，自 1992 年起每年一次；其二是司局级高官会议和各领域的论坛（交通、能源、电讯）和工作组会议（环境、旅游、贸易与投资），每年分别举行会议，并向部长级会议报告。

亚洲开发银行大湄公河次区域合作是湄公河开发 3 个国际合作机制中起步较早并取得实质性进展的机制。自 1992 年起至 2005 年，亚洲开发银行为湄公河流域国家的基础设施建设累计提供贷款 7.7 亿美元，帮助融资 2.3 亿美元，已经在运输和能源领域完成了 9 个项目。截至 2001 年，亚洲开发银行共向大湄公河次区域开发项目提供 32 个累计 2500 万美元的技术援助项目。亚洲开发银行除向湄公河开发项目提供技术援助外，还利用自身的影响力呼吁西方发达国家尤其是私人投资者为这些备选项目提供融资。湄公河沿岸各国政府也十分重视亚洲开发银行大湄公河次区域合作项目。目前亚洲开发银行大湄公河次区域合作的重点是加强大湄公河次区域的基础设施建设和有关贸易投资政策等软环境建设。

东盟—湄公河流域开发合作（ASEAN—Mekong Basin Development Cooperation，简称 AMBDC)。东盟—湄公河流域开发合作于 1996 年 6 月在马来西亚首都吉隆坡举行首次部长级会议。根据会议通过的框架协定，部长级会议每年至少举行一次。两次部长级会议期间由成员国选派司局级官员举行指导委员会会议，为部长级会议做准备并提供政策建议。同时确定基础设施建设、投资贸易、农业、矿产资源开发、工业及中小企业发展、旅游、人力资源开发和科学技术等 8 大合作领域。东盟—湄公河流域开发合作第 1 次部长级会议确定由东盟 7 国加湄公河沿岸国——老挝、缅甸、柬埔寨和中国为该合作机制的核心国。随着老挝、缅甸和柬埔寨 3 国相继加入东盟，日本和韩国也应邀加入东盟—湄公河流域开发合作。从此，东盟—湄公河流域开发合作组织的核心实际上衍变成东盟 10 国加中、日、韩 3 国的区域合作格局。

东盟—湄公河流域开发合作第 1 次部长级会议结束后不久，便因亚洲金融危机的影响中断，从 1997 年起至 1999 年连续三年没有举行。直到 2000 年，随着亚洲各国逐渐摆脱金融危机的阴影，第 2 届东盟—湄公河流域开发合作部长级会议才于 2000 年 7 月初在越南首都河内召开，会议根据日本和韩国政府的申请，讨论了吸收日韩为东盟—湄公河流域开发合作核心成员的问题。东盟—湄公河流域开发合作第 3 届部长会议于 2001 年 10 月 8～9 日在泰国清莱举行。此后，东盟—湄公河流域开发合作的主席国在各核心成员之间轮任。

湄公河委员会（Mekong River Commission，简称 MRC)。新湄公河委员会（MRC）是在 1957 年成立的湄公河下游调查协调委员会（老湄公河委员会）的基础上产生的。1995 年 4 月，湄公河下游泰国、老挝、柬埔寨和越南 4 国在泰国清莱签署了《湄公河流域可持续发展合作协定》，承认“湄公河流域和相关的自然资源及环境是沿岸所有国家争取经济发展和社会富足以及提高本国人民生活水平的具有巨大价值的自然资产。”此后 4 个国家决定在湄公河流域共同开发和管理一切领域，包括河流资源、河上航运、洪水控制、渔业、农业、发电及环境保护等所有可能产生跨越国界影响的领域。

依照协定，建立的新湄公河委员会（Mekong River Commission）取代原来的湄公河临时委员会。新湄公河委员会的职责范围并不限于调查和协调湄公河下游水资源的综合开发，而是根据可持续发展思想，强调对整个湄公河的水资源和相关资源以及全流域的综合开发制订计划并实施管理。新湄公河委员会由 3 个常设机构组成：理事会、联合委员会和秘书处。理事会由每个成员国各派一名级别不低于司长级的官员组成，每年至少举行两次会议。秘书处负责为联合委员会和理事会提供技术和行政服务，其工作在首席执行官（CEO）的领导下进行，而首席执行官的任免则由理事会决定。湄公河委员会各成员国还分别成立了负责本国的湄公河开发和协调任务的机构。新湄公河委员会自成立之日起，就邀请上游的两个国家即中国和缅甸加入该组织，并于 1996 年开始与两国定期举行对话会，迄今已举行过 6 次对话会。

## 领导人会议

2002 年 11 月 3 日，大湄公河次区域经济合作首次领导人会议在柬埔寨金边举行。时任中国国务院总理朱镕基出席会议并就加强次区域合作的重要性等问题作了主旨发言。会议批准了《次区域发展未来十年战略框架》，并决定其后每3年在成员国轮流举办一次领导人会议。会后，有关国家签署了《大湄公河次区域便利运输协定》谅解备忘录、《大湄公河次区域便利运输协定》中方加入书和《大湄公河次区域政府间电力贸易协定》。

2011年12月21日，大湄公河次区域经济合作第4次领导人会议在缅甸内比都落下帷幕。柬埔寨首相洪森、老挝总理通邢、缅甸总统吴登盛、泰国总理英拉、越南总理阮晋勇、中国国务委员戴秉国出席。

2005年7月4日至5日，大湄公河次区域经济合作第2次领导人会议在中国云南省昆明举行，时任中国国务院总理温家宝主持会议并在会议开幕式上发表了讲话。会议围绕“加强伙伴关系，实现共同繁荣”的主题进行深入讨论并达成广泛共识，确立了以“相互尊重、平等协商、注重实效、循序渐进”为主要内容的合作指导原则，并发表了《昆明宣言》。此外，与会6国领导人还签署了便利客货运输、动物疫病防控、信息高速公路建设和电力贸易等多项合作文件，同时批准了贸易投资便利化行动框架和生物多样性保护走廊建设等多项合作倡议。

2008年3月30日至31日，大湄公河次区域经济合作第3次领导人会议在老挝万象举行，6国领导人围绕“加强联系性、提升竞争力”的主题，就加强基础设施互联互通，贸易运输便利化，构建伙伴关系、促进经贸投资，开发人力资源、增强竞争力，可持续的环境管理，次区域合作与发展伙伴关系等方面的合作构想交换意见。时任中国国务院总理温家宝在会上就加强次区域合作的问题阐述了中方的倡议主张。与会各国领导人签署了《领导人宣言》，指出了大湄公河次区域经济合作面临的机遇与挑战以及未来行动的方向，提出2008～2012年大湄公河次区域经济合作发展行动计划。与会领导人还签署了《实施次区域跨国电力贸易路线图谅解备忘录》以及《经济走廊可持续与均衡发展谅解备忘录》等一系列合作文件。

2011年12月20日至21日，大湄公河次区域经济合作第4次领导人会议在缅甸内比都举行，中国国务委员戴秉国出席会议并讲话，就进一步加强次区域合作提出了5点建议。本次会议主题为“超越2012：建立新十年大湄公河次区域经济合作战略发展伙伴关系”，6国领导人就继续深化次区域国家在交通、能源、电信、环境、农业、投资等9大重点领域的合作深入交换意见，并签署了涉及农业、环境保护、信息高速路建设等多个领域相关文件和协议，通过了《大湄公河次区域经济合作第4次领导人会议联合宣言》、《内比都宣言》和《大湄公河次区域经济合作新十年战略框架》。与会领导人接受了GMS部长递交的成果文件，听取了GMS工商论坛商业和投资会议的情况回报，并出席了3个合作备忘录的签字仪式。

## 进 展

最近20年来，大湄公河次区域已经成为世界和东亚一体化发展速度最快的地区之一，年平均经济增长速度超过6%，在基础设施建设和经贸领域均取得显著的突破和进展。

GMS经济走廊的发展分为3个阶段：交通走廊建设阶段、物流走廊建设阶段、经济走廊建设阶段。2007年，沿南北、东西、南部走廊城市间的铁路、公路、水运等基础设施建设已初具规模，交通状况得到明显改善。

大湄公河次区域经济合作以项目为主导，根据区域内成员的实际需要提供资金和技术支持。2008年3月21日，合作重点项目之一的昆明—曼谷公路（昆曼公路）中国路段全线贯通。作为连接东南亚、南亚国家的4条陆路通道之一，昆曼公路对于完善区域路网结构、优化地区投资环境、促进区域经济交流及推动各国经济社会全面发展都具有重要意义。

自合作机制启动以来，大湄公河次区域各国围绕基础设施建设、跨境贸易与投资、私营部门参与、人力资源开发、环境保护和自然资源可持续利用五大战略重点加强合作，取得显著成果。

截至2007年年底，在次区域经济合作框架内，在交通、能源、电信、环境、农业、人力资源开发、旅游、贸易便利化与投资9大领域共开展180个合作项目，其中投资项目达34个，总投资达98.7亿美元；技术援助项目146个，涉及资金1.66亿美元。

大湄公河次区域其他各国都是中国的友好邻

邦，与中国的友谊源远流长。中国历来重视参与大湄公河次区域经济合作，不断推进与次区域各国间的睦邻友好关系。2010年是澜沧江—湄公河国际航道正式通航10周年。10年来，澜沧江—湄公河国际航道已经成为中国连接东南亚各国的国际黄金水道，在建设中国—东盟自由贸易区、加强大湄公河次区域经济合作、促进中、老、缅、泰4国间经贸文化交流中发挥着不可替代的作用。

截至2009年，中国通过澜沧江—湄公河国际航道完成累计运输量达300万吨以上，有效带动了中、老、缅、泰4国的农业、轻工、运输、造船、商贸、宾馆服务等行业的协调发展。同时，澜沧江—湄公河国际航道也为中国与东盟国家建立跨国旅游经济区奠定了基础。澜沧江—湄公河对接了中国西南及泰国金三角、老挝琅勃拉邦等国际旅游热点，中国景洪—泰国清盛、老挝琅勃拉邦旅游班轮开通后，进一步改变了澜沧江—湄公河沿岸区域的国际旅游格局，多条富有吸引力的国际旅游特色线路也在规划之中。

2010年，中国—东盟自由贸易区的政策逐步实施到位，澜沧江—湄公河国际航道迎来新一轮的发展机遇。预计到2015年，中国澜沧江—湄公河国际货运量可达到150万吨，客运量可达到20万人次以上，其在区域经济合作中将发挥更大的作用。

广西壮族自治区是中国参与大湄公河次区域经济合作的主要省区。近年来，广西利用身处多个中国—东盟次区域合作交汇点的区位优势，依靠中国—东盟博览会的平台，与大湄公河次区域经济合作各国就共同推进交通设施建设，加强贸易投资便利化和产业合作，推进跨境经济合作区节点建设等方面展开合作。

2010年4月6日，大湄公河次区域核心环境项目——中越跨境生物廊道建设一期增资项目启动会在广西南宁召开。项目从2010年2月1日开始到2011年12月31日结束，实施地点为广西靖西邦亮自然保护区及附近方圆200平方公里的区域。该项目由亚洲开发银行提供建设资金，围绕5个部分展开。该项目的顺利实施，对加强次区域生物多样性保护、减贫、提高环境管理水平等起到重要推动作用。

为推动大湄公河次区域经济合作的深入开展，2009年9月17日，第2届大湄公河次区域（GMS）经济走廊论坛在柬埔寨首都金边举行。论坛的主题是“大湄公河次区域经济走廊：走向一体化、和谐与繁荣次区域的通道”，论坛主要就加强区域内国家跨境合作和加快经济走廊建设等发展战略进行了探讨。论坛结束后，柬埔寨与泰国签署了《跨境运输协议》，允许对方每天有40辆货车直接进入本国，并将根据需要增加数量，这是本届论坛取得的重要成果之一。此后，跨境运输的障碍将逐步消除。

2009年11月15日，由中国科技部政策法规司和国家发改委地区经济司共同主办的“大湄公河次区域发展高层论坛”在云南省昆明市举行。

论坛研讨主题包括“次区域经济合作的战略构想”、“次区域产业经济技术合作”、“次区域经贸合作与科技支撑”等诸多涉及大湄公河次区域未来发展与合作的重要论题。对加强中国同周边国家的国际交流与合作、探索发展中国家进行经济合作的模式与相关机制、促进中国经济社会的协调发展、推动西南东盟一体化发展、提高中国在大湄公河次区域合作水平等方面均将发挥积极作用。此次，“大湄公河次区域发展高层论坛”全面总结了大湄公河次区域合作的历程、成效与经验，系统分析了新时期大湄公河合作与开发面临的新问题、新挑战，深入探讨中国在战略与策略层面上针对未来大湄公河次区域合作的方式、机制和政策。2009年6月19日，大湄公河次区域经济合作（GMS）第15次部长级会议在泰国举行，来自中国、缅甸、泰国、柬埔寨、越南、老挝的部长级官员以及亚洲开发银行和国际组织的代表参加了会议。各国部长在会议上签署了扩大现有跨境能源贸易的路线图，除电力以外，次区域各国还将寻求水能、石油、天然气以及煤等多种能源的跨境整合。

2010年4月5日，首届湄公河委员会峰会在泰国华欣举行，会议发表了《湄公河委员会华欣宣言》，委员国承诺要致力于建设“一个经济繁荣、社会公正和环境良好的湄公河流域”。时任泰国总理阿披实在会上宣读了《华欣宣言》。这一宣言以“满足需要，保持平衡，面向湄公河流域的可持续开发”为主题，指出湄公河委员会的任务是促进和协调水资源以及相关资源的管理和可持续发展，谋求各国的共同利益和人民福利。中国、缅甸作为两个对话伙伴参加了峰会。

2010年6月8日，大湄公河次区域（GMS）商务理事会在云南昆明成立，并将设立GMS合作基金，帮助那些有意愿进入GMS国家发展的广大中小企业解决资金困难。该机构将定期编写GMS商务咨询报告，聘请相关专家编写有关GMS各国政策、法律、投资环境、投资项目的权威咨询报告，分析GMS国家各领域的贸易与投资状况、合作商机，并向理事会成员提供。该机构由GMS国家和地区前行政首长、GMS国家工商界领袖及精英代表、GMS国家有代表性的企业、有关专家和学者组成。

2010年6月9日，大湄公河次区域（GMS）经济走廊活动周在此间落下帷幕。时任云南省商务厅副厅长李极明表示，本次活动周取得了包括中国—东盟自由贸易区商务门户网站投入运营、正式签署中越跨境经济合作区框架协议等5大成果，这对推动大湄公河次区域经济合作具有重大意义。

2010年8月20日，在越南河内举行的大湄公河次区域经济合作第16次部长级会议上，6国一致通过了大湄公河次区域铁路衔接计划。预计到2020年，大湄公河次区域6国将实现铁路网络的连通，该计划被视为开发并实现泛亚铁路系统的第一步。

2010年12月2日至3日，亚洲开发银行及湄公河次区域6国交通部门官员、专家齐聚广西南宁，举行大湄公河次区域交通论坛第14次会议，共同探讨区域交通合作的美好前景。出席论坛的嘉宾有中国交通运输部、亚洲开发银行和大湄公河次区域国家交通部门的代表。此次论坛的议题是：大湄公河次区域下一步交通通联。论坛审议并检查大湄公河次区域《万象行动计划（2008～2012年）》交通项目，讨论大湄公河次区域交通发展重点项目，审议《大湄公河次区域铁路战略规划》及其行动计划。

2011年5月18日，大湄公河次区域蓝皮书《大湄公河次区域合作发展报告（2010～2011）》在云南昆明正式发布。蓝皮书预测，到2015年，中国与GMS国家的贸易总额有望超过1500亿美元。

2011年6月7日，在中国云南省昆明市召开的大湄公河次区域合作（GMS）商务理事会第2次会议上，来自中国、越南、柬埔寨、老挝、缅甸和泰国的代表一致通过了旨在深化区内各国企业间合作的《大湄公河次区域商务理事会昆明共识》。与会各国代表呼吁工商界继续加强在GMS框架和中国—东盟自由贸易区框架内的合作，加快GMS经济走廊交通基础设施的互联互通；推动交通走廊向经济走廊转化，推动贸易投资政策和市场准入政策的互联互通，促进GMS贸易投资便利化，推进贸易结算便利化；加强GMS主要行业之间的密切联系，鼓励成立区域性的行业合作委员会。

2011年7月28日，为期一天的第3届大湄公河次区域环境部长会议在金边举行，与会者呼吁加强合作，保护环境，确保区域社会经济可持续发展。柬埔寨首相洪森、中国、泰国、缅甸、老挝和越南6个大湄公河次区域成员国的环境部长或代表先后在会上发言。与会部长和代表对保护生物多样性走廊倡议第一阶段计划（2006至2011年）的实施成果给予高度评价，同意继续实施保护生物多样性走廊倡议的第二阶段计划（2012至2016年）。会议发表的《部长联合声明》高度评价保护生物多样性走廊倡议第一阶段计划的实施和亚行及发展伙伴对该项目的支持，鼓励在大湄公河次区域国家发展“绿色、全面、平衡的经济”，希望亚行和发展伙伴继续支持次区域国家为实施环保计划、应对气候变化和减贫所作出的努力。

2011年8月4日，大湄公河次区域（GMS）经济合作第17次部长级会议在柬埔寨首都金边举行。中国财政部副部长张少春率中国政府代表团出席会议。来自中国、缅甸、老挝、泰国、柬埔寨、越南的部长级官员以及亚洲开发银行（亚行）和国际组织的代表出席了会议。会议期间，各国部长回顾了自第16次部长会以来GMS合作取得的进展，审议了GMS第4次领导人会议的成果文件准备进展，其中包括GMS新十年（2012～2022年）战略框架、旅游合作战略、信息高速公路谅解备忘录、核心环境项目二期框架文件和行动计划、设立GMS铁路协调办公室行动计划及交通与贸易便利化成果文件，并就新十年战略框架的实施进行了深入讨论。会后发表了《部长联合声明》。

2011年12月20日，大湄公河次区域经济合作（GMS）第4次领导人会议在缅甸内比都举行，中国国务委员戴秉国出席会议并讲话。缅甸总统吴登盛、柬埔寨首相洪森、老挝总理通邢、泰国总理英拉、越南总理阮晋勇和亚洲开发银行行长黑田东彦出席会议。会议通过了《内比都宣言》和《大湄公河次区域经济合作新十年战略框架》。与会领导人接受了GMS部长递交的成果文件，听取了GMS工商论坛商业和投资会议的情况汇报，并出席了3个合作备忘录的签字仪式。

2012年3月27日，亚太区域合作会议在昆明举行，有关大湄公河次区域发展的议题成为焦点。与会各国代表就“展优先道路运输”、“建立GMS商业论坛”等具体问题发表了各自看法。GMS成员国在会上倡议，希望建立GMS商业论坛，促进区域内多层次、多性质的部门参与合作讨论，尤其为私营部门提供机会。

2012年6月7日，GMS商务理事会第3次会议在昆明召开，主题为“分享合作成果、创新发展空间”。来自柬埔寨、老挝、缅甸、泰国、越南以及中国的工商界代表共计220人与会，各方代表一致审议并通过了《大湄公河次区域商务理事会—昆明共识》。

2012年7月4日，由云南大学大湄公河次区域研究中心、社会科学文献出版社联合主办的大湄公河次区域蓝皮书《大湄公河次区域合作发展报告2012》在北京发布。该报告梳理了2011～2012年度大湄公河次区域合作、发展面临的重点、热点，分析了未来次区域合作的发展趋势，指出大湄公河次区域合作历经20年进入“新磨合期”，亟须加强政治互信与安全合作，从单纯的经济合作向全方位拓展。

2012年11日至12日，大湄公河次区域(GMS)经济合作第18次部长级会议在广西南宁举行，以“新起点，新发展：巩固20年合作成果，提升未来合作水平”为主题。时任中国财政部部长谢旭人率中国代表团出席并主持会议。来自GMS其他5个成员国的部长级政府官员，亚洲开发银行副行长史蒂芬·格罗夫，联合国亚太经济与社会理事会、国际移民组织等国际组织及有关域内外国家的代表出席了会议。会议通过了部长联合声明，签署了《关于成立区域电力协调中心的政府间谅解备忘录》，决定成立大湄公河次区域铁路联盟，并承诺加快建立次区域知识平台，推动交通走廊向经济走廊转变，开启了该机制迈向新十年的大幕。会议批准了《大湄公河次区域人力资源战略框架及行动计划(2013～2017年)》，审议通过了《实施降低大湄公河次区域地区流动人口感染艾滋病风险备忘录的行动计划》以及交通与贸易便利化的相关成果文件。

2013年3月21日，“2013大湄公河次区域城市旅游高官会”在越南胡志明市举行，老挝、缅甸、柬埔寨和越南4国及相关城市旅游官员参加。会议集中就未来稳健合作联合发展地区旅游的措施进行了交流和探讨。拟于2013年8月21至25日联合开展日本市场旅游促进计划；组织举办旨在落实2012年第1届大湄公河次区域旅游城市市长会议共同声明的大湄公河次区域卖方研讨会的计划；讨论并提出由胡志明市主办的于2013年9月11至12日召开的2013年第2届大湄公河次区域城市市长会议的新的合作内容。

2013年5月13日，由老挝、泰国、越南和缅甸4国参加的关于东西经济走廊的副外长会议在老挝举行。会议旨在促进东西经济走廊发展，并就以下问题达成共识：鼓励东西经济走廊各国在2014年GMS首脑会议前完成GMS CBTA协定议定书和附件的批准程序；建议各国政府加强合作，并优先进行经济走廊沿线公路和服务设施的维护和升级；建议ADB帮助东西经济走廊各国制订走廊招商引资战略，并举行政府与企业及相关利益伙伴的对话，以便讨论关于将走廊与区域生产和供应链相结合的发展定向。

2013年6月5日，中国与柬埔寨、缅甸、老挝、越南和泰国6国政府新闻主管部门官员，在云南省昆明市共同启动首届“中国与大湄公河次区域五国媒体互访”活动。中国国务院新闻办公室副主任王国庆在启动仪式上表示，在过去的20多年，中国、老挝、柬埔寨、缅甸、越南、泰国6国新闻媒体在增进次区域各国和各国人民之间的了解、理解，推动区域和国与国之间合作方面发挥了不可替代的重要作用，做出了积极的贡献。次区域合作需要进一步加强，次区域各国媒体的作用也需要进一步增强。2012年中国国务院新闻办公室倡议中国与大湄公河次区域5国媒体开展定期互访，得到了次区域5国的积极响应。

2013年6月5日，大湄公河次区域(GMS)运输商协会能力建设研讨会在昆明召开。来自老挝、缅甸、泰国、越南、印度和中国、联合国亚太经社会、亚洲开发银行的130多位政府官员、专家学者、商会负责人和物流运输企业代表围绕深化GMS经济合作，充分发挥GSM运输商协会的功能和作用，提升其运行效率，加强其能力建设等议题进行探讨。研讨会采取主旨演讲、互动式讲座、提问和发言等形式，与会代表们就GMS运输商协会——GMS合作中的新角色，GMS运输商协会行动计划，GMS运输商协会支撑体系建设等议题交流信息，分享经验，探讨构建次区域物流民间合作平台、加强区域内互联互通、实现区域内物流运输便利化等共同关注的事宜。同时研讨次区域各国政府对物流和运输便利化发展方面的对策措施及政策建议，以及如何发挥该地区国际组织的作用，积极争取国际组织对大湄公河次区域运输商协会提供支持和帮助等问题。

2013年6月18日，第31次大湄公河次区域国家旅游工作组会议在广西桂林召开。来自湄公河旅游协调办公室、亚洲开发银行，以及柬埔寨、老挝、缅甸、泰国、越南、中国等6国国家旅游部门的官员，大湄公河次区域6国旅游院校、旅游行业等代表，以及多家国内外新闻媒体的记者聚首本次会议。这次会议将就巨大经济潜力和保护中国游客及区域安全进行讨论。同时就大量中国游客涌入大湄公河次区域国家对本地区的经济、社会以及环境等方面带来的影响进行讨论。另外，有关人士还要报告大湄公河次区域旅游部门优先战略项目的执行情况、大湄公河次区域国家项目的最新进展情况等。

2013年7月30日，以“大湄公河次区域合作——青年的期望与责任”为主题的第9届大湄公河次区域（GMS）青年友好交流活动在云南红河哈尼族彝族自治州启动。在为期3天的友好交流活动中，来自中国、泰国、缅甸、越南、老挝和柬埔寨的60多名青年将在红河州感受多姿多彩的中国少数民族文化、参观最近入选世界文化遗产的哈尼梯田、品尝哈尼长街宴，并在活动中展开深入交流。

2013年8月22日，由云南大学大湄公河次区域研究中心和社会科学文献出版社联合主办的“2013年《大湄公河次区域蓝皮书》发布会”在北京举行。与会专家分析和展望了2012～2013年大湄公河次区域合作的热点问题和发展趋势，对新形势下中国进一步推动次区域合作深入发展提出了对策和建议，并正式发布了2011年大湄公河次区域蓝皮书《大湄公河次区域合作发展报告（2012～2013）》。2013年11月22日，在亚洲开发银行（亚行）的支持和协调下，大湄公河次区域（GMS）国家便利运输联合委员会（联委会）第4次会议在缅甸首都内比都举行。GMS 6国（中国、柬埔寨、老挝、缅甸、泰国、越南）交通运输主管部门的领导分别率团与会。亚行和GMS发展伙伴的高级代表也出席了会议。中国代表团由交通运输部总规划师戴东昌任团长，成员来自交通运输部、公安部、海关总署、质检总局和中国道路运输协会等我国便利运输委员会部分成员单位。会议回顾了自2010年联委会第3次会议以来，GMS各国在交通基础设施互联互通和跨境运输便利化方面取得的工作进展，通过了《联委会未来3年（2013～2016）运输和贸易便利化蓝图规划》并发表了《联委会第4次会议联合声明》。会议敦促各有关方继续加快GMS六国政府间《便利货物及人员跨境运输协定》（《便运协定》）附件和议定书的批准；推动成员国之间商签和实施《便运协定》的双边或三边合作文件；继续依据市场需求增加运输行车许可证配额；开展完善口岸“单一窗口”和“一站式”检查并扩大应用范围；确定推行海关过境制度的瓶颈并研究对策；加强各边境主管机关能力建设；鼓励私营部门和运输协会的积极参与（包括在联委会项下成立担保机构分委会）等。

2013年12月10日至11日，大湄公河次区域（GMS）经济合作第19次部长级会议在老挝万象举行。来自老挝、柬埔寨、中国、缅甸、泰国、越南等大湄公河次区域（GMS）经济合作的6个成员国，亚洲开发银行，有关国际组织及域内外双边援助机构的代表出席了会议。财政部副部长史耀斌率由外交部、发改委、财政部等组成的中国代表团出席。本次会议的主题为“做好新一代GMS合作规划，推动次区域快速发展”。会议审议通过了区域投资框架合作项目规划，为落实GMS2012－2022年战略框架提供了有力的平台；签署了成立GMS铁路联盟备忘录，目的旨在为推动次区域内铁路互联互通，促进铁路基础设施资源的优化配置提供制度性安排。此外，会议还就如何进一步推动区域合作和一体化及区域投资框架合作项目的有效实施等议题进行了讨论。

如今，建成超过20周年的大湄公河次区域合作已经成为亚洲区域经济合作机制及南南合作的一个成功范例。中国将结合《大湄公河次区域经济合作新十年战略框架（2012～2022年）》和《交通与贸易便利化行动计划》的实施，与GMS有关国家及亚行一道，全力推动经济走廊建设。

## 国际关注

在国际政治多极化、世界经济全球化和区域化迅速发展的推动下，澜沧江—湄公河次区域国际合作成为亚太地区经济、贸易及投资的新热点。自亚洲开发银行倡导大湄公河次区域合作以来，西方发达国家以及东盟对该地区合作都高度重视，纷纷参与到该区域合作中来。日本一直是湄公河开发的重要捐助国。2009年11月16日，由日本和湄公河地区5个国家的领导人参加的首次“日本—湄公河地区各国首脑会议”在东京举行。会议通过了《东京宣言》，旨在加强日本与湄公河地区国家之间的合作。日本把湄公河地区作为外援重点，继续扩充对该地区整体，特别是柬埔寨、老挝、越南3国的政府开发援助。2009年始的3年内共向该地区提供5000亿日元（1美元约合90日元）以上的政府开发援助；从2010年开始启动相关项目推进环保领域合作；扩大双方人民特别是青少年交流；规定每3年在日本召开一次首脑会议等。此外，会议还通过了双方合作行动计划，涵盖基础设施和地区性经济制度建设、地区稳定合作及文化遗产保护等。

美国也积极关注湄公河的发展。2009年7月23

日，时任美国国务卿希拉里·克林顿与湄公河下游的泰国、越南、老挝和柬埔寨等4国外长在普吉举行外长会议，与会5国外长们就加强在河流灾害预防等领域的合作达成共识。决定各国成立一个专门工作小组，对有关情况进行研究并将成果提交给美国，以便共享灾害预防方面的专业建议和意见。同时还决定将“美湄会议”定为东盟与对话伙伴外长会议期间举行的年度会议。

欧洲及其他西方国家大部分是通过官方的开发援助和直接投资、捐助开发和研究等方式参与澜沧江—湄公河的开发合作。如澳大利亚、新西兰、瑞典等国积极参与湄公河开发，以官方开发援助和人力资源开发为主。英、法等国在多极化的推动下，重点的投资、捐助和合作主要集中在原旧殖民地国家。欧盟及其他欧洲国家以亚欧首脑会议为契机，对湄公河开发也有一定兴趣，已在“共同合作湄公河开发计划”方面达成共识，表示积极支持开发合作。

东盟近年来也越来越重视湄公河流域开发合作。1995年，第5次东盟首脑会议确定东盟走向21世纪的战略发展目标，决定加快东盟经济政治一体化的进程，并将“东盟自由贸易区”计划从2008年提早到2003年实现。为实现10国“大东盟”计划，东盟积极地介入湄公河开发计划，考虑到东盟的几个新盟员是该地区经济较不发达的国家，经济、社会、政治、法律制度及历史文化背景与原东盟成员国之间有较大差异和距离，还考虑到这一地区与中国的密切关系，1996年6月在吉隆坡召开东盟—湄公河流域开发合作第1次部长级会议上，通过《东盟—湄公河流域开发合作基本框架》，以提高湄公河流域国家的经济水平，加速将湄公河沿岸国如老挝、缅甸和柬埔寨纳入东盟的轨道。同时，也将“东盟—湄公河流域开发合作”作为东盟与中国经济合作关系的重要组成部分。

“湄公河铁路”修建计划于2010年8月20日在越南首都河内举行的大湄公河次区域经济合作部长级会议上获得通过，将由亚洲开发银行出资，亚洲开发银行负责人认为该铁路网将于2020年成为现实。而另一条早在20世纪90年代中期开始构思，是连接中国云南和东盟诸国的铁路大通道，在经历了十几年的冷热沉浮后重新上路。若然“湄公河铁路网”构建成功，料将成为“泛亚铁路”3条选线的重要组成部分。2010年，中国出资完成了柬埔寨境内巴登—斯诺尔缺失段可行性研究工作；2011年出资完成了老挝境内万象—磨憨缺失段、缅甸境内木姐—腊戌缺失段可行性研究工作。2012年12月的大湄公河次区域（GMS）经济合作第18次部长级会议决定成立GMS铁路联盟，协调域内铁路干线对接。在中越边境公路交通双边协定下，2012年中越双方开通了昆明至海防客货运、南宁至河内客货运以及深圳至河内货运等5条国际运输铁路。

（来源：综合整理自中国新闻网、新华网、广西新闻网、云南网）

# 2014 泛北部湾经济合作论坛

**时 间**

2014年5月15日

**宗 旨**

本届论坛继续秉承共建中国—东盟新增长极的宗旨，围绕“21世纪海上丝绸之路”的战略构想、重点领域和实现路径进行深入探讨，研究如何推动泛北部湾经济合作进一步成为“21世纪海上丝绸之路”的先行项目，务实推动港口互联互通、临港产业、金融、陆路跨境、人文等领域的合作，以期在政策沟通、道路联通、贸易畅通、货币畅通、货币流通和民心相通等方面探寻有效的途径。利好海上丝绸之路概念股、东盟北部湾概念股、丝绸之路概念股。

**主 题**

携手推进泛北合作，共建海上丝绸之路

**主要议题**

议题一：21世纪海上丝绸之路的战略构想、重点领域和实现路径；

议题二：泛北智库峰会——泛北合作与21世纪海上丝绸之路；

议题三：金融创新，共建泛北产业和基础设施投资金融体系；

议题四：港口合作与泛北区域物流网络建设；

议题五：从贸易到相互投资：泛北产业跨境投资的模式创新；

议题六：泛北文化传播的合作与创新。

## 组织机构

主办单位：

中国国家发展和改革委员会

中国交通运输部

中国商务部

中国人民银行

中国海关总署

中国国家旅游局

中国国务院发展研究中心

人民日报社

中国国家开发银行

广西壮族自治区人民政府

海南省人民政府

广东省人民政府

泰国商务部

## 特 点

中国—东盟战略合作关系已从"黄金十年"迈向"钻石十年"，在经济全球化深入发展的背景下，泛北部湾区域合作也面临新的形势和新的机遇，需要挖掘新的增长动力。以"携手推进泛北合作，共建海上丝绸之路"为主题的第8届泛北部湾经济合作论坛在广西南宁开幕。来自中国和东盟各国政要、专家学者和企业家等500多名与会人员围绕"携手共建21世纪海上丝绸之路"进行了研讨。

本届论坛以中国与东盟从贸易到相互投资、泛北部湾产业跨境投资的模式创新为重点讨论内容。会议围绕"21世纪海上丝绸之路"的构想、重点领域和实现途径进行探讨，研究如何推动现有的泛北部湾经济合作进一步成为"21世纪海上丝绸之路"的先行项目，务实推动港口的互联互通、临港产业、金融陆地跨境、人文产业等领域深化合作。努力构建面向东盟的互联互通海陆大通道，重点建设海运、高速公路、高速铁路、航空、光纤"五张网"；打造海上丝绸之路产业合作带，参与和推进泛北部湾产业集群建设，鼓励企业相互投资，努力构建国际产业分工合作新格局；打造海上丝绸之路现代商贸物流基地，共同完善商贸基础设施，进一步畅通区域商品流通渠道；加快建设沿边金融综合改革试验区，积极探索实现人民币资本项目可兑换的多种途径，建立与海上丝绸之路建设相适应的开放型现代金融体系；打造海上丝绸之路友好城市和人文交流圈，厚植广西与东盟合作的社会基础，共同开启21世纪海上丝绸之路的新辉煌。

## 论坛成果

2014年5月15日，在第8届泛北部湾经济合作论坛闭幕酒会上，智库峰会专家莫哈默依沙发布了《泛北智库关于携手共建21世纪海上丝绸之路的共同倡议》。

来自泛北部湾地区的综合开发研究院（中国·深圳）、新加坡国立大学东亚研究所、马来西亚战略与领导研究所、马来西亚战略与国际研究所、菲律宾发展研究院、泰国发展研究院等机构的著名专家学者围绕着"连接·共荣：开创伙伴关系新纪元"这一主题，就泛北部湾经济合作与海上丝绸之路建设及区域合作机制的优化与整合进行了研讨，达成了以下共识并发出倡议：

赞赏和欢迎中国国家主席习近平关于共建21世纪海上丝绸之路的倡议，这是在经济全球化不断深化背景下的一个伟大构想，必将增进互信、凝聚共识，开创中国一东盟伙伴关系新纪元，为沿线各国人民带来新的福祉。泛北部湾经济合作主要致力于中国一东盟海上合作，与21世纪海上丝绸之路建设有着共同的目标，应当成为21世纪海上丝绸之路的先行项目和重要平台，中国广西在推动泛北部湾经济合作中发挥了重要作用。携手共建21世纪海上丝绸之路，需要政府、企业、金融界等各方面、各层次的推动和参与，更加需要各国智库机构的积极探索和多维度深入研究，形成有针对性、可操作性的方案，为政企各界提供决策参考。基于此，专家倡议发挥智库机构在各国的积极作用，促进政府间的政策沟通和务实合作，共同推进21世纪海上丝绸之路建设，为实现区域繁荣创造条件；倡议携手建立"泛北智库联盟"，联合对区域内的战略性、长期性发展与合作问题开展研究探讨，为开创伙伴关系新纪元发挥积极作用。

（来源：综合整理自新华网、广西新闻网、人民网、中新网）

# 活 动 篇

## 中国—东盟博览会

### 概 况

中国—东盟博览会是由中国国务院总理温家宝倡议，由中国和东盟10国经贸主管部门及东盟秘书处共同主办，广西壮族自治区人民政府承办的国家级、国际性经贸交流盛会，每年在广西南宁举办。博览会以“促进中国—东盟自由贸易区建设、共享合作与发展机遇”为宗旨，涵盖商品贸易、投资合作和服务贸易3大内容，是中国与东盟扩大商贸合作的新平台。

截至目前，中国—东盟博览会已成功举办了10届，为推动中国与东盟经贸关系的发展发挥了重要作用。

2005年，中国—东盟博览会被评为“中国十大知名品牌展会”，博览会常设机构——中国—东盟博览会秘书处荣获“中国会展业特别贡献奖”。

2006年，中国—东盟博览会荣获“2006年中国十大最具影响力的政府主导型展会”称号。

2007年，中国—东盟博览会获得“2007年中国十大最具影响力的国家级品牌展会”称号。

2008年，中国—东盟博览会在第6届中国会展节事财富论坛上被评为“2008年度十大会展”。

2009年，中国—东盟博览会在第7届中国会展高峰论坛上被评为“2009年度十大国家级品牌展会”。

2010年，中国—东盟博览会荣获“新世纪十年·中国会展杰出典范奖”和“新世纪十年·中国十大品牌展会”奖，中国—东盟博览会秘书处秘书长郑军健被评为“新世纪十年影响中国会展业60人”。

2011年，中国—东盟博览会在广州会展经济论坛、中国会展经济年度研讨会上荣获“2011年中国十佳品牌展会”。

2012年，中国—东盟博览会在中国会展产业论坛荣获“2011－2012年度中国十大品牌展览会”；在中国会展业年度研讨会上荣获“2012中国会展业年度十佳品牌展会项目”；在中国会展行业年会上荣获“2012年度中国十大影响力展览会”。

第11届中国—东盟博览会将于2014年9月16～19日在广西南宁举办。

中国—东盟博览会是目前中国境内唯一由多国政府共同主办且长期在一地举办的展会。

中国—东盟博览会以展览为中心，同时开展多领域多层次的交流活动，搭建了中国与东盟交流合作的平台。

**会 徽**

**凝 聚**

作者的设计灵感源自“10＋1”概念。

11条彩带分别代表着美丽的中国和旖旎的东盟10国。

合作的平台凝聚人心、汇聚人气。中国与东盟10国的朋友相聚在广西南宁，以中国—东盟博览会为平台，通过广泛深入的交流与合作，实现优势互补、共同发展的美好愿望。

凝聚产生力量。中国—东盟博览会将是国际盛会，中国人民带着美好的期盼与憧憬，与东盟各国朋友携手并肩，抒写梦想，挥洒欢乐，分享荣耀！

**绽 放**

美丽的花瓣，像无数双欢迎的手臂。这不仅体现了中华民族好客的传统，也表达了广西各族人民待客的诚意。

盛开的朱槿，标志着中国—东盟博览会这个盛大聚会的开放与包容，寓意发展空间永无止境。

同时，作者巧妙地运用了现代艺术手法，将南宁的市花朱槿与广西标志性建筑——南宁国际会展中心有机地结合起来，传递出中国—东盟博览会举办地的信息，表达了广西5282万（截至2013年末，广西统计局数据）人民作为十几亿中国人的代表，向世界敞开博大的胸怀！

**繁　荣**

繁花似锦。11片花瓣间铺满了光荣与梦想，预示着中国与东盟十国人民互利合作、共享繁荣美好的未来。

作者将中国传统的书法绘画艺术与现代设计手法相融合。缤纷的色调、流畅的线条，演绎着一个区域的活力、变革与发展，弹奏出这片热土的激越情怀。

东盟10国中多数国家毗邻海洋，中国—东盟博览会举办地——广西亦具沿海优势。因此，会徽以蓝色为主色调，意在体现中国—东盟博览会将奏响和平进步的人类赞歌，弘扬“10＋1”各国人民的民族智慧。

## 会歌

中国—东盟博览会会歌——“相聚到永久”。

中国—东盟博览会会歌“相聚到永久”综合性强，兼具传统与时尚感，易于传唱。歌名和歌词内容切合博览会主题，尤其是“相聚”和“永久”，既概括了博览会的内容、特点，又表达了人们友谊、合作、发展、繁荣的美好愿望。

会歌歌词：

再大的城市也装不下
双眼的眺望　梦想的宽广
共同的梦想才能拥有
不熄的信念和力量
再高的山峰不能阻挡
坚强的拥抱　超越的渴望
广阔的天空才能书写
腾飞的希望和辉煌
相聚到永久
风雨并肩走
共患难　我们手牵手
永远是朋友
相聚到永久
风雨并肩走
看东方我们同声唱
我们永远是朋友

## 吉祥物

中国—东盟博览会吉祥物——“合合”。

吉祥物“合合”以独产于广西的珍稀动物白头叶猴为创作原型。“合合”形象活泼、可爱，富有人情味，构思新颖，用笔灵动洗练，用色单纯明快。“合合”寓意合作、融合，反映了中国—东盟博览会“合作与发展”的宗旨。“合合”又是“和平、和气”之“和”的谐音，体现了中国与东盟建立和平与繁荣的战略合作伙伴关系的内涵。它不仅具备中国文化和广西的特色文化底蕴，同时兼容东盟国家等不同的文化背景，充分体现了中国—东盟博览会的主题。

## 缘起

2003年10月8日，中国国务院总理温家宝在第7次中国与东盟“10＋1”领导人会议上倡议，从2004年起每年在中国广西南宁举办中国—东盟博览会，同期举办中国—东盟商务与投资峰会。这一倡议得到了东盟各国领导人的积极响应，并写入了会后发表的主席声明。

## 背景

纵观世界经济的发展形势，区域经济一体化与经济全球化已成为当今世界经济发展的两大潮流。中国同东盟领导人审时度势，高瞻远瞩地作出了建立中国—东盟自由贸易区的重大战略决策。

2002年11月，在柬埔寨金边召开的第6次中国—东盟“10＋1”领导人会议上，中国与东盟领导人签署了《中国—东盟全面经济合作框架协议》，共同启动了中国—东盟自由贸易区的建设进程。

根据《中国—东盟全面经济合作框架协议》，2004年1月1日，中国—东盟自由贸易区的先期成果“早期收获计划”开始实施。

2004年11月，中国和东盟签署了《中国—东盟全面经济合作框架协议货物贸易协议》和《中国—东盟全面经济合作框架协议争端解决机制协议》，标志着中国—东盟自由贸易区建设进入了全面启动的实施阶段。

2005年7月，《中国—东盟全面经济合作框架协议货物贸易协议》实施，中国与东盟开始对7000种商品相互降税。自2007年起，又进行了第二阶段降税，中国降低了5375种产品的关税，对东盟的平均关税由8.1%下降为5.8%。东盟各国对中国的平均关税也有不同程度的降低。《协议》承诺，到2010年，中国—东盟自由贸易区正式建成，中国和东盟老成员国的绝大多数产品关税降为零。中国与东盟4个新成员国（柬埔寨、老挝、缅甸、越南）则在2015年将双方绝大多数产品的关税降为零。

2007年7月，中国—东盟自由贸易区《中国—东盟全面经济合作框架协议服务贸易协议》实施，标志着中国—东盟自由贸易区的建设向前迈出了关键的一步，为如期全面建成自贸区奠定了更为坚实的基础。

2010年1月1日，中国—东盟自由贸易区正式全面启动。自贸区建成后，东盟和中国的贸易占到世界贸易的13%，成为一个涵盖11个国家、19亿人口、GDP达6万亿美元的巨大经济体，是目前世界人口最多的自贸区，也是发展中国家间最大的自贸区。

2012年，中国—东盟关系进入第3个10年，是中国与东盟友好合作关系全面深入发展的一年，是《中国—东盟全面经济合作框架协议》签订10周年。

2013年，是中国—东盟博览会举办10周年，同时也是中国与东盟战略合作伙伴关系成立10周年。

中国—东盟博览会以中国—东盟自由贸易区为依托。自贸区建设的成果为博览会持续发展提供了内在的市场动力。同时，博览会为企业分享自贸区建设成果，进一步开拓市场提供了难得的好平台。

## 定 位

中国—东盟博览会以“促进中国—东盟自由贸易区建设，共享合作与发展机遇”为宗旨，围绕《中国—东盟全面经济合作框架协议》以双向互利为原则，以自由贸易区内的经贸合作为重点，面向全球开放，为各国商家共同发展提供新的机遇。

## 内 容

商品贸易、投资合作、服务贸易、高层论坛、文化交流。

## 特 色

1. 进口与出口相结合。以进口为特色，强调对东盟市场开放，成为东盟商品进入中国的桥梁。

2. 投资与引资相结合。以中国企业“走出去”为特色，成为中国企业投资东盟的平台。

3. 商品贸易与服务贸易相结合。以旅游服务和中小企业技术创新成果转让为切入点，培育中国与东盟经贸合作的新增长点。

4. 展会结合，相得益彰。中国—东盟商务与投资峰会和中国—东盟博览会同期举办，二者有机结合，相互促进。“两会”期间，既有实实在在的经贸活动，又有政府、企业、专家学者的相互对话与交流。

5. 经贸盛会与外交舞台。中国—东盟博览会既是一次经贸盛会，又是一次多边国际活动，充分体现了中国与东盟睦邻友好、建立面向和平与繁荣的战略合作伙伴关系的宗旨和意图，务实地推动了中国与东盟国家区域经济合作的深入发展。

6. 经贸活动与文化交流相结合。中国—东盟博览会期间同时举办“风情东南亚”晚会、“南宁国际民歌艺术节”开幕晚会、“中华情”晚会、高尔夫名人赛、“网球之友”名人赛、时装节、美食节等，五彩纷呈的文化体育活动穿插其间。

## 组织机构

主办单位：
中华人民共和国商务部
文莱工业和初级资源部
柬埔寨商业部
印度尼西亚贸易部
老挝工业贸易部
马来西亚国际贸易和工业部
缅甸商务部
菲律宾贸易和工业部
新加坡贸易和工业部
泰国商业部
越南工业贸易部
东盟秘书处

承办单位：
广西壮族自治区人民政府

协办单位：
中国科学技术部
中国交通运输部
中国海关总署
中国国家旅游局
中国国际贸易促进委员会
中国香港贸易发展局

国内外支持商协会：

文莱中华商会

文莱—中国友好协会

柬埔寨总商会（又名“金边总商会”）

柬埔寨成衣厂商协会

柬埔寨中国商会

柬埔寨中国港澳侨商总会

印尼工商会馆中国委员会

印尼中华总商会

印尼—中国经济社会与文化合作协会

老挝国家工商会

马来西亚中国经济贸易总商会

马来西亚制造商联合会

马中友好协会

马来西亚中华工商联合会

缅甸联邦工商会

缅甸林木产品商协会

缅甸豆类商协会

缅甸渔业协会

缅甸工业联合会

菲律宾华商联总会

新加坡中华总商会

新加坡工商联合总会

新加坡制造商联合会

新加坡中国商会

新加坡中小企业工会

泰国中华总商会

泰国工商总会

泰中商务委员会

越南工商会

中国纺织品进出口商会

中国轻工工艺进出口商会

中国五矿化工进出口商会

中国食品土畜进出口商会

中国机电产品进出口商会

中国医药保健品进出口商会

中国对外承包工程商会

中国食品和包装机械工业协会

## 常设机构

中国—东盟博览会秘书处

主要负责：

中国—东盟博览会的总体规划和重大活动的组织实施；

统筹和组织实施中国—东盟博览会境内外招商招展，展会的展区规划、现场管理与服务；

展馆租赁、展位经营、广告赞助以及中国—东盟博览会专有品牌资源的管理和经营；

中国—东盟博览会的整体形象设计和宣传推介工作等。

中国—东盟博览会秘书处内设综合协调部、研究发展部、招商招展部、展览管理部、对外联络部、宣传推介部、会议接待部、经营开发部、人力资源部、财务会计部等十个职能部门。

## 历届出席领导

第1届·2004年11月3～6日

中共中央政治局委员、国务院副总理吴仪

中国全国政协副主席李兆焯

中国全国政协副主席黄孟复

柬埔寨首相洪森

老挝总理本扬

缅甸总理梭温

泰国副总理披尼

越南副总理范家谦

柬埔寨国务大臣兼商业部长占蒲拉西

东盟秘书长王景荣

第2届·2005年10月19～22日

中共中央政治局常委、国家副主席曾庆红

老挝国家副主席朱马里

柬埔寨首相洪森

缅甸总理梭温

泰国第一副总理颂奇

越南常务副总理阮晋勇

柬埔寨国务大臣兼商业部长占蒲拉西

东盟秘书长王景荣

第3届·2006年10月31～11月3日

中共中央政治局常委、国务院总理温家宝

中国全国人大常委会副委员长顾秀莲

中国全国政协副主席李兆焯

东盟轮值主席国菲律宾总统阿罗约

文莱苏丹哈桑纳尔

柬埔寨首相洪森

印度尼西亚总统苏希洛·班邦·尤多约诺

老挝总理波松·布帕万

马来西亚总理阿卜杜拉·巴达维

缅甸总理梭温

新加坡总理李显龙

泰国总理素拉育

越南总理阮晋勇

柬埔寨副首相贺南洪
老挝副总理通伦·西苏里
柬埔寨国务大臣兼商业部长占蒲拉西
东盟秘书长王景荣

第 4 届·2007 年 10 月 28～31 日
中共中央政治局委员、国务院副总理曾培炎
文莱王储穆赫塔迪·比拉
柬埔寨首相洪森
老挝总理波松·布帕万
越南总理阮晋勇
柬埔寨国务大臣兼商业部长占蒲拉西
东盟秘书长王景荣

第 5 届·2008 年 10 月 22～25 日
中国国务院副总理王岐山
中国全国人大常委会副委员长顾秀莲
中国全国政协副主席李兆焯
柬埔寨首相洪森
柬埔寨副首相贺南洪
缅甸总理吴登盛
老挝国家副主席本扬
菲律宾众议长普罗斯培·诺格拉雷斯
越南副总理黄忠海
文莱公主玛斯娜
柬埔寨国务大臣兼商业部长占蒲拉西
东盟秘书长素林

第 6 届·2009 年 10 月 20～24 日
中共中央政治局常委、中国国务院副总理李克强
老挝总理波松·布帕万
菲律宾众议长普罗斯培·诺格拉雷斯
缅甸国家和平与发展委员会第一秘书长吴丁昂敏乌
越南常务副总理阮生雄
柬埔寨国务大臣兼商业部长占蒲拉西
东盟秘书长素林

第 7 届·2010 年 10 月 20～24 日
中共中央政治局常委、全国政协主席贾庆林
印度尼西亚副总统布迪约诺
老挝副总理阿桑·劳里
越南副总理张永仲
柬埔寨国务大臣兼商业部长占蒲拉西

第 8 届·2011 年 10 月 21～26 日
中共中央政治局常委、国务院总理温家宝
马来西亚总理纳吉布·敦·拉扎克
柬埔寨首相洪森
缅甸副总统吴丁昂敏乌
老挝副总理宋沙瓦·凌沙瓦
泰国副总理吉迪拉·纳拉农
越南副总理阮春福
柬埔寨国务大臣兼商业部长占蒲拉西
东盟秘书长素林

第 9 届·2012 年 9 月 21～25 日
中共中央政治局常委、中国国家副主席习近平
中国全国政协副主席万钢
缅甸总统吴登盛
老挝总理通邢·塔马冯
越南总理阮晋勇
马来西亚副总理穆希丁
泰国副总理吉迪拉·纳拉农
柬埔寨国务大臣兼商业部大臣占蒲拉西
文莱工业与初级资源部部长叶海亚
菲律宾总统特使、内政部长罗哈斯
新加坡贸工部兼国家发展部高级政务部长李奕贤
印尼贸易部出口总司总司长吉司马迪
东盟秘书处副秘书长林康宪
联合国贸发会议秘书长素帕差

第 10 届·2013 年 9 月 3～6 日
中国国务院总理李克强
中国国务委员兼国务院秘书长杨晶
中国全国政协副主席万钢
缅甸总统吴登盛
柬埔寨首相洪森
老挝总理通邢·塔马冯
泰国总理英拉
越南总理阮晋勇
新加坡副总理张志贤
泰国副总理兼外长素拉蓬·都威乍猜军
泰国副总理兼商务部部长尼瓦塔隆·汶顺派汕
老挝党中央书记处书记苏甘·马哈腊
柬埔寨国务大臣兼商业部长占蒲拉西
东盟秘书长黎良明

## 主 题

中国—东盟博览会从第 4 届开始，每届选择一

个重点合作领域作为主题，以推动中国—东盟合作的更快发展。第4届中国—东盟博览会的主题为：港口合作；第5届中国—东盟博览会的主题为：信息通信合作；第6届中国—东盟博览会的主题为：海关和商界合作；第7届中国—东盟博览会的主题定为：自贸区与新机遇；第8届中国—东盟博览会的主题为：环保合作；第9届中国—东盟博览会的主题为：科技合作；第10届中国—东盟博览会的主题为：区域合作发展——新机遇、新动力、新阶段；第11届中国—东盟博览会的主题为：共建21世纪“海上丝绸”之路。

## 第10届中国—东盟博览会

第10届中国—东盟博览会吸引国内外企业踊跃参会，参展参会企业及客商人数稳步增长，贸易成交额和经济合作项目签约额逐年提高，东盟国家参展参会积极性不断增强，展会专业性明显提升，取得了显著的经贸成效。

### 成果

| 项目 | 第1届 | 第2届 | 第3届 | 第4届 | 第5届 | 第6届 | 第7届 | 第8届 | 第9届 | 第10届 | 合计 |
|---|---|---|---|---|---|---|---|---|---|---|---|
| 总展位数(个) | 2506 | 3300 | 3350 | 3400 | 3400 | 4000 | 4600 | 4700 | 4600 | 4600 | 38456 |
| 东盟展位数(个) | 626 | 696(+11.2%) | 837(+20.3%) | 1126(+35%) | 1154 | 1168(+11%) | 1178 | 1161(+2.7%) | 1264 | 1294 | 10504 |
| 东盟展位占比 | 25% | 21%(−4%) | 25%(+2%) | 33%(+10%) | 35% | 29.2% | 25.6% | 25.7% | 28.3% | 28.1% | 平均27.5% |
| 参展企业总数(家) | 1505 | 2000 | 2000 | 1908 | 2100 | 2450 | 2200 | 2300 | 2280 | 2300 | 21043 |
| 其中:东盟企业数(家) | 275 | 330(+20%) | 356(+7.9%) | 667(+87.4%) | 670 | 1168 | 647 | — | — | — | — |
| 参展参会客商人数(人) | 18000 | 25000(+38.9%) | 30000 | 33480 | 36538 | 48619 | 49125 | 50600 | 52000 | 55000 | 398362 |
| 境外采购商人数(人) | 4000 | 6,000(+50%) | 7000(+16.7%) | 7500(+6.3%) | 7650(+2%) | 8262(+8%) | — | — | — | — | — |
| 贸易成交(亿美元) | 10.8 | 11.5(+6.5%) | 12.7(+10.4%) | 14.2(+12.1%) | 15.97(+12.18%) | 16.54(+3.8%) | 17.12(+3.5%) | 18.07(+5.6%) | 18.78(+3.93%) | 19.1 | 154.78 |
| 国际合作项目签约额(亿美元) | 49.68 | 52.9(+6.5%) | 58.5(+10.6%) | 61.54(+5.3%) | 63.64(+3.41%) | 64.4(+1.19%) | 66.9(3.88%) | 74.2(+10.86%) | 82.04(+10.57%) | 90.56 | 664.36 |
| 国内合作项目签约额(亿元) | 485.4 | 501.8(+3.4%) | 553.7(+10.3%) | 582.14(+5.1%) | 612.01(+5.13%) | 618.45(+1.05%) | 674.46(+9%) | 731.1(+8.39%) | 802.12(+9.71%) | 900.79 | 6461.97 |

### 述评

2013年9月6日下午，为期4天的第10届中国—东盟博览会圆满落下帷幕。恰逢中国—东盟建立战略伙伴关系10周年之际，本届博览盛会从历史角度回顾了双边10年来的辉煌成就，并为未来的友好合作提出了新的目标，实现了提高经贸实效、提高办会水平、拓展合作领域、拓展合作区域、拓展带动功能的预期目标。

**一、与会中国和东盟国家领导人规格高，活动多，各国领导人高度评价10周年合作成就，规划了未来发展目标**

本次盛会中国和东盟国家一共有13位领导人出席。其中，正职领导人6位。其中，缅甸总统吴登盛是第3次出席，柬埔寨首相洪森是第7次出席，老挝总理通邪第2次出席，越南总理阮晋勇第5次出席。泰国总理英拉近年曾多次有出席中国—东盟博览会与中国—东盟商务与投资峰会（“两会”）的意向，但未能成行，此次如愿出席。多个东盟国家不仅有正职领导人出席，还有副职领导人出席。泰国是正职和两位副职，老挝是一位正职和一位副职出席。有的东盟国家原计划由副职领导人出席，之后改由正职领导人出席，体现了对中国—东盟友好合作和博览会的重视。出席本次盛会的部长级官员共有 280 人。其中东盟和国际组织的部长级贵宾 121 人。

会期，领导人出席的友好交流活动场次多，交流程度更深，体现了对博览会作用的高度重视，会期开展了多层次友好交流活动，取得了丰硕成果。

（一）总结成就，规划未来，推动双方战略伙伴关系迈上新台阶

会期，中国国务院总理李克强与东盟国家领导人分别举行了 6 场会见，中国和东盟国家领导人、各国代表团团长、东盟秘书长分别参观了中国—东盟战略伙伴关系 10 周年暨中国—东盟博览会 10 周年成就展，巡视了博览会展馆。其中，缅甸总统吴登盛、柬埔寨首相洪森、泰国总理英拉多次巡视展馆，与企业家进行了交流互动，鼓励本国企业通过博览会开展合作。各国领导人共同出席了“两会”开幕大会。

中国和东盟国家领导人在开幕大会发表了演讲，高度评价了 10 周年友好合作的成就，高度评价“两会”在中国—东盟合作中发挥的作用。李克强总理称赞中国—东盟博览会、中国—东盟商务与投资峰会 10 年来办得风生水起，并希望今后一帆风顺，乘风破浪。柬埔寨首相洪森表示，“两会”推动了东盟和中国之间的经济贸易交流以及自由贸易区的发展。各国领导人的演讲，不仅规划了友好合作的美好未来，也为进一步办好“两会”指明了方向。

本次盛会的高层友好交流活动富有成效，体现了在中国—东盟关系处于承前启后、继往开来的重要时刻，双方通过“两会”深化互利合作，共同打造中国—东盟自贸区升级版，实现从“黄金十年”向“钻石十年”迈越发展的决心。

（二）10 周年系列纪念活动圆满、精彩、务实、高效，增强了各方共同办好博览会和商务与投资峰会，深化互利共赢的信心

本次盛会举办了形式新颖、内涵丰富、寓意深刻的 10 周年系列纪念活动，体现了 10 周年合作成果和博览会的重要作用，增强各方合作的信心。

开幕大会全面创新，以精彩的环节、务实的风格和深远的寓意，获得各方的高度评价。开幕大会安排了多个成果展示环节，由 11 国有关方面通过简短仪式，展示了中国—东盟青年联谊会、中国—东盟科技转移中心等多个成果项目，体现了 11 国共同收获合作成果，推进新的合作。启幕仪式简洁而震撼，启幕嘉宾播撒丰收的果实，播下希望的种子，浇灌“合作之水”，再创美好的未来，生动体现了“十载合作，再创辉煌”的开幕主题，寓意中国与东盟各国继续携手同心，在合作的平台上不断收获丰收的果实。各方对开幕大会高度评价。东盟秘书长黎良明表示，开幕大会环节紧凑合理，最后的启幕仪式令人耳目一新，充分体现了 10 年合作共赢，同收累累硕果的内容。

10 周年成就展总结成就，展望未来。通过循环切换图片的电子触摸屏、红外线电子感应显示图、电子沙盘等多种形式，生动展示了 10 年来中国—东盟战略伙伴关系、自贸区建设、互联互通、博览会等多方面的巨大成就，反映“合作共赢 10 年”的主题。现场还展示了 11 国少女共织“新海上丝绸之路”各国国花名花绸缎，寓意中国与东盟共筑新路，互联互通，奔向合作共赢的锦绣前程。成就展受到广泛赞誉，文莱工业及初级资源部部长叶海亚参观后，对海上互联互通、历届开幕式以及魅力之城图片等展示内容和表现方式表示赞赏。

博览会 10 周年纪念回顾活动突出实效，表彰了 10 年来在博览会组织和展览工作中作出贡献的机构和个人。其中授予连续 10 年出席“两会”的缅甸商务部部长吴温敏、柬埔寨国务兼商业大臣占蒲拉西“杰出贡献奖”，还向其他有重要贡献的机构和人员颁发了金牌参展商、优秀采购商、投资合作之星、突出贡献媒体及记者奖、品牌论坛、志愿者突出组织奖等奖项。纪念回顾活动反映了博览会举办 10 年，在共办共赢、经贸成效和组织工作上取得的成果，增强了各方继续共同办好博览会的信心。

本次盛会举办前，中国方面在短时间内设计并特批发行博览会 10 周年特种邮票、博览会 10 周年熊猫加字纪念金银币。按常规，邮票和纪念币的报批程序要 2～3 年时间，而博览会特种邮票和纪念币只用 10 个月时间就完成了报批和设计工作。博览会特种邮票主题鲜明，方寸之间汇集中国与东盟 10 国名花，展现了生机盎然、繁花似锦的和谐美好图景。邮票和纪念币都生动诠释了中国—东盟博览会友谊、合作、发展、繁荣的主题，预示了中国—东盟合作的美好前景。

**二、拓展合作领域、拓展合作区域、拓展带动功能，实现经贸实效新提升**

一是拓展合作领域取得新成效。本届博览会在

做好贸易投资等方面服务的基础上，进一步向互联互通、海上合作、产业园区合作、金融合作、科技交流、人文交流等更多领域拓展，这些重点领域的合作取得了丰硕成果。

互联互通方面，中国—东盟互联互通交通部长特别会议成功举办，中国和东盟10国交通部长出席，会议通过了《联合声明》，就交通领域互联互通达成了多项共识。

产业园区合作方面，中国—东盟博览会投资合作圆桌会成功举办。11国投资促进官员就通过博览会深化产业合作，扩大双向投资进行研讨交流，一致赞成以“跨境经济合作”作为2014年投资促进工作的重点内容，从区域上推动跨境合作的同时，选择若干个产业领域，有针对性地推动产业合作。会议就共同制定未来5年投资合作圆桌会的工作规划、分领域分步骤地推进产业合作达成共识。

博览会期间举办的东盟产业园区招商大会，来自东盟10国的19个产业园区以及包括北斗卫星导航企业在内的中外企业参会。各方交流了园区投资项目和政策信息，这些信息通过中国商务部、博览会官方网站等信息平台对外发布，使东盟产业园区的招商、推广工作机制化、常态化。

北斗卫星导航产业国际合作与投资论坛成功举办，中国和东盟相关企业就北斗卫星导航产业的合作进行了交流，博览会推动双方合作从传统产业向高端产业升级的作用进一步显现。

金融合作方面，金融论坛成功举办，中国和东盟国家主要金融机构和企业参会，举行了中国银行人民币兑印尼卢比现钞汇率正式挂牌、浦发银行南宁离岸业务创新中心揭牌等活动，这些项目的实施为下一步金融合作提供了支撑。

科技交流方面，技术转移与创新合作大会成功举办，中国和东盟国家科技部长出席。大会签署了遥感卫星数据共享、可再生能源实验室建设、北斗示范应用等一批科技合作项目协议。中国—东盟科技转移中心正式成立。

本届博览会举办了环保、教育、文化等多领域的20个交流活动，取得了丰硕成果，如成立了中国—东盟企业家联合会、中国—东盟青年联谊会等。这些活动的举办，为解决经贸合作配套服务领域的热点问题，完善各领域合作机制，促进双方友好关系全面持续稳定发展做出了贡献。

二是拓展合作区域取得好开端。本届博览会加强与区域外国家合作，澳大利亚作为观察员国，派出了高级别商务代表参会。日本、韩国、印度、澳大利亚、新西兰等企业积极参会。境外采购团组人数比第9届中国—东盟博览会增长9.96%，美国、加拿大、法国等区域外采购商比往届更多。会期举办了“10＋6”企业家交流会、韩国—中国贸易洽谈会等一系列面向区域外的经贸交流活动。澳大利亚高级官员出席了“10＋6”企业家交流会、博览会投资促进圆桌会等，筹划今后适时担任博览会特邀贵宾国事宜。本次盛会促进了中国与东盟作为一个整体与区域外经济体的交流，为中国和东盟参与亚太和全球经济合作提供了更广阔的商机。

三是博览会的带动功能增添新动力。本届博览会进一步带动了中国各省区市以及港澳台地区与东盟合作。中国内地有37个省区市组团参会，众多省区市举办了面向东盟的一系列经贸交流活动。深圳市连续第5年包馆参展。香港汇丰银行、新华集团等一批中国香港企业参与了银企交流活动，发挥了香港服务业的优势。中国澳门贸易投资促进局展示了贸易、投资、旅游等领域的合作商机。中国台湾贸易中心以“电子精品”为主题参展，展示了一批荣获“台湾精品奖”及“国际设计奖”的电器类产品，受到专业采购商的欢迎。

本次盛会带动了广西与东盟及世界其他国家（地区）及中国各省区市的合作。会期，广西壮族自治区党委书记、自治区人大常委会主任彭清华，自治区主席陈武分别与东盟国家领导人、各国代表团、友好城市代表团等举行了11场会见，就共建广西北部湾经济区，共同推进泛北部湾经济合作等次区域合作等问题，与各方达成了广泛共识。会期举办了凭祥、东兴等园区的专场推介会，广西与各方签署了一批合作协议。本次盛会促进了广西开放合作。

四是经贸实效取得新成果。通过拓展合作领域、拓展合作区域和拓展带动功能，博览会在更高层次促进了经贸合作，贸易投资合作取得新成果。

贸易方面，中国与东盟企业的贸易成交额较第9届增多，中国向东盟出口成交量大的商品有电力设备、新能源产品、货运汽车。中国某重型汽车生产企业与菲律宾、缅甸、泰国的采购商达成了合作意向。东盟向中国出口成交量大的商品主要是东南亚特色商品，如咖啡、果蔬制品等。

投资合作方面，签署了一批务实的合作项目。投资规模更大，中国企业对东盟投资项目更多，双向投资领域更广，投资的重点也从传统制造业及矿产开采加工转移到绿色科技创业园、生物科技、现代农业、中医药基地建设、电子商务、养生旅游等新领域。

服务贸易方面，“魅力之城”友好交流活动精彩务实，旅游、金融、服务外包合作全面开展，体现了服务贸易合作的巨大潜力和商机。

### 三、创新务实，实现办会水平新提升

本次盛会在活动组织上创新，体现更高的统筹能力；在展会的组织方面创新，体现了更高的办会水平。

一是活动组织创新。开幕大会各环节均由各国领导人、部长、企业家、参展商、采购商亲自参与完成，没有聘请额外专业演职人员。剪彩道具均就地取材，简朴大气。开幕大会首次用英语、柬埔寨语、老挝语、缅甸语、泰语和越南语共6个语种同声传译。10周年成就展不仅有画片和视频展示，而且还有11国少女共织“新海上丝绸之路”的现场演示，寓意中国与东盟共筑新路，互联互通，奔向合作共赢的锦绣前程。

二是服务保障创新。首次推出博览会APP手机客户端，打造出一个为客商量身定制、便捷查询会期各类资讯的移动展务平台，使博览会服务从展馆内进一步延伸到手机上。首次引进冷链生产的快餐企业和世界500强的饮品企业。会期南宁往返东盟10国主要城市的直航包机首次实现由同一家航空公司承揽所有10条航线。

安全保卫周密部署，在确保安全的同时，也为参会客商和市民群众提供了便利。2013年场馆实现了零发案。综合执法管理队伍加强了现场管理，场馆秩序良好，“会虫”现象大大减少。此外，展览管理、展品通关、包机、证件、对口接待、餐饮、住宿、市内交通等各项服务机制进一步完善，服务质量进一步提高。本次盛会采取多种形式为媒体记者做好服务。会期重要活动的新闻稿、图片和视频都实现快速共享。开幕大会、巡馆等重要活动在结束后30分钟内提供新闻稿件和新闻图片。其他活动在结束后两个小时内提供文字和图片。当天的活动在当天晚上全部上传至网上新闻中心共享。

三是节俭办会，做到隆重而不奢华，精彩而务实。2013年经与东盟各国共办方协商，在遵循国际展会惯例的前提下，主办方对办会形式进行改进调整，精简活动，将博览会和商务与投资峰会开幕式合并，改为举行开幕大会；农业展开展活动简朴而务实，请多年连续参展的企业家共同开展；取消闭幕式；压缩会期时间，展期减少一天，并压缩各论坛和会议时间，把更多的资源和精力投入到经贸促进活动中，降低了运作成本，整个展会做到了隆重而不奢华，精彩而务实。此外，2013年不在闭幕发布会上公布签约金额，不追求数字上的成绩，而更注重将客商在经贸合作中的经验向公众介绍。

### 四、各方高度关注，展会影响力进一步提升

本次盛会受到国内外主流媒体和专业媒体的高度关注，有来自17个国家240家媒体1705名记者到会采访。境外媒体数（含港澳台）111家210人，其中东盟媒体88家共134人，分别比第9届增长57%和81%。在中国大型展会中，到会东盟媒体和记者数量最多。

据不完全统计，截至2013年9月6日10时，中外媒体累计发稿8500多篇，网络播发新闻6万多篇，图片3万幅，网页记录达110多万条，视频总长31小时。其中，中央电视台综合频道、中文国际频道、英文频道，凤凰卫视对开幕大会进行了直播，香港亚洲电视等媒体进行了现场连线和专题报道。这些进一步提升了本次盛会的影响力。各界对本次盛会给予高度评价。

缅甸总统吴登盛称，中国—东盟博览会为推动双方在农业、能源、旅游、科技、人力资源发展、中小企业及公共卫生等相关领域的合作提供了良机。

泰国总理英拉表示，中国—东盟博览会见证了中国与东盟深化合作的历史进程，吸引越来越多企业参会参展，发挥着越来越重要的作用。

越南总理阮晋勇表示，中国—东盟博览会成为了尤为突出的年度盛会，为双方企业界推介各自经济投资潜力并寻找商机、共促发展搭建了重要平台。

东盟秘书长黎明良介绍，在过去10年，在中国—东盟战略伙伴关系的框架下，中国—东盟博览会成功地推动了东盟—中国自由贸易区的建设，为双边经贸合作创造了诸多机遇。

各国贵宾和中外客商对本次盛会给予广泛赞誉，普遍认为中国—东盟博览会已成为中国与东盟各国全方位合作的平台和自贸区升级版建设的“助推器”，发挥越来越重要的作用。

（来源：中国—东盟博览会官方网站. http://www.caexpo.org/html/2013/bolanhuidongtai_0906/201416.html. 2013—09—06）

# 中国—东盟商务与投资峰会

## 概　况

### 背景

2003 年 10 月 8 日，中国国务院总理温家宝在第 7 次中国与东盟（10+1）领导人会议上倡议，从 2004 年起每年举办一次中国—东盟商务与投资峰会。

这一倡议，作为中国推动中国—东盟自由贸易区建设的一项实际行动。得到了东盟国家领导人的积极响应，并写入会后发表的主席声明。

中国—东盟商务与投资峰会与中国—东盟博览会同期举办，已成功举办 10 届。

### 会徽

11 道彩色弧线的组合，仿佛一双充满力量的翅膀，象征着中国与东盟 10 国的诚挚协作，共谋发展；仿佛两张充满希望的风帆，象征着中国与东盟各国在商务与投资峰会这一东风的强劲助推下，迎接着新的机遇与挑战；它又像天边绚丽夺目的彩虹，昭示了饱含激情的澎湃商机与热力四射的光明前景。

### 宗旨

中国—东盟商务与投资峰会以推动中国与东盟国家全面经济合作与中国—东盟自由贸易区建设为目标，为中国和东盟 10 国的政府官员、企业界和学术界人士建立起宣传经贸政策与推介合作项目、开展多向互动与信息交流的合作平台，为各国采购商、生产商和投资商提供更多的商业机会，向各国政府表达商界意愿，促进政策制定与经贸合作，推动中国与东盟经济合作的全面发展。

### 组织机构

主办机构：
中华人民共和国商务部
中国国际贸易促进委员会
中国广西壮族自治区人民政府
协办机构：
东盟工商会
中国—东盟商务理事会
东盟十国国家工商会
承办机构：
中国—东盟商务与投资峰会秘书处
常设机构：
名称：中国—东盟商务与投资峰会秘书处
地址：中国广西南宁市东葛路 3 号
邮编：530022
网址：http://www.cabiforum.org
邮箱：cabi@cabiforum.org
境内联系电话：0771—2801173 2809149
传真：0771—2809149
境外联系电话：86—771—2800607 2618812
传真：86—771—2800607

### 历届概况

| | 时间 | 主题 | 出席领导 |
|---|---|---|---|
| 第 1 届 | 2004 年 11 月 3～4 日 | 促进互利合作谋求共同发展 | 中国国务院副总理吴仪、柬埔寨首相洪森、老挝总理本南、缅甸总理梭温、泰国副总理比尼、越南国家副总理范家谦、东盟秘书长王景荣 |
| 第 2 届 | 2005 年 10 月 19～20 日 | 中国与东盟国家市场的开放及开发 | 缅甸总理梭温、老挝国家副主席朱马利·赛雅贡、泰国第一副总理颂奇、越南常务副总理阮晋勇、中国商务部部长薄熙来、中国贸促会会长万季飞、广西壮族自治区党委书记曹伯纯、广西壮族自治区主席陆兵、东盟秘书处秘书长王景荣等 |

续表

| | 时间 | 主题 | 出席领导 |
|---|---|---|---|
| 第 3 届 | 2006 年 10 月 31～11 月 3 日 | 共同的需要，共同的未来 | 中国国务院总理温家宝、菲律宾总统阿罗约、文莱苏丹博尔基亚、柬埔寨首相洪森、印度尼西亚总统苏希洛、老挝总理波松、马来西亚总理巴达维、缅甸总理梭温、新加坡总理李显龙、泰国总理素拉育、越南总理阮晋勇 |
| 第 4 届 | 2007 年 10 月 28～31 日 | 创新合作——加快提升区域增长力 | 中国国务院副总理曾培炎、文莱王储穆赫塔迪·比拉、柬埔寨首相洪森、老挝总理波松、越南总理阮晋勇和东盟秘书长王景荣 |
| 第 5 届 | 2008 年 10 月 22～25 日 | 广阔的视野，积极的行动 | 中国国务院副总理王岐山、柬埔寨首相洪森、缅甸总理登盛、老挝国家副主席本扬、菲律宾众议长普罗斯培·诺格拉雷斯、越南副总理黄忠海、联合国贸发会议秘书长素帕猜 |
| 第 6 届 | 2009 年 10 月 22～24 日 | 中国—东盟自由贸易区与东盟一体化：合作共进 | 中国国务院副总理李克强、老挝总理波松、菲律宾众议长普洛斯彼罗·C·诺格拉雷斯、缅甸和平与发展委员会第一秘书长丁昂敏吴、越南常务副总理阮生雄、东盟秘书处秘书长素林等 |
| 第 7 届 | 2010 年 10 月 19～24 日 | 中国—东盟自贸区与区域经贸合作的展望 | 中共中央政治局常委、全国政协主席贾庆林，印度尼西亚副总统布迪约诺，老挝副总理阿桑·劳里，越南副总理张永仲等 |
| 第 8 届 | 2011 年 10 月 21～22 日 | 深化区域合作，实现共同繁荣 | 中共中央政治局常委、国务院总理温家宝，马来西亚总理纳吉布，柬埔寨首相洪森，缅甸副总统吴丁昂敏乌，老挝副总理宋萨瓦，泰国副总理吉迪拉，越南副总理阮春福等 |
| 第 9 届 | 2012 年 9 月 21～25 日 | 互联互通，携手共赢 | 中国国家副主席习近平、缅甸总统吴登盛、老挝总理通邢、越南总理阮晋勇、马来西亚副总理穆希丁、泰国副总理吉迪拉、柬埔寨国务兼商业大臣占蒲拉西、文莱工业与初级资源部部长叶海亚、菲律宾总统特使内政部长罗哈斯、新加坡贸工部兼国家发展部高级政务部长李奕贤、印度尼西亚贸易部出口总司总司长古司马迪、东盟副秘书长林康宪等 |

# 第 10 届中国—东盟商务与投资峰会

## 时 间

2013 年 9 月 3～6 日

## 主 题

本届中国—东盟商务与投资峰会的主题是“推进互联互通，深化行业合作”，旨在推动中国和东盟在不同领域的互联互通，不断提升双方之间的经贸合作水平。围绕主题举行了中国—东盟建立战略伙伴关系 10 周年经贸合作对话会、菲律宾共和国高层领导与中国企业 CEO 圆桌对话会、第二次中菲商务理事会会议、中国—东盟商会领袖论坛、中国—东盟港口城市合作网络论坛、中国—东盟商务早餐会和组织东盟企业家赴广西沿海考察等系列活动。

## 出席领导

中国国务院总理李克强、缅甸总统吴登盛、柬埔寨首相洪森、老挝总理通邢、泰国总理英拉、越南总理阮晋勇、新加坡副总理张志贤，菲律宾贸易和工业部长多明戈、文莱工业和初级资源部部长叶海亚、马来西亚贸易和工业部长穆斯塔法、印度尼西亚贸易部长总司长古斯马迪、东盟秘书长黎良明、中国商务部国际贸易谈判代表兼副部长钟山、中国国际贸易促进委员会会长万季飞、广西壮族自治区党委书记彭清华等出席了本届峰会。

## 成就回眸

2013 年 9 月 3～6 日，适逢中国—东盟建立战略伙伴关系 10 周年之际，第 10 届中国—东盟商务与投资峰会在广西南宁隆重举行，并取得圆满成功。

本届峰会的活动突出了“一个主题”、“三个目标”和“四个重点”。

“一个主题”即“推进互联互通，深化行业合作”。互联互通是近几年中国与东盟的共同关注的领域。中国国家主席习近平在2012年第9届中国—东盟商务与投资峰会上提出要加大力度推进互联互通建设。东盟国家于2010年通过东盟互联互通总体规划，成立了东盟基础建设基金，并对中方提出的“互联互通，携手共赢”表示欢迎。中国—东盟商务与投资峰会将继续在推动中国与东盟高层对话中发挥积极作用，力促中国与东盟在各个领域的互联互通，为深化中国和东盟经贸特别是行业合作做出贡献。在本届峰会开幕式上，中国国务院总理李克强表示，中国与东盟各国要加快推进公路、铁路、水运、航空、电信、能源等领域互联互通合作，推动泛亚铁路这个大“旗舰”项目建设尽快逐步启动，实施好一批重大项目。中方将启动新一批专项贷款，发挥好中国—东盟投资合作基金的作用，并且与各方积极探讨构建亚洲互联互通融资平台，为大项目建设提供资金支持。在加强“硬件链接”的同时，加快完善原产地规则实施机制，抓好信息、通关、质检等制度标准的“软件衔接”，为逐步建成基础设施便利化的亚洲创造条件。双方还应扩大投资与产业合作，共同规划建设一批绿色环保、智能高效的产业园区。

“三个目标”包括：一、认真落实中国国家主席习近平在第9届中国—东盟商务与投资峰会开幕式上的讲话精神，关注东盟各国，更大力度提升中国—东盟自贸区建设水平，更大力度深化双向投资合作，更大力度推进各个领域的互联互通建设。二、在继续保持中国—东盟商务与投资峰会的政治、外交高规格的同时，按照“提升、创新、务实、发展”原则，更加注重中国与东盟各国工商界的参与，更加注重推进双方企业间的深度合作。三、圆满成功举办中国—东盟商务与投资峰会各项活动。

“四个重点”包括以下几个方面：

一、重点突出中国—东盟商务与投资峰会10年取得的成就

过去9届中国—东盟商务与投资峰会，共有51位中国和东盟国家领导人、超过1700位部长级贵宾及超过2万人次的工商界人士参会，38位中国和东盟国家领导人在中国—东盟商务与投资峰会上发表演讲。通过举办东盟国家领导人与中国企业CEO圆桌对话会、矿业论坛、金融博览会、电信论坛、物流论坛、中小企业论坛等一系列活动，促进了中国与东盟高层对话，在推动中国与东盟经贸务实合作方面取得了丰硕的成果，同时促进了双方的人员交流。中国—东盟商务与投资峰会已经成为中国—东盟商务与投资最高级别的盛会。为总结过去，展望未来，第10届中国—东盟商务与投资峰会安排了以下活动：

一是中国—东盟建立战略伙伴关系10周年经贸合作对话会。由中央电视台著名主持人，邀请中国和东盟有关知名人士出席，回顾中国—东盟建立战略伙伴关系10周年来经贸合作取得的成就，评析中国—东盟博览会、中国—东盟商务与投资峰会在推动中国—东盟合作中发挥的积极作用，探讨将广西打造成为面向东盟开放的新的战略支点，共同展望未来发展。

二是中国—东盟商会领袖论坛——中国—东盟商务与投资峰会10周年。邀请中国与东盟政界、商界知名人士围绕中国—东盟商务与投资峰会10周年互动交流，突出政府与工商界、工商界与企业界之间紧密联系的特点。

三是编印《1至9届峰会成果概览》、《1至9届峰会领导人演讲文集》。多角度展示峰会和中国—东盟自由贸易区建设成果。

## 二、突出峰会推动自贸区建设和高层对话的特点

本届峰会开幕式邀请了中国与东盟国家领导人共同出席并发表演讲。

举办菲律宾共和国国家领导人与中国企业CEO圆桌对话会。自2009年第6届中国—东盟商务与投资峰会以来，峰会连续成功举办了4次东盟国家领导人与中国企业CEO圆桌对话会。时任越南政府常务副总理阮生雄、现任印尼副总统布迪约诺、马来西亚总理纳吉布、缅甸总统吴登盛分别在对话会上，与中国知名企业家就加强经贸合作，促进共同发展的话题展开了对话。圆桌对话会得到中国和东盟政府的高度认可和企业界的积极参与。2013年峰会举办菲律宾共和国国家领导人与中国企业CEO圆桌对话会，加强中菲双边经贸合作，促进共同发展。

## 三、突出峰会推动中国—东盟多层次、多领域务实合作的特点

举办了2013第4届中国—东盟矿业合作论坛暨推介展示会。矿业合作论坛是峰会框架下系列活动，每年上半年在广西南宁举行，是中国矿业界最重要的两大国际矿业盛会之一，全球十大国际矿业活动之一。第4届中国—东盟矿业合作论坛暨推介

展示会于2013年5月在南宁成功举办，签约19个项目，合同金额共51.9亿元人民币，中国—东盟矿业人才交流培训中心正式挂牌，成功引进中国冶金地质总局进入广西开展地质勘探工作，成果丰硕。

第2届中国—东盟金融博览会成功举行，旨在推进金融业更好地服务于中国—东盟自由贸易区发展，加强区域金融领域的对话与项目务实合作，促进南宁区域性国际金融中心建设。

第2次中菲商务理事会会议成功举行。邀请了中国、菲律宾商界知名人士、企业家交流互动。菲律宾组织大型代表团出席，并与参会的中国企业进行对口洽谈。

成功举办了中国—东盟港口城市合作网络论坛。邀请中国与东盟政府官员、商协会代表、企业家、专家学者及区域外相关领域人士，就加强中国—东盟海上互联互通・建设港口城市合作网络发表演讲、交流互动。

#### 四、突出峰会服务于地方对外开放事业的特点

一是组织东盟企业家赴沿海考察。2013年出席中国—东盟商务与投资峰会的东盟国家企业是近几年人数最多的一年，举办方分行业组织项目对接，并安排东盟各国企业赴广西沿海地区进行考察和交流。

二是商务早餐会。此项活动为出席峰会的代表和广西企业提供一个轻松、自由交流的机会。

三是积极推动地方与东盟的对接。根据广西各市对外开放的特点，每市选择一至两个产业与东盟国家相应的产业进行对接，推动各市与东盟的深入务实合作。

本届峰会与第10届中国—东盟博览会同期举办，举行的各项活动与博览会的一系列招商会、投资推介会等相互影响，取得了显著成效。

首先，作为第10届中国—东盟商务与投资峰会的其中一项重要专题活动——中国—东盟建立战略伙伴关系10周年经贸合作对话会于2013年9月2日晚在广西沃顿国际大酒店三楼北京厅成功举行。

对话会以“合作与共赢”为主题，围绕“合作取得的称号”、“面临的机遇与挑战”、“对未来的展望”等话题展开对话。这是中国—东盟商务与投资峰会历届活动中首次由媒体参与主办、由著名主持人主持的专题活动。参与对话的嘉宾层次高，都是推动中国与东盟经贸合作大发展、推进中国—东盟自由贸易区建设不断深入的重要参与者和见证人。此次对话会把回顾与总结的成果以案例及数据的形式呈现，就中国—东盟建立战略伙伴关系10周年经贸合作的成就与挑战、广西如何打造成为面向东盟开放的新的战略支点等内容展开讨论，共同展望未来发展，实现互利共赢，受到了各界的广泛关注。

其次，2013年9月3日，菲律宾高层领导与中国企业CEO圆桌对话会在广西人民会堂举行。菲律宾贸工部部长多明戈、菲律宾工商会主席瓦莱拉、中国贸促会副会长董松根、广西壮族自治区副主席黄日波等中菲企业家代表约250人出席会议。

此类圆桌对话会自2009年在第6届中国—东盟商务与投资峰会上开始创办。中国企业CEO与东盟国家高层领导就投资合作过程中的共同关注点进行对话、沟通，探讨对外投资遇到的主要问题，务实推进所在东盟国家的项目开展，共促成清洁能源、电信、矿业、农业和基础设施建设等领域的合作项目210亿美元，扎实推进了中国与东盟的投资合作和贸易往来，实现了互利共赢。

在本次对话会上，董松根表示，中国—东盟商务与投资峰会举办10年来，中国与菲律宾双方政府和民间商协组织通过不同形式的参与，合作领域不断拓展，规模不断扩大。目前，菲律宾是中国在东盟地区的第6大贸易伙伴，而包括香港在内的中国则是菲律宾最大的出口市场。他希望在中菲两国政府的支持下，两国企业家能共同努力，促进中菲经贸合作取得更丰硕的成果，为建设面向新时期的政治互信、经贸共赢的中菲关系而作出积极贡献。

本次对话会促进了政府与企业对话、深化中菲双边经贸合作。菲律宾贸工部高层领导与中国企业家围绕中菲双边经贸合作，特别是双方高度重视的重大合作项目进行充分讨论，推进政府与企业的沟通，加强企业之间的互动，推动双边经贸关系发展。

第三，在结束菲律宾高层领导与中国企业CEO圆桌对话会之后，举行了中菲商务论坛暨第二次中菲商务理事会会议。中国贸促会副会长董松根、广西壮族自治区副主席黄日波、菲律宾贸工部副部长邦西亚诺、菲律宾工商总会主席瓦莱拉、中菲商务理事会菲方理事长蔡聪妙等出席会议并致辞。来自制造业、农业、旅游业、基础设施建设等行业的中菲企业代表家约250人参加项目对接活动。本次会议设“农业”、“旅游”、“制造业”、“基础建设”4个议题，共安排了21个项目对接与企业洽谈，推进中菲双方务实合作。

董松根副会长在致辞中表示，中菲两国工商界

的合作意愿日渐增强，双方都希望通过交流，加深互信，不断提升合作水平。他对双方合作的一些热点领域提出建议，一是加强两国在农业、渔业的种植、养殖和加工合作。二是加强共同进行矿业开发。三是加强中菲旅游方面合作。董松根副会长指出，中国贸促会与菲律宾工商会等商协会机构一直保持着友好的合作关系，双方通过经贸代表团互访、举办研讨会、参加展会、信息咨询、法律服务等各种渠道，促进两国企业的交流。中国贸促会还致力于积极参与区域合作机制建设，希望在中国—东盟自由贸易区框架下，与菲律宾工商界一起广泛参与中国—东盟区域经济合作，为亚洲经济的繁荣作出贡献。

第四，2014 年 9 月 3 日，中国—东盟港口城市合作网络论坛举行，主题为“加强中国—东盟海上互联互通·建设港口城市合作网络”，来自中国和东盟国家的代表出席了会议。与会者一致认为，加强中国—东盟海上互联互通是双方开展全方位合作的重要保障，完全符合双方的意愿和利益。通过务实推进双方海上乃至全方位的互联互通，必将在合作共建中实现互利共赢，共同发展。

会议通过了《中国—东盟港口城市合作网络论坛宣言》，正式成立中国—东盟港口城市合作网络。本次论坛由国家交通运输部、广西区政府主办，中国—东盟商务与投资峰会秘书处、广西钦州市政府承办。这是中国—东盟商务与投资峰会举办 10 届以来，首次由中央部委在峰会框架下举办的专题活动，是峰会已经成为中国与东盟宽领域、多渠道、全方位交流与合作平台的具体体现。

海上互联互通将成中国与东盟合作的新亮点。根据《宣言》，中国与东盟 10 国的沿海港口城市自愿加入中国—东盟港口城市合作网络，双方将加强文化、旅游、教育等方面的交流与合作，并将设立中国—东盟海上合作基金，对符合申报条件的合作项目提供支持。《宣言》规定，为确保中国—东盟港口城市合作网络有效运转，双方将制定相关的机构和人员负责联络、协调，中国钦州市愿意承担合作网络的服务与协调。此外，中国—东盟港口城市合作网络将对本区域愿意加入的其他港口城市开放。

本次会议的举行标志着中国—东盟港口合作网络正式启动。中国驻东盟大使杨秀萍表示，港口合作网络是双方互联互通的重要项目，这一网络的建立将进一步缩短距离，有利于促进旅游和海上运输便利化，为推动双方战略伙伴关系发挥动力作用。

第五，2013 年 9 月 4 日，中国—东盟商会领袖论坛——中国—东盟商务与投资峰会 10 周年在南宁举办。中国和东盟政界及工商界人士、商协会领袖、专家学者等约 250 余人出席论坛。

中国—东盟商会领袖论坛是峰会框架下的一项重要专题活动，极大地促进了中国与东盟商协会之间的友好往来，使多边、双边商协会经贸交流与合作活动不断增多，建立了商务渠道，扩大了贸易、投资合作商机，促进了双边对外经济贸易发展。2013 年是中国—东盟建立战略伙伴关系 10 周年，中国—东盟商务与投资峰会举办第 10 届，本届商会领袖论坛以此为契机，通过对峰会 10 周年进行回顾与展望，宣传峰会和工商界在推动中国—东盟高层对话、经贸合作、人民友好往来方面发挥的积极作用，积极探索建立中国与东盟工商界开展全方位、宽领域、多层次务实合作新机制。

（来源：综合整理自中国—东盟博览会官方网站、新华网、广西新闻网等）

# 会议论坛

## 2013 中国—东盟环境合作论坛

2013 年 9 月 4 日，2013 年中国—东盟环境合作论坛在广西桂林开幕。中国环境保护部、商务部等有关部委、广西壮族自治区人民政府及环保部门、地方环境保护机构、东盟各成员国有关部门的高级官员、联合国环境规划署、亚洲开发银行等国际机构代表以及中国国内外专家、学者和企业界代表共计 200 余人出席了论坛，并围绕“区域绿色发展转型与合作伙伴关系”主题展开探讨。

2013 年是中国—东盟战略伙伴关系建立 10 周年，也是中国和东盟启动环境政策对话第 10 个年头。中国—东盟环境合作论坛作为中国—东盟博览

会系列活动之一，由中国和东盟方面共同发起，于2011年在广西南宁启动。论坛的召开使中国和东盟环境合作领域不断拓展，逐渐成为“南南”环境合作（即发展中国家间的环境合作）新范式。

与会代表认为，绿色经济将成为中国以及东盟国家经济发展的新引擎。在推动经济发展绿色转型的过程中，中国和东盟在污水治理、大气污染控制、清洁生产技术以及新能源开发等方面的合作前景广阔。

中国环境保护部副部长李干杰在开幕式上致辞称，中国生态文明建设是开放的、包容的、共赢的，中国政府一贯支持加强环境保护国际合作。自2010年中国—东盟环境保护合作中心成立以来，双方通过了环境合作战略，制订了《中国—东盟环境合作行动计划（2010～2013）》，启动了中国—东盟绿色使者计划，重点推进了生物多样性保护、环境产业与技术交流、环境与发展伙伴关系与能力建设等领域的合作。上述行动计划第一期已经取得了阶段性成果。

李干杰表示，将继续利用中国—东盟博览会的合作平台，搭建中国—东盟环保产业合作平台与框架，推动建立中国—东盟环保技术和产业合作示范基地，构筑生态文明、绿色发展的区域合作伙伴关系，实现互利共赢。以绿色经济、低碳技术为代表的新一轮产业和科技变革方兴未艾，绿色发展、低碳发展、循环发展正成为新的发展趋势和时代潮流。李干杰指出，此次论坛聚焦“区域绿色发展转型”，充分反映了中国与东盟各成员国加强环境合作，共同促进区域绿色发展的良好愿望，具有重要的现实意义。

广西壮族自治区副主席蓝天立在发言中介绍了广西的环保情况，并表达了与东盟各国深化环保合作的意愿与具体建议。蓝天立表示，2013年上半年广西制订了环境保护机制发展转型升级计划，通过绿色税收、环境收费、差别价格等措施和手段，充分发挥经济杠杆的引导、调节和约束作用，初步形成了以绿色产业、绿色产品、绿色消费为主的绿色经济体系。截至2012年年底，广西各城市水源地达标率为98.7%，城市空气优良天气98.8%，使得广西在快速发展的同时，仍然保持着良好的生态环境。广西作为东盟的近邻，作为中国与东盟合作的桥梁与窗口，广西希望在东南亚区域内开展更加务实的环境交流合作。

中国与东盟国家同属于发展中国家或新兴工业化国家，在环境与发展领域面临着许多共同的挑战。老挝自然资源与环境部副部长阿克·图拉姆表示，双方“合作、学习、分享”有利于应对环境挑战，同时使中国和东盟更紧密地联系在一起。阿克·图拉姆希望各国增进绿色环保经验交流，进一步加强在环境友好技术与产业、联合政策研究等方面的合作。

泰国自然资源和环境部部长顾问皮塔亚·普卡曼称，实现绿色发展转型需要通过宏观经济的调控，泰国正在积极探索建立绿色城市模型，确保经济增长实现安全、平衡、可持续的发展。

论坛期间，中国—东盟环境保护合作中心与广西壮族自治区环保厅在李干杰和蓝天立的见证下签署了共同推进中国—东盟环保合作框架工作协议。

（来源：中国—东盟博览会官方网站．http://www.caexpo.org/html/2013/bolanhuidongtai_0906/201365.html.2013—09—06）

## 2013中国—东盟矿业合作论坛

2013年5月10日上午，由广西壮族自治区人民政府、中国国土资源部、中国商务部和中国国际贸易促进委员会共同主办，以“加强矿产技术合作，推动矿业科学发展”为主题的2013中国—东盟矿业合作论坛在广西南宁国际会展中心开幕。广西壮族自治区主席陈武在开幕式上致辞，中国国土资源部副部长汪民在开幕式上作重要讲话。中国国际贸易促进委员会副会长于平、广西壮族自治区副主席林念修、广西壮族自治区政协副主席梁胜利、老挝矿产能源部副部长宋本·拉沙松本、柬埔寨驻南宁总领事馆总领事尹索飞、印度尼西亚驻广州总领事馆总领事甘多索里、马来西亚自然资源与环境部矿产资源司司长扎拉克、缅甸矿业部第三矿业集团总经理塔昂、泰国工业部初级工业矿产司司长山何·尼友泰、菲律宾地质矿产局副局长埃尔默、越南工商会副司长阮文海出席开幕式，中国国土资源部规划科技合作司姜建军司长主持开幕式。

陈武表示，自2010年中国—东盟矿业合作论坛开展以来，中国与东盟矿业合作的共识不断增加，机制不断完善，领域不断扩大，成果日益丰富。本届论坛围绕政府合作、技术合作、投资融资、项目合作等议题开展深入的讨论，有力地促进了中国—东盟在矿产资源领域深化开放合作，加快中国—东盟产业发展方式的转变，更好地造福于各方的企业和人民。加强矿产技术合作，符合中国与东盟各国的国家利益，符合时代发展的潮流。中国与东盟各国都具有丰富的矿产资源，矿业经济发展互补性强，合作基础良好，合作潜力巨大，合作的前景非常广阔。广西是中国面向东盟开放合作的前沿和窗口，素有“有色金属之乡”的美誉，有色金属等矿产资源储量丰富，矿产业不断发展壮大，已经成为广西千亿元产业之一。随着中国—东盟自由贸易区的深入发展，中国与东盟互联互通基础设施建设的不断推进，广西与东盟矿业经济合作的优势将更加凸显，潜力也将进一步发挥。广西愿意与东盟各国携手共进，加强交流对接，务实推进矿产合作项目的建设，在矿产勘查开发、矿业信息交流、矿业人才培训、矿产品贸易以及矿业设备技术、矿业物流运输等方面加强交流与合作，促进各方资源优势互补，促进区域矿产开发、互利共赢和可持续的发展，共同的创造更加美好的未来。

汪民表示，近3年来，中国—东盟矿业合作论坛紧紧依托中国—东盟全面经济合作框架协议，努力打造中国—东盟矿业交流合作平台，见证了数十个矿业项目的签约实施，为促进中国与东盟矿业互利共赢的发展做出了重要贡献。本届论坛旨在充分发挥中国与东盟在矿业技术领域合作优势，提升中国与东盟矿业的可持续发展能力，以矿业的稳定发展来推动经济的持续复苏增长。中国与东盟经贸合作不断加强，双方互为重要经贸伙伴，发展势头良好。中国与东盟矿业合作不断发展，中国与东盟资源的互补性强，东盟国家矿产资源丰富，拥有丰富的石油、天然气、煤、铁、铝、锡、钨、钾盐等矿产品，中国—东盟自由贸易区为双方的矿业合作提供了良好的机遇，矿业是中国与东盟多个国家的重要支柱产业，是中国与东盟之间传统投资的重要领域。

汪民在开幕式上提出三点建议。第一，进一步促进矿业双向投资。中国和东盟各国可以充分利用中国—东盟矿业合作论坛、矿业项目推介会等重要平台，加大中国—东盟自由贸易区规则和各项优惠政策的宣传，为矿业信息的交流、项目洽谈和推进牵线搭桥，促进企业开展实质性的项目合作。积极探索合作路径，促进矿业投资便利化的政策措施，充分利用矿业主管部门合作协议等机制，加强对企业投资合作的服务和引导，推动扩大双向矿业投资。

第二，进一步推动矿业科技交流。中国与东盟各国在矿业技术领域有着良好的合作基础，尤其是在地质填图、物化探、矿产资源评价等领域，已经取得一批重要成果，接下来双方可重点加强深部找矿、高效安全开发以及资源综合利用、清洁能源开发、矿山环境恢复治理等绿色矿业领域技术交流与合作，积极探索建立技术转移和技术推广的新机制，加强技术创新管理经验交流与共享。

第三，进一步加强矿业人才合作。人力资源是中国和东盟共同的发展优势，双方在矿业人才开发方面具有广阔的合作前景。2013年5月10日，中国—东盟矿业合作人才交流培训中心正式揭牌成立，这是中国与东盟加强矿业人才合作的一项重要举措，双方能通过这个平台积极开展矿业人才培训和交流。

本届论坛开展了中国—东盟矿业企业高峰论坛、中国—东盟矿业合作论坛第3次联络官会议，并开设勘查技术论坛、采选技术论坛、矿业投融资论坛、珠宝玉石论坛、铁矿专题论坛等5个分论坛。

中国国际贸易促进委员会副会长于平、老挝能源矿产部副部长宋本·拉沙松本等官员也分别在开幕式上致辞，来自中国和东盟国家有关官员和嘉宾共1000多人参加了论坛开幕式。

（来源：广西壮族自治区国土资源厅.http://www.gxdlr.gov.cn/newscentre/NewsShow.aspx?pd=35920&NewsId=29637.2013—05—10）

## 北斗卫星导航产业国际合作与投资论坛

2013年9月5日，北斗卫星导航产业国际合作与投资论坛在广西南宁国际会展中心举行。中国与东盟国家官员、专家、企业代表纷纷围绕“感知北斗、服务东盟”的主题进行探讨，谋划北斗卫星导航产业国际合作与投资的未来蓝图。

北斗卫星导航产业国际合作与投资论坛由中国商务部投资促进事务局、中国卫星导航管理办公室、中国—东盟博览会秘书处、中国航天科技集团主办，中国空间技术研究院、中国航天工业科学技

术咨询有限公司、北斗导航科技有限公司、中国航天系统科学与工程研究院、武汉信息技术外包服务与研究中心、广西壮族自治区工业和信息化委员会、广西北部湾经济区管委会办公室、中国—马来西亚钦州产业园区管理委员会承办。中国相关部委及地方政府主管部门代表、中国与东盟投资促进机构官员及部分主管部门代表、中国与东盟相关研究咨询机构、金融机构及专家学者代表、中国与东盟产业园区代表、中国与东盟卫星导航产业相关企业代表共300余人参加了会议。

会上，中国航天科技集团公司卫星应用研究院院长李忠宝作了题为"北斗企业代表团"的主题报告。与会的专家、代表就中国北斗卫星导航产业进行了研讨与交流，分别就中国北斗系统在防灾减灾、智能交通、公共安全中的应用、金融机构携手企业"走出去"、北斗高精度应用等领域作了多场精彩报告。

中国北斗系统正式提供服务以来，持续开展了空间信号质量，空间信号精度，定位、测速、授时服务能力等全面测试。结果表明，中国北斗系统运行连续、稳定，性能满足设计预期指标。目前，中国北斗系统提供的定位、导航、授时、短报文等服务，在交通运输、气象、渔业、林业、测绘、应急救援等领域的应用逐步成熟，产生了显著的社会、经济效益，大众车载、智能手机等应用逐步面市，逐渐走入普通百姓的生活。与会代表纷纷表示，中国北斗系统能为东盟提供应急减灾、交通运输、精细农业等多领域的服务，东盟也热切期待中国北斗系统为其带来全新的卫星导航体验。

半数东盟国家的产业以服务业为主，尤其交通运输业、旅游业等多个支柱产业。与会代表、专家表示，中国北斗系统可在铁路、公路、水利、河运、航运、物流、位置服务等领域发挥重要作用，助力东盟经济增长。针对印尼等国多岛屿、国土分散、灾害频发的特征，中国北斗系统可在地震、洪涝等突发自然灾害的情形下，为岛屿间或者海上的应急通信提供支持。对于海岸线较长的国家，中国北斗系统能为无地面通信网络支持的海上船只、游轮监控提供导航定位服务。中国北斗系统还能为泰国等国提供精细农业管理，提升粮食产量。对于以石油、天然气、矿产资源等原材料出口行业为支柱产业的东盟国家，如缅甸等，中国北斗系统在陆地与海洋测绘、资源调查、土建工程、矿山、地质勘探、海上石油作业等领域具有广阔的应用前景。

中国北斗系统走进东盟，也是中国北斗企业走出去的一次绝佳机遇。专家表示，中国北斗走进东盟，可以推动中国北斗产业投资集群走进东盟，促进中国与东盟各国的双向投资与合作，而且中国北斗卫星导航产业的研发、生产、展示和应用基地向东盟延伸，有助于形成中国北斗产业集群，更好地做大做强中国北斗卫星导航产业。

中国北斗系统此次参加中国—东盟博览会是中国北斗东盟行的首项重要活动。中国北斗系统在第10届中国—东盟博览会期间参加东盟产业园区招商大会、中国—东盟港口城市合作网络论坛、中国—东盟博览会投资合作圆桌会、中国—东盟技术转移与创新合作大会以及专门为北斗开设的北斗卫星导航产业国际合作与投资论坛等活动。

（来源：中国—东盟博览会官方网站.http://www.caexpo.org/html/2013/bolanhuidongtai_0906/201373.html.2013—09—06）

# 第10届中国—东盟博览会投资合作圆桌会和东盟产业园区招商大会

2013年9月4日，由中国商务部投资促进事务局主办的第10届中国—东盟博览会投资合作圆桌会和东盟产业园区招商大会在广西南宁国际会展中心举办。

圆桌会以深化产业合作、共同打造中国—东盟自由贸易区"升级版"为重点主题，邀请中国商务部投资促进局、东盟秘书处、中国—东盟博览会秘书处相关领导，中国—东盟经贸关系研究专家以及来自东盟10国投资促进主管部门的官员出席并发言。会议主要围绕"加强信息交流，分阶段规划产业合作领域，稳步推进中国—东盟产业合作"、"利用展会平台，拓展、深化重点领域的产业合作"、"开展交流互动，确定2014年重点推动的产业合作领域"三个专题进行讨论。会议提出中国—东盟的产业合作要充分发挥中国—东盟博览会平台作用，加强中国与东盟各投资促进机构间的信息交流，巩固合作机制，共享服务平台。根据中国—东盟合作发展实际，逐年选定一个产业领域作为下一年圆桌会需重点推动的合作领域，做到分阶段规划产业合作领域，务实推动产业合作快速发展。会议建议将2014年圆桌会主题设为“推动跨境合作”。

本次会议还首次邀请中国—东盟经贸关系研究专家到会，对未来5年内中国与东盟产业合作趋势进行分析，探讨在中国—东盟自由贸易区框架下如何更好推动双边投资合作。专家表示，分阶段规划和推进产业合作领域的做法能够将圆桌会做实、做强。按照这个目标，建议圆桌会会后着手讨论和共同商定一个《促进产业合作5年发展路线图》，以契合中国—东盟产业合作发展需要，为产业合作确定方向，使之具有前瞻性、指引性，增强会议实效。

园区大会以“推动中国企业投资东盟产业园区”为主题，来自东盟各国的19个产业园区32名代表参会，并特别邀请中马钦州产业园代表到会推介、洽谈。会上，11国产业园区分别介绍各国产业园区投引资政策、现状和前景，交流产业园区管理及投引资经验。通过现场互动，架起东盟各国产业园区与中国投资机构和项目业主面对面交流洽谈的桥梁，务实推动双边投资合作。此外，为紧扣当前中国有关大力发展北斗卫星导航产业的战略方向，邀请了9家中国的北斗导航企业参会，为北斗产业认知度的提升、产业发展的壮大和“走出去”到东盟寻求更广泛深入的合作搭建舆论宣传和推介平台，也充分体现产业园区招商大会延伸产业合作领域、促进产业落地的办会宗旨。

为配合园区招商大会的举办，2013年在广西南宁国际会展中心3号展馆继续设立东盟产业园区形象展示区，在2号馆设立园区图片展示墙，为东盟各国产业园区提供更多展示、宣传和招商的机会。

圆桌会和园区大会取得了良好成效。圆桌会对于完善双向投资促进的长效机制，加强各重点产业领域的合作，促进中国—东盟互联互通建设，扩大双向投资规模，推动双边投资合作取得务实成果具有重要意义。园区大会为产业园区、项目业主和投资机构搭建交流平台，使双方合作更加深入，更富实效。

（来源：中国—东盟博览会官方网站.http://www.caexpo.org/html/2013/bolanhuidongtai_0904/201215.html.2013—09—04）

## 第6届中国—东盟战略智库对话论坛暨第2届沿边地区发展高层论坛

2013年8月31日上午，由中国社会科学院和广西壮族自治区人民政府主办，广西国际博览事务局、广西社会科学院和广西北部湾发展研究院承办的第6届中国—东盟智库战略对话论坛在广西南宁举行。

广西壮族自治区政府副主席黄日波、中国社会科学院副秘书长、科研局局长晋保平和越南社会科学院副院长阮光盾出席开幕式并致辞，开幕式由广西社会科学院、广西北部湾发展研究院院长吕余生主持。来自中国和东盟10国的智库机构、高校和科研单位的专家学者、官员共100多名嘉宾参加论坛。

广西壮族自治区政府副主席黄日波在致辞中表示，广西与东盟山水相连、陆海相接，是中国与东盟各国经贸往来最便捷的必经通道，也是中国—东盟开放合作的“门户区”、“活跃区”与“核心区”，在中国—东盟合作中具有不可替代的战略地位与主桥梁作用，“跳板作用”与“窗口效应”日益凸显，并受到国家重视、国人关注、东盟关心。黄日波肯定了智库在推动中国—东盟关系和促进广西与东盟开放合作中的作用。黄日波称，智库对话促成共识，智库交流增进互信。随着经济全球化、社会信息化与智库国际化步伐的加快，各国政治、经济、外交与智库互动的依存度不断提升，智库成为各国判断形势、非官方外交、科学决策与民主决策日益倚重的智力支撑，在制定战略、储备政策、驱动区域合作、引领国际思潮中发挥着越来越重要的作用。中国—东盟智库战略对话论坛作为中国与东盟思想精英与意见领袖的高端盛会，已成功举办5届。5年来，中国与东盟各国的智库专家、战略研究机构的知名学者和政府官员，以论坛为平台，以促进中国—东盟友好合作为宗旨，通过经验交流、观点交锋与智慧交融，集思广益、求同存异，共同为中国—东盟伙伴关系的全面深化提供新思路、新策略。

中国社会科学院副秘书长、科研局局长晋保平作了《加强交流与对话 凝聚智慧与共识》的讲话。晋保平肯定了中国—东盟智库战略对话论坛举办5年来取得的成就和发挥的作用。晋保平强调，5年来，中国—东盟智库战略对话论坛将理论与实践相结合，探索中国与东盟的合作发展之路，规模不断扩大，档次不断提高，领域不断扩大，层次不断深化，成为一个一年一度大家欢聚一堂、加深了解、增进信任、促进交流的重要平台。中国社会科学院将进一步提升中国—东盟智库战略对话论坛的支持力度，推动论坛不断发挥作用，通过与东盟国家智库与学术研究机构的对话交流，共同为中国—东盟友好交流与深化合作献计献策。当前，国际金融危机已进入第6个年头，欧元区主权债务危机仍在发酵，世界经济增长乏力，中国和东盟国家未来发展面临多重挑战，可持续发展战略的外部环境出现诸多风险和不确定因素。如何在新形势下增进信任、深化合作、促进增长、实现共赢成为中国和东盟国家共同面对的重要课题，这也是第6届中国—东盟智库战略对话论坛的主题。

越南社会科学院副院长阮光盾在致辞中表示，中国与东盟建立战略合作伙伴关系已经10年，中国与东盟作为近邻，不仅有历史联系，还有着共同的利益，中国—东盟双边关系一直是强大而巩固的，未来也将会有更紧密的合作。近年来，中国—东盟关系与合作更加紧密。从2005～2010年，中国与东盟实施了加强战略伙伴关系的一些计划，双方的全面利益得到了加强，促进了双方经济发展和繁荣。中国与东盟在非传统安全领域开展合作，还签署了南海各方合作宣言，发表了中国与东盟面向繁荣与和平的战略伙伴关系宣言。此外，中国—东盟还举行了其他的一些会议机制。经过这些努力，中国已经成为东盟最大的贸易伙伴国，而东盟成了中国最大的伙伴国之一。虽然中国—东盟也有一些比较细微的误解，但是双方通过相互理解和磋商，进一步发展了相互关系。2013年8月，东盟与中国一起庆祝了建立战略合作伙伴关系10周年，会议达成了一致意见，认为中国与东盟的关系日益向好，双方将坚持亚洲的方式和东盟的方式，通过友好的对话来解决分歧。双方还同意继续加强互信合作，特别是在政治和安全等领域进行一些互信合作，而在有着相互利益的各个领域，更应进一步加强合作。中国与东盟建立战略伙伴关系会给双方带来很好的共同利益和共同实惠，双方应该建立一个开放和包容的关系，加强共同合作，促进各国和区域的发展，维护地区和平与繁荣。通过中国—东盟智库战略对话论坛，中国和东盟可以相互促进合作，增进友好关系，并从中发现新的合作机遇。

本届论坛围绕“中国—东盟：增进信任，深化合作”主题，通过“政治互信：中国—东盟建立战略伙伴关系10周年回顾与展望”、“经济转型：相互投资与产业合作”、“非传统安全：挑战与对策”、“次区域合作：现状与前景”和“中国—东盟博览会：经验与启示”5个议题，全面总结和探讨中国—东盟建立战略伙伴关系10周年、中国—东盟博览会举办10周年来的新形势、新要求、新热点问题。论坛开幕式结束后进行了主旨演讲和议题发言。主旨演讲由广西社会科学院院长、研究员吕余生主持，中国社会科学院学部委员、国际研究学部主任张蕴岭，柬埔寨皇家科学院副院长宋春奔，中国—东盟商务理事会中方常务副秘书长许宁宁，广西社会科学院副院长、研究员黄志勇博士，越南社会科学院中国研究所所长杜进森，泰国政法大学教授郑树成分别作了主旨发言。

张蕴岭在题为《中国—东盟战略伙伴关系：回顾与前瞻》的主旨演讲中从冷战以后中国的“新安全观”、建立伙伴关系的核心与目的、伙伴关系在国际关系中的地位及建立伙伴关系的意义等几个方面回顾了中国—东盟伙伴关系的10年成就，并作了未来10年的发展展望。

宋春奔在演讲中回顾了中国—东盟战略伙伴关系、中国—东盟峰会等一系列有着重大历史意义的活动及双边在农业、信息和通信技术、人力资源开发、湄公河流域开发领域的合作及《中国—东盟全面经济合作框架协议》签订后中柬关系的合作成果。

许宁宁发表了题为《共迎挑战 共享机遇 共同发展——中国与东盟经贸合作现状及发展对策》的主旨演讲，认为巩固和发展与东盟国家的睦邻互信伙伴关系是中国政府的既定国策，中国与东盟应共同珍惜来之不易的合作成果。

郑树城在演讲中分析了过去20年来亚洲—太平洋地区的经济进步及中国在当中的作用。

越南社会科学院中国研究所所长杜进森在演讲中总结了从2003年东盟和中国建立战略伙伴关系至今，双边在多个领域全面和深入发展的成果，认为在国际、地区新的形势背景下，中国和东盟正在面临从未有过的机遇和挑战，中国—东盟关系健康稳定发展，需要从思维上突破。

黄志勇在题为《不失时机地在南宁创建中国—东盟银行》的主旨演讲中提出了由中国政府主导成立中国—东盟银行的建议。黄志勇认为，成立中国—东盟银行对于深化中国与东盟战略伙伴关系、促进中国—东盟自由贸易区升级、应对国际金融危机等都具有重大意义，条件已经具备，时机已经成熟，中国应不失时机地在广西南宁创建中国—东盟银行。黄志勇提出了创建中国—东盟银行的总体构想，包括中国—东盟银行的性质与宗旨、机构设置、主要职能、资金来源、主要业务、合作方式等，尤其对中国—东盟银行的合作方式、期初的股本资金、各国出资金额及所占比重进行了深入研究，提出了初步设计方案。

在“政治互信：中国—东盟建立战略伙伴关系10周年回顾与展望”议题讨论中，与会专家回顾了中国—东盟建立伙伴关系10年来在政治互信、民间交流等方面的成就，普遍认为政治互信是连接双边关系的重要纽带，共同利益是提升双边关系的关键。面对东盟对中国崛起的新疑虑、南海争端的加剧、外部势力乘势而入的新形势，中国—东盟需要重建战略信任，建立给予信任的多层安全合作机制，将与东盟整体签订的战略伙伴关系落实到成员国，把中国—东盟关系提升为全面战略合作伙伴关系。

在“经济转型：相互投资与产业合作”议题讨论中，各国专家分析了经济转型下中国—东盟的双边贸易与工业合作，探讨了中国—东盟合作的现状和发展前景。与会专家普遍认为全面、深入地开展相互投资与产业合作是双方战略伙伴关系的重中之重，甚至具有发动机的作用。同时，专家们提出中国与东盟之间具有经济互补性，双方应发展部长级产业协调与合作机制，及时调整双边产业结构，让中国—东盟在互利共赢道路上继续阔步发展。

在“非传统安全：挑战与对策”议题发言中，与会专家分析探讨了中国—东盟关系中的非传统安全和能源安全，认为和平与发展是时代的主题，也是中国与东盟的共同诉求。中国—东盟各国政府应致力于加强地区合作，集体应对各种非传统安全问题。

在“次区域合作：现状与前景”议题研讨中，中国和东盟国家专家分析了亚洲次区域合作的现状和未来发展方向，提出在区域次区域一体化已成为世界经济发展主流的形势下，应加大泛北部湾合作资金支持力度，尽快在优先领域先行启动一批项目；推动落实《大湄公河次区域经济合作新10年战略框架》，并将新10年战略框架的落实与各国地方政府的经济社会发展规划相衔接。与会学者还主张，增强跨境贸易与互联互通合作，全方位、多层次地促进次区域合作。

在“中国—东盟博览会：经验与启示”议题探讨中，专家们总结了中国—东盟博览会举办10年来的经验启示，认为10年来，中国—东盟博览会规格不断提升，规模不断扩大，专业性不断强化，务实性不断增强，极大地促进了中国与东盟之间政治、经贸与文化合作，并呈现出明显的“广西效应”。提出整合资源和力量，打造高端经贸平台、产业合作载体与“永不落幕”的博览会，是中国—东盟博览会新的使命与任务。

本届论坛呈现出档次提升，嘉宾参会积极、层次高，主题议题讨论精彩，务虚研讨与推动务实合作相结合的新亮点。新亮点之一是本届论坛主办方升格为由中国社会科学院和广西壮族自治区人民政府主办论坛规格更高、与会嘉宾级别更高和学术水平更高。二是中国和东盟国家智库专家积极参会，与会嘉宾层次高。本次论坛有越南、老挝、柬埔寨、缅甸、泰国、印尼、马来西亚、新加坡、菲律宾、文莱等10个东盟国家智库研究单位的专家学者和官员参会，这是历届论坛中，东盟国家参会代表来得最齐的一届，可谓是中国—东盟11国智库大团圆、大聚会、全家福，是在中国—东盟博览会所有系列论坛中东盟国家代表参会最齐的论坛之一。与会代表中副部级嘉宾有4人，其中东盟国家副部级嘉宾有3人。三是主题议题更体现年度形势特点，引发与会专家的热烈讨论，提出了在南宁创建中国—东盟银行；在泛北部湾合作中加大资金支持力度，尽快在优先领域先行启动一批项目等务实建议。提出了中国—东盟应建立多层安全合作机制，把中国—东盟关系提升为全面战略合作伙伴关系等前瞻性意见。四是国际论坛与国内论坛相结合，务虚与务实相结合，更加注重务实。论坛上提出的许多务实建议，将进一步推动中国—东盟关系发展，促进广西与东盟开放合作不断深化。论坛期间召开第2届中国沿边地区发展高层论坛，加强了广西与其他沿边省区的交流合作，有助于进一步促进中越边境自由贸易试验区建设。

（来源：中国—东盟博览会官方网站．http://www.caexpo.org/html/2013/bolanhuidongtai_0901/201067.html.2013—09—01）

# 第5届中国—东盟金融合作与发展领袖论坛

2013年9月4日，伴随着第10届中国—东盟博览会、中国—东盟商务与投资峰会的隆重召开，第5届中国—东盟金融合作与发展领袖论坛在广西南宁如期举行。广西壮族自治区副主席陈刚，中国人民银行副行长、国家外汇管理局局长易纲，中国保监会副主席周延礼，上海市常务副市长屠光绍，柬埔寨国家银行行长谢占多等40多位来自中国和东盟各国政府、金融监管部门、相关金融机构总部的领导出席论坛。应邀参加论坛还有来自缅甸、柬埔寨、老挝、马来西亚、菲律宾、新加坡、泰国、越南、韩国、意大利、美国、瑞士等国家和中国香港、澳门地区的银行、证券、保险、投资等机构的负责人及专家学者，以及来自中国境内外的多家新闻媒体的记者朋友。

广西壮族自治区副主席陈刚发表致辞表示，在复杂多变的经济、金融形势下，如何深化金融合作、为区域经济转型升级提供强有力的支持，亟需中国—东盟自由贸易区内外各界尤其是金融界人士认真思考、充分交流和深入探讨。广西愿与各方继续努力，共同建设、维护好中国—东盟金融合作与发展领袖论坛这一交流平台，不断丰富论坛内容、创新论坛方式、确保论坛实效，共同携手营造良好的金融合作环境，共同努力提高金融支持实体经济发展、促进经济转型升级的能力。广西正谋划打造成西南、中南地区开放发展的新的战略支点，拟以申报边境自由贸易合作试验区和沿边金融综合改革试验区为契机，努力丰富金融服务内容，不断提高金融服务水平，切实促进中国—东盟投资贸易便利化。广西热诚欢迎国内外金融机构更加积极地参与广西的经济社会建设，共同创造更加丰硕的合作成果。

中国人民银行副行长、国家外汇管理局局长易纲，中国保监会副主席周延礼，上海市常务副市长屠光绍，柬埔寨国家银行行长谢占多发表了主旨演讲。他们在讲话中充分肯定了金融论坛对推动中国—东盟金融交流合作乃至经贸交流合作所起的积极作用，表达了对促进中国—东盟加强金融合作与发展的热切期望，提出了促进合作的新思路、新观点、新办法和新措施，具有十分重要的指导意义。

本届论坛以“经济转型、深化中国—东盟金融合作”为主题，设置“中国—东盟保险业合作发展的新机遇与新领域”、“中国—东盟互联互通、产业与投融资合作”专题和“金融机构与中央企业携手广西企业走进东盟”专场活动，进一步突出双方金融合作的专业领域和务实成效，为中国—东盟自由贸易区经济发展与金融合作共谋对策。

此次论坛还举行了2场揭牌仪式。一是“中国银行人民币兑印度尼西亚卢比现钞汇率”揭牌仪式，二是“浦发银行南宁离岸业务创新中心”揭牌仪式。人民币兑印度尼西亚卢比现钞汇率服务既有利于促进中国与东盟国家经贸合作进一步深化，又有利于提升人民币在亚洲尤其是东盟区域的影响力，推动人民币国际化进程。浦发银行南宁离岸业务创新中心是该行继厦门之后设立的第二家离岸业务创新中心，旨在利用广西的区位优势，加快开展对东盟离岸金融、边境自由贸易合作示范区建设等金融试点工作的推进，为广西乃至周边区域发展增添新的动力。

自2009年起，由广西壮族自治区人民政府、中国人民银行、中国银监会、中国证监会、中国保监会共同主办的中国—东盟金融合作与发展领袖论坛已成功举办了4届，2013年是第5届，共有来自中国、东盟各国及欧美等地区的金融领袖和企业精英等2000余人出席了这一大型国家级、国际性金融论坛。经过5届金融论坛的积淀，众多金融领袖、专家学者的深入研讨、出谋划策，为中国和东盟的金融业发展提供了许多宝贵意见和建议，为深化中国东盟金融的交流与合作增添了新的动力。中国—东盟金融合作与发展领袖论坛为双方金融合作搭建了新平台，有助于形成新形势下自贸区金融发展互惠互利的新格局，对进一步推动中国—东盟金融合作与发展具有十分重要的积极意义。

（来源：中国—东盟博览会官方网站．http://www.caexpo.org/html/2013/bolanhuidongtai_0905/201269.html. 2013—09—05）

# 首届中国—东盟技术转移与创新合作大会

2013年9月3日至6日，由中国科技部、广西壮族自治区人民政府共同主办的“首届中国—东盟技术转移与创新合作大会”在广西南宁召开。广西壮族自治区党委书记彭清华出席大会并致辞，中国科技部部长万钢以及柬埔寨、印尼、老挝、缅甸、泰国、越南等东盟成员国的科技部部长出席并作主旨演讲。广西壮族自治区政协主席陈际瓦、中国和东盟各国的企业、大学、科研机构、技术转移服务机构等1000余人参加了大会，其中来自东盟国家的代表超过300人。大会由中国科技部副部长曹健林主持。

大会以“联合创新，共同发展”为主题，包括高层论坛、对接洽谈、先进技术展示、科技园区考察等系列活动，以汇聚和展示中国和东盟国家的优秀创新成果，促进构建中国—东盟技术转移协作网络，推动中国和东盟国家技术需求对接及创新合作为目标。大会是中国和东盟国家开展技术转移的重要合作平台，对促进中国和东盟各国深度挖掘技术创新活力，拓宽企业合作渠道，提升科技合作层次，实现科技与经济的共同发展具有重要的现实意义和深远的历史意义。

论坛开始前，举行了合作项目签约仪式。通过前期的工作，大会共达成中国—东盟技术转移中心协作网络建设、中国—东盟遥感卫星数据共享与服务平台建设、中老可再生能源开发与利用联合实验室建设、基于北斗位置服务的示范应用等20个合作项目的签约。

高层合作论坛上，中国科技部部长万钢及泰国、印尼、老挝、缅甸、柬埔寨、越南等东盟成员国的科技部部长分别就中国—东盟技术转移与创新合作的政策环境与举措、机遇与诉求、机制与模式三大主题发表了主旨演讲，从国家层面进一步阐述了中国与东盟各国开展技术转移与创新合作的历史、现状和发展。万钢介绍了中国科技创新的最新进展，总结了中国—东盟科技伙伴计划重点工作的实施进展，最后提出了进一步深化中国与东盟各国科技合作的三点倡议：一是大力开展科技创新政策的交流与合作，增强各国在科技创新政策方面的相互了解，分享成功经验；二是积极探索共建科技园区，中国愿意与东盟各国在科技园区规划、建设、运营、管理等各方面开展交流与合作；三是共建中国—东盟农业科技协作网络，建立中国—东盟农业科技交流与合作的长效机制，推动农业科技领域人力资源开发和技术转移，提高农业科技贡献率，提高农业附加值，推动各国农业产业升级。

马来西亚技术开发集团总裁若哈林拿督、泰国工业联合会副会长苏攀、爱国者数码科技有限公司董事长冯军、广州药业集团董事长李楚源等著名企业和机构代表围绕技术转移与创新合作的思考、经验及成功案例进行了精彩的演讲。

参加大会对接洽谈的企业和机构超过400家，其中包括华为、隆平高科、广药集团、华大基因、搜狐、泰国华彬集团、新加坡宇东集团等一批知名企业机构，涉及项目多达572项。其中来自东盟的企业和机构超过150家，带来对接及参展项目200多项。大会还展出合作项目186项。

（来源：中华人民共和国科学技术部网站. http://www.most.gov.cn/kjbgz/201309/t20130913_109374.htm. 2013—09—16）

# 中国—东盟港口城市合作网络论坛

2013年9月3日，中国—东盟港口城市合作网络论坛在广西南宁隆重举行，论坛通过了中国—东盟港口城市合作网络论坛宣言，正式成立以广西钦州市为基地发起建设的中国—东盟港口城市合作网络，中国提议把中国—东盟港口城市合作网络秘书处设在广西钦州市。

然而，对中国和东盟各国而言，海上互联互通网络建设是一个新课题。中国—东盟港口城市合作网络将如何构建？这张网络的形成又将带来什么？论坛上，各国专家学者与东盟各国港口城市行政长官和港口航运业的企业家畅所欲言，就建设港口城市合作网络议题进行高端研讨，为中国—东盟港口城市合作网络建言献策。

## 一、钦州：全力打造合作网络基地

中国—东盟港口城市合作网络建设，动议于高层的设想。

在2011年召开的第14次中国—东盟领导人会议暨中国—东盟建立对话关系20周年纪念峰会上，双方领导人达成了“构筑海上互联互通网络”和“开拓海上务实合作”的共识。

2012年，第15次中国—东盟领导人会议发表的主席声明中，明确提出优先发展海上互联互通，并将中国—东盟海上互联互通纳为重要内容，倡议建立中国—东盟海洋合作伙伴关系。为此，中国方面设立了30亿元人民币的中国—东盟海上合作基金，以便为双方海上合作提供保障和支持，并研究设计了一批中国—东盟海上务实合作的项目，中国—东盟港口城市合作网络正是其中的旗舰项目。

广西壮族自治区副主席张晓钦认为，这一项目必将引领区域海洋合作新模式，促进中国—东盟海上乃至整体的互联互通，实现经济融合、互利共赢、繁荣发展。

这一背景之下，具有资源优势、区位优势、政策优势的广西钦州市被委以重任——建设中国—东盟港口城市合作网络基地。

2013年以来，为贯彻落实中国和东盟国家领导人关于“构筑海上互联互通网络”、“开拓海上务实合作”、“建立中国—东盟海洋伙伴关系”等倡议，在中国中央各部委以及广西壮族自治区的共同努力下，以广西钦州为基地建设中国—东盟港口城市合作网络的战略构想不断得到完善、细化、认可和赞同。

比利时安特卫普港务局远东顾问刘国金认为，经过多年的努力，钦州已成为一个富有活力和巨大发展潜力的港口城市，它面向东盟，背靠大西南，与东盟在地理环境，气候条件和人文方面有相近性，应该主动使自己成为中国—东盟港口城市合作的倡导者和主办方。

作为北部湾重要的港口城市，钦州愿意积极参与中国—东盟海上互联互通合作，愿意承担中国—东盟港口城市合作网络基地建设工作。广西钦州市委书记肖莺子表示，钦州是广西临海核心工业区，是中国大西南最便捷的出海口，拥有中马钦州产业园区、钦州保税港区、整车进口口岸、钦州港国家级经济技术开发区等国家级开放合作平台，具备建设中国—东盟港口城市合作网络基地的优越条件，钦州将全力打造中国—东盟港口城市合作网络基地，推进中国—东盟海上互联互通的实现。

中国驻东盟大使杨秀萍在论坛上透露，目前，在推动中国—东盟港口城市合作网络建设的进程中，中方已经推出并正在加紧落实3个项目，包括开通钦州港至马来西亚关丹港的集装箱班轮航线、建立中国—东盟港口物流信息中心和建设中国—东盟港口城市合作网络机制。

## 二、专家学者：引领区域海洋合作新模式

实际上，随着中国—东盟自由贸易区的建成与发展，“零关税”政策的相继推行，东盟各国市场和投资的开放，中国—东盟战略合作伙伴关系向纵深发展，双方加强建立海上互联互通合作网络的条件日益成熟。

成立港口城市合作网络的构想一提出，中国和东盟数十个港口城市便积极响应、踊跃献策，广泛赞同在航线开通、港口建设、临港工业、国际贸易等方面开展合作，共同构筑一张互联互通、互惠共赢的海上合作网络。

上海海事大学校长黄有方表示，建立中国—东盟港口城市合作网络，将引领区域海洋合作新模式，促进区域港航体系建设，进一步加强中国—东盟海上互联互通，推动中国—东盟经济共同体建设。

对于如何构筑好这张合作之网，黄有方认为，建立中国—东盟港口城市合作网络、强化海上互联互通的发展定位要放在构筑全球海上战略通道的高度来把握，要走开放合作之路、战略联盟之路、港工互动之路、自由贸易港之路，加强广西沿海港口与东盟各国港口的合作，开辟国际远洋航线，发展外向型经济、临港工业和临港服务业，以港口城市网络促进临港产业集群和港口经济发展。

中国对外经济贸易大学教授、中国WTO研究院院长张汉林认为，应加强双方协调机制、联谊机制、信息共享机制、资源共享机制等港口合作机制建设，实现双方港口合作的机制化、常态化。应加快推进友好港口城市、“姊妹港口”城市建设，搭建港口合作新平台，并建立统一的电子口岸数据平台和港口服务网络平台，做到信息和资源及时共享，加快通关速度，提高通关效率。

## 三、东盟：合作网络符合双方意愿和利益

成立中国—东盟港口城市合作网络是中国—东盟海上互联互通建设的新领域、新课题，在东盟国家中反响十分强烈。在当天的论坛上，与会的东盟方代表均表示，加强中国—东盟海上互联互通是双方开展全方位合作的重要保障，完全符合双方的意愿和利益，构建中国—东盟港口城市合作网络则是促进海上互联互通的重要举措。

印尼三口洋市市长阿旺·艾萨称，发展海洋港口，中国和东盟各港口城市构筑海上互联互通，是三口洋市发展的首要任务。阿旺·艾萨希望能够和中国—东盟各港口城市达成伙伴关系。在过去，中国伟大的航海家郑和下西洋，将各国联系在一起，既然过去能够做到，中国与东盟今天更能创造奇

迹。

柬埔寨西哈努克副省长普拉·西哈拉表示，海上的货物运输是柬埔寨非常关注一个领域，加强海上互联互通是实现东盟和中国互联互通的一个重要举措，西哈努克自治港将发挥自身的优势和作用，不断加强与中国—东盟各港口城市在商贸、旅游、文化等方面的交流与联系，积极地参与区域乃至世界的海运发展。

马来西亚巴生港港务局经理库玛森·修瓦拉称，中国是马来西亚的主要贸易伙伴，同时巴生港也和中国上海、青岛、宁波等主要港口有很好的互联互通，每周有42条航班往返于巴生港与中国的主要港口之间。目前，中马关系非常良好，两国有非常强的互联互通。两国还分别在钦州和关丹联合建立了产业园区，这对“姊妹园”有着得天独厚的优势，将为双方的交流与合作创造更好的条件。“相信成立中国—东盟港口城市合作网络，双方将会迎来更美好的发展前景。”

（来源：广西新闻网．http://news.gxnews.com.cn/staticpages/20130906/newgx52290c47—8477955.shtml.2013—09—06）

## 中国—东盟互联互通交通部长特别会议

2013年9月2日，中国—东盟互联互通交通部长特别会议在广西南宁召开。中国交通运输部部长杨传堂，广西壮族自治区主席陈武，东盟交通部长会议轮值主席、老挝公共工程和交通部部长宋玛·奔舍那，中国外交部副部长刘振民在开幕式上致辞。

杨传堂在致辞中表示，中国—东盟交通部长会议机制自2002年建立以来，各方携手努力深化交通运输区域合作，在加强交通基础设施建设、完善综合运输网络等方面取得了历史性的进展，交通合作已经成为中国与东盟各国间最务实和最富有成效的合作机制之一。相信通过共同努力，中国—东盟交通运输合作机制将更加完善，合作领域将更加拓展，合作成果将更加突出。

陈武在致辞中指出，中国国务院总理李克强指出，要把广西打造成为中国西南中南地区开放发展新的战略支点。广西将贯彻落实好新的战略定位和战略部署，为推动中国与东盟互联互通搭建平台、做好服务：一是构建连接多区域的国际大通道，打造北部湾中国—东盟区域性国际航运中心和南宁区域性国际综合交通枢纽。二是构筑国际区域经济合作新高地，深化拓展与东盟全方位合作，建设好与有关东盟国家合作的产业园区。三是打造中国—东盟文化交流合作引领区，深化与东盟各国在科技、教育、文化、卫生、体育等领域的交流合作，促进中国与东盟和谐发展。

宋玛·奔舍那表示，东盟各国与中国交通运输主管部门近年来共同制定战略性合作计划，进一步加深交通运输领域合作，取得了良好成效。希望大家继续共同努力，早日实现东盟与中国无缝交通连接，建立起更高效率的环境友好型交通运输网络，促进中国—东盟自由贸易区不断发展壮大。

刘振民提出了三点建议：加强规划协调，逐步打造中国东盟陆海空网的全方位立体联通体系；积极推进搭建融资平台，着力解决好融资难问题；着力打造合作亮点，形成示范和带动作用。

会议审议通过了《中国—东盟互联互通交通部长特别会议联合声明》，在完善工作机制、创建融资平台、做好规划衔接、引导企业参与、陆路海上并重、重视均衡发展等方面达成了共识。

柬埔寨公共工程与交通运输部部长陈尤德、越南交通运输部部长丁罗升等东盟各国交通主管部门的领导，广西壮族自治区副主席陈刚等参加会议。

（来源：广西电视网．http://news.gxtv.cn/201309/news_1162255361.html.2013—09—02）

## 中国—东盟私营部门投资合作研讨会

第10届中国—东盟博览会系列活动之一——中国—东盟私营部门投资合作研讨会于2013年8月29日至31日在广西南宁举行。此次研讨会由中华全国工商业联合会、大湄公河次区域工商论坛（简称“GMS工商论坛”）主办，广西壮族自治区工商业联合会承办。中华全国工商业联合会副主席黄荣，广西壮族自治区政协副主席、自治区党委统战部部长赖德荣，GMS工商论坛秘书处秘书长欧迪特等出席开幕式并致辞。中华全国工商业联合会经济部部长谭林主持开幕式。

本次研讨会以“促进民间相互投资，实现互惠共赢”为主题，通过研讨交流中国—东盟自由贸易区各国在投资政策、产业指引、相关法律法规以及私营部门利用中国—东盟投资合作基金方面的信息，探讨商会在帮助企业界更广泛、深入参与区域投资合作方面的作用，共享“走出去”企业的成功经验，加快推动中国—东盟自由贸易区私营部门投资合作向纵深方向发展；探求以政府为主导、以商会为平台、以中国—东盟投资合作基金为支持，推动企业深入参与中国—东盟自由贸易区投资合作的路径和方案，为扩大私营部门投资合作提供良好环境，形成互联互通、优势互补、互利共赢的区域投资合作新格局。

黄荣在致辞中指出，当前，经济全球化深入发展，各国经济的相互依赖加强，跨国投资、跨国贸易和跨领域合作更加活跃，区域经济一体化已成为推动经济国际化的大潮流和趋势。中国和东盟各国都处于工业化发展阶段，经济高速增长，投资需求十分强烈，在融入经济全球化发展的过程中应发挥各国优势，首先推动区域内部各国的投资与贸易合作，搞活市场经济、开放市场和培育资本市场，推动区域经济一体化快速发展。私营部门投资是推进区域经济一体化发展首要选择。目前中国与东盟对外投资政策还有区别，相互投资差距较大。因此，我们需要共同努力，推动本国政府加快改善私营部门的投资环境，促进私营企业相互投资。

黄荣强调，中国—东盟建立战略伙伴关系 10 年来，各国在合作机制框架下，一直保持良好的合作关系，贸易、工业、农业、旅游、投资等多个领域的交流合作日益繁荣和深入，已经成为区域合作的成功典范。随着中国—东盟自由贸易区的深入发展，中国与东盟各国的合作必将进入一个更新、更广的历史时期，双边私营部门的相互投资也将开创新局面。

赖德荣指出，中国—东盟自由贸易区是全球最大区域经济合作组织，为进一步推动中国—东盟自由贸易区建设，特别是大湄公河次区域（GMS）国家私营部门的投资合作，在 GMS 经济合作第 4 次领导人会议上，中方提出了“加大私营部门参与GMS合作，促进次区域国家间相互投资”的倡议。但由于中国—东盟自由贸易区国家的发展程度差异较大，多边和双边投资合作的短板比较明显，区域内各国在投资导向政策与措施、产业开放范围、相关法律法规以及利用中国—东盟投资合作基金等方面还存在着问题和障碍，对推进中国—东盟自由贸易区私营部门投资合作造成了严重的影响和制约。这次研讨会，着重探讨多边和双边投资合作的重大问题，为此，提出四点建议：加强政府间的互信与合作；加大双向投资合作力度；加大对投资双方权益的保护力度；充分发挥非政府组织和民间商会的协调作用。

会上，来自越南、老挝、缅甸、柬埔寨、泰国、印尼、马来西亚、新加坡以及广西和部分外资、中资银行机构的政府官员、专家和企业家先后作了发言，围绕“促进民间相互投资，实现互惠共赢”这一主题，就推动中国—东盟私营部门投资与合作作了深入探讨、研究和交流，取得几点收获：一是促使各方广泛交流和深入了解，二是促使各方加深对推动区域合作发展必要性的认识，三是促使各方对推动民间相互投资与合作的认识。各国代表提出了许多建设性的意见和建议：第一，继续建设和完善合作平台；第二，加强各国商会间的沟通协调；第三，推进各国改善和优化投资环境；第四，充分发挥企业的投资主体作用。

会前，中国工商联副主席黄荣会见了来自东盟各国的嘉宾。

中国—东盟各国商会负责人，相关政府部门高官、中外专家学者、企业代表，广西壮族自治区和部分市、县工商联领导及企业代表约 100 人参加了研讨会，并实地考察北部湾经济区城市—钦州市，考察钦州港、中马产业园区的投资环境。

（来源：中国—东盟博览会官方网站．http://www.caexpo.org/html/2013/wzsc_0831/201017.html.2013—08—31）

# 大 事 记

## 2013年7～12月

### 7月

1日　中国外交部部长王毅在文莱斯里巴加湾市会见马来西亚外长阿尼法。王毅表示，双方要扩大双边贸易和相互投资，推进产业园区、基础设施建设等合作项目，加强执法、人文等领域的交流合作，共同搞好2014年中马建交40周年暨中马友好交流年活动。

1日　印度尼西亚贸易部部长宣布2012年第78号条令正式生效，规定限制精炼锡出口量，是指Stannum（Sn）99.99％级别的锡，原来规定的是Sn 99.85％级别的锡。

1日　新加坡经贸代表团抵达四川泸州市访问，并与泸州签订了包括9大园区体系规划咨询服务项目、水务投资合作项目、中国白酒总部基地规划服务项目在内的8个合作项目。

1日　印度尼西亚开始正式执行中小微企业征税条例（2013年第46号政府条例）。该条例对中小微企业征税作了系统、明确的规定，其中最重要的内容是：凡是年营业额超过48万美元，约合48亿印尼盾的中小微企业，必须缴纳1％的所得税；流动摊位的小商贩完全免缴税；运营时间不足1年的中小微企业，可暂时不必缴纳所得税。

1日　美国贸易代表办事处给予泰国7类产品续享美国GSP优惠微量豁免待遇正式生效。这7类产品为鲜兰花、鲜榴梿、木瓜干、酸角干、加工甜玉米、加工木瓜、质地细腻的雕像。

2日　第46届东南亚国家联盟外长会及系列会议在文莱首都斯里巴加湾市落下帷幕。为期3天的会议围绕东盟共同体建设、东盟与对话伙伴合作以及部分地区和国际热点议题展开。东盟外长会议结束后的联合公报重申东盟国家决心在2015年年底前实现建成东盟共同体的目标。

4日　第114届中国进出口商品交易会推介会在柬埔寨举行，旨在进一步促进中柬双边贸易，吸引更多柬埔寨工商业者赴中国广州参加商品交易活动。

5日　中资企业缅甸媒体见面会暨《驻缅甸中资企业倡议书》发布会在缅甸仰光召开。《七日周刊》、《仰光时报》、《新闻观察》等41家缅甸媒体及35家重点中资企业参会。

8日　主题为“换届新动向　转型新挑战”的慧眼中国环球论坛在新加坡召开，通过19个主题和分场讨论，围绕中国当前的热点议题进行深度探讨和辩论，以洞悉中国当下社会脉动，紧抓中国发展商机，创造共赢未来。

8日　世界双500强企业中国中铁股份有限公司马来西亚MRT项目TBM始发庆典仪式在吉隆坡举行，标志着中国中铁在马来西亚吉隆坡的MRT项目全面开工。

9日　越南与老挝两国在越老边境清水（越南）—南安（老挝）口岸举行完成两国边界实地勘界立碑工作庆祝典礼。

10日　中国人民银行南宁中心支行下发《广西边境个人跨境贸易人民币结算业务管理办法》（南宁银发〔2013〕175号），允许广西东兴国家重点开发开放试验区开展个人跨境贸易人民币结算业务。至此，东兴试验区又获批1个先行先试新政策，成为继义乌之后中国第2个开展个人跨境贸易人民币结算的先行先试地区。

10日　第5届东盟与中日韩粮食安全合作战略圆桌会议在黑龙江省哈尔滨市召开。本届会议主题为“增强农业防灾减灾合作，保障区域粮食安全”。

11日　中国正式批准广西防城港市边境旅游异地办证业务，中断多年的该项业务正式恢复办理，意味着中国游客无需护照签证，凭身份证即可办理从东兴到越南的出境旅游。

**11日** 为期3天的2013中国广西（泰国）商品博览会在曼谷诗丽吉王后会展中心开幕，集中展示了广西的优势产业和特色商品，以增进广西与泰国等东盟国家的经贸合作。这是广西首次在泰国举办商品博览会。

**11日** 泰国广西总商会在曼谷举行成立庆典大会，广西柳州的泰籍华人、著名企业家李宇明当选为首任会长。该商会的成立为促进在泰广西籍的企业家、商贸人士共同发展打下了组织基础。

**12日** 中国—东盟战略伙伴关系建立10周年研讨会在北京举行，共设有4个议题，分别是：中国—东盟战略伙伴关系的成就与经验，机遇与挑战，政策建议，以及中国—东盟战略伙伴关系研究与智库合作。

**12日** 缅甸总统吴登盛签署2013年第59号总统令，宣布自即日起撤销"边境地区入境检查管理总局"。该机构原由缅甸前总理钦钮建立，职权是统一指挥缅甸与中国、泰国、印度和孟加拉4国边境地区的情报、驻军、海关、警方和移民部门。

**12日** 缅甸总统吴登盛签署《缅甸中央银行法》并即日生效。该法共18章，分121条119款。法律明确缅甸央行行长的职权，赋予央行独立干预货币市场；稳定汇率；建立符合国际管理的支付系统；独立建立和运行货币政策；设立金融监督机构和资本市场的自主权，同时开展海外支付和结算等。

**15日** 泰国清迈府举行东盟知识产权保护讨论会议，主要讨论7大知识产权方面的问题。在2011～2015年的28个东盟知识产权行动计划中，泰国将引导7个项目。

**15日** 以广西壮族自治区主席陈武为团长的中国广西政府代表团在吉隆坡与马来西亚国际贸易与工业部部长穆斯塔法举行会谈，双方就加强经贸合作等问题交换了意见。会谈后，双方代表分别签署了《中马钦州产业园合作投资协议》和《马中关丹工业园合作开发协议》两项合作协议。

**15日** 泰国中央银行与中国香港金融管理局联合公布，将在泰国泰铢即时支付结算系统与香港美元即时支付结算系统之间建立跨境外汇交易同步交收联网，并拟于2014年下半年启用。这将是亚洲区内第3个于2个即时支付结算系统之间建立的跨境外汇交易同步交收联网。

**15日** 中缅天然气管道缅甸段投入使用，进入试运行阶段。

**18日** 第3届中国—东盟商品贸易博览会在泰国首都曼谷开幕，250余家中国企业参展。机电设备是本次展会的主打项目。以福建为首的中国内地的机电公司为泰国商家带来了自主研发、创新灵动的机电组合产品，紧贴高新科技和环保节能的融合发展趋势。

**19日** 中国国旅集团所属中国免税品（集团）有限责任公司与北京华超联合资产管理有限公司签订了中免柬埔寨项目的合资合作协议。合资合作协议正式签署后，中免公司与北京华超联将在柬埔寨金边市共同投资200万美元，注册成立中国免税品集团（柬埔寨）有限公司，负责柬埔寨免税店项目的建设与经营。

**24日** 国际协会联合会公布2012年全球排名，新加坡继续保持世界领先的会议举办国家和城市的地位。新加坡连续2年获得"最佳国际会议国家"，连续6年获得"最佳国际会议城市"的称号，再次巩固了其作为国际会议场地上佳选择的价值定位。

**25日** 中国华为公司在马来西亚吉隆坡为该公司生产的、被誉为全球最薄智能手机ASCEND举行发布仪式，标志着该款手机正式进入马来西亚市场。

**25日** 越南政府总理签发了关于颁布《陆地边境口岸活动调控规则》的45/2013/QD－TTg号决定。《陆地边境口岸活动调控规则》适用于陆地边境国际口岸和主要口岸，以确保口岸活动能统一、协调、配合和有秩序实施，为促进商品、人员和运输车辆按简化手续的方向进出口和出入境创造条件。

**26日** 世界著名的综合性娱乐运营商马来西亚云顶集团和美国20世纪福克斯公司在吉隆坡举行联合记者会，宣布将在马来西亚云顶联手打造全球首个"20世纪福克斯主题乐园"。

**28日** 由中国、缅甸、韩国、印度4国六方投资建设的中缅天然气管道（缅甸段）开始向中国输送天然气。这标志着经过3年建设的中缅油气管道跨国项目取得重要成果。

**28日** 泰国劳工部举办雇佣非法入境外籍劳工管理委员会会议，会议同意尚未完成身份鉴定的3国外籍劳工继续留在泰国1年，以继续办理相关手续。同时会议还同意渔业业者每年申请进行2次外劳登记。

**30日** 泰国副总理兼商业部部长尼瓦探隆代替英拉总理主持内阁例行会议，主要商讨罗勇府海域原油泄漏并不断扩散问题以及应对措施。此外，泰国内阁还批准对个人和团体（公司）所得税税法进行修订，包括修订个人所得税的征收架构。

**30日** 中国—东盟商务理事会在北京发布了第2批双向推荐知名品牌目录。此次《向东盟国家推荐的中国知名品牌目录》包括50个中国知名品牌，其中中粮、奥康、康奈、TCL、九阳在内的众多国内知名品牌均榜上有名，涉及电力、建筑材料、淀粉加工、皮革、仪器仪表、电器、服装等行业。《向中国推荐的东盟国家知名品牌目录》则收录了来自文莱、马来西亚以及菲律宾等国的50个国际品牌，涵盖食品、物流、纺织服装、电子、家电等行业，其中包括马来西亚著名的皇家雪兰莪锡器，文莱的清真食品企业BMC，IDEAL等。

**31日** 第10届中国—东盟博览会和中国—东盟商务与投资峰会组委会会议在北京召开。会议围绕在中国—东盟建立战略伙伴关系10周年、"两会"10周年的重要节点上，进一步总结经验，务实创新，拓展合作，对提升经贸实效和办会水平进行了研究部署。

## 8月

**1日** 新加坡和越南庆祝建交40周年，双方决定把双边关系升级为战略伙伴关系。

**2日** 为庆祝中国—东盟建立战略伙伴关系10周年，中国—东盟高层论坛在泰国曼谷举行，会议旨在谋划双方战略伙伴关系在未来10年甚至更长时间的发展方向。

**5日** 在越南访问的新西兰总督杰里·迈特帕里分别与越共中央总书记阮富仲、国家主席张晋创、国会主席阮生雄举行会见和会谈，并与阮生雄一道出席了《2013～2016越南—新西兰行动计划》和《避免双重征税协定》的签字仪式。

**5日** 一辆大巴从新落成的广西崇左国际客运中心驶往越南下龙，标志着崇左至越南下龙国际道路运输线路正式开通。

**7日** 美国白宫副国安顾问罗兹发表声明指出，美国总统奥巴马发出了行政命令，废除从2003年起对缅甸实施经济制裁的缅甸自由与民主法中的大部分禁运。这将大幅扩大缅甸货物进口到美国，但奥巴马仍持续限制缅甸的红宝石与翡翠出口到美国。

**9日** 中国和缅甸在仰光签署卫星遥感数据分享应用合作意向书。这是中国—东盟科技伙伴计划启动以来，双方正式签署的第一个卫星遥感数据分享服务方面的合作文件。

**9日** 第10届中国—东盟博览会首席战略合作伙伴签约暨揭牌仪式在广西南宁举行，中国有色矿业集团有限公司成为第10届中国—东盟博览会首席战略合作伙伴。

**15日** 第10届中国—东盟博览会、中国—东盟商务与投资峰会携手共进20天启动仪式暨中国—东盟博览会特种邮票首发式在广西南宁举行。

**16日** 2013中国—东盟博览会战略合作伙伴、行业合作伙伴签约仪式暨新闻发布会在广西南宁举行。广西投资集团有限公司、中国移动通信集团广西有限公司等成为博览会战略合作伙伴，来自国内外的16家企业成为博览会行业合作伙伴。

**19日** 中国和泰国首轮战略对话在曼谷举行，双方同意重点加强两国在高速铁路，水利，清洁、可再生、可替代能源以及教育和人力资源发展等领域的合作。双方同意尽快举行中泰贸易、投资与经济合作联委会第3次会议，实现两国领导人确定的2015年双边贸易额达1000亿美元的目标。双方同意共同落实好《农产品贸易合作谅解备忘录》，扩大两国农产品贸易。

**19日** 第45届东盟经济部长会议及其系列会议在文莱国际会议中心拉开帷幕，东盟10国经济部部长将"在2015年建成东盟经济共同体"作为首要议题。

**21日** 第7届中国—东盟社会发展与减贫论坛在广西防城港市召开，论坛围绕城镇化进程中的减贫问题进行政策和实践经验交流，探讨增强社会包容性、可持续发展的路径，进一步推动中国和东盟国家在减贫领域的交流合作。

**23日** 2013中国—东盟博览会合作伙伴新闻发布会在广西南宁举行。来自国内外的45家企业成为第10届中国—东盟博览会合作伙伴。

**23日** 中国国内第一家专业的东盟电子商务平台"美丽湾"在广西南宁举行启动仪式。"美丽湾"东盟电子商务平台是由美丽传说股份有限公司全力打造的最专业、最具特色的中国与东盟间的B2B2C电子贸易平台。

**25日** 第10届中国—东盟博览会指定用车交车仪式在广西南宁举行。仪式上，广汽传祺总经理助理梁伟彪向中国—东盟博览会秘书处领导正式交接了车钥匙，这标志着广汽传祺以其世界级的优异品质再次赢得了主办方的信任和赞誉。

**28日** 泰国—缅甸3个边境贸易口岸（来兴府美索口岸、拉农府阁颂口岸、清莱府美赛口岸）正式启动边境口岸持护照或有效签证通关制度，泰国及其他外国游客可在泰缅边境任何一个口岸持护照及有效签证入境，并可以在原口岸或其他口岸出境，取代以往使用的通关临时证明。

**29日** 中国—东盟自由贸易区投资合作法律问题研讨会在广西南宁举行，以“中国—东盟自由贸易区投资合作法律问题”为主题。

**29日** 为期3天的中国—东盟私营部门投资合作研讨会在广西南宁举行，以“促进民间相互投资，实现互惠共赢”为主题。

**30日** 印度尼西亚贸易部出台的2013年第32号部长条例正式生效，规定将所有锡锭出口纳入统一交易平台，即通过印度尼西亚大宗商品和衍生品交易所进行交易和出口管理。

**31日** 第6届中国—东盟智库战略对话论坛在广西南宁举行。主题为“中国—东盟：增进信任，深化合作”，包括“政治互信：中国—东盟建立战略伙伴关系10周年回顾与展望”、“经济转型：相互投资与产业合作”、“非传统安全：挑战与对策”、“次区域合作：现状与前景”和“中国—东盟博览会：经验与启示”5个议题。

## 9月

**1日** 中国—东盟博览会10周年熊猫加字金银纪念币项目发布会在广西南宁举行。该套金银纪念币正面图案为北京天坛祈年殿，并刊上国名、年号及“中国—东盟博览会10周年纪念”字样。币背面图案为熊猫饮水图，并刊上“中国—东盟博览会10周年纪念”字样及面额。

**2日** 中国—东盟互联互通交通部长特别会议在广西南宁举行。与会部长们围绕交通互联互通合作开展深入讨论，达成诸多共识，并发表联合声明，倡议创建融资平台，鼓励企业参与，加强海上互联互通和航空联通等，促进地区经济繁荣和可持续发展。

**2日** 第10届中国—东盟博览会10＋6企业家交流会在广西南宁举行，主题为“开放合作，共享繁荣”。

**2日** 越南工贸部计划司司长阮进位率越南工贸部跨境经济合作区工作组到中国广西凭祥综合保税区考察，就务实推进中越跨境经济合作区建设交换了意见。

**3日** 第10届中国—东盟博览会和中国—东盟商务与投资峰会在广西南宁开幕，中国国务院总理李克强出席开幕式并发表演讲。在谈及中国和东盟合作时，李克强称双方合作已创造出“黄金十年”，有能力创造“钻石十年”，提出打造中国—东盟自由贸易区升级版。

**3日** 首届中国—东盟技术转移与创新合作大会在广西南宁召开，大会达成了中国—东盟技术转移中心协作网络建设、中国—东盟遥感卫星数据共享与服务平台建设、中老可再生能源开发与利用联合实验室建设、基于北斗位置服务的示范应用等20个合作项目的签约。中国和东盟国家科技部部长共同为中国—东盟技术转移中心揭牌，标志着中国唯一一家面向东盟的国家级技术转移机构正式成立。

**3日** 位于广西南宁华南城的中国—东盟商品交易中心迎来东盟国家产品体验馆第2期体验区——老挝馆、菲律宾馆、柬埔寨馆、印度尼西亚馆开业。

**3日** 由世界500强企业IBM公司参与建设的“东盟国际智慧园”项目正式签约落户广西南宁。这是第10届中国—东盟博览会吸引世界500强企业的重要成果，是中国—东盟博览会最大的信息技术产业项目签约。

**4日** 第5届中国—东盟金融合作与发展领袖论坛在广西南宁举行，以“经济转型、深化中国—东盟金融合作”为主题，设置“中国—东盟保险业合作发展的新机遇与新领域”、“中国—东盟互联互通、产业与投融资合作”专题和“金融机构与中央企业携手广西企业走进东盟”专场活动，并举行了“中国银行人民币兑印度尼西亚卢比现钞汇率”揭牌仪式。

**4日** 第10届中国—东盟博览会国际、国内合作项目集中签约仪式在广西南宁举行。第10届博览会共签订国际合作项目73个，项目总投资额86亿美元；国内合作项目94个，项目总投资额681亿元。

**4日** 第2届中国—东盟出版博览会在广西新闻出版大厦开幕，活动包括中国—东盟出版界高层会晤、中外嘉宾巡展、中国—东盟出版合作交流项目签约仪式、中国—东盟出版论坛、中国—东盟出版合作成果展、中国—东盟青少年读书角活动等。

**4日** 2013年中国—东盟环境合作论坛在广西桂林开幕。论坛期间，中国—东盟环境保护合作中心与广西壮族自治区环保厅在中国环境保护部副部长李干杰和广西壮族自治区副主席蓝天立的见证下，签署了共同推进中国—东盟环保合作框架工作协议。

5日　北斗卫星导航产业国际合作与投资论坛在广西南宁国际会展中心举行。与会的中国与东盟国家官员、专家、企业代表纷纷围绕感知北斗、服务东盟的主题进行探讨，谋划北斗卫星导航产业国际合作与投资的未来蓝图。

5日　2013中国—东盟地产文化高峰论坛在广西南宁举行，与会人员围绕“城镇下的地产机遇”，“钱荒对地产企业的挑战”和“文化强国与地产文化”这3个主题进行探讨。

5日　借助第10届中国—东盟博览会召开的契机，中国—马来西亚钦州产业园区管委会与中国建设银行广西区分行在南宁签署了战略合作协议，双方将在金融上紧密合作，为园区建设以及入园企业引入全方位金融服务。

5日　泰国首个旅游法庭在其东部海滨城市芭堤雅正式成立，以加速审理外国游客提告的案件，及时维护游客权益。

6日　中国—东盟博览会、中国—东盟商务投资峰会组委会举行新闻发布会，宣布第10届中国—东盟博览会、中国—东盟商务投资峰会胜利闭幕。

6日　2013中国—东盟国际汽车拉力赛暨中国—东盟媒体汽车拉力赛在广西南宁再启征程，被誉为“汽车外交”的拉力赛迄今已是第7次发车。

9日　马来西亚中国银行古晋分行正式设立。这是中国银行在马来西亚东部设立的首家分行，也是中行在马来西亚境内设立的第6家分行。至此，中国银行金融服务网络覆盖马来西亚全境。

12日　中国国家认证认可监督管理委员会公布可出口燕窝至中国的马来西亚燕窝公司名单，有8家公司“榜上有名”。

15日　越南政府关于修改《免税店经营规则》部分条款的通知开始正式生效。根据该《通知》，免税店交易货币扩大到：越币、按国家银行规定允许自由兑换的货币、与越南有共同边境线国家的货币。

16日　为期7天的第6届“中国—东盟教育交流周”在贵州贵阳举行，活动主题为“务实合作，和谐发展，共创繁荣”。中国与东盟官员呼吁共建亚洲国家信息中心。

18日　马来西亚吉隆坡中国签证申请服务中心迁址，并正式对外营业。乔迁后的新地址为F5&F6 Hampshire Place Office，Jalan Mayang Sari，50450 KL，新址5楼办理个人申请、6楼办理收费取证及旅行社申请。

20日　欧盟与新加坡将双方的自由贸易协定送交批准，内容堪称全球涵盖范围最广泛的自由贸易协定之一，欧盟将此视为与东南亚建立贸易协定的基石。

25日　中国重庆市4届人大常委会第5次会议批准与柬埔寨金边市结为友好城市，重庆市企业赴柬埔寨投资将更加便利。

26日　缅甸与越南两国外长在美国纽约签署协议，决定对两国普通护照持有者互免入境签证。

## 10月

2日　应印度尼西亚共和国总统苏希洛·班邦·尤多约诺邀请，中国国家主席习近平对印度尼西亚共和国进行国事访问。双方举行了会谈，并发表了《中印度尼西亚全面战略伙伴关系未来规划》。作为《中印度尼西亚全面战略伙伴关系未来规划》的重要文件之一的《中华人民共和国—印度尼西亚共和国经贸合作5年规划》正式签署。

3日　中国国家主席习近平在印度尼西亚国会发表重要演讲，提出中国愿同东盟国家加强海上合作，发展好海洋合作伙伴关系，共同建设21世纪“海上丝绸之路”。

3日　中国—东盟投资合作基金（CAF）正式签署镍铁项目投融资协议，与上海鼎信投资集团有限公司和印度尼西亚八星投资公司合作在印度尼西亚开发大型镍铁冶炼项目。该项目标志着中国第2大不锈钢生产商、印度尼西亚名列前茅的镍矿生产商和CAF将携手建设和运营印度尼西亚最大的镍铁冶炼厂。

4日　中国国家主席习近平和马来西亚总理纳吉布在吉隆坡共同出席中马经济合作高峰论坛。当日，习近平同纳吉布举行会谈，两国领导人决定将两国关系提升为全面战略伙伴关系。

5日　中国国家主席习近平抵达印度尼西亚巴厘岛，出席即将举行的亚太经合组织第21次领导人非正式会议。

9日　第23届东盟领导人会议在文莱首都斯里巴加湾市国际会议中心举行，本届主题是“凝聚人民，共创未来”，东盟10国领导人在会上重点就东盟共同体建设等问题进行讨论。

9日　第16次中国—东盟（10+1）领导人会议在文莱斯里巴加湾市举行，会议发表了《纪念中国—东盟建立战略伙伴关系10周年联合声明》。声明指出，双方争取到2020年推动双方双向贸易额达到1万亿美元，今后8年双向投资达到1500亿美元。

**11日** 广西防城港市东兴口岸正式启动办理外国人口岸签证业务，成为广西第1个陆路口岸签证处，改写了东兴市拥有国家一级口岸没有口岸签证业务的历史，是中国支持东兴国家重点开发开放试验区先行先试政策以来推行的又一新政策。此前，广西只有南宁国际机场和桂林国际机场两个空港口岸签证处。

**11日** 中国国务院总理李克强在泰国国会发表演讲时，宣布中方愿与泰方商谈互免两国持普通护照人员签证。泰国是第一个与中国商谈此类互免签证的东盟国家。中国国务院总理李克强在访问泰国期间，中泰两国签署了《关于深化铁路合作的谅解备忘录》，并发表了《中泰关系发展远景规划》。

**11日** 中国国务院总理李克强在泰国国会发表演说之后，泰国国会上、下两院继续依照宪法第190项条款，审议泰国—中国—老挝陆路跨境运输合作备忘录，并以478票全票表决通过。

**11日** 中粮集团董事长宁高宁在泰国总理府与泰国大米出口商协会主席 Ms. Korbsook Iamsuri 共同签署了中泰进口大米贸易备忘录，意向5年内从泰国进口100万吨大米。

**12日** 中国、柬埔寨、老挝、缅甸、泰国、越南6国的90余位农业专家聚首云南腾冲，参加由云南省农业科学院主办的大湄公河次区域农业科技交流合作组第5届理事会暨农业科技合作交流研讨会，并成立了大湄公河次区域农业科技交流合作组农业经济工作组。

**13日** 中国国务院总理李克强在越南河内同越南总理阮晋勇举行会谈，就深入发展中越全面战略合作伙伴关系深入交换了意见，双方达成重要共识。会谈后，双方共同出席中越双方关于海上、金融、经贸、基础设施等领域合作文件的签字仪式。

**14日** 新加坡移民局开始为申请新加坡签证的中国旅游团颁发电子团体签证，取代原先的贴纸团体签证。边检机关对赴新加坡的中国旅游团凭旅游名单表、有效护照和电子团体签证打印件验放通关。

**14日** 越南农业与农村发展部副部长阮氏春秋和联合国粮农组织驻越南总代表 JongHa Bae 在越南河内签署了2012～2016年合作计划框架，明确了联合国粮农组织在2012年至2016年期间协助越南的具体内容与优先活动。

**18日** 欧洲理事会授权欧盟委员会与东盟国家在自由贸易协定谈判中增加投资保护条款。欧盟委员会将把投资保护条款纳入正在与马来西亚、越南和泰国进行的自由贸易协定谈判中。

**18日** 中国进出口银行与缅方在缅甸内比都举行贷款协议签字仪式，与缅甸外贸银行签署《缅甸小额农业贷款首期1亿美元贷款协议》、与缅甸中央银行签署《缅甸铁路机车厂项目优惠出口买方信贷贷款协议》和《缅甸铁路客车厂项目优惠出口买方信贷贷款协议》。

**18日** “开放中国·开放开福”中国·湖南保税经贸合作推介会在湖南长沙市开福区举行。这是自中国（上海）自由贸易试验区挂牌后，中国首个开放主题保税特色经济国际合作大会。推介会上，东盟加6国贸易促进会（由泰国、越南等东盟国家和中日韩等6国华人华侨代表联合组成的社会团体）、泰国国际贸易商会等与湖南长沙有关方面达成战略合作关系。

**20日** 中缅天然气管道干线建成投产。今后，每年将有120亿立方米天然气造福缅甸和中国西南地区，惠及上亿民众，每年可替代煤炭3072万吨，减少二氧化碳等排放5283万吨。

**21日** 上海期货交易所披露，已与新加坡交易所在上海签署合作备忘录，就加强双方在信息共享、经验交流、高层互访等方面的合作达成框架合作协议。

**21日** 为期5天的中国—东盟标准化培训与交流活动在广西南宁如期举行。本次培训与交流活动是中国首次面向东盟国家开展的标准化培训，有利于推动中国与东盟标准化务实合作。

**21日** 中国银行马尼拉分行与菲律宾交易系统控股集团在马尼拉联合举办了人民币资金汇划系统投产签字仪式，标志着人民币成为菲律宾市场上继美元后第2种可实时清算的外国货币，将成为菲律宾金融机构、贸易商、投资商提供高效率低成本的人民币结算手段，同时有效规避汇率风险并获取较高的外汇理财回报。

**21日** “中国—东盟跨境动植物疫病疫情防控监测平台”需求评审会在广西召开。与会专家通过审阅该项目相关材料，听取需求汇报，观看系统功能原型演示，并对相关问题进行质询。最后，一致同意通过该项目的需求评审。

**21日** 由中国—东盟商务理事会主办的“中国—东盟钻石十年：企业的新发展”座谈会在北京召开。与会者认为，中国—东盟打造“钻石十年”将为双方企业发展带来大量新商机。

22日　中新双边合作联合委员会第10次会议在新加坡举行。会议达成协议，中国和新加坡将加强在期货及衍生产品市场发展和监管方面的交流与合作，支持两国交易所加强交流合作，对此双方将建立工作机制，推动中国企业在新加坡直接上市。

22日　中新苏州工业园区联合协调理事会第15次会议在新加坡举行，新加坡资讯通信发展管理局、新加坡国际企业发展局和苏州工业园区管理委员会在新加坡共同签署关于智慧城市发展战略合作的备忘录，开启新一轮智慧城市“双区互动”。

22日　中国人民银行和新加坡金融管理局发布公告称，将人民币合格境外机构投资者试点范围拓展到新加坡，投资额度为82.1亿美元，约合500亿元人民币。同时宣布在条件成熟时，将试点开展人民币合格境内机构投资者投资新加坡市场。

22日　文莱、印度尼西亚、马来西亚和菲律宾签署协议，将开辟新的海陆空运输路线，以改善彼此之间的连通，从而刺激东盟地区的经济发展。

23日　广西电网公司在南宁检验检疫局成功申领一份《中国—东盟自由贸易区原产地证书》(Form E证书)。这是中国检验检疫部门签发的第一份出口电力优惠性Form E原产地证书。

24日　为期3天的“2013首届泰中企业家高峰论坛”在泰国曼谷蒙田河景酒店举行，主题为“合作、转型与纵深发展：迎接AEC（10＋1）中国—东盟经济一体化的到来”。

24日　中国银行在泰国曼谷举办人民币业务推介会，并与盘谷银行、开泰银行签署全面银行合作协议，这标志着中国银行与泰国银行的业务合作进入崭新的阶段。

27日　柬埔寨贡布省和中国山东省签署了“友好省”谅解备忘录，意味着今后将有更多的山东省投资商进驻贡布省投资。

31日　为期2天的中国—东盟电子签名证书跨境互认合作研讨会在北京召开。与会代表围绕“新应用：各国电子签名应用情况及经验”和“新趋势：中国—东盟电子签名证书跨境互认”两大主题展开了交流讨论。

## 11月

3日　缅甸合作银行推出首个电子支付系统。酒店、航空公司及在线商店可通过该系统在线销售产品，同时也将方便银行与缅甸移民局合作实施电子签证（e—visa）在线支付服务。

4日　为期5天的第5次越南—欧盟自由贸易协定谈判在越南举行，此次谈判主要围绕4大重要内容进行：为越南国企和私企提供发展平台、知识产权保护、确定地理位置和可持续发展。

5日　泰国历史最悠久的华文报纸《星暹日报》与中国具有影响力的南方报业传媒集团战略合作签约仪式在曼谷举行，此举首开泰国华文报纸与中国报业深度合作之先例。

6日　中国—东盟双向推荐知名品牌第3次新闻发布会在北京召开。会上发布了第3批《向东盟推荐的中国知名品牌目录》和《向中国推荐的东盟知名品牌目录》。第3批目录中有50家中国企业列入《向东盟推荐的中国知名品牌目录》，涉及电力、能源、建材、日用品及食品等领域；同时有50家东盟企业列入《向中国推荐的东盟知名品牌目录》涉及珠宝、家具、机械及食品领域。

7日　柬埔寨、老挝、缅甸、越南和泰国等5个世界大米主要出口国在泰国曼谷召开了为期2天的东盟粮食联盟会议，就会议工作范围、筹措东盟粮食联盟资金、促进东盟粮食联盟尽快成型等议题举行了商讨。

8日　应泰国驻昆明总领事馆商务处邀请，云南检验检疫局派员参加了在昆明举行的“泰国优质食品贸易研讨会”，与来自泰国的7个食品企业14名代表共同交流食品贸易中存在的问题。

12日　中国大连商品交易所与马来西亚衍生品交易所在广州签署继续合作协议，约定未来3年双方继续共同举办年度国际油脂油料大会，共同开发和推动全球油脂油料期货市场的发展。

13日　携程旅行网与印度尼西亚旅游与创意经济部签署《关于共同推广印度尼西亚旅游的谅解备忘录》，双方同意将在2014年开展战略合作。

14日　泰国副总理兼外交部部长素拉蓬与印度尼西亚外交部部长马蒂共同主持泰国—印度尼西亚第8次联合委员会会议，加强双方在各个领域的合作。双方一致同意恢复中断3年的双边联合会议。

15日　为期4天的第10届中国—东盟博览会专业展——林产品与木制品展在广西南宁开幕，依托中国—东盟博览会的品牌影响力，汇聚中外红木名企，积极打造中国—东盟区域内最具影响力的林木业盛会。

15日　第8次中国—东盟电信部长会议在新加坡举行。中国工业和信息化部部长苗圩代表中国政府与东盟方签署了《中华人民共和国与东南亚国家联盟信息通信合作谅解备忘录》，这将为双方进一步合作奠定更加坚实的基础。

16日　由中国太平洋证券股份有限公司与老挝农业促进银行、老挝信息产业有限公司合资成立的老—中证券有限公司举行开业庆典。仪式上，老—中证券有限公司与老挝外贸银行签署了《证券资金清算合作协议及长期战略合作备忘录》。

18日　中国人民银行行长周小川与马来西亚央行行长洁蒂·阿齐兹在该行北京代表处开业之际签署了谅解备忘录，建立为金融机构提供流动性的跨境抵押安排，这一安排有利于深化两国金融合作，增强市场信心，维护地区金融稳定。

20日　中国工商银行新加坡分行宣布成功发行2年期、3.28亿美元（约合20亿元人民币）的“狮城债”，为第1家中资银行在新加坡发行的人民币债券，也是迄今为止新加坡市场上发行的规模最大的人民币债券。

21日　“中国—东盟绿色经济与可持续发展合作论坛”在北京举行。论坛就中国—东盟各国循环经济体系建立和可持续发展政策以及能源管理、节能减排、新能源研发、可再生能源利用的相关政策、运作模式及新技术应用、探索绿色经济发展模式等方面的问题进行了深入讨论和沟通。

22日　中国华为科技（文莱）公司同文莱中华中学在文莱举行《支援和赞助伙伴关系合作备忘录》签署仪式。根据该协议，华为（文莱）公司将同文中建立战略合作伙伴关系，为学校提供科技资讯支持和帮助。

25日　首届世界文化论坛在印度尼西亚巴厘岛召开，论坛主题是“可持续发展中的文化力量”。来自65个国家及多个国际组织的约800名代表将探讨共同推动全球文化事业，以支持可持续发展。

26日　中国云南正式启动沿边金融综合改革试验区建设，此举意味着包括人民币区域化在内的沿边金融开放揭开新篇章。这是继上海自由贸易试验区之后，中国批复的第2个区域性综合改革试验区方案。

26日　中国、老挝、泰国沿昆曼公路、澜沧江—湄公河国际航道沿线海关联络员会议签署会议纪要，三方海关共同商讨打击走私违法犯罪活动、促进通关便利化等方面加强合作。

27日　泰国开泰银行与银联国际在曼谷联合举行开泰银行银联信用卡首发仪式，推出泰国市场首张银联芯片信用卡。

30日　缅甸仰光迪洛瓦经济特区举行开建仪式。这表明缅甸第一个经济特区建设进入具体实施阶段。

## 12月

3日　旨在将广西崇左、龙州塑造成为中国—东盟边境自由贸易示范区（特区）的陆路东盟边境口岸开放合作暨龙州东盟国际商贸城招商新闻发布会在广西崇左市龙州县举行。

6日　第13届中国—缅甸边境经济贸易交易会在云南瑞丽开幕，期间举办了中缅双方高层领导会晤、中缅边境贸易联委会议、中缅双方商会商务会谈等双边洽谈。同期还举行中缅经贸（瑞丽）论坛和中缅瑞丽—木姐友好城市系列交流座谈会。

7日　中国—东盟技术转移中心与马来西亚BMGS咨询公司双方代表在广西南宁正式签订协议，这是中国—东盟技术转移协作网络首个东盟配套服务机构成员。

9日　泰国能源部部长蓬萨表示，该部门已与大湄公河次区域（GMS）成员国签署了政府间谅解备忘录，以成立购电协调中心，并在6个成员国之间建立能源信心，同时还邀请中国与老挝参与。

11日　昆曼公路老泰跨湄公河大桥举行建成通车典礼，昆曼公路自此全线贯通。昆曼公路从中国云南省昆明市经老挝到达泰国首都曼谷，全长约1750公里，是中国云南连接东南亚、南亚国家的4条陆路通道之一，也是中国—东盟基础设施互联互通合作的重点项目之一。

15日　在日本进行正式访问的柬埔寨首相洪森与日本首相安倍晋三在东京举行会谈，双方同意把两国合作关系提升为全面战略合作伙伴关系，推动两国在各领域的合作取得成功。

15日　广西崇左—东盟矿产品集散中心项目在广西南宁通过论证。项目将建设集运输配送、现代仓储、货物分拨、配矿加工和筛选、物流信息、金融服务等为一体的综合型大型矿产品物流集散中心。

16日　冰封8年之久的云南德宏州中缅边境游重启，首批中国游客共计97人前往缅甸木姐、南坎两地领略异国风情，受到缅甸民众的热情欢迎。

17日　印度尼西亚政府宣布，该国市场交易不宜采用比特币，因为这种用户自治的加密电子货币至今还没有在印度尼西亚央行正式登记。

17日　第6届中国—东盟（百色）农展会举行，以“绿色与品牌　交流与发展”为主题。

19日　新华社CNC电视台下属的中国新华电

视控股有限公司与泰国最大媒体集团泰国新闻网签署合作协议。根据协议，CNC将在泰国最具影响力的新闻电视台TNN24上实现落地。此次签约标志着CNC节目首次在泰语主流电视台实现落地。

19日　印度内阁通过印度—东盟关于服务贸易与投资的自由贸易协定。这是印度同东盟在2003年所签署的全面经济合作协定的一部分。其后，印度与东盟于2009年7月签署了《货物自由贸易协定》。

21日　缅甸国家计划与经济发展部与世界银行下属国际金融公司签署关于促进投资的谅解备忘录。根据该备忘录，国际金融公司将支持缅甸私营公司发展，并协助缅甸吸引长期投资。

24日　印度尼西亚政府宣布，将放宽机场、医药业、发电厂和高速公路等领域的投资限制，以吸引更多外资。根据新政策，外资在印度尼西亚医药业的比重从75%升至85%；广告业的比重升至51%；发电能力在10兆瓦以上的发电厂，外国投资者最多可以拥有100%的股权；机场和陆路运输等之前没有对外资开放的领域，目前比重可达49%。

24日　广西与越南边境省联合工作委员会第6次会晤在广西南宁举行，“科技合作”首次纳入该联委会会晤议题。

25日　中越陆地边境口岸管理合作委员会第一次会议在广西南宁开幕，中越双方首开口岸合作大门，并就口岸通关协作、贸易便利、执法互助、检验检疫合作等方面达成多项共识。

25日　中国国家质检总局发布《关于进口马来西亚燕窝产品检验检疫要求的公告》，从即日起准予符合《进口马来西亚燕窝产品检验检疫要求》的马来西亚燕窝产品进口中国。至此，马来西亚燕窝输华贸易在停止2年后得以恢复。

25日　中国驻老挝琅勃拉邦总领馆正式开馆，这是中国在老挝开设的第一个总领馆。该总领馆领区范围包括老挝北部琅勃拉邦省、丰沙里省、乌多姆赛省、琅南塔省、波乔省和华潘省。

28日　中国勐康口岸—老挝兰堆国际口岸正式开放，标志着双边合作迈上了新的台阶，将有力推动双边经济发展，加深经贸合作和人文交流。

30日　广西出入境检验检疫局、中马钦州产业园区管委会联合举行“进口马来西亚燕窝产品检验检疫要求新闻发布会”，公布了马来西亚燕窝输华贸易获准恢复等信息。同时，中马钦州产业园区管委会表示，该园区正加紧马来西亚进口燕窝产品加工基地建设，打造燕窝进口加工基地。

30日　广西正式开通沿海高速铁路，伴随着南宁至防城港高速动车的开行，中国高铁将通达边境地区，并为下一步与越南高铁的对接作好充分准备。

30日　中国第一家获得外币现钞跨境调运资格的城市商业银行——富滇银行正式开展泰铢现钞兑换业务。

# 2014年1～6月

## 1月

1日　越南鞋类产品出口欧盟开始享受普惠制关税，关税从7.69%降至3.5%～4%。普惠制关税制度将截止到2016年12月31日。

4日　马来西亚国家银行在其网站上宣布，马来西亚不承认比特币为合法货币。马来西亚国行的文告还促请民众，对比特币存有的风险保持警惕。

6日　广西壮族自治区主席陈武在广西钦州主持召开中马“两国双园”建设工作现场会。他强调，充分认识中马“两国双园”开发建设的重大意义，加强规划引领，完善基础设施，加快产业集聚，深化改革创新，举全区之力把“两国双园”建设成为中马投资合作的旗舰项目，打造成中国与东盟合作的示范园区和深化改革创新的先行区。

7日　中国—东盟商务理事会在北京举行颁奖仪式，向20家来自中国和东盟的企业颁发了“2013中国走进东盟成功企业奖”和“2013东盟走进中国成功企业奖”。

7日　中国—东盟商务理事会在北京举办中国—东盟迎新春联谊会。中国国际贸易促进委员会副会长于平在会上表示，中国与东盟的战略合作关系已进入了快速发展的成熟期，未来双方将启动自贸区的升级版谈判，提高自贸区的开放程度。

8日　老挝驻上海总领事馆开馆仪式在总领事馆馆舍举行。

8日　中国外交部边海司副司长易先良与越南外交部国家边界委员会副主任陈维海在北京举行中越海上共同开发磋商工作组第一轮磋商。双方就海上共同开发深入交换了意见，决心遵循两国领导人达成的有关共识和2011年签署的《关于指导解决中越海上问题基本原则协议》，积极推进中越海上共同开发，尽早取得实质性进展。

8日　新加坡华侨银行宣布其在中国的第1支

人民币股权投资基金——华侨星城（上海）股权投资基金正式成立。这是目前东南亚首家获批上海合格境外有限合伙人（QFLP）资格的金融机构。

**10日**　为期2天的东盟投资协调委员会第62次会议在缅甸内比都开启。来自东盟各国的50余位投资官员讨论修改《东盟全面投资协议》与投资领域限制中等有关的规定，并审议《东盟全面投资协议》项下各工作项目执行情况。

**13日**　越南与欧盟自由贸易协定第6轮谈判开启。此轮谈判包括货物贸易、服务贸易、投资、海关合作、原产地规则、动植物检疫、技术性贸易壁垒、竞争、可持续发展及法律—体制等内容。

**13日**　越南政府代表与中国香港特别行政区政府代表签署了《避免双重征税和防止偷漏税协定》的补充议定书。补充议定书已将《避免双重征税和防止偷漏税协议》内信息交换条款升级到经济合作与发展组织的相应条款，即要求签订双方在受到要求时需进行信息交换。补充议定书签署后需要两方政府批准并互相通知后生效。

**14日**　美国国际开发署公布了美国对越南实施的国家发展合作战略，其中指出美国国际开发署在2014～2018年期间在越南的活动方向。美国开发计划署同越南司法部签署备忘录，正式展开实现全面增长的国家管理项目。

**14日**　由中国—东盟商务理事会主办的东盟2014年度形势分析座谈会在北京召开。与会者认为，2014年东盟形势总体平稳，机遇与挑战并存，东盟共同体建设的推进成重大关切点。

**14日**　《中国日报》联合亚洲金融论坛在香港会议展览中心举办了题为“东盟经济体未来的战略机遇”的论坛。论坛吸引了220多名来自金融、商界、学界的精英人士出席，主要讨论了2015年东盟经济体成立给中国以及东盟各国带来的机遇和挑战。

**16日**　中国（上海）自由贸易试验区管委会与新加坡国际企业发展局在新加坡签署战略合作备忘录，双方在4个领域达成共识并有意开展合作。

**17日**　为期1天的东盟外长会议在缅甸蒲甘举行，会议重点讨论了包括加速东盟共同体建设、东盟一体化、推进实施东盟共同体重大计划等内容在内的2014年东盟优先发展事项。

**17日**　中国—东盟泛北部湾经济合作高官会在广西南宁召开。会议讨论通过了《中国—东盟泛北部湾经济合作路线图（战略框架）》，标志着泛北部湾经济合作向务实开展迈出了关键性的一步。

**20日**　《区域全面经济伙伴关系协定》第3轮谈判在马来西亚吉隆坡举行。此轮谈判的重点内容包括市场准入模式、协定章节框架和相关领域案文要素等，谈判为期5天。

**22日**　由中国富滇银行、老挝外贸大众银行合资成立的老中银行在老挝首都万象开业。这是老挝央行批准的首家中老合资金融机构，也是中国首家由银监会批准在国外设立分支机构的城市商业银行。

**23日**　缅甸总统签署颁布缅甸经济特区法。该法共分为18个章节。其中规定投资建设者在经济特区开始商业运营之日起第1个8年免除所得税，在第2个5年期间减免50%所得税；土地使用年限为50年，期满后可准许延期25年等。

**28日**　中国人力资源和社会保障部与国际劳工合作组织合作的促进就业服务南南合作项目签约和启动仪式在老挝万象举行。促进就业服务南南合作项目援助对象为老挝、柬埔寨两国，项目为期3年，援助总额为100万美元。

**29日**　由中国驻老挝大使馆、老挝老中合作委员会共同主办，老挝中国商会协办的中老经贸合作成果展在老挝万象举行。

## 2月

**11日**　新加坡和印度尼西亚第4届6个双边经济工作小组部长级会议在新加坡举行，新加坡贸工部部长林勋强、印度尼西亚经济统筹部部长哈达作为此次会议的联合主席，对这6个工作小组所取得的良好进展表示满意。

**11日**　缅甸—德国首届经济论坛在缅甸工商联举行。德国工商总会160名企业家、缅甸有关部门负责人及工商联200余名企业家出席了论坛。缅甸工商联与德国工商总会签署了谅解备忘录及联合公报。

**13日**　前世行高级经济学家、新加坡国立大学李光耀公共政策学院亚洲竞争力研究所所长、南洋理工大学经济学教授陈光炎在由NTU主办的“中国经济改革展望”论坛上发表了“中国经济改革及国际影响”的专题演讲。陈光炎教授指出，东盟国家对中国的三中全会及启动的经济改革都非常关注，中国经济改革对东南亚国家将是利好消息。

**17日**　中国证监会副主席刘新华与文莱金融管理局董事经理拿督罗斯里在文莱帝国酒店签署了两国证券期货管理合作谅解备忘录。该备忘录是文莱与外国金融与证券管理机构签署的第5份类似文件，标志着文莱金融机构可向中国证监会申请合格境外机构投资者资格并进入中国市场投资。

**20日** 中国工商银行新加坡分行发布消息，该行已与上海分行合作，为上海宝钢浦东国际贸易有限公司和国药控股分销中心有限公司分别发放了1643.9万美元（约合1亿元人民币）、1150.7万美元（约合7000万元人民币）的跨境人民币流动资金贷款，这是新加坡与中国（上海）自由贸易试验区首笔跨境人民币融资业务。

**25日** 中国商务部副部长高燕与马来西亚贸工部副部长哈敏·沙慕利在北京共同主持召开中国—马来西亚钦州产业园区和马来西亚—中国关丹产业园区第1次会议。会议审议通过了“两国双园”联合理事会架构和工作方案，并就下一步推进两园建设达成了广泛共识。

**25日** 在马来西亚吉隆坡，东盟—印度商务理事会正式开通东盟—印度电子商务门户网站，为促进东盟各成员国与印度之间的贸易往来创造便利条件。

**25日** 马来西亚农业及农基工业部副部长达祖丁与中国农业部副部长余欣荣在马来西亚布城举行会晤。在会晤后的记者会上，达祖丁称，马来西亚农业部与中国农业部达成初步共识，准备成立一个双边工作小组，探讨两国之间农业产品互补及进口事宜。

**26日** 为期2天的第20届东盟经济部长非正式会议在新加坡举行。会议上，东盟各国经济部部长集中讨论东盟地区经济问题，确定2014年优先领域，实施在2015年建成东盟经济共同体的计划，结束《区域全面经济伙伴协议》的谈判进程。

**27日** 越南国家银行宣布，比特币和其他虚拟货币在越南既不是合法的货币也不是被允许的支付手段。信贷机构在向客户提供服务时不允许使用比特币和其他虚拟货币。

**27日** 由中工国际投资（老挝）有限公司投资的万象新世界购物广场开工仪式在老挝万象举行。万象市副市长乔皮拉万以及中国驻老挝经济商务参赞赵文宇、中工国际工程股份有限公司董事长罗艳等出席仪式。

**27日** 第115届广交会推介会在柬埔寨金边举行。中国对外贸易中心国际联络部副总经理蒲汇川、中国银行金边分行行长陈长江及20余家企业代表出席会议。

## 3月

**1日** 根据印度尼西亚财政部2014年第41号部长条例，印度尼西亚正式启用到岸价格（CIF）申报系统。但不意味着强制使用CIF作为计算方式，印度尼西亚出口商同时还可使用离岸价（FOB）方式，但同样要用CIF系统进行申报。

**3日** 中国—东盟行业合作座谈会在北京举行，中国—东盟商务理事会执行理事长许宁宁表示，中国—东盟商务理事会正式启动中国—东盟行业对接工程，以促进中国—东盟的产业合作和行业对接。

**5日** 泰国商业部对外贸易厅厅长素拉萨在北京与中国中粮集团签署G2G购米协议，由泰方从2014年3月开始向中方输送100万吨大米，且必须在12个月内输送完毕。

**6日** 澳大利亚联邦政府贸易与投资部正式回复中国—东盟博览会组委会，确认澳大利亚出任中国—东盟博览会特邀贵宾国，并将派出高级别代表团出席2014年9月16日至19日举行的第11届中国—东盟博览会。此举标志着中国—东盟博览会从服务“10＋1”向服务“10＋6”跨出了重要一步。

**6日** 由南国早报、防城港电视台主办的“高铁让防城港更美好”北部湾高铁城市发展论坛在广西防城港市万海酒店举行。对防城港的地产开发、城际交通、区域规划、产业格局等进行了探讨。

**10日** 印度尼西亚贸易部国际贸易合作司司长Iman Pambagyo表示，有关直接输出燕窝到中国的协议已接近完成，印度尼西亚将不再需要通过马来西亚出口燕窝；印度尼西亚已完成中国政府提出的检疫要求，中国相关政府部门对印度尼西亚燕窝进行相关测试和产品检验后，印度尼西亚燕窝可直接输出到中国。同时根据互认协议，中国也将向印度尼西亚出口大蒜、果蔬等农产品。

**11日** 为期3天的中国—东盟自由贸易区联委会第5次会议在四川成都举行。此次会议重点落实中国—东盟领导人会议成果，讨论启动中国—东盟自由贸易区升级版谈判的各项准备工作，审议相关贸易协议的实施情况，并就原产地规则、经济合作、海关程序与贸易便利化、卫生与植物卫生以及标准、技术法规与合格评定程序等议题展开磋商。

**12日** 泰国宪法法院裁定，620亿美元（约合2万亿泰铢）政府基础建设计划借款法案——泰国政府与中国签署的以农产品交换高铁项目违法违宪。这意味着中国政府与泰国的农产品换高铁项目合作随之搁浅。

14 日　缅甸《消费者保护法》由缅甸议会通过并经缅甸总统签署。根据规定，消费者享有获得安全商品及服务、自由选择、由商家提供质量保证以及获知全面正确信息等权利。向消费者销售危险、伪劣和过期商品的商家将面临最高 3 年的刑期和 500 万缅甸元的罚款。

17 日　越南财政部部长张志中在河内接待了由中国财政部副部长史耀斌为代表的中国财政部代表团，集中讨论有关筹建亚洲基础设施投资银行的各项内容。

18 日　在由亚太传媒集团主办的第 16 届亚太经济论坛上，广西扶绥县县委书记蓝大煌与亚太传媒集团总裁骆合理签订东盟泛家居产业项目协议书，这标志着总投资 30 亿元的东盟泛家居产业城项目正式落户广西中国—东盟青年产业园。

18 日　柬埔寨国家银行正式批准中国工商银行金边分行作为柬埔寨人民币业务清算行。这是中国工商银行在中国境外的第 3 个国家成为获得监管部门批准的人民币业务清算银行，此前，中国工商银行已经成为了新加坡、老挝的人民币业务清算行。

19 日　泰国作为主办方在曼谷酒店召开为期 3 天的东盟区域贸易竞争会议。会议包括 3 个组成部分：第 13 届东盟贸易组织竞争会议、第 4 次项目指导委员会会议、第 1 次网络委员会会议。

19 日　中国华为公司举办的 2014 年南太平洋地区数字业务合作峰会在印度尼西亚雅加达开幕，为期 2 天的会议将就“数字时代的业务合作及共赢”这一话题进行深入交流和探讨。

20 日　银联国际与老挝最大商业银行——老挝外贸银行在老挝万象签署合作协议，启动老挝的银联卡芯片化迁移，并加深发卡及网上支付等领域的合作。

21 日　印度尼西亚—中国经济、社会与文化合作协会举行的座谈会在印度尼西亚雅加达举行，中国—东盟商务理事会执行理事长许宁宁在会上表示，中国与印度尼西亚在双边经济合作面临着新的挑战与机遇。

21 日　经中国国家质检总局动植司授权，以广西检验检疫局副局长董国富为团长的中国植物检疫代表团，与以越南农业与农村发展部植物保护局副局长黄忠为团长的越南植物检疫代表团，在广西东兴举行了中越植物检疫工作会谈。双方就中越植物检疫工作达成了共识。

24 日　银联国际与越南最大的银行卡转接网络 Banknetvn 在越南河内签署合作协议，共同推动 Banknetvn 及其成员银行开展银联芯片卡受理改造，并在更多业务领域探讨合作。

24 日　由《泰国风》杂志社、泰国国家发展管理学院、泰国素南塔皇后大学联合主办的东盟媒体论坛在曼谷举行。论坛的主题是“东盟经济一体化时代媒体的角色”。

25 日　第 15 次中国—东盟联合合作委员会会议在印度尼西亚首都雅加达东盟秘书处举行。会议由中国驻东盟大使杨秀萍和泰国常驻东盟代表素瓦特共同主持。

27 日　印度尼西亚政府就铜出口关税与美国矿企自由港麦克米伦铜金公司达成协议，批准年出口额接近 40 亿美元的铜出口最早于 2014 年 4 月重启。

31 日　《区域全面经济伙伴关系协定》(RCEP) 第 4 轮谈判在广西南宁开幕。东盟 10 国、中国、日本、韩国、印度、澳大利亚、新西兰代表团共 500 余人参加谈判。本轮谈判历时 5 天，各方将就关税减让模式、服务和投资自由化模式、协定章节框架等问题进行讨论。

31 日　中国助援老挝北部森林可持续管理示范项目合作协议签字仪式在老挝农林部举行，亚太森林组织秘书长曲桂林、老挝农林部林业司代司长坎派·玛尼翁代表中老双方在协议上签字。

## 4 月

1 日　中越北仑河第二公路大桥在广西东兴正式开建。该桥建成后，将把中国公路网、越南以及泛亚公路网联成一体，进一步完善中国与东盟的区域公路网络，并将与现有的北仑河大桥实现客货分流，能极大地提升中国与东盟间的交通运力。

3 日　中国银联商务有限公司云南分公司和瑞丽市金通进出口有限公司相关负责人签订了相关业务《合作协议》，这标志着中国对缅甸首个非现金支付跨境使用业务正式启动。

4 日　包括泰国、越南、菲律宾、新加坡、马来西亚和印度尼西亚在内的东盟 6 国证券交易所在印度尼西亚巴厘岛签署了共同编制东盟股市富时指数（FTSE）的协定，以此作为这几个国家主要股票投资的指数，这是东盟首次设立共用的股票指数。

7 日　“2014 中国—东盟文化交流年”系列活动在北京开幕。本次文化交流年活动计划贯穿 2014 年全年，中国和东盟各成员国举办丰富多彩、形式多样的系列文化交流活动。中国—东盟国际汽车拉力赛被列为“交流年”文化活动项目，是“交流年”150多项活动中唯一的体育运动赛事。

**8日**　作为“2014中国—东盟文化交流年”开幕系列活动之一，为期10天的“盛装华彩：中国—东盟服饰文化展”在中国妇女儿童博物馆开幕。

**8日**　应中华人民共和国国务院总理李克强邀请，老挝人民民主共和国总理通邢·塔马冯对中国进行为期5天的正式访问并出席博鳌亚洲论坛2014年年会。中国与老挝就推进中老全面战略合作伙伴关系达成新的共识，共同宣布启动中老政府间铁路协议商谈，并争取尽早签署协议。

**9日**　马来西亚隆基马中集团与遂宁中国西部现代物流港管委会在四川成都签订投资协议，双方将在遂宁共同打造东盟高科技产业园，计划总投资120亿元。

**10日**　柬埔寨外交与国际合作部和国会外交、国际合作与新闻宣传委员会在柬埔寨国会大厦召开会议，就柬埔寨将批准《东盟特权与豁免协议》的事宜进行深度讨论。柬埔寨国会外交、国际合作与新闻宣传委员会主席吴长文会后表示，柬埔寨将批准《东盟特权与豁免协议》，成为东盟第4个批准该协议的国家。

**14日**　广西凭祥市考察团赴越南谅山省文朗县新清、谷南口岸开展“推进跨境合作，实现融合共赢”为主题的调研活动，切身体验越南的口岸建设和经济社会发展。

**16日**　由中国—东盟中心和老挝驻中国大使馆联合主办、云南农业大学承办的第5届“我的中国和东盟”多媒体艺术展之“祥和之国：老挝”开幕式在云南农业大学举行。老挝驻华大使宋迪·本库表示，现在是中老两国合作的最好时期。

**16日**　中国工商银行举办的人民币合格境外机构投资者（RQFII）论坛在新加坡开幕，来自新加坡以及东南亚地区60多家投资机构的150多名代表出席论坛。论坛期间，与会嘉宾以对话的形式探讨了未来RQFII在新加坡的发展机会。

**17日**　中国农业发展银行跨境人民币（南宁）清算平台在广西南宁正式上线运行。这标志着拥有30个省级分行、303个地市级分行、1668个县级支行的中国农业发展银行全系统的跨境人民币结算业务均通过该平台清算。

**21日**　广西壮族自治区政府与阿里巴巴集团在广西南宁签署战略合作框架协议。双方协定，将充分发挥广西面向东盟的独特区位和政策优势，以及阿里巴巴在品牌和技术等方面的优势、经验，在云计算和大数据等领域广泛开展合作，共同打造“数字互联网广西”。

**21日**　中国（广东）—新加坡经贸合作交流会在新加坡举行，双方共签订48个经济类项目和6个非经济类项目合作协议，总金额52.8亿元。

**22日**　首届中、老、泰物流产业发展（跨境贸易）对话会在中国磨憨口岸召开，泰国代表、老挝代表、云南各州市代表、各异地商会、行业协会的企业家代表齐聚一堂，共同探讨跨境物流产业面临的挑战和新机遇。

**23日**　广西南宁市宣布启动“网上南宁”建设。南宁市将大力推进信息化基础设施建设，构建一体化的“中国—东盟”信息枢纽服务体系，逐步建设成为面向东盟的区域性信息交流中心和信息化国际城市。

**23日**　泰国看守工业部部长巴舍表示，英拉总理已签署由泰国工业部和投资促进委员会提名的泰国国家投资促进委员会新1届委员名单，泰国投资促进委员会上任之后将尽快开展相关投资项目的审议工作，并于2014年5月1日召开首次会议。

**25日**　东盟价格审定协会第18次正式会议在越南庆和省芽庄市拉开序幕。会议听取东盟价格审定协会各成员国所作的报告，围绕企业资产评估、无形资产评估、房地产评估等问题分组讨论。会议还评选产生协会秘书长。越南将轮值主席国大权转交给柬埔寨。

**26日**　中国农业银行（东兴试验区）东盟货币业务中心在地处中越边境的广西东兴市正式揭牌成立，这一业务中心实现了人民币对越南盾的直接报价与兑换。

**27日**　中国—东盟家居业知名企业崇左行开幕暨项目推介签约仪式在广西崇左市人民会堂举行，来自中国及东盟各国的280家企业400多位企业家出席了会议，现场签约16个项目，总投资142.28亿元。

**29日**　文莱经济发展局与中国辽宁省葫芦岛市钢管工业有限公司签署土地租赁协议。根据协议，葫芦岛市钢管工业有限公司将在文莱沙兰比嘉工业园开展一项5千万美元的计划，以发展焊接圆形碳钢管的制造工厂。

**30日**　《中国—东盟自由贸易区季度报告（2014年第1季度）》在北京发布。作为中国—东盟自由贸易区的首份季度经济报告，其中分析了中国—东盟打造自由贸易区“升级版”的重点和难点，并对中国—东盟经贸合作提出 6 点建议。

**30 日** 中国—东盟双向推荐知名品牌第 4 批目录发布会在北京召开。中国—东盟商务理事会执行理事长许宁宁表示，在中国—东盟经贸迅速发展中，加强双方的品牌合作将有利于提升本区域的国际竞争力和生产力。

## 5 月

**4 日** 中国建设银行中国—东盟跨境人民币业务中心在广西南宁挂牌成立，旨在打造服务中国与东盟合作的专业平台，提高沿边金融、跨境金融的综合服务水平，支持沿边金融改革综合试验区建设。

**4 日** 中国航天科技集团宣布，旗下卫星部门预定 2015 年为老挝发射通信卫星，成为老挝第 1 颗卫星，同时也是中国为东盟国家发射的第 1 颗卫星，这颗卫星也是中国第 1 个“整星”（卫星组装完成）出口并参与卫星地面营运的项目。

**5 日** 美国财政部发言人表示，根据 2010 年出台的《美国海外账户税收合规法案》，美国已经同新加坡政府就税务信息共享达成实质性协议，正式的政府间协议预计在 2014 年年底前签订。

**7 日** 老中银行与老挝三江有限公司在老挝万象举行了综合授信合作协议签约仪式，首次尝试“商圈融资模式”，助力老挝经济发展。

**7 日** 越南与新西兰避免双重征税协议正式生效。新西兰税务部部长马克雷表示，该协定将有利于促进越南与新西兰的贸易合作。

**9 日** 以“建设绿色矿山，促进矿业可持续发展”为主题的 2014 中国—东盟矿业合作论坛暨推介展示会在广西南宁开幕。论坛为期 2 天，期间举办中国—东盟矿业企业高峰论坛，中国—东盟国家矿业高官与中国企业家闭门会议和绿色矿山矿地和谐、矿产资源综合利用、亚洲国家矿业开发与可持续发展、矿山地质环境保护、中国—东盟地理信息、矿业投融资 6 场分论坛，以及多场矿业项目推介洽谈会。

**10 日** 缅甸东盟事务发言人吴耶图表示，由于发展不平衡，缅甸、老挝、柬埔寨和越南等 4 国加入东盟经济共同体的时间将推迟至 2018 年。

**10 日** 缅甸与印度尼西亚两国外交部部长在缅甸内比都签署协议，决定对持普通护照的对方公民互免签证。协议的签署标志着东盟各国向实现 2015 年东盟共同签证的目标又迈进了一步。

**11 日** 为期 2 天的第 24 届东盟领导人会议在缅甸首都内比都落下帷幕，主题为“团结起来，迈向和平与繁荣的共同体”。作为本届东盟峰会的主要成果，会议发表了到 2015 年建成东盟共同体的《内比都宣言》。

**12 日** 中国铁路总公司副总经理卢春房在北京与泰国交通部高级官员组成的代表团就中泰高铁项目的推进与泰方进行了交流。会谈内容主要涉及中泰高铁项目的基建工程。

**12 日** 第 11 届中国—东盟商务与投资峰会联络官会议在北京召开。2014 年第 11 届峰会框架下主要活动有开幕大会、新加坡共和国国家领导人与中国企业 CEO 圆桌对话会、中国—新加坡经贸理事会成立、中国—东盟商会领袖论坛、中国—东盟法律服务合作研讨会、第 6 届东亚商务论坛等系列活动。

**12 日** 跨太平洋伙伴关系协定（TPP）首席谈判代表会议在越南胡志明市开幕。日本、美国等 12 个国家主要就知识产权、国有企业改革等问题展开磋商。

**15 日** 第 8 届泛北部湾经济合作论坛在广西南宁市召开，论坛以“携手推进泛北合作，共建海上丝绸之路”为主题，围绕“21 世纪海上丝绸之路”的战略构想、重点领域和实现路径进行深入探讨。

**16 日** 由中国外交部部长助理刘建超率领的中国政府跨部门工作组，在越南河内与越南外交部副部长范光荣率领的联合工作组举行对口会谈，并会见越南公安部常务副部长邓文孝。邓文孝表示，越南公安部门将继续采取有力措施，确保在越南的中资机构与人员安全。

**20 日** 越南与韩国贸易官员在韩国首尔开始进行为期 4 天的第 5 轮自贸区谈判，双方集中在货物、服务、投资、货物原产地、海关手续与合作等领域进行深入讨论。

**27 日** 越南与欧洲自由贸易联盟有关自由贸易协定谈判工作组在越南河内就通过越南与欧洲自由贸易联盟间自由贸易协定的谈判和签署来促进双边经济合作水平达成一致。

**27 日** 应中华人民共和国国务院总理李克强邀请，马来西亚总理达图·斯里·纳吉布·敦·拉扎克对中国进行为期 5 天的正式访问。双方发表了《中华人民共和国和马来西亚建立外交关系 40 周年联合公报》。

**28 日** 新加坡邮政有限公司和阿里巴巴集团控股有限公司达成投资协议，阿里将认购新加坡邮政

10.35%的股份，认购额为3.13亿新加坡元，约合15.5亿元人民币，双方共同开拓国际电商物流。

**29日** 中国国务院总理李克强和马来西亚总理纳吉布在北京人民大会堂举行双边会谈，对中马双边关系给予高度评价。会谈后，双方领导人共同见证签署6项政府间合作备忘录，双方还宣布在广西南宁、马来西亚槟城和哥打基纳巴卢设立总领事馆。

**29日** 2014中国—东盟博览会文化展在广西南宁启幕，以中国—东盟共建21世纪“海上丝绸之路”为主题。本届文化展是中国—东盟博览会的主要专业展之一，为中国—东盟博览会举办10年来首次举办。

**29日** 2014中国—东盟博览会文化展在广西南宁国际会展中心举行电影签约仪式。期间，中国和老挝首部合作电影《琅勃拉邦有我的爱》进行签约，中国和新加坡合作电影《遇见》进行信息发布。

**31日** 中国—马来西亚经济高层论坛在北京举行，期间，渤海商品交易所与马来西亚JC Capital管理公司交换了战略合作框架协议，双方决定联手推动马来西亚燕窝、棕榈油等特色资源产品在渤商所挂牌销售。中马贸易“网上丝绸之路”开启。

## 6月

**1日** 泰国最大免税集团King Power在天猫国际的旗舰店——King Power海外旗舰店正式上线，标志着其通过跨境电商方式进入中国市场。

**3日** 东盟高级交通官员会议在缅甸首都内比都举行，议题包括东盟单一航空市场、单一海运市场、升级版区域高速公路网络和昆明—新加坡铁路等。

**5日** 缅甸外交部部长吴温纳貌伦与到缅甸访问的韩国外长尹炳世举行会谈，就双边关系发展和加强合作等问题交换了意见，并共同签署了两国双边投资促进与保障协定。

**5日** 中国商务部部长高虎城与新加坡贸工部部长林勋强在新加坡共同主持召开中新投资促进委员会第4次联席会议。双方就新加坡对中国投资、支持中国企业“走出去”、中新自贸区、服务贸易合作等议题取得广泛共识。

**5日** 中国香港经济贸易办事处（东盟）和由中国香港中华总商会联合主办的“香港—东盟区域合作论坛”在马来西亚吉隆坡举行。主题包括“香港—东亚区域合作的平台”和“香港与东盟关系的演变”两部分，来自中国香港及马来西亚等东盟成员国的200多位政商界代表出席。

**6日** 第5届中国—东盟行业合作会议在云南昆明召开，来自中国与东盟国家有关代表围绕物流、建材、食品、木材工艺品和家具4个行业进行了广泛讨论，并就打造中国—东盟行业合作升级版达成了《昆明共识》。

**6日** 泰国维安委员会主席、陆军上将巴育会见到泰国访问的中国商团，并呼吁中国商团帮助外界更好理解泰国政变后的形势，并继续保持中国对泰国投资及旅游业的发展势头。

**7日** 以“GMS物流行业合作与新商机”为主题的大湄公河次区域物流企业合作委员会第2次会议在云南昆明召开。在会议上，中远洋物流有限公司与泰国的K.N.R物流集团、老挝的LFF物流公司就“中老泰跨国物流合作”签订框架协议。

**7日** 为期2天的第12届东盟华商会在云南昆明开幕，与会人员共同聚焦国家“一带一路”战略、孟中印缅经济走廊建设、强化大湄公河次区域合作等问题，并进行项目洽谈、现场考察等活动。

**9日** 中国移动通过旗下的中国移动国际控股有限公司与泰国三大电信运营商之一——True Corporation PCL签订了股份认购协议。这是泰国自2014年5月政变以来出现的首笔重大企业交易。

**9日** 泰国国际贸易谈判厅在泰国清迈主持召开为期5天的第15次东盟合作框架协定落实工作联系会议，东盟各国代表约100多人出席会议，共同商讨和推进东盟合作框架下有关进一步开放的协定的落实与实施的情况，确保在2015年顺利建成东盟经济共同体。

**9日** 以泰国陆军司令巴育为主席的“全国维持和平秩序委员会”，决定在近期对一系列大型基础设施建设项目进行重新评估，其中包括同中国的“大米换高铁”项目，以及中韩等国参与的大型治水工程项目。

**10日** 马来西亚清真工业发展局、马来西亚巴生港自贸区和马来西亚国际（中国）商贸中心在马来西亚吉隆坡达成合作意向，三方将共同成立“国际清真贸易与咨询中心”服务中国清真企业。

**13日** 为了缓和金融机构每日结算时资金紧张的情况，并确保满足新加坡当地金融机构短期人民币拆借需求，新加坡金融管理局宣布，自2014年7月1日起，启动50亿元人民币的隔夜拆借机制。

**15日** 柬埔寨商业部正式启动申请原产地证书

电子化项目。柬埔寨企业可以通过电子原产地证书，无需实地申领，可自行打印具有电子签章和高效防伪特征的电子原产地证，有效地减轻企业办证负担、缩短通关时间和降低成本。

16 日　中国香港特区政府商务及经济发展局局长苏锦梁在中国香港政府总部与商会代表讨论有关香港与东南亚国家联盟缔结自由贸易协定。会后苏锦梁向传媒表示，东盟代表将于 2014 年 7 月 10～11 日莅临中国香港开始进行谈判。

17 日　中国银行在菲律宾马卡蒂市举办了“菲律宾市场的人民币机遇”论坛，吸引了近 300 位中国与菲律宾的政商人士参加。菲律宾中央银行副行长吉尼昆多指出，人民币国际化将惠及全球金融市场，增加贸易和金融交易，促进全球及地区经济增长。

17 日　为庆祝中国与马来西亚建交 40 周年和中国熊猫“福娃”、“凤仪”到马来西亚，马来西亚中国银行正式对外限量发售“中国熊猫金币”。

18 日　通过协助新加坡毕盛资产管理公司获得人民币合格境外机构投资者（RQFII）资格，中国建设银行成为首批服务于新加坡 RQFII 的中资托管行。

18 日　由湖北武汉光谷北斗公司建设完成的第一批地基增强站在泰国春武里府正式运行，这是中国北斗卫星产业正式打入东盟市场、走向世界的第一环。

18 日　泰国前副总理、泰国中国友好协会会长功·塔帕朗西在广西防城港与防城港市市长何朝建会晤，双方就推动港口物流及管道天然气应用等合作达成基本共识。

18 日　中国联通广西东盟信息交流中心一期建设项目主体工程正式开工建设，此举标志着中国—东盟区域性信息交流中心暨中国联通南宁总部基地进入实质性建设阶段。

19 日　通过境内外联动合作，中国银行新加坡分行向苏州工业园区蓝天燃气热电有限公司发放的 5000 万元人民币成功到账中国银行苏州分行。这是《苏州工业园区跨境人民币业务试点管理暂行办法实施细则》出台以后苏州工业园区的首批跨境人民币贷款之一。

19 日　为吸引更多的中国游客到新加坡旅游观光，新加坡旅游局、新加坡旅游联盟联合广州广之旅国际旅行社在广州宣布正式开启为期 5 个月、总投入超过 500 万元人民币的大型推广活动。

19 日　2014 泰国（重庆）投资说明会在重庆举行，泰方向重庆企业介绍泰国的投资环境与政策，并呼吁重庆汽车制造、机械等企业通过投资东盟物流中心——泰国进军东盟。

20 日　中新苏州工业园区跨境人民币创新业务试点政策宣讲会的举行，标志着中新跨境人民币创新业务正式在苏州启动。

23 日　欧盟在卢森堡发表声明，宣布重新审视其与泰国的关系，将暂停与泰国之间的官方访问，在泰国民选政府上台前，欧盟及其成员国将不会与泰国签订《伙伴关系与合作协定》。

24 日　中国国家主席习近平在中国北京人民大会堂会见马来西亚国会下议院议长潘迪卡尔。双边表示将进一步巩固中马两国友好关系，共同推动中国—东盟关系取得更大进展。

25 日　新加坡贸工部部长林勋强表示，新加坡将于 2014 年 9 月份推出首个以批发 25 公斤条金为主体的全球性合约。该合约由 6 个每日合约组成一个系列，将实施集中交易，并在新加坡进行实货交付黄金合约的清算。

26 日　泰国驻中国大使馆举行泰国局势说明会，泰国驻中国大使伟文·丘氏君携相关人员就泰国局势的新情况及赴泰国旅游安全等问题进行解答。伟文·丘氏君表示，虽然泰国政局有些变化，但经济开放的政策不会改变。目前泰国的局势平稳，人民生活正常，泰国将继续保持与中国的经济合作并欢迎更多中国游客赴泰旅游。

27 日　国际协会联合会公布 2013 年全球排名，新加坡再次夺冠，连续第 3 年和第 7 年当选“国际最佳会议国家”及“国际最佳会议城市”的头衔。

# 数据统计篇

## 2013 年 1～12 月中国对东盟国家进出口贸易统计

金额单位：亿美元

| | 进出口 | | 出口 | | 进口 | | 贸易差额 | |
|---|---|---|---|---|---|---|---|---|
| | 金额 | 同比 | 金额 | 同比 | 金额 | 同比 | 当年 | 上年同期 |
| 东盟 | 4436.11 | 10.9% | 2440.70 | 19.5% | 1995.41 | 1.9% | 445.30 | 84.51 |
| 文莱 | 17.94 | 11.6% | 17.04 | 36.1% | 0.9 | −74.7% | 16.14 | 8.97 |
| 缅甸 | 101.50 | 45.6% | 73.40 | 29.4% | 28.1 | 116.5% | 45.29 | 43.75 |
| 柬埔寨 | 37.72 | 29.1% | 34.11 | 26.0% | 3.62 | 67.9% | 30.49 | 24.93 |
| 印度尼西亚 | 683.55 | 3.2% | 369.32 | 7.7% | 314.22 | −1.6% | 55.10 | 23.59 |
| 老挝 | 27.41 | 58.6% | 17.20 | 83.6% | 10.21 | 29.0% | 7.00 | 1.46 |
| 马来西亚 | 1060.75 | 11.9% | 459.33 | 25.8% | 601.43 | 3.2% | −142.1 | −217.77 |
| 菲律宾 | 380.66 | 4.7% | 198.35 | 18.6% | 182.3 | −7.2% | 16.05 | −29.06 |
| 新加坡 | 759.14 | 9.6% | 458.64 | 12.6% | 300.5 | 5.4% | 158.14 | 122.27 |
| 泰国 | 712.61 | 2.2% | 327.38 | 4.9% | 385.23 | −0.1% | −57.85 | −73.45 |
| 越南 | 654.82 | 29.8% | 485.93 | 42% | 168.9 | 4.1% | 317.03 | 179.81 |

注：占总值比中的“同比”为同比增减点数

（来源：中华人民共和国商务部亚洲司 . http：// yzs. mofcom. gov. cn/article/g/date/thirteen/201402/20140200490994. shtml. 2014—02—18）

## 2013 年 1～12 月中国省份对东盟国家进出口货物贸易统计

金额单位：美元

| 中国省份 | 进出口 | 出口 | 进口 |
|---|---|---|---|
| 北京市 | 7,581,784,781 | 3,458,871,937 | 4,122,912,844 |
| 天津市 | 14,660,594,516 | 6,913,897,548 | 7,746,696,968 |
| 河北省 | 7,789,956,174 | 5,937,850,560 | 1,852,105,614 |
| 山西省 | 874,780,663 | 642,339,141 | 232,441,522 |
| 内蒙古自治区 | 782,357,419 | 703,591,918 | 78,765,501 |
| 辽宁省 | 13,137,109,581 | 9,418,348,487 | 3,718,761,094 |
| 吉林省 | 856,596,366 | 536,330,302 | 320,266,064 |

续表

| 中国省份 | 进出口 | 出口 | 进口 |
|---|---|---|---|
| 黑龙江省 | 941,583,274 | 831,400,075 | 110,183,199 |
| 上海市 | 52,404,089,611 | 20,162,916,200 | 32,241,173,411 |
| 江苏省 | 60,793,916,890 | 33,456,562,519 | 27,337,354,371 |
| 浙江省 | 33,126,962,701 | 22,645,783,746 | 10,481,178,955 |
| 安徽省 | 3,911,565,154 | 2,725,354,669 | 1,186,210,485 |
| 福建省 | 21,049,654,071 | 12,702,665,073 | 8,346,988,998 |
| 江西省 | 4,174,722,634 | 3,457,276,099 | 717,446,535 |
| 山东省 | 32,412,674,784 | 14,775,131,612 | 17,637,543,172 |
| 河南省 | 5,641,316,328 | 3,127,743,876 | 2,513,572,452 |
| 湖北省 | 4,902,686,774 | 3,691,094,919 | 1,211,591,855 |
| 湖南省 | 2,037,206,017 | 1,771,668,378 | 265,537,639 |
| 广东省 | 136,631,818,864 | 77,079,983,389 | 59,551,835,475 |
| 广西壮族自治区 | 5,909,198,347 | 2,504,572,349 | 3,404,625,998 |
| 海南省 | 2,848,882,662 | 867,868,757 | 1,981,013,905 |
| 重庆市 | 9,941,952,786 | 3,982,698,293 | 5,959,254,493 |
| 四川省 | 8,434,231,006 | 5,133,240,492 | 3,300,990,514 |
| 贵州省 | 940,269,480 | 694,206,638 | 246,062,842 |
| 云南省 | 8,436,278,473 | 4,695,486,834 | 3,740,791,639 |
| 西藏自治区 | 24,776,130 | 20,699,758 | 4,076,372 |
| 陕西省 | 2,135,755,961 | 1,322,874,211 | 812,881,750 |
| 甘肃省 | 434,431,073 | 220,340,197 | 214,090,876 |
| 宁夏回族自治区 | 299,741,067 | 205,137,590 | 94,603,477 |
| 新疆维吾尔族自治区 | 393,606,435 | 338,857,933 | 54,748,502 |

注：以上数据仅为中国省份进出口东盟国家的货物统计。

（数据来源：海关总署——海关统计资讯网 www.hgtj.cn）

## 中国对文莱进出口商品构成表（2013 年）

单位：美元

| 名称 | 2013 年出口 | 2013 年进口 |
|---|---|---|
| 总值 | 1,703,626,403.00 | 89,803,505.00 |
| 第一类　活动物;动物产品 | 3,125,534.00 | 191,775.00 |
| 第 1 章　活动物 | — | — |
| 第 2 章　肉及食用杂碎 | 1,058,954.00 | — |
| 第 3 章　鱼及其他水生无脊椎动物 | 1,855,882.00 | 191,775.00 |
| 第 4 章　乳;蛋;蜂蜜;其他食用动物产品 | 210,029.00 | — |
| 第 5 章　其他动物产品 | 669.00 | — |
| 第二类　植物产品 | 4,226,637.00 | — |
| 第 6 章　活植物;茎、根;插花、簇叶 | 203,589.00 | — |

续表

| 名称 | 2013 年出口 | 2013 年进口 |
| --- | --- | --- |
| 第 7 章　食用蔬菜、根及块茎 | 2,280,252.00 | — |
| 第 8 章　食用水果及坚果;甜瓜等水果的果皮 | 598,036.00 | — |
| 第 9 章　咖啡、茶、马黛茶及调味香料 | 1,037,648.00 | — |
| 第 10 章　谷物 | — | — |
| 第 11 章　制粉工业产品;麦芽;淀粉等;面筋 | — | — |
| 第 12 章　油籽;子仁;工业或药用植物;饲料 | 87,719.00 | — |
| 第 13 章　虫胶;树胶、树脂及其他植物液、汁 | 9,830.00 | — |
| 第 14 章　编结用植物材料;其他植物产品 | 9,563.00 | — |
| 第三类　动、植物油、脂及其分解产品;精致的食用油脂;动、植物蜡 | 131,351.00 | — |
| 第 15 章　动、植物油、脂、蜡;精制食用油脂 | 131,351.00 | — |
| 第四类　食品;饮料、酒及醋;烟草、烟草及烟草代用品的制品 | 4,061,923.00 | — |
| 第 16 章　肉、鱼及其他水生无脊椎动物的制品 | 1,076,857.00 | — |
| 第 17 章　糖及糖食 | 10,168.00 | — |
| 第 18 章　可可及可可制品 | 37,726.00 | — |
| 第 19 章　谷物粉、淀粉等或乳的制品;糕饼 | 252,998.00 | — |
| 第 20 章　蔬菜、水果等或植物其他部分的制品 | 1,955,998.00 | — |
| 第 21 章　杂项食品 | 577,241.00 | — |
| 第 22 章　饮料、酒及醋 | 29,731.00 | — |
| 第 23 章　食品工业的残渣及废料;配制的饲料 | 121,204.00 | — |
| 第 24 章　烟草、烟草及烟草代用品的制品 | — | — |
| 第五类　矿产品 | 7,797,808.00 | 69,768,427.00 |
| 第 25 章　盐;硫黄;土及石料;石灰及水泥等 | 7,666,740.00 | — |
| 第 26 章　矿砂、矿渣及矿灰 | — | — |
| 第 27 章　矿物燃料、矿物油及其产品;沥青等 | 131,068.00 | 69,768,427.00 |
| 第六类　化学工业及其相关工业的产品 | 10,615,985.00 | 16,705,371.00 |
| 第 28 章　无机化学品;贵金属等的化合物 | 4,144,891.00 | — |
| 第 29 章　有机化学品 | 1,975,955.00 | 16,705,371.00 |
| 第 30 章　药品 | 435,013.00 | — |
| 第 31 章　肥料 | 18,696.00 | — |
| 第 32 章　鞣料;着色料;涂料;油灰;墨水等 | 560,881.00 | — |
| 第 33 章　精油及香膏,芳香料制品,化妆盥洗品 | 387,438.00 | — |
| 第 34 章　洗涤剂、润滑剂、人造蜡、塑型膏等 | 1,924,153.00 | — |
| 第 35 章　蛋白类物质;改性淀粉;胶;酶 | 52,525.00 | — |
| 第 36 章　炸药;烟火;引火品;易燃材料制品 | 102,390.00 | — |
| 第 37 章　照相及电影用品 | 244,444.00 | — |
| 第 38 章　杂项化学产品 | 769,599.00 | — |
| 第七类　塑料及其制品;橡胶及其制品 | 128,850,215.00 | 132.00 |
| 第 39 章　塑料及其制品 | 99,489,618.00 | 132.00 |
| 第 40 章　橡胶及其制品 | 29,360,597.00 | — |
| 第八类　生皮、皮革、毛皮及其制品;鞍具及挽具;旅行用品、手提包及类似品;动物肠线(蚕胶丝除外)制品 | 69,911,038.00 | — |

续表

| 名称 | 2013年出口 | 2013年进口 |
|---|---|---|
| 第41章　生皮(毛皮除外)及皮革 | 116,994.00 | — |
| 第42章　皮革制品;旅行箱包;动物肠线制品 | 69,713,647.00 | — |
| 第43章　毛皮、人造毛皮及其制品 | 80,397.00 | — |
| 第九类　木及木制品;木炭;软木及软木制品;稻草、秸秆、针茅或其他编结材料制品;篮筐及柳条编结品 | 7,285,821.00 | 74,062.00 |
| 第44章　木及木制品;木炭 | 7,018,503.00 | 74,062.00 |
| 第45章　软木及软木制品 | — | — |
| 第46章　编结材料制品;篮筐及柳条编结品 | 267,318.00 | — |
| 第十类　木浆及其他纤维状纤维素浆;回收(废碎)纸或纸板;纸、纸板及其制品 | 25,735,597.00 | 3,057,454.00 |
| 第47章　木浆等纤维状纤维素浆;废纸及纸板 | — | 3,057,454.00 |
| 第48章　纸及纸板;纸浆、纸或纸板制品 | 21,905,641.00 | — |
| 第49章　印刷品;手稿、打字稿及设计图纸 | 3,829,956.00 | — |
| 第十一类　纺织原料及纺织制品 | 194,848,824.00 | 4,640.00 |
| 第50章　蚕丝 | 82,820.00 | — |
| 第51章　羊毛等动物毛;马毛纱线及其机织物 | 14,566.00 | — |
| 第52章　棉花 | 2,434,417.00 | — |
| 第53章　其他植物纤维;纸纱线及其机织物 | 581,927.00 | — |
| 第54章　化学纤维长丝 | 5,571,170.00 | — |
| 第55章　化学纤维短纤 | 1,583,246.00 | — |
| 第56章　絮胎、毡呢及无纺织物;线绳制品等 | 1,960,633.00 | — |
| 第57章　地毯及纺织材料的其他铺地制品 | 3,825,223.00 | 4,640.00 |
| 第58章　特种机织物;簇绒织物;刺绣品等 | 1,380,942.00 | — |
| 第59章　浸渍、涂布、包覆或层压的纺织物;工业用纺织制品 | 2,123,612.00 | — |
| 第60章　针织物及钩编织物 | 2,786,769.00 | — |
| 第61章　针织或钩编的服装及衣着附件 | 137,218,097.00 | — |
| 第62章　非针织或非钩编的服装及衣着附件 | 18,130,763.00 | — |
| 第63章　其他纺织制品;成套物品;旧纺织品 | 17,154,639.00 | — |
| 第十二类　鞋、帽、伞、杖、鞭及其零件;已加工的羽毛及其制品;人造花;人发制品 | 218,027,810.00 | — |
| 第64章　鞋靴、护腿和类似品及其零件 | 205,965,239.00 | — |
| 第65章　帽类及其零件 | 2,541,479.00 | — |
| 第66章　伞、手杖、鞭子、马鞭及其零件 | 4,043,963.00 | — |
| 第67章　加工羽毛及制品;人造花;人发制品 | 5,477,129.00 | — |
| 第十三类　石料、石膏、水泥、石棉、云母及类似材料的制品;陶瓷产品;玻璃及其制品 | 89,451,347.00 | — |
| 第68章　矿物材料的制品 | 16,254,428.00 | — |
| 第69章　陶瓷产品 | 48,031,526.00 | — |
| 第70章　玻璃及其制品 | 25,165,393.00 | — |
| 第十四类　天然或养殖珍珠、宝石或半宝石、贵金属、包贵金属及其制品;仿首饰;硬币 | 220,738.00 | — |

续表

| 名称 | 2013年出口 | 2013年进口 |
| --- | ---: | ---: |
| 第71章　珠宝、贵金属及制品;仿首饰;硬币 | 220,738.00 | — |
| 第十五类　贱金属及其制品 | 173,454,204.00 | 471.00 |
| 第72章　钢铁 | 46,500,243.00 | — |
| 第73章　钢铁制品 | 76,427,467.00 | 451.00 |
| 第74章　铜及其制品 | 484,536.00 | — |
| 第75章　镍及其制品 | — | — |
| 第76章　铝及其制品 | 12,938,989.00 | — |
| 第77章 | — | — |
| 第78章　铅及其制品 | — | — |
| 第79章　锌及其制品 | 475,548.00 | — |
| 第80章　锡及其制品 | 4,044.00 | — |
| 第81章　其他贱金属、金属陶瓷及其制品 | 58.00 | — |
| 第82章　贱金属器具、利口器、餐具及零件 | 12,206,767.00 | 20.00 |
| 第83章　贱金属杂项制品 | 24,416,552.00 | — |
| 第十六类　机器、机械器具、电气设备及其零件;录音机及放声机、电视图像、声音的录制和重放设备及其零件、附件 | 205,983,121.00 | 1,033.00 |
| 第84章　核反应堆、锅炉、机械器具及零件 | 72,816,826.00 | 274.00 |
| 第85章　电机、电气、音像设备及其零附件 | 133,166,295.00 | 759.00 |
| 第十七类　车辆、航空器、船舶及有关运输设备 | 60,641,976.00 | — |
| 第86章　铁道车辆;轨道装置;信号设备 | 173,951.00 | — |
| 第87章　车辆及其零附件,但铁道车辆除外 | 17,648,692.00 | — |
| 第88章　航空器、航天器及其零件 | 9,972.00 | — |
| 第89章　船舶及浮动结构体 | 42,809,361.00 | — |
| 第十八类　光学、照相、电影、计量、检验、医疗或外科用仪器及设备、精密仪器及设备;钟表;乐器;上述物品的零件、附件 | 22,906,147.00 | — |
| 第90章　光学、照相、医疗等设备及零附件 | 10,157,812.00 | — |
| 第91章　钟表及其零件 | 11,424,919.00 | — |
| 第92章　乐器及其零件、附件 | 1,323,416.00 | — |
| 第十九类　武器、弹药及其零件、附件 | — | — |
| 第93章　武器、弹药及其零件、附件 | — | — |
| 第二十类　杂项制品 | 475,636,864.00 | 140.00 |
| 第94章　家具;寝具等;灯具;活动房 | 445,950,914.00 | 140.00 |
| 第95章　玩具、游戏或运动用品及其零附件 | 18,082,565.00 | — |
| 第96章　杂项制品 | 11,603,385.00 | — |
| 第二十一类　艺术品、收藏品及古物 | 713,463.00 | — |
| 第97章　艺术品、收藏品及古物 | 713,463.00 | — |
| 第二十二类　特殊交易品及未分类商品 | — | — |
| 第98章　特殊交易品及未分类商品 | — | — |

（数据来源：海关总署——海关统计资讯网 www.hgtj.cn）

## 中国对柬埔寨进出口商品构成表（2013 年）

单位：美元

| 名称 | 2013 年出口 | 2013 年进口 |
|---|---|---|
| 总值 | 3,411,395,731.00 | 361,519,076.00 |
| 第一类　活动物；动物产品 | 4,410,128.00 | 3,343,159.00 |
| 第 1 章　活动物 | — | — |
| 第 2 章　肉及食用杂碎 | 490,220.00 | — |
| 第 3 章　鱼及其他水生无脊椎动物 | 76,555.00 | 3,342,758.00 |
| 第 4 章　乳；蛋；蜂蜜；其他食用动物产品 | 254,811.00 | — |
| 第 5 章　其他动物产品 | 3,588,542.00 | 401.00 |
| 第二类　植物产品 | 25,507,242.00 | 32,262,907.00 |
| 第 6 章　活植物；茎、根；插花、簇叶 | — | — |
| 第 7 章　食用蔬菜、根及块茎 | 9,969,258.00 | 12,845,637.00 |
| 第 8 章　食用水果及坚果；甜瓜等水果的果皮 | 521,923.00 | 2,040.00 |
| 第 9 章　咖啡、茶、马黛茶及调味香料 | 75,481.00 | — |
| 第 10 章　谷物 | 1,975.00 | 19,033,176.00 |
| 第 11 章　制粉工业产品；麦芽；淀粉等；面筋 | 14,938,139.00 | 348,717.00 |
| 第 12 章　油籽；子仁；工业或药用植物；饲料 | 466.00 | 33,337.00 |
| 第 13 章　虫胶；树胶、树脂及其他植物液、汁 | — | — |
| 第 14 章　编结用植物材料；其他植物产品 | — | — |
| 第三类　动、植物油、脂及其分解产品；精致的食用油脂；动、植物蜡 | 4,460.00 | — |
| 第 15 章　动、植物油、脂、蜡；精制食用油脂 | 4,460.00 | — |
| 第四类　食品；饮料、酒及醋；烟草、烟草及烟草代用品的制品 | 26,856,215.00 | 23,375.00 |
| 第 16 章　肉、鱼及其他水生无脊椎动物的制品 | 31,000.00 | — |
| 第 17 章　糖及糖食 | 290,763.00 | — |
| 第 18 章　可可及可可制品 | — | — |
| 第 19 章　谷物粉、淀粉等或乳的制品；糕饼 | 1,282,162.00 | — |
| 第 20 章　蔬菜、水果等或植物其他部分的制品 | 5,732,920.00 | 20,783.00 |
| 第 21 章　杂项食品 | 1,094,897.00 | 1,080.00 |
| 第 22 章　饮料、酒及醋 | 5,862,125.00 | 1,512.00 |
| 第 23 章　食品工业的残渣及废料；配制的饲料 | 3,648,713.00 | — |
| 第 24 章　烟草、烟草及烟草代用品的制品 | 8,913,635.00 | — |
| 第五类　矿产品 | 15,455,259.00 | 30,491.00 |
| 第 25 章　盐；硫黄；土及石料；石灰及水泥等 | 175,058.00 | — |
| 第 26 章　矿砂、矿渣及矿灰 | 30,192.00 | 25,739.00 |
| 第 27 章　矿物燃料、矿物油及其产品；沥青等 | 15,250,009.00 | 4,752.00 |
| 第六类　化学工业及其相关工业的产品 | 46,786,801.00 | 220,235.00 |
| 第 28 章　无机化学品；贵金属等的化合物 | 2,008,511.00 | 796.00 |
| 第 29 章　有机化学品 | 5,843,658.00 | — |
| 第 30 章　药品 | 10,574,362.00 | 2,123.00 |
| 第 31 章　肥料 | 2,736,520.00 | 32.00 |

续表

| 名称 | 2013 年出口 | 2013 年进口 |
| --- | --- | --- |
| 第 32 章　鞣料；着色料；涂料；油灰；墨水等 | 2,584,657.00 | 195,060.00 |
| 第 33 章　精油及香膏，芳香料制品，化妆盥洗品 | 2,902,899.00 | — |
| 第 34 章　洗涤剂、润滑剂、人造蜡、塑型膏等 | 3,382,568.00 | — |
| 第 35 章　蛋白类物质；改性淀粉；胶；酶 | 2,533,729.00 | 258.00 |
| 第 36 章　炸药；烟火；引火品；易燃材料制品 | — | — |
| 第 37 章　照相及电影用品 | 2,181,750.00 | — |
| 第 38 章　杂项化学产品 | 12,038,147.00 | 21,966.00 |
| 第七类　塑料及其制品；橡胶及其制品 | 72,660,099.00 | 57,733,684.00 |
| 第 39 章　塑料及其制品 | 46,571,365.00 | 4,563,533.00 |
| 第 40 章　橡胶及其制品 | 26,088,734.00 | 53,170,151.00 |
| 第八类　生皮、皮革、毛皮及其制品；鞍具及挽具；旅行用品、手提包及类似品；动物肠线（蚕胶丝除外）制品 | 15,590,394.00 | 639,167.00 |
| 第 41 章　生皮（毛皮除外）及皮革 | 1,655,324.00 | 1,895.00 |
| 第 42 章　皮革制品；旅行箱包；动物肠线制品 | 13,700,005.00 | 637,272.00 |
| 第 43 章　毛皮、人造毛皮及其制品 | 235,065.00 | — |
| 第九类　木及木制品；木炭；软木及软木制品；稻草、秸秆、针茅或其他编结材料制品；篮筐及柳条编结品 | 2,864,563.00 | 87,470,618.00 |
| 第 44 章　木及木制品；木炭 | 2,820,369.00 | 87,470,546.00 |
| 第 45 章　软木及软木制品 | 3,040.00 | — |
| 第 46 章　编结材料制品；篮筐及柳条编结品 | 41,154.00 | 72.00 |
| 第十类　木浆及其他纤维状纤维素浆；回收（废碎）纸或纸板；纸、纸板及其制品 | 29,850,515.00 | 62,245.00 |
| 第 47 章　木浆等纤维状纤维素浆；废纸及纸板 | — | — |
| 第 48 章　纸及纸板；纸浆、纸或纸板制品 | 27,487,914.00 | 60,635.00 |
| 第 49 章　印刷品；手稿、打字稿及设计图纸 | 2,362,601.00 | 1,610.00 |
| 第十一类　纺织原料及纺织制品 | 1,788,080,488.00 | 137,821,597.00 |
| 第 50 章　蚕丝 | 1,109,740.00 | — |
| 第 51 章　羊毛等动物毛；马毛纱线及其机织物 | 44,808,220.00 | — |
| 第 52 章　棉花 | 382,032,431.00 | 445,388.00 |
| 第 53 章　其他植物纤维；纸纱线及其机织物 | 12,216,350.00 | — |
| 第 54 章　化学纤维长丝 | 70,277,366.00 | 125,528.00 |
| 第 55 章　化学纤维短纤 | 140,954,603.00 | 22,601.00 |
| 第 56 章　絮胎、毡呢及无纺织物；线绳制品等 | 19,107,191.00 | 31,139.00 |
| 第 57 章　地毯及纺织材料的其他铺地制品 | 1,042,197.00 | — |
| 第 58 章　特种机织物；簇绒织物；刺绣品等 | 72,915,893.00 | 54,832.00 |
| 第 59 章　浸渍、涂布、包覆或层压的纺织物；工业用纺织制品 | 24,804,881.00 | 276.00 |
| 第 60 章　针织物及钩编织物 | 878,337,153.00 | 295,242.00 |
| 第 61 章　针织或钩编的服装及衣着附件 | 123,377,945.00 | 86,434,568.00 |
| 第 62 章　非针织或非钩编的服装及衣着附件 | 9,826,390.00 | 37,874,090.00 |
| 第 63 章　其他纺织制品；成套物品；旧纺织品 | 7,270,128.00 | 12,537,933.00 |

续表

| 名称 | 2013 年出口 | 2013 年进口 |
|---|---|---|
| 第十二类　鞋、帽、伞、杖、鞭及其零件；已加工的羽毛及其制品；人造花；人发制品 | 38,382,865.00 | 12,410,526.00 |
| 第 64 章　鞋靴、护腿和类似品及其零件 | 33,928,800.00 | 12,266,574.00 |
| 第 65 章　帽类及其零件 | 2,113,358.00 | 21,395.00 |
| 第 66 章　伞、手杖、鞭子、马鞭及其零件 | 2,019,875.00 | — |
| 第 67 章　加工羽毛及制品；人造花；人发制品 | 320,832.00 | 122,557.00 |
| 第十三类　石料、石膏、水泥、石棉、云母及类似材料的制品；陶瓷产品；玻璃及其制品 | 104,875,258.00 | 11,174.00 |
| 第 68 章　矿物材料的制品 | 15,105,248.00 | 9,933.00 |
| 第 69 章　陶瓷产品 | 79,909,408.00 | 1,023.00 |
| 第 70 章　玻璃及其制品 | 9,860,602.00 | 218.00 |
| 第十四类　天然或养殖珍珠、宝石或半宝石、贵金属、包贵金属及其制品；仿首饰；硬币 | 25,359.00 | 5,484.00 |
| 第 71 章　珠宝、贵金属及制品；仿首饰；硬币 | 25,359.00 | 5,484.00 |
| 第十五类　贱金属及其制品 | 141,114,664.00 | 3,785,362.00 |
| 第 72 章　钢铁 | 36,188,166.00 | — |
| 第 73 章　钢铁制品 | 64,451,218.00 | 3,342.00 |
| 第 74 章　铜及其制品 | 834,028.00 | 2,823.00 |
| 第 75 章　镍及其制品 | — | — |
| 第 76 章　铝及其制品 | 11,834,323.00 | 3,514,745.00 |
| 第 77 章 | — | — |
| 第 78 章　铅及其制品 | 6,037.00 | 275.00 |
| 第 79 章　锌及其制品 | 111,721.00 | — |
| 第 80 章　锡及其制品 | — | 1,620.00 |
| 第 81 章　其他贱金属、金属陶瓷及其制品 | 462,652.00 | — |
| 第 82 章　贱金属器具、利口器、餐具及零件 | 5,554,804.00 | 812.00 |
| 第 83 章　贱金属杂项制品 | 21,671,715.00 | 261,745.00 |
| 第十六类　机器、机械器具、电气设备及其零件；录音机及放声机、电视图像、声音的录制和重放设备及其零件、附件 | 645,504,277.00 | 22,094,385.00 |
| 第 84 章　核反应堆、锅炉、机械器具及零件 | 362,891,999.00 | 16,222.00 |
| 第 85 章　电机、电气、音像设备及其零附件 | 282,612,278.00 | 22,078,163.00 |
| 第十七类　车辆、航空器、船舶及有关运输设备 | 275,718,897.00 | 2,479,677 |
| 第 86 章　铁道车辆；轨道装置；信号设备 | 1,547,525.00 | — |
| 第 87 章　车辆及其零附件，但铁道车辆除外 | 103,229,752.00 | 589,677.00 |
| 第 88 章　航空器、航天器及其零件 | 166,681,454.00 | — |
| 第 89 章　船舶及浮动结构体 | 4,260,166.00 | 1,890,000.00 |
| 第十八类　光学、照相、电影、计量、检验、医疗或外科用仪器及设备、精密仪器及设备；钟表；乐器；上述物品的零件、附件 | 101,646,349.00 | 1,460.00 |
| 第 90 章　光学、照相、医疗等设备及零附件 | 44,866,016.00 | 1,139.00 |
| 第 91 章　钟表及其零件 | 56,367,118.00 | — |
| 第 92 章　乐器及其零件、附件 | 413,215.00 | 321.00 |

续表

| 名称 | 2013 年出口 | 2013 年进口 |
| --- | --- | --- |
| 第十九类　武器、弹药及其零件、附件 | 24,061.00 | — |
| 第 93 章　武器、弹药及其零件、附件 | 24,061.00 | — |
| 第二十类　杂项制品 | 76,036,239.00 | 1,116,864.00 |
| 第 94 章　家具;寝具等;灯具;活动房 | 42,154,003.00 | 1,103,517.00 |
| 第 95 章　玩具、游戏或运动用品及其零附件 | 3,733,537.00 | 7,332.00 |
| 第 96 章　杂项制品 | 30,148,699.00 | 6,015.00 |
| 第二十一类　艺术品、收藏品及古物 | 1,598.00 | 6,666.00 |
| 第 97 章　艺术品、收藏品及古物 | 1,598.00 | 6,666.00 |
| 第二十二类　特殊交易品及未分类商品 | — | — |
| 第 98 章　特殊交易品及未分类商品 | — | — |

（数据来源：海关总署——海关统计资讯网 www.hgtj.cn）

## 中国对印度尼西亚进出口商品构成表（2013 年）

单位：美元

| 名称 | 2013 年出口 | 2013 年进口 |
| --- | --- | --- |
| 总值 | 36,942,257,089.00 | 31,445,715,503.00 |
| 第一类　活动物;动物产品 | 161,692,323.00 | 220,836,045.00 |
| 第 1 章　活动物 | 54,482.00 | 696,423.00 |
| 第 2 章　肉及食用杂碎 | — | — |
| 第 3 章　鱼及其他水生无脊椎动物 | 144,380,088.00 | 211,402,737.00 |
| 第 4 章　乳;蛋;蜂蜜;其他食用动物产品 | 1,216,922.00 | — |
| 第 5 章　其他动物产品 | 16,040,831.00 | 8,736,885.00 |
| 第二类　植物产品 | 811,139,877.00 | 279,601,484.00 |
| 第 6 章　活植物;茎、根;插花、簇叶 | 382,510.00 | 16,330.00 |
| 第 7 章　食用蔬菜、根及块茎 | 412,058,499.00 | 28,066,138.00 |
| 第 8 章　食用水果及坚果;甜瓜等水果的果皮 | 315,042,519.00 | 10,799,884.00 |
| 第 9 章　咖啡、茶、马黛茶及调味香料 | 10,576,023.00 | 37,580,185.00 |
| 第 10 章　谷物 | 9,036,434.00 | — |
| 第 11 章　制粉工业产品;麦芽;淀粉等;面筋 | 21,865,460.00 | 6,048,004.00 |
| 第 12 章　油籽;子仁;工业或药用植物;饲料 | 8,484,991.00 | 158,075,450.00 |
| 第 13 章　虫胶;树胶、树脂及其他植物液、汁 | 33,011,902.00 | 4,139,131.00 |
| 第 14 章　编结用植物材料;其他植物产品 | 681,539.00 | 34,876,362.00 |
| 第三类　动、植物油、脂及其分解产品;精致的食用油脂;动、植物蜡 | 8,360,316.00 | 2,680,828,134.00 |
| 第 15 章　动、植物油、脂、蜡;精制食用油脂 | 8,360,316.00 | 2,680,828,134.00 |
| 第四类　食品;饮料、酒及醋;烟草、烟草及烟草代用品的制品 | 654,002,470.00 | 248,751,654.00 |
| 第 16 章　肉、鱼及其他水生无脊椎动物的制品 | 28,075,434.00 | 944,789.00 |
| 第 17 章　糖及糖食 | 108,704,043.00 | 3,141,022.00 |
| 第 18 章　可可及可可制品 | 6,307,386.00 | 47,947,588.00 |
| 第 19 章　谷物粉、淀粉等或乳的制品;糕饼 | 14,770,299.00 | 79,903,676.00 |
| 第 20 章　蔬菜、水果等或植物其他部分的制品 | 104,816,180.00 | 6,889,747.00 |

续表

| 名称 | 2013 年出口 | 2013 年进口 |
|---|---|---|
| 第 21 章　杂项食品 | 114,214,455.00 | 23,080,809.00 |
| 第 22 章　饮料、酒及醋 | 1,356,007.00 | 90,648.00 |
| 第 23 章　食品工业的残渣及废料;配制的饲料 | 30,922,951.00 | 76,686,853.00 |
| 第 24 章　烟草、烟草及烟草代用品的制品 | 244,835,715.00 | 10,066,522.00 |
| 第五类　矿产品 | 2,744,694,238.00 | 18,385,910,742.00 |
| 第 25 章　盐;硫黄;土及石料;石灰及水泥等 | 83,299,547.00 | 26,521,964.00 |
| 第 26 章　矿砂、矿渣及矿灰 | 4,221,550.00 | 7,045,656,931.00 |
| 第 27 章　矿物燃料、矿物油及其产品;沥青等 | 2,657,173,141.00 | 11,313,731,847.00 |
| 第六类　化学工业及其相关工业的产品 | 3,093,180,648.00 | 1,772,971,269.00 |
| 第 28 章　无机化学品;贵金属等的化合物 | 477,154,009.00 | 35,470,713.00 |
| 第 29 章　有机化学品 | 996,188,738.00 | 763,204,003.00 |
| 第 30 章　药品 | 35,954,693.00 | 2,456,500.00 |
| 第 31 章　肥料 | 257,456,087.00 | 938,279.00 |
| 第 32 章　鞣料;着色料;涂料;油灰;墨水等 | 405,895,507.00 | 41,165,264.00 |
| 第 33 章　精油及香膏,芳香料制品,化妆盥洗品 | 151,861,358.00 | 6,498,971.00 |
| 第 34 章　洗涤剂、润滑剂、人造蜡、塑型膏等 | 92,775,570.00 | 118,586,230.00 |
| 第 35 章　蛋白类物质;改性淀粉;胶;酶 | 89,103,666.00 | 452,393.00 |
| 第 36 章　炸药;烟火;引火品;易燃材料制品 | 60,943,593.00 | — |
| 第 37 章　照相及电影用品 | 48,672,592.00 | 2,291.00 |
| 第 38 章　杂项化学产品 | 477,174,835.00 | 804,196,625.00 |
| 第七类　塑料及其制品;橡胶及其制品 | 1,545,489,019.00 | 2,020,331,188.00 |
| 第 39 章　塑料及其制品 | 1,190,852,671.00 | 366,346,028.00 |
| 第 40 章　橡胶及其制品 | 354,636,348.00 | 1,653,985,160.00 |
| 第八类　生皮、皮革、毛皮及其制品;鞍具及挽具;旅行用品、手提包及类似品;动物肠线(蚕胶丝除外)制品 | 343,013,340.00 | 44,175,342.00 |
| 第 41 章　生皮(毛皮除外)及皮革 | 29,425,637.00 | 36,458,908.00 |
| 第 42 章　皮革制品;旅行箱包;动物肠线制品 | 310,602,601.00 | 7,633,501.00 |
| 第 43 章　毛皮、人造毛皮及其制品 | 2,985,102.00 | 82,933.00 |
| 第九类　木及木制品;木炭;软木及软木制品;稻草、秸秆、针茅或其他编结材料制品;篮筐及柳条编结品 | 143,515,826.00 | 777,119,981.00 |
| 第 44 章　木及木制品;木炭 | 137,867,816.00 | 775,476,825.00 |
| 第 45 章　软木及软木制品 | 45,485.00 | — |
| 第 46 章　编结材料制品;篮筐及柳条编结品 | 5,602,525.00 | 1,643,156.00 |
| 第十类　木浆及其他纤维状纤维素浆;回收(废碎)纸或纸板;纸、纸板及其制品 | 306,320,693.00 | 1,384,569,076.00 |
| 第 47 章　木浆等纤维状纤维素浆;废纸及纸板 | 5,438,094.00 | 1,279,947,458.00 |
| 第 48 章　纸及纸板;纸浆、纸或纸板制品 | 275,356,486.00 | 104,449,340.00 |
| 第 49 章　印刷品;手稿、打字稿及设计图纸 | 25,526,113.00 | 172,278.00 |
| 第十一类　纺织原料及纺织制品 | 4,410,276,208.00 | 690,730,692.00 |
| 第 50 章　蚕丝 | 20,951,326.00 | 2,694.00 |
| 第 51 章　羊毛等动物毛;马毛纱线及其机织物 | 75,962,374.00 | 21,536.00 |

续表

| 名称 | 2013 年出口 | 2013 年进口 |
|---|---|---|
| 第 52 章　棉花 | 652,224,448.00 | 255,474,118.00 |
| 第 53 章　其他植物纤维;纸纱线及其机织物 | 33,694,452.00 | 7,505,636.00 |
| 第 54 章　化学纤维长丝 | 637,309,155.00 | 38,079,872.00 |
| 第 55 章　化学纤维短纤 | 418,831,704.00 | 158,351,368.00 |
| 第 56 章　絮胎、毡呢及无纺织物;线绳制品等 | 121,307,314.00 | 17,766,738.00 |
| 第 57 章　地毯及纺织材料的其他铺地制品 | 37,054,630.00 | 189,948.00 |
| 第 58 章　特种机织物;簇绒织物;刺绣品等 | 116,306,276.00 | 2,727,363.00 |
| 第 59 章　浸渍、涂布、包覆或层压的纺织物;工业用纺织制品 | 370,981,958.00 | 21,524,456.00 |
| 第 60 章　针织物及钩编织物 | 539,894,316.00 | 8,564,052.00 |
| 第 61 章　针织或钩编的服装及衣着附件 | 947,092,219.00 | 70,104,249.00 |
| 第 62 章　非针织或非钩编的服装及衣着附件 | 287,649,085.00 | 89,715,823.00 |
| 第 63 章　其他纺织制品;成套物品;旧纺织品 | 151,016,951.00 | 20,702,839.00 |
| 第十二类　鞋、帽、伞、杖、鞭及其零件;已加工的羽毛及其制品;人造花;人发制品 | 606,551,972.00 | 199,631,613.00 |
| 第 64 章　鞋靴、护腿和类似品及其零件 | 470,894,562.00 | 190,694,084.00 |
| 第 65 章　帽类及其零件 | 30,457,744.00 | 133,340.00 |
| 第 66 章　伞、手杖、鞭子、马鞭及其零件 | 81,074,782.00 | 2,518.00 |
| 第 67 章　加工羽毛及制品;人造花;人发制品 | 24,124,884.00 | 8,801,671.00 |
| 第十三类　石料、石膏、水泥、石棉、云母及类似材料的制品;陶瓷产品;玻璃及其制品 | 887,319,921.00 | 14,912,711.00 |
| 第 68 章　矿物材料的制品 | 144,688,505.00 | 4,171,579.00 |
| 第 69 章　陶瓷产品 | 459,758,545.00 | 6,023,529.00 |
| 第 70 章　玻璃及其制品 | 282,872,871.00 | 4,717,603.00 |
| 第十四类　天然或养殖珍珠、宝石或半宝石、贵金属、包贵金属及其制品;仿首饰;硬币 | 7,367,509.00 | 1,616,352.00 |
| 第 71 章　珠宝、贵金属及制品;仿首饰;硬币 | 7,367,509.00 | 1,616,352.00 |
| 第十五类　贱金属及其制品 | 3,890,901,264.00 | 668,623,463.00 |
| 第 72 章　钢铁 | 1,262,845,369.00 | 4,997,835.00 |
| 第 73 章　钢铁制品 | 1,404,427,235.00 | 18,683,300.00 |
| 第 74 章　铜及其制品 | 158,043,099.00 | 333,042,559.00 |
| 第 75 章　镍及其制品 | 1,930,598.00 | 134,450,711.00 |
| 第 76 章　铝及其制品 | 383,827,249.00 | 3,000,199.00 |
| 第 77 章 | — | — |
| 第 78 章　铅及其制品 | 16,082,163.00 | 2,067,201.00 |
| 第 79 章　锌及其制品 | 4,735,530.00 | 274,486.00 |
| 第 80 章　锡及其制品 | 103,181.00 | 167,828,926.00 |
| 第 81 章　其他贱金属、金属陶瓷及其制品 | 23,903,823.00 | 469,151.00 |
| 第 82 章　贱金属器具、利口器、餐具及零件 | 226,418,106.00 | 2,029,503.00 |
| 第 83 章　贱金属杂项制品 | 408,584,911.00 | 1,779,592.00 |
| 第十六类　机器、机械器具、电气设备及其零件;录音机及放声机、电视图像、声音的录制和重放设备及其零件、附件 | 12,446,731,951.00 | 1,700,262,666.00 |

续表

| 名称 | 2013 年出口 | 2013 年进口 |
|---|---|---|
| 第 84 章　核反应堆、锅炉、机械器具及零件 | 6,845,118,176.00 | 547,976,446.00 |
| 第 85 章　电机、电气、音像设备及其零附件 | 5,601,613,775.00 | 1,152,286,220.00 |
| 第十七类　车辆、航空器、船舶及有关运输设备 | 1,884,439,242.00 | 82,438,456.00 |
| 第 86 章　铁道车辆;轨道装置;信号设备 | 96,366,108.00 | 1,816.00 |
| 第 87 章　车辆及其零附件,但铁道车辆除外 | 1,135,769,361.00 | 82,418,844.00 |
| 第 88 章　航空器、航天器及其零件 | 3,090,711.00 | 16,996.00 |
| 第 89 章　船舶及浮动结构体 | 649,213,062.00 | 800.00 |
| 第十八类　光学、照相、电影、计量、检验、医疗或外科用仪器及设备、精密仪器及设备;钟表;乐器;上述物品的零件、附件 | 1,216,126,360.00 | 176,988,899.00 |
| 第 90 章　光学、照相、医疗等设备及零附件 | 1,050,326,832.00 | 110,125,068.00 |
| 第 91 章　钟表及其零件 | 102,825,616.00 | 2,913,404.00 |
| 第 92 章　乐器及其零件、附件 | 62,973,912.00 | 63,950,427.00 |
| 第十九类　武器、弹药及其零件、附件 | 18,403.00 | — |
| 第 93 章　武器、弹药及其零件、附件 | 18,403.00 | — |
| 第二十类　杂项制品 | 1,777,564,243.00 | 95,322,249.00 |
| 第 94 章　家具;寝具等;灯具;活动房 | 1,288,062,721.00 | 57,130,630.00 |
| 第 95 章　玩具、游戏或运动用品及其零附件 | 215,118,095.00 | 24,963,188.00 |
| 第 96 章　杂项制品 | 274,383,427.00 | 13,228,431.00 |
| 第二十一类　艺术品、收藏品及古物 | 3,469,752.00 | 43,487.00 |
| 第 97 章　艺术品、收藏品及古物 | 3,469,752.00 | 43,487.00 |
| 第二十二类　特殊交易品及未分类商品 | 81,514.00 | 50,000.00 |
| 第 98 章　特殊交易品及未分类商品 | 81,514.00 | 50,000.00 |

（数据来源：海关总署——海关统计资讯网 www.hgtj.cn)

## 中国对老挝进出口商品构成表（2013 年）

单位：美元

| 名称 | 2013 年出口 | 2013 年进口 |
|---|---|---|
| 总值 | 1,721,632,624.00 | 1,021,764,597.00 |
| 第一类　活动物;动物产品 | 320.00 | 3.00 |
| 第 1 章　活动物 | 320.00 | — |
| 第 2 章　肉及食用杂碎 | — | — |
| 第 3 章　鱼及其他水生无脊椎动物 | — | — |
| 第 4 章　乳;蛋;蜂蜜;其他食用动物产品 | — | 3.00 |
| 第 5 章　其他动物产品 | — | — |
| 第二类　植物产品 | 2,605,223.00 | 54,069,264.00 |
| 第 6 章　活植物;茎、根;插花、簇叶 | 865.00 | 21,719.00 |
| 第 7 章　食用蔬菜、根及块茎 | 332,766.00 | 16,248.00 |
| 第 8 章　食用水果及坚果;甜瓜等水果的果皮 | 1,916,143.00 | — |
| 第 9 章　咖啡、茶、马黛茶及调味香料 | — | 473,421.00 |
| 第 10 章　谷物 | 260,501.00 | 32,868,094.00 |

续表

| 名称 | 2013 年出口 | 2013 年进口 |
|---|---|---|
| 第 11 章　制粉工业产品;麦芽;淀粉等;面筋 | 1,740.00 | 4,426,447.00 |
| 第 12 章　油籽;子仁;工业或药用植物;饲料 | 20,708.00 | 14,553,459.00 |
| 第 13 章　虫胶;树胶、树脂及其他植物液、汁 | 72,500.00 | 1,531,954.00 |
| 第 14 章　编结用植物材料;其他植物产品 | — | 177,922.00 |
| 第三类　动、植物油、脂及其分解产品;精致的食用油脂;动、植物蜡 | — | — |
| 第 15 章　动、植物油、脂、蜡;精制食用油脂 | — | — |
| 第四类　食品;饮料、酒及醋;烟草、烟草及烟草代用品的制品 | 21,252,498.00 | 1,213,052.00 |
| 第 16 章　肉、鱼及其他水生无脊椎动物的制品 | — | — |
| 第 17 章　糖及糖食 | 24,257.00 | 5.00 |
| 第 18 章　可可及可可制品 | — | — |
| 第 19 章　谷物粉、淀粉等或乳的制品;糕饼 | — | — |
| 第 20 章　蔬菜、水果等或植物其他部分的制品 | — | — |
| 第 21 章　杂项食品 | — | 590,856.00 |
| 第 22 章　饮料、酒及醋 | 1,921,304.00 | 622,191.00 |
| 第 23 章　食品工业的残渣及废料;配制的饲料 | 15,110.00 | — |
| 第 24 章　烟草、烟草及烟草代用品的制品 | 19,291,827.00 | — |
| 第五类　矿产品 | 19,607,706.00 | 363,709,728.00 |
| 第 25 章　盐;硫黄;土及石料;石灰及水泥等 | 3,928,845.00 | 290,873.00 |
| 第 26 章　矿砂、矿渣及矿灰 | 50,070.00 | 360,480,833.00 |
| 第 27 章　矿物燃料、矿物油及其产品;沥青等 | 15,628,791.00 | 2,938,022.00 |
| 第六类　化学工业及其相关工业的产品 | 28,239,491.00 | 853,283.00 |
| 第 28 章　无机化学品;贵金属等的化合物 | 758,674.00 | 495,105.00 |
| 第 29 章　有机化学品 | 1,090,956.00 | — |
| 第 30 章　药品 | 1,224,660.00 | — |
| 第 31 章　肥料 | 16,832,438.00 | — |
| 第 32 章　鞣料;着色料;涂料;油灰;墨水等 | 1,219,505.00 | — |
| 第 33 章　精油及香膏,芳香料制品,化妆盥洗品 | 489,731.00 | 301,793.00 |
| 第 34 章　洗涤剂、润滑剂、人造蜡、塑型膏等 | 1,482,741.00 | — |
| 第 35 章　蛋白类物质;改性淀粉;胶;酶 | 203,127.00 | — |
| 第 36 章　炸药;烟火;引火品;易燃材料制品 | 1,153,713.00 | — |
| 第 37 章　照相及电影用品 | 266,603.00 | — |
| 第 38 章　杂项化学产品 | 3,517,343.00 | 56,385.00 |
| 第七类　塑料及其制品;橡胶及其制品 | 26,380,202.00 | 80,361,644.00 |
| 第 39 章　塑料及其制品 | 11,053,458.00 | 360.00 |
| 第 40 章　橡胶及其制品 | 15,326,744.00 | 80,361,284.00 |
| 第八类　生皮、皮革、毛皮及其制品;鞍具及挽具;旅行用品、手提包及类似品;动物肠线(蚕胶丝除外)制品 | 2,558,867.00 | 27,952.00 |
| 第 41 章　生皮(毛皮除外)及皮革 | 4,641.00 | 8,849.00 |
| 第 42 章　皮革制品;旅行箱包;动物肠线制品 | 2,554,226.00 | 19,103.00 |
| 第 43 章　毛皮、人造毛皮及其制品 | — | — |

续表

| 名称 | 2013 年出口 | 2013 年进口 |
| --- | --- | --- |
| 第九类　木及木制品;木炭;软木及软木制品;稻草、秸秆、针茅或其他编结材料制品;篮筐及柳条编结品 | 639,023.00 | 434,798,886.00 |
| 第 44 章　木及木制品;木炭 | 639,023.00 | 434,798,886.00 |
| 第 45 章　软木及软木制品 | — | — |
| 第 46 章　编结材料制品;篮筐及柳条编结品 | — | — |
| 第十类　木浆及其他纤维状纤维素浆;回收(废碎)纸或纸板;纸、纸板及其制品 | 9,615,940.00 | 17,265.00 |
| 第 47 章　木浆等纤维状纤维素浆;废纸及纸板 | — | — |
| 第 48 章　纸及纸板;纸浆、纸或纸板制品 | 8,467,290.00 | 17,265.00 |
| 第 49 章　印刷品;手稿、打字稿及设计图纸 | 1,148,650.00 | — |
| 第十一类　纺织原料及纺织制品 | 19,512,242.00 | 1,068,153.00 |
| 第 50 章　蚕丝 | 256,304.00 | — |
| 第 51 章　羊毛等动物毛;马毛纱线及其机织物 | 168,085.00 | — |
| 第 52 章　棉花 | 652,360.00 | 7,505.00 |
| 第 53 章　其他植物纤维;纸纱线及其机织物 | 39,343.00 | 1,340.00 |
| 第 54 章　化学纤维长丝 | 2,197,587.00 | 1,598.00 |
| 第 55 章　化学纤维短纤 | 2,491,578.00 | 7,936.00 |
| 第 56 章　絮胎、毡呢及无纺织物;线绳制品等 | 2,818,836.00 | 721.00 |
| 第 57 章　地毯及纺织材料的其他铺地制品 | 208,069.00 | — |
| 第 58 章　特种机织物;簇绒织物;刺绣品等 | 421,185.00 | 170.00 |
| 第 59 章　浸渍、涂布、包覆或层压的纺织物;工业用纺织制品 | 388,113.00 | 702.00 |
| 第 60 章　针织物及钩编织物 | 1,312,671.00 | 9,046.00 |
| 第 61 章　针织或钩编的服装及衣着附件 | 5,538,740.00 | 806,072.00 |
| 第 62 章　非针织或非钩编的服装及衣着附件 | 740,596.00 | 197,365.00 |
| 第 63 章　其他纺织制品;成套物品;旧纺织品 | 2,278,775.00 | 35,698.00 |
| 第十二类　鞋、帽、伞、杖、鞭及其零件;已加工的羽毛及其制品;人造花;人发制品 | 6,992,605.00 | 70,895.00 |
| 第 64 章　鞋靴、护腿和类似品及其零件 | 5,787,062.00 | 70,895.00 |
| 第 65 章　帽类及其零件 | 212,415.00 | — |
| 第 66 章　伞、手杖、鞭子、马鞭及其零件 | 75,831.00 | — |
| 第 67 章　加工羽毛及制品;人造花;人发制品 | 917,297.00 | — |
| 第十三类　石料、石膏、水泥、石棉、云母及类似材料的制品;陶瓷产品;玻璃及其制品 | 7,308,379.00 | 2,649.00 |
| 第 68 章　矿物材料的制品 | 2,477,454.00 | — |
| 第 69 章　陶瓷产品 | 3,471,016.00 | — |
| 第 70 章　玻璃及其制品 | 1,359,909.00 | 2,649.00 |
| 第十四类　天然或养殖珍珠、宝石或半宝石、贵金属、包贵金属及其制品;仿首饰;硬币 | 2,246.00 | 10,680.00 |
| 第 71 章　珠宝、贵金属及制品;仿首饰;硬币 | 2,246.00 | 10,680.00 |

续表

| 名称 | 2013 年出口 | 2013 年进口 |
|---|---|---|
| 第十五类　贱金属及其制品 | 154,480,403.00 | 80,349,027.00 |
| 第 72 章　钢铁 | 20,317,643.00 | — |
| 第 73 章　钢铁制品 | 118,440,130.00 | 112.00 |
| 第 74 章　铜及其制品 | 2,688,170.00 | 78,409,873.00 |
| 第 75 章　镍及其制品 | 6,676.00 | — |
| 第 76 章　铝及其制品 | 9,327,383.00 | — |
| 第 77 章 | — | — |
| 第 78 章　铅及其制品 | 2,066.00 | — |
| 第 79 章　锌及其制品 | 87,011.00 | — |
| 第 80 章　锡及其制品 | — | — |
| 第 81 章　其他贱金属、金属陶瓷及其制品 | 799.00 | 1,938,112.00 |
| 第 82 章　贱金属器具、利口器、餐具及零件 | 962,200.00 | 930.00 |
| 第 83 章　贱金属杂项制品 | 2,648,325.00 | — |
| 第十六类　机器、机械器具、电气设备及其零件;录音机及放声机、电视图像、声音的录制和重放设备及其零件、附件 | 1,198,007,639.00 | 1,791,663.00 |
| 第 84 章　核反应堆、锅炉、机械器具及零件 | 506,873,654.00 | 80,223.00 |
| 第 85 章　电机、电气、音像设备及其零附件 | 691,133,985.00 | 1,711,440.00 |
| 第十七类　车辆、航空器、船舶及有关运输设备 | 177,235,278.00 | 1,875.00 |
| 第 86 章　铁道车辆;轨道装置;信号设备 | 271,104.00 | — |
| 第 87 章　车辆及其零附件,但铁道车辆除外 | 135,504,123.00 | 1,875.00 |
| 第 88 章　航空器、航天器及其零件 | 40,985,637.00 | — |
| 第 89 章　船舶及浮动结构体 | 474,414.00 | — |
| 第十八类　光学、照相、电影、计量、检验、医疗或外科用仪器及设备、精密仪器及设备;钟表;乐器;上述物品的零件、附件 | 23,876,357.00 | 169.00 |
| 第 90 章　光学、照相、医疗等设备及零附件 | 18,344,222.00 | 169.00 |
| 第 91 章　钟表及其零件 | 5,476,790.00 | — |
| 第 92 章　乐器及其零件、附件 | 55,345.00 | — |
| 第十九类　武器、弹药及其零件、附件 | — | — |
| 第 93 章　武器、弹药及其零件、附件 | — | — |
| 第二十类　杂项制品 | 22,467,375.00 | 3,418,409.00 |
| 第 94 章　家具;寝具等;灯具;活动房 | 21,054,773.00 | 3,417,608.00 |
| 第 95 章　玩具、游戏或运动用品及其零附件 | 607,246.00 | — |
| 第 96 章　杂项制品 | 805,356.00 | 801.00 |
| 第二十一类　艺术品、收藏品及古物 | 850,830.00 | — |
| 第 97 章　艺术品、收藏品及古物 | 850,830.00 | — |
| 第二十二类　特殊交易品及未分类商品 | — | — |
| 第 98 章　特殊交易品及未分类商品 | — | — |

（数据来源：海关总署——海关统计资讯网 www.hgtj.cn）

# 中国对马来西亚进出口商品构成表（2013 年）

单位：美元

| 名称 | 2013 年出口 | 2013 年进口 |
|---|---|---|
| 总值 | 45,924,792,309.00 | 60,081,747,018.00 |
| 第一类　活动物；动物产品 | 544,635,351.00 | 21,493,080.00 |
| 第 1 章　活动物 | 296,573.00 | 13,629.00 |
| 第 2 章　肉及食用杂碎 | 59,261,785.00 | — |
| 第 3 章　鱼及其他水生无脊椎动物 | 470,231,773.00 | 15,134,365.00 |
| 第 4 章　乳；蛋；蜂蜜；其他食用动物产品 | 6,682,372.00 | 5,444,191.00 |
| 第 5 章　其他动物产品 | 8,162,848.00 | 900,895.00 |
| 第二类　植物产品 | 1,240,625,497.00 | 70,821,001.00 |
| 第 6 章　活植物；茎、根；插花、簇叶 | 5,879,128.00 | 155,540.00 |
| 第 7 章　食用蔬菜、根及块茎 | 582,017,899.00 | 228,852.00 |
| 第 8 章　食用水果及坚果；甜瓜等水果的果皮 | 449,724,547.00 | 12,268,311.00 |
| 第 9 章　咖啡、茶、马黛茶及调味香料 | 108,822,565.00 | 9,151,325.00 |
| 第 10 章　谷物 | 1,169,526.00 | — |
| 第 11 章　制粉工业产品；麦芽；淀粉等；面筋 | 6,841,620.00 | 480,279.00 |
| 第 12 章　油籽；子仁；工业或药用植物；饲料 | 68,711,068.00 | 1,687,720.00 |
| 第 13 章　虫胶；树胶、树脂及其他植物液、汁 | 15,134,201.00 | 1,404,568.00 |
| 第 14 章　编结用植物材料；其他植物产品 | 2,324,943.00 | 45,444,406.00 |
| 第三类　动、植物油、脂及其分解产品；精致的食用油脂；动、植物蜡 | 9,838,496.00 | 3,206,523,583.00 |
| 第 15 章　动、植物油、脂、蜡；精制食用油脂 | 9,838,496.00 | 3,206,523,583.00 |
| 第四类　食品；饮料、酒及醋；烟草、烟草及烟草代用品的制品 | 797,192,223.00 | 499,494,946.00 |
| 第 16 章　肉、鱼及其他水生无脊椎动物的制品 | 314,353,587.00 | 1,108,162.00 |
| 第 17 章　糖及糖食 | 50,858,241.00 | 21,785,496.00 |
| 第 18 章　可可及可可制品 | 11,524,596.00 | 108,160,370.00 |
| 第 19 章　谷物粉、淀粉等或乳的制品；糕饼 | 41,935,099.00 | 206,228,480.00 |
| 第 20 章　蔬菜、水果等或植物其他部分的制品 | 201,911,996.00 | 5,815,436.00 |
| 第 21 章　杂项食品 | 76,226,152.00 | 95,807,653.00 |
| 第 22 章　饮料、酒及醋 | 26,401,642.00 | 14,843,815.00 |
| 第 23 章　食品工业的残渣及废料；配制的饲料 | 50,525,126.00 | 45,143,374.00 |
| 第 24 章　烟草、烟草及烟草代用品的制品 | 23,455,784.00 | 602,160.00 |
| 第五类　矿产品 | 1,015,093,108.00 | 6,673,450,644.00 |
| 第 25 章　盐；硫黄；土及石料；石灰及水泥等 | 75,066,322.00 | 3,749,726.00 |
| 第 26 章　矿砂、矿渣及矿灰 | 4,826,568.00 | 1,168,924,040.00 |
| 第 27 章　矿物燃料、矿物油及其产品；沥青等 | 935,200,218.00 | 5,500,776,878.00 |
| 第六类　化学工业及其相关工业的产品 | 2,234,109,555.00 | 2,358,211,100.00 |
| 第 28 章　无机化学品；贵金属等的化合物 | 406,066,404.00 | 38,225,102.00 |
| 第 29 章　有机化学品 | 551,271,247.00 | 1,562,925,277.00 |
| 第 30 章　药品 | 101,760,634.00 | 374,109.00 |
| 第 31 章　肥料 | 181,103,914.00 | 137,540.00 |

续表

| 名称 | 2013 年出口 | 2013 年进口 |
|---|---|---|
| 第 32 章　鞣料；着色料；涂料；油灰；墨水等 | 153,781,145.00 | 74,146,302.00 |
| 第 33 章　精油及香膏，芳香料制品，化妆盥洗品 | 110,065,195.00 | 1,818,385.00 |
| 第 34 章　洗涤剂、润滑剂、人造蜡、塑型膏等 | 119,196,055.00 | 122,613,899.00 |
| 第 35 章　蛋白类物质；改性淀粉；胶；酶 | 82,978,178.00 | 18,851,182.00 |
| 第 36 章　炸药；烟火；引火品；易燃材料制品 | 5,760,632.00 | 4,381.00 |
| 第 37 章　照相及电影用品 | 28,407,055.00 | 7,110,171.00 |
| 第 38 章　杂项化学产品 | 493,719,096.00 | 532,004,752.00 |
| 第七类　塑料及其制品；橡胶及其制品 | 2,024,215,886.00 | 4,200,660,960.00 |
| 第 39 章　塑料及其制品 | 1,560,860,212.00 | 1,549,888,732.00 |
| 第 40 章　橡胶及其制品 | 463,355,674.00 | 2,650,772,228.00 |
| 第八类　生皮、皮革、毛皮及其制品；鞍具及挽具；旅行用品、手提包及类似品；动物肠线（蚕胶丝除外）制品 | 743,880,993.00 | 4,620,180.00 |
| 第 41 章　生皮（毛皮除外）及皮革 | 6,541,904.00 | 1,033,333.00 |
| 第 42 章　皮革制品；旅行箱包；动物肠线制品 | 730,383,039.00 | 1,431,414.00 |
| 第 43 章　毛皮、人造毛皮及其制品 | 6,956,050.00 | 2,155,433.00 |
| 第九类　木及木制品；木炭；软木及软木制品；稻草、秸秆、针茅或其他编结材料制品；篮筐及柳条编结品 | 183,143,119.00 | 307,659,298.00 |
| 第 44 章　木及木制品；木炭 | 138,280,178.00 | 307,656,751.00 |
| 第 45 章　软木及软木制品 | 94,805.00 | — |
| 第 46 章　编结材料制品；篮筐及柳条编结品 | 44,768,136.00 | 2,547.00 |
| 第十类　木浆及其他纤维状纤维素浆；回收（废碎）纸或纸板；纸、纸板及其制品 | 627,281,683.00 | 30,201,080.00 |
| 第 47 章　木浆等纤维状纤维素浆；废纸及纸板 | 12,539.00 | 428,003.00 |
| 第 48 章　纸及纸板；纸浆、纸或纸板制品 | 569,611,756.00 | 18,000,432.00 |
| 第 49 章　印刷品；手稿、打字稿及设计图纸 | 57,657,388.00 | 11,772,645.00 |
| 第十一类　纺织原料及纺织制品 | 5,315,717,153.00 | 227,215,685.00 |
| 第 50 章　蚕丝 | 37,285,357.00 | — |
| 第 51 章　羊毛等动物毛；马毛纱线及其机织物 | 12,490,483.00 | 19,611,673.00 |
| 第 52 章　棉花 | 297,279,916.00 | 97,957,881.00 |
| 第 53 章　其他植物纤维；纸纱线及其机织物 | 8,338,459.00 | 3,171,312.00 |
| 第 54 章　化学纤维长丝 | 402,934,127.00 | 32,472,479.00 |
| 第 55 章　化学纤维短纤 | 161,705,956.00 | 24,479,829.00 |
| 第 56 章　絮胎、毡呢及无纺织物；线绳制品等 | 108,406,652.00 | 15,326,710.00 |
| 第 57 章　地毯及纺织材料的其他铺地制品 | 99,890,761.00 | 9,757.00 |
| 第 58 章　特种机织物；簇绒织物；刺绣品等 | 92,734,978.00 | 376,262.00 |
| 第 59 章　浸渍、涂布、包覆或层压的纺织物；工业用纺织制品 | 179,899,372.00 | 6,531,311.00 |
| 第 60 章　针织物及钩编织物 | 145,893,985.00 | 5,160,747.00 |
| 第 61 章　针织或钩编的服装及衣着附件 | 2,577,769,995.00 | 11,356,725.00 |
| 第 62 章　非针织或非钩编的服装及衣着附件 | 783,880,445.00 | 7,982,876.00 |
| 第 63 章　其他纺织制品；成套物品；旧纺织品 | 407,206,667.00 | 2,778,123.00 |

续表

| 名称 | 2013 年出口 | 2013 年进口 |
| --- | --- | --- |
| 第十二类　鞋、帽、伞、杖、鞭及其零件；已加工的羽毛及其制品；人造花；人发制品 | 1,430,128,003.00 | 2,002,784.00 |
| 第 64 章　鞋靴、护腿和类似品及其零件 | 1,216,141,237.00 | 598,470.00 |
| 第 65 章　帽类及其零件 | 72,777,032.00 | 317,751.00 |
| 第 66 章　伞、手杖、鞭子、马鞭及其零件 | 63,651,617.00 | 34,968.00 |
| 第 67 章　加工羽毛及制品；人造花；人发制品 | 77,558,117.00 | 1,051,595.00 |
| 第十三类　石料、石膏、水泥、石棉、云母及类似材料的制品；陶瓷产品；玻璃及其制品 | 1,806,039,324.00 | 120,241,714.00 |
| 第 68 章　矿物材料的制品 | 255,184,515.00 | 8,129,781.00 |
| 第 69 章　陶瓷产品 | 1,044,429,131.00 | 16,597,951.00 |
| 第 70 章　玻璃及其制品 | 506,425,678.00 | 95,513,982.00 |
| 第十四类　天然或养殖珍珠、宝石或半宝石、贵金属、包贵金属及其制品；仿首饰；硬币 | 29,635,803.00 | 32,517,009.00 |
| 第 71 章　珠宝、贵金属及制品；仿首饰；硬币 | 29,635,803.00 | 32,517,009.00 |
| 第十五类　贱金属及其制品 | 5,341,633,529.00 | 2,106,778,112.00 |
| 第 72 章　钢铁 | 1,159,041,624.00 | 70,288,845.00 |
| 第 73 章　钢铁制品 | 1,391,712,533.00 | 131,500,819.00 |
| 第 74 章　铜及其制品 | 1,079,781,818.00 | 1,249,767,786.00 |
| 第 75 章　镍及其制品 | 220,576,319.00 | 703,698.00 |
| 第 76 章　铝及其制品 | 722,276,856.00 | 567,102,849.00 |
| 第 77 章 | — | — |
| 第 78 章　铅及其制品 | 983,873.00 | 1,224,403.00 |
| 第 79 章　锌及其制品 | 8,179,654.00 | 226,732.00 |
| 第 80 章　锡及其制品 | 2,026,034.00 | 52,573,498.00 |
| 第 81 章　其他贱金属、金属陶瓷及其制品 | 8,206,078.00 | 331,322.00 |
| 第 82 章　贱金属器具、利口器、餐具及零件 | 270,326,938.00 | 4,844,988.00 |
| 第 83 章　贱金属杂项制品 | 478,521,802.00 | 28,213,172.00 |
| 第十六类　机器、机械器具、电气设备及其零件；录音机及放声机、电视图像、声音的录制和重放设备及其零件、附件 | 14,079,944,688.00 | 39,058,011,201.00 |
| 第 84 章　核反应堆、锅炉、机械器具及零件 | 5,384,538,927.00 | 3,550,138,432.00 |
| 第 85 章　电机、电气、音像设备及其零附件 | 8,695,405,761.00 | 35,507,872,769.00 |
| 第十七类　车辆、航空器、船舶及有关运输设备 | 1,916,737,925.00 | 136,169,651.00 |
| 第 86 章　铁道车辆；轨道装置；信号设备 | 27,820,430.00 | 562,778.00 |
| 第 87 章　车辆及其零附件，但铁道车辆除外 | 1,254,647,605.00 | 126,182,827.00 |
| 第 88 章　航空器、航天器及其零件 | 56,506,450.00 | 9,422,866.00 |
| 第 89 章　船舶及浮动结构体 | 577,763,440.00 | 1,180.00 |
| 第十八类　光学、照相、电影、计量、检验、医疗或外科用仪器及设备、精密仪器及设备；钟表；乐器；上述物品的零件、附件 | 2,487,037,260.00 | 930,948,936.00 |
| 第 90 章　光学、照相、医疗等设备及零附件 | 2,358,389,458.00 | 919,617,154.00 |
| 第 91 章　钟表及其零件 | 102,325,556.00 | 9,808,688.00 |
| 第 92 章　乐器及其零件、附件 | 26,322,246.00 | 1,523,094.00 |

续表

| 名称 | 2013 年出口 | 2013 年进口 |
| --- | --- | --- |
| 第十九类　武器、弹药及其零件、附件 | 60,324.00 | 524.00 |
| 第 93 章　武器、弹药及其零件、附件 | 60,324.00 | 524.00 |
| 第二十类　杂项制品 | 4,090,999,839.00 | 80,227,428.00 |
| 第 94 章　家具;寝具等;灯具;活动房 | 3,374,999,004.00 | 40,148,319.00 |
| 第 95 章　玩具、游戏或运动用品及其零附件 | 423,900,625.00 | 16,401,640.00 |
| 第 96 章　杂项制品 | 292,100,210.00 | 23,677,469.00 |
| 第二十一类　艺术品、收藏品及古物 | 6,681,404.00 | 321,171.00 |
| 第 97 章　艺术品、收藏品及古物 | 6,681,404.00 | 321,171.00 |
| 第二十二类　特殊交易品及未分类商品 | 161,146.00 | 14,176,931.00 |
| 第 98 章　特殊交易品及未分类商品 | 161,146.00 | 14,176,931.00 |

（数据来源：海关总署——海关统计资讯网 www.hgtj.cn）

## 中国对缅甸进出口商品构成表（2013 年）

单位：美元

| 名称 | 2013 年出口 | 2013 年进口 |
| --- | --- | --- |
| 总值 | 7,348,396,864.00 | 2,809,635,434.00 |
| 第一类　活动物;动物产品 | 47,129,521.00 | 56,096,820.00 |
| 第 1 章　活动物 | 200.00 | — |
| 第 2 章　肉及食用杂碎 | — | — |
| 第 3 章　鱼及其他水生无脊椎动物 | 626,443.00 | 55,047,435.00 |
| 第 4 章　乳;蛋;蜂蜜;其他食用动物产品 | 4,340,815.00 | — |
| 第 5 章　其他动物产品 | 42,162,263.00 | 1,049,385.00 |
| 第二类　植物产品 | 63,490,386.00 | 115,409,626.00 |
| 第 6 章　活植物;茎、根;插花、簇叶 | 2,087,918.00 | 51,026.00 |
| 第 7 章　食用蔬菜、根及块茎 | 18,189,747.00 | 17,078,785.00 |
| 第 8 章　食用水果及坚果;甜瓜等水果的果皮 | 17,908,127.00 | 21,080,892.00 |
| 第 9 章　咖啡、茶、马黛茶及调味香料 | 8,070,721.00 | 871,047.00 |
| 第 10 章　谷物 | — | 9,426,262.00 |
| 第 11 章　制粉工业产品;麦芽;淀粉等;面筋 | 13,505,649.00 | 19,200.00 |
| 第 12 章　油籽;子仁;工业或药用植物;饲料 | 3,181,968.00 | 65,528,731.00 |
| 第 13 章　虫胶;树胶、树脂及其他植物液、汁 | 546,256.00 | — |
| 第 14 章　编结用植物材料;其他植物产品 | — | 1,353,683.00 |
| 第三类　动、植物油、脂及其分解产品;精致的食用油脂;动、植物蜡 | 56,352.00 | 373,997.00 |
| 第 15 章　动、植物油、脂、蜡;精制食用油脂 | 56,352.00 | 373,997.00 |
| 第四类　食品;饮料、酒及醋;烟草、烟草及烟草代用品的制品 | 116,479,249.00 | 8,064,394.00 |
| 第 16 章　肉、鱼及其他水生无脊椎动物的制品 | — | — |
| 第 17 章　糖及糖食 | 4,482,891.00 | 1,926,735.00 |
| 第 18 章　可可及可可制品 | 18,266.00 | — |
| 第 19 章　谷物粉、淀粉等或乳的制品;糕饼 | 7,572,845.00 | 17,471.00 |
| 第 20 章　蔬菜、水果等或植物其他部分的制品 | 13,167,115.00 | — |

续表

| 名称 | 2013年出口 | 2013年进口 |
|---|---|---|
| 第21章　杂项食品 | 32,046,842.00 | — |
| 第22章　饮料、酒及醋 | 38,872,567.00 | 120,686.00 |
| 第23章　食品工业的残渣及废料；配制的饲料 | 1,720,034.00 | 5,777,002.00 |
| 第24章　烟草、烟草及烟草代用品的制品 | 18,598,689.00 | 222,500.00 |
| 第五类　矿产品 | 237,482,169.00 | 598,796,694.00 |
| 第25章　盐；硫黄；土及石料；石灰及水泥等 | 17,046,264.00 | 9,595,748.00 |
| 第26章　矿砂、矿渣及矿灰 | 96,116.00 | 433,682,896.00 |
| 第27章　矿物燃料、矿物油及其产品；沥青等 | 220,339,789.00 | 155,518,050.00 |
| 第六类　化学工业及其相关工业的产品 | 281,092,857.00 | 3,948,156.00 |
| 第28章　无机化学品；贵金属等的化合物 | 30,480,112.00 | 1,299,773.00 |
| 第29章　有机化学品 | 73,898,793.00 | — |
| 第30章　药品 | 36,332,432.00 | — |
| 第31章　肥料 | 59,793,623.00 | — |
| 第32章　鞣料；着色料；涂料；油灰；墨水等 | 9,015,552.00 | 52,845.00 |
| 第33章　精油及香膏，芳香料制品，化妆盥洗品 | 4,274,511.00 | 285.00 |
| 第34章　洗涤剂、润滑剂、人造蜡、塑型膏等 | 20,868,455.00 | — |
| 第35章　蛋白类物质；改性淀粉；胶；酶 | 7,727,678.00 | — |
| 第36章　炸药；烟火；引火品；易燃材料制品 | 7,489,899.00 | — |
| 第37章　照相及电影用品 | 5,060,488.00 | — |
| 第38章　杂项化学产品 | 26,151,314.00 | 2,595,253.00 |
| 第七类　塑料及其制品；橡胶及其制品 | 232,705,188.00 | 124,445,777.00 |
| 第39章　塑料及其制品 | 137,648,937.00 | 1,141,114.00 |
| 第40章　橡胶及其制品 | 95,056,251.00 | 123,304,663.00 |
| 第八类　生皮、皮革、毛皮及其制品；鞍具及挽具；旅行用品、手提包及类似品；动物肠线（蚕胶丝除外）制品 | 28,593,947.00 | 95,913.00 |
| 第41章　生皮（毛皮除外）及皮革 | 1,690,364.00 | 6,180.00 |
| 第42章　皮革制品；旅行箱包；动物肠线制品 | 7,004,265.00 | 65,335.00 |
| 第43章　毛皮、人造毛皮及其制品 | 19,899,318.00 | 24,398.00 |
| 第九类　木及木制品；木炭；软木及软木制品；稻草、秸秆、针茅或其他编结材料制品；篮筐及柳条编结品 | 13,740,862.00 | 620,726,179.00 |
| 第44章　木及木制品；木炭 | 8,533,573.00 | 620,670,549.00 |
| 第45章　软木及软木制品 | 1.00 | — |
| 第46章　编结材料制品；篮筐及柳条编结品 | 5,207,288.00 | 55,630.00 |
| 第十类　木浆及其他纤维状纤维素浆；回收（废碎）纸或纸板；纸、纸板及其制品 | 57,644,705.00 | 264,964.00 |
| 第47章　木浆等纤维状纤维素浆；废纸及纸板 | — | 201,541.00 |
| 第48章　纸及纸板；纸浆、纸或纸板制品 | 53,067,700.00 | 61,967.00 |
| 第49章　印刷品；手稿、打字稿及设计图纸 | 4,577,005.00 | 1,456.00 |
| 第十一类　纺织原料及纺织制品 | 1,064,657,241.00 | 41,338,568.00 |
| 第50章　蚕丝 | 5,014,010.00 | — |
| 第51章　羊毛等动物毛；马毛纱线及其机织物 | 22,362,579.00 | — |

续表

| 名称 | 2013 年出口 | 2013 年进口 |
|---|---|---|
| 第 52 章　棉花 | 173,040,372.00 | 11,574.00 |
| 第 53 章　其他植物纤维;纸纱线及其机织物 | 5,118,504.00 | — |
| 第 54 章　化学纤维长丝 | 99,719,438.00 | 12,703.00 |
| 第 55 章　化学纤维短纤 | 312,065,314.00 | 48,000.00 |
| 第 56 章　絮胎、毡呢及无纺织物;线绳制品等 | 32,712,174.00 | 832.00 |
| 第 57 章　地毯及纺织材料的其他铺地制品 | 14,707,349.00 | — |
| 第 58 章　特种机织物;簇绒织物;刺绣品等 | 36,849,102.00 | 1,960,059.00 |
| 第 59 章　浸渍、涂布、包覆或层压的纺织物;工业用纺织制品 | 37,478,129.00 | 224.00 |
| 第 60 章　针织物及钩编织物 | 90,418,994.00 | 128,645.00 |
| 第 61 章　针织或钩编的服装及衣着附件 | 43,833,550.00 | 2,388,486.00 |
| 第 62 章　非针织或非钩编的服装及衣着附件 | 7,624,160.00 | 36,130,215.00 |
| 第 63 章　其他纺织制品;成套物品;旧纺织品 | 183,713,566.00 | 657,830.00 |
| 第十二类　鞋、帽、伞、杖、鞭及其零件;已加工的羽毛及其制品;人造花;人发制品 | 63,389,997.00 | 2,074,209.00 |
| 第 64 章　鞋靴、护腿和类似品及其零件 | 44,750,061.00 | 16,789.00 |
| 第 65 章　帽类及其零件 | 2,031,677.00 | 14,145.00 |
| 第 66 章　伞、手杖、鞭子、马鞭及其零件 | 8,690,069.00 | — |
| 第 67 章　加工羽毛及制品;人造花;人发制品 | 7,918,190.00 | 2,043,275.00 |
| 第十三类　石料、石膏、水泥、石棉、云母及类似材料的制品;陶瓷产品;玻璃及其制品 | 118,511,558.00 | 612,950.00 |
| 第 68 章　矿物材料的制品 | 25,244,181.00 | 599,193.00 |
| 第 69 章　陶瓷产品 | 63,540,665.00 | 11,729.00 |
| 第 70 章　玻璃及其制品 | 29,726,712.00 | 2,028.00 |
| 第十四类　天然或养殖珍珠、宝石或半宝石、贵金属、包贵金属及其制品;仿首饰;硬币 | 507,551,029.00 | 1,155,449,285.00 |
| 第 71 章　珠宝、贵金属及制品;仿首饰;硬币 | 507,551,029.00 | 1,155,449,285.00 |
| 第十五类　贱金属及其制品 | 1,018,762,422.00 | 48,224,993.00 |
| 第 72 章　钢铁 | 616,464,480.00 | 12,586,921.00 |
| 第 73 章　钢铁制品 | 289,643,252.00 | 3,715.00 |
| 第 74 章　铜及其制品 | 2,584,409.00 | 35,624,695.00 |
| 第 75 章　镍及其制品 | 2,285.00 | — |
| 第 76 章　铝及其制品 | 69,231,659.00 | 58.00 |
| 第 77 章 | — | — |
| 第 78 章　铅及其制品 | 295,191.00 | — |
| 第 79 章　锌及其制品 | 430,448.00 | — |
| 第 80 章　锡及其制品 | 16,738.00 | — |
| 第 81 章　其他贱金属、金属陶瓷及其制品 | 25,069.00 | — |
| 第 82 章　贱金属器具、利口器、餐具及零件 | 13,804,319.00 | 6,200.00 |
| 第 83 章　贱金属杂项制品 | 26,264,572.00 | 3,404.00 |
| 第十六类　机器、机械器具、电气设备及其零件;录音机及放声机、电视图像、声音的录制和重放设备及其零件、附件 | 2,071,610,941 | 21,219,457.00 |

续表

| 名称 | 2013 年出口 | 2013 年进口 |
|---|---|---|
| 第 84 章　核反应堆、锅炉、机械器具及零件 | 998,047,885.00 | 145,379.00 |
| 第 85 章　电机、电气、音像设备及其零附件 | 1,073,563,056.00 | 21,074,078.00 |
| 第十七类　车辆、航空器、船舶及有关运输设备 | 1,147,052,277.00 | — |
| 第 86 章　铁道车辆；轨道装置；信号设备 | 4,380,457.00 | — |
| 第 87 章　车辆及其零附件，但铁道车辆除外 | 846,984,041.00 | — |
| 第 88 章　航空器、航天器及其零件 | 10,323,804.00 | — |
| 第 89 章　船舶及浮动结构体 | 285,363,975.00 | — |
| 第十八类　光学、照相、电影、计量、检验、医疗或外科用仪器及设备、精密仪器及设备；钟表；乐器；上述物品的零件、附件 | 105,140,183.00 | 12,327,692.00 |
| 第 90 章　光学、照相、医疗等设备及零附件 | 65,094,562.00 | 12,327,692.00 |
| 第 91 章　钟表及其零件 | 39,581,024.00 | — |
| 第 92 章　乐器及其零件、附件 | 464,597.00 | — |
| 第十九类　武器、弹药及其零件、附件 | 178,108.00 | — |
| 第 93 章　武器、弹药及其零件、附件 | 178,108.00 | — |
| 第二十类　杂项制品 | 172,736,617.00 | 156,960.00 |
| 第 94 章　家具；寝具等；灯具；活动房 | 109,299,588.00 | 143,804.00 |
| 第 95 章　玩具、游戏或运动用品及其零附件 | 12,716,690 | — |
| 第 96 章　杂项制品 | 50,720,339 | 13,156.00 |
| 第二十一类　艺术品、收藏品及古物 | — | 8,800.00 |
| 第 97 章　艺术品、收藏品及古物 | — | 8,800.00 |
| 第二十二类　特殊交易品及未分类商品 | 391,055.00 | — |
| 第 98 章　特殊交易品及未分类商品 | 391,055.00 | — |

（数据来源：海关总署——海关统计资讯网 www.hgtj.cn）

## 中国对菲律宾进出口商品构成表（2013 年）

单位：美元

| 名称 | 2013 年出口 | 2013 年进口 |
|---|---|---|
| 总值 | 19,831,757,871.00 | 18,233,878,997.00 |
| 第一类　活动物；动物产品 | 297,990,926.00 | 33,986,605.00 |
| 第 1 章　活动物 | 2,270.00 | 522,937.00 |
| 第 2 章　肉及食用杂碎 | — | — |
| 第 3 章　鱼及其他水生无脊椎动物 | 294,648,797.00 | 31,182,084.00 |
| 第 4 章　乳；蛋；蜂蜜；其他食用动物产品 | 1,033,023.00 | 674,665.00 |
| 第 5 章　其他动物产品 | 2,306,836.00 | 1,606,919.00 |
| 第二类　植物产品 | 418,560,932.00 | 352,335,226.00 |
| 第 6 章　活植物；茎、根；插花、簇叶 | 1,500,020.00 | 2,141.00 |
| 第 7 章　食用蔬菜、根及块茎 | 101,645,307.00 | 3,337.00 |
| 第 8 章　食用水果及坚果；甜瓜等水果的果皮 | 246,525,410.00 | 334,270,147.00 |
| 第 9 章　咖啡、茶、马黛茶及调味香料 | 22,091,311.00 | — |
| 第 10 章　谷物 | 3,319,611.00 | 9,693.00 |

续表

| 名称 | 2013 年出口 | 2013 年进口 |
| --- | --- | --- |
| 第 11 章　制粉工业产品;麦芽;淀粉等;面筋 | 12,433,563.00 | 1,058.00 |
| 第 12 章　油籽;子仁;工业或药用植物;饲料 | 8,434,801.00 | 13,593,705.00 |
| 第 13 章　虫胶;树胶、树脂及其他植物液、汁 | 22,608,396.00 | 2,925,699.00 |
| 第 14 章　编结用植物材料;其他植物产品 | 2,513.00 | 1,529,446.00 |
| 第三类　动、植物油、脂及其分解产品;精致的食用油脂;动、植物蜡 | 998,138.00 | 48,916,751.00 |
| 第 15 章　动、植物油、脂、蜡;精制食用油脂 | 998,138.00 | 48,916,751.00 |
| 第四类　食品;饮料、酒及醋;烟草、烟草及烟草代用品的制品 | 686,065,582.00 | 69,491,620.00 |
| 第 16 章　肉、鱼及其他水生无脊椎动物的制品 | 95,233,298.00 | 14,720.00 |
| 第 17 章　糖及糖食 | 208,911,790.00 | 394,451.00 |
| 第 18 章　可可及可可制品 | 24,079,510.00 | 80,429.00 |
| 第 19 章　谷物粉、淀粉等或乳的制品;糕饼 | 26,247,339.00 | 9,377,526.00 |
| 第 20 章　蔬菜、水果等或植物其他部分的制品 | 113,219,868.00 | 29,533,931.00 |
| 第 21 章　杂项食品 | 121,227,206.00 | 4,588,835.00 |
| 第 22 章　饮料、酒及醋 | 12,152,214.00 | 1,248,873.00 |
| 第 23 章　食品工业的残渣及废料;配制的饲料 | 28,178,981.00 | 23,225,797.00 |
| 第 24 章　烟草、烟草及烟草代用品的制品 | 56,815,376.00 | 1,027,058.00 |
| 第五类　矿产品 | 893,886,654.00 | 2,324,310,778.00 |
| 第 25 章　盐;硫黄;土及石料;石灰及水泥等 | 26,291,849.00 | 6,375,571.00 |
| 第 26 章　矿砂、矿渣及矿灰 | 1,198,349.00 | 2,077,218,626.00 |
| 第 27 章　矿物燃料、矿物油及其产品;沥青等 | 866,396,456.00 | 240,716,581.00 |
| 第六类　化学工业及其相关工业的产品 | 1,304,756,625.00 | 117,333,533.00 |
| 第 28 章　无机化学品;贵金属等的化合物 | 178,556,206.00 | 23,355,164.00 |
| 第 29 章　有机化学品 | 224,941,596.00 | 39,603,925.00 |
| 第 30 章　药品 | 68,634,862.00 | 15,258.00 |
| 第 31 章　肥料 | 254,068,220.00 | 1,613,542.00 |
| 第 32 章　鞣料;着色料;涂料;油灰;墨水等 | 56,063,442.00 | 768,740.00 |
| 第 33 章　精油及香膏,芳香料制品,化妆盥洗品 | 43,473,796.00 | 3,482,265.00 |
| 第 34 章　洗涤剂、润滑剂、人造蜡、塑型膏等 | 52,241,731.00 | 9,400,099.00 |
| 第 35 章　蛋白类物质;改性淀粉;胶;酶 | 49,216,628.00 | 194,146.00 |
| 第 36 章　炸药;烟火;引火品;易燃材料制品 | 7,665,690.00 | — |
| 第 37 章　照相及电影用品 | 22,396,340.00 | — |
| 第 38 章　杂项化学产品 | 347,498,114.00 | 38,900,394.00 |
| 第七类　塑料及其制品;橡胶及其制品 | 974,584,974.00 | 373,788,368.00 |
| 第 39 章　塑料及其制品 | 738,867,720.00 | 338,408,518.00 |
| 第 40 章　橡胶及其制品 | 235,717,254.00 | 35,379,850.00 |
| 第八类　生皮、皮革、毛皮及其制品;鞍具及挽具;旅行用品、手提包及类似品;动物肠线(蚕胶丝除外)制品 | 152,311,833.00 | 8,775,756.00 |
| 第 41 章　生皮(毛皮除外)及皮革 | 3,646,955.00 | 1,769,287.00 |

续表

| 名称 | 2013 年出口 | 2013 年进口 |
| --- | --- | --- |
| 第 42 章　皮革制品；旅行箱包；动物肠线制品 | 147,067,323.00 | 6,966,032.00 |
| 第 43 章　毛皮、人造毛皮及其制品 | 1,597,555.00 | 40,437.00 |
| 第九类　木及木制品；木炭；软木及软木制品；稻草、秸秆、针茅或其他编结材料制品；篮筐及柳条编结品 | 195,037,881.00 | 124,143,269.00 |
| 第 44 章　木及木制品；木炭 | 192,848,929.00 | 123,877,891.00 |
| 第 45 章　软木及软木制品 | 129,460.00 | 127,340.00 |
| 第 46 章　编结材料制品；篮筐及柳条编结品 | 2,059,492.00 | 138,038.00 |
| 第十类　木浆及其他纤维状纤维素浆；回收（废碎）纸或纸板；纸、纸板及其制品 | 267,445,549.00 | 16,694,528.00 |
| 第 47 章　木浆等纤维状纤维素浆；废纸及纸板 | 692,900.00 | 16,114,363.00 |
| 第 48 章　纸及纸板；纸浆、纸或纸板制品 | 253,713,893.00 | 259,714.00 |
| 第 49 章　印刷品；手稿、打字稿及设计图纸 | 13,038,756.00 | 320,451.00 |
| 第十一类　纺织原料及纺织制品 | 3,351,352,162.00 | 86,106,055.00 |
| 第 50 章　蚕丝 | 3,077,958.00 | — |
| 第 51 章　羊毛等动物毛；马毛纱线及其机织物 | 16,020,642.00 | 2,587.00 |
| 第 52 章　棉花 | 795,790,904.00 | 4,127,722.00 |
| 第 53 章　其他植物纤维；纸纱线及其机织物 | 8,042,689.00 | 8,348,639.00 |
| 第 54 章　化学纤维长丝 | 379,265,178.00 | 37,100,445.00 |
| 第 55 章　化学纤维短纤 | 148,439,174.00 | 308,313.00 |
| 第 56 章　絮胎、毡呢及无纺织物；线绳制品等 | 137,930,159.00 | 358,203.00 |
| 第 57 章　地毯及纺织材料的其他铺地制品 | 15,889,742.00 | 64,171.00 |
| 第 58 章　特种机织物；簇绒织物；刺绣品等 | 134,764,437.00 | 7,000,800.00 |
| 第 59 章　浸渍、涂布、包覆或层压的纺织物；工业用纺织制品 | 165,726,275.00 | 101,814.00 |
| 第 60 章　针织物及钩编织物 | 282,656,387.00 | 86,750.00 |
| 第 61 章　针织或钩编的服装及衣着附件 | 813,095,812.00 | 10,566,327.00 |
| 第 62 章　非针织或非钩编的服装及衣着附件 | 205,102,357.00 | 16,069,724.00 |
| 第 63 章　其他纺织制品；成套物品；旧纺织品 | 245,550,448.00 | 1,970,560.00 |
| 第十二类　鞋、帽、伞、杖、鞭及其零件；已加工的羽毛及其制品；人造花；人发制品 | 754,096,266.00 | 383,040.00 |
| 第 64 章　鞋靴、护腿和类似品及其零件 | 521,969,182.00 | 68,457.00 |
| 第 65 章　帽类及其零件 | 30,608,496.00 | 241,306.00 |
| 第 66 章　伞、手杖、鞭子、马鞭及其零件 | 190,832,897.00 | 30,344.00 |
| 第 67 章　加工羽毛及制品；人造花；人发制品 | 10,685,691.00 | 42,933.00 |
| 第十三类　石料、石膏、水泥、石棉、云母及类似材料的制品；陶瓷产品；玻璃及其制品 | 602,544,503.00 | 32,978,736.00 |
| 第 68 章　矿物材料的制品 | 74,570,202.00 | 1,371,568.00 |
| 第 69 章　陶瓷产品 | 351,643,057.00 | 170,033.00 |
| 第 70 章　玻璃及其制品 | 176,331,244.00 | 31,437,135.00 |

续表

| 名称 | 2013 年出口 | 2013 年进口 |
| --- | --- | --- |
| 第十四类　天然或养殖珍珠、宝石或半宝石、贵金属、包贵金属及其制品;仿首饰;硬币 | 11,549,564.00 | 722,662.00 |
| 第 71 章　珠宝、贵金属及制品;仿首饰;硬币 | 11,549,564.00 | 722,662.00 |
| 第十五类　贱金属及其制品 | 2,620,915,925.00 | 885,434,180.00 |
| 第 72 章　钢铁 | 1,481,181,336.00 | 1,206,994.00 |
| 第 73 章　钢铁制品 | 596,301,188.00 | 5,664,638.00 |
| 第 74 章　铜及其制品 | 67,833,523.00 | 862,678,689.00 |
| 第 75 章　镍及其制品 | 1,813,476.00 | 16,778.00 |
| 第 76 章　铝及其制品 | 236,925,566.00 | 1,620,205.00 |
| 第 77 章 | — | — |
| 第 78 章　铅及其制品 | 19,678.00 | 1,142,199.00 |
| 第 79 章　锌及其制品 | 1,519,093.00 | 8,340.00 |
| 第 80 章　锡及其制品 | 82,505.00 | 586,423.00 |
| 第 81 章　其他贱金属、金属陶瓷及其制品 | 4,797,218.00 | 51,003.00 |
| 第 82 章　贱金属器具、利口器、餐具及零件 | 88,474,931.00 | 1,477,131.00 |
| 第 83 章　贱金属杂项制品 | 141,967,411.00 | 10,981,780.00 |
| 第十六类　机器、机械器具、电气设备及其零件;录音机及放声机、电视图像、声音的录制和重放设备及其零件、附件 | 4,945,119,807.00 | 13,098,580,796.00 |
| 第 84 章　核反应堆、锅炉、机械器具及零件 | 2,094,602,005.00 | 4,307,955,470.00 |
| 第 85 章　电机、电气、音像设备及其零附件 | 2,850,517,802.00 | 8,790,625,326.00 |
| 第十七类　车辆、航空器、船舶及有关运输设备 | 826,662,688.00 | 43,558,812.00 |
| 第 86 章　铁道车辆;轨道装置;信号设备 | 2,755,276.00 | 2,437,817.00 |
| 第 87 章　车辆及其零附件,但铁道车辆除外 | 678,091,797.00 | 41,047,435.00 |
| 第 88 章　航空器、航天器及其零件 | 6,442,629.00 | 73,560.00 |
| 第 89 章　船舶及浮动结构体 | 139,372,986.00 | — |
| 第十八类　光学、照相、电影、计量、检验、医疗或外科用仪器及设备、精密仪器及设备;钟表;乐器;上述物品的零件、附件 | 384,564,462.00 | 593,557,216.00 |
| 第 90 章　光学、照相、医疗等设备及零附件 | 354,703,574.00 | 591,679,475.00 |
| 第 91 章　钟表及其零件 | 18,335,093.00 | 1,832,919.00 |
| 第 92 章　乐器及其零件、附件 | 11,525,795.00 | 44,822.00 |
| 第十九类　武器、弹药及其零件、附件 | 48,050.00 | — |
| 第 93 章　武器、弹药及其零件、附件 | 48,050.00 | — |
| 第二十类　杂项制品 | 1,141,250,051.00 | 22,758,735.00 |
| 第 94 章　家具;寝具等;灯具;活动房 | 375,712,215.00 | 10,196,193.00 |
| 第 95 章　玩具、游戏或运动用品及其零附件 | 530,468,836.00 | 9,951,442.00 |
| 第 96 章　杂项制品 | 235,069,000.00 | 2,611,100.00 |
| 第二十一类　艺术品、收藏品及古物 | 99,637.00 | 3,125.00 |
| 第 97 章　艺术品、收藏品及古物 | 99,637.00 | 3,125.00 |
| 第二十二类　特殊交易品及未分类商品 | 1,915,662.00 | 19,206.00 |
| 第 98 章　特殊交易品及未分类商品 | 1,915,662.00 | 19,206.00 |

(数据来源：海关总署——海关统计资讯网 www.hgtj.cn)

## 中国对新加坡进出口商品构成表（2013 年）

单位：美元

| 名称 | 2013 年出口 | 2013 年进口 |
|---|---|---|
| 总值 | 45,874,077,991.00 | 29,976,625,375.00 |
| 第一类　活动物；动物产品 | 138,304,457.00 | 30,630,173.00 |
| 第 1 章　活动物 | 66,966.00 | 581.00 |
| 第 2 章　肉及食用杂碎 | 7,446,859.00 | — |
| 第 3 章　鱼及其他水生无脊椎动物 | 114,917,588.00 | 7,010,048.00 |
| 第 4 章　乳；蛋；蜂蜜；其他食用动物产品 | 13,287,515.00 | 23,524,435.00 |
| 第 5 章　其他动物产品 | 2,585,529.00 | 95,109.00 |
| 第二类　植物产品 | 249,358,370.00 | 2,884,884.00 |
| 第 6 章　活植物；茎、根；插花、簇叶 | 8,382,660.00 | — |
| 第 7 章　食用蔬菜、根及块茎 | 105,666,372.00 | — |
| 第 8 章　食用水果及坚果；甜瓜等水果的果皮 | 56,013,940.00 | — |
| 第 9 章　咖啡、茶、马黛茶及调味香料 | 19,633,827.00 | 1,454,270.00 |
| 第 10 章　谷物 | 103,354.00 | — |
| 第 11 章　制粉工业产品；麦芽；淀粉等；面筋 | 14,896,493.00 | 271.00 |
| 第 12 章　油籽；子仁；工业或药用植物；饲料 | 34,400,371.00 | — |
| 第 13 章　虫胶；树胶、树脂及其他植物液、汁 | 9,313,708.00 | 1,103,399.00 |
| 第 14 章　编结用植物材料；其他植物产品 | 947,645.00 | 326,944.00 |
| 第三类　动、植物油、脂及其分解产品；精致的食用油脂；动、植物蜡 | 22,741,482.00 | 7,357,403.00 |
| 第 15 章　动、植物油、脂、蜡；精制食用油脂 | 22,741,482.00 | 7,357,403.00 |
| 第四类　食品；饮料、酒及醋；烟草、烟草及烟草代用品的制品 | 412,873,513.00 | 394,278,599.00 |
| 第 16 章　肉、鱼及其他水生无脊椎动物的制品 | 169,735,726.00 | 222,785.00 |
| 第 17 章　糖及糖食 | 15,969,591.00 | 1,363,904.00 |
| 第 18 章　可可及可可制品 | 8,661,825.00 | 43,242,171.00 |
| 第 19 章　谷物粉、淀粉等或乳的制品；糕饼 | 27,442,204.00 | 260,900,712.00 |
| 第 20 章　蔬菜、水果等或植物其他部分的制品 | 45,682,203.00 | 968,758.00 |
| 第 21 章　杂项食品 | 49,109,056.00 | 34,107,133.00 |
| 第 22 章　饮料、酒及醋 | 52,286,743.00 | 722,892.00 |
| 第 23 章　食品工业的残渣及废料；配制的饲料 | 7,875,090.00 | 8,595,105.00 |
| 第 24 章　烟草、烟草及烟草代用品的制品 | 36,111,075.00 | 44,155,139.00 |
| 第五类　矿产品 | 3,603,534,065.00 | 5,157,071,167.00 |
| 第 25 章　盐；硫黄；土及石料；石灰及水泥等 | 97,491,194.00 | 412,581.00 |
| 第 26 章　矿砂、矿渣及矿灰 | 1,559,725.00 | 1,352,060.00 |
| 第 27 章　矿物燃料、矿物油及其产品；沥青等 | 3,504,483,146.00 | 5,155,306,526.00 |
| 第六类　化学工业及其相关工业的产品 | 1,465,586,166.00 | 4,185,492,176.00 |
| 第 28 章　无机化学品；贵金属等的化合物 | 114,695,766.00 | 8,255,828.00 |
| 第 29 章　有机化学品 | 780,640,925.00 | 2,992,176,519.00 |
| 第 30 章　药品 | 62,419,469.00 | 29,332,132.00 |
| 第 31 章　肥料 | 2,530,529.00 | 8,908.00 |

续表

| 名称 | 2013年出口 | 2013年进口 |
|---|---|---|
| 第32章　鞣料;着色料;涂料;油灰;墨水等 | 89,214,476.00 | 110,980,246.00 |
| 第33章　精油及香膏,芳香料制品,化妆盥洗品 | 103,123,881.00 | 73,058,522.00 |
| 第34章　洗涤剂、润滑剂、人造蜡、塑型膏等 | 65,159,536.00 | 121,694,795.00 |
| 第35章　蛋白类物质;改性淀粉;胶;酶 | 34,456,192.00 | 33,585,676.00 |
| 第36章　炸药;烟火;引火品;易燃材料制品 | 1,046,059.00 | 3,851,676.00 |
| 第37章　照相及电影用品 | 47,562,085.00 | 1,304,859.00 |
| 第38章　杂项化学产品 | 164,737,248.00 | 811,243,015.00 |
| 第七类　塑料及其制品;橡胶及其制品 | 1,463,497,774.00 | 3,542,777,122.00 |
| 第39章　塑料及其制品 | 1,176,106,304.00 | 3,426,710,994.00 |
| 第40章　橡胶及其制品 | 287,391,470.00 | 116,066,128.00 |
| 第八类　生皮、皮革、毛皮及其制品;鞍具及挽具;旅行用品、手提包及类似品;动物肠线(蚕胶丝除外)制品 | 497,285,745.00 | 4,563,464.00 |
| 第41章　生皮(毛皮除外)及皮革 | 2,074,882.00 | 4,309,346.00 |
| 第42章　皮革制品;旅行箱包;动物肠线制品 | 491,770,728.00 | 243,330.00 |
| 第43章　毛皮、人造毛皮及其制品 | 3,440,135.00 | 10,788.00 |
| 第九类　木及木制品;木炭;软木及软木制品;稻草、秸秆、针茅或其他编结材料制品;篮筐及柳条编结品 | 152,238,750.00 | 1,603,433.00 |
| 第44章　木及木制品;木炭 | 132,842,841.00 | 1,602,369.00 |
| 第45章　软木及软木制品 | 161,598.00 | 1,064.00 |
| 第46章　编结材料制品;篮筐及柳条编结品 | 19,234,311.00 | — |
| 第十类　木浆及其他纤维状纤维素浆;回收(废碎)纸或纸板;纸、纸板及其制品 | 445,365,550.00 | 467,460,657.00 |
| 第47章　木浆等纤维状纤维素浆;废纸及纸板 | — | 656,844.00 |
| 第48章　纸及纸板;纸浆、纸或纸板制品 | 403,450,674.00 | 9,267,899.00 |
| 第49章　印刷品;手稿、打字稿及设计图纸 | 41,914,876.00 | 457,535,914.00 |
| 第十一类　纺织原料及纺织制品 | 2,317,914,050.00 | 37,485,493.00 |
| 第50章　蚕丝 | 7,889,400.00 | 5,393.00 |
| 第51章　羊毛等动物毛;马毛纱线及其机织物 | 5,375,851.00 | 33,969.00 |
| 第52章　棉花 | 77,903,877.00 | 285,536.00 |
| 第53章　其他植物纤维;纸纱线及其机织物 | 4,056,131.00 | 682.00 |
| 第54章　化学纤维长丝 | 67,547,515.00 | 29,382,414.00 |
| 第55章　化学纤维短纤 | 79,159,056.00 | 227,732.00 |
| 第56章　絮胎、毡呢及无纺织物;线绳制品等 | 49,796,473.00 | 1,332,616.00 |
| 第57章　地毯及纺织材料的其他铺地制品 | 37,629,552.00 | 29,269.00 |
| 第58章　特种机织物;簇绒织物;刺绣品等 | 21,846,269.00 | 203,665.00 |
| 第59章　浸渍、涂布、包覆或层压的纺织物;工业用纺织制品 | 46,827,813.00 | 3,779,450.00 |
| 第60章　针织物及钩编织物 | 60,144,881.00 | 31,537.00 |
| 第61章　针织或钩编的服装及衣着附件 | 1,255,522,435.00 | 157,855.00 |
| 第62章　非针织或非钩编的服装及衣着附件 | 376,736,939.00 | 175,740.00 |
| 第63章　其他纺织制品;成套物品;旧纺织品 | 227,477,858.00 | 1,839,635.00 |

续表

| 名称 | 2013年出口 | 2013年进口 |
| --- | --- | --- |
| 第十二类　鞋、帽、伞、杖、鞭及其零件；已加工的羽毛及其制品；人造花；人发制品 | 796,181,651.00 | 273,435.00 |
| 第64章　鞋靴、护腿和类似品及其零件 | 691,971,375.00 | 113,304.00 |
| 第65章　帽类及其零件 | 24,913,135.00 | 152,648.00 |
| 第66章　伞、手杖、鞭子、马鞭及其零件 | 23,450,523.00 | 3,727.00 |
| 第67章　加工羽毛及制品；人造花；人发制品 | 55,846,618.00 | 3,756.00 |
| 第十三类　石料、石膏、水泥、石棉、云母及类似材料的制品；陶瓷产品；玻璃及其制品 | 1,399,133,442.00 | 54,991,706.00 |
| 第68章　矿物材料的制品 | 265,069,075.00 | 13,603,756.00 |
| 第69章　陶瓷产品 | 754,467,673.00 | 12,038,742.00 |
| 第70章　玻璃及其制品 | 379,596,694.00 | 29,349,208.00 |
| 第十四类　天然或养殖珍珠、宝石或半宝石、贵金属、包贵金属及其制品；仿首饰；硬币 | 65,983,821.00 | 24,708,288.00 |
| 第71章　珠宝、贵金属及制品；仿首饰；硬币 | 65,983,821.00 | 24,708,288.00 |
| 第十五类　贱金属及其制品 | 4,090,493,270.00 | 386,703,614.00 |
| 第72章　钢铁 | 1,533,429,765.00 | 32,315,352.00 |
| 第73章　钢铁制品 | 1,390,293,266.00 | 188,720,719.00 |
| 第74章　铜及其制品 | 60,532,969.00 | 107,346,069.00 |
| 第75章　镍及其制品 | 135,288,536.00 | 3,491,208.00 |
| 第76章　铝及其制品 | 389,106,491.00 | 18,926,908.00 |
| 第77章 | — | — |
| 第78章　铅及其制品 | 845,253.00 | 9,586.00 |
| 第79章　锌及其制品 | 8,052,326.00 | 1,441,998.00 |
| 第80章　锡及其制品 | 36,472,612.00 | 9,077,617.00 |
| 第81章　其他贱金属、金属陶瓷及其制品 | 33,793,077.00 | 1,424,745.00 |
| 第82章　贱金属器具、利口器、餐具及零件 | 210,743,931.00 | 13,772,349.00 |
| 第83章　贱金属杂项制品 | 291,935,044.00 | 10,177,063.00 |
| 第十六类　机器、机械器具、电气设备及其零件；录音机及放声机、电视图像、声音的录制和重放设备及其零件、附件 | 18,571,434,082.00 | 13,533,160,274.00 |
| 第84章　核反应堆、锅炉、机械器具及零件 | 8,165,734,600 | 4,198,008,473 |
| 第85章　电机、电气、音像设备及其零附件 | 10,405,699,482 | 9,335,151,801 |
| 第十七类　车辆、航空器、船舶及有关运输设备 | 5,862,806,739.00 | 176,185,552.00 |
| 第86章　铁道车辆；轨道装置；信号设备 | 493,498,832.00 | 141,397.00 |
| 第87章　车辆及其零附件，但铁道车辆除外 | 252,491,134.00 | 142,054,140.00 |
| 第88章　航空器、航天器及其零件 | 15,825,644.00 | 17,692,402.00 |
| 第89章　船舶及浮动结构体 | 5,100,991,129.00 | 16,297,613.00 |
| 第十八类　光学、照相、电影、计量、检验、医疗或外科用仪器及设备、精密仪器及设备；钟表；乐器；上述物品的零件、附件 | 891,094,686.00 | 1,852,840,810.00 |
| 第90章　光学、照相、医疗等设备及零附件 | 832,133,550.00 | 1,305,468,109.00 |
| 第91章　钟表及其零件 | 36,209,169.00 | 547,341,806.00 |
| 第92章　乐器及其零件、附件 | 22,751,967.00 | 30,895.00 |

续表

| 名称 | 2013 年出口 | 2013 年进口 |
|---|---|---|
| 第十九类　武器、弹药及其零件、附件 | 73,266.00 | — |
| 第 93 章　武器、弹药及其零件、附件 | 73,266.00 | — |
| 第二十类　杂项制品 | 3,152,419,424.00 | 9,398,976.00 |
| 第 94 章　家具;寝具等;灯具;活动房 | 2,416,227,798.00 | 8,131,411.00 |
| 第 95 章　玩具、游戏或运动用品及其零附件 | 604,853,840.00 | 308,927.00 |
| 第 96 章　杂项制品 | 131,337,786.00 | 958,638.00 |
| 第二十一类　艺术品、收藏品及古物 | 5,476,243.00 | 505,075.00 |
| 第 97 章　艺术品、收藏品及古物 | 5,476,243.00 | 505,075.00 |
| 第二十二类　特殊交易品及未分类商品 | 270,281,445.00 | 106,253,074.00 |
| 第 98 章　特殊交易品及未分类商品 | 270,281,445.00 | 106,253,074.00 |

（数据来源：海关总署——海关统计资讯网 www.hgtj.cn）

## 中国对泰国进出口商品构成表（2013 年）

单位：美元

| 名称 | 2013 年出口 | 2013 年进口 |
|---|---|---|
| 总值 | 32,741,072,203.00 | 38,523,504,674.00 |
| 第一类　活动物;动物产品 | 488,823,052.00 | 173,596,890.00 |
| 第 1 章　活动物 | 131,775.00 | 2,319,712.00 |
| 第 2 章　肉及食用杂碎 | 690,781.00 | 35.00 |
| 第 3 章　鱼及其他水生无脊椎动物 | 407,264,471.00 | 164,591,888.00 |
| 第 4 章　乳;蛋;蜂蜜;其他食用动物产品 | 11,000,001.00 | 3,681,883.00 |
| 第 5 章　其他动物产品 | 69,736,024.00 | 3,003,372.00 |
| 第二类　植物产品 | 1,336,611,260.00 | 3,586,477,218.00 |
| 第 6 章　活植物;茎、根;插花、簇叶 | 11,337,572.00 | 13,171,356.00 |
| 第 7 章　食用蔬菜、根及块茎 | 557,422,319.00 | 1,447,760,638.00 |
| 第 8 章　食用水果及坚果;甜瓜等水果的果皮 | 587,284,422.00 | 1,294,803,948.00 |
| 第 9 章　咖啡、茶、马黛茶及调味香料 | 32,120,974.00 | 1,182,188.00 |
| 第 10 章　谷物 | 2,241,282.00 | 235,870,260.00 |
| 第 11 章　制粉工业产品;麦芽;淀粉等;面筋 | 47,494,788.00 | 570,652,284.00 |
| 第 12 章　油籽;子仁;工业或药用植物;饲料 | 68,065,785.00 | 21,797,106.00 |
| 第 13 章　虫胶;树胶、树脂及其他植物液、汁 | 30,261,287.00 | 152,294.00 |
| 第 14 章　编结用植物材料;其他植物产品 | 382,831.00 | 1,087,144.00 |
| 第三类　动、植物油、脂及其分解产品;精致的食用油脂;动、植物蜡 | 12,842,166.00 | 35,108,257.00 |
| 第 15 章　动、植物油、脂、蜡;精制食用油脂 | 12,842,166.00 | 35,108,257.00 |
| 第四类　食品;饮料、酒及醋;烟草、烟草及烟草代用品的制品 | 688,397,174.00 | 341,982,454.00 |
| 第 16 章　肉、鱼及其他水生无脊椎动物的制品 | 217,444,253.00 | 34,738,995.00 |
| 第 17 章　糖及糖食 | 56,378,140.00 | 75,623,946.00 |
| 第 18 章　可可及可可制品 | 16,756,819.00 | 3,152,601.00 |
| 第 19 章　谷物粉、淀粉等或乳的制品;糕饼 | 35,161,582.00 | 24,459,276.00 |
| 第 20 章　蔬菜、水果等或植物其他部分的制品 | 227,162,672.00 | 35,685,681.00 |

续表

| 名称 | 2013 年出口 | 2013 年进口 |
| --- | --- | --- |
| 第 21 章　杂项食品 | 86,111,885.00 | 83,234,704.00 |
| 第 22 章　饮料、酒及醋 | 6,909,837.00 | 21,621,517.00 |
| 第 23 章　食品工业的残渣及废料;配制的饲料 | 35,449,069.00 | 63,301,934.00 |
| 第 24 章　烟草、烟草及烟草代用品的制品 | 7,022,917.00 | 163,800.00 |
| 第五类　矿产品 | 239,571,681.00 | 2,499,810,105.00 |
| 第 25 章　盐;硫黄;土及石料;石灰及水泥等 | 88,298,680.00 | 9,631,598.00 |
| 第 26 章　矿砂、矿渣及矿灰 | 19,175,568.00 | 95,248,168.00 |
| 第 27 章　矿物燃料、矿物油及其产品;沥青等 | 132,097,433.00 | 2,394,930,339.00 |
| 第六类　化学工业及其相关工业的产品 | 2,868,720,423.00 | 3,469,521,029.00 |
| 第 28 章　无机化学品;贵金属等的化合物 | 609,309,269.00 | 27,634,155.00 |
| 第 29 章　有机化学品 | 847,007,667.00 | 2,888,862,260.00 |
| 第 30 章　药品 | 67,343,669.00 | 9,239,462.00 |
| 第 31 章　肥料 | 165,401,775.00 | 171,377.00 |
| 第 32 章　鞣料;着色料;涂料;油灰;墨水等 | 220,594,546.00 | 66,872,457.00 |
| 第 33 章　精油及香膏,芳香料制品,化妆盥洗品 | 88,581,497.00 | 85,211,481.00 |
| 第 34 章　洗涤剂、润滑剂、人造蜡、塑型膏等 | 87,669,693.00 | 54,178,106.00 |
| 第 35 章　蛋白类物质;改性淀粉;胶;酶 | 81,143,636.00 | 166,386,101.00 |
| 第 36 章　炸药;烟火;引火品;易燃材料制品 | 43,758,224.00 | 20,361,842.00 |
| 第 37 章　照相及电影用品 | 47,387,877.00 | 2,327,014.00 |
| 第 38 章　杂项化学产品 | 610,522,570.00 | 148,276,774.00 |
| 第七类　塑料及其制品;橡胶及其制品 | 1,543,156,017.00 | 9,868,400,486.00 |
| 第 39 章　塑料及其制品 | 1,224,339,712.00 | 3,608,558,464.00 |
| 第 40 章　橡胶及其制品 | 318,816,305.00 | 6,259,842,022.00 |
| 第八类　生皮、皮革、毛皮及其制品;鞍具及挽具;旅行用品、手提包及类似品;动物肠线(蚕胶丝除外)制品 | 288,864,454.00 | 232,416,385.00 |
| 第 41 章　生皮(毛皮除外)及皮革 | 10,560,693.00 | 216,027,709.00 |
| 第 42 章　皮革制品;旅行箱包;动物肠线制品 | 277,522,598.00 | 16,383,793.00 |
| 第 43 章　毛皮、人造毛皮及其制品 | 781,163.00 | 4,883.00 |
| 第九类　木及木制品;木炭;软木及软木制品;稻草、秸秆、针茅或其他编结材料制品;篮筐及柳条编结品 | 200,820,116.00 | 1,167,518,132.00 |
| 第 44 章　木及木制品;木炭 | 180,179,074.00 | 1,167,377,142.00 |
| 第 45 章　软木及软木制品 | 103,536.00 | 3,100.00 |
| 第 46 章　编结材料制品;篮筐及柳条编结品 | 20,537,506.00 | 137,890.00 |
| 第十类　木浆及其他纤维状纤维素浆;回收(废碎)纸或纸板;纸、纸板及其制品 | 356,314,368.00 | 132,789,079.00 |
| 第 47 章　木浆等纤维状纤维素浆;废纸及纸板 | 10,955,185.00 | 69,907,416.00 |
| 第 48 章　纸及纸板;纸浆、纸或纸板制品 | 325,926,125.00 | 60,998,466.00 |
| 第 49 章　印刷品;手稿、打字稿及设计图纸 | 19,433,058.00 | 1,883,197.00 |
| 第十一类　纺织原料及纺织制品 | 2,332,496,972.00 | 612,858,232.00 |
| 第 50 章　蚕丝 | 8,950,773.00 | 237,713.00 |
| 第 51 章　羊毛等动物毛;马毛纱线及其机织物 | 53,683,114.00 | 515,279.00 |

续表

| 名称 | 2013 年出口 | 2013 年进口 |
|---|---|---|
| 第 52 章　棉花 | 259,292,487.00 | 150,415,518.00 |
| 第 53 章　其他植物纤维;纸纱线及其机织物 | 8,168,901.00 | 17,038,754.00 |
| 第 54 章　化学纤维长丝 | 317,110,389.00 | 137,921,125.00 |
| 第 55 章　化学纤维短纤 | 224,262,977.00 | 95,742,800.00 |
| 第 56 章　絮胎、毡呢及无纺织物;线绳制品等 | 88,296,707.00 | 53,831,065.00 |
| 第 57 章　地毯及纺织材料的其他铺地制品 | 39,276,430.00 | 1,598,025.00 |
| 第 58 章　特种机织物;簇绒织物;刺绣品等 | 53,532,327.00 | 17,935,553.00 |
| 第 59 章　浸渍、涂布、包覆或层压的纺织物;工业用纺织制品 | 259,705,605.00 | 16,142,146.00 |
| 第 60 章　针织物及钩编织物 | 179,635,925.00 | 29,674,679.00 |
| 第 61 章　针织或钩编的服装及衣着附件 | 422,018,721.00 | 51,681,190.00 |
| 第 62 章　非针织或非钩编的服装及衣着附件 | 122,891,892.00 | 30,812,540.00 |
| 第 63 章　其他纺织制品;成套物品;旧纺织品 | 295,670,724.00 | 9,311,845.00 |
| 第十二类　鞋、帽、伞、杖、鞭及其零件;已加工的羽毛及其制品;人造花;人发制品 | 503,828,050.00 | 33,532,516.00 |
| 第 64 章　鞋靴、护腿和类似品及其零件 | 345,815,398.00 | 30,973,766.00 |
| 第 65 章　帽类及其零件 | 18,678,201.00 | 1,581,574.00 |
| 第 66 章　伞、手杖、鞭子、马鞭及其零件 | 115,576,538.00 | 18,268.00 |
| 第 67 章　加工羽毛及制品;人造花;人发制品 | 23,757,913.00 | 958,908.00 |
| 第十三类　石料、石膏、水泥、石棉、云母及类似材料的制品;陶瓷产品;玻璃及其制品 | 929,286,446.00 | 176,563,712.00 |
| 第 68 章　矿物材料的制品 | 140,965,773.00 | 9,655,166.00 |
| 第 69 章　陶瓷产品 | 476,802,885.00 | 33,280,227.00 |
| 第 70 章　玻璃及其制品 | 311,517,788.00 | 133,628,319.00 |
| 第十四类　天然或养殖珍珠、宝石或半宝石、贵金属、包贵金属及其制品;仿首饰;硬币 | 157,614,688.00 | 246,260,075.00 |
| 第 71 章　珠宝、贵金属及制品;仿首饰;硬币 | 157,614,688.00 | 246,260,075.00 |
| 第十五类　贱金属及其制品 | 4,049,356,695.00 | 430,551,846.00 |
| 第 72 章　钢铁 | 1,839,949,227.00 | 27,804,985.00 |
| 第 73 章　钢铁制品 | 960,236,305.00 | 126,981,127.00 |
| 第 74 章　铜及其制品 | 331,431,838.00 | 170,159,399.00 |
| 第 75 章　镍及其制品 | 6,286,624.00 | 592,055.00 |
| 第 76 章　铝及其制品 | 442,186,090.00 | 26,336,386.00 |
| 第 77 章 | — | — |
| 第 78 章　铅及其制品 | 39,157,586.00 | 220,744.00 |
| 第 79 章　锌及其制品 | 8,865,891.00 | 2,815,968.00 |
| 第 80 章　锡及其制品 | 316,327.00 | 32,319,248.00 |
| 第 81 章　其他贱金属、金属陶瓷及其制品 | 18,830,113.00 | 15,700,515.00 |
| 第 82 章　贱金属器具、利口器、餐具及零件 | 188,522,038.00 | 7,601,634.00 |
| 第 83 章　贱金属杂项制品 | 213,574,656.00 | 20,019,785.00 |
| 第十六类　机器、机械器具、电气设备及其零件;录音机及放声机、电视图像、声音的录制和重放设备及其零件、附件 | 12,407,504,886.00 | 14,021,284,909.00 |

续表

| 名称 | 2013 年出口 | 2013 年进口 |
|---|---|---|
| 第 84 章　核反应堆、锅炉、机械器具及零件 | 6,264,586,894.00 | 7,438,475,694.00 |
| 第 85 章　电机、电气、音像设备及其零附件 | 6,142,917,992.00 | 6,582,809,215.00 |
| 第十七类　车辆、航空器、船舶及有关运输设备 | 1,492,236,740.00 | 140,976,397.00 |
| 第 86 章　铁道车辆；轨道装置；信号设备 | 86,222,471.00 | 142,238.00 |
| 第 87 章　车辆及其零附件，但铁道车辆除外 | 1,286,291,125.00 | 137,492,680.00 |
| 第 88 章　航空器、航天器及其零件 | 3,751,616.00 | 62,924.00 |
| 第 89 章　船舶及浮动结构体 | 115,971,528.00 | 3,278,555.00 |
| 第十八类　光学、照相、电影、计量、检验、医疗或外科用仪器及设备、精密仪器及设备；钟表；乐器；上述物品的零件、附件 | 1,548,488,558.00 | 843,127,178.00 |
| 第 90 章　光学、照相、医疗等设备及零附件 | 1,461,585,301.00 | 770,806,395.00 |
| 第 91 章　钟表及其零件 | 66,338,538.00 | 71,789,385.00 |
| 第 92 章　乐器及其零件、附件 | 20,564,719.00 | 531,398.00 |
| 第十九类　武器、弹药及其零件、附件 | 354,303.00 | — |
| 第 93 章　武器、弹药及其零件、附件 | 354,303.00 | — |
| 第二十类　杂项制品 | 1,291,841,114.00 | 100,073,496.00 |
| 第 94 章　家具；寝具等；灯具；活动房 | 954,489,378.00 | 37,435,723.00 |
| 第 95 章　玩具、游戏或运动用品及其零附件 | 163,938,234.00 | 38,867,890.00 |
| 第 96 章　杂项制品 | 173,413,502.00 | 23,769,883.00 |
| 第二十一类　艺术品、收藏品及古物 | 1,000,812.00 | 410,656,278.00 |
| 第 97 章　艺术品、收藏品及古物 | 1,000,812.00 | 410,656,278.00 |
| 第二十二类　特殊交易品及未分类商品 | 2,942,228.00 | — |
| 第 98 章　特殊交易品及未分类商品 | 2,942,228.00 | — |

（数据来源：海关总署——海关统计资讯网 www.hgtj.cn）

## 中国对越南进出口商品构成表（2013 年）

单位：美元

| 名称 | 2013 年出口 | 2013 年进口 |
|---|---|---|
| 总值 | 48,593,807,813.00 | 16,888,266,489.00 |
| 第一类　活动物；动物产品 | 225,962,523.00 | 71,983,179.00 |
| 第 1 章　活动物 | 40.00 | 1,144,606.00 |
| 第 2 章　肉及食用杂碎 | 1,558,803.00 | — |
| 第 3 章　鱼及其他水生无脊椎动物 | 117,684,730.00 | 68,438,538.00 |
| 第 4 章　乳；蛋；蜂蜜；其他食用动物产品 | 461,129.00 | 14,490.00 |
| 第 5 章　其他动物产品 | 106,257,821.00 | 2,385,545.00 |
| 第二类　植物产品 | 1,595,702,889.00 | 1,771,599,308.00 |
| 第 6 章　活植物；茎、根；插花、簇叶 | 5,180,779.00 | 968,259.00 |
| 第 7 章　食用蔬菜、根及块茎 | 810,686,639.00 | 341,905,203.00 |
| 第 8 章　食用水果及坚果；甜瓜等水果的果皮 | 480,812,698.00 | 608,582,492.00 |
| 第 9 章　咖啡、茶、马黛茶及调味香料 | 35,817,191.00 | 66,214,958.00 |
| 第 10 章　谷物 | 29,953,073.00 | 616,353,822.00 |

续表

| 名称 | 2013 年出口 | 2013 年进口 |
|---|---|---|
| 第 11 章　制粉工业产品;麦芽;淀粉等;面筋 | 51,821,652.00 | 124,705,176.00 |
| 第 12 章　油籽;子仁;工业或药用植物;饲料 | 175,638,323.00 | 3,496,884.00 |
| 第 13 章　虫胶;树胶、树脂及其他植物液、汁 | 5,694,801.00 | 8,633,136.00 |
| 第 14 章　编结用植物材料;其他植物产品 | 97,733.00 | 739,378.00 |
| 第三类　动、植物油、脂及其分解产品;精致的食用油脂;动、植物蜡 | 6,288,263.00 | 30,127,478.00 |
| 第 15 章　动、植物油、脂、蜡;精制食用油脂 | 6,288,263.00 | 30,127,478.00 |
| 第四类　食品;饮料、酒及醋;烟草、烟草及烟草代用品的制品 | 436,420,031.00 | 127,730,853.00 |
| 第 16 章　肉、鱼及其他水生无脊椎动物的制品 | 62,863,064.00 | 1,393,588.00 |
| 第 17 章　糖及糖食 | 47,255,615.00 | 1,127,566.00 |
| 第 18 章　可可及可可制品 | 2,079,816.00 | 499,315.00 |
| 第 19 章　谷物粉、淀粉等或乳的制品;糕饼 | 8,754,837.00 | 11,995,412.00 |
| 第 20 章　蔬菜、水果等或植物其他部分的制品 | 100,236,039.00 | 10,176,162.00 |
| 第 21 章　杂项食品 | 33,977,658.00 | 9,462,355.00 |
| 第 22 章　饮料、酒及醋 | 6,500,311.00 | 335,966.00 |
| 第 23 章　食品工业的残渣及废料;配制的饲料 | 152,116,935.00 | 92,658,644.00 |
| 第 24 章　烟草、烟草及烟草代用品的制品 | 22,635,756.00 | 81,845.00 |
| 第五类　矿产品 | 2,165,984,674.00 | 2,022,319,452.00 |
| 第 25 章　盐;硫磺;土及石料;石灰及水泥等 | 40,963,640.00 | 42,308,499.00 |
| 第 26 章　矿砂、矿渣及矿灰 | 4,932,144.00 | 573,250,739.00 |
| 第 27 章　矿物燃料、矿物油及其产品;沥青等 | 2,120,088,890.00 | 1,406,760,214.00 |
| 第六类　化学工业及其相关工业的产品 | 2,512,643,934.00 | 131,095,620.00 |
| 第 28 章　无机化学品;贵金属等的化合物 | 309,667,552.00 | 43,691,498.00 |
| 第 29 章　有机化学品 | 774,038,838.00 | 16,604,345.00 |
| 第 30 章　药品 | 57,165,728.00 | 189,060.00 |
| 第 31 章　肥料 | 571,999,751.00 | 2,374,254.00 |
| 第 32 章　鞣料;着色料;涂料;油灰;墨水等 | 203,435,984.00 | 2,703,260.00 |
| 第 33 章　精油及香膏,芳香料制品,化妆盥洗品 | 42,021,691.00 | 424,043.00 |
| 第 34 章　洗涤剂、润滑剂、人造蜡、塑型膏等 | 66,558,922.00 | 5,430,829.00 |
| 第 35 章　蛋白类物质;改性淀粉;胶;酶 | 98,899,991.00 | 7,754,828.00 |
| 第 36 章　炸药;烟火;引火品;易燃材料制品 | 280,892.00 | — |
| 第 37 章　照相及电影用品 | 38,017,547.00 | 97,536.00 |
| 第 38 章　杂项化学产品 | 350,557,038.00 | 51,825,967.00 |
| 第七类　塑料及其制品;橡胶及其制品 | 1,449,243,040.00 | 834,455,419.00 |
| 第 39 章　塑料及其制品 | 1,184,608,761.00 | 300,265,469.00 |
| 第 40 章　橡胶及其制品 | 264,634,279.00 | 534,189,950.00 |
| 第八类　生皮、皮革、毛皮及其制品;鞍具及挽具;旅行用品、手提包及类似品;动物肠线(蚕胶丝除外)制品 | 304,686,053.00 | 217,731,738.00 |
| 第 41 章　生皮(毛皮除外)及皮革 | 37,725,450.00 | 142,998,173.00 |

续表

| 名称 | 2013 年出口 | 2013 年进口 |
| --- | --- | --- |
| 第 42 章　皮革制品;旅行箱包;动物肠线制品 | 177,230,925.00 | 72,878,641.00 |
| 第 43 章　毛皮、人造毛皮及其制品 | 89,729,678.00 | 1,854,924.00 |
| 第九类　木及木制品;木炭;软木及软木制品;稻草、秸秆、针茅或其他编结材料制品;篮筐及柳条编结品 | 176,851,646.00 | 1,008,506,975.00 |
| 第 44 章　木及木制品;木炭 | 172,114,815.00 | 1,004,370,439.00 |
| 第 45 章　软木及软木制品 | 64,116.00 | — |
| 第 46 章　编结材料制品;篮筐及柳条编结品 | 4,672,715.00 | 4,136,536.00 |
| 第十类　木浆及其他纤维状纤维素浆;回收(废碎)纸或纸板;纸、纸板及其制品 | 416,442,352.00 | 39,061,515.00 |
| 第 47 章　木浆等纤维状纤维素浆;废纸及纸板 | 1,272,907.00 | 27,149,562.00 |
| 第 48 章　纸及纸板;纸浆、纸或纸板制品 | 389,905,510.00 | 11,452,182.00 |
| 第 49 章　印刷品;手稿、打字稿及设计图纸 | 25,263,935.00 | 459,771.00 |
| 第十一类　纺织原料及纺织制品 | 13,224,664,757.00 | 1,559,988,806.00 |
| 第 50 章　蚕丝 | 57,374,845.00 | 1,616,995.00 |
| 第 51 章　羊毛等动物毛;马毛纱线及其机织物 | 132,880,907.00 | 120,088.00 |
| 第 52 章　棉花 | 2,497,224,922.00 | 913,208,430.00 |
| 第 53 章　其他植物纤维;纸纱线及其机织物 | 47,398,934.00 | 28,025,682.00 |
| 第 54 章　化学纤维长丝 | 971,275,697.00 | 82,046,456.00 |
| 第 55 章　化学纤维短纤 | 1,070,276,542.00 | 45,806,274.00 |
| 第 56 章　絮胎、毡呢及无纺织物;线绳制品等 | 188,188,051.00 | 6,269,024.00 |
| 第 57 章　地毯及纺织材料的其他铺地制品 | 61,161,125.00 | 21,593.00 |
| 第 58 章　特种机织物;簇绒织物;刺绣品等 | 229,910,102.00 | 3,236,283.00 |
| 第 59 章　浸渍、涂布、包覆或层压的纺织物;工业用纺织制品 | 595,360,373.00 | 21,883,252.00 |
| 第 60 章　针织物及钩编织物 | 1,543,000,208.00 | 25,586,130.00 |
| 第 61 章　针织或钩编的服装及衣着附件 | 4,769,121,548.00 | 168,617,296.00 |
| 第 62 章　非针织或非钩编的服装及衣着附件 | 783,017,319.00 | 235,741,491.00 |
| 第 63 章　其他纺织制品;成套物品;旧纺织品 | 278,474,184.00 | 27,809,812.00 |
| 第十二类　鞋、帽、伞、杖、鞭及其零件;已加工的羽毛及其制品;人造花;人发制品 | 443,739,025.00 | 487,931,263.00 |
| 第 64 章　鞋靴、护腿和类似品及其零件 | 390,285,510.00 | 485,237,671.00 |
| 第 65 章　帽类及其零件 | 18,789,657.00 | 1,854,767.00 |
| 第 66 章　伞、手杖、鞭子、马鞭及其零件 | 16,512,757.00 | 750,113.00 |
| 第 67 章　加工羽毛及制品;人造花;人发制品 | 18,151,101.00 | 88,712.00 |
| 第十三类　石料、石膏、水泥、石棉、云母及类似材料的制品;陶瓷产品;玻璃及其制品 | 828,777,794.00 | 55,847,422.00 |
| 第 68 章　矿物材料的制品 | 306,225,137.00 | 2,084,618.00 |
| 第 69 章　陶瓷产品 | 258,332,074.00 | 6,511,244.00 |
| 第 70 章　玻璃及其制品 | 264,220,583.00 | 47,251,560.00 |

续表

| 名称 | 2013 年出口 | 2013 年进口 |
|---|---|---|
| 第十四类　天然或养殖珍珠、宝石或半宝石、贵金属、包贵金属及其制品;仿首饰;硬币 | 39,386,131.00 | 1,211,226.00 |
| 第 71 章　珠宝、贵金属及制品;仿首饰;硬币 | 39,386,131.00 | 1,211,226.00 |
| 第十五类　贱金属及其制品 | 5,872,976,073.00 | 112,234,150.00 |
| 第 72 章　钢铁 | 2,426,393,521.00 | 23,173,545.00 |
| 第 73 章　钢铁制品 | 1,118,743,926.00 | 40,917,632.00 |
| 第 74 章　铜及其制品 | 141,852,238.00 | 12,154,883.00 |
| 第 75 章　镍及其制品 | 1,480,652.00 | 26,896.00 |
| 第 76 章　铝及其制品 | 1,346,362,026.00 | 10,323,519.00 |
| 第 77 章 | — | — |
| 第 78 章　铅及其制品 | 15,974,609.00 | 11,949,730.00 |
| 第 79 章　锌及其制品 | 2,905,147.00 | 6,087.00 |
| 第 80 章　锡及其制品 | 1,997,210.00 | 375,670.00 |
| 第 81 章　其他贱金属、金属陶瓷及其制品 | 7,692,333.00 | 57,037.00 |
| 第 82 章　贱金属器具、利口器、餐具及零件 | 315,359,267.00 | 9,327,654.00 |
| 第 83 章　贱金属杂项制品 | 494,215,144.00 | 3,921,497.00 |
| 第十六类　机器、机械器具、电气设备及其零件;录音机及放声机、电视图像、声音的录制和重放设备及其零件、附件 | 15,348,343,229.00 | 8,045,072,881.00 |
| 第 84 章　核反应堆、锅炉、机械器具及零件 | 5,934,000,110.00 | 1,080,274,630.00 |
| 第 85 章　电机、电气、音像设备及其零附件 | 9,414,343,119.00 | 6,964,798,251.00 |
| 第十七类　车辆、航空器、船舶及有关运输设备 | 1,283,024,738.00 | 42,902,567.00 |
| 第 86 章　铁道车辆;轨道装置;信号设备 | 9,437,515.00 | — |
| 第 87 章　车辆及其零附件,但铁道车辆除外 | 1,027,783,759.00 | 41,067,697.00 |
| 第 88 章　航空器、航天器及其零件 | 9,093,083.00 | 5,750.00 |
| 第 89 章　船舶及浮动结构体 | 236,710,381.00 | 1,829,120.00 |
| 第十八类　光学、照相、电影、计量、检验、医疗或外科用仪器及设备、精密仪器及设备;钟表;乐器;上述物品的零件、附件 | 1,381,852,709.00 | 127,124,666.00 |
| 第 90 章　光学、照相、医疗等设备及零附件 | 1,353,237,060.00 | 122,794,888.00 |
| 第 91 章　钟表及其零件 | 21,608,982.00 | 3,925,258.00 |
| 第 92 章　乐器及其零件、附件 | 7,006,667.00 | 404,520.00 |
| 第十九类　武器、弹药及其零件、附件 | 24,905.00 | — |
| 第 93 章　武器、弹药及其零件、附件 | 24,905.00 | — |
| 第二十类　杂项制品 | 879,565,615.00 | 201,325,982.00 |
| 第 94 章　家具;寝具等;灯具;活动房 | 503,631,056.00 | 169,883,226.00 |
| 第 95 章　玩具、游戏或运动用品及其零附件 | 114,452,325.00 | 19,259,060.00 |
| 第 96 章　杂项制品 | 261,482,234.00 | 12,183,696.00 |
| 第二十一类　艺术品、收藏品及古物 | 1,106,706.00 | 15,989.00 |
| 第 97 章　艺术品、收藏品及古物 | 1,106,706.00 | 15,989.00 |
| 第二十二类　特殊交易品及未分类商品 | 120,726.00 | — |
| 第 98 章　特殊交易品及未分类商品 | 120,726.00 | — |

（数据来源：海关总署——海关统计资讯网 www.hgtj.cn）

## 马来西亚对外贸易年度和月度表

金额单位：百万美元

| 时间 | 总额 | 同比% | 出口 | 同比% | 进口 | 同比% | 差额 | 同比% |
|---|---|---|---|---|---|---|---|---|
| 2001年 | 162,068 | −10.1 | 88,202 | −10.1 | 73,866 | −10.1 | 14,336 | −10.4 |
| 2002年 | 173,241 | 6.9 | 93,370 | 5.9 | 79,870 | 8.1 | 13,500 | −5.8 |
| 2003年 | 180,205 | 4.0 | 100,113 | 7.2 | 80,093 | 0.3 | 20,020 | 48.3 |
| 2004年 | 231,154 | 28.3 | 125,857 | 25.7 | 105,297 | 31.5 | 20,560 | 2.7 |
| 2005年 | 255,606 | 10.6 | 140,979 | 12.0 | 114,626 | 8.9 | 26,353 | 28.2 |
| 2006年 | 292,068 | 14.3 | 160,845 | 14.1 | 131,223 | 14.5 | 29,622 | 12.4 |
| 2007年 | 323,376 | 10.7 | 176,311 | 9.6 | 147,065 | 12.1 | 29,245 | −1.3 |
| 2008年 | 356,844 | 10.3 | 199,759 | 13.3 | 157,086 | 6.8 | 42,673 | 45.9 |
| 2009年 | 281,434 | −21.1 | 157,527 | −21.1 | 123,907 | −21.1 | 33,621 | −21.2 |
| 2010年 | 363,788 | 29.3 | 198,941 | 26.3 | 164,847 | 33.0 | 34,094 | 1.4 |
| 2011年 | 415,020 | 14.1 | 227,192 | 14.3 | 187,828 | 14.0 | 39,364 | 15.5 |
| 2012年 | 424,431 | 2.3 | 227,617 | 0.3 | 196,814 | 4.9 | 30,803 | −17.3 |
| 2013年 | 434,514 | 2.4 | 228,395 | −8.3 | 206,119 | 4.9 | 22,276 | −27.7 |
| 其中:1月 | 36,411 | 11.7 | 18,743 | 5.8 | 17,668 | 18.6 | 1,075 | −61.8 |
| 2月 | 31,235 | −8.5 | 16,943 | −10.0 | 14,292 | −6.7 | 2,651 | −24.3 |
| 3月 | 37,057 | −0.3 | 19,313 | −4.8 | 17,744 | 5.2 | 1,569 | −54.3 |
| 4月 | 36,279 | 2.8 | 18,310 | −3.0 | 17,969 | 9.4 | 341 | −86.1 |
| 5月 | 36,009 | −1.2 | 18,481 | −2.6 | 17,528 | 0.2 | 953 | −35.9 |
| 6月 | 34,736 | −2.1 | 18,054 | −5.9 | 16,682 | 2.4 | 1,372 | −52.6 |
| 7月 | 37,158 | 4.4 | 19,027 | 3.6 | 18,131 | 5.3 | 896 | −21.5 |
| 8月 | 36,220 | 7.6 | 19,195 | 6.9 | 17,025 | 8.5 | 2,170 | −4.7 |
| 9月 | 36,279 | −2.1 | 19,472 | −0.5 | 16,807 | −3.8 | 2,665 | 26.7 |
| 10月 | 39,700 | 7.2 | 21,147 | −4.7 | 18,553 | 9.6 | 2,594 | −17.4 |
| 11月 | 35,912 | 2.1 | 19,475 | −7.5 | 16,437 | 1.7 | 3,038 | −5.9 |
| 12月 | 37,517 | 7.8 | 20,234 | −2.5 | 17,283 | 7.7 | 2,951 | −8.5 |

（来源：中华人民共和国商务部亚洲司．http：//countryreport.mofcom.gov.cn/record/view.asp？news_id=38528.2014—04—01）

## 马来西亚对主要贸易伙伴出口额（2013年）

金额单位：百万美元

| 国家和地区 | 金额 | 同比% | 占比% |
|---|---|---|---|
| 总值 | 228,395 | −8.3 | 100.0 |
| 新加坡 | 31,912 | −7.1 | 14.0 |
| 中国 | 30,711 | −6.5 | 13.5 |
| 日本 | 25,328 | −8.6 | 11.1 |
| 美国 | 18,444 | −13.3 | 8.1 |
| 泰国 | 12,674 | −3.3 | 5.6 |

续表

| 国家和地区 | 金额 | 同比% | 占比% |
| --- | --- | --- | --- |
| 印度尼西亚 | 10,500 | −5.0 | 4.6 |
| 中国香港 | 9,898 | −9.0 | 4.3 |
| 澳大利亚 | 9,238 | −8.6 | 4.1 |
| 韩国 | 8,292 | −10.0 | 3.6 |
| 印度 | 8,175 | −19.8 | 3.6 |
| 中国台湾 | 6,659 | −11.8 | 2.9 |
| 荷兰 | 6,567 | 3.8 | 2.9 |
| 德国 | 5,238 | −1.9 | 2.3 |
| 越南 | 4,227 | −6.8 | 1.9 |
| 阿联酋 | 4,024 | −2.6 | 1.8 |

（来源：中华人民共和国商务部亚洲司．http：//countryreport. mofcom. gov. cn/record/view. asp? news _ id=38529. 2014—04—01）

## 马来西亚自主要贸易伙伴进口额（2013年）

金额单位：百万美元

| 国家和地区 | 金额 | 同比% | 占比% |
| --- | --- | --- | --- |
| 总值 | 206,119 | 4.9 | 100.0 |
| 中国 | 33,740 | 13.4 | 16.4 |
| 新加坡 | 25,504 | −2.2 | 12.4 |
| 日本 | 17,899 | −11.4 | 8.7 |
| 美国 | 16,179 | 1.8 | 7.9 |
| 泰国 | 12,281 | 6.2 | 6.0 |
| 中国台湾 | 9,990 | 22.2 | 4.9 |
| 韩国 | 9,725 | 21.7 | 4.7 |
| 印度尼西亚 | 8,879 | −12.0 | 4.3 |
| 德国 | 7,278 | −3.2 | 3.5 |
| 越南 | 6,031 | 15.7 | 2.9 |
| 澳大利亚 | 5,242 | 10.8 | 2.5 |
| 印度 | 5,212 | 36.3 | 2.5 |
| 阿联酋 | 4,791 | 19.3 | 2.3 |
| 法国 | 4,252 | 0.8 | 2.1 |
| 中国香港 | 3,332 | −22.9 | 1.6 |

（来源：中华人民共和国商务部亚洲司．http：//countryreport. mofcom. gov. cn/record/view. asp? news _ id=38530. 2014—04—01）

## 马来西亚贸易差额主要来源（2013年）

金额单位：百万美元

| 国家和地区 | 2013年 | 上年同期 | 同比% |
| --- | --- | --- | --- |
| 总值 | 22,276 | 52,464 | −57.5 |

续表

| 国家和地区 | 2013 年 | 上年同期 | 同比% |
|---|---|---|---|
| 主要逆差来源 | | | |
| 中国 | −3,331 | −624 | 433.9 |
| 中国台湾 | −3,029 | 3,078 | −198.4 |
| 法国 | −2,514 | −1,971 | 27.6 |
| 德国 | −2,040 | −2,183 | −6.5 |
| 越南 | −1,804 | −681 | 165.0 |
| 哥斯达黎加 | −1,750 | −1,147 | 52.6 |
| 瑞士 | −1,631 | −1,094 | 49.0 |
| 韩国 | −1,433 | 1,221 | −217.3 |
| 阿根廷 | −1,100 | −845 | 30.2 |
| 沙特阿拉伯 | −895 | −1,189 | −24.8 |
| 主要顺差来源 | | | |
| 日本 | 7,428 | 7,496 | −0.9 |
| 中国香港 | 6,565 | 6,556 | 0.1 |
| 新加坡 | 6,408 | 8,284 | −22.7 |
| 荷兰 | 4,855 | 4,707 | 3.1 |
| 澳大利亚 | 3,996 | 5,378 | −25.7 |

（来源：中华人民共和国商务部亚洲司 .http：// countryreport. mofcom. gov. cn/record/view. asp? news _ id=38533. 2014—04—01）

## 泰国对外贸易年度和月度表

金额单位：百万美元

| 时间 | 总额 | 同比% | 出口 | 同比% | 进口 | 同比% | 差额 | 同比% |
|---|---|---|---|---|---|---|---|---|
| 2001 年 | 126,861 | −2.6 | 64,909 | −5.3 | 61,952 | 0.3 | 2,957 | −56.3 |
| 2002 年 | 133,207 | 5.0 | 68,594 | 5.7 | 64,614 | 4.3 | 3,980 | 34.6 |
| 2003 年 | 155,932 | 17.1 | 80,253 | 17.0 | 75,679 | 17.1 | 4,573 | 14.9 |
| 2004 年 | 192,295 | 23.3 | 97,098 | 21.0 | 95,197 | 25.8 | 1,901 | −58.4 |
| 2005 年 | 227,961 | 18.5 | 109,848 | 13.1 | 118,112 | 24.1 | −8,264 | — |
| 2006 年 | 259,273 | 13.7 | 130,621 | 18.9 | 128,652 | 8.9 | 1,969 | — |
| 2007 年 | 314,822 | 21.4 | 163,119 | 24.9 | 151,703 | 17.9 | 11,416 | 479.9 |
| 2008 年 | 358,430 | 13.9 | 177,846 | 9.0 | 180,583 | 19.0 | −2,737 | — |
| 2009 年 | 286,390 | −20.1 | 151,793 | −14.6 | 134,597 | −25.5 | 17,196 | — |
| 2010 年 | 379,830 | 32.6 | 195,293 | 28.7 | 184,536 | 37.1 | 10,757 | −37.3 |
| 2011 年 | 449,673 | 18.4 | 220,373 | 12.8 | 229,300 | 24.3 | −8,928 | — |
| 2012 年 | 479,835 | 6.7 | 228,117 | 3.5 | 251,718 | 9.8 | −23,601 | 164.4 |
| 2013 年 | 473,420 | −1.3 | 225,182 | −1.3 | 248,238 | −1.4 | −23,057 | −2.3 |
| 其中:1 月 | 42,793 | 32.3 | 18,473 | 19.1 | 24,321 | 44.6 | −5,848 | 344.8 |
| 2 月 | 37,316 | −3.3 | 17,763 | −8.7 | 19,553 | 2.2 | −1,790 | — |
| 3 月 | 42,366 | −5.5 | 20,863 | 5.6 | 21,503 | −14.3 | −640 | −88.0 |
| 4 月 | 39,264 | 6.7 | 17,421 | 4.3 | 21,843 | 8.7 | −4,422 | 30.4 |
| 5 月 | 40,512 | −6.3 | 19,011 | −7.2 | 21,501 | −5.4 | −2,490 | 10.7 |

续表

| 时间 | 总额 | 同比% | 出口 | 同比% | 进口 | 同比% | 差额 | 同比% |
|---|---|---|---|---|---|---|---|---|
| 6月 | 38,706 | −2.9 | 18,308 | −6.1 | 20,398 | 0.2 | −2,091 | 140.5 |
| 7月 | 40,076 | −0.5 | 18,782 | −1.8 | 21,295 | 0.8 | −2,513 | 25.7 |
| 8月 | 40,217 | −2.0 | 19,938 | 1.0 | 20,278 | −4.7 | −340 | −78.1 |
| 9月 | 38,021 | −7.8 | 19,125 | −8.7 | 18,896 | −6.8 | 229 | −65.9 |
| 10月 | 40,500 | −3.7 | 19,325 | −0.8 | 21,175 | −6.2 | −1,850 | −40.5 |
| 11月 | 37,373 | −8.1 | 18,289 | −5.8 | 19,084 | −10.1 | −796 | −56.5 |
| 12月 | 36,275 | −6.9 | 17,884 | −0.7 | 18,391 | −12.2 | −507 | −82.7 |

（来源：中华人民共和国商务部亚洲司 .http：//countryreport.mofcom.gov.cn/record/view.asp？news_id=38363.2014—04—18）

## 泰国对主要贸易伙伴出口额（2013年）

金额单位：百万美元

| 国家和地区 | 金额 | 同比% | 占比% |
|---|---|---|---|
| 总值 | 225,182 | −1.3 | 100.0 |
| 中国 | 26,826 | 0.4 | 11.9 |
| 美国 | 22,707 | 0.2 | 10.1 |
| 日本 | 21,901 | −6.2 | 9.7 |
| 中国香港 | 12,989 | −0.5 | 5.8 |
| 马来西亚 | 12,805 | 3.6 | 5.7 |
| 新加坡 | 11,058 | 2.6 | 4.9 |
| 印度尼西亚 | 10,704 | −4.0 | 4.8 |
| 澳大利亚 | 10,186 | 4.8 | 4.5 |
| 越南 | 7,067 | 9.6 | 3.1 |
| 印度 | 5,104 | −6.3 | 2.3 |
| 菲律宾 | 4,965 | 2.7 | 2.2 |
| 韩国 | 4,517 | −5.0 | 2.0 |
| 荷兰 | 4,447 | 7.0 | 2.0 |
| 柬埔寨 | 4,187 | 11.2 | 1.9 |
| 德国 | 4,004 | 11.5 | 1.8 |

（来源：中华人民共和国商务部亚洲司 .http：//countryreport.mofcom.gov.cn/record/view.asp？news_id=38364.2014—04—18）

## 泰国自主要贸易伙伴进口额（2013年）

金额单位：百万美元

| 国家和地区 | 金额 | 同比% | 占比% |
|---|---|---|---|
| 总值 | 248,238 | −1.4 | 100.0 |
| 日本 | 41,002 | −17.9 | 16.5 |
| 中国 | 37,613 | 0.7 | 15.2 |
| 阿联酋 | 16,927 | 7.4 | 6.8 |

续表

| 国家和地区 | 金额 | 同比% | 占比% |
|---|---|---|---|
| 美国 | 14,632 | 16.1 | 5.9 |
| 马来西亚 | 13,134 | −0.5 | 5.3 |
| 瑞士 | 9,177 | 4.3 | 3.7 |
| 韩国 | 9,042 | −0.3 | 3.6 |
| 新加坡 | 8,185 | 3.7 | 3.3 |
| 印度尼西亚 | 7,985 | −2.1 | 3.2 |
| 沙特阿拉伯 | 7,677 | −7.6 | 3.1 |
| 中国台湾 | 7,577 | −8.4 | 3.1 |
| 德国 | 6,102 | 1.3 | 2.5 |
| 澳大利亚 | 5,298 | −3.3 | 2.1 |
| 法国 | 4,154 | 28.2 | 1.7 |
| 卡塔尔 | 4,032 | 51.2 | 1.6 |

（来源：中华人民共和国商务部亚洲司 . http：// countryreport. mofcom. gov. cn/record/view. asp? news _ id=38365. 2014—04—18）

## 泰国贸易差额主要来源（2013 年）

金额单位：百万美元

| 国家和地区 | 2013 年 | 上年 | 同比% |
|---|---|---|---|
| 总值 | −23,057 | −23,601 | −2.3 |
| 主要逆差来源 | | | |
| 日本 | −19,101 | −26,613 | −28.2 |
| 阿联酋 | −13,896 | −12,912 | 7.6 |
| 中国 | −10,786 | −10,636 | 1.4 |
| 瑞士 | −7,712 | −3,718 | 107.4 |
| 沙特阿拉伯 | −4,740 | −5,520 | −14.1 |
| 韩国 | −4,525 | −4,312 | 4.9 |
| 中国台湾 | −4,261 | −4,870 | −12.5 |
| 卡塔尔 | −3,658 | −2,316 | 58.0 |
| 法国 | −2,514 | −1,630 | 54.2 |
| 俄罗斯 | −2,308 | −2,957 | −22.0 |
| 主要顺差来源 | | | |
| 中国香港 | 11,363 | 11,137 | 2.0 |
| 美国 | 8,076 | 10,064 | −19.8 |
| 澳大利亚 | 4,888 | 4240 | 15.3 |
| 柬埔寨 | 3,832 | 3,514 | 9.1 |
| 越南 | 3,807 | 3,443 | 10.5 |

（来源：中华人民共和国商务部亚洲司 . http：// countryreport. mofcom. gov. cn/record/view. asp? news _ id=38368. 2014—04—18）

## 新加坡对外贸易年度和月度表

金额单位：百万美元

| 时间 | 总额 | 同比% | 出口 | 同比% | 进口 | 同比% | 差额 | 同比% |
|---|---|---|---|---|---|---|---|---|
| 2001年 | 237,635 | −12.7 | 121,691 | −11.6 | 115,943 | −13.8 | 5,748 | 76.4 |
| 2002年 | 241,578 | 1.7 | 125,156 | 2.8 | 116,422 | 0.4 | 8,734 | 52.0 |
| 2003年 | 296,517 | 22.7 | 160,116 | 27.9 | 136,401 | 17.2 | 23,715 | 171.5 |
| 2004年 | 372,510 | 25.6 | 198,791 | 24.2 | 173,719 | 27.4 | 25,072 | 5.7 |
| 2005年 | 429,755 | 15.4 | 229,681 | 15.5 | 200,075 | 15.2 | 29,606 | 18.1 |
| 2006年 | 510,816 | 18.9 | 271,916 | 18.4 | 238,900 | 19.4 | 33,016 | 11.5 |
| 2007年 | 562,651 | 10.1 | 299,404 | 10.1 | 263,247 | 10.2 | 36,157 | 9.5 |
| 2008年 | 657,891 | 16.9 | 338,143 | 12.9 | 319,748 | 21.5 | 18,395 | −49.1 |
| 2009年 | 515,761 | −21.6 | 269,909 | −20.2 | 245,852 | −23.1 | 24,057 | 30.8 |
| 2010年 | 663,049 | 28.6 | 352,076 | 30.4 | 310,973 | 26.5 | 41,102 | 70.9 |
| 2011年 | 775,684 | 17.0 | 409,722 | 16.4 | 365,961 | 17.7 | 43,761 | 6.5 |
| 2012年 | 788,557 | 1.7 | 408,621 | −0.3 | 379,935 | 3.8 | 28,686 | −34.4 |
| 2013年 | 783,490 | −0.6 | 410,368 | 0.4 | 373,122 | −1.8 | 37,246 | 29.8 |
| 其中:1月 | 65,883 | 5.5 | 33,693 | 6.3 | 32,190 | 4.7 | 1,503 | 60.3 |
| 2月 | 56,650 | −16.3 | 29,317 | −18.6 | 27,333 | −13.7 | 1,984 | −54.4 |
| 3月 | 62,918 | −9.6 | 33,314 | −6.7 | 29,604 | −12.6 | 3,710 | 98.6 |
| 4月 | 67,352 | 2.9 | 35,331 | 2.4 | 32,021 | 3.5 | 3,310 | −7.2 |
| 5月 | 67,189 | −0.5 | 35,352 | 2.3 | 31,837 | −3.5 | 3,514 | 125.2 |
| 6月 | 62,849 | −4.8 | 33,238 | −1.7 | 29,610 | −8.2 | 3,628 | 132.7 |
| 7月 | 67,345 | 4.9 | 34,988 | 4.5 | 32,357 | 5.3 | 2,630 | −5.1 |
| 8月 | 65,053 | 1.5 | 34,066 | 1.9 | 30,987 | 1.0 | 3,080 | 11.0 |
| 9月 | 68,018 | 5.8 | 35,681 | 5.7 | 32,338 | 5.9 | 3,343 | 4.2 |
| 10月 | 72,367 | 4.7 | 38,336 | 6.5 | 34,030 | 2.7 | 4,306 | 49.8 |
| 11月 | 64,649 | −3.0 | 33,763 | −1.0 | 30,886 | −5.2 | 2,877 | 85.4 |
| 12月 | 63,217 | 3.0 | 33,288 | 5.6 | 29,929 | 0.2 | 3,359 | 102.3 |

（来源：中华人民共和国商务部亚洲司 . http：// countryreport. mofcom. gov. cn/record/view. asp? news _ id=38227. 2014—04—18）

## 新加坡对主要贸易伙伴出口额（2013年）

金额单位：百万美元

| 国家和地区 | 金额 | 同比% | 占比% |
|---|---|---|---|
| 总值 | 410,368 | 0.4 | 100.0 |
| 马来西亚 | 49,925 | −0.8 | 12.2 |
| 中国 | 48,365 | 10.0 | 11.8 |
| 中国香港 | 45,841 | 2.4 | 11.2 |
| 印度尼西亚 | 40,565 | −6.4 | 9.9 |
| 美国 | 23,527 | 7.1 | 5.7 |

续表

| 国家和地区 | 金额 | 同比% | 占比% |
|---|---|---|---|
| 日本 | 17,629 | −2.6 | 4.3 |
| 韩国 | 16,629 | 0.3 | 4.1 |
| 澳大利亚 | 15,764 | −7.8 | 3.8 |
| 中国台湾 | 15,304 | 5.9 | 3.7 |
| 泰国 | 15,178 | −2.8 | 3.7 |
| 巴拿马 | 11,318 | −7.6 | 2.8 |
| 印度 | 11,228 | 3.3 | 2.7 |
| 越南 | 10,870 | 4.9 | 2.7 |
| 菲律宾 | 6,699 | 5.7 | 1.6 |
| 荷兰 | 6,422 | −9.6 | 1.6 |

（来源：中华人民共和国商务部亚洲司．http：//countryreport.mofcom.gov.cn/record/view.asp？news_id=38228.2014—04—18）

## 新加坡自主要贸易伙伴进口额（2013年）

金额单位：百万美元

| 国家和地区 | 金额 | 同比% | 占比% |
|---|---|---|---|
| 总值 | 373,122 | −1.8 | 100.0 |
| 中国 | 43,692 | 11.4 | 11.7 |
| 马来西亚 | 40,839 | 1.0 | 11.0 |
| 美国 | 38,589 | 0.0 | 10.3 |
| 中国台湾 | 29,000 | 14.5 | 7.8 |
| 韩国 | 24,051 | −6.3 | 6.5 |
| 日本 | 20,392 | −13.8 | 5.5 |
| 印度尼西亚 | 19,219 | −4.9 | 5.2 |
| 阿联酋 | 16,544 | 5.5 | 4.4 |
| 沙特阿拉伯 | 12,855 | −25.3 | 3.5 |
| 德国 | 10,872 | 2.9 | 2.9 |
| 泰国 | 9,282 | −8.5 | 2.5 |
| 印度 | 9,120 | −29.7 | 2.4 |
| 法国 | 8,086 | −10.8 | 2.2 |
| 英国 | 7,960 | 13.6 | 2.1 |
| 卡塔尔 | 7,896 | 3.1 | 2.1 |

（来源：中华人民共和国商务部亚洲司．http：//countryreport.mofcom.gov.cn/record/view.asp？news_id=38229.2014—04—18）

## 新加坡贸易差额主要来源（2013年）

金额单位：百万美元

| 国家和地区 | 2013年 | 上年同期 | 同比% |
|---|---|---|---|
| 总值 | 37,246 | 28,686 | 29.8 |

续表

| 国家和地区 | 2013 年 | 上年同期 | 同比% |
|---|---|---|---|
| 主要顺差来源 | | | |
| 中国香港 | 42,894 | 41,861 | 2.5 |
| 印度尼西亚 | 21,346 | 23,119 | −7.7 |
| 澳大利亚 | 11,611 | 12,174 | −4.6 |
| 巴拿马 | 11,311 | 12,240 | −7.6 |
| 马来西亚 | 9,085 | 9,901 | −8.2 |
| 越南 | 7,811 | 8,110 | −3.7 |
| 泰国 | 5,896 | 5,463 | 7.9 |
| 中国 | 4,673 | 4,763 | −1.9 |
| 利比里亚 | 3,862 | 4,154 | −7.0 |
| 比利时 | 2,820 | 2,995 | −5.8 |
| 主要逆差来源 | | | |
| 美国 | −15,062 | −16,605 | −9.3 |
| 中国台湾 | −13,696 | −10,867 | 26.0 |
| 沙特阿拉伯 | −11,619 | −15,993 | −27.4 |
| 阿联酋 | −10,937 | −10,957 | −0.2 |
| 卡塔尔 | −7,634 | −7,462 | 2.3 |

（来源：中华人民共和国商务部亚洲司 .http：//countryreport.mofcom.gov.cn/record/view.asp?news_id=38232.2014—04—18）

## 印度尼西亚对外贸易年度和月度表

金额单位：百万美元

| 时间 | 总额 | 同比% | 出口 | 同比% | 进口 | 同比% | 差额 | 同比% |
|---|---|---|---|---|---|---|---|---|
| 2001 年 | 87,283 | −8.9 | 56,321 | −9.3 | 30,962 | −8.0 | 25,359 | −10.9 |
| 2002 年 | 88,448 | 1.3 | 57,159 | 1.5 | 31,289 | 1.1 | 25,870 | 2.0 |
| 2003 年 | 93,609 | 5.8 | 61,058 | 6.8 | 32,551 | 4.0 | 28,508 | 10.2 |
| 2004 年 | 118,109 | 26.2 | 71,585 | 17.2 | 46,525 | 42.9 | 25,060 | −12.1 |
| 2005 年 | 143,361 | 21.4 | 85,660 | 19.7 | 57,701 | 24.0 | 27,959 | 11.6 |
| 2006 年 | 161,864 | 12.9 | 100,799 | 17.7 | 61,065 | 5.8 | 39,733 | 42.1 |
| 2007 年 | 188,574 | 16.5 | 114,101 | 13.2 | 74,473 | 22.0 | 39,627 | −0.3 |
| 2008 年 | 266,218 | 41.2 | 137,020 | 20.1 | 129,197 | 73.5 | 7,823 | −80.3 |
| 2009 年 | 213,339 | −19.9 | 116,510 | −15.0 | 96,829 | −25.1 | 19,681 | 151.6 |
| 2010 年 | 293,442 | 37.5 | 157,779 | 35.4 | 135,663 | 40.1 | 22,116 | 12.4 |
| 2011 年 | 380,932 | 29.8 | 203,497 | 29.0 | 177,436 | 30.8 | 26,061 | 17.8 |
| 2012 年 | 381,722 | 0.2 | 190,031 | −6.6 | 191,691 | 8.0 | −1,660 | −93.6 |
| 2013 年 | 369,181 | −3.3 | 182,552 | −3.9 | 186,629 | −2.6 | −4,077 | 145.6 |
| 其中:1 月 | 30,825 | 2.3 | 15,375 | −1.3 | 15,450 | 6.2 | −75 | −92.6 |
| 2 月 | 30,329 | −0.8 | 15,016 | −4.3 | 15,313 | 3.0 | −297 | −64.1 |
| 3 月 | 29,912 | −10.9 | 15,025 | −12.9 | 14,887 | −8.8 | 138 | −85.1 |
| 4 月 | 31,224 | −5.7 | 14,761 | −8.7 | 16,463 | −2.8 | −1,702 | 122.5 |

续表

| 时间 | 总额 | 同比% | 出口 | 同比% | 进口 | 同比% | 差额 | 同比% |
|---|---|---|---|---|---|---|---|---|
| 5月 | 32,794 | −3.2 | 16,133 | −4.1 | 16,661 | −2.2 | −528 | 155.1 |
| 6月 | 30,395 | −5.5 | 14,759 | −4.4 | 15,636 | −6.5 | −877 | −31.8 |
| 7月 | 32,505 | 0.2 | 15,088 | −6.3 | 17,417 | 6.5 | −2,329 | 755.5 |
| 8月 | 26,096 | −5.4 | 13,084 | −6.9 | 13,012 | −5.8 | 72 | −69.1 |
| 9月 | 30,217 | −3.3 | 14,707 | −7.5 | 15,510 | 1.1 | −803 | 46.3 |
| 10月 | 31,372 | −3.6 | 15,698 | 2.4 | 15,674 | −8.9 | 24 | 1.3 |
| 11月 | 31,088 | −6.5 | 15,939 | −2.3 | 15,149 | −10.5 | 790 | 78.4 |
| 12月 | 32,424 | 4.7 | 16,968 | 10.2 | 15,456 | −0.8 | −1,512 | 804.3 |

（来源：中华人民共和国商务部亚洲司 .http：// countryreport. mofcom. gov. cn/record/view110209. asp? news _ id=38634. 2014—04—15）

## 印度尼西亚对主要贸易伙伴出口额（2013年）

金额单位：百万美元

| 国家和地区 | 金额 | 同比% | 占比% |
|---|---|---|---|
| 总值 | 182,552 | −3.9 | 100.0 |
| 日本 | 27,086 | −10.1 | 14.8 |
| 中国 | 22,601 | 4.4 | 12.4 |
| 新加坡 | 16,686 | −2.6 | 9.1 |
| 美国 | 15,692 | 5.5 | 8.6 |
| 印度 | 13,031 | 4.3 | 7.1 |
| 韩国 | 11,422 | −24.1 | 6.3 |
| 马来西亚 | 10,667 | −5.4 | 5.8 |
| 泰国 | 6,062 | −8.6 | 3.3 |
| 中国台湾 | 5,862 | −6.1 | 3.2 |
| 澳大利亚 | 4,370 | −10.9 | 2.4 |
| 荷兰 | 4,106 | −12.0 | 2.3 |
| 菲律宾 | 3,817 | 3.0 | 2.1 |
| 德国 | 2,883 | −6.2 | 1.6 |
| 中国香港 | 2,693 | 2.3 | 1.5 |
| 越南 | 2,401 | 5.6 | 1.3 |

（来源：中华人民共和国商务部亚洲司 .http：// countryreport. mofcom. gov. cn/record/view110209. asp? news _ id=38635. 2014—04—15）

## 印度尼西亚自主要贸易伙伴进口额（2013年）

金额单位：百万美元

| 国家和地区 | 金额 | 同比% | 占比% |
|---|---|---|---|
| 总值 | 186,629 | −2.6 | 100.0 |
| 中国 | 29,850 | 1.6 | 16.0 |
| 新加坡 | 25,582 | −1.9 | 13.7 |

续表

| 国家和地区 | 金额 | 同比% | 占比% |
|---|---|---|---|
| 日本 | 19,285 | −15.3 | 10.3 |
| 马来西亚 | 13,323 | 8.8 | 7.1 |
| 韩国 | 11,593 | −3.2 | 6.2 |
| 泰国 | 10,703 | −6.4 | 5.7 |
| 美国 | 9,066 | −21.9 | 4.9 |
| 沙特阿拉伯 | 6,526 | 25.5 | 3.5 |
| 澳大利亚 | 5,038 | −4.9 | 2.7 |
| 中国台湾 | 4,480 | −4.5 | 2.4 |
| 德国 | 4,426 | 5.7 | 2.4 |
| 印度 | 3,964 | −7.9 | 2.1 |
| 尼日利亚 | 3,122 | 12.7 | 1.7 |
| 越南 | 2,723 | 4.9 | 1.5 |
| 俄罗斯 | 2,594 | 3.5 | 1.4 |

（来源：中华人民共和国商务部亚洲司 .http：//countryreport.mofcom.gov.cn/record/view110209.asp? news_id=38636.2014—04—15）

## 印度尼西亚贸易差额主要来源（2013年）

金额单位：百万美元

| 国家和地区 | 2013年 | 上年同期 | 同比% |
|---|---|---|---|
| 总值 | −37,123 | −33,709 | 10.1 |
| 主要逆差来源 | | | |
| 新加坡 | −8,895 | −8,952 | −0.6 |
| 中国 | −7,248 | −7,728 | −6.2 |
| 沙特阿拉伯 | −4,792 | −3,423 | 40.0 |
| 泰国 | −4,641 | −4,802 | −3.4 |
| 马来西亚 | −2,656 | −963 | 175.7 |
| 尼日利亚 | −2,564 | −2,358 | 8.8 |
| 阿塞拜疆 | −1,733 | −1,229 | 41.1 |
| 俄罗斯 | −1,663 | −1,638 | 1.5 |
| 德国 | −1,543 | −1,114 | 38.6 |
| 卡塔尔 | −1,386 | −1,503 | −7.8 |
| 主要顺差来源 | | | |
| 印度 | 9,067 | 8,191 | 10.7 |
| 日本 | 7,802 | 7,367 | 5.9 |
| 荷兰 | 6,626 | 3,272 | 102.5 |
| 美国 | 3,072 | 3,784 | −18.8 |
| 韩国 | 3,040 | 2,908 | 4.5 |

（来源：中华人民共和国商务部亚洲司 .http：//countryreport.mofcom.gov.cn/record/view110209.asp? news_id=38640.2014—04—15）

# 数据挖掘篇

## 中国—东盟整体经济

### 2013 年中国—东盟重点产品进出口趋势发展分析

#### 一、2013 年中国—东盟双边经贸情况

近 2 年来，中国—东盟自由贸易区进展顺利，促进了双边贸易增长。2012 年，中国—东盟双边贸易额达到创纪录的 4001 亿美元，年均增长 22%，是 2003 年的 5.1 倍。中国已连续 4 年成为东盟的第 1 大贸易伙伴，东盟是中国第 3 大贸易伙伴。

2013 年是《中国—东盟全面经济合作框架协议》签署 11 周年，中国—东盟自由贸易区建设不断深化，双边贸易稳步增长。海关数据显示，2013 年中国—东盟贸易额再创历史新高，达到 4436.11 亿美元，同比增长 10.9%，高于同期中国对外贸易平均增幅（7.6%）。其中，中国对东盟出口 2440.70 亿美元，同比增长 19.5%；中国自东盟进口 1995.41 亿美元，同比增长 1.9%，贸易顺差 445.30 亿美元。中国已连续 4 年成为东盟最大的贸易伙伴，东盟继续是中国的第 3 大贸易伙伴、第 4 大出口市场和第 2 大进口来源地。

2013 年，中国在东盟 10 国中的前 3 位贸易伙伴分别是：马来西亚（双边贸易额为 1060.75 亿美元，同比增长 11.9%），新加坡（双边贸易额为 759.14 亿美元，同比增长 9.6%），泰国（双边贸易额为 712.61 亿美元，同比增长 2.2%）。有专家预测，在全球经济复苏缓慢的形势下，中国和东盟作为新兴经济体将加强合作，以寻求新的发展，因此 2014 年中国—东盟贸易将继续保持上升，有望再创新高。

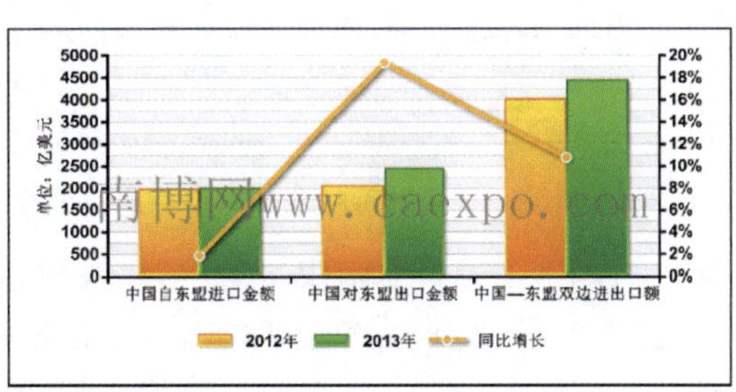



图 1　2013 年 1～12 月中国—东盟双边贸易额

#### 二、2013 年中国重点产品对东盟国别出口趋势分析

（一）中国针织服装对东盟出口趋势分析

一直以来，中国与东盟在服装的国际市场上存在着激烈的竞争，但中国服装与东盟国家相比，其竞争力的优势更加明显，原因是中国在技术、规模效益上有较强优势。随着中国—东盟自由贸易区的构建，中国服装行业面临重大发展机遇。由于关税减免，东盟企业可以从中国进口零关税的纺织品或服装用于加工，进而降低生产成本，提高产品竞争力，获得更大的市场发展空间，而中国也能大大提高服装的出口量，双边服装贸易发展迅速。从双方开始对正常商品降税的 2005～2011 年的 7 年间，服装贸易额增长 2 倍多，平均年增长 23.1%。其中中国出口平均年增长 23.4%。2013 年，东盟在中国服装出口市场中所占的地位进一步提升，全年中国对东盟出口针织服装 110.95 亿美元，同比增长 23.6%，跻身第 3 大出口产品。

近些年中国与东盟双边服装贸易愈来愈活跃，尤其是中国服装对东盟国家的出口，在中国对外贸易中已占据重要地位，已经成为中国—东盟自由贸易区建设的重要内容。2010～2013 年，中国与东盟纺织品服装贸易额从 160 亿美元跃升至近 375 亿美元，年均增长 33%。近年来，中国与东盟纺织品服装贸易的一大特点是服装商品表现活跃，进出口均实现快速增长。2012～2013 年，中国服装出口东盟

分别增长 91.1%和 30.5%，增幅超过了传统的贸易商品纱线及面料。其中，中国针织、梭织服装对东盟的出口量同比增长 33%，出口单价基本持平；中国纱线、面料对东盟的出口量同比增长 26.1%。2013 年 4 月，中国对东盟出口针织服装突破 12 亿美元，同比增幅超过 150%。

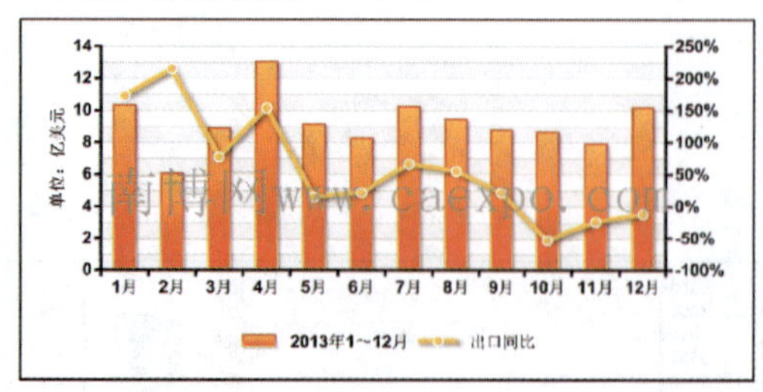


图 2　2013 年 1～12 月中国对东盟出口针织服装金额

从出口国别来看，中国服装对东盟的出口主要集中在越南、马来西亚和新加坡，占比分别为 43%、23.2%和 11.3%，合计占对东盟出口总额的 77.5%。具体来看，10 个东盟成员国中，越南对中国的服装需求最为旺盛，2012 年中国对越南服装出口额为 36.89 亿美元，而 2013 年出口额达到 47.69 亿美元，同比增长 29.3%；对马来西亚的出口额在 2013 年达到 25.78 亿美元，同比增长 21.4%；对新加坡的出口额达到了 12.56 亿美元，同比增长 54.2%；对其他东盟国家的出口形势也颇为乐观。可以预见，在中国和东盟贸易中，服装将会是今后一段时间内最有互补发展潜力的贸易产品。

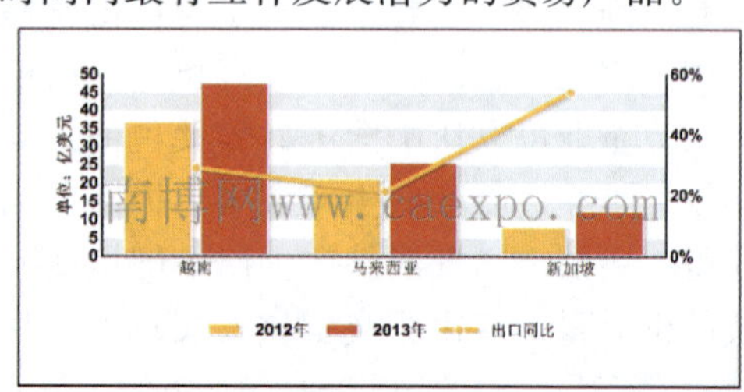


图 3　2013 年中国针织服装主要出口东盟国家

（二）中国钢铁对东盟出口趋势分析

有关数据显示，2013 年中国钢材出口呈现爆发式增长态势，钢材出口量达 6234 万吨，同比增长 11.9%。2013 年东盟保持中国第 1 大钢材出口区域。这些年，东盟国家加快经济建设步伐，基础设施升级改造，拉动钢铁消费持续增长。海关数据显示，2013 年前 8 个月，中国对东盟出口钢铁达 1079.80 万吨，同比大幅增长 42.7%。在东盟钢铁进口总量中，中国产品所占比例逐年增长，2009 年为 10%，2010 年增至 17%，2011 年为 18%，而 2012 年上半年增至 23%。2013 年 1～12 月，中国对东盟出口钢铁 1565 万吨，价值 104.22 亿美元，同比增长 17%。据南博网分析，东盟国家正处于基础项目建设的热潮时期，又随着中泰“大米换高铁”、中越“成立海上共同开发磋商工作组”等合作项目的展开，2014 年中国钢铁对东盟的出口额将会保持较为平缓的增长速度。

就整体市场而言，2013 年，中国钢铁对东盟的出口走势较为复杂，需求此起彼伏，这主要是源于外围经济大环境的影响。2013 年 3～5 月份，中国钢铁对东盟出口额均突破 10 亿美元，同比平均增幅超过 20%。2013 年 2 月份和 7 月份，中国钢铁对东盟出口表现疲乏，出口额分别为 6.70 亿美元和 7.04 亿美元。

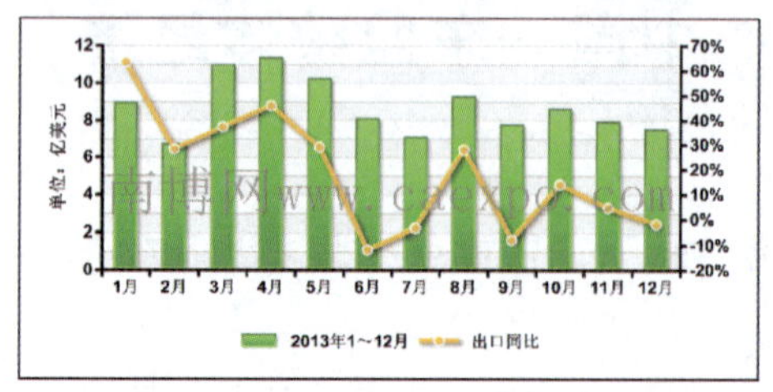


图 4　2013 年 1～12 月中国对东盟出口钢铁金额

按单一国家（地区）出口量计算，2013 年中国钢铁对东盟出口主要集中在越南、马来西亚、菲律宾、新加坡、泰国和印尼等成员国。以上 6 个东盟国家中，越南对钢铁的需求最为旺盛。2013 年 1～12 月，中国对越南出口钢铁 369.24 万吨，价值为 24.26 亿美元，同比大幅增长 41%，占中国对东盟 10 国出口钢铁总额的 23.3%，是东盟 10 国中对钢铁需求增长最快的国家；对泰国出口钢铁 259.94 万吨，价值为 18.40 亿美元，同比下降 9.6%，占比 17.7%；对新加坡出口钢铁 258.12 吨，价值为 15.33 亿美元，同比增长 16.5%，占比 14.7%。

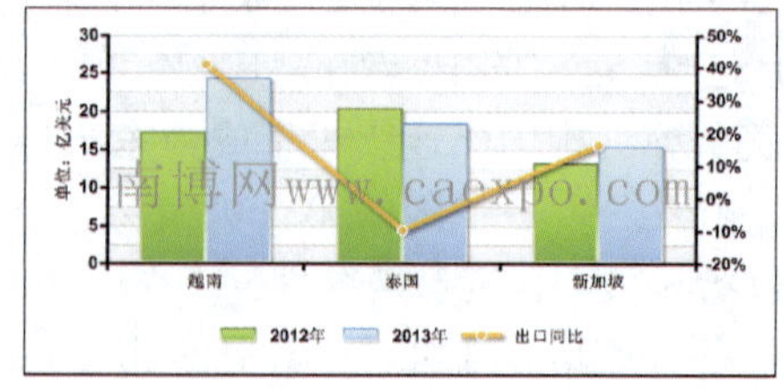


图 5　2013 年中国钢铁主要出口东盟国家

（三）中国机械产品对东盟出口趋势分析

中国的机械产品在东盟市场具有很强的竞争力，产品的种类、档次、性价比都比较适合东盟国家。

2010 年中国—东盟自由贸易区建成后，东盟各国普遍降低进口关税，双边机械行业经贸合作增长明显。2013 年 1～12 月，中国对东盟出口机械 366.29 亿美元，同比增长 11.5%。无论从东盟当地市场需求还是中国机械发展方向来看，东盟都将成为中国机械企业未来开拓的重点市场。

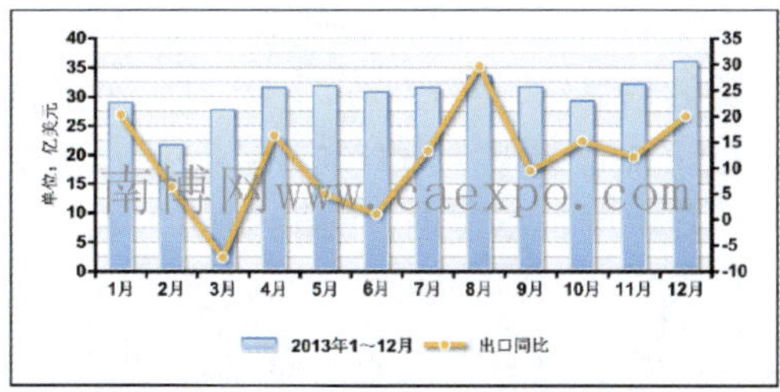


图 6　2013 年 1～12 月中国对东盟出口机械产品金额

从出口总额来看，东盟 10 国中，中国机械对新加坡的出口总量最大。2013 年 1～12 月，中国对新加坡出口机械产品 81.66 亿美元，同比增长 5.5%，占中国对东盟出口机械总额的 22.3%。除新加坡之外，大多数东盟国家同样迫切需求大量的基础设施建设。自 2002 年以来，印尼的建筑行业蓬勃发展，政府用于公路、铁路、港口、机场、发电站等项目的投资超过 2300 亿美元。2013 年，印尼启动总投资额达 29 亿美元的 3134 项道路、桥梁等基础设施项目，投资额较 2012 年同比增长 10%。由此可见印尼基础设施建设的潜力非常大，而基础设施建设的加速推进无疑将加大对相关机械等设备的需求。2013 年，中国对印尼出口机械价值 68.45 亿美元，同比增长 5.9%，占中国自东盟出口机械总额的 18.7%。

泰国是东盟区域影响力较大的国家。泰国市场上的各种专业机械，如食品机械、纺织机械、医疗机械及农用机械等绝大多数依靠进口，居于泰国从中国进口商品的主要地位。2013 年 1～12 月，中国对泰国出口机械产品 62.65 亿美元，同比下降 7.5%，占中国对泰国出口机电产品的 1/2。可见，泰国机械市场对中国机械企业而言，隐藏着巨大的商机。

目前，越南的基础设施建设项目正在兴起，在机械方面的需求量大且急切。加之越南 90%以上的机械设备依赖国外进口，这无疑给中国机械企业提供了大量的机会。上述印尼、泰国、越南等国家代表了整个东南亚地区经济发展状态，其基础设施建设的蓬勃发展引发了东盟国家对大量的机械产品的需求。

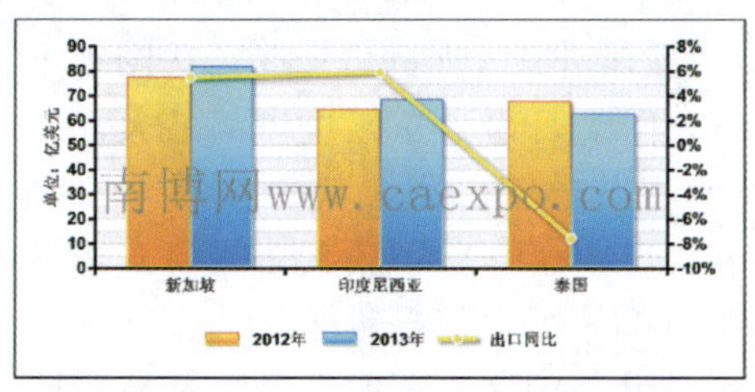


图 7　2013 年中国机械产品主要出口东盟国家

（四）中国电子产品对东盟出口趋势分析

中国—东盟自由贸易区建立已有 4 年多，中国与东盟双方 90%的贸易产品将实现零关税，实现货物贸易自由化。电子产品作为中国与东盟最大的贸易商品，尤其是电子电器，普遍受到东盟大多数国家消费者的喜爱。2013 年 1～12 月，中国对东盟出口电子 452.91 亿美元，比 2012 年同期增长 20.9%，中国对东盟电子电器的出口已经驶上了快车道。

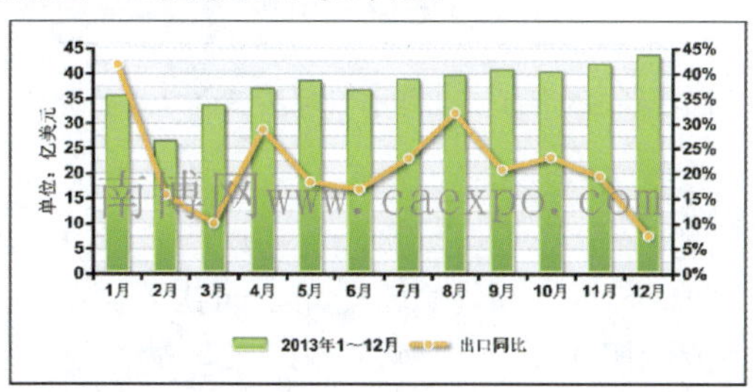


图 8　2013 年 1～12 月中国对东盟出口电子产品金额

目前，在中国—东盟自由贸易区建设和“电子东盟”框架协议的推动下，东盟国家积极发展电子产业建设，并不断从中国进口具有互补性的电子产品。海关数据显示，2013 年 1～12 月，中国对新加坡出口电子产品 104.06 亿美元，同比增长 10.4%。近年来，越南电子电器产业蓬勃发展，2013 年中国销往越南的电子产品总额为 94.14 亿美元，较 2012 年同期大幅增长 56.2%。最近 2 年，出于对中国电子产业发展的长期看好，马来西亚、泰国和新加坡等电子产业先进的东盟国家不断加强与中国的贸易合作，中国电子电器产品出口成效良好。目前，印尼、马来西亚、菲律宾、新加坡、泰国和越南等东盟国家已成为中国电子电器输出的重要市场。2013 年 1～12 月，中国对马来西亚出口电子产品 86.95 亿美元，同比增长 18.2%，占中国对东盟出口电子产品总额的 19.2%。

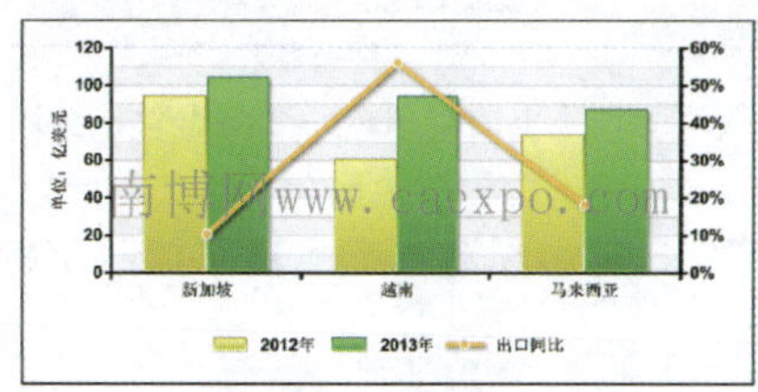


图 9　2013 年中国电子产品主要出口东盟国家

（五）中国船舶产品对东盟出口趋势分析

当今世界造船业主要集中在亚洲，近年来中国后来居上，在世界造船业的竞争浪潮中持续领航。2010 年，中国船舶产品出口到 169 个国家和地区，其中亚洲是最大的船舶出口市场，尤其是新加坡，位列亚洲船舶产品第 2 大出口国家，仅次于中国香港。2013年，全球航运业的不景气和中国出口市场结构较为集中，使得中国船舶出口的宏观经济环境趋弱，但东南亚仍是中国船舶出口的重要市场。

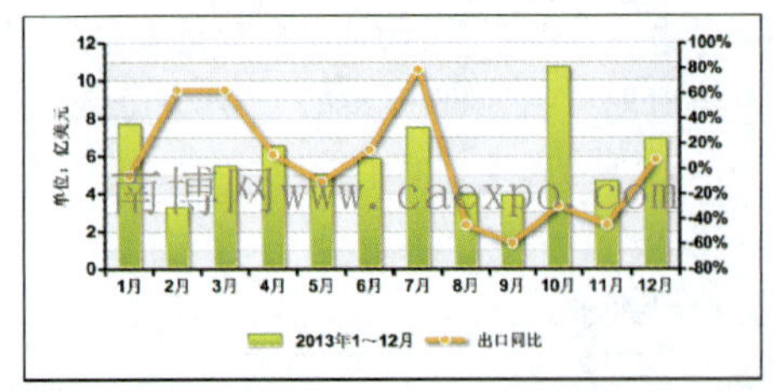


图10 2013年1～12月中国对东盟出口船舶金额

海关数据显示，2013年1～12月，中国对东盟出口船舶产品71.53亿美元，同比下降11.7%。其中对新加坡出口51.01亿美元，同比下降21.5%，占中国船舶出口东盟总额的71.3%，是中国船舶产品出口最大的东盟国家。新加坡由于自身的资源以及地理位置方面的优势，对船舶的需求一直保持旺盛态势，而2013年新加坡对中国船舶的需求稍显疲乏。

印尼是中国船舶产品对东盟出口的第2大贸易伙伴，2013年1～12月，中国船舶对印尼的出口额为6.49亿美元，同比下降10.3%，占中国对东盟出口船舶总额的9.1%。中国船舶对马来西亚的出口额为5.78亿美元，同比激增193.7%，占中国对东盟出口船舶总额的8.1%。据南博网分析，随着全球航运业回暖，2014年东盟国家对中国新船的订单将大幅增加，中国新船的价格也会攀升，双边船舶市场会更加活跃，2014年市场发展趋势将好于2013年。

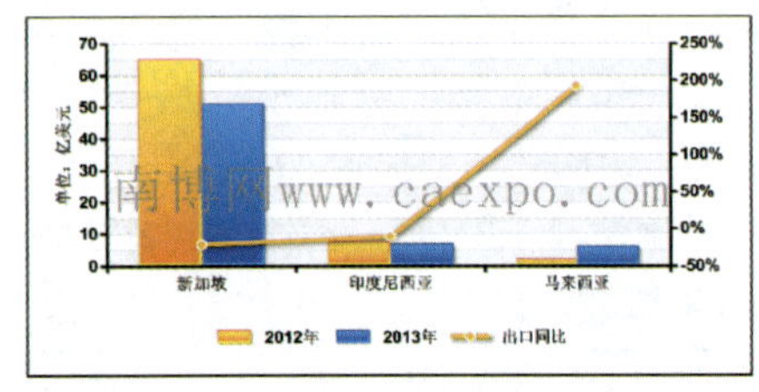


图11 2013年中国船舶产品主要出口东盟国家

## 三、2013年中国重点产品自东盟（国别）进口趋势分析

### （一）中国矿砂、矿渣及矿灰自东盟进口趋势分析

随着中国工业化进程的加快，矿产资源消耗量也成倍增长。东盟大多数国家矿产资源丰富，矿产品已成为东盟外贸出口的主要产品。加上双边已经启动的国际大通道建设，将为中国—东盟矿产资源合作提供更加便利的基础设施条件，中国—东盟自由贸易区内超WTO的投资、货物贸易、服务贸易政策等，为双方矿产资源合作提供了良好的软环境。海关数据显示，2013年1～12月，中国自东盟进口矿砂、矿渣及矿灰117.56亿美元，同比增长17.2%，是中国自东盟进口的第4大产品。

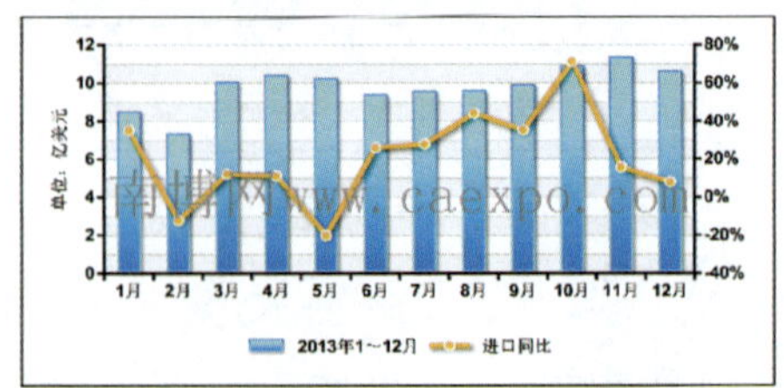


图12 2013年1～12月中国自东盟进口矿砂、矿渣及矿灰金额

2013年，印尼和菲律宾是中国矿砂、矿渣及矿灰进口的2大东盟国家，占据77.6%的东盟市场份额。其中印尼占比最高，达59.9%，菲律宾为17.7%。印尼矿产资源丰富，多年来一直是中国主要进口对象国。2013年1～12月，中国自印尼进口矿砂、矿渣及矿灰70.46亿美元，同比增长28.9%。中国对矿产需求表现强劲，除印尼是主要进口国之外，菲律宾也是中国矿砂、矿渣及矿灰的主要输出国，2013年中国自菲律宾进口矿砂、矿渣及矿灰20.77亿美元，同比下降13.8%。从图表上看，中国在2013年11月份进口额最大，进口额为11.33亿美元，占2013年矿砂、矿渣及矿灰总额的9.6%。

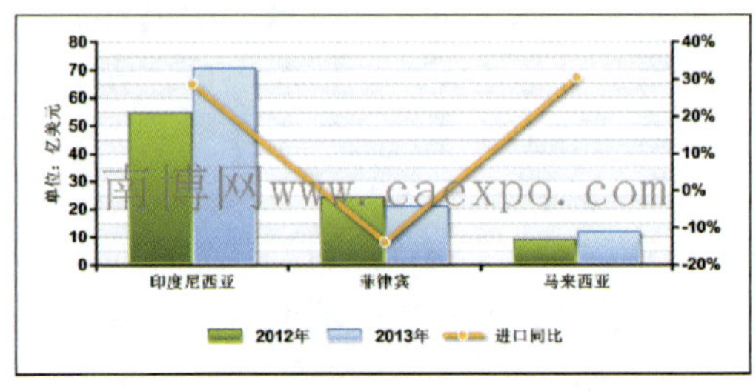


图13 2013年中国矿砂、矿渣及矿灰主要进口东盟国家

### （二）中国矿物燃料自东盟进口趋势分析

中国工业经过这几年的发展，对能源和矿产的需求持续旺盛，“降税计划”的启动惠泽中国与东盟在能源领域的合作，中国与东盟能源贸易渐入佳境。海关数据显示，2013年1～12月，中国自东盟进口矿物燃料262.40亿美元，占中国自东盟进口总额的13.2%，是第2大进口产品。从图表上看，中国在2013年12月份自东盟进口额最大，进口额为34亿美元，占全年矿物燃料总额的12.9%。2013年2月份、6月份和10月份为中国自东盟进口矿物燃料的低谷期，平均跌幅超过20%。

回顾这几年中国与东盟在能源贸易领域所取得的佳绩，不难看出中国与东盟能源合作的迅速发展并不是偶然，这与双方资源禀赋差异所带来的互补性、经济快速增长带来的资源需求、地理位置临近带来的运输优势等密切相关。东盟国家能源资源丰富，降税更有利于将这些资源性商品引进中国。

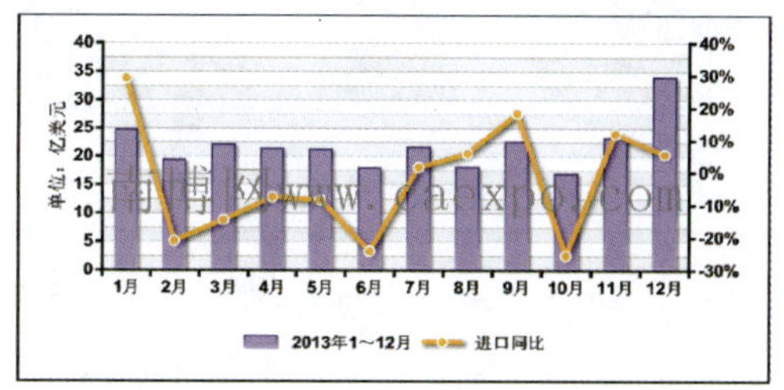


图 14　2013 年 1～12 月中国自东盟进口矿物燃料金额

在东盟 10 国中，印尼、马来西亚和新加坡的矿物燃料占中国大部分的市场份额，中国自以上 3 国矿物燃料的进口总额累计达 227.02 亿美元，占中国自东盟各国进口矿物燃料总额的 86.5%。其中印尼的矿物燃料在中国市场的占有率最高，达 45.9%。2013 年 1～12 月，中国自印尼矿物燃料的进口形势呈现下滑趋势，同比下降 6.1%。

巨大的市场需求、优良的港口条件，以及规范化管理金融支持，使新加坡成为亚洲的燃料油贸易中心。2007～2011 年，中国自新加坡进口矿物燃料的总额达 193.25 亿美元，占中国自东盟进口矿物燃料总额的 24%，位居第 2 大矿物燃料进口国。基于中国对矿物燃料的巨大需求，随着新加坡炼厂需求的回暖，以及中国经济的快速复苏，2010 年与 2011 年，中国与新加坡贸易额分别达到 46.34 亿美元和 56.38 亿美元。2013 年 1～12 月，中国自新加坡进口矿物燃料 51.55 亿美元，同比下降 8.7%，占中国自东盟进口矿物燃料总额的 19.7%。

马来西亚是中国矿物燃料的主要供应国。2013 年 1～12 月，中国自马来西亚累计进口矿物燃料 55.01 亿美元，占中国自东盟进口矿物燃料总额的 21%。从进口额来看，马来西亚矿物燃料在中国市场的占有率不是很高。但从增长率来看，以上 3 国中，中国自马来西亚进口最为迅猛。2007 至 2011 年 5 年间，中国自马来西亚进口矿物燃料的金额呈现逐年增长，贸易额分别达 12.42 亿美元、17.18 亿美元、26.12 亿美元、46.02 亿美元、55.35 亿美元，分别同比增长 65.4%、38.3%、52%、76.2%、20.3%，年均增长高达 50.4%。这不仅说明中国对矿物燃料的巨大需求，也显示了马来西亚在矿物燃料的比较优势。

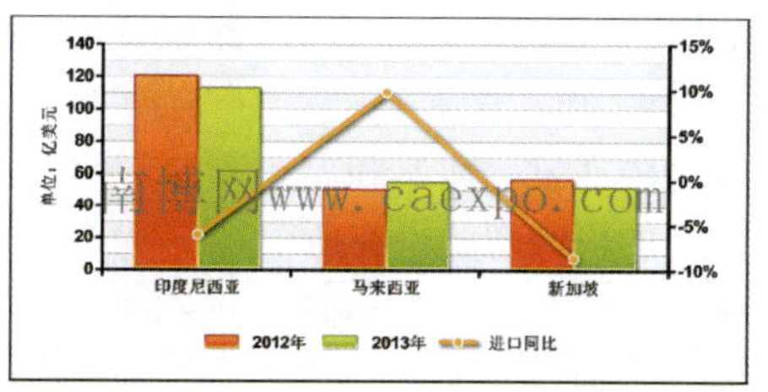


图 15　2013 年中国矿物燃料主要进口东盟国家

（三）中国橡胶及其制品自东盟进口趋势分析

中国目前是世界天然橡胶最大的消费国，也是重要的天然橡胶进口国。中国橡胶工业的快速发展，促进了东盟各国天然橡胶的种植和生产，不仅给东盟各国农民带来了机遇，同时也对中国橡胶工业的可持续发展提供了原材料保证。海关数据显示，2013 年 1～12 月，中国自东盟进口橡胶及其制品 115.07 亿美元，同比下降 3.2%，占中国自东盟进口总额的 5.8%，位居第 5 大进口产品。从图表上看，中国在 2013 年 12 月份自东盟进口橡胶及其制品最大，进口额为 12.63 亿美元，占全年橡胶进口总额的 11%。2013 年 1 月份、3 月份、4 月份和 12 月份是中国自东盟进口橡胶及其制品的高峰期，进口额均突破 11 亿美元。

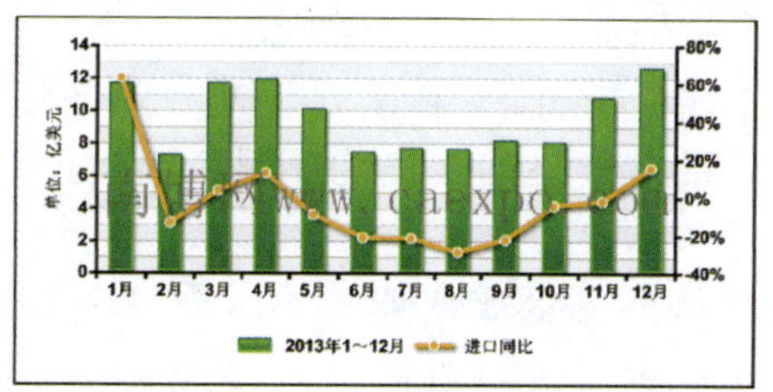


图 16　2013 年 1～12 月中国自东盟进口橡胶及其制品金额

中国橡胶自东盟进口的前 3 个国家分别是泰国、印尼和马来西亚。泰国目前是最大的天然橡胶出口国，也是中国天然橡胶在东盟的最大供应国。泰国天然橡胶的消耗量非常小，仅有 14%是用于泰国的橡胶产品，86%都用于出口。2013 年 1～12 月，中国自泰国进口橡胶及其制品 62.6 亿美元，同比增长 4.5%，占中国自东盟进口橡胶及其制品总额的 54.4%。近年来，中马之间的橡胶贸易合作一直保持两位数的增长，而 2013 年开始呈现下跌的趋势。2013 年中国自马来西亚进口橡胶及其制品 26.51 亿美元，同比下降 11%。近几年天然橡胶价格不断上涨，在很大的程度上刺激了印尼天然橡胶的种植及翻新量，加之近年来印尼国内的 GDP 保持了较高的增速，天然橡胶的消耗并没有受到太大的影响，印尼天然橡胶的消耗量约占产量的 50%，确保了天然橡胶的对外出口。2013 年，中国自印尼进口橡胶及其制品达 16.54 亿美元，同比增长 4.5%，占中国自东盟进口橡胶及其制品总额的 14.4%。据南博网分析，中国天然橡胶库存高企对进口价格构成了较大的压制，尽管受到中国下调进口橡胶关税、中国轮胎产量增加等利好因素的影响，2013 年中国与东盟的橡胶贸易仍有所下降。

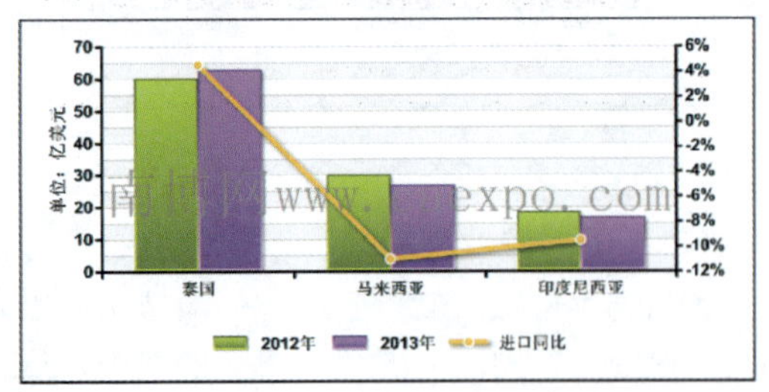


图 17　2013 年中国橡胶及其制品主要进口东盟国家

（四）中国机械产品自东盟进口趋势分析

机械产品是平衡中国与东盟贸易的重要行业，是中国与东盟发展经贸合作的重要领域。随着零关税的实行，中国与东盟机械产品贸易越来越频繁。中国和东盟都是典型的农业国家，且近些年来双方工业也在快速发展，对机械产品的需求自 2000 年以来一直保持良好的增长态势。2013 年 1～12 月，中国自东盟进口机械产品 211.23 亿美元，同比下降 21%，全年呈现下滑的贸易状态。

就整体市场而言，除 2 月份外，2013 年中国自东盟进口机械产品的金额均超过 12 亿美元。2013 年 3 月份、7 月份和 12 月份，这 3 个月为中国自东盟进口机械产品的高峰期。2013 年 2 月份和 6 月份，中国自东盟进口机械产品呈现大幅下滑的状态，跌幅均超过 30%。

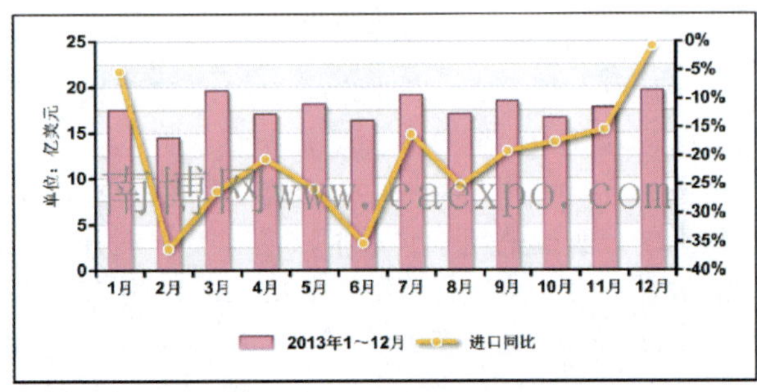


图 18　2013 年 1～12 月中国自东盟进口机械产品金额

长期以来，中国自东盟各国都有进口机械产品，其中自印尼、马来西亚、菲律宾、新加坡、泰国和越南等 6 个国家的进口规模较大。2013 年 1～12 月，中国自菲律宾、泰国和新加坡进口机械产品的金额分别达到 74.38 亿美元、43.08 亿美元和 41.98 亿美元，同比增长－29.4%、－28.3% 和 3.0%，分别占机械产品进口总额的 35.2%、20.4%和 19.9%。此外，中国自文莱、柬埔寨、老挝和缅甸也有少量的进口，特别是自老挝和缅甸的进口在这几年内快速增长，贸易潜力普遍看好。

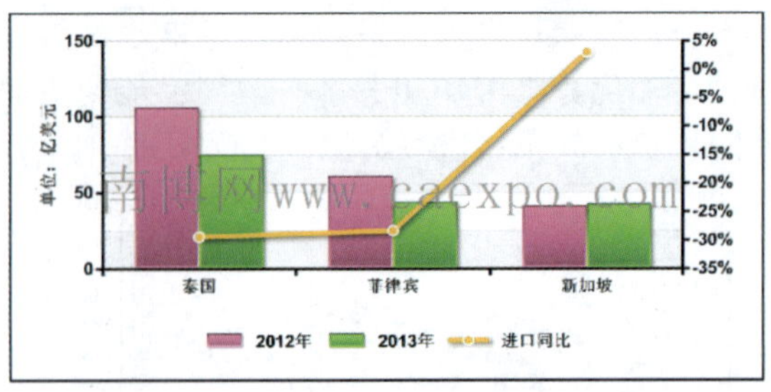


图 19　2013 年中国机械产品主要进口东盟国家

（五）中国电子产品自东盟进口趋势分析

一直以来，中国与东盟在电子产品上存在着激烈的竞争，但由于双方的电子产品各有优势，需求较大，互补性较强，因此多年来，电子产品一直都是中国与东盟双边贸易的第 1 大产品。除 2008、2009 年面临金融危机的冲击外，中国自东盟电子产品的进口一直都呈现良好的增长势头。2013 年 1～12 月，中国自东盟进口电子产品 683.78 亿美元，同比增长 4.4%。

就整体市场而言，除 2 月份外，2013 年中国自东盟进口电子产品金额均突破 50 亿美元。2013 年 1 月份和 4 月份，中国自东盟进口电子产品金额同比增幅均超过 30%。2013 年 3 月份、9 月份和 12 月份，这 3 个月为中国自东盟进口电子产品的高峰期。

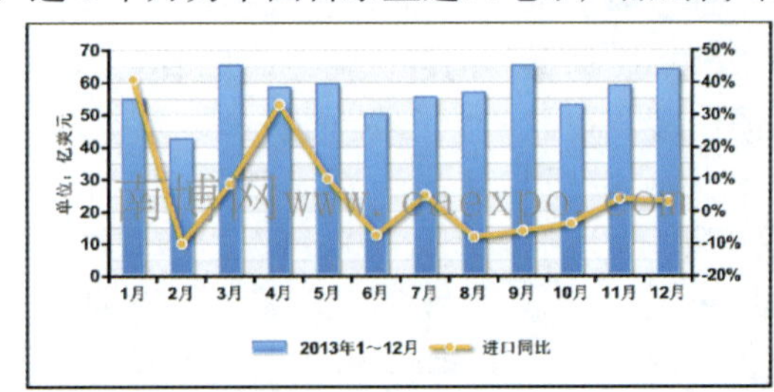


图 20　2013 年 1～12 月中国自东盟进口电子产品金额

从国别来看，2013 年 1～12 月，中国主要自马来西亚、新加坡和菲律宾进口电子产品，进口额分别为 355.08 亿美元、93.35 亿美元、87.91 亿美元，同比分别增长 6.5%、0.4%、－0.7%，分别占电子产品进口总额的 51.9%、13.7%和 12.9%。马来西亚是中国电子产品自东盟进口的第 1 大供应地，双边在电子贸易方面的合作日益频繁。

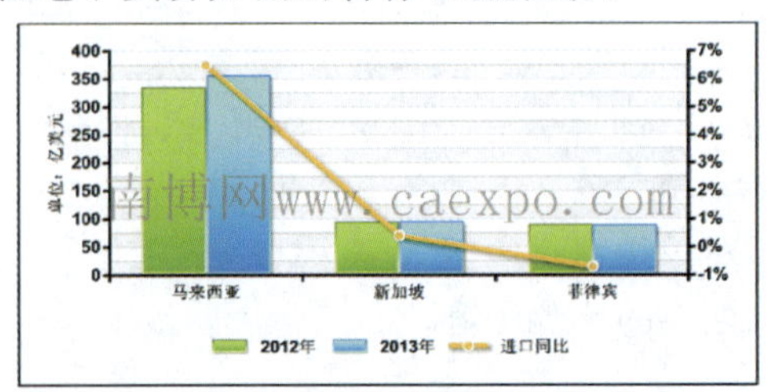


图 21　2013 年中国电子产品主要进口东盟国家

### 四、2013 年中国—东盟重点产品进出口趋势分析

2013 年，全球经济复苏稍显缓慢，但中国—东盟经贸交往成效显著，贸易逆势“开花”，总额突破了 4400 亿美元，东盟与中国的双边贸易进一步发展。目前，东盟是中国第 3 大贸易伙伴、第 4 大出口市场，以及第 2 大进口来源地。中国出口到东盟国家的产品从农副产品、化肥、纺织品到建筑材料、机械设备、电子设备等。

产品贸易结构持续优化。一是传统型贸易产品继续维持良好增长态势，机电产品、矿产品、钢铁产品、服装产品在 2013 年分别获得了稳健的增长率；二是新兴产品不断涌现。最为突出的是珍珠宝石，受东盟消费需求的拉动和中国收藏品投资市场的回升，2013 年中国与东盟珍珠宝石进出口贸易额同比激增 182.1%。东盟作为亚洲新近发展起来的国家，近年来经济发展水平有很大提高，对宝石这类奢侈品的消费需求也不断增加，其珠宝市场挖掘空间和潜力巨大。

从国别角度来看，中国与主要东盟国家，如马来西亚、印尼、新加坡、菲律宾、泰国和越南等 6 国的贸易往来依旧频繁，贸易额持续上升，马来西亚、新加坡和泰国依然位列前 3，增长幅度仍然很小。但与老挝、缅甸等国家的双边贸易呈现较快增长，与前几年相比，中国与这些国家的贸易增长率有明显变化，贸易比重也在不断加大，市场空间较大，市场潜力仍有待挖掘。

中国—东盟自由贸易区促进作用日益明显。随着中国—东盟自由贸易区深入发展，降税产品种类的增加，以及降税幅度的加大，这种作用逐步增强。从总量上看，中国与马来西亚、印尼、新加坡、泰国的双边贸易，无论是出口还是进口，占中国与东盟进出口的总量比重仍然较高，对中国外贸的影响程度依然较大。加上关税减让所带来的其他类别产品量的增长，双方将会形成更多各自的比较优势产品，双边的贸易联系会逐渐增强。

从贸易不平衡性来看，中国与马来西亚、菲律宾、泰国的贸易逆差逐渐缩小，这主要源于双边产品税率的差异、国内不同产品需求所致。另外，为保护本地区的产品不受外来市场的强大冲击，东盟国家对一些产品实施了某些贸易保护措施，这一点在钢铁产品上就得到了体现。2013 年，泰国、越南、印尼、马来西亚针对中国发起的钢材贸易保护措施愈演愈烈，随着其他类别产品量的增长，钢铁有可能被其他产品所取代。

近年来，中国高新技术类贸易的增长速度非常快，在太阳能、新能源等领域甚至具备了与发达国家竞争的优势，这是未来与东盟增强互补性的关键领域。目前，东盟与中国不仅互为对方最重要的需求市场，也是未来潜在的巨大消费市场，双方的互补性正在增强。随着劳动力成本上升，部分低端产业从中国转移至东盟，东盟市场对中国制造的中端产品特别是机械加工类产品的需求在上升。

## 中国—东盟重点国别市场动态监测

### 2013 年 1～12 月中国—文莱重点产品进出口趋势分析

据海关数据统计，2013 年 1～12 月，中国与文莱双边贸易总额达 17.94 亿美元，较 2012 年同期增长 11.6%，占中国与东盟 10 国双边贸易总额的 0.4%，是中国在东盟的第 10 大贸易伙伴。其中，中国自文莱进口 0.90 亿美元，同比大幅下降 74.7%；对文莱出口 17.04 亿美元，同比大幅增长 36%。2013 年，中国对文莱贸易呈现顺差，顺差额为 16.14 亿美元。

从产品结构来看，2013 年 1～12 月，中国自文莱进口的前 5 种产品有木制品，矿物燃料，有机化学品，木浆及其他纤维，软体动物，累计进口总额达 8979.72 万美元，较 2012 年同期大幅下降 74.8%，占中国自文莱进口产品总额的 99.9%。其中，以进口矿物燃料最多，进口额达 6976.84 万美元，同比大幅下降 79.2%；其次是有机化学品，进口额达 1670.54 万美元，同比下降 4%；再者是木浆及其他纤维，进口额达 305.75 万美元，同比增长 6%；软体动物位居第 4，进口额达 19.18 万美元，同比大幅增长 33.3%；对木制品进口最少，进口额为 7.41 万美元，同比激增 116.7%。

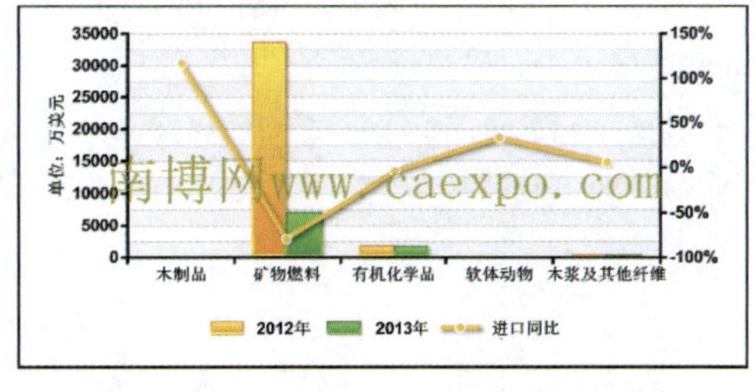


图 1　2013 年 1～12 月中国自文莱主要进口产品金额

同期，中国对文莱出口的前 5 种产品是家具，

鞋靴、护腿和类似品，针织服装，电子，塑料及其制品，累计出口总额达10.22亿美元，较2012年同期增长27.8%，占中国对文莱出口产品总额的60%。其中，家具是第1大出口产品，出口额达4.46亿美元，同比下降18.5%；其次是鞋靴、护腿和类似品，出口额达2.06亿美元，同比激增106.2%；再者是针织服装，出口额达1.37亿美元，同比激增168.6%；电子位居第4，出口额达1.33亿美元，同比激增103.8%；对塑料及其制品出口最少，出口额为0.99亿美元，同比激增179.1%。

图2 2013年1～12月中国对文莱主要出口产品金额

综上所述，2013年1～12月，中国与文莱双边贸易呈现以下特点：

与2012年同期相比，中国与文莱双边贸易总额呈现缓慢增长态势，增幅较小，出口增长呈现良好态势，而进口额远低于出口额。

进口方面，中国自文莱进口的绝大部分商品是矿物燃料、有机化学品，占中国自文莱进口的96.1%。文莱是个以原油和天然气为主要支柱的国家，总产值占整个国家国内生产总值50%。由于文莱市场狭小，技术和人才短缺，生产成本过高，经济发展仍以油气出口为主。近年来，中国加大自文莱进口制成品、农产品、日用品等，而矿物燃料和有机化学品仍然是未来中国自文莱进口贸易的主要产品。

出口方面，文莱日益发展的国内市场已为中国出口商打开了多个产品市场，出口继续呈现多样化趋势。2013年，塑料及其制品成为中国对文莱出口的5大产品之一，全年出口额达0.99亿美元，占中国对文莱出口总额的5.8%。家具产品贡献最大，占出口的1/4（26.2%）。

（来源：南博网．http：//customs.caexpo.com//data/country/2014/06/25/3625550.html.2014—06—25）

## 2013年1～12月中国—柬埔寨重点产品进出口趋势分析

据海关数据统计，2013年1～12月，中国与柬埔寨双边贸易总额达37.72亿美元，较2012年同期增长29.1%，占中国与东盟10国双边贸易总额的0.9%，是中国在东盟的第8大贸易伙伴。其中，中国自柬埔寨进口3.62亿美元，同比激增67.9%；对柬埔寨出口34.11亿美元，同比增长26%。2013年，中国对柬埔寨贸易呈现顺差，顺差额为30.49亿美元。

从产品结构来看，2013年1～12月，中国自柬埔寨进口的前5种产品有木制品，针织服装，橡胶，非针织或非钩编服装，电子，累计进口总额达2.87亿美元，较2012年同期激增79.5%，占中国自柬埔寨进口产品总额的79.4%。其中，以进口木制品最多，进口额达0.87亿美元，同比激增204.4%；其次是针织服装，进口额达0.86亿美元，同比大幅增长48.1%；再者是橡胶，进口额达0.53亿美元，同比大幅增长39.8%；非针织或非钩编服装位居第4，进口额达0.38亿美元，同比增长27.1%；对电子进口最少，进口额为0.22亿美元，同比激增346.7%。

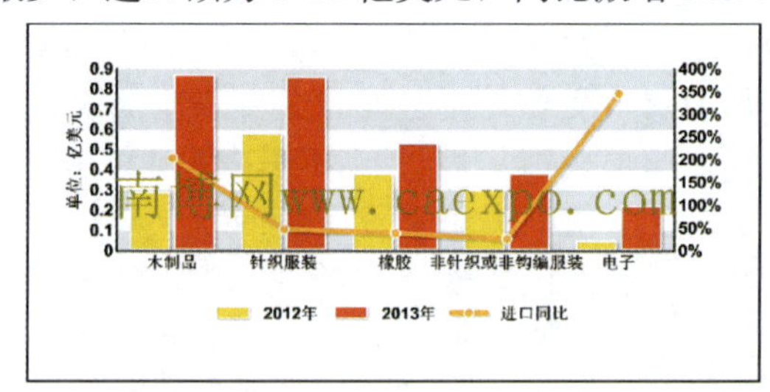


图1 2013年1～12月中国自柬埔寨主要进口产品金额

同期，中国对柬埔寨出口的前5种产品是针织物，棉花，机械，电子，航空器、航天器及其零件，累计出口总额达20.73亿美元，较2012年同期大幅增长34.6%，占中国对柬埔寨出口产品总额的60.8%。其中，针织物是第1大出口产品，出口额达8.78亿美元，同比大幅增长35.6%；其次是棉花，出口额达3.82亿美元，同比增长27%；再者是机械，出口额达3.63亿美元，同比增长20.3%；电子位居第4，出口额达2.83亿美元，同比增长2.9%；对航空器、航天器及其零件出口最少，出口额为1.67亿美元，同比激增979.6%。

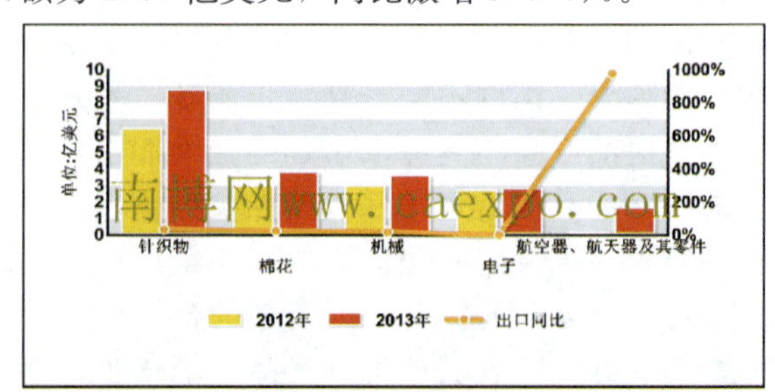


图2 2013年1～12月中国对柬埔寨主要出口产品金额

综上所述，2013 年 1～12 月，中国与柬埔寨双边贸易呈现以下特点：

与 2012 年同期相比，中国与柬埔寨双边贸易总额呈现快速增长态势，增幅较明显，进口与出口增长都呈现良好态势，而进口增速远大于出口。

进口方面，中国自柬埔寨进口的绝大部分商品是木制品、橡胶、针织或非针织服装，占中国自柬埔寨进口的 73.1%。截至 2013 年年底，柬埔寨天然橡胶种植面积为 32.88 万公顷，橡胶产量为 8.53 万吨，同比增长 32.2%，橡胶出口全球的总量为 7.42 万吨，创收 1.7 亿美元。整体来看，2013 年，柬埔寨制衣业依然保持工业重要支柱产业地位，全年纺织和制鞋业产值 52.18 亿美元，同比增长 16%。服装、初级橡胶等仍然是未来中国自柬埔寨进口贸易的主要产品。

出口方面，柬埔寨日益发展的国内市场和持续的基础建设已为中国出口商打开了多个产品市场，出口开始呈现多样化趋势。2013 年，航空器、航天器及其零件成为中国对柬埔寨出口的 5 大产品之一，全年出口额达到 1.67 亿美元，占中国对柬埔寨出口总额的 4.9%。针织物贡献最大，占出口的 1/4 (25.7%)。

（来源：南博网．http：//customs. caexpo. com/data/country/2014/06/23/3625371. html. 2014—06—23)

## 2013 年 1～12 月中国—印度尼西亚重点产品进出口趋势分析

据海关数据统计，2013 年 1～12 月，中国与印尼双边贸易总额达 683.55 亿美元，较 2012 年同期增长 3.2%，占中国与东盟 10 国双边贸易总额的 15.4%，是中国在东盟的第 4 大贸易伙伴。其中，中国自印尼进口 314.22 亿美元，同比下降 1.6%；对印尼出口 369.32 亿美元，同比增长 7.7%。2013 年，中国对印尼贸易呈现顺差，顺差额为 54.10 亿美元。

从产品结构来看，2013 年 1～12 月，中国自印尼进口的前 5 种产品有矿物燃料，矿砂、矿渣及矿灰，动植物油，橡胶，木浆及其他纤维，累计进口总额达 239.74 亿美元，较 2012 年同期下降 2.1%，占中国自印尼进口产品总额的 76.2%。其中，以进口矿物燃料最多，进口额达 113.14 亿美元，同比下降 6.1%；其次是矿砂、矿渣及矿灰，进口额达 70.46 亿美元，同比增长 28.9%；再者是动植物油，进口额达 26.81 亿美元，同比大幅下降 33.2%；橡胶位居第 4，进口额达 16.54 亿美元，同比下降 9.5%；对木浆及其他纤维进口最少，进口额为 12.80 亿美元，同比增长 14%。

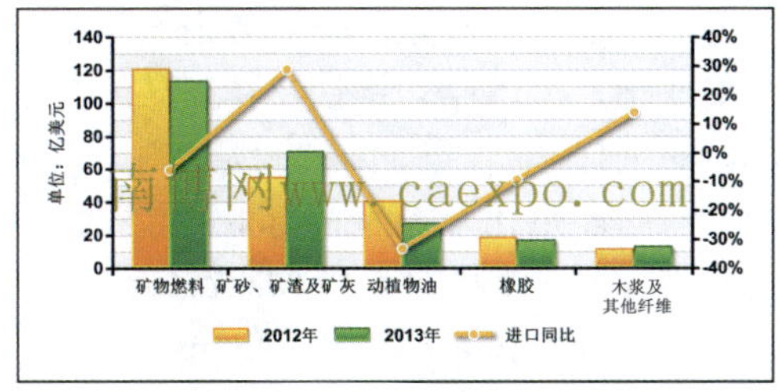


图 1　2013 年 1～12 月中国自印尼主要进口产品金额

同期，中国对印尼出口的前 5 位产品是矿物燃料、家具、钢铁制品、机械和电子，累计出口总额达 177.96 亿美元，较 2012 年同期增长 12%，占中国对印尼出口产品总额的 48.2%。其中，机械是第 1 大出口产品，出口额达 68.45 亿美元，同比增长 6.0%；其次是电子，出口额达 56.02 亿美元，同比增长 11.7%；再者是矿物燃料，出口额达 26.57 亿美元，同比增长 19.8%；钢铁制品位居第 4，出口额达 14.04 亿美元，同比增长 4.2%；对家具出口最少，出口额为 12.88 亿美元，同比大幅增长 51.1%。

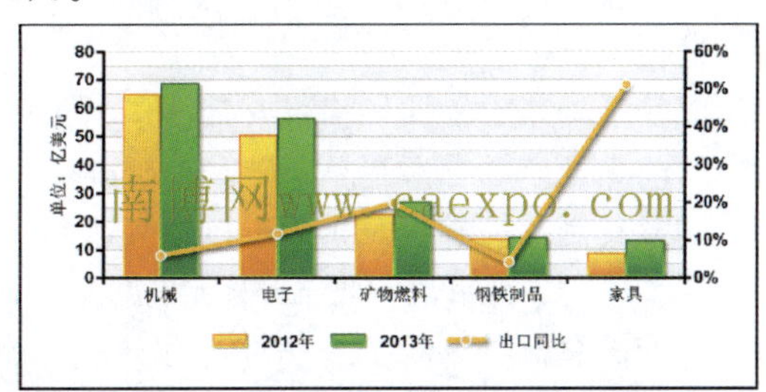


图 2　2013 年 1～12 月中国对印尼主要出口产品金额

综上所述，2013 年 1～12 月，中国与印尼双边贸易呈现以下特点：

与 2012 年同期相比，中国与印尼双边贸易总额呈现缓慢增长态势，增幅偏小，进口同比下降，出口呈现良好增长态势，出口增速远大于进口。

进口方面，中国自印尼进口以资源性产品为主，进口的绝大部分商品是矿产品，如矿砂、矿渣及矿灰，矿物燃料，合计占中国自印尼进口的 58.4%，以及其他原材料和已加工原材料及各种农产品，如橡胶和动植物油，分别占进口的 5.3%和 8.5%。整体来看，2013 年，中国自印尼进口的资源性产品增减趋势波动不明显，但结合目前中国产业的发展态势，未来几年中国的能源和资源需求依然很大，确保与资源出口国之间的贸易联系对中国的持续发展将是非常重要的。中国与印尼双边贸易发展仍然是未来中国与东盟双边贸易发展的主旋律。

出口方面，印尼日益壮大的国内市场和持续的基础建设已为中国出口商打开了多个产品市场，出口较为多样化。2013年，钢铁及其制品成为中国对印尼出口的主打产品，全年出口额达到14.04亿美元，占中国对印尼出口总额的3.8%。机械和电子设备贡献最大，占出口的1/3（33.7%）。

（来源：南博网.http：//customs.caexpo.com/data/country/2014/06/23/3625370.html.2014—06—23）

## 2013年1～12月中国—老挝重点产品进出口趋势分析

据海关数据统计，2013年1～12月，中国与老挝双边贸易总额达27.41亿美元，较2012年同期大幅增长58.6%，占中国与东盟10国双边贸易总额的0.6%，是中国在东盟的第9大贸易伙伴。其中，中国自老挝进口10.21亿美元，同比大幅增长29%；对老挝出口17.20亿美元，同比激增83.6%。2013年，中国对老挝贸易呈现顺差，顺差额为7亿美元。

从产品结构来看，2013年1～12月，中国自老挝进口的前5种产品有木制品，矿砂、矿渣及矿灰，橡胶，铜及其制品，谷物，累计进口总额达9.87亿美元，较2012年同期大幅增长30.4%，占中国自老挝进口产品总额的96.6%。其中，以进口木制品最多，进口额达4.35亿美元，同比激增85.1%；其次是矿砂、矿渣及矿灰，进口额达3.60亿美元，同比增长1.6%；再者是橡胶，进口额达0.80亿美元，同比大幅增长49.9%；铜及其制品位居第4，进口额达0.78亿美元，同比下降15.2%；对谷物进口最少，进口额为0.33亿美元，同比大幅增长54%。

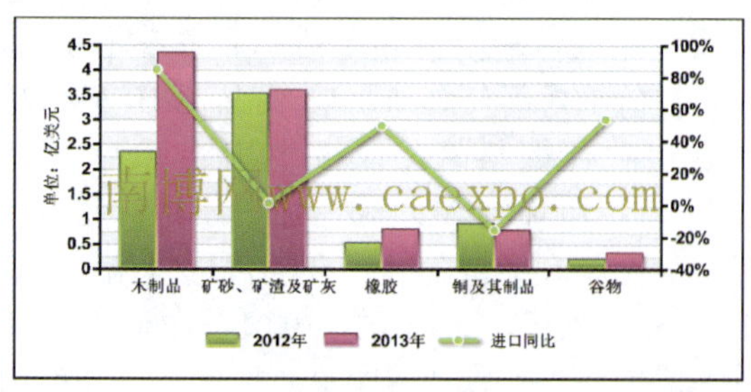


图1 2013年1～12月中国自老挝主要进口产品金额

同期，中国对老挝出口的前5种产品是电子，机械，车辆及其零件，钢铁制品，航空器、航天器及其零件，累计出口总额达14.93亿美元，较2012年同期激增132.4%，占中国对老挝出口产品总额的86.7%。其中，电子是第1大出口产品，出口额达6.91亿美元，同比激增357.4%；其次是机械，出口额达5.07亿美元，同比激增116%；再者是车辆及其零件，出口额达1.36亿美元，同比下降0.5%；钢铁制品位居第4，出口额达1.18亿美元，同比大幅增长34.1%；对航空器、航天器及其零件出口最少，出口额为0.41亿美元，同比增长28.7%。

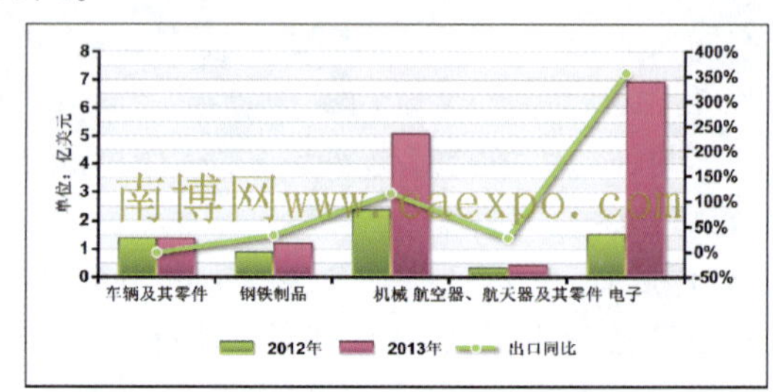


图2 2013年1～12月中国对老挝主要出口产品金额

综上所述，2013年1～12月，中国与老挝双边贸易呈现以下特点：

与2012年同期相比，中国与老挝双边贸易总额呈现快速增长态势，增幅非常明显，进口与出口增长均呈现良好态势，而出口增速远大于进口。

进口方面，中国自老挝进口的重点商品是木制品，占中国自柬埔寨进口的23%。2013年，老挝进一步发展木材加工业，出口精加工成品，其木制品深受中国消费者喜爱。近几年，橡胶产业已成为老挝快速崛起的新产业之一，中国企业在老挝北部地区投资橡胶种植发展潜力巨大。据统计，目前老挝已种植橡胶面积超过15万公顷。整体来看，木制品、橡胶、谷物等仍然是未来中国自老挝进口贸易的主要产品。

出口方面，老挝日益发展的国内市场已为中国出口商打开了多个产品市场，出口呈现多样化趋势。2013年，航空器、航天器及其零件成为中国对老挝出口的5大产品之一，全年出口额达到0.41亿美元，占中国对老挝出口总额的2.4%。机电产品贡献最大，占出口总额的2/3（69.6%）。近年来，中国汽车陆续进入老挝市场，由于在价格、质量、服务等方面符合老挝的消费市场，受到老挝消费者的青睐。

（来源：南博网.http：//customs.caexpo.com//data/country/2014/06/24/3625489.html.2014—06—24）

## 2013 年 1～12 月中国—马来西亚重点产品进出口趋势分析

据海关数据统计，2013 年 1～12 月，中国与马来西亚双边贸易总额达 1060.75 亿美元，较 2012 年同期增长 11.9%，占中国与东盟 10 国双边贸易总额的 23.9%，是中国在东盟的第 1 大贸易伙伴。其中，中国自马来西亚进口 601.43 亿美元，同比增长 3.2%；对马来西亚出口 459.33 亿美元，同比增长 25.8%。2013 年，中国对马来西亚贸易呈现逆差态势，逆差额为 142.10 亿美元。

从产品结构来看，2013 年 1～12 月，中国自马来西亚进口的前 5 种产品有电子，矿物燃料，机械，动植物油，橡胶，机械累计进口总额达 504.16 亿美元，较 2012 年同期增长 1.6%，占中国自马来西亚进口产品总额的 83.9%。其中，电子进口最多，进口额达 355.08 亿美元，同比增长 6.5%；其次是矿物燃料，进口额达 55.01 亿美元，同比增长 9.8%；再者是机械，进口额达 35.50 亿美元，同比下降 20.6%；动植物油位居第 4，进口额达 32.07 亿美元，同比下降 16.2%；橡胶进口最少，进口额为 26.51 亿美元，同比下降 11%。

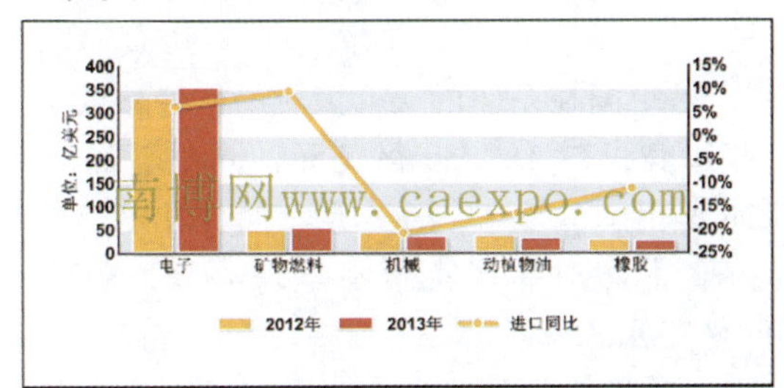


图 1　2013 年 1～12 月中国自马来西亚主要进口产品金额

同期，中国对马来西亚出口的前 5 种产品是电子，机械，家具，针织服装，设备仪器，累计出口总额达 223.91 亿美元，较 2012 年同期增长 21.1%，占中国对马来西亚出口产品总额的 48.8%。其中，电子出口最多，出口额达 86.95 亿美元，同比增长 18.2%；其次是机械，出口额达 53.85 亿美元，同比增长 20.2%；再者是家具，出口额达 33.75 亿美元，同比大幅增长 49.8%；针织服装位居第 4，出口额达 25.78 亿美元，同比增长 21.4%；设备仪器出口最少，出口额为 23.58 亿美元，同比增长 4.0%。

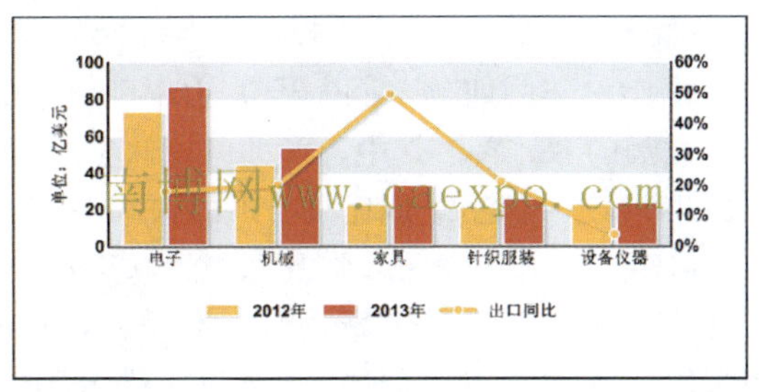


图 2　2013 年 1～12 月中国对马来西亚主要出口产品金额

综上所述，2013 年 1～12 月，中国与马来西亚双边贸易呈现以下特点：

中马两国在 2013 年的双边贸易约占中国与东盟总贸易额的 1/4。中国已成为马来西亚的最大出口国。与 2012 年同期相比，中马双边贸易总额呈现微幅增长态势，中国对马来西亚出口取得快速增长，中国占马来西亚市场份额进一步扩大。

一直以来，信息技术产品和棕榈油是中马两国贸易中的主要产品。但近年来，两国贸易的主要产品结构发生了变化。2013 年，棕榈油在进口产品中所占的份额有所下滑，在所属的动植物油品类中位居第 1，占进口总额的 4.8%。由此可知，近年来，中马贸易不仅仅局限在棕榈油贸易方面，两国贸易的产品逐渐呈现多样化，尤其表现在出口方面，2013 年取得了显著的增长，家具产品呈现 49.8%的大幅增长。机械和电子产品仍然是中马双边贸易的最大产品，占双边贸易总额的 49.8%。2013 年，中国自马来西亚进口橡胶产品，增速较 2012 年同期有所下滑，进口额占中国自马来西亚进口总额的比重由 5.1%降至 4.4%。

（来源：南博网．http：//customs.caexpo.com/data/country/2014/06/23/3625360.html.2014—06—23）

## 2013 年 1～12 月中国—缅甸重点产品进出口趋势分析

据海关数据统计，2013 年 1～12 月，中国与缅甸双边贸易总额达 101.50 亿美元，较 2012 年同期大幅增长 45.6%，占中国与东盟 10 国双边贸易总额的 2.3%，是中国在东盟的第 7 大贸易伙伴。其中，中国自缅甸进口 28.10 亿美元，同比激增 116.5%；对缅甸出口 73.40 亿美元，同比增长 29.4%。2013 年，中国对缅甸贸易呈现顺差，顺差额为 45.29 亿美元。

从产品结构来看，2013 年 1～12 月，中国自缅甸进口的前 5 种产品有木制品，珍珠宝石，橡胶，矿物燃料，矿砂、矿渣及矿灰，累计进口总额达 24.89 亿美元，较 2012 年同期激增 149.2%，占中国自缅甸进口产品总额的 88.6%。其中，以进口珍珠宝石最多，进口额达 11.55 亿美元，同比激增 293%；其次是木制品，进口额达 6.21 亿美元，同比激增 100.9%；再者是矿砂、矿渣及矿灰，进口额达 4.34 亿美元，同比激增 103.9%；矿物燃料位居第 4，进口额达 1.56 亿美元，同比激增 147.6%；对橡胶进口最少，进口额为 1.23 亿美元，同比增长 2.5%。

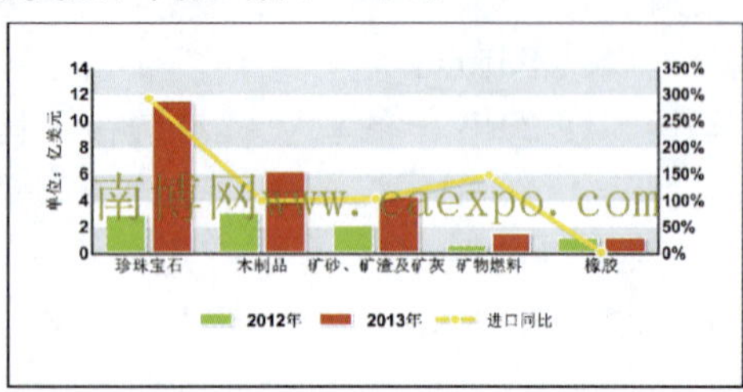


图 1　2013 年 1～12 月中国自缅甸主要进口产品金额

同期，中国对缅甸出口的前 5 种产品是珍珠宝石、车辆及其零件、钢铁、机械和电子，累计出口总额达 40.43 亿美元，较 2012 年同期大幅增长 43.1%，占中国对缅甸出口产品总额的 55%。其中，电子是第 1 大出口产品，出口额达 10.74 亿美元，同比激增 60.3%；其次是机械，出口额达 9.98 亿美元，同比增长 9.3%；再者是车辆及其零件，出口额达 8.47 亿美元，同比增长 10.2%；钢铁位居第 4，出口额达 6.16 亿美元，同比大幅增长 30.2%；对珍珠宝石出口最少，出口额为 5.08 亿美元，同比激增 6472939.5%。

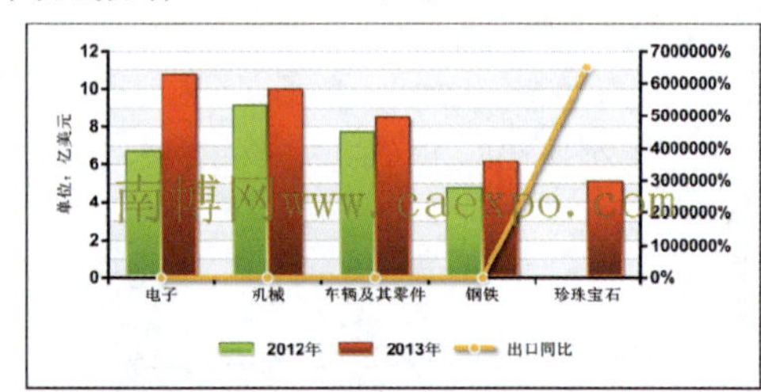


图 2　2013 年 1～12 月中国对缅甸主要出口产品金额

综上所述，2013 年 1～12 月，中国与缅甸双边贸易呈现以下特点：

中国是缅甸最大的贸易国，与 2012 年同期相比，中国与缅甸双边贸易总额呈现快速增长态势，增幅非常明显，进口与出口增长都呈现良好态势，而进口增速远大于出口。2013 年中缅两国分两大阶段实施降低关税，将于 2015 年实现中缅进出口商品零关税。

进口方面，中国自缅甸进口的绝大部分商品是珍珠宝石、木制品，占中国自缅甸进口的 63.2%。随着 2015 年缅甸开始实施禁止原木出口的政策，中国自缅甸进口的木制品将向高附加值产品领域发展。众所周知，缅甸是全球主要的翡翠原石产地，而中国则是翡翠的主要消费国之一。珍珠宝石、矿物燃料等仍然是未来中国自缅甸进口贸易的主要产品。

出口方面，缅甸积极的贸易政策拉动中国出口贸易增长，机电产品和工业制成品成为中国出口缅甸的主要产品。同时，缅甸对通讯、汽车、摩托车的管制进一步放宽，一定程度上刺激了中国对缅甸的出口贸易。2013 年，机械、电子、车辆及其零件成为中国对缅甸出口的重点产品，全年出口额达到 29.19 亿美元，占中国对缅甸出口总额的 2/5（39.7%）。

（来源：南博网 .http：//customs.caexpo.com//data/country/2014/06/24/3625482.html.2014—06—24）

## 2013 年 1～12 月中国—菲律宾重点产品进出口趋势分析

据海关数据统计，2013 年 1～12 月，中国与菲律宾双边贸易总额达 380.66 亿美元，较 2012 年同期增长 4.7%，占中国与东盟 10 国双边贸易总额的 8.6%，是中国在东盟的第 6 大贸易伙伴。其中，中国自菲律宾进口 182.30 亿美元，同比下降 7.2%；对菲律宾出口 198.35 亿美元，同比增长 18.6%。2013 年，中国对菲律宾贸易呈现顺差，顺差额为 16.05 亿美元。

从产品机构上看，2013 年 1～12 月，中国自菲律宾进口的前 5 种产品有电子，机械，矿砂、矿渣及矿灰，铜及其制品，光学医疗设备，累计进口总额达 166.30 亿美元，与 2012 年同期相比下降 8.5%，占中国自菲律宾进口产品总额的 91.2%。其中，电子是第 1 大进口产品，进口额达 97.91 亿美元，同比微降 0.7%；其次是机械，进口额为 43.08 亿美元，同比下降 28.3%；再者是矿砂、矿渣及矿灰，进口额为 20.77 亿美元，同比下降 13.8%；铜及其制品位居第 4，进口额为 8.63 亿美元，同比大幅增长 59.3%；光学医疗设备进口最少，进口额为 5.92 亿美元，同比激增 63%。

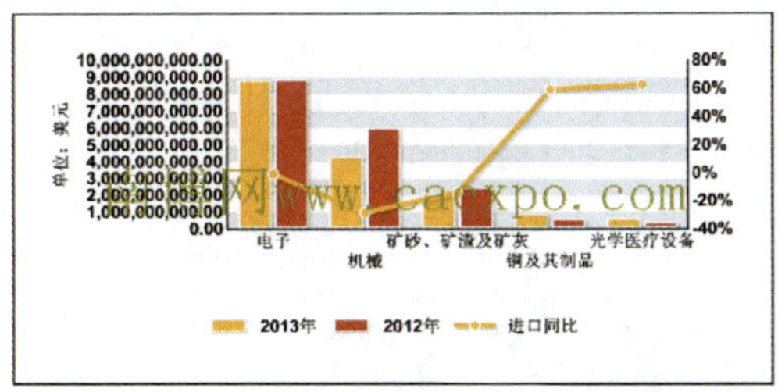

图1　2013年1～12月中国自菲律宾主要进口产品金额

同期，中国对菲律宾出口的前5种产品是电子、机械、钢铁、矿物燃料和针织服装，累计出口总额达81.06亿美元，较2012年同期增长19%，占中国对菲律宾出口产品总额的40.9%。其中，电子出口总额排名第1，出口额为28.51亿美元，同比增长13.5%；其次是机械，出口额为20.95亿美元，同比增长14.9%；再者是钢铁，出口额为14.81亿美元，同比大幅增长35%；矿物燃料位居第4，出口额为8.66亿美元，同比大幅增长40.7%；对针织服装出口最少，出口额为8.13亿美元，同比增长6.1%。

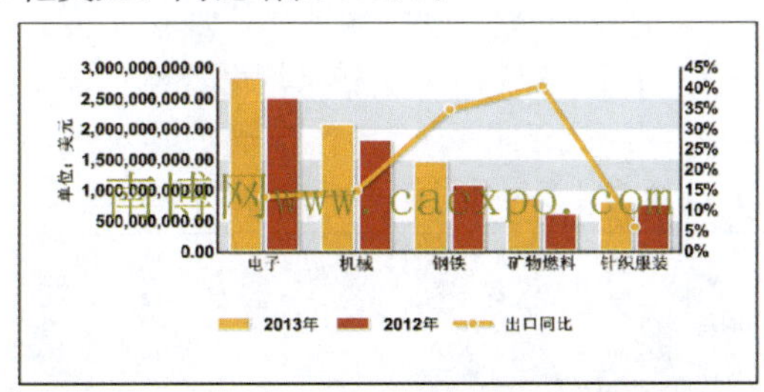

图2　2013年1～12月中国对菲律宾主要出口产品金额

综上所述，2013年1～12月，中国与菲律宾双边贸易呈现以下特点：

中国与菲律宾双边贸易总额稳步增长，创下历史最高纪录，出口额呈现两位数的增长。

尽管菲律宾国土面积不算太大，但拥有十分丰富的矿产资源，中国依然是菲律宾矿产主要出口的对象国，2013年矿产品在中国自菲律宾进口的总额中占据11.4%的份额，是2013年仅次于机电产品的第2大进口产品。虽然机电产品在进口中占据71.8%的比重，但机械产品和电子产品的进口都不景气。另外，机电产品也是中国对菲律宾主要出口的商品，出口额达49.45亿美元，在中国对菲律宾的出口总额中占据24.9%的比重。双方的机电产品具有较强的互补性。

从两国主要出口的产品来看，目前两国相互出口的不仅是对方的优势产品、互补性产品，还有光学医疗设备、针织服装等新兴产品，中国和菲律宾的经贸合作领域逐渐多元化。从新兴产品的出口形势来看，增长幅度较大，前景看好。

（来源：南博网．http：//customs.caexpo.com/data/country/2014/03/17/3618941.html.2013—03—17）

## 2013年1～12月中国—新加坡重点产品进出口趋势分析

据海关数据统计，2013年1～12月，中国与新加坡双边贸易总额达759.14亿美元，较2012年同期增长9.6%，占中国与东盟10国双边贸易总额的17.1%，是中国在东盟的第2大贸易伙伴。其中，中国自新加坡进口300.50亿美元，同比增长5.4%；对新加坡出口458.64亿美元，同比增长12.6%。2013年，中国对新加坡贸易呈现顺差，顺差额为158.14亿美元。

从产品结构上看，2013年1～12月，中国自新加坡进口的前5种产品有矿物燃料、有机化学品、塑料及其制品、机械和电子，累计进口总额达251.07亿美元，与2012年同期相比增长3.8%，占中国自新加坡进口产品总额的83.8%。其中，以电子进口最多，进口额达93.35亿美元，同比增长0.4%；其次是矿物燃料，进口额达51.55亿美元，同比下降8.7%；再者是机械，进口额达41.98亿美元，同比增长3%；塑料及其制品位居第4，进口额达34.27亿美元，同比增长20.6%；有机化学品进口最少，进口额为29.92亿美元，同比增长28.9%。

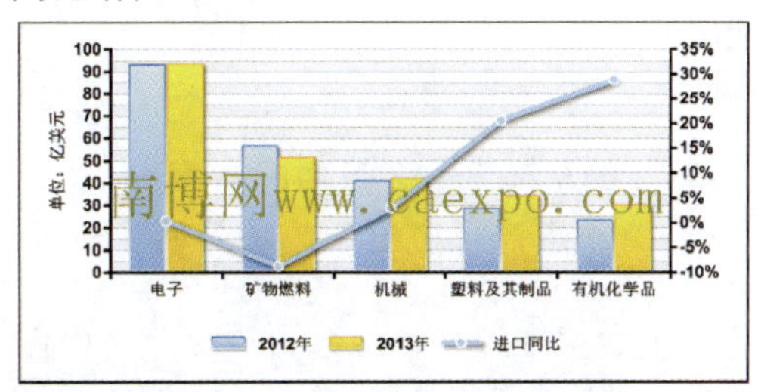

图1　2013年1～12月中国自新加坡主要进口产品金额

同期，中国对新加坡出口的前5种产品是矿物燃料、机械、电子、船舶和家具，累计出口总额达295.93亿美元，较2012年同期增长8.9%，占中国对新加坡出口产品总额的64.5%。其中，对电子出口最多，出口额达104.06亿美元，同比增长10.4%；其次是机械，出口额达81.66亿美元，同比增长5.5%；再者是船舶，出口额达51.01亿美元，同比下降21.5%；矿物燃料位居第4，出口额达35.04亿美元，同比激增83.6%；对家具出口最少，出口额为24.16亿美元，同比大幅增长49.4%。

综上所述，2013年1～12月，中国与新加坡双

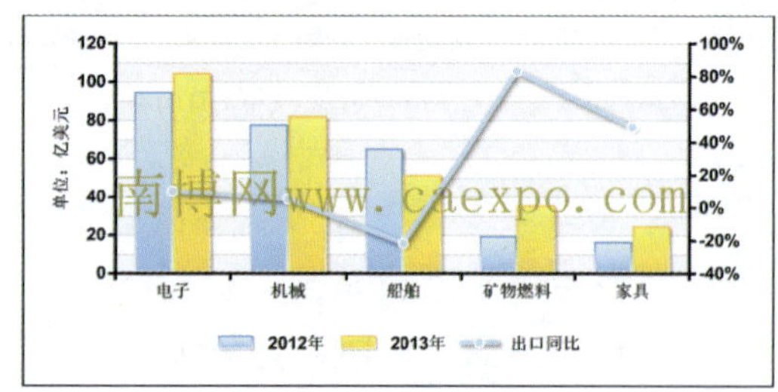


图 2　2013 年 1～12 月中国对新加坡主要出口产品金额

边贸易呈现以下特点：

2013 年，中国与新加坡双边贸易增长相对较为缓慢，期间贸易总额增长率为 9.3%，其中进、出口贸易增长率分别为 5.1%、12.2%。中国与新加坡对外贸易在总体上呈现顺差，而且近年来呈现扩大的趋势，从 2012 年的 123.53 亿美元增加到 2013 年的 158.97 亿美元，同比增长 28.7%。可见，中国与新加坡双边贸易联系日趋紧密，中方在两国经贸合作领域相对活跃。

两国在贸易总量扩大的同时，产品贸易结构进一步优化，朝多元化的方向发展。机电产品一直是新加坡对中国出口的主力产品，2013 年出口额为 185.72 亿美元，占中国对新加坡出口总额的 40.5%，同比增长 8.2%。另外，中国在新加坡家具、船舶市场上也有较大优势，为其主要进口来源地，2013 年分别占据进口总额的 5.3%和 11.1%。

（来源：南博网．http：//customs. caexpo. com/data/country/2014/06/20/3625256. html. 2014—06—20）

## 2013 年 1～12 月中国—泰国重点产品进出口趋势分析

据海关数据统计，2013 年 1～12 月，中国与泰国双边贸易总额达 712.61 亿美元，较 2012 年同期增长 2.2%，占中国与东盟 10 国双边贸易总额的 16.1%，是中国在东盟的第 3 大贸易伙伴。其中，中国自泰国进口 385.23 亿美元，同比下降 0.1%；对泰国出口 327.38 亿美元，同比增长 4.9%。2013 年，中国对泰国贸易呈现逆差，逆差额为 57.83 亿美元。

从产品结构上看，2013 年 1～12 月，中国自泰国进口的前 5 种产品是有机化学品、塑料及其制品、橡胶及其制品、机械和电子，累计进口总额达 267.79 亿美元，较 2012 年同期下降 6.2%，占中国自泰国进口产品总额的 69.5%。其中，机械是第 1 大进口产品，进口额达 74.38 亿美元，同比下降 29.4%；其次是电子，进口额为 65.83 亿美元，同比增长 7.1%；再者是橡胶及其制品，进口额为 62.60 亿美元，同比增长 4.5%；塑料及其制品位居第 4，进口额为 36.09 亿美元，同比增长 10.4%；对有机化学品进口最少，进口额为 28.89 亿美元，同比增长 10.3%。

图 1　2013 年 1～12 月中国自泰国主要进口产品金额

同期，中国对泰国出口的前 5 种产品是钢铁、机械、电子、设备仪器、车辆及其零件，累计出口总额达 169.95 亿美元，较 2012 年同期下降 4%，占中国对泰国出口产品总额的 51.9%。其中，机械出口最多，出口额达 62.65 亿美元，同比下降 7.5%；其次是电子，出口额达 61.43 亿美元，同比增长 2.9%；再者是钢铁，出口额达 18.40 亿美元，同比下降 9.6%；设备仪器位居第 4，出口额达 14.62 亿美元美元，同比下降 20.5%；车辆及其零件出口最少，出口额为 12.86 亿美元，同比增长 18.7%。

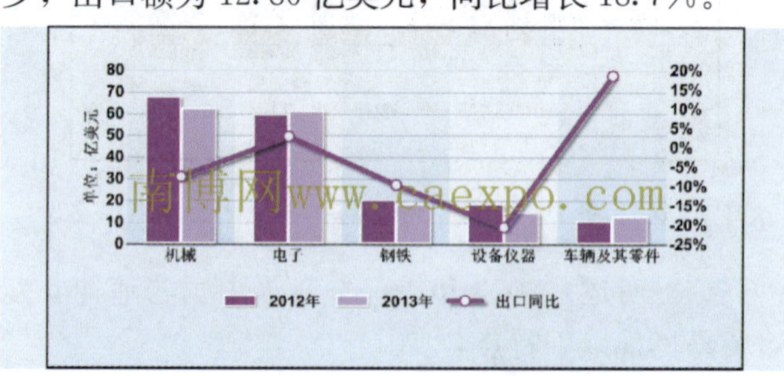


图 2　2013 年 1～12 月中国对泰国主要出口产品金额

综上所述，2013 年 1～12 月，中国与泰国双边贸易呈现以下特点：

2013 年，中国与泰国双边贸易持续增长，但增速稍显缓慢，增幅偏小，进口微增 0.1%，而出口则呈现 42%的良好增长。因此，中国对泰国贸易逆差大幅度减小。近年来，泰国对中国的出口贸易异常活跃，中国也在积极地开拓泰国市场，两国贸易逐渐趋于平衡。

两国进出口贸易的产品结构也在不断优化，呈现优势互补、互利双赢的格局。机电产品在双边贸易中所占比重最大，增长稳健。机械是 2013 年双边进出口第 1 大产品，电子是双边进出口第 2 大产品。上述两类产品占泰国对华出口总额的 36.4%，占泰国自中国进口总额的 37.9%。其中，2013 年中国电子产品自泰国进口的增幅为 7.1%。塑料及其制品是泰国对华出口的重要产品，占泰国对华出口总额的13.5%，2013年的增幅有所增长。各类金属及其制品是泰国自中国进口的重要产品，钢铁是2013年泰国自华进口的第3大产品，占泰国自华进口总额的10.8%，下滑9.6%。

此外，在双边主要进出口产品结构中，设备仪器和车辆正日益成为双边贸易的主要产品，双边产品结构进一步优化，2013年出口额分别达到14.62亿美元和12.86亿美元，分别占2013年出口总额的8.6%和7.6%。其中车辆产品的出口在2013年获得了18.7%的增长。

（来源：南博网.http：//customs.caexpo.com//data/country/2014/06/20/3625236.html.2014—06—20）

## 2013年1～12月中国—越南重点产品进出口趋势分析

据海关数据统计，2013年1～12月，中国与越南双边贸易总额达654.82亿美元，较2012年同期增长29.8%，占中国与东盟10国双边贸易总额的14.8%，是中国在东盟的第5大贸易伙伴。其中，中国自越南进口168.88亿美元，同比增长4.1%；对越南出口485.93亿美元，同比大幅增长42%。2013年，中国对越南贸易呈现顺差，顺差额为317.03亿美元。

从产品结构上看，2013年1～12月，中国自越南进口的前5种产品是矿物燃料、棉花、木及木制品、机械和电子，累计进口总额达113.69亿美元，较2012年同期增长4.8%，占中国自越南进口产品总额的67.3%。其中，电子是第1大进口产品，进口额达69.65亿美元，同比增长6.2%；其次是矿物燃料，进口额达14.07亿美元，同比下降29.7%；再者是机械，进口额达10.80亿美元，同比增长21.2%；木及木制品位居第4，进口额达10.04亿美元，同比大幅增长30.2%；棉花进口最少，进口额为9.13亿美元，同比大幅增长46.7%。

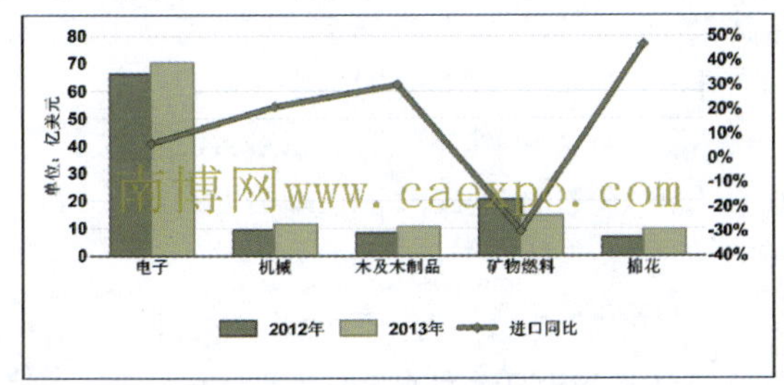


图1 2013年1～12月中国自越南主要进口产品金额

同期，中国对越南出口的前5种产品是针织服装、钢铁、棉花、机械和电子，累计出口总额达250.41亿美元，较2012年同期大幅增长47.4%，占中国对越南出口产品总额的51.5%。其中，电子是第1大出口产品，出口额达94.14亿美元，同比大幅增长56.3%；其次是机械，出口额达59.34亿美元，同比大幅增长45.1%；再者是针织服装，出口额达47.69亿美元，同比增长29.3%；棉花位居第4，出口额达24.97亿美元，同比激增71.1%；钢铁出口最少，出口额为24.26亿美元，同比大幅增长41.1%。

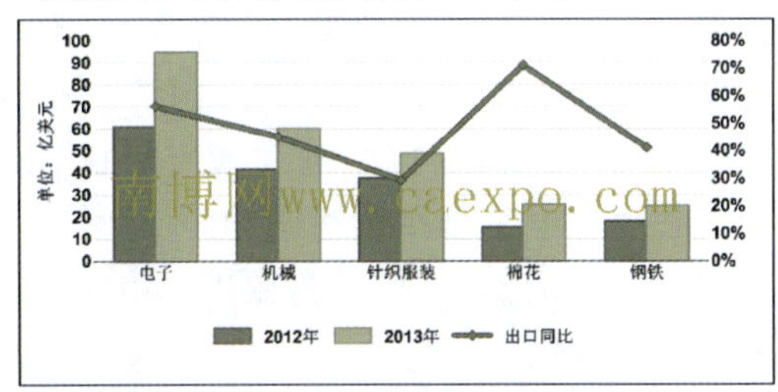


图2 2013年1～12月中国对越南主要出口产品金额

综上所述，2013年1～12月，中国与越南双边贸易呈现以下特点：

相比其他东盟国家，2013年，中国与越南双边贸易发展迅速，出口快速增长，进口增速相对缓慢，中国对越南贸易仍然保持较大幅度顺差，两国贸易不平衡状况仍有待改善。

长期以来，中国自越南进口的主要产品有：木材、橡胶、能源等，中国对越南主要出口的产品有：钢铁、服装等。从2013年两国的产品贸易形势来看，中国传统产品对越南的出口金额持续增加，2013年中国对越南出口棉花同比激增71.1%，对电子产品出口同比大幅增长56.3%；自越南进口大宗产品的金额也在增加，2013年中国自越南进口棉花同比大幅增长46.7%，对电子产品的进口同比微增6.2%，中国自越南的进口结构有了一定程度的变化，木材及其制品因中国消费需求扩大拉动进口明显上涨，机电产品进口额非常大，且在自越南进口产品中增速很快，是近期呈现的贸易增长点。电子产品进口逐渐增加说明越南在该领域电子产品的竞争力有所提高。同样，机电产品也是中国对越南出口的第1大产品，其中电子产品在2013年中国对越南的出口贸易中，取得了较为快速的增长，说明中国电子产品愈发成熟，获得越来越多越南的企业和消费者的认同和接受，中国企业正逐步扩大对越南的出口。

（来源：南博网.http：//customs.caexpo.com//data/country/2014/06/20/3625239.html.2014—06—20）

# 中国—东盟重点行业市场动态监测

## 2013年1～12月中国—东盟进出口电子贸易分析

据海关数据统计，2013年1～12月，中国与东盟电子双边贸易额为1136.69亿美元，同比增长10.4%。其中，中国自东盟进口电子683.78亿美元，同比增长4.4%；中国对东盟出口电子452.91亿美元，同比增长20.9%。

从单一国别来看，进口方面，中国电子进口的前3个东盟国家有马来西亚、新加坡、菲律宾，进口额分别为355.08亿美元、93.35亿美元、87.91亿美元，同比分别增长6.5%、0.4%、86.5%，进口额分别占中国自东盟进口电子总额的51.9%、13.7%、12.9%。

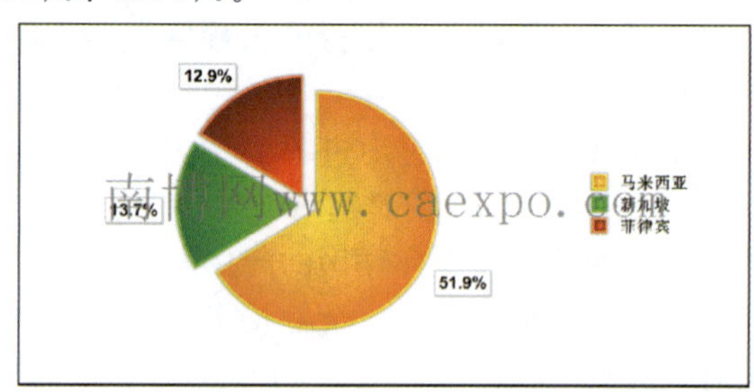


图1 2013年1～12月中国电子主要进口东盟国家金额占比

出口方面，中国电子主要出口东盟国家有新加坡、越南、马来西亚，累计出口额为285.15亿美元，占中国电子对东盟出口总额的63%。其中，中国对新加坡出口额最大，为104.06亿美元，同比增长10.4%；其次是对越南的出口额，为94.14亿美元，同比大幅增长56.2%；再者是对马来西亚的出口额，为86.95亿美元，同比增长18.2%。

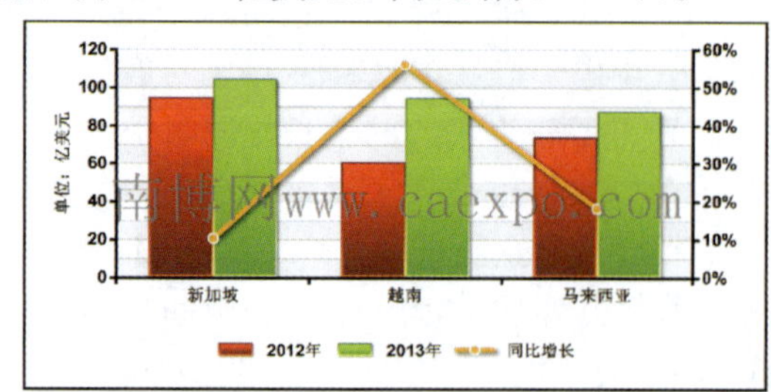


图2 2013年1～12月中国电子主要出口东盟国家金额

从产品结构来看，进口方面，2013年中国自东盟进口电子的前3种产品是集成电路、半导体器件、电话机及其他发送或接收设备，进口额分别为467.43亿美元、47.08亿美元、31.58亿美元，同比分别增长5.6%、9.1%、15%。

图3 2013年1～12月中国自东盟主要进口电子产品金额

出口方面，中国对东盟主要出口电子产品是电话机及其他发送或接收设备，集成电路，变压器、静止式变流器及电感器，累计出口额占中国对东盟出口电子总额的48.3%。其中，电话机及其他发送或接收设备的出口额最大，为103.77亿美元，同比大幅增长32.8%；其次是集成电路，出口额为89.49亿美元，同比增长29.7%；再者是变压器、静止式变流器及电感器，出口额为25.48亿美元，同比增长16.8%。

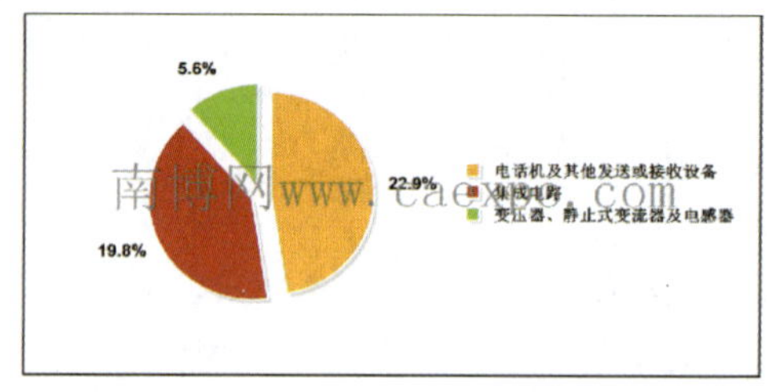


图4 2013年1～12月中国对东盟主要出口电子产品金额占比

2013年1～12月，中国与东盟双边电子贸易整体上呈现持续增长的趋势。进口方面，中国自东盟进口电话机及其他发送或接收设备金额同比增长15%；出口方面，越南是中国电子在东盟的第2大出口国，同比大幅增长56.2%。据南博网分析，越南作为亚洲新兴发展的国家，近年来经济发展水平有很大提高，对消费类电子产品的需求在不断攀升，其电子市场具有极大的拓展空间。

（来源：南博网.http：//customs.caexpo.com/data/trade/2014/07/01/3625975.html.2014—07—01）

## 2013年1～12月中国—东盟进出口动植物油贸易分析

据海关数据统计，2013年1～12月，中国与东盟动植物油双边贸易额为60.70亿美元，同比下降24.1%。其中，中国自东盟进口动植物油60.09亿美元，同比下降 24.2%；中国对东盟出口动植物油 0.61 亿美元，同比下降 17.6%。

从单一国别来看，进口方面，中国动植物油进口的前 3 个的东盟国家有马来西亚、印尼、菲律宾，进口额分别为 32.07 亿美元、26.81 亿美元、0.49 亿美元，同比分别增长 -16.2%、-33.2%、59.4%，进口额分别占中国自东盟进口电子总额的 53.4%、44.6%、0.8%。

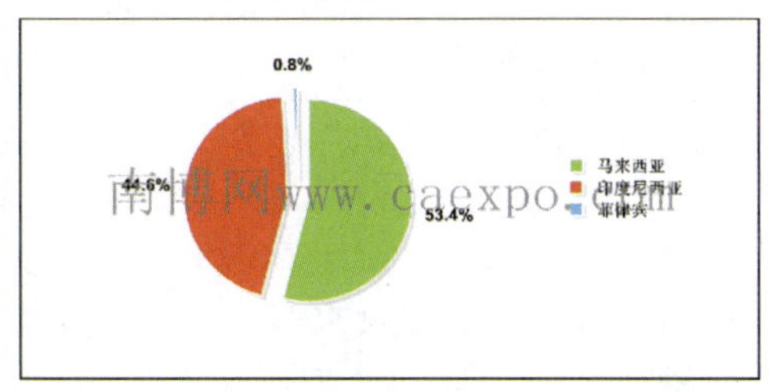


图 1　2013 年 1～12 月中国动植物油主要进口东盟国家金额占比

出口方面，中国动植物油主要出口东盟国家有泰国、马来西亚、新加坡，累计出口额为 0.46 亿美元，占中国动植物油对东盟出口总额的 75.4%。其中，中国对新加坡出口额最大，为 0.23 亿美元，同比下降 13.7%；其次是对泰国的动植物油出口额，为 0.13 亿美元，同比下降 27.7%；再者是对马来西亚的出口额，为 0.10 亿美元，同比下降 13.4%。

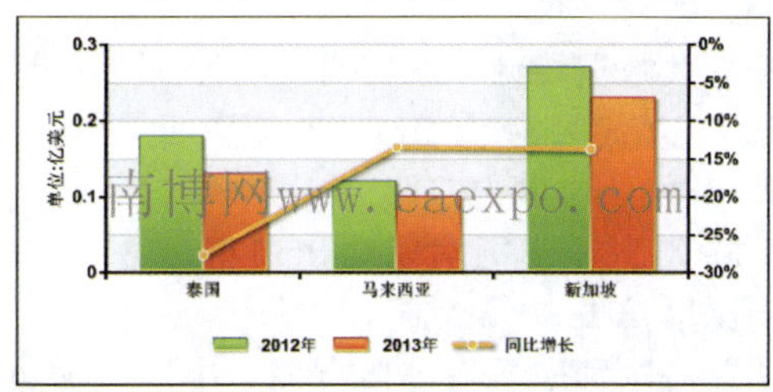


图 2　2013 年 1～12 月中国动植物油主要出口东盟国家金额

从产品结构来看，进口方面，中国自东盟进口动植物油的前 3 种产品是棕榈油及其分离品，椰油、棕榈果仁油及其分离品，人造黄油，进口额分别为 48.67 亿美元、6.46 亿美元、2.15 亿美元，同比分别下降　24.8%、22.4%、39%。

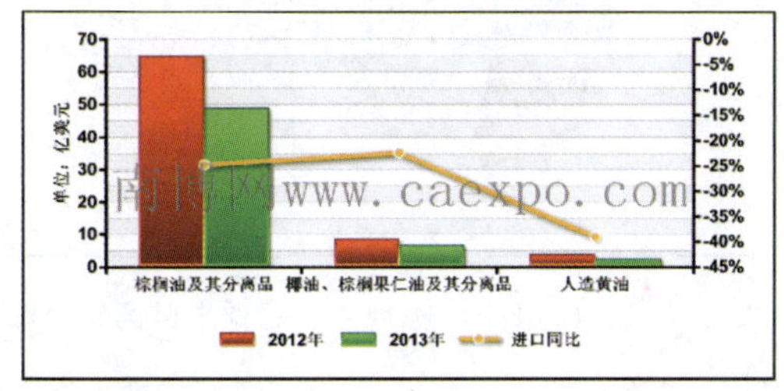


图 3　2013 年 1～12 月中国自东盟主要进口动植物油产品金额

出口方面，中国对东盟主要出口动植物油产品是动植物油脂及其分离品、羊毛脂、其他固定植物油脂及其分离品，累计出口额占中国对东盟出口动植物油总额的 73.1%。其中，动植物油脂及其分离品的出口额最大，为 2578.43 万美元，同比下降 3.6%；其次是其他固定植物油脂及其分离品，出口额为 1046.94 万美元，同比大幅下降 35.6%；再者是羊毛脂，出口额为 851.17 万美元，同比大幅增长 32.5%。

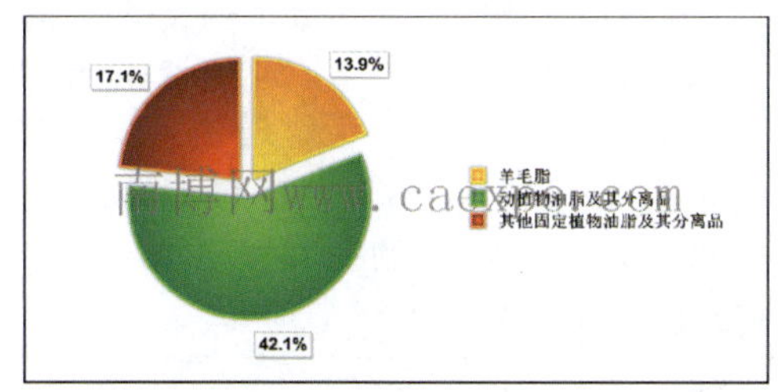


图 4　2013 年 1～12 月中国对东盟主要出口动植物油产品金额占比

2013 年 1～12 月，中国与东盟动植物油双边贸易额整体上呈现下滑的趋势。进口方面，菲律宾跃居中国动植物油在东盟的第 3 大进口国，进口额同比大幅增长 59.4%；出口方面，中国对东盟出口羊毛脂同比大幅增长 32.5%。据南博网分析，2013 年中国经济增长放慢，可替代性植物油的市场供应却不断提高，这些制约了中国对东盟动植物油的消费需求。虽然东盟动植物油产量日益增长，但是中国整体消费增幅放慢，当前中国对马来西亚和印尼的动植物油市场依赖仍较高。

（来源：南博网．http：//customs. caexpo. com //data/trade/2014/07/01/3625974. html. 2014—07—01）

## 2013 年 1～12 月中国—东盟进出口钢铁贸易分析

据海关数据统计，2013 年 1～12 月，中国与东盟钢铁双边贸易额为 105.94 亿美元，同比增长 16.1%。其中，中国自东盟进口钢铁 1.72 亿美元，同比下降 21.5%；中国对东盟出口钢铁 104.22 亿美元，同比增长 17%。

从单一国别来看，进口方面，中国钢铁进口的前 3 位东盟国家有马来西亚、新加坡和泰国，进口额分别为 0.70 亿美元、0.32 美元、0.28 亿美元，同比分别增长 -28.4%、-20.2%、29.2%，进口额分别占中国自东盟进口钢铁总额的 40.7%、18.6%、16.3%。

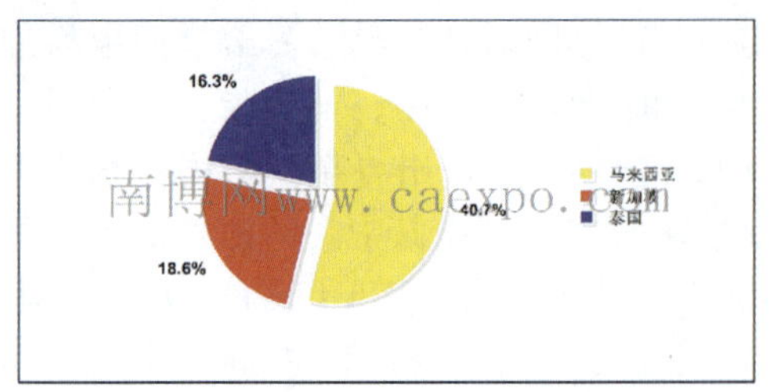


图 1　2013 年 1～12 月中国钢铁主要进口东盟国家金额占比

出口方面，中国钢铁主要出口东盟的国家有泰国、越南、新加坡。其中，中国对越南出口额最大，为 24.26 亿美元，同比大幅增长 41%；其次是对泰国的出口额，为 18.40 亿美元，同比下降 9.6%；再者是对新加坡的出口额，为 15.33 亿美元，同比增长 16.5%。

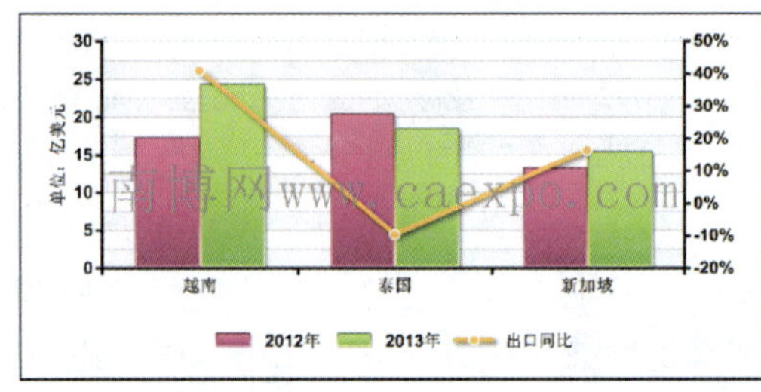


图 2　2013 年 1～12 月中国钢铁主要出口东盟国家金额

从产品结构来看，进口方面，2013 年中国自东盟进口钢铁的前 3 种产品是其他合金钢平板轧材（宽<600mm）、铁矿还原所得的铁产品及其他海绵铁产品、铁合金，进口额分别为 0.31 亿美元、0.24 亿美元、0.17 亿美元，同比分别增长 2.8%、－74.2%、－44.4%。

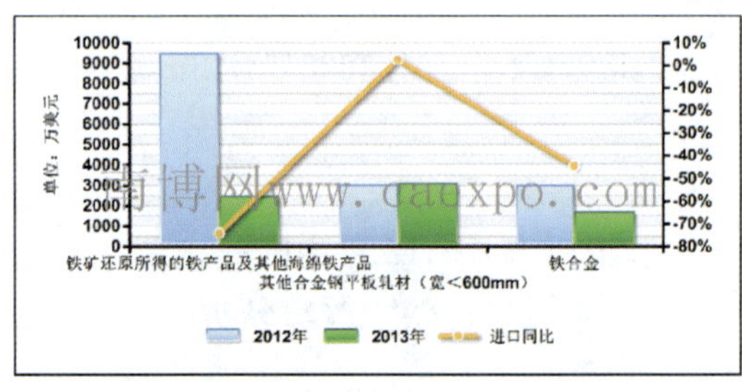


图 3　2013 年 1～12 月中国自东盟主要进口钢铁产品金额

出口方面，中国对东盟主要出口钢铁产品是其他合金钢条、杆、角材、型材及空心钻钢，经包覆的铁或非合金钢平板轧材（宽度≥600mm），不规则盘卷的其他合金钢热轧条、杆，累计出口额占中国对东盟出口钢铁总额的 64.9%。其中，其他合金钢条、杆、角材、型材及空心钻钢的出口额最大，为 25.82 亿美元，同比大幅增长 31%；其次是经包覆的铁或非合金钢平板轧材（宽度≥600mm），出口额为 21.92 亿美元，同比增长 21.2%；再者是不规则盘卷的其他合金钢热轧条、杆，出口额为 19.88 亿美元，同比大幅增长 37%。

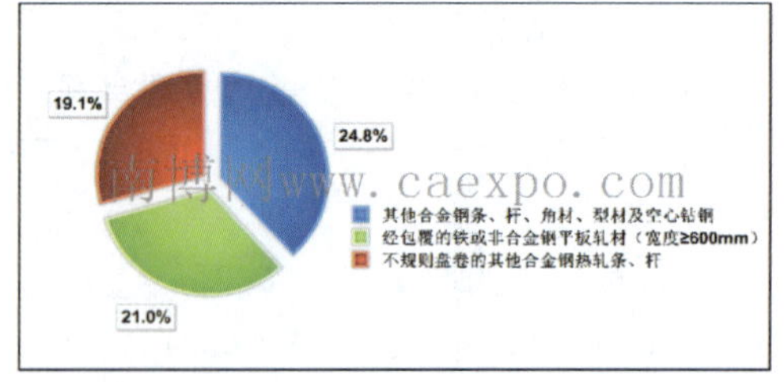


图 4　2013 年 1～12 月中国对东盟主要出口钢铁产品金额占比

2013 年 1～12 月，中国与东盟钢铁双边贸易额整体上呈现持续增长的趋势。进口方面，泰国是中国自东盟进口钢铁的第 3 大国，进口额同比增长 29.2%；出口方面，中国对东盟出口不规则盘卷的其他合金钢热轧条、杆的金额同比大幅增长 37%。据南博网分析，近年来东盟市场钢材需求强劲，但由于当地钢铁工业较弱，东盟国家主要依靠进口来满足钢铁需求，2013 年建筑钢材在东盟国家的钢材消费中的占比依然较高。

（来源：南博网 . http：//customs.caexpo.com/data/trade/2014/07/03/3626167.html.2014—07—03）

## 2013 年 1～12 月中国—东盟进出口机械贸易分析

据海关数据统计，2013 年 1～12 月，中国与东盟机械双边贸易额为 577.52 亿美元，同比下降 3.1%。其中，中国自东盟进口机械 211.23 亿美元，同比下降 21%；中国对东盟出口机械 366.29 亿美元，同比增长 11.5%。

从单一国别来看，进口方面，中国机械进口的前 3 个东盟国家有菲律宾、泰国、新加坡，进口额分别为 74.38 亿美元、43.08 亿美元、41.98 亿美元，同比分别增长－29.4%、－28.3%、3.0%，进口额分别占中国自东盟进口机械总额的 35.2%、20.4%、19.9%。

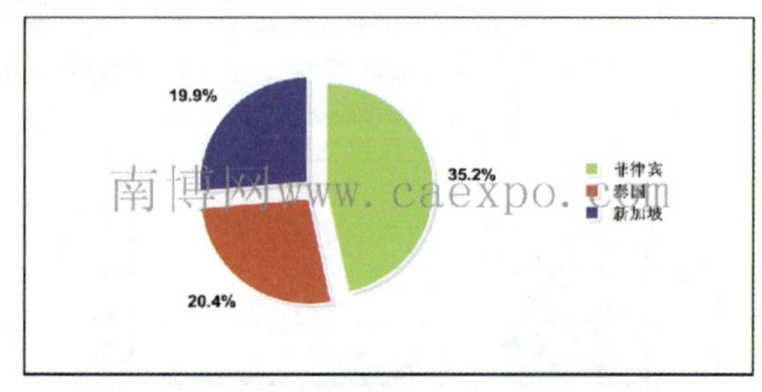


图 1　2013 年 1～12 月中国机械主要进口东盟国家金额占比

出口方面，中国机械主要出口东盟国家有泰国、印尼、新加坡，累计出口额为 212.76 亿美元，占中国机械对东盟出口总额的58.1%。其中，中国对新加坡出口额最大，为81.66亿美元，同比增长5.5%；其次是对印尼的出口额，为68.45亿美元，同比增长5.9%；再者是对泰国的出口额，为62.65亿美元，同比下降7.5%。

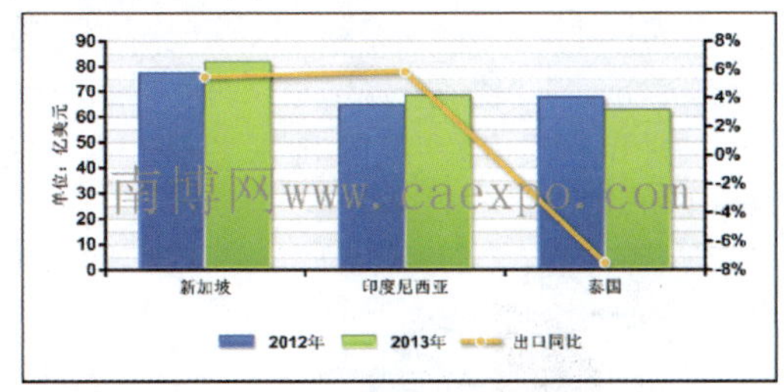


图2 2013年1～12月中国机械主要出口东盟国家金额

从产品结构来看，进口方面，中国自东盟进口机械的前3种产品是自动数据处理设备及其部件，办公用机器零件，印刷用版、滚筒及其他印刷部件进行印刷的机器，进口额分别为104.99亿美元、41.61亿美元、20.06亿美元，同比分别增长－33.9%、－12.4%、5.7%。

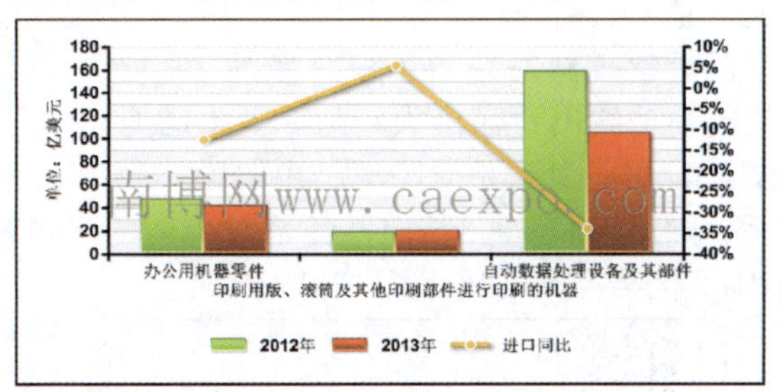


图3 2013年1～12月中国自东盟主要进口机械产品金额

出口方面，中国对东盟主要出口机械产品是自动数据处理设备及其部件，办公用机械零件，气体压缩机、通风罩，累计出口额占中国对东盟出口机械总额的32.9%。其中，自动数据处理设备及其部件的出口额最大，为78.33亿美元，同比下降0.4%；其次是办公用机械零件，出口额为26.35亿美元，同比下降16.4%；再者是气体压缩机、通风罩，出口额为15.71亿美元，同比增长22%。

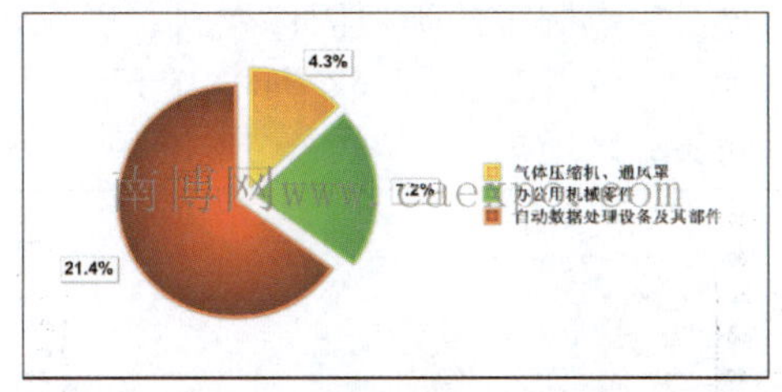


图4 2013年1～12月中国对东盟主要出口机械产品金额占比

2013年1～12月，中国与东盟机械双边贸易额整体上呈现下滑的趋势。进口方面，菲律宾是中国自东盟进口机械的第1大国，进口额同比下降29.4%；出口方面，中国对东盟出口气体压缩机、通风罩表现良好，同比增长22%。据南博网分析，由于东盟国家制造业水平普遍偏低，中国机械输入东盟国家有着地缘、质量和价格3大方面的优势。近年来，越来越多中国企业将目光投向东盟的机械制造业，未来合作前景广阔。

（来源：南博网．http：//customs.caexpo.com/data/trade/2014/07/04/3626283.html.2014—07—04）

## 2013年1～12月中国—东盟进出口家具贸易分析

据海关数据统计，2013年1～12月，中国与东盟家具双边贸易额为98.60亿美元，同比大幅增长40.4%。其中，中国自东盟进口家具3.28亿美元，同比增长25.2%；中国对东盟出口家具95.32亿美元，同比大幅增长41%。

从单一国别来看，进口方面，2013年中国家具进口的前3个东盟国家有越南、印尼、马来西亚，进口额分别为1.70亿美元、0.57亿美元、0.40亿美元，同比分别增长76.5%、－28.1%、37.5%，进口额分别占中国自东盟进口家具总额的51.8%、17.4%、12.2%。

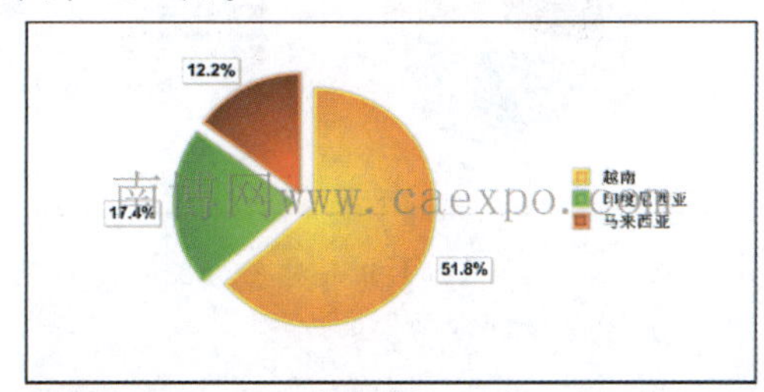


图1 2013年1～12月中国家具主要进口东盟国家金额占比

出口方面，中国家具主要出口东盟国家有马来西亚、新加坡、印尼，累计出口额为70.79亿美元，占中国家具对东盟出口总额的74.27%。其中，中国对马来西亚出口额最大，为33.75亿美元，同比大幅增长49.8%；其次是对新加坡的出口额，为24.16亿美元，同比大幅增长49.4%；再者是对印尼的出口额，为12.88亿美元，同比大幅增长51.1%。

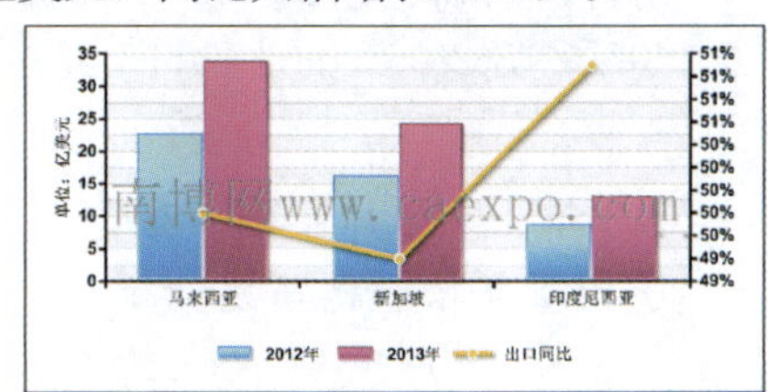


图2 2013年1～12月中国家具主要出口东盟国家金额

从产品结构来看，进口方面，中国自东盟进口家具的前3种产品是坐具及其零件、其他家具及其零件、灯具及照明装置，进口额分别为1.29亿美元、1.29亿美元、0.59亿美元，同比分别增长65.4%、29.9%、−25.8%。

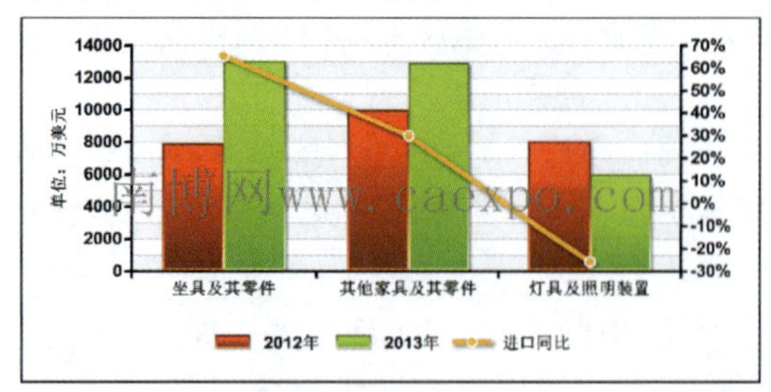


图3 2013年1～12月中国自东盟主要进口家具产品金额

出口方面，中国对东盟主要出口家具产品是坐具及其零件、其他家具及其零件、灯具及照明装置，累计出口额占中国对东盟出口机械总额的93.7%。其中，其他家具及其零件的出口额最大，为42.46亿美元，同比增长23.4%；其次是灯具及照明装置，出口额为25.89亿美元，同比激增85.6%；再者是坐具及其零件，出口额为20.94亿美元，同比大幅增长40.5%。

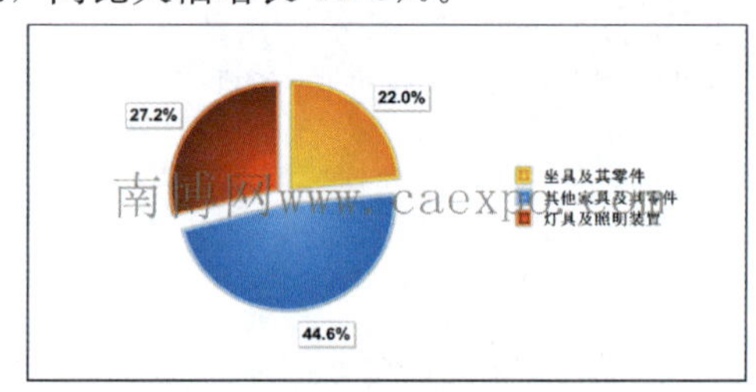


图4 2013年1～12月中国对东盟主要出口家具产品金额占比

2013年1～12月，中国与东盟家具双边贸易额整体上呈现迅猛增长的趋势，同比大幅增长40.4%。进口方面，越南是中国家具在东盟的第1大进口国，中国自越南进口家具金额同比激增76.5%；出口方面，中国对东盟出口灯具及照明装置表现强劲，同比激增85.6%。据南博网分析，随着木制品、金属制品、藤制品、塑料制品和竹制品在内的家具生产持续增长，2013年中国与东盟的家具市场需求回升，未来发展前景广阔。

（来源：南博网．http：//customs.caexpo.com/data/trade/2014/07/02/3626061.html.2014—07—02）

## 2013年1～12月中国—东盟进出口矿物燃料贸易分析

据海关数据统计，2013年1～12月，中国与东盟矿物燃料双边贸易额为367.07亿美元，同比增长6%。其中，中国自东盟进口矿物燃料262.40亿美元，同比下降3.4%；中国对东盟出口矿物燃料104.67亿美元，同比增长40%。

从单一国别来看，进口方面，中国矿物燃料进口的前3个东盟国家有印尼、马来西亚和新加坡，进口额分别为113.14亿美元、55.01亿美元、51.55亿美元，同比分别增长−6.1%、9.8%、−8.7%，进口额分别占中国自东盟进口矿物燃料总额的43.1%、21%、19.7%。

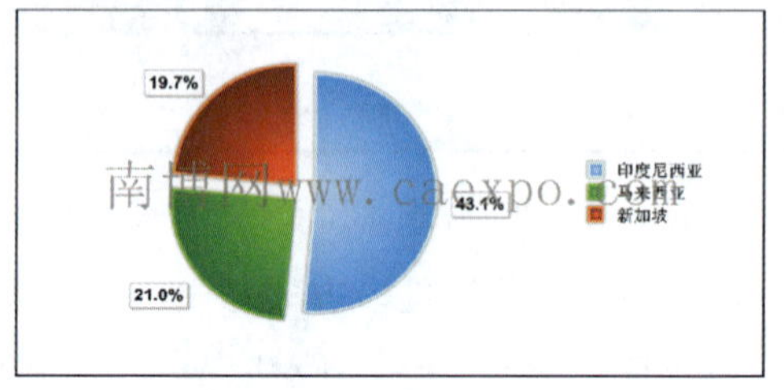


图1 2013年1～12月中国矿物燃料主要进口东盟国家金额占比

出口方面，中国矿物燃料主要出口东盟国家有印尼、越南、新加坡，累计出口额为82.81亿美元，占中国矿物燃料对东盟出口总额的79.1%。其中，中国对新加坡出口额最大，为35.04亿美元，同比激增83.6%；其次是对印尼的出口额，为26.57亿美元，同比增长19.8%；再者是对越南的出口额，为21.2亿美元，同比增长15.1%。

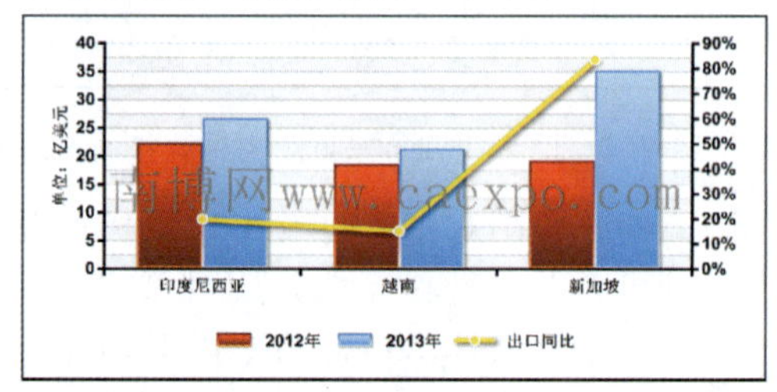


图2 2013年1～12月中国矿物燃料主要出口东盟国家金额

从产品结构来看，进口方面，中国自东盟进口矿物燃料的前3种产品是石油及从沥青矿物提取的油类、煤及用煤制成的类似固体燃料、褐煤，进口额分别为100.95亿美元、62.04亿美元、30.94亿美元，同比分别增长22.3%、−18.3%、−7.9%。

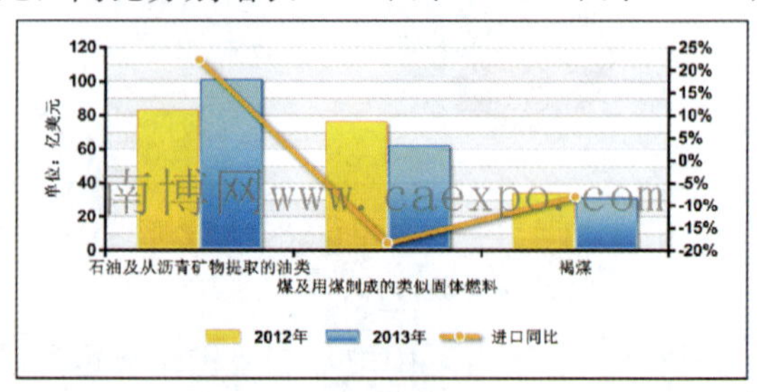


图3 2013年1～12月中国自东盟主要进口矿物燃料产品金额

出口方面，中国对东盟主要出口矿物燃料产品是石油及从沥青矿物提取的油类、石油气及其他烃类气、电力，累计出口额占中国对东盟出口矿物燃料总额的 95.1%。其中，石油及从沥青矿物提取的油类的出口额最大，为 90.25 亿美元，同比大幅增长 46.6%；其次是石油气及其他烃类气，出口额为 7.07 亿美元，同比增长 6.0%；再者是电力，出口额为 2.24 亿美元，同比增长 28.7%。

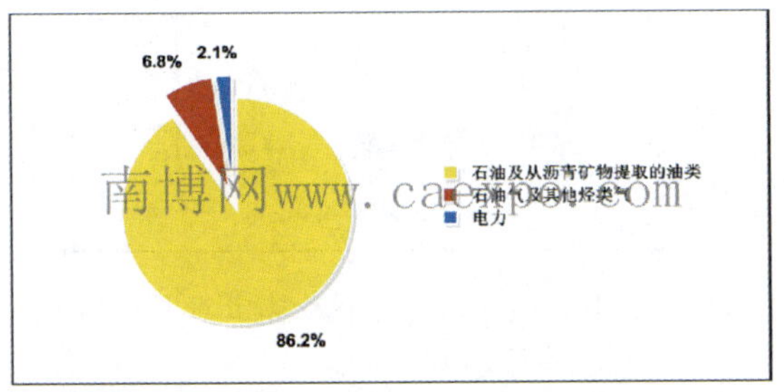


图 4　2013 年 1～12 月中国对东盟主要出口矿物燃料产品金额占比

2013 年 1～12 月，中国与东盟矿物燃料双边贸易额整体上呈现持续增长的趋势。进口方面，中国自印尼进口矿物燃料同比大幅增长 43.1%；出口方面，中国对东盟出口石油及从沥青矿物提取的油类同比大幅增长 46.6%。据南博网分析，近年来中国矿物燃料对东盟出口在不断增加，未来中国与东盟在新能源方面的合作有望催生新商机。

（来源：南博网．http：//customs. caexpo. com//data/trade/2014/07/03/3626167. html. 2014—07—03）

## 2013 年 1～12 月中国—东盟进出口针织服装贸易分析

据海关数据统计，2013 年 1～12 月，中国与东盟针织服装双边贸易额为 114.97 亿美元，同比增长 24.6%。其中，中国自东盟进口针织服装 4.02 亿美元，同比大幅增长 58.3%；中国对东盟出口针织服装 110.95 亿美元，同比增长 23.6%。

从单一国别来看，进口方面，中国针织服装进口的前 3 个东盟国家有越南、柬埔寨、印尼，进口额分别为 1.69 亿美元、0.86 亿美元、0.70 亿美元，同比分别大幅增长 93.6%、47.4%、83%，进口额分别占中国自东盟进口珍珠宝石总额的 42%、21.4%、17.4%。

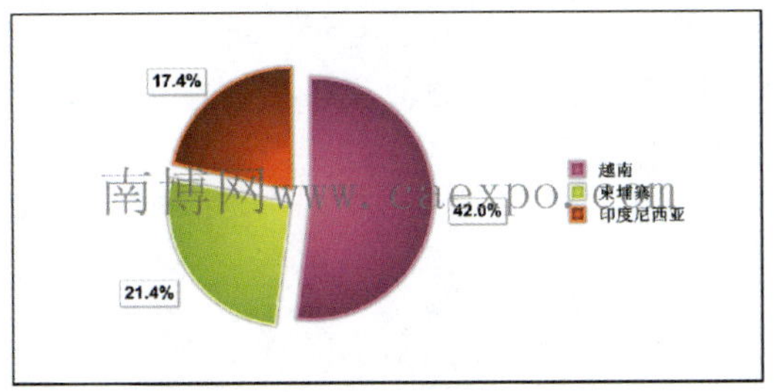


图 1　2013 年 1～12 月中国针织服装主要进口东盟国家金额占比

出口方面，中国针织服装主要出口东盟国家有马来西亚、越南、新加坡，累计出口额为 86.03 亿美元，占中国针织服装对东盟出口总额的 77.5%。其中，对越南出口额最大，为 47.69 亿美元，同比增长 29.3%；其次是对马来西亚的出口额，为 25.78 亿美元，同比增长 21.4%；再者是对新加坡的出口额，为 12.56 亿美元，同比大幅增长 54.2%。

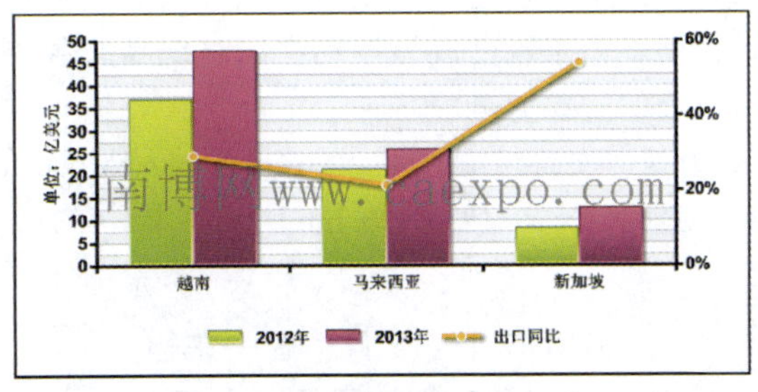


图 2　2013 年 1～12 月中国针织服装主要出口东盟国家金额

从产品结构来看，进口方面，中国自东盟进口针织服装的前 3 种产品是针织 T 恤衫及其他背心、针织套头衫及类似品、针织女士西服，进口额分别为 9854.26 万美元、8116.74 万美元、6200.05 万美元，同比分别大幅增长 99.8%、42.4%、76.4%。

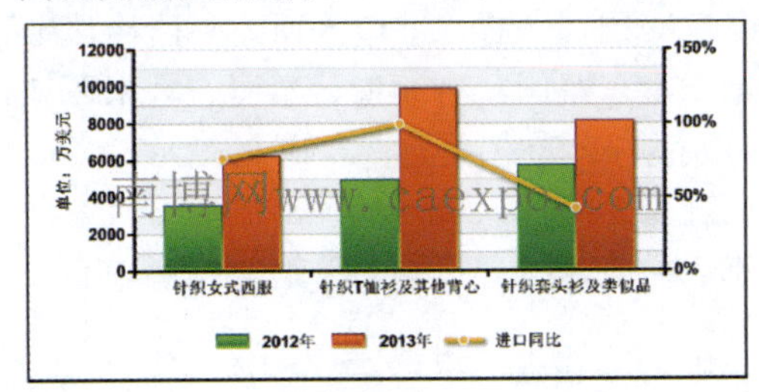


图 3　2013 年 1～12 月中国自东盟主要进口针织服装产品金额

出口方面，中国对东盟主要出口针织服装产品是针织女士西服、针织男士西服、针织套头衫及类似品，累计出口额占中国对东盟出口珍珠宝石总额的 81.3%。其中，针织女士西服的出口额最大，为 57.23 亿美元，同比增长 28.3%；其次是针织男士西服，出口额为 24.97 亿美元，同比增长 21.2%；再者是针织套头衫及类似品，出口额为 8.05 亿美元，同比增长 3.6%。

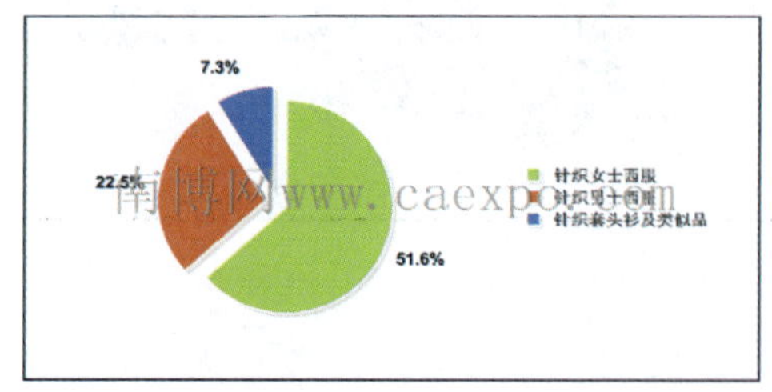


图 4　2013 年 1～12 月中国对东盟主要出口针织服装产品金额占比

2013 年 1～12 月，中国与东盟针织服装双边贸易额整体上呈现持续增长的趋势。进口方面，越南跃居中国针织服装自东盟进口的第 1 大国，进口额同比激增 93.6%；出口方面，中国对东盟出口针织女士西服金额同比增长 28.3%。据南博网分析，近年来，东盟从中国进口用于服装生产的原料、辅料等日益增多，东盟已成为拉动中国纺织品服装外贸出口增长的主要力量。

（来源：南博网 . http：//customs. caexpo. com/data/trade/2014/07/03/3626198. html. 2014—07—03）

## 2013 年 1～12 月中国—东盟进出口珍珠宝石贸易分析

据海关数据统计，2013 年 1～12 月，中国与东盟珍珠宝石双边贸易额为 22.82 亿美元，同比激增 182.1%。其中，中国自东盟进口珍珠宝石 14.63 亿美元，同比激增 141%；中国对东盟出口珍珠宝石 8.19 亿美元，同比激增 305.5%。

从单一国别来看，进口方面，中国珍珠宝石进口的前 3 个东盟国家有缅甸、泰国、马来西亚，进口额分别为 11.55 亿美元、2.46 亿美元、0.33 亿美元，同比分别增长 292.9%、3.0%、1.1%，进口额分别占中国自东盟进口珍珠宝石总额的 79%、16.8%、2.3%。

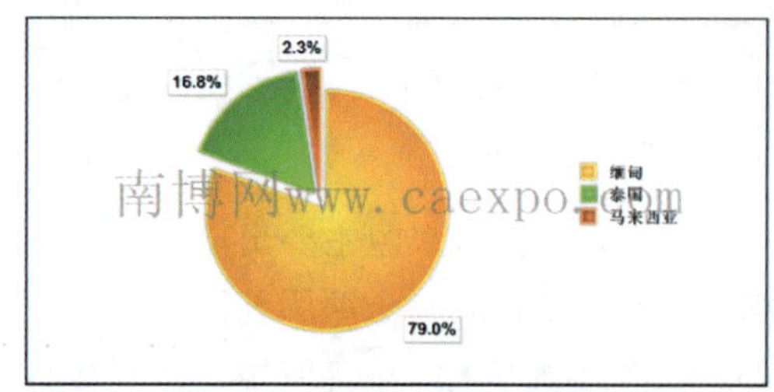


图 1　2013 年 1～12 月中国珍珠宝石主要进口东盟国家金额占比

出口方面，中国珍珠宝石主要出口东盟国家有泰国、缅甸、新加坡，累计出口额为 7.32 亿美元，占中国珍珠宝石对东盟出口总额的 89.4%。其中，对缅甸出口额最大，为 5.08 亿美元，同比激增 6472939.5%；其次是对泰国的出口额，为 1.58 亿美元，同比增长 27.9%；再者是对新加坡的出口额，为 0.66 亿美元，同比激增 205%。

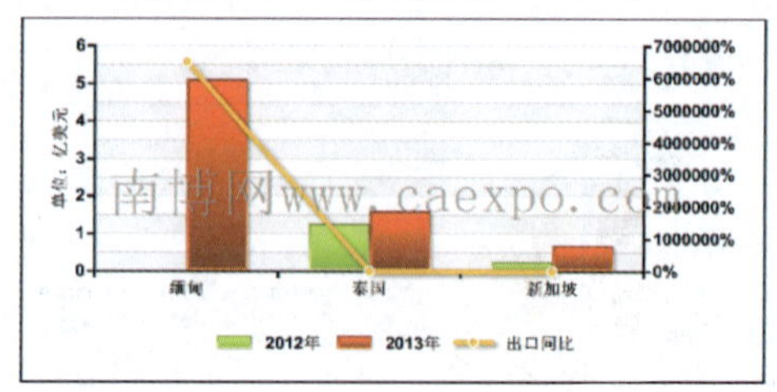


图 2　2013 年 1～12 月中国珍珠宝石主要出口东盟国家金额

从产品结构来看，进口方面，中国自东盟进口珍珠宝石的前 3 种产品是天然宝石、珍珠或宝石制成的物品、仿首饰，进口额分别为 12.05 亿美元、1.21 亿美元、0.48 亿美元，同比分别增长 185.7%、157.5%、21.9%。

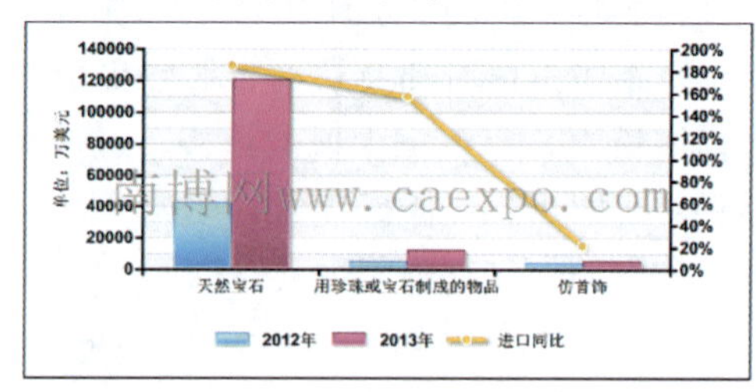


图 3　2013 年 1～12 月中国自东盟主要进口珍珠宝石产品金额

出口方面，中国对东盟主要出口珍珠宝石产品是天然宝石、银、贵金属或包贵金属制的首饰及其零件，累计出口额占中国对东盟出口珍珠宝石总额的 87.9%。其中，天然宝石的出口额最大，为 5.10 亿美元，同比激增 45967.2%；其次是银，出口额为 1.38 亿美元，同比大幅增长 30.6%；再者是贵金属或包贵金属制的首饰及其零件，出口额为 0.72 亿美元，同比激增 232.6%。

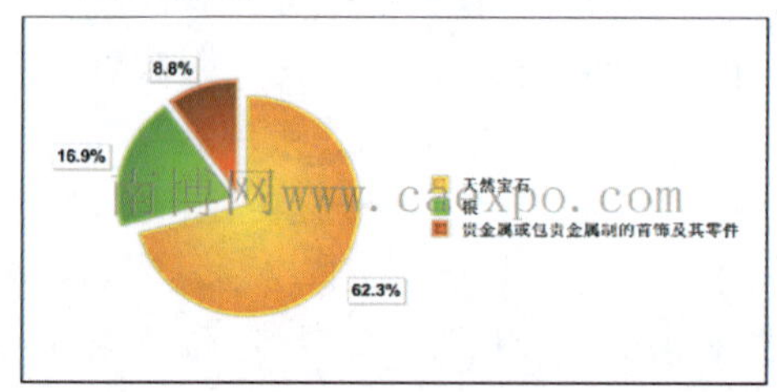


图 4　2013 年 1～12 月中国对东盟主要出口珍珠宝石产品金额占比

2013年1～12月，中国与东盟珍珠宝石双边贸易额整体上呈现迅猛增长的趋势，进口额与出口额平均增幅超过140%。进口方面，缅甸一直是中国自东盟进口珍珠宝石的第1大国，进口额同比激增292.9%；出口方面，中国对东盟出口天然宝石表现强劲，同比大幅增长了460倍。据南博网分析，东盟作为亚洲新近发展起来的国家，近年来经济发展水平有很大提高，对黄金宝石这类奢侈品的消费需求也不断增加，其珠宝市场具有极大的拓展空间。

（来源：南博网．http：//customs.caexpo.com//data/trade/2014/07/03/3626195.html.2014—07—03）

# 文　献

## 重要讲话

**2013年10月9日，中国国务院总理李克强在斯里巴加湾市出席第16次中国－东盟（10＋1）领导人会议并发表讲话，全文如下：**

### 李克强在第16次中国－东盟（10＋1）领导人会议上的讲话

（2013年10月9日，文莱斯里巴加湾市）

尊敬的文莱苏丹哈桑纳尔·博尔基亚陛下，各位同事：

下午好！很高兴在美丽的斯里巴加湾市与大家相聚。苏丹陛下多次出席中国—东盟领导人会议，对促进中国与东盟合作付出了大量心血，感谢苏丹陛下和文莱政府为本次会议所做的精心准备和周到安排。这是我第一次出席这个会议，希望与在座的新老朋友深入交流，共商合作大计。

2013年是中国和东盟建立战略伙伴关系10周年。10年来，中国与东盟关系蓬勃发展，合作取得累累硕果。双方政治互信不断深入，在许多重大国际和地区事务上相互支持，保持了睦邻友好、和谐共处。双方务实合作进展迅速，从2002年到2012年，双边贸易额年均增长23.6%，目前已达到4000亿美元；相互投资累计超过1000亿美元，增长3.4倍。中国成为东盟最大贸易伙伴，东盟是中国第3大贸易伙伴，中国和东盟建成了世界上最大的发展中国家自由贸易区。双方人文交往日益密切，民生与社会领域合作不断深化，去年中国赴东盟国家游客达969万人次。尤其是在应对国际金融危机和抗击重大自然灾害中，双方守望相助、同舟共济，夯实了合作的民意基础。

回首这10年，国际形势风云激荡，东亚发展乘势而上。中国与东盟合作之所以获得丰硕成果，关键在于互信、务实、包容，归根结底是符合我们的共同利益，顺应了求和平、谋发展、促合作的时代潮流。当今世界，各国比以往任何时候都更需要和平稳定的外部环境，都更需要密切合作来促进各自发展，都更需要以长远眼光看待彼此关系，都更需要像一家人一样齐心协力、共建未来。为此，我认为应进一步强化两点共识：

第一点共识，推进合作的根本在深化战略互信，拓展睦邻友好。冷战结束后20多年来，国际形势发生很大变化，东亚能赢得快速发展的机遇期，最重要的是我们共同维护了地区和平与稳定。没有安全的环境，经济繁荣就难以维系；没有相互的信任，互利合作也难以深化。中国将一如既往奉行与邻为善、以邻为伴的周边外交方针；一如既往坚持相互尊重、平等相待、通过友好协商和对话化解分歧；一如既往支持东盟在东亚合作中的主导地位。我们愿与东盟有福同享，有难同当，共同成长。如果说中国和东盟互为“经”、“纬”，互信就是“梭”，经纬紧密交织，才能织就未来合作的壮丽锦绣。

南海形势总体是稳定的，南海存在的一些分歧不会也不应当影响中国与东盟关系大局。南海争议应由直接当事方通过协商和谈判解决。中国与东盟国家应携手继续维护南海和平稳定，为和平解决争议创造良好环境。在和平解决争议前，中方主张有关争议国积极推进共同开发。南海的航行是自由的，南海的航行安全是有保障的，每年有10多万艘各国货轮畅行其中。中国愿继续与地区各国维护好南海航行自由与安全。

《南海各方行为宣言》是中国与东盟国家达成的重要政治共识，是南海和平稳定的基石。上个月在中国苏州成功举行了落实《宣言》高官会和工作组会。中方愿同东盟国家在全面有效落实《宣言》进程中，大力推进海上务实合作，并在落实《宣言》框架下继续就制订“南海行为准则”开展磋商，本着协商一致的原则，积极稳妥地推进“准则”制定进程。宁静的南海是各国之福，南海起波澜对谁都不利，我们要共同努力，让南海成为和平之海、友谊之海、合作之海。

第二点共识，深化合作的关键是聚焦经济发展，扩大互利共赢。中国和东盟都处在发展的关键时期。东盟和中国拥有19亿人口，这是一个巨大市场，开发潜力无限。中国与东盟国家加强经贸合作，实现优势互补，已成为克服前进障碍、促进共同发展的必然选择。关键是要进一步行动起来，再办成几件大事，使双方务实合作再上一个新台阶。中方愿大力支持湄公河次区域及东盟东部增长区的发展，缩小各国间发展差距，促进东盟共同体建设。近期一些东南亚国家金融市场出现波动，但并未引发新一轮危机，这得益于各国加强经济改革、结构调整和金融监管，也得益于在金融等领域沟通、协调与合作。我们应该继续维护共同利益，这样才能使双方合作的红利最广泛地惠及各国人民。

各位同事！

中国与东盟关系已进入成熟期，中国与东盟合作步入快车道。我们要把握机遇，进一步提高双方合作的水平。为此，我愿在两点政治共识基础上，就今后10年中国—东盟宽领域、深层次、高水平、全方位合作框架提出七个领域的建议：

第一，积极探讨签署中国—东盟国家睦邻友好合作条约。睦邻友好乃中国与东盟合作之宝，要牢牢把握好这条主线。中国新一届政府高度重视东盟，将东盟作为周边外交的优先方向。我们要多栽花，不栽刺，永做好邻居、好朋友、好伙伴。不久前，在中国—东盟特别外长会上，双方探讨了中国与东盟国家签署睦邻友好合作条约的可能性。这一进程的顺利推进，将有助于体现我们共同致力于维护包括南海在内的地区和平稳定、深化互利合作的信心和决心。如各方能够达成共识并最终签署条约，将为中国—东盟战略合作提供法律和制度保障，成为引领双方关系发展的一面旗帜。

第二，启动中国—东盟自贸区升级版谈判。本次会上，中方建议尽快启动中国—东盟自贸区升级版谈判。推动双方在货物贸易、服务贸易、投资合作等领域采取更多开放举措，进一步提升贸易投资的自由化、便利化水平，力争到2020年双方贸易额达到1万亿美元，并让东盟国家从区域一体化和中国经济增长中更多受益。今后8年，中方从东盟累计进口将达3万亿美元，中方对东盟投资将至少达1000亿美元以上。中国政府支持香港作为单独关税区与东盟开展自贸区谈判。中国还愿与东盟一道，推动“区域全面经济伙伴关系”（RCEP）谈判，深化本地区的经济融合。

第三，加快互联互通基础设施建设。推动互联互通有利于促进本地区贸易便利化，扩大双边多边贸易规模。我们要用好中国—东盟互联互通合作委员会和中国—东盟交通部长会等机制，加强互联互通建设规划，尽快确定并启动标志性合作项目。中方愿与各方共同推进泛亚铁路这个“旗舰项目”建设，争取早日开工。考虑到本地区有些国家改善基础设施条件需要解决融资问题，在继续发挥好中国—东盟投资合作基金作用、提供专项贷款等基础上，中方倡议成立“亚洲基础设施投资银行”，主要考虑能为东盟及本地区的互联互通提供融资平台，以开放的方式，共同努力提升融资能力。

第四，加强本地区金融合作和风险防范。中方愿与地区国家共同采取更加有效的措施，应对国际和地区金融风险。中方建议扩大双边本币互换的规模和范围，扩大跨境贸易本币结算试点，以降低区内贸易和投资的汇率风险和结算成本，发挥好中国—东盟银联体作用。我们应强化清迈倡议多边化合作，尽快完善2400亿美元外汇储备库操作程序。中方愿为东盟国家货币当局和其他机构投资中国债券市场提供便利。我们应积极探讨制定区域金融合作的未来发展路线图，打造亚洲货币稳定体系、亚洲信用体系和亚洲投融资合作体系。

第五，稳步推进海上合作。这是一篇大文章，双方应积极行动起来，发展好海洋合作伙伴关系，共同建设21世纪“海上丝绸之路”。中方已设立30亿元人民币的中国—东盟海上合作基金，欢迎各国积极申报项目，第一批落实的17个项目将用于支持海洋经济、海上互联互通、海上环保和科研、海上搜救等合作。渔业合作直接惠及民生，有利稳定，应当先行。中方支持今年11月在印尼举办“中国—东盟海洋合作论坛”。

第六，加强安全领域交流与合作。中方建议进一步完善中国—东盟防长会议机制，就地区安全问题定期举行对话。中方欢迎东盟各国防长适时访华，并举行中国—东盟防长特别会。双方还应在防灾救灾、网络安全、打击跨国犯罪、联合执法等非传统安全领域深化合作。中方倡议制定“中国—东盟救灾合作行动计划”，加强与东盟灾害管理人道主义救援协调中心的联系，愿提供5000万元人民币用于防灾救灾合作。中方愿与东盟国家建立海上执法机构间的对话交流机制，开展人员培训、联合巡航等合作。

第七，密切人文、科技、环保等交流。友好合作之根在民众。双方将共同制定《中国—东盟文化合作行动计划》，办好2014年中国—东盟文化交流年活动。未来3到5年，中方将向东盟国家提供1.5万个政府奖学金名额，并在华建立更多面向东盟国家的教育中心；向亚洲区域合作专项资金增资2亿元人民币，重点用于深化双方人文交流与能力建设。中方将继续支持中国—东盟中心、中国—东盟思想库网络、中国—东盟公共卫生合作基金等平台建设，促进文教、青年、智库、媒体等领域交流，夯实双方合作的民意基础。中方将继续实施中国—东盟科技伙伴计划，建立中国—东盟科技创新中心，加强新能源等领域合作。我们还将提出中国—东盟环保产业合作倡议，建立中国—东盟环保技术和产业合作交流示范基地。中国与东盟都是富有东方文明的热土，我们有信心打造双方合作交流的新亮点。

我刚才阐述的两条政治共识和七个领域的合作设想，概括起来可称之为“2＋7合作框架”，这是中国新一届政府对未来中国—东盟关系发展的政策宣示。其要义是增进中国与东盟的战略互信，深化全方位合作，实现共同发展与繁荣，续写中国—东盟战略合作的新篇章，让中国—东盟关系的发展不仅造福于双方人民，也将为地区乃至世界的和平、稳定与繁荣作出更大贡献。

各位同事！

中国—东盟关系拥有深厚的基础和牢固的纽带，中国—东盟合作具有巨大的潜力和广阔的前景。有人说，世界未来在亚太，亚太繁荣看东亚。历史的机遇之窗已向我们打开，抓住它可以实现更大发展，错失它可能陷入倒退。中国愿与东盟永远为伴，永远为友，真诚合作，共同为造福亚洲乃至世界做出更大贡献。

谢谢！

（来源：中华人民共和国外交部网站．http：//www.fmprc.gov.cn/mfa_chn/ziliao_611306/zyjh_611308/t1086491.shtml.2013—10—10）

**2013年9月3日，中华人民共和国国务院总理李克强在第10届中国—东盟博览会和中国—东盟商务与投资峰会开幕式上发表了题为《推动中国—东盟长期友好互利合作战略伙伴关系迈上新台阶》的主旨演讲，全文如下：**

## 推动中国—东盟长期友好互利合作战略伙伴关系迈上新台阶

——在第10届中国—东盟博览会和中国—东盟商务与投资峰会上的致辞

（2013年9月3日，南宁）

尊敬的各位嘉宾，女士们、先生们、朋友们：

今年是中国—东盟建立战略伙伴关系10周年，也是中国—东盟博览会举办10周年。我们东方许多国家都有通行说法，叫作“十年一大庆”，今天这里高朋满座，充满了喜庆气氛。中国还有一句古话，“十年树木”，中国—东盟战略伙伴关系经历了10年历程，这棵大树已经成长起来，枝繁叶茂，硕果累累，现在是收获果实、播种未来的时候。我对中国—东盟关系未来发展充满信心，也代表中国政府对来自各国的贵宾表示热烈欢迎！对中国—东盟博览会暨商务与投资峰会成功召开表示热烈祝贺！

和平与发展仍是当今世界的主题。中国将始终不渝地走和平发展道路，为本地区和世界繁荣稳定做出积极贡献。周边地区始终是中国外交的重点，处于中国外交的首要地位。中国新一届政府将更加坚定不移地奉行与邻为善、以邻为伴的周边外交方针，更加主动地实现中国发展战略与周边各国发展目标的对接，更加扎实有效地构建共享和平繁荣的命运共同体。

中国与东盟地理相邻，文化相通，血脉相亲，利益相融。中国是第一个加入《东南亚友好条约》的域外大国，也是第一个同东盟建立了战略伙伴关系，第一个同东盟启动并建成自由贸易区的国家。中国—东盟战略伙伴关系建立10年来，相互尊重、平等相待、睦邻友好、互利共赢始终贯穿于中国与东盟关系发展的全过程。双方彼此信任不断加强，务实合作日益深化，人文交往更趋密切，各领域合作都取得长足进展，为本地区国家和人民带来了实实在在的利益。

毋庸讳言，我们也注意到本地区还存在一些不利于稳定与发展的干扰因素，但这不是主流。对于南海争议，中方一贯主张，应当由直接当事方在尊重历史事实和国际法的基础上进行磋商，中国政府是有担当的，也愿通过友好协商寻求妥善解决之策。中方认为，南海争议不是中国同东盟之间的问题，更不应该也不可能影响中国—东盟合作的大局。10年前，我们与东盟国家共同制定了《南海各方行为宣言》，有力维护了南海的和平与稳定，切实保障了南海的自由航行。中国将本着负责任的态度，继续与东盟国家全面落实《宣言》的各项规定，在《宣言》框架下，循序渐进，稳妥推进“南海行为准则”的商谈。

在此，我代表中国政府郑重宣布，中国对东盟的睦邻友好政策绝不是权宜之计，而是我们长期坚持的战略选择。中方将坚定不移地把东盟国家作为周边外交的优先方向，坚定不移地深化同东盟的战略伙伴关系，坚定不移地与东盟携手，共同维护本地区包括南海地区的和平与稳定。同时，我们将继续支持东盟的发展壮大，支持东盟共同体建设，支持东盟在东亚合作中的主导地位。中国和东盟的关系一定是长期友好、合作共赢的，将充分体现我们之间战略伙伴关系的要义。

女士们，先生们！

当前，国际形势继续发生着日益复杂的深刻变化。发达国家经济出现了一些积极迹象，新兴市场国家和发展中国家市场拓展的潜力巨大，这是有利的积极因素。同时，世界经济正处于深度调整中，全球经济复苏过程还存在很多不确定不稳定因素。国际金融危机的深层次影响尚未消除，债务失控、增长失调、南北失衡等结构性矛盾突出。解决各国面临的困难和挑战，归根到底还是要靠发展。

亚洲拥有全球近一半的人口、三分之一的经济总量，创造了一系列的增长奇迹，长期以来特别是近年来是世界经济发展最具活力的地区之一。但是我们也要看到，亚洲各国发展很不平衡，促进增长、改善民生的任务十分艰巨。近来，受发达国家特别是主要储备货币发行国可能退出量化宽松货币政策预期增强的影响，一些新兴市场国家和发展中国家资本流动逆转，金融市场波动加剧。亚洲一些成员也受到波及，面临资本外流、货币贬值、增长放缓、通胀上升等多重挑战，这引起人们包括一些友好国家的担忧。当前形势下，中国和东盟的主要任务还是发展经济、改善民生。我们应当坚持经济优先、发展优先、民生优先的大方向，把焦点聚集在这里，继续发扬团结协作、同舟共济的精神，携手应对可能发生的和不可预见的风险和挑战，努力保持经济平稳运行和健康发展。这是各方的共同利益所在，也是各国人民的利益所在。

女士们，先生们！

十年来，在各国历届领导人精心培育下，中国与东盟携手走过了不平凡的历程，双方贸易额增长了5倍，相互投资扩大了3倍，开创了合作的“黄金十年”。我们率先建成了世界上最大的发展中国家自由贸易区，顺应了发展的趋势，也给人民带来了实惠。目前，东盟已成为中国第2大贸易伙伴，中国与东盟的经济联系从来没有像今天这样紧密相依。

中国与东盟是天然的合作伙伴。我们同处于工业化、城镇化快速推进的阶段，发展目标和任务相似，推动中国和东盟经济合作发展必将激发出巨大的能量。这两天，我与东盟各国领导人进行了广泛深入的交流，形成了一系列重要共识，一致认为彼此的共同利益在不断扩大。我们既然有能力打造已经过去的“黄金十年”，也有能力创造未来新的“钻石十年”。我们要继往开来，站在新的历史起点上，寻求新的战略突破，在增强政治互信、倡导开放包容的基础上，不断深化务实合作，共同提升中国—东盟合作水平，推动双方战略伙伴关系百尺竿头、更进一步。为此，我提出以下几项合作倡议：

一是打造中国—东盟自由贸易区升级版。中国—东盟自贸区建设开创了亚太贸易投资合作的先河，有力地推动了双边经贸关系的快速发展。面对未来，中方将秉承10年来自贸区建设的传统，积极优先考虑东盟利益诉求，为东盟的发展创造更多更有利的条件。我们愿意本着互利共赢、共同发展的原则，更新和扩充中国—东盟自贸区协定的内容与范围。双方可以考虑深入讨论进一步降低关税，削减非关税措施，积极开展新一批服务贸易承诺谈判，从准入条件、人员往来等方面推动投资领域的实质性开放，提升贸易和投资自由化便利化水平，使中国—东盟自贸区与时俱进，在更广领域、更高质量上打造升级版。我们愿与东盟签订农产品长期贸易协议，积极扩大从东盟进口在中国有市场、有竞争力的商品，力争2020年双边贸易额达到1万亿美元，今后8年新增双向投资1500亿美元。正像东盟是中国周边外交的优先方向一样，东盟也是中国对外投资的优先方向，我们也欢迎东盟企业到中国来投资兴业。

同时，我们愿与东盟一道推动“区域全面经济伙伴关系”（RCEP）谈判，探讨与“跨太平洋伙伴关系协议”（TPP）等区域合作机制交流互动，共同营造开放、包容、共赢的合作环境，促进区域和全球贸易安排“两个轮子一起转”。

二是推动互联互通。我们要加快推进公路、铁路、水运、航空、电信、能源等领域互联互通合作，推动泛亚铁路这个大“旗舰”项目建设尽快逐步启动，实施好一批重大项目。中方将启动新一批专项贷款，发挥好中国—东盟投资合作基金的作用，并且与各方积极探讨构建亚洲互联互通融资平台，为大项目建设提供资金支持。在加强“硬件链接”的同时，加快完善原产地规则实施机制，抓好信息、通关、质检等制度标准的“软件衔接”，为逐步建成基础设施便利化的亚洲创造条件。双方还应扩大投资与产业合作，共同规划建设一批绿色环保、智能高效的产业园区，使你中有我，我中有你。

三是加强金融合作。这对于维护地区金融和经济稳定至关重要。近年来，中国—东盟金融合作取得长足进展，“清迈倡议”多边化协议总规模已扩大至2400亿美元。中方愿继续与东盟成员共同努力，强化多层次区域金融安全网，推动双边本币互换协议的实际运用，鼓励跨境贸易和投资中使用本币进行结算，为东盟机构投资中国债券市场提供更多便利，不断完善区域金融风险预警和救助机制。我相信，本地区成员有能力应对各种困难和挑战，中国—东盟携手合作、相互帮助，一定能保持本地区经济平稳增长和经济金融稳定。

四是开展海上合作。这是双方拓展合作的重要领域。中方倡议建立“中国—东盟海洋伙伴关系”。会上将建立中国—东盟港口城市合作网络。我们已设立30亿元人民币的中国—东盟海上合作基金，并正在研究推进一批合作项目，重点是渔业基地建设、海洋生态环保、海产品生产交易、航行安全与搜救以及海上运输便利化等，我们期待着东盟国家积极参与。

五是增进人文交流。中方倡议，把2014年确定为“中国—东盟友好交流年”。今后3至5年，中方将向东盟国家提供1.5万个政府奖学金名额；向亚洲区域合作专项资金注资，用于深化人文合作。我们要进一步发挥中国—东盟青年联谊会、中国—东盟思想库网络的积极作用，也希望媒体朋友继续关心和支持中国—东盟关系发展，向世界传递更多友好合作、增强信心的信息。中国与东盟国家是你帮我，我帮你，帮你就是帮我，帮我也是帮你，我们互相帮助，可以互利共赢。

女士们，先生们！

这里，我简单介绍一下当前中国经济的情况。今年以来，面对外部市场低迷、经济下行压力加大的复杂局面，我们审时度势，沉着应对，稳定宏观经济政策，及时明确经济运行的合理区间，科学把握宏观经济的政策框架。统筹稳增长、调结构、促改革，系统谋划，综合施策，精准发力，着力释放改革红利，积极促进结构优化，充分发挥市场机制作用。我们坚定不移地朝着这个方向推进，即使在下行压力增大时，也是以改革的措施解决前进中的问题，以结构调整的方式保证经济在合理的“下限”与“上限”之间运行。这些既利当前、更利长远、趋利避害的措施，已经开始显现积极成效。上半年中国经济保持稳定运行。近期数据显示，中国就业和物价稳定，粮食丰收在望，工业生产、进出口、利用外资等主要指标有一定的回升，市场预期明显向好，信心在增强。当然，我们不敢有丝毫松懈，更不敢掉以轻心。我们清醒地认识到，前进中还面临不少严峻困难和挑战，有些是可以预见的，有些是难以预见的。但我们有条件、有能力完成今年中国经济社会发展的主要任务，而且有决心为明年、为未来、为中国经济长期持续健康发展奠定良好基础。中国的发展不仅会增进中国人民的福祉，也会为包括东盟国家在内的世界各国带来更多发展机遇和市场机会。

早在2000多年前，中国就与东南亚开通了“海上丝绸之路”，如今我们正在续写历史的辉煌。中国—东盟博览会暨商务与投资峰会10年来办得风生水起，也希望今后一帆风顺，乘风破浪。作为中国—东盟博览会永久会址的南宁，寓意就是南方安宁，而对中国—东盟19亿热爱和平、勤劳智慧的人民来说，有安宁就有繁荣、就有力量。我相信，中国与东盟合作发展之路会越走越宽广，互利共赢的成果会越来越丰硕。

最后，我祝愿各位来宾在本次博览会和峰会期间工作顺利、身体健康！祝愿第10届中国—东盟博览会暨商务与投资峰会取得圆满成功！

谢谢大家。

（来源：中国—东盟博览会官方网站．http://

www.caexpo.org/html/2013/wzsc_0905/201277.html.2013—09—05）

**2013年10月11日，中国国务院总理李克强在泰国国会发表题为《让中泰友好之花结出新硕果》的演讲。全文如下：**

## 让中泰友好之花结出新硕果

——在泰国国会的演讲

（2013年10月11日，泰国曼谷）

尊敬的国会主席兼下议长颂萨先生，尊敬的国会副主席兼上议长尼功先生，各位议员，女士们，先生们，朋友们：

很高兴来到泰国国会同大家见面。30年前，我做青年工作时曾到访贵国，对这个“微笑的国度”留下美好而深刻的印象。各位议员朋友是6400万泰国人民的代表，我谨代表中国政府和人民向你们并通过你们，向全体泰国人民致以诚挚问候和良好祝愿！

泰国是一个历史悠久、美丽富饶而又充满朝气的国家。闻名遐迩的大王宫、千姿百态的佛塔胜迹、绚丽多彩的民族艺术，生动展现出泰国深厚的文化底蕴和独特魅力。千百年来，泰国人民在这里用自己的勤劳和智慧创造了一个又一个奇迹。20多年前，泰国就被誉为“亚洲四小虎”之一，是东南亚国家中经济发展的佼佼者。这些年来，泰国先后战胜两次金融危机、特大海啸和洪灾的挑战，在国家建设和民族振兴大业中取得了令人瞩目的成就。泰国一定有辉煌的未来。

中泰友好交往源远流长。两国地理相近，血缘相亲，文化相通。1975年中泰正式建交，开启了两国友好关系的新纪元。38年来，无论国际风云如何变幻，中泰关系始终保持健康发展势头，给两国人民带来实实在在的好处。

中国有句谚语说，种瓜得瓜，种豆得豆。泰国也有句谚语，撒什么种子结什么果。我们欣喜地看到，中泰政治互信日益深化，经贸关系不断加强，人文交流更加密切。2012年双边贸易额达700亿美元，是10年前的8倍，中国已成为泰国第1大出口市场和最大旅游客源国。泰国是中国在东盟国家中主要贸易伙伴、农产品进口的主要来源地和橡胶最大进口来源地。在东盟国家中，泰国第一个同中国签署关于21世纪合作计划的联合声明，第一个同中国推进战略性合作，第一个同中国实现蔬菜、水果零关税安排，第一个建成中国文化中心，第一个同中国建立防务安全磋商机制并进行两年联演联训。泰国即将成为在中国开设领事馆最多的国家。这么多“第一”，在国与国交往中是少有的，充分说明中泰关系是不同社会制度国家之间友好合作的典范。

说到中泰关系，两国人民都熟知一句话，那就是“中泰一家亲”，这句话已深深根植于两国人民心中，成为中泰友好的真实写照。两国之间多层次交往密切而频繁，规模越来越大。双方高层互访不断，中国历届国家领导人大多访问过泰国，泰国王室成员和历届政府、议会、军方领导人也多次对中国进行访问。两国民间更是像走亲戚一样你来我往，2012年双方人员往来近300万人次，泰国是中国游客最欢迎的出境旅游目的地。中国艺术家拍摄的电影《泰囧》创造了国产片最高票房纪录，吸引了更多中国游客赴泰国旅游。美味的泰餐、华丽的泰剧、崛起的泰国体育给中国人留下了深刻印象。特别是近些年来，中泰在应对重大突发事件和自然灾害中，同舟共济，守望相助，结下了深情厚谊。有一个地处偏远的泰国渔村，村民们曾在印度洋海啸中得到过中国援助，对此念念不忘，听说中国汶川发生地震后，感同身受，第一时间就自发募捐，向灾区人民献出爱心。这个恩德相报的故事是中泰友好的一个缩影和生动说明。

女士们、先生们！

当前，国际形势继续发生深刻复杂变化，亚洲正成为世界经济最具活力和潜力的地区，东亚的地位和作用日益上升。中泰面临深化合作的良好机遇。我们是老朋友，也是好亲戚。在新形势下，应巩固“中泰一家亲”的传统情谊，谱写“亲上加亲”的友好新篇章，也就是成为以诚相待的好朋友，密切合作的好伙伴，频繁往来的好亲戚。让中泰友好之花结出更加丰硕的果实，推动两国全面战略合作伙伴关系迈上新台阶。相信议员们一定会为中泰友好投赞成票。在此，我愿提出以下建议：

第一，共谋未来发展。中泰高层交流频繁的传统应当继续发扬。中方欢迎贵国领导人多到中国参观访问，中方也将安排高级别代表团经常访泰。双方合作既要立足当前，落实好已商定的项目，更要着眼长远，从战略上统筹规划。此访期间，双方将共同发表“关于中泰关系发展远景规划的联合新闻公报”，为未来合作指明方向。中方愿结合泰国国家发展战略规划，与泰方一起推进交通、水利、能源、教育等各领域合作。

第二，深化务实合作。经贸合作是两国友好关系的重要支撑。中方愿与泰方一道落实好两国战略性合作共同行动计划，推动各领域互利合作。力争提前实现 2015 年双边贸易额 1000 亿美元目标。泰国盛产大米等农产品，中方充分考虑这一情况，愿支持本国企业在今后 5 年内进口 100 万吨泰国大米，并将根据实际需求考虑扩大规模。橡胶是中泰贸易的重要商品，中方愿积极考虑从泰国增加进口橡胶。我们还将建立专门的机制，探讨农产品贸易合作。随着两国公民频繁来往和经济联系日益密切，中方愿积极考虑在泰设立人民币清算银行，鼓励两国企业更多使用本币进行双边贸易结算。

第三，加快互联互通。交通等基础设施不仅是经济社会发展的基础，也是增进睦邻友好的纽带。铁路合作可以成为中泰合作的新亮点。中国拥有先进的高铁建设能力和丰富的管理经验，泰国推进铁路等基础设施建设有利于物流畅通、经济繁荣。两国加强铁路建设合作潜力巨大，中方对此持积极态度。我此行将与英拉总理共同出席“中国高铁展”，希望双方早日启动实质性合作。中方还将同泰方一起，积极开展电力、电网、可再生能源等方面合作，共同实施好水利建设项目。

第四，密切人文交流。中国有句老话，朋友越走越近，亲戚越走越亲。此访双方将宣布商签互免两国持普通护照人员签证的谅解备忘录，这是中国同东盟国家启动的首个类似协定谈判，将为两国人员往来提供便利。双方可充分发挥孔子学院及课堂的作用，同时把泰国在华设立文化中心的事情办好，促进两国文化交往。中方将通过联合办学、短期培训等方式，帮助泰方提高职业教育水平。中方还将与泰方推进科技、海洋、环保等领域的务实合作。

近年来，中泰关系已超越了双边范畴，对中国同东盟国家关系发展起到了重要引领作用。中方愿与泰方进一步加强区域和多边合作的协调，保持在国际和地区事务中的密切沟通与协作。

女士们、先生们！

面对当前错综复杂的国际形势，中国将一如既往坚持走和平发展道路，坚持与邻为善、以邻为伴的周边外交方针，与各国一道促进地区和平与繁荣。今年以来，我们坚持稳中求进、稳中有为，通过深化改革、调整结构，使中国经济呈现稳中向好的走势，市场和社会对未来发展的预期稳定向上。我们不仅有能力完成今年经济社会发展预期目标，而且有条件实现今后经济持续健康发展，这将为泰国等东南亚国家提供更多的发展机遇。

中泰合作进入发展快车道，中泰友谊已溶进两国人民的血脉，深入到民间交往的各个方面。10 年前，一对中国大熊猫来到清迈安家落户，4 年前幼仔“林冰”呱呱坠地，成为中泰友谊与合作的结晶。前不久，泰国朋友为回国“相亲”的“林冰”举行了盛大欢送仪式。听说有 200 多位来自贵国国会、政府和社会各界的朋友自掏路费，一路陪同送到家乡，令人感动，充分体现了中泰之间的友谊。“林冰”不久就会偕配偶重返泰国，重返清迈。我相信，随着两国交往更加紧密，中泰睦邻友好将像长江和湄南河一样川流不息、奔腾向前，中泰全面互利合作必将奏响更加美好动人的新华章！中泰两国一定会“亲上加亲”。

谢谢！

（来源：新华网．http：//news. xinhuanet. com/world/2013－10/12/c _ 117677284. htm. 2013—10—12）

**2013 年 10 月 15 日，中国国务院总理李克强在河内出席中越工商界午餐会并发表讲话，全文如下：**

## 在中越工商界午餐会上的讲话

（2013 年 10 月 15 日，越南河内）

尊敬的阮晋勇总理，尊敬的各位企业家，女士们，先生们，同志们：

很高兴与阮晋勇总理共同出席中越工商界午餐会。在座各位长期以来为推动中越经贸合作、增进两国友好做了大量工作，取得了明显成效。在此，我谨代表中国政府和人民，向你们并通过你们向所有致力于中越友好事业的企业家和各界人士表示崇高敬意和衷心感谢！

中越山水相连，文化相通，历史交往悠久，经贸合作发展快速，双方合作有巨大发展潜力。面向未来，中越都制定了国家长期发展战略。在深化合作中，两国的发展可以互为机遇。这两天，我与越南党、政府和国会主要领导人进行了广泛的会见、会谈，中越达成了重要共识，明确了工作框架。双方一致认为，我们两国的共同利益远远大于存在的分歧、困难。我们也一定能够管控分歧，战胜和克服困难。中越完全可以将两国的发展战略有机结合起来，以市场为导向，以企业为主体，发挥好政府的引导作用，来加快推动双边经贸等各领域合作。这里，我愿提出几点建议：

第一，携手推动全面合作。今天将要正式发表《新时期深化中越全面战略合作的联合声明》，双方一致同意成立中越海上共同开发磋商工作组、基础设施合作工作组、金融合作工作组，三头并进，开展两国在海上、陆上、金融三方面的合作。这将向两国人民、向国际社会表明，中越全面战略合作伙伴关系又有了新的进展，而且是突破性、实质性进展。海上安宁了，环境稳定了，企业就会有稳定的市场预期和推动长期投资的意愿，企业家们就会有信心，这必将为合作共赢注入强大动力。

第二，推动贸易便利化。双方有了共识，关键在于落实。两国三个工作组要于年内运转起来。还要用好中越双边合作指导委员会和两国经贸合作委员会机制，稳步推进《中越经贸合作五年发展规划》，落实好《农产品贸易领域合作谅解备忘录》，加快重大经贸合作项目的实施进程，力争双方贸易额2017年达到1000亿美元。对中越两国来说，这个数字并不大，只要我们齐心协力，不仅能够达到，而且可以超过。中方不谋求对越贸易顺差，将继续采取措施扩大从越南进口在中国市场有竞争力的产品。中国已连续9年成为越南最大贸易伙伴，并已成为越南果蔬、大米和天然橡胶的最大出口市场，也是越南水海产品、腰果、咖啡等农产品的主要出口市场，中国的机电产品和原材料等，对越南工业发展和经济繁荣做出了贡献。双方的贸易往来要进一步加强，还要有金融的支撑。中方愿与越方一道，推进两国本币互换、本币结算。这些都将有利于推动双方贸易和投资的自由化、便利化。

第三，积极扩大相互投资。越南已成为中国企业赴海外投资的一个重要目的地。龙江工业园和海防经贸合作区是中越推进投资合作的典范。这次访问期间，双方又签署了一批合作协议。基础设施将成为两国投资合作的重点，应优先实施公路、铁路、港口、通讯、能源等互联互通项目。中国政府鼓励本国企业以多种方式同越南企业开展投资合作，同时也欢迎越南企业赴华投资。

第四，深化在东盟框架下的合作。越南是东盟的经贸大国，在中国与东盟合作中具有重要作用。我在不久前文莱举办的东亚领导人系列会议上，提出了未来10年中国—东盟“2+7”合作框架，这是中国政府的意愿和善意，得到与会领导人普遍响应。中国和东盟双方将启动自贸区升级版谈判，加快推进区域经济一体化。

女士们、先生们！

今年以来，面对国内外多重因素造成的经济下行压力，我们两国都从各自的国情出发，实施符合自己国情的政策来稳增长。目前，中国经济稳中求进、稳中有为、稳中向好，我们完全有条件实现今年经济社会发展的主要目标。我们实施的政策既利当前、更惠长远，既要稳定经济增长，又要促进结构调整，提高质量效益，实现持续健康发展，使改革发展的成果惠及全体人民。我们将坚定不移地推进经济体制改革，无论是险滩还是深水区，我们都会义无反顾、勇往直前，因为这是为了中国人民的根本利益。中国的发展也将为越南、为本地区国家及企业提供巨大的市场和多种发展机遇。

中国古语说：“为者常成，行者常至。”企业家是推动中越友好合作的行动者，也是生力军。两国企业家都肩负着振兴民族经济和促进两国友好的历史使命。希望两国企业在中越振兴发展的大舞台上，大显身手，努力开创中越务实合作新局面，为中越两国的美好明天，为两国合作新发展、新突破做出更大贡献。

谢谢大家！

（来源：中华人民共和国外交部网站．http：//www. fmprc. gov. cn/mfa _ chn/gjhdq _ 603914/gj _ 603916/yz _ 603918/1206 _ 605002/1209 _ 605012/t1089856. shtml. 2013—10—16）

**2013年8月2日，中国外交部长王毅在中国—东盟高层论坛开幕式上发表了题为《不断推进充满机遇与活力的中国—东盟关系》重要致辞，全文如下：**

## 不断推进充满机遇与活力的中国—东盟关系

——在中国—东盟高层论坛开幕式上的致辞

（2013年8月2日，泰国曼谷）

尊敬的素拉蓬副总理兼外长，各位同事，各位朋友：

很高兴和大家相聚在美丽的曼谷。首先，我谨代表中国方面对中国—东盟高层论坛的隆重召开表示热烈祝贺，向来自东盟国家的各位同事和朋友表示诚挚问候。借此机会，我还要感谢泰方为本次论坛所做的周到安排，同时更要对泰方作为今年中国—东盟关系协调国所做的出色工作表示感谢。在这当中，素拉蓬副总理兼外长阁下倾注了大量心血，做出了重要贡献，我提议，大家一起鼓掌向他致敬！

今天站在这里，是我就任外长4个多月以来第二次来到泰国，同时也是第三次踏上东盟国家的土地。而且我看了看日程，我在今年剩下的4个月里至少还要陪同中国领导人来东南亚两次。前几天，我的一位主管其他地区和国家的同事对我说：王毅部长，你今年去东南亚的次数是不是有点多了？我笑着回答他说，尽管我充分理解你的心情，但说实话，我认为一点也不多。理由很简单，首先，中国与东盟是个大家庭，一家人当然应该常来常往；第二，中国历来把东盟作为外交的首要和优先方向，既然是首要和优先，我当然应该多来；第三，今年是中国—东盟建立战略伙伴关系10周年，双方关系正处在承前启后、继往开来的重要时刻，我们应该予以更大重视和投入。除此之外，我还有一条理由没有说。那就是，就个人而言，我和今天在座的各位一样，都是中国—东盟关系一路走来的亲历者和参与者，对中国—东盟关系怀有一份深厚感情。

作为亲历者和参与者，我们有理由为中国—东盟关系的发展充满骄傲与自豪。

10年来，中国和东盟敢为天下先，创下多个第一。中国作为域外大国率先加入《东南亚友好合作条约》；中国率先与东盟建立起战略伙伴关系；中国率先与东盟启动双边自贸区商谈，建成了世界上最大的发展中国家自贸区。

10年来，中国和东盟的经贸关系飞速发展。去年双方贸易额已达4000亿美元，是10年前的6倍，中国已是东盟最大的贸易伙伴；双方相互投资超过1000亿美元，是10年前的4倍。

10年来，中国和东盟的交流往来全面扩大。去年双方人员往来达1500万人次，是10年前的4倍。中国赴东盟游客730万人次，比10年前增长2.6倍，中国已成为东盟第2大游客来源地。中国与东盟每周往来航班达1000多架次，超过中日和中韩。

更重要的是，多年来中国与东盟在各种困难和挑战面前同舟共济，守望相助，结下了深厚的兄弟情谊。

我们记得，2003年初，SARS疫情突袭中国，全世界的电视频道里都滚动播放着中国空无一人的景点、生意惨淡的餐馆。很多国家都在怀疑，中国政府到底能不能迅速控制疫情？甚至有人借机唱衰中国的经济和发展前景。在中国面临严峻困难时，我们的东盟兄弟没有袖手旁观，而是毅然向中国伸出了友谊和信任之手。在泰国方面的倡议下，中国与东盟在曼谷举办了“非典”领导人特别会议，公开表示相信中国有能力战胜疫情，给予了中国雪中送炭般的支持。

我们还记得，2008年中国四川汶川发生特大地震，东盟国家的各界人士，从王室到平民，从政府到企业感同身受，纷纷伸出援手，共计捐助了5亿元人民币。听说中国灾区需要帐篷，大家又竞相去买来捐给中国，很多国家市场上的帐篷都告售罄。

支持是相互的。相信东盟朋友也同样记得，在亚洲金融危机肆虐的浪涛中，中国克服巨大困难，郑重宣布人民币坚持不贬值，为东盟国家的经济稳定与发展树立起信心的灯塔；在印度洋海啸退去后满目疮痍的海滩上，最早抵达的中国医疗队员夜以继日地抢救伤员，争分夺秒地创造生命的奇迹；在许多东盟国家的工地上，中国的技术人员冒着酷暑，与当地伙伴共同建造桥梁、电网和道路，铺设通往更好生活的希望；在偏远僻静的乡间小学中，中国的志愿者带领学生们学习汉语，一字一句地传递友好的信息。

说到志愿者，我想到了10天前发生的一起不幸。两名中国的汉语教师志愿者在泰国中部遭遇车祸遇难。他们都是优秀的年轻人，女孩25岁，男孩24岁。这是一次意外的事故，让我感到痛心，也让中泰两国人民都感到痛心。这两个年轻人工作的学校是泰国国王陛下创建的，诗琳通公主已亲自表达了惋惜与哀悼。我之所以在这里提到这个不幸的事件，是想要告诉大家，在中国与东盟关系的发展过程中，有许许多多民间人士在默默无闻地奉献着自己的青春、汗水，甚至付出了生命。我这次专门了解了一下，仅仅拿青年志愿者来说，2002年中国青年志愿者海外服务计划对外派出的第一批志愿者去的是老挝。2005年，中国青年志愿者首次开展国际救援行动就来到东南亚海啸灾区。中国迄今派出的18000多人次教师志愿者中，绝大部分都在东盟国家，其中仅泰国就达8000多人。对这些年轻的民间友好使者，我们应当感谢他们，关心他们，支持他们。他们代表着中国—东盟友好合作的希望和未来。

各位同事，各位朋友，

当前，中国—东盟关系再次站在了新的起点。

回顾过去，中国—东盟关系发展的最重要基础是我们共同维护了地区和平与稳定；最重要共识是愿意通过合作加快实现我们的共同发展；最重要经验是始终坚持“亚洲方式”和“东盟方式”，通过友好协商、平等对话化解分歧。这些经验与共识弥足珍贵，值得我们继续加以坚持。

展望未来，中国—东盟关系充满机遇与活力，拥有广阔空间和光明前景。这一机遇与活力首先来自于中国的持续发展。最近外界对中国经济的走向十分关注，我在这里要告诉大家的是，当前中国经济正保持平稳健康发展。上半年中国经济增长7.6%，在全球主要经济体中仍是最高的。下一步，中国经济的着力点是要加快转型升级的步伐，更加注重提高经济发展的质量和效益，这就要求我们不再片面追求过高的速度。中国有巨大的需求，广阔的市场，充沛的劳力，快速发展的科技，还有稳定有效的政策和强有力的政府，我们完全有能力、有条件、有信心顺利实现既定的发展目标，并为未来发展奠定更为良好的基础，使中国经济进入可持续发展的轨道。过去30多年，中国经济的高速增长已经给东盟各国和世界的发展带来了巨大红利。今后，一个长期持续健康发展的中国经济必将为本地区和世界的发展作出更为重要和持久的贡献。

前几天，我见到了世界银行前首席经济学家林毅夫先生，他对我讲，就像当年亚洲“四小龙”产业升级转移带动中国大陆经济发展那样，中国经济的升级和转移，必将为其他发展中国家尤其是周边国家创造新的增长空间。而且，由于中国经济规模远远大于当年“四小龙”，这一带动作用也必将更加明显。

据估算，未来5年，中国对外投资将新增5000亿美元，中国将进口价值10万亿美元商品，中国出境旅游人数将超过4亿人次。中国有句俗话叫作“近水楼台先得月”，作为中国的近邻，同时已是中国企业海外投资第1大目的地、中国第3大贸易伙伴以及中国主要旅游目的地的东盟，无疑将从中获益匪浅。

当然，我们也非常清楚，中国的快速发展在给东盟朋友带来实实在在的好处的同时，也难免会带来一些猜疑、担心甚至是误解。这没什么好奇怪的，因为不管换成谁，都对身边快速成长为大块头的伙伴心存不安。然而我想告诉大家的是，中国的确在变大变强，但中国的发展是和平力量的壮大，是传递友善能量的增强。正如马哈蒂尔先生早就指出的，中国的发展为周边国家带来了利益，是机遇而不是威胁。马哈蒂尔先生不愧是东盟富有战略眼光的优秀政治家。

我想，马哈蒂尔先生绝不是随便这样说说而已，而是基于对中国的深刻认识。对于一个国家的战略取向，基本上可以依据两个重要标准来做出判断，一是文化，二是历史。说到这两点，世界上再没有谁比东盟国家更了解中国。从文化来说，中华文化的重要精髓是兼爱非攻、亲仁善邻的和平志向，以和为贵、和而不同的和谐理念，怀柔远人、厚往薄来的外交传统，这些优秀的文化和处世哲学对包括东南亚国家在内的整个东方文化都产生过重要和深远的影响。从历史上看，中国在很长的时间里都是世界强国，大家熟悉的郑和下西洋的历史，就是在中国明朝国力鼎盛时期发生的。在后来的各个时期，世界强国向外派出的航海家不计其数，但像郑和这样秋毫无犯的和平使者却并不多见。郑和曾多次到过当时东南亚的很多国家，留下的都是和平友好、互利合作的故事，至今还在这些地方广为流传。郑和下西洋600多年来，中国从未在海外推行过殖民主义；新中国成立60多年来，也从未对周边进行过任何扩张。中国过去是如此，今后也不会改变。

各位同事，各位朋友，

大家都很关心中国—东盟关系的下一步发展。我认为，需要我们双方共同去做的事情有很多，但概括来讲，最重要的事情有两件：

一是全面深化合作，实现共赢发展。我们要加紧建设中国—东盟自贸区（CAFTA）“升级版”，推进地区经济一体化。我们要加快推进全方位互联互通，探讨设立亚洲投融资平台。我们要积极开展海上合作，用好中国—东盟海上合作基金，欢迎东盟各国积极申请项目。我们要继续丰富和完善区域合作格局，推动10＋1、10＋3、东亚峰会等各机制相互补充和促进，维护好本地区国家的共同利益。我们要不断增进人民之间的友谊，促进青年、智库、议会、非政府组织、社会团体之间的友好交流。我们还要进一步拓展安全领域合作。中方愿加强与东盟国家在防务安全领域开展交流，共同致力于地区的安全与稳定。

二是坚持以和平方式，通过平等对话与友好协商妥善处理分歧。中国与一些东南亚国家存在历史遗留的领土主权和海洋权益争端，这尽管不是中国与东盟之间的问题，但客观上会对中国—东盟关系产生影响。对于这些问题，中方一贯主张通过对话和直接谈判寻找解决之道。中国过去、现在和今后都始终敞开对话协商的大门，都愿寻求实现互利共赢的前景。我们希望有关国家也都能秉持这样的精神，同我们相向而行，不要再采取可能使事态复杂化和扩大化的行为。尤其不要误判形势，一错再错。

在今年召开的东亚系列外长会期间，中国与东盟各国已同意在落实《南海各方行为宣言》的框架下就制定“南海行为准则”举行磋商。我要告诉大家的是，中国是一个负责任的大国，中方在落实《宣言》的过程中就一直严格履行了自己的承诺。当然，我们希望其他各方也都能遵守《宣言》作出的各项规定。从《宣言》到“准则”，将是一个循序渐进的过程，我们会与东盟各国认真商谈和稳步推进“准则”的进程。我们愿与各国共同努力，真正把南海建设成和平之海、友谊之海与合作之海。

谢谢大家！

（来源：中华人民共和国外交部网站．

http：//www.fmprc.gov.cn/mfa_chn/ziliao_611306/zyjh_611308/t1063802.shtml.2013—08—03）

**2013年10月3日，中国国家主席习近平在印度尼西亚国会发表题为《携手建设中国—东盟命运共同体》的重要演讲，全文如下：**

## 携手建设中国—东盟命运共同体

——在印度尼西亚国会的演讲

（2013年10月3日，雅加达）

尊敬的印尼国会马祖基议长及各位副议长，尊敬的印尼人协西达尔托主席及各位副主席，尊敬的印尼地方代表理事会伊尔曼主席及各位副主席，各位议员朋友，各位部长先生，女士们，先生们，朋友们：

阿巴嘎坝！大家好！今天，有机会来到印度尼西亚国会，同各位朋友见面，感到十分高兴。

我是应苏希洛总统的邀请，对素有“千岛之国”美称的印度尼西亚进行访问。这是我这次东南亚之行的第一站，是传承友好关系之旅，也是规划合作之旅。

首先，我谨代表中国政府和人民，并以我个人的名义，向在座各位朋友，向兄弟的印度尼西亚人民，致以诚挚的问候和良好的祝愿！

20年前，我曾访问过贵国，亲身体验了印度尼西亚发展情况以及丰富多彩的自然和文化。20年弹指一挥间，但那时的场景仿佛就发生在昨天，依然历历在目。再次踏上这片美丽的土地，我更加深切地感受到两国关系的旺盛活力，更加深切地体会到两国人民的深情厚谊。

近年来，在苏希洛总统领导下，印度尼西亚人民团结一心、奋发努力，开创出经济发展、社会稳定、国力蒸蒸日上的良好局面。我衷心祝愿印度尼西亚人民依靠自己的勤劳和智慧，不断创造更加美好的未来。

女士们、先生们、朋友们！

中国和印度尼西亚隔海相望，两国友好关系的历史源远流长，在长期交往的过程中，两国人民共同谱写了一曲曲交流交融的华彩乐章。正如在中国家喻户晓的印度尼西亚民歌《美丽的梭罗河》所描述的那样：“你的源泉来自梭罗，万重山送你一路前往，滚滚的波涛流向远方，一直流入海洋”。中国和印尼关系发展，如同美丽的梭罗河一样，越过重重山峦奔流向海，走过了很不平凡的历程。

早在2000多年前的中国汉代，两国人民就克服大海的阻隔，打开了往来的大门。15世纪初，中国明代著名航海家郑和7次远洋航海，每次都到访印尼群岛，足迹遍及爪哇、苏门答腊、加里曼丹等地，留下了两国人民友好交往的历史佳话，许多都传诵至今。

几百年来，遥远浩瀚的大海没有成为两国人民交往的阻碍，反而成为连接两国人民的友好纽带。满载着两国商品和旅客的船队往来其间，互通有无，传递情谊。中国古典名著《红楼梦》对来自爪哇的奇珍异宝有着形象描述，而印度尼西亚国家博物馆则陈列了大量中国古代瓷器，这是两国人民友好交往的生动例证，是对“海内存知己，天涯若比邻”的真实诠释。

在20世纪争取民族独立和解放的历史进程中，两国人民始终相互同情、相互支持。新中国成立后，印度尼西亚是最早同中国建交的国家之一。1955年，中国和印尼两国同其他亚非国家携手合作，在万隆会议上共同倡导了以和平共处、求同存异为核心的万隆精神。万隆精神至今仍是国与国相处的重要准则，为推动建设新型国际关系作出了不可磨灭的历史贡献。中国和印尼两国1990年实现复交、2005年建立战略伙伴关系，两国关系由此进入新的发展时期。

女士们、先生们、朋友们！

这次访问期间，我同苏希洛总统共同宣布将中国和印尼关系提升为全面战略伙伴关系，为的是让两国关系继往开来、全面深入发展。

现在，我们两国互信不断加深，双边关系政治基础更加牢固。两国务实合作领域更加广泛，既有经贸、金融、基础设施、能源资源、制造业等传统领域，还拓展到航天、海上等新兴领域，可谓“上天”、“入海”，给两国人民带来了实实在在的利益。

中国和印尼共同建设的泗水一马都拉大桥，是目前东南亚最长的跨海大桥，即将合作完成的加蒂格迪大坝灌溉面积达 9 万公顷，将给当地民众生产生活带来极大便利。中国和印尼在重大国际和地区事务中的合作不断加强，两国关系越来越具有地区和全球影响，对推动国际政治经济秩序更加公正合理具有积极意义。

这些都堪称新时期中国和印尼友好关系的重要标志。

印度尼西亚人民常讲：“金钱易得，朋友难求。”我们两国人民的真挚情谊，就是这种千金难求的宝贵财富。

2004 年 12 月 26 日，平静的印度洋骤然发生 9 级强震，并引发了大规模海啸，印度尼西亚亚齐省遭受重大生命财产损失，世界为之震惊。海啸发生后，中国政府立即启动应急机制，当天就宣布向包括印尼在内的受灾国提供援助，开展了新中国成立以来最大规模的一次对外救援行动。在中国，从工厂到机场，救援物资一路绿灯，一架架飞机满载着中国人民的爱心飞往亚齐等灾区。中国国际救援队是第一支抵达亚齐的国际救援队，他们在短短 13 天里救治了 1 万多名受灾群众。当地群众见到他们，不少人学会了用汉语说：“中国，北京，我爱你。”

中国民众也自发以各种方式对印尼灾区人民表达慰问、提供捐助。杭州市有一位老人，自身家境并不富裕，老伴患病长期住院，他本人也刚做完手术，但为了让印尼灾区孩子继续读书，他捐出了辛苦积攒下来的 1000 元人民币。钱虽不多，但充分体现了中国人民对印尼人民的一片深情厚谊。

同样，在中国人民遇到严重自然灾害时，印尼人民也向中国人民伸出了援助之手。2008 年 5 月 12 日，中国汶川发生特大地震，灾区人民急需救援。印尼第一时间向中国人民伸出了援手，派出医疗队赶赴灾区。印尼医疗队抵达灾区后，不顾灾后余震的危险，夜以继日工作，诊治了 260 名灾民，为 844 名居民和 120 名学生提供了义诊。印尼医疗队队员在回国前把身上所有钱物全部捐给了灾区。印尼人民也自发为汶川地震灾区捐款捐物，有的专程来到中国驻印尼大使馆，表达他们的祈愿和祝福。印尼民众的举动让中国人民深受感动。

这样的故事，在两国人民友好交往中数不胜数，充分印证了中国和印尼都有的一句成语，叫“患难与共”。

女士们、先生们、朋友们！

中国和东盟国家山水相连、血脉相亲。今年是中国和东盟建立战略伙伴关系 10 周年，中国和东盟关系正站在新的历史起点上。

中方高度重视印尼在东盟的地位和影响，愿同印尼和其他东盟国家共同努力，使双方成为兴衰相伴、安危与共、同舟共济的好邻居、好朋友、好伙伴，携手建设更为紧密的中国—东盟命运共同体，为双方和本地区人民带来更多福祉。

为此，我们要着重从以下几个方面作出努力。

第一，坚持讲信修睦。人与人交往在于言而有信，国与国相处讲究诚信为本。中国愿同东盟国家真诚相待、友好相处，不断巩固政治和战略互信。

世界上没有放之四海而皆准的发展模式，也没有一成不变的发展道路。中国和东盟国家人民勇于变革创新，不断开拓进取，探索和开辟顺应时代潮流、符合自身实际的发展道路，为经济社会发展打开了广阔前景。

我们应该尊重彼此自主选择社会制度和发展道路的权利，尊重各自推动经济社会发展、改善人民生活的探索和实践，坚定对对方战略走向的信心，在对方重大关切问题上相互支持，牢牢把握中国—东盟战略合作的大方向。

中国愿同东盟国家商谈缔结睦邻友好合作条约，共同绘就睦邻友好的美好蓝图。中国将一如既往支持东盟发展壮大，支持东盟共同体建设，支持东盟在区域合作中发挥主导作用。

第二，坚持合作共赢。“计利当计天下利。”中国愿在平等互利的基础上，扩大对东盟国家开放，使自身发展更好惠及东盟国家。中国愿提高中国—东盟自由贸易区水平，争取使 2020 年双方贸易额达到 1 万亿美元。

中国致力于加强同东盟国家的互联互通建设。中国倡议筹建亚洲基础设施投资银行，愿支持本地区发展中国家包括东盟国家开展基础设施互联互通建设。

东南亚地区自古以来就是“海上丝绸之路”的重要枢纽，中国愿同东盟国家加强海上合作，使用好中国政府设立的中国—东盟海上合作基金，发展好海洋合作伙伴关系，共同建设 21 世纪“海上丝绸之路”。中国愿通过扩大同东盟国家各领域务实合作，互通有无、优势互补，同东盟国家共享机遇、共迎挑战，实现共同发展、共同繁荣。

第三，坚持守望相助。中国和东盟国家唇齿相依，肩负着共同维护地区和平稳定的责任。历史上，中国和东盟国家人民在掌握民族命运的斗争中曾经并肩战斗、风雨同舟。近年来，从应对亚洲金融危机到应对国际金融危机，从抗击印度洋海啸到抗击中国汶川特大地震灾害，我们各国人民肩并着肩、手挽着手，形成了强大合力。

我们应该摒弃冷战思维，积极倡导综合安全、共同安全、合作安全的新理念，共同维护本地区和平稳定。我们应该深化在防灾救灾、网络安全、打击跨国犯罪、联合执法等方面的合作，为本地区人民营造更加和平、更加安宁、更加温馨的地区家园。

中国愿同东盟国家进一步完善中国—东盟防长会议机制，就地区安全问题定期举行对话。

对中国和一些东南亚国家在领土主权和海洋权益方面存在的分歧和争议，双方要始终坚持以和平方式，通过平等对话和友好协商妥善处理，维护双方关系和地区稳定大局。

第四，坚持心心相印。“合抱之木，生于毫末；九层之台，起于累土”。保持中国—东盟友谊之树长青，必须夯实双方关系的社会土壤。去年，中国和东盟国家人员往来达1500万人次，每周有1000多个航班往返于中国和东盟国家之间。交往多了，感情深了，心与心才能贴得更近。

我们要促进青年、智库、议会、非政府组织、社会团体等的友好交流，为中国—东盟关系发展提供更多智力支撑，增进人民了解和友谊。中国愿向东盟派出更多志愿者，支持东盟国家文化、教育、卫生、医疗等领域事业发展。中国倡议将2014年确定为中国—东盟文化交流年。今后3到5年，中国将向东盟国家提供1.5万个政府奖学金名额。

第五，坚持开放包容。“海纳百川，有容乃大。”在漫长历史进程中，中国和东盟国家人民创造了丰富多彩、享誉世界的辉煌文明。这里是充满多样性的区域，各种文明在相互影响中融合演进，为中国和东盟国家人民相互学习、相互借鉴、相互促进提供了重要文化基础。

我们要积极借鉴其他地区发展经验，欢迎域外国家为本地区发展稳定发挥建设性作用。同时，域外国家也应该尊重本地区的多样性，多做有利于本地区发展稳定的事情。中国—东盟命运共同体和东盟共同体、东亚共同体息息相关，应发挥各自优势，实现多元共生、包容共进，共同造福于本地区人民和世界各国人民。

一个更加紧密的中国—东盟命运共同体，符合求和平、谋发展、促合作、图共赢的时代潮流，符合亚洲和世界各国人民共同利益，具有广阔发展空间和巨大发展潜力。

女士们、先生们、朋友们!

新中国成立60多年来特别是改革开放30多年来，中国走出了一条成功的发展道路，取得了举世瞩目的发展成就。中国对未来发展作出了战略部署，明确了奋斗目标，即到2020年实现国内生产总值和城乡居民人均收入比2010年翻一番，全面建成小康社会；到本世纪中叶建成富强民主文明和谐的社会主义现代化国家，实现中华民族伟大复兴。这是中华民族和中国人民的百年夙愿，也是中国为人类作出更大贡献的必要条件。

“功崇惟志，业广惟勤。”我们有信心、有条件、有能力实现我们的奋斗目标。同时，我们也清醒地认识到，中国仍是世界上最大的发展中国家，我们在前进道路上仍然面临不少困难和挑战，要使全体中国人民都过上美好生活，需要付出长期不懈的努力。我们将坚持改革开放不动摇，坚持走中国特色社会主义道路，集中精力把自己的事情办好，不断推进现代化建设，不断提高人民生活水平。

中国的发展离不开世界，世界的发展也需要中国。中国将坚定不移走和平发展道路，坚定不移奉行独立自主的和平外交政策，坚定不移奉行互利共赢的开放战略。中国的发展，是世界和平力量的壮大，是传递友谊的正能量，为亚洲和世界带来的是发展机遇而不是威胁。中国愿继续同东盟、同亚洲、同世界分享经济社会发展的机遇。

女士们、先生们、朋友们!

当前，中国人民正致力于实现中华民族伟大复兴的中国梦，印尼人民也在积极推进经济发展总体规划、谋求民族崛起。为实现我们各自的梦想，双方更需要相互理解、相互支持、携手合作，更需要两国有识之士参与其中，脚踏实地去耕耘、去努力。

说到这里，我想起了苏希洛总统创作的一首歌，名字叫《宁静》。那是2006年10月，苏希洛总统来到中国广西出席中国—东盟建立对话关系15周年纪念峰会。会议间隙，他在漓江上产生了创作灵感，提笔写下了一首优美的歌词：“快乐的日子，在生命中不断循环，我与伙伴，共同度过那美好时光。”苏希洛总统在中国的山水之间触景生情，想起自己的童年、自己的家乡，说明我们两国人民是心相通、情相近的。

国之交在于民相亲。正是有了这样一个个友好使者，架起了一座座友谊桥梁，打开了一扇扇心灵之窗，我们两国人民友谊才得以穿过历史长河、跨越浩瀚大海，历久弥坚，历久弥新。

青年最富有朝气、最富有梦想，青年兴则国家兴，青年强则国家强。青年代表着两国交往的未来和希望。我和苏西洛总统一致同意，两国将扩大并深化人文交流，今后5年，双方将每年互派100名青年访问对方国家，中国将向印尼提供1000个奖学金名额。

我相信，随着越来越多的青年人投身到中国和印尼友好的大潮当中，两国友好交往事业一定会薪火相传、兴旺发达。

女士们、先生们、朋友们！

中国和印尼两国有16亿人口，只要我们两国人民手拉手、心连心，就将汇聚起世界四分之一人口的巨大力量，就可以创造人类发展史上新的奇迹。中国人民和印尼人民要携手努力，共同谱写两国关系发展的崭新篇章，开创中国—东盟命运共同体的美好未来，共同为世界和平与发展的崇高事业作出更大贡献。

德里马嘎西！（谢谢！）

（来源：新华网．http：// news. xinhuanet. com/world/2013－10/03/c _ 117591652. htm. 2013—10—03）

# 重要文献

## 中国—东盟发表建立战略伙伴关系10周年联合声明

2013年10月9日，中国与东南亚国家联盟成员国领导人在文莱斯里巴加湾市发表《纪念中国一东盟建立战略伙伴关系10周年联合声明》。联合声明全文如下：

纪念中国—东盟建立战略伙伴关系10周年联合声明

我们，中华人民共和国和东南亚国家联盟成员国的国家元首或政府首脑，于2013年10月9日相聚文莱斯里巴加湾市，举行第16次中国—东盟领导人会议，纪念中国—东盟建立战略伙伴关系10周年；

忆及并致力于遵循东盟和中国领导人为培育东盟和中国之间的睦邻友好和互利合作，于2003年10月8日在印度尼西亚巴厘岛签署的《中国—东盟面向和平与繁荣的战略伙伴关系联合宣言》；

认识到过去10年，中国—东盟战略伙伴关系有力地促进了双方经济社会发展，并为地区和平、稳定和繁荣作出了重要贡献；

欢迎庆祝中国—东盟战略伙伴关系10周年，赞赏双方就此开展的一系列纪念活动，以富有意义的方式展现了中国与东盟之间充满生机活力的互利关系，包括2013年8月在北京举办的中国—东盟特别外长会、在曼谷举办的中国—东盟战略伙伴关系10周年高层论坛，以及将于10月在中国举行的东盟经济部长路演等；

重申中国继续支持东盟共同体建设、东盟互联互通、东盟团结和东盟在演变中的区域架构中发挥主导作用的重要性；

赞赏中国在东盟对话伙伴中率先加入《东南亚友好合作条约》，率先与东盟建立战略伙伴关系，率先与东盟建成自贸区；

重申《联合国宪章》、《东盟宪章》、《东南亚友好合作条约》、《在全球国家共同体中的东盟东同体巴厘宣言》（第三份《巴厘宣言》）、《东亚峰会互利关系原则宣言》（巴厘原则）、和平共处五项原则及其他被广泛接受的继续指导中国—东盟对话关系和友好合作的国际法原则；

进一步重申《南海各方行为宣言》是一份里程碑式的文件，体现了东盟成员国和中国的共同承诺，即促进和平、稳定与互信，以及根据公认的国际法原则，包括《联合国海洋法公约》，和平解决南海争议。

欢迎以下方面取得的进展：落实2002年签署的《南海各方行为宣言》，中国和东盟于2012年发表《纪念〈南海各方行为宣言〉签署10周年联合声明》，2011年达成落实《南海各方行为宣言》后续指针，以及启动“南海行为准则”磋商；

特此同意以下内容：

一、我们致力于推进、加强和深化中国—东盟战略伙伴关系，维护共同利益，并将继续全面有效落实《〈中国—东盟面向和平与繁荣的战略伙伴关系联合宣言〉行动计划（2011－2015）》，为中国—东盟关系未来10年取得更大成就而努力。

二、中国重申，一个团结、繁荣、充满活力的东盟符合中国的战略利益。中国坚持把东盟作为周边外交的优先方向，坚持巩固与发展同东盟的战略伙伴关系，坚持通过和平方式和友好协商解决同有关东盟国家的分歧。

三、东盟重申，中国的发展对本地区是重要机遇，东盟支持中国和平发展。东盟国家重申坚持一个中国政策。

政治和安全合作

四、我们致力于促进战略关系，保持高层密切交流与接触，双方同意探讨继续通过加强睦邻友好合作以深化政治互信。东盟国家注意到并赞赏中国提出的关于“中国—东盟国家睦邻友好合作条约”

的倡议。

五、我们重申，根据国际法，尊重彼此独立、主权和领土完整，尊重不干涉别国内政原则，和平解决争议，不威胁使用或使用武力。

六、我们同意深化和支持防务交流与安全合作，加强沟通协调，这将扩大中国与东盟的接触，增进相互理解，促进地区和平、稳定和繁荣。东盟注意到中国倡议适时在华举行中国—东盟防长非正式会议。

七、中国坚定和完全支持东盟为实现东南亚无核武器区所作的努力，并愿早日签署《东南亚无核武器区条约》议定书。

八、为支持东盟共同体建设，中国愿向东盟及其相关机构提供发展援助。我们同意继续加强防灾救灾合作。中国愿与东盟灾害管理人道主义救援协调中心拓展交流与合作。

九、我们强调共同维护南海和平稳定，确保海上安全，维护航行自由，根据包括1982年《联合国海洋法公约》在内的国际法和平解决争议，加强海上合作，遵守《南海各方行为宣言》(DOC) 和《纪念〈南海各方行为宣言〉签署10周年联合声明》中所述原则。我们重申我们的承诺和坚定决心，将全面有效落实《宣言》。鉴此，我们将在协商一致的基础上，朝着达成“南海行为准则”（COC）而努力。

十、我们欢迎2013年9月14日至15日在中国苏州举行落实《宣言》第6次高官会和第9次联合工作组会取得的积极成果，包括加强海上务实合作以及就“准则”举行磋商。我们期待建立联系热线，以迅速应对海上局势，包括搜救遇难人员和船只。我们同意促进和建立信任，鼓励有关各方预防海上突发事件。我们将继续加强落实《宣言》，保持定期磋商，朝着《宣言》所确定的达成“准则”的目标而努力，以加强互信，维护地区和平、稳定和繁荣。

经济合作

十一、我们重申反对贸易保护主义，在多边和区域贸易谈判中积极坚持这一立场。我们高度评价中国—东盟自由贸易区为提升双方经贸关系发挥的积极作用，欢迎中国—东盟自贸区“升级版”倡议，包括改善市场条件和双方贸易差额，以及扩大《中国与东盟全面经济合作框架协议》的范围和覆盖面。我们责成有关官员尽早就中国—东盟自贸区“升级版”展开讨论。

十二、我们将共同作出努力，争取到2015年双方双向贸易额达到5000亿美元，到2020年达到1万亿美元，今后8年双向投资1500亿美元。

十三、我们要共同努力，积极推进区域全面经济伙伴关系（RCEP）谈判，根据2013年8月在文莱斯里巴加湾市举行的第1次RCEP部长会议通过的RCEP工作方案，确保谈判完成，以大力促进东亚经济一体化。

十四、我们支持中国—东盟中心在促进双方贸易、投资和旅游便利化方面所做的工作，以实现2020年前双向贸易与投资目标。

十五、我们重申2013年10月23日至25日东盟经济部长赴华路演的重要性，这将提升中国中央与地方政府官员及商界人士对双方合作的信心，充分利用中国—东盟强劲经济关系以及东盟经济一体化各种倡议所带来的机遇。

十六、我们认为，中国—东盟博览会是双方经贸交流与合作的重要平台，将继续支持并积极参加中国—东盟博览会。

十七、我们将共同努力，特别是通过有效落实东盟一体化倡议（IAI）工作计划（2009—2015）和包括大湄公河次区域经济合作（GMS）、东盟湄公河流域发展合作（AMBDC）、文莱—印度尼西亚—马来西亚—菲律宾东盟东部增长区（BIMP－EAGA）在内的次区域合作，推动可持续发展，缩小东盟发展差距。我们同意实施澜沧江—湄公河航道二期整治项目。我们鼓励地方政府更多发挥优势，积极参与中国—东盟合作。中国愿与东盟国家探讨在边境地区设立跨境经济合作区。

十八、我们将继续共同努力，加强金融合作，深化“清迈倡议多边化”合作，不断完善区域金融风险预警机制和流动性支持措施。双方将进一步发挥中国—东盟银行联合体的作用。

十九、东盟赞赏中国持续支持《东盟互联互通总体规划》的落实，以及通过中国—东盟互联互通合作委员会中方工作委员会和东盟互联互通协调委员会的积极接触，促进公路、铁路、航空和水路更好的互联互通。我们欢迎2013年9月2日在中国南宁举行中国—东盟交通部长特别会议。为缓解基础设施项目融资瓶颈，我们同意积极推进建设亚洲基础设施投融资平台。东盟赞赏中方设立亚洲基础设施投资银行的倡议，以优先支持东盟互联互通项目。我们将推动泛亚铁路项目建设尽快取得实质性进展。

二十、我们将根据2010年11月第9次中国—东盟交通部长会议上签署的《中国—东盟航空运输协议》，加强民用航空合作，以促进中国和东盟国家互联互通，支持中国—东盟自贸区的建设。

二十一、我们支持为发展中国—东盟海洋合作伙伴关系所作的努力，包括用好中国—东盟海上合作基金，加强双方在港口互联互通、渔业、海洋科技、环境保护、航行安全、海上搜救、海洋文化等领域合作。我们同意加强中国与东盟海上执法机构间的对话交流，并考虑成立相应机制。

二十二、我们将加强在环境、农业、信息与通信技术、人力资源开发、相互投资、湄公河流域开发、旅游、运输、能源领域的合作。我们将制订中国—东盟环保技术与产业合作框架，建立中国—东盟环保技术和产业交流合作示范基地。

二十三、我们将共同努力实施中国—东盟科技伙伴计划，加强在技术转移、能力建设和创新等方面的合作，也包括中小企业间的合作。我们将探讨建立中国—东盟创新中心和中国—东盟科技创新政策研究中心，制订“中国—东盟新能源与可再生能源合作行动计划”。

社会文化合作

二十四、我们将密切合作，促进青年、文化、媒体、教育、旅游、社会发展、公共卫生、灾害管理等社会文化领域的交流与合作，支持中国—东盟思想库网络建设。

二十五、我们一致同意将2014年确定为“中国—东盟文化交流年”。东盟赞赏中国决定自2014年起的未来3至5年向东盟成员国青年学生提供15000个政府奖学金名额。

二十六、我们致力于支持中国—东盟中心的工作，通过文化交流、教育合作使之成为一个促进更好的理解、沟通与合作的平台。

二十七、我们欢迎使用中国—东盟合作基金、中国—东盟投资合作基金和中国—东盟公共卫生合作基金，同意用好中国政府设立的亚洲区域合作专项资金，支持双方各领域合作和交流。

地区及国际事务合作

二十八、我们同意通过区域全面经济伙伴关系（RCEP）加强区域经济合作，欢迎关于建立亚洲金融稳定体系、亚洲投融资合作体系和亚洲信用体系的合作倡议。

二十九、中方再次承诺愿在东盟与中日韩（10＋3）、东亚峰会（EAS）、东盟地区论坛（ARF）和东盟防长扩大会议（ADMM＋）等东盟主导机制框架内，与东盟紧密合作，支持东亚共同体建设的长远目标。中方重申，继续支持东盟在不断演变的区域架构中发挥主导作用。

三十、我们认识到，在当前全球经济形势下，应鼓励各国采取负责任的经济政策，保持全球经济复苏势头。

三十一、我们将加强在国际和地区事务中，尤其是在共同关心的问题上的沟通与合作。中国将继续支持东盟在联合国、二十国集团（G20）和亚太经合组织（APEC）中发挥更大作用。

（来源：新华网．http：//news.xinhuanet.com/world/2013－10/10/c_125503891.htm.2013－10－10）

## 新时期深化中越全面战略合作的联合声明

2013年10月15日，中华人民共和国与越南社会主义共和国在河内发表《新时期深化中越全面战略合作的联合声明》。全文如下：

一、应越南社会主义共和国政府总理阮晋勇邀请，中华人民共和国国务院总理李克强于2013年10月13日至15日对越南社会主义共和国进行正式访问。

访问期间，李克强总理同阮晋勇总理举行会谈，同越共中央总书记阮富仲、国家主席张晋创、国会主席阮生雄举行会见。在真诚友好、相互理解的气氛中，双方就新形势下进一步深化中越全面战略合作、当前国际地区形势及共同关心的问题深入交换意见，达成广泛共识。

二、双方回顾并高度评价中越关系的发展，重申将遵循两国领导人达成的重要共识，在“长期稳定、面向未来、睦邻友好、全面合作”的方针和“好邻居、好朋友、好同志、好伙伴”的精神指引下，发展中越全面战略合作伙伴关系。双方一致认为，在当前国际政治经济形势复杂演变的背景下，加强战略沟通，进一步深化务实合作，妥善处理存在的问题，加强在国际地区事务中的协调配合，推动两国关系长期稳定健康发展，符合两党两国和两国人民的根本利益，有利于地区及世界的和平、稳定与发展。

三、双方高度评价两国高层接触具有不可替代的重要作用，同意继续保持高层接触和互访，从战略高度牢牢把握新时期两国关系发展方向。同时，通过多边场合会晤等多种形式推动高层交往，用好领导人热线电话，就双边关系及共同关心的重大问题深入沟通。

四、双方同意继续用好中越双边合作指导委员会机制，统筹推进各领域互利合作，实施好《落实中越全面战略合作伙伴关系行动计划》，使用好两国外交、国防、经贸、公安、安全、新闻和两党中央对外部门和宣传部门交流合作机制，开好双边合作指导委员会会议、合作打击犯罪会议、经贸合委会会议、两党理论研讨会，做好年度外交磋商、防务安全磋商、党政干部扩大培训等工作，有效使用国防部直通电话，加强对舆论和媒体的正确引导，为增进双方互信，维护两国关系稳定发展作出重要贡献。

五、双方一致认为，中越互为近邻和重要伙伴，均处在经济社会发展的关键阶段，从两国共同需要和利益出发，双方同意在平等互利的基础上，以下述领域为重点进一步深化全面战略合作：

（一）关于陆上合作

双方同意抓紧落实《中越2012－2016年经贸合作五年发展规划》及重点合作项目清单。建立两国基础设施合作工作组，规划并指导具体项目实施。尽快就凭祥—河内高速公路项目实施和融资方案达成一致，争取早日动工建设。双方将积极推进东兴—下龙高速公路项目，中方支持有实力的中国企业按市场原则参与该项目，并愿在力所能及的范围内提供融资支持。双方有关部门将加紧工作，适时启动老街—河内—海防铁路项目可行性研究。双方同意落实好《关于建设跨境经济合作区的备忘录》，积极研究商签《中越边境贸易协定》（修订版），为促进两国边境地区合作与繁荣发挥积极作用。

双方同意加强经贸政策协调，落实好《农产品贸易领域合作谅解备忘录》、《关于互设贸易促进机构的协定》，在保持贸易稳定增长的基础上，促进双边贸易平衡增长，争取提前实现2015年双边贸易额600亿美元目标。中方将鼓励中国企业扩大进口越南有竞争力的商品。中方将支持中国企业赴越投资兴业，也愿为更多越南企业来华开拓市场创造更便利条件。越方将为早日建成龙江和海防两个经贸合作区提供便利和协助。双方将加紧施工，推动越中友谊宫项目早日建成。

双方同意进一步深化在农业、科技、教育、文化、体育、旅游、卫生等领域的交流合作。

双方同意继续发挥两国陆地边界联委会作用，认真落实年度工作计划。召开两国口岸合作委员会首次会议，推进陆地边境口岸开放工作，尽快正式开放峒中—横模国家级口岸。推动《德天瀑布地区旅游资源共同开发和保护协定》谈判尽快取得实质进展，尽快启动《北仑河口地区自由航行协定》新一轮谈判并达成一致，早日建成北仑河公路二桥、水口至驮隆中越界河公路二桥等跨境桥梁，为两国边境地区稳定和发展奠定基础。

双方同意进一步加强两国地方特别是边境省（区）的合作，发挥两国地方有关合作机制的作用。

（二）关于金融合作

双方同意加强在金融领域的合作，积极创造条件并鼓励双方金融机构为双边贸易和投资合作项目提供金融服务。在2003年两国央行签署边境贸易双边本币结算协定基础上，继续探讨扩大本币结算范围，促进双边贸易和投资。双方决定建立两国金融合作工作组，提高双方抵御金融风险的能力，维护两国及本地区经济稳定与发展。加强多边协调与配合，共同推进东亚地区财金合作。

（三）关于海上合作

双方同意恪守两党两国领导人共识，认真落实《关于指导解决中越海上问题基本原则协议》，用好中越政府边界谈判机制，坚持通过友好协商和谈判，寻求双方均能接受的基本和长久的解决办法，积极探讨不影响各自立场和主张的过渡性解决办法，包括积极研究和商谈共同开发问题。本着上述精神，双方同意在政府边界谈判代表团框架下成立中越海上共同开发磋商工作组。

双方同意加强对现有谈判磋商机制的指导，加大中越北部湾湾口外海域工作组和海上低敏感领域合作专家工作组工作力度。本着先易后难、循序渐进的原则，稳步推进湾口外海域划界谈判并积极推进该海域的共同开发，年内启动该海域共同考察，落实北部湾湾口外海域工作组谈判任务。尽快实施北部湾海洋和岛屿环境管理合作研究、红河三角洲与长江三角洲全新世沉积演化对比研究等海上低敏感领域合作项目，继续推进在海洋环保、海洋科研、海上搜救、防灾减灾、海上互联互通等领域合作。

双方同意切实管控好海上分歧，不采取使争端复杂化、扩大化的行动，用好两国外交部海上危机管控热线，两国农业部门海上渔业活动突发事件联系热线，及时、妥善处理出现的问题，同时继续积极探讨管控危机的有效措施，维护中越关系大局以及南海和平稳定。

六、双方同意办好第2届中越青年大联欢、中越青年友好会见、中越人民大联欢等活动，为中越友好事业培养更多接班人。双方同意在越建立孔子学院，并加快推动互设文化中心、切实加强中越友好宣传，深化两国民众之间的了解与友谊。

七、越方重申坚定奉行一个中国政策，支持两岸关系和平发展与中国统一大业，坚决反对任何形式的“台独”分裂活动。越南不同台湾发展任何官方关系。中方对此表示赞赏。

八、双方同意加强在联合国、世贸组织、亚太经合组织、亚欧会议、东盟地区论坛、中国—东盟、东盟－中日韩、东亚峰会等多边场合的协调与配合，为维护世界的和平、稳定与繁荣共同努力。

双方高度评价中国—东盟关系发展取得的巨大成就，一致同意以中国—东盟建立战略伙伴关系10周年为契机，进一步增进战略信任，赞赏和欢迎中方关于缔结中国—东盟国家睦邻友好合作条约，升级中国—东盟自贸区，建立亚洲基础设施投资银行的倡议。中国与东盟开展广泛合作，促进东南亚地区和平、稳定、相互尊重和信任非常重要。

双方一致同意，全面有效落实《南海各方行为宣言》，增进互信，推动合作，共同维护南海和平与稳定，按照《南海各方行为宣言》的原则和精神，在协商一致的基础上朝着制定“南海行为准则”而努力。

九、访问期间，双方签署了《关于互设贸易促进机构的协定》、《关于建设跨境经济合作区的备忘录》、《关于成立协助中方在越实施项目联合工作组的备忘录》、《关于共同建设水口－驮隆中越界河公路二桥的协定》及其实施议定书、《关于开展北部湾海洋和岛屿环境管理合作研究的协议》、《关于长江三角洲与红河三角洲全新世沉积演化对比研究项目的协议》、《关于合作设立河内大学孔子学院的协议》及一些经济合作文件。

十、双方对中国国务院总理李克强访越成果表示满意，一致认为此访对推动两国关系发展及各领域务实合作具有重要意义。

二〇一三年十月十五日于河内发表。

（来源：新华网．http：//news.xinhuanet.com/world/2013－10/15/c_117728865.htm.2013－10－15）

## 中华人民共和国和文莱达鲁萨兰国联合声明

（2013年10月11日，斯里巴加湾市）

2013年10月11日，中华人民共和国和文莱达鲁萨兰国发表联合声明。联合声明全文如下：

一、应文莱达鲁萨兰国苏丹和国家元首苏丹·哈吉·哈桑纳尔·博尔基亚·穆伊扎丁·瓦达乌拉陛下邀请，中华人民共和国国务院总理李克强阁下于2013年10月9日至11日对文莱进行正式访问。李克强总理还出席了2013年10月9日至10日在文莱举行的东亚领导人系列会议。

二、访问期间，李克强总理与苏丹陛下举行了会谈，双方在和谐友好的气氛中就双边关系以及共同关心的地区和国际问题深入交换了意见。

三、双方对1991年两国建交以来双边关系取得的显著成就表示高兴。两国领导人回顾了中文之间密切的历史和文化联系，对两国长期以来的关系表示肯定。双方重申以1991年《中华人民共和国政府和文莱达鲁萨兰国苏丹陛下政府关于两国建立外交关系的谅解备忘录》、1999年和2004年《中华人民共和国与文莱达鲁萨兰国联合公报》、2005年《中华人民共和国和文莱达鲁萨兰国联合新闻公报》和2013年《中华人民共和国和文莱达鲁萨兰国联合声明》中确立的原则和精神为基础，通过各领域合作深化双边关系的政治意愿。

四、双方重申相互尊重主权和领土完整，互不干涉内政。李克强总理赞赏文莱继续坚持一个中国政策，支持两岸关系和平发展与中国和平统一大业。

五、双方认为，中国和文莱互为紧密的合作伙伴，双方为实现共同繁荣与发展密切合作，为地区和平与进步作出贡献。双方鼓励各自官员开拓思路，进一步加强2013年4月习近平主席和苏丹陛下一致同意建立的中文战略合作关系。

六、双方同意保持双边交往的频度，加强两国外交、政治、经贸等各层级的磋商机制。双方同意进一步加强在经贸、能源、基础设施、农渔业、防务、教育和人文交流等领域的合作。

七、双方对中文在能源领域，特别是中国海洋石油总公司（中国海油）与文莱国家石油公司（文莱国油）之间的现有合作表示满意，对中国海油与文莱国油近期签署关于成立油田服务领域合资公司的协议表示欢迎。双方鼓励各自官员根据2013年4月5日中文联合声明第10条所表述的原则为基础，探讨两国相关企业在其他方面共同勘探和开采海上油气资源。

八、双方注意到2003年9月两国签署《中华人民共和国国防部与文莱达鲁萨兰国国防部关于军事交流的谅解备忘录》后防务领域取得的积极进展，愿不断加强两军在高层互访、团组往来、人员培训等领域的交流与合作。苏丹陛下欢迎更多的中方防务人员赴文莱皇家国防学院进修。苏丹陛下感谢中方对2013年6月在文莱举行的第1届东盟防长扩大会议框架下人道主义救援、减灾和军事医学联合演习所作的贡献，以及出席2013年8月在文莱举行的第2届东盟防长扩大会议。苏丹陛下期待中方出席2013年12月在文莱举办的文莱国际防务展。

九、双方认为，人员交流以及教育、旅游、文化和体育领域的合作在增进两国人民友谊方面发挥着重要作用。

十、双方欢迎中方志愿者继续在文莱相关机构为文莱汉语教学、体育和医疗科学事业发展作出贡献。

十一、苏丹陛下赞赏中方对文莱担任2013年东盟轮值主席国工作的支持，以及为促进本地区和平、稳定、发展与繁荣所作贡献，赞赏中方支持东盟通过自身引领的东盟与中日韩（10＋3）、东亚峰会（EAS）和东盟地区论坛（ARF）等机制，在不断演变的区域架构中发挥主导作用。

十二、李克强总理祝贺文莱成功举办第16次中国—东盟领导人会议，赞赏中国—东盟对话伙伴关系，特别是2003年中国与东盟建立战略伙伴关系以来取得的进展。双方积极评价中国和东盟战略伙伴关系10周年系列庆祝活动。苏丹陛下赞赏李克强总理在此次中国—东盟领导人会议上重申中国长期坚持与东盟致力于友谊和伙伴关系的睦邻友好政策。

十三、苏丹陛下赞赏中方提出的打造中国—东盟自贸区“升级版”、设立亚洲基础设施投资银行、启动中国—东盟海上合作基金支持项目等倡议，以加强中国与东盟的经贸、投资、互联互通、海上等领域合作。苏丹陛下同时高度评价中方作为“东盟东部增长区”发展伙伴，加大参与并支持次区域层面经济发展。

十四、双方重申，将继续在亚太经合组织、亚欧会议、联合国和世界贸易组织等其他地区国际场合就共同关心的问题加强磋商。苏丹陛下期待中方明年担任亚太经合组织东道主，赞赏中方为增强世界经济所作出的努力，希望两国继续密切合作，共同促进强劲、可持续和平衡发展。苏丹陛下还对中方支持东盟继续参加二十国集团峰会表示赞赏。

十五、双方强调应由直接有关的主权国家根据包括1982年《联合国海洋法公约》在内的公认的国际法原则，通过和平对话和协商解决领土和管辖权争议。双方重申将致力于全面有效落实《南海各方行为宣言》，维护地区和平、稳定和安全，增进互信，加强合作。双方欢迎2013年9月15日在中国苏州举行的落实《南海各方行为宣言》第6次高官会，及在落实《南海各方行为宣言》框架下就“南海行为准则”进行的磋商取得的积极进展，认为应以循序渐进和协商一致的方式稳步推进“南海行为准则”进程。

十六、李克强总理感谢文方在访问期间给予的热情友好接待，期待着苏丹陛下和文莱其他王室成员在不久的将来访问中国。

（来源：中国新闻网.http：// www. chinanews. com/gn/2013/10—11/5366494. shtml. 2013—10—11）

## 中老联合声明：中方将继续为老挝提供支持援助

应中国共产党中央委员会总书记、中华人民共和国主席习近平邀请，老挝人民革命党中央委员会总书记、老挝人民民主共和国主席朱马里·赛雅颂于2013年9月26日至30日对中华人民共和国进行正式友好访问，受到中国党、政府和人民的隆重欢迎和热情接待。中共中央总书记、国家主席习近平与老挝人革党中央总书记、国家主席朱马里举行会谈。国务院总理李克强、全国人民代表大会常务委员会委员长张德江分别会见朱马里总书记、国家主席。

在亲切友好、相互信任的气氛中，双方相互通报了各自党和国家情况，就新形势下丰富和发展中老全面战略合作伙伴关系及共同关心的国际和地区问题深入交换意见，达成广泛共识。

双方一致认为，中老两国理想信念相通、社会制度相同、发展道路相近，是具有广泛共同利益的命运共同体。自2009年两国建立全面战略合作伙伴关系以来，双方政治互信不断加深，各领域互利合作成果丰硕，促进了各自国家社会主义和党的建设事业，为维护地区和平、促进共同发展作出新贡献。

双方一致认为，在世情、国情、党情深刻变化的新形势下，按照“长期稳定、睦邻友好、彼此信赖、全面合作”方针和“好邻居、好朋友、好同志、好伙伴”精神，丰富和发展高度互信、互助、互惠的中老全面战略合作伙伴关系具有重要意义。符合两党两国和两国人民的根本利益和共同愿望，有利于社会主义事业兴旺发达，有利于人类和平与发展的崇高事业。为此，双方声明如下：

一、中国党、政府和人民将一如既往，坚定支持兄弟的老挝党、政府和人民坚持社会主义方向和有原则的全面革新路线，深入贯彻落实老挝党九大精神，为到2020年摆脱欠发达状态打下基础，把国家发展和党建事业推向新水平。老挝党、政府和人民将一如既往，坚定奉行一个中国政策，支持中国人民在以习近平同志为总书记的党中央带领下，坚定不移沿着中国特色社会主义道路前进，为实现“两个一百年”奋斗目标和中华民族伟大复兴的中国梦而不懈努力。

二、保持两党两国高层交往和互访传统，就两党两国关系和共同关心的重大问题及时交换意见，加强战略沟通，密切政治互信和团结。加强两国立法机构、中国全国政协同老挝建国阵线之间的交流，增进相互了解与友好合作。

三、进一步发挥两党交流合作对党建、社会主义事业和两国传统友好的积极促进作用。加强两党理论交流，举办好年度两党理论研讨会，加强党政干部考察和培训合作，相互学习借鉴治党治国经验，推进两党中央相关部门的交流合作以及两党地方组织和群众组织的友好交往。

四、根据《落实中老全面战略合作伙伴关系行动计划》，扩大和深化各领域务实合作，提高合作质量和水平。重点推进基础设施、农业、自然资源开发加工、能源、旅游、扶贫、通信和广播电视、中小企业、人力资源、水资源与环境等十大领域合作，促进优势互补和经济转型升级。中方将继续为老挝国家发展提供力所能及的支持和援助。

五、进一步加强两国司法、国防及执法安全合作，维护各自国家安全、社会稳定和地区和平。

六、加强两国工青妇组织、地方之间以及文化、教育、质检、卫生、体育、新闻媒体等领域的合作，共同推动社会主义和谐社会建设。

七、加强两国在中国一东盟、东盟一中日韩、东亚峰会、大湄公河次区域经济合作以及联合国等多边机制框架下的协调与配合，就涉及地区和平与发展的重大问题积极协调立场，相互支持与配合，为全面提升中国一东盟合作水平、推动东亚合作朝着正确方向前进、维护地区和平稳定共同努力。

八、访问期间，双方签署了《落实中老全面战略合作伙伴关系行动计划》、《中老两国政府经济技术合作协定》及多项经济合作文件。

九、老挝人革党中央总书记、国家主席朱马里对中共中央总书记、国家主席习近平以及中国共产党、政府和人民的热情友好接待表示感谢，邀请中共中央总书记、国家主席习近平访问老挝。中共中央总书记、国家主席习近平感谢老挝人革党中央总书记、国家主席朱马里盛情邀请，表示愿在双方方便的时候再次访问老挝。

（来源：中国新闻网．http：// www. chinanews. com/gn/2013/09－30/5340728. shtml. 2013－09－30）

## 中印战略合作伙伴关系未来发展愿景的联合声明

一、应中华人民共和国国务院总理李克强邀请，印度共和国总理曼莫汉·辛格于2013年10月22日至24日对中国进行了正式访问。中华人民共和国主席习近平会见了辛格总理，李克强总理与辛格总理举行了会谈，全国人民代表大会常务委员会委员长张德江会见了辛格总理。

二、双方就涉及双边关系及共同关心的国际地区问题交换了意见，达成了广泛共识。双方忆及今年两国领导人达成的一系列重要共识，重申双方推动两国面向和平与繁荣的战略合作伙伴关系向前发展的决心。双方将在和平共处五项原则、相互尊重和照顾彼此关切及愿望的基础上实现这一目标。此次访问是自1954年以来两国总理首次实现年内互访，具有重要意义。

三、两国领导人认为，中印两国将通过加强务实合作、落实互利政策，推动经贸关系迈上新台阶。双方期待2013年11月或12月举行战略经济对话，就此前商定的众多合作领域提出具体倡议。中印经贸联合小组致力于扩大双边经贸合作，促进双边贸易平衡发展。该框架下各工作组将根据授权，快速推动实现上述目标。双方同意研究双边区域贸易安排的潜力，并回顾区域全面经济伙伴关系谈判的状况。双方将加快商定关于建立产业园区的框架协议，为中印企业提供集群式发展平台。两国领导人会谈后所签署的经贸协议，反映了2013年5月以来双方经贸合作取得的进展。

四、根据两国领导人达成的共识，双方已就孟中印缅经济走廊倡议分别成立工作组。中方工作组10月访印是推动倡议的积极一步，双方将就孟中印缅经济走廊倡议进一步探讨。双方将同孟、缅保持沟通协商，并于12月召开孟中印缅联合工作组首次会议，研究孟中印缅经济走廊建设的具体规划。

五、两国边界问题特别代表正受命探讨中印边界问题的解决框架。两国领导人鼓励特别代表继续朝着这一方向努力。双方认为，中印边境地区的和平与安宁是双边关系发展和持续增长的重要保障。中印1993年、1996年和2005年协定均承认相互同等安全原则。双方在上述协定基础上，签署了边防合作协议，这将有助于维护边境地区的稳定。

六、防务交流和军事训练对增进两国信任和信心十分重要。2013年11月，双方将举行反恐联合训练，这凸显了两国政府增进相互理解的共同愿望。2013年7月，两国防长一致同意加强防务交流和互访，相关活动将逐步得到落实。

七、印方感谢中国政府为提供跨境河流水文资料和应急事件处置所作出的努力。两国领导人欢迎双方签署关于加强跨境河流合作的谅解备忘录。双方同意进一步加强跨境河流合作，在现有的专家级机制下，就水文报汛、应急事件处置开展合作，并就其他共同关心的问题交换意见。

八、双方应便利两国人员往来，以实现扩大交往的共同目标。双方还签署了文化合作协定2013至2015年执行计划，内容包括文化艺术、文化遗产、青年、教育及体育事务、新闻出版与大众传媒等。双方就建立首批友好城市达成一致。

九、双方已商定将2014年定为“友好交流年”，此外，中印还将与缅甸探讨以适当方式共同纪念和平共处五项原则发表60周年。

十、两国领导人讨论了具有地区和国际影响的政治、经济问题，包括可能影响各自经济增长和发展前景的问题。双方同意将继续加强在中俄印、金砖国家、二十国集团等多边机制中的协调配合，共同应对气候变化、国际反恐、粮食和能源安全等全球性问题，推动建设更加公平合理的全球政治经济秩序。鼓励各种机制和对话定期举行，探讨相关问题，更好地理解对方的关切与利益。

十一、曼莫汉·辛格总理感谢中国政府给予的热情接待，并邀请李克强总理在双方方便的时候访问印度。

（来源：新华网．http：//news.xinhuanet.com/2013－10/23/c＿117844273.htm.2013－10－23）

## 中越联合声明

一、应中华人民共和国主席习近平邀请，越南社会主义共和国主席张晋创于2013年6月19日至21日对中华人民共和国进行国事访问。

访问期间，国家主席习近平同张晋创主席举行了会谈。国务院总理李克强、全国人民代表大会常务委员会委员长张德江分别会见了张晋创主席。两国领导人在友好坦诚的气氛中，就新形势下进一步深化中越全面战略合作和共同关心的国际地区问题深入交换意见，达成广泛共识。

除北京外，张晋创主席还前往广东省访问。

二、双方回顾了中越关系发展历程，一致认为中越友好是两国人民共同的宝贵财富，重申将遵循两国领导人多年来就发展中越友好达成的重要共识，继续坚持“长期稳定、面向未来、睦邻友好、全面合作”的方针和“好邻居、好朋友、好同志、好伙伴”的精神，不断增进战略互信，深化各领域互利合作，妥善处理存在的问题，加强在国际地区事务中的协调配合，推动中越关系长期健康稳定发展。

三、中越均处在经济社会发展的关键时期，双方视对方的发展为自身发展的机遇，同意重点在以下领域深化全面战略合作：

（一）通过双边互访、热线电话、多边场合会晤等灵活多样的形式，保持高层接触，加强战略沟通，牢牢把握两国关系发展的正确方向。中方欢迎越南领导人来华访问和参会，越方欢迎中国领导人尽早访越。

（二）双方积极评价中越双边合作指导委员会第6次会议成果，同意继续用好这一重要机制，统筹推进各领域互利合作，更好地造福两国人民。双方同意共同落实好此访期间签署的《落实中越全面战略合作伙伴关系行动计划》，推动两国务实合作取得新进展。

（三）双方对近年两党关系发展表示满意，同意深化两党合作，推进两党中央对外部门和宣传部门交流合作机制顺利运转，加强党政干部培训合作。双方同意密切配合，共同办好第9次两党理论研讨会，进一步加强治党治国经验交流，促进各自党和国家的建设。

（四）双方同意加强两国外交部合作，落实好两国外交部合作议定书，保持两部领导经常交往，举办年度外交磋商，加强两部对口司局交流。

（五）双方积极评价第7次两国防务安全磋商成果，同意保持两军高层交往，发挥好防务安全磋商机制和国防部直通电话的作用，增进双方互信。深入开展军队党务和政治工作经验交流，加强人员培训和青年军官交往。落实好此访期间签署的《中越国防部边防合作协议（修订版）》，继续开展陆地边界联合巡逻。深化边海防合作，年内开展两次两国海军北部湾联合巡逻。加强在地区多边安全事务中的沟通与协调。探讨开展防务合作的新形式、新内容，进一步深化两军合作。

（六）双方同意深化执法安全合作，充分发挥两国公安部合作打击犯罪会议机制作用，密切执法高层和业务部门互访，推进在打击跨国犯罪、维护社会治安以及执法能力建设等领域的务实合作，尽快开展各领域执法联合行动，维护两国边境地区的安全稳定。双方同意推动两国海警部门开展交流合作。双方同意下半年尽快启动《中越引渡条约》谈判。

（七）双方同意加强经济发展战略协调，落实好《中越2012～2016年经贸合作五年发展规划》及重点合作项目清单，进一步推进农业和渔业、交通运输、能源、矿业、制造业和配套工业、服务业合作以及“两廊一圈”区域合作。双方将用好双边经贸合委会机制，落实好《中国商务部和越南工贸部农产品贸易领域合作谅解备忘录》，双方同意在保持双边贸易稳定增长的基础上，积极采取有效、有力措施，促进双边贸易平衡增长，争取提前实现2015年双边贸易额600亿美元的目标。继续推进中越能源、工业园区、陆地互联互通等重大经贸合作项目建设，重点推动建设凭祥—河内高速公路等连接两国陆地边境地区的公路和铁路项目。双方同意加强双边金融合作，积极创造条件并鼓励双方金融机构向双边合作项目提供金融服务支持。继续推动双边贸易和投资便利化，包括鼓励在边境贸易中使用本币支付结算。鼓励各自企业到对方国家投资，为投资企业创造安全便利条件。

（八）双方同意继续深化农业合作，完善农业双边合作机制，加强农业科技交流与农业领域能力建设，推广包括杂交水稻在内的优质高产农作物品种，促进农产品加工与贸易发展，重点推进跨境动植物疫病防控、进出口食品安全体系建设，提高预警能力和信息共享水平。

（九）加强文化交流与合作，落实好《2011～2015年教育交流协议》、《中越文化协定2013～2015年执行计划》，在对方国家早日建成文化中心，加强在文化产业、人力资源等领域合作。双方同意下半年在华举办第2届中越青年大联欢，同时继续办好中越青年友好会见、中越人民论坛会议等活动，加大中越友好宣传，增进两国人民之间的友好感情。

（十）双方同意深化科技交流与合作，进一步发挥两国政府间科技合作联委会作用，鼓励和支持两国科技和产业界在农业、信息通讯、新能源、环保、水资源管理利用和保护等共同感兴趣的领域开展联合研究与开发、共建联合实验室和技术转移等多种形式的合作。

（十一）双方同意进一步加强两国边境省区特别是中国广东、广西、海南、云南四省（区）同越南奠边、莱州、老街、河江、高平、谅山、广宁7省之间的合作，发挥两国地方有关合作机制作用，重点推进经贸、交通基础设施、科教文卫等领域合作，促进两国边境省区的共同发展。

（十二）双方同意认真落实两国陆地边界联委会2013年工作计划，积极评价此访期间建立两国边境口岸管理合作委员会，同意推动两国边境口岸开放和升格，加强边境口岸基础设施建设和管理，改善口岸通行条件，提高口岸通行效率，服务两国经贸发展和人员往来。尽快启动中越北仑河二桥建设。双方同意下半年举行《北仑河口地区自由航行协定》和《德天瀑布地区旅游资源共同开发和保护协定》新一轮谈判，争取尽快取得实质进展。双方将加强在界河整治、跨界河流防洪减灾、水资源利用和保护领域的技术交流与合作。

（十三）双方将继续落实好《北部湾渔业合作协定》，积极探索北部湾共同渔区联合检查新方式。双方高度评价此访期间签署的《中国农业部与越南农业与农村发展部关于建立海上渔业活动突发事件联系热线的协议》，妥善处理两国海上渔业活动突发事件，使之符合两国友好关系。

四、双方就海上问题坦诚交换了意见，同意两党两国领导人就中越海上问题保持经常性的沟通和对话，从战略高度和两国关系大局出发，指导和推进海上问题的妥善解决。双方将认真落实《关于指导解决中越海上问题基本原则协议》，用好中越政府边界谈判等机制，坚持通过友好协商和谈判，寻求双方均能接受的基本和长久的解决办法，积极探讨不影响各自立场和主张的过渡性解决办法，包括积极研究和商谈共同开发问题。

双方同意本着先易后难、循序渐进的原则，加大北部湾湾口外海域工作组谈判力度，稳步推进湾口外海域划界谈判并积极推进该海域的共同开发。年内在北部湾湾口外海域启动共同考察，尽早确定合作区域和领域，落实北部湾湾口外海域工作组谈判任务。双方欢迎两国有关企业签署的中越北部湾协议区联合勘探协议修改协议，同意扩大协议区面积，延长协议期限，共同推动北部湾内跨界油气构造联合勘探尽快取得积极进展。

双方同意加大中越海上低敏感领域合作专家工作组谈判密度，年内实施中越海上联合搜救、北部湾海洋和岛屿环境管理合作研究、红河三角洲与长江三角洲海域全新世沉积演化对比研究等3个海上低敏感领域合作项目中的1至2个项目，继续推进在海洋环保、海洋科研、海上搜救、防灾减灾、海上互联互通等领域合作。

双方同意在海上争议最终解决前，保持冷静和克制，不采取使争端复杂化、扩大化的行动。同时用好两国外交部海上危机管控热线，本着建设性的态度妥善处理出现的问题，不使其影响中越关系大局以及南海和平稳定。双方同意全面有效落实《南海各方行为宣言》（DOC），共同维护南海和平与稳定。

五、越方重申坚定奉行一个中国政策，支持两岸关系和平发展与中国统一大业，坚决反对任何形式的“台独”分裂活动。越南不同台湾发展任何官方关系。中方对此表示赞赏。

六、双方认为，中越同为发展中国家，在许多共同关心的国际地区问题上具有相似和相近的立场。双方同意加强在联合国、世贸组织、亚太经合组织、亚欧会议、东盟地区论坛、中国—东盟、东盟—中日韩、东亚峰会等多边场合的协调与配合，共同维护世界的和平、稳定与繁荣。

双方同意，以2013年中国—东盟建立战略伙伴关系10周年为契机，全面落实中国同东盟国家领导人达成的各项共识，办好10周年系列纪念活动，不断拓展和深化中国同东盟在经贸、互联互通、海洋、社会人文等领域合作，为地区和平、稳定与繁荣做出更大贡献。

七、访问期间，双方签署了《中越两国政府落实中越全面战略合作伙伴关系行动计划》、《中越国防部边防合作协议（修订版）》、《中国农业部与越南农业与农村发展部关于建立海上渔业活动突发事件联系热线的协议》、《中国质量监督检验检疫总局与越南农业与农村发展部关于动植物检验检疫合作协议》、《中越陆地边境口岸管理合作委员会工作条例》、《中越两国政府关于互设文化中心的谅解备忘录》、《中国人民对外友好协会和越南友好组织联合会2013年～2017年合作备忘录》、《中国海洋石油总公司和越南油气总公司关于北部湾协议区联合勘探协议第四次修改协议》及多项经济合作文件。

八、双方对越南国家主席张晋创访华成果表示满意，一致认为此访对推动两国关系发展具有重要意义。张晋创主席对访华期间受到中方热情友好接待表示感谢，邀请国家主席习近平访问越南。国家主席习近平对此表示感谢。

二〇一三年六月二十一日于北京

（来源：新华网．http：//news. xinhuanet. com/world/2013－06/21/c _ 116238537. htm. 2013—06—21）

# 附　　录

## 中国驻东盟各国大使馆

（名称/大使/地址/电话/电子邮箱/网址）

**驻文莱达鲁萨兰国大使馆/郑祥林**(Zheng Xianglin)/NO. 1,3,5 Simpang 462,Kampung Sungai Hanching Baru,Jalan Muara,Bc2115,Bandar Seri Begawan,Brunei Darussalam/00673－2－334163;00673－2－335710(传真)/embproc@brunet. bn,bn@mofcom. gov. cn/http://bn. china－embassy. org

**驻柬埔寨王国大使馆/布建国**(Bu Jianguo)/NO. 156,Blvd Mao Tsetung,Phnom Penh,Cambodia/00855－12810928,12901923;00855－23－720922(传真)/chinaemb_kh@mfa. gov. cn/http://kh. china－embassy. org

**驻印度尼西亚共和国大使馆/谢锋**(Xie Feng)/JL. Mega Kuningan NO. 2 Jakarta Selatan 12950 Indonesia/0062－21－5761037;0062－21－5761038(传真)/administrative@chnemb. or. id/http://id. china－embassy. org

**驻老挝人民民主共和国大使馆/关华兵**(Guan Huabing)/Wat Nak Road,Sisattanak,Vientiane,LAO P. D. R. /00856－21－315100;00856－21－315104(传真)/chinaemb_la@mfa. gov. cn/http://la. china－embassy. org/

**驻马来西亚大使馆/黄惠康**(Huang Huikang)/229,Jalan Ampang,50450 Kuala Lumpur,Malaysia/00603－21411729,21447652;00603－21414552,21453924(传真)/chinaembmy@mfa,gov. cn/http://my. china－embassy. org/chn/

**驻缅甸联邦共和国大使馆/杨厚兰**(Yang Houlan)/NO. 1 Pyidaungsu Yeiktha Road,Yangon,Union Of Myanmar/0095－1－221280,221281;0095－1－227019(传真)/chinaemb_mm@mfa. gov. cn/http://mm. china－embassy. org

**驻菲律宾共和国大使馆/赵鉴华**(Zhao Jianhua)/4896 Pasay Road,Dasmarinas Village,Makati,Metro Manila,Republic of the Philippines/0063－2－8443148(总机);0063－2－8452465(传真)/chinaemb_ph@mfa. gov. cn/http://ph. china－embassy. org

**驻新加坡共和国大使馆/段洁龙**(Duan Jielong)/150 Tanglin Road,singapore 247969(新加坡东陵路 150 号,邮编:247969)/0065－64793250(传真)/chinaemb_sg@mfa. gov. cn/http://www. chinaembassy. org. sg

**驻泰王国大使馆/宁赋魁**(Ning Fukui)/57 Rachadapisake Road Huay Kwang,Bangkok 10310,Thailand/0066－2－2457044;0066－2－2468247(传真)/chinaemb_th@mfa. gov. cn/http://www. chinaembassy. or. th

**驻越南社会主义共和国大使馆/洪小勇**(Hong Xiaoyong)/46 Hoang Dieu Road,Hanoi,Vietnam,P. O. BOX 13(信箱)/00844－38453736;00844－38232826(传真)/chinaemb_vn@mfa. gov. cn/http://vn. china－embassy. org

（来源：中华人民共和国外交部网站. http://www. fmprc. gov. cn/mfa_chn/wjb_602314/zwjg_603776/zwsg_603778/）

## 东盟各国驻中国外交机构

（名称/大使/地址/电话/电子邮箱）

**文莱达鲁萨兰国驻华大使馆/张慈祥**(H. E. Mrs.

Magdalene Teo)/北京市朝阳区亮马桥北街1号(NO. 1,Liang Ma Qiao Bei Jie,Chaoyang District)/010—65329773,65329776,65324093;010—65324097(传真)

**柬埔寨王国大使馆/凯·西索达**(H. E. Mrs. Khek Caimealy Sysoda)/北京市东直门外大街9号(NO. 9,Dong zhi men wai Dajie)/010—65321889;010—65323507(传真)/cambassy@public2. bta. net. cn

**印度尼西亚共和国驻华大使馆/苏更·拉哈尔佐**(H. E. Mr. Soegeng Rahardjo)/北京市朝阳区东直门外大街4号(NO. 4,Dong Zhi Men Wai Da Jie,Chaoyang District)/010—65325486—88,65325489;010—65325368,65325782(传真)/set. indonesia. kbri@deplu. go. id

**老挝人民民主共和国大使馆/宋迪·本库**(H. E. Mr. Somdy Bounkhoum)/北京市三里屯东四街11号(NO. 11,Dong Si Jie,San Li Tun)/010—65321224;010—65326748(传真)

**马来西亚大使馆/伊斯甘达·萨鲁丁**(H. E. Mr. Iskandar Sarudin)/北京市朝阳区亮马桥北街2号,100600(邮编)(NO. 2,Liang Ma Qiao Bei Jie,Chaoyang District),100600/010—65322531;010—65325032(传真)/mwbjing@kln. gov. my

**缅甸联邦大使馆/吴丁乌**(H. E. Mr. Tin Oo,)/北京市东直门外大街6号(NO. 6,Dong Zhi Men Wai Da Jie)/010—65320359,65320360;010—65320408(传真)/info@myanmarembassy. com

**菲律宾共和国驻华大使馆/艾尔琳达·巴西里奥**(H. E. Mrs. Erlinda F. Basilio)/北京市建国门外秀水北街23号,100600(邮编)(23 Xiu Shui Bei Jie,Jian Guo Men Wai,100600)/010—65321872;010—65323761(传真)/Philemb_beijing@yahoo. com

**新加坡共和国大使馆/罗家良**(H. E. Mr. Loh Ka Leung)/北京市朝阳区建国门外秀水北街1号,100600(邮编)(NO. 1 Xiu Shui Bei Jie,Jian Guo Men Wai Chao Yang District,100600)/010—65059393,65329380;010—65329405(传真)

**泰王国大使馆/伟文·丘氏君**(H. E. Mr. Wiboon Khusakul)/北京市光华路40号(NO. 40,Guang Hua Lu)/010—65321749;010—65321748(传真)/thaibej@eastnet. com. cn

**越南社会主义共和国大使馆/阮文诗**(H. E. Mr. Nguyen Van Tho)/北京市建国门外光华路32号(NO. 32,Guang Hua Lu,Jian Guo Men Wai)/010—65321155;010—65325720(传真)

(来源:中华人民共和国外交部网站 http://www. fmprc. gov. cn/mfa_chn/ziliao_611306/wjgmc_611378/)

## 中国驻东盟各国总领馆

(名称/总领事/地址/电话/电子邮箱)

**驻泗水总领事馆**(印度尼西亚)/于红(Yu Hong)/Jalan Mayjend. Sungkono Kav. B1/105,Surabaya Jalan Paris Argosari V D—3,Surabaya(签证厅)/0062—31—5675825;0062—31—5674667(传真)/chinaconsul_sur@mfa. gov. cn/http://surabaya. china—consulate. org/(网址)

**驻棉兰总领事馆**(印度尼西亚)/朱洪海(Zhu Honghai)/Jalan Walikota NO. 9,Medan 20152/0062—61—4571232;0062—61—4571261(传真)/chinaconsul_mdn_id@mfa. gov. cn/(http://medan. chineseconsulate. org(网址))

**驻古晋总领馆**(马来西亚)/刘全(Liu Quan)/马来西亚砂捞越州古晋市王长水路10段276号(Lot 276,Block 10,Jalan Ong Tiang Swee,93200 Kuching,Sarawak,Malaysia)/0060—82—240344;0060—82—232344(传真)/consulate_kuching@mfa. gov. cn/http://kuching. chineseconsulate. org(网址)

**驻曼德勒总领馆**(缅甸)/王愚(Wang Yu)/Yadanar Lane,Yanfyi Aung Road/00952—34457;00952—35944(传真)/chinaconsul_man_mm@mfa. gov. cn/http://mandalay. china—consulate. org(网址)

**驻宿务总领馆**(菲律宾)/张卫国(Zhang Weiguo)/Cebu Fil—Chinese Volunteers Fire Brigade Building,Don Julio Llorente Street,Barangay Capitol Site,Cebu City 6000,Philippines/0063—32—2563422,

2563455；0063－32－2563499（传真）chinaconsul_cb_ph@mail. mfa. gov. cn/http：//cebu. china－consulate. org（网址）

**驻拉瓦格领事馆**（菲律宾）/李可武（Li Kewu）/菲律宾北伊罗戈省圣尼古拉斯县三蕃镇一区国道216号（No 216 National Highway，Brgy. 1，San Francisco San Nicolas，Ilocos Norte 2901，Philippines）/0063－9178051226；0063－77－6706338（传真）/Chinaconsul_lg_ph@mfa. gov. cn/http：//laoag. china－consulate. org

**驻宋卡总领馆**（泰国）/张晋雄（Zhang Jinxiong）/NO. 9，Sadao Road，Ampur Muang，Songkhla，90000（邮编）/0066－74－322034；0066－74－323772（传真）/chinaconsul_skh_th@mfa. gov. cn/http：//songkhla. chineseconsulate. org/

**驻清迈总领馆**（泰国）/张伟才（Zhang Weicai）/泰国清迈昌罗路111号（NO. 111，Changlo Road，Chiangmai 50000，Thailand）/6653－276125；6653－274614（传真）/http：//chiangmai. chineseconsulate. org（网址）

**驻胡志明市总领事馆**（越南）/柴文睿（Chai Wenrui）/39 Nguyen Thi Minh Khai Street，District 1，Ho Chi Minh City，Vietnam/00848－8292457；00848－8295009（传真）/chinaconsul_hcm_vn@mfa. gov. cn/http：//hcmc. chineseconsulate. org/（网址）

（来源：中华人民共和国外交部网站. http：//www. fmprc. gov. cn/mfa_chn/wjb_602314/zwjg_603776/zwzlg_603792/）

## 东盟国家贸促机构与商协会通讯录

| 国家 | 机构名称 | 地址 | 电话、传真 | 电邮、网址 |
|---|---|---|---|---|
| 文莱 | 文莱国家工商会 | NO. 1，Block D，Beribi Industrial Complex 1，Kg. Beribi BE 1119 Negara Brunei Darussalam | Tel：00673—2433750<br>Fax：00673—2422751 | E-mail：sybas@brunet. bn |
| | 文莱斯市中华总商会 | 72 Jalan Robert，P. O. Box 281，BSBBS8670，Brunei Darussalam | Tel：00673—2235494/5/6<br>Fax：00673—2235492/3 | E-mail：ccc@brunet. bn |
| 柬埔寨 | 商业部 | Russian Federation Blvd.，Toeuk Thla Village，Sangkat Toeuk Thla，Khan Sen Sok，Phnom Penh，Cambodia | Tel：023—866088/866478<br>Fax：023—866188/866425 | E-mail：moccab@moc. gov. kh/moccabdir@yahoo. com<br>http：//www. moc. gov. kh |
| | 柬埔寨中国商会 | 金边市106街19号（捷运旅游集团大厦2楼） | Tel：023—986937 | sinocam@hotmail. com |
| | 柬埔寨金边总商会 | No. 7B the corner of Road NO. 81－109，sangkat boeung Raing，khan daun penh，phnom phenh | Tel：00855—23—212265<br>Fax：00855—23—212270 | |
| 印尼 | 印尼中华总商会 | 23rd Fl.，Tower A Landmark Building Tower，Jl. Jend. Sudirman Kav. 1，Jakarta 12190，Indonesia | Tel：0062—21—5209393<br>Fax：0062—21—5202680 | |
| | 印尼工商会 | Menara Kadin Indonesia 29th FloorJl. H. R. Rasuna Said X－5Kav. 2－3，Jakarta 12950 | Tel：0062—21—5274485，9165535<br>Fax：0062—21—5274486 | E-mail：inquiry@kadinnet. com<br>http：//www. kadinnet. com |
| | 印中商务理事会 | Gedung Pusat Niaga Lt. 4，Arena PRJ Kemayoran，Jakarta 10620 Indonesia | Tel：0062—21—3910947<br>Fax：0062—21—6678353，6612338 | |
| | 印尼工贸部出口促进局 | ITC Building，Jl. Abdul Muis NO. 8，Jakarta 10180，Indonesia | Tel：0062—21—3800654<br>Fax：0062—21—38558850 | E-mail：kabpen@dprin. go. id；<br>E-mail：kabpen@nafed. go. id<br>http：//www. nafed. go. id |

续表

| 国家 | 机构名称 | 地址 | 电话、传真 | 电邮、网址 |
|---|---|---|---|---|
| 老挝 | 老挝国内外投资促进管理局 | LuangPrabang Road，Vientia—Ne，Laos | Tel：00856—21—217005<br>Fax：00856—21—215491 | E-mail:fimc@laotel. com http://www. invest. laopdr. org |
| | 老挝工商会 | Rue Ponexay Post Box 4596 Vieentiane | Tel：00856—21—414383<br>Fax：00856—21—414383 | |
| 马来西亚 | 国际贸易及工业部 | Block 10，Kompleks PejabatPe—jabat Kerajaan，Jalan Duta，50622 Kuala Lumpur | Tel：00603—62033022<br>Fax:00603—62012337 | http://www. miti. gov. my |
| | 马来西亚中华工商联合会 | Lot 6. 05&6. 06，6th Floor，Menara Promet，Jalan Sultan Ismail，50250 Kuala Lumpur | Tel：00603—21452503，21452653<br>Fax：00603—21452562，21457819 | E-mail:acccim@acccim. org. my<br>http://www. acccim. com. my |
| | 马来西亚中国经济贸易总商会 | No. 8—2，Jln Metro Pudu，Fraser Business Park Off Jalan Yew，55100 Kuala Lum—pur | Tel：0060—3—92231188<br>Fax：0060—3—92221548 | E-mail:mccc. sec@mccc. my<br>http:// www. mccc. my |
| | 马来西亚全国工商总会 | Level 3, West Wing, Menara MATRADE, Jalan Khidmat Usaha, Off Jalan Duta, 50480, Kuala Lumpur, Malaysia | Tel：00603—62049811<br>Fax：00603—62049711 | E-mail:enquiry@nccim. org. my<br>http://www. nccim. org. my |
| 缅甸 | 缅甸中国企业商会商务中心 | Room 0305，Business Suite，Sedona Hotel，Yangon，Myanmar | Tel:0095—1—666900—7904<br>Fax:0095—1—666900—7904 | E-mail：dongbobo @ myanmar. com. mm |
| | 缅甸联邦商业和工业联合会 | No. 29，Min Ye Kyawswa Road，Lanmadaw Township，Yangon，Myanmar | Tel:0095—1—214344,214345<br>Fax:0095—1—214484 | E-mail:umcci@mptmail. net. mm<br>http://www. umfcci. com. mm |
| | 缅甸华商商会 | No. 1—5，Shwe Dagon Pagoda Road，Latha Tsp.，Yangon | Tel：0095—1—246076 | |
| 菲律宾 | 菲律宾工商联合会 | G/F，Philippine International Convention Center，East Wing，Secretariat Building，CCP Complex，Roxas Blvd.，Pasay City，Metro Manila，Philippines. | Tel:0063—2—8338591，8338595<br>Fax:0063—2—8338895 | |
| | 菲律宾中华总商会 | 1122 Soler St.，Manila，Philippines. | Tel:00632—7114141，2327231<br>Fax：00632—7436366 | |
| | 菲律宾华工商总会 | 6th Floor Birch Tree Plaza Bldg.，825 Muelle de la Industria，Binondo，Manila，Philippines | Tel：0063—2—2444991，2444996<br>Fax：0063—2—2444997，2416475 | http://www. cfbc. com. ph |
| | 菲律宾华商联总会 | 6th Floor，Federation Center，Muelle De Binondo St. Manila，Philippines | Tel：0063—2—2419201<br>Fax：0063—2—2422361，2422347 | E-mail：secretariat @ ffcccii，com. ph<br>http://www. ffcccii. com. ph |

续表

| 国家 | 机构名称 | 地址 | 电话、传真 | 电邮、网址 |
|---|---|---|---|---|
| 新加坡 | 新加坡中华总商会 | 47 Hill Street ＃09—00，Singapore 179365 | Tel：0065—63378381<br>Fax：0065—63390605 | http://www.sccci.org.sg |
| | 新加坡中小企业协会 | ASME Secretariat 167 Jalan Bukit Merah Tower 4，＃03—13 Singapore 150167 | Tel：0065—65130388<br>Fax：0065—65130399 | E-mail:sme@asme.org.sg |
| | 新加坡贸易与工业部 | 100 High Street ＃09—01 The Treasury，Singapore179434 | Tel：0065—62259911<br>Fax：0065—63327260 | http://www.mti.gov.sg/ |
| | 新加坡中国商会 | 6001 Beach Road ＃11—01 Golden Mile Tower，Singapore 199589 | Tel：0065—62213900<br>Fax：0065—62251558 | http://www.scbworld.com |
| | 新加坡工商联合总会 | 19 Tanglin Shopping Centre，Singapore 247909 | Tel：0065—68276828<br>Fax：0065—68276807 | http://www.sbf.org.sg |
| | 新加坡国际商会 | 6 Raffles Quay ＃10—01 Singapore 048580 | Tel：0065—62241255<br>Fax：0065—62242785 | E-mail:general@sicc.com.sg<br>http://www.sicc.com.sg/ |
| | 新加坡制造商联合会 | The Enterprise ＃02—02，No.1 Science Centre Road，Singapore 609077 | Tel：0065—68263000<br>Fax：0065—68228323 | http://www.smafederation.org.sg |
| 泰国 | 泰国中华总商会 | No.889 Thai C. C. Tower，9th Floor，Sathorn Road. Bangkok 10120，Thailand | Tel：02—6758574—84，<br>Fax：02—2123916 | |
| | 泰国贸易院 | 150 Rajbopit Rd.，Bangkok 10200 | Tel:02—2211827<br>Fax:02—2253995 | E-mail:Bot@bkk.a—net.net.th |
| | 泰国工商总会 | 464/11 Nakornchaisri Rd.，Dusit，Bangkok 10300 | Tel：02—2792914<br>02—2430484 | |
| | 泰华进出口商会 | No.1249/143 Gems Tower 16Fl.，Charoenkrung Rd.，Bangrak，Bangkok 10500 | Tel：02—2677662<br>02—2677670 | |
| | 泰中促进投资贸易商会 | 16th Asok Tower BLDG.，219/53 Sukhumvit 21 Rd.，Bangkok 10110 | Tel:02—2600181—90<br>Fax:02—2613492 | |
| | 泰国商会 | 150 Rajbopit Rd.，Bangkok 10200，P. O. Box 2—146 | Tel：02—6221860—77<br>02—2253372 | |
| | 泰国华人青年商会 | 160/808—811 ITF Silom Palace 31 Fl.，Silom Rd.，Bangkok 10500 | Tel：02—2356136—9<br>Fax：02—2372381 | |
| 越南 | 越南工商会 | 9 Dao Duy Anh Str.，Hanoi，Vietnam | Tel：0084—4—5742017<br>Fax：0084—4—5742020 | http：//www.vcci.com.vn |
| | 越南科技联合总会 | 53 Nguyen Du Str.，Hanoi | Tel：0084—4—9438108<br>Fax：0084—4—8227593 | E-mail：vanphonglhh@yahoo.com<br>http://www.vusta.org.vn |
| | 越南工业财产协会 | 100B Ngoc Ha Street，Ba Dinh，Hanoi | Tel：0084—4—7332266<br>Fax：0084—4—7340646 | E-mail：Vipa@fpt.vn |
| | 越南标准及消费者协会 | 214 ngo 22 pho Ton Tat Tung，Hanoi | Tel：0084—4—8527769<br>Fax：0084—4—8527769 | E-mail：Vanatas@fpt.vn |
| | 青年企业协会 | 64 Ba Trieu，Hanoi | Tel：0084—4—9437527 | E-mail：Dnt@hn.vnn.vn |
| | 越南银行协会 | 193 Ba Trieu Str.，Hanoi | Tel：0084—4—8218679<br>Fax：0084—4—8218732 | |

（资料来源：中华人民共和国驻各国大使馆经济商务参赞处）

## 中国—东盟自由贸易区部分关税削减时间表

| 起始时间 | 关税税率 | 覆盖关税条目 | 参与的国家 |
|---|---|---|---|
| 2000 年 | 对所有东盟成员国 0%～5% | 85%的 CEPT 条目 | 原东盟 6 国 |
| 2002 年 1 月 1 日 | 对所有东盟成员国 0%～5% | 全部 CEPT 条目 | 原东盟 6 国 |
| 2003 年 7 月 1 日 | WTO 最惠国关税税率 | 全部 | 中国与东盟 10 国 |
| 2003 年 10 月 1 日 | 中国与泰国果蔬关税降至 0% | 中泰水果蔬菜 | 中国、泰国 |
| 2004 年 1 月 1 日 | 农产品关税开始下调 | 农产品 | 中国与东盟 10 国 |
| 2005 年 1 月 | 对所有成员开始削减关税 | 全部 | 中国与东盟 10 国 |
| 2006 年 | 农产品关税降至 0% | 农产品 | 中国与东盟 10 国 |
| 2010 年 | 对所有东盟成员国 0% | 全部减税产品 | 原东盟 6 国 |
| 2010 年 | 关税降至 0% | 全部产品（部分敏感产品除外） | 中国与原东盟 6 国 |
| 2015 年 | 对所有东盟成员国 0% | 全部产品（部分敏感产品除外） | 东盟新成员国 |
| 2015 年 | 对中国—东盟自由贸易区成员国关税降至 0% | 全部产品（部分敏感产品除外） | 东盟新成员国 |
| 2018 年 | 对东盟自由贸易区和中国—东盟自由贸易区所有成员国 0% | 剩余的部分敏感产品 | 东盟新成员国 |

（来源：2002 年 11 月签署的《中国与东盟全面经济合作框架协议》）

## 中国和东盟各国的主要港口及国际航空港

| 国家 | 主要港口 | 国际航空港（机场） |
|---|---|---|
| 中国 | 海港：大连、营口、秦皇岛、天津、烟台、青岛、日照、连云港、上海、宁波、厦门、汕头、广州、湛江、北海、钦州、防城、海口、香港、澳门、基隆、高雄<br>河港：重庆、万州、武汉、芜湖、南京、扬州、常州、张家港、南通、广州、梧州、贵港 | 北京首都、广州白云、上海浦东、上海虹桥、深圳宝安、昆明巫家坝、成都双流、西安咸阳、厦门高崎、重庆江北、天津滨海、大连周水子、杭州萧山、福州长乐、南京禄口、沈阳桃仙、桂林两江、南宁吴圩、哈尔滨阎家岗 |
| 文莱 | 海港：穆阿拉、斯里巴加湾、马来亦、卢穆、诗里亚 | 斯里巴加湾 |
| 柬埔寨 | 海港：西哈努克 | 金边、暹粒 |
| 印度尼西亚 | 海港：丹戎不碌、泗水（丹戎佩拉）、三宝垄、勿拉湾、雅加达 | 巴厘岛登帕萨、雅加达苏加诺—哈达 |
| 老挝 | 河港：沙湾拿吉 | 琅勃拉邦、万象瓦岱、巴色、沙湾那吉 |
| 马来西亚 | 海港：巴生港、槟城、关丹、新山、纳闽（拉布安）、哥打基纳巴卢。<br>河港：古晋 | 吉隆坡、槟城、兰卡威、哥打基纳巴卢、古晋 |
| 缅甸 | 海港：仰光<br>河港：勃生 | 仰光敏加拉洞、曼德勒 |
| 菲律宾 | 海港：宿务、马尼拉、怡朗、三宝颜 | 马尼拉阿基诺、宿务马克丹、达沃、苏比克、克拉克、拉瓦格 |
| 新加坡 | 海港：新加坡 | 新加坡樟宜 |
| 泰国 | 海港：宋卡、普吉<br>河港：曼谷 | 曼谷素旺那普、清迈、普吉、合艾 |

续表

| 国家 | 主要港口 | 国际航空港（机场） |
|---|---|---|
| 越南 | 海港：海防、岘港、金兰湾、广宁、炉门、归仁、义安、芽庄、西贡 | 河内内排、岘港、胡志明市新山一国际机场 |

（来源：《中国—东盟自由贸易区与广西》）

## 东盟国家的主要报纸

| 国家 | 本国文报纸 | 华文报纸 | 英文（其他语言）报纸 |
|---|---|---|---|
| 文莱 | 《婆罗洲公报》、《文莱灯塔》 | 《文莱美里日报》、《文莱诗华日报》、《联合早报》 | 《婆罗洲公报》 |
| 柬埔寨 | 《柬埔寨之光报》、《人民报》、《和平岛报》、《柬埔寨日报》、《柬埔寨时报》 | 《华商日报》、《柬华日报》、《星洲日报》、《大众日报》、《新时代日报》 | 《柬埔寨日报》、《金边邮报》、《柬埔寨时报》 |
| 印度尼西亚 | 《罗盘报》、《专业之声报》、《印尼媒体报》、《共和国日报》、《革新之声报》、《印尼商报》、《华文邮报》 | 《印度尼西亚日报》、《华文邮报》、《国际日报》、《商报》、《新生日报》、《星洲日报》、《世界日报》、《千岛日报》 | 《雅加达邮报》、《印尼观察家报》 |
| 老挝 | 《人民报》、《新万象报》、《人民军报》、《青年报》、《巴特寮》 |  | 《Vintiane Times》（英文报）、《Lerenovateur》（法文报）、《每日消息》（英、法文） |
| 马来西亚 | 《马来西亚使者报》、《每日新闻》、《祖国报》 | 《南洋商报》、《星洲日报》、《中国报》 | 《新海峡时报》、《星报》、《马来邮报》 |
| 缅甸 | 《缅甸之光》、《镜报》、《首都报》、《曼德勒报》、《雅德那崩报》 | 《缅甸华报》 | 《缅甸新光》 |
| 菲律宾 | 《消息报》、《菲律宾快报》 | 《世界日报》、《商报》、《菲华时报》、《联合日报》、《环球日报》 | 《马尼拉公报》、《菲律宾星报》、《菲律宾询问日报》、《自由报》、《马尼拉时报》、《马尼拉纪事报》 |
| 新加坡 | 《每日新闻》、《泰米尔日报》 | 《联合早报》、《联合晚报》、《新明日报》 | 《海峡时报》、《商业时报》、《新报》 |
| 泰国 | 《泰叻报》、《民意报》、《每日新闻》、《国家报》、《沙炎叻报》、《经理报》等 | 《新中原报》、《中华日报》、《星暹日报》、《亚洲日报》、《京华中原日报》、《世界日报》等 | 《曼谷邮报》、《民族报》 |
| 越南 | 《人民报》、《人民军队报》、《大团结报》、《西贡解放日报》 | 《西贡解放日报》 | 《西贡时报》 |

（来源：据新华网相关资料整理）

## 中国和东盟各国主要通讯社、电台、电视台

| 国家 | 通讯社 | 电台 | 电视台 |
| --- | --- | --- | --- |
| 中国 | 新华通讯社（简称“新华社”，1931年11月7日创建）、中国新闻社（简称“中新社”，于1952年9月14日正式成立，并于1952年10月1日正式对海外播发电讯通稿） | 中央人民广播电台（全称“中华人民共和国国家广播电台”，诞生于1940年12月30日）、中国国际广播电台（中国唯一使用外语以及汉语普通话和方言向全世界广播的国家广播电台，创建于1941年12月3日） | 中央电视台（全称“中华人民共和国国家电视台”，于1958年5月1日试播，1958年9月2日正式播出，英文简称“CCTV”） |
| 文莱 | 文莱新闻社（唯一官方新闻机构，创建于1959年） | 文莱广播电台（创建于1957年5月，拥有两个广播网，一个用马来语和方言广播，一个用英语、华语和廓尔喀语广播） | 文莱广播电视台（创建于1957年5月，从1975年起开设彩色电视频道，播放马来文和英文节目） |
| 柬埔寨 | 柬新社（AKP）（成立于1980年，为柬埔寨唯一的官方通讯社） | FM103国家台 | 国家电视台（建台于1984年，以柬语广播为主）、仙女台第11频道（私营）、第9频道（私营）、第5频道（军队频道）、首都第3频道（官方开办）、巴戎台（私营，每日有中文新闻报道）；有线电视台：柬埔寨有线电视台、金边有线电视台、微波无线电视台 |
| 印度尼西亚 | 安塔拉通讯社（创办于1937年12月13日，系印度尼西亚国家通讯社）、印尼民族通讯社（私营，于1967年成立） | 印度尼西亚共和国广播电台（国营，于1945年9月11日成立） | 印度尼西亚共和国电视台（于1962年8月17日正式运营）、鹰记电视台、太阳电视台、教育电视台、美都电视台 |
| 老挝 | 巴特寮通讯社（于1968年1月成立，国营） | 老挝国家广播电台（用老挝语广播，对外用越、柬、法、英、泰语广播）、老挝人民军广播电台 | 老挝国家电视台（建于1983年12月），每天播放老挝语节目5小时左右 |
| 马来西亚 | 马来西亚国家新闻社（简称“马新社”，半官方通讯社，成立于1968年） | 马来西亚广播电台（官办，建于1946年，拥有6个广播网，用马来语、英语、华语和泰米尔语广播）、马来西亚之声电台（建于1963年，用马来语、阿拉伯语、英语、印尼语、缅甸语、他加禄语和泰语等8种语言对外广播） | 马来西亚电视台（官方，建于1963年）、第三电视台（TV3）、城市电视台（METRO VISION）、国民电视台（NTV）、ASTRO卫星有线电视频道、8TV电视台 |
| 缅甸 | 缅甸通讯社 | 缅甸之声（建于1937年，目前用缅甸语、英语及八种少数民族语言广播） | 缅甸电视台（建于1980年），妙瓦底电视台（创办于1995年3月27日，军方创办） |
| 菲律宾 | 菲律宾通讯社（官方通讯社，成立于1973年3月1日） | 菲律宾广播局 | 人民电视台 |
| 新加坡 | | 新加坡国际广播电台（每天以华语、英语、马来语及印尼语播音） | TCS（新加坡最大的电视公司，有3个频道，占有新加坡80%的收视率） |

**续表**

| 国家 | 通讯社 | 电台 | 电视台 |
|---|---|---|---|
| 泰国 | 泰国通讯社 | 泰国国家广播电台（设有国外部，用泰、英、法、中、马来、越、老、柬、缅、日等语言广播） | 泰国国家电视台 |
| 越南 | 越南通讯社（国家通讯社，于1945年创立，1976年合并越南南方解放通讯社） | 越南之声广播电台［目前共有6个频率，以中波（SW）AM，调频和短波（SW）AM等向越南各地和世界其他地区播出］ | 越南电视台（VTV）（越南社会主义共和国的国家电视台，成立于1970年9月7日，1987年4月30日正式取名为“越南电视台”，成为越南的国家电视台） |

（来源：中国网、新华网有关资料）

## 中国—东盟博览会参展物主要入境口岸局一览

| 名称 | 简介 | 地址 | 邮编 | 电话 | 传真 |
|---|---|---|---|---|---|
| 桂林检验检疫局 | 桂林检验检疫局成立于1999年11月。下设办公室、检务科、检验检疫1科、2科、3科、两江机场办事处、旅检1科、2科等12个科室。 | 桂林市漓江路25号 | 541004 | 0773—5801209 | 0773—5845585 |
| 东兴检验检疫局 | 东兴检验检疫局成立于1999年10月，下设办公室、检务科、检验检疫科、旅检科、货场办事处、垌中办事处、江山办事处等11个科室。 | 东兴市兴东路294号 | 538100 | 0770—7682811 | 0770—7682477 |
| 凭祥检验检疫局 | 凭祥检验检疫局成立于1999年11月。下设办公室、财务科、政工科、综合业务科、友谊关办事处、浦寨办事处、爱店办事处、火车站监管科、叫隘监管科、弄怀监管科、综合技术服务中心和综合实验室12个科室。 | 凭祥市南大路1支9号 | 532600 | 0771—8521560 | 0771—8521560 |
| 北海检验检疫局 | 北海检验检疫局成立于1999年10月。下设办公室、综合业务科、卫生检疫科、动植物检疫科、食品检验科、检验鉴定科、检务科、财务科、政工科、综合实验室等10个科室。 | 北海市广东南路76号 | 536000 | 0779—3206692 | 0779—3206199 |
| 防城港检验检疫局 | 防城港检验检疫局成立于1999年11月。下设办公室、综合业务科、卫生检疫科、动植物检疫科、食品检验科、化矿检疫科、检验鉴定科、检务科、财务科、政工科、综合实验室等11个科室。 | 防城港市港口区兴港大道91号 | 538001 | 0770—2822966 | 0770—2821830 |

（来源：广西出入境检验检疫局网）

## 东南亚国家联盟
(Association of Southeast Asian Nations—ASEAN)

**成立日期**

1967年8月8日。

**目　标**

《东盟宪章》确定的目标包括：（一）维护和促进地区和平、安全和稳定，并进一步强化以和平为导向的价值观；（二）通过加强政治、安全、经济和社会文化合作，提升地区活力；（三）维护东南亚的无核武器区地位，杜绝大规模杀伤性武器；（四）确保东盟人民和成员国与世界和平相处，生活于公正、民主与和谐的环境中；（五）建立一个稳定、繁荣、极具竞争力和一体化的共同市场和制造基地，实现货物、服务、投资、人员资金自由流动；（六）通过相互帮助与合作减轻贫困，缩小东盟内部发展鸿沟；（七）在充分考虑东盟成员国权利与义务的同时，加强民主，促进良政与法律，促进和保护人权与基本自由；（八）根据全面安全的原则，对各种形式的威胁、跨国犯罪和跨境挑战作出有效反应；（九）促进可持续发展，保护本地区环境、自然资源和文化遗产，确保人民高质量的生活；（十）通过加强教育、终生学习以及科学技术领域的合作，开发人力资源，提高人民素质，强化东盟共同体意识；（十一）为东盟人民提供适当的就业机会、社会福利和公正待遇，提高其福利和生活水平；（十二）加强合作，为东盟人民营造一个安全、没有毒品的环境；（十三）建设一个以人为本的东盟，鼓励社会各界参与东盟一体化和共同体建设进程，并从中受益；（十四）增强对本地区丰富文化和遗产的认识，促进东盟意识；（十五）在一个开放、透明和包容的地区架构内，发展与域外伙伴的关系与合作，维护东盟的主导力量、中心地位和积极作用。

## 成员

10个（截至2012年年底）：印度尼西亚、马来西亚、菲律宾、新加坡、泰国、文莱、越南、老挝、缅甸、柬埔寨。总面积约444万平方公里，人口5.91亿。观察员国：巴布亚新几内亚。

## 主要负责人

首脑会议是东盟最高决策机构，由东盟各国轮流担任主席国，负责召集。现任主席国为文莱，2013年1月接任。东盟秘书长是东盟首席行政官，向东盟首脑会议负责，由东盟各国轮流推荐资深人士担任，任期5年。黎良明（Le Luong Minh，越南前副外长）于2013年1月接任东盟秘书长，任期至2017年。

## 总部

东盟秘书处设在印度尼西亚首都雅加达（70A Jl. Sisingamangaraja，Jakarta 12110，Indonesia）。网址：http://www.asean.org/。

## 出版物

东盟拥有众多定期或不定期发行的出版物，如《东盟年度报告》、《东盟商务通讯》等。

## 组织机构

2008年12月，《东盟宪章》正式生效。根据该宪章，东盟调整了组织机构，主要包括（一）首脑会议：就东盟发展的重大问题和发展方向做出决策，每年举行两次。（二）东盟协调理事会：由东盟各国外长组成，是综合协调机构，每年举行两次会议。（三）东盟共同体理事会：包括东盟政治安全共同体理事会、东盟经济共同体理事会和东盟社会文化共同体理事会，协调其下设各领域工作，由担任东盟主席的成员国相关部长担任主席，每年至少举行两次会议。（四）东盟领域部长机制：加强各相关领域合作，支持东盟一体化和共同体建设。（五）东盟秘书长和东盟秘书处：负责协助落实东盟的协议和决定，监督落实。（六）常驻东盟代表委员会：由东盟成员国指派的大使级常驻东盟代表组成，代表各自国家与东盟秘书处和东盟领域部长机制进行协调。（七）东盟国家秘书处：是东盟在各成员国的联络点。（八）东盟人权机构：负责促进和保护人权与基本自由的相关事务。（九）东盟基金会：与东盟相关机构合作，支持东盟共同体建设。（十）与东盟相关的实体：包括各种民间和半官方机构。

## 主要活动

自1976年以来东盟共举行了22次首脑会议。

2003年10月举行的第9届东盟首脑会议发表《东盟协调一致第二宣言》（亦称《第二巴厘宣言》），宣布将于2020年建成东盟共同体，其三大支柱分别是“东盟政治安全共同体”、“东盟经济共同体”和“东盟社会文化共同体”。2004年11月举行的第10届东盟首脑会议通过为期6年的《万象行动计划》（VAP），以进一步推进一体化建设，并决定建立“东盟发展基金”以保障其落实。2005年12月举行的第11届东盟首脑会议签署《关于制定〈东盟宪章〉的吉隆坡宣言》。2007年1月第12届东盟首脑会议签署《关于加速于2015年建立东盟共同体的宿务宣言》、《关于〈东盟宪章〉蓝图的宿务宣言》和《关于建设一个关爱和共享的共同体的宿务宣言》。同年11月举行的第13届东盟首脑会议签署《东盟宪章》、《东盟经济共同体蓝图宣言》、《东盟环境可持续性宣言》和《东盟关于第十三次〈联合国气候变化框架公约〉缔约方会议和第三次〈京都议定书〉缔约方会议的宣言》。

2009年2月在泰国曼谷举行的第14届东盟首脑会议以落实《东盟宪章》和合作应对全球金融危机为重点。会议签署《东盟政治安全共同体蓝图》、《东盟社会文化共同体蓝图》、《东盟共同体2009～2015年路线图宣言》，发表《关于全球经济和金融危机的新闻公报》、《东盟地区食品安全声明》和《关于东盟实现千年发展目标的联合宣言》、第2份《东盟一体化倡议工作计划》，并见证签署《东盟货物贸易协定》、《东盟全面投资协定》和《东盟石油安全协定》。

2009年10月泰国昌安华欣举行的第15届东盟首脑会议以“促进互联互通，提高人民能力”为主题，强调推进基础设施建设，以及通过教育合作和能力建设加强各国民众的东盟意识和认同感。会议发表《东盟领导人关于东盟互联互通的声明》、《关于加强教育合作实现东盟关爱与共享的共同体的昌安华欣宣言》、《关于成立东盟政府间人权委员会的昌安华欣宣言》和《东盟关于气候变化的联合声明》，通过《东盟协调理事会职责范围》，签署《东盟特权与豁免协议》。

2010 年 4 月第 16 届东盟首脑会议在越南河内举行，主题为“迈向东盟共同体：从愿景到行动”，重点就进一步落实《东盟宪章》、加快共同体建设和加强后金融危机合作等进行讨论。会议签署《东盟宪章争端解决机制议定书》，发表《东盟关于持续复苏和发展的声明》、《东盟领导人关于联合应对气候变化的声明》，宣布启动东盟促进和保护妇女儿童权利委员会，并将妇女儿童发展等确定为社会文化共同体建设优先领域。

2010 年 10 月第 17 次东盟首脑会议在越南河内举行。会议通过《东盟互联互通总体规划》，签署《东盟服务框架协议第 8 个一揽子计划》，修订《东盟货物贸易协定为大米和糖提供特殊补贴的议定书》，发表《为经济复苏和可持续增长的人力资源和技能开发东盟领导人声明》和《促进东盟妇女儿童福利和发展河内宣言》。

2011 年 5 月，第 18 次东盟首脑会议在印尼雅加达举行，主题为“全球大家庭中的东盟共同体”，重点就加快东盟共同体建设、东亚峰会发展、柬泰边界冲突等问题进行讨论。会议发表了《全球大家庭中的东盟共同体联合声明》，表示到 2022 年东盟成立 55 周年时，东盟将更有能力在国际事务中发挥建设性作用。

2011 年 11 月，第 19 次东盟首脑会议在印尼巴厘岛举行。会议通过了《全球大家庭中的东盟共同体巴厘宣言》(也称第 3 份《巴厘宣言》)，阐述了东盟成员国在政治与安全、经济、社会、文化等方面应如何加强合作，并承诺在 2022 年建立应对全球事务的东盟共同平台。

2012 年 4 月，第 20 次东盟首脑会议在柬埔寨金边举行，主题为“东盟：共同体、共命运”，重点就提升东盟一体化水平等问题进行讨论。会议发表了《金边宣言——东盟：共同体、共命运》、《东盟共同体建设金边议程》、《2015 年实现无毒品的东盟宣言》、《“全球温和派运动”概念文件》等文件。东盟领导人还共同庆祝了东盟成立 45 周年。

2012 年 11 月，第 21 次东盟首脑会议在柬埔寨金边举行，主题为“东盟：共同体、共命运”，重点就确保共同体于 2015 年如期建成等问题进行讨论。会议发表了《东盟人权宣言》、《东盟领导人关于建立东盟区域地雷行动中心的宣言》、《巴厘协调一致第三行动计划（2013～2017 年）》。

2013 年 4 月，第 22 次东盟首脑会议在文莱举行，主题为“我们的人民、我们的未来”，重点就进一步加强东盟共同体建设、建设“以人为本”的东盟进行了讨论。会后发表了《主席声明》，强调东盟当前重点仍在于加强内部建设和融合，推进政治安全、经济和社会文化共同体进程。

**对外关系**

东盟积极开展多方位外交。自 1978 年始，东盟国家每年与其对话伙伴（时为美国、日本、澳大利亚、新西兰、加拿大、欧盟，后相继增加韩国、中国、俄罗斯和印度）举行对话会议，就重大国际政治和经济问题交换意见。1994 年 7 月，东盟倡导成立东盟地区论坛（ARF），主要就亚太地区政治和安全问题交换意见。1994 年 10 月，东盟倡议召开亚欧会议（ASEM），促进东亚和欧盟的政治对话与经济合作。1997 年，东盟与中、日、韩等共同启动了东亚合作，东盟与中日韩（10＋3）、东亚峰会等机制相继诞生。1999 年 9 月，在东盟的倡议下，东亚—拉美合作论坛（FEALAC）成立。

近年来，美、日、韩、澳等主要域外国家不断加强与东盟关系。2009 年 7 月，美签署《东南亚友好合作条约》。2009 年，日提出“亚洲经济倍增倡议”，对以东盟为主的亚洲发展中国家打出包括官方发展援助、贷款保险、贸易融资担保、环保投资倡议等共约 700 亿美元援助计划。韩国于 2009 年 6 月举行了纪念与东盟建立对话关系 20 周年特别峰会，宣布东盟—韩国自由贸易区将于 2010 年 1 月正式启动。2009 年，澳、新西兰与东盟签署自由贸易区协议，2012 年 1 月正式生效。2009 年，印度与东盟签署了货物贸易领域自由贸易协定，并于 2010 年 1 月开始实施，但针对服务贸易和投资自由化的谈判一直没能取得重大进展。

2011 年 11 月，东盟提出“区域全面经济伙伴关系（RCEP)”倡议，旨在构建以东盟为核心的地区自贸安排。2012 年 11 月，在第 7 届东亚峰会上，东盟国家与中、日、韩、印、澳、新（西兰）6 国领导人同意启动“区域全面经济合作伙伴关系”(RCEP) 的谈判。

（来源：中华人民共和国外交部网．http：//www.fmprc.gov.cn/mfa _ chn/gjhdq _ 603914/gjhdqzz _ 609676/lhg _ 610158/）

## 中国—东盟博览会出入境检验检疫服务指南

为了办好中国—东盟博览会，方便各国客商和有关人士出入境检验检疫，根据《中华人民共和国进出口商品检验法》、《中华人民共和国进出境动植物检疫法》、《中华人民共和国国境卫生检疫法》和《中华人民共和国食品安全法》的规定，以及国家质量监督检验检疫总局（以下简称：国家质检总局）专为中国—东盟博览会批准的便利措施，制定本服务指南。

### 一、广西出入境检验检疫局机构设置

中国—东盟博览会期间，广西出入境检验检疫局在各主要口岸设置中国—东盟博览会入境参展物检验检疫专用通道、参会人员礼遇通道和专用通道，实行优先检验检疫，优先通关。主要航空口岸有南宁、桂林、北海；海港口岸有北海、防城港；边境陆路口岸有凭祥、东兴。中国—东盟博览会秘书处委托中国外运广西公司全权办理参展物出入境检验检疫有关事宜。

### 二、入境参展物检验检疫方式和工作流程

（一）检验检疫方式

广西出入境检验检疫局对参展物实行“口岸查验，展出地集中检验检疫监管”的方式。

广西出入境检验检疫局在南宁国际会展中心专门设立有中国—东盟博览会检验检疫现场办公室（以下简称“检验检疫现场办公室”），负责会展现场的咨询、报检和检验检疫监管工作，并在会展期间实行24小时电话值班制度。

（二）参展物出入境检验检疫工作流程（见下图）

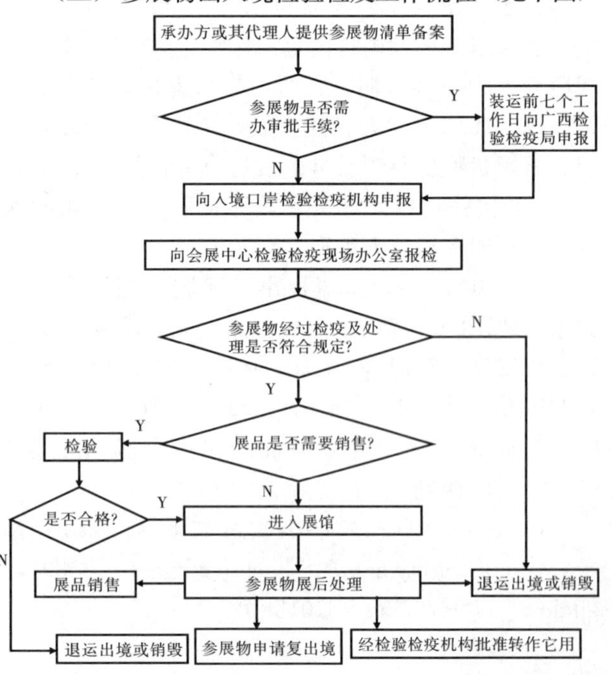


### 三、入境参展物的报检管理

（一）参展物主要是指展品、礼品及样品等，需由参展商或其代理人在入境时向口岸检验检疫机构申报，提交参展物清单及有关参展物的证明文件，提单/运单等，并注明是否展后销售。

（二）入境口岸检验检疫机构根据参展物的性质，实施感观检查或检疫处理后，予以放行。必要时，出具通关单或有关检验检疫证单。

（三）参展物运达展出地点后由参展商或其代理人，向检验检疫现场办公室申请办理报检手续。

（四）对非销售的展品可免予检验，涉及放射性检测的重金属矿、石材产品等除外。

（五）展品为动植物及其产品的，报检时必须附有输出国官方出具的动物检疫证书或植物检疫证书。属于需要办理检疫审批的，还须提交国家质检总局或者广西出入境检验检疫局签发的《中华人民共和国进境动植物检疫许可证》，或农业、林业部门签发的检疫审批单。

（六）需要展后销售的预包装食品、化妆品，报检时应申请品质、安全卫生、标签等项目的检验，检验合格后领取《卫生证书》才予以销售。报检时需提供下列材料：

1. 原标签和中文标签样张，中文标签内容应符合中国法规、标准规定；

2. 当标签中有特别强调某一内容，如获奖、获证、法定产区等内容时，应提供相应的证明材料；新资源食品、保健食品还需提供中国卫生部门的进口批准件。

3. 化妆品还应全成分标注，并提供主要成份配比等相关材料；

（七）展品为微生物、生物制品和血液及其制品等特殊物品的，报检时须持有广西出入境检验检疫局签发的入境《特殊物品卫生检疫审批单》。

（八）进境参展物使用木质包装的，应当在输出国家或者地区政府检疫主管部门监督下按照国际植物保护公约（以下简称IPPC）的要求进行除害处理，并加施IPPC专用标识。除害处理方法和专用标识应当符合国家质检总局公布的检疫除害处理方法和标识要求。

（九）为提高通关速度，参展商或其代理人可提前办理报检手续，参展物运抵入境口岸时，进行必要的查验后，即可快速放行。

（十）参展物一律免收检验、检疫、除害处理和监管费用。

**四、中国对入境参展物品的有关规定**

（一）下列物品禁止入境

动植物病原体（包括菌种、毒种等）、害虫及其他有害生物；动物尸体、土壤；动植物疫情流行的国家和地区的有关动植物、动植物产品和其他检疫物，其目录可参阅国家质检总局在网站WWW.AQSIQ.GOV.CN上《动植物检疫》栏目公布的《禁止从动物疫情流行国家/地区输入的动物及其产品一览表》和《中华人民共和国进境植物检疫禁止进境物名录》。

（二）参展的动植物及其产品检疫审批的规定

1. 以下参展的动植物及其产品入境前由广西检验检疫局负责办理检疫审批手续

动物及其产品：（1）观赏鱼；（2）食用性动物产品；（3）蚕茧；未经加工的养殖珍珠。

植物及其产品：（1）果蔬类：新鲜水果、番茄、茄子、辣椒果实；（2）粮谷类：大麦、黑麦、燕麦、高粱等及其加工产品，如麦芽等；（3）豆类：绿豆、豌豆、赤豆、蚕豆、鹰嘴豆等；（4）薯类：马铃薯、木薯、甘薯等；（5）饲料类：麦麸、豆饼、豆粕等。

2. 以下参展的植物种子、种苗及其他繁殖材料，入境前由广西农业或林业行政主管部门审批。栽培或野生的可供繁殖的植物全株或部分，如植株、苗木（含试管苗）、果实、种子、砧木、接穗、插条、叶片、芽体、块根、块茎、鳞茎、球茎、花粉、细胞培养材料等。

3. 以下参展物不需要办理检疫审批手续

动物产品：蓝湿（干）皮、已鞣制皮、净洗羽绒、洗净毛、碳化毛、条毛、贝壳类、水产品、蜂产品、蛋制品（不含鲜蛋）、奶制品（鲜奶除外）、熟制肉类产品（如香肠、火腿、肉类罐头、使用高温炼制的动物油脂）；

除上述以外的动物产品，如燕窝，向广西出入境检验检疫局申报，由国家质检总局检疫审批。

4. 需要检疫审批的参展物，参展商或其代理人在展品交付装运前至少提前7个工作日，向广西出入境检验检疫局提出申请，申办时须提交参展物清单和有关参展证明文件。因特殊情况未能事先办理审批手续的，在入境时可向广西出入境检验检疫局申请补办。

（三）下列特殊物品报检前须办理卫生检疫审批手续

微生物、生物制品、血液及其制品、人体组织等特殊物品。

参展商或其代理人在展品交付装运前至少提前7个工作日，向广西出入境检验检疫局提出申请，申办时须提交中国政府省级以上主管部门签发的《医用特殊物品准入境证明》。

（四）需要进行展后销售，而未获得我国强制性产品认证的下列展品须申报备案核准手续

电线电缆、电路开关及保护或连接用电器装置、低压电器、小功率电动机、电动工具、电焊机、家用和类似用途设备、音视频设备类、信息技术设备、照明设备、电信终端设备、机动车辆及安全附件、汽车零部件、机动车辆轮胎、安全玻璃、农机产品、乳胶制品、医疗器械产品、消防产品、安全技术防范产品、装饰装修产品、玩具、无线局域网产品。

有关详细产品目录和信息，可查阅网站http://www.cnca.gov.com/，国家质检总局、国家认监委2001年第33号、2002年第60号、2004年第6号、62号、2005年第137号、198号、2006年第103号公告和国家认监委2005年3号公告等。

参展商或其代理人在展品交付装运前至少提前7个工作日，向广西出入境检验检疫局提出申请，由国家认监委备案核准。申报时须提供有关参展证明、生产厂家产品合格证书、生产国官方认可的检测机构出具的安全检测合格证书以及生产厂家对该展品在使用过程中的安全问题负责的自我申明等。申报的数量不应超出展览用途。因特殊情况未能事先办理备案核准手续的，在入境时可向广西出入境检验检疫局申请补办。

需要申报汽车产品的，由广西检验检疫局请示国家认监委，经同意后方可予以报检。

**五、参展物的展后处理**

（一）参展物展后处理的基本要求

展后需在中国境内销售的展品，须由参展商或其代理人填写《入境货物报检单》，并补齐相关的手续，随附入境时检验检疫机构签发的相关证单，经检验检疫合格后方可销售；参展后复出境的参展物，应填写《出境货物报检单》，并附上入境时检验检疫机构签发的相关证单，检验检疫机构依法出具通关单。

（二）动植物及其产品的展后处理

展览结束后，参展的动植物及其产品一般应退回参展国或作销毁处理。参展商或代理人要求保留的，必须经广西出入境检验检疫局批准，并按规定进行检验检疫。经检验检疫合格的，准许保留使用；经检验检疫不合格的，作除害或销毁处理。

（三）预包装食品、化妆品的展后处理

需要展后销售的预包装食品、化妆品，应当在入境报检时申请进行品质、安全卫生、标签等项目的检验，经检验合格领取《卫生证书》者方可销售，不合格者不准销售，展后作退运出境、销毁等处理。

（四）列入中国强制性产品认证展品的展后处理

列入中国强制性产品认证（“3C”认证）管理的入境参展物，对已获得“3C”认证并加施“3C”认证标志及已经办理备案核准手续的展品可以在展后进行销售；未获得“3C”认证资格或未经办理备案核准手续的，不准在中国境内销售，展后一律作退运出境或销毁处理。

**六、人员出入境检验检疫流程**

（一）入境检验检疫：旅客入境时按规定主动申报——→现场检疫查验——→查验携带物品——→合格放行。

（二）出境检验检疫：旅客出境时按规定主动申报——→现场检疫查验——→合格放行。

如果有发热、寒战、咳嗽、呼吸困难、腹泻、呕吐等体征或症状之一的旅客，以及患有传染性疾病、精神病的旅客，在出入境时，须主动口头向检疫官员申报，并接受检验检疫。

**七、人员携带物入境检验检疫管理规定**

携带的参展物品按入境参展物的规定执行。广西出入境检验检疫局将在各出入境口岸公告栏和中国—东盟博览会秘书处的网站（http：//www.caexpo.org）上公布人员携带物出入境检验检疫的有关信息。根据国家质检总局第56号公告《出入境人员携带物管理办法》的规定：

（一）禁止携带入境的物品

1. 人类血液及其制品（除人血清白蛋白以外）；

2. 水果、辣椒、茄子、西红柿；

3. 动物尸体及标本；

4. 土壤；

5. 动植物病原体、害虫及其它有害生物；

6. 活动物（伴侣犬、猫除外）及动物精液、受精卵、胚胎等遗传物质；

7. 蛋、皮张、鬃毛类、蹄骨角类，油脂类，动物肉类（含脏器类）及其制品，鲜奶、奶酪、黄油、奶油、乳清粉，蚕蛹、蚕卵，动物血液及其制品，水生动物产品；

8. 转基因生物材料；

9. 废旧服装。

如您携带了上述物品，请主动交由检验检疫官员处理。

（二）允许携带入境但须向检验检疫机关申报，并接受检疫的物品

1. 种子、苗木及其它繁殖材料、烟叶、粮谷、豆类（入境前须事先办理检疫审批手续）；

2. 鲜花、切花、干花；

3. 植物性样品、展品、标本；

4. 干果、干菜、腌制蔬菜、冷冻蔬菜；

5. 藤、柳、草、木制品；

6. 犬、猫等宠物（每人限带1只，须持有狂犬病免疫证书及出发地所在国或者地区官方检疫机构出具的检疫证书，入境后须在检验检疫机构指定的地点隔离检疫30天）；

7. 特需进口的人类血液及其制品、微生物、人体组织及生物制品（入境前须事先办理检疫审批手续）。

如您携带了上述物品，请主动向检验检疫机关口头申报并接受检疫。

**八、法律责任及解释**

（一）对不如实申报或逃避检验检疫监管的，或造成疫情疫病扩散等严重后果的，检验检疫机构依据有关法律法规追究其法律责任。检验检疫工作人员应严格履行职责，违法、失职的依法给予行政处分，构成犯罪的追究刑事责任。

（二）本服务指南由广西出入境检验检疫局负责解释。

广西出入境检验检疫局

二〇一三年三月二十一日

（来源：广西出入境检验检疫局网.http：//www.gxciq.gov.cn/jqzl/fwzgdm/zgdmbszn/11693.htm.2013—03—21）

## 中国—东盟中心

2009年，在第12次中国—东盟领导人会议期间，中华人民共和国政府（以下简称“中国”）和文莱达鲁萨兰国、柬埔寨王国、印度尼西亚共和国、老挝人民民主共和国、马来西亚、缅甸联邦共和国、菲律宾共和国、新加坡共和国、泰王国和越南社会主义共和国等东盟10国签署了《中华人民共和国政府和东南亚国家联盟成员国政府关于建立中国—东盟中心的谅解备忘录》。缔约各方据此建立一个信息和活动中心，即中国—东盟中心。

中国—东盟中心是一个政府间国际组织，旨在促进中国和东盟在贸易、投资、旅游、教育和文化领域的合作。中心总部设在北京，今后将不断拓展，并在东盟各成员国和中国的其他地区设立分中心。

根据《谅解备忘录》，中国和东盟10个成员国是中心成员，中国和东盟的企业和社会团体可通过向中心秘书处提出申请成为联系会员。中心将根据《谅解备忘录》所赋予的使命，推动中国—东盟各领域的务实合作。

2010年10月，温家宝总理同东盟国家领导人共同启动了中心官方网站（www. asean－china－centre. org），并宣布2011年建成实体中心。2011年11月18日，中国—东盟中心在第14次中国—东盟领导人会议暨中国—东盟建立对话关系20周年纪念峰会上正式成立，时任中国国务院总理温家宝与东盟10国领导人及东盟秘书长共同为中心揭牌。

根据《谅解备忘录》，中心职责如下：

（一）成为信息、咨询和活动的核心协调机构，为中国和东盟的商务人士和民众提供一个关于贸易、投资、旅游、文化和教育的综合信息库；

（二）成为中国与东盟就有关促进贸易、投资、旅游和教育信息进行有益交流的渠道，包括涉及市场准入，特别是支持中小企业发展的规章制度；

（三）通过对数据和信息的广泛收集、分析，以及对市场趋势的预测，开展贸易和投资领域的研究，彰显中国—东盟自由贸易区的益处；

（四）通过宣传中国和东盟的传统艺术、手工艺品、音乐、舞蹈、戏剧、电影和语言，以及在中国和东盟的教育机会，促进文化和教育；

（五）通过征询意见、提供教育咨询服务和组织贸易投资交易会、旅游展、食品节、艺术展和教育展，向中国和东盟的公司、投资者和民众介绍和宣传中国和东盟的产品、产业和投资机会、旅游资源、文化及教育；

（六）开展市场调查活动，确定潜在市场和合作领域；

（七）管理中心框架内设立的永久性东盟贸易、投资和旅游展厅；

（八）成为核心的投资促进机构，建立行业联系，向中国和东盟企业推介商机，特别是协助投资者和公司寻找当地的商业伙伴；

（九）与中国政府、东盟各成员国政府，以及相关区域和国际组织在贸易、投资和旅游领域保持密切合作；

（十）为中国和东盟之间的贸易和投资活动提供便利；

（十一）提供中国和东盟与贸易、投资和旅游领域有关的机构和政府官员名录；

（十二）开展能力建设活动以支持中国和东盟之间的贸易、投资和旅游促进活动；

（十三）支持中小文化企业发展，促进文化旅游；

（十四）组织中国与东盟成员国之间关于贸易、投资和旅游便利化等问题的研讨会或研修班；

（十五）建立一个艺术、文化和语言的学习中心，以加强民间交流，增进中国和东盟民众和社会之间的相互了解；

（十六）研究开展与贸易、投资和旅游领域相关的人员交流项目的可能性；

（十七）支持关于缩小东盟国家间发展差距的项目；

（十八）开展中心实现其目标所需其它活动。

（来源：中国—东盟中心官方网站．http：//www. asean－china－center. org/zxgk/）

# 索　引

# D



# E

# F



# G

# H

# J



# K



# L

# M

## N



## P

## R

# Y



# Z